"十一五"国家重点规划图书

"985工程"哲学社会科学创新基地
教育部人文社会科学重点研究基地
中国海洋大学海洋发展研究院
资 助

山东省高校人文社科优秀成果奖一等奖

教育部高校人文社科优秀成果奖二等奖

中国海洋文化史长编

（典藏版）

主编　曲金良

上　卷

中国海洋大学出版社
·青岛·

图书在版编目(CIP)数据

中国海洋文化史长编：典藏版/曲金良主编. —
青岛：中国海洋大学出版社，2017.1
ISBN 978-7-5670-1077-2

Ⅰ.①中… Ⅱ.①曲… Ⅲ.①海洋－文化史－中国
Ⅳ.①K203②P7-05

中国版本图书馆 CIP 数据核字(2016)第 005529 号

出版发行	中国海洋大学出版社		
社　　址	青岛市香港东路 23 号	**邮政编码**	266071
出 版 人	杨立敏		
网　　址	http://www.ouc-press.com		
电子信箱	appletjp@163.com		
订购电话	0532—82032573(传真)		
责任编辑	滕俊平　张　华	**电　　话**	0532—85902342
印　　制	青岛国彩印刷有限公司		
版　　次	2017 年 1 月第 1 版		
印　　次	2017 年 1 月第 1 次印刷		
成品尺寸	185 mm×260 mm		
印　　张	140		
字　　数	3100 千		
印　　数	1—1000 册		
定　　价	698.00 元		

海洋文化的历史视野

——《中国海洋文化史长编》序

  海洋文化是一门新兴的交叉性、综合性学科，它既包含了人文科学、社会科学学科与自然科学、工程技术学科，又包含了基础理论学科与应用科学学科，具有重要的学术价值、现实意义和发展潜力。

  海洋文化史体现了海洋文化的历史视角，或是历史研究的海洋史观，既涉及海洋文化的各个层面，如精神文化、制度文化、物质文化，也涉及历史学的各种专门史领域，如政治史、经济史、外交史、军事史、文化史、思想史、科技史、艺术史、文学史、民俗史等等。更细的当然还有海疆史、海岛史、海防史、海军史、海战史、航海史、造船史、海关史、海产史、海港史、海洋文学史、海洋艺术史等，还包括海洋意识、海防观念、海权观念、海洋政策、海路交通、海上贸易、海洋社会、海外移民等等，可见涵盖面极其广泛，内容极其丰富。

  从中国海洋文化史的视角来看，中国也是一个海洋大国，有着 18000 多千米长的大陆海岸线，6500 多个岛屿和 300 多万平方千米的海域（按《联合国海洋法公约》，领海加上大陆架和专属经济区）。而这片广阔的海洋国土却常常为国人所忽略或误解。甚至有人把中华文明简单归结为与海洋脱离以至对立的"黄土文明"，这是必须加以纠正的。回顾中国历史，大量史料证明中华民族是世界上最早走向海洋的民族之一。浙江河姆渡遗址发现的独木舟的桨距今已有 7000 多年的历史。文字记载中，《竹书纪年》有夏代的航海活动记录，"东狩于海，获大鱼。"甲骨文中也有殷商人扬帆出海的记载。《史记》写春秋战国时，吴国水军曾从海上发兵进攻齐国。而齐景公曾游于海上，乐而不思归。《论语》中说连孔子也表示过想"乘桴浮于海"呢！秦始皇多次东巡山东沿海，命方士徐福率童男童女和百工出海寻找长生不老药，而徐福船队出海东行后竟一去不复返。后人遂有徐福东渡日本的种种传说。以上这些都是发生在公元前的事例，难道能说我们的老祖宗不知道海洋吗？我们应该从考古遗址文物和上古史料文献研究中，发掘出更多中华民族先人从事有关海洋活动的事迹，并加以考订、阐述。

  中国在古代还曾经是海上贸易十分发达，航海和造船技术领先于世界水平的国家,这是值得炎黄子孙们自豪的历史。《汉书·地理志》记载汉代中国船队从广东徐闻或广西合浦出海,经东南亚、马六甲海峡直至印度马德拉斯沿海"黄支国"和"已程不国"(斯里兰卡),被后人称为汉代的"海上丝绸之路"。汉武帝时已与欧洲的"大秦国"(即东罗马帝国)有了交往。东晋僧人法显从长安出发经西域到印度(当时称天竺),学梵文抄佛经。公元411年,又从"狮子国"(斯里兰卡)坐船经印度洋和南海回国。唐代,中国国力强盛,经济繁荣,海上交通十分发达,开辟了多条海外航线。如赴日本的东亚航线,还分为经朝鲜半岛沿海的北路与直接横渡东海的南路。另有赴库页岛、堪察加的东北亚航线。特别是通往西方的唐代海上丝绸之路。据唐朝宰相贾耽所著《广州通海夷道》记载,这条航线从广州出发,越海南岛,沿印度半岛东岸航行,顺马来半岛南下。经苏门答腊、爪哇,出马六甲海峡,横渡孟加拉湾至狮子国,沿印度半岛西岸航行,过阿拉伯海,抵波斯湾。再沿阿拉伯半岛南岸西航经巴林、阿曼、也门至红海海口,最后南下直至东非沿岸。唐代远洋海船把中国丝绸、瓷器、茶叶运销亚非各国,并收购象牙、珍珠、香料等物品,盛况空前。唐代重要海港如广州、泉州、福州、明州(宁波)、扬州、登州等都已成为世界贸易大港。而宋代的海上贸易更超过唐代,政府设立市舶司,给商人发放出海贸易的"公凭"(许可证),对进港商船征收关税,鼓励发展对外贸易。据《岭外代答》《诸蕃志》等宋朝书籍记载,通商的国家和地区就有50多个,包括阇婆(爪哇)、三佛齐(苏门答腊)、大食(阿拉伯)、层拔(东非)等。尤其是宋代中国海船首先用指南针和罗盘针导航,开创航海技术的重大革命,后经阿拉伯人传到欧洲,才有欧洲人的大航海时代。当时中国的海船建造水平及航海技术水平都达到了世界前列。宋代远洋航船依靠罗盘导航甚至可以横渡印度洋,直达红海和东非。元代航海事业又有进一步发展,元代的四桅远洋海船在印度洋一带居于航海船舶的首位,压倒阿拉伯商船。元代运用海船进行南粮北运的海上漕运。意大利威尼斯旅行家马可·波罗曾见到中国港口有船舶15000多艘。而摩洛哥旅行家伊本·白图泰更赞扬泉州是当时世界上最大的海港,甚至他在印度旅行还见到不少来自泉州的中国商船。元人汪大渊在其《岛夷志略》中记载与泉州港有海上往来的国家和地区近百个,泉州港口还竖有指示航行的大灯塔。

明代初年郑和舰队七次下西洋,是中国古代海洋及造船、航海事业的顶峰,也是世界航海史上极其伟大辉煌的一页。郑和舰队规模之大,造船、航海水平之高,所到国家地区之多,都可谓当时世界之最。郑和舰队在1405—1433年的28年中先后七次远洋航行,到达东南亚、南亚、伊朗、阿拉伯直至红海沿岸和非洲东海岸的30多个国家和地区。在所到之处进行和平外交与经济文化交流,谱写中外友好的篇章。他们开拓的航路、总结的航海经验、记录的见闻、绘制的海图都是留给后人的极其珍贵的海洋文化遗产。我们应该把郑和航海史作为中国海洋文化历史研究最重要最典型的课题进行全方位、多角度、多学科的深入研究。例如，郑和的海洋观、海权观、海防观、海洋外交思想、外贸思想、航海技术、海战战略战术、造船技术、航海路线、海图测绘、通讯导航、舰队组织、人才培养、海洋见闻、海洋文学、海洋民俗信仰，以及郑和下西洋的目的动机、效果作用，所到之处的活动影响、遗址文物、民间传说等；不仅要搞清楚郑和舰队究竟到了哪些地方，还要与当时欧洲的航海家如哥伦布、达伽马、麦哲伦等人的航行作具体实证的比较；更要科学总结郑和下西洋的历史经验教训，深刻分析郑和航行为什么不能达到哥伦布航行的效果，没能推动中国航海事业更大的发展。

郑和航海史是我们中华民族的辉煌和骄傲，但郑和以后中国航海事业的衰退和萎缩，又是我们民族的遗憾和教训。我们应该认真研究和反思郑和以后明清两代的海洋政策和统治集团、知识分子以至民众的海洋意识。为什么明初鼎盛的航海事业会中断？为什么明清政府要实行海禁政策，其历史背景、直接动因以及更深层的政治、经济、文化、思想原因是什么？禁海政策与日本倭寇海盗骚扰、郑成功反清斗争、西方殖民者入侵等的关系如何？闭关锁国政策是怎样形成的，其具体措施规定又是什么？其实我们也不要把明清的海禁政策、闭关政策绝对化，似乎始终不许片板下海，一直紧闭所有国门。实际上，海禁在不同时期曾有松弛，民间商船仍不断东渡日本长崎进行信牌贸易。即使实行闭关之后，也并非完全封闭，仍留广州一地，允许各国商船前来贸易。但这种消极保守的外交及海洋政策，确实给中国经济发展带来严重的影响和阻碍。尤其在18—19世纪，西方进行工业革命和资产阶级革命，生产力和综合国力突飞猛进之时，中国却不求进取甚至停滞倒退，这一进一退形成东西方力量消长的悬殊变化，以致出现近代中国落后挨打的局面。这说明海洋意识与国家发展、民族兴衰有多么重大的关系，这个历史的教训实在太深刻了。

进入近代，中华民族的命运与海洋更是息息相关。一方面，西方列强加上日本侵略中国大多是从海上入侵。从第一次鸦片战争、第二次鸦片战争到中法战争、甲午战争、八国联军侵华战争，无不如此。中国万里海疆，狼烟四起。帝国主义依仗船坚炮利，烧杀抢掠，横行霸道，迫使中国割地赔款，许多港口、海湾被割占、租借，海疆藩篱尽撤，中国陷入半殖民地的深渊。我们应该好好研究一下这些不平等条约中关于海港、海湾、海岛、海域、海关、海运等等有关海洋权益的条款，看看我们究竟在近代丧失了多少海洋方面的主权和利益，以史为鉴。

另一方面，近代中国军民曾经为反抗外国从海上入侵，保卫祖国海疆进行过前仆后继、艰苦卓绝的斗争，涌现过林则徐、关天培、陈化成、邓世昌等许多民族英雄。但历次对外战争却都以失败告终。其原因归根结底是当时统治阶级的愚昧、腐败以及政治、经济、军事制度和综合国力的落后。中国封建统治者长期以为中国是世界的中心,其他国家都是蛮夷,应向"天朝"朝拜进贡。直到18世纪末清代乾隆年间纂修的《皇朝文献通考》对世界地理的描述,仍是"中土居大地之中,瀛海四环"。1840年英国舰队已经打进国门,道光皇帝才急忙打听:英国究竟在哪里,有多大,与中国有没有陆路可通,与俄罗斯是否接壤?连英国是大西洋中一岛国这样起码的地理知识都没有,可见对世界形势愚昧无知到什么地步!在鸦片战争刺激下,一批爱国开明知识分子开始睁眼看世界,了解国际形势,研究外国史地,寻找救国道路和抵御外敌的方法。如林则徐编译《四洲志》,魏源编撰《海国图志》,徐继畬编著《瀛环志略》,梁廷枬写作《海国四说》等。这些著作达到了当时东亚对世界和海洋史地认识的最高水平,可是却不受统治集团重视,反被斥为"多事"。皇帝和权贵们依然迷信和议,苟且偷安。

由于清朝统治集团缺乏海洋意识、危机意识和海防意识,不仅在西方列强从海上入侵的两次鸦片战争中遭到失败,而且对新兴的日本从海上侵犯,也缺乏警惕和对策。1874年,日本出兵侵略台湾南部高山族地区,清政府竟视为"海外偏隅",听之任之。最后签订《台事专约》,反给日本50万两银子,以"息事宁人"。这种妥协退让态度助长了日本和西方列强侵略中国海疆的野心。日本侵台事件后,经过海防与塞防之争,李鸿章等清政府官僚认识到东南海疆万里,已经门户洞开,再不加强海防和建立海军,前景"不堪设想"!于是分别建设北洋海军和福建水师。福建水师的军舰和人员都是由法国人作顾问的福州船政局制造和培训出来的。不料在1883年8月23日中法战争的马江海战中,几小时内就被法国舰队全部消灭。这真是对清政府依靠外国进行洋务运动和海军建设的一个绝大的讽刺,值得好好研究,总结、吸取历史教训。

甲午海战可以作为近代海军史、海战史以至海洋文化研究的一个重要典型事例。李鸿章花了中国人民大量血汗钱,用了十多年时间建立起来的北洋舰队,在1888年成军时的确是当时亚洲最强大的一支海军舰队,拥有"定远"号和"镇远"号两艘从德国买来的7000多吨的主力铁甲舰。1891年北洋舰队访问日本时,曾威震东瀛,吓得日本赶紧全力以赴拼命发展海军。而与此相反,清政府却满足现状,不仅不再添置战舰,反而压缩海军军费,甚至挪用海军经费给慈禧太后修颐和园和"三海工程"(北京北海、中海、南海)。一进一退,中日海军建设又拉开了差距。三年后中日甲午战争双方海军大决战时,便见分晓。甲午战争中北洋海军全军覆没,有着多种原因。仅从海洋史观或海洋文化历史研究的角度,也有许多问题值得研究。如清政府特别是李鸿章等权贵的海洋意识、海权观念、制海权观念、海洋国际法观念、海防指导思想、海军建设思想、海军战略战术思想、海陆协防思想,以及具体的海军组织、指挥体系、后勤供应、海防炮台、船舰性能、武器装备、海军人才教育、官兵素质、海战经过、战略战术得失、海上通讯情报、气象水文、海战新闻、海战文学诗词等许多方面内容。甲午海战和北洋海军留下的历史经验教训是值得我们深刻总结、认真反思的,失败和教训同样也是宝贵的历史遗产。

中国近代海洋文化历史研究还有一个方面值得注意,就是近代中国人如何通过海洋走向世界,如出使、游历、贸易、留学、华工、移民等等。他们在海外的见闻、观感及其思想观念、心理的变化十分有趣,并留下大量著作、游记、日记、笔记。例如,1876年前往美国费城参观世界博览会的浙海关委员李圭,原来不太相信地圆说,后来亲自从上海乘轮船出发一直向东航行,经太平洋到美洲,再经大西洋、印度洋,又回到中国上海。他这才恍然大悟:原来地球真是圆的。同文馆学生出身一直做到出使大臣的张德彝八次出国,每次都写下一部以"航海述奇"为名的闻见录,自称要把这些见所未见、闻所未闻、奇奇怪怪甚至骇人听闻的海外奇闻告诉国人。还如1887年出访日本、美洲的游历使傅云龙在其著述《游历图经余纪》中详细记载了自己横渡太平洋,特别是经过南美洲海峡,与惊涛骇浪搏斗的经历。凡此种种,都是海洋文化研究的极好素材。

可以说,海洋文化研究离不开历史研究,而历史学也应通过海洋文化研究扩大视野,开拓领域。海洋文化史研究有着广阔天地,大有作为。相信有志于海洋文化研究的学者和青年学生们,在这块尚未开垦的园地里辛勤耕耘,必将获得丰硕的成果。

中国海洋大学海洋文化研究所编纂的《中国海洋文化史长编》,从浩如烟海的学术界研究文献中,汇集、梳理并编辑、概述了涉及中国海洋文化史各个时期、各个方面的研究成果资料,为海洋文化学习者、研究者及广大干部群众,提供了一套内容丰富、很有价值的参考书,也为中国海洋文化学科的建设发展,做了一项很重要的基础性工作。因此应主编曲金良先生之邀,欣然为之作序。

全国政协委员　王晓秋
北京大学历史系教授、博士生导师、中外关系史研究所所长
二〇〇六年八月
于北大蓝旗营公寓遨游史海斋

弁 言

　　我国既是内陆大国,又是海洋大国,海洋文化历史悠久,蕴涵丰厚,独具东方特色,在世界海洋文化史上占有重要地位。对此,我国许多学者已在各自学科中,从不同视角、不同领域作了多年专深的研究。有鉴于长期以来国人海洋文化意识观念的淡薄和对我国海洋文化历史的无视,中国海洋大学海洋文化研究所集全所同仁之力,经长时间的酝酿、准备,在中国海洋大学立项支持下,在"中国海洋文化史"的框架下,汇总辑录了国内主要相关学者的研究成果,梳理、编纂成了一部大型五卷本《中国海洋文化史长编》,较为集中、系统、全面地展示出了中国海洋文化历史悠久、内涵丰富的基本面貌,同时展示了中国学术界不同学科、视角对海洋文化史相关领域、相关问题的已有研究成果,既可作为培养海洋文化研究人才的工具书性质的基本文献,也可供社会各界读者阅读参考。

　　本书分"先秦秦汉卷""魏晋南北朝隋唐卷""宋元卷""明清卷""近代卷"凡5卷,近300万字。每卷分章、节、小节、目等,系统钩稽阐述了中国海洋文化发展史的精神文化、制度文化、经济文化、社会文化及其海外影响与中外文化海路传播等层面。

　　本书作为中国海洋大学海洋文化研究所的集体编纂项目,得到了学校领导的高度重视和支持,由学校"211工程"建设项目支持启动,后成为教育部人文社科重点研究基地、国家"985工程"哲学社会科学创新基地——中国海洋发展研究院海洋历史文化学科基础建设项目,由所长曲金良博士主编,修斌博士、赵成国博士、闵锐武博士、朱建君博士、马树华博士以及本所聘请的北京师范大学陈智勇博士担任各卷主编,自2002年开始,至2004年初成,后不断梳理修改,2006年统编校订,前后历时5年。

　　本书力图承继中国古代图书编纂"汇天下书为一书"的"集成"传统,在"中国海洋文化史"的体例框架下,广泛搜集汇总、梳理参阅、编选辑纳学术界有关中国海洋历史文化的主要研究成果,得到了全国100多位主要相关学者的热情慨允和大力支持。著名学者、全国政协委员、厦门大学杨国桢教授给予多方面的指导,著名学者、全国政协委员、北京大学王晓秋教授为本书作序,对本书的学术性、资料性价值给予了高度重视和肯定。特此鸣谢。

　　本书被国家新闻出版总署列为"十一五"国家重点规划图书,由中国海洋大学出版社出版。相信本书会成为国内外相关学界尤其是年轻学子关注中国海洋文化历史、了解学术界相关研究成果、探求中国海洋文化问题的基础性参考书,从而通过这些研究成果进一步扩大影响,促进中国海洋文化史研究的进一步发展繁荣。

关于本书的编纂宗旨与体例,说明如次:

——本书的编纂目的,是基于中国海洋大学海洋文化学科建设和人才培养的基础性教学和研究的参考用书,也适用于社会各界读者阅读参考。

——本书力图通过对国内海洋人文历史学相关学者研究成果的汇总性梳理、集纳,较为全面、系统展示中国海洋文化悠久、丰厚的历史面貌和发展演变轨迹,以期有利于读者在学界相关著述的浩瀚书海中,通过这样一部书的集中介绍,同时通过对各部分内容的出处的介绍,既能够对中国海洋文化史的基本面貌和丰富蕴涵有一个大致的把握,又在一定程度上对我国海洋文化相关研究的学术状况、学者成就有一个大体的了解。

——本书涵括和展示的"中国海洋文化史",上自先秦、下迄近代,涉及中国海洋精神文化、制度文化、物质文化的方方面面,以及中国人所赖以生存、繁衍和创造、发展海洋文化的历史地理环境。大凡中国历代沿海疆域、岛屿的开发管理与更迭变迁,历代王朝和民间海洋思想、海洋观念,国家海洋政策与制度管理,海上航线与海路交通、造船、海上丝绸之路与海洋贸易,中外海路文化交流,海港与港口城市,海洋天文水文、海况地貌等自然现象的科学探索,海洋渔业及其他生物资源的评价与开发利用,历代海洋信仰的产生与传播,海洋文学艺术的创造,海洋社会与海外移民,历代海关、海防、海军、海战等国家海洋意志的体现等,都是本书作为"中国海洋文化史"的学术视阈与展示内容。

——本书以中国海洋文化发展的历史时期为序,分"先秦秦汉卷""魏晋南北朝隋唐卷""宋元卷""明清卷""近代卷"凡5卷;全书设弁言,各卷设概述,卷下各章设节、目;各章节目的具体内容,凡是编者已经搜检研读过的学界研究成果中适于本书体例和内容需求的,均予选编引用,或者加以综述;对于学界尚无研究的问题,凡是编者认为重要且能够补充介绍的,则加以补充介绍。

——所有引用于本书中的学界已有研究文献,均对作者、书名或篇名、出处、时间、页码等一一注明,并列入参考文献;所引用成果的原有注释,依序一一列于页下,并对原注按现行出版要求尽可能作统一处理,包括补充或调整部分信息内容。

——本书出于叙述结构体例、各内容所占篇幅大小以及叙述角度转换等需要,对选编引用的成果,必要时作适当节略和调整,力求做到叙述角度的统一性和行文的贯通性。

——本书主编负责设计全书体例与内容体系,各卷主编具体负责本卷概述的撰写和各章节目的编纂;最后由主编统编、定稿。

——本书书后附录包括本书主要引用及参考文献在内的"中国海洋文化史相关研究主要论著论文索引",以利于读者更为广泛的研究参考。

总 目 次

中　卷

下 卷

近代分卷

上卷目次

先秦秦汉分卷

本卷主编　陈智勇

魏晋南北朝隋唐分卷

本卷主编　朱建君　修　斌

先秦秦汉分卷

本卷主编 ◎ 陈智勇

本卷概述

　　当我们把目光投向中国以蜿蜒漫长的海岸线为轴线既向海洋伸展又向内陆辐射的广阔空间区域,同时沿着更为蜿蜒漫长的时光隧道追溯历史的源头时,呈现在我们面前的是,早自石器时代以来,中国沿海区域就已有了海洋社会的存在,有了海洋族群的流动,有了早期的海洋科学认知,有了海疆海防意识、海洋经济开发现象、海洋交通行为以及海洋信仰和海洋文化艺术。这一切,都使我们有充分的理由相信,中国不仅有着丰富的海洋文化,而且海洋文化的历史源远流长。

一

　　从中国海陆变迁的历史来看,数万年前,中国的渤海、黄海、东海的大部分地区曾一度是广阔的陆地,而且是良好的平原地貌(即所谓的"三海平原"),日本列岛和我国的台湾等岛屿也曾与亚洲大陆相连,这里曾经孕育了石器时代文明,曾是我们祖先的活动中心之一。另一方面,今天陆地的很多地方,昔日曾经是茫茫的沧海。如贵州高原在远古时期就曾经是汪洋大海,虽然几经变迁,但在孕育人类文明的过程中,仍然留下了海洋文化的印痕。

　　那么,在中国广阔的沿海区域,文明之初的海洋文化印痕如何呢?

　　在旧石器时代,中国的沿海地区和岛屿地区已经有人类居住,当时人们已经开始掌握渡海技术,开发和利用海洋蛋白资源。至今尚存的大量贝丘遗址,为我们诉说着当年人类与海洋亲密接触、以海为生的历史。

　　新石器时代以来,有关海洋文化的信息不断增多,珍珠串一般的海洋文化遗迹散落在中国滨海自北而南的海岸线上。广西东兴贝丘遗址,海南三亚落笔洞、东方、乐东贝丘遗址,广东珠江三角洲地区贝丘遗址,台湾八仙洞长滨文化、大坌坑文化、芝山岩文化、圆山文化、营埔文化和凤鼻头文化遗址,福建富国墩贝冢遗址、壳丘头遗址、昙石山遗址,浙江余姚河姆渡遗址以及舟山群岛新石器时代遗址,山东龙口贝丘遗址,山东即墨贝丘遗址,山东蓬莱、烟台、威海、荣成市贝丘遗址以及辽东半岛沿海的小珠山遗址等,都是极为典型的贝丘遗址。在这些遗址中,海洋文化内容十分丰富,有海生贝类牡蛎、鱼鳞、海鱼骨、绣凹螺、荔枝螺、红螺、耳螺、蛛螺、蜒螺、凤螺、毛蚶、泥蚶、文蛤、魁蛤、青蛤、紫房蛤、伊豆布目蛤、砂海螂、海蚬等大量的海洋生物遗骸,又有出土的网坠、骨鱼卡、蚌器、海参形罐器、陶器、打制石器、磨制石器等生产工具及航海的木桨等器物。这些遗迹或遗物,向我们展示了滨海的贝丘先民对滨海生存环境、滨海食用资源、滨海渔捞生业的初步认识和掌握,对居住选址、海潮与台风以及海洋气候的原始认识,对近海区域交通的初步开拓等。这些发现和认识、掌握和开拓都充分证明,原始时期中国沿海区域的海洋文化内涵已经相当丰富。

进入文明社会以来,海洋文化的内涵进一步丰富起来。

在中国历史上,夏商周通常被称为上古三代时期,这是中国文明社会的出现期。这一时期的海洋文化因素日见增多,其荦荦大端者有:人们开始关注近海海洋资源的开发与管理,部分海洋物产传播到内陆地区并且逐步朝着向适应中央王朝贡赋制度需要的方向发展;已经有了一定的航海能力,出现了较强的海洋意识、朴素的海神崇拜、初步的海洋旅游行为。周王朝后期尤其是春秋战国时期,沿海的诸侯国对于海洋的认识达到了前所未有的高度,海洋资源的开发在其国家中地位突出,航海能力大大增强,海战开始出现,海洋观念更加突出,涉海生活更加丰富。

就中国滨海早期的海洋社会族群而言,其构成是复杂多样的,流动是多方位的。

在中国沿海的海洋社会族群中,岛屿群落是很重要的组成部分。从中国沿海的岛屿构成来看,台湾岛和海南岛是中国的两大岛屿,自原始社会时期就生活着一定规模的岛屿社会群落。此外,在浙江的舟山群岛和山东的长岛群岛等群岛上,也生活着较小规模的社会群落。

舟师群体是另外一种海洋社会群落。他们是海上军事力量,是活跃于海滨的官方社会结构之一,他们担负着一方海洋防卫的任务。

海盗群体是活跃在中国沿海的另外一种独特的社会群体。海盗社会是滨海区域进入阶级社会之后的产物。阶级社会的财产私有制、政治压迫、经济剥削等社会现象,促发了海盗社会的形成。夏商周三代伊始,海洋成了政治斗争和阶级斗争舞台的外缘。那些在斗争中失败的人们纷纷逃向海滨,甚至逃亡出海,以不同的方式反抗着王朝统治。春秋战国时期的长期战乱,甚至使海洋成了诸侯战争和人民抗暴斗争的战场,越来越多的自由民和奴隶逃亡海滨或海上,为海盗社会的形成奠定了基础。那些海盗群体被称为"寇"(即海上之寇),这可视为中国历史上海盗社会产生及活动的前奏。随着逃向海滨予以反抗人群的不断增多,最终形成了一个个具有一定规模的海盗社会,其力量不断壮大,并爆发了诸如南越人入江海反秦,田横踞海岛抗汉,东汉海盗张伯路、曾旌和东晋末海盗孙恩、卢循发动大规模武装起义等重大历史事件。

中国滨海早期海洋族群的流动是多方位的,有中国内陆与沿海之间的人群迁徙,也有中国海外移民的出现。中国内陆与沿海之间的人群迁徙,包括内陆向滨海地区的迁徙及内陆向海岛地区的迁徙两个部分。如先秦时期从内陆向东南沿海海滨的人群迁移,从内陆向山东长岛群岛、台湾岛以及海南岛的迁徙等。

就中国海外移民的出现而论,也是多方面的。有越人向太平洋岛屿的拓展,有古越族群向南洋的迁徙(考古发现、民俗调查、人体测量对比等均证实了这一点),有早期中国人向日本的东渡(中国杭州湾地区的原始文化曾经经过海路输入日本)。此外,还有远古时期亚洲向美洲的移民,等等。这些,都为中国后世的海外交通和对外文化影响与交流,开创了历史的先河。

二

先秦秦汉时期的海洋科学认知，也是相当广泛和深刻的。

一方面，人们对海洋气象和海洋水文已经有了较为广泛的认识。先秦时期，人们已有对台风和龙卷风等海洋风暴的认识，海洋占候即已出现。而且，从先秦时期开始，人们已经应用季风航海；人们已经能够用生动的语言对海市蜃楼予以描绘并加以近乎科学的解释；人们对于海洋潮汐和海水盐度已不再陌生；人们在领教海洋肆虐无常的同时，也对发生的海啸、出现的海潮灾害、形成的海侵现象等海洋自然异常现象，有了清醒的认识，并在抗击海洋灾害面前显示了积极有为、勇于抗争的精神。

另一方面，人们自先秦时期就开始了对海洋地貌、海区划分等的认识，海洋型地球观、海陆循环观也已经出现，海上导航的应用已经得以发明。如对海洋地貌的认识，人们已经认识到海洋地貌有海上地貌和海底地貌之别。对海上地貌的认识，表现为我国先民对海中陆地的认识及一般性命名；对海底地貌的认识，则一般局限于大陆架地貌即浅海地貌上，而对深海地貌的认识则更多地含有猜测与想象的成分。在对海区的早期划分方面，先秦和秦汉时期的人们已经对渤海、黄海、东海和南海这些海区的不同有所认识，而且开始给予了不同的命名。在海陆观念上，战国时期的邹衍所提出的大九州说，就是典型的早期海洋型地球观，表现了海上交通初步发达对人们思想的影响，是非常可贵的早期世界地理猜想。在海陆观念上，时人的海陆循环观也同样不可忽视。先秦和秦汉时期的人们，已经能够明确提出水分的海陆循环概念，能够用水分循环机制，来解释自然界存在的宏观现象。另外，先秦秦汉时期的人们在长期的渔猎生活与原始航海的实践活动中，已经具备了应用天文航海经验与知识的初步能力。同时，由于当时海上航路的开辟，尤其是部分远洋航路的开辟，人们的这种能力已经为海中占星术以及航海图的应用提供了极大的可能性。

此外，先秦秦汉时期人们对海洋生物的认识，也是当时人们取得的重要成就。首先，人们已经能够从资源开发的多维角度对海洋生物做出一定的认识和评价，从海洋生物资源的开发利用，到对海洋生物产品和贡品的作用的认定，到珠饰品艺术价值的鉴赏，到海洋生物资源在区域经济中的地位的提升，再到早期海洋生物资源用于观赏、药用的实践等，都是先秦秦汉时期人们对海洋生物进行资源性认识与利用的重要体现。其次，先秦秦汉时期人们对海洋哺乳动物、海洋鸟类、海洋爬行动物、海洋鱼类、海洋棘皮动物和节肢动物、海洋软体动物和腔肠动物、海洋藻类等海洋生物，都已有了不同程度的认知，在这些海洋生物的物种类别、生长发育、生态习性、区域分布、演化规律、性质归属以及应用途径等方面，都有了较为细致的观察和深入的思考，有了一定的科学认识水平。

三

先秦时期，海洋疆域意识已经产生，海上防卫已经出现，并都在秦汉时期获得了发展。

在先秦的夏商与西周时期，海洋疆域意识是随着人们对于海洋作为天然屏障作用认识的深入而逐渐明晰的。海洋作为疆域或疆界概念的确立，是在春秋战国时沿海国家主体地位得以巩固和加强的时期。春秋战国时期，新型国家制度逐步建立，以地域管理方式代替了分封的管理方式，在管理方式的转变中赋予了国家疆界实质性的内容，即国家通过官吏直接管理地方，实施直接的统辖权，因此出现了真正意义上的国家疆界。在这样的背景下，齐、燕、吴、越及楚等沿海国家，开始了它们不仅以陆域划界，而且以海为界、与海为邻的新的国家疆界管理模式。当然，这种模式还谈不上系统和完备。

这种情况到了秦汉时期有了改观。秦始皇统一中国后，在继承春秋战国时期沿海国家对海洋疆域初步划分和管理的基础上，采取新的管理模式，在中国历史上第一次形成了中国统一的海疆。秦始皇数次东巡至海，在一定程度上促进了当时中国沿海疆域管理和认识的加强。与以往不同的是，秦代的海洋疆域主要表现为傍海郡县的设立，这是一种新的海洋疆域管理模式。汉承秦制。在海洋疆域的划分和管理方式上，汉代继承了秦朝的成果，同时作了某些适度的变革，如在部或州下设郡、设国。

海洋疆域管理的加强，离不开海洋防卫的保证。

先秦时期，海洋防卫处于初起状态。从海洋防卫的力量来说，远离海洋的夏商和西周中原王朝，自然没有必要组建海洋防卫力量。只有到了春秋时期，沿海的诸侯国才形成了自己的海洋防卫力量。这样的海洋防卫力量，当时称为舟师。舟师的形成，标志着中国古代海军的诞生。从海洋防卫的物质基础来看，在春秋战国时期沿海的吴、越等国，不仅海船已开始适用于海战，造船和航运技术与能力已较为发达，而且有了防卫性较强的海战兵器。

秦汉时期的海洋防卫技术与能力进一步发展。一方面，秦汉时已开始具备良好的海防条件，如在造船、航运技术与能力上有了明显的发展进步，战船配备等方面已经较为精良。秦始皇屡次巡海、徐福东渡、开凿灵渠、大规模的水上漕运这四件大事，使我们不仅看到秦代航运的发达，而且可以推断当时造船业的兴旺。汉代的造船业和航运业，在秦代的基础上又得到了进一步发展。汉代所造船舶种类之多、质量之好、海上航运之发达，达到了令人难以想象的程度。另一方面，秦汉时期用于海洋防卫的军事力量得到了进一步加强。如汉代水军称楼船军，多为郡国兵，建置精备，管理严格，并设立有自己的楼船军基地。此外，秦汉时期海战频率和规模进一步扩大，也是海洋防卫发展的表现。

四

先秦秦汉时期的海洋经济，有个逐步产生与发展的过程。

先秦时期的海洋经济，源于早期滨海居民的海洋贝丘生活。在我国沿海地区，自旧石器时代以来，分布着大量的贝丘遗址。这些贝丘遗址的内涵是很丰富的，当时人们可利用的生活资源均是近海资源，这充分说明了石器时代人们的涉海生活对海洋原生资源的依赖性；同时，各种原始的捕捞类生产工具的出现，反映了原始先民们已经开始对海洋资源进行原始的开发，表征着原始海洋经济的萌芽。到了夏商周时期，随着社会生产力的发展，人们对海洋资源的认识不断深入，对海洋渔业资源的开发力度大大增强，一方面，海洋捕捞技术有了初步发展，另一方面，海产品已经成为重要的贡品和商品，远离海洋的中原地区已经能够见到和吃到海鱼、海贝、海龟和海蛤蜊等海产品,沿海与内地之间已经有了以海产品为商品进行交换的商业经济行为。此外,海洋渔业在沿海诸侯国的经济发展中已开始占有重要地位,这更突出地反映了当时海洋经济发展的程度。这种情况在春秋战国时期尤为突出。海洋渔业和海上运输贸易,是春秋战国时期沿海诸侯国主要经济生活的重要构成成分,是国家富强的主要源泉之一。

从海洋经济的结构上来说,先秦时期的海洋盐业也占据了相当的比重。先秦时期人们对于盐的类别、生产和流通均有了一定的认识,盐作为文字符号,也很早就进入了人们的生活之中。"散盐",即产于山东滨海的海盐,系人工煮炼而成。在滨海的齐国,已经出现了大盐业主,齐国统治者曾创造性地提出对海盐搞"转手贸易",为国家积聚了不少财富;在盐政上,官府直接介入食盐的生产和运销环节,首创了食盐官营制度。

到了秦汉时期,一方面,海洋渔业和海洋盐业在原有的基础上继续发展,另一方面,从海洋交通和海外贸易层面上出现的海外丝绸贸易及其他相关的贸易获得了长足发展。

就秦汉时期的海洋渔业而言,渔业技术获得了显著的进步。秦汉时期,人们重视渔业生产,渔业区域得到了扩大,海产品加工技术多样化。汉武帝曾设立征收海洋渔业生产税的"海租"。东汉时设有管理渔业税收事务的海丞、水官等官吏。这些均可视为当时渔业繁荣的表现。就当时的渔业生产区域来说,以东部沿海地区的诸多海洋渔业生产区域为主,普遍重视海上生产,其特点是以近海捕捞为主,其中尤以齐地的近海渔业最为发达。上述地区的海产品,不仅为当地人民提供了重要食品,而且源源不断地输往中原,成为与内地交易的重要商品。在当时,大部分海产品须经过干制、腌制或制成鱼酱、鱼子酱等,人们还能够从海鱼中炼取油脂。此外,秦汉渔业生产的经营组织形式也丰富多样。

海洋盐业在秦汉时期获得了较大的发展。秦汉海盐的产区开发、海盐生产的技术和工艺水平、海盐生产销售和税收的管理等方面,都有了长足的进步。秦时的海盐产区主要分布在燕、齐、吴等传统的沿海地区。西汉中叶以后,食盐业的生产又有了较为迅速的发展,产盐区已经遍布全国各地,并在沿海设置盐官,管理上采用"官与牢盆"即官府供给饭食、供给工具的制度。就海盐生产技术和工艺水平而言,当时煮海盐的"牢盆"即铁釜、铜盘、盘铁,已经相当完备。秦代严禁山海之利,官府垄断盐业,但是汉初至武帝元狩四年,山海之禁有所松动,出现了食盐私营现象,于是到了汉武帝中后期时,又重禁山海,严法推行食盐官营。食盐生产者,则主要是所谓的"亡命罪人"或奴僮,或为佃客式依附民等。

秦汉时期海洋经济获得长足发展的另一现象,就是大规模海外贸易的开启与发展。

海外贸易的产生是海洋经济发展达到一定程度的产物。从中国历史上来看,在先秦时期,虽然人们对于海洋已经有了一定的认识,但限于当时的知识水平和技术条件,人们对于海洋的开发还多限于近海,或者说,基本上是围绕中国大陆海岸而作的近距离开发利用。先秦时期的中国还没有和外面的世界产生较大规模的贸易往来。这种情况到秦汉时期发生了很大变化。

秦始皇统一中国后,中央王朝的统治触角可以一直延伸到海滨,经济发展的触角也不可避免地从海滨向海外世界伸展开来。秦始皇四次巡海,其中最重要的原因是出于经济方面的考虑以及对海外航路的探索。新兴的商人地主们不仅积极占领中原以外的市场,而且试图通过沿海港口向海外发展。

这样的蓄势到了西汉时期得到了释放,其重要标志就是西汉时期海上丝绸之路的开辟。这是中国较大规模海外贸易的开始。

西汉时期,中国的航海事业得到了空前的发展,这是与西汉社会经济的发展联系在一起的。汉武帝的七次巡海以及在海滨实行的一系列管理措施,大大推动了海上交通路线的开辟。汉武帝晚年,不仅沟通了我国北起辽宁丹东,南至广西白仑河口的南北沿海大航线,还开辟了两条国际航线:一条从山东沿岸经黄、渤海通向朝鲜、日本,另一条从广东番禺、徐闻、合浦经南海通向印度和斯里兰卡,这些航线为我国后世航海与贸易事业的发展奠定了基础。

东汉时期,海上丝绸之路进一步发展。东汉与西方的中亚各国各民族、欧洲的罗马帝国以及东方的朝鲜、日本及南洋各国各民族,都通过海上进行贸易,形成了面向西方和面向东方的两条海上丝绸之路。

另外,海港作为海洋经济与海洋贸易的中轴和集散地,其形成和发展对海洋经济的发展起到了重要的推动作用。先秦时期的海港尚处于形成和发展的初级阶段。到了秦汉时期,海港获得了长足的发展。先秦和秦汉时期的主要海港,有交趾港、合浦港、徐闻港、番禺港、黄腄港、琅琊港等,其中有的是今天的重要港口如广州港、福州港、宁波港、温州港、杭州港、青岛港等的前身。

在海洋交通方面,先秦时期的海洋交通已经起步和发展,自春秋战国时期开始,尤其是到了汉朝,随着沿海诸侯国家的出现和海外贸易的发展,海洋交通获得了长足的发展。

远在夏商周之前,海洋交通已经出现。石器时代,先民们已经开辟了对台湾及其他许多沿海岛屿的海上交通路线,发展了山东半岛和辽东半岛之间的海上交通。至夏商周三代,已经形成了较为固定的海上航线,从而标志着我国早期海洋交通的正式形成。从殷商时期开始,人们已经发展了海上交通。到了西周时期,沿海地区的夷人、吴人和百越人,已经和东方的日本及南方的越裳等有了海上交通。

春秋战国时期,随着沿海诸侯国家的出现,海洋交通获得了较快的发展。

春秋时代,齐国、吴国和越国是当时海上交通的强国。在北方,齐国、燕国航海事业发达;在南方,山东半岛以南至今浙江东岸的海上交通线,则控制在越国所统治的百越人和吴人手中。这一时期,对日的海洋交通已经开辟出了两条航线。

到了秦汉时期,随着海外贸易的发展,开创了海洋交通的新纪元。秦始皇巡海之际,以徐福率领的庞大航海船队为代表的从黄、渤海区域到朝鲜半岛、日本列岛的海上交通,南方近海展延到中南半岛一带的海上交通,都充分展示了当时远距离航海的情形。在汉朝,海洋交通是随着海外贸易的繁盛而不断发展的。汉武帝多次巡海,陆续打开了阻碍海外交通的孔道。汉帝国东面北起渤海南迄今越南沿岸的整个海上交通线,都通行无阻。此外,西汉时代我国还通过南海和今日印度洋上的国家建立了海上交通联系,开辟了太平洋和印度洋之间的远程航线。

发达的海洋交通离不开造船业的支持。先秦时期,人们从葫芦、腰舟、皮囊等原始渡水工具的使用,过渡到筏、独木舟的制作,再过渡到木板船的建造,在此基础上逐渐形成了造船业。木板船的产生，大大提高了船的稳定性和快速性，为后世的船舶大型化和多样化开辟了巨大的发展空间。秦汉时期，中国的造船技术获得了重大进步。秦代的船舶已经能够往来于中日，已经能够利用风帆设置，并且有了适于远海航行的各项设备。汉代的造船业更是超越前朝。从文献记载和文物实证来看，汉代船舶的规模庞大，结构合理，船舶中的桨、橹、舵与艄、船碇（锚）、船帆等属具已基本齐备。不仅如此，汉代还重视船舶理论知识的总结，无论是关于船舶的概念与分类方面，还是船舶属具、船体结构、稳定性能等理论和知识方面，也都出现了可喜的进展。

五

先秦秦汉时期，在海洋信仰和海洋文化艺术方面，也呈现出了丰富的内涵和多样化的表现形式。

海洋信仰的出现，是远古海洋社会最突出的文化现象。夏商周时期，对海洋的祭祀已经形成了程式化的祭祀礼仪。四海海神名称及其功能的确立，为大海立祠行为的出现，海盐神、潮汐神以及军事海神等专门海神和行业海神的出现，都体现了东部沿海人们在长期海洋实践基础上对海洋的认识以及渴望开发、利用海洋并征服海洋使之为人服务的愿望。

东部及东南部沿海地区，自远古时期就滋生、积淀了丰厚的鸟图腾崇拜。鸟图腾崇拜可以一直追溯到遥远的石器时代。无论是在新石器时代我国东部沿海及黄淮下游地区的大汶口文化和龙山文化中，还是在长江下游三角洲地区滨海的河姆渡、马家浜、崧泽和良渚文化中，鸟类图像遗存、鸟类器物与鸟形装饰、鸟形纹饰一直相沿不断。古代文献中有渤海湾地区氏族部落的鸟崇拜和鸟生传说，有"居在海曲"或"食海中鱼"的鸟图腾部族，有半人半鸟的海神形象。秦汉时期西南地区的铜鼓上，就有鸟形纹饰和寓意同族出海的羽人划船图。"大越海滨"即东南沿海的百越部族有"雒越鸟田"即雒鸟助耕的神话。在我国的台湾岛，在北美西北海岸，在与我国东南沿海毗邻的环太平洋地区及其附近的滨海岛屿上，都流行着众多的鸟图腾崇拜和鸟生传说。

作为原始和远古海洋文化的造型艺术展示，以器物为载体，是先秦秦汉海洋文化的一大特色。海参形陶罐、舟形陶器、舟形陶屋、陶制海船模型、船形祭坛以及船形棺等器物造型，表达着特定的海洋艺术魅力。以鱼骨、贝壳为饰品，以渔具、鱼俗等形态出现的鱼文化，也显示出大量的海洋文化信息，成为海滨先民们捕鱼、食鱼、信鱼、拜鱼的鱼文化载体。甲骨与青铜器上特定的海洋物像、帛画与铜镜上暗含的海洋因素、古老岩画上传达的悠远的海洋古文化信息，都使得原始与远古海洋艺术呈现出丰富多彩的局面。

另外，作为原始和远古海洋文化的口传载体，大量的传说在中国沿海地区和岛屿广泛流传着。如海南岛涨海的传说，秦始皇与涨海石塘的传说，南海西王母的传说，南海"七洲洋"的传说等，都传达着海滨人们的海洋地理知识及其涉海生活的理想。

在我国早期沿海岛屿和我国百越后裔毛南族、水族、布依族以及印度、东南亚、澳大利亚、大洋洲诸岛等的文化传说中，原始冰川神话和高温神话渗透着特定的孤岛情结。百越冰川神话和高温神话展示的海侵浩劫现象，是先民们在"大地成为无边的海洋"的生态变迁中，经历"冰川—高温—海侵—洪水"历史的集体记忆。

秦汉之后,关于秦皇、汉武的海上寻仙,借助于滨海方士们的海洋想象,大大丰富了以蓬莱仙话为代表的东方仙话系统。尤其是关于徐福东渡的信仰与传说,逐渐成了东亚海洋文化连接东亚国家和民族情感与文化的重要载体。

就先秦秦汉的海洋文学而言,先秦文献和诸子作品中的"共工怒触不周山""归墟""精卫填海""百川灌河""坎井之蛙"等,都表现了丰富的海洋文学意象蕴涵。尤其是《山海经》,揭示了十分丰厚的海洋文化意蕴,是中国海洋自然地理与人文地理文化的开山之作,也是中国海洋文学发展历史上的重要基石。秦汉时期,尤其是在两汉的文学创作中,那些铺写海洋的瑰丽诗赋,尤其是那些游览海洋的赋作,上承《庄子》《山海经》,向人们展示了大海景色的壮观,海中珍奇灵异的瑰丽,表达了对海上仙境的神往和对现实人生的感怀,体现了海洋文学创作特有的艺术魅力。

第一章

中国海洋文化的曙光

在地球与人类的发展史上，沧海桑田的变迁为人类社会的出现与海洋文化的产生提供了先天的环境与舞台。就中国沿海区域而言，数万年前，中国的渤海、黄海、东海的大部分地区曾一度是广阔的平原地貌，曾经孕育了石器时代文明。内陆不少地区，即使是今天的高原，如贵州高原，在远古时期也曾经是汪洋大海，虽几经变迁，但在孕育人类文明的历史上，也同样留下过海洋文化的印痕。

旧石器时代伊始，人类在与海洋的亲密接触中，留下了分布广泛的文化史迹。在中国沿海地区，从南到北，散布着大量的涉海生活遗址、遗迹，其文化内涵十分丰富。这些遗址、遗迹，向我们展示了滨海的先民们对滨海生活环境、滨海食用资源、滨海渔捞业的初步认识，其与滨海活动有关的生产工具，对居住选址、海潮与台风以及海洋气候的认识，对近海区域交通的初步开拓等，都显示出海洋文化历史曙光的来临。

夏商周时期，人们对海洋的认识得到了进一步拓展和深化，呈现出多方位的特征，既有对海洋物质层面的认识，也有海洋精神层面的开拓。周王朝后期，尤其是春秋战国时期，沿海的诸侯国对于海洋的认识和开拓达到了前所未有的高度。以渔业和盐业为主体的海洋资源开发，成了国家经济基础的重要构成部分；无论是近海区域，还是远海区域，都出现了航海能力较强的海运船只，出现了征伐敌国的海战船只，从而为海洋疆域的开拓、守护以及跨海文化交流的产生和发展，奠定了广袤的地理空间和丰厚的历史基础。

第一节　史前海洋文化的遗迹

一　沧桑之变孕育的海洋文明[①]

在中国大陆和沿海，第四纪尤其是全新世以来的沧海桑田变迁所孕育的人类早期海洋文明，可以说是后世人类社会发展的基础，也是中国海洋文化产生与发展的前提。今天是沿海甚至是浩渺海洋的地方，在人类文明的早期有可能是陆地，甚至有可能是

---

① 本部分引见刘德增：《海洋底下的人类文明——关于人类"前文明"的探索》，《中国海洋文化研究》1999年第1卷；王青：《环渤海地区的早期新石器文化与海岸变迁——环渤海环境考古之二》，《华夏考古》2000年第4期。

高原;今天是陆地甚至是高原的区域,在人类文明的早期又有可能是沿海,甚至是一片汪洋。对这一人类早期历史上沧桑海陆变迁的认识,对于我们全面了解人类早期海洋文化的全貌,改变现今不少人一提海洋文化就似乎只是限于沿海区域文化的狭隘、错误观念,具有不可忽视的意义。

在如今高耸的贵州高原,考古学家已经发现了距今上亿年的海螺化石。海螺化石发现于乌江岸边的贵州省沿河土家族自治县和平镇和平村廖家嘴,保存非常完整,虽然已经完全石化,但是螺纹清晰可见,洁白如玉。贵州省考古研究所研究员刘恩元指出:"整个贵州原来是一片汪洋,经过地质变迁才形成为陆地。"①

与海洋变陆地相反的是,昔日是陆地的地方,如今却成了汪洋大海。人们已经在今天某些海洋的底部,发现了曾经存在过的人类文明,有人把它称作人类的"前文明"。在太平洋北端底部,这样的区域被考古学界和史学界称为"三海平原"。

史学家齐涛曾系统研究过这一"三海平原"。他指出,第四纪冰期的最后一个冰期大理冰期,约开始于距今 10 万年以前,在约 9 万年前气温降至今天的温度水平,约 8 万年前降至比今天低 5℃,此后至 1 万年前,在约 7 万年的时间里,一直未超出这一温度,最低温度比今天低 10℃左右。温度的降低,使冰盖与冰川迅速发育,摄取了大量的液体水,使海平面下降了 100 多米。我国的渤海、黄海、东海的大部分地区变成了陆地,而且是良好的平原地貌,日本列岛和我国的台湾等岛屿也曾与亚洲大陆相连。②

这一根据远古气温演变所做的关于"三海平原"的推测能否成立?齐涛提出了三个证据。

证据之一:中国大陆的石器时代有一个缺环。

众所周知,我国分布着众多的旧石器遗址,无论在东北、华北、华东,还是在关中、江南,都有较多的发现。我国也分布着内容十分丰富的新石器中晚期遗址,如 7000 年前开始,华北有仰韶文化、北辛—大汶口文化和新乐文化,华南则以河姆渡文化与大坌坑文化为代表,这些文化都有比较发达的农业种植技术与手工业技术,动物饲养与艺术审美观念也较发达。但是,在我国的考古发掘中却存在一个缺环,即新旧石器之交的中石器时期遗址十分缺少,新石器早期的遗址也比较单薄。中国社会科学院考古研究所编纂的《新中国的考古发现和研究》一书指出:"中石器时代的研究一直是我国考古工作中的薄弱环节,70 年代以前,在黄河流域能初步定为中石器时代的遗存仅陕西沙苑一处。1974 年,正式发表了多昌灵井的资料,1976—1978 年又发掘了山西沁水下川遗址,发现了有明确层位的旧石器时代的遗存,日后这批资料的发表,将会促使黄河流域中石器时代的研究前进一步。黄河流域新石器时代早期的遗存,长期以来引人注目,发现了一点线索,但资料较少。只是近几年来,才有磁山、裴李岗、北首岭下层三处遗址的发现与进一步揭露。"但是,磁山、裴李岗与北首岭下层遗址,只是比仰韶文化等略早一点或相当,它们都不早于 8000 年前。这一数字引起我们极大的兴趣,因为从旧石器晚期到 8000 年前这一新旧石器的交接时代正处在大理冰期中,这种巧合绝非偶然。

---

① 《海螺化石距今上亿年》,《郑州日报》2004 年 1 月 2 日第 3 版。
② 齐涛:《外星人之谜》,山东大学出版社 1990 年版,第 254 页。

在偌大一块大陆上,分布有众多的旧石器文化与发达的新石器文化,为什么没有发现8000年前的新石器早期遗址?比较可信的答案就是:这些遗址主要分布在今天的渤海、东海与黄海一带,那里是那个时代我们祖先的活动中心。[①]

证据之二:长江的入海口曾在700千米之外。

我国海洋学家曾成开、朱永其等人曾对东海平原的范围进行了研究。他们认为长江口外的东海平原最远点曾延伸到东经128°以外,距今天的长江口约700千米。这一广阔的地区曾河网密布,仅长江分流的入海河流就曾有16个以上,这一平原的边缘地区是浅水环境,沉积物为富含有机质的泥,而后在上生长了芦苇,渐成为草丛泥沼,属陆相沉积。这样的平原地带十分适于人类居住。[②]

证据之三:渤海海底有一座古城遗址。

20世纪80年代中期,中国国家海洋局的工作人员周彦儒等人在对渤海湾卫星图像进行解释时发现,多波段彩色合成卫星图像中,有一异常的矩形影像,中间有一中线将其分成两个方格。矩形影像南北长约24千米,东西宽约20千米,中心位置在大连西北方向约79千米处的渤海湾内。矩形影像异常的纵边与子午线一致,上下底边与纬度线平行,从经度和纬度上恰好都合14′。因此,周彦儒等认为,这种巧合不像自然现象,而像是人类活动的痕迹,很可能是一座古代城池。他们搜集了有关的水下资料,从水深图中发现,有三条浅水带与影像三条纵边吻合。该区平均水深约30米,三条浅水带水深在10—20米,说明该异常为一正地形显示,这证明影像异常是高出海底的规则物体。[③]

地球上的气温,有时寒冷,有时温暖,处在不断的变化之中。比较寒冷的时期称为"冰期"。地球史上曾出现过3次大冰期,一次是5亿至6亿年前的晚元古代大冰期,一次是2.8亿年前的晚古生代大冰期,最后一次是开始于300万年前,迄今仍没有结束的晚生代大冰期。每一次大冰期都可以分成若干个冰期和间冰期。大冰期中有相对温暖的时期。我们现在生活的时期就是晚生代大冰期中相对温暖的一个间冰期。目前的研究表明,晚生代大冰期中至少出现过7次冰期,最近的一次冰期是大理冰期。大理冰期开始于10万年前,在距今1.8万年时达到顶点,距今1.2万年时宣告结束,前后延续了9万年左右。大理冰期时代,全球性气温下降,造成了陆地上的冰川扩展与大洋中的海平面下降。我国的渤海、黄海、东海的大部分地区海水退去,变成了陆地,这就是"三海平原"。[④]

大理冰期在距今1.2万年时结束,之后,地球开始变暖,冰川开始融化,海水开始大规模地入侵"三海平原",因而形成了先民记忆中的那次"大洪水"。1万多年前的这场大洪水,不仅淹没了东方的"三海平原",淹没了我们祖先在"三海平原"上发展起来的早期文明,而且淹没了大理冰期所形成的地球上的所有大陆以及这些大陆上的所有文明。

在波斯湾平原,阿拉伯海不断上涨的海水由阿曼湾涌入谷地,泛滥的幼发拉底河

第一章

中国海洋文化的曙光

---

① 齐涛:《外星人之谜》,山东大学出版社1990年版,第257—258页。
② 齐涛:《外星人之谜》,山东大学出版社1990年版,第254页。
③ 齐涛:《外星人之谜》,山东大学出版社1990年版,第258—259页。
④ 齐涛:《外星人与宇宙文明之谜》,青岛出版社1996年版,第91—92页。

和底格里斯河的洪流也呼啸着扑向谷地中的苏美尔人。幸存者一步步地登上高地,在洪水过后的两河下游地区发展起了繁荣的苏美尔文明。

在地中海平原,随着大理冰期的结束,大西洋水开始冲越西边山冈,涌入东、西两个湖中。湖原本是人们的家园和挚友,此时却一下子变成了敌人。湖水猛涨,有增无减,洪水淹没了人们的居所,人们四处奔逃。日复一日,年复一年,洪水漫山遍野地追逐着疲于逃命的人们。很多人被不断上涨的洪水围困而失去了生命。滚滚洪流,无遮无拦,越流越急,越来越高,没了树顶,漫了山冈,直到惊涛拍击着阿拉伯和北非的山岸,拍击着尼罗河畔的狮身人面像,这场大水才消歇下来。被洪水淹没了家园的幸存者,或者逃上了地中海北部的高地克里特岛一带,或者登上了非洲大陆。前者发展起了克里特文明;后者则与北非原有文化融合,发展起了古埃及文明,成了金字塔的建造者。①

我们迄今津津乐道的苏美尔文明、埃及文明、克里特文明,是劫后余生的第一代文明人创造的;开始于尧、舜、禹时代的中国文明,也是劫后余生的“三海平原”上的先民们创造的。还有玛雅文明,其创造者则是从“三海平原”上迁徙过去的。

1万—2万年前,大理冰期发展到了顶点,黄海、东海平原与日本列岛相连,北海道岛连接起库页岛,千岛群岛连接起堪察加半岛,鄂霍次克海与日本海分别成了内海,西伯利亚东端与美洲大陆也紧紧地连接到了一起,圣劳伦斯岛成了新大陆的一部分,从今天的白令海峡到昔日的白令海之间是一块宽度达 1000 千米以上的白令陆地,从这儿可以顺利地到达后来玛雅人居住的中心地区中美洲,甚至更南。

这样,西起黄海、东海平原,经白令陆地,东到中美洲,出现了一个半圆形的陆上交流地带,这个半圆地带持续了约 1 万年。正是在这一时期和在此之前,东亚大陆中国文明的重心处在黄海与东海平原上。玛雅的先民可能与中国彝族人的先民处在同一位置,他们与居于黄海、东海平原中的其他部落一道,发展、繁荣了新石器文化甚至青铜文化。他们有大致相同的语言习惯、文字形式以及宗教、艺术思想。在距今 1 万—2 万年期间,一个或若干个部落由于战争或其他原因离开故地,沿太平洋沿岸迁徙,进入了美洲大陆,成了玛雅人和其他印第安人的祖先。②

这些再次创造的文明,被第二代文明人视为“创世纪”,实则在他们之前,还有一代文明——有人称其为“前文明”。③

如果我们从环渤海地区早期新石器文化与海岸变迁的关系来看海陆沧桑巨变的话,那么我们会从大量的考古地质资料和历史资料中获取许多启示。许多地质学家的具体研究,同样可以证明这一段海陆变迁与“前文明”的历史。

在距今 25000 年前后,我国北方迎来了气候寒冷的大理晚冰期,渤海海岸也开始从今河北献县一带迅速后退。对胶东半岛正东水深 68.5 米的陆相古土壤的 C^{14} 测定为 23250 ± 150 年④,对东海水深 114 米贝壳堤 C^{14} 测定为 23700 ± 900 年⑤,这说明至

---

① 齐涛:《外星人与宇宙文明之谜》,青岛出版社 1996 年版,第 114 页。
② 齐涛:《外星人与宇宙文明之谜》,青岛出版社 1996 年版,第 98 页。
③ 以上论述见刘德增:《海洋底下的人类文明——关于人类“前文明”的探索》,《中国海洋文化研究》1999 年第 1 卷。
④ 王永吉等:《黄海陆架晚第四纪沉积物中的古土壤》,《海洋学报》1986 年第 8 卷第 4 期。
⑤ 朱永其等:《关于东海大陆架晚更新世最低海平面的证据》,《中国科学》(B辑)1984 年第 6 期。

少在距今 23000 年前,海水已几乎全部退出了黄、渤海。在距今 15000 年前后(C[14] 年龄 14780±780 [①])海面降至最低点后,又因冰期结束气候返暖,海岸线迅速向北推进,从而开始了对黄、渤海陆架地貌的新一次大规模塑造。耿秀山先生曾对黄、渤海地貌作过深入研究并划分了类型[②],耿秀山、赵济[③]等人复原了距今 12000 年前后的海岸线,据此可知在距今 12000 年前后,海岸线大致在北黄海水深 50 米阶地一带,此时海水尚未进入渤海。

至此,我们对黄、渤海晚更新世至全新世前期的海陆变迁过程已有了一个比较清晰的轮廓:距今 23000 年前后,海水已全部退出黄、渤海;到距今 12000 年时,海水再次侵入北黄海至水深 50 米线附近;到距今 10000 年前后,开始进入渤海海峡;至 8000 年前后,尚未抵达现代海岸位置而处于现今至少 10 米水深线附近。此后海面受间冰期暖期的暖湿气候影响迅速抬升;到距今 6000 年前后,深入内陆达到最高海面。[④]

关于黄、渤海在裸露成陆期间的气候、植被状况,渤海中部水深 27 米Bc-1钻孔的孢粉组合是比较典型的说明资料。[⑤] 据这一资料可知,在距今 15000 年前后的冰期最盛期,气候干冷,为稀树草原的植被景观,在距今 12000—8000 年间,气候湿润,植被为以桦栎为主的针阔叶混交林—草原植被类型。该钻孔的孢粉组合反映了当时当地的自然环境,但也代表了周围一定区域尤其是陆缘区域的自然面貌,山东临淄后李遗址的孢粉组合即与之相同。[⑥] 另外,环渤海地区现已发现的大量猛玛象—披毛犀食草动物群化石也能证明这一结论。盖培、卫奇早年曾报道过海底动物化石的发现[⑦],后来戴国华又详为稽证[⑧],总括起来主要有以下几点发现:今黄河口区海底的野牛,山东平度县北的披毛犀,大连柏岚港东南 90 千米海底的披毛犀、猛玛象,大连小平岛猛玛象,西距渤海湾 200 千米海底的披毛犀,长岛北隍城岛海底披毛犀,长岛砣矶岛海底猛玛象、赤鹿角,大钦岛海底披毛犀,南长山岛海底安氏鸵鸟蛋,天津市区钻井披毛犀,天津东郊地层中的披毛犀,蓟县东矿井巨象,黄骅钻孔鲤鱼以及丹东凤城、东沟发现的最后鬣狗、野牛、野马、披毛犀等。这些发现告诉我们,陆化的黄渤海平原这一大草原上,还生息着以食草为主的猛玛象—披毛犀动物群。

那么,环渤海地区在距今 25000—8000 年所发生的沧桑巨变对我们究竟意味着什么呢?

它首先使我们认识到了旧石器时代晚期文化在这里的发展。目前虽然尚未在黄、渤海海底发现与古人类活动直接有关的遗存,但上述诸多动物化石的发现,已足能证明当时陆化的黄渤海平原上有人类活动。在此认识的基础上,并考虑到日本旧石器文化与我国华北的密切关系,裴文中先生曾明确指出:华北平原的旧石器晚期文化应是

① 朱永其等:《关于东海大陆架晚更新世最低海平面的证据》,《中国科学》(B辑)1984 年第 6 期。
② 耿秀山:《黄渤海地貌特征及形成因素探讨》,《地理学报》1981 年第 36 卷第 4 期。
③ 赵济等:《胶东半岛沿海全新世环境演变》,海洋出版社 1992 年版。
④ 安芷生等:《最近 2 万年来中国古环境变迁的初步研究》,《黄土·第四纪地质·全球变化》(二),科学出版社 1990 年版。
⑤ 中国科学院海洋研究所海洋地质研究室:《渤海地质》,科学出版社 1985 年版,第 175—181 页。
⑥ 严富华:《淄博临淄后李庄遗址的环境考古学研究》,1994 年打印稿。
⑦ 盖培等:《黄海平原冰种时期古地理》,《地理知识》1979 年第 1 期。
⑧ 戴国华:《旧石器时代晚期中日文化交流的古地理证据》,《史前研究》1984 年第 1 期。

通过黄渤海平原传入日本的。① 由此可以说,黄、渤海地区早在旧石器时代晚期,就已是我国北方地区重要的人类活动中心之一,而且借助黄渤海平原,实现了向东的拓展迁移(山顶洞人的海蚶壳饰品就很可能是通过黄渤海平原的其他人类群体辗转而来的②)。

还有学者根据胶东半岛的情况提出,新石器文化可能就是以渔猎采集方式在各种资源丰富的沿海地区起源的。③ 在分析了这些情况之后,我们不能不注意到现代黄、渤海海域在环渤海新石器文化起源进程中的时空位置。这是因为,不仅当新石器文化起源时黄、渤海已成陆化平原,而且早在旧石器时代晚期,这里就已成为人类繁衍生息的重要地域;同时,更为重要的是,在晚更新世末期,渤海中部还存在着较大面积的"渤海湖"。④ 如同我们不能设想旧石器时代晚期陆地黄、渤海没有人类活动一样,设想距今 12000—8000 年这里没有人类活动,同样是没有道理的。由此可知,正当环渤海新石器文化起源之时,陆地黄渤海平原应是人类活动的重要之地。

明了了黄、渤海地区在更新世和全新世之交所发生的情况,再来看目前已知的早期新石器文化所表现出的种种文化和地理现象。如前所述,距今 12000 年前,海水尚在今北黄海 50 米水深处,在距今 10000 年前后,海水开始穿过海峡侵入渤海,到距今8000 年前后,海水到达现今渤海 10 米水深附近。这一海岸变迁过程不仅重新塑造了海底自然地貌,还使创造原始筒形罐、圆底釜的先民们面临着海水不断淹没生存空间的严峻挑战,伴随着海水不断向西挺进和南北涨溢,先民们也经历了不断向西迁移、向南北后退的复杂过程。

根据以上所述,可得出如下结论:

(1)迄今已知环渤海早期新石器文化遗址大多发现于沿海地带,呈现面海分布的地理特点,使人看到了一条由沿海向内陆发展的迹象。

(2)环渤海的已知早期新石器文化,基本可划分为筒形罐和圆底釜两大文化系统,而且在跨现代海域的东西和南北方向上有着较为广泛的文化联系,有的甚至在文化上同步发展。这使人想到两大系统原本可能在地域上曾互相连接。

(3)正当黄、渤海发生这一沧桑巨变时,环渤海地区正是新石器文化起源之时,已知的早期新石器文化可以跨海连成一片,且其遗址都是面海分布,这就使人有理由相信,当时裸露成陆的黄渤海平原及其周缘地区,应是起源阶段的原始筒形罐和圆底釜两大系统先民的重要活动场所。由当时的黄渤海平原古地貌看,这两大原始文化系统当是以古黄河河道、渤海湖至渤海海峡为界南北对峙分布。

(4)地质上的证据表明,渤海和北黄海在更新世和全新世之交是陆地,海水直到距今 8000 年前后尚处在现今海平面下 10 米水深的位置。8000 年以来该区域的社会文化发展,在这一真实的地理背景上,一直伴随着海侵的速度而向周边的大陆不断延伸,最终形成现在的格局。这就是说,环渤海、黄海区域,不但在现代人类文明的早期是海

---

① 裴文中:《从古文化及古生物看中日的古交通》,《科学通报》1978 年第 12 期。
② 王青:《山顶洞人海蚶壳饰品来源探讨》,《博物馆研究》1994 年第 3 期。
③ 王锡平:《胶东半岛在东北亚考古学研究中的地位》,《青果集》,知识出版社 1993 年版。
④ 见中国科学院海洋研究所海洋地质研究室:《渤海地质》,科学出版社 1985 年版,第 32 页。该书同时说明"到目前为止,尚不能准确确定渤海湖的范围"。

洋文明的中心,而且在其后长期的发展历史上,一直与海洋结下不解之缘。①

由以上所述可以看出,今天中国的海陆分布在几万年以前,甚至在 8000 年以前是不同的。环渤海、黄海文明即使是 8000 年以来的历史,也是与今天的环渤海、黄海文化圈大为不同的"大海洋文化圈"或"泛海洋文化圈"的概念。

二 远古海洋文化遗迹的考古发现②

东北亚地区自西伯利亚、蒙古、中国华北、日本列岛及朝鲜半岛在近半个世纪以来晚期旧石器文化的发现,有了长足的进展。据最近统计,日本列岛 1 万年前细石器文化的遗址就已超过 1000 个。③ 日本加藤晋平教授所主张的日本北部湧别技术细石叶工艺与荒屋型雕刻器文化组合所代表三文鱼捕捞技术扩散的假说,愈来愈受到重视。④ 同样的细石叶技术及雕刻器,在西伯利亚贝加尔湖以东、中国东北如十八站遗址、朝鲜半岛水扬介遗址均有发现。

在中国辽阔的土地上,旧石器时代人类以海洋为生活资料来源的活动资料,目前所知仍然有限。从中国的岛屿着眼,很自然联想到台湾省八仙洞长滨文化的问题。八仙洞是位于台湾省东部海岸的十几个海蚀洞穴。1968—1971 年,台湾大学学者先后几次发掘其中的乾元洞、海雷洞、永安洞和潮音洞。从这些洞穴发现了大量的石器群,李济先生名之为长滨文化。除石器文化外,由潮音洞先陶文化层出土了许多兽鱼骨,但尚未经过鉴定。可惜迄今潮音洞先陶文化层出土的鱼类种属、个体数、部位、年龄等详细资料仍未发表。宋文薰教授指出,"潮音洞的先陶文化层中,包含非常丰富的骨鱼器","而且骨鱼器之绝大多数很可能是捕鱼用器",同样的渔具在法国旧石器晚期 Grimaldi 洞穴中也存在。⑤ 据宋教授所提供的资料,长滨文化年代 C^{14} 数据的 5240 ± 260、5340 ± 260、4970 ± 250、4870 ± 300 四个资料,均集中于距今 5000 年前后。宋教授曾补充说,乾元洞内堆积的 C^{14} 年代测定在 15000 年以前。究竟现今所发现的代表长滨文化的器物和兽类鱼类化石等,其年代是否均超过 1 万年,还有待于考古工作者的进一步研究。在中国大陆旧石器时代能与海洋文化有明显关系的资料并不多,其中最值得注意的是北京周口店山顶洞文化的发现。

早在 1939 年,有"中国旧石器之父"美誉的裴文中教授就在其发表的《周口店山顶洞之文化》⑥报告中指出,在山顶洞下层文化洞穴西部曾出土三件穿孔的海贝,经鉴定属于 Arca,同类贝在中国东部沿海有广泛的分布。然而,周口店山顶洞至东海最近距离尚有 200 多千米。

还有在堆积内洞内发现有鱼类脊椎骨化石及穿孔的鱼骨。鱼骨鉴定,3 件 Abdominal vertebrae 来自同大型鱼类 Teleostei (Cyprinus carpia),6 件 Caudal vertebrae 来自中型鱼 Teleostei。周口店山顶洞的年代测定数据为 10770 ± 360bp. ZK136-0

① 王青:《环渤海地区的早期新石器文化与海岸变迁——环渤海环境考古之二》,《华夏考古》2000 年第 4 期。
② 本部引见邓聪:《海洋文化起源浅释》,《广西民族学院学报》1995 年第 4 期。
③ 橿原考古学研究所编:《一万年前を掘る》,吉川弘文馆 1994 年版。
④ 加藤晋平:《日本人はにからまたか - 东アツアの旧石器文化》,岩波新书 1988 年版。
⑤ 宋文薰:《长滨文化(简报)》,中国民族学会 1969 年版。
⑥ 裴文中:《周口店山顶洞之文化》,《中国古生物志》总 120 号,1939 年版。

(1),安志敏先生推测为距今 20000—10000 年。虽然自 1939 年至今已达近 70 年,在中国旧石器时代遗址里仍然以山顶洞出土的贝壳化石最受注目,它清楚地说明了我国海洋文化最迟在旧石器时代晚期已经开始。后来,辽宁小孤山又发现了旧石器时代的骨制渔叉。尽管这些发现不一定与海洋文化相关,但即使是人类在全新世以前在内水(河川、湖泽等淡水领域)的渔捞活动的证据,同样也是值得注意的。总之,中国在旧石器时代晚期,就开始有了人类对海洋资源开发利用的行为。

关于中国新石器时代的海洋文化,在过去的半个世纪中,有关的资料及综合的论述不多。这可能是由于我们过去比较偏重于内陆新石器时代方面的研究。近一二十年来,随着东部沿海新石器时代文化研究的开展,岛屿的考古学有了明显的变化。辽宁长山群岛、山东庙岛群岛、浙江舟山群岛、福建金门岛、台湾澎湖列岛、环珠江一带岛屿及海南岛等地,都发现过距今 6000 年前后的人类生活痕迹。这些资料使我们相信,在距今 6500 年前或更早的阶段,北起辽东半岛,南至广东、海南岛沿岸一带,史前人类都曾有过频繁的海上航行活动。譬如在珠海地区,在三灶岛、大小横琴、淇澳岛、高澜岛等地,近数年来,在广东省文物考古研究所及珠海市博物馆考古工作者的努力下,发现了大量考古学资料,为南海史前海洋文化研究提供了极其重要的根据。这些新的发现,均是我们过去所梦寐以求的。近 10 年来,从香港、澳门地区到环珠江口地带,考古学有了突飞猛进的发展,这是有目共睹的事实。1991 年及 1994 年,中国香港中文大学中国文化研究所中国考古艺术研究中心召开了两次"南中国及邻近地区古文化研究国际会议",同样均涉及南海的史前海洋文化探讨。1994 年,邓聪与黄韶璋共同发表了《大湾文化试论》①一文,就是尝试就环珠江口沿岸及岛屿五六千年前新石器时期文化的分布、分期、文化的内涵特征、航海技术及源流等问题进行初步的分析。文章指出大湾文化的遗址有 20 多处,其中 9 个岛屿位于沿海,另外还有 11 个沙丘遗址。自珠江口一带至粤东海岸及珠江口外星罗棋布的小岛,都是大湾文化的分布范围。令人惊奇的是,其规模足以与现今珠江口一带的水路交通范围媲美。大湾文化的主人,必定已掌握了相当先进的水上交通技术,从而能够克服江河及海洋的阻隔,与四邻部落展开密切的文化交流。②

(一)南中国海沿海及岛屿的远古海洋文化遗迹③

对南海地区尤其是环珠江口地区大湾文化的探讨,意味着对作为中国新石器时代一个分支的海洋文化研究的开始。现在,五六千年前环珠江口地区新石器时代的文化面貌,已经开始显出一点端倪。我们希望中国东南地区特别是福建、台湾、广东、广西、海南与印支半岛如越南的考古工作者能够共同联手,对南海地区的海洋文化做出一个

---

① 邓聪、黄韶璋:《大湾文化试论》,《南中国及邻近地区古文化研究》,中文大学出版社 1994 年版,第 395—450 页。

② 邓聪:《海洋文化起源浅释》,《广西民族学院学报》1995 年第 4 期。

③ 邓聪:《海洋文化起源浅释》,《广西民族学院学报》1995 年第 4 期;安京:《中国古代海疆史纲》,黑龙江教育出版社 1999 年版;海南省文物考古研究所:《海南省近五十年文物考古工作概述》,《新中国考古五十年》,文物出版社 1999 年版;杨式挺:《从考古材料看香港与祖国内地的历史关系》,《岭南文物考古论集》,广东地图出版社 1998 年版;黄鸿钊《澳门史》中有关澳门古文化的论述,福建人民出版社 1999 年版。

更综合、更全面的考察。①

在广西，由于海岸线较短，贝丘遗址分布于沿海地区的较少，大多集中在内陆地区的河流附近。在沿海的贝丘遗址中，典型的是广西东兴（现为广西防城）贝丘遗址，它包括杯较山、亚菩山、马兰嘴山三处。

广西东兴贝丘遗址，是华南较早挖掘的贝丘遗址。亚菩山、马兰嘴山和杯较山三处遗址，均位于河流入海处的山冈或小岛上。三处遗址处于同一时代，是新石器时代中期的遗存。在遗址黄色细砂土下含有大量贝壳，主要是牡蛎、文蛤和魁蛤等海产贝类。石器往往是通体磨光的，包括斧和锛等，其中也有"有肩"的，说明了石器的进步性。在石器中有一种专门采蚝用的工具——"蚝蛎啄"。专家认为蚝蛎啄打制技术相当成熟，器形十分规整，说明采集贝类已成为当时人们的主要生产活动。②

海南是中国最南的省份，濒临南海，北隔琼州海峡与雷州半岛相望。与中国内陆一水之隔的地缘关系，使得海南在史前时期已有了人类活动。考古工作者在海南发现了一大批自新石器时代以来各个历史时期的遗址、遗迹和遗物。

海南最早的人类生活遗迹，是三亚市的落笔洞遗址。它位于三亚市东北约10千米处的一座石灰岩孤山的南面。20世纪80年代初，广东省考古工作者在这里发现了含有螺壳、蚌壳及小哺乳动物化石的灰色胶结层堆积，认为这是一处时代较早的人类活动遗存。③ 海南建省后，海南省文物管理委员会办公室与海南省博物馆于1992—1993年发掘了这处重要的洞穴遗存。洞内三层堆积物中，以第2层灰色沙质土为主要的文化层堆积，其中除发现人牙化石及较多哺乳动物等动物化石外，还出土了一批石、骨、角制品等遗物及用火遗迹。石制品多用火山岩和黑曜石为原料，以单面打击为主，多采用直接锤击法加工，分为砾石石器和石片制品两大类。器形有砍砸器、敲砸器、刮削器、尖状器和石片等。加磨石器仅见穿孔石器一种，未见刃部加磨或通体磨光的石器。骨、角制品基本利用切割、打击和刮磨相结合的加工方法，器类主要有铲、锤、锥、镞等，少量骨锥为通体磨光。发现的13枚人牙化石分别代表了老年、中年和青年三个阶段的个体，属晚期智人。出土的动物化石中，除部分爬行类、鸟类外，哺乳动物主要有华南虎、亚洲象、豹、熊、鹿、麂、水牛、羚羊、豪猪、猕猴、野猪、果子狸等8目45种。发现的螺、蛤类水生动物数量极多，堆积十分密集，计7目24种。经C^{14}测定年代为距今10890 ± 100年和10642 ± 270年。④

落笔洞洞穴遗址的特征主要是：①堆积物含大量螺、蛤、蚌壳；②人类牙齿属晚期智人，与其共生的哺乳动物化石几乎全是现生种；③文化遗物有石、骨、角制品，无陶器；④石制品用锤击法加工，多为单面打击；⑤经济生活以狩猎、捕捞和采集为主。

落笔洞遗址存在着某些自己的文化特点和地方风格，或许代表了不同地域的洞穴文化。在年代发展时序上，落笔洞洞穴遗址当处于旧石器时代末期至新石器时代早期的衔接阶段，凸显出较明显的文化过渡特征和性质。

从其地理环境考察，江河两岸的台地遗址、山坡遗址分布很广，数量较多；海滨、部

① 邓聪：《海洋文化起源浅释》，《广西民族学院学报》1995年第4期。
② 安京：《中国古代海疆史纲》，黑龙江教育出版社1999年版，第15页。
③ 王克荣：《海南岛的主要考古发现及其重要价值》，《海南黎族苗族自治州民族博物馆馆刊》创刊号，1987年。
④ 郝思德、黄万波：《三亚落笔洞遗址》，南方出版社1998年版。

分岛屿及河流入海口则分布有沙丘遗址、贝丘遗址。上述遗址分布偏重在海南南半部地区,北半部除个别市县有少数遗址外,多仅见遗物点分布。遗址一般分布范围不大,地表遗物较少,文化层堆积较薄且内容简单。这可能反映了海南新石器文化的发展,在一定程度上受到岛屿地理环境和自然条件的影响,表现出比较缓慢且滞后的特点。初步分析,海南新石器时代遗址大致可分为早、中、晚三个发展阶段,其中晚期遗址较多,中期遗址次之,早期遗址甚少。①

新石器时代早期的贝丘遗址仅在东方、乐东等市县有少量发现,其中东方市新街遗址是较重要的文化遗存。② 遗址在东方市北黎河入海口右岸较高的沙丘上。文化层厚为 0.5—1.0 米,内含大量螺壳、兽骨及陶器、石器等遗物。发现的陶器均为手制夹砂粗陶,灰褐色为主,未见泥质陶;器类单一,见到的器形仅有圜底罐和圜底釜,均敞口、鼓腹,除素面外,有的饰绳纹。石器多以砾石为材料,采用交互打击法制成。磨制石器很少;器形甚少,仅有砍砸器、斧状器,前者器身略呈椭圆形,后者略似梯形。说明当时的人们主要从事捕捞、采集等经济活动。新街贝丘遗址的文化面貌与三亚落笔洞洞穴遗存有一定的区别,在时间上要晚些,与广东潮安石尾山、陈桥村③及广西防城亚菩山、马兰嘴山④等新石器时代早期贝丘遗址的文化内涵则有一定的相似之处。

新石器时代中期文化遗存,与早期相比,分布范围有所扩大,遗址面积也较大,文化层堆积增厚,出土遗物较为丰富,磨制石器开始流行,除夹砂粗陶外,已有泥质陶,器类明显增加。沙丘遗址较多,贝丘遗址和山坡遗址少些。这一时期的沙丘、贝丘遗址多分布在南部滨海沙丘地带,山坡遗址则主要在中部及北部江河沿岸及丘冈地区。

新石器时代晚期遗址大都属于台地和山坡类型,广布于全省江河及其支流的阶地或附近的坡地、山冈上,数量明显增加,但遗址面积一般不大,沙丘遗址较少。这类遗址的文化特有有:①磨制石器增加,多为通体磨光,器类很多,常见的有斧、锛、铲、凿、镞,另有少量犁、矛、戈和网坠、砺石、纺轮、杵等。②从近邻江河的台地、山坡遗址出土的大型石器工具看,当时人们已开始从事原始农业生产;石镞、石戈及兽骨的发现,又表明狩猎活动在经济生活中仍占一定比重。沙丘遗址较少发现大型石器,说明原始农业生产的发展较滞后,仍以渔猎经济为主。⑤

可以看出,三亚市的落笔洞遗址作为海南最早的人类生活遗迹,有着丰富的海洋文化因素。堆积物中含有大量的螺、蛤、蚌壳,文化遗物有石、骨、角制品,用锤击法加工石制品以及以狩猎、捕捞和采集为主的经济生活形态等,都表征着这座大岛屿在旧石器时代末期至新石器时代早期的衔接阶段,即有了人类的涉海生活。而新石器时代以来的遗址不断增多,海滨、部分岛屿及河流入海口分布着不少的沙丘遗址、贝丘遗址,堆积中出现大量的螺壳、贝壳以及网坠等,更是人们涉足海洋、认识海洋的反映。

---

① 郝思德:《海南史前文化初探》,《东亚·玉器——庆祝中国考古艺术研究中心创立二十周年论集》,中国香港中文大学,1998 年。

② 陵水黎族自治县博物馆:《陵水黎族自治县博物志》(待刊)。

③ 广东省文物管理委员会:《广东潮安的贝丘遗址》,《考古》1961 年第 11 期。

④ 广东省博物馆:《广东东兴新石器时代贝丘遗址》,《考古》1961 年第 12 期。

⑤ 海南省文物考古研究所:《海南省近五十年文物考古工作概述》,《新中国考古五十年》,文物出版社 1999 年版。

在广东沿海的史前海洋文化遗迹中,珠江三角洲地区的海洋文化遗迹最具有代表性。

从调查发掘的情况看,沙丘遗址集中于深圳、珠海、中山、香港和澳门等珠江三角洲南部沿珠江口两岸及附近岛屿的沙滩、沙堤、沙洲之上。到目前为止,已发现的沙丘遗址超过 80 处。按地理位置可分为海岛型和海岸型两类。沙丘、贝丘遗址的分布有着明显的区域差别,但也存在着许多共性,如遗址多在河海沿岸,接近河流交汇处或河海交汇处,这些地方不仅水源充足,而且水产丰富,可以提供充足的食物资源;遗址前为平地,或湖泊沼泽,或沉积平原,背面、两侧环山,根据当时的气候环境,可以想见这里丛林茂盛,动物繁多,是人们从事采集、狩猎、捕捞以获取生活资料的理想场所;遗址地势突起,高出河面、海面,可以免受洪水泛滥和海潮淹没的灾害,等等。因此,不难想象,两类遗址都处在非常优越的地理环境之中。

珠江三角洲地区存在的丰富的沙丘遗址和贝丘遗址,数量多,范围广,表征着生活在这些沿海地区人们的早期生活面貌。

香港地区史前的人类活动范围是整个珠江三角洲人类活动范围的一部分。其史前的人类活动特征也是相同的。

考古资料显示,早在公元前 4000 年,已有先民在香港地区活动。目前发现的新石器中期(公元前 4000—公元前 2500 年)的遗址有春坎湾、大湾、深湾、芦须城、蟹地湾、大浪湾、东湾、虎地湾、过路湾、深湾禁、铜鼓洲、龙鼓滩、勇浪遗址等,大部分在沿岸地区海湾内的沙堤上。这种沿岸聚居的生活模式,说明了香港地区最早期的居民主要以海洋为生。从遗留下的陶质炊煮器与盛食器以及砍砸、刮削、尖状器与环、玦等装饰物看,当时先民过的是简单的渔猎生活。[1]

香港地区至今尚未发现旧石器时代遗址,似亦未发现距今 7000—10000 年的新石器时代早期遗址。香港地区有人类活动生息的年代,目前可追溯至距今 6000 年左右。在香港地区新石器中期文化遗存中,第一期文化的特征有:普遍出现彩陶圈足盘、少量白陶盘和大量夹砂陶器。石器以磨光小型锛、斧为特征,开始出现有肩型锛、斧,还有较多的各种砾石器、少量网坠。还有一种长方形扁平体石工具,一面或两面有多条沟道,一种意见认为是石拍,作为拍印陶花纹之用,另一种意见认为是拍打植物树皮纤维做衣服布料,叫树皮布石拍,这是环珠江口沙丘遗址的一个独特文化因素,今天生活在我国台湾、环太平洋岛上的一些土著民族仍在使用。[2] 此时磨制石器数量增多,磨光和钻孔技术有了改进提高;器形种类多,形体增大,可适应生产发展的需求。石器多种多样,包括锛、斧、镞、石锤、砾石、网坠、石锚和石钻等。石屿山沙螺湾海滩出土了一件椭圆形砾石,中间凿刻凹槽,用以绑系绳索,长 23 厘米、宽 19 厘米。这种硕大厚重比一般网坠大的砾石,被称为石锚,年代为公元前 2900—公元前 2200 年。环珠江口沿海沙丘、沙堤自新石器中期以来,发现大小各式石网坠特别多,涌浪还发现有骨锥和骨针,是该地区古代居民以渔猎捕捞经济为主的一个特色表现。

① 韩伟:《香港考古纪实》,《考古与文物》1999 年第 5 期。
② 邓聪等:《大湾文化试论》,《南中国及邻近地区古文化研究》,中文大学出版社 1994 年版,第 395—450 页;凌纯声:《树皮布印纹陶与造纸印刷术发明》,"台湾中央研究院"民族研究所 1963 年版,第 229—245 页。

另外,在珠海香山菱角咀、东澳湾、平沙、虎门村头、河宕、灶岗、高要茅岗、三水银洲等地,也都发现了人类居住的遗迹。虎门村头发现 6 座房子,106 个灰坑、窖穴。茅岗发现的水上木构建筑,结构可基本复原,是岭南干栏式建筑的最重要发现。三水银洲早、中、晚三期都有房子遗迹存在,年代在距今 4200—3500 年。这个时期的房子都是小房子,面积在 30—40 平方米。这些发现说明珠江三角洲贝丘遗址比沿海沙丘遗址有着更多更大面积的定居聚落和墓葬群,而且有更多的陆生动物(家养牛、鹿、象、家养猪和狗等)和水生海生鱼类、龟鳖、介壳类以及角、骨、牙(含象牙)、蚌蚝质工具与装饰品。从当时的居民体质特征及陶器石器的特点,可以证明香港与珠江三角洲是相同或类似的。①

目前国际学者所热切关注的问题之一,是三四千年以前人类在东、南沿海人种和文化交流与扩散的历史探索。在澳门黑沙发现了石玦石环作坊的遗物,同样的文物在越南南部的同奈省、北部海防省以及中国珠江三角洲如珠海、深圳、香港及台湾等地都有发现。3000—4000 年前,人类沿台湾海峡以至印支半岛南部沿海,已形成了一个具有一定文化关系的网络。澳门黑沙的发现,对古代东南亚沿海海洋文化交流了解提供了一个重要环节。②

澳门早期人类活动的范围也是整个珠江三角洲人类活动范围的一部分。据考古发掘,澳门境内从新石器时代起就有了人类活动的文化遗址。

澳门本是香山县的一部分,它的历史文化渊源于香山。"香山,水国也。"它是古伶仃洋的一个海岛。据考古发掘,境内有新石器时代文化遗址,出土的石器、彩陶、夹砂陶等器物,表明 5000 年以前已有古越族人在香山岛居住,过着渔猎生活。

远在 5000 年之前,澳门所在的珠江三角洲地区南端,海岛遍布,岛上海岸沙堤内侧背山面海,有古泻湖和淡水河。这种环境十分适宜于古代先民的生活。广阔滩涂带来丰富的海洋生物,且澳门位于珠江口西岸,咸水和淡水相交,适合多种鱼虾生长。这里是亚热带海洋性气候,温暖湿润,岛上草木丛生,四季常青,有丰富的动植物资源。在这种情况下,澳门先民的经济类型以渔猎和采集为主。1985 年,路环岛黑沙发现5000 年前的新石器遗址,出土的石器有石英、石芯,有沟砺石和打制砾石工具,还有 36片石英和火成岩石片。陶片有 5000 片之多,上有刻纹、席纹、条纹、编织纹等 114 种,主要为红陶,也有若干白陶。陶片上有红彩刻画及镂孔,还有绳纹。所有陶片的纹饰风格均为波浪纹、水滴纹。这是海港文化的基本特色,说明 5000 年前澳门地区的先民们主要靠渔猎生活。澳门新石器遗址出土文物,与香山南部海岛古文化完全相同。澳门附近的 7 处遗址——淇澳岛后沙湾遗址、东澳湾遗址、三灶草堂湾遗址、前山南沙湾遗址、香洲菱角咀遗址、平沙堂下环遗址、水井口遗址,与澳门一样,也都是古沙丘遗址,地理环境、出土文物、文化特征均相同,同是渔猎文化。③

① 杨式挺:《从考古材料看香港与祖国内地的历史关系》,《岭南文物考古论集》,广东地图出版社 1998 年版,第332—350 页。

② 杨式挺:《略论澳门黑沙史前文化与珠江三角洲史前文化的密切联系》,《澳门教育、历史与文化论文集》,《学术研究》杂志社,1995 年广州,第 81—99 页;邓聪等:《澳门黑沙》,香港中文大学出版社 1996 年版。

③ 黄鸿钊:《澳门史》,福建人民出版社 1999 年版。

（二）台湾岛及福建沿海的远古海洋文化遗迹①

　　台湾是中国第一大岛，与祖国大陆一水相连。台湾与福建隔海相望，最近距离仅130千米，语言相通，习俗相同，骨肉相亲。台湾自古以来就与祖国大陆有着悠久的历史渊源关系。早在石器时代，台湾岛上就生活着人类，形成了台湾的早期文化。台湾与大陆毗邻的地理和相同相近的生态环境，尤其是越人娴熟的操桨驾舟技艺，更使这里成了海上文化交往的重要区域。早在1943年，日本学者金关丈夫和国分直一就曾指出，台湾的史前文化中有经过大陆东南沿海传入台湾的南方要素。② 鹿野忠雄也主张"台湾先史文化的基层是中国大陆的文化，此种文化曾分数次波及台湾"③。

　　台湾迄今发现的年代最早的新石器时代文化，是以台北县八里乡大坌坑遗址命名的大坌坑文化，距今年代为5000—7000年。④ 美国著名考古学家张光直认为大坌坑文化的主人同大陆东南海岸的河姆渡文化一样。⑤ 还有学者推测，台湾大坌坑文化很可能是演变自以江西万年仙人洞也许还有广东内陆的翁源和灵山以及北越的一些遗址为代表的新石器时代早期文化的华南新石器时代中期地域性文化之一，可称为"越海岸新石器时代文化"⑥。有学者明确提出早在大坌坑文化之时，大陆的东南和华南地区就同台湾有了文化交往；也有学者认为这种主张证据尚嫌不足，他们认为大坌坑文化与大陆史前文化是在两地相似的生态环境下出现的文化趋同现象，当时先民所能具有的地理和航海技能目前尚不清楚。

　　如果说大坌坑文化同大陆已有文化接触之说尚有待今后的考古发现加以确认的话，那么继其之后分布在台北地区的芝山岩文化（距今4000—3000年）和圆山文化（距今4200—2000年）以及分布在西海岸中部的营埔文化（距今年代为3500—2000年）和台南地区的凤鼻头文化（距今年代为4000—3000年），已同大陆有着海上交往则是毋庸置疑的事实。庄礼强通过对福建闽侯昙石山文化的全面研究和比较指出，昙石山文化与圆山文化及凤鼻头文化中的陶器，无论是制作质料、颜色、工艺，还是彩绘纹饰和头部，都很相似，两地所体现的生产力发展水平也很相近。⑦ 在台北芝山岩、台中营埔里、台南屏东垦丁等遗址中都发现过炭化稻米，说明其时大陆稻作农业已传播到了台湾。尤其是芝山岩、圆山和凤鼻头诸文化遗址中，普遍发现的彩绘陶片、有段石锛、有肩石斧、半月形石刀、贝壳饰品及几何形印纹陶等，都是浙、闽、粤新石器时代晚期至青铜时代的常见之物。如台湾所见的彩绘陶，在浙南的瑞安山前山，福建的寿宁、福安、周宁、闽侯昙石山、福清东张、厦门灌口等地都有出土。

　　黄士强教授曾列举芝山岩出土的彩绘陶和陀螺形木器、黑皮陶、红衣陶、骨镖、角

① 林华东：《越人向台湾及太平洋岛屿的文化拓展》，《浙江社会科学》1994年第5期；臧振华：《中国东方海岸史前文化的适应与扩张》，《考古与文物》1999年第3期。
② 金关丈夫：《台湾先史时代北方文化的影响》；国分直一：《有肩石斧、有段石锛及黑陶文化》，均见《台湾文化论丛》第1辑，1943年。
③ 鹿野忠雄：《台湾考古学民族学概观》，宋文薰译，台湾省文献委员会出版1955年版。
④ 臧林华：《试论台湾史前史上的三个重要问题》，《台湾大学考古人类学刊》1989年第45期。
⑤ 张光直：《中国东南海岸的"富裕的食物采集文化"》，《上海博物馆集刊》第4辑，1987年。
⑥ 臧林华：《试论台湾史前史上的三个重要问题》，《台湾大学考古人类学刊》1989年第45期。
⑦ 庄礼强：《昙石山文化的生产方式与邻省区同期原始文化的异同》，《南方文物》1993年第1期。

质鹤嘴锄及钩状器等,与河姆渡文化、马家浜文化、良渚文化中的同类进行对比,认定"在台湾找不到芝山岩文化的祖型",上述"要素不应是独立发生的,而是传播的结果","它的持有人来自中国东部或东南沿海,尤其是浙闽地区的可能性很大"。①

除此之外,台东卑南文化墓地出现的拔牙、猎头及西海岸中部番仔园文化流行以陶器覆盖死者头部的习俗,台湾各地发现的靴形石器及其后的干栏式房屋、文身习俗等等,均应是大陆越文化传播的结果。圆山文化和卑南文化屡见的那种外缘带有四个小突块(或称花边)的块形耳饰,不但在广西田东锅盖岭、平东银山、广东曲江石峡和香港大湾遗址中可找到其渊源所在,而且在浙江衢州西山西周土墩墓中也有发现。② 圆山文化出现的有肩石斧,更向人们昭示了它同广东沿海和香港地区的亲缘关系。不过,我们应注意到台湾地区普遍发现的有段石锛大多属台阶型和凹槽型,有的横断面呈梯形,也有少数近似三角形,显属有段石锛晚期的形式或变种,而且有的往往同有肩石斧、彩绘陶及至印纹陶共存。结合良渚文化之时已有筏和大型独木舟的情状,林华东主张台湾与浙南、福建、粤东沿海先民的海上文化交往,最早当不超过5000年前。③

福建沿海地区与琉球群岛之间的交通,可能早在五六千年前的新石器时代就有了。在福建与广东沿海的某些史前遗址发现的指甲印纹陶器,也在琉球诸岛上出现。金门岛的金龟山遗址中就有这类陶片,其年代距今约7600年。也许早年的这种交流现象是某种很偶然的事件(譬如船只在海上漂流)所造成的结果,然而总有事件会发生的条件存在。

福建地区发现的旧石器时代人类和文化遗存甚为稀少。1987年,福建东山文化馆征集到一批从东山岛海域捞起的更新世哺乳动物化石和一件经鉴定为更新世晚期或全新世早期的人类右侧肱骨化石。1988年,福建省考古队与三明市文物普查队在清流县沙芜乡洞口村狐狸洞采集到一枚距今1万年以上的晚期智人牙齿化石,翌年经过发掘又采集到了5枚。1989年曾五岳在漳州市北郊采集到一批石块,经鉴定为打制石器。之后他又在漳州市北郊的更新世台地上,找到石器地点17处,标本300余件。这些打制石器分别出自晚更新世中期(距今4万—8万年)、晚更新世晚期及全新世早期(距今9000—13000年)。1990年,福建省博物馆、漳州市文化局和中国科学院古脊椎动物与古人类研究所对此地进行了发掘,并在漳州市辖的几个县做了调查,发现了属晚更新世中期的旧石器地点两处,属晚更新世晚期到全新世早期的所谓"漳州文化"地点118处,分布范围包括漳州市、平和县、龙海县、东山县、照安县及龙岩地区的适中等地。④ 这些发现证明了福建地区至迟在距今4万年前已有旧石器时代的人类和文化存在,不过详细的内涵,还有待更多的研究。

福建新石器时代的遗址已发现了1000多处,但是经过仔细调查或发掘的并不多。目前所发现的最早的新石器文化遗存是富国墩贝冢遗址。这个遗址位于金门岛的最

---

① 黄士强:《台北芝山岩遗址发掘报告》,台北市文献委员会印行1984年版。

② 宋文薰:《论台湾及环中国南海史前时代的玦形耳饰》,台湾《"中央研究院"第二届国际汉学会议论文集》,1989年。

③ 林华东:《越人向台湾及太平洋岛屿的文化拓展》,《浙江社会科学》1994年第5期。

④ 尤玉柱:《漳州史前文化》,福州人民出版社1991年版。

东边,范围约 20 平方米,是已故台湾大学地质系教授林朝棨于 1968 年发现的。贝冢厚约 60 厘米,所含贝类都属于潮间带岩礁和浅水中的种属。出土的文化遗物有陶片、凹石、石把手(可能是残破的石锄)和兽骨片。陶片有红色陶和黑色陶,纹饰以贝印纹和指甲纹为特征。从贝冢的底部、中部和顶部分别获得的 C^{14} 年代推测,这个遗址的年代距今 5500—6300 年。[①]

由于出土资料太少,过去对于富国墩遗址的文化地位还不了解。最近,由于相似特征的陶器也见于平潭壳丘头、南厝场和白沙溪头的下层,从而显示了福建沿海有一年代较早的新石器时代的文化遗存。其中,壳丘头遗址的试掘,丰富了我们对于此一文化遗存的认识。[②] 这个遗址位于平潭海坛岛西北部的海阶地上,总面积不足 5000 平方米。1985 年秋到 1986 年春,福建博物馆考古队在此进行了发掘,发现残墓一座和贝壳堆积坑 21 个,出土了一批陶器、石器、骨器和贝器。出土的陶片以夹砂陶为主,泥质陶较少。器表颜色有灰、灰黄、黑和红四色,而以灰色较常见。施纹方式有拍印、压印、刻画和刺点。石器多属磨制,部分打制。打制石器中有砍砸、刮削、钻孔锥形器和石锛等类;磨制石器以锛为主,还有斧、刀、杵、臼、砺石和石球等。骨器的数量少于石器,有凿、匕、锥、镞等。这些出土的人工和生态遗物显示,壳丘头遗址居民的"生产力水平还十分低下,生产方式也较原始,经济生活的主要来源是靠捕鱼、采集或狩猎",当时"海边水生动物资源极为丰富……生态环境要比现在好得多"。[③]

关于壳丘头遗址的年代,依据金门富国墩遗址的 C^{14} 年代,发掘者估计在距今5500—6000 年以上;中国社会科学院考古研究所 1991 年公布了三个 C^{14} 年代,经树轮校正后都在距今 5000 年以上。[④] 此外,据考察,从贝冢层的最底层(距现地面两米余)所采贝壳,未经树轮校正的 C^{14} 年代为 5730 ± 50 B. P. 。[⑤] 依据这些定年,把壳丘头遗址的年代定在距今 5000—6000 年,应该是可以接受的。

目前福建地区所发现的最主要的新石器时代文化是昙石山文化。这个文化是以昙石山遗址的下、中层为代表;[⑥] 主要遗址还有闽侯榕岸庄边山、白沙溪头、福青东张下层,都是分布在闽江下游沿海一带;此外在闽南的漳州沿海一带也发现了诏安腊州山和东山大帽山等几处类似昙石山文化的遗址。[⑦] 这些遗址有的面积广大、堆积深厚,包含文化和生态遗物丰富,有的则较小。而在闽北和闽西地区还没有发现如昙石山文化的遗址。依据昙石山遗址中层的两个 C^{14} 年代[⑧]、大帽山遗址的两个 C^{14} 年代[⑨]

① 富国墩遗址的 C^{14} 年代为:6305 ± 378B. P. 和 5458 ± 327B. P. ,林朝棨:《金门富国墩贝冢遗址》,《考古人类学刊》1973 年第 33 和 34 合卷,第 31—36 页。
② 福建省博物馆:《福建平潭壳丘头遗址发掘简报》,《考古》1991 年第 7 期,第 587—599 页。
③ 福建省博物馆:《福建平潭壳丘头遗址发掘简报》,《考古》1991 年第 7 期,第 599 页。
④ 这三个年代分为 4700 ± 100B. P. ,4745 ± 90B. P. ,4690 ± 105B. P. ,见中国社会科学院考古研究所:《中国考古学碳十四年代数据集》,文物出版社 1991 年。
⑤ 中国科学贵重分析仪器使用中心碳 14 实验室所测定,编号 NTU-1711。
⑥ 福建省博物馆:《闽侯昙石山遗址第六次发掘报告》,《考古学报》1976 年第 1 期,第 83—118 页。
⑦ 尤玉柱前引 1991 年文;徐启浩:《福建东山大帽山发现史前新石器贝丘遗址》,《考古》1988 年第 2 期,第 124—127 页。
⑧ 昙石山遗址中层的两个 C^{14} 年代数据为:3090 ± 90B. P. ,3600 ± 70B. P. ,见中国社会科学院考古研究所:《中国考古学碳十四年代数据集》,文物出版社 1991 年,第 124 页。
⑨ 大帽山遗址的两个 C^{14} 年代数据为 4030 ± 100B. P. 和 3990 ± 100B. P. ,见除启浩前引 1988 年文。

以及闽侯溪头遗址的两个热释光年代①,估计昙石山遗址的早期年代在距今 4500—5000 年②。

昙石山文化的陶器以砂质陶为主,泥质陶较少;颜色有红、灰两种;主要为手制,以慢轮修整口部,但晚期出现了轮制;主要器形有釜、壶、碗、罐、杯、豆、簋等;纹饰有绳纹、刺点纹、圆圈纹、镂孔纹、附加堆纹、圆圈纹、刻纹、曲折纹和彩绘纹等,而以绳纹最多。生产工具有石器、骨牙器和蚌器。石器有锛、凿、刀、镰、镞等;骨牙器有镞、凿和锥等;蚌器有刀、斧和刮削器等。在这些生产工具中,农业工具少,渔猎工具多。

昙石山文化的遗址大都为贝丘遗址,构成贝冢的贝壳数量丰富,都属海生种,包括蚬、泥蚶、魁蛤、耳螺、牡蛎、文蛤、蝾螺、蝛螺和凤螺等潮间带或潮下带的贝类,说明这个文化的遗址当时就在海边或距海岸线不远。遗址中出土的动物骨骼,经鉴定有畜养的猪、狗,野生的虎、熊、象、鹿、猴、牛以及鱼、鳖等;其中野生动物都属于南方型和森林型,显示当时的气候较现在稍微温暖,而其植被亦很稠密。③

上述昙石山文化遗址中出土的生产工具和自然遗物等资料可以反映当时居民已经有比较长期的定居,食物的来源除了依赖农业和畜养,采贝、捕鱼和狩猎似乎也占重要的地位。

昙石山遗址上层的内涵十分复杂,其特征是出现大量几何印纹硬陶,与中、下层有显著的不同。这种陶器的质地细腻,火候高,硬度大,其制法是手制和轮制兼用;器形有盆、罐、豆、碗和陶网坠等;纹饰有篮纹、绳纹、附加堆纹、叶脉纹、曲折纹、方格纹、席纹、弦纹、回形纹和彩绘等。石器有斧、锛、凿、矛、镞、砺石和敲砸器等。骨器有镞、锥、鱼镖、刻刀和珠饰品。④

与昙石山上层相似类型的遗址,在福建境内几乎遍及全省,一般分布于河流两岸河谷盆地中低矮的山丘或台地上。由于在这些遗址中,常常伴出一定数量的原始瓷器和少量青铜器,所以被认为是属于青铜时代的文化遗存。福建青铜时代的文化遗存被分为三个类型:其一是庄边山上层类型,主要分布于闽江下游及闽东各县,以闽侯榕岸庄边山上层为代表,以施赭色的橙黄陶、施深赭色的灰色硬陶及彩绘硬陶为主,其年代估计在距今 3500—4000 年前。其二是黄土仑类型,以灰色印文硬陶为主要特征,广泛分布在福建北部、西部、中部和闽江流域、木兰溪流域、晋江流域和闽东地区,其年代据估计在距今 3000—3500 年前。其三是浮滨类型,以酱釉陶、原始瓷及无栏石戈、石锛、铜锛为特征,主要分布在福建南部的漳州和泉州一带,年代相当于中原的商周时期。⑤

(三)东海沿海的远古海洋文化遗迹

浙江东南部迄今所发现的史前文化遗址甚为稀少。最早的人类遗存,是建德洞窟

---

① 澳头遗址的两个热释光年代为 4242±190B. P. ,4310±190B. P. ,见福建省博物馆:《闽侯溪头遗址第二次发掘报告》,《考古学报》1984 年第 4 期,第 459—501 页。

② 曾凡:《关于福建史前文化遗存的探讨》,《考古学报》1980 年第 3 期,第 263—284 页。

③ 福建省博物馆:《福建平潭壳丘头遗址发掘简报》,《考古》1991 年第 7 期,第 599 页。

④ 福建省博物馆:《福建平潭壳丘头遗址发掘简报》,《考古》1991 年第 7 期,第 599 页。

⑤ 臧振华:《中国东南海岸史前文化的适应与扩张》,《考古与文物》,1999 年第 3 期。

中所发现的两枚更新世的人齿。① 余姚河姆渡是至今发现最早的新石器时代遗址。该址曾经过两次发掘，出土上下依次叠压的四层文化堆积。其中较早的两层是浙江地区新发现的史前文化，即河姆渡文化，而较晚的两层则与太湖地区的良渚文化和马家浜文化相类。虽然河姆渡文化早、晚期之间存在着一定的缺环，不过发掘者认为它们应属于同一文化内涵的四个时期。② 河姆渡文化的分布范围主要是浙江宁绍平原东部的滨海地带和舟山群岛，经 C^{14} 测定，其年代为距今 6000—7000 年前。③

河姆渡文化的陶器都是手制，火候较低，胎壁较厚。由于陶土中羼和大量的草类和禾本科植物的杆、叶碎末等有机物，经过烧制后大都呈黑色。器形简单，器类很少，主要有釜、罐、盆、盘、钵、器盖和器座。纹饰主要有绳纹、刻画纹和刺点纹。除了陶器，河姆渡遗址还出土了独木舟和大量木质、石质、骨质的器物；其中木器物较多，有刀、匕、铲、矛和器柄等；骨器的数量也很多，有耙、凿、锥、针、哨、箭头、"织网器""蝶形器"和"锯形器"等。河姆渡遗址各层中都出土木构建筑的遗存，而以第四层最为丰富。大量带有榫卯的建筑构件，显示当时的住屋很可能是一种干栏式建筑。

河姆渡遗址的早期堆积出土了大量动物骨骼，包括已驯养的狗、猪，可能驯养的水牛以及数十种野生兽类、鱼类、鸟类和爬虫类。植物遗存有稻米、葫芦、橡子、菱角、酸枣等；稻谷经鉴定是属栽培稻的籼亚种中晚稻型水稻。④

动、植物遗存和孢粉分析以及古地理的研究结果显示，这个遗址的气温较目前稍高，遗址周围是属于背山滨海的沼泽环境。当时的居民除了种植水稻，饲养猪、狗等家畜外，滨海河口的渔捞和丘陵山区的狩猎也是他们经济生活的重要来源。这一生活方式充分反映出河姆渡遗址的居民具有适应热带和亚热带沼泽环境的特色⑤，是"富裕的采集者"⑥。

继河姆渡文化之后，浙江地区的史前文化是以马家浜文化和良渚文化为代表。不过这两种文化主要是分布于长江南岸、太湖周围和杭州湾北岸一带，在杭州湾以南地区目前发现得很少。在浙江东南部地区，目前所发现的晚于河姆渡文化的新石器时代遗址有一百多处，但是由于缺乏详细发掘研究，其文化属性还不清楚。大致而言，除了在绍兴一带发现有年代与良渚文化相当的文化之外，再晚的新石器时代文化主要是以几何印纹陶和高台土墩墓为特征。⑦

舟山，以舟所聚，故名。其旁小岛罗列，故人们称之舟山群岛。舟山群岛位于长江口以南，杭州湾以东，象山港以北，岛屿星罗棋布地点缀在浩瀚的东海上。由舟山、岱

① 韩德芬、张森水：《建德发现的人类化石及浙江第四纪哺乳动物的新资料》，《古脊椎动物与古人类》16(4)：1978 年，第 255—263 页。

② 浙江省文管会与浙江省博物馆：《河姆渡遗址第一次发掘报告》，《考古学报》1979 年第 1 期，第 39—93 页；河姆渡遗址考古队：《浙江河姆渡遗址第二期发掘的主要收获》，《文物》1980 年第 5 期，第 1—15 页。

③ 牟永杭：《试论河姆渡文化》，《中国考古学会第三次年会论文集》，文物出版社 1979 年版，第 97—130 页。

④ 牟永杭：《试论河姆渡文化》，《中国考古学会第三次年会论文集》，文物出版社 1979 年版，第 97—130 页。

⑤ 浙江省博物馆自然组：《河姆渡遗址动植物遗存的鉴定研究》，《考古学报》1978 年第 1 期，第 95—107 页。

⑥ 浙江省博物馆上引文；吴维棠：《从新石器时代文化遗址看杭州湾两岸全新世古地理》，《地理学报》1983 年第 2 期，第 113—127 页。

⑦ Chang Kwang-chih, The affluent foragers in the coastal area of China: extrapolation from evidence on the transition to agriculture, in Affluent Foragers, edited by S. Koyama and D. Thomas, Senri Ethnological Studies, No. 9, 1981, Osaka, Japan.

山、大巨、泗礁、乘山、普陀山、桃花、六横、蚂蚁、滩许等大小 670 个岛组成。定海、岱山、嵊泗陆续发现了不少新石器时代遗址和遗物。其中定海白泉遗址、岱山大巨岛孙家山遗址的有关调查情况如下。①

白泉遗址出土遗物有：陶器、石器、红烧土、木桩和兽骨等（陶器仅两件；有鸟形盉 1 件；有陶纺轮 1 件；有釜、豆、罐、器把、鼎、支座；石器有石斧、石锛、石纺轮等）。

孙家山遗址出土器物有：陶器、石器、骨器、红烧土、螺丝、贝壳等（有陶器 19 件；有鼎、豆、支座、罐、篡、盆、盘等；石器有石斧、石锛、石刀、石环、石镞、石耘田器等）。

白泉遗址出土器物种类不多，但文化内容值得注意。从出土的陶器来看，陶质比较粗松，烧制火候较低，以素面为主，陶质以夹砂红陶较多，泥质红灰陶较少，还有一些少量的夹炭黑陶。出土器物简单，仅釜、鼎、罐、豆、支座几种。如牛鼻式罐耳、多角沿釜、猪鼻形、象鼻形支座等器物与余姚河姆渡第二、第一文化层出土器物相比，在造型和陶质上都基本相同。② 这处遗址石器出土不多，仅石斧、石锛、石纺轮几种。该遗址的相对年代和余姚河姆渡第二文化层年代大致相当。

孙家山遗址出土的陶器很多，陶质较硬，仅夹砂红灰陶、泥质红灰陶二系。纹饰花样多，出土器物器型也很多，有鼎、釜、罐、豆、篡、盆、盘、器盖、支座、壶等。其中一件大盘，口径达 58 厘米。豆、篡等器，与青浦崧泽遗址中层出土的器物相同，有的纹饰也相似。我们认为该遗址的相对年代与余姚河姆渡第一文化层③、青浦崧泽遗址中层文化相同④。从遗址附近采集的遗物来看，有的器物表现出较晚的因素，有的已经晚至良渚文化阶段。其间关系如何，有待进一步发掘来证明。

在白泉遗址和孙家山遗址中，鹿角、猪骨、螺丝、蛤蜊等都有发现，孙家山遗址还发现了一件骨锥。

从以上两处遗址的实物和遗址的位置来看，当时的生产方式无疑要包括狩猎、农耕、家养畜牧业、渔捞和大量的等水生动植物的采集在内。这也能说明海岛和沿海地区主要是依靠自己特殊的自然资源而生存。⑤

浙江沿海地区最有代表性的古文化遗存是新石器时代浙江余姚河姆渡遗址，该遗址中发现的干栏式建筑、海生鱼类、背山滨海的生态环境、滨海的渔捞产业、出土的几把木桨以及舟山群岛新石器时代遗址发现的螺丝、蛤蜊等海生生物，都体现出明显的海洋或海岛生活特征。

（四）黄、渤海沿海及岛屿的远古海洋文化遗迹

1. 史前胶东半岛的海洋文化遗迹⑥
山东沿海最有代表性的远古海洋文化遗迹位于胶东半岛。

---

① 王和平、陈金生：《舟山群岛发现新石器时代遗址》，《考古》1983 年第 1 期。
② 浙江省文物管理委员会等：《河姆渡遗址第一期发掘报告》，《考古学报》1978 年第 1 期，第 77—85 页。
③ 浙江省文物管理委员会、浙江省博物馆：《河姆渡发现原始社会重要遗址》，《文物》1976 年第 8 期，第 7 页。
④ 黄宣佩、张明华：《青浦县崧泽遗址第二次发掘》，《考古学报》1980 年第 1 期，第 35—41 页。
⑤ 王和平、陈金生：《舟山群岛发现新石器时代遗址》，《考古》1983 年第 1 期。
⑥ 烟台市文物管理委员会、中国社会科学院考古研究所胶东半岛贝丘遗址研究课题组：《山东省蓬莱、烟台、威海、荣成市贝丘遗址调查简报》，《考古》1997 年第 5 期。

1979年曾在即墨县金口、店集、王村等地进行过文化遗存调查,这一地区北临崂山湾,南濒胶州湾,东倚黄海。在临海口的土丘上有许多牡蛎壳堆,被当地人称为"蚬栅顶""蚬子埠";采集到的遗存物有通体磨光或刃部磨光的石斧,琢制而成的石杵、石铲和纺轮;有手工制造的陶钵、罐、鼎、盆,有的器物侧面为鸟状,穿孔像鸟的眼睛。经鉴定,此处沿海居民的文化遗存与大汶口文化有密切联系,原始居民以原始农业为主,也从事海产品捕捞等生产活动。

从我们在山东省蓬莱、烟台、威海、荣成市贝丘遗址调查的情况来看,有以下内容:

(1)蓬莱市南王绪遗址。位于北沟乡南王绪村村南150米处的一个台地上。其东南为山丘,地势由东南向西北倾斜,北距渤海约3千米。遗迹的西部有贝壳堆积,北部有墓葬和人骨暴露。地面散见少量陶片、石器、动物骨骼和贝壳。采集的标本有陶片、石器、骨器和贝壳等。贝壳以牡蛎为主,蛤仔次之。

(2)蓬莱市大仲家遗址。位于大季家镇大仲家村东约800米的高坡顶部,坡西有九曲河支流由南向北流入黄海。遗址地面暴露有陶片、石器、红烧土块及贝壳。采集的标本有陶片、石器、骨器和贝壳等。贝壳以蛤仔为主,并有一定数量的牡蛎、螺等。

(3)烟台市邱家庄遗址。位于兜余乡邱家庄村北的小土岗上。向东500米为外夹河,东部断崖暴露的文化层厚2米左右,夹杂大量的贝壳。地面暴露有较多的陶片、石器、红烧土块、动物骨骼和贝壳等。采集的标本有陶片、石器、骨器和贝壳等。贝壳绝大多数为蚬。

(4)烟台市牟平区蛤堆顶遗址。位于大窑镇蛤堆顶村南,东西宽约260米,南北长约280米。地势由东北向西南倾斜。地面暴露有陶片、石器、红烧土块和贝壳等。

(5)烟台市牟平区蛎碴埠遗址。位于姜格庄村东南500米处的台地上,地面暴露有丰富的陶片、石器、红烧土块及贝壳。采集的标本有陶片、石器和贝壳等。

(6)威海市义和遗址。位于环翠区羊亭乡义和村南100米处。地面暴露有陶器、石器、红烧土块、贝壳和兽骨。采集的标本有陶器、石器和贝壳等。贝壳以蛤仔为主。

(7)荣成市东初遗址。位于埠柳镇东初村南200米。其西北面有小山,南面为不夜河的支流,绕过遗址的东部,向北流入黄海。地面暴露有红烧土块、石器、陶片及贝壳等。

(8)荣成市北兰格遗址。位于埠柳镇北兰格村北300米。地面散布有陶片、石器、红烧土块和贝壳等。采集的标本有陶器、石器和贝壳等。贝类以蛤仔为主,也有牡蛎。

(9)荣成市乔家遗址。位于王连乡乔家村西的高台地上,地表上的陶片、残石器、贝壳等较多,采集的贝壳以泥蚶为主。

(10)荣成市河口遗址。位于人和镇河口村村南的一个小山丘东部,东边有河口河由南向北流入海湾,地势由西向东倾斜。地面散布着丰富的陶片、石器、红烧土块和贝壳等。采集的贝壳以泥蚶为主。

上述10处遗址中有8处分布在胶东半岛东端,2处分布在胶东半岛南岸。它们在地貌上有许多共同特征,即遗址的三面或两面均邻近山脉或丘陵,另一面或两面则面向河谷平原或低洼地,中心部位一般位于一个较高的台地上,海拔20—30米;遗址距现在的海岸线多在3—6千米。但据遗址中大量堆积的海生贝壳分析,当时的海岸线应比现在的海岸线距遗址近,这为复原当时的海岸线提供了参考资料。

据暴露的贝壳分析,这10处遗址可分为4种类型:第一类以牡蛎为主,如南王绪遗址;第二类以蚬为主,如邱家庄遗址;第三类以蛤仔为主,如大仲家、蛤堆顶、蛎碴埠、义和、北兰格遗址等;第四类以泥蚶为主,如河口、乔家遗址。贝壳是对生存环境很敏感的动物,上述几种贝类分别适合生存于温度、咸度与底质不同的海水之中。因此,上述区别部分反映了不同遗址居民间食物种类的差异,同时也说明当时人所面对的小环境是不同的,这为进一步研究人与环境的关系提供了线索。

从采集的石器、陶器分析,这些遗址在文化特征上表现出相当明显的一致性。在距今7000—5000年,半岛南北两岸的遗址绝大多数是贝丘遗址,除上述共同的文化特征外,在地貌、堆积及生存活动上也具有相同点。① 因此我们认为,在这一时期,胶东半岛的史前文化是自成体系的,有其独特的渊源和发展脉络,构成了一个独立的考古学文化实体。

2. 史前环渤海区域的海洋文化遗迹②

在史前时期环渤海区域的海洋社会遗迹中,辽东半岛沿岸和附近海岛上的贝丘遗址最有代表性。

东北地区贝丘遗址集中在辽东半岛沿岸和附近的海岛上,如旅大市郊、大长山岛、小长山岛、广鹿岛、海洋岛等地。有的贝丘规模很大,如小长山岛的一个贝丘面积达1500平方米,厚度0.3米至1.5米,堆积的贝壳超过75000立方米。贝壳主要是海洋贝类牡蛎、绣凹螺、荔枝螺、红螺、毛蚶、青蛤、砂海螂、紫房蛤、伊豆布目蛤、鬘螺等。

小珠山遗址(又名土珠子遗址)是北方沿海贝丘的一个类型。小珠山遗址位于辽宁省长海县广鹿岛中部吴家村,在5000平方米的范围内堆积了大量贝壳,贝丘分为下、中、上三层。

小珠山贝丘下层距今6000年,出土的石器以打制为主,种类有刮削器、盘状器、石球、石磨棒、石磨盘和网坠等。陶器器形具有地方特色,为一种直口的筒形罐,饰纹多为竖的"之"字纹。陶器呈褐色,羼入了较多的滑石粉。

小珠山遗址中层距今5000余年,石器技术有进步,经过磨制的增多,有斧、锛、铲、石磨盘、石磨棒。陶器仍为手制,多为夹砂红陶,器形为侈口筒形罐,还出现了少量泥质红陶黑彩片。出土有鹿、獐等兽骨,并用兽骨制成锥、簪、牙刀和蚌器。贝壳数量很多。

小珠山遗址上层距今4500年,石器技术更为进步,大多磨制。斧不仅有矩形,还有带肩的,打制的石器包括网坠。兽骨中以猪骨为主,也有狗、鹿、獐骨,还有一定数量的鱼骨,最引人注目的是出土了四块鲸鱼的骨骼。贝壳数量仍然很多。

小珠山遗存传递了许多重要信息。遗址遗物表明,小珠山原始居民过着以狩猎、捕捞为主,也从事植物采集的生活。他们利用麻制的网在河溪和浅海捕捞鱼类,大量采集海洋贝类。食余的贝壳大多被抛弃,也有一些被用来做装饰品。有的出土蚶壳上面有小孔,可能是要制成贝串;有用文蛤制成的"蚌饼";也有用紫房蛤、砂海螂制作的蚌勺。

据研究,小珠山晚期文化因为受到山东半岛原始文化的影响开始产生变化。山东

---

① 袁靖、焦天龙:《胶东半岛的贝丘遗址和环境考古学》,《中国文物报》,1995年3月25日第3版。
② 安京:《中国古代海疆史纲》,黑龙江教育出版社1999年版,第19—20页。

半岛文化极有可能是从海路传播的，原始人很可能是驾独木舟跨海带来了新的文化。①

在分析史前时期环渤海区域的海洋社会遗迹时，值得注意的是环渤海地区的七个地理小区，即辽东半岛、辽东湾北岸（即原称辽河下游区）、渤海湾北岸（即原滦河下游区）、渤海湾西岸、莱州湾南岸、胶东半岛和现代渤海以及大小凌河与六股河所在的辽东湾西岸小区。该地区的文化遗存与后来的文化发展相比有两大显著特征，即地理上大多分布于沿海地带，形成面向现代渤海和北黄海的独特分布格局；文化上，在跨越渤海、北黄海的东西和南北方向上有着比较广泛的联系。②

从以上有关材料可以看出，史前时期环渤海区域的海洋社会遗迹一方面存在于辽东半岛和山东的胶东半岛，另一方面还曾经存在于黄、渤海的部分海底。

如前文所述，山东胶东半岛沿海有即墨贝丘遗址以及山东蓬莱、烟台、威海、荣成等的贝丘遗址，辽东半岛沿海有旅大市郊、大长山岛、小长山岛、广鹿岛、海洋岛等地，而其中又以小珠山遗址最为典型，该遗址的海洋文化内容十分丰富，出现了从山东半岛通过海路把文化传播到小珠山的海路文化交流现象。此外，在辽宁大连大潘家村新石器时代遗址中，还发现了网坠、骨鱼卡、蚌器及大量鱼骨、鱼鳞、陶器上的网纹、海参形罐器，这些均是海洋文化遗迹的体现。③

还应该指出的是，环渤海区域在更新世和全新世之交还是陆地而不是海洋，海水直到距今8000年前后尚未完全抵达现今海岸位置，在当时这片裸露的黄渤海平原上，曾经活跃着以原始筒形罐和圜底釜两大系统为生活标志的先民，而后来海水的入侵又呈现出海进人退的迁移特征，充分反映了人类对特定海洋环境的生态适应性。

我们对于史前时期沿海地区海洋文化遗迹的认识，主要得益于考古学的发展，以上主要从考古的角度对我国史前时期沿海地区的海洋文化遗迹进行了分析。相信随着这些地区考古事业的发展，今后，我们对我国沿海地区史前的海洋文化遗迹会有更加深入的认识。

第二节 夏商周时期的海洋文化

海洋文化作为历史上存在的一种文化现象，从史前时期即有了不同的表现形态，但是这种形态目前对我们来说还是非常模糊的，因为我们的了解还不是很清楚。真正史学意义上的中国海洋文化的历史，还是从具有信史意义的三代（即夏商周三代）开始的。

一 炎黄传说时代及夏商时期的海洋文化④

公元前21世纪，中国历史上第一个王朝——夏王朝出现了。但是对于夏王朝的

---

① 安京：《中国古代海疆史纲》，黑龙江教育出版社1999年版，第19—20页。
② 王青：《环渤海地区的早期新石器文化与海岸变迁-环渤海环境考古之二》，《华夏考古》2000年第4期。
③ 《辽宁大连大潘家村新石器时代遗址》，《考古》1994年第10期。
④ 本部分引见安京：《中国古代海疆史纲》，黑龙江教育出版社1999年版，第21—29页；陈智勇：《试论夏商时期的海洋文化》，《殷都学刊》2002年第4期。

出现,后世的认识仍然和许多传说材料纠合在一起,这就使得我们在探讨中国海洋文化历史时,不能够忽略传说材料中的海洋文化因素。我们可以通过尽可能多地搜集各类有关资料,来认识当时的海洋文化。

在辑录上古时代传说的《山海经》中,记录了中国最早的海神的名字——禺彊。《山海经·海外北经》:"北方禺彊,人面鸟身,珥两青蛇,践两青蛇。"郭璞解释说:"禺彊,字玄冥,水神也。"这个半人半鸟的海神,"以蛇(龙)贯耳",践两蛇(龙),具有图腾神的特征。郭璞的注文引另一部著作说:"北方禺彊,黑身手足,乘两龙。"在《山海经》中,凡是"乘两龙"的形象都是古代地位较高的神祇。

根据《山海经》,禺彊的世系可以追溯到黄帝。《山海经·大荒东经》:"东海之渚中,有神,人面鸟身,珥两黄蛇,践两黄蛇,名曰禺虢。黄帝生禺虢,禺虢生禺京。禺京处北海,禺虢处东海,是为海神。"禺京,郭璞注即"禺彊"。京、彊音近。

禺彊不仅是海神,而且是风神。《淮南子·地形篇》:"禺彊,不周风之所生也。"正是由于禺彊兼有风神和海神的双重性质,因而作为海神的禺彊既有鸟的外在形象,又有鱼的外在形象。这是上古时代人类抽象思维不发达情况下的一种比喻。

《庄子·逍遥游》中有:"北冥有鱼,其名为鲲,鲲之大,不知其几千里也,化而为鸟,其名为鹏,鹏之背,不知其几千里也。怒而飞,其翼若垂天之云。是鸟也,海运则将徙于南冥,南冥者,天池也。"陆德明《音义》引文认为"鲲当为鲸",因而禺彊、禺京、鲲、鳢应该都是指海洋中最大的哺乳动物——鲸。这说明上古时,人类已对海洋有了较多的了解,把巨大的海洋生物鲸与海洋洋流、飓风等巨大的自然力联系在了一起。

在《列子·汤问篇》中保留了关于海中仙山的传闻,禺彊在其中也扮演了一个重要角色:"渤海之东不知几亿万里,有大壑焉,实惟无底之谷,其下无底,名曰归墟。八纮九野之水,天汉之流,莫不注之,而无增无减焉。"(张湛注:世传天河与海通)"其中有五山焉:一曰岱舆,二曰员峤,三曰方壶,四曰瀛洲,五曰蓬莱。其山高下周旋三万里,其顶平处九千里。山之中间相去七万里,以为邻壑焉……所居之人皆仙圣之种,一日一夕飞相往来者,不可数焉。而五山之根无所连著,常随潮波上下往还。……诉之于帝,帝恐流于西极,失群仙圣之居,乃命禺彊(张湛注:简文云,禺彊,北海神也。大荒经曰,北极之神,名禺彊,灵龟为之使也)使巨鳌(列仙传云:巨鳌戴蓬莱山而抃沧海之中)十五举首而戴之,六万岁一交焉。五山始峙而不动。而龙伯之国有大人,举足不盈数步而暨五山之所,一钓而连六鳌,合负而趣,归其国,灼其骨以卜焉。于是岱舆、员峤二山,流于北极,沉于大海,仙圣之播迁者巨亿计。"

在上古人看来,江河之水都流入大海的深沟,而这条大沟又是与天汉(银河)相连的,海中有仙人、仙山、仙树,并存在长生不死的仙药。支撑仙岛的是巨大的鳌,海畔居住着龙伯国巨人,最关键的是世人可以通过海洋进入仙圣的世界。东方人的这一想象与通过高山进入仙圣的世界一样,总是若明若暗地存在于民间,在民间风俗、口头传说和志怪小说中流传。

因而,入海求仙,便成了人们早期航海活动的精神追求之一。

齐威王(公元前356—公元前300年)、齐宣王(公元前319—公元前301年)、燕昭王(公元前311—公元前280年)以及著名的秦始皇、汉武帝都是入海求仙的热心者。

《史记·封禅书》:"自威、宣、燕昭使人入海求蓬莱、方丈、瀛洲。此三神山者,其传在渤海中，去人不远。患且至，则船风引而去，盖尝有至者，诸仙人及不死之药皆在焉。其物禽兽尽白，而黄金银为宫阙。未至，望之如云；及到，三神山反居水下；临之，风辄引去，终莫能至云。世主莫不甘心焉。"这些似云如雾的楼台宫室、白色人兽和巨大的人影可能是海市蜃楼现象，人们把这一自然现象与神秘的想象结合在一起，形成了海上神山的传说。

记述上古海洋文化的另一本著作是《尚书·禹贡》。据其记载，禹时已有了国家组织，禹夏的疆域分为九州。其中兖、青、徐、扬四州临海。

兖州。《尚书·禹贡》曰："济、河惟兖州。"孔安国说兖州"东南据济，西北距河"（《孔传》）。据：跨越；距：至、达。兖州东南方越过济水、西北以黄河为界。当时的黄河河道与今日河道不同，沿华北平原流入渤海，下游河流众多，有徒骇、太史、马颊、覆釜、胡苏、简、洁、钩盘、和津九条河流注入渤海。这说明兖州是临海的。

青州。《尚书·禹贡》曰："海岱惟青州。嵎夷既略，潍、淄既道。厥土白坟，海滨广斥。厥田惟上下，厥赋中上。厥贡盐、絺，海物惟错。"《孔传》说青州"东北据海，西南距岱"。孔安国认为青州跨越渤海，包括了辽河以东的地区。西南至泰山。嵎夷是沿渤海居住的居民。马融认为："嵎，海嵎也；夷，莱。"潍水，发源于山东莒县东北潍山；淄水，发源于山东莱芜县原山北麓，均流入海。青州的土壤充斥碱、卤，呈白色。贡品是海盐、絺（一种细葛布）和种类繁多的海产品。

徐州。《尚书·禹贡》曰："海岱及淮惟徐州"，并说淮夷的贡品是"蚌珠暨鱼"。《孔传》："东至海，北至岱，南及淮。"这是说徐州的疆域东至海即今黄海，以至岱即泰山；南到淮河，方位是清楚的，大致包括了今天山东南部及安徽、江苏的北部。这里居住的淮夷贡奉的是"蚌珠"。孔颖达解释说："蚌是蚌之别名，此蚌出珠，遂以蚌名。"

扬州。"淮海惟扬州。"《孔传》说扬州"北据淮，南距海"。当时长江口就在扬州。扬州临海，因此居住在这里的有岛夷。扬州的贡品有"织贝"。对于"织贝"，学者有不同意见。颜师古认为"织贝"是作为货币使用的贝类，而另一位学者郑玄认为"织贝"是一种纺织品的名字。但无论是哪种货物，它们都是经过海路运往中原的。《孔传》解释"沿于江海，达于淮泗"这句话时，认为贡品是"沿江入海，自海入淮，自淮入泗"。后代学者曾运乾推测，"所谓沿于海者，即岭外各地附海诸岛之贡道也。其程沿海入江，溯江入淮；由淮达泗，转由菏济而达于河也。"虽然这只是推测，但考古发掘和相关的人类学研究证明，在四五千年前，东亚民族确实已能驾舟在沿海航行，足迹遍布东亚、东南亚的海岛。

在《左传》《史记》及汲冢出土的"古本"《竹书纪年》中也保留了一些夏代的史料。夏人来自东方还是来自西方，是个尚在论争的问题，但是在史料中，夏在沿海地区活动的史料并不少。

《史记·夏本纪》载："十年，帝禹东巡狩，至于会稽而崩。"会稽在今浙江绍兴。

《竹书纪年》载：后相时，"元年，征淮夷、畎夷。""二年，征风夷及黄夷。""七年，于夷来宾。""少康继位，方夷来宾。""柏杼子征于东海，及三寿，得一狐九尾。""后芬即位，三年，九夷来御。""后荒即位，元年，以玄珪宾于河，命九（夷）东狩于海，获大鸟（鱼）。"（一说"九"后脱"夷"字，"鸟"应为"鱼"。）"后泄二十一年，命畎夷、白夷、赤夷、玄夷、风夷、阳夷。"

另外,据史家考究:夏时诸侯有穷国在今山东平原一带,寒在山东潍坊,有鬲在有穷附近,斟灌在今山东寿光东北,斟寻在今山东潍县西南,有仍国在今山东济宁,过国在今山东莱州,观国在今山东观城,顾国在今山东范县东南,莘国约在今山东曹县,杞国本居河南杞县,后迁到山东昌乐县。这些记录说明,在夏代人们已在东方沿海地区栖息繁衍,开辟了文明的纪元。

有越来越多的证据表明,商是来自东方的民族。《史记·殷本纪》中说:"殷契,母曰简狄,有娀氏之女,为帝喾次妃。三人行浴,见玄鸟坠其卵,简狄取吞之,因孕生契。"玄鸟就是神鸟,有人解释为凤凰,有人解释为燕子,契因玄鸟而生,可见殷的图腾崇拜是鸟,把鸟奉为祖先。

关于简狄的传说流传得很广。《离骚》曰:"望瑶台之偃蹇兮,见有娀之佚女。"《天问》曰:"简狄在台喾何宜,玄鸟致贻女何嘉?"

《后汉书·东夷传》:"初北夷索离国王出行,其侍儿于后妊身,王还欲杀之。侍儿曰:前见天上有气,大如鸡子,来降我,因以有身。王囚之,后遂生男……王以为神,乃听母收养,名曰东明。"

从这里可以看出,殷代的先民们一开始是生活在我国北方沿海的广大区域。

商人的祖先曾经有崇拜海洋神祇的习俗,商人的北海神叫止若,《史记》作"昌若";东海神叫"王吴",《山海经》中称作"天吴",《世本》作"粮圉",王吴即东海大神禺彊。

至少在成汤之际,商人已有了"四海"即四方有海的观念。《诗经·商颂·玄鸟》中有:"维民所止,肇域彼四海,四海来假。"

在殷商鼎盛的时代,殷的统治达到极为广大的区域。北方影响到西伯利亚鄂毕河一带;西方扩展至陕甘、巴蜀;南部则抵达大海,地处今江西、湖南的方国均受到商文化影响;东部则对黄河中下游流域、长江中下游流域产生过重大影响。

殷人与东方的联系比其他方向的民族更紧密。东方之人被称作夷,又被称夷方、人方等。夷人分成许多小邦国,就是一些小部落。《馭钟》记:"南夷、东夷具廿又六邦。"

在甲骨文和古传史书中有不少商殷人与夷人作战的记录:

《竹书纪年》:"仲丁征于蓝夷。"

《竹书纪年》:河亶甲"征蓝夷,再征班方"。

据后世史书,帝武乙时"东夷盛寝,分迁淮岱,渐居中土"。帝乙时代,帝乙屡攻夷方。帝辛时攻人方,获得大批俘虏。

商时,造船技术已比较成熟。甲骨文中的"舟"字是舟船的俯视图。这类船已不是石器时代用整段原木挖凿的独木舟,而是有左右侧板、隔板、底板的木板船。

在上海博物馆馆藏的铜鼎上有一金文"荡"字,字的主体是一人负担站于舟中,后有一人划桨(橹),而他脚下的舟船就是一只木板船。

甲骨文的"津"字,像人立舟上,以篙撑船,所驾之舟也是板式舟。"津"是水渡的意思,引申为渡河的渡口。

商周时代使用的这种木板船并没有消失,而是通过改进保留了下来,在长江流域,这种加装风帆的木板船仍在使用。

关于商殷的地理区划有不同说法。《汉书·地理志》认为殷承夏制,九州的区划没有变化。而三国时期魏人孙炎注《尔雅》，以《尔雅》的九州为殷制。《尔雅》不同于《禹贡》《周礼·职方》和《吕氏春秋》的是，有幽州和营州，而无青、梁两州。显然这些说法都只是当时学者的推论，并无多少实据。①

以上论述了传说时期和夏商时期人们的海洋认识和粗浅的海洋活动痕迹。就夏商时期的社会而言，海洋文化的内容与以前相比多了起来，它们有着很多不同的表现形式。归纳起来，主要有以下几种。

第一，在精神层面上，主要表现为出现了朦胧的海洋意识、模糊的海神崇拜、早期的海洋旅游行为以及以海岛为避难所的现象。

海洋与陆地是两个不同的客体，在对其关系认识上，夏商时期的人们有自己的看法。他们已经有了较为明晰的海洋意识。他们用"四海"这样的观念来表达他们的海洋地理认识。如《大戴礼记·少闲》谓禹"修德使力，民明教通于四海"，《尚书·禹贡》称"(声教)讫于四海"，《尚书·皋陶谟》言禹"外薄四海"，《淮南子·原道训》言禹"施之以德，海外宾伏，四夷纳职"。至于讲到禹治理洪水而输川导河时，更是与海有所联系：或言"合通四海"（《国语·周语下》），或言"致四海"（《史记·夏本纪》），或言"注诸海""注之海"（《孟子·滕文公》），或言"注之东海"（《吕氏春秋·古乐》），或言"注于东海"（《越绝书》卷11），夏启"德教施于四海"（《帝王世纪》，《太平御览》卷82引）。对于夏人的这些"四海观"，宋镇豪先生认为，它们"反映于交通地理观念上的其实就是东方观，是夏人神往东部滨海地区，着力于自西向东横向发展的产物"②。至商朝，人们的"四海"或"海外"观念，从总体上来说又有了拓展。《诗经·长发》中有"相土烈烈，海外有截"句，对此，《郑笺》曰："其威武之盛烈烈，四海之外率服"，有学者称，"此时的海外，说不定就是辽东或朝鲜半岛"③。这是推测之词，显然对"四海"的内涵作了狭窄的理解。《诗经·玄鸟》："肇域彼四海，四海来假"，说明商汤时的"四海"观，已经较为普及。夏代"伯杼子征于东海，及三寿"；"帝芒十二年，东狩于海，获大鱼。"（《竹书纪年》）可见"海""四海""东海"等概念在夏商时人那里已经有了具体的文化地理符号的意义。

夏商时人对海十分重视，已经有了隆重的海洋崇拜意识和祭祀仪式。时人对海进行祭祀，有"三王之祭川也，皆先河而后海"（《礼记·学记》）。商人的海洋神祇崇拜，已经有了具体的海洋区域神祇的信仰观念。《山海经·海外北经》："北方禺彊，人面鸟身，珥两青蛇，践两青蛇。"《山海经·大荒东经》："东海之渚中，有神，人面鸟身，珥两黄蛇，践两黄蛇，名曰禺䝞。黄帝生禺䝞，禺䝞生禺京，禺京处北海，禺䝞处东海，是为海神。"

据此，再联系到《列子·汤问篇》所记殷汤与夏革谈论海中仙山的内容，《山海经·北山经》所载"炎帝之女名曰女娃，游于东海，溺而不返，故为精卫，常衔西山之木石，以埋于东海"这一对后世影响极大的"精卫填海"故事，以及《诗经·沔水》所说"沔彼流水，朝宗于海"与《尚书·禹贡》所说"江汉朝宗于海"等所表达的思想，我们完全可以较为明确地认识到夏商时代人们较为丰富的海洋知识、意识与观念。

---

① 安京：《中国古代海疆史纲》，黑龙江教育出版社1999年版，第21—29页。
② 宋镇豪：《夏商社会生活史》，中国社会科学出版社1994年版。
③ 白寿彝：《中国通史》第3卷，上海人民出版社1994年版。

值得注意的是,夏商时代已经出现了海洋旅游活动。这从有关几条相关的历史记载中可以看出端倪。《帝王世纪》:"(桀)与妹喜及诸嬖妾同舟浮海。"(《太平御览》卷82引,《列女传·夏桀妹喜》同)《竹书纪年》:"(商)帝芒十二年,东狩于海。"《拾遗记》:"(舜)帝与娥皇泛于海上。"(《太平御览》卷9引)这些"泛舟海上"的活动,与春秋时期齐景公"游于海上而乐之,六月不归"(《说苑·正谏》)一样,显然具有了早期海上旅游的性质。

此外,以海岛为避难所,也是当时人们的海洋文化表现。少康死后,子杼继位,兴师"征于东海",结果使得不甘臣服的东海人逃亡出海,据海进行反抗。商代的疆域东到大海,帝乙帝辛屡次"征人方""为虐东夷",常使得"东夷叛之",据海为居。商末,太公望为逃避帝辛暴政,"居东海之滨",也是以海洋为避难所的(《史记·齐太公世家》)。这是行为上的避难海上;至于像孔子曾说过的"道不行,乘桴浮于海"(《论语·公冶长》),是将海上作为躲避烦恼的理想场所,春秋之前当已经不乏其例,如前引"(桀)与妹喜及诸嬖妾同舟浮海""(商)帝芒十二年,东狩于海"等即是。《韩非子·外储说右上》说:"海上有贤者狂矞",可见后来的燕、齐方士,早有来历。

第二,在物质层面上,近海的海洋资源得到了一定程度的开发,并且还部分地传播到内陆地区。对海洋及其资源的管理,当时已有了一定的制度。

前面说过,早在石器时代,中国沿海地区就有了人类的活动,有了海洋采集和海洋捕捞行为,但这种对海洋资源的获取还是浅层次的、偶尔性的、非主导性的;随着生产力的提高,随着海洋交通工具和捕捞工具的不断进步,海洋渔业得到了较快的发展。这些变化在夏商时期日益凸显。从记载来看,夏代沿海地区特有的海产品开始以进贡的方式向中原王朝输送。据《尚书·禹贡》记载,兖、青、徐、扬四州临海地区有丰富的海洋资源,冀州有"岛夷皮服",曾运乾曰:"蔡沈云:海岛之夷以皮服来贡也。"青州,"海岱惟青州。嵎夷既略,潍、淄既道",曾运乾曰:"孔疏云,东莱东境之县,浮海入海之间,青州之境,非止海畔而已。……尧时青州当越海而有辽东也。"越过海峡,其范围及于渤海。马融认为:"嵎,海嵎也;夷,莱。""厥土白坟、海滨广斥。厥贡盐、绤,海物惟错。"曾运乾曰:"海物,海鱼也。鱼种类尤杂。"徐州,"海岱及淮惟徐州",《孔传》:"东至海,北至岱,南及淮",是说徐州的疆域东至海,并且淮夷的贡物是"蠙珠暨鱼。"扬州,"淮海惟扬州。……沿于江海、达于淮泗",孔传认为其贡品"沿江入海,自海入淮,自淮入泗"。曾运乾则推测,"所谓沿于海者,即岭外各地附海诸岛之贡道也。其程沿海入江,溯江入淮,由淮达泗,转由菏济而达于河也。"另据《路史·后记》记载,禹还对沿海各地贡品的名称做了规定,"东海鱼须鱼目,南海鱼革玑珠大贝","北海鱼石鱼剑"。从这些记载及注释来看,沿海地区的鱼类资源、盐业资源以及蠙珠等珍品,已经开始成为中原王朝资源的一部分。

到了商代,中原王朝对沿海海洋资源的需求有增无减。甲骨文中有"渔""舟"字,表明了"渔""舟"生活的普遍性;殷墟中有鲸鱼骨的残骸;《竹书纪年》记载"(商)帝芒十二年,东狩于海,获大鱼",或指捕获大鱼,或指获遇搁浅的鲸鱼[1];还有人认为,从商代

---

[1] 宋正海:《东方兰色文化》,广东教育出版社1995年版。

开始,历代朝廷都规定东南沿海地区要进贡鲨鱼皮①;等等。具有说服力的例证之一是:在商代的土贡中,伊尹曾请以法令的方式规定各地进献贡品:"臣请正东符娄、仇州、伊虑、沤深、九夷、十蛮、越、沤、剪文身,请令以鱼支之鞉、吴鲗(乌贼)之酱、鲛(鲨鱼)盾、利剑为献;正南瓯邓、桂国、损子、产里、百濮、九菌,请令以珠玑玳瑁、象齿……为献。"(《逸周书·王会解》)至周代,有"戯(渔)人""戯征"(见《周礼·天官·戯人》),其职责是专掌捕鱼、供鱼、征收渔税以及有关渔业政令,很可能就是从商代承继、发展而来的。例证之二是,河南安阳殷墟妇好墓中出土了一些沿海的红螺与海贝,其情况是:红螺,分布于我国沿海一带,货贝共出土 6880 余枚。基本上有大小两种,而以大者居多,壳面皆呈瓷白色。大多数的壳面前端琢有一个圆形孔,只有少数在壳面琢磨一椭长形较大的孔。大的长约 2.4 厘米,小的长约 1.5 厘米,此种货贝分布于我国台湾、南海(为海南、西沙群岛常见种)等地。还有一件经过加工的阿拉伯绶贝,其壳面布满虚线状褐色花纹,背部琢有一孔。长 6.1 厘米,分布于我国台湾、南海(海南、西沙群岛)等地②。此外,商代统治者对海洋资源的认识还表现为对海盐和海鱼的重视。古代有夙沙氏(黄帝臣)"煮海为盐"的传说(《渊鉴类函》的"煮海"条:始以海水煮乳,煎以成盐;张澍辑《世本补注》称:"《北堂书钞》引《世本》云:'夙沙氏始煮海为盐。夙沙,黄帝臣'"),可见人们对海盐的认识是很早的,那么商代人是否使用海盐呢?据《尚书·说命》"若作和羹,尔惟盐梅",又据《史记·货殖列传》"山东食海盐,山西食盐卤",可知至迟在商代,食盐已经是饮食调味的必需品了。而《吕氏春秋·本味篇》记有商汤对海味的认识,汤曰:"鱼之美者,洞庭之鱄,东海之鲕。……蘧水之鱼名曰鳐,其状若鲤而有翼,常从西海夜飞,游于东海……饭之美者,玄山之禾……南海之秬。"③可见,夏商时期的人们对海洋资源确实存在着一定的需求,而这种需求是建立在对海洋的认识基础之上的,这就从一个侧面说明,在夏商的文化中不仅有着中原文化、内陆文化,而且也有着海洋文化以及沿海文化,从而足以说明夏商文化的丰富性和多元交融性。

第三,夏商时期已经有了一定的航海能力。航海技术的状况直接体现着海洋交通的能力,也反映出时人对海洋的认识程度。从航海交通工具来看,舟、船的发明是一件具有决定意义的事情。古籍中有很多造舟的传说,如《易经·系辞》曰"黄帝刳木为舟,剡木为楫,舟楫之利,以济不通",《山海经·海内经》云"番禺始为舟",《墨子·非儒下》说"巧垂作舟",《吕氏春秋·勿躬》说"虞姁作舟",这些传说反映了人们对造舟起源的思索,但不能作为我们认定夏商时期航海用船的说明。这要从考古中寻找线索。考古中已经发现了古人用舟船的痕迹。如河姆渡遗址中有模拟船形的玩具——陶舟以及六支船桨,良渚文化时期的吴兴钱山漾遗址出土有木船桨。④ 有人还认为,"河姆渡、定海、舟山、台湾、菲律宾等地共同发现的造船工具'有段石锛'的年代测年后,可推算北越先民曾有向台湾及南洋群岛迁徙的历史"⑤。殷商时代,青铜工具

---

① 张震东:《中国海洋渔业简史》,海洋出版社 1983 年版。

② 中国社会科学院考古研究所:《殷墟妇好墓》,文物出版社 1980 年版。

③ 王利器等:《吕氏春秋·本味篇》,中国商业出版社 1983 年版。

④ 河姆渡考古队:《浙江河姆渡遗址第二期发掘的主要收获》,《文物》1980 年第 5 期;《吴兴钱山漾遗址第一、二次发掘报告》,《杭州水田畈遗址发掘报告》,《考古学报》1960 年第 2 期。

⑤ 《上古时代已有原始航海和迁徙》,《人民日报》(海外版),1995 年 2 月 16 日第 3 版。

的使用必定大大提高了造船技术。从殷墟遗存和卜辞来看,当时已经有专门造舟的工匠,甲骨文中有"舟"字和"帆"字,如"乙亥卜······舟于河,无灾"(《殷墟书契》前2.26.2),对甲骨文中的"凡"字,有人认为"就是后来帆的原始字,按象形说,似乎很有理由",帆的出现"最少也有三千年的历史了"[①]。还有专家指出,"据说《山海经》原来有图——《山海图》,后来才散失,而今已散失的《山海图》,其中有一部分可能就带有原始航海图的性质"[②]。如果这种可能存在的话,那么我们对夏商的航海能力就该有个乐观估计了。

通过以上的分析,我们可以得出如下的结论:夏商海洋文化是人们认识自然、改造自然的一个重要组成部分。早期的人们不仅对其生活的陆地自然现象有一定认识,而且也把目光投向浩瀚的大海。无论是文献记载、神话传说,还是考古发掘的遗迹与遗物,都向我们展示了原始社会末期以及夏商时期人们对海洋的认知程度。我们在认识夏商文化时,不能够仅仅视其为单一的农业文明,而应该从大视野、大地域范围来看待,应该看到其中的海洋文化因子,看到海洋文化不断丰富夏商文化的重要性及其重要地位。

最后,我们分析一下夏商时期人与海洋互动关系给予后世的影响。

一方面,从原始人在海边经常地拾取贝壳与海鱼,到夏商时期规定沿海地区向中原王朝贡献海产品,到西周春秋时期形成较为系统的海洋资源(鱼、盐、海珍品)征收法令(见《周礼》《逸周书》等),均体现出这样一个特征:人们对海洋资源的需求不断扩大,并正在逐步纳入国家管理的范畴,这在某种程度上推动了人们对海洋认识的不断深入,反映着人们海洋意识的不断加强。因此,在中国古代海洋文化发展链条中,夏商时期海洋文化的发展,在一定程度上影响了后世的海洋文化。

另一方面,夏商时期海神的形象以及海洋崇拜或多或少地影响了后世。据王嘉《拾遗记》:"羽渊(神话中鲧死后入羽渊而化为龙)与河海通源也。海民于羽山之中,修立鲧庙,四时以致祭祀。"又据《史记·秦始皇本纪》,秦始皇于三十七年出游时"上会稽,祭大禹,望于南海"。人们修鲧庙、祭大禹,均含有祭祀海神之意。而对于包括大禹在内的海神、水仙信仰,在台湾和福建都有一定的影响,据《台湾县志·外编》,"水仙庙祀大禹王,配祀以伍员、屈平、王勃、李白","今海船或危于狂飙遭不保之时,有划水仙之法,其灵感不可思议。"由于鲧与大禹在治洪水方面有功,于是人们就把他们和有关神灵合在一起进行祭祀,这一点符合中国古人"法施于民则祀之""以死勤事则祀之"(《礼记·祭统》)的传统心理,修鲧庙、祭大禹就表现出了祭祀海神的特征。再后来,吴国人要为伍子胥立祠堂(《史记·伍子胥传》),屈原感叹说自己要"浮江淮而入海兮,从子胥而自适",东汉时"会稽丹徒大江、钱塘浙江,皆立子胥庙,盖欲慰其恨心,止其猛涛也"(王充《论衡·书虚篇》)。这些风气的流行,以及后来在东南沿海地区祭祀妈祖的盛行,都在一定程度上说明了祭祀海神(由人而为神)的特征。[③]

① 刘仙洲:《中国机械工程发明史》第1编,海洋出版社1990年版。

② 章巽:《记旧抄本古航海图》,《中华文史论丛》第7辑,上海古籍出版社1978年版。

③ 陈智勇:《试论夏商时期的海洋文化》,《殷都学刊》2002年第4期。

二　两周时期海洋文化的发展①

周武王灭商纣王,标志着西周历史的开始。到了公元前770年,周平王东迁洛邑,此后的历史,称为东周,东周至周赧王五十九年(公元前256年)为秦所灭,但整个周朝的概念却一直延续到秦灭六国(公元前221年)。东周包括春秋和战国时期,西周和东周又称为两周时期。两周时期的海洋文化,和以前的比较起来,有了一定的发展,尤其是春秋战国时期沿海国家的海洋文化,内涵得到了大幅度拓展和丰富。

周族是来自西部的民族,始祖是弃。到了周成王(姬诵)的时代,周公旦东征,翦灭了武庚、管叔、蔡叔和东方东夷人的叛乱,此后又大举分封诸侯。周公旦的儿子伯禽被封为鲁君,占据山东西南部。周公的军队在征灭蒲姑(亳姑、薄姑,今山东博兴东北)后,以其地为吕尚的封地,建齐国,都营丘(今淄博),可能在这时周的统治达于沿海。

在周王朝的疆域内,临海的齐国进行海洋生产最早。封于齐地的吕尚就是"东海上人",本姓姜,封于吕,遂以封地为姓。在战胜殷商后,吕尚正欲就国时,就遇到土著莱侯率兵来伐,与吕尚争夺营丘。吕尚到国后,"修政,因其俗,简其礼,通商工之业,便鱼盐之利,而人民多归齐,齐为大国"②。

世居东方和南方的夷人、越人对海洋十分了解,很早就开始了海洋开发活动。可惜的是,关于那时夷人、越人的海洋开发活动,我们只能通过一些零碎的记载和传闻获知。

周公曾主持营建了周的东都——大洛邑(今洛阳西南)。在洛邑建成时举行了盛大的庆典,四方的氏族、部落都来祝贺,并带来了各地的土特产——方物。居住在东方和南方的居民贡奉的多是海产品。《逸周书·工会解》记:"扬州:禺禺。"注文:"禺禺,鱼名。"又记:"东越,海蛤。"注文:"东越则海际蛤,文蛤。"又记:"且瓯:文蜃。"注文:"文蜃,大蛤也。"又记:"若人,玄贝。"注文:"若人,吴越之蛮。玄贝,照贝也。"又记:"海阳,大蟹。"注文:"海水之阳,一蟹盈车。"

越人是驾船的行家里手。《越绝书》记载:越人"水行而山处,以船为车,以楫为马,往若飘风,去则难从。"

据记载,越人曾向周王朝献大舟。《艺文类聚》:"周成王时,越人献舟。"

周时设立了"职方氏",以掌管方域事务。根据《汉书·地理志》记载,周临海的州为幽、兖、青、扬四州。

幽州:"东北曰幽州,其山曰医无闾,薮曰猭养,川曰河、灤,浸曰菑、时,其利鱼盐。"师古注曰:"医巫闾在辽东。"猭养在长广,即今山东莱阳东,早已湮废。菑水出莱芜,北入渤海。时水出般阳,汉时般阳县在今山东省淄博市西南。幽州似乎包括了环渤海的广大区域,其中一部分与其他州重叠。

兖州:"河东曰兖州。其山曰岱,薮曰泰壄,其川曰河、泲,浸曰卢、潍。其利蒲鱼。"岱即泰山。泰壄即大野泽。卢水、潍水皆在山东半岛。兖州似乎在山东北部,濒临渤海。

① 本部分引见安京:《中国古代海疆史纲》,黑龙江教育出版社1999年版,第29—32页;陈智勇:《试析春秋战国时期的海洋文化》,《郑州大学学报》2003年第5期。
② 《史记·齐太公世家》。

青州:"正东曰青州。其山曰沂,薮曰孟渚,川曰淮、泗,寖曰沂、沭,其利蒲鱼。"沂山即沂水发源之山,孟渚大约在今河南省商丘市东北,淮、泗、沂、沭四水分布在今山东、安徽、江苏三省。从这里看出,青州临东海,今称黄海。

扬州:"东南曰扬州。其山曰会稽,薮曰具区,川曰三江,寖曰五湖。"会稽山在今浙江绍兴市东南。对"三江",古人有种种说法,已不能确指。"具区"一般认为即今天的太湖。扬州实际是指淮河以南、长江下游的江浙地区,濒临今日的黄海。

殷周之际是国家制度逐步完备的时期,关于疆域的管理、划分及疆域概念也逐渐进步,为其后的国家管理奠定了基础。①

到了春秋战国时期,海洋文化的资料相对来说多了起来。就春秋战国时期的海洋文化而言,主要表现在以下方面。

一是对海洋资源的进一步认识和开发。清人张澍辑《世本补注》称黄帝时"夙沙氏始煮海为盐",司马迁则认为"山东食海盐,山西食盐卤"(《史记·货殖列传》),这说明先民很早就认识到了海盐的食用价值。在春秋时期,"太公以齐地负海泻卤,少五谷而人民寡,乃通鱼盐之利。管子对桓公曰:齐有渠展之盐,请君伐菹薪煮沸水为盐,征而积之。于是自十月至于正月,成盐三万六千钟,桒之得金万壹千余斛,山海之利,甲于诸国"②。齐桓公能够因"海"制宜,充分发掘海洋资源的潜力,这确实为他日后的称霸奠定了很扎实的基础。在开发海洋资源方面,时人还开辟有早期的辽东渔场、山东渔场和浙江渔场等海洋渔场。当时上谷至辽东有"鱼盐枣栗之饶"(《史记·货殖列传》)。齐国在山东沿海"通鱼盐之利",其海滨地区"海物惟错"(《尚书·禹贡》曾运乾注引蔡沈云:"海物,海鱼也。鱼种类尤杂")。越国"滨于东海之陂,鼋鼍鱼鳖之与处,而蛙黾之与同渚"(《国语·越语下》)。在对海洋资源进行开发的过程中,人们开始进行有效的管理。西周时加强对盐业资源的管理,设立专门的管理人员"盐人",其职责是"掌盐之令,以供百事之盐"(《周礼·天官·盐人》)。到了春秋战国时期,其职责还包括制定专门的盐税征收法令,"海王之国,谨正盐筴"(《管子·海王》)。渔业管理的专门人员是"獻(渔)人"(《周礼·天官·獻人》)或"水虞"(《国语·鲁语上》)与"渔师"(《礼记·月令》),其职责是专掌捕鱼、供鱼、征收渔税以及有关的渔业政令。

二是有了一定的海洋航行能力。人们很早就会利用舟船进行水上航行③,但是,较普遍地将舟船用于海上航行的时间应在春秋时期。《史记·越王勾践世家》云"(范蠡)自与其私徒属乘舟浮海以行",《太平御览》卷768引《吴志》云"行海者,生而至越,有舟也"。在江苏武进淹城距今2000多年的战国遗址中,先后发现有四只独木舟。④在舟船制造方面,有柏舟、松舟(《诗经·柏舟》)、扁舟(《史记·货殖列传》)、轻舟(《国语·越语下》),以及(越)楼船、戈船、大翼、中翼、小翼、突冒等,临海的吴越设立有造船业——"船宫"(《越绝书》卷8)。此时制造的这些海船主要用于海战。当时著名的海战有公元前549年的"楚子为舟师以伐吴"(《左传·鲁襄公二十四年》),"(吴王)从海上攻齐"(《史记·吴太伯世家》),以及公元前482年越王勾践"命范蠡、后庸率师沿海

---

① 安京:《中国古代海疆史纲》,黑龙江教育出版社1999年版,第29—32页。

② (清)岳浚:《山东通志》卷13。

③ 《上古时代已有原始航海和迁徙》,《人民日报》(海外版),1995年2月16日第3版。

④ 谢春祝:《淹城连江发现战国时期的独木舟》,《文物》1959年第4期。

溯淮，以绝吴路"（《左传·哀公十三年》）。对于经常发生在吴、越、齐三国之间的海战，清人顾栋高认为，"海道出师，已作俑于春秋时，并不自唐起也。……春秋之季，惟三国边于海，而其用兵相战伐，率用舟师蹈不测之险，攻人不备，入人要害，前此三代未尝有也"[1]。可见大规模海战主要发生在春秋战国时期，这在一定程度上展示着春秋战国海洋文化的发展水平。

三是认知了海洋的博大浩瀚，并赋予其博大包容的人文精神和科学探索，进而赋予其文化符号标志性。春秋战国的人们认为海洋为众水之所归，有着海纳百川的精神。《尚书·禹贡》云"江汉朝宗于海"，《老子》六十六章曰："江海所以能为百谷王者，以其善下之"，而庄周则极言海洋的博大："计中国之在海内，不似稊米之在太仓乎？"（《庄子·秋水》）战国时邹衍提出了大九州说，认为九州"有裨海环之"，且"有大瀛海环其外，天地之际焉"（《史记·孟子荀卿列传》），在他看来陆地相对很小，只是广阔海洋中浮动着的大陆岛，反映了他强烈的海洋意识。此外，当时还出现了原始的海陆循环观。屈原《天问》提出："东流不溢，孰知其故？"《吕氏春秋·季春纪圜道》认为，"水泉东流，日夜不休。上不竭，下不满，小为大，重为轻，圜道也"。这些认识都已经具有科学性。

同时，"四海"常常被用来指称沿海国家的疆域，在此基础上还发展为非实指的地域概念。如《尚书·舜典》云："帝乃殂落，百姓如丧考妣，三载四海遏密八音"，唐孔颖达疏："四海之人，蛮夷戎狄。"《论语·颜渊》云："四海之内皆兄弟"。《左传·僖公四年》云："四年春，齐侯遂伐楚。楚子使与师言曰：'君处北海，寡人处南海，唯是风马牛不相及。'"《礼记·祭义》云："夫孝，置之而塞于天地，溥之而横乎四海：推而放诸东海而准，推而放诸西海而准，推而放诸南海而准，推而放诸北海而准。"这里提到的四海、北海、南海等显然与具体的海域无关，而是一种作为文化符号标志性存在的虚拟地域观念。

另外，海洋还被人们赋予了逍遥娱乐、自由自在的精神，如齐景公"游于海上而乐之，六月不归"（《说苑·正谏》），孔子曾说过"道不行，乘桴浮于海"（《论语·公冶长》），《韩非子·外储说右上》云"海上有贤者狂矞"等，都体现了这一思想意识和观念。

由于海洋的浩瀚无边，从而给人以神秘感和虚无缥缈感，引起人们对海洋不同形式的崇拜。《礼记·学记》云："三王之祭川也，皆先河而后海。"《山海经》具体记载了具有人兽同体的图腾形象的四海海神的名称及其"世系"，表明了战国以前辽东、山东、江浙沿海一带人们的海洋信仰崇拜观念。

另外，以海岛作为流放犯人之所，或以海岛作为失败者逃难庇护之地，也是春秋战国时期海洋文化的重要表现。据《史记·吴太伯世家》记载，"（周元王四年）越败吴，越王勾践欲迁吴王夫差于甬东，予百家居之"（甬东，《史记》《史记正义》与《史记集解》认为是越地甬江之东的"海中州"，即海中孤岛）。又如《史记·田敬仲完世家》记载，"（齐康公）贷立十四年，淫于酒、妇人，不听政。太公（田和）乃迁康公于海上，食一城，以奉其先祀"，这里的"海上"，指的是胶东海滨地区。另外，据后世的古籍辑录，孔子与弟子曾经"游于海中……归告鲁侯，筑城以备寇"，寇即海上之寇（崔鸿《北凉录》）；吴王阖闾

第一章

中国海洋文化的曙光

---

① （清）顾栋高：《春秋大事表》卷8下，中华书局1993年版。

于公元前 505 年抗击滨海东夷人的进攻，"夷不敢敌，收军入海，据东洲沙上；吴亦入海逐之，沙上相守一月"（民国《太仓州志》卷 14《兵防纪兵》）；越人首领无颛执政时，"其地无疆为（楚怀王）所败，族散江南海上"（罗泌《路史·后纪》卷 13 下，对此，连横的《台湾通史·开辟记》认为："楚灭越，越之子孙迁于闽，流落海上，或居于澎湖"）；吴国灭亡后，范蠡"乃装其轻宝珠玉，自与其私徒属，乘舟浮海以行，终不反"（《史记·越世家》）；等等，可见当时海洋的重要性。

春秋战国时期海洋文化的意义，主要有三个方面。

其一，春秋战国时期海洋文化，是世界海洋文化早期历史的重要组成部分。海洋文化是一个世界性的文化现象。在谈到中西文化比较时，有些人过于强调西方文化的海洋性特征，而忽略了东方文化中的海洋因素。有些人则"言必称希腊"，完全否认中国历史上的海洋文化。黑格尔认为，"海洋文化是使西欧区别于东方诸国的文化特征"，不承认中国有海洋文化。其实，海洋文化是所有沿海地区都存在的一种文化形态。沿海地区在历史上只有海洋文化发达程度的高低，而不可能没有海洋文化的存在。中国作为一个临近太平洋的大国，也有丰富的海洋文化历史，正如著名科学家李约瑟所说："中国人被称为不善于航海的民族，那是大错特错了。"春秋战国时期的中国已经产生了丰富的海洋文化，而且成为世界海洋文化中独具特色的东方海洋文化的主体构成部分。

其二，春秋战国时期的海洋文化，对沿海地区各国的经济基础、经济政策均有一定的影响，促进了沿海地区的发展。如齐国建国初期的经济导向，是"通商工之业，便鱼盐之利"，"齐带山海，膏壤千里，宜桑麻，人民多文采布帛鱼盐"（《史记·货殖列传》）。齐桓公时期，齐国"重鱼盐之利，以赡贫穷，禄贤能"（《史记·齐太公世家》），"（齐）历心于山海而国家富"（《韩非子·大体篇》），充分考虑到了海洋资源的利用。可见，齐国的经济构成不像晋、秦等国那样是单一农业类型，而是包含着农耕、渔业、制盐业、运输业、工商业等在内的复合经济类型，尤其是其中的渔业和海盐业更是其他内陆国家所无，由此充实了齐国的经济基础。在经济政策上，"太公以齐地负海盐卤，少五谷而人民寡，乃劝以女工之业，通鱼盐之利，而人物辐凑"（《汉书·地理志》），而鲁国是"使民以时"（《论语·学而》），秦国是"崇本抑末"，显示出不同的特征。

其三，春秋战国时期沿海国家（地区）的海洋文化，已经形成了不同于内陆文化的独具的特征。如在民情风俗上，齐国"民阔达多匿智"（《史记·齐太公世家》），"逐鱼盐商贾之利"（《史记·货殖列传》），在工商业刺激下的消费习尚是以"奢侈"著称（《管子·侈靡》）。"齐与鲁接壤，蔚为大国，临海富庶，气象发皇，海国人民，思想异常活泼"[1]，活泼的思想深受海洋的熏陶。由于其活泼，也就具有很强的兼容性。齐文化中先后容纳有儒家、道家、法家、墨家、阴阳家、纵横家、农家、兵家、术士、方士等百家之学，成为春秋战国时期百家争鸣和百家融合的主要基地。"天下谈客，坐聚于齐。临淄、稷下之徒，车雷鸣，袂云摩，学者翕然以谈相宗"（戴表元《齐东野语序》）。齐文化又有很强的变通性，"不慕古，不留今，与时变，与俗化"（《管子·正世》）。齐文化中还具有民主与科学精神。七国之中只有齐国未曾实现郡县制，地方制度偏向于分权，采取

---

① 梁启超：《儒家哲学》，《饮冰室诸子论集》，江苏广陵古籍刻印社 1990 年版。

五都之制，并且政治开明，言论自由，而以农业为本的秦国则实行"愚民政策"（《韩非子·和氏》），其原因即在于沿海国家具有"水滨以旷而气舒，鱼鸟风云，清吹远目，自与知者之气相应"的气质。① 齐国的科学技术由此也比较发达，天文学家甘德、邹衍，医学家扁鹊，军事家孙武、孙膑，逻辑学家公孙龙，方仙道者流徐福等，或是齐国人，或长期在齐国居住过。沿海国家齐国的环境颇有似于地中海沿岸国家希腊，因而具有崇尚科学的精神。此外，在宗教信仰方面，秦国的宗教形态以高度集权为特征，而齐国是以众神平等和神祠分散为特点，并且齐人的八神之中就有五神（阴、阳、日、月与四时）在渤海和东海之滨，显然海洋文化和农业文化所铸造的民族心理是不同的。

其四，春秋战国时期海洋文化，在沿海和内陆民族或国家中产生了相互的影响，并实现了与海外不同区域文化之间的交流。尤其是海洋文化，容易像大海一样敞开胸怀，吸纳外来因素。齐国就曾吸纳过不少内陆的人才，出现了"稷下学宫"的盛象。沿海的吴国、越国也是如此。春秋时期，吴国与中原诸侯接触频繁，吴人对中原先进的文化展现出强烈的吸纳、包容和开放的胸襟，如春秋后期出现了精通中原礼乐文化的季札，产生了名列孔门七十二贤的言偃。② 而考古材料则显示，吴、越立国时代，本地区的青铜文明就吸纳了中原地区的工艺特点，显示出开放和融合的特征。吴越文化还与海外的文化有所交流。早在四五千年前，吴越人就已驾船航行到太平洋各岛屿；春秋战国时代，在吴国出现了来自西方国家的器皿。③ 可见当时沿海文化的开放、吸纳与交流程度。

其五，春秋战国时期海洋文化，不仅在当时是一种重要的文化现象，而且还表现出强劲的生命力，对其后的中国文化产生了较为深远的影响。肇始于春秋战国时期沿海国家的海洋开发政策，深深影响了其后的中国。唐、宋、元、明、清或松或紧的"海洋政策"，乃至今日辽宁、山东、福建、浙江、广东甚或海南的"海洋强省"战略，都是一脉相承的。海洋的神秘激起了人们的无限幻想，于是春秋战国时期人们就涉足海洋，希图寻求"神仙"，"自威、宣、燕昭，使人入海，求蓬莱、方丈、瀛洲。此三神山者，其传在渤海中。"（《史记·封禅书》）战国时期燕、齐沿海地区是三神山仙话的发源地，其寻仙行为或传说影响了战国末期邹衍的大九州说，也直接影响了秦始皇、汉武帝的海外求仙活动。由寻仙延至于后来的寻宝以及寻找海外民族，这与后来的"海上丝绸之路"以及明代的郑和下西洋，同样也是一脉相承的文化延续现象。从海洋信仰文化的延续情况来看，与水有关的鲧、禹、伍子胥以及屈原深受沿海人民的爱戴，成了他们涉足海洋的保护神。如王嘉《拾遗记》记载："羽渊（神话中鲧死后入羽渊而化为龙）与河海通源也。海民于羽山之中，修立鲧庙，四时以致祭祀。"《台湾县志·外编》记载："水仙庙祀大禹王，配祀以伍员、屈平、王勃、李白。旧志云：四夷之治，汨罗之沉，忠魂千古。王勃亲省交趾，溺于南海，没，为神。""今海船或危于狂飙遭不保之时，有划水仙之法，其灵感不可思议。"而在宋代出现的妈祖（或天妃）信仰，成了延续至今包括东南亚华侨在内的所有中国沿海地区海民的海洋信仰对象，二者之间的文化延续是自不待言的。沿海的齐

————————

① 王夫之：《读四书大全说》卷 4，《论语·雍也》。
② 徐茂明：《论吴文化的特征及其成因》，《学术月刊》1997 年第 8 期。
③ 丁家钟、贺云翱：《长江文化体系中的吴越文化》，《文化研究》1999 年第 1 期。

国工商业发达,而今天中国东部、东南部沿海地区的工商业亦发达,其间的关系也令人深思。

当然,春秋战国时期的海洋文化,在整个春秋战国文化中,具有非主导性的特征。海洋文化仅仅呈现为沿海地区的文化体系,远非整个春秋战国时期文化的全部,甚至即使是在沿海的齐、吴、越文化体系中,也深深地受到中原农业文化的影响。[①] 其原因有二:①他们与中原国家有着天然的地理连接关系。中国沿海地区不像日本、澳大利亚等国那样是个相对独立的地理单位,他们与中原国家是山水相连的,其间直接或间接的交流始终不断。因此,总体上来说,齐国、吴越等沿海国家既有海洋文化的独特性,又有与当时的内陆国家在文化上的相通性。②沿海国家海洋文化长期受内陆文化影响的程度要比它对内陆文化的影响大得多。在先秦时期,东南部沿海的吴越地区长期被视为蛮夷之地,受内陆中原文化的辐射是强烈的,无论是考古材料还是文献记载,都证实了这种辐射性。东部齐国的沿海地区,长期以来是东夷人居住的地方,而东夷人在奠定海洋文化的同时,并没有断绝和中原地区国家的交往,也持续地受到中原文化的影响,因此,齐国在东夷人海洋文化基础上建立的文化体系,也同样深受中原农业文化的影响。[②] 有学者甚至认为,齐国为秦国所灭,表明以秦国为代表的农业文明更适合于当时的中国实际,而以齐国为代表的中国海洋文化并不适合当时中国的实际,所以就让位于农业文明。[③] 当然,这样的看法是偏颇的,导致齐国灭亡的原因未必是海洋文明必须让位于农业文明。

---

① 徐茂明:《论吴文化的特征及其成因》,《学术月刊》1997 年第 8 期。
② 陈智勇:《试析春秋战国时期的海洋文化》,《郑州大学学报》2003 年第 5 期。
③ 周立升、蔡德贵:《齐鲁文化考辨》,《山东大学学报》1997 年第 1 期。

第二章
先秦秦汉时期的海洋社会及人口迁徙

中国早期沿海海洋族群的构成,大体包括沿海及岛屿的渔民和船民社群、舟师群体以及海盗社会三个部分。中国沿海及岛屿的渔民和船民社群,主要有沿海的渔村、港埠社群和台湾岛、海南岛、舟山群岛、庙岛群岛等岛屿社会群落。舟师群体是活跃于海滨的官方社会结构中的一部分,他们是海上军事力量,担负着负责某一方海洋防卫的任务。海盗社会是活跃在中国沿海的另外一种独特的社会群体。进入阶级社会后,滨海的社会受到政治斗争和阶级斗争的影响,出现了踞海为"寇"的海盗社会群体。夏商周时期海盗社会开始萌生,春秋战国时期海盗群体不断壮大,到了秦汉时期,大规模的海上武装斗争事件时有发生,显示着当时海盗社会发展的程度。

中国早期的海洋族群呈现着不断流动的态势。有内陆向沿海区域、海岛地区的人口迁徙,有规模不等的海外移民,不仅有了越人向太平洋岛屿的拓展、秦人东渡日本的"止王不来",而且有了远古时期向美洲地区的移民。

第一节 早期的海洋社会

在海洋社会的产生过程中,滨海区域一定规模的社会群体的出现,促成了海洋社会的形成。当然,不同时期的海洋社会的构成、规模以及复杂程度是不同的,其表现形式也是不同的。在海洋社会产生的早期,也存在着不同的表现形式,在中国早期的沿海地区,既有史前时期滨海的海洋族群,又有相对独立的岛屿社群,还有舟师群体和海盗社会这样的社群形式。

一 东南沿海史前的海上族群[①]

从前章内容可以看出,在中国沿海区域,史前时期广布着众多的滨海和海上生活族群。贝冢遗址的存在、海洋生物资源的利用、原始航海工具的使用等滨海和海上生活方式的存在,都在述说着海南岛、珠江三角洲、福建、浙江、山东以至于东北的沿海地区及岛屿都存在着以海为生的海上社会群落。

在泛太平洋地区,不论是岛屿或是陆地沿岸,自古即存在许多以船为家、采集海洋

---

① 本部分引见陈仲玉:《试论中国东南沿海史前的海洋族群》,《考古与文物》2002 年第 2 期。

资源为生的族群,一般通称他们为"海上船民"。他们具有大胆、勇敢、机智的民族性格,以海洋为生,使用一种结构简单而行动便捷的船只,有如家屋般的功能,在近海航行与作业。会利用原始的渔猎技术,在海洋中摄取食物,这是他们的生业;但是,不会栽培植物或是果树。他们是营小群体(小船队)的社会组织,小家庭的成员在一起工作,通常受一个名义上的首领来管理,有时会依赖岸上定居的船民团体,即所谓"半船民"的互利关系,有喜欢在小岛上生活的特性。

在我国,自古也有一种生活在水上的族群,即一般所熟悉的"蜑家"。据史籍的记载,蜑家在汉朝时即已存在,但实际上他们的出现远较史书所记为早,其出现早于汉、蛮、苗诸族。由于现今的蜑家分布区域很广,几乎遍布华南各地,并且分布在西南的四川、广西诸省区,其族系相当复杂,不能把他们视为一种单一的族群,而是营相类似生活方式的群体,他们都是生活在水上的人家。

现今的蜑家多分布在华南的各江河沿岸,海上的蜑家仅存于广东珠江口附近的沿海地区,包括香港和澳门附近的海域沿岸。考古学家认为,今日广东沿海的蜑家可能是中国古代海洋族群的后裔,他们最早出现的时间可以推到史前新石器时代中期,距今 7000 年以上。史前的海洋族群分布的地区不仅是广东的珠江口,至少自福建以南至广西一带沿海地区,均是他们的活动范围,并且可延伸至东南亚。

人类本来是陆地上的生活者,进行海上的活动,是因为有了海上的交通工具和利用海洋资源的动机。当然,移居于海上之后,许多生活上的需求,除了可以取之于海洋的,其他譬如稻谷食物、衣着和生业工具,仍然需要陆上供给。因此,海上的船民不可能与陆上的居民完全隔离而成为独立自给自足的族群社会。近人有关蜑民的研究发现,他们除了都有舟艇可以居住外,许多人会另在岸上建盖木屋,或在堤旁矶围中建筑干栏式的栅棚,或在排筏上搭建浮水屋,称作"簰"。所以,海上船民基本上会在沿海或岛屿有他们的居地;其实史前时代的人依赖原始的海上交通工具,更是无法长时间在海上作业,因而在沿海或岛屿的海岸地区遗址之中,必然有某些遗址是史前海洋族群的遗址。

在中国东南沿海的史前遗址中,有许多贝冢遗址分布在福建、台湾、广东、广西等省区。比较密集的地区,主要是福建闽江下游、台湾西南海岸(曾文溪以南至高屏溪之间)、广东珠江三角洲等地,福建金门岛金沙溪口、台湾台北盆地和澎湖群岛、海南省陵水县等地亦有零星的发现。这一带沿海地区,由于在全新世以后发生过海侵与海退而形成了海相沉积以及较为宽阔的海岸平原、滨海平原和滨海岛屿地形,有丰富的贝类和鱼类。这种地理条件有助于海上船民从事渔捞生业,所以形成贝冢形态的遗址是与自然生态环境息息相关的。福建、广东沿海一带的贝冢遗址,存在以下四点现象:

第一,遗址的位置多在江河入海口的两岸台地,或是岛屿上的新月形小河湾边侧的坡地。

第二,遗址的范围小,文化层的堆积薄,显示聚落规模较小,居住的时间不长。有时也许是临时性或季节性的居留。

第三,生业以采捞贝类和近岸鱼类为主,也许附带狩猎小型的动物群。

第四,多缺少农耕的迹象。

这四点现象显示出贝冢遗址先民的海岸生业和他们的不定居游动性质,这类遗址就是古代海洋族群的居地。

以下以福建省金门岛金龟山和浦边两处史前贝冢遗址为例加以说明。

金龟山遗址,位置在金门岛东北部、金沙溪入海口的一处小海湾岸边的缓坡台地。文化层堆积厚约 1 米,出土物主要是贝壳、陶片、石器、鹿角和动物骨骸等。陶片基本上是细砂红陶,纹饰有细绳纹、贝壳印纹、指甲印纹和素面无纹等。石器甚为原始,有打制石斧、砍砸器、尖器、石刀、石砧等。遗址的年代经 C^{14} 测年,最早者 6880±100B. P.,经树轮校正为 7757—7570B. P.;晚至 3395±60B. P.,校正为 3330—3185B. P.。依文化的内涵和年代,应与金门富国墩文化相似。由于遗址有一个文化层,可分早、晚两期,地层的晚期与早期的年代差距约 4000 余年,但堆积仅 1 米厚,文化层是经过间断性的堆积,颇合乎海上船民非长久定居的情况。

浦边遗址,位置也在金门岛的东北部,距离金龟山遗址之南方海岸约 3 千米。此处遗址的生态环境不同于金龟山遗址,它是在平坦海岸的沙丘上,约在现海岸高潮线的后方 300 米处。遗址的范围约 4 公顷,但贝冢堆积是零散分布的。出土物主要是陶器与贝壳,有类似作为燧石的石英块,但没发现石器工具。遗址的 C^{14} 测年在 4500—3500B. P.。遗址也没有明显的农业迹象。文化属性仍是富国墩文化的末期。

上述两处遗址位置,一处在小海湾的缓坡台地,一处在海岸平原沙丘,年代跨度在 7500—3500B. P.,均未发现明显的农耕迹象,也合乎上述史前海洋族群遗址的现象。

生活在海上的族群,最需要的就是能够航行在海上的交通工具。史前时代原始的航海工具,主要是木竹类的质料,容易腐朽,极少能够保留至今。尽管如此,仍然在若干考古遗址中有所发现。最明显的例子,是距今 7000—5000 年的河姆渡遗址出土了水上运输工具,以及大量的鱼类骨骸、蚌壳和菱角等水生动植物遗留物,显示出河姆渡人以水生动植物为他们重要的食物来源。从鱼类骨头可看出有鲸鱼、鲨鱼等海生鱼类,以及鲻鱼和裸顶鲷等生活在滨海河口地带的海生鱼类。由于若干鱼类要在深水的滨海地带捕获,舟楫类的海上交通工具是必要的条件。这类工具的发明不是一朝一夕而成,而是经过长期的发明创造和改进而成的。河姆渡文化中与航海有关的器具有以下几种。

(1)筏,又称"桴"。在河姆渡文化中虽然没有筏的实物出土,但出土有藤条、绳索等物,可推测其时已有使用筏的可能。

(2)独木舟。遗址中发现有一堵木构板墙,是中间被挖空,横面是弧形,一端收敛成尖圆状,另一端残断的大木板,残长约 2 米,宽约 0.4 米。就所残存的形状分析,应是废弃的独木舟遗骸被利用作板墙。由于发掘的遗址是村落,而非泊舟海边;木质器物又易腐朽,独木舟实物很难自发掘中获得。但是,有出土的陶舟模型,是一种方头、方艄、平底,可航行于江河或近海的典型船形。现今在福建省武夷山区仍多见于悬崖上的船棺,其年代距今 4200—3500 年,已是很成熟的器物。青铜器时代盛行于中国西南的铜鼓上,亦出现许多身着羽饰的人在船上航行的刻画,也类似龙舟竞渡的情况。考古发现的独木舟,年代在春秋至秦汉之间的,则仅在江苏省境内即有 20 艘之多。

(3)木桨。出土有 7 件木桨,无残断。原器物均是整块木料加工而成。柄部粗细适中,横断面方形或圆形;桨叶多呈扁平的柳叶形,自上而下逐渐减薄,制作很精致,并有加刻直线和斜线花纹者。

（4）石碇。一件套在草编的网之内的圆形石球。这很可能是在中国境内发现的时代最早的石锚。石球的直径有 50 厘米,推测其重量应有 170 千克左右。依照一般民间造船经验估算,这样的石碇可配用一艘载重 21—28 吨的船只。

以上这么原始的海上交通工具,显然仅能在近距离的沿岸和邻近岛屿之间航行。航行的距离,一般而言是因为交通工具的改善而延长的。有学者认为,船舶利用风帆在中国的出现,最早可以追溯到新石器时代的晚期。以台湾大坌坑文化的年代来说,大约 7000 年前该文化的人即已横渡台湾海峡,当时已有这类的航海交通工具是无疑的。

海上族群有活动力强的特征,他们的生活环境又是广阔的大海;在他们到处游走之时,通过人口迁移,施行渔捞的生业,也会在可及之处实行以物易物的交易行为。通过海上交通建立起大陆沿海之间、沿海与岛屿之间和岛屿与岛屿之间的联系网络,他们就成了活动力强的文化传播者。

中国东南沿海地区是古代百越的居地,史籍文献的记载很多。所谓百越,仅是指其多数,并且居地分散在长江中下游以南,今湖南、江西、浙江、福建、广东、广西诸省区。居住在东南沿海的越族中,主要是今浙江省南部的瓯越、福建省的闽越和广东、广西两省区沿海的南越。他们都是越族的分支。凌纯声认为他们均属于南岛语族,秦汉以后由于华夏民族的南迁,越族人部分汉化,部分退居南洋群岛,散布至印度洋和西南太平洋各地。

有关南岛语族的母地和其扩张的若干问题,还有待更多的澄清和讨论。至少在现阶段已经明了的若干事实,可以作为我们解答有关海洋族群的族属问题。活动在中国东南沿海一带,在史前新石器时代有善于海上航行的居民,他们就是南岛语族之中善于生活在海洋环境又善于航海的族群,或是族群中生活在海上的居民。

在公元前 5000—公元前 3000 年时期,中国东南沿海一带的先民必须在海洋中获取鱼类以代替对肉类蛋白质的需求,因而要在海洋的鱼类捕捞和海上航行的技术方面多求发展。另一方面由于农耕与定居的生活方式,促使人口快速增长,生活在沿海的人要向海外拓荒的动机加强。这些原因都可能是南岛语族向外扩展的原因。然而,要向海外扩展拓殖的先决条件,仍然是海上航行的技术。我们不相信在广大的华南地区所有古代的南岛语族群均有远航海上的能力。他们要借助于经年累月航行在海上的族群的协助,所以在南岛语族的海洋拓殖史中,那些海上船民的贡献,不可或忘。

总之,在中国东南沿海地区史前时期存在的海上族群,最早出现的时间可以推到史前新石器时代中期,距今 7000 年以上;他们分布的地区在广东的珠江口、福建以南至广西一带沿海地区,并且可延伸至东南亚;他们的生业以采捞贝类和近海岸鱼类为主,有临时性或季节性的居留与迁移;他们能够制造和使用航行在海上的交通工具;他们到处游走,通过海上交通建立起大陆沿海之间、沿海与岛屿之间和岛屿与岛屿之间的联系网络,成为活动力强的文化传播者。中国史前时期其他沿海的海上族群,也有着类似的生活面貌,"窥一斑而知全豹",了解了东南沿海地区史前时期海上族群的生活面貌,我们也就大概了解了中国史前时期其他沿海海上族群的生活面貌。

二　岛屿社群的产生

在沿海的海洋族群中,岛屿社群是很重要的组成部分。从中国沿海的岛屿构成来看,台湾岛和海南岛是中国的两大岛屿,比较大的岛屿还有舟山群岛和庙岛群岛。考古发掘证明,在这些岛屿上,很早就有了人类的活动,也就是说,岛屿社群的产生,可以追溯到遥远的史前时期。

(一)舟山群岛和庙岛群岛等群岛的社会群落①

舟山,以舟所聚,故名。其旁小岛罗列,故称为舟山群岛。位于长江口以南,杭州湾以东,象山港以北,由舟山、岱山、大巨、泗礁、乘山、普陀山、桃花、六横、蚂蚁、滩许等大小1339个岛组成。早在5000年前的新石器时代,舟山群岛就有人类生息繁衍,居民多来自中国大陆的沿海各地。其中以浙江宁波、镇海、温州、台州等地为多,福建籍来舟山渔场捕鱼,陆续定居岛上的也不少。

舟山群岛的史前海洋文化遗迹所反映的岛屿社群状况已如前述。以下以山东庙岛群岛史前遗址遗物说明当时的岛屿社群状况。

庙岛群岛是山东半岛和辽东半岛之间、在黄、渤海交接线上南北向分布的一群岛屿,像一根巨大的链条把两个半岛连接在一起。

庙岛群岛历史上属于山东蓬莱县,后辟为长岛县,是神话故事中经常提到的海上仙山的所在,真实的历史记载反而不多。从20世纪60年代起,岛上陆续发现了一些战国时期的墓葬,后又发现了比较丰富的原始海洋文化遗存。在南长山岛的文化遗存中出土有大量海砾石、贝壳,以及网坠等,在北长山岛的文化遗存中夹存有大量牡蛎壳、贻贝壳等,大黑山岛的文化遗存中有大量红烧土、灰烬、牡蛎和螺壳等,砣矶岛的文化遗存中有大量牡蛎、贻贝和强刺红螺的皮壳、灰烬等,大钦岛的文化遗存中有牡蛎、强刺红螺、贻贝皮壳、海卵石锤子、鱼骨等。

调查表明,至少从公元前5000年开始,这里就不断地有人居住着。从地理条件来说,这里虽是海岛,却像链环一样一个一个地连接着的。从蓬莱港出发,一直到最北边的隍城岛,可以有许多中间站。两岛之间的距离,最多不过十几千米。夏秋季节,大多数日风平浪静,原始人完全可以用一叶扁舟来往于各岛之间。就是从隍城岛北往辽东半岛,水路也仅40千米,在当时并非不可克服的困难。因此,岛民可以受到南北两个半岛文化的滋养。

岛上多丘陵,一般海拔一二百米。背山面海之处往往有很好的港湾,有冲淤土和亚黏土。这些地方多是现代村落所在,也往往是史前村落遗址所在。

群岛是南来北往的候鸟临时停歇的中间站,周围的海域是鱼虾洄游的必经之地,环岛水位适中;礁石较多,盛产海参、贻贝、扇贝、鲍鱼、牡蛎和海胆等。岛上气候温和(年平均气温12.1℃),雨量适中(年降水量560毫米左右);无霜期长(240天左右),适于多种动植物的生存,也适于原始农业的发展。由于具备这些条件,在岛上容易发展

---

① 北京大学考古实习队、烟台地区文管会、长岛县博物馆:《山东长岛县史前遗址》,《史前研究》创刊号,1983年;广东省博物馆、珠海市博物馆:《广东珠海市淇澳岛东澳湾遗址发掘简报》,《考古》1990年第9期。

多种经济。在经过清理的一些遗址中,往往既有农业工具如石刀、石铲、石磨盘和石磨棒等,又有渔猎工具如网坠、石矛和箭头等;既有大量的猪骨,也有鹿骨、鸟骨、鱼骨,而更多的是牡蛎、贻贝等软体动物的皮壳。生活资源如此丰富,是原始居民能够在此生存和发展自己文化的重要条件。

这一时期的一些最精美的物品是否直接来自大陆,固然是个疑问,但至少不能排除这种可能性。一般的陶器肯定是在本地烧制的,因为在店子就有当时烧制陶器的窑场。对于其他的东西恐怕也可以这样说:一方面自己生产,这是主要的;另一方面又有广泛的交流,包括岛与岛的交流以及海岛与大陆的交流。[①]

在广东,珠海市淇澳岛东澳湾遗址的发掘材料提供了较多的海洋族群的活动遗存。东澳湾遗址在文化内涵等方面与相邻文化或遗存相比,表现出一定的共同之处,但也存在着较强的独特面貌。

第一,东澳湾遗址所发现的遗迹为烧土和石块组成,呈环状,中央有一条或两条火道,周围散布着较多的夹砂釜和陶支脚、算形器等,所以,很可能是炊煮遗迹。

第二,东澳湾遗址的石器中,缺少适于农耕的大型石器,而多中、小石锛、网坠。

第三,东澳湾遗址的陶器中,以夹砂粗陶为大宗。陶器造型和装饰纹样简单;用于炊煮的陶器占绝大多数。正因如此,釜和陶器座的组合,可能是作盛食器之用的。

第四,遗址分布的地理环境比较特殊。它位于海湾,背山面海,附近有淡水,这对古代先民攫取生活资料是十分便利的,广阔的浅海滩涂,带来了丰富的海洋动植物,况且,此处位于珠江口西岸,咸淡水相交,适合多种鱼、蚌类的生存。另一方面,这种环境亦使农业的发展受到很大的限制。

综合上述,此遗址应当是一处以渔猎、采集经济为主的季节性活动居址。[②]

可以看出,这些群岛上族群的生产方式是多样的,包括狩猎、农耕、家养畜牧业、渔捞和大量的水生动植物的采集在内,当然,渔业的生产占据主导地位,多处遗址反映的是以渔猎、采集经济为主的季节性生产活动内容,反映出海岛社群主要依靠自己特殊的自然资源而生存,可以说是生态适应性的生产方式。

(二)台湾岛和海南岛的早期社会群落[③]

台湾岛和海南岛是中国的两个大岛,早在史前时期即有人类居住。在这两个岛屿上居住的早期社会群落,是最早开发海岛的居民。关于他们的族源、来源、构成以及文化遗迹,学术界有不同的说法。

琼台少数民族的族源问题,长期以来一直是人类学、民族学、民俗学学者关注的问题。琼台少数民族的族源,有些同属一个系统,有些不属于同一个系统;在同一个系统里面,也有不同的族群或者不同的部落,他们在不同的时间从不同的地点迁徙进来,进

---

① 北京大学考古实习队、烟台地区文管会、长岛县博物馆:《山东长岛县史前遗址》,《史前研究》创刊号,1983年。

② 广东省博物馆、珠海市博物馆:《广东珠海市淇澳岛东澳湾遗址发掘简报》,《考古》1990年第9期。

③ 周伟民:《在多元视野下关于琼台少数民族族源问题的探讨》,《海南台湾少数民族族源理论研讨会论文集》,海南大学东南亚研究所,2002年11月;司徒尚纪:《浅论海南黎族与台湾高山族同源异流》,《海南台湾少数民族族源理论研讨会论文集》,海南大学东南亚研究所,2002年11月。

入海南岛和台湾岛的地点也不一样,特别是他们迁徙的目的差异很大,有些是刻意而为的,有些是在偶然中迁移的,且登岛后定居和繁衍的方式,也都不尽相同。因此,我们探讨琼台少数民族的族源问题,应该用一种多元的视野加以观照。

海南岛的先住民黎族,他们的族源,除了润方言黎族是海南岛最古老的居民以外,其他如杞方言、哈方言、美孚方言和赛方言四种方言的黎族,大多数是从中国大陆越过琼州海峡迁徙到海南来的。原先在海南岛生活的黎族,最早掌握和积累了关于季候风、海流等方面的自然知识,并且最早使用独木舟。他们跟南岛语系的先民进行交融,因此,这部分黎族和南岛语系的民族在史前时期就进行着血缘的双向互融。从这个角度来看,这部分黎族,就含有南岛语系民族的血统。因此,黎族在远古时进入海南岛,也是多元的。

至于台湾的原住民族,本身也是多元的。马腾岳的《泰雅族文面图谱》[①]介绍了最近 100 年来中国和外国学者关于台湾原住民族群族源的研究观点。

其一,柯恩的中南半岛说(Kern,1889)。荷兰学者柯恩认为古南岛人大概居住在占婆(Champa)、中国与越南交界处、高棉以及沿海的邻近地区。

其二,凌纯声的中国大陆说(凌纯声,1950、1952、1954)。中国学者凌纯声以东南亚的古文化特质如文身、缺齿、拔毛、竹簧片口琴、贯头衣、腰机纺织、父子连名制、猎首、灵魂崇拜、室内葬、崖葬等,推定台湾土著民族是中国古代越獠民族,并在纪元前迁至台湾。

其三,欧追古的亚洲大陆东南沿海地区说(Haudricout,1954)。法国语言学家欧追古认为古南岛人的起源地是亚洲大陆东南沿海一带,介于海南岛与台湾之间的区域,比柯恩所说的地域更北一些。

其四,戴恩的西新几内亚说(Dyen,1965)。戴恩以苏瓦迪士(Swadesh)所拟定的人类社会 200 个基本词汇,除去与南岛语族不适合或是不全的,比较分析,发现整个古南岛人分布区域中,语言最歧义的三个地区为:新几内亚——美拉尼西亚;中国台湾;苏门答腊及其西岸岛屿。

其五,布拉斯特的台湾说(Blust,1985)。美国南岛语言学者布拉斯特认为古南岛人的老家就在台湾,整个古南岛人就是从台湾开始扩散的。布拉斯特的立论根据是:①台湾地区的语言占整个南岛语系的四大分支中的三支,语言最为分歧,也最有可能是原住地。②最新最全的语言资料显示,古南岛人日常生活所接触的植物群,都见于台湾岛上的各种地形和气候。

其六,施得乐与马尔克的台湾说(Shulter 和 Marek)。施得乐与马尔克认为台湾是古南岛人的发源地。原因有三点:①台湾烧山开林的时代最早,且有绳纹陶文化等考古证据。②傣、凯傣(kadai)、南岛共同母语起源于公元前 1 万年的亚洲南部,即华南与中南半岛一带。这个共同母语社会在公元前 9000 年时分裂,其中一支即古南岛人向外迁出。施、马二人认为最有可能的迁居地便是台湾,因为台湾离亚洲大陆的傣与凯傣文化最接近,有地理上的最近相关性。③台湾是南岛语系、语言最纷杂的地区,语言证据显示台湾是古南岛人起源地的最佳选择。

---

① 台湾摄影天地杂志社 1998 年版。

上面所列举的六种观点,有些是直接讨论台湾原住民族的族源问题的,也有一些是从探讨南岛语言系统的形成而说到台湾原住民的族源问题的,不管出发点和角度如何,实际上都是讨论族源与族群迁徙。我们把这六种理论概括成三类:

第一,台湾原住民族源的"西来说",即所引材料的第一、二、三项。第一项所说的占婆,就是现在的越南西贡附近;中越的交界处和柬埔寨,指的是中国的南方。第二项笼统说是中国大陆,在他申述的时候,讲到文化特质,所列举的项目里面,如文身、竹簧片口琴、贯头衣、腰机纺织、父子连名和灵魂崇拜等,指的就是海南岛的民族。第三项就更加明确,说的是海南岛与台湾之间的区域。这样看来,"西来说"实际上就是指中国大陆的东南沿海地区,更集中的是指海南岛。

第二,"南来说",即所引材料的第四项,所讨论的是古南岛人与台湾的关系。他所说的是原住民从现在的印度尼西亚一带迁入的。中国学者吕思勉和翦伯赞也持这种观点。

第三,"台湾本土说",即所引材料的第五、第六两项。所讨论的南岛语系是从台湾开始扩散出去的,这是讨论南岛语系的来源,那么,台湾原住民又从哪里来的呢?施得乐说得很明确,他根据考古学的绳纹陶文化来证明是从中国大陆华南传到中南半岛和台湾的。这样看来,他实质上也认为,台湾原住民的族源是中国的华南地区。

以上是历史学家、语言学家和考古学家对史前文化与原住民考证所作的论证,这六项材料,有五项都没有证明史前文化与今天各族的明确关系,正如海南省三亚市落笔洞本来是黎族居住地,但是落笔洞考古发掘出的人类遗骸作 C^{14} 测定,是 10600 年左右,那么"三亚人"是否就是今天的黎族,目前还没有获得非常明确的证据来加以证明。上述的"西来说"是我们所同意的。我们认为,海南岛的黎族和台湾原住民族在族源方面是相同或者是相通的。正如台湾博物馆前馆长阮昌锐教授在 1994 年出版的《台湾土著族的社会与文化》和 1996 年出版的《台湾的原住民》中所指出的,至今约 7000 年前,绳纹陶文化传入台湾,4500 年前,又有两种文化从中国大陆传入,一种是台湾龙山形成的文化,类似中国大陆的龙山文化,有各种形式的彩陶、黑陶,主要分布在西南沿海平原;第二种是园山文化,以台北盆地为中心,有各种形式的陶器和磨制的石斧。另外还有一种文化,是泰源文化,以巨石文化著称,在台湾东海岸和台东的纵谷,泰源文化和太平洋岛屿的巨石文化似有关联。有些学者认为巨石文化与排湾人有关,也有学者认为与阿美人有关。排湾人和阿美人也许是巨石文化的后裔。距今 2000—3000 年前,有一种几何图形印陶传入台湾北部和西部临海地区,布农人和邹人到最近还能制作这种陶器。距今 500—800 年,有一种坚硬、光面的无花纹陶器,分布在台湾东海岸和台湾北部,跟现在的凯达加兰人、噶玛兰人和阿美人等的陶器相似。大体上我们或许可以说,今天居住在山区的泰雅人、布农人等是早期的移入者,他们的文化比较接近大陆的系统,在 6500 年前到 4500 年前之间,自大陆迁入,可能与绳纹陶和龙山文化形成期有关。至于居住在平地的诸族,如阿美人、卑南人、噶玛兰人等迁入较晚,其文化接近南岛语系;然而,说南岛语系的人,经考古学家和民族学家的研究,他们的祖居地也在中国华南地区。所以,无论是自中国大陆直接来台湾,或由大陆而南洋,再由南洋而台湾,台湾原住民的祖居地仍是中国大陆。我们在上面所列举的文化人类学和生活习俗的大量材料,也证明了这样一个结论。①

生活在海南岛和台湾岛上的黎族和高山族同是祖国大家庭的成员。虽然他们现在分属两个民族,每族内部又有多个分支,但溯本追源,他们主要是从祖国大陆迁到岛上的古越族后裔,后发展为两个不同民族和支系,即同源异流。他们与祖国大陆和其他兄弟民族这种不可分割的联系,不但有深刻的地缘、族缘、血缘和史缘根据,而且在民族文化的各个要素和层面上,都有表现。当然,也不能排斥其他地区的种族、民族或文化融入其中,但作为黎族和高山族的族源与文化的根源及主流,仍在祖国大陆。

第一,地理环境相类似。

地理环境是人类生存发展的必要条件,且深刻影响到一个地区或民族文化的特质与风格。海南岛和台湾岛分别在中国的南部和东南部,被喻为祖国的两只眼睛,它们面积相当,同属热带或亚热带季风气候区,中间山脉高耸,河流短促,沿海平原面积狭小,其土壤、生物、水文、地质构造和活动等也很相似。这成为原始居民摄取食物、营造居室以及其他为适应这种环境所采取的生产生活方式即原始文化相同或相似的自然基础。尤为重要的是,地史研究表明,海南和台湾都属大陆型岛屿,即原为大陆一部分,后因地壳下陷或海洋水面上升,才与大陆分离。海南岛就有过两次与大陆分合的历史,最后一次是全新世早期,距今约 7000 年,海面上升,海南再次脱离大陆,成为海岛,而台湾也在这个时期最后与大陆分开,台湾海峡和琼州海峡形成。② 在此之前,是海平面下降时期,台湾海峡地区曾为平原或浅水区,方便大陆或南洋一些地区的原始人类往来,有可能陆行或使用独木舟进入两岛。据 C[14] 测定,作为海南、台湾与大陆和东南亚连接点及交通枢纽的南海诸岛大部分岛屿露出水面的时间距今 5000 年③,此前因为海平面较低,南海周边地区的原始人类与两岛人民交往也甚有可能。

因为海南和台湾脱离大陆的时间较短,从生物进化的原理观察,在一个狭小的岛屿范围里,不可能实现从猿到人的转变,所以岛上最早居民不可能是土生土长的,应该是从中国大陆或其他地区迁入的。类似事例已从两岛动物区系演化中得到验证。例如,因为老虎出现时间比两岛形成的时间要晚,而老虎又不能在孤立环境下形成发育,所以两岛从来无虎。汉初,登上海南的汉人见岛上"亡马与虎"④。台湾也有同样记载,清雍正年间黄叔璥《台湾使槎录》说:"山无虎","故鹿、麋、獐、麂之属成群遍野,莫为之害,野牛最蕃滋"。⑤ 这极利于畜牧业的发展,牛羊可以野牧,无须专人看管。明代海南"牛羊被野,无冒诏(领)者"⑥。因台湾无虎,平埔人的打鹿业在 17 世纪十分兴旺,"社社无不饱鹿"⑦,故两岛的畜牧文化多有共同性,与虎有关的物质文化和精神文

---

① 周伟民:《在多元视野观照下关于琼台少数民族族源问题的探讨》,《海南台湾少数民族族源理论研讨会论文集》,海南大学东南亚研究所,2002 年 11 月。

② 中科院南海海洋研究所:《华南沿海第四纪地质调查研究报告》,中国科学院南海海洋研究所 1976 年印行,第242 页。

③ 转见司徒尚纪:《岭南海洋国土》,广东人民出版社 1996 年版,第 79 页。

④ 《汉书·地理志》。

⑤ 转见曾昭璇:《台湾自然地理》,广东省地图出版社 1993 年版,第 15 页。

⑥ 张天复:《皇舆考》卷 7"广东"。

⑦ (明)陈第:《东番记》,收入(明)沈有容《闽海赠言》,台湾文献丛刊第 56 种,台北:台湾银行经济研究室,1959年。

化匮乏,这不能不是地理环境特点所致。

第二,体质人类学特征支持黎族和高山族同源。

民族虽然主要由其文化特质决定其归属,但一个群体的体质人类学特征对于比较他们的来源也是一个重要依据。

体质人类学研究结果显示,黎族和高山族与大陆中国人一样,同属亚洲蒙古人种。据广州华南师范大学曾昭璇、中科院古脊椎动物与古人类研究所张振标等比较研究,海南黎族12项体质特征与我国华南汉族,也与台湾高山族的关系十分密切。

另外,民族学者选取包括高山族在内的国内9个主要少数民族15项头面部测量性特征与黎族比较,结果是"黎族与广西汉族最接近,其次与湖南汉族以及台湾省的高山族和台湾平埔族也都较接近"[①]。这些资料表明,黎族和高山族的起源和进化与中国大陆人一样,具有同一渊源,只是他们所处地理环境有差异,形成某些体质特征略有不同。正是后者,成为他们后来分属不同民族(系)的自然基础。

当然,也有研究指出,无论黎族还是高山族都有南方黑人某些特征。此说由来已久。近年有论者用聚类统计方法研究黎族指、掌纹,认为"与其他东亚、南亚的沿海居民一样,黎族的个别掌纹特征表明存在着黎族和某些黑色人种混血的可能性"[②]。而台湾高山族为岛上最早居民自无可置疑,但其来源也流行不同说法,其一说"台湾最早居民中,一如菲律宾有小黑人存在的事实"[③]。即黎族和高山族的来源都不是唯一的,可能有多个来源,这一说法有待进一步深入研究。实际上,我国南方汉唐以来普遍蓄养"昆仑奴",即南方黑人,其血统当然会融入汉人中。东汉杨孚《异物志》即载:从海外来岭南黑人"齿及国甚鲜白,而体异黑若漆,皆光泽,为奴婢"。广州、顺德、三水等地汉墓出土陪葬陶俑中作为"灯座"的陶人俑亦为南来黑人。所以黎族、高山族一如岭南其他民族(系)一样,具有黑人血统并不奇怪。但从人类迁移和历史发展趋势看,原始人类从中国大陆迁往海岛应是主流,上述"南来说"并不能改变这个总的方向,倒为这些民族多源说增添了新的内容。

第三,考古发现显示黎族、高山族同源。

近年考古,在我国大陆南方、海南和台湾都发现旧石器和新石器文化。这些文化的创造者和文化内涵均属于大陆古越族之前的古人类和古文化,且组成一个完整的古文化系统,有力地证明了黎族、高山族与大陆古越族是同一来源。

在海南近年发现多处石器文化遗址,其中三亚落笔洞距今约1万年的旧石器晚期至新石器早期的石片石器,陵水大港村、石贡、旧县坡等距今6000—7000年新石器中期磨光石斧、石锛、砺石和各种夹砂陶器,陵水古楼坡、文昌吕田坡、定安佳龙坡距今3000—5000年新石器晚期的双肩石斧、有段石锛、平肩长身石铲、大石铲,以及板沿口釜、罐等器物,还有各遗址以云雷纹、菱形纹、方格纹和米字纹等饰物为代表的战国至秦汉几何印纹陶等,其风格与华南各省区出土的同类器物文化内涵一致,属同一个文化系统,发展变化规律也相一致。在排斥了海南具有从猿到人进化的可能性之后,

① 张振标,张建军:《海南岛黎族体质特征之研究》,见《人类学学报》第1卷第1期,1982年8月,第63—64页。

② 谢业琪:《海南岛黎族指、掌纹研究及临高人与汉族、壮族指、掌纹特征比较》,见《人类学学报》第1卷第2期,1982年11月,第146页。

③ 曾昭璇:《台湾自然地理》,广东省地图出版社1993年版,第3页。

这些不同时代器物无疑主要是华南大陆古人类带到岛上或在岛上创造的。这些古人类即为后来的古越人。[①]

在台湾台南发现的古人类"左镇人"头骨化石距今约3万年,与北京山顶洞人同属旧石器晚期。又据日月潭孢粉分析,1.2万年前当地可能发生伐木和农业活动。[②] 而距今约5000年新石器遗址在台湾分布更多更广,如台北圆山、大坌、北部沿海土地公山、芝山岩、大直、尖山等数十处,出土有段石锛、有肩石斧、印纹陶、黑陶和彩陶等,质量和风格与大陆东南沿海地区发现的同类器物相近。另在台湾中部和南部沿海、河谷发现与圆山文化同时代距今4500—3000年的凤鼻头文化各期(第1—3期)的陶器、贝丘、石斧、石锛等,亦与大陆东南沿海出土的同类器特有很多共性。人类学者林惠祥教授比较以上器物后指出,台湾圆山文化是由大陆东南传播过去的,传播路径以福建较有可能,因两地距离较近,中有澎湖列岛。[③] 而进入台湾的古人类,主要应为大陆古越人。

海南、台湾新旧石器和陶器既与大陆同属一个文化系统,则说明彼此之间有密切联系。文化风格若有小异,应为古越族内部有不同分支所致。如福建为闽越、岭南为南越、骆越等,皆为古越族分支,他们进入海南和台湾,后发展为黎族和高山族,成为岛上最早居民。

第四,文化人类学特征显示黎族和高山族同源。

文化较之血统,对民族认同更为重要,而文化的个性和共性,是研究民族识别和民族比较的主要标志。语言、风俗作为较稳定、持久的文化要素,对比较黎族和高山族的文化人类学特征更具重要意义。它们的共同性或类似性,同样说明两族渊源于大陆古越族。

(1)语言比较。黎族和高山族在迁移过程中,语言会发生变异,尤其进入海岛以后,在与汉族交流接触中,也会失去自己一部分语言。但不管怎样,民族语言仍是语言主体,并与母语有千丝万缕联系。通过比较,可发现黎族和高山族语言颇多共性,皆以古越语为母语,后来才朝着各自方向发展,呈同源异流模式。

比较语言学表明,黎语和高山族使用语言(旧称番语)同为胶着语,有一字数音的特点,不同于汉语一字一音,而古越语也是胶着语。如"船"字,古越人称为"须虑"[④]。古越语后随民族迁移,发展为不同分支,但作为底层语言仍保存下来,古今都在使用。海南黎族自称俚人,《隋书·地理志》载"俚人犹呼其所尊为倒老也,言讹,故又称都老云"。无独有偶,台湾高山族也保留同样语言习惯。三国沈莹《临海水土志》记台湾高山族"呼民人为弥麟";《隋书·地理志》则记高山族首领"土人呼之为可老羊,妻曰多拔荼";明末陈第《东番记》也说高山族首领被称为"大弥勒",也一字数音;清代黄叔璥《台湾使槎录》和《台湾府志》等史籍所记"番语"也列举一字数音之例。近人徐松石教授收集、整理了大量案例,如"头"字,台湾土语称"乌颅","目"称"麻撒","肩"称"歹一八","膝"称"希鲁盾","足"称"丁丁","死"称"马歹","水"称"喇淋","盐"称"几鲁","铁"称

第二章

先秦秦汉时期的海洋社会及人口迁徙

---

① 王克荣:《海南岛的主要考古发现及其重要价值》,见《海南大学学报》(社科版),1985年第1期,第1—3页。

② 王克荣:《海南岛的主要考古发现及其重要价值》,见《海南大学学报》(社科版),1985年第1期,第1—3页。

③ 林惠祥:《中国民族史》第6章,上海书店1984年版。

④ 《越绝书》卷3。

"麻里","海"称"麻翁"等。而"女婿"称"阿郎",与广东北江瑶族,广东南部、广西东南部粤方言黎族对女婿的称谓相同①,显示台湾高山族土语与大陆汉语有渊源关系。虽然黎族、高山族内部有多个分支,但语言的这种共性没有变化。如黎族"古称眷舌者为南蛮,岐(黎族一分支)瑶诸种是也,若充类言之,则吴越无不是也"②。对于高山族,林惠祥教授指出其语言"各族不同,一族之中复再岐分,故其种类甚多"③。上述吴越有南蛮使用的语言,两地皆为古越人居地,即使用古越语。古越语至今仍残存南方许多少数民族和民系语言中。如黎语则属汉藏语系壮侗语族,与同一语族之壮语、布依语、傣语、侗语、水语等有亲缘关系,但它们皆源于古越语。高山族语言既与古越语相通,当然是从大陆传播过去的。

(2)断发文身习俗。大陆古越人有断发文身习俗,这类记载和实例甚多。它具有多种文化意义,其中作为热带丛林中的保护色,是适应地理环境的一种方式。黎族无论古代还是近现代都有断发文身的习惯或残余。海南在先秦古籍中被称为"雕题国""儋耳国",意即文身和戴大耳环。《左传》说吴越人"断发文身",也包括后来的黎族。明顾岕《海槎余录》记"黎族男女周岁即文其身"。刘咸教授 1924 年在海南调查,黎族文身仅在面部和胸部图案就有 37 式,在手臂有 14 式,在腿部有 13 式,共 64 式④,现仍在一些老年妇女中残存,这无疑是古越人遗风。

台湾旧称夷洲或流求,三国沈莹《临海水土志》记岛上"男人皆髡头穿耳,女人不穿耳",与汉人不同,与古越人断发相似。《隋书·流求国传》则说岛上"男子拔去髭鬓,身上有毛之处皆亦除去。妇人以墨黥手,为虫蛇之文","妇女以罗纹白布为帽,其形正方,织斗镂皮并杂色纻及杂毛为衣,形制不一"。明陈第《东番记》也说岛上"男子剪发,留数寸,披垂"。清黄叔璥《台湾使槎录》云:"水沙连北港女将嫁时,两颊用针刺如网巾纹,名刺嘴箍,不刺则不嫁。"1948 年曾昭漩教授在台湾考察,见岛北泰雅人盛行文身,男子文额,女子文面,被称为"乌鸦嘴",南部各支文身亦相类。此俗长盛不衰,以致男子喜少恶老,头白也不留胡子,有一根胡子也要拔除,一些人外出也携带拔胡子工具。断发文身虽非黎族、高山族所独有,我国南方、东南亚、日本南部、南太平洋岛国都流行过此俗,但海南、台湾两地文饰及其文化内涵相同或相类,包括龙蛇、花草、树木、鸟兽等图腾或其他标记,反映他们有着共同的原始宗教和原始艺术,这显然是民族渊源和文化特色共同性的表现。

(3)崇拜龙蛇等图腾。古越族以龙蛇为主要图腾,崇拜有加,这见于大量史籍、传说和各类建筑、艺术品等。上述黎族、高山族的文身图案即反映了这种图腾文化。龙母庙或蛇神庙遍布岭南各地,仅广东德庆县盛时即有 300 多座,其中悦城龙母祖庙香火最旺,为当地带来可观旅游收入。古越人流徙各地,龙蛇图腾即随之在当地传播。海南黎族流行蛇祖传说,清陆次云《峒溪纤志》云:"相传太古之时,雷摄一卵至山中,遂生一女,岁久,有交趾蛮过海采香,与之相合,遂生之女,是为黎人之祖。"类似记载不胜

---

① 《徐松石民族学研究著作五种》(下),广东人民出版社 1993 年版,第 923—925 页。
② 光绪《高州府志》卷 6《风俗·方言》。
③ 转见陈国强:《台湾高山族研究》,上海三联书店 1988 年版,第 35 页。
④ 刘咸:《海南黎人文身之研究》,见詹慈编《黎族研究参考资料选辑》,广东省民族研究所 1983 年印行,第 196—215 页。

枚举,有些地方至今仍保持禁吃蛇肉习俗。黎族一分支美孚黎文身花纹似蚺蛇,故被称为"蚺蛇美孚"。黎族中广为流传"蛇女婿""蚺蛇青年"等人蛇婚配故事,清楚地显示出黎族的图腾崇拜文化内涵。

台湾高山族也以龙蛇图腾崇拜至为突出,龙蛇在文身图案中居最显要地位。《隋书》记高山族"妇人以墨黥手,为虫蛇之文"。明张燮《东西洋考》说鸡笼(基隆)、淡水一带高山族"手足刺纹为华美"。此风习传承至高山族各分支。泰雅人文身花纹模仿蛇斑纹,排湾人以百步蛇三角纹为文饰,并自称为蛇的子孙,建筑物和生活器具杯、桶之类皆雕蛇纹,过去甚至在酋长家里备一小房,作为蛇栖息之室,视蛇为保护神。在台湾历史文献所记习俗中,常见"虫蛇""鸟翼"等描写和与蛇祖崇拜有关的神话,实为高山族原始文化的折射。福建和广东潮汕地区旧为闽越人居地,对龙蛇崇拜尤甚。许慎《说文解字》云:"闽,东南越,蛇种也。"台湾多闽潮移民,龙蛇崇拜传入台湾,与高山族龙蛇崇拜相互影响,更加剧了此风习的盛行。

(4)自由结合婚俗。婚姻形态在风俗文化中占有很重要的地位,反映了民族文化的相互关系。古越人婚姻形式异于汉人,虽也经历了由群婚向对偶婚最后向一夫一妻制的转变,但这个进程毕竟比汉人晚,有较多性自由和自由结合婚俗的残余。后世黎族"不落夫家"、一夫多妻、早婚、"放寮"、男大女小等风俗盛行,皆为古越人婚俗的传承与变异。明末顾炎武《天下郡国利病书》广东条引旧志云:黎人"男女未配合者,随意所通,交唱黎歌,即为婚姻"。而台湾高山族也一秉古越人婚俗。沈莹《临海水土志》记高山族"甲家有女,乙家有男,仍委父母,往就之居,与作夫妻,同牢而食","或男女相悦,便相匹配"。17世纪陈第《东番记》说平埔人牵手成婚,"宵来晨去",18世纪才发展到男子"夜宿妇家,日归其父合作者"①。"夫妇间财,乏共有之例,为夫者不担任扶养其妻;为妻者如旧,与其一族耕种田园,自食己力"②,为典型不落夫家习俗。又高山族也盛行与黎族一样的"入赘"制度,"既婚,女赴男家洒扫屋舍三日,名曰'乌合',此后男归女家,同耕并作,以偕终身"③。此外,在离婚、再婚等关系上,高山族与黎族一样享有较大自由,表现了共同文化特质。

(5)尚武强悍民风。古代海南和台湾生态环境恶劣,毒蛇猛兽横行,瘴疠充斥,疾病为患,人类生存困难,势必引起部族之间的矛盾和斗争,由此也造就了黎族和高山族尚武强悍的民风。其实这也是古越人民性之一。许多文献都说"越人之俗,好相攻击",直到中原文化传入,"粤(越)人相攻击之俗益止"④。但这作为一种民性,仍随古越人南迁带到岛上。范成大《桂海虞衡志·志蛮》说黎人"平日执靶刀长鞘,多以竹为弦,荷长枪,跬步不舍去"⑤。明代,黎族中"生岐……弓矢不释手,虽父子,动辄持刀相加"⑥。此风也盛行于台湾高山族,《临海水土志》说夷洲(台湾)"其王,国有四五帅,统诸洞,洞有王,王有村,村有鸟丫帅,并以善战者为之,自相对立","国人好相攻击,人皆

---

① 周钟瑄:《诸罗县志·风俗志》。
② 转引自施联朱、许良国编《台湾民族历史与文化》,中央民族大学出版社1987年版,第153页。
③ 黄叔璥:《番俗六考》,《南路凤山番一》。
④ 《汉书·高帝纪》。
⑤ 《文献通考》卷331。
⑥ 顾炎武:《天下郡国利病书》,《四裔考八》。

骁健善走,难而不耐创。诸洞各为部落,不相救助"。到明末,据陈第《东番记》,其人"喜斗而易动,疾战而轻解。起则两社相攻,休则亲戚不仇"。虽然类似记载也见于其他地区少数民族,但海南、台湾因为海岛,外来文化传播比大陆相对要迟,所以其民性变化也相对滞后。后世黎族、高山族反抗外来势力入侵至为激烈,绝非偶然,这正是古越人民性在各个历史时期的张扬。

(6)嗜食槟榔。我国南方古为瘴疬之地。槟榔含多种生物碱,有消炎、逐水、除痰、灭菌等功效,与南方湿热地理环境相适应,故为古越人嗜好,且世代不衰。唐刘恂《岭表录异》明确指出"不食此无以祛其瘴疬"。此后槟榔又成为礼品,文化内涵有所扩大。古越人迁入海南、台湾,那里瘴疬比大陆更为严重,故食槟榔之风有增无减,实为适应环境的一种方式,有其深层文化根源,而不仅是个人嗜好。唐宋以来的文献典籍,多记海南盛产和嗜食槟榔的风俗。宋人王象之指出,"琼人以槟榔为命……岁过闽广者,不知其几千万也"①,"漫山悉槟榔"②。唐宋时期黎人是海南居民的主体,也是岛上槟榔的最大消费者,此风一直保持至今。

高山族同样嗜食槟榔。民族学者徐松石指出,台湾"土著人民喜欢嚼食槟榔,他们往往拿扶蒌叶和蛎灰一同咀嚼"③,食用方式与黎族完全相同。现今台湾槟榔漫山遍野,消费量甚大,槟榔摊档至为触目,性感十足的"槟榔妹"成为一道亮丽风景线。这绝不是偶然的,乃高山族槟榔文化传承和扩大使然。此外,两族喜欢饮酒唱歌、喜食酢制食物等习惯也如出一辙。

第五,共同地名文化渊源。

地名作为一种可视和可悟文化景观,其命名与地理环境、历史条件和民族迁移有关,并且地名历史比文字还要久远,透过地名可了解很多历史文化现象。

黎族作为古越族一支,进入海南以后按古越语命名的地名颇多,现称为"黎语地名"。故明末清初屈大均《广东新语·文语》指出:"自阳春至高雷廉琼,地名多曰那某、罗某、多某、扶某、过某、牙某、峨某、陀某、打某……地黎称洞名有三字者,如那父爹、陀横大、陀横小之类,有四字者……"这种通名在前专名在后的地名,称齐头式地名,与汉语地名命名方式相反。在海南黎区,主要有抱(保、宝、报、包)番、什、毛、那、南(湳)等为起首地名,有1000多个。在广东、广西也不乏这类地名,这已成为黎族源于古越人从大陆南迁上岛的有力凭证。④

台湾现今地名有一部分是番语,即按高山族人读音用汉字书写的。高山族语言既为胶着语,其命名方式、构词法和含义属古越语,应当为古越人迁入台湾在地名上的佐证。只是台湾经过西方殖民主义统治和日本侵占,汉人也大规模迁入,番语地名发生很大变化,保留至今的已成为台湾地名的吉光片羽,但仍可借助于地名对比分析,看出高山族的来源及其与黎族的关系。

埔,谐音有步、圩、坿、埠、甫等,意为平地、津渡、码头之类,为古越语地名。广州有黄埔、增步、盐步、官禄坿,四会有华坿、罗坿、鹿坿等。台湾有埠头、埠子头、后埠、老

① 王象之:《舆地纪胜》卷124《琼州》。
② 赵汝适:《诸番志》卷下《海南》。
③ 《徐松石民族学研究著作五种》(下),广东人民出版社1993年版,第918页。
④ 司徒尚纪:《广东文化地理》,广东人民出版社2001年版,第364—365页。

埠、新埠、埠塘等,部分为齐头式,部分前为汉语修饰语,谅是汉人到来对番语地名的改造所致。

圳,粤方言(广州话)指水沟。广东有深圳,广州有圳口,南海有梅圳,三水有圳东,德庆有圳边,封开有圳田、圳竹等。台湾有圳寮、圳头、横圳、深圳、过圳、圳岸、圳堵等。这不是偶然凑合,粤方言由古越语融合汉语等而成,台湾"圳"字地名亦应与古越人迁移有关。

南或湳为典型古越语,作为地名与方向无关,意指水。据1982年地名普查,海南有这类地名255个。琼山有南渡江、湳渭溪,定安有南远溪、湳白溪,儋县有南建江,澄迈有湳滚泉,临高有南定讯,陵水有南陵山,东方有南龙江、南浪村,以及南圣、南坤、南罗、南阎、南美、南头、南口、南丰、南阳等,遍及全岛,但以黎区居多。雷州半岛不乏这类地名,如海康即有50个,如南六、南畔、南田等,徐闻有南陈、南上、南洋等,当然个别南字可能指方向,但不改变它主要为古越语含义。[1] 台湾也保存一些湳字地名,如湳子(云林)、湳雅(新竹)、水湳、湳湖、大湳、芦竹湳(苗栗)、草湳、湳墘、湳仔等。[2] 这些地名无疑是古越语地名遗存。

台湾多山地,"台(湾)地诸山皆从蕃语译出"[3]。实际上不只山名,普通地名也有不少属于番语。"多(哆)"字地名即为一例。根据安倍明义先生列举,即有哆啰国(新营番社),哆咯唧(原日月潭东边番社),哆咯唧(花莲新城乡),另"多阿科汉姆"山地今写成大科陷、大姑崁或大姑嵌。在海南也不乏"多"字地名,如琼山有多佩、多贤,文昌有多寻,琼海有多坭、多异,万宁有多扶、多格、多萌、多辉,陵水有多味弓,乐东有多能,儋县有多美、多业,临高有多文、多莲、多瑞、多郎、多贤、多朗等。"多"字地名亦偶见于大陆,如廉江有多浪、多宝,吴川有多曹等。[4] 雷州半岛古代也是俚(黎)人居地,故不乏此类地名。又"多""都"音近,而"都"字也是古越语地名,广见于广东南路地区、广西东北部和中部。[5] 可见"多"字地名把两广地区和台湾都联结了起来。

海南还有"打"字地名,且与"大"字同音,也属古越语地名。如儋县有打腊,白沙有打安、白打等。"大"字地名更多,如昌江有大安、大章,陵水有大宁,东方有大田,乐东有大安,儋县有大成、大域,琼山有大林、大坡、大宾,文昌有大山,琼海有大路,万宁有大茂,屯昌有大同,澄迈有大美等。"大"字地名在岭南为数在1000个以上,其含义有一部分表示大小之意,一部分为"地"之意,后者为古越语含义。又据徐松石教授研究,"大"字有时译作"都"字或"多"字,这样一相通,其分布更广,显示岭南土著文化的共同性。这种共同性也延伸到台湾。"打"字地名在宜兰有打那岸(罗东),在嘉义有打猫(凡雄),高雄旧称打狗、打鼓,实也属于古越语地名。

此外,海南还有马、麻、过、美、武、六(鹿)等古越语地名,在台湾也不乏其例。如临高有马袅,台湾有马赛(苏澳)、玛僯(礁溪);雷州半岛有麻章、麻一、麻二、麻三、麻四,台东有麻豆;海南保亭有六弓,台湾有鹿野、鹿寨。"美"字地名在海南甚多,琼山有美

① 司徒尚纪:《广东文化地理》,广东人民出版社2001年版,第357页。
② 〔日〕安倍明义:《台湾地名研究》,台北武陵出版有限公司1992年版,第57页。
③ 〔日〕安倍明义:《台湾地名研究》,台北武陵出版有限公司1992年版,第60页。
④ 司徒尚纪:《广东文化地理》,广东人民出版社2001年版,第362页。
⑤ 司徒尚纪:《海南岛历史上土地开发研究》,海南人民出版社1987年版,第71页。

兰,为今机场所在,台湾高雄有美派。"武"字地名在海南也不在少数,如儋县有武教,临高有武来,琼海有武弄,澄迈有武田等,台湾屏东有武洛(里港),意义为弓矢①,这自不是汉语之意。以上地名几乎成对应关系,应是古越人迁移岛上在地名上的遗迹。

据上述材料可知,海南黎族和台湾高山族实为从大陆过去的古越族的两个分支,族源相同。但作为一个民族,无论文化还是血统都不可能只有一个来源。在民族繁衍进程中,有其他民族加入是不可避免的。有关黎族和高山族的"南来说"即属其例,但事实如何,应进一步研究,不宜轻易肯定或否定。

不管怎样,今日黎族和高山族毕竟是两个民族。这是地理环境和历史发展的产物。一是海南和台湾地理环境总有一定差异,古越人长期生活在其中,生产生活方式会产生变异,民族文化随而变化。二是古越族是个泛称,内分许多支系,迁入海南的以骆越、南越为主,迁入台湾的以闽越为主。他们的本根文化差异难免在以后民族发展中留下痕迹,成为黎族、高山族文化的基础。三是区域历史发展进程和水平差异。海南汉初就建立郡县,后来被放弃,唐宋以来重新深入开发,明清达到鼎盛时期。黎族汉化也同步发生,宋代以来即有"生黎""熟黎"之别,但直到近代,在五指山腹地仍保留一块带有原始社会性质的合亩制地区。又由于琼州海峡比台湾海峡容易通过,中国历史发展总方向是自北向南,海南恰处在这个方向上,受大陆文化影响较深,黎族文化也不例外。而台湾原始社会历程很漫长,南宋时澎湖才隶属福建晋江县,如果就此认定台湾政区建置始于宋代,也比海南晚得多,甚至到明代,高山族地区仍很原始落后。据陈第《东番记》记载,他们仍未摆脱原始社会生活方式,或者说仍处在文明阶段前夜。但台湾明末清初经郑成功父子奠基开发,清统一台湾以后深入开发,特别是光绪年间台湾建省后的近代开发,以及日本侵占台湾时的殖民地式开发,都在实际上改变了台湾社会经济面貌,台湾以后来居上之势远远超过海南。这都在文化的各个要素和各个层面上改变着高山族,使之形成自己的文化特质。与此同时,海南黎族也按自己的道路和方式发展,形成了本民族的文化特质。所以,他们走的是同源异流发展道路,是一母所生兄弟姐妹关系,其血脉根源和文化情结,无疑在中国大陆。②

三　舟师与海盗社会

(一)最早的海军——舟师群体的出现③

在我国沿海的早期社会群体中,海上军事力量已经构成一种独特的海洋社会群体组织,它的规模和复杂程度虽然不及岛屿社会群落,但是,它作为活跃于海滨的官方社会结构的一部分,在沿海的社会发展中,其作用仍然是不容忽视的。舟师的出现便是这种独特社会群体产生的标志。

我国古代海军称舟师、水军或水师,它是随着战争、防卫的需要和战场的转移而逐步形成的,大体上经历了追捕奴隶、军事运输和有组织地进行水上作战与防卫这三个

① 〔日〕安倍明义:《台湾地名研究》,台北武陵出版有限公司1992年版,第221页。
② 司徒尚纪:《浅论海南黎族与台湾高山族同源异流》,《海南台湾少数民族族源理论研讨会论文集》,海南大学东南亚研究所,2002年11月。
③ 张铁牛、高晓星:《中国古代海军史》,八一出版社1993年版,第4—6页。

发展阶段。

人类社会出现阶级和阶级战争以后,船舶逐渐由运输和捕鱼工具生发出了一种作为暴力工具的功能。据殷商甲骨卜辞记载,商代后期,商王武丁曾派人乘船追捕逃亡海上的奴隶,用了 15 天时间把这批奴隶捕捉回来。[①] 后来,随着船舶质量的提高和数量的增加,船舶便大规模地用于战争了。

最初,船舶只是被征调运送部队和军事物资。武王伐纣渡孟津,是我国史籍关于船舶用于军事运输的最早记载。公元前 1027 年正月(另一说为公元前 1066 年,见唐志拔《中国舰船史》等),周武王率兵车 300 乘,虎贲(周王的近卫军)3000 人,甲士 4.5 万人,并联合了一些方国的军队,大举伐纣。参战部队由 47 艘大船运送,在孟津渡河东进,直捣商都朝歌,灭亡了商朝。这次渡河作战,组织严密,有专人指挥船只,规模空前。但这些船只毕竟是临时征集的,没有专门用于水战的兵器和人员,因此还称不上舟师。

到了春秋时期,由于生产力的发展,特别是铁器的使用,造船技术和造船能力得到空前的提高。临江傍海的诸侯国都出现了造船业,其中以吴、越最为发达,称之为"船宫",能造多种用途的船只。南方各国江河密布,水上运输也很兴盛,吴国"不能一日而废舟楫之用"。至于越国,还在周代,就有"于越献舟"的盛事,浩浩荡荡的部队沿海北上,入淮河西行,到达今日西安附近的周王朝统治中心地区。所有这一切,为中国古代海军的形成创造了前提条件。

春秋时期,各诸侯国力量日渐强大,出现了王室衰微、诸侯争霸的局面。各诸侯国之间的战争不断,先是在中原地区进行,后来扩展到东南地区。为了适应水网地区作战的需要,南方的吴国、越国、楚国和濒临东海的齐国,都先后改装和建造战船,抽调官兵进行水上作战训练。于是,古代海军便应运而生了。

我国古代海军诞生于何时何地,史书没有明确记载。但可以根据史料推算出来。据《左传·襄公二十四年》记载:"楚子为舟师以伐吴,不为军政,无功而还。"这是目前所见到的第一次水战记载。这次水战发生在鲁襄公二十四年,即公元前 549 年。这就是说,在公元前 549 年以前,楚国就已经有了舟师。据元代的马端临考证,"楚用舟师自康王始"(《文献通考·兵一注》)。楚康王元年,正当鲁襄公十四年,即公元前 559 年。可见我国古代舟师在鲁襄公十四年至二十四年,即公元前 559 年至公元前 549 年之间就已诞生,距今已有 2550 多年的历史了。

要之,舟师又称为水军或水师,它一方面适应水网地区作战的需要,另一方面广泛用于沿海地区的战争,他们作为我国古代的海军,是我国古代沿海重要的海上战争与防卫力量。

(二)海盗社会[②]

海盗是活跃在中国沿海的另外一种独特的社会群体。它产生很早,官方的文献中有不少记载。

---

① 郭沫若:《中国史稿》。

② 郑广南:《中国海盗史》,华东理工大学出版社 1998 年版,第 45—53 页。

在西方,海盗活动的历史是随着人们的海洋活动及航海业的出现而揭开篇章的。① 原始社会瓦解后,运用强权与暴力夺取他人财物被认为是一种值得干的行业,那些在海上专门从事抢劫财物、掳掠人口者就成为海盗。在中国,"海盗"也因其在海洋抢劫的盗贼行为而得名。

1. 海盗社会的出现

中国原始社会解体后,跨进阶级社会,出现了财产私有制和国家政权,随之也就产生了政治压迫、经济剥削以及掠夺财物的社会现象。约在公元前 2200 年期间,夏启废除原始社会"禅让"制,建立夏王朝。此后,海洋便逐渐成了政治斗争和阶级斗争的场所。据记载,夏后帝少康"封于会稽","以奉守禹之祀",立政东海地区,后世越国国君为其苗裔。② 少康死后,子杼继位,兴师"征于东海",不甘臣服的东海人逃亡出海,进行反抗。至商代,疆域东际大海,帝乙、帝辛屡次发兵"征人方","为虐东夷"③,"东夷叛之"④。帝辛倾兵力征东夷,杀方伯,俘获"亿兆夷人"为"臣"(奴隶)⑤。帝辛的战争暴行,激起东夷人的反抗。东夷人的强烈反抗,沉重地打击了商王朝,帝辛因此"而殒其身"⑥。此时,周族崛起于西北黄土高原,建立周王朝,并积极向东南海滨发展。周太王长子太伯与次子仲雍为逃避继位之争,"乃奔荆蛮,文身断发,自号句吴",相继为夷蛮君长。⑦ 商末,太公望为逃避帝辛暴政,"居东海之滨"⑧。后来周武王攻灭商王朝。两年后武王病逝,东方爆发"管蔡以武庚叛"。周公东征平定叛乱,并攻灭"熊盈族十有七国",不愿臣服的"顽民"多逃亡海上。由此可见,夏商周三代政治斗争与战争已扩展到东部、东南海滨及海上。

降及春秋战国,社会发生巨大变化,长期战乱,海洋成为人民反抗斗争与诸侯战争的场所。各国国君与奴隶主贵族残酷剥削、压迫奴隶、农人,加上诸侯战争破坏社会经济,许多人因战乱和饥饿而死亡,"道馑相望"⑨。在阶级矛盾如此尖锐化的情况下,人民被迫奋起反抗国君和奴隶主贵族,"盗憎主人,民恶其上"⑩。沿海地区的自由民和奴隶逃亡海上,进行反抗斗争。人民在海上的斗争很激烈,影响了政治局势与社会安定,所以孔子及弟子曾经"游于海中……归告鲁侯,筑城以备寇"⑪。"寇",指海上之寇,即海盗。这可视为中国历史上有记载的海盗活动的先声。

在战国诸侯战争中,常有海上用兵之举。吴王阖闾十年(公元前 505 年),东夷人攻吴国,阖闾兴师亲征。"夷不敢敌,收军入海,据东洲沙上;吴亦入海逐之,沙上相守一月。"⑫这是一场规模颇大的海战。楚怀王六年(公元前 323 年),越人首领无颛主政

---

① 航海业,古希腊哲学家亚里士多德把它理解为作为谋生来源的捕鱼业和海盗行为。

② 《史记·越王勾践世家》。

③ 《吕氏春秋》卷 5《古乐》。

④ 《左传·昭公四年》。

⑤ 《史记·殷本纪》。

⑥ 《左传·昭公十四年》。

⑦ 《史记·吴太伯世家》。

⑧ 《史记·齐太公世家》。

⑨ 《国语·楚语下》。

⑩ 《左传·成公十五年》。

⑪ 崔鸿:《北凉录》。

⑫ 民国《太仓州志》卷 14《兵防·纪兵》。

时,"其地无疆为所败,族散江南海上"①。

东夷人"入海据东洲沙"与越人"散江南海上",按照东汉以后人们的看法,他们就是海盗,只是因为当时尚无"海盗"一词,所以他们是还没有被人称为"海盗"的海盗。

2.南海蜑民与海盗社会

越人居住今广东省,古称南越(南粤)。南越人"断发文身,错臂左衽"②,依山傍海,从事渔猎和农业生产。越人俗好争斗,《汉书》云:"粤人之俗,好相攻杀。"③他们生活于水上,擅长造船与航海,在江海中从事经济活动。

秦始皇二十六年(公元前221年),发兵"南攻百越",使尉屠睢将楼船之士,统卒五十万,为五军:一军塞镡城之岭(在今湖南靖县),一军守九嶷之塞(在今湖南江华),一军处番禺之都(今广东广州市),一军守南野之界(在今江西南康),一军结余干之水(在今江西余干)。④ 为解决运输军粮问题,监禄率卒在湘水与漓水之间开凿灵渠,沟通长江、珠江水系交通,以通粮道。秦军从西线深入越人居住地区,"与越人战",杀西瓯君译吁宋,越人皆入丛薄中,莫肯为秦虏,"相置桀骏以为将,而夜攻秦人,杀屠睢,伏尸数十万"⑤。三十三年(公元前214年),秦始皇诏命赵佗将卒戍南越,发内郡"诸尝逋亡人、赘婿、贾人略取陆梁地,为桂林、象郡和南海,以谪遣戍"与越人杂处⑥。南海郡"东西数千里",濒临海洋,江河交错,山林茂盛。遁入丛薄中的越人,驾船活跃于江海上,旷日持久地抗击秦军。后来,他们适应水上生活方式,养育子孙,世代相传,而形成在江海中生活的水居族群。南海水居族群就是"蜑民"的先辈。嘉靖《惠州府志》与《粤中见闻》分别云:

> 蛋,其种莫可考,按秦始皇使尉屠睢统五军,监禄杀西瓯人。越人皆入丛薄中……意者此即入丛薄中之遗民耶⑦。

> 秦时,屠睢将五军临粤,肆行残暴。粤人不服,多逃入丛薄,与鱼鳖同处。蛋即丛薄中之遗民也。世世以舟为居,无土著,不事耕织,惟捕鱼及装载为业,吾民目为蛋家⑧。

秦汉以来,蜑民世世代代在江海中过着"以舟为居"的浮生生活。宋人周去非在《岭外代答》中对蜑民这种浮生生活方式有具体记叙,他说:"以舟为室,视水如陆,浮生之海者,蜑也……蜑之浮生,似若浩荡,莫能驯者。然亦各有统属,各有界分,各有役于官,以是知无逃乎天地之间。"⑨蜑民"役于官",惨遭压迫与剥削,生活极为穷困。封建统治阶级不但不同情蜑民的苦难,反而横加歧视与凌辱,禁止他们上岸居住,不准同陆地人民通婚,视其为非人,故意将"蜑"改成"蛋"字。清人邱炜萲认为这是对蜑民的鄙

---

① 罗泌:《路史》,《后纪》卷13下。
② 《战国策·赵策》。
③ 《汉书·高帝纪》。
④ 《史记·平津侯主父偃传》。
⑤ 刘安:《淮南子》卷18《人间训》。
⑥ 《史记·秦始皇本纪》。
⑦ 嘉靖《惠州府志》卷14《外志》。
⑧ 范端昂:《粤中见闻·人部》。
⑨ 周去非:《岭外代答·蜑蛮》。

视与侮辱,他指出:"蛋字,字书所无,俗以呼禽鸟、介族之卵,音读如但。粤人又以呼渔户,男为蛋家佬,女为蛋家婆,是以称卵者称人也。何其字哉?抑知南海本有蜑户之称,一作蜒,坛上声。昔人尝谓南海蜑户,以舟楫为家,采海物为生,即指此。不知何时误蜑为蛋,且以蛋为卵,遂使渔人横被恶名耳。"①

南海蜑民为求生存和改变被歧视与压迫的处境,在海上进行长期反抗斗争。东晋末年,蜑民奋起响应卢循起义。东晋以后,蜑民多从事海盗活动,人皆为海盗,艇尽是盗艘,形成一股强大的海上势力。

3.田横据海岛为王及其影响

秦末汉初爆发的农民大起义和楚汉战争,战场从陆地扩展到海上,出现了田横据海岛为王的历史事件。

田横,狄县人,齐国贵族。田横跟从兄长田儋见陈胜、吴广揭竿起义,天下大乱,乘机起兵,于秦二世元年(公元前209年)九月重建齐国,自立为王。不久,秦将军章邯驱军攻魏,围魏王咎于临济,田儋将兵前往救援,兵败被杀。齐人立田假为王。二年(公元前208年)八月,田荣逐田假,另立田儋子市为齐王,自为相,弟横为将军。项羽发兵攻齐,杀田荣,毁城邑,屠齐人。田横收散兵,得数万人,驻城阳(今山东莒县),收复齐地城邑,立侄广为齐王,自任相。田广死,田横自为王。汉三年(公元前204年),汉王刘邦派韩信统兵攻齐,次年七月平定齐地。田横率领徒众五百余人出海据郁洲山②,齐之"贤者多附焉"。汉五年(公元前202年)二月甲午,刘邦即帝位,恐田横久居海岛为乱,遣使召之,令诣洛阳。在往洛阳途中,田横不愿称臣而自杀,徒众"在海中亦皆自杀"③。汉高祖刘邦闻知田横死,"壮其节,为流涕,发卒二千人,以王礼葬焉"④。田横虽死,但他据海岛为王不臣服汉王朝的行动,对后人在海上进行政治斗争和军事角逐产生了影响。

田横据海岛为王,为后人在海岛建立政权树立了样板。清初,郑成功挥师东渡,驱逐荷兰殖民者,收复台湾,建立海上抗清基地。他庆祝胜利即兴赋诗《复台》,诗中"田横尚有三千客,茹苦间关不忍离"⑤,就是引据当年田横以海岛为政治舞台的典故。台湾地区史学家连横赋诗赞颂郑成功收复和经营台湾的历史功绩,称他为"田横岛上的奇人"⑥。当然,历史上以田横自喻者不止郑成功一人,还有好几位海盗首领。

田横据海岛为王事件,也对后世海盗活动产生了很大影响。东晋海盗孙恩、卢循,唐末海盗王郢,元代海盗朱清、张瑄,明代海盗王直、徐海、许朝光、吴平、曾一本、林道乾、林凤、郑芝龙,清代海盗杨彦迪、冼彪、蔡牵、朱濆等人,皆效法田横,以海岛为基地,在海上反官府、抗官兵。因此,他们与海岛结下了不解之缘。历代海盗以郁洲山、舟山群岛、柘林、台湾和澎湖、南澳、老万山、龙门、海南岛等岛屿为根据地,在岛上进行开

---

① 邱炜蒮:《菽园赘谈·蛋家》。"蛋家",新中国成立后改称"水上居民"。
② 海中山为岛。郁州山"海中大洲",周围数百里。此山,《山海经》作郁州。吴任臣《山海经广注》引《一统志》云:"朐山东北海中有大洲,谓之鬰州,又名郁州,一名鬰郁山,一名苍梧山。"因汉初田横率众居此山,故又名"田横岛"。
③ 雍正《山东通志·人物》。
④ 《汉书·高帝纪》。
⑤ 《延平二王遗集》。
⑥ 连横:《剑花室诗集》外集《五妃庙题壁》。

发,建寨堡,筑寮舍,捕鱼捞虾,开荒种田,造船航海,从事海上贸易。海盗认识到海岛是他们海上活动最理想的地方,"海上亡赖奸民,多相聚为盗,自擅不讨之日久矣。盖以鱼、盐、蜃蛤、商船往来,剽掠其间者累千金,利则乘潮上下,不利(则)啸聚岛中,俨然以夜郎、扶余自大"①。历史事实表明,正是这群啸聚海上的海盗与海岛居民的共同开发与经营,使荒岛逐渐变成有渔盐、农耕之利,有商船往来的海上岛屿经济区。

以上论述了海盗活动在中国沿海的兴起,下面我们看一看中国沿海早期海盗的活动情况。

(三)汉末沿海的海盗活动②

从东汉末年至隋唐五代数百年间,是中国海盗早期活动的重要发展时期,重要的海盗首领先后有张伯路、曾旌、孙恩、卢循、吴令光与王郢等人。东汉永初年间,海贼张伯路揭竿海滨,反抗官府,演出了中国海盗史上的第一幕武剧,影响极大。及至东晋末年海盗孙恩、卢循发动与领导大规模武装起义,世人称他们两人为海盗"祖师",事实上也是对东汉张伯路海盗集团的效法。

东汉王朝至安帝时,政治腐败,天灾频发。永初元年至二年(107—108年)年间,州郡接连发生地震、风雹、水灾和旱灾,民不聊生,"州郡大饥","人相食,老弱相弃道路"③。在这种情况下,官府不管穷人和饥民死活,豪强地主则乘机兼并土地,掠夺民财。天灾人祸迫使穷苦大众起义反抗。永初三年(109年),张伯路揭竿山东海滨,率领一支三千余人的起义队伍,活动于沿海地区及海上,官府称他们为"海贼"。据《后汉书·安帝纪》云:"永初三年……海贼张伯路等寇略缘海九郡,遣侍御史庞雄督州兵破之。"④这是中国史籍谈到海贼(海盗)活动事件的最早文字记载。张伯路是历史上第一个有"海贼"之称的海盗首领,他领导三千余众的海上武装,声势甚盛,汉安帝闻报,诏令侍御史庞雄督州郡官兵征剿。官兵人众势强,张伯路为缓兵计而"乞降",武装部伍则屯聚不散,保存实力,并联合渤海平原"剧贼"刘文河与周文光起义武装,展开新攻势。

> 海贼张伯路等三千余人,冠赤帻,服绛衣,自称将军……伯路复与平原刘文河等三百余人,称使者,攻厌次城,杀长吏,转入高唐,烧官府,出系囚。渠帅皆自称将军,共谋伯路,伯路冠五梁冠,佩印绶。⑤

张伯路"冠五梁冠,佩印绶"之举是有政治性用意的。据应劭《汉官仪》云,汉代诸冠进贤三梁,卿大夫、尚书,二千石冠二梁,千石以下至小吏冠一梁,而无五冠之制。张伯路冠五梁冠,显然是为了表示他的权威胜过东汉王朝官员。

张伯路带领"海贼"与"剧贼"共同反抗官府,沿海人民纷起响应,"党众浸盛",攻势颇猛,官兵"垒盈四郊,奔命首尾"⑥。朝廷急忙派遣御史中丞王宗持节发幽、冀诸郡兵

① 蒋荣:《明史纪事》。
② 郑广南:《中国海盗史》,华东理工大学出版社1998年版,第53—58页。
③ 《后汉书·安帝纪》集解引《古今注》。
④ 《后汉书·安帝纪》。
⑤ 《后汉书·法雄传》。
⑥ 《后汉书·法雄传》。

数万人,令青州刺史法雄合兵征剿。张伯路虽然作战失利,部众伤亡数百人,丧失大量器械和财物,但仍有实力。汉安帝为缓解海疆局势,颁下赦诏,王宗召集刺史、太守共议对策,决定用兵攻剿。法雄认为发兵进攻,"贼若乘船浮海,深入远岛,攻之未易也"。因此主张罢兵,采用招抚慰诱办法,"然后图之,可不战而定"。张伯路见形势对己不利,便驾船"遁走辽东,止海岛上"。永初五年(111年)春,海岛屯众乏食,驾船返回山东,"海贼张伯路复寇东莱,青州刺史法雄击破之,贼逃还辽东"①,遭李久等人攻击,失败身亡,海贼徒众奔逃离散,这场反抗官府的武装斗争至此结束。

张伯路发动与领导海盗武装反抗官府的斗争,波及沿海九郡,冲击东汉王朝的统治。张伯路和他的海盗部众崇尚红色,冠赤帻,服绛衣,这种以红色为斗争标志的做法,为后来张角农民军所仿效。

张伯路揭竿海滨,是中国史书首次记载海盗反乱的历史事件。对此,后世关心海防的海疆将官及沿海府县地方志书编纂者均颇为注意。明隆庆年间,黄一龙和林大春编修《潮阳县志》就以《后汉书·安帝纪》记载张伯路反乱的史事,发出警世言论:

> 海贼之兴见于传记者,其在南越始于此。书之以见海防之不可不慎也。

书寇九郡见渐之不可长也,书缘海见吾潮之尝被其患也,当事者所宜加之意也耶。②

黄、林见当时海盗横行,借编修县志机会特书东汉海贼寇略沿海故事,以告诫海疆当事者务必重视海防,以防寇患。此事反映了张伯路海盗活动对后世的影响。

张伯路揭竿海滨15年后,顺帝即位,政治更加黑暗,"人情多怨","海贼多有",山海"寇盗迸发"。永建七年(132年)二月,吴郡会稽海盗曾旌领导一支千余人武装,进行反官府活动。《后汉书·顺帝纪》云:"海贼曾旌等寇会稽,杀句章、鄞、鄮三县长,攻会稽东部都尉。"③

另据《后汉书·天文志》记叙,曾旌率领千余海盗部众,烧句章(治为会稽东部都尉治所,今浙江余姚东南),杀长吏,又杀鄞(今浙江奉化、象山)、鄮(今浙江堇、镇海)县长,"取官兵,拘杀吏民,攻东部都尉扬州六郡"④。吴郡海滨官府告急,朝廷震惊,顺帝慌忙"诏缘海屯兵戍守"。

在曾旌率领海盗部众攻略扬州六郡的同时,当地"妖贼"章河(一作章何)聚众造反。他自称将军,率众"寇四十九县,杀伤长吏"⑤,"大劫略吏民"⑥。他们同海盗互相声援与配合,共同反官府,抗官兵,杀长吏,劫掠吏民。对于曾旌海盗的最后结局,虽未见史书记述,但他们活动过的吴郡会稽海滨与洋面,成了后来海盗活动最活跃的海域却是不争的事实。

东汉灵帝熹平元年(172年),在浙江钱塘江口海上发生海贼胡玉抢劫商贾财物的事件,据《三国志·吴志》记载,富春人孙策、孙坚父子在钱塘江遇到海盗抢劫财物。时

---

① 《后汉书·法雄传》。
② 隆庆《潮阳县志》卷2《县事志》。
③ 《后汉书·顺帝纪》。曾旌,《后汉书》卷21《天文志》作"曾於"。
④ 《后汉书·天文志》。
⑤ 《后汉书·顺帝纪》。
⑥ 《后汉书·天文志》。

坚年十七,为县吏,"与父共载船至钱塘。会海贼胡玉等从匏里上掠取贾人财物,方于岸上分之,行旅皆住船不敢进,坚谓父曰:'贼可击,请讨之。'父曰:'非尔所图也。'坚行,操刀上岸,以手东西指麾,若分部人兵,以罗遮贼状。贼望之,以为官兵捕之,即委财物散去。坚追斩,得一级以还。父大惊。由是显闻。府召署假尉"[1]。这是中国史书关于海盗抢劫商贾财物的首次记载。

要之,中国海盗的产生,是进入阶级社会(夏商周三代以后)以后的产物。长期的政治斗争和不断的战乱,使得政治斗争和战争不断扩展到沿海地区及海上,海洋成了人民反抗斗争与诸侯战争的战场。那些活跃在海滨或海岛上的反抗者,就是当时的"正统"官方和史家所谓的"海盗"。但是,"海盗"活动之实早在春秋战国时期既已存在,而"海盗"之称则是东汉以后的事。"海盗"活动自春秋战国以来,一波接着一波,这是中国早期海洋社会的独特群体,他们的活动,对沿海社会的政治、经济发展产生了不可低估的影响。

第二节　内陆与沿海之间的人口迁徙

在中国,内陆与沿海虽然是地理上的不同单元,但是二者是相互联系、难以截然分开的。居于内陆的人群,在特定的历史条件下,往往有向滨海及海岛地区迁移的举动。如前所述,由于战争的原因,不少人逃到海滨或海岛上,如夏朝时夏王杼兴师"征于东海",不甘臣服的东海人逃亡出海;商朝末期时太公望为逃避帝辛暴政,"居东海之滨";春秋战国时沿海地区的自由民和奴隶逃亡海上,进行反抗斗争;南越人入江海反秦;秦末汉初时田横据海岛为王等,从而引发了一波又一波的滨海、海岛移民浪潮。

一　内陆向滨海地区的移民[2]

内陆向滨海的移民中,古徐人的迁徙是一个典型的例子。

东南滨海地区在商周之际,一向为夷人居住之地。海内外颇有一些学者认为该地区就是太平洋文化的发祥地。我国香港考古学家卫聚贤曾用了 10 年时间研究史书《春秋》所载"六鹢退飞过宋都"的记录,得出会退飞的鸟只有蜂鸟而蜂鸟只有美洲才有的结论,由此开列出了古代中国与美洲交往的大事年表。而东南沿海则是交通的门户。[3] 凌纯声先生干脆认为:"亚洲地中海的大陆沿岸,为环太平洋古文化的起源地,中国古史称为夷的文化,故可名之海洋文化。"[4]夷文化是否即为太平洋文化的源头,抑或美洲文化中是否亦有崇尚虎和鸟的徐文化的因子,由于现有材料不充分,研究不深入,尚不敢贸然置喙。但春秋之际,在历史舞台上颇有声色的古徐人在夷文化中的地位,却是不可抹杀的历史事实。作为西周时期在东方的一个重要敌国,在抗击宗周

---

① 《三国志·吴志》卷 1《孙坚传》。
② 本部分引见李世源:《海洋文化中的古徐人迁徙》,《广西民族学院学报》1997 年第 4 期;王政:《关于淮夷、徐夷文化中审美基因的初步考察》,《文史》第 23 辑,1985 年。
③ 高风、谢方:《尚待揭破的"横跨太平洋之谜"》,载《安徽史学》1985 年第 6 期。
④ 凌纯声:《中国的边疆民族与环太平洋文化、中国古代海洋文化与亚洲地中海》,台北联经书局 1982 年版。

乃其属国的压迫和掠夺中,屡败屡战,被迫迁至东南一隅,在生存与死亡的抉择之间,终于走向海洋。尽管这种抉择是被动的、无可奈何的权宜之计,却使徐文化的传播与交流走向了一个更广阔的天地。这也是无可回避的事实。

《左传·昭公元年》有"周有徐奄",杜注曰:"徐即淮夷。"《尚书·费誓》中亦有"淮夷徐戎并兴"句。李世源在《古徐国小史》[1]中曾就徐夷与淮夷的关系用联盟说为之概括。史书所载的徐淮夷的情况,有时实为一事,也有特指。徐人乃是东夷诸族中的强宗,已无疑义。徐淮夷之间难分难解的关系为多数学者首肯,似也不成问题。徐人在海洋文化中占据重要的一席之地,亦是因为,徐人在文化上的交流传播乃至渗透碰撞过程中,至少在我国的先秦史上曾起过重要的作用。

生活在东南沿海地区的古徐人,从《韩非子·五蠹》中亦透出了一点信息:"徐偃王处汉东,地方五百里,行仁义,割地而朝者三十有六国。"在后出的《史记》《淮南子》《后汉书》中亦有类似的说法。徐人的势力之盛和地理环境的便利,加上外来的军事胁迫,一支队伍走向海洋,迁徙到另一处,并非全无可能。

西周时的重器《兮甲盘》铭文有"淮夷旧我**員**晦人"句。"**員**"字一般释为"帛",顾铁符先生在《楚国民族述略》中则认为应释为"**貶**",为贝类动物,主要产在热带和温带的海中。宗周常派人到徐淮夷一带掠夺财物,要他们以此纳赋,这在宗周出土的青铜器铭文中时有反映。徐人与海打交道,亦是因为他们滨海而又熟悉海。《尚书·禹贡》中有"淮夷蚍珠暨鱼",就反映了徐人的这一特点。《山海经》中所收的《尸子》佚文:"徐偃王好怪,没深水而得怪鱼。""深水"者,依徐人滨海而居的态势,可疑为海之代称。所谓"怪鱼",乃是当时的人们对海中诸多鱼类不熟悉的缘故,隐约曲折地道出了徐人对与海打交道的重视程度。连赫赫有名的徐偃王都对入深水得怪鱼有此浓厚的兴趣,可见徐人与海的交往之深。如果说,上述史料只是零星反映了徐人与海交往的一个侧面,那么《诗经·大雅·常武》"率彼淮浦,省此徐土""截彼淮浦,王师之所""不测不克,濯征徐国"等句,则似已直接说明,与徐的战役,不仅有陆上之战,亦从淮河入海处截阻了徐人的逃亡。即使如此,从《诗经·江汉》中可知,这一役一直打至江汉之地,"濯征"之难,亦可作海上追击之猜想。这在《诗经·闷宫》中也有类似的记载。似乎可以认为,徐人与海的交往渊源悠久。孔夫子在《论语·子罕》中说"道不行,乘桴浮于海",反映了海上的交通在春秋之际已并非是可望而不可即的神话。有的学者甚至认为,原始时代的海上交通要比陆上的还要方便。早在新石器时代,就有一部分山东半岛的移民坐着木筏或者独木舟到达了辽东半岛,继而又渡海抵达锦西、兴城一带。这条远古时代的海上交通线,在沿途各地都留下了不少遗物、遗迹。[2]

以滨海近水的徐人的高度发达的青铜文化水平来看,应该说,他们不仅拥有独木舟和小船,拥有更高水平的乘载工具亦是可能的事。

在徐人活动的中心地带淮阴高庄出土的战国墓中,发现其棺椁榫头的吻合技术,以今天水准,亦应在高超的技术范围内。在高庄墓出土的青铜器刻纹内容中,其车舆呈龙舟状,亦可看成是当时生活中的图像的折射。这是否也反映了春秋之际徐人的木

① 李世源:《古徐国小史》,南京大学出版社 1990 年版。

② 马洪路:《远古之旅——中国原始文化的交融》,陕西人民出版社 1989 年版。

工技术及造船的实力,还有待进一步考证。

徐的立国与生存,始为宗周及齐、鲁所胁迫,继为楚、吴所不容。徐的地盘被迫从北往南而收缩。公元前512年,徐为吴所灭,其国都当在江苏省泗洪县、盱眙县一带。徐的自北往南的迁徙,其轨迹已有研究论及。而徐人在江浙、湘闽等地的遗迹、遗物的出现,亦可看成是徐人迁徙的结果。

以伯禽就国年代而论,当在公元前11世纪中后期。《史记·鲁周公世家》中说:"淮夷、徐戎亦并兴反,于是伯禽率师伐之……"几经砍杀,伯禽方坐稳王位。徐人在鲁的打击下,只得蓄势于淮水之滨。《诗经·大雅·常武》记载了周宣王对徐的战役。以"率彼淮浦,省此徐土"来看,在公元前9世纪末的周宣王之时,徐人在宗周的军事胁迫下,一部分或从陆上渡江向皖北以展其势,抑或有一部分从海上浮流而去,亦未可知。

若以《史记》中屡述"南夷""南淮夷"来看,不少史家都因其地点与淮夷所居之地不吻合而难以加以解释。今若用徐人海上迁徙南方而又渐成气候形成对周的威胁,周人不得已再用武力压服,对这一部分从徐淮之地迁徙居南的队伍呼之为"南淮夷"来看,似可得以解释。早在20世纪30年代,郭沫若就敏感地预测道:"这淮夷的区域很宽广,大约是沿着长江流域一带的所谓荆舒,所谓南夷,所谓徐戎,都好像是他的同族。"①海上迁徙说至少为此预见作了一个注释。

在远古时代,人们聚族而居,若非特殊情况,谁也不愿意离开母体而迁往陌生的地方。但在生死存亡之际,在强大的军事打击下,迁徙则是当时人们能做的唯一明智的抉择。徐人滨海而居,从海上逃亡应该比从陆上败退更便利一些,虽然在海上漂泊要面对着与大自然的搏斗,但种族毕竟多了一条充满希望的生路。

在春秋争霸过程中,徐人所居之地,除了有河海的依托,并没有山险可守。在大国纷争中,徐人发展自己的航海技术,抑或试探性地派出一支队伍,从海上去拓宽自己的生存之地,这应该是顺理成章的事。

曹锦炎先生在《春秋初期越为徐地说新证》一文中,历数了浙江有关偃王的遗迹,文中说道:"我们若将上述浙江有关徐偃王事迹的地点连结起来看,不难发现,徐人势力进入浙江,显然不是从陆路而是从海上而来。其第一站是舟山群岛,然后,或渡海溯钱塘江而到嘉兴、绍兴,或仍遁海路到鄞县、台州,路线颇清楚。"②曹先生甚至认为越人善航海的技术,亦是徐人传授的。《越绝书·纪地传》中描绘越人"以船为车,以楫为马,往若飘风,去则难从"的高超本领,也可以看成是徐人当年航海英姿的缩影。

浙江绍兴出土的有铭徐器,说明这一地区确曾与徐人有着直接的联系。曹锦炎先生认为铭文内容是人主者训诫被征服的臣民的。③ 董楚平先生则以为是子孙向祖先神明礼敬的誓词。④ 他们一致认为,这些徐器是徐人入越后在越地制造的。

若以徐人从海上入越的可能性去分析,徐人从海上入赣、入湘、入闽亦是顺理成章的事。东南地区屡有徐器发现,或是受徐文化的影响甚深,解释起来就顺当得多。

徐人从海上迁徙的时间,不外乎在军事打击最重的时期,也不排除徐人早作海上

① 《郭沫若全集》第1卷。
② 《浙江学刊》1987年第1期。
③ 曹锦炎:《绍兴坡塘出土徐器铭文及其相关问题》,《文物》1984年第1期。
④ 董楚平:《徐器汤鼎铭文考释中的一些问题》,《杭州大学学报》1987年第1期。

逃亡的准备。江西靖安等出土的有铭徐器,虽然并非一定为海上迁徙所携,从其保存的完整性来看,至少是在平和的氛围下从故土带出的。

至于徐人的航海船只能否经受住海浪的冲击,因缺乏第一手资料,不便妄断。但从《墨子·鲁问》记载的越、楚水战中,可见战船的发展已相当完备。典籍和金文中曾有"囗船"和"艅船"的记载,现知囗船大,可以经得起风浪的撞击。艅船小而轻便,越滩过险甚为灵活。与徐国同时的吴、楚相争,使用舟战已屡见记载。① 公元前559年,吴用舟师出奇兵袭击楚统帅子囊,打败了楚军。公元前550年,楚康王调舟师攻吴。公元前525年,楚令尹阳丐率舟师与吴水军在长岸展开大战,楚胜吴败,楚缴获吴王余祭乘坐过的大船"余皇"号,后又被吴军夺回。

由此可见,徐的左邻右舍都有强大的水师,无险可守的徐人,凭依淮水入海口,握有一支可供战斗的船队,亦是无可争议的。以地质和考古资料为据,江苏淮阴一线,曾几度沧海桑田。全新世以后,最后的一次海侵大约发生在距今8000年前,仅以江苏淮阴市区往南至扬州一段,海侵线大致在运河以西和高宝湖的西岸。今江苏涟水县以东直到淮阴市区钵池一线,全为浅海地带。钵池一带曾是喇叭状的海潮顶托区。昔日的淮水就从涟水县云梯关一带入海。因而,徐人的迁徙,如果说陆路阻隔甚多、不易通行的话,从海路迁徙则要畅通得多,也容易得多。

要之,春秋之际一度显赫于世的徐国,在抗周中屡遭挫折,又在齐鲁的胁迫下,退守淮水下游,继而又遭到了楚吴的打击。徐人在多种军事压力面前,被迫从陆路和海上去寻找新的生存天地。徐人的迁徙,今天能得以进行爬梳,应该得力于从江西商安和靖安、浙江绍兴、江苏丹徒等地出土的一批有铭徐器。这些具有断代性质的标准器,为认识徐器起了标尺作用。

早在20世纪30年代郭沫若先生就说:"徐人乃由山东江苏安徽接境处被周人压迫而南下,且入于江西北部者,则春秋初年之浙江殆徐土者亦未可知也。"②郭老还对徐为商文化的嫡系作了论证,认为一些出土的青铜器应是徐器,至少与徐文化为同一系统。

20世纪70年代末,江西省博物馆在属于武夷山区北麓的贵溪县境内,发掘和清理了18座崖洞墓,在第10号墓中,有一批仿铜黑皮灰陶器十分耐人寻味,器形有陶盦盘、兽首鼎、提梁带盖鼎、直耳浅盘鼎、三足盘、罐等,其中的盦盘形制,与1979年4月靖安县出土的徐王义楚铜盦盘形制完全相同。③ 徐人是否亦曾有一支队伍生活在这里,还没有足够的证据。但徐文化影响到这一带,已是事实。

在器形的排比中,有的学者认为徐人入湘、徐人入赣的时间或许为同时。④ 一个重要的原因,就是在湘南出土的徐器或类徐器的数量很大,有的还远远没有认识归类。

何光岳在《徐族的源流与南迁》中,以地名的钩沉和考释论证徐国在灭亡以后,遗族的迁徙不仅到达江浙之地,亦有入川者。而广东的徐闻县等地名,亦或多或少透露着徐人入粤的信息。总之,徐人的迁徙范围之广、数量之多,以目前材料而论,还远没

① 黄德馨:《楚国史话》,华中工学院出版社1983年版。
② 郭沫若:《殷周青铜器铭文研究》,人民出版社1954年版。
③ 白坚、刘林:《从靖安、贵溪出土徐器和仿铜陶器看徐文化对南方吴越文化的影响》。
④ 李家和、刘诗中:《春秋徐器分期和徐人活动地域试探》,《江西历史文物》1983年第1期。

有达到画句号的时候,但为大多数学者所首肯的,就是徐人不管是从陆路还是从海路迁徙,都使徐文化得到了超出其主观动机的传播,它不仅对南方地区的吴越文化产生了一定影响,还对岭南地区的民族融合和文化交融,产生了巨大的影响。

至于"徐、虎一声之转",徐就是以虎为图腾的地方,这已有人论证,不必赘言。① 徐人与隔洋相望的美洲人的虎崇拜是否有联系,徐文化在海洋文化的走向中,是否有其他的逆转抑或新的发展,徐人迁徙是否亦有涉足远洋开拓新土的一支,徐人的迁徙时间、路线、过程中有哪些大小事件,这一系列问题,都有待于新材料的问世。②

徐人向海滨的迁徙,不是一蹴而就的事情,期间经历了较为漫长的过程。在这一迁移过程中,徐人乃至以后形成的徐夷文化,由于接受海滨海洋文化的气息,渗透着特定的海洋文化因子。

徐人祖先淮夷氏族,其文化现象与生息环境有两点颇值得注意:一是以鸟为图腾,二是滨水而居,活动在潍、淄、泗、淮等水域。

《尚书·禹贡》集解引郑玄语:"淮夷,淮水之上夷民也。"

淮夷属于以水鸟为徽帜的水族文化族团。考古发现及汉画像石上常有一鸟衔一鱼的形象,似最能显示、概括这个氏族的文化面貌。水既是淮夷氏族物质生活的依托与文化形态的基础,水域环境中的一些物质形式、自然节律就会积淀、转化到他们的文化审美观念中去,使其审美观念的基因(情感、意识、兴趣、爱好、信仰)往往带上水族文化的烙印,或者说透射出一些关于"水"的性相与根由。

滨水氏族的生活对于水既有亲和性,也有拒斥性。得水之利,又避水之患。于是那些翔飞自如、盘旋水空、入水可捉鱼、出水可栖岸的水鸟,便成了他们所羡慕与效法的对象。因而鸟的生活习惯和行为,就会折射到他们的意识形态、行为方式及心理素质中去,积淀转化出作为文化现象的东西。

除了鸟图腾崇拜,淮人的舟船文化也很发达。因为淮夷氏族借水滨生息渔获,较早地创造了舟船。严文明先生发现,与淮夷氏族文化联系紧密的"岳石文化"中有一种特殊的"舟形器",这在龙山文化中根本找不见。③《左传·定公六年》"四月己丑,吴太子终累败楚舟师,获潘子臣、小惟子及大夫七人"(杜注:"二子楚舟师之帅")。这个"小惟子"即小淮子,淮夷小邦之主。楚人重用他为舟帅,与吴相争。

文化形态与审美意识是为经济条件决定的。淮夷土著初期的经济形态主要为渔盐经济。相传"宿沙氏初作煮海盐",尧"命禹治水以盐作贡","延褒数百里皆其卤"(光绪《两淮盐法志·沿革门》)。

徐人无论怎样颠沛迁移,向东与南发展,而总在念念不忘其西与北的"族根",就是最后散落在舟山岛上的徐人,也诚敬地打着族人领袖徐偃王的旗号,在舟山岛上留下了一个徐偃王城。④

---

① 李白风:《东夷杂考·徐夷考》,齐鲁书社 1981 年版。
② 李世源:《海洋文化中的古徐人迁徙》,《广西民族学院学报》,1997 年第 4 期。
③ 《文物》1989 年第 9 期。
④ 王政:《关于淮夷、徐夷文化中审美基因的初步考察》,《文史》第 23 辑,1985 年。

二 内陆向海岛地区的迁徙

海岛由于一水之隔与大陆分开,所以具有相对独立的地理空间。在中国历史的早期,在由内陆向滨海地区的人口迁徙中,人们为了寻求更为自由和开阔的生存、发展空间,便主动(抑或是迫不得已的主动)地将近海甚至远海的岛屿选为迁徙的目的地;另外一种情形是,对于历代王朝政权来说,海岛相对偏远、"蛮荒",故往往将海岛作为对政敌、罪人的惩罚、惩治性的流放之地,因而迁居海岛者,只能是被动的。我国早期人口迁徙较多的大岛,主要有台湾岛、海南岛、浙江的舟山群岛、山东的长岛群岛、辽东半岛的海岛等。以下以战国时期齐田和迁康公于海上这一流放性迁徙、远古至秦汉之际的海南岛移民这一生存开发性迁徙为例说明之(关于台湾岛的远古移民,前章已述)。

(一)田和迁康公于海上①

公元前4世纪初,齐国发生了一场改姓移祚的大事变,统治集团中的田氏经过长期精心准备,终于取代姜氏而有齐国。关于这次事变,《史记·田敬仲完世家》记载:"(康公)贷立十四年,淫于酒、妇人,不听政。太公(田和)乃迁康公于海上,食一城,以奉其先祀。"《史记·六国年表》和《史记·齐太公世家》也都以大略相同的文字记载了此事。这个"海上"的具体地点到底在什么地方,一直是历史之谜,留下诸多猜测与传说。

其一,在烟台市郊芝罘岛。民国《福山县志稿》卷1记:"康王坟在芝罘山顶上。田和篡齐,迁康公于海上,死,葬于此。土人尊之曰王耳。……春秋祀之。""康公城,田和篡齐,迁康公于海上,食一城一牢。今宫家岛村后,俗称营子,疑即其地。"

其二,在牟平县莒城。清同治《宁海州志》卷3记:"康公城在州东十里,田和迁齐康公于海上,即此地也。"

其三,在烟台市福山区境内。明曹学佺《舆地名胜志》引《城冢记》云:"康公城在牟平城(即今福山区三十里堡)东10里,即田和迁康公处,又东20里为清阳城(今福山区治所)。"

其四,在文登市宋村。此地有汉代昌阳县故城。《文登县志》载:"昌山之阳,故城为康王城。"

除此之外,《魏书·地形志》中《长广县志》又有"康王山祠"的记载。北魏长广县在今即墨、莱阳县境内,这里也有康王之祠,说明传说中的康王踪迹是相当广的。

以上地点,虽在各种地方志书中言之凿凿,但在我们的考古考察中却没有得到证实。烟台芝罘岛即著名的秦始皇礼祠阳主之地,山巅确有土石堆,民间呼之为"康王坟"。20世纪60年代,驻守部队在此开挖山洞,并无墓葬发现。其西10千米为宫家岛村,地近海,村北的"营子",实际上是明代海防营垒遗址,故康公迁在烟台芝罘一说,虽在当地流传甚盛,但并无可靠证据,其余牟平莒城、福山境内、文登宋村的情形也与此类似。这些地点虽然都是春秋或汉代的重要遗址,但却都没有发现与齐康公有关的遗物、遗迹。田和迁康公的这个"海上",应该就是指的胶东滨海地区。《史记·封禅

① 林仙庭:《"迁康公于海上"地望考》,《管子学刊》1992年第2期。

书》多次提到秦始皇、汉武帝"东游海上""至海上""燕齐海上之方士"等等,海,即渤海,"海上",就是对沿渤海地带的一种泛称。在《史记·齐太公世家》中,关于迁康公一事,又记为"迁康公海滨",更足资证明"海上""海滨"为同义语。胶东沿海地区,自公元前567年齐灭莱之后,就属于齐国的疆域范围了,所以,人们理所当然地把放逐康公的地点认定在胶东沿海一带。至于具体地点何在,则一直为考古工作者所关注,企望以田野考古这种现代的科学方法来揭开这一历史上的"语焉不详"之谜。1973年、1975年、1985年,烟台地区文物管理委员会、山东省文物考古研究所等单位对山东长岛县王沟墓群进行了三次发掘(王沟墓群的发掘文物资料,现存烟台市博物馆、长岛县博物馆。本书以下所引该墓群材料,不再注明),使这个历史之谜的解答似乎有了一线希望。

王沟墓群位于长岛县南长山岛王沟村南,墓群以东不足百米即为大海。这是一处规模较大的墓地,除去多年来农民在生产中破坏的及1985年迁村修水库掘毁的之外,正式清理发掘的墓葬总数为四十余座。这样的规模,不但在面积狭小的海岛上,就是在胶东半岛也算是很大的了。就半岛内陆已经发掘过的海阳县嘴子前墓群①、平度市东岳石村墓群②、莱阳市大陶漳墓群(发掘资料存烟台市博物馆)、招远县毕郭墓群、烟台市金寨沟墓群等,还没有任何一处春秋战国墓能够超过王沟墓群的规模,无论是墓葬的总数还是墓葬形制的宏大以及随葬品的丰富,都是如此。

王沟墓群是一处齐国贵族墓地,其中主要墓葬的起止时间与田氏代姜之变的时间相合,墓群的葬制规格也与康公之族相当,故王沟墓群极可能就是被废康公姜贷的族墓,南长山岛一带也正是《史记》中记载的迁康公的"海上"。这个推测不单单有王沟墓群的文物资料作依据,而且有着长山岛独特的地理环境这样一个有力佐证。

长山岛,历史上称为庙岛群岛,位于山东、辽东两大半岛之间,政区划为长岛县。王沟墓群所在的南长山岛在该群岛的最南端,往南与蓬莱县隔海相望,相距20千米。这一在今天看来不近又不远的海岛,在古人看来,无异天然牢狱。南长山岛以西跨海4千米处,有面积更小的庙岛,宋时称沙门岛,清光绪版《登州府志》载:"宋建隆三年,索内外军不律者配沙门岛",已把这海中孤岛作为流放犯人的地方。田和"迁康公","迁"就是放逐。这个流放之地必须具备使其没有再图发展、养成羽翼的条件。因为这次政变,虽说田氏经过了延揽民心的长期准备,但齐康公毕竟是正统所在,且有亲族旧臣之类,其人其族既在,田氏就不能掉以轻心。把流放地点选择在齐国东境的海外孤岛上,无异投康公于天然牢狱之中,就像近代欧洲法国王党将拿破仑放逐到厄尔巴岛和圣赫勒拿岛一样。慢说齐康公是一个"淫于酒、妇人"的昏君,就是如雄才大略的拿破仑,在这样的地方也只能望洋兴叹,无所逞其技了。

将废黜之君放逐于海岛上软禁起来,列国时期不唯康公贷一例。公元前472年(周元王四年),"越败吴。越王勾践欲迁吴王夫差于甬东,予百家居之"③。据《史记集解》《史记正义》,这甬东就是越地甬江之东的"海中州",也即海中孤岛。此举当然是对敌国君主的软禁,但表面又可算作胜利者的一种仁慈大度。田和迁康公于海上,只不

---

① 滕鸿儒等:《海阳县嘴子前东周墓发掘简报》,《文物》1985年第3期。

② 中国科学院考古研究所山东工作队:《山东平度市东岳石村新石器时代遗址与战国墓》,《考古》1962年第10期。

③ 《史记·吴太伯世家》。

过是步勾践之后尘,袭前人之成例。何况田氏要跻身周室列侯之中,既要有一定的势力,同时在具体做法上也要讲究一下政治手法。他的废康公、代姜齐的手段也是恩威并施:仍让康公"食一城,以奉其先祀",即也给予他一城之地,作为养生之食邑。由此看来,这流放之地不但要便于监视、防范,而且须有一定的生产条件,使康公一伙人能够取食其地。南长山岛现已发现新石器时代以至商周时代的文化遗址多处,居民以渔、农为业,故此地具备了自给自足的经济条件。史籍既曰"食一城",似乎当有城邑。此岛上有南城、连城诸地名,据民间传说都与唐朝征高句丽有关,其地貌因开发建设变更极大,难以详考。王沟墓群东侧有高地,地名"城子顶",现为长岛县一处文物单位,调查得知其文化内涵主要属于商周时期,其地名之缘起不知是否与"食一城"之城有关。城址虽难以稽考,但这里的地理环境和王沟墓群的考古发现却表明,"迁康公于海上"的地点,应该就是这孤悬海外的长山岛。

(二)古越人迁居海南岛①

1.海南岛早期移民的来历

众所周知,黎族是海南的先住民,那么,黎族是如何来源的呢?

现代遗传学家通过对 DNA 的分析,已经证实古越人和黎族先民族群的形成比汉族要早得多。古越人在距今 6 万年前已形成族群;距今 8000 年前,黎族先民已从古越人分离出来;而汉族的形成距今只有五六千年。

为了较深刻地理解黎族是百越的后代,比较全面而简要地了解百越的源流和支族是必要的。《汉书·地理志》云:"自交趾至会稽七八千里,百越杂处,各有种姓。"这是指自浙江温州至越南北部,整个东南沿海地区为百越所居之地。其实如前文所述,还包括山东南部、江苏、江西、湖北、湖南、四川和云南的一部分以及台湾、海南等省。古越族源远流长,支族甚多,故称百越。按地区和时代不同分为如下十几个支族:

第一,大越:在江苏地区,春秋战国时建国为吴。《越绝书》:"吴越三邦,同气同族",又同语言。在新石器时代为青莲岗文化②,向北发展到山东南部为大汶口文化,有拔齿之俗。大越北接中原,与齐鲁为邻,是越族中文化最先进的一个支族,在商朝时就与中原华夏族逐渐融合而成今天的汉族。

第二,东瓯或于越:在浙江,中心在温州。春秋时建立越国,冶铸技术与大越同样进步。但它是百越中较为落后的一些部落,被迫走上温州大罗山,有的北上到江苏。

第三,闽越:在福建,《史记》称为东越。按闽粤新石器时代晚期文化特点而言,福建和粤东都使用有段石锛,故闽越包括粤东地区。

第四,扬越:或指江西的越族,或对岭南越族的通称,这是因为自江西至岭南古称扬州。或亦指江西山区里的山越,这也是被迫而迁居山区的较为落后的越族部落。

第五,南越:指广东地区的越人部落,中心在广州,从珠江三角洲到广西梧州,是南

---

① 王俞春:《海南移民史志》,中国文联出版社 2003 年版,第 30—84 页。
② 青莲岗文化是我国新石器时代的一种文化。1951 年首次发现于江苏省淮安市青莲岗,故名。主要分布于长江、淮河下游。陶器以粗砂和泥质红陶为主,灰陶和黑陶次之。流行三足器和圈足器,也有平底器和圜底器。石器有锛、锄、刀、纺轮等。经济生活以农业为主,但渔猎和采集仍占一定地位。由于长江南北两岸的文化遗存具有显著的区别,一般认为:江北属大汶口文化,江南属马家浜文化。

越赵佗政治势力中心,丞相吕嘉是珠江三角洲(顺德)的越人,南越封秦王在梧州。西江是秦始皇开凿灵渠后,汉文化从湖南经广西到广州的重要水路,在西江两岸发现汉墓甚多,也是汉越融合最早和最为发达的地区。

第六,西瓯越:瓯是越族别名。西瓯在肇庆以西,西江以南及广西西部至玉林的一片地方。《山海经》:"郁林郡为西瓯",便是指这个地方。由于在浙江的越族称为东越,故有人说西瓯越系从浙江从海路迁来。春秋战国时,吴越建国,一些比较落后的越人部落受到统治阶级的压力便浮海南下。

第七,骆越:在雷州半岛、海南岛及广西西南部至越南北部。骆、僚、俚、黎、仡佬等都是原始越族的自称,骆为越人最早的自称。梁朝顾野王《舆地志》:"交趾,周时为骆越,秦时为西瓯。"可见先秦越族自称为骆;秦时又称为瓯,也有"瓯骆越"合称的。至西汉,骆越则专指邕宁以西至越南北部。《天下郡国利病书》:"今邕州与思明府凭祥县接界入交趾海,皆骆越也。"至于海南岛的居民,《史记》称"瓯人",《后汉书》再称为骆越。

第八,滇越:《史记·大宛列传》:"昆明之属无君长……然闻其西千余里有乘象国名曰滇越。"滇越是傣族的祖先。

第九,山越:春秋战国时迁居山区的越族,在江苏、浙江山区。三国时为孙权镇抚,曾与苗族杂处,后共同融合于汉族。

第十,鸦越:见于《国语》,春秋战国时定居于湖北,与苗族杂处,后共同融合于汉族。

第十一,土蕃越族:即广西的壮族。壮族始称僮族。僮族始见于南宋文献《桂梅虞衡志》。1965年根据周恩来总理的建议,国务院决定将僮族的"僮"字改为"壮"。布依族过去称仲家,仲家即僮族,系明代以后的称呼。

第十二,疍民:分布在东南沿海地区,也是古越人的后裔,新中国成立前已完全成为汉人,已不是一个少数民族。

此外,贵州境内的仡佬族,广西的毛南族、侗族、水族等都是古越人的后裔。

在中国的56个民族中,黎族是海南独有的。黎族来源于百越,有充足的证据。

第一,通过民情风俗调查,证明黎族来源于百越。

一个民族的风俗习惯、行为规范是长时间形成和世世代代相传的,如果没有外来冲击和外力禁止,是极难改变的。几千年来,黎族虽与汉、苗、回等族人杂居海南,受汉族文化的影响,但黎族的风俗习惯却极少改变。黎族的民俗,与主要来自百越族裔的壮族、侗族、瑶族、畲族等民族的民俗,都与古代越人的民俗遗风大致相同或相似。以断发文身为例。古代的中原人是蓄发留须的,认为要把头发和胡须都保护好,才算仪表堂堂;越人却"断发文身",拔毛去须。为什么要把头发剪断,拔毛去须?因为越人从来都是善于泅水驾舟的,剪发、拔毛、去须是为了便于下水。到了近代,各民族的男人都把头发剪短,"断发"这个区分越人与非越人的明显标志已经不复存在。但是有不少民族,如海南的黎族和西南地区的一些少数民族,至今还保留着古越人"文身(包括文面)"的习俗。古越人为什么要在脸上和身上刺上各种形状的花纹?这既是一种图腾崇拜,也是一种特有的审美观念。因为古越人作为海洋民族,他们崇拜龙蛇,认为在身上刺了花纹,下水之后,龙蛇看见会以为是它们的同类,就不会伤害他们。所以《汉书·地理志》中说:"文身断发,以避蛟龙之害。"这种习俗长久相传,大家就对这种文身文面产生美感。在黎族的老人中还不难发现有文身文面者。再以居住干栏式房舍为例。自古以来中国人在居住方面是南人巢居,北人穴居。《旧唐书·南平僚传》有云:"人并楼居,登梯而上,号为干栏。"干栏式建筑是古越人发明的,这是古越人对中华文明所做的一项重大贡献。在河姆渡古文化遗址中就发现了干栏式建筑屋基及残片物。自古以来,黎族人用竹木搭建的船形屋,广西、云南一些少数民族住的高脚屋等,都是干栏式建筑。建筑和居住干栏式房舍,主要原因是百越人生存的环境为滨海、水泽之地,地面潮湿,人住在距离地面的木板上既防潮湿,又防虫蛇野兽的侵扰,比较安全舒适。

第二,从考古发现中可以证实。

新中国成立前后在海南全岛特别是现今黎族聚居地区,都发现了大量新石器时代中晚期的文化遗址,如三亚市荔枝沟乡落笔洞遗址、琼中县的米寮山洞遗址、昌江县皇帝洞遗址、东方市与乐东县交界处仙人洞遗址等,都出土了大量新石器时代遗物。石器方面,以磨光、有肩、有段式的斧、锛比较普遍,大型石铲较多,陶器有泥质细陶、夹砂粗陶和印纹硬陶三种陶系,还有陶制纺轮和陶制网坠等。根据出土器物所表现的文化性质来考察,与我国江南沿海地区发现的新石器文化同属一个文化系统,特别是与广西钦州地区及广东湛江地区发现的原始文化更加近似。① 这些考古发现说明,黎族的远古祖先与古代越族有着密切的文化关系和族源关系。

第三,语言方面的研究分析提供了依据。

黎语在系属上属于汉藏语系壮侗语族中的黎语支,与同一语族的壮语、侗语、布依语、傣语、水语等有较密切的亲属关系。清初屈大均的《广东新语》指出:广东"自阳春至高雷廉琼,地多曰那某、罗某、多某、扶某、牙某、峨某、陀某、打某……"当时的黎族地区也有这类地名,"黎岐人地名多曰那某、包某、南某、蕃某……"②这些地名都是按壮侗族各语言的读音,以汉字音译而成。如壮语称稻田为"那",黎语称稻田为"打",壮语、黎语均称水和河为"南",等等。这些事实说明黎族远古祖先与古代分布在两广地区的越人、里(俚)人、僚人之间的密切关系。

第四,现代学者在各学科研究中发现了古越人移民海外的史实,为黎族和台湾先住民都来源于古越人提供了许多新依据。例如:

1970 年,台湾地区的民族学家凌纯声在《论夷越民族》一文中指出:从非洲东海岸到南美洲西海岸,在这包括印度洋、太平洋在内的一大片海域中的岛屿上,许多土著的文化中都还保留着中国古代夷越文化(即百越文化)的因素。

1973 年,开始挖掘的浙江河姆渡文化遗址,揭开了东南沿海的"百越"是海洋民族的面纱,说明百越早在五六千年前就移民海外,长期活跃在太平洋上。

1991 年,美国俄勒冈州大学人类学系主任杨江先生撰文指出:"早在 6000 年前,马来—波利尼西亚人的祖先(指古越人)开始从中国的福建省出发,进行了长途的迁移活动。他们向南行进,穿越菲律宾和印度尼西亚,尔后分两个方向迁移:一路向西,到达马达加斯加;一路向东,到达夏威夷和伊斯特岛。"杨江先生还写明迁达太平洋各岛

---

① 广东省博物馆:《广东海南岛原始文化遗址》,《考古学报》1960 年第 2 期;广东省文物管理委员会:《广东南路地区原始文化遗址》,《考古》1961 年第 11 期。
② 屈大均:《广东新语》卷 11"文语·土语"条。

的时间,并说明"对于这次横贯太平洋的大迁移,已经有了许多翔实的史料记录"。

另一位美国学者徐松石在《南洋民族的乌田血统》一文中说:"这些居住在南洋的棕色民族,亦即广义的马来民族,包括马来族、印度尼西亚族和菲律宾族,他们与中国古代的乌田族(即百越)在血统上甚有关系……我们有许多理由可以断定,今日南洋棕色民族的祖先,其主要的部分,发源于中国东南的沿海地带……此类移民,由中国移入南洋,乃从中国的先秦降至东汉时代,他们在中国东南沿海最初的部族名称乃乌田人。乌田人在中国的历史可以清清楚楚推溯到夏朝大禹王的时候,至今已经有4000余年了……有些西方学者说疍民不是中国人,而是马来族流入中国,可谓倒前为后、倒因为果,可笑得很。"

1998年8月,新西兰维多利亚大学生物学家张伯斯在他的研究报告中指出:新西兰毛利族及其他玻里尼亚人均源自中国大陆。他们经过许多世纪的时间越过太平洋,迁移至此。张伯斯使用维多利亚大学分子系统人类学研究所其他研究人员所搜集的去氧核糖核酸数据来进行他的研究,结论说:"这些民族的迁移过程留有精确的活生生记录,被保存在其迁移路线的现代后裔的DNA中。"澳大利亚国立大学史前史教授安德森支持张伯斯这个理论,指出:"这绝非新说法。历史证据明白显示,大洋洲的人民来自华南地区的某处,源自黄种人。"

2001年10月,中华民族史研究会在海南省海口市主持召开"琼台少数民族学术文化研讨会",就海南黎族和台湾先住民的族源等问题进行学术交流和研讨。与会学者一致认为,台湾的少数民族和海南黎族,都是古越人的后裔,都是在五六千年以前从大陆东南沿海迁移过去的,黎族和台湾先住民自古以来就是"亲戚"。黎族和台湾少数民族的习俗,如干栏式建筑、腰机织布、断发文身、饮食习俗等,至今仍保留着惊人的一致。

2. 黎族先民迁琼时间和条件

因为海南岛四周环海,海口市白沙门与大陆最近的雷州半岛徐闻县排尾角相距也有19.45千米,这就说明古时候不是什么人都可以迁移到海南岛的。几千年前迁移到海南的古越人,必须是身体健壮的海洋社群,必须有造船操舟的技术,必须具有大胆、勇敢、机智、开拓进取的精神和勇气。不会造船操舟,甚至不敢坐船、不会坐船的人,是过不了琼州海峡、登不上海南岛的。而在河姆渡遗址出土遗物中,已有如下几种与航海有关的器具:筏、独木舟、木桨、石锚、陶舟模型等,另外还发现有大量鲸鱼、鲨鱼等的骨头,说明当时的古越人可以驾驶海上交通工具到深海捕鱼。总之,7000年前中国东南沿海一带的古越人,便具备了向海南岛和其他岛屿移民的起码条件。

在确定了黎族来源于百越及其所具备的航海条件之后,确定首批黎族先民何时迁移到海南岛,又成为一个值得深入探讨的难题。关于首批黎族先民(古越人)从何时何地迁移到海南岛,总的来说有三种说法:

第一种说法是距今3000年前由两广迁琼。由中国社会科学院民族研究所、广东省民族研究所和中央民族学院研究部等单位人员编写的《黎族简史》指出:"我们初步推断黎族的远古祖先大约在新石器时代中期或更早一些从两广大陆沿海地区(特别可能是雷州半岛)陆续进入海南岛,其年代相当于中原地区殷周之际,距今已有三千年以上的历史。"①国内大多数学者都坚持或赞同这种观点。

第二种说法是距今 5000 年前由河姆渡抵琼。持此观点的学者在充分肯定黎族远古祖先是古越人的前提下,把首批黎族先民登上海南岛的时间向前推到公元前 3000 年前,不仅比距今 4000 年前出身百越的夏禹因北上治水有功被推为部落联盟大酋长还要早 1000 年前后,甚至比黄帝在位时还要早数百年。做出这种论断的主要根据,一是对河姆渡文化遗址的考古成果,二是对海南岛三亚市落笔洞等文化遗址出土遗物的考古结果,三是美国学者杨江对东南亚、大洋洲等民族来源调研的结果。回族学者马沙在《中华民族》一书的《黎族》一文中指出:"黎族先民最早开发了海南岛,考古调查发现,海南岛新石器时代原始文化遗址有 130 处,出土大量磨制石器,其类型有有肩石斧、细型石斧;石锛、有段石锛,数量较多;还有大型石铲和农业生产工具,大约距今 5000 年前后,说明数千年前,海南岛区普遍有人类居住,并且已有了原始农业。石制和陶制纺轮的发现,反映当时已经发明纺织技术。石矛、石戈、石制网坠和陶制网坠及贝丘遗址的发现,证明当时还存在狩猎、采集和渔业经济。一些学者认为,黎族先民是海南岛的最早居民,是海南岛出土的新石器遗物的主人。"著名史学家史式更是反复强调:"距今 7000 年前,古越人从河姆渡出发,逐步向南移民,在距今 6000 年前到达台湾,那么在距今 5500,最多是距今 5000 年前到达海南岛,是绝对可能的。"②

第三种说法是距今 1 万年前后,甚至 1 万至 3 万年前。如陈为先生在《海南岛生态环境与黎族文化关系研究》中推断,海南文化之发端至少可上溯到最后一次冰期的海退时期,提出海南岛初民移居的年代至少在 1 万年前,并且设想是从雷州半岛通过陆桥徒步迁移海南岛的。

显然,第二种说法最具有说服力。在距今 7000 年前,古越人从河姆渡一带出发,有组织地搭乘竹筏、木筏或独本舟,开始向中国台湾、东南沿海和东南亚国家逐渐迁徙。于 5000 多年前,古越人中的一支首先登上海南岛,并且定居下来,繁衍后代,他们便是黎族的先民,海南岛最早的居民。很多学者认为黎族先民的古越人不是同一批迁琼的,而是在很长的时期内陆续南下,有先有后、有早有迟地分批登上海南岛的。这也是直到现在黎族还分为五个支系的重要原因之一。正因为如此,上述第一种说法也不无道理。首批迁琼的黎族先民(古越人)在距今 5000 多年前抵达海南岛,但以后几批也可能在距今 3000 年前后才从雷州半岛陆续进入海南岛。

(三)三代至秦时期的中原人入琼

在先秦时期,中原汉民族作为一个比较大的民族,他们不断地迁移到海南岛。从具体时间来看,中原人迁琼是从战国时期开始的。

西汉武帝元封元年在海南置郡县时,海南有 23000 户,其中岛上已有善人(汉人)3 万。③ 那么这些善人(汉人)是什么时候迁移到海南岛的呢?

① 见中国少数民族简史丛书《黎族简史》,广东人民出版社 1982 年版,第 14 页。
② 史式:《探讨黎族历史如何突破时空限制》,载于 1997 年《海南政协》第 3 期,第 30 页;《海南先民研究》第 1 辑,第 78 页。
③ (明)王佐《琼台外纪》云:"武帝置郡之初,已有善人三万之数。"他及后人多认为"善人"即汉人,"此皆远近商贾兴贩货利有职业者及土著受井廛者"。

研究中原人何时迁入海南,首先要研究和了解中原人何时迁入岭南(特别是两广)。中原人只有先迁入岭南,才能迁入海南。也就是说,中原人迁入海南岛的时间要比迁入岭南的时间晚一些。

部分广东学者根据史料断定,中原人南迁岭南于周朝已有了。北人南迁与粤人杂处,历时 1000 多年。这大批南迁的岭北人,多是衣冠望族,并且多是经济优裕、身体康强、才能出众的知识分子。他们流入岭南,通过婚姻,与当地粤人融为一体,使南越人不断汉化。到了唐代,广州人已以中原人氏为宗,逐渐忘记或不承认自己是越人的后裔。如果说从周代开始中原人已迁入岭南、广东,那么战国时中原人肯定可以登上海南岛。

春秋时,南部古时的荆蛮已发展成江汉流域强大的楚国(楚族)。楚族在与华夏族长期交往中,大量吸收中原文化,与华夏族同文字,其语言、习惯也受华夏族影响。战国中后期,楚族已基本华夏化,史家称此时的楚国为"冠带之国"①。这时居住在东南沿海地区的"百越",其居住地多纳入楚国版图或与楚毗邻,他们从已经华夏化的楚人那里接受中原先进经济文化的影响,积极开发岭南,进而开发海南岛,对中华民族的发展做出了杰出的贡献。

在汉人迁移到海南岛的进程中,秦始皇遣戍南越的 50 万人中也有迁琼者,值得重视。

秦始皇消灭六国后为了统一中国,于始皇二十九年(公元前 218 年),派大将屠睢率领 50 万大军,分 5 路进兵岭南。秦军遭到越人的顽强抵抗,致使南征长期受阻。后来屠睢在越人的一次突袭中战死,秦兵大败,不少中原士卒融合于越人之中,成为越人的一部分。秦始皇三十三年(公元前 214 年),命史禄开凿连接湘江和漓江全长 30 千米的运河,称灵渠,使长江和珠江两大流域得以沟通,又征发"逋亡人、赘婿、贾人"②为兵,驰援南征的秦军。在给养和兵源得到补充之后,终于平定了岭南,于其地置南海(治番禺,今广东广州)、桂林(治所在今广西桂平西南古城)、象(治临尘,今广西崇左)3郡。至此,岭南包括海南岛成为秦的疆域。海南岛为象郡的外徼(边界、边缘),属象郡管辖。秦朝为了巩固全国统一,所采取的重要措施之一就是移民实边,为此秦王朝命令南征的 50 万大军除战死者外全戍守岭南(包括海南岛),并批准官员的请求,征调15000 名未婚女子前来岭南,"以为士卒衣补"(《史记·淮南衡山列传》),使驻军安心定居下来,同时强迫大量中原汉人迁徙岭南,与当地人杂处,共同开发南方,这时便有汉人进入海南岛。

秦统一中国后,分全国为 36 郡(后陆续增加到 40 余郡),郡下设县,县下的基层组织为乡、亭、里,郡县制成为秦朝较为完备的统治网络,能够对全国各地进行有效的治理。秦时所设之郡辖境甚大,相当于今之省。当时海南虽然不专设郡县,但属象郡界内之地,象郡官员自然经常登岛巡察视事。总之,秦朝修通灵渠后,中原汉人乘船从海上,或从长江、湘江经灵渠转入漓江、桂江、西江,可轻易到达两广和海南岛。

---

① 冠带,本指服饰,引申为文明。冠带之国就是文明之邦。这是春秋战国时期区别华夏族与少数民族的一个重要标志。

② 《史记·秦始皇本纪》。

秦朝末年,陈胜、吴广起义,各地反秦势力峰起,秦廷无暇南顾。当时任秦南海郡尉的任嚣病重,邀时任南海郡龙川县令的赵佗密商后事,并任命他代理南海郡尉。任嚣死后,赵佗乘秦朝将亡之机,诛杀秦官郡长史,绝道聚兵自守,用武力占据了桂林、南海和象3郡,建立起南越政权。赵佗虽是中原汉人,但他所建立的越人国家,尊重越人的风俗,所以邻近的骆越、西瓯、闽越都听命于他,形成了东西万余里的大王国,秦亡后与汉帝国相抗衡。西汉初期,汉高祖自知用武力征服不了南越国,便遣使官陆贾出使南越通好,正式封赵佗为南越王,令其"和集百越",长期进行经济、文化交流。南越则定期向汉廷朝贡,并在边境开设关市。吕后时严禁铁器输入南越,牛马输牡不输牝(牡为雄性,牝为雌性),防止南越经济发展强盛。南越与汉王朝关系比较紧张,南越常出兵骚扰汉长沙边邑。赵佗自称南越武帝。汉文帝为安抚四夷,对南越王赵佗采取怀柔政策,修赵氏原籍真定(今河北正定)的祖坟,派专人守护,四时祭祀;对赵氏家族予以优抚,以示笼络,继又派陆贾再次出使南越,并让赵佗后裔世袭王位,赵佗遂表示"愿长为藩臣,奉臣职"[①]。赵佗及后裔先后袭南越王位5世,共历93年。在秦末汉初这将近百年的时间内,西汉帝国虽然没在海南设置郡县行政机构,但海南岛一直在南越王国直接或间接的管治之下,南越国派官员登岛进行治理,有不少中原汉人和已经汉化的越人迁居海南。

许多专家学者认为,海南岛的"临高人",其先民就是继黎族先民之后迁徙海南的居民,他们移民海南的时间比汉族早,或与汉族同时代迁琼。

"临高话""临高人",是海南解放后,即20世纪下半叶才常用的复合名词。其含义(所指)超出临高一县之境,包括临高全县、儋州市和澄迈县部分乡镇、海口市西郊和琼山羊山地区,现人口约80万人。许多事实说明,讲临高话的人是汉族,临高话只是上述地区汉人的一种方言。因此,对这种方言的来源及其先民迁琼年代进行深层次的研讨,是非常必要的。关于此,我们有以下的看法。

其一,临高方言源于古越语系。

临高方言(临高话)又名村话、贝语等。它比较特殊,只有口头语,没有反映本语的文字,长期以来一直使用汉字。临高县人用村话读书(汉文字),语音跟普通话差不多,懂普通话的人一般都能听懂;临高方言与黎话是完全不同的。把临高方言称为"黎话",是他们对临高方言和黎话都一窍不通的表现,把讲临高方言的人称为黎人更是大错特错。与海南话分为海口、琼文、琼海、万陵、琼南、定安、海北7个方言区,黎话分为哈、杞、润、赛、美孚5个支系一样,"临高话"大致也可以分为临高、白莲、长流、海秀、永兴、龙塘等几个地区方言。在临高县境内,新盈港一带和皇桐一带与其他地方的方言语调是不同的。临高县的方言与海口、琼山的村话差别更大,除某些常用单词近音外,彼此间根本不能直接交谈。

1957年,中国科学院少数民族语言调查分队到海南调研。1980年,国家民委派中央民族学院(今中央民族大学)4位民族语言学家和广东省民族研究所等单位组成民族识别调查工作组,再次到临高县及讲临高方言的地区深入调研。他们的初步结论是:临高方言不是黎话,不是"黎、泰和汉语的混合物",而是具有"古越语的成分","属

---

① 《史记·南越列传》。

于汉藏语系侗泰语族壮泰语支的一种语言","与壮语十分接近"。

临高方言源于古越语系,是俚(越)语、壮语、疍家话和汉语的混合物,是讲临高方言先民与后来的疍民、汉人长期交融的结果。这些地方的村话与壮语比较相似和接近,但仅单词语音近似较多,彼此间不能直接通话。

其二,考古发现临高方言的先民多由广西迁琼。

临高最早的祖先来自岭南一带,这是毋庸置疑的,但来自岭南什么地方?海南的考古发现解答了这个问题。

海南考古发现的文物很多,但最能说明临高最早祖先来源地的是铜鼓。在临高县的波莲、文澜和昌江县十月田等地,先后出土过4个广西北流型铜鼓。海口五公祠陈列的1个直径1米的大铜鼓,就是北流型铜鼓。铜鼓是广西壮族普遍使用的一种由青铜铸造的民间乐器。北流型铜鼓最早由西瓯人创造和使用。据史籍记载,古代西瓯活动的地区为南越以西,九嶷之南,西与骆越为邻,即今广东西部、西南部和广西东部及南部。骆越活动的地区是在西瓯之西,流行的是石寨型铜鼓;但这种铜鼓在海南没有发现。这说明临高先民多从广西东部和南部迁居海南,其族称有瓯——西瓯——俚、乌浒、僮(壮)的演变过程。

其三,地名说明母权制末期临高先民已迁琼。

临高最早的先祖从什么时代开始迁琼呢?古籍没有记载。若从海南西北部临高方言区残存以"美"字为冠首字的地名来分析,便能帮助我们找到临高先祖迁琼的年代。据调查,从古至今,在海南西北部临高方言地区,普遍存在以"美"字为冠首字的地名。如临高县有美良、美夏、美台等乡镇和美览、美仍、美鳌、美景、美珠、美良、美山、美巢、美夏、美伴、美吉、美郎、美仓、美略、美所、美调、美当、美罗、美群、美星、美文、美兴、美盛、美舟、美塘、美堂、美积、美隆等村;儋州市有美龙、美扶、美里、美塘、美灵、美草等村;澄迈县有美玉(今金江镇)、美亭(镇)、美合、美造、美厚、美万、美郎、美桃、美宁、美俗、美秀、美若、美仁、美井、美傲、美龙坡等村;海口市西郊有美德、美新、美合、美俗、美涯、美喜、美李、美楠等村;琼山羊山地区有美党、美玉、美本、美城、美福、美月、美郎、美龙、美新、美贯、美富、美傲、美豪、美梅、美赫、美柳、美孝、美秋、美德、美目、美品、美弄、美任、美彦、美朝、美贤、美好、美雅、美车、美插、美秀、美初、美仁、美备、美程、美岭、美运、美仍、美柄、美顶、美杏、美寻、美万、美统、美风、美格、美味、美仁坡、美世、美苗、美儒、美南、美爱、美有等村,不完全统计共有120多个村庄。

临高方言"美"字的汉译音为"mai"(买或卖),是"母亲"的意思。这些地名都打上"母亲"的烙印,反映了妇女在当时社会生产生活中享有崇高的主导地位,发挥着支配作用。这么多以"美"字冠首的地名,说明临高方言的先祖至迟在母系氏族公社末期,即相当于中原地区殷周之际(距今3000年左右)已开始迁入海南,历秦汉至隋唐,仍有部分临高先民陆续迁琼。由于唐宋以来,一批又一批的大陆儒官入籍,在临高方言地区,他们所操汉语被当地"村话"融化,而当地居民则逐渐被汉化。今后要找出正统"临高人"先民的后裔,恐怕只有通过DNA验证了。

(四)汉代中原汉人入琼

在汉代,汉人陆续登上海南岛,其中重要的有汉军三次登陆海南岛。

第一次,汉武帝时的南越王族入琼及汉将路博德、杨仆率军登岛。

汉武帝时,南越王婴齐在位。婴齐是赵佗的曾孙,曾宿汉都长安,娶汉女为妻。婴齐死,子兴立,因其年幼,太后欲倚汉威以固其位,于是母子上书汉廷:"请比内诸侯,三岁一朝,除边关。"[①]但南越相吕嘉叛变,反对内属,杀赵兴及汉使者,另立婴齐越妻之子赵建德为南越王,对抗西汉朝廷。元鼎五年(公元前112年),汉武帝遣伏波将军路博德、楼船(水兵)将军杨仆等率兵分路进击岭南。南越人深知伏波将军威名,因此纷纷向汉军投降。叛乱的头目吕嘉、赵建德等带领数百下属逃亡入海南,这是秦以来汉人第二次移民海南岛。路博德派海兵追赶,次年(公元前111年)10月俘杀吕嘉等,从而平定了南越,在其属地岭南、交趾、海南诸地,分置南海、苍梧、郁林、合浦、交趾、九真、日南、珠崖、儋耳9郡。在这次南征中,汉军登上海南岛,在岛上屯兵一段时间,并将当时海南岛的情况驰报汉武帝,在岛的北部地区设置珠崖郡(治所在今琼山市境,一说在遵谭镇东谭,一说在龙塘镇潭口)、儋耳郡(治所在今儋州市三都镇南滩),全岛共置16县。这是海南岛历史上第一次设置地方行政权力机构,二郡隶交趾刺史部。海南设立郡县后,北方的汉人不断进入海南。首先是朝廷任命的郡、县官员及其家属、随员渡琼莅任,如设郡不久,汉武帝便任命会稽人孙幸为珠崖郡太守,孙幸携儿子孙豹等家人就任。当时海南特产广幅布是享誉中华的贡品,所以每年郡守都要征调大量广幅布献给朝廷使用,黎族民众不堪重负,于西汉后元二年(公元前87年)聚众造反,攻破郡城杀了孙幸。其子孙豹领郡事,率兵镇压,黎族人民起义失败,朝廷下诏任命孙豹继任珠崖太守。

第二次,张禄率汉军登岛。

孙豹虽然继父任珠崖太守,但黎族民众一直不服汉官的横征暴敛,连年起义反抗,动摇了汉室在海南的统治。西汉甘露二年(公元前52年)4月,汉武帝的曾孙汉宣帝刘询派遣护军都尉张禄率汉军渡琼,围击起义的黎民。这是汉军第二次登陆海南岛。此后,中原汉人(包括官兵)和不断汉化的越族人随之迁到海南岛,在沿海地区和各条河流出海处设立居民点。

第三次,伏波将军马援率汉军登岛。

汉军第三次登陆海南岛,是距第二次90多年后东汉建武十九年(43年)的事。这次出兵是由伏波将军马援率领的。

秦、汉两代,都在今越南北部至中部设郡治理。东汉时在此设交趾、九真、日南3郡。东汉初年,锡光为交趾太守,任延为九真太守,他们比较注意治道,如教民铸造铁器农具,推广牛耕,改变了越民原来烧草耕田的落后耕作方法。又兴办学校,教民礼法,让民众及时婚配,越人感德。后由苏充继任交趾太守,为政苛刻,交趾鹿冷县女子征侧、征贰姐弟俩起兵反抗,攻没交趾郡城,九真、日南、合浦诸郡民众都起义响应(当时海南岛属合浦郡辖管),掠占岭南60余城,征侧、征贰自立为王。建武十八年(42年),汉光武帝刘秀封虎贲中郎将马援为伏波将军,以刘隆、段志为副将南击交趾。马援率领大小楼船200余艘,兵士2万余人,沿海而进,斩杀征侧、征贰,追击其余党,平息了以上诸郡。汉军所经之地,都复置郡县机构,修筑郡县城郭,穿渠灌溉以利当地民

---

① 《史记·南越列传》。

众。这次虽然是征交趾,但马援也率兵从海南岛西部登岛,"抚定珠崖,调立城郭,置井邑,立珠崖县"(《琼州府志》卷 29《马援传》)。相传当年马援率兵登上海南岛西海岸后,因炎天似火,兵马找不到淡水喝。忽然他所骑白马发现路边有几棵小草,草下沙滩有些潮湿,便长嘶一声,起蹄刨挖,果然沙土之下有泉涌,解除了兵马饥渴之困。后来当地乡民在此掘了一口井,命名为"白马井",并于井畔建伏波庙,塑像奉祀。苏东坡贬儋州时所写《伏波庙记》和《儋州志》都有记述。有的学者认为马伏波未尝征珠崖和登岛,这是错误的。除《琼州府志》上述记载外,还有许多文献说明马援确实率兵登岛。第一,据顾祖禹《读史方舆纪要》卷 105 说:"马援……抚定珠崖,调立城郭,置林邑,屯于大胜岭。"唐胄《正德琼台志》卷 5《山川》澄迈县条说:"大胜岭,在县(指澄迈)西十里,多稔都,高耸。俗传汉军屯此征蛮,大胜后,知县韦裘建亭于上。"两书记载汉军屯兵地点相同。第二,赵汝适《诸番志》卷下说:"马伏波平海南也,命陶者作缶器,大者盛水数石,小者盛五斗至二三斗者,招到深峒归降人,即以遗之,任意选择,以测其巢穴之险夷。"第三,郭沫若在《马伏波井·序》中说:马伏波井"在东方县十所滨海……近世原有伏波祠,久废。墙上嵌一石碑,题'汉马伏波之井'。……汉有两伏波,曾有功于海南。一为汉武帝时之路博德,一为光武帝时之马援。马援定交趾在建武十九年春(43年),以十八年夏出师,二十年秋还师。其经略海南当在十九年期内。故十所井如确为'马伏波之井',则至今已一千九百二十年矣。"

马援这次率楼船兵征交趾,登海南岛,从建武十八年(42 年)开始,到建武二十年(44 年)秋天离开,历时近 3 年。后雷、琼二郡多祀路博德及马援伏波将军祠庙,至今尚有庙在。东汉时朝廷又不断派汉官到海南任职,中原人也不断迁琼。据府志载,东汉永平十七年(74 年),儋耳归附,明帝(刘庄)委任丹阳(今安徽宣城)人僮尹为儋耳太守。另据明代临高县举人王佐(1428—1512 年)所著《琼台外纪》载:"武帝置郡之初,已有善人三万之数。""建武二年(26 年),青州(今山东)人王氏二子祈、律,家临之南村,则东汉有父子至者矣。"这是海南移民有具体地域、姓氏和落籍地点的最早记载。临高《王氏族谱》也有记载:王琳,汉代来琼,总管南黎,卜居临高包登村。又据儋州《符氏族谱》载:今儋州市符振中这一支符氏,祖先原籍大陆,东汉建武十八年(42 年)其"大祖三兄弟随马公援渡琼,即卜居大拖坡,继徙于沙发园"。

除了上述重大的入琼事件,汉代随着海上"丝绸之路"的开辟,又有不少人陆续迁居海南岛。

从汉代开始,中国除了从陆路开通西亚和欧洲各国的"丝绸之路"外,还开通了南向的海上"丝绸之路"。尽管海上"丝绸之路"航道屡有变化,但海南岛是南向海上"丝绸之路"的必经之地。当时运载中国丝绸、陶瓷、铁器、青铜器、蜀布、邛竹杖等特产的船队,就是从徐闻、合浦等港口出海,沿北部湾、南海西航,到东南亚的瓯骆国(今越南)、夫甘都卢国(在今缅甸境内)、谌离国(在缅甸沿岸)和南亚的黄支国(在今印度境内)等国,甚至到达西亚、东北非和地中海沿岸国家。而外国的珍珠、香料、宝石、琉璃、象牙、犀角、金银器等,也从水路输入汉朝。沿海上"丝绸之路"从事贸易的大陆汉人和波斯人,一般都要在海南岛休整、补充淡水和食用物品,甚至在岛上设立固定中转站和补给站。有时遇上台风,海船要在海南岛进港避风滞留。因此,有的汉人便落居海南岛,在岛上留下了不少汉代中原文化。如 1993 年 7 月在乐东县谭培山村发现的"朱庐执圭"银质官印,和在东方、临高、儋州、昌江等地发现的汉代青铜釜和北流型铜鼓等文化遗物,就是汉代大陆汉人迁居海南的物证。

以上论述了先秦秦汉时期海南岛移民的情况,下面分析一下汉人进入海南岛对海南的政治经济、社会文化所产生的影响。

(五)汉人入岛对海南岛政治经济与社会文化的影响

秦朝时,海南岛属象郡外徼。自西汉元封元年(公元前110年)在海南置珠崖、儋耳二郡起,海南岛便正式成为中国设置地方政权予以管理的海岛。

秦朝为了巩固全国的统一,采取移民实边的政策。秦平定南越后,遣50万中原人成守南越,后来这些人大部分落籍岭南或海南岛。大规模的移民,对南方边疆的开发和边防的巩固,都有积极的意义。秦始皇又实行"器械一量,同书文字"[①]的政策,对度量衡、货币、交通、文字进行整齐划一,又把民族融合推向一个新的阶段。秦代数以"六"为纪,符节、法冠均六寸,舆六尺,乘六马,六尺为步。数以"六"为纪的遗风,在海南特别是黎族中流行非常长久,直到20世纪50年代尚存。如使用的铜钱,以6文为一钱,60文为1两,600文为1贯;又田禾以6把为半担,12把为1担,皆以六为数。

汉军3次登上海南岛和实行郡县制,派任汉族官员,对传播中原文化做出了一定贡献,也为海南做了不少好事。例如,传说儋耳郡城是西汉杨仆所筑。东汉时马援又率军登岛"抚定珠崖,调立城郭,置井邑,立珠崖县"。另据《琼州府志·僮尹传》:东汉永平十七年(74年),丹阳(今安徽宣城)人僮尹被任命为儋耳太守,"至郡敷政未久,下诏擢为交趾刺史,还至珠崖,戒敕官吏毋贪珍赂,劝谕其民毋镂面颊,以自别于峒俚,雕题之习,自是日变"。由于僮尹能匡俗信民,得到朝廷厚加赏赐。

西汉前期,地方建制既承袭秦制,又与秦制有所不同,实行的是郡县和封国并行制。汉初全国共置54郡,中央直接控制的只有15郡,其他都是侯国的领地。西汉一代,还封了140多个功臣,宗室和外戚为列侯。但列侯在封国无治民权,封国只是列侯的食邑,归所在郡管辖。东汉初年,地方行政区划基本沿袭西汉旧制,为郡、县两级制。但光武帝为了简政和加强专制主义中央集权,大量裁郡县行政建制,全国裁并400余县,并相应精简吏员,以提高行政效率。海南自然也受到影响,到建武十九年(43年)时海南只置珠崖县,永平十年(67年),儋耳归附,又复置儋耳县(《正德琼台志》)。

汉代明君吸取秦始皇父子大肆兴建,滥用民力,开支浩大,赋税苛重,民不堪负,结果造成政权短命(仅15年)的教训,比较珍惜民力,采取了不少措施,安定民心,发展社会经济。例如,汉朝建立后就实行严密的户籍制度,下令流民归土,进行全国性的户口登记,称"编户齐民",作为征课赋税和征派徭役的根据,并以此控制人口流动,维护社会治安。因此,汉武帝在海南建立郡县后,根据汉户籍制,对海南的户口也进行了调查登记,全岛有2.3万余户,人口约10万人,其中汉人约有3万人。

两汉对发展农业生产极为重视,采取了不少有利农业生产的措施。例如,西汉鼓励流民归土,轻徭薄赋,普遍使用牛耕,利用自然水进行人工灌溉等;东汉则极力提倡垦荒,把荒地发给贫民垦殖,以扩大耕地面积,还组织军队屯垦。东汉在明帝、章帝、和

① 《汉书·宣帝纪》。

帝三朝，多次下诏全国"假民公田"。"假"是租借的意思，"假田"就是把国家掌握的荒田和山泽租借给农民耕植，三五年内可以免除租赋，国家还可以贷给种子、口粮和农具。免除税赋期满，国家向农民征收40%左右的田租。这种租借公田的农民，实际上是国家的佃农，他们没有人身依附关系，欲迁回本乡者听其自由。"假民公田"政策的实施，解决了部分农民的缺地问题，也增加了国家的赋税收入，而且安定了大量流民，保持了社会安定。当时海南岛的农业除了水稻、坡稻、薯类种植之外，棉类种植已相当普遍，因此促进了家庭手工纺织业的发展，海南生产的广幅布已成为珍贵的贡品，闻名全国。《汉书·地理志下》载："自合浦徐闻入海，得大洲（即海南岛）……男子耕农，种禾稻苎麻，女子桑蚕织绩"，正是汉代海南农业、手工业生产状况的写照。

要之，海南岛的黎族来源于百越，后来汉人等陆续迁居迁入，黎族和汉族不断融合；在这种海岛移民中，秦汉时代对海南岛的管理与开发，对海南岛的经济文化产生了重要影响，促进了海岛社会的发展。

第三节　中国海外移民的出现

中国海外移民的出现是很早的，早在上古时代已有原始的航海和人口的海外迁移，这方面的研究已经取得了很大的进展，有不少学者运用充分的材料，证明了古越人向太平洋岛屿的拓展、早期中国人东渡日本、殷人航渡美洲等，引起了广泛的关注。当然，持反对态度和质疑态度的也不乏其人。不管争论的正误如何，孰是孰非，但有一点是肯定的，那就是中华民族很早就已涉足海洋，通过海船迈出了向海外拓展的脚步。

一　越人向太平洋岛屿的拓展①

先秦时期，生活在中国南部和东南部的越人，由于大部分滨水而居，对海洋的早期认识促成了他们向海外拓展的努力，这种努力的结果，便是在他们曾经涉足过的地方留下了他们的痕迹。

越来越多的历史和考古发现证明：在上古时代，中华民族就有了原始的航海活动并出现了向海外的迁移，由此开端的中华民族海外移民史，已日益受到海内外史学界的关注。

一些历史学家认为：中华民族的海外移民史可追溯到4000年前，《诗经》《论语》等文字记载可以证明：最早在先秦春秋之际，海外移民便已出现。

我国台湾著名史学家、辅仁大学历史系主任黄大受先生在对台湾高山族的"胶着语"、断发、文身等民俗以及台湾圆山文化大垒坑遗址的出土文物研究之后，提出了"高山族的主要族源是来自大陆的古越人的一支"的论点，并以此发表了《山胞原是一家人》一文。著名史学家、北京大学王炎教授在对浙江余姚的河姆渡文化遗址考察后认为，河姆渡遗存的大量鲸鱼、鲨鱼的遗骸及出土的木桨等体现了明显的海洋文化特征，在对河姆渡、定海、舟山、台湾等地共同发现的造船工具"有段石锛"的年代测年后，可

---

① 本部分引见林华东：《越人向台湾及太平洋岛屿的文化拓展》，《浙江社会科学》1994年第5期。

推算百越先民曾有向台湾及南洋群岛迁移的历史。上海社会科学院林其锬教授认为，中华民族海外移民史可分为三个阶段：一是古代，从内地到沿海；二是近代，从东南沿海辐射到以东南亚为主要地区的海外；三是第二次世界大战后，扩散到全世界。①

如前文所述，在古越人移民海外的早期历史中，得地理优势的海南岛的黎族和台湾岛的先住民，其祖先就是古越人，他们是海南岛、台湾岛上最早的移民。

台湾凌纯声教授在《论夷越民族》一文中，曾指出从非洲东海岸起，到印度洋和太平洋间各岛屿及至南美洲西海岸的各地土著文化中，至今尚保留着中国古代夷越文化的因素。② 国外学者如柯灵顿（R. H. Codrington）、佛累则（J. G. Frazer）等众多研究者，早年也曾提出过太平洋群岛的民族在文化起源上，与西太平洋海岸民族有关。显然，对此问题的研究，理应引起足够的重视。

早在 1761 年，法国汉学家德吉尼斯（J. D. Duignes）就提出了中国人早在哥伦布发现新大陆 1000 年之前就已到达美洲（即"扶桑"）的主张。这一学术观点曾得到中国学者诸如章太炎、黄兴公、陈志良、朱谦之等先生的支持。直到 1947 年韩振华教授的《扶桑国新考证》和 1962 年罗荣渠教授的《论所谓中国人发现美洲的问题》发表后③，上述观点才在国内受到了批驳。

1975 年冬，美国加利福尼亚海底发现了据说已沉睡 2500 年之久的所谓中国古代"石锚"，因之关于中国人发现美洲的问题被重新提了出来。房仲甫先后多次发表文章，率先对石锚的年代和国别进行肯定，进而主张它是 3000 年前中国殷人扬帆东渡美洲的物证。④ 石钟健、杨熺、陈丽琼等人也纷纷为之考证。⑤ 石氏认定：距今 3000 年前地处中国东南沿海的越人船队，已可驶向东南亚和南太平洋群岛及至美洲大陆，北美发现的中国船锚，充分说明了这个事实。而对此问题研究最为全面系统的要数卫聚贤先生长达百万字的《中国人发现美洲初考》。⑥ 不过，上述论著也遭到了不少学者的指摘。林华东先生在 1988 年即提出商榷。⑦ 美国有史学家曾指认说，这一石锚是 19 世纪居住在加利福尼亚的中国渔民所遗。

1991 年，美国俄勒冈州大学人类学系主任杨江先生主张："早在 6000 年前，马来—波利尼西亚人的祖先（指古越人）开始从中国的福建省出发，进行了长途的迁移活动。他们向南行进，穿越菲律宾和印度尼西亚，尔后分两个方向迁移：一路向西，到达马达加斯加；一路向东，到达夏威夷和伊斯特岛。东徙的年代如下：距今 6000 年前，到

① 《中华民族海外移民史研究表明上古时代已有原始航海和迁移》，《人民日报》（海外版）1995 年 2 月 16 日第 3 版。

② 凌纯声：《论夷越民族》，载《中国远古与太平、印度两洋的帆筏、戈船、方舟和楼船的研究》，台北"中研院"民族所专刊之十六，1970 年版。

③ 韩振华：《扶桑国新考证》，载《福建文化》1947 年；罗荣渠：《论所谓中国人发现美洲的问题》，载《北京大学学报》1962 年第 4 期。

④ 房仲甫：《扬帆美洲三千年》，见《人民日报》1981 年 12 月 5 日。房仲甫：《殷人航渡美洲再探》，载《世界历史》1983 年第 3 期。

⑤ 石钟健：《古代中国船只到达美洲的文物证据——石锚和有段石锛》，载《思想战线》1983 年第 1 期。杨熺：《中华民族的海洋文化》，载《海交史研究》1986 年第 2 期；陈丽琼：《铜鼓船纹补释——兼论越人航渡美洲》，载《中国铜鼓研究第三次学术讨论会论文集》，文物出版社 1986 年版。

⑥ 卫聚贤：《中国人发现美洲初考》，台湾新竹市说文书店 1982 年版。

⑦ 林华东：《吴越舟楫与航海》，载《广西民族研究》1988 年第 3 期。

达中国东南部及台湾;距今 5500 年,到达婆罗洲、帝汶岛;距今 4500 年,到达印尼所罗门群岛新呐亚;距今 4000 年,到达密克罗尼西亚群岛;距今 3500 年,到达斐济;距今 3000 年,到达萨摩亚群岛;距今 1700 年,到达马贵斯群岛;距今 1600 年,到达伊斯特岛;距今 1400 年,到达夏威夷;距今 1100 年,到达新西兰。"①遗憾的是,杨先生提出的迁徙年代等问题,尚待新的资料加以证实。近年王大有等又把美洲奥尔梅克文化拉文塔(La Venta)遗址发现的玉器上的图案,考订为殷商文字,证明是殷末将领率众东渡美洲,将中华文明带到新大陆。② 然也有学者如龚缨晏先生等作有匡谬③,指出实属图案装饰,并不是殷商文字。

早年,台湾杨希枚教授和助手曾对 20 世纪 40 年代以前在河南安阳殷墟祭祀坑中出土的 400 具人头骨作过研究,将大约 225 具较完整的标本划分为五种类型。提出其中的第 I 型(约 80 具)为典型的蒙古人种类型;第 II 型(38 具)为太平洋尼格罗人种,与现代巴布亚人和美拉尼西亚人头骨相似;第 III 型(2 具)为欧洲人种,与现代英国人头骨相似;第 IV 型(55 具)为爱斯基摩人种;第 V 型(约 50 具)则怀疑与波利尼西亚人头骨相近(但也可能是上述类型中的某一类女性头骨)。而韩康信、郑晓瑛的研究结果,则表明殷墟祭祀坑中的人骨最多的应为东亚成分,其次为北亚的,近南亚的实属少数。④ 但无论如何,当年的殷墟已经有了海外人的活动,已是不争的事实。

如前文所述,19 世纪末叶以来,便有不少民族学家、语言学家和考古学家通过对分布在东南亚和太平洋岛屿上的南岛语系诸语支的研究,认定构成南岛语母体的前南岛语支发源于台湾,而其更早的渊源则可追溯到中国大陆南部沿海。前南岛语由台湾传入菲律宾后,逐渐形成马来—波利尼西亚语支,并慢慢扩散到爪哇、苏门答腊、马来西亚、越南等地。该语区向南移动形成中央马来—波利尼西亚语;向东移动形成东部马来—波利尼西亚语,尔后又广布到密克罗尼西亚南部、美拉尼西亚东部及整个波利尼西亚。考古学家贝乌德(Deter Bellwood)则进一步指出:"在公元前 5000 年后期由华南大陆(也许是浙江、福建)来的原始居民进入台湾,原始的南岛语进一步扩展之前至少在台湾岛使用了 1000 年。在公元前 3000 年前后讲原始南岛语的民族进入吕宋岛,前南岛语(它是在台湾原始南岛语消亡时形成的)分裂为台湾与马来—波利尼西亚两个语支。……考古学的证据有陶器、树皮衣、石器与骨器(收获用的刀、抛射用尖状器、石锛)等。"⑤我们从中国东南沿海古代先民与东南亚及太平洋岛屿文化圈的文化习俗、生活方式和宗教信仰等,也可看出其较大的共性和亲缘关系。

当然,研究海外文化交往的关键,是绝不能离开考古文物的实证。对此问题的研究最有说服力的证据,应首推海洋文化的代表性器物之一——有段石锛。

早在 20 世纪 30 年代,对东南亚考古学和民族学素有研究的德国学者海涅·格尔顿(Robert Heine Geldern)曾提出了有段石锛是由台湾地区传到菲律宾及苏拉威西、

---

① 杨江:《马来—波利尼西亚与中国南方传统的关系》,载《浙江学刊》1991 年第 1 期。

② 王大有、宋宝忠、王双有:《古代美洲奥尔梅克玉圭商殷文研究——中华文明东迁美洲的文字学证据》,载《华声报》1992 年 2 月 28 日。

③ 龚缨晏:《古代美洲奥尔梅克玉器匡谬——兼论古代中国与美洲交往问题》,载《世界历史》1992 年第 6 期。

④ 《殷墟祭祀坑人骨有异种成分》,载《文摘报》1992 年 11 月 9 日。

⑤ Peter Bellweed. Prehistory of the Indo -malaysian Archipelogo. Academic Press, New York. 1985.

波利尼西亚等南洋群岛去的主张,并指出波利尼西亚的有段石锛及大洋洲的一些古文化应起源于中国。日本学者鹿野忠雄也认定波利尼西亚的有段石锛是由华南、华中的民族及文化移动而传入,华南古文化研究的重要性不但对东南亚,甚至对波利尼西亚都有关系。菲律宾人类学和考古学家拜耶(H. O. Beyer)也赞同太平洋的有段石锛是由菲律宾传去,至于菲律宾的有段石锛则传自于大陆的主张。在海丰、香港以及福建南部和台湾等处的考古发现,都表明与菲律宾是确有关系的,菲律宾是这种石器传入太平洋的通路。1938年林惠祥教授在出席"远东史前学会第三届大会"的论文中,也曾提出中国大陆发现的有段石锛和中国台湾、菲律宾甚至波利尼西亚的相同。中国东南部的史前文化与华北有异,而和南方的马来西亚以及波利尼西亚有关。林氏曾把有段石锛划分为三个发展阶段,认为它首先发生于中国大陆东南部的闽、浙、粤、赣和苏、皖一带,然后北向传于华北、东北,东南向传入中国台湾及至菲律宾与波利尼西亚诸岛。[1]

根据近几年来的考古发现和研究,浙江的河姆渡文化是有段石锛的起源中心。[2]拜耶先生认为菲律宾的有段石锛,年代较早的属于公元前1250—公元前800年,较晚的约公元前500—公元前200年。然据1970年罗·达夫(Roger Duff)的论著可知,吕宋岛东南阿尔贝(Albay)的福克斯(Fox)和埃文吉里斯塔(Evamgeligta)的瓮棺葬中,仍然还有衰退形的有段石锛出土,C^{14}测定代年仅为100年[3],可知其结束时间很晚。

印度尼西亚的有段石锛见于东部的苏拉威西岛和爪哇岛,有退化变异的台阶形、凹槽形及斜脊形,数量不多,从其横剖面呈梯形和三角形看来,显由菲律宾传入,年代应更晚。

太平洋中的波利尼西亚诸岛的有段石锛均显示出它由菲律宾传入的亲缘关系。按海涅·格尔顿的研究,有段石锛在夏威夷、马奎萨斯(Marquesas Is.)、社会岛(Society Is.)、库克群岛(Cood Is.)、奥斯突拉尔岛(Austra Is)、塔希地岛(Tahitl Is)及至大洋洲的新西兰和查塔姆岛(Chatham Is)都有分布,甚至在太平洋东部智利的复活节岛(Easter Is)以及南美洲的厄瓜多尔也有发现。大凡波利尼西亚诸岛有段石锛的特征往往是器身长,中脊高,分段明显,横剖面有四角、三角、圆形等,在大赫岛还有一种在背面和正面都制成台阶状的有段石锛,新西兰也有一种柄部之中分别琢一较宽的横向弧形凹槽及一纵向窄槽,这均属有段石锛的变种形式,年代应比菲律宾更晚。它曾在当地使用了相当漫长的一段时期,甚至直到西欧早期航海家发现这些岛屿时,有段石锛仍然是波利尼西亚诸岛土著的主要生产工具。饶有趣味的是,不但其地有段石锛还保留有中国东南沿海地区的许多特征,甚至连安装捆绑有段石锛的木柄也同河姆渡文化所发现的很相似,只是其柄部多刻花纹装饰,制作更精美、更高级罢了。

至于环中国南海的文化交往问题,按《汉书·地理志》载,番禺"处近海,多犀、象、毒冒、珠玑、银、铜、果、布之凑,中国往商贾者多取富焉"。1983年3月在广州象岗山发掘的南越王墓中,曾出土有一大批珍贵文物,其中的大象牙器、犀角、银器、玻璃器,

---

① 林惠祥:《中国东南区新石器文化特征之一:有段石锛》,《考古学报》1958年第3期。
② 林华东:《河姆渡文化初探》,浙江人民出版社1992年版。
③ Roger Duff. Stoue adze of Southeast Asia Order of the Board Dhristchurch New Zeaiand. 1970.

以及玛瑙、琥珀、水晶、玻璃等多种质料的珠饰,有些可能"是从中亚或南亚等地输入的"①。南越王墓中随葬的银盒,其上下腹部压印的花瓣式装饰,不但与伊朗首都德黑兰博物馆所藏的银盘几乎相同,而且和古苏撒城(今伊朗舒什特尔)出土的公元前5世纪时的金银器相似,它和5枚经确认为非洲象齿的大象牙一样,可能是原产自古波斯一带,尔后经中南半岛商贾转手,由海外贸易输入的。而山东临淄齐王墓出土的同类银盒,似由南越国传入,由此可印证《淮南子·人间训》所记秦时的南越有"犀角、象齿、翡翠、珠玑"之史实。足见秦时同中南半岛诸国的海上航线已开通,是毋庸置疑的。近年在南海西沙宣德群岛发现的战国和秦汉文物,正是这条航线的有力注脚。② 西汉武帝时的船队之所以能远航到南印度和斯里兰卡一带,应是在此基础上发展起来的。

但这也并非南海海上交通之始。据《韩诗外传》《尚书大传》等书记载,早在周成王时,居住在交趾之南滨海地区的越裳氏,就通过重重翻译("九译"或"三译")远贡"白雉于周公"。古本《竹书纪年》有越王派公孙隅向魏进贡舟、箭和犀角、象齿的记载;而在浙江鄞县甲村石秃头山出土的战国时的一件青铜钺③,其上所镌印的两条头相向、尾向内卷的龙图像,与越南东山一件铜斧上的图像几乎相同④,似是与越地文化交流的产物。

其实,中南半岛诸国同中国华南地区的交往,至迟可上溯到新石器时代。傅宪国先生对华南有肩石器的研究表明,有肩石器在广东珠江三角洲发源后,主要是循中国南部海岸西行,经广西而入云南及中南半岛诸国、马来西亚及南亚的印度和孟加拉。⑤又据宋文薰教授对台湾及环中国南海史前时代的玦形耳饰研究可知⑥,玦形耳饰在中国华南、香港和台湾地区及越南、泰国、老挝、菲律宾等地都有发现,早期为玉或石质,玦身为带一缺口的扁圆形,外缘有三或四个突块或花边,晚期为石、软玉、玻璃或贝壳等质料制成,玦身呈扁钩状,外缘突块尖长如钉状。一般认为它起源于越南中部。但从广东曲江石峡遗址、广西田东锅盖岭遗址、香港大湾遗址和浙江衢州西周墓所出属早期类型的玉质玦形耳饰来看,似可认定中国的华南为其起源中心,尔后向浙江及环中国南海传播的。再如越南东北部和马来西亚等地普遍发现的印纹陶,尤其是韩槐准先生在马来西亚柔佛州(Johore Lama)、歌打丁宜(Kota Tulggi)采集的一批印纹陶,韩氏认为"与近年中国东南沿海地带发现之印纹硬陶成器或碎片,其花纹极相同"。同时又进一步指出:"可能殷商时代或稍后,我国烧制之印纹硬陶已在南洋交易。"⑦安志敏先生主张是当地制作的,"年代大体与我国东汉相当"⑧,彭适凡先生则指出马来西亚的印纹陶具有明显的两重性,其中大多数表现出浓厚的土著特色,少数"时代大体相

① 广州象岗汉墓发掘队:《西汉南越王墓发掘报告》,《考古》1984年第3期。
② 新华社:《西沙发现战国和秦汉时陶器钱币》,《浙江日报》1993年8月3日。
③ 曹锦炎等:《浙江鄞县出土春秋时代铜器》,《考古》1984年第8期。
④ 〔法〕V. 戈鹭波:《东京和安南北部的青铜时代》,原载《法国远东学院学报》1929年第29卷;刘雪红等人译文见《民族考古文集》第1集,1985年。
⑤ 傅宪国:《论有段石锛和有肩石器》,《考古学报》1988年第1期。
⑥ 宋文薰:《论台湾及环中国南海史前时代的玦形耳饰》,载台湾《"中央研究院"第二届国际汉学会议论文集》,1989年版。
⑦ 韩槐准:《南洋遗留的中国古外销陶瓷》,新加坡青年书局1960年版。
⑧ 安志敏:《马来亚柔佛州出土的古代陶片》,载《考古》1965年第6期。

当西周甚或更早"的印纹陶与中国南方相同或相似。① 然就柔佛州所见的云雷纹、贡折纹和菱格填线纹装饰等具华南特点的印纹陶来看,传入马来半岛的年代当不超过春秋之时,即距今 2800 年前后。②

从以上的分析可以看出,在上古时代,中华民族已有了原始的航海活动并出现了向海外的迁移。现代学者在各学科研究中发现了古越人移民海外的史实,为黎族和台湾先住民都来源于古越人提供了许多新依据。在分析中国东南海岸史前文化的适应变迁时,应该看到,在距今 7000 年前后,中国东南海岸,特别是闽粤一带的史前文化,开始表现出适应海洋环境的倾向。不但聚落大都趋向海滨,而且潮间带和近海资源也成为最重要的生活来源之一。值得注意的是,据台湾的考古资料显示,闽粤一带的史前文化也从这个时候开始,跨过了台湾海峡来到台湾,这无疑与当时闽粤一带居民频繁的海上活动有关。而这一现象对于古南岛人的扩散问题,应该有着重要的意义。在分析古越人向太平洋岛屿的文化拓展时,我们应该重视有关专家学者的假说,但同时还要寻找有力的证据。通过对中国东南沿海古代先民与东南亚及太平洋岛屿文化圈的文化习俗、生活方式和宗教信仰等的比较研究,可知其较大的共性和亲缘关系。而太平洋中的波利尼西亚诸岛的有段石锛作为海洋文化的代表性器物之一的使用,以及其他更多的考古发现,都可以证明环中国南海的文化交往和海外移民的悠久历史。

二 早期中国人东渡日本③

有关日本列岛的早期移民,中外学术界的研究与争论也相当热烈。有学者认为,中国杭州湾地区的原始文化曾经经过海路输入日本,在日本弥生时代,中国吴越地区的早期居民就从海路到了日本,成为日本的稻作民。这可看作早期中国人东渡日本的表现。

多种物证表明,在距今 3 万年前的旧石器时代晚期,中国大陆与日本列岛之间,因第四纪冰期海面下降等原因,曾以"陆桥"相连,大陆上的古人类与古生物由此可迁徙到日本。④ 在距今约 1 万年时,由于全球气候返暖,第四纪冰期结束,一度存在的陆上通途成了汪洋⑤,约在 8500 年前,日本列岛形成了。所以,一般认为,自此至汉魏时期,中日文化交流中断了。但是,大量的考古材料否定了这种观点。

考古材料表明,以河姆渡及其后继者为代表的杭州湾及其周边地区文化的若干因素⑥,在日本史前时代均有所反映。如绳纹时代(或称新石器时代,距今 8500—2300年,以绳纹陶器为标志)的玉玦、漆器、夹炭黑陶(含纤维陶器)以及稻作的萌芽和拔牙习俗,弥生时代(或称金石并用时代,距今 2300—1700 年,以弥生式陶器为标志)及其

① 彭适凡:《中国南方古代印纹陶》,文物出版社 1987 年版。
② 林华东:《越人向台湾及太平洋岛屿的文化拓展》,《浙江社会科学》1994 年第 5 期。
③ 本部分引见王心喜:《杭州湾地区原始文化海路输入日本论》,《文博》2002 年第 2 期。
④ 裴文中:《从古文化及生物学上看中日的古交通》,《科学通报》1978 年第 12 期;王令红:《中国人和日本人在人种上的关系》,《人类学学报》1987 年第 1 期;王勇:《吴越移民与古代日本》,日本国际文化工房 2001 年版,第 36—42 页。
⑤ 王辑五:《中国日本交通史》,商务印书馆 1998 年版,第 2—3 页。
⑥ 杭州湾及其周边地区,本文指江苏、安徽两省的南部,浙江省的北部和江西的东北部;河姆渡文化,本文认为应包括河姆渡遗址第 1—4 期文化。

以后的长脊短檐栏式建筑,都可从杭州湾地区的原始文化中找到渊源关系。

　　根据历史文献记载,中日之间的海路交通始于汉魏时期,更早的情况尚不清楚。然而,汉魏时期杭州湾的干栏式建筑已基本绝迹,那么它同日本的交往应当更早。特别是结合绳纹时代的玉玦、漆器技艺与稻作萌芽来看,杭州湾地区与日本之间的联系,应该在新石器时代就已经开始。

　　现以考古材料为依据,在分析杭州湾及周边地区原始文化对日本影响的基础上,论证杭州湾及周边地区原始居民及其继承者由海路东渡日本的可能性以及航海路线。

　　第一,杭州湾地区的原始文化对日本的影响。

　　首先是稻作农耕经济。

　　中国是世界农耕起源中心之一。中国稻作农耕以杭州湾及其周边地区为最早,而且稻类作物的遗存也最集中。考古学与古文献中的有关材料,可以证明杭州湾地区是稻作农耕的起源地和发达的中心。[①] 20 世纪 90 年代,中国水稻研究所汤圣祥、日本国立遗传所佐藤洋一郎与浙江省博物馆俞为洁合作,利用电子显微技术对河姆渡出土的炭化稻谷进行了显微结构研究,发现炭化稻谷中有个别普通野生稻的谷粒,这给稻作起源于杭州湾地区说,提供了有力的支持。[②]

　　目前,杭州湾地区发现的有关史前时期的稻作遗存,是我国原始稻作遗址最多、最集中的地区,包括炭化的稻谷、稻米、陶片上的稻谷印痕,甚至还有用稻壳、稻秆作为陶器的羼和料。发现地点有 20 余处,主要包括浙江余姚河姆渡、萧山跨湖桥、宁波八字桥、桐乡罗家角、杭州水田畈、吴兴钱山漾、江苏无锡仙蠡墩、南京庙山、吴县草鞋山,上海青浦崧泽和马桥、江西修水跑马岭、萍乡新泉和赤山等遗址,其中河姆渡、罗家角和跨湖桥遗址,是中国迄今为止规模最大、年代最早的史前遗址,距今 8000—6000 年。其他遗址包括马家浜文化、崧泽文化与良渚文化等,时间为距今 6000—4000 年。总之,可以说杭州湾地区的稻作文化遗址,是目前世界上发现的最早地区之一。[③]

　　古代日本的农耕经济,即以水稻种植为主的农耕生产,一般认为是从弥生时代开始的,也有不少人主张绳纹时代已有。绝大多数日本学者认为,日本的水稻生产渊源于大陆系统的农耕文化。[④] 松尾孝岭博士等学者对已发掘的稻谷、稻米和稻谷压痕进行了研究,结果表明,弥生时代日本种植的稻谷,同杭州湾地区发现的稻谷极其相似。[⑤] 那么,日本水稻最早是从中国大陆什么地区、通过哪条路线输入的呢?

　　对此,目前学术界有以下四种主张。

　　(1)北回说。认为水稻是从中国大陆,通过朝鲜半岛北部、南部到北九州,再由北九州沿濑户内海向畿内扩展,以接力棒的方式传播过去的。

　　(2)南回说。认为水稻稻种由中国大陆经南岛(琉球、宫中岛等地)进入北九州,再进一步扩展到日本内地。

　　(3)东来说。主张水稻是从长江下游传到山东半岛,并经辽东半岛输到朝鲜半岛

---

①　王心喜:《从出土文物看浙江省的原始农业》,《浙江农业大学学报》1983 年第 4 期。

②　陈旭钦、黄勉免:《中国河姆渡文化国际学术讨论会综述》,《文物》1994 年第 10 期。

③　蒋乐平等:《浙江发现早于河姆渡的新石器时代遗址》,《中国文物报》2002 年 2 月 1 日。

④　蔡凤书:《中日交流的考古研究》,齐鲁书社 1999 年版,第 11 页。

⑤　徐建新:《日本原始社会史研究状况》,《世界史研究动态》1983 年第 4 期。

南部,再由朝鲜半岛通过北九州传到日本各地,是一种兼有短程海路的弧形路线。

（4）直接东来说。认为水稻从长江下游传到山东半岛,然后从山东半岛渡海;或者从长江口直接东渡到日本。①

对此,有学者从育种学上得出结论,认为稻谷不可能从中国北方经东北南部沿朝鲜半岛西海岸南下传到日本,即便从山东半岛东端到朝鲜半岛西海岸的路线,也超过了育种学的许可线。在许可线之内的,是从淮河南部到朝鲜半岛西南部的湖南地区,而最适当的路线,是从中国长江下游的浙江省到日本西北、济州岛、朝鲜半岛的西南端。② 朝鲜、日本稻作农耕的起源,在时间上是大体相当的,即开始于距今 3000 年左右,相当于绳纹文化晚期和中国殷商时代;杭州湾地区是早期稻作中心,水稻稻种从海路几乎同时输入到朝鲜半岛和日本列岛的可能性最大。③

与稻谷一起传入日本的其他栽培植物有葫芦、绿豆、菱角、芋头和白苏等④。

其次有玉玦、漆器、干栏式建筑及拔牙习俗。

（1）玉玦。石玦(玦状耳饰),是绳纹文化前期(约距今 7000 年前)的代表遗物之一⑤,由于其形制类似中国商周时期的玉玦,因而认为它的起源当与中国有关联。⑥

中国的玉玦虽盛行于商周,但它的起源可以追溯到杭州湾地区的史前时代。中国史前遗址中目前发现玉玦共有 141 件。其中杭州湾地区占 73 件,它们分布在浙江余姚河姆渡、嘉兴马家浜、邱城、上海青浦崧泽、苏州越城、吴县草鞋山、常州圩墩、吴江梅堰、武进潘家塘、南京北阴阳营等地。⑦ 分布地点较广,表明杭州湾及其周边地区使用玉玦具有传统性和普遍性。而玉玦在黄河流域史前遗址中较少见,只在商周遗址中才大量出现,如殷墟妇好墓中出土 18 件。

基于上述事实,可以明确肯定玉玦最早发明于杭州湾及其周边地区,日本绳纹前期的石玦直接受到该地区的影响。

（2）漆器。中国是最早发明漆器的国家,迄今发现地仅 2 处,且均在杭州湾及其周边地区。最早的木制漆碗出土于河姆渡遗址第四文化层,距今 7000 年;⑧另一处在常州圩墩遗址(属马家浜文化),发现 2 件涂漆的残木器,距今 4000 年。⑨ 结合商周漆器的盛行,足以证明漆器的历史悠久。日本绳纹时代的漆器大多出自晚期,有漆梳、竹木胎漆容器和漆弓。⑩ 倘若追溯其来源,也当与该地区有着密切的关联。

（3）干栏式建筑。干栏式木建筑,是杭州湾及其周边地区典型的史前建筑形式,它的特征是居住面是用支柱架离地面的楼层,需登梯而上。这种形式,利于防水、防虫蛇

---

① 安志敏:《长江下游史前文化对海东的影响》,《考古》1984 年第 5 期。

② 张建世编译:《日本学者对绳纹时代从中国传去农作物的追溯》,《农业考古》1987 年第 2 期。

③ 安志敏:《长江下游史前文化对海东的影响》,《考古》1984 年第 5 期。

④ 张建世编译:《日本学者对绳纹时代从中国传去农作物的追溯》,《农业考古》1987 年第 2 期。

⑤ 游修龄:《稻作史论集》,中国农业科技出版社 1993 年版,第 34 页。

⑥ 安志敏:《长江下游史前文化对海东的影响》,《考古》1984 年第 5 期。

⑦ 安志敏:《长江下游史前文化对海东的影响》,《考古》1984 年第 5 期。

⑧ 河姆渡遗址考古队:《河姆渡遗址第二期发掘的主要收获》,《文物》1980 年第 5 期。

⑨ 吴苏:《圩墩新石器时代遗址发掘简报》,《考古》1978 年第 4 期。

⑩ 〔日〕网干善政教:《日本古代史稿》,关西大学出版部 1998 年版,第 61 页。

毒害。① 迄今为止，能肯定为中国史前干栏式建筑遗址的，均在杭州湾及其周边地区。它们是浙江余姚河姆渡、桐乡罗家角、吴兴钱山漾和江苏丹阳香草河、吴江梅堰、吴县草鞋山等遗址。其中以河姆渡和罗家角遗址为最早，遗存也最丰富。发现的木桩或木构零件，经复原是底架桩柱且上面有长脊短檐式屋顶的干栏式木建筑。

值得注意的是，日本传赞歧国发现的铜铎和奈良佐味田宝冢古坟出土的铜镜上所表现的图案，均是与杭州湾及其周边地区相同的底架桩柱和长脊短檐式屋顶的干栏式建筑。此外，在奈良唐古遗址出土的弥生陶片所刻画的干栏式建筑图案，与上述铜铎图案基本相似。② 据此推断，至迟从弥生时代以降，就已出现了长脊短檐的干栏式建筑，古坟时代的植轮家保留了同样的形制③，因而表现了与长江流域的密切联系。因汉代杭州湾及其周边地区已不再出现长脊短檐式的屋顶，那么日本所接受的影响当在汉代以前。

（4）拔牙习俗。拔牙，是中华民族原始居民大部分成员共有的古老而悠久的习俗，也是该地区原始文化因素的一个重要特征。在马家浜文化、崧泽文化遗址中均有发现。④ 日本绳纹时代晚期和弥生时代发现的拔牙形态，与中国史前流行的拔牙形态相近。据考，绳纹人中，不论男女，多拔去犬牙、门牙和小臼齿。⑤ 日本的拔牙习俗，是否与中国属于同一源流，或者说其源头是否在史前的中国大陆？是否是受该地区原始文化的影响而出现的？结合其他考古发现材料，我们认为，这些都是可能的。

综上所述，日本早期文化受到该地区原始文化的影响，是毫无疑问的。这是航海移民的产物。这种影响从河姆渡文化和绳纹文化时期便已经开始。当然，这种交往不是一次完成的。河姆渡文化及其后续者，都在连续不断地进行。

第二，杭州湾原始居民东渡日本的航线。

文化的传播，一般只有两种形式。一是直接传播，即甲地文化的成员通过某种途径，直接将甲地文化携带至乙地文化区域（包括尚无文化的区域）之中，这样，在乙地文化区域中就会出现甲地文化器物。同时，甲地文化的成员，也会将乙地文化的先进因素带回本地，加以借鉴、吸收，甚至改造成为甲地文化的新形式。这便是第二种传播形式，即间接传播。但是，不管是直接传播，还是间接传播，都要有一个先决条件，即甲地文化必须到达乙地文化的区域，而到达的途径，也必是甲、乙两地的人们相互交流。杭州湾及其周边地区原始文化在日本列岛的出现，应属于第一种传播形式，即由河姆渡人及其后继者经海路，直接携带、传播至日本。

那么，杭州湾地区的原始居民，有东渡日本的航海能力吗？答案是肯定的。

翻开今天的地图就可以看到，日本列岛与中国大陆为烟波浩渺的大海所隔断。海洋固然起着阻隔作用，但也为人类的交通联系提供了方便。"因为远程交通每多经由海道反而更加容易，即使在远古海上交通也一定格外方便，而且很频繁。"⑥初听起来，

---

① 《中国建筑史》编写组：《中国建筑史》，中国建筑工业出版社1986年版，第103页。
② 王金林：《汉唐文化与古代日本》，天津人民出版社1996年版，第113页。
③ 〔日〕喜谷美宣：《住居建筑》，《日本的考古学——古坟时代（下）》，岩波书店1966年版，第138页。
④ 韩康信、潘其风：《我国拔牙风俗的源流及其意义》，《考古》1981年第1期。
⑤ 王勇：《日本文化》，高等教育出版社2001年版，第58—59页。
⑥ 〔日〕木宫泰彦：《日中文化交流史》，商务印书馆1980年版，第1页。

仿佛只是空想,不可思议;但如果了解了杭州湾原始居民的航海能力,了解了海流和内河的变化规律,这一疑问便会迎刃而解了。

考古发现表明,新石器时代杭州湾先民的海上活动已经较为频繁。河姆渡遗址濒临今天浙江姚江,距离东海沿岸只有数十千米。据考,今天的百官(属上虞市)——浒山(属慈溪)——镇海公路以北的近海平原,当时尚未成陆;所以当时的海岸线离遗址很近。多水的地理环境,为原始居民向海洋进军,提供了极为方便的条件。此外,从河姆渡遗址出土的大量鱼骨来看,原始居民以捕捞为业,已经可捕到深水中的海洋生物如鲸鱼、鲨鱼以及喜在滨海口岸附近生活的鲻鱼和裸顶鲷等。[1] 这说明河姆渡先民已掌握了远海操作的能力,为远程航行创造了条件。

航海是在造船业发展的基础上实现的。河姆渡遗址中不仅出土了船桨,还出土了陶舟,都是距今7000年的遗物。可见,7000年前已经使用舟船是毋庸置疑的。原始木桨的出现,"如果推到8000年前或更早一些,应该说也在情理之中"[2]。

1958年前后,考古工作者还分别在浙江吴兴钱山漾和杭州水田畈两地,发掘出新石器时代晚期的遗物,其中有6把木桨。[3] 这些木桨的发现足以证明,在新石器时代的杭州湾地区,舟船活动就已相当广泛。舟楫的出现和应用,对于促进经济发展和文化交流都具有重要意义。

迄今杭州湾地区虽然没有发现史前时期的独木舟,但河姆渡陶舟的发现,可以作为该地区早在史前曾广泛应用独木舟的证据。陶舟舟体长7.7厘米,高3厘米,宽2.8厘米,壁厚0.4厘米,呈两头尖、底略圆状。船首形如鸡胸,在水中阻力小,利于破浪。中部有一个较大的空间,作为舱室。全舟整个轮廓形成流畅弧线,以减少阻力。左右对称表明已注意到了船身的稳定、平衡和速度。[4] 这充分说明7000年前的河姆渡人所使用的舟船,已具有一定的科学性。[5]

远在7000年前生活在河姆渡的居民,已掌握了相当成熟的榫卯式的木构技术,已能刨出2.7厘米厚的木板;再结合河姆渡雕花木桨的发现,人们必然会提出木板船的问题。更有学者认为,"这时已由独木舟发展到木板船"[6]。即使此时还没有制成木板船的话,至少可以说,已为木板船出现准备了主要的物质技术基础。

我们推测,当时已有原始风帆出现。它可能用芦席或竹席一类东西制成。河姆渡遗址发现了芦席,钱山漾遗址发现了大量的竹编器和竹席。[7] 竹席做帆坚实耐用,方便易折,便于升降,且在近代台湾等地区仍在使用。[8] 帆船航行,不但能够顺风航行,且可以转换帆的角度,走"之"字形路线,把顶头逆风变成侧斜风,更利船舶前进。

① 浙江省博物馆自然组:《河姆渡遗址动植物遗存的鉴定问题》,《考古学报》1978年第1期。
② 章巽:《中国航海科技史》,海洋出版社1991年版,第9页。
③ 浙江省文管会:《杭州水田畈遗址发掘报告》,《考古学报》1960年第2期。
④ 吴玉贤:《从考古发现谈宁波沿海地区原始居民的海上交通》,《史前研究》1983年创刊号。王冠倬:《中国古船图谱》,海洋出版社2000年版,第4页。
⑤ 席龙飞:《对宁波古船的研究》,《武汉水运工程学院学报》1981年第2期。
⑥ 房仲甫:《殷人航渡美洲外探》,《世界历史》1983年第3期。
⑦ 浙江省文管会、博物馆:《河姆渡遗址第一期发掘报告》,《考古学报》1978年第1期;浙江省文管会:《吴兴钱山漾第一、二次发掘报告》,《考古学报》1960年第2期。
⑧ 张小华:《古筏美洲》,《中国日报》(英文版)1983年5月12日。

以上情况充分显示，河姆渡居民及其后续者所使用的船只，已经不是原始的舟船，而是经过改造了的较为先进的木船了。《左传·哀公十年》说，当时吴国能造长 1 丈、阔 1.5 丈，载官兵水手 90 人的"大翼船"。《吴越春秋》载，越王勾践迁都琅琊，曾动用"戈船"300 艘，兵士 8000 人，而且已能制造"楼船"[①]。吴、越两国在当时已能制造如此巨大的船舶，组成船队，航行海洋，北上争霸。这需要千百余年长期实践和航海经验的积累。因此生活在杭州湾一带的原始居民完全有可能"是世界上最早尝试去征服海洋的民族之一"[②]。

由此可见，中日文化交流史并非如文献所载始于汉魏时期。古代中日之间的海路交通，从河姆渡文化和绳纹文化时代起就已经开始。不过，那时候的交流是自发的、断断续续的，不是一次完成的，而是在一个相当长的时期内多次完成的。譬如，距今 3000 年左右，玉玦、漆器一类的佩饰和器物便东传日本；稻作农耕输入日本，当在两三千年前的弥生文化以前的绳纹文化晚期，约在中国的商周时期。与此同时，干栏式建筑、拔牙习俗等杭州湾地区原始文化因素也随之传入。近年在舟山市马岙乡的古文化遗址，挖掘出大量印有稻谷壳痕迹的新石器时代陶片。这一现象表明，至少在 5000 年前，"我们祖先就已在此定居并种植大量的水稻"，为"日本水稻种植技术可能是从中国江南地区经过舟山群岛传入这一学术观点，提供了有力的佐证"；因此"舟山群岛可能就是古代中日文化传播的中转地"。[③]

20 世纪 40 年代出版的美国海思、穆恩等合著的《世界通史》曾断言："中国人自古不习于航海。"[④]而事实恰恰相反，勤劳、勇敢和智慧的中国人民自古就习于航海，并由沿海航行逐步发展为远洋航行，这正如英国的中国科技史学家李约瑟所说，"中国人被称为不喜航海的民族，那是大错而特错了。"[⑤]

三　美洲远古时期的亚洲移民[⑥]

从前面的分析中可以看出，古越人包括杭州湾先民已经在东亚、东南亚和太平洋岛屿上留下了自己的文明印痕，那么，在广阔平坦的海洋上，中国的先民是否还会走得更远？

下面，我们分析一下美洲古文明与中华古文明的关系。

美洲灿烂的古代文明及其众多遗址，经过约 160 年的研究与发掘，已越来越引起世人的注目。其雄伟肃穆的太阳金字塔、月亮金字塔，可与埃及最著名的金字塔媲美；其有 120 层观众席位的宏伟体育场，使希腊、罗马的同类古建筑黯然失色；其独特的象形文字与高度发达的精确历法，令人为之惊叹；其具有浓厚原始色彩图腾崇拜与血腥的祭祀方式，也给人以鲜明而深刻的印象。这神秘而灿烂的美洲古代文明，不仅令人

①　《越绝书》卷 10。
②　董楚平：《长江下游古越文化的广泛影响》，《人民日报》（海外版）1990 年 10 月 10 日。
③　《文汇报》17212 号。
④　〔美〕海思、穆恩、威兰：《世界通史》上册，大孚出版公司 1948 年版，第 59 页。
⑤　胡菊人：《李约瑟与中国科学》，时报文化出版社 1997 年版，第 122 页。王心喜：《杭州湾地区原始文化海路输入日本论》，《文博》2002 年第 2 期。
⑥　本部分引见郝名玮、徐世澄：《拉丁美洲文明》，中国社会科学出版社 1999 年版，第 28—30 页；张启成：《美洲古文明与中华古文明之关系——兼述美洲远古时期的亚洲移民》，《贵州文史丛刊》2000 年第 6 期。

心驰神往,而且会禁不住去追溯思考:在 1492 年 10 月哥伦布发现这片新大陆之前,这里是否会有更早的海外移民的迁徙入住? 美洲古文明是本土文明,还是外来文明? 或是兼而有之? 美洲古文明与中华古文明是否有亲缘关系? 这种关系是属于"同根同源",还是仅限于历史长河中偶尔的接触与影响? 要精确地回答这些问题,无疑为时尚早,但根据各种学科专家长期共同的探索研讨,有一些问题已逐步形成共识,答案较为明确;有一些问题学者们尚有争议,要达成共识还有待于更深入的研究。因此这里只能根据事实与证据加以综述,尽可能避免主观的臆测或过早的判断。

第一,关于美洲"土著"居民的种族与源头。

美洲的先民,其实是海外的移民,这已经成为国际学界的共识。而关于美洲移民的种族及其来历,学者们则有多种猜测:①远东地区的蒙古人与高加索人。②澳大利亚人。③大西洋神秘岛屿"亚特兰蒂斯岛"(传说中该岛曾具有极其发达的文明,后来毁于地震与洪水)居民的后裔。④以色列人后代的一支。⑤素描中的雕像酷似印度教的神像,因此当与印度人和印度教有关。⑥美洲的金字塔与埃及的金字塔有共通之点,因此当与埃及人有关。⑦在西班牙的文献中,发现玛雅古文物不仅有十字架的形象,并且也有洪水传说,因而可能与基督教的传教士有关。

但是,据微生物学家对人类基因的分析研究,已基本确认:美洲的土著居民,其远古的先祖是来自亚洲的蒙古人。根据 DNA(脱氧核糖核酸)资料的分析,只有蒙古人的四类变体基因(A、B、C、D),与美印人的四种原始体基因完全一致。而在今加拿大育空地区的旧克罗处发现了一处古人类遗址,经 C^{14} 测定,其年代可确定在 5 万年之前。而 7 万年前,人类进入最后一次冰川期,亚洲东北部可以通过冰封的海洋通向北美洲的西北部,故而下列的设想是可以成立的:一支亚洲的蒙古人,为了追捕猎物,通过冰封的白令海峡,进入北美的加拿大地区,然后逐步南移。据考古资料可测定,这些移民约在 2.1 万年前进入墨西哥,约在 1 万—1.4 万年前进入南美洲。以上可称之为"美洲土著人的先民原为'亚洲人'"这一学派的见解。

而"澳大利亚人"学派的看法则有明显的不同,他们认为是澳大利亚的土著居民,约在 1 万—1.4 万年前漂洋过海登上了南美大陆,其依据是:20 世纪初在巴西、哥伦比亚出土的 1 万—1.4 万年前的古人类头盖骨,通过复原比较研究,可确认不是亚洲蒙古人种的头盖骨,而与澳大利亚土著先祖的头颅相似。

此外,根据加利福尼亚大学伯克利分校的语言学家约翰·尼科尔斯的研究,南北美洲土著人的语言已达 150 个语族,平均起来,一种最古老的语种约每隔 6000 年,可发展为 1.5 种语族,按此推算,亚洲移居美洲的移民至少已定居 3 万或 4 万年。从语言学家的推算来看,进入美洲的移民应该是以亚洲的蒙古人为主的。

另外,根据多种媒体的报道,在智利的蒙特贝尔德发现了一个有 1 万多年历史的村落,按照当时移民南下的过程,至少要花 6000 年的时间,才能由美洲的北部到达这里。又据媒体的报道,1996 年在华盛顿州肯纳威克发现了一具 9000 年前的男性遗骨,其相貌特征与高加索人非常相似。当然也有一些学者认为,这些遗骨不是当今欧洲人的先祖,而是阿伊努人和其他相貌与高加索人相似的如波利尼西亚人先祖的形体。

根据以上以考古为依据的人类学的研究分析,我们可大体确认:最早进入美洲的主体移民,应是亚洲的蒙古人,但后期进入美洲的移民应是多元化的。

就美洲古文明与中华古文明的关系而言,由于目前的研究都还不够全面深入,国际学术界有"同源派"(认为两种文明同源)和"本土派"(认为两种文明无关,美洲文明是本土的)两种相反的主张,因而现在还不是下结论的时候。但这两种古文明的连接点很多,可作为今后进一步系统研究和认定的基础。

第二,印第安人与黄帝、蚩尤的关系。

1992 年 6 月 19 日《华声报》刊载了《轩辕黄帝族移民美洲,易洛魁人是其裔胄》一文。该文谓:美国华盛顿《国家地理》1991 年 10 月第 180 卷第 4 号(期),刊登了布鲁治·约瑟的论文《奥次顿哥》,介绍了在莫哈克河奥次顿哥村易洛魁人保存的鹿皮画彩图,一幅是《轩辕酉长礼天祈年图》,另一幅是《蚩尤风后归墟扶桑值夜图》。这两幅彩图,为今日美国纽约州的易洛魁人是 6000 年至 5000 年前移民美洲的中国轩辕黄帝族的裔胄,提供了确凿有力的证据。

《轩辕酉长礼天祈年图》画面的上方是二十八宿环绕中央的天鼋,黄帝属土,与星象相配即为土星;土星二十八年运行一周天,每年临行二十八宿之一,故土星又名"镇星",意谓镇得住二十八宿。东方七宿为"青龙",其帝为东帝伏羲;南方七宿为"朱鸟",其帝为南帝炎帝;西方七宿为"白虎",其帝为西帝少昊;北方七宿为"龟坨",其帝为北帝颛顼。而中央之帝,居于中土,为临驾四方之帝。故二十八宿的象征意义是:黄帝是镇得住二十八宿(四方之帝)的镇星,因而这个图形是黄帝征服四方,统一天下的象征。"天鼋"本是黄帝族的象征,相传黄帝与蚩尤大战之时,蚩尤作大雾三日,黄帝的将士都迷失了方向,军师风后献计说:"将天鼋军旗之天鼋头对天山指西北,尾向东南,四足定四方。"二十八宿中间的这个天鼋形象,据欧阳明、王大有、宋宝忠诸位学者分析,就是上述这一流传了数千年的史话的缩影。由上分析可证,二十八宿环绕天鼋的图像,应是轩辕氏黄帝族的图腾徽帜,它象征着黄帝族征服四方、统一天下的辉煌历史,也是黄帝族独特的图腾标志。

《蚩尤风后归墟扶桑值夜图》中的蚩尤,本是炎帝的继承者之一,曾一度获得"古帝"的称号,只是由于面对强大的黄帝部落联盟,经过长期的激烈争斗,终于以惨败告终。[①] 蚩尤部族的一部分因战争而死亡,一部分战败后散落四分,一部分则归附于黄帝族。故《蚩尤风后归墟扶桑值夜图》中的蚩尤头上所戴的是"炎帝的锥形五联冠,冠上为篦形轩辕日历轮"[②],体现了黄帝与蚩尤大战后,炎黄两族的不断融合。关于《蚩尤风后归墟扶桑值夜图》其他部分,学者们分析认为"轩辕日历轮"上面有两个蛙(龟)形人,其下又有两个菱形符号,象征四时八节,又有两个"执手",由风后由右向左推动,于是蚩尤奔跑起来,足下是日落的红色禹谷,右臂下垂,有两只陌鸟堕落,代表二更已过,左臂高举,指向月亮,月亮中天,说明是三更子夜,双臂成太极 S 曲线,由右向左旋,为先天太极图,与天鼋图同样亦为先天八卦方位,证明两图均为先天伏羲八卦时代的产物。[③]

---

① 张启成:《蚩尤新探》,《贵州大学学报》1992 年第 1 期。

② 1992 年 6 月 19 日《华声报》。

③ 1992 年 6 月 19 日《华声报》。

今美国纽约州易洛魁人保存的两幅鹿皮彩图,确实证明了黄帝族后裔的一支,曾由海路移居美洲,易洛魁人即其传人。

第三,美洲古文明与夏、商、周三代古文明。

美洲的"前古典时期",为公元前2000—公元前250年之间。属于这一时期早期的文明,主要有两个代表性的拉丁美洲文明,一是位于墨西哥湾沿海低地的奥尔梅克(Olmeca)文明,一是在南美安第斯高原上的查文(Chavin)文明。在前古典时期的晚期出现了文字。

"古典时期"从公元前250—1000年。这一时期文明之花在墨西哥、中美洲和南美洲普遍开放,而最著名的则是玛雅诸城邦。玛雅地区的文化较为发达也较有特色。

"后古典时期"为900—1500年之间。墨西哥和中美洲有强盛的托尔特克"帝国"和后来的阿兹特克"帝国";南美洲安第斯山中部地区则有奇穆"帝国"和印卡"帝国"。

"古典时期"与"后古典时期",在安第斯山中部地区(包括今秘鲁、玻利维亚和厄瓜多尔的部分地区)与中部美洲地区(包括今墨西哥和危地马拉、洪都拉斯、伯利兹与萨尔瓦多)孕育出了拉丁美洲的四大文明,即托尔特克文明、阿兹特克文明、玛雅文明和印卡文明,其中后三种文明的影响尤为显著。[①]

1.关于殷人东渡美洲

中国的殷商文明对奥尔梅克文明(公元前1200—公元前300年)的影响,已有若干证据。据1992年2月28日《华声报》刊载的报道及纽约《世界日报》1996年11月1日的报道,有如下一些主要证据:

证据之一:考古学家在奥尔梅克文化遗址拉文塔祭祀中心地下数英尺的沙中,发掘出16尊高七八英寸的雕像与玉圭。玉圭上所刻的铭文,其字体介于大汶口文化陶文和殷墟甲骨文、三代吉金文之间。所谓玉圭,据《尚书·尧典》所载,是"群后"即王侯身份的信符,长条形,上端呈三角状,乃是古代王侯贵族朝聘、祭祀、丧葬所用的礼器。生时执圭用于朝聘,死后刻其名号于上并供祀于宗庙,即成为"神主牌位",立于墓前即相当于"碑"。此玉圭为镇圭,上刻祖先名号,明显属于祖先的神主牌位,以此祭祀祖先。其形态与山东龙山文化日照两城镇玉斧——平首圭形制相同。文字为阴文契刻,刻写方式与殷墟甲骨文相同。线形方块字,自上而下书写,其结构方式和书写习惯与甲骨文相同。

玉圭白色,雕像15尊黑色、1尊红色。这种崇白、尚黑、贵红(太阳崇拜),恰为东夷先祖的少昊氏(西帝、金星神)的习俗,殷人继承了这种习俗。由此而推,红雕像当为少昊氏或帝喾,其余的黑色雕像为商代的祖先,玉圭的铭文与红、黑雕像相对应,构成了一个有文字记载、有雕像显示的宗祀整体,以示东渡美洲殷人的根思之念。

又,1996年2月,美国中央俄克拉荷马州立大学的中国学者许辉教授,出版了专著《奥尔梅克文明起源》,详细阐述了殷商文化的衰落与奥尔梅克文明崛起的密切联系。许教授在拉文塔出土的玉圭与玉雕上曾寻觅到200多个甲骨文字样。他曾带着其中146个字模,两次回中国,请好几位中国古文字权威专家观看鉴定,得出了"这些字属于中国先秦文字字体"的肯定结论。由于中国古文字的确凿依据,1996年9月

---

① 郝名玮、徐世澄的《拉丁美洲文明》,中国社会科学出版社1999年版,第28—30页。

间,北京商代学术研究专家陈汉平访问华府画廊时,破译了拉文塔出土的第四号文物的一件玉圭上的符号文字,意谓:"统治者和首领们建立了王国的基础。"从目前所掌握的资料来看,殷末军事统帅攸侯喜和摩且王(徐方领袖)统率殷朝军民,约在公元前1120年从东海出发,经日本,东渡太平洋,抵达墨西哥海岸,在拉文塔定居,并建神庙,告祭祖先,因而才有拉文塔遗址中的玉圭与玉雕。殷商文明,为当地人带来了先进的农业灌溉技术和天文地理知识,从而导致美洲第一个文明——奥尔梅克文明的兴起与形成。又据调查得知,在義(支或中)华华州、市、村居住的殷福布人自称为殷人后裔,他们彼此每日相见、起床、吃饭、睡觉时必说"YINDIAN(殷地安)",以表示东渡美洲的殷人遗民对"殷地安阳(商都)"的深切思念。

证据之二:据《光明日报》等国内报刊报道,中国太平洋历史学会的王大有、宋保忠等学者,曾在北京的墨西哥驻华使馆举行学术报告,他们认为中国与墨西哥古文化具有整体、序列、共时、历时特殊指向的同一性,诸如太极八卦文化,龙凤文化,五方、五行、五色、五音、五气文化,凡此种种都浓缩在墨西哥国宝阿兹特克的太阳历中。他们还展示了古墨西哥多种多样的八卦历,并与我国仰韶、大汶口等文化时期的八卦太阳历对照,证实了中、墨八卦太阳历在形式与内容两方面的一致性。

证据之三:殷人东渡说之所以是可以成立的,不仅有拉文塔的殷商文物可作直接的证明,此外尚有三条线索可资证明。其一,经美国与我国台湾的人类学家的研究,发现殷人祭祀坑中的约400具人骨,并非都是蒙古人种,其中有两种异族人种特别值得注意,一种是太平洋的尼格罗人种,约有38具;另一种与波利尼西亚人相似的人种,约有50具。[①] 这两种太平洋岛屿中的异族人种出现于殷人的祭祀坑中,说明殷人在殷亡之前,就有远洋航海的经验,否则这些太平洋岛屿中的异族人种,不可能被俘虏并被当作祭祀的牺牲品。其二,著名历史考古学家李学勤在贵州贵阳的一次学术报告中说,殷王朝的势力范围相当广阔,殷王朝占卜使用的龟壳体积很大,经专家们考证,绝非中原本土的产物,而是东南亚的特产。这说明商王朝的势力至少已深入越南一带,并有相应的通道。因此商末殷人东渡的地点,既可从东海出发,也不排斥商朝战败南下的部队从越南一带东渡美洲的可能性。其三,有关印第安神萨尔寇特尔的传说。传说萨尔寇特尔从"太阳升起的地方"来到人间,他身穿白袍,教人们创造器具,建立礼仪,制定法律。但由于某种原因,他不得不离开帝国,后来他走到海边,开始哭泣,纵火自焚,死后心脏变成启明星;另一种说法是他乘船渡海而来,又乘船返回。两种说法的结局是一致的,他向人们宣布最终还是要回来的。[②] 如果把这个"萨尔寇特尔"设想是殷人东渡的首领,"殷人尚白",故身着白袍是一种明确的标志,后来复国无望,故走到海边哭泣并自焚。至于另一种传说,说其乘船返回故地,则有意再回中国以图复兴商朝。当1519年西班牙殖民者科尔斯特带着军队与墨西哥阿兹特克的国王莫克特祖马相遇时,之所以不但没有刀兵相见,反而得到友好的礼遇,据传记作家说,就是因为科尔斯特是"白"种人,有"白"的标志的缘故。可见印第安人对古老的传说是怎样的尊重而深信不疑。

---

① 详见1992年11月19日光明日报社主办的《文摘报》的《殷墟祭祀坑人骨有异种成分》一文的报道。

② 〔德〕西拉姆:《神祇·坟墓·学者》,三联书店1991年版,第438页。

2. 关于商末周初的藏、羌、彝族东渡美洲

商末周初的藏、羌、彝族东渡美洲,对美洲查文文明(约公元前 1100 年至前 400 年)产生了影响,也有不少证明。研究认为,居住在我国西南地区的藏、羌、彝族都是历史悠久的民族,约在商、周交替时期,西南地区部分藏、羌、彝居民因躲避战乱,南下越南,经菲律宾、斐济、波利尼西亚,而到达秘鲁。

在秘鲁和波里维亚边境的安第斯山上,有一个南美洲最大也最高的湖泊,名叫的的喀喀湖。该湖海拔 3656 米,面积为 8000 多平方千米,湖中有 36 个小岛,空气清新而气候寒冷,与青海、西藏一带的地理环境与气候条件相当接近。现今秘鲁的土著人中有不少是黄种人,其相貌、衣着打扮、舞蹈、音乐及习俗与中国西藏、青海一带的居民极为相似。据当地的传说,在很久很久以前,有来自远方的兄弟二人,发现了这个美丽的高原湖泊,就定居在湖边,成为最早的居民,故的的喀喀湖实际上是"弟弟哥哥湖"的意思;后来逐渐繁衍成邦,就取名为"迪亚瓦纳科",意为地球南部的国家,实际上就是"天华南国"的谐音。秘鲁的印第安人有 33 种语言,其中最重要的是克丘语,与汉语一样是单音节的,其中有部分单词其音、义均与汉语一致,如:称印加王为 TAWATIN "大皇帝",BAGUA"八卦",YUPAN"玉盘",KOLAN"高峦",WAWA"娃娃",NANA "娘娘"等。

从黄种人,西南地区藏族等相似的衣着、歌舞、习俗,古老的东渡传说,到部分语词的一致性,都说明商周之际西南地区藏族等居民东渡的推测是可以成立的。这是证据之一。

证据之二,对查文文化研究了 30 多年的秘鲁历史和考古学家利奥·特略发现,查文文化时期的文物有额头带"王"字的人头雕像。自古以来,中国的习俗因蝙蝠之"蝠"与"福"字谐音,视蝙蝠为吉祥物。在秘鲁的查文文化时期的石雕、石刻及陶器中也有大量的蝙蝠图案。另外在查文文化遗址中,还发掘出了雕刻精细的石笔筒、鸳鸯笔筒、以及石龟、石磨盘、数以百计的石雕人像、人头像、皇帝坐像,这些石雕、石刻作品与中国的同类作品完全一致。

更令人惊奇的是以下两个事实:其一,在查文时期的文物中,竟有一块刻有"洛书"图样的大石,后来称为九宫图,其中东、南、西、北四方为阳,东北、东南、西南、西北四方为阴,九宫中间的中宫为阳。战国时期的齐人邹衍据此创立了大九州说,中间的部分是人类居住的地方,因为居中、故称中国云云。相传《河图》《洛书》是五六千年前华夏文化的重要文化模式,与 8000 年的八卦文化模式也有密切的联系,故刻有"洛书"图样的重要文物的出现,是华夏古文明传播于美洲秘鲁的一个明显的证据。其二,中央音乐学院王雪教授曾明确指出,不仅美洲印第安人使用的乐器,如阳埙、排箫、螺号、骨笛与中国古羌人、西藏人的乐器功能相同,而且在五声音阶和五音调式上也与中国的宫、商、角、徵、羽完全相同。

证据之三,中国西南地区的古代居民如羌人、巴人、彝人都有虎崇拜的习俗,而夏王朝又是龙崇拜的继承者。古之所谓"左青龙、右白虎",本是星象崇拜与龙、虎崇拜于一体,这一点在距今 6500 年前的河南濮阳西水坡 45 号古墓中已找到确凿的证据。据介绍,玛雅人不仅崇拜虎,而且特别崇拜西方七宿中的"昴星"。西方七宿本为白虎星象,"昴星"是白虎七宿的第四宿,由七个星组成,俗称"七姐妹星团"。以治水而闻名的

大禹,本为古羌人,生于蜀地汶山郡广柔县石纽,《太平广记》卷82引《帝王世纪》曰:禹"虎鼻大口,两耳参镂,首戴钩,胸有玉斗"。意谓禹为西方七宿的白虎星象感应而生,故有"虎鼻大口"的特征,"胸有玉斗"则指"七姐妹星团"的"昴"宿。而玛雅人不仅崇拜虎图腾,又崇拜白虎星象中的"昴"宿,双重的一致,说明不应是偶然的巧合,而是表明了华夏文化对美洲的查文文化的影响。又查文文化中著名的雷蒙迪石碑(因秘鲁学者雷蒙迪发现而命名),很像中国龙王庙中的龙王碑,碑上刻有龙头、龙面、蛇身、龙爪,双手也是龙爪形,并各持一龙杖。夏王朝以龙图腾崇拜而著名,夏朝的龙、虎崇拜,在查文文化中均有体现,更能证明夏文化对查文文化的影响。再说彝族发现了古老的十八月太阳历,与玛雅著名的十八月太阳历是一致的,即每月为20天,共360天,余下的5天为节日。彝族有火把节,玛雅也崇拜火神。彝族古老的传说,认为彝人曾经历了多次的劫难毁灭与复兴,玛雅人也认为自己曾经历了4次劫难毁灭,现在是第5次复兴。这些证据,足以表明中国西南地区的藏、羌、彝的东渡美洲,确实对美洲的查文文化的兴起与发展具有一定的推动作用。

3.关于周文化对美洲古文明的影响

华夏古文明对外的传播,往往与中国历史上的更朝换代的重大历史事件有关。商末周初之际的朝代更替,既导致了殷人的东渡,也导致了西南地区藏、羌、彝等族的东渡。当秦始皇最后消灭东周、并吞六国之时,也很自然地会导致周代遗民的东渡。据专家们的研究分析,认为奥尔梅克和查文文化与周文化有许多相似之处。例如,"奥尔梅克时期的人兽同形神像、动物形状的头盔、双头龙等艺术造型均来源于周朝。奥尔梅克人设计的甬道图案、修建的水渠、垒筑的土墩均与中国古代的相似。查文时期的雕刻、浅浮雕的艺术特征均同周朝类似。例如一石兽造型酷似周朝的一铜虎形状,背上均带有一圆形器具,纹饰和尾形均相似。查文时期的纺、染工艺无不雷同于周朝及受华夏文化影响的东南亚地区"[①]。

综上所述,自黄帝族后裔的东渡美洲开始,夏、商、周的三代遗民也不断地东渡,因而美洲的古代文明不可能不打上华夏古文明的烙印,而其中商代古文明的证据与影响尤为显著。因此可以肯定,美洲古文明的兴起与发展,确实与更古老的华夏古文明有一定的关系,而且这种关系又有历时相当长久的特点。

但与此同时,我们也必须看到"本土派"也有其存在的理由和依据。略述要点如下,以资参考比较:

(1)美洲的金字塔系阶梯形金字塔,与埃及的金字塔有明显的不同,与中国的古祭台亦无共同之处,而美洲的金字塔是美洲文明的显著标志,"同源派"在这个问题上却无法找出相关的证据。

(2)玛雅人的象形文字结构很复杂:象形在中间,四周有附加的连缀和语尾变化,因此一个字往往就是一句话。句子按动词→实词→主词次序排列。其文字结构与语法程序与甲骨文及《尚书·商书》有明显的不同。玛雅的象形文字与中东两河流域的楔形文字、埃及的古文字亦有明显的不同。由此可见,玛雅的象形文字是自成系统的独特文字。而文字是文明的重要标志之一,这一点"同源派"亦无证据可依。

---

① 见郝名玮、徐世澄:《拉丁美洲文明》,中国社会科学出版社1999年版,第102页。

（3）玛雅人的数学成就很高，虽然 18 个月的太阳历玛雅人与彝族都有，但在年长的计算上玛雅人的精确程度在古代世界是举世无双的，兹比较如下：

恺撒历的年长为 365.250.000 天；

格利高利历年长为 365.242.000 天；

玛雅历的年长为 365.242.129 天；

恒星计算的年长为 365.242.198 天。[①]

对此，"同源派"也很难找到理由来解释。

（4）阿兹特克、玛雅与印卡的神话系统，都有太阳神、月亮神、风神、雨神、火神、死神等崇拜，这些与华夏的神话系统颇为近似。但其残酷而血腥的祭祀风俗却是极其骇人听闻的，而这种举世为之震惊的血腥的祭祀方式却数千年来绵延不断，一直到西班牙殖民者用武力袭击阿兹特克帝国时还存在着。据媒体报道，拉丁美洲地区至今还会发现零星地但不止一起的活人血祭事件。而这方面号称礼仪之邦的古代中国则好得多，《诗经·秦风·黄鸟》一诗，就对秦穆公叫三良殉葬的行为作过尖锐的批评，这是公元前 600 年前的事。殷人的后裔孔子也说过："始作俑者，其无后乎？"对野蛮的殉葬制度作了严厉的谴责。"同源派"在这方面也没有提供合理的解释。

客观地说，"同源派"与"本土派"都各有其存在的理由与依据，由于对华夏与美洲古文明的研究还不够全面深入，因而在目前或今后相当一段时间内，还不是下结论的时候。[②]

① 〔德〕西拉姆：《神祇·坟墓·学者》，三联书店 1991 年版，第 397 页。

② 张启成：《美洲古文明与中华古文明之关系——兼述美洲远古时期的亚洲移民》，《贵州文史丛刊》2000 年第 6 期。

第三章

先秦秦汉时期的海洋科学认知

在先秦和秦汉时期，人们的海洋科学认知水平，从无到有，从少到多，以致达到了我们今人难以想象的高度——

人们对于台风和龙卷风等海洋风暴的认识已经产生，并开始把对季风规律的认识应用于航海，开始对海市蜃楼予以描绘和解释，对于海洋潮汐和海水盐度的认识也已经达到了一定的程度。

人们对海上地貌和海底地貌已经进行过不少描述，对中国大陆沿海的渤海、黄海、东海和南海这些海区进行了初步的划分。战国时期邹衍提出的大九州说，是典型的早期海洋型地球观。

人们对于水分海陆循环的概念也有了初步的认识，并已经明确提出了水分的海陆循环观。

人们已经具备了应用天文航海的经验与知识。

人们对海洋生物已有了较为丰富的认识。对于海洋哺乳动物、海洋鸟类、海洋爬行动物、海洋鱼类、海洋棘皮动物和节肢动物、海洋软体动物和腔肠动物、海洋藻类等的生物类别、生长发育、生态习性、区域分布、演化规律、性质归属以及应用途径等，均有了不同程度的认知，并进行了较为广泛的海洋资源开发利用。

第一节　早期海洋气象和海洋水文的认识

一　海洋占候的产生[①]

在中国沿海地区，先民们在长期的海洋实践中，对海洋气象和海洋水文的变化产生了一定的认识，海洋占候即是这些认识的重要表现之一。

中国古代占候事业十分发达，海洋占候也随之发展。这一方面是生产和军事活动的需要，另一方面也与作为原始信仰的迷信活动有关。在天人感应思想的指导下，人们相信据天象（包括气象）能预测吉凶。[②]

---

① 本部分引见宋正海、郭永芳、陈瑞平：《中国古代海洋学史》，海洋出版社 1986 年版，第 150—152 页。
② 《后汉书·郎𫖮传》："能望气，占候吉凶，常卖卜自奉。"

殷商甲骨卜辞中,有关风雨、阴晴、霜雪、虹霞等天气状况的字占有相当比例。《甲骨文合集》中,气象设有专类。甲骨卜辞中,求雨的记载不少,天晴或天雨的卜辞也很多。这反映了当时已有"不仅希望能预报,并且盼望能对天气有所控制"①的意识。

西周时,天气预报有了发展,《诗经》中记载有多种预报方法:有以星月位置预测风雨的,如"月离于毕,俾滂沱矣"②;有以观察虹或云层色彩预报风雨的,如"朝隮于西,崇朝其雨"③,"上天同云,雨雪雾雾"④;有以蚂蚁和鹳鸟行为预报阴雨的,如"零雨其濛,鹳鸣于垤"⑤,等等。

春秋时占候有较大发展。《孙子兵法》中即提出风的利用,如可占据上风方向,确定攻击敌人时间,并总结出了"昼风久,夜风止"⑥的规律,以用来预测风情。老子《道德经》又总结出"飘风不终朝,骤雨不终日"⑦的规律。战国和西汉时出现的伪托春秋时期晋国师旷撰写的《禽经》《师旷占》《杂占》等,均包括天气预报方法。后世《论衡·变动篇》《孔子家语·辨证篇》等也有记载。战国秦汉时的天气谚语已比较丰富。《汉书·艺文志》"天文类"提到有关海洋气象的《海中日月慧虹杂占》有18卷,这说明海洋气象预报已有了相当的发展。

物候学是人类对自然界包括气候、生物等现象四时流转变化规律的统计性认识。物候学起源很早,《尚书·尧典》《夏小正》《诗经》等已有记载。物候学实际上是一种气候预报法,并直接为生产生活服务。但正常的四时流转、物候变化一般不算作占候法,如果物候不正常,就可用占候法来预测未来天气的变化。成书于西汉初期的《礼记》便有这方面的系统预报方法。《礼记·月令》:"孟春行夏令,则雨水不时,行秋令,则暴雨忽至,行冬令,则水潦为败。季春行夏令,则时雨不降,行秋令,则淫雨早降。时雨将降,下水上腾。孟夏行秋令,则苦雨数来,六月中气后五日,大雨时行,天下时雨,山川出云,风雨节则饥,疾风迅雷甚,雨则必变。"汉初已有观象台。《三辅黄图》:"汉灵台在长安西北八里,始曰清台,本为候者观阴阳天文灾变,更名曰灵台。"⑧西汉时就出现了以测雨出名的人。京房《易飞候》中的一些测雨术至今仍被保存下来。⑨东汉还出现了一种称为"风角"的占候法。《后汉书·郎颧传》:"父宗,字仲绥,学京氏《易》,善风角、星算。"李贤注:"风角,谓候四方四偶之风,以占吉凶也。"东汉崔实(?—170年)《四民月令》中专门有"晴雨占"。《吴录》曰:三国时"吴人吴范……善占候,知风气"⑩,可见吴范是当时出色的占候家。汉代"风角术"的出现,"晴雨占"专篇的出现以及占候家的出现,标志着天气预报在当时已成为一项专门的工作。

从上面的分析可以看出,早在殷商时期,人们已经对天气状况有了一定的认识,到

---

① 刘昭民:《中华气象学史》,台湾商务印书馆1980年版,第11页。

② 《诗经·小雅·渐渐之石》。

③ 《诗经·国风·蝃蝀》。

④ 《诗经·小雅·信南山》。

⑤ 《诗经·国风·东山》。

⑥ 《孙子兵法·火攻篇》。

⑦ 《老子》第19章。

⑧ 《三辅黄图》,《丛书集成》本,第63页。

⑨ 《太平御览》卷8引。

⑩ 《太平御览》卷2引。

了春秋战国时期,天气谚语等天气预报已经获得了较大的发展。当然,这一时期还未见到专门的海洋天气预报。西汉时期已产生了海洋气象预报的现象,但乏于记载,详情很难得知,只表明海洋占候的产生。海洋占候从一般的占候中独立出来,据现在我们掌握的情况看,是宋元时期的事,这与唐宋时期中国航海事业的巨大发展对海洋气象预报提出越来越高的要求有很大关系。

二 早期对海洋风暴及海洋季风的认识①

海洋风暴及海洋季风是人们认识海洋气象中的重要内容,这种认识早在先秦时期就出现了,到了秦汉已经得到了初步的发展。

(一)早期对海洋风暴的认识

海洋风暴是我国近海主要灾害性天气,古代尤甚。古代海船抗风浪能力很差,"大海之中,台飓一至,挟樯覆舟,而人牲命随之。"②风暴特别是台风又在中国沿岸造成巨大的海啸。中国的海啸主要是风暴海啸。海啸给中国古代沿海地区带来一次次严重的灾害。对此,我们可以从古代人们对大风的认识说起。

甲骨文中提到大风的字不少③,可见我国早在殷商时已十分注意风暴及其危害。

最早详细描述的一次风暴是在周初。《尚书·金縢》:"既克商二年,王有疾,弗豫。……武王既丧,管叔及其群弟乃流言于国。……周公居东二年……秋,大熟,未获,天大雷电以风。禾尽偃,大木斯拔,邦人大恐。王与大夫尽弁,以启金縢之书。乃得周公所自以为功代武王之说。……王执书以泣,曰:'其勿穆卜。昔公勤劳王家,惟予冲人弗及知。今天动威以彰周公之德。惟朕小子其新逆。我国家礼亦宜之。'王出郊,天乃雨,反风。禾则尽起。二公命邦人,凡大木所偃,尽起而筑之,岁则大熟"。此记载虽迷信附会"天动威以彰周公之德",以宣扬周公为国愿代武王死的这段史实,但也真实而详细地描述了一次大风。④这次大风是一次台风。这是因为台风可以深入内地,也偶有到达今河南省的。"秋,大熟,未获",说明是秋季台风季节。先是"天大雷电以风"而无雨,后来"天乃雨,反风"。这是台风的证据。风暴过程中,风向发生反向变化,是气旋的重要特征。由"天大雷电以风"至"王出郊天乃雨,反风",可见风暴过程持续了较长一段时间,所以并非一般的热雷雨、锋面雷雨、飚线雷雨,而是台风雷雨。《竹书纪年》:"成王元年,武庚以殷叛,周文公出居于东。成王二年,奄人、徐人及淮夷入于邶以叛。秋,大雷电以风,王逆周文公于郊,遂伐殷。"⑤这一史料更进一步证实《尚书·金縢》中所记述的周初这场大风暴的真实性。

《庄子》中几次提到大风。《庄子》曰:"大块噫气,其名为风,是唯无作。作则万窍

---

① 本部分引见宋正海、郭永芳、陈瑞平:《中国古代海洋学史》,海洋出版社 1986 年版,第157—159页,第175—181页。

② (清)吴震方《岭南杂记》。

③ 洪世年、陈文言:《中华气象史》,农业出版社 1983 年版,第8—9页;刘昭民:《中华气象学史》,台湾商务印书馆 1980 年版,第2—6页。

④ 刘昭民:《中华气象学史》,台湾商务印书馆 1980 年版,第18—19页。

⑤ 《竹书纪年》卷下。

怒号"①,有大鹏"翼若垂天之云,搏扶摇羊角而上者九万里"。注家认为:"风曲上行若羊角。"②这可以看作是中国古代龙卷风的最早记载。

班固(32—92年)《答宾戏》记有:"风飚雷激。"唐代吕向注曰:"飚,急风也"③,这又是一种大风。

风大风小,能否造成灾害,主要在于风速。古代对此也早有研究。晋代苗昌言《三辅黄图》记载:"汉灵台,在长安西北八里。汉始曰清台,本为候者观阴阳、天文之变,更名曰灵台。"郭延生《述征记》载,长安宫南有灵台,高十五仞,上有浑仪,张衡所制。又有相风铜鸟,遇风乃动。一曰长安灵台上有相风铜鸟,千里风至,此鸟乃动。又有铜表高八尺,长一丈三尺,广尺二寸。题云:"太初四年造。"④《三辅黄图》又载:"铜凤高五尺,饰黄金,栖屋上,下有转枢,向风若翔。"⑤根据《三辅黄图》的这些记载,"竺可桢(1890—1974年)推测汉代曾有制作风速计的尝试"⑥。李约瑟也认为,汉时,中国已出现风速计,理由如下:

(1)一般风向计是风力愈强愈固定不动的,但这里的铜凤是"千里风至,此鸟乃动",联系到"下有转枢,向风若翔"的记载,暗示"转枢和下一层相连,那里可能装有一种机件,以指出——如果不是记录的话——风所引起的转动速度"。

(2)"转杯风速表就是桨轮的翻版",而具有桨板的"第一具水轮是在汉代出现的"。

(3)铜凤高五尺十分沉重,因此"作为风标是未免太大了,但作为一种测验风的阻力的机件,则并不过大"。因此,李约瑟还进一步推测:"汉代的风速表就可能是现代四转杯风速表的先驱,因为文艺复兴初期1570年丹蒂(E. Danti)和1667年胡克(R. Hooke,1635—1703年)的风速表是钟摆型的,现在已经不用了。"⑦

可见,早在商周时期,人们对于风暴已经有了初步的认识。到了汉代,人们对于风的认识更加深入,已经有了对于风速的认识。值得注意的是,在对先秦时期海洋风暴的认识方面,比较典型的是对台风和龙卷风的认识。如《尚书·金縢》记载的风暴,据考证可以认为是我国最早详细描述的一次台风。但当时还没有把台风与其他风暴区别开来。龙卷风是一种强烈的小范围旋风,是一种严重的灾害性天气现象,船舶在海洋中遇到龙卷风,是会立即船毁人亡的。中国古代对龙卷风的最早记载,见于庄周(公元前369—公元前286年)《庄子》一书,书中形容此风"扶摇羊角而上",正确地描绘了龙卷风的宏观外形。

(二)早期海洋季风的认识

季风是大范围盛行的风向随季节显著变化的风系。我国位于亚欧大陆的东部,与太平洋毗邻。由于海陆热力性质的巨大差异,热力季风发育充分。我国又受冬夏行星

① 《庄子·齐物论》。
② 《庄子·逍遥游》。
③ 《答宾戏》,《昭明文选》卷45"设论"。
④ 《三辅黄图》卷4。
⑤ 《三辅黄图》卷2。
⑥ 李约瑟:《中国科学技术史》第4卷,科学出版社1975年版,第741—743页。
⑦ 宋正海、郭永芳、陈瑞平:《中国古代海洋学史》,海洋出版社1986年版,第157—159页。

风系南北推移的影响,行星季风和热力季风相配合,使我国周围海区的季风特别发达。

明显的季风和季风气候深刻地影响着世世代代中国人生产和生活的许多方面,这反映在中华民族光辉灿烂的古文明中,其中最杰出的是对季风的认识及利用季风航海。

由于处于强大季风区,所以中国古代很早就对风向予以特别的注意。有关风的分类也常是按风向来划分的。我国风向计的发明非常早。崔豹《古今注》曰:"司风鸟,夏禹所作也。"[①]古代甚至传说舜时已有相风鸠。王子年《拾遗记》曰:"帝与娥皇泛于海上,以桂枝为表,结芳茅为旌,刻玉为鸠置于表端,言知四时之候,今之相风,此遗像也。"[②]这段材料又是船上使用风向计的最早记载。甲骨文中有倪字,仍候风羽,是风杆上头系上羽毛之最简单的风向计。[③] 汉武帝所建的建章宫上有两只相风的铜凤凰。《三辅黄图》卷 4 曰:"铜凤高五尺,饰黄金,栖屋上,下有转枢,向风若翔。"东汉张衡(78—139年)作过相风铜鸟。

风向计的广泛使用,候风事业的发展以及对不同季节风向变化状况的研究,均说明中国古代对季风有着较早和较高水平的认识。早在殷商时,我国不但已有东、南、西、北四个方位的认识,而且已有四方风的概念。约公元前 14 世纪武丁时的一片甲骨上写有四方风名:东风曰劦,南风曰党,西风曰彝,北风曰殴。[④] 这种对四方风的认识在世界上是相当早的。"直到西元前 700 年,阿西利亚(Assyris)和巴比伦人才有四种风向的概念,希腊人和希伯来人也是大约这个时候才有四种风向的观念。"[⑤]从殷商甲骨文的四方风的名称,甚至可以推测当时中国已经开始把四方风与一年中的气候四时流转联系起来了。"东风曰劦,劦稣也,和也,有惠风和畅之义。南风曰党者,党即微,风暖而微矣。西风而夷,犹言厉风也。北风曰殴,犹言寒风也。"[⑥]《山海经》亦有四方风名:东风曰俊[⑦]、南风曰乎民[⑧]、西风曰韦[⑨]、北风曰狋[⑩]。《国语·周语》记载:"先时五日,瞽告有协风至。"《夏小正》记载:正月"时有俊风"。"协风"和"俊风"均为东风。由此可见当时已开始把东风与春季联系起来。

《吕氏春秋》最先命名八方风。[⑪]《吕氏春秋·有始览》:"何谓八风? 东北曰炎风,东方曰滔风,东南曰熏风,南方曰巨风,西南曰凄风,西方曰飂风,西北曰厉风,北方曰寒风。"《淮南子·地形训》也有八方风,说法与《吕氏春秋》大同小异。

《史记·律书》:"不周风居西北……十月也";"广莫风居北方……十一月也";"条风居东北……正月也";"明庶风居东方……二月也";"清明风居东南维……四月也";

---

① 《太平御览》卷 9 引。
② 《太平御览》卷 9 引。
③ 刘昭民:《中华气象学史》,台湾"中国文化大学"出版部 1981 年版,第 13 页。
④ 刘昭民:《中华气象学史》,台湾"中国文化大学"出版部 1981 年版,第 3 页。
⑤ 刘昭民:《西洋气象学史》,台湾"中国文化大学"出版部 1981 年版,第 4 页。
⑥ 刘昭民:《中华气象学史》,台湾"中国文化大学"出版部 1981 年版,第 6 页。
⑦ 《山海经·大荒东经》:"东方曰折,来风曰俊。"
⑧ 《山海经·大荒南经》:"南方曰因乎,夸风曰乎民。"袁珂注:"夸风则来风之伪也。"
⑨ 《山海经·大荒西经》:"来风曰韦。"
⑩ 《山海经·大荒东经》:"北方曰鹓,来之风曰狋。"
⑪ 古代传说甚至提到中国原始社会就有八方风说。《河图括地象》:"天有八气,地有八风。"(《汉唐地理书钞》)《拾遗记》:"伏羲氏坐于方坛之上,听八风之气,乃画八卦。"(《太平御览》卷 9 引)

"景风居南方……五月也";"凉风居西南维……六月也";"闾阖风居西方……九月也"。这种有月份盛行的八方风,就是明确的季风概念。基本上可以看出,春季吹偏东风,夏季吹偏南风,秋季吹偏西风,冬季吹偏北风。至迟到西汉初,中国人已十分明确地掌握了季风规律。

在近代轮船发明以前,无论是海洋航运还是规模较大的内河航运,均依赖于风力。船用风作动力必须有帆。传说夏禹发明了帆。① 甲骨文中的"凡"字,根据有关解释②,可猜测是"帆"的原始字形。东汉刘熙《释名》解释:"帆,泛也,随风张幔曰帆。使舟疾泛泛然也。"③由此可见,我国在航行中使用风作动力是十分早的。风的使用自然包括季风的使用。但季风的使用在开始只是自发的。至于自觉地利用季风来航海,必须建立在远航的迫切需要和人们对季风本身充分认识的基础之上,所以是逐步形成的。

发源于黄河流域的彩陶文化和其后发展于东海海滨的黑陶文化均扩展到台湾。这说明远在新石器时代,我们的祖先可能就开始向台湾航行了。这种航行是远离海岸的。航行中不仅须用风作动力,而且方向持续不变的风本身起着导航作用,使船顺利地到达目的地。《拾遗记》记载的"帝与娥皇泛于海上"一事④,虽是传说,但也在一定程度上补充说明了我国新石器时代已有航海,并且这次航海已携带风向计,显然是利用风力进行航行的。《诗经·商颂·长发》:"相土烈烈,海外有截。"这说明在商汤的十一世祖相土时,商族势力不仅已扩展到渤海一带,并且继承了夏人的航海技术,发展了海上交通,甚至还有了海外领地。《尚书大传》《论衡》等书记有周成王时中国已和日本、越南有了远洋交通。公元前485年齐国击败了远征来犯的吴国海军,也可知当时齐国的海军实力了,而当时吴国也是一个"不能一日而废舟楫之用"的国家,吴国有强大的海军,其中大船称为"余皇"。当时越国也是航海强国。越人"水行而山处,以船为车,以楫为马,往若飘风,去则难从"⑤。越国同样有强大的海军,有专供作战用的戈船和楼船。越国灭吴后于公元前468年由会稽从海上迁都琅琊,路上有"死士八千人,戈船三百艘"⑥。战国时沿海交通发达,自北往南有碣石、琅琊、吴、会稽、句章等重要海港。《山海经·海内北经》:"盖国在矩燕南,倭北。倭属燕。"说明春秋战国时中日之间的远洋交通更加频繁。

秦汉时远洋航行又有较大发展。公元前210年秦始皇遣方士徐福率数千童男童女入海求蓬莱。如此漫长的海程,如此庞大的队伍,足见当时航海规模之大和航海能力之强。汉武帝时巩固了全国的疆域,汉帝国海上交通全线畅通无阻。整个秦汉时期的中越交通得到发展,中日交通比较频繁。《汉书·地理志》:"乐浪海中有倭人,分为百余国,以岁时来献见云。"由此可见当时中日交通的状况。不仅如此,《汉书·地理志》还记载了当时汉代通过南海与黄支国、已程不国等进行远洋交通的状况。黄支国即今日印度东南部麻德拉斯略南的康耶弗伦,已程不国是今斯里兰卡。汉武帝时的大

① (明)罗欣:《物原·器原》。
② 朱芳圃:《甲骨学》文字编,第13页。
③ 《释名》卷8。
④ 《太平御览》卷9引。
⑤ 《越绝书》卷8。
⑥ 《越绝书》卷8。

战船有楼船和戈船,还有更大的船。《汉宫殿疏》:武帝时所造的"豫章大舡可载万人,舡人起宫室",可见当时造船技术已十分发达。

战国秦汉时远洋航海技术如此发达,达到如此大的规模,航海中对季风的利用也就是自然而迫切的了。古代庞大的船队要进行航海,一定要靠风作动力。对航海者来说,风有大有小,有顺有逆。顺风顺水,船行迅速,平稳,不仅减少海难,并且可以很快到达彼岸。逆风逆水,则不仅船行缓慢,并且很易发生海难。所以,古代水手努力探索天气变化规律,特别是要了解风的顺逆。《汉书·地理志》所记的航行时数最多不过五个月,这里不包括贸易、居留的时数。这是因为当时航行是需要等候季风的,而"商船等候季风的来临是需要半年以上"①的。

东汉时已出现了"舶䑲风"一词。崔实《农家谚》记载:"黄梅雨未过,冬青花未破。冬青花以开,黄梅雨不来。"②"舶䑲风云起,旱魃深欢喜。"③这里记述了舶䑲风是梅雨之后的风,即能使海外船舶顺风而来的东南季风。④

三 早期海洋水文知识⑤

(一)对海市蜃楼的认识

在烟波浩渺的海面上,常常会出现远处有物体影像的一种奇幻景象,这就是海市蜃楼。这在中国古代早就引起人们的极大兴趣,并有生动的描述,对其成因也做出了较科学的解释。

在秦汉以前,人们对于海市蜃楼的认识是从蜃景开始的。

海市蜃楼在中国古代有不少名称:海市、蜃气、蜃楼、蜃市、鲛室⑥、山市⑦、湖市⑧、海市蜃楼等。

最早记述海市蜃楼的古代文献通常认为是《史记·天官书》。此书记载:"海市蜃气象楼台,广野气成宫阙然。"比《史记》更早的《周礼·视祲》:"视祲掌十辉之法,以观妖祥,辩吉凶。一曰祲、二曰象、三曰镌、四曰监、五曰闇、六曰瞢、七曰弥、八曰叙、九曰隮、十曰想。"郑司农注:"辉,谓日光气也。""想,杂气有似可形想。"贾公彦疏:"想者,以其云气杂,有所象似,故可形想。""想"曾解释为"想象中的云的形状"。⑨但"想"还是可

---

① 朱杰勤:《汉代中国与东南亚和南亚海上交通路线试探》。
② (清)顾录:《清嘉录》卷5"黄梅天"引。
③ (清)顾录:《清嘉录》卷5"拔草风"引。
④ 宋正海、郭永芳、陈瑞平:《中国古代海洋学史》,海洋出版社1986年版,第175—181页。
⑤ 本部分引见宋正海、郭永芳、陈瑞平:《中国古代海洋学史》,海洋出版社1986年版,第203—209页;第245—247页;第280页。
⑥ (唐)徐坚《初学记》卷6"海第二":木玄虚《海赋》曰:"天深水怪,鲛人之室"。
⑦ (明)方以智《物理小识》卷2"海市山市":"秦山之市因雾而成,或月一见,尝于雾中见城阙旌旗,弦吹之声最为奇。"
⑧ (清)钱泳:《履园丛话》:"高邮州西门外尝有湖市。"
⑨ 李约瑟:《中国科学技术史》第4卷,科学出版社1975年版,第737页。

以解释为指海市蜃楼的。① 这样，中国古代的海市蜃楼记载还可以追溯到西周。而且那时已有官员负责对海市蜃楼等大气光象的观察和记载了。《山海经》载："大人之市在海中"②，又载"东海之外，大荒之中，有山名曰大言，日月所出。有波谷山者，有大人之国。有大人之市，名曰大人之堂。有一大人踆其上，张两臂"③。明杨慎、清郝懿行等《山海经》注释家，均解释这里所指为登州海市。④

海市蜃楼朦胧奇丽的景象犹如仙景，极大地吸引着古人对它的赞美和描绘，因而与三神山尤其是蓬莱仙山附会在一起。《史记·天官书》《汉书·天文志》均记有蜃气象楼台，初步描述了海市蜃楼的景象。"蓬莱"原为山名，古代方士传说为仙人所居神山。汉武帝于今蓬莱之地望海中山，因而筑城，以"蓬莱"为名。古代蓬莱仙境的传说不仅和齐、燕等国航海发达地区的域外地理知识积累有关，而且也与登州海市时而显现的海市蜃楼有关。清代王仲瞿（1760—1817年）对人们何以深信海中蓬莱的存在，就连秦皇汉武也沉迷于此，做出了科学的解释："始皇使徐福入海求神仙，终无有验。而汉武亦蹈前辙，真不可解。此二君者，皆聪明绝世之人，胡乃为此捕风捉影，疑鬼疑神之事耶？后游山东莱州，见海市，始恍然曰：'秦皇，汉武具为所惑者，乃此耳。'"⑤

海市蜃楼，在中国古代主要在海中见到，并且海市前，首先见到海面雾气上涌，云脚齐敷海上，所以古代普遍称海市蜃楼为蜃气，即海中动物——蜃吐的气。蜃在古代有两种解释。大多认为是大蛤。《礼记·月令》："雉入大水为蜃，"注："大蛤曰蜃。"《国语·晋九》也有类似说法："雉之入于淮为蜃"，注："小曰蛤，大曰蜃。皆介物，蚌类"，这就明确指出蜃是蚌类，罗愿《尔雅翼》采用上述古老说法。《古今图书集成》也采此说，并画出了《蜃图》。图中所画为大蛤正露出水面吐蜃气显现出海市蜃楼幻景。也有认为蜃是蛟龙。

古代关于海市蜃楼是蛟蜃之气所为的说法显然不对，但认为海市蜃楼的成因与水汽有关，却是符合本质的认识。⑥

（二）关于海洋潮汐的认识

海水周期性涨落的现象称为潮汐。⑦ 古人对于潮汐现象的认识，早在先秦时期就出现了。

潮汐是如何产生的？它是如何形成周期性涨落的？对此，历代的人们进行过种种

---

① 1978年王鹏飞先生提出，"想"可解释为"海市蜃楼"（王鹏飞：《中国古代气象学上的主要成就》，《南京气象学院学报》1978年第1期）。

② 《山海经·海内北经》。

③ 《山海经·大荒东经》。

④ 袁珂：《山海经校注》，上海古籍出版社1980年版，第325页。

⑤ （清）钱泳：《履园丛话》卷3"考索·海市蜃楼"。

⑥ 宋正海、郭永芳、陈瑞平：《中国古代海洋学史》，海洋出版社1986年版，第203—209页。

⑦ 潮汐词义在中国古代一直有三种解说：(1)海水涨为潮，落为汐。持此说的有五代丘光庭《海潮论》、北宋徐兢《宣和奉使高丽图经》、明张燮《东西洋考》、清陈良弼《乾隆台澎水师辑要》、嘉庆《三水县志》等。(2)海水上涨，朝至曰潮，夕至曰汐。持此说的有汉许慎《说文解字》、晋麋氏（糜豹？）的潮论、南宋马子严《潮汐说》、朱中有《潮赜》。(3)潮汐通指日潮、夜潮。持此说者不多，有清毛先舒《答潮问》。

猜测和解释,产生了不同的潮汐理论。古代潮汐理论十分活跃,论者近百家。[①] 即使从先秦和秦汉时期来看,有关潮汐成因的理论也已经非常丰富。

在中国古代阴阳学说中,月和水同属阴类,二者在同气相求的前提下密切相关。《周易》中的坎卦有"习坎有孚"这段经文。[②] 其象曰:"习坎,重险也。水流而不盈,行险而不失其信。"[③]《周易》还进一步解释:"坎为水……为月……"[④]《易纬乾坤凿度》等书越来越明确地指出了潮汐往来,行险而不失其信。根据这类记载,近人认为可以把"习坎有孚"这段经文翻译成"坎是象征水这一种物质的。水,经常地连续不断地穿过险阴,按时往来,永远遵守着一定的时刻,没有差错过",并认为"实际上,这里所描述的便是潮汐现象"[⑤]。中国古代有机论自然观占统治地位,认为天、地、人等自然界万物有着复杂的内在联系,每一个现象都是按照等级秩序而与别的现象联系着的。"中国古时的观测家们,从来没有想到月亮不能对地上的事物起作用——把月亮和大地截然分隔开来的想法是和中国人的整个自然主义有机论的世界观相违背的。"[⑥]中国古代很早就用朔望月。中国有广大海区是典型半日潮区,这也使潮汐与月亮的关系显得更清楚。战国末期的《黄帝内经》已清楚地提到这种关系,指出:"月满则海水西盛","月郭空则海水东盛"。[⑦]

西汉枚乘《七发》虽然有潮水走到"伍子之山"缓缓流去,再远行至"胥母之场"的说法,但又明确提出潮汐"似神而非",从而批判了当时有关潮汐成因的某些迷信说法,坚持了朴素的唯物主义立场。《七发》又用"望"这个形容日相的字来说明潮汐与月亮之间的某种关系。

东汉王充对潮汐成因理论做出了杰出的贡献。王充,字仲任,会稽上虞人。少游洛阳太学,曾师历史学家班彪(3—54年),好博览而不守章句。历任郡功曹、治中等官。后罢官家居,从事著述,著有《论衡》。王充是元气自然论者。《论衡·自然篇》:"天地合气,万物自生,犹夫妇合气,子自生矣。"《论衡·遣告篇》:"夫天道,自然也,无为。"由此可见,王充认为万物是由于客观存在的"气"的运动而产生的,不存在有意志的创造者。各种自然现象乃至自然灾异均是"气"变化的结果,有着客观自然规律。王充以元气自然论解释潮汐的成因,给当时已流行的"子胥圭恨,驱水为涛"的迷信说法以有力批判。

王充认为水是地之血脉,随气进退形成潮汐。《论衡·书虚篇》:"夫天地之有百川也,犹人之有血脉也,血脉流行,泛扬动静,自有节度。百川亦然,其潮汐往来,犹人之呼吸,气出入也。天地之性,上古有之。经曰:'江、汉朝宗于海',唐虞之前也。"接着王充根据同气相求原理,发展了《周易》中的月和水同属阴的思想。《论衡·书虚篇》又提出了"涛之起也,随月盛衰"的科学结论,第一次明确把潮汐成因和月球运动密切联系

---

① (清)俞思谦:《海潮辑说》:"古今论潮汐者,不下数十家"。(清)周春《海潮论》卷上:"古今言潮者无虑数十家。"中国古潮汐史料整理研究组《中国古代潮汐史料汇编》(潮汐论著)(1978年)收集有潮论91篇。

② 《周易正义》卷3"坎"。

③ 《周易正义》卷3"坎"。

④ 《周易正义》卷9"说卦"。

⑤ 《中国古代潮汐论著选译》,科学出版社1980年版,第5页。

⑥ 李约瑟:《中国科学技术史》第4卷,科学出版社1975年版,第287页。

⑦ 《黄帝内经·灵枢·岁露》。

起来,自此形成的传统潮论可称之为元气自然论潮论。此传统潮论中,各家可能有出入,但均是从海水与月亮相互关系去深入探索的,并用元气自然论和同气相求原理来解释。①

秦汉以前对于潮汐的认识中,值得一提的是人们对暴涨潮的认识。

入海河流的河口段有着复杂的潮汐现象,在一些喇叭形河口,会出现一种奇特的潮汐。这种潮汐来临时,潮端陡立,来势汹涌,犹如万马奔腾,排山倒海,异常壮观。潮汐学上把这种潮汐现象称为"暴涨潮",也称为"涌潮"或"怒潮"。中国古代有暴涨潮的河口不止一处,观暴涨潮的记载亦是大量的。古代最著名的是广陵涛和钱塘潮。先秦的人们对暴涨潮的描述已经很多,且已十分具体形象,对它的成因也有了较高水平的见解。

中国古代有关暴涨潮成因的理论中,一种影响较大的迷信说法是与伍子胥有关的。伍子胥(? —公元前484年),春秋时吴国大夫,功臣,但后被吴王屈杀。《史记》记载,伍子胥"自刭死。吴王闻之大怒,乃取子胥尸盛以鸱夷革②,浮之江中。吴人怜之,为立祠于江上,因命胥山"③。西汉《七发》在描述广陵暴涨潮时提到,"弭节伍子之山,通历胥母之场",意思是汹涌的怒潮到达胥山时,缓缓流去,再远行至伍子胥迎母的那个地方。《七发》中在描述怒涛情景时还提到"侯波奋振",也就是说怒涛如涛神阳侯在发威。这些都显示了对暴涨潮成因认识的迷信色彩。但《七发》用"望"这个形容月相的字来谈论广陵怒涛和观涛,说明当时人们已清楚潮汐与月亮有某种关系。《七发》中还进一步提到涛的"似神而非",即怒涛看来是一种神迹,但实际上并不是,从而对当时有关潮汐成因的迷信说法进行了批判。

但是,有关伍子胥冤魂驱水为涛的迷信传说,在东汉流传相当广泛。《越绝书》曰:"王使人捐子胥于大江口,勇士之执,乃有遗鄙,发愤驰腾,气若奔马。"④《吴越春秋》云:吴王赐"屡镂之剑"杀死子胥后,"弃其躯投之江中"。子胥"随流扬波,依潮往来,荡激崩岸"⑤。以后记载子胥潮的文献不少,如董览《吴地记》⑥、张勃《吴录地理志》⑦、《咸淳临安志》⑧。1781年俞思谦《海潮辑说·潮汐存疑第六》专门"论潮汐由于伍子胥、文种之所为",收集了历代有关史料。

王充是浙江上虞人,从小在钱塘江边生活,对钱塘江怒涛是熟悉的。王充在《论衡·书虚篇》中提道:"今时会稽丹徒大江、钱塘浙江,皆立子胥庙,盖欲慰其恨心,止其猛涛也。"接着对此迷信传说进行了逐条剖析,层层批驳。明确指出怒潮现象"上古有之",早在尧舜之前远古时代就出现了,绝不是伍子胥死后才开始有的。只是潮汐在大海中并不明显,"漾驰而已",入河口中,由于地形"殆小浅狭",才"水激沸起,故腾为涛"。为了说明这种成因,他又比喻说:"溪谷之深,流者安详。浅多沙石,激扬为濑",而涛(暴

① 宋正海、郭永芳、陈瑞平:《中国古代海洋学史》,海洋出版社1986年版,第245—247页。
② 鸱夷革为形状像鸱(鹞鹰)的肚子,用起来像夷(鹈即鹈鹕)的下颌可以收缩的皮口袋,古时用于盛酒。
③ 《史记·伍子胥列传》。
④ 《越绝书》卷14。
⑤ 《吴越春秋》卷5。
⑥ 《初学记》卷6引。
⑦ 《汉唐地理书钞》。
⑧ 《咸淳临安志》卷31。

涨潮)的形成原理和濑的形成是相同的。王充用喇叭形河口的浅、狭来解释暴涨潮形成的原理,是科学的、正确的,至今仍被现代海洋学者作为河口暴涨潮成因的一个基本条件。①

（三）关于海水盐度的认识

海水是高盐度的,自古海盐生产是沿海地区的一项重要经济活动。

海盐生产在我国历史悠久,传说炎帝时宿沙氏已煮海为盐。②《禹贡》记载青州有盐贡。春秋战国时,北方的齐国和南方的吴越均有渔盐之利,为富国之本。西汉桓宽《盐铁论》记载,汉代盐铁已成为"佐百姓之急,足军旅之费","有益于国"③的重要财赋收入。汉初吴王刘濞"煮海为盐"④,作为起兵谋反的重要经济依靠。从此,海盐业不断发展,煎晒盐活动遍布沿海地区,始终是封建国家重要的财政收入之一。

由此可见,秦汉以前,人们就已经对大海的高盐度有了清楚的认识和产业应用。

四　对海洋自然灾害的认识

海洋有时风平浪静,显得很温顺,但更多时候是肆虐不羁的。在中国古代,海洋自然灾害是发生较频繁、较严重的,种类也很多,如风暴潮、海啸、长浪、台风、龙卷风、海冰、海雾、海岸侵蚀、港口淤积等。这些灾害,有些在先秦时期已经为人们所认识,并在秦汉时期得到了深化。

（一）对海潮及海啸灾害的认识与记录⑤

在中国古代记录中,潮灾实际上包括两种灾害:一种是风暴(特别是台风)引起的风暴潮;另一种是海底地震引起的海啸(或称津浪)。至于海底火山爆发引起的海啸在中国似乎没有。就目前所知,中国古代最早的潮灾记录是《汉书·天文志》所记西汉初元元年(公元前48年):"初元元年……五月,渤海水大溢。琅邪郡人相食。"⑥之后,潮灾记载很多,这些珍贵的历史资料目前已得到系统的整理。⑦

中国最早的地震海啸记载,是西汉初元二年(公元前47年)的一次。《汉书》称,初元二年"七月诏曰:'……一年中,地再动,北海水溢流,杀人民。'"⑧这是一次地震海啸。地震海啸在古代记载很少,只有10余次。⑨

中国古代记录的潮灾,基本上是风暴潮灾。在古代记载中,它与海啸是容易区分的。风暴潮灾的记载,一般是"大风,海溢""大风,海涌""风灾、海啸"等。显然,中国古

---

① 宋正海、郭永芳、陈瑞平:《中国古代海洋学史》,海洋出版社1986年版,第280页。

② (汉)宋衷注:《世本》(《丛书集成》本)。

③ 《盐铁论·非鞅》。

④ 《史记·吴王濞列传》:"濞则招致天下亡命者,益铸钱,煎海水为盐,以故无赋,国用富饶。"

⑤ 宋正海:《东方蓝色文化》,广东教育出版社1995年版,第61页。

⑥ 《汉书·天文志六》。

⑦ 中国古潮汐史料整理研究组:《中国古代潮汐资料汇编》(潮灾)(1978年,油印稿);陆人骥:《中国历代灾害性海潮史料》,海洋出版社1984年版。

⑧ 《汉书·元帝纪》。

⑨ 李善邦:《中国地震》,地震出版社1981年版,第40—50页。

代所指的"海啸"实际为潮灾。它不等于现代意义上的(地震引起的)海啸。

海洋潮灾的每次来临,都对沿海、海岛人民的生产生活带来或大或小的破坏,因此人们自古对潮灾就有两种态度:一方面相信这是大自然神灵——控制、左右海潮的海神、潮神——显灵,人力难以抗拒,因而往往对其祭祀、祷告,祈望海神、潮神能够"镇"住海潮,不使其泛滥,于是,历代有不少宗教和迷信活动,如造子胥祠、海神庙、潮神庙、镇海塔、镇海楼,设海神坛、封四海为王、祭海神、潮神、置镇海铁牛、投铁符、强弩射潮等;一方面采取防御、抵挡的办法,以免受海潮的侵袭,至少能够减轻所受损失,于是,中国具有悠久历史的海塘工程,自先秦时代就应运而生。

原始海塘肯定十分简陋,抗潮性能差,从功能和结构上看,它甚至与民间修建的避潮墩有关。避潮墩,又称救命墩。在苏北海岸地带由于泥沙堆积,海岸上升,海水东退,滩涂逐渐扩大,这里成为灶丁盐户刈割芦苇、杂草的地方。然而,每当风暴潮时,海浪排山倒海而来,在滩涂上的人就很危险,因而他们就筑墩自救。《筑墩防潮议》①清楚地阐述了这一道理。在苏南和上海地区的古代文献中曾提到"冈身",这可能是原始海塘。《吴郡图经》记述:"濒海之地,冈身相属。"②这条冈身位置现已清楚,是北起今江苏省常熟福山,经太仓的直塘、上海市嘉定的外冈与黄渡、原上海县所属的马桥,一直到奉贤的柘林。③ 这条古冈身距今已4000多年,可能是目前认为最早的海塘遗迹。

秦汉以前东部沿海已有海塘,东南沿海因尚未开发,故缺乏海塘记载。秦汉以后,东南沿海逐渐开发,地方政府开始重视海塘修筑,故才有了记载。所记最早的是东汉钱塘(今杭州)的钱塘江海塘。《钱塘记》称:"防海大塘在县东一里许,郡议曹华信家议立此塘,以防海水。始开募有能致一斛土者,与钱一千,旬月之间,来者云集。塘未成而不复取,于是载土石者皆弃而去,塘以之成,故改名钱塘焉。"④

(二)对海侵现象的认识与记录⑤

海侵是指陆地相对于海平面有所下沉,或者说海平面相对于陆地有所升高,从而海水侵入陆地的一种现象。这种现象主要是由气候变化造成的。在汉代,包括渤海湾地区在内的许多地方出现了大范围的海侵现象,对此,《汉书·沟洫志》就有记录:"王莽时,征能治河者以百数……大司空掾王横言:'……往者天尝连雨,东北风,海水溢,西南出,浸数百里,九河之地已为海所渐矣。'"谭其骧等专家认为,王横所言,乃是发生在西汉中期的一次大海侵。其"九河之地"相当于今渤海湾西岸的天津、宁河、宝坻、武清、静海、黄骅六县市各一部分或大部分地区,即这次海侵的范围大体在海河平原上海拔4米的等高线附近,方圆数百里。直到东汉中叶以后,海侵地区的海水才渐渐后退;东汉末年,海陆形势基本恢复到海侵以前的局面。

关于汉代的海侵现象及其所造成的危害的记录,已被考古所证实。

① 《筑墩防潮议》,乾隆《盐城县志》卷15。
② 《吴郡图经》,引见金祖同《金山卫访古记纲要》,编入《淹城金山访古记》,吴越史地研究会编印,1935年版,第38页。
③ 陆人骥:《我国海塘起源初探》,《科学史集刊》,第10辑(1982年)。
④ 《钱塘记》,《水经注·浙江水》引。
⑤ 韩嘉谷:《再谈渤海湾西岸的汉代海侵》,《考古》1997年第2期。

渤海湾西岸在西汉末年曾发生过海侵的论点，是根据当地的考古资料提出的。谭其骧先生曾最先提出，西汉末年渤海西岸曾发生过一次大海侵。这种说法很快被天津考古界接受。1956 年在天津东郊发现张贵庄战国墓群后，打破了天津平原成陆于宋代的传统观点，引起了学术界对渤海湾西部海岸线变迁过程的关注，并对此沿海岸线进行了专题调查。1963 年，韩嘉谷先生整理有关调查资料时，发现大部分遗址和墓葬属战国、西汉时期，罕见东汉时期的遗存，和天津地区北部蓟县等地东汉遗存极为丰富的现象表现出明显反差，再联系到过去丁骕、克雷陀普等地质学家都认为天津平原的成陆年代在汉代以后，以及汉魏史籍中的"九河之地已为海所渐"（《汉书》）、"昔在汉世，海水波襄，吞食地广""海水北侵，城沉沦者半"（《水经注》）等记录，因而提出了这个地区在汉代曾发生过海侵的推断。

学者们对宁河县田庄坨、大海北等几处遗址重新进行了考古调查，研究认定，汉代海侵的证据是非常充分的。

田庄坨遗址最初是安志敏先生报道的[①]，时代定为先秦。后来调查时见到有类似黄骅县李庄子出土的Ⅲ式陶罐[②]，下限可至新莽前后，因此韩嘉谷所写的《渤海湾西岸古文化遗址调查》中定为战国、汉。1978 年在该遗址内又发现土坑墓 1 座，发掘者定为西汉后期[③]，也有学者根据陶器定为东汉早期。

田庄坨遗址面积约 25 万平方米，地表高程约 3 米，距现代海岸 20 余千米。遗址文化层基本裸露于地面，厚 0.4—1 米，地表散布有大量以文蛤为主的海生贝壳。该遗址附近曾采集到麋鹿角，C^{14} 测年为距今 2765±240 年。因此结论是，这里在距今 2700 年以前已经成陆，战国时具备了人类居住的基本条件，并发展为颇具规模的村落，到西汉末年及其以后遭到海水或湖水（泻湖）淹没，居民被迫迁移。[④]

大海北遗址位于宁河县中部，又名城顶子。1964 年对该遗址作试掘，出土有大量建筑材料和陶器残片，以及"千秋万岁"瓦当、卷云纹瓦当、五铢钱和"大泉五十"等。这里在"汉代以后，由于海面波动，泻湖水面扩大，湖水浸淹城基，古城遭到破坏而成为废墟"。[⑤]

宝坻县秦城和武清县大空城是两座古城址，前者面积 50 多万平方米，城内堆积时代为战国晚期至西汉；后者面积 25 万平方米，属西汉古城。两城内文化堆积上都覆盖有水浸地层，经分析，只含纯净小玻璃介、小玻璃介未定种等淡水种属，未见咸水或半咸水种属微体古生物。这两座城址的地理环境和上述诸遗址相似，只是在筑城时地面略有垫高，此种差别或许反映了海面波动的幅度。

渤海地区除渤海西岸外，在南岸的莱州湾平原，也有学者发现"前汉古遗址多被海相泥沙覆盖，泥沙厚度 0.3—1 米"[⑥]。渤海东北沿岸的营口、盖县等地，也有汉代墓葬

①　安志敏：《河北宁河县先秦遗址调查记》，《文物参考资料》1954 年第 4 期。
②　李世瑜：《古代渤海湾西部海岸遗迹及地下文物的初步调查研究》，《考古》1962 年第 12 期。
③　邸明：《宁河县田庄坨汉墓清理简报》，《天津文物简讯》1979 年第 12 期。
④　高善明等：《渤海湾北岸 2000 年海侵》，《海洋学报》1984 年第 6 期。
⑤　李元芳等：《天津北部全新世海侵》，《地理学刊》1987 年第 18 辑。
⑥　蔡克明：《鲁北平原自然环境的变迁》，《海洋科学》1988 年第 3 期。

被海沙侵积的例子。①

就上海地区发表的考古资料而言,东海地区长江三角洲平原,早期遗存多至西汉早中期,未见东汉遗存,再晚就是南朝的东西。② 近年扬州地区发现在西汉遗存上,有海涛上涌形成的积沙。③ 地质工作者在江苏建湖庆丰做了细致的工作,发现1万年来有三次明显的海水进退和若干次较小的波动,最后一次海进形成的地层,表现为覆盖在滨海低地上淡化泻湖相沉积,包含有多种有孔虫。被覆盖的地层经 C^{14} 测年为距今 2425±95 年,此后则"海水再次影响到这个地区",并认为距今 2300—1900 年、1700—1000 年都属相对高海面时期。④

南海地区,最早的信息是南海西樵山遗址发现"在距今 2500—2000 年前,又发生了一次幅度较小的海侵"⑤。近年来,地质工作者又做了大量的工作。粤东沿海,根据89 个样品的资料分析,确定距今 2700—1400 年为海平面波动上升阶段,其中 2000 年时上升到高于现今海平面约 2 米。珠江三角洲,根据 107 个样品资料分析,认为距今2200—900 年为海面波动上升阶段,初期(距今 2200—2000 年)迅速上升,达到高于现今海平面约 1.5 米,以后出现过几次波动,在距今 2000—1800 年、1500—1300 年、1100—900 年间均出现过波峰。⑥

渤海地区的情况和上述地区基本相似。田庄坨遗址地表的文蛤, C^{14} 测年为距今1920±90 年;武清县梅厂砖厂含海洋微体古生物的地层, C^{14} 测年为距今 1968±100年⑦;宁河县潘庄农场草炭为距今 1860±125 年⑧,这些资料皆表明东汉时期海水重新浸淹了这个地区。海面上升的幅度大致高过现在海面 1.5 米左右,因为在海拔 3.5 米以下的汉以前文化堆积,普遍被海相地层覆盖;而在地理环境虽然相同,只是由于筑城而使地面有所垫高的秦城和大空城,都不见海相微生物,说明海水没有达到这个高度。

这种文化层的割裂现象显然是由海侵造成的。对宁河县田庄坨、大海北、大辛庄、桐城,宝坻县程泗淀、石佛营等战国和汉代遗址所做土样分析的结果,都证明在文化层上有海相沉积覆盖,都为汉代海水再次侵入这些地区提供了地层证据。海面波动的时间和高度与东海及南海地区基本一致,大致从西汉晚期起开始侵入,东汉早期以后达到高峰,高出现代海面 1—1.5 米,沿海 3.5 米高程以下的低洼地受到浸淹。《汉书》记:"九河之地已为海所渐矣。"《水经注》记:"昔在汉世,海水波襄,吞食地广。"这些记载在今天都得到了地质学和考古学的一致证实。

---

① 王绵厚:《古代东北交通》,沈阳出版社 1990 年版。

② 黄宣佩:《从考古发现谈上海成陆年代及港口发展》,《文物》1976 年第 11 期。

③ 贺云翱:《夏商时代至唐以前江苏海岸线的变迁》,《东南文化》1990 年第 5 期。

④ 赵希涛等:《江苏建湖庆丰剖面全新世地层及其对环境变迁与海面变化的反映》,见《中国海平面变化的进展》,海洋出版社 1990 年版;赵希涛等:《中国全新世海面变化及其与气候变迁和海岸演变关系》,见《中国全新世大暖期气候与环境》,海洋出版社 1992 年版。

⑤ 黄慰文:《广东南海县西樵山遗址的复查》,《考古》1979 年第 4 期。

⑥ 方国祥等:《粤桂沿海全新世海平面变化》,见《中国全新世大暖期气候与环境》,海洋出版社 1992 年版;黄镇国等:《华南晚更新世以来的海平面变化》,见《中国海平面变化的进展》,海洋出版社 1990 年版。

⑦ 由天津地矿所王强同志提供。

⑧ 中国社会科学院考古研究所实验室:《放射性碳素测定年代报告》(六)《考古》1979 年第 1 期。

（三）对海洋自然异常现象的认识①

海洋自然异常现象的内容十分广泛，诸如长浪、潮鸣、海光、海市、钱塘潮不振、鲸鱼集体自杀、罕见生物、特殊生态、异常习性等。在中国古代浩如烟海的文献中，有着大量海洋自然异常现象的记录，先秦和秦汉时期的记载虽然较少，但也反映出古人早就开始关注大海中异常现象的发生了。

先秦和秦汉时期所观察记录的海洋自然异常现象，据今见文献，主要有两汉文献所反映的鲸鱼搁浅和自杀、"水母虾目"等。

关于鲸鱼搁浅和自杀。现代生态与自然资源保护活动中，人们十分关心鲸鱼的搁浅和集体自杀现象。这种搁浅，特别是自杀现象，至今仍是学术界探索的一个谜。中国古代有关鲸鱼搁浅现象，在古籍特别是沿海地方志中常有记载。至于集体自杀现象，也曾有多次记载。

殷墟中出土有鲸骨，自然不太可能是捕掠的，而是在沙滩上搁浅被食用后遗弃的。刘安（公元前179—公元前122年）在《淮南子》中论述说："麒麟斗而日月蚀，鲸鱼死而彗星出。"②这说明早在西汉时期，关于鲸鱼搁浅的现象已经多被人们认识，因而才探索其原因。同时也说明，古代人是用天地生人统一的有机论自然观来指导探索自然异常现象的，并且把生物象和天象自然地联系了起来。尽管我们不能因此认为鲸鱼死肯定与彗星出有必然联系，但这种天地合一、用天文原因解释地面现象的思路，在当前对发展地学、生物学是具有重要启发作用的。刘向（约公元前77—公元前6年）《说苑》也有关于鲸鱼搁浅后死亡的记述："嗟海大鱼，荡而失水，蝼蚁制之，横岸以死。"

关于"水母虾目"现象。有关海洋生物的共生现象在古代记载较多，但其中不少现代已不再认为是异常现象了。而古代记载的"水母虾目"现象，现代科学也仍不清楚，尚无合理的解释。东汉《越绝书》就提到了"水母虾目"现象。

第二节　海洋地貌知识和海陆循环观的出现

一　对海洋地貌的探索和海区的划分③

中国古代航海，主要采用地文导航。海上及大陆边缘海区的地貌形态，其导航意义最为重大，首先被渔民、水手所重视，进而调查清楚，铭记在心，或记录在案；而海底地貌亦因关系到海舶的安全，并有一定导航意义，因而也同样被渔民、水手所重视，通过一切可能的手段，如丈量或通过水文辨认，来获得足够的认识，从而使驾驶的海舶避险就安。总之，人们认识地貌是为了海上航行的需要。

关于海上地貌的探索。岛屿、港湾本身就是航线经过或到达的地方。因此，渔民、

---

① 宋正海：《东方蓝色文化》，广东教育出版社1995年版，第80—84页。

② 《淮南子·天文训》。

③ 本部分引见宋正海、郭永芳、陈瑞平：《中国古代海洋学史》，海洋出版社1989年版，第86—108页。

水手需要了解这些地物的名称和正确位置。邹衍确认世界除中国之外，还有大九州。东方朔撰写了《十洲记》，战国时期的《山海经》更是洋洋洒洒，娓娓道来如同亲历。但是，这些毕竟过于遥远，只能作为地理观对待，作为海上地貌尚显渺茫，即便提到的"员峤""方壶"①等，亦缺乏现实的地貌认识意义。而有真实的地貌认识价值的，仍是岛屿与沙洲等。《释名》认为，岛是海中有人居住的地方，"海中可居曰岛，到也，人所奔到。"或者是"海中山曰岛，海中洲曰屿"②。这里的"屿"，与我们现在认识的"岛之小者"不一样。总之，这反映出我国先民早期对海中陆地的认识，并给予了一般性的命名。

关于海下地貌，包括浅海的大陆架与深海的大陆坡、大洋盆地等类型。古代对海下地貌的了解，一般局限于大陆架地貌即浅海地貌，而对深海地貌不可能进行探索，即便有星星点点的知识，也属猜测与想象。这种猜测与想象反映了人们对海洋奥秘感到莫测高深的状态。我国古代对"沃燋""尾闾"和"归墟"的描述就体现出这一点。《庄子·秋水》："天下之水，莫大于海，万川归之，不知何时止而不盈；尾闾泄之，不知何时已而不虚。"注说："《文选·养生论》注引司马云，尾闾，水之往海外出者也，一名沃焦，在东大海之中。尾者，在百川之下，故称尾；闾者，聚也，水聚族之处，故称闾也。在扶桑之东，有一石，方圆四万里，厚四万里，海水注者，无不燋尽，故曰沃燋。"③《列子·汤问》："渤海之东，不知几亿万里，有大壑焉，实惟无底之谷，其下无底，名曰归墟，八弦九野之水，天汉之流，莫不注之，而无增无减焉。"④关于"沃燋""尾闾""归墟（归塘）"⑤等作为众水所归的大洋最深处的看法，反映出古人可能已经猜测到了海下"海沟"的存在。

关于海区的划分。中国大陆的东面和南面，自北而南有渤海、黄海、东海和南海。在古代中国，对"四海"也有确切的水体含义，与现代意义上的"四海"名同义异；古人所说的四海，乃指大陆四周（实为三面）的边缘海——即所谓的裨海。

那么，早在先秦和秦汉时期，人们对于这些海区是如何认识的呢？我们首先看一下时人对渤海和黄海的认识。

渤海。既是现在渤海的单称，也是含现在的渤海和黄海的合称。

渤字，有时亦写作"勃"字，《史记》上说齐国"北有勃海之利"⑥，就是没有"水"旁的"勃"字。渤海，又叫"渤澥"，"浮渤澥，游孟诸"⑦。"东海之别有渤澥，故东海共称勃海，又通谓之沧海。"⑧"渤澥，海别支也。……向曰渤澥，海分支。"⑨这里的"海"乃指渤海；而"渤澥"，则是渤海的"别支"或"分支"，即一部分的意思。而这里的渤海，是含今天的渤海和黄海的通称。通称的"渤海"，又称为"沧海"。

渤海，在春秋时代（公元前770—公元前476年），也曾被称作"北海"。《左传》记

---

① 《初学记》卷5："列子曰，渤海之东有壑。其中山曰员峤；拾遗记曰，海中三山，一名方壶方丈，二曰蓬壶蓬莱，三曰瀛洲。形如壶，上广下狭"。

② 《初学记》卷6。

③ 王先谦注：《庄子集解》卷4。

④ （晋）张湛：《列子》卷5。

⑤ 《颜子家训·归心篇》《初学记》卷6引《列子》均作"归塘"。

⑥ 《史记·高帝纪》。

⑦ （汉）司马相如：《子虚赋》，《六臣注文选》卷7。

⑧ 《初学记》卷6，李白《行路难》："长风破浪会有时，直挂云帆济沧海"（《分类补注李太白诗》卷3）。

⑨ （汉）司马相如：《子虚赋》，李善注引应劭文。

载,齐国要讨伐楚国,楚王闻讯便派人向齐桓公说:"君处北海,寡人处南海,惟是风马牛不相及也。不虞君之涉吾地也,何故?"①齐国,在今山东。汉代,渤海西还设置北海郡,属青州,辖26县。②

由于古人往往以自己生活的所在地的地理位置来命名相对方位的海域,所以有时也把现在的黄海,乃至渤海,称之为"东海"。《左传》:"为之歌齐。曰:美哉,泱泱乎,大风也哉!表东海者,其大公乎!"③但更多的情况下乃专指黄海。《礼记·王制》:"自东河至于东海",注文曰:"徐州域"。这显然指黄海。④实际上,山东半岛北靠渤海,南面黄海,其"东海"也是指围绕着山东半岛的海域,即渤海和黄海的部分海区。这里的"东海",乃是黄河的东边。把黄河流域东边的大海视作"东海",不乏记载。譬如,"太公避纣,居东海之滨"⑤,此"东海之滨"即是指今天山东莒县东部的黄海之滨;又譬如,"勾践伐吴,霸关东,从琅邪台起观台,台周七里,以望东海"⑥,琅琊台在今青岛市,正是今天的黄海之滨,所以此"东海"是指今天的黄海。同时,我们知道,秦汉时,曾在今山东诸城至江苏的海州一带设置东海郡。⑦即便在今天,人们还称海州一带为东海县。

以"东海"泛指东方的大海,尚可见《荀子·正论》:"浅不足以测深,愚不足与谋知,坎井之蛙,不足与言东海之乐"。总之,这里说的"东海",乃今天之黄海,甚至还包括今天的渤海。

从"四海"的概念出发,现在的东海和南海都属于"南海"范畴。历史上一直以"南海"来称这两个海域。因为黄河流域是中原文化的发源地,地处黄河中下游的中原诸国,总爱把处于他们南方的诸国视作南蛮,把南海当作他们的统称,南方诸国也用以自称,如楚国的君主便自称"寡人处南海"⑧。再是秦始皇三十七年(公元前195年)十月,始皇出巡,"过丹阳,至钱塘。临浙江,水波恶,乃西百二十里从狭中渡。上会稽,祭大禹,望于南海,而立石刻,颂秦德"⑨。显而易见,此南海所指,乃是今天浙江省外面的东海。

古代南海海域,一直延伸至今天的北部湾,从秦始皇设立南海郡⑩于今天的广州就是最好的说明。南海郡的辖境包括广州、韶州、潮州、惠州、肇庆、南雄地区及高州北境和广西的平乐、梧州的一部分。《图书编》的"南海考":"广东三面皆濒海地也,《禹贡》三江皆从会稽(汉会稽地绵亘四千余里)入于南海,南三岭复有三江,又从广城一百里合流,入于南海。"所以,南海,就是合今天的东海和南海的海区。

但是,在古代,更多地称现在的南海为"涨海"。"南海,大海之别有涨海。"⑪"涨

① 《左传·僖公四年》。
② 《汉书·地理志》上。
③ 《左传·襄公二十九年》"吴子季札来聘"。
④ 《古今图书集成·方舆汇编·山川典·海部》。
⑤ 《孟子·离娄》。
⑥ 《越绝书》卷8。
⑦ 《汉书·地理志》上。
⑧ 《左传·僖公四年》。
⑨ 《史记·秦始皇本纪》。
⑩ 秦始皇自二十六年"分天下以为三十六郡",当中没有南海郡。南海郡的设置,是统一岭南地区以后的事。
⑪ 康泰:《外国杂传》,《初学记》卷6。

海",不仅专指今天南海的海区,而且还指我国的南海诸岛。现存的文献里,较早记载"涨海"名称的,有晋谢承的《后汉书》:"汝南陈茂,尝为交趾别驾。旧刺史行部,不渡涨海。刺史周敞,涉(涨)海遇风,船欲覆没。茂拔剑诃骂神,风即止息。"①"交趾七郡贡献,皆从涨海出入。"②那么,今南海为什么又称为涨海呢?虽无较早的文献可征③,然从我国1000多年来对南海的地貌记载中不难发现一些端倪。东汉杨孚《异物志》:"涨海崎头,水浅而多磁石,徼外大舟,锢以铁叶,值之多拔。"④吴万震《南州异物志》:"出涨海,中浅多磁石。"⑤吴康泰《扶南传》:"涨海中,到珊瑚洲,洲底有盘石,珊瑚生其上也。"⑥在南海中有无数珍珠落玉盘似的散布在我国领土——南海诸岛,它们都是珊瑚礁岛,且在不断成长中。又由于潮汐的涨落使许多岛屿、沙洲、暗礁,时而露出海面,时而又隐藏在浩渺的碧波下,时而如卧牛,时而只露出尖尖的头角。这种明显地有别于其他海洋地貌的现象,正是南海的异常之处,因而南海又被称为涨海。

二 早期的海洋型地球观⑦

我国古代人们对地理的看法,由于生活圈的局限,往往以中原为中心,将中原地区视作世界的中心,把以中原为中心建立的国家称为中国,皇帝自称天子,而视周围世界为蛮荒之地,并依照距离王都的远近划分世界。然而在远离中原的沿海地区,由于航海发达,域外地理知识不断得到积累,人们逐渐体验到世界并非如一般认识的那么小。至战国时,进取型的思想家邹衍提出了一种不同于传统认识的新的开放型的海洋地球观——"大九州"说。

从我国古代的宇宙理论中,我们了解到人类生存的实体在整个宇宙中的位置,并了解到水(即海洋)与天地的关系。这对我们论述被许多海洋分割开的大九州说提供了一个先决的条件。

水,即海洋,虽然在古人眼中,与我们栖息的大陆是异体,但毕竟是载(浮)着大陆的、可以触及的。不过,海洋深邃无垠、波涛汹涌,它不仅是大陆上百水汇注的地方,而且还是"天汉之流,莫不注之"⑧的无底大壑。因此,它又是沟通天地,吐日月、纳众星的世界,更是居仙人、藏珍宝的佳境。

随着我国古人跨区域交往的日益积累,交通路线的不断开辟,人们的地理知识亦逐渐丰富起来。视野的开阔,对偌大的疆域不能统而言之,于是在中国传说中的禹的时代,就产生了"九州"的名称,以它们来专指全国九个区域。在历史上,九州的名称虽

---

① 《太平御览》卷60。

② (晋)谢承:《后汉书》,《初学记》卷6。

③ 较晚的文献,如清初的屈大均:《广东新语》卷4谈及今南海称涨海的缘由:"炎海善溢,故曰涨海""或曰涨海多瘴,饮其水者腹胀"。

④ (明)唐胄:《正德琼台志》卷9引《异物志》,上海古籍书店,据宁波天一阁藏正德残本影印,1964年。《太平御览》卷988引《南州异物志》如下:"涨海崎头,水浅多磁石,外徼人乘太舶,皆以铁鍱之,至此关,以磁石,不得过"。

⑤ 《太平御览》卷790。

⑥ 《太平御览》卷69。

⑦ 本部分引见宋正海、郭永芳、陈瑞平:《中国古代海洋学史》,海洋出版社1989年版,第74—81页。

⑧ 《列子·汤问》。

各有差异,但都约束在"九"的数字之中,这说明"九"代表着一种多数的观念。① "九州"是域内区域地理认识达到一定程度产生的。当航海技术特别是海上交通达到一定程度时,必然产生"大九州"的推理。战国以前,我国航海技术已达到较高水平。《竹书纪年》中有商朝帝芒"东狩于海,获大鱼"的记载。《春秋大事表》则有东南沿海的吴国是"不能一日而废舟楫之用"的记载。《韩诗》:"(周)成王时,越裳氏三译而朝,曰,天下不逆风疾雨,海之不波溢三年矣,中国必有圣人。"②《说苑·正谏》:"齐景公游于海上而乐之,六月不归"。甚至孔子也要"道不行,乘桴浮于海。"③可见当时渡海并不是一件异常事情。这些正是产生"大九州"说的思想与社会背景。

"大九州"说是海上交通初步发达影响人们思想时形成的一种世界地理猜想。④尽管后来多被视为荒唐怪诞的"海话",却是我国早期的地理思想火花,是一种比狭隘的传统地球观先进的海洋开放型地球观。

首先提出"大九州"假说的战国人邹衍(或称驺衍,公元前305—公元前240年)是齐国(今山东东部)人。齐国三面临海,一向有渔盐之利,海上交通比较发达,又有中原文化的陶冶,因此,从既有较高文化又有优越地理环境的齐国产生出"大九州"说,是绝非偶然的。

据《史记·孟子荀卿列传》记载,齐人邹衍"深观阴阳消息而作怪迂之变,《终始》《大圣》之篇十余万言。其语闳大不经,必先验小物,推而大之,至于无垠。……先列中国名山大川,通谷禽兽,水土所殖,物类所珍,因而推之,及海外人之所不能睹。称引天地剖判以来,五德转移,治各有宜,而符应若兹。以为儒者所谓中国者,于天下乃八十一分居其一分耳。中国名曰赤县神州。赤县神州内自有九州,禹之序九州是也,不得为州数。中国外如赤县神州者九,乃所谓九州也。于是有裨海(《索隐》:小海也)环之,人民禽兽莫能相通者,如一区中者,乃为一州。如此者九,乃有大瀛海环其外,天地之际焉"⑤。《汉书·艺文志》在《邹子》四十九篇下注:"邹子,齐人,为燕昭王师,居稷下,号曰谈天衍。"其所倡导的"大九州"之说对后世的影响甚为深刻。这一学说实际上是极有价值的科学假说,开阔了人们对于地理空间的认识,并促使人们进行探索。

邹衍是中国古代阴阳五行学派的代表,应该承认,以邹衍为代表的原始的阴阳五行学者乃是一些自然哲学家。邹衍是如何产生"大九州"思想的呢? 据记载,他是"先

---

① 童书业:《汉代以前中国人的世界观念与域外交通的故事》,《中国古代地理考证论文集》,中华书局1962年版。

② 《太平御览》卷60,《韩诗外传》卷5与此文有出入。

③ 《论语·公冶长》。

④ 关于中国传统地球观是地平大地观还是球形大地观,历来分歧很大。最近学术界从三方面进行研究,一般认为中国古代传统地球观是地平大地观。(1)证明古代占统治地位的浑天论中的地,是平的不是球。主要有唐如川《张衡等浑天家的天圆地平说》(《科学史集刊》第4期,1962年);金祖孟《论"张衡地圆说"》(《自然辩证法通讯》1985年5期);王立兴《浑天说的地形观》(《中国天文学史文集》第4集,科学出版社,1986年);李志超、华同旭等文。(2)从对中国古代与大地形状关系十分密切的远航、"纬度测量"、地图技术系统和潮汐成因理论等的分析,证明中国古代传统地学中没有大地球形观念。主要有宋正海、陈传康《郑和航海为什么没有导致"地理大发现"》(《自然辩证法通讯》1983年1期);宋正海《中国古代传统地球观是地平大地观》(《自然科学史研究》1986年1期)。(3)从近代地圆说传入中国后,引起极大混乱和激烈反对来论证。主要有郭永芳《西方地圆说在中国》(《天文史学文集》第4集)。

⑤ 《史记·孟子荀卿列传》。

列中国名山大川,通谷禽兽,水土所殖,物类所珍,因而推之,及海外人之所不能睹"。他作为当时杰出的逻辑学家①,用类推的方法,推衍出一个"大九州"的世界,即他用已知的中国九州为经验开始,以获得的海洋知识为素材,用天文学知识为想象力②,进行了一番放大扩充,因而得出"大九州"的世界模式。这种类推逻辑,虽不可能全是主观杜撰,但毕竟是无法验证的假设,很难得到人们的肯定。例如司马迁对他的评论就是"其语闳大不经",当然这评价并不确切。但渊博如司马迁者尚且如此贬低他,常人就更难肯定他的开拓性的积极意义了,以至后世恪守传统思想的儒者,更把这种海洋开放型地球观视作荒诞不经之谈。

邹衍类推出来的"大九州",有其认识世界的逻辑基础和知识基础。《史记·封禅书》:"自威、宣、燕昭,使人入海,求蓬莱、方丈、瀛洲(三神山)。"这正是邹衍进行类推的知识资料之一。同时,邹衍的学说是在齐国都城临淄的稷下学宫的讨论与论难中形成的,是严肃的学术问题,并非插科打诨。《史记·田敬仲完世家》:"宣王喜文学游说之士,自如驺衍、淳于髡、田骈、接予、慎到、环渊之徒七十六人,皆赐列第,为上大夫,不治而议论。是以齐稷下学士复盛,且数百千人。"可以想到,在"数百千人"面前提出一种学说,纯属说梦谈鬼或类同儿戏是立不住脚的。对于"三神山",似乎是齐国人的普遍知识(后面论及的李少君、栾大等人的活动也支持齐国人有这方面的丰富知识)。据《史记·秦始皇本纪》记载:"齐人徐市(即徐福)等上书言,海中有三神山,名曰蓬莱、方丈、瀛洲,仙人居之。请得斋戒,与童男女求之。于是遣徐市发童男女数千人入海求仙人。"

邹衍的著作,《史记》说多达十万余言。今天仅就《史记》介绍的"大九州"思想来分析,在邹衍的著作中必定有不少光辉的成分。③中国古代国内区域地理是相当发达的,但对"全球"地理的探索却十分薄弱,邹衍著作或可弥补这方面的缺陷,可惜已经失传。

在邹衍学说的影响下,产生了一部《山海经》,它受到中外学者的高度重视是有理由的,因为它弥补了邹衍著作中的部分内容(即具体的域外地理)。

关于邹衍"大九州"的州名,《史记》没有明确记载。不过,作为杂家的刘安(公元前179—公元前122年)记载了完整的"大九州"的州名:"东南神州曰农土,正南次州曰沃土,西南戎州曰滔土,正西弇州曰并土,正中冀州曰中土,西北台州曰肥土,正北泲州曰成土,东北薄州曰隐土,正东阳州曰申土。"④当然,刘安举出的"大九州"名并不一定就是邹衍的"大九州"名,刘安"大九州"名似乎太土气了,不合于邹衍的气派。

此外,纬书《河图括地象》还有两种不甚相同的记载:"东南神州曰晨土,正南卯州曰深土,西南戎州曰滔土,正西弇州曰开土,正中冀州曰白土,西北柱州曰肥土,北方玄州曰成土,东北咸州曰隐土,正东扬州曰信土。"⑤另一则说:"昆仑之墟,下洞含右;赤县之州,是为中则;东南神州,正南卯州,西南戎州,正西弇州,正中冀州,西北括州,正

---

① 刘向《别录》:"齐使邹衍过赵……坐皆称善"。见《史记》卷76。

② 邹衍还是出色的天文学家,"邹衍大言天事,号谈天衍"(《太平御览》卷2)。

③ 纬书《春秋元命苞》《尚书考灵曜》中关于地动的思想均出于邹衍学派之手,似乎看出了一点端倪。

④ (汉)刘安:《淮南子·地形训》。

⑤ 《后汉书·张衡传》注引。

北济州,东北薄州,正东阳州。"①此中的"则",就是"畴"的意思。

后者所述已不是"九州",而是"十州"了。州之数所以有"十",大概与《史记》上的"中国外如'赤县神州'者九"有关,所以后来出现了《十洲记》并非"杜撰"。赤县神州外尚有九州,所以"大九州"加上赤县神州,实际上是"大十州"。

汉东方朔《十洲记》:"汉武帝既闻王母说八方巨海之中,有祖洲、瀛洲、玄洲、炎洲、长洲、元洲、流洲、生洲、凤麟洲、聚窟洲,有此十洲,乃人迹所稀绝处,又始知东方朔非世常人,是以延之曲室,而亲问十洲所在,所有之物名,故书记之。"

邹衍提出"大九州",还有另外的依据。

其一,是"四海"的观念。② 我们知道,中国只有东、南两面临海,西北则见不到海。因此,"四海"岂非虚指? 各种文献证明,古代中国人已知道远离国土的西、北方有海的存在。对"北海",古人有把今天的贝加尔湖、巴尔喀什湖和黑海称为"北海"的记载。但汉东方朔《神异经》记载了"北方有冰万里,厚百丈,有鼷鼠在冰下出焉"③。鼷鼠,就是"猛犸象"④,亦称"毛象"。因此,我们应该承认,当我国古人提出"四海"的时候,已经知道了今天的鞑靼海(峡)、鄂霍次克海,甚至更为遥远的北冰洋。

关于"西海",人们一向将之与沙漠联系起来,以瀚海为"西海";也有称青海湖、博斯腾湖、咸海等为"西海"的记载。其实,中国人早就与阿拉伯人有交往,知道西面有海。如《后汉书·西域传》:"和帝永元九年,都护班超遣甘英使大秦,抵条支。临大海欲度,而安息西界船人谓甘英曰:海水广大,往来者逢善风,三月乃得度。若遇迟风,亦有二岁者。故入海,人皆赍三岁粮。海中善使人思土恋慕,故有死亡者",就是证明。因此,所谓"西海",其最早的原指,并不一定是指沙漠之瀚海,而可能是阿拉伯海、红海或地中海的泛指。此段记载虽系汉朝的事实,但此前不能说就没有关于西边与海洋有关地理的传闻。既然西、北方向的海,离中国如此遥远,它们当然也给"大九州"说输送了"空间"的想象力。

其二,哲学家的宇宙观的比喻,如《庄子·秋水》:"计四海在天地之间也,不似礨空之在大泽乎? 计中国之在海内,不似稊米之在大仓乎?"中国既然是仓中一粟,产生"大九州"说已经是相当"保守"的了。王充(27—约97年)的《论衡·谈天》从盖天说的立场来论证"地"的广大,他认为站在东海边看日出的景象,"察日之初出径二尺,尚远之验也。远则东方之地尚多。东方之地尚多,则天极之北天地广长不复訾矣"。王充还从漠北来观日出,看到的是与东海的"日"一样大,可是两地相距万里,而"日"居然没有大小之别,那么我们居住的地方确实是太狭小了,从而证明了空间的广大。王充是东

① (唐)徐坚:《初学记》卷8。
② 所谓"四海",说法各异:(1)"水大至海而极,从古皆言四海,而西海、北海远莫可寻,传者亦鲜确据,惟东海南海列在职方者,皆浮舶可及"(《古今图书集成·山川典》,卷307"海部");(2)"九夷八狄、七戎六蛮,谓之四海"(《尔雅汉注·释地》)。
③ 《太平御览》卷911。
④ 康熙帝从俄罗斯使臣中获知西伯利亚有鼷鼠,说:"东方朔记北方有层冰千尺,冬夏不消。今年鄂罗斯来朝云:'其地去北极二十度以上,名为冰海,坚冰凝结,人不能至'。始信东方朔所云不谬。……又《神异经》云:'北方层冰之下有大鼠肉重千斤,名为鼷鼠'。穿地而行,见日月光即死'。今鄂罗斯近海北地,有鼠如象,穴地以行,见风日即毙,其骨类象牙,土人以制碗碟梳篦,朕亲见其器,方信为实。……此又书之不可信而可信者也。"(《东华录》卷24,又见《圣祖实录》卷291,及《康熙几假格物编》卷上之上)

汉人,当然不可能给邹衍以影响;然而,学术思想有一定的继承性,王充这般论证,与两小儿驳难孔子日出日中孰大孰小的问题,恰恰有异曲同工之妙。

其三,对"地球"的大小探讨,也为"大九州"说的类推提供了"量化"。

《吕氏春秋·有始览》:"凡四极之内,东西五亿有九万七千里,南北亦五亿有九万七千里",这个数字比同书记载的中国周围的"四海"大二十多倍(凡四海之内,东西二万八千里,南北二万六千里;水道八千里,受水者亦八千里)。

《山海经·海外东经》:"帝命竖亥步自东极至西极,五亿十选(注:选,万也)九千八百步。"

《淮南子·地形训》:"禹乃使太章步自东极至于西极,二亿三万三千五百里七十五步,使竖亥步自北极至于南极,二亿三万三千五百里七十五步。"

《河图括地象》:"极广长南北二亿三万一千五百里,东西二亿三万三千里"①。

上面所引各书的数字不甚相同,获取这些数据的手段亦值得怀疑,但却说明一个问题,"地球"是如此之大,安置上"大九州"是绰绰有余的。

三 早期的海陆循环观②

在先秦和秦汉时期,古人对于水分海陆循环的概念已经有了初步的认识,并且在此基础上对水分海陆循环模式也有了一定的理解,据此可看出时人的海陆循环观。

战国时庄周指出:关于海洋,"夫千里之远,不足以举其大;千仞之高,不足以极其深。禹之时,十年九潦,而水弗为加益。汤之时,八年七旱而崖不为加损。夫不以顷久推移,不以多少进退者,此亦东海之大乐也"③。这段话原本只是形容海洋之巨大深远,但实际上也提出了有关水分海陆大循环的问题。为什么不管十年九潦,降水何其多,也不管八年七旱,降水又何其少,海洋水位均没有多少变动?江河日夜奔流,百川最终归海是千古不变的规律,此规律早已被人们所认识。因此,庄子对海洋水位基本不变的认识,正说明人们已注意到海洋水位有着动态平衡规律。屈原在《天问》中说:"东流不溢,孰知其故?"④也是基于这一常识。为了说明百川归海而海不溢,便很自然要提出海水是否通过汽化从空中实现海陆大循环的问题。中国古代很早就开始探讨这类课题,并且已达到一定水平。

殷商时,人们已经知道雨来自云。甲骨文中有许多谈到云、雨关系的记载。⑤《诗经》云:"英英白云,露彼菅茅"⑥,朱熹注曰:"白云,水上轻清之气,当夜而上腾者也。露即其散而下降者也。"《诗经》又指出:"蒹葭苍苍,白露为霜。"⑦这些均说明西周时,人们又进一步知道露和霜也来自空中,来自一种称为"白云"的水上轻清之气。鉴于这种联系,古代有用云的情况来预报降水的。《师旷占》曰:"候月知雨多少……常以五卯

---

① (宋)王应麟:《困学纪闻》卷8引。《太平御览》卷36引"极广长"作"八极之广"。

② 本部分引见宋正海、郭永芳、陈瑞平:《中国古代海洋学史》,海洋出版社1986年版,第196—200页。

③ 《南华真经·外篇·刻意》。

④ (战国)屈原:《天问》,《楚辞集注》卷3。

⑤ 刘昭民:《中华气象学史》,台湾商务印书馆1980年版,第10—11页。

⑥ 《诗经·小雅·白华》。

⑦ 《诗经·国风·蒹葭》。

日候西北有云如群羊者，即有雨至矣。……日上有冠云，大者即雨，小者少雨。"①《庄子》："云者为雨乎？雨者为云乎？"②也反映了雨和云的密切关系。东汉许慎《说文解字》云："雨，水从云下也。一象天。冂象云。水霈其间也"，这从文字结构方面生动地阐述了云与雨的关系。

另一方面，人们早已认识到云是地气，来自地。《尔雅·释天》曰："地气之发，天不应曰雾。雾谓之晦。"《说文》曰："云，大泽之润气也。"③这说明形成雾和云的气实为地气，地气本身来自地。由此可见，当时人们已认识到水分由地面升向天空这个过程，而且已把此认识与水分由天空降向地面这一相反过程的认识联系起来，建立起了水分循环的概念。

有关"地气"一词的出现，以及水分循环概念的建立，可追溯到春秋管仲时代。《管子》："春三月，天地干燥，水纠列之时也。山川涸落，天气下，地气上，万物交通。"④这里说的地气实为万物生机需要的水，但说得还不明确。其后的《范子·计然》就说得较清楚了。《范子·计然》曰："风为天气，雨为地气。风顺时而行，雨应风而下，命曰：天气下，地气上，阴阳交通，万物成矣。"⑤这里进一步划分天之气和地之气，且明确指出，天上掉下的雨实为由地往上升的地气，而天气只是起运输作用。这里的地气已有明确的水汽概念。如此用阴阳交通来说明水的形态变化和上升、下降运动，已是一种比较科学的看法。

《吕氏春秋》则第一次明确提出了水分的海陆循环概念。《吕氏春秋》："水泉东流，日夜不休。上不竭，下不满；小为大，重为轻，圜道也。"⑥这里已用先秦时形成的水分循环观念，来解释自然界存在的宏观现象：江河日夜奔流入海，小河汇成大河，百川归海，河流的水源总是源源不绝，永不枯竭，而大海又永远不会溢出，海水又变成地气形成云升入高空。由此构成了水分的海陆循环图景。

《吕氏春秋》之后，人们更明确、更完善地阐述了这一观念。

东汉王充在水文循环上的贡献是进一步阐述了循环理论。《论衡·说日篇》论曰："儒者又曰：'雨从天下'，谓正从天坠也；如实论之，雨从地上，不从天下。见雨从上集，则谓从天下矣；其实地上也。……云雾，雨之征也。夏则为露，冬则为霜，温则为雨，寒则为雪。雨露冻凝者，皆由地发，不从天降也。"

这里王充对水循环的阐述已清楚，但是《尚书》《诗经》以及《论衡》均认为水循环与气在天上作用之间有着某种联系，这是古代有机论自然观产生的一种附会，反映了认识的时代局限性。

东汉相关论述还有不少。《说文解字》对云的"大泽之润气"的解释，说明了云的本质。而云是水分循环中的一个重要环节。

第三章

---

① 《太平御览》卷10引。
② 《庄子·天运》。
③ 段玉裁：《说文解字注》中，"云"字下没有此文。现据《太平御览》卷8引。
④ 《管子·度地》。
⑤ 《太平御览》卷10引。
⑥ 《吕氏春秋·季春纪·圜道》。

四　早期的海上导航知识①

(一)海上天文定向导航的出现

人类最初的航海活动,"基本上是视界不脱离陆地的航海,非常害怕视界里丢失了陆地。"②我国原始社会的航海起步,也只能是从视界所及的沿岸或邻近的岛屿之间的航行开始。这不但是由于一旦失去熟悉的陆岸轮廓,就会失去航行的目标,而且还由于一旦在航行中发生什么困难与危急,就可以及时地回到安全的海湾进行避泊。从技术角度看,最方便、最明显的莫过于以大陆岸标、岛屿或礁石的轮廓为定位与定向的地文导航手段。但是,地文导航的局限性很大,难以适应远离海岸进行较长距离航行的需要。随着人们在海上生活与生产实践活动范围的逐步扩大,人们开始逐步将在陆地上所经历的从"俯以察于地理"到"仰以观于天文"的认识过程应用到海洋上。"大海弥漫无边,不识东西,唯望日、月、星宿而进"③。在指南针未用于航海之前,天文导航成了远洋航行的唯一技术手段;即使在指南针用于航海之后,远洋航行中,"舟师识地理,夜则观星,昼则观日,阴晦观指南针"④,天文导航仍然是非常重要的技术手段之一。天文航海术与地文航海术、船舶操纵技术等一起,共同成为我国古代远洋航行的主要技术保证。

从西汉初期《淮南子》中最早的天文航海记录的出现,到宋代海船上的量天尺、明代郑和下西洋时所用的牵星板,我国古代的天文航海由开始的只凭肉眼观测天体方位以确定行船方向,发展到了借助观测仪器(量天尺或牵星板)观测天体出水高度,并结合其他方法以确定行船位置。除了定向与定位的导航作用以外,我国古代航海者还将广博的天文气象知识应用于季风航行、测定时间、预报天气与推算潮汐等方面,这同样是天文航海术不可忽略的重要方面。

虽然迄今为止尚未发现西汉以前有关中国天文航海的明文记载,但这并不意味着早期的中国航海活动中没有应用天文航海经验与知识的可能性。

实际上,沿海先民在长期的渔猎生活与原始沿海航行活动中,利用天体来辨别方位,从而确定船舶前进的方向,是一件十分自然的事情。他们起航时,迎着太阳或让阳光照在舟筏的一侧;返航时,背向太阳或让阳光照在舟筏的另一侧。这样长年累月地反复实践与观测,就会慢慢地懂得白天利用太阳可以在海上大致判别航向的道理。最初的航行,估计一般应是在白天进行的,因此,原始天文定向导航的第一个天体当是太阳无疑。不过,随着生产力的提高,原始祖先们有时也许会在明亮的月光下进行海上捕捞与迁徙活动,这样久而久之,他们也许就会渐渐学会参照月亮出没的方位或某些形态别致、出没方位恒定的星星,来粗略地估计本船航行的方位了。

上述原始天文定向导航之可能性分析,也许可从考古发现中得到某些具有历史现实性的佐证。在我国大陆东部沿海的新石器遗址中,出土了相当丰富的原始天文资

---

① 本部分引见章巽:《中国航海科技史》,海洋出版社 1991 年版,第 245—259 页;第 313—315 页。

② 茂田寅男:《世界航海史》,日本《世界舰船》昭和 56 年 6 月号。

③ 法显:《佛国记》。

④ 朱彧:《萍洲可谈》卷 2。

料。如在山东烟台地区白石村、莒县陵阳河、江苏连云港锦屏山将军崖等处，均有所发现。特别值得研究的是刻在海拔20米的黑色岩石上的将军崖岩画。该岩画不但气势宏大，而且内涵丰富。据连云港博物馆的报告与考证，其内容有人面、农作物、鸟兽、星云等图案及各种符号。其中在人面中间夹杂的星云图，据分析，像银河系星带，有三条短线将它分为四个部分，似乎表示太空星象的变化。在长条星云图案中，还有表示太阳和月亮的图形，显示了新石器时代以渔猎为主的滨海居民的天文观测知识。①

在古文献方面，亦有西汉以前我国与海外各地进行海上交往的记载，例如，据王充《论衡》记载：周时"越裳献白雉，倭人献鬯草"。又如，约成书于战国时代的《山海经》，对日本、朝鲜的地理方位记载颇为明确："盖国在巨燕南，倭北。倭属燕。""巨燕在东北陬。"按前人考据所见，盖国即盖马县，在高句丽盖马大山之东。由上可知，迟至春秋战国时期，中国人不但已与日本、越南等建立了海上联系，而且已懂得日本在朝鲜半岛南面。只要从朝鲜半岛出航，南渡朝鲜海峡即可抵达日本。从导航技术角度考察，虽然这些长途航行的性质是属于沿岸或视距以内的逐岛航行，但是在陌生的异域沿海航行，要判定船舶的前进方向，通过天文定向仍是十分必要的，因为海岸曲折，岛礁成群，如没有明确的恒向引导，仍有可能因兜圈子而迷失航向。

春秋战国时期，天文学有了长足的发展。"鲁有梓慎，晋有卜偃，郑有裨灶，宋有子韦，齐有甘德，楚有唐昧，赵有尹皋，魏有石申，皆掌著天文，各论图经。"在诸家中，最为著名的是甘、石两家及巫咸氏。石申著有《天文》8卷，甘德著有《天文星占》。从保存于《开元占经》中的《石氏星表》可见，当时在天体观测的定量化上，已取得了显著进展。春秋时期，人们沿黄、赤道带将临近天区划分成28个区域的28宿体系已经齐备，为度量日、月运动的空间位置提供了参照坐标。《石氏星表》给出了28宿距星和121颗恒星的赤道坐标值。在湖北随州的战国早期曾侯乙墓中，出土了一只漆箱盖，其上绘有28宿的全部星名。所有这些都表明，春秋战国时期对天体的观测和天体运动规律的掌握已达到了较高的水平。以此而言，当时采用太阳、极星或北斗星为观测目标以定向导航，当毫无困难，这对于当时的航海者来说，应是一种最简单可行的导航方法。②

(二)汉代的海中占星术

从西汉开始，中国开辟了第一条印度洋的远洋航路。③ 从此，古代航海事业进入了一个重要的发展时期。之所以出现此种演进态势，除了其他各种因素外，其时天文导航技术的长足进步，是一个不容忽视的因素。西汉古籍《淮南子》明确指出："夫乘舟而惑者，不知东西，见斗极则寤矣。"④这是中国古代利用天体进行海上导航的最早的文字记载，证明了当时利用北极星作定向导航，在航海者中已是非常普遍了。

又据张衡在《灵宪》中说："中外之官常明者有二十四，可名者三百二十，为星二千五百，而海人之占未存焉。"这里的"海人"，虽未见有明确的考证与注释，但估想其为航

---

① 连云港博物馆：《连云港将军崖岩画遗址调查》；李洪甫：《将军崖岩画遗迹的初步探索》，《文物》1981年第7期。
② 章巽：《中国航海科技史》，海洋出版社1991年版，第245—255页。
③ 《汉书·地理志》。
④ 《淮南子·齐俗训》。

海者或沿海居民,恐不会离题过远。这条记载说明了一个情况,即当时确有"海人之占",但或许因此类民间占星术不登大雅之堂,与宫廷之御用占星术未可同日而语,故为士大夫所不屑而"未存"。像这种民间科学知识与成果被排斥于官方文献之外的事例,在中国历史上每每可见。

值得研究与讨论的是,据《汉书·艺文志》介绍,西汉时冠以"海中"的星占书籍计有:《海中星占验》12 卷,《海中五星经杂事》22 卷,《海中五星顺逆》28 卷,《海中二十八宿国分》28 卷,《海中二十八宿臣分》28 卷,《海中日月彗虹杂占》18 卷。这 6 种总计达 136 卷之多的"海中"占星书,是否与汉代及其以前的航海活动有直接关系呢?

中外学者关于"海中"一词的解释,主要有以下三种:第一种,认为"海中"是指外国或外国的岛屿;第二种,认为"海中"与"海外"相对,是指中国;第三种,认为"海中"是指中国沿海诸省。

对于第一种解释,李约瑟曾斥之为西方汉学家对中国人创造力怀有的偏见或弱视毛病[1],其见解之谬误毋庸赘述。然而第三种解释却颇费猜想。如果海中占是居住在沿海地区的航海者对于与内地星空有显著差别的海空所做的与航海有关的星占,那么其在中国古代天文航海史上之地位,就十分重大了。因此,对于第三种解释,即"海中"指中国沿海诸省的观点,务先予以推敲。翻开历史地图可以看到,汉代的海岸线南北跨越的纬度很大,东部濒临的水域有北海(今渤海与黄海之泛称)、东海、南海。"海中"究竟指哪一海的沿海一带呢? 如指北海沿海一带,那么,该区域随地理纬度的升高,可见恒星将相应减少;而占星对象变少了,占星亦将比内地有所变少,似无必要另立一套占星书籍。如指南海沿海一带,则因纬度降低之故,所见星象较之中原渐多。唐代一行等人于开元十二年到交州(今越南河内)测夏至影长及北极出地高时,曾惊奇地发现"海中望老人星下列星灿然,明大者甚众,古所未识"[2]。唐代《开元占经》中大量引用《海中占》,可一行等却说南海一带所见星象为"古所未识",这里似乎表示他们未尝在《海中占》等古代天文书籍中见到过关于南海特有星象的占星内容。那么,究竟是一行等阅历有所欠缺,还是汉代《海中占》未及南海星辰呢? 这个问题很值得研究。由此分析可推想,一行所说的"海中"与汉代海中占星术的"海中"意义很可能是完全不同的。前者如果可以表示沿海地区的话,似不能作为后者也表示沿海地区的证明。如指东海沿海一带,则与中原地区所见星象略同。战国时代的齐国、吴国、越国就位于这一地区。齐国在春秋战国时代就有"海王之国"的美称。著名的天文学家、占星学家甘德就是齐国人。以他的名字命名的星图,被三国时代吴国的天文学家陈卓收入陈卓星图,并成为我国古代传统恒星观测系统的蓝本。按理而论,如果吴国方面有什么海上恒星观测的活动与纪录,陈卓是不会视若无睹的。可是,从流传下来的文献来看,无论是从星名,还是从占语,都尚未见到与航海有特殊关系的内容。至于越国,早在汉初即成书的《史记·天官书》中,也未见其关于海上天文或占星方面的明文记载,这或许是司马迁作为官方正史撰修者的一时疏忽,或许是春秋战国时越国那里海上天文导航尚不甚发达所致。

---

① 　Joseph Needham:"Science and Civilization in China",Vol. 4, Part3,Chapter 29.
② 　《旧唐书·天文志》。

事实上,我国古代占星术从来多是皇室的专利品,它对民间海上活动可能早已进行的天文观测是很少留意的。这种御用占卜的内容,包括江山社稷的安危、皇室成员和朝廷重臣的休咎以及战争、瘟疫、天灾、人祸等,与黎民百姓关系较大的主要是有关农事的星占,但即使是这样,也未见有专门的农事星占书。其他的活动如手工业、开山、造河等均不入占星之列。因此,很难想象汉代民间的海上占星术能得到官方御用文人的格外青睐,而写出蔚为大观的130多卷航海天文导航专籍。

现存唯一的海中占星术资料,是《开元占经》中所辑引的《海中占》。有的学者对此曾作过研究①,并把《海中占》和其他各家的星占进行了比较,发现有很多内容与其他占验相同;不同之处主要在于"水旱灾害发生前的现象",并由此而认为"海中星占是我国当时航海的先民,或沿海一带和大陆附近岛上的居民,从经验中积累起来的东西"。我们感到,这一见解很值得重视,但也仍有可商榷之处。例如,为什么遍阅《海中占》而未见与航海直接有关的占语呢?为什么仅凭水旱灾害之预兆不同,即可断言"海中"为沿海一带或岛上呢?水旱之灾究竟是对从事农业生产的大陆居民影响大,还是对从事航海业的人们影响大?两者之间究竟谁应该更注意水旱之灾呢?答案是不言而喻的。一本如此重视旱涝而未涉及海事的占星书,恐怕不太可能出自航海先民与沿海一带或岛上居民之手。

其实,可能还是第二种"海中者,中国也"的解释较为妥切。《汉书·天文志》对此早有论述:"甲乙海外,日月不占。盖天象所临者广,而二十八宿专主中国。故曰海中二十八宿。""海中"从字面上讲与"海外"相对,指中国大陆。当然,"海外"的相对之词为"海内"似乎更贴切一些。但是,"中""外"亦可两两成对,这在张衡的《灵宪》中,即有明例。

基于上述分析,我们认为,从目前的研究情况考察,《汉书·艺文志》所载之136卷"海中"占星书,尚难断定其为汉代航海天文导航之专籍。虽然汉代民间确已将天文定向作为一种实践意义上的导航手段加以广泛应用,但与之有关的、具有真正航海意义的天文导航书籍仍应着力寻觅,另辟新径。而且很有这样的可能,即由于主客观的种种原因,这类谅必是相当简陋、粗糙的民间海上天文导航的珍贵文献与凭证,早已佚散于海洋的风浪与历史的尘埃之中了。②

(三)早期的航海图

地图的起源在我国非常久远。从远古到秦汉,我国古代地图,已从原始地图逐渐发展到了具有相当绘制水平的地图,如长沙马王堆三号汉墓出土的三幅古地图,其内容相当丰富,绘制技术也已达到了相当熟练的程度。

我国古代地图的种类很多,航海图是其中的一种,它的发展除受地图知识与技术本身发展的影响外,还受航海事业发展的影响,因之,它的发展过程同我国古代地图总的发展过程不尽相同,有它自己的特点。

海上航行在我国有着悠久的历史,古代航海者在长期的航海实践中,积累了丰富

第三章

先秦秦汉时期的海洋科学认知

① 吕子方:《中国科学技术史论文集》下,四川人民出版社1984年版。
② 章巽:《中国航海科技史》,海洋出版社1991年版,第255—259页。

的航海知识与地理知识,并在此基础上绘制了海图。《山海经》是我国古代的地理名著,明代学者杨慎在《山海经补注》序言中说:"神禹既锡玄圭,以成水功,遂受拜禅,以家天下,于是乎收九牧之金以铸鼎。鼎之象则取远方之图,山之奇,水之奇,草之奇,木之奇,禽之奇,兽之奇,说其形,著其生,别其性,分其类,其神奇殊汇骇视惊听者,或见,或闻,或恒有,或时有,或不必有,皆一一书焉。盖其经而可夺者具在《禹贡》;奇而不法者,则备在九鼎。……则九鼎之图,其传固出于终古、孔甲之流也。谓之曰《山海图》,其文则谓之《山海经》,至秦而九鼎亡,然图与经存。晋陶潜诗:'流观山海图',阮氏《七录》,有张僧繇《山海图》,可证之。今则经存而图亡。"从杨慎的论述可知,《山海经》这一著作原来是有图的,即《山海图》,后来因图散失,只剩下文字。《山海图》系由"九鼎图"演化而来,"九鼎图"是一种传说中的原始地图,《山海图》当然也是比较原始的。章巽先生认为:"今已散失的《山海图》,其中一部分可能就带有原始航海图的性质。"[1]海图的出现,在我国历史久远。[2]

第三节　对海洋生物的认识[3]

海洋生物是生活于海洋中的动物、植物和微生物,是一种重要的自然资源。为了有效地开发利用这种海洋生物资源,不仅要研究它们的类别、生长发育、习性、分布、演化及其规律,而且还要研究它们的性质和应用途径。我国古代有着研究和开发利用海洋生物的悠久历史和光辉成就。这种研究和开发利用早在先秦和秦汉时期就已经开始了。

一　海洋生物资源知识

我国先秦和秦汉时期对于海洋生物资源的特点和变化,已经有多方面的记述和评价。

海洋生物资源,丰富而多样。我国早在原始社会,沿海居民已经将它作为食物。距今 18000 年以前,山顶洞人已将海蚶壳作为装饰品,从而又开始了将海洋生物作为装饰品资源的历史。距今 4000—6000 年以前,食用后的海产贝壳,堆积如山,广布于辽东半岛至广东沿海,今人名之谓"贝丘"。在贝丘中,有的还杂着许多海鱼骨、鱼鳞及捞捕工具,说明人类以海贝、海鱼为其食用资源。战国时成书的《周易·系辞下》说包牺氏之世的人们"作结绳而为罔罟,以佃以渔",显然有其历史的真实性。

从夏朝至春秋战国,生产力的发展,社会需要的增加,促进了海洋生物资源的开发利用。春秋时期,齐桓公(?—公元前 643 年)对此就很重视。他为了富国强兵称霸诸

---

[1]　章巽:《记旧抄本古航海图》,载《中华文史论丛》第 7 辑,上海古籍出版社 1978 年版。

[2]　章巽:《中国航海科技史》,海洋出版社 1991 年版,第 313—315 页。

[3]　本节引见宋正海、郭永芳、陈瑞平:《中国古代海洋学史》,海洋出版社 1989 年版,第 330—333 页;345—358 页;361—371 页;382—404 页;405—426 页;431—457 页。

侯,积极发展渔盐之利,还对诸侯国采取"使关市几而不征(税)"、以利"通齐国之鱼盐"①的政策。据古籍记载,春秋战国时,齐渔人已深深地懂得海中有利可图,"渔人之入海,海深万仞,就波逆流,乘危百里,宿夜不出者,利在海也"②。战国时期又有多人对此有所论述。韩非子(约公元前 280—公元前 233 年)通过总结经验,正确地指出:"历心于山海而国家富"③,《禹贡》记载了海洋生物作为重要贡品的有:青州贡品是"海物惟错",徐州淮夷贡品是"蠙珠暨鱼"。荀况(约公元前 313—公元前 238 年)又论述了海洋生物是重要商品,说"东海则有紫绋、鱼、盐焉,然而中国(中原地区,下同)得而衣食之;西海(西部地区代称)则有皮革文旄焉,然而中国得而用之。故泽人足乎木,山人足乎鱼"④。这些记述都反映了对海洋生物资源的重视和利用。

我国很早就萌芽了保护生物资源的思想。传说夏朝已将它列入政令⑤,而《周礼》记载的西周此类政令,又有发展。春秋战国时,齐国在进一步开发海洋生物资源的同时,也注意到生物资源需要保护。《管子》云:"江海虽广,池泽虽博,鱼鳖虽多,罔(网之误)罟必有正,船网不可一财而成也。非私草木爱鱼鳖也,恶废民于生谷也。"⑥全句意为:江海虽为广阔,池泽虽然众多,鱼鳖虽然很多,网罟捕捞多少和大小必须有所限制,船网不可一截而成。这样做不是偏爱草木鱼鳖,而是憎恶毁掉民众的生活源泉。⑦ 这种重视保护和合理开发利用海洋生物资源的科学思想,值得继承和发扬。

对海洋生物资源的认识、评价和利用,先秦已多有记载。约从西周开始,珍珠已进入装饰品的行列,而后则有珍珠贵重的记述。战国时已注意鱼质的评价,认识到河鲀有毒。"鲋鲋之鱼,食之杀人"⑧,就是这种反映。新的利用途径的开辟,也是对资源看法的一种反映。商朝已将货币科的贝壳作为货币。西周又将海洋动物皮用于制造皮革。《诗经》以赞美的手法描写了"象弭鱼服"。"鱼服"就是这种皮制的箭袋。⑨ 当时,还将贝壳作为建筑材料。《周礼》明确记载:"以共(供)闉圹之蜃"⑩,郑玄(127—200 年)注:"闉犹塞也,将井椁先塞下,以蜃御湿也。"这说的是用蛤类壳烧成的生石灰作墓室防湿材料。春秋成公二年(公元前 589 年)"八月,宋文公卒,始厚葬,用蜃灰"⑪,亦属此类。战国时荀况记载用鲨鱼皮作军用护身服装,即"楚人鲛革犀兕以为甲"⑫的"鲛革"甲。这些成就是古代早期文明的组成部分,在历史上起着重要作用。

秦汉时期对海洋生物资源的评价,继续有所发展;无论在文字评述上,还是实践上,都有进一步的反映。《史记》和《汉书》,都记载和评述了沿海地区的海洋生物资源。

① 《国语·齐语》。

② 《管子·禁藏》。

③ 《韩非子·大体篇》。

④ 《荀子·王制篇》。

⑤ 胡寄窗:《中国经济思想史》上册,上海人民出版社 1962 年版。

⑥ 《管子·八观》。

⑦ 《中国海洋渔业简史》,第 29 页,引文作"网眼必有正。船网不可一截而成也"。释意为"网眼必须有限制,对于不同的捕捞对象,要用不同的渔船和网具"。此释可参考。

⑧ 《山海经·北山经》。

⑨ 江阴香:《诗经译注》,北京中国书店出版 1982 年版,第 16 页。

⑩ 《周礼·地官·司徒》。

⑪ 《左传·成公二年》。

⑫ 《荀子·议兵篇》。

司马迁写道:西周齐国姜太公"修政,因其俗,简其礼,通商工之业,便鱼盐之利,而人民多归齐,齐为大国"①,又写道:"楚、越之地,地广人稀,饭稻羹鱼……果隋嬴蛤,不待贾而足,地势饶食,无饥馑之患",而燕亦"有鱼盐枣栗之饶"。② 这说明当时很重视海洋生物资源的利用,也说明在所论地区的经济生活中,海洋生物占有重要地位。

海洋生物中的某些鱼类,在先秦已作为食物珍品,在汉朝又增加了软体动物的某些种类作为食物珍品的记载。当时记载皇帝王莽"忧懑不能食,亶饮酒,啗鳆鱼"③。鳆鱼即鲍鱼。这就是一例。当时有"献鳆鱼"④的行为,也是这种反映。东汉王充指出:"人食鲑肝而死。"⑤鲑是河鲀。这比战国时的认识有所发展,指出此鱼肝有毒。这对如何食用河鲀有重要启发。将海洋生物用于观赏,这时也继续有所发展和评述。与秦汉大一统局面相关,产于南海的珊瑚,当作贡品带至长安,命名为"烽火树"⑥和"女珊瑚"⑦,分别展览于积翠池和殿前。"秦兼天下",经改革,废贝币而行钱。货币科虽"不为币","而珠玉龟贝,银锡之属"("贝",包括货币科)仍"为器饰宝藏"⑧。成书于汉朝的《神农本草经》记载:"海藻味苦寒,主瘿瘤、气颈下核,破橄结气痈肿、症瘕坚气、腹中上下鸣,下十二水肿。"⑨这表明最迟不晚于汉朝,人们已认识到了海洋生物的药用意义。

二 海洋哺乳动物知识

海洋哺乳动物属脊椎动物,先秦和秦汉时期的人们已经对它的类别及习性有了较深入的认识。

首先看一下对海洋哺乳动物的分类和命名。关于哺乳纲动物,在我国古代,其分类和命名自成体系。自人类出现,人们就懂得哺乳,也当懂得动物的哺乳。战国时期就有在动物名上冠以"乳"字的动物命名,此后也继续有新的记载。早期常用的相当于纲一级的类名是"兽"和"毛属"。早在殷商甲骨文中已有"兽"类名。⑩ 这是从形态着眼所做的分类和命名,以区别于其他动物。又由于"兽"类一般都全身披毛,故也常称"毛属"。在"兽"或"毛属"类名下,再依形态和局部组织等特征分类和命名。在文字上,也就根据这些特征而制定,一般分属豸、豕、牛、马等类。因较早认识陆生哺乳动物,故先对这些动物分类与命名。后来发现海生哺乳动物,经历了将它们视为兽类和鱼类及多种命名后,人们又逐渐地根据它们的特征,并依与陆生哺乳动物相似性原则,在相应的陆生哺乳动物类名上,冠以"海"字,作为海生哺乳动物的类名。现在还通用的海狗、海豹及海豚等类名,都是古代这样做出的分类与命名。由于鲸类的外形较似

---

① 《史记·齐太公世家》。

② 《史记·货殖列传》。

③ 《汉书·王莽传》。

④ 《后汉书·伏湛传》。

⑤ 《论衡·言毒篇》。

⑥ (东晋)葛洪:《西京杂记》卷1。

⑦ (南朝)任昉(460—508年):《述异记》,《太平御览》卷807。

⑧ 《汉书·食货志》。

⑨ (清)孙星衍(1753—1818年)等辑:《吴普本草》引。

⑩ 孙海波:《甲骨文编》,哈佛燕京社1934年版。

鱼类,所以在先秦时误将它划归鱼类。

海豹和海狗,最早可能被记作"貀"。《尔雅·释兽》和《说文解字》都记载:"貀,无前足。"海豹和海狗非"无前足",只是已变异成鳍状。古人可能观察它们在陆地运动困难,误记它们"无前足"。明李时珍认为:"骨貀,《说文》作貀,与肭同。"[①]"骨貀"亦即海豹或海狗。《尔雅》是西汉初著作,辑录先秦至当时的事物类名及其解释。《说文解字》是东汉许慎(约58—约147年)所著,是对先秦至当时的文字的解释。由此可见,尽管古代也还有"貀"义的其他解释,但在汉朝或先秦可能已将海豹或海狗记为"貀"。汉朝还可能将海豹和海狗称为"蒲牢"和"鱼牛"。班固道:"于是发鲸鱼,铿华钟。"唐李善注:"三国时薛综《西京赋注》曰:海中有大鱼曰鲸,海边又有兽名蒲牢,蒲劳素畏鲸,鲸鱼击蒲牢,辄大鸣。凡钟欲令声大者,故作薄牢于上,所以撞者为鲸鱼。"[②]这"蒲牢"可能指海豹、海狗或鳄鱼。据东汉杨孚《临海水土记》载:"鱼牛象獭,大如犊子,毛青黄色,其毛似毡,知潮水上下。"[③]这"鱼牛"即指海豹或海狗。据学者考证,《临海水土记》是三国沈莹的《临海水土异物志》。但有的著作引沈志所记同类动物,描述有差异。沈志记道:"牛鱼,形如犊子,毛色青黄,好眠卧,人临上及觉,声如大牛,闻一里。"[④]由此看来,也可能引杨孚著作时将书名误记为《临海水土记》。据北魏郦道元记载,杨孚著有《南裔异物志》[⑤],而《隋书·经籍志》记载,杨孚有《交州异物志》和《异物志》。由于杨、沈所著都是异物志,引者误记是可能的。无论如何,最迟不晚于三国时期,我国对海豹、海狗或海狮已经有较具体的描述。在命名上,"鱼牛"和"牛鱼"都还欠妥,特别是"牛鱼",易与鱼类相混。

关于鲸类,不晚于殷商,人们对它已有认识。安阳殷墟出土的鲸鱼骨即可为证。春秋时期,将它视为鱼类,记为"鱣鲸"[⑥]。《说文解字》释道:"鱣鲸,海大鱼也。"

对儒艮科动物的分类与命名,我国古代也有研究和记载,给它以"人鱼"和"和尚鱼"等类名。但古代也将两栖类娃娃鱼称作"人鱼",因此,古籍中的"人鱼"哪些属于儒艮,取决于描述的对象是否具有儒艮的生境和特征。战国时《山海经·北次三经》记有非儒艮的"人鱼"。屈原《天问》有:"鲮鱼何所?"[⑦]刘逵注《吴都赋》引作"陵鱼曷止"。"陵""人"音近,"陵鱼"即人鱼。[⑧] 唐柳宗元《天对》曰:"鲮鱼人貌,迩列姑射"。宋代世彩堂刻本有注:"《列子》:姑射山,在海河洲中,山上有仙人焉。《山海经》曰:西海中近列姑射山,有陵鱼,人面,人手,鱼身,见则风涛起。"[⑨]由此分析,屈原所言"陵鱼"或可能为儒艮。今传《山海经》中的"海内北经",为汉朝人所增写,其中记道:"陵鱼人面,手足,鱼身,在海中。"依"陵鱼"生境"在海中"和所述特征,也可能为儒艮。明胡世安写

第三章

先秦秦汉时期的海洋科学认知

---

① 《本草纲目兽部》卷51。
② 《昭明文选》卷1。
③ (唐)徐坚:《初学记》卷30"鱼十"。
④ 《太平御览》卷939。
⑤ 郦道元:《水经注》。
⑥ 《左传·宣公十二年》。
⑦ 屈原:《楚辞·天问》。
⑧ 袁珂:《山海经校注》,上海古籍出版社1980年版,第323页。
⑨ 柳宗元:《柳河东集》卷14。

道:"'海内北经':东洋大海有和尚鱼,状如鳖,其身红赤色,从潮水而至。"①今传《山海经》无此文,所引或古代其他版本,或另有所据。所述"状如鳖身",虽不如实,但"和尚鱼"一般指儒艮。可见,明胡世安认为《山海经》已载有儒艮这种动物。

下面,我们再看一下当时的人们对海洋哺乳动物的生长发育和习性的认知。

海生哺乳类动物的生长发育和习性等许多方面在我国古代已被发现和记载。先秦已认识海生食肉目动物,至汉朝已有仿它们习性的应用。班固所记"发鲸鱼,铿华钟",就是这种反映。海狮或海狗"知潮水上下"的习性,可能已为东汉杨孚所认识。

关于鲸类的生长发育和习性,我国古代也有许多记载。据我国海域特点以及古籍所记,古代所记的"鲸",一般属于须鲸亚目。安阳出土的殷商文物中有鲸骨,表明当时对鲸的大小乃至习性已有所认识。春秋鲁宣公十二年(公元前 597 年),有"取其鲸鲵而封之"的策论。② 这是以贪婪吞食为习性的鲸,喻不义地吞食小国的元凶,并认为对这种人要采取封官笼络的斗争策略。这表明时人对鲸贪婪吞食的习性已有所认识。

殷墟中的鲸骨,可能就是搁浅的鲸被捕杀食用后的遗骨。刘安(公元前 170—公元前 122 年)《淮南子》记述:"麒麟斗而日月蚀,鲸鱼死而彗星出。"③这里记述的是鲸自然死亡的现象,可能属于搁浅引起。至于将鲸死与彗星出现相联系,这可能由曾经发现这两种现象同时出现所引起。刘向《说苑》记道:"嗟海大鱼,荡而失水,蝼蚁制之,横岸以死。"这"大鱼"指鲸,"荡而失水",就是搁浅。

儒艮的活动与风涛和海潮的某些关系,可能在汉朝已有发现。汉朝增补的《山海经》,后世有人援引说,它记载了人鱼"见则风涛起"④、"从潮水而至"⑤的特性。明朝著作,依后一习性,将它命名为"望潮鱼"⑥。

对于海洋哺乳动物的地理分布,战国至秦汉已有认识。这个时期已有记述自然资源分布的著作出现,但因著作者知识的局限,尚未记明产区。随着沿海地区开发的进展,进一步体现出了这类动物的经济价值,到了三国时期的方志著作,对各产区的情况已有所记述。

三 海洋鸟类知识

对以海洋为生的鸟类动物,我国早在先秦时期就已有认识和记载。

古籍记载,我国公元前 7 世纪已有海洋鸟类的分类和命名。当时出现的"海鸟曰爰居"之说⑦,就是这种记载的反映。它的分类和命名原则是科学的,即将以海洋为生境的鸟类,在"鸟"前冠以"海"字,以区别于其他鸟类;又根据它们不同的特征,再给予相应之名,从而反映海鸟不同的种别。"爰居"之名就是依其习性所命名。它与海洋有密切关系,又属候鸟类。"爰"有"改易"和"更换"之义,故古代"迁居"也有的说"爰

① 《异鱼图赞补》卷中"倮虫鱼"。
② 《左传·宣公十二年》。
③ 《淮南子·天文训》。
④ 《柳河东集》卷 14。
⑤ 《异鱼图赞补》卷中"倮虫鱼"。
⑥ 《异鱼图赞补》卷中"倮虫鱼"。
⑦ 《国语·鲁语上》。

居"①。《广雅》将海鸟"爰居"又写作"延居",取停留一段时间之意。无论"迁居"还是"延居",对于候鸟"爰居"而言,都是它习性的一种反映。故取名"爰居",可谓名副其实。

后世对海鸟的分类和命名,一般都采取如上的原则,根据它们各自的特征并冠以共性海洋生活的"海"字。也有的只根据其特征、习性等命名,《庄子·逍遥游》所说的"鹏",即属此种。据《逍遥游》描述的情况,"鹏"若不是对海鸥的夸张,便是对与海洋有密切关系的某种候鸟的异化创造,二者必居其一,但并未明言明"鹏"是"海鸟"。先秦将海鸥命名为"沤鸟",也属此类。《列子·黄帝篇》记载:"海上之人有好沤鸟者,每旦之海上,从沤鸟游。"

后世继承了先秦的分类与命名,并沿着如下三个方向发展:①对先秦记载的海鸟给予特征上的考证和描述;②从水鸟类中明确分出一些种属为海鸟;③观察和记载新发现的海鸟,其中包括某些通常不作海鸟而与海洋相关的鸟类。

第一个方向的分类和命名,主要载于字书、辞书、类书,也载于其他类型的著作。成书于汉初的《尔雅》、东汉的《说文解字》、晋郭璞的《尔雅注》,就是较早的这类图书。《尔雅·释鸟》指出,海鸟"爰居"的别名为"杂县"。这别名可能是根据羽毛颜色而命名的。后郭璞注:"汉元帝时,琅邪有大鸟如马驹,时人谓之爰居。"这就使人知道它是一种大型鸟类。

第二个方向上的分类和命名,突出地表现在从"燕"和"鸥"类中分出海生类。先秦《诗经》等著作都有"燕"的记载,但属家燕。至《太平御览》所引《广州志》:"燕有三种",其中有"海燕"。按《广州志》可能是晋裴渊的《广州记》,说明晋裴渊之前已经有了对海燕的了解和认识,甚至已经有了命名。

第三个方向是新发现及其记述。秦汉以后,究竟新发现多少种海鸟,有待系统地考证。以凫为例,先秦未记它与海洋的关系,所记有如"凫鹥在泾"②和"若水中之凫与波上下"③之类。秦汉才记载凫类与海洋的关系:"凫,东南江海湖泊中皆有之";"海中一种冠凫,头上有冠"。④

春秋时期成书的《夏小正》记载:"九月,雀入海化为蛤。"后世有说"雀"为"黄雀"。大概此种鸟与海洋有一定关系。该书的主旨是反映物候,说沿海之"雀"在"九月"迁移他去,应是合乎实际的,后人也常加引用。但说它"入海化为蛤",显然是错误的,然而,这种观点影响和流传很久。之所以如此,与此书是最古的重要著作之一不无关系。

先秦已很重视物候,从而对海鸟和与海洋相关的鸟类对气象异常敏感,也多有记述。关于爰居"止于鲁东门之外"而"知避其灾",就是对这种敏感性的记述。鲁僖公时(公元前7世纪)藏文仲(?—公元前617年)认为:"夫广川之鸟兽,恒知避其灾也",因此主张对"止于鲁东门外"的爰居举行"祭"礼,以感谢它预告天气的变化。但展禽还未认识它的这一习性,因此对"祭之"持反对态度,但"是岁也,海多大风,冬煖"。这使展禽也相信爰居栖息异常能够预示将来天气的变化。他说:"信吾过也,季子(藏氏)之

① 《三国志·吴志·钟离牧传》。
② 《诗经·大雅·凫鹥》。
③ 《楚辞·卜居》。
④ 《本草纲目》卷47。

言,不可不法也。"①他还"使书以为三筴"。"筴"指书简。这说明春秋时对海鸟敏感天气和气候的本领已有一定的认识。

战国时继续有所记载。庄子说"鹏"当"海运则将徙于南冥"②。"海运"为海动,即因天气变化引起的海洋水文气象的异常状态。这是对黄、渤海而言,且属冬半年时间,"海动"较多,因此"鹏"迁徙至南方较暖的海域。他还记道:鹏"搏扶摇羊角而上者九万里,绝云气,负青天,然后图南,且适南冥也";"去以六月息者也"③。"扶摇羊角"指向上的旋风。不难看出,这里描述了这种鸟能够利用风力和风向飞行的本领,包括上旋风和季风的利用在内,可见当时观察已相当仔细。

先秦对海鸟类习性的认识,并不局限于以上所述。《列子·黄帝篇》说:"海上之人有好沤鸟者,每旦之海上,从沤鸟游,沤鸟之至者,百住而不止。其父曰:'吾闻沤鸟皆从汝游,汝取来,吾玩之'。明日之海上,沤鸟舞而不下也。"这个传说中可能含有不真实的成分,但关于海鸥的成群性活动、可离人很近且常"舞而不下",却是海鸥习性的正确描述。

后世不仅记述了海鸥与潮汐的关系,且观察记载了它的产育等问题。师旷《禽经》记载:"鸥,水鸟,如鸽鹥而小,随潮而翔,迎浪蔽日,曰信鸥。鸥之别类,群鸣嗜嗜优优,随大小潮来也。食小鱼、虾、蟟之属。虽潮至则翔,水响以为信,反为鸷所击。是知信而不知所以自害也。"④它已描述了海鸥活动与潮汐的关系、食性及天敌,还有成年个体的大小。

秦汉至南北朝,出现了记载鸟类的许多著作。汉朝《尔雅》有"释鸟"专卷、《说文解字》有"鸟"字类专条。但汉朝着重鸟的分类,尚少海鸟分布的记载。东汉杨孚《交州异物志》,可能有海鸟记载,惜已早佚。

四 海洋鱼类知识

海鱼是脊椎动物鱼纲中的一大类,是海洋中最重要、最大宗的生物资源。我国古代对此作了多方面的研究,从先秦和秦汉时期就见诸文献记载了,而且取得了重要的成就。

首先,对海洋鱼类的分类与命名,当在原始社会晚期已经萌芽。当时人们已食用多种海鱼。山东胶县三里河大汶口文化遗址(距今 5000 年前)的发掘中,4 次在墓葬中发现鱼骨,废坑中还有成堆鱼鳞。此处遗址还有黑鲷、梭鱼和蓝点马鲛出土。广东潮安原始社会晚期贝丘遗址中有很多鱼骨,有的脊骨很大,可能属于鲨鱼。南海贝丘遗址发现有鲨翅骨。当时人们对这些鱼类不会不加区别,而区别就意味着分类。

现存最早记载海鱼名的著作,出现于春秋时期。《诗经》记载:"有鳣有鲔。"⑤它反映的是西周的鱼名。"鲔"为鲟,"鳣"在古代主要有两义,即鲟科鱼类和非海生鱼——

---

① 《国语·鲁语上》。
② 《庄子·逍遥游》。
③ 《庄子·逍遥游》。
④ 《古今图书集成·博物编·禽虫典》卷 31 引。
⑤ 《诗经·周颂·潜》。

鲤。春秋至战国,还有海鱼名"鲛"①(鲨)、"比目之鱼"②(鲆、鲽科鱼)、"石首鱼"③(黄花鱼)及"鮪鮪之鱼"④(河鲀)等。这些类名的缘起,从历史记载和汉朝人的解释中,可看出命名的一般原则。《吴地记》:"阖闾十年(公元前505年)……所司捞漉,得鱼……见脑中有骨如白石,号为石首鱼。"这是依据海鱼的内部组织特征所做的分类命名。《尔雅·释山》记载:"东方有比目鱼焉,不比不行,其名谓之鲽。"这是根据鱼眼偏向头部一侧的构造特征,猜测它有"不比不行"的习性所做的分类命名。

　　秦汉封建中央集权制的建立和大统一局面的形成,促成了对事物类名的统一研究。秦李斯《仓颉篇》、汉朝的《尔雅》和《说文解字》,都是这类研究成果。汉郑玄(127—200年)注《诗经》,也带有这种性质。这些著作中的事物类名,包括了海洋鱼类。《尔雅·释鱼》记载了鲟科中的"鮥:鮛鲔",还有鲥鱼的两种古名:"鮥:当魱"。《说文解字》记载了多种海鱼名:鲔、鮥、鰂(河鲀)、鮑、鲐(鲭科鱼)、鲛、鲽、鳐等。其中有的明确说明为"海鱼"。有的则说明它的别称:"鲽:比目鱼也","鳐:文鳐鱼名"等。此外,其所记"鲯""鲀",可能为海生鲯鳅科鱼名。关于"鳣",其解为"鲤也"。这与郑玄《诗经注》的观点一致。三国陆机描述鳣,可明辨为鲟。至晋,郭璞《尔雅注》则明确注为"似鳣"的"黄鱼",即鲟科鱼。由此看来,汉朝以前"鳣"也含有非海生的"鲤"一义。三国至晋才普遍以"鳣"专指鲟科鱼。因此,古籍中的"鳣"不能都认为是鲟。汉朝两书的记载,虽然并非是对当时认识海鱼的全面记载,但比前人的记载有着显著进步:不仅记载的种名有所增加,而且注意到海鱼名称因时间或地区不同存在的差异性。这里要数许慎的《说文解字》所记海鱼名为多。它不仅是后代研究文字及编辑字书最重要的根据,而且也是后世研究古代生物学类名的重要根据。其中包括许多海洋生物类名,广及海生脊椎动物、节肢动物、软体动物、腔肠动物及藻类等领域。因此,他的这部著作也是古代海洋生物学的重要篇章。

　　其次,对海洋鱼类的生长发育与习性的认识,我们可以追溯到原始社会时期。而自春秋时期始,记载海鱼的著作已经出现。原始社会至战国食用过的海鱼,仅据考古文物和有记载的就达10类以上,未被记载的究竟有多少,难以详考。但不难推想,当时对海鱼生长与习性的认识,应不限于上述数例。然而,由于时代的局限,认识的局限性也是明显的。战国有谓"比目之鱼","不比不行",就是一种误解。上述先秦形成的正误观念,都影响后世。秦汉时期已经注意和记载了海鱼生长发育的相关问题。当时记载"鲲,鱼子";"鲵,小鱼"及鱼是否"有力"⑤,就属这类问题。《史记》中所记秦"方士徐市等入海求神药,数岁不得,费多,恐谴,乃诈曰:'蓬莱药可得,然常为大蛟鱼所苦,故不得至,愿请善射与俱,见则以连弩射之。'始皇梦与海神战,如人状。问占梦,博士曰:'水神不可见,以大鱼蛟龙为候,今上祷祠备谨,而有此恶神,当除去,而善神可致'。乃令入海者赍捕巨鱼具,而自以连弩候大鱼出射之……至芝罘,见巨鱼,射杀一鱼"⑥。

---

① 《荀子·议兵篇》。
② 《吕氏春秋·遇合》。
③ 《吴地记》。
④ 《山海经·北山经·北次二经》。
⑤ 《尔雅·释鱼》。
⑥ 《史记·秦始皇本纪》。

这里的"大鲛鱼"可能指大鲨鱼,而与"蛟龙"不一定同义。徐市说"常为大鲛鱼所苦",虽属借口,却是当时已认识海上有大型鱼类"苦"人的反映。引文中所言要带"巨鱼具",也是当时已认识它的某些习性的一种反映。

自夏朝至战国,生产力有很大的发展,尤其商周金属工具的制造和发展,增强了人们开发利用自然资源的能力。海洋渔业也逐渐受到社会重视而有所发展。由于生产、贸易和纳贡等经济活动及军事活动,人们的地理视野较前有很大发展,促进了对海鱼分布的认识。历史传说夏朝帝王芒"东狩于海,获大鱼"①。当时认为黄海产大鱼,当属可信。西周人已认识与渤海相通的黄海产"鲦鲔"(鲟)②。

春秋战国时人们对此的认识有较大的发展,且已有较多著作记载。《国语》不仅记载了黄、渤海区和东海沿岸盛产鱼类,而且还反映了通商和政治、军事活动使诸侯之间交流产区的情况:诸侯国"通齐国之鱼盐于东莱"③;越国范蠡对吴国王孙雒说:越国人"故滨于东海之陂,鼋龟鱼鳖之与处"④。《禹贡》和《荀子·王制篇》都是在总结社会实践经验基础上提出的社会理想与主张,其中都有产鱼海区的记述。前者记述的是黄海和渤海,后者记述的是"东海"(主要指东海和黄海)。战国时还记载了河鲀、鳐类及鲨鱼的某些产区。这些也都反映了当时对海鱼分布有了较多的认识。

秦汉记载海鱼产地,既有所增加,也有其特点。《说文解字》既载产"鮸"和"魵"的"秽邪头国"和产"魦"的"乐浪藩国"(在今朝鲜半岛),又载"鲯鱼出东莱",还有"鲈鱼"产于"吴松江"。其所载诸鱼产地都是先秦所未载。《说文解字》的特点是以某鱼为条目,然后介绍该鱼特点及产地。此书虽不是记载海鱼产地的专著,而是综合性字典,却反映出这些知识已为人们所普遍掌握。此外,汉司马迁继承先秦经济区域差异的思想,记述了沿海一些地区的物产情况:燕"有鱼盐枣栗之饶","楚、越之地……饭稻羹鱼"⑤,齐国"便鱼盐之利"⑥。这里的"鱼"包括海鱼甚至主要是海鱼。它反映了西汉沿海的主要产区。

总之,我国对海鱼的认识,萌芽于遥远的原始社会,此后逐步发展。商周至战国不仅有文字记载,而且已有海鱼的类别、生长发育、习性及分布等内容,为后世认识的发展打开了思路,创造了条件。秦汉在海鱼的分类与地理分布方面,则取得了更为显著的成就。

五 海洋爬行动物和海洋节肢动物知识

海洋爬行动物,主要有龟、蛇、鳄三类。对这三类爬行动物的特征,先秦和秦汉时期的人们早已有所认识,并进行了辨别分类。

关于海龟,殷商甲骨文有"龟"字,但未分出"海龟"类名。战国《庄子·秋水篇》有"东海之鳖"之说,又屈原《楚辞·天问》也有海生"鳌"之说,但当时都还未概括出"海

① 《竹书纪年》。
② 《诗经·鄘风》。
③ 《国语·齐语》。
④ 《国语·越语下》。
⑤ 《史记·货殖列传》。
⑥ 《史记·齐太公世家》。

龟"类名。现有史料记载这一类名的著作,以宋《太平寰宇记》为早。①

先秦对龟有一种迷信观念,认为它有神灵,所以常将龟壳用于占卜,加之龟甲可以刻记文字、龟肉可食,又促进了人们对龟类种别的认识和划分。《周礼》记载:"龟人掌六龟之属,各有名物:天龟曰灵属,地龟曰绎属,东龟曰果属,西龟曰雷属,南龟曰猎属,北龟曰若属,各以其方之色与其体辨之。"②其分类原则是龟的颜色、习性和体态。《周礼》所记,是以龟的大小为分类依据,分为"尺二寸"和"八寸"等四种。它们可能包括海龟,但难以辨认。我们可以从其他著作的记载辨别出海龟及其种属。《庄子·秋水篇》中的"东海之鳖"、屈原《楚辞·天问》中的"鳌",就是海龟。《汲冢周书·王会解》记载,商汤时南海诸侯要进贡玳瑁,这玳瑁即为海生龟类的一种。

汉朝有多种著作记载龟的分类和类名。褚氏将"名龟"分为"北斗龟"等"八名"。"其龟图各有文在腹下,文曰某之龟也。"③这是以龟腹纹与天文星象对比的分类和命名,且绘有龟图。这里也可能包括海龟分类与命名。《尔雅·释鱼》以龟甲构造和腹纹、龟的用途、生活环境为分类与命名原则,将龟分为"神龟""宝龟"和"水龟"等10种。这里也可能包括海龟。《说文解字》记龟名有"匽鼋",可能指海龟类中的某种龟。至于玳瑁,这时的著作也继续有记载。《淮南子·泰族》记载:"瑶碧玉珠,翡翠玳瑁",这玳瑁即指龟甲。

海蛇的分类与命名,最早是以神话形式载于《山海经·大荒东经》中:"东海之渚中,有神,人面鸟身,珥两黄蛇,践两黄蛇,名曰禺䝞。黄帝生禺䝞,禺䝞生禺京。禺京处北海,禺䝞处东海,是为海神。"这里所述黄蛇与海神的关系,说明黄蛇为海蛇。神话所涉时代,溯至原始社会,也可能是人们很早认识海蛇的一种反映。无论如何,原始社会的沿海居民,当已发现海蛇,而西汉记述神话的作者对海蛇有所闻,亦毋庸置疑。《山海经》的《大荒南经》《大荒北经》又记有海蛇名为"青蛇"和"赤蛇",可见其分类是以海蛇的颜色为根据。这种分类法是古代最常用的方法之一。

关于与海洋相关的鳄类问题,我国古代最早何时发现,已难确考。先秦著作不乏"龙"的记载,而"龙"在古代有多种含义,其中也有鳄一义。先秦记载的"龙"是否有与海洋相关的鳄,已难确定。又鳄目的"鼍"(扬子鳄)在殷商甲骨文中已出现,因此,古代早期将与海洋相关的鳄也归类于"鼍",恐亦难免。近人研究,早在汉晋时期就有马来鳄记载。④

对海洋爬行类动物的生长发育与习性,最早有真实认识的,可能是原始社会的沿海居民。商周要南方诸侯贡玳瑁,表明当时关于玳瑁已有较多的认识了。庄子生动地指出海龟很大而适于海洋生活,不像蛙类作"陷阱之乐"⑤。屈原《天问》中引用的神话"鳌戴山抃"⑥,是人们认识海龟能长很大且有很大负载能力的一种反映。

至汉代,人们已明确记载海龟有雌雄。《汉书·地理志》记载粤地"处近海,多……

---

① 道光《广东通志》卷98"鳞介类"引。

② 《周礼·春官·宗伯下》。

③ 《太平御览》卷931引。

④ 徐俊传《与香港海滨惨案》,《海洋》1981年第7期。

⑤ 《庄子·秋水篇》。

⑥ 《楚辞·天问》。

毒冒(即玳瑁)",是认识我国玳瑁主要产地的明确记载。由于外交和对外贸易的发展,汉朝时已知道国外的某些产地。

至于海洋棘皮动物,先秦和秦汉时期的记载不多。而对海洋节肢动物的记载,则先秦和秦汉文献颇多,主要表现为对蟹类与虾类的分类、命名和分布等的认识。

蟹是节肢动物门甲壳纲的一属,海蟹是其中的重要部分。古代对它从属的纲名所据的"甲壳"早有认识。先秦所说"甲""壳""匡""介"就包含着它。《周易·说卦》鉴于它的生态特征,将蟹归入"离"属。这是因"离"为"火",属阳性,而阳性又含硬之意。对蟹而言,即指其有硬壳。古代一般将它归类于"介"属或"甲"类。《大戴礼》记:"蟹亦(甲)早之一也。"由此可见,我国古代虽然未用类名"甲壳纲",但早在先秦已将蟹归于同样意义的甲壳类中;只是"纲"与"属"等在分类学系统中有差异而已。《考工记》又将蟹归类于"小虫"类,名为"仄行"。这是以其成年个体大小和习性为分类原则所命名的。至于具体描述,荀子《劝学篇》说:蟹有"六跪二螯"。有人认为此"六"应为"八",疑后人误写。如此,战国时人已将它的基本特征作了概括。

此后,关于蟹的分类命名和描述更为丰富,增加了它的许多别称,同时对蟹的内部分类命名做了许多工作,取得了重要成就。

《说文解字》:"蟹:有二螯八足,旁行,非蛇鲜之穴无所庇,以虫解声。"又:"蜅:蟹,或从鱼。"这将它归于"虫"类。"从鱼"之说欠妥。

关于蟹类内部的具体分类与命名,虽在先秦可能已经出现,但缺乏明确记载。《汲冢周书》有"海阳巨蟹"之说。《国语·越语下》记春秋时吴国"今其稻蟹不遗种"。古今对"稻蟹"有不同理解,有的认为是指蟹食稻,有的将它作蟹类中的一种种名。其实,这两种观点可能都有误。该书原意应是:"今其稻、蟹不遗种",这是极言其自然灾害之严重。若作蟹吃稻解,则语法上难通,且虽蟹会食嫩稻根,但也很难造成如此严重的灾害。若作蟹中种名"稻蟹"解,也未必仅以此物之缺形容吴国遭大灾。因此,原文中"稻"与"蟹"无关,"蟹"仍是总类名。

对海蟹的生长发育与习性,原始社会已有所发现。春秋战国时开始记载蟹,其中《考工记》记载了蟹"仄行"的习性。春秋时吴国遭灾使"蟹不遗种"之说①,反映了人们对蟹自遗其种的正确认识。庄周以蟹不能"跳梁"喻理②,荀况以蟹非"蛇穴无可寄托者"论理③,说明当时对蟹的这些特点已很熟悉。《汲冢周书》又有"海阳巨蟹"之说,后人注"其壳专车",反映了人们对平常海蟹和异常海蟹的知识。

先秦虽有如上认识,但尚未专以海蟹及其某一种类立论。秦汉也大体如此。郑玄《周礼注》和杨雄《太玄经》虽有记载,仍未超出前人认识的水平。《淮南子》有"使蟹捕鼠必不得"之说④,但亦未专以海蟹立论。

西汉《张敞集》记载:"朱登为东海相,遗敞蟹酱"⑤,它不仅反映出东海(今黄海)产蟹,而且反映出至迟至西汉已有了以海蟹作酱并作为馈赠礼品的现象。

---

① 《国语·越语下》。
② 《庄子·秋水篇》。
③ 《荀子·劝学篇》。
④ 《淮南子·说林》。
⑤ 《晴川蟹录》卷2引。

古代关于虾的分类和命名,经历了曲折。认识和利用海虾,无疑当在远古已经出现,但载其类名较晚。《尔雅》:"鳛:大鰕。"[1]"鰕"可能指虾。同书又将"鲂"和"鲵"称作"鰕"[2]。可见这种类名"鰕"还易混淆。东汉《说文解字》有"虾",但释作"虾蟆",非指节肢动物之"虾"。以"虾"指节肢动物之"虾",后来才有明确记载。

关于海虾的内部分类,若以《尔雅》为早,则有"鳛:大鰕。"郭璞注:"鰕,大者出海中,长二三丈,须长数尺。今青州呼鰕鱼为鳛。"[3]依郭注,除其对虾的大小有夸张性外,则鳛可能为海虾中最大的品种龙虾。《说文解字》说"鳛:大鰕","鰕:鲂也"。因此,《尔雅》中的"鳛"是否指节肢动物之"虾",有待进一步研究。

对海虾类的地理分布,沿海居民早有认识,但明确记载较晚。早期著作中,它当被概括于"海错"和"鱼盐"一类的论述中。

六 海洋软体动物和腔肠动物知识

海生软体动物的类别观念,在原始社会已萌芽。我国旧石器时代的沿海居民已经采捞海生软体动物食用。北京周口店山顶洞人遗址出土的穿孔海蚶壳,是当时的饰品。新石器时期,我国沿海许多地方有贝丘分布。考古发现这些贝丘遗址包含的软体动物,计有蚶、牡蛎及海蛤等20多种,是食用后的遗弃物。原始社会在从长期采捞和食用软体动物的实践中,在识别质量和交流思想中,有关区分它们的类别观念早已产生。殷商起已有文字记载。甲骨文已有"贝"字,这是软体动物类的一种类名。春秋至战国著作中,除有贝以外,还有蛤[4]、蠃[5]、蚌[6]、蜃[7]、鲗鲗[8](乌贼)等类名。显然,这已经有单壳纲、双壳纲和头足纲中的动物类名,而这三纲动物是软体动物中最重要的部分。这个时期很突出的方面就是,对宝贝科当有较细的分类。商周至战国以宝贝科为货币,因此,必然导致对这科动物的细分。甲骨文和商周彝器文中有许多"贝朋"[9](贝为贝壳,二贝、五贝或更多相串为一朋)的记载。据考古资料,商代之贝有的属海贝[10],西周时的贝,有的为出自南海的宝贝科贝类。又,珍珠贝科的类名"珍珠"概念,也已经在这个时期出现。据载,"周文王于髻上加珠翠翅花……名凤髻"[11]。这"珠"可能指珍珠。《战国策》有"珍珠宝玉"[12]之说。这"珍珠"当包括海产珍珠贝壳。

秦汉时期,分类与命名取得了新的成就。《尔雅·释鱼》就有较多记载,包括类名异称及其意义。如"蚌:含浆";"蜌:廮"就是同名异称。又:"蜃:小者珧","蠃,小者蜬";"贝:居陆赑,在水者蜬;大者魧,小者鰿,玄贝:贻贝。余貾:黄白文;余泉:白黄文;

① 《尔雅·释鱼注》。
② 《尔雅·释鱼注》。
③ 《尔雅·释鱼注》。
④ 《夏小正》。
⑤ 《周易·说卦》。
⑥ 《周易·说卦》。
⑦ 《礼记·月令》。
⑧ 《逸周书》。
⑨ 福开森:《历代著录吉金目》,商务印书局1939年版。
⑩ 河南偃师二里头商代遗址,出土海贝、石贝和骨贝。
⑪ 《格致镜原》引《妆台记》。
⑫ 《战国策·秦策》。

蚆：博而颋；蜖：大而险；蜬：小者椭"。"魁：陆"。郭璞注："珧：玉珧，即小蚌"；"颋者中央广，两头锐"；"险者，谓污薄"；椭"即上小贝，椭谓狭而长"；"魁：状如海蛤，圆而厚，外有理纵横，即今之蚶也"①。珧即江珧科的江珧；贻贝即贻贝科的淡菜。《尔雅》中关于软体动物的分类，"贝"属双壳纲，"蠃"属单壳纲。其分类原则是多样的，主要根据是个体大小、颜色及其搭配形式、形态特征以及生活环境。海生贝类即属"在水者蜬"之列，而海生螺也被名于"蠃"之中。关于后者，还可从郭璞注得到说明。他说："螺大者如斗，出日南涨海中。"②至于"蜬中诸类名，魧包括了海产的砗磲"，"鲼"包括了海产的宝贝科和其他一些科属动物。关于这点，郭璞也都注有例证。然而，《尔雅》中的"蜬"不统一，"蜬"与"鲼"分别从"虫"和从"鱼"而并用，说明分类与命名还存在某些缺点。此外，《尔雅》的软体动物分类的条目次序，也与其他生物类名存在相互穿插的杂乱现象。这或是后人传抄搞乱所至。

尽管存在这些缺点，但其总体的分类原则和记载的某些类名，在历史上是有影响的。

汉朝著有《相贝经》，是"朱仲受之于琴高，以遗会稽太守严助"③。它应当是关于宝贝科分类与命名的某种总结。此"经"所记，是以贝壳的大小和花纹为分类原则，将它分为"径尺之贝""紫贝"等十几种。④东汉班固又记载了另一分类情况。它是以贝壳大小与质量为分类原则的，将贝分为"五品"："大贝，四寸八分以上"；"壮贝，三寸六分以上"；"么贝，二寸四分以上"；"小贝，寸二分以上"；最后一种为"不盈寸二分"。⑤分类中还分别说明它们与钱的不同等价。这种依贝的大小分类，对于生物学分类而言，还欠缺科学性。《说文解字》也有分类记载："蛤，蜃属，有三，皆生于海……蛤……牡厉……魁蛤，一名复累。"其中魁蛤，一般解释为巨蚶。蛤类虽不只"有三"，亦非"皆生于海"，但已记载海产中的三种，也是重视海生软体动物的表现。

汉朝还记载了海生软体动物的其他类名，有的已使类名明确化。汉朝伏胜和张生等的《尚书大传》明确记载了"车渠"⑥，而《孝经援神契》已载珠母之名，东汉《无量寿经》又载有嵌线螺科的"法螺"⑦，还有《汉书·王莽传》记载了鲍科的"鳆鱼"。这些比先秦所记都较具体和明确。

关于乌贼（或写作乌鲗）的命名，有人将它寓于秦始皇"东游弃筭袋于海，化为此鱼"的神话中，说是"形犹似之，墨尚在腹也"⑧。此说之谬，显而易见。但言它的"形""墨"，却比喻生动。又说："乌贼鱼，一名河伯度事小吏，常自浮水上，鸟见以为死，便往啄之，乃卷取鸟，故谓之乌贼。"⑨乌贼是取意它能"吸波巽（同噀）墨，令水溷黑以自卫"之义，先秦可能已有认识，故名鰕"鲗"，即属"乌贼"的异写。

---

① 《尔雅·释鱼注》。
② 《尔雅·释鱼注》。
③ 《本草纲目》卷46。
④ 《本草纲目》卷46。
⑤ 《汉书·食货志》。
⑥ 《尚书大传·西伯堪黎》。
⑦ 佛经《无量寿经》，东汉至唐宋有不同译名，现存东汉译名为《无量清净平等觉经》。
⑧ 《本草纲目》卷44引。
⑨ 沈怀远：《南越志》，《初学记》卷30"鱼第十"引。

自夏至战国,特别是商周至战国,人们对软体动物的认识又有了较大发展。这从沿海渔业的发展过程中把海错作为贡品、贝壳作为货币、珍珠作为装饰等情况中可得到证明。

战国晚期,有人已尝试探索软体动物的肥瘦规律,并提出了相关的理论:"月也者,月望之本也。月望则蚌蛤实,群阴盈;月晦则蚌蛤虚,群阴亏。夫月形乎天,阴化乎渊。"①这里的"蚌蛤"和"群阴"包括海生类在内。这种"如意阴随月盈亏论",引起了后世的重视,常被引用,乃至现代也在研究,且有不同观点。一般地说,海生动物的活动与光和潮汐相关,而夜光和潮汐随月亮而变化,因此,月盈亏对蚌蛤活动具有一定的影响。由于不同海洋动物的习性有差异,且影响肥瘦还有许多因素,故似乎不致形成它们与月盈亏相应的有节律的肥瘦变化。古代之所以形成这种观念,可能是以大潮汐期间,低潮期能采拾到较肥大的蚌蛤为根据,并从月、水、水生物同为"阴性",而月是阴之"精",从而推导出这种结论的。尽管这种理论尚欠全面,但对于注意总结软体动物生长发育规律,仍有着启发作用。

关于海生软体动物的分布,原始人已有一定的认识,而从殷商至西周,中原地区的人已经知道南海出产宝贝科贝类。当时已以这种贝壳为货币。甘肃、陕西、河南、河北、山东及安徽都出土了这个时期的这种货币,说明使用这种货币广及黄河上中下游地区。春秋战国使用这种货币又有发展。因此,知道南海出产宝贝的人,有可能广及这些地区。《尚书·禹贡》中的贡赋之物,青州有"海物惟错",徐州有"玭珠",扬州有"织贝"。前两地的贡物中当包括海生软体动物在内。"织贝"应是佩有贝壳的织物。因此,《禹贡》记载表明,夏朝至战国时期人们已知海生软体动物的地理分布相当广。

秦汉的地理视野进一步扩大,也表现在对软体动物分布的认识上。西汉元鼎六年(公元前111年),因为知道海南岛东北沿海出珍珠贝和珠,就把当地命名为"珠崖":珠崖和儋耳"二郡在大海中,崖岸之边出珍珠,故曰珠崖"②。司马迁仿《禹贡》记载物产方式,写成《史记·货殖列传》,也记载了国内的产地。西汉已知国外产地有:成帝时(公元前32—公元前7年),"真腊夷献万年蛤,光彩如月。"③这"万年蛤"可能指砗磲或其他大型蛤贝类。至迟不晚于东汉,中原已确知岭南合浦产珍珠贝和珍珠。当时孟尝为合浦太守,那里有采珠活动,并出现了"合浦珠还"故事。④又顺帝时(126—144年),岭南桂阳太守茗曾"献大珠"⑤。东汉,还因佛教自国外传入,又知国外也产大海螺(法螺)。

关于海洋腔肠动物,如珊瑚,在分类与命名问题上,由于它的形态与树木有相似之处,因此,有的将它归入草木类,常称珊瑚树;又因为它的骨骼硬如石,因此又有人说它为石类。对它的本质特征缺乏正确认识,就会导致分类学上的失误,而类别认知上失误,必然又将阻碍对它的习性等方面的深入认识。

南海是我国出产珊瑚的主要海域。远古时沿海居民可能已发现它。至西汉,已有

第三章

先秦秦汉时期的海洋科学认知

---

① 《吕氏春秋·季秋纪·精通》。
② 《汉书·武帝纪》注。
③ 《赵后外传》,《渊鉴类函》卷443引。
④ 《后汉书·孟尝传》。
⑤ 《后汉书·顺帝本纪》。

珊瑚生态的描述:"珊瑚丛生。"①珊瑚虫以胚芽形式繁殖,形成丛生形态,可见,这种描述符合实际。据传西汉又有越南王赵佗向汉王朝献大珊瑚,号称"烽火树","高一丈二尺,一本三柯,上有四百六十二条"枝权。②当时已发现和展览如此巨大的珊瑚,说明对它的生长发育已有一定的认识。东汉《说文解字》已正确地记载"珊瑚色赤,生于海"。至于又说它"或生于山",可能是因已发现珊瑚岛的死珊瑚而言,也可能是指非生物的珊瑚石出产地。

腔肠动物的另一重要成员是水母。对它我国古代很早就有利用和记载。东汉袁康《越绝书》记载:"水母虾目,南中人好食之。"③此书是记载春秋吴越史地和名人活动之书,由此推论,可能早在春秋时,东南沿海人民已食用水母了。

七 海洋藻类知识

海藻属于能进行光合作用的单细胞的海洋水生低等植物。它具有重要的利用价值。早在先秦和秦汉时期,人们对它已有认识和利用。

人们从植物界分出海藻类,是出于利用海藻的特殊性的需要。原始社会沿海居民在长期沿海捕捞鱼贝类实践中,当已发现海藻。传说舜曾对禹说,欲仿古人的样子,制作衣服,要有"藻、火"等形彩。④这"藻"指水藻,可能包括海藻在内。《诗经·召南》等多篇都有"藻"类名,说明"藻"类概念已较流行。至《尔雅》已载"海藻"类名。⑤由此推论,先秦可能已出现"海藻"类名。

《尔雅·释草》:"薙:海藻"。这薙是红藻门的海萝。《尔雅·释草》还载:"纶,似纶;组,似组;东海有之。"郭璞注道:"纶,今有秩、啬夫所带纠青丝。纶、组,绶也。海中草生彩,理有象之者,因以名云。"郭氏正确地指出它是海藻。但究竟如何具体理解,后世有不同观点。南朝陶弘景认为:"昆布似组,青苔、紫菜似纶。"⑥但唐代陈藏器却有不同理解。他认为海藻有两种,并将这两种与纶组等同起来,将它们分别指为马尾藻和大叶藻(指海带)⑦,这就将纶与组局限于这两科海藻的范围。宋代苏颂附和陶氏观点,对陈氏之说持有异议。此外,关于纶与组,何者为藻体阔薄类,何者为藻体细长类,也有异议。李时珍所持观点,就与陶氏以组为阔薄类相反,认为纶才是阔薄类,昆布即此类。⑧

《尔雅》中的"纶"和"组"是海藻象形的次级类名,而不是分别特指海藻的某一种,古代非藻类的"纶"和"组"有多种意义。其中"纶"有"粗如丝""似絮而细"和如"绳"等义,而"组"则有"薄阔为组"等义。因此,海藻"纶"可能是形态细长若丝或似小绳的各种海藻的统称,而海藻"组"可能是形态宽薄的各种海藻的统称。类似的分类方法,《尔雅》还用于脊椎动物和软体动物的分类中,由此也可以说明"纶""组"不是特指某种,而

① 《史记·司马相如传》。
② (晋)葛洪《西京杂记》卷1;又《三辅黄图》卷4"池沼"。
③ 《越绝书》现行本无此句,但类书有引。
④ 《尚书·益稷》。
⑤ 《尔雅·释草》。
⑥ 《本草纲目》卷19引。
⑦ 《本草纲目》卷19引。
⑧ 《本草纲目》卷19引。

是统称,是海藻类的两面种并列的次级总类名。

　　汉代还有其他著作记载海藻种名。《说文解字》记有"荮"外,还载有"蓠:江蓠"。但是,汉代所记具体种名还很少。

　　古代海藻分类学上的成就和发展,也反映在对海藻的描述方面。

　　春秋时有"藻棁"的记载①,说的是于梁上短柱,绘以藻文。此外,还有服装上配以具有藻类的颜色。这些都是应用上的可贵成就。然而,仍缺乏文字上对海藻类的具体描述。"纶似纶,组似组",也有可能为先秦已有的观念,但这是大类特征的概括,尚未具体到种一级的描述。这后一种描述,出现于汉至三国期间。郭璞《尔雅·释草注》云:"荮,药草也,一名海萝,如乱发,生海中。《本草》云。"这《本草》未说明是汉《神农本草经》还是三国《吴普本草》。后人虽有辑录本,但已难确辨。

---

① 《论语·公冶长》。

第四章

先秦秦汉时期的海洋疆域及海洋军事

　　海洋疆域作为一个国家范畴的地理概念，在中国古代早已存在，它不是一个海岸线或海岸带概念，而是一个区域概念，是由海岸线以内的沿海地区及靠近大陆的海岛构成的、有着海洋文化特征的"沿海疆域"。在先秦和秦汉时期，海洋疆域概念逐步形成和发展，有着不同的表现形式，即夏商周时期以居于当时中国东方部族"九夷"居住地区为限，春秋战国时期以沿海的诸侯国海界为主，秦代的海洋疆域主要表现为傍海郡县的设立，汉代继承了秦代的管理方式，在沿海设立部(州)郡(国)。

　　在国家海洋军事方面，夏商和西周中原王朝尚未组建海洋军事力量。春秋时期，沿海的诸侯国家都拥有自己的海洋军事力量，时称舟师。较为发达的造船业和航运业，较为精良的战船和兵器，是当时海洋军事力量最为显著的表现。秦汉时期，造船业和航运业在春秋战国的基础上进一步发展，海洋军事力量进一步加强，海战规模进一步扩大。

第一节　海洋疆域的形成及发展

一　先秦时期海洋疆域的形成和发展

　　在先秦时期，中国的海洋疆域概念已经出现。如果说夏商和西周时期的海洋疆域意识尚不明晰，到了春秋战国时期，沿海诸"国"的强大，在一定程度上促进了海洋疆域概念和观念的形成和发展。

　　(一)夏商与西周时期海洋疆域概念的形成①

　　在中国的语言文字中，"疆"代表境界、边界。《诗经·大雅·江汉》说，"式辟四方，彻我疆土"，可见，疆域的本意是指陆地、陆界。

　　疆界的概念起源颇早，原始社会的疆界已具有地域管理的性质，但并不具有政治统治的内涵。根据考古资料，最早的疆界出现在新石器时代中期。由于生产力水平的

---

① 安京：《试论先秦国家边界的形态》，《中国边疆史地研究》1999年第3期；安京：《中国古代海疆史纲》，黑龙江教育出版社1999年版，第23—32页。

限制,这时城垣的规模还不大,城垣内的范围还比较小,城垣只是储藏粮食、财物和避难的场所。氏族成员平时居住在城堡周围,当外族入侵时,他们便聚集在城垣内,保护妇孺,抵御外敌。

到了夏商与西周时期,陆地边界形态更加明显。夏商与西周的国家组织是以"邑"为基础建立起来的,邑是自然形成的居民聚居地。进入阶级社会以后,一些"邑"的规模不断扩大,成为王的居住地,成为区域政治、经济和文化中心。在夏商"都邑"的外围,分布着许多方国或诸侯国,它们拥戴夏、商王室为共主,依距夏商统治中心距离的远近,臣服的程度也不同。这种自然形成的统治方式被后世学者理想化和理论化,形成了服畿制度。周王朝建立后,继承了商殷的外服制度,但又对这一制度进行了重大改造。改造包括两项内容:一是把殷人的四服制改造成五服制;二是分封子弟功臣,施行分封制。

周王室施行分封制,核心是授民授疆土。在授疆土中,重要的内容是封疆界。封疆界是自都邑的中心区域向东西南北四方各延伸一段距离,在辖区的边缘挖一道壕沟,将挖出的土堆在沟侧,用木桩加固,即"封疆"。实际上,封疆是小城邦或酋邦的疆域特征,不可能是大面积国土划界方式。王畿周边达数千里,这么长的壕沟,在现代都难以挖掘,也没有考古学上的证据。

实际上,在稍大的国土范围内,这类标准统治区是难以实现的。夏商周三代,通过兼并战争,三代帝王直接统治的地域大大扩张,超过了城邦、酋邦的范围,只能以山岭、河川为疆域标志,大山大川成为自然屏障。由都邑封疆扩展到边境的险峻山川,便产生了"四至"的观念。后代史书记载夏朝的疆域"左河济,右华山,伊阙在其南,羊肠在其北"。记殷的疆域"左孟门,右太行,常山在其北,大河经其南"①,皆源于此。②

可见,在中国的疆域发展史上,首先产生的是陆地疆域。但是,随着人们对于海洋认识的深入,人们也逐渐把海洋作为边疆看待,把海洋纳入到他们的疆域范围。这是一个动态发展的过程,以大山大川乃至以大海作为自然屏障,这种现象在春秋时期已经开始出现。当时与海为邻的部落或方国,一直把大海当作天然屏障,以海洋为边疆的思想已较为普遍。我们可以从有关记载中寻觅到这一点,如"于疆于理,至于南海","方行天下,至于海表"等。

关于夏王朝与海洋的关系,我们了解的还很少,但在反映上古历史的《尚书·禹贡》中,我们还是可以看出当时海洋疆域的基本情形。

《禹贡》记载,禹时已有了国家组织,禹夏的疆域分为九州。其中兖、青、徐、扬四州临海。

兖州。《禹贡》曰:"济、河惟兖州。"孔安国说兖州"东南据济,西北距河"。当时的黄河河道与今日河道不同,沿华北平原流入渤海,下游河流众多,有徒骇、太史、马颊、覆釜、胡苏、简、洁、钩盘、鬲津九条河流注入渤海。

青州。《禹贡》曰:"海、岱惟青州。嵎夷既略,潍、淄其道。厥土白坟,海滨广斥。厥田惟上下,厥赋中上。厥贡盐、絺,海物惟错。"《孔传》说青州"东北据海,西南距岱"。

---

① 《史记·孙子吴起列传》。
② 安京:《试论先秦国家边界的形态》,《中国边疆史地研究》1999年第3期。

孔安国认为青州跨越渤海，包括了辽河以东的地区，西南至泰山。嵎夷是沿渤海居住的居民。马融认为："嵎，海嵎也；夷，莱。"潍水，发源于山东莒县东北潍山；淄水，发源于山东莱芜市原山北麓，均流入海。青州的土壤充斥碱、卤，呈白色。贡品是海盐、絺（一种细葛布）和种类繁多的海产品。

徐州。《禹贡》曰："海、岱及淮惟徐州"，并说淮夷的贡品是"蚌珠暨鱼"。《孔传》："东至海，北至岱，南及淮"。这是说徐州的疆域东至海，即今黄海；北至岱，即泰山；南到淮河，方位是清楚的，大致包括了今天山东南部，安徽、江苏的北部。这里居住的淮夷贡奉的是"蚌珠"。孔颖达解释说："蚌是蚌之别名，此蚌出珠，遂以蚌名"。

扬州。《禹贡》曰："淮、海惟扬州。"《孔传》说，扬州"北据淮，南距海"。北边临淮好理解，南面达到"海"似乎不可能。这可能是因为当时的人把长江口以南的东海称为南海。从《禹贡》叙述的三江、震泽（太湖）来看，扬州的南界不会超过长江三角洲区域。扬州临海，因此居住在这里的有岛夷。扬州的贡品有"织贝"。对于"织贝"，学者有不同意见。颜师古认为，"织贝"是作为货币使用的贝类，而郑玄则认为"织贝"是一种纺织品的名字。但无论是哪种货物，它们都是经过海路运往中原的。《孔传》解释"沿于江海，达于淮泗"这句话时，认为贡品是"沿江入海，自海入淮，自淮入泗"。后代学者曾运乾推测："所谓沿于海者，即岭外各地附海诸岛之贡道也。其程沿海入江，溯江入淮；由淮达泗，转由菏济而达于河也。"虽然这只是推测，但考古发掘和相关的人类学研究证明，在四五千年前，东亚民族确实已能驾舟在沿海航行，足迹遍布东亚、东南亚的海岛上。

在《左传》《史记》及汲冢出土的"古本"《竹书纪年》中也保留了一些夏代的史料。

夏人来自东方还是来自西方，是个正在论争的问题，但有关夏人在沿海地区活动的史料并不少见。①

从总体上说，夏王朝时期的东方疆域是远至海洋的，其具体内涵，是夏王朝间接统治的方国（如淮夷、畎夷、风夷、黄夷、白夷、赤夷、玄夷、阳夷、有穷国、寒、有鬲、斟灌、斟寻、有仍国、过国、观国、顾国、莘国、杞国等）有临海的，它们的东方疆域是以海洋为界的。可惜的是关于这方面的材料我们掌握得太少。

关于殷商民族的来源和迁移，史学界说法众多。有越来越多的证据表明，商是来自东方的民族。商与东方沿海民族的关系比以前更为密切。这为我们了解商时期东方海洋疆域提供了较为详细的材料。

殷代的先民们一开始是生活在河北北部靠近渤海湾的广大区域。最新证据来自语言研究，有专家认为殷人的亳，相当于满语中的"居地"。在早期传说中，商人曾多次迁徙。在这些迁徙中，商人曾多次到达东部，濒临大海。商人的祖先曾经有崇拜海洋神祇的习俗，商人的北海神叫止若，《史记》作"昌若"；东海神叫"王吴"，《山海经》中称作"天吴"，《世本》作"粮圉"，王吴即东海大神禹疆。

至少在成汤之际，商人已有了"四海"即四方有海的观念。《诗经·商颂·玄鸟》中有："武王靡不胜，龙旂十乘，大糦是承，邦畿千里，维民所止，肇域彼四海，四海来假。"

在殷商鼎盛的时代，殷的统治达到极为广大的区域。其北方影响到西伯利亚鄂毕

---

① 安京：《中国古代海疆史纲》，黑龙江教育出版社 1999 年版，第 23—26 页。

河一带;西方扩展至陕甘、巴蜀;南部则抵达大海,地处今江西、湖南的强大方国均受到商文化影响;东部则对黄河中下游流域、长江中下游流域产生过重大影响。

殷人与东方的联系比与其他方向的民族更紧密。东方之人被称作夷,在甲骨文、金文中又写作"尸""儿",即夷方、人方。

夷人分成许多小邦国,就是一些小部落。《猷钟》记:"南夷、东夷具廿又六邦。"

在甲骨文和古传史书中有不少商殷人与夷人作战的记录:

《竹书纪年》:"仲丁征于蓝夷。"

《竹书纪年》:河亶甲"征蓝夷,再征班方"。

据后世史书,帝武乙时"东夷寝盛,分迁淮岱,渐居中土"。

帝乙时代,帝乙屡攻夷方。帝辛时攻人方,获得大批俘虏。

商时,造船技术已比较成熟。甲骨文中的"舟"字是舟船的俯视图。这类船已不是石器时代用整根原木挖凿的独木舟,而是有左右侧板、隔板、底板的木板船。

在上海博物馆馆藏的铜鼎上有一金文"荡"字,字的主体是一人负担站于舟中,后有一人划桨(橹),而他脚下的舟船就是一只木板船。

甲骨文的"津"字,像人立舟上,以篙撑船,所驾之舟也是板式舟。"津"是水渡的意思,引申为渡河的渡口。

商周时代使用的这种木板船并没有消失,而是通过改进保留了下来,在长江流域这种加装风帆的木板船至今仍在使用。

关于商殷的地理区划有不同说法。《汉书·地理志》认为殷承夏制,九州的区划没有变化。而三国时期魏人孙炎注《尔雅》,以《尔雅》的九州为殷制。《尔雅》不同于《禹贡》《周礼职方》和《吕氏春秋》的是,有幽州和营州,而无青、梁两州。显然这些说法都只是当时学者的推论,并无多少实据。

总之,商时期有关海洋疆域的材料相对夏王朝时期的来说多了起来,商王朝自身与海洋疆域的关系也更为密切起来。但是,商王朝时期的社会性质依然是早期国家,商朝对沿海地区的控制力是有限度的,远没有形成强大的帝国。

在周王朝,其势力的延伸是随着周民族不断由西向东扩展而伸至东方海滨的,因此周王朝海洋疆域的产生有一个发展过程,即在其早期(西周时期),其东方的海洋疆域还没有形成,西周人对于海洋的认识是通过滨海国家而获得的。到了周王朝的后期,即春秋战国时期,在分封制度基础上诞生了沿海国家,从而在中国出现了真正意义上的国家海洋疆域观念和管理历史。

周民族不断由西向东扩展而伸至东方海滨的明显例子是:

《逸周书·作雒篇》说周公"凡所征熊盈族十有七国",《孟子·滕文公下》又说周公"伐奄三年讨其君,驱飞廉于海隅而戮之,灭国者五十"。说明当时在山东沿海半岛,东夷的支族十分众多。

从西周金文来看,周公东征胜利之后,到康王时,东夷有大反叛。召公和卫侯伯懋父又大举东征。旅鼎铭文:"佳(唯)公大保来叛尸(夷)年"。大保即是召公奭的官名。小臣**谜**簋铭文:"**揚**!东尸(夷)大反,白(伯)懋父以殷八**自**十又一月、**趞**(遣)自**達**述东联,伐海眉(湄),□(粤)厥复归才(在)牧**自**。白(伯)懋父王令(命),易(锡)自**達**征自五嵋贝。"伯懋父即是卫侯康叔之子伯髦,亦即王孙牟,髦、牟、懋三字声同通用(从郭沫若之说）。牧即牧野附近的牧邑，是殷八师的驻屯地。由此可见，卫侯伯懋父因东夷大反，统率殷八师一直攻到了海湄（即海滨）地区，并征收得那里出产的贝。康王以后的金文中就不见有对东夷大规模用兵的记载，该是从此之后，东方沿海的夷部族都已服从周朝的统治了。①

周公剿灭了武庚、管叔、蔡叔和东方东夷人的叛乱之后，又大举分封诸侯。周公旦的儿子伯禽被封为鲁君，占据山东西南部。周公的军队在征灭蒲姑（亳姑、薄姑，今山东博兴东北）后，以其地为吕尚的封地，建齐国，都营丘（今淄博），可能在这时周的统治达于沿海。封于齐地的吕尚是"东海上人"，到国后，"修政，因其俗，简其礼，通商工之业，便鱼盐之利，而人民多归齐，齐为大国"②。

周公主持营建了周的东都——大洛邑（今洛阳西南）之后，举行了盛大的庆典，四方的氏族、部落都来祝贺，并带来了各地的土特产——方物。居住在东方和南方的居民贡奉的多是海产品。《逸周书·王会》记："扬州，禺禺。"注文："禺禺，鱼名。"又记："东越，海蛤。"注文："东越则海际蛤，文蛤。"又记："且瓯，文蜃。"注文："文蜃，大蛤也。"又记："若人，玄贝。"注文："若人，吴越之蛮。玄贝，照贝也。"又记："海阳，大蟹。"注文："海水之阳，一蟹盈车。"越人是驾船的行家里手。《越绝书》记载：越人"水行而山处，以船为车，以楫为马，往若飘风，去则难从"。据记载，越人曾向周王朝献大舟。《艺文类聚》："周成王时，越人献舟。"

周时设立了"职方氏"，以掌管方域事务。根据《汉书·地理志》记载，周时临海的州为幽、兖、青、扬四州，较之禹夏疆域九州中的兖、青、徐、扬四州扩大了许多。

幽州："东北曰幽州，其山曰医无闾，薮曰㹱养，川曰河、濼，浸曰菑、时，其利鱼盐。"师古注曰："医巫闾在辽东。"㹱养在长广，即今山东莱阳东，早已湮废。邕水出莱芜，北入渤海。时水出般阳，汉时般阳县在今山东省淄博市西南。幽州似乎包括了环渤海的广大区域，其中一部分与其他州重叠。

兖州："河东曰兖州。其山曰岱，薮曰泰壄，其川曰河、泲，浸曰卢、潍。其利蒲鱼。"岱即泰山。泰壄即大野泽。卢水、潍水皆在山东半岛。兖州似乎在山东北部，濒临渤海。

青州："正东曰青州。其山曰沂，薮曰孟渚，川曰淮、泗，寖曰沂、沭，其利蒲鱼。"沂山即沂水发源之山，孟渚大约在今河南省商丘市东北，淮、泗、沂、沭四水分布在今山东、安徽、江苏三省。从这里看出，青州临东海，今称黄海。

扬州："东南曰扬州。其山曰会稽，薮曰具区，川曰三江，寖曰五湖。"会稽山在今浙江绍兴市东南。对"三江"，古人有种种说法，已不能确指。"具区"一般认为即今天的太湖。扬州实际是指淮河以南、长江下游的江浙地区，濒临今日的黄海。③

总的看来，殷周之际是国家制度逐步完备的时期，关于疆域的管理、划分及疆域概念也逐渐进步，为其后的国家管理奠定了基础。夏商周（西周）中央王朝是远离海岸线的，它们与海洋的关系是间接的，当时的海洋疆域与其说是夏商周（西周）中央王朝的疆域，不如说是当时沿海方国的疆域。

---

① 杨宽：《西周春秋时代对东方和北方的开发》，《中华文史论丛》1982年第4期。

② 《史记·齐太公世家》。

③ 安京：《中国古代海疆史纲》，黑龙江教育出版社1999年版，第26—32页。

（二）春秋战国时期的海洋疆域①

我们在分析春秋战国时期的海洋疆域时不能忽略的事实是，自西周时期开始的国体变革，导致了春秋战国时期诸侯国相对独立地位的产生，而这样的结果则是沿海国家主体的形成，由此，真正把海洋作为一个国家的疆域的地理观念与管理现象产生了。

春秋战国时期始于公元前770年，止于公元前221年。春秋战国时期是中国历史上发生巨大变革的时期，反映在国家管理制度上，就是从诸侯分封制度过渡到以区域划分为特征的行政管理制度，并在各诸侯国家逐步实行了郡县制度。各国（各诸侯国家）的疆界确定后，管理疆界成为行政管理的重要组成部分，这也是郡县制度在国家边境地区有特别作用的原因。

春秋战国时期，齐、燕、吴、越及楚都是沿海的重要国家。

齐国是东方大国。首封于齐的是吕尚，他是"东海上人"，西行归附周王，并在助周灭殷中发挥了重要作用。史书说："天下三分，其二归周者，太公之谋计居多。"②正因为吕尚立下了如此大的功劳，因而周封吕尚于齐营丘。《括地志》云："营丘在青州临淄北百步外城中"，即今山东淄博市临淄北。吕尚就国之时就与久居山东半岛的莱夷发生纠葛，"莱侯来伐，与之争营丘。营丘边莱。莱人，夷也"③。吕尚到国后，"修政，因其俗，简其礼，通商工之业，便鱼盐之利，而人民多归齐，齐为大国"④。周成王时，管蔡作乱、淮夷叛周，周授予太公尚父以征伐之权，齐于是得以扩张，其疆土"东至海，西至河，南至穆陵，北至无棣"⑤。据考证，在今山东临朐县南75千米的大岘山上有穆陵关，为齐南境。今河北盐山县即古无棣，为齐北境。当时的黄河趋东北流，为齐西境。齐东北部疆域临渤海。在齐的东方，今山东半岛上有莱夷居住。在齐的南方，临海居住的有淮夷。进入春秋时代，齐国出现了另一个著名的君主齐桓公。公元前685年齐桓公继位后，以管仲为辅，"修齐国政，连五家之兵，设轻重鱼盐之利，以赡贫穷，禄贤能，齐人皆说"⑥。

齐国经济发达是开发海洋资源、扩大贸易的结果，主要的海产品是鱼、盐。

以柴薪煮盐是齐国重要的产业。据《管子》记载，管子曾向齐桓公献策曰："楚有汝汉之金，齐有渠展之盐，燕有辽东之煮"，"君伐菹薪煮沸水为盐，正而积之，三万钟。至阳春，请籍于时。"管子解释说，阳春之时，农事方作，令民专事农耕，不做其他事情，包括煮盐。这样，盐价就会上升，用价格提高获得的利润疏浚黄河、济水，把盐输往梁、赵、来、卫等国，可以获得很多利润，并且可以借此控制各国。

齐国不仅与内地进行贸易，而且与沿海国家有通商关系，《国语·齐语》有"通齐国鱼盐于东莱"的记载。

经过几代君主治理，兴工商渔盐之利，齐国迅速发达起来，成为"带山海，膏壤千

---

① 安京：《中国古代海疆史纲》，黑龙江教育出版社1999年版，第33—42页。
② 《史记·齐太公世家》。
③ 《史记·齐太公世家》。
④ 《史记·齐太公世家》。
⑤ 《史记·齐太公世家》。
⑥ 《史记·齐太公世家》。

里,人民多文采布帛国盐"①的富饶国家。当时的临淄成为东方的大都会。

齐凭借军事实力,先后吞并了谭(今山东历城西北)、遂(今山东肥城南)、薛(今山东微山东北)、牟(今山东莱芜东)、夷(今山东胶州东北)、东莱(今山东黄县至荣成一带)等地。齐桓公曾自诩说:"余乘车之会三,兵车之会六,九合诸侯,一匡天下。北至于孤竹、山戎、秽貊,拘秦夏,西至流沙、西虞,南至吴、越、巴、牂牁、𤇏、不庚、雕题、黑齿、荆夷之国。莫违寡人之命。"②这类记载显然有夸大之处,但齐曾为东方霸主是历史事实。

齐桓公二十三年(公元前663年),因山戎伐燕,齐遂起兵救燕,至于孤竹而还。孤竹在今河北卢龙。有学者认为,齐这次救燕战役,是在临海地区进行的,很可能动用了水军。因为齐桓公在制订扩张计划时充分考虑了利用海洋的地理特点,利用海滨、海湾、海滩,实施掩护,作为补给地。在征燕计划中也包含了这类内容。

公元前567年,齐国征服了莱夷,占据了山东半岛,齐人与海洋民族莱人互相融合,驰骋于千里海疆。

据说自齐桓公时就开始了海疆巡狩活动,《国语·越语》记:"齐桓公将东游,南至琅邪。"

齐国另一位君主齐景公出巡的路线肯定是沿近海而行的。《孟子·梁惠王下》记齐景公对晏子说:"吾欲观于转附(今山东省烟台市芝罘)、朝舞(今山东半岛东北端成山),遵海而南,放于琅琊(今青岛市琅琊台西北)。"《韩非子》也记载了"景公与晏子游少海"。西汉著作《说苑》记齐景公与晏子"游于海上而乐之,六月不归"。

凭借海上势力,齐国与吴后进行了一次大规模海战。

公元前494年,吴王夫差战胜越国后,回首北上,逐鹿中原,"伐齐南鄙",开凿邗沟,以运兵秣。公元前485年,吴与鲁、邾、郯进攻齐国,吴王夫差率军由邗沟入淮北伐,另遣大夫徐承率舟师自海入齐。这次海战齐国取得胜利,吴水军返航。《史记·吴太伯世家》记:"齐鲍氏弒齐悼公,吴王闻之,哭于军门外三日,乃从海上攻齐。齐人败吴,吴王乃引兵归。"

战国时,齐国为田氏所篡,取代姜氏。齐威王击赵、卫,破魏,大大扩张:"南有泰山,东有琅邪,西有清河(洹水下游入河处),北有渤海,所谓四塞之国也,地方二千余里。"③战国时齐国经济也很发达。"临淄之途,车毂击,人肩摩,连衽成帷,举袂成幕,挥汗成雨,家敦而富,志高而扬。"④

其后,齐逐渐衰落,但在秦攻燕时,齐水师"仍涉渤海",救援燕国。

燕国居于渤海之滨。这一地区在殷商、西周时代有孤竹国(今河北卢龙)、令支(今河北迁安)。周初,周武王封召公于燕,始封地为蓟,在今北京市房山县琉璃河董家林村一带。春秋时期初年,燕国常受周边国家侵扰,国力较弱,一度迁至临易(今河北雄县)。公元前663年,山戎侵燕,"齐桓公北伐山戎,刜令支,斩孤竹"。⑤ 在齐援燕后,

---

① 《史记·食货志》。
② 《管子》。
③ 《战国策·齐策》。
④ 《战国策·齐策》。
⑤ 《国语·齐语》。

燕在渤海西岸的地位开始巩固,"燕君送齐桓公出境,桓公因割燕君所至地予燕"。《括地志》记:"燕留故城在沧州长芦县东北十七里,即齐桓公分割燕君所至地与燕,因筑此城,故名燕留。"长芦在今河北省沧州市西。

至燕孝公(公元前464—公元前450年)时,燕"东有朝鲜、辽东,北有林胡、楼烦,西有云中、九原,南有呼沱、易水,地方二千里"①。

据史书记载,燕文公(公元前361—公元前334年)时,燕国已有海上舟师,并开始发展海上交通。

燕昭王二十八年(公元前284年),燕国殷富,士卒勇于战斗,遂与秦、楚、三晋合谋伐齐,齐兵败,燕军进入齐都临淄,齐城不下者,唯聊、莒、即墨,其余皆归属燕国。燕占齐地达6年之久。燕昭王二十九年(公元前283年),燕将秦开攻东胡,东胡退千里,燕筑长城,西起造阳(今河北怀来境内),东抵襄平(今辽宁省辽阳境内)。燕国向东北发展,开拓了大凌河、辽河流域,并设上谷、渔阳、右北平、辽西、辽东五郡。

战国末年,在秦强大的攻势下,燕在易水流域被击败,公元前226年,秦将王翦率军攻占燕都蓟,燕王喜逃奔辽东,秦将李信率军追击。公元前222年,秦将王贲"攻燕辽东,得燕王喜"②,燕国灭。

吴国地处水网地带,濒临大海,是水上强国。吴造船能力很强,水军战船种类很多,"船名大翼、小翼、突冒、楼船、桥船,今舡军之教比陵(陆)军之法,乃可用之。大翼者当陵军之冲车,楼船者当陵军之楼车,桥船者当陵军之轻足骠骑也"。吴舟师主力舰大翼一艘约广一丈五尺二寸,长十丈;中翼一艘广一丈三尺五寸,长九丈六尺;小翼一艘广一丈二尺,长九丈。

至吴王阖闾时(公元前514—公元前496年),在楚人伍子胥的辅弼下,国势强大,连续进攻周边国家楚、越。公元前506年,吴与唐、蔡西伐楚,进至汉水,大败楚军,并占领了楚都郢。

公元前494年,吴王夫差率精兵攻越,在夫椒大败越军,越王勾践以甲兵5000人退保会稽,以美女8人送吴太宰伯嚭,使越人免于亡国灭种的结局。

公元前489年,吴王不听伍子胥劝阻北伐齐。公元前487年,吴北伐鲁。公元前485年,吴再一次北伐齐,"乃从海上攻齐。齐人败吴,吴王乃引兵归"③。

公元前482年,卧薪尝胆、以图复仇的越王乘吴王北上会盟、后方空虚的时机,偷袭攻入吴都,俘获太子友。这次攻吴,越水陆并进,水军自海路攻吴退路,越大胜。吴王夫差退回吴地后,士卒疲惫,只得与越言和。

吴都于姑苏(今江苏苏州),国土包括今江苏大部和安徽、浙江一部,北至淮泗流域,南临太湖流域(今浙江嘉兴湖州之地),东依海。

公元前475年,越攻吴。公元前473年,吴王夫差自杀,吴国灭。

越为水上民族,长于行舟。《越绝书》记:"夫越,惟脆而愚,水行而山处,以船为车,以楫为马,往若飘风,去则难从。"④《淮南子》中说:"胡人便于马,越人便于舟。"正因如

---

① 《战国策·燕策》。

② 《史记·秦始皇本纪》。

③ 《史记·吴太伯世家》。

④ 《越绝书·外传记地传第十》。

此,越人有高超的造船技术,舟船种类也很多。战船有戈船、楼船,民用船有扁舟、轻舟等。越人称船为"须虑",喻海为"夷"。在战争中,水军是越国重要的军事力量。

公元前482年,越乘吴王北上会盟,大举攻吴,"乃发习流二千人,教士四万人,君子六千人,诸御千人伐吴"①,吴军被击败。"习流",古人解为流放之人,或指水军。据《国语·吴语》,越军分兵两路,一路由范蠡、后庸率领舟师"沿(沿)海泝(溯)淮,以绝吴路";另一路由大夫畴无余、讴阳为先锋,勾践自领主力随后,从陆路进攻。此役,攻占吴国首都姑苏。

辅佐勾践灭吴的范蠡后来"浮海出齐,变姓名,自谓鸱夷子皮,耕于海畔,苦身戮力,父子治产,居无几何,致产数十万"②。

据《吴越春秋》记,灭吴后,越王杀相国大夫种,葬种于国之西山,"葬一年,伍子胥从海上穿山胁而持种去,与之俱浮于海"。这当然是个习海民族的传说。其后,"越王既已诛忠臣,霸于关东,从琅邪起观台,周七里,以望东海,死士八千人,戈船三百艘"③。

越首都为会稽(今浙江绍兴),初时有浙江大部和江西东部,灭吴后,据有吴地,其后迁都琅琊,据有山东南部。

楚也为春秋战国时强国,至楚威王时(公元前339—公元前329年),楚兴兵与越军抗争,大败越军,杀越王无疆,"尽取故吴地至浙江,北破齐于徐州"④。这样,楚国的东部疆域抵达东海。而越国遂亡,诸侯子孙"滨于江南海上,服朝于楚"⑤。

《战国策·楚策》记楚四至:"西有黔中、巫郡,东有夏州(今武汉)、海阳(东海之滨),南有洞庭、苍梧(今湖南境),北有汾陉之塞(即陉山,在河南新郑南)、郇阳,地方五千里。"

公元前306年(一说在公元前334年),楚怀王灭越,在江东置郡,楚国终于成为沿海国家。

二 秦汉时期海洋疆域的发展⑥

(一)秦代的海洋疆域

在秦王朝的历史上,不同时期的秦王朝的疆域是不同的,秦疆的开辟是随着秦王朝统治范围的不断扩大而扩张的。

经过几代君王的经略,秦的政治、经济、军事实力大大加强,开始向东方扩张。到了秦王嬴政的时代,征服东方的战争大规模展开⑦,到了公元前221年,六国皆灭,秦疆域"地东至海暨朝鲜,西至临洮、羌中,南至北响户,北据河为塞,并阴山至辽东"⑧。

---

① 《史记·越王勾践世家》。
② 《史记·越王勾践世家》。
③ 《吴越春秋·勾践伐吴外传》。
④ 《史记·越王勾践世家》。
⑤ 《史记·越王勾践世家》。
⑥ 本部分引见安京:《中国古代海疆史纲》,黑龙江教育出版社1999年版,第43—49,50—67页。
⑦ 《史记·秦本纪》。
⑧ 《史记·秦始皇本纪》。

秦海疆自辽东一直延至浙江流域。

公元前214年,秦始皇开凿灵渠,沟通了湘水和岭南水系,进军攻取岭南地,置桂林郡(今广西桂平南)、南海郡(今广州市)、象郡(今广西崇左境内),发谪戍50万屯驻岭南。这样,秦海疆向南延伸至南海。

统一中国的秦王朝的出现,第一次形成了中国统一的海疆。而秦始皇的几次东巡,则在一定程度上促进了对当时中国东部乃至南部沿海疆域管理和认识的加强。

秦始皇统一中国后,威仪赫赫。为了加强统治,他开始进行大规模的巡狩活动。秦始皇曾有过五次大规模巡行,其中四次是沿海巡视,可见其对海疆的关注。

秦始皇二十八年(公元前219年),他开始第二次巡狩活动。这次他东行先登邹峰山,后登泰山,刻石颂功;然后沿渤海岸东行,路过黄(今山东黄县)、腄(今山东福山),抵达成山(今山东半岛成山头);并登芝罘(今山东烟台市);随后南至琅琊,加筑琅琊台,立石刻,颂秦德。其中特别强调了秦国疆土的完整性:"六合之内,黄帝之土,西涉流沙,南尽北户,东有东海,北过大夏。"[1]秦始皇与属臣在海上航行中议论到国家制度变革及其影响:"古之帝者,地不过千里,诸侯各守其封域,或朝或否,相侵暴乱,残伐不止……今皇帝并一海内,以为郡县,天下和平。"[2]也就是在这次旅行中,齐地人徐市(徐福)上书,说海中有三神山,名蓬莱、方丈、瀛洲,仙人居住其上,并请求给予童男童女以便寻访神山。秦始皇批准了这个计划,于是开始了徐福率领数千人的大规模航海活动。

二十九年(公元前218年),秦始皇再次东巡至芝罘、琅琊,刻石树碑,其中提到"清理疆内,外诛暴强"[3],对海内外施加威仪。

三十二年(公元前215年),秦始皇来到离当时黄河口不远的碣石。他命令燕人卢生寻访仙人,命韩终、侯公、石生求仙人不死之药,随后巡视了北部疆界。卢生入海,一无所获,只好借鬼神之辞说:"亡秦者胡也。"[4]于是秦始皇派蒙恬率兵30万进攻胡人,夺取了唐灵、夏、胜等州。后世儒生附会说,卢生实际上是告诉秦始皇,亡秦的"胡",不是胡人,而是秦二世胡亥。这其实是历史的巧合。

三十五年(公元前212年),秦始皇"立石东海上朐界中,以为秦东门"[5]。朐在今江苏省连云港市。这可能是中国国家政权第一次设立的海疆标志。

三十七年(公元前210年),秦始皇开始了他第四次海疆巡狩活动,也是最后一次巡狩。与他同行的有少子胡亥。这次行动的路线是经云梦,沿长江东下,过丹阳(今安徽当涂),到达钱塘(今浙江杭州),观浙江,到达会稽(浙江绍兴),驰望南海(今东海)。

其后秦始皇北还,至吴(江苏苏州市),自江乘(江苏镇江)渡,乘舟沿海航至琅琊。在东巡中发生了一件有趣的事。访仙多年、花费了巨资的徐福欺骗秦始皇说,之所以不能到达蓬莱,是因海上有大鱼作怪,于是秦始皇"乃令入海者赍捕巨鱼具,而自以连弩候大鱼出射之。自琅邪北至荣成山,弗见。至之罘,见巨鱼,射杀一鱼。遂并海

---

① 《史记·秦始皇本纪》。
② 《史记·秦始皇本纪》。
③ 《史记·秦始皇本纪》。
④ 《史记·秦始皇本纪》。
⑤ 《史记·秦始皇本纪》。

西"①。在这次海上航行后，秦始皇得了重病，还未回到都城就病死了。

秦二世秉政后，也学先帝"巡行郡县，以示强，威服海内"。于是东行郡县"到碣石并海，南至会稽"，后"遂至辽东而还"。②

秦始皇海疆巡狩的一个重要目的是寻访仙人仙药，这是不容否认的。但是，他的海疆巡狩也具有政治目的。首先，秦始皇的海疆巡狩是为了向海内外各类势力证明中央王朝的统治权。秦始皇统一全国后，六国贵族并未平定，而是蠢蠢欲动，意欲复辟。尤其是地处偏远的临海诸国更是难以对付。为了防止旧势力反抗，秦始皇除了把一些六国遗族迁往京畿地区外，还借巡视海内外显示秦王朝的强大。其次，秦皇东巡祭祀名山大川，也希冀得到各地区各阶层被统治者从精神上和道义上对中央政权的支持。

以上从秦朝历史发展的角度粗略地论述了秦朝疆域的发展情况，以及秦始皇对海疆的重视，下面着重分析一下秦代海疆的政区地理状况。

秦灭六国后，"分天下以为三十六郡，郡置守、尉、监"。至秦末有四十二郡。其中秦傍海郡县为：

辽东郡：治襄平（今辽阳市），故燕郡，始皇二十五年占。《读史方舆纪要》："今辽东定辽（今辽宁辽阳）等卫境。"

辽西郡：治阳乐（今辽宁义县西南），故燕郡，始皇二十五年占。"今永平府（治今河北卢龙）以北至废大宁卫，又东至辽东广宁（今辽宁锦州一带）等卫境。"③

右北平郡：治无终（今天津蓟县），故燕郡，秦始皇二十五年占。"今永平府至蓟州（今天津蓟县），又北至废大宁卫之西南境。"④

渔阳郡：治渔阳（今北京密云西南），故燕郡，始皇二十一年占。"今顺天府（治今北京）东至蓟州一带。"⑤

广阳郡：治蓟县（今北京市西南），故燕郡，始皇二十三年占。"今保定府（治今河北保定）、河间府（治今河北河间）及顺天府之南境、西境，又延庆、保安二州至宣府镇境内皆是。"⑥

钜鹿郡：治巨鹿（今河北平乡西南），始皇二十三年置。"今顺德府（治今河北邢台）及真定府，郡治钜鹿。"⑦

济北郡：治博阳（今山东泰安东南），秦置。据《汉书·高帝纪》，汉初尚有胶东、胶西、临淄、济北、博阳、城阳郡七十三城，是以秦置。

齐郡：治临淄（今山东淄博市临淄）。秦置齐郡："今青州府（治今山东益都）、登州府（治今山东蓬莱）、莱州府（治今山东莱州）及济南府（治今山东济南）之境。郡治临淄。"⑧

胶东郡：治即墨（今青岛市所辖即墨市）。

---

① 《史记·秦始皇本纪》。
② 《史记·秦始皇本纪》。
③ 《读史方舆纪要》。
④ 《读史方舆纪要》。
⑤ 《读史方舆纪要》。
⑥ 《读史方舆纪要》。
⑦ 《读史方舆纪要》。
⑧ 《读史方舆纪要》。

琅琊郡:治琅琊(今青岛市所辖胶南),始皇二十六年置。"今兖州府(治今山东兖州)东境,沂洲(治今山东临沂),青州府南境,莒州(今山东莒县)、莱州府南境,今胶州(今青岛所辖胶州市)一带皆是其境。"[1]

东海郡:治郯县(今江苏郯城北),始皇二十三年置。《汉书·地理志》《水经注》:始皇二十三年置薛郡。后析薛郡为郯郡,汉改郯为东海郡。"今兖州府东南至江南海州(治今江苏连云港)一带是其境。"[2]

会稽郡:治吴县(今江苏苏州市),始皇二十五年置。"今苏州、常州、镇江、松江(治今上海华亭)诸府及浙江境内州郡皆是,郡治吴"[3]。

闽中郡:治东冶(今福建福州市)。《史记·闽粤王传》:"秦并天下,以其地为闽中郡。"《读史方舆纪要》:"今福建福州郡,郡治侯官(今福建福州)。"

南海郡:治番禺(今广州市),始皇三十三年置。"今广东广州、肇庆、南雄、韶州、惠州及高州府(治今广东茂名)北境,广西平乐府(治今广西平乐)东境,及梧州(治今广西梧州)东南境,皆是其地,郡治番禺(今广州)。"[4]

桂林郡:治桂林(今广西桂平西南),始皇三十三年置。"今广西境内州郡。"[5]

象郡:治临尘(今广西崇左),始皇三十三年置。"今广东雷州(治今广东海康)、廉州(治今广西钦州)、高州诸府,及广西梧州府南境,以至安南(今越南)州郡皆是。"[6]

秦代是中国实现大一统的时代,高度集中的中央集权政府按行政区划进行管理,不仅有了完整的陆上疆界,显著的陆疆标志——长城,而且也有了统一的海上疆界,明确的海疆标志,从而在疆域管理方面达到了前所未有的高度。[7]

(二)汉代的海洋疆域

汉代政区分划和行政管理分为三级:州、郡(国)、县。在郡之上设州始于汉武帝。《汉书·地理志》云:"武帝攘却胡、越,开地斥境,南置交趾,北置朔方之州,兼徐、梁、幽,并夏、周之制,改雍曰凉,改梁曰益,凡十三州,置刺史。"十三刺史部及司隶校尉部辖郡、国,郡、国下置县。西汉海疆列下:

第一,幽州刺史部。

乐浪郡:治朝鲜(今朝鲜平壤)。汉武帝元封三年(公元前108年),灭朝鲜,置乐浪、玄菟、真番、临屯四郡。昭帝始元五年(公元前82年),罢真番、临屯二郡,并入乐浪、玄菟郡。《后汉书·东夷传》:"昭帝始元五年,罢临屯、真番,以并乐浪、玄菟。玄菟复徙居句丽。自单单大岭以东,沃沮、濊貊悉属乐浪。后以境土广远,复分岭东七县,置乐浪东部都尉。"

辽东郡:治襄平(今辽宁辽阳)。

① 《读史方舆纪要》。
② 《读史方舆纪要》。
③ 《读史方舆纪要》。
④ 《读史方舆纪要》。
⑤ 《读史方舆纪要》。
⑥ 《读史方舆纪要》。
⑦ 安京:《中国古代海疆史纲》,黑龙江教育出版社1999年版,第43—49页。

辽西郡:治阳乐(今辽宁义县西)。

右北平郡:治平冈(今辽宁凌源西)。

渔阳郡:治渔阳(今北京密云西南)。

渤海郡:治浮阳(今河北沧州东南)。汉初"立张耳为赵王"。《史记·汉兴以来诸侯王表》:"常山以南,太行左转,渡河,齐、阿、甄以东薄海,为齐、赵国。"后析巨鹿置清河郡、河间郡。文帝十五年(公元前165年),"河间国除,分河间、广州、渤海五郡"。

第二,青州刺史部。

千乘郡:治千乘(今山东高青东)。

齐郡:治临淄(今山东淄博临淄)。

北海郡:治营陵(今山东昌乐东南)。

东莱郡:治掖(今山东莱州)。

第三,徐州刺史部。

琅琊郡:治东武(今山东诸城)。

东海郡:治郯(今山东郯城北)。

临淮郡:治徐(今江苏泗洪东南)。

第四,扬州刺史部。

会稽郡(吴郡):治吴(今江苏苏州)。

第五,交州刺史部。《史记·南越尉佗传》记:"南越已平矣,遂为九郡。"《汉书·武帝纪》记九郡名为:南海、苍梧、郁林、合浦、交趾、九真、日南、珠崖、儋耳。杜佑《州郡典·古南越地》注:"分秦之南海、桂林、象郡,置苍梧、郁林、合浦、日南、九真、交趾并归九郡。"珠崖、儋耳二郡为武帝元封元年置。《汉书·贾捐之传》:"武帝征南越,元封元年立儋耳、珠崖郡。"昭帝始元五年(公元前82年),儋耳并入珠崖。元帝初元三年(公元前46年),弃珠崖郡。

南海郡:治番禺(今广东广州)。

合浦郡:治合浦(今广西合浦东北)。

交趾郡:治嬴陵(今越南河内)。

九真郡:治胥浦(今越南清化西北)。

日南郡:治西捲(今越南广治西北)。

东汉海疆与西汉海疆略同,其有变者如下:

第一,幽州刺史部:辽东属国,分辽东郡西部置,治昌黎(今辽宁义县)右北平郡,治土垠(今河北丰润东)。

第二,冀州刺史部:渤海郡,治南皮(今河北南皮北)。

第三,青州刺史部:乐安国,治临济(今山东高青东南);北海国,治剧县(今山东昌乐);东莱郡,治黄县(今山东黄县东)。

第四,徐州刺史部:琅琊国,治开阳(今山东临沂北);广陵郡,前汉国,治广陵(今江苏扬州)。

第五,扬州刺史部:吴郡,分会稽郡置,治吴县(今江苏苏州);会稽郡,治山阴(今浙江绍兴)。

第六,交州刺史部:交趾郡,治龙编(今越南北宁)。

汉代行政管理在秦代开创的基础上，更加巩固，并有所发展。州、郡（国）、县三级国家区划体制对后代国家行政管理制度产生了较大的影响。①

第二节　先秦时期海洋军事的出现②

一　海洋军事力量的产生

海洋军事基于一个主权国家的外部安全需要，其前提是与海洋为邻，并且拥有一定的海洋防卫和海战力量。在先秦时期，夏商和西周王朝的中心地区居于中原地带，远离海洋，自然没有海洋军事的因素。到了春秋战国时期，在分封制基础上裂变而形成的诸侯列国，虽然名义上隶属于周王朝，但是其所拥有的独立性使得它们成为实际上有相当实力的主权国家。沿海的齐、吴、越等国与大海天然为邻，它们出于自身国家安全的需要，各自储备了一支强大的海洋军事力量。这样的海洋军事力量，其名称是舟师。舟师的形成，标志着中国古代海军的诞生。

人类社会自从出现阶级和阶级战争以后，船舶逐渐由运输和捕鱼工具，发展成为一种暴力工具。据殷商甲骨卜辞记载，商代后期，商王武丁曾派人乘船追捕逃亡海上的奴隶，用了 15 天时间把这批奴隶捕捉回来。后来，随着船舶质量的提高和数量的增加，船舶便大规模地用于战争了。

最初，船舶只是被征调用来运送部队和军事物资。武王伐纣渡孟津，是我国史籍关于船舶用于军事运输的最早记载。公元前 1027 年正月（另一说为公元前 1066 年，见唐志拔《中国舰船史》等），周武王率兵车 300 乘，虎贲（周王的近卫军）3000 人，甲士45000 人，并联合了一些方国部落的军队，大举伐纣。参战部队由 47 艘大船运送，在孟津渡河东进，直捣商都朝歌，灭亡了商朝。这次渡河作战，组织严密，有专人指挥船只，规模空前。但这些船只毕竟是临时征集的，没有专门用于水战的兵器和人员，因此还称不上舟师。

到了春秋时期，由于生产力的发展，特别是铁器的使用，造船技术和造船能力得到空前的提高。临江傍海的诸侯国都出现了造船业，其中以吴、越最为发达，称之为"船宫"，能造多种用途的船只。南方各国江河密布，水上运输也很兴盛，吴国"不能一日而废舟楫之用"。至于越国，还在周代，就有"于越献舟"的盛事，浩浩荡荡的部队沿海北上，入淮河西行，到达今天西安附近周王朝统治的中心地区。所有这一切，为中国古代海军的形成创造了物质条件。

春秋时期，各诸侯国力量日渐强大，出现了王室衰微、诸侯争霸的局面。各诸侯国之间的战争连绵不断，先是在中原地区进行，后来扩展到东南地区。为了适应水网地区作战的需要，南方的吴国、越国、楚国和濒临东海的齐国，都先后改装和建造战船，抽调官兵进行水上作战训练。于是，古代海军便应运而生了。

---

① 安京：《中国古代海疆史纲》，黑龙江教育出版社 1999 年版，第 50—67 页。

② 本节引见张铁牛、高晓星：《中国古代海军史》，八一出版社 1993 年版，第 4—17 页。

我国古代海军诞生于何时何地,史书没有明确记载,但可以根据史料推算出来。据《左传·襄公二十四年》记载:"楚子为舟师以伐吴,不为军政。无功而还。"这是目前见到的第一次水战记载。这次水战发生在鲁襄公二十四年,即公元前549年。这就是说,在公元前549年以前,楚国就已经有了舟师。据元代的马端临考证,"楚用舟师自康王始"①。按楚康王元年,正当鲁襄公十四年,即公元前559年。可见我国古代舟师在鲁襄公十四年至二十四年,即公元前559年至549年之间就已诞生,距今已有2550多年的悠久历史了。

春秋战国时期较为发达的造船业和航运业、较为精良的战船和兵器,成为当时海洋军事的物质基础。

春秋时期的内河航运相当发达,"泛舟之役"就是一个突出的例证。据《左传》记载,鲁僖公十三年(公元前647年)秦国赈济晋国的几万斛粮食"自雍及绛相继"。雍是秦国的都城,在今陕西凤翔县,临渭水。绛是晋国都城,在今山西省绛县,傍汾水。运粮船至绛,先沿渭水东下入黄河,然后逆流北上,东折入汾水,航程六七百里,首尾相继,浩浩荡荡,蔚为壮观。

长江的航运更为兴盛。据《史记·张仪列传》记载,张仪游说越怀王时说:"秦西有巴蜀大船,积粟起于汶山,浮江以下,至越三千余里,舫船载卒,一舫载五十人与三月之食,下水而浮,一日行三百余里,里数虽多,然而不费牛马土力,不至十日而距扞关(扞关在楚的西界)。"1958年,在安徽寿县出土了战国时期楚怀王赐给鄂地一个名叫启的封君的行路符节,叫"鄂君启金节"。节文规定,鄂君持有此节,可以集3艘船为1批,以50批即150艘为限,自武昌出发,在长江、汉水、湘江、资水、沅江、沣水和赣江航行,以达汉口、南昌、沙市等处,可免税通行,并可得到食宿优待。这从一个侧面说明,当时楚国已经设立了水路驿站,由此可见长江中下游广大地区舟船往来之盛况。

公元前506年,吴王阖闾命伍子胥开凿了世界上最早的一条运河——胥河。胥河又称胥溪,它从苏州通太湖,经宜兴、高淳,穿石白湖,在芜湖注入长江,全长100多千米,从而缩短了从苏州到安徽巢湖一带的路程。在胥溪开成的当年,吴王阖闾就率军从胥溪伐楚,取得了胜利。阖闾死后,夫差又派人开凿了江都到淮安长达185千米的邗沟。公元前484年,吴国军队从这条水路进攻齐国,又取得胜利。连续两次胜利,使夫差更加相信利用水路进军的价值,于是又深挖了泗水和济水之间的菏水。这样一来,吴国军队从苏州乘船出发,从邗沟进入淮河,再从淮河进入泗水,然后通过菏水进入济水,就可以直达中原腹地,与中原诸侯国争霸了。

下面我们再来看春秋战国时期舟师的战船和兵器。

春秋末期,各诸侯国的兼并战争从中原地区逐渐转移到江南。中原地域平坦,在战争中多用兵车。江南江河交错,宜于水战。于是,专门用于水战的船舶——战船便应运而生了。《神机制敌太白阴经》卷4说:"水战之具,始于伍员,以舟为车,以楫为马。"

伍员,又名伍子胥,楚国人,因父兄为平王所杀,投奔吴国,佐吴伐楚,深受吴王阖闾倚重。一日,阖闾向伍子胥请教船军之备,伍子胥"对曰:船名大翼、小翼、楼船、桥

---

① 《文献通考·兵一注》。

船"①。这是见之于文献的我国战船的最早分类。

另据《吴越春秋》记载,吴国的战船,除上述几种外,还有中翼。大翼、中翼和小翼合称"三翼"。

大翼,"广一丈五尺二寸(以当时每尺约合 0.23 米换算,约 3.5 米),长十丈(23米),容战士二十六人,櫂(桨手)五十人,舳舻三人,操长钩矛斧者四人,吏仆射长各一人,凡九十一人"②,船上配备的兵器有长钩、长矛、长斧各 4 把,弩 32 把,箭矢 3200支,头盔 32 顶。③ 这种战船船身狭长,桨手多,因而速度快。从船的尺寸和人数看,大翼可能有两层,下层为桨和操船水手工作的场所,上层是士兵作战的地方。

中翼,广一丈三尺五(3.1 米),长九丈六(22 米)。

小翼,广一丈二尺(2.8 米),长九丈(20.7 米)。

这三种船船体狭长,速度快,适宜于在长江中下游活动。

突冒,船首所装坚硬而突出的冲角,船体结构坚固。《尔雅》记载,"冒突取其触冒而唐突也"。冒突即突冒,意思是说这种船是因有冲角,能冲击敌人而得名的。

楼船,"楼船者,当陵军(陆军)之行接车也"④。所谓接车,据《通典》的解释,是"以八轮车,上树高竿,竿上安辘轳,以绳挽板屋止竿首,以窥城中"。《梁书·侯景传》说,"设百尺楼车,钩城堞尽落,城遂陷"。由此可见,楼车是在车上设十余丈高架,推临城边,既可瞭望又可攻城的一种战车。与楼车相当的楼船,也是在船上设高架,可在上面发矢石,居高临下地攻击敌人。这种楼船由于形体高大,还可在水上阻挡敌人的进攻。

桥船,据《越绝书·札记》记载,伍子胥把这种船解释为相当于"陵军之轻足骠骑"。可见桥船是一种体积小、速度快、机动性好的轻捷战船,可用于冲锋陷阵。

此外,吴国还有一种专供君王乘坐的"王舟",称为"余皇",是水战中的指挥船。

越国舟师的实力不亚于吴国,战船的种类不少,但见之于文献的只有戈船。据《越绝书》记载,公元前 468 年,越王勾践自会稽(今浙江绍兴)迁都至琅琊时,曾用"死士八千人,戈船三百艘"。什么是戈船? 一种观点认为"越人于水中负人船,又有蛟龙之害,故置戈于船下,因以为名",另一种观点则认为船"以载干戈,因谓之戈船"⑤。看来后者比较可信,戈船可能是载执戈的战船,用于与敌人短兵格斗。

齐国的战船,无从查考。据《北堂书钞》卷 137 记载,秦国有太白船,晋国有飞云船、仓隼船、金船、小儿、先登、飞鸟等战船。

综上所述,我们可以看出,春秋时期在建造战船时,已注意到了速度、机动性和战斗力,注意到了按作战任务和作战水域配套发展战船,既能在水战中各自发挥其性能特点,又能取长补短,形成整体战斗力。

春秋时期舟师所使用的兵器,除与陆师通用的刀、剑、弓、矛之外,还有专用的,如长钩矛、长斧之类。据《墨子》记载,公输班帮助楚国"为舟战之具,谓之钩拒,退则钩之,进则拒之"。这种兵器的形状不详,可能是一根带金属钩刀的长竿。古代水战主要

---

① 《越绝书·杂记》。

② 《越绝书·札记》。

③ 唐志拔:《中国舰船史》,海洋出版社 1991 年版。

④ 《越绝书·札记》。

⑤ 《文献通考·兵志》。

是接舷战和撞击战。敌船进攻时,用钩拒拒之,使之无法接近;敌船退却时,则用钩拒钩住,不让其逃脱。真是匠心独具。

战国时期的战船和水战,史籍中没有多少记载,但从战国墓出土的三件铜器上却得到了生动可靠的反映。

第一件是 1935 年河南汲县山彪镇出土的水陆攻战纹铜鉴,上面有水战图案。

第二件是故宫博物院收藏的晏乐渔猎攻战纹铜壶。壶上的图纹共分三组,最下一组的左方是水战图。图案与第一件基本相同。

第三件是 1965 年在成都市百花潭中学战国墓出土的嵌错燕射水陆攻战画像壶,壶上有四组画面,第三组右面为水战图。

这三件文物出自不同地区,但水战图像相似,具有可靠性,从中可以看出战国舟师的基本情况:①战船船身修长,船尾翘起,分上下两层,上层作战,下层划桨。②所使用的武器为弓矢、长钩矛、长斧等,指挥作战的工具有旌旗、楹鼓等。③作战方式主要是接舷战。

舟师战船的发展、装备的改善,给水上作战提供了坚实的物质基础。

二 春秋战国时期的海战

春秋末期的水战,大都发生在我国东南地区各诸侯国之间。这是因为当时诸侯的争霸战争,已由沃野千里的中原转移到了濒临大海、江河交错的东南地区,舟师大有用武之地。当时的水战以江战居多,一是为了争夺对长江的控制权,二是通过江河进行战略机动。海上行动也有两次:一次是吴国舟师从海上进军,在战略上配合陆师攻齐;另一次是越国舟师从海上进行战略迂回,以保障陆师攻占吴国都城姑苏。下面看几次主要水战,以见当时各国舟师之盛。

1. 吴楚水战

春秋时期,楚国的疆域西北到武关(今陕南丹凤东南),东南到昭关(今安徽含山化),北到今河南南阳,南到洞庭湖以南。建都于郢(今湖北江陵)。吴国拥有今江苏、上海大部分和安徽、浙江一部分地区,建都于吴(今江苏苏州)。楚吴共有长江,世为仇敌,经常相互征伐。有人据史籍统计,吴楚之战达 18 次。但《吴越春秋》卷 2 则记为 20 余次。其中可以查考的水战,有以下几次。

鲁襄公二十四年(公元前 549 年),"夏,楚子为舟师以伐吴,不为军政(赏罚不明),无功而还"。这是我国古籍中有明确记载的第一次水战。

鲁昭公十七年(公元前 525 年),吴国起舟师伐楚,这是吴楚第二次水战。据《左传》记载:"吴伐楚……战于长岸……大败吴师,获其乘舟余皇……吴公子光请于众曰:丧先王之乘舟,岂唯光之罪,众亦有焉。请籍取之,以救死。众许之。使长鬣者三人,潜伏于舟侧。曰:我呼余皇,则对。师夜从之,三呼皆迭对楚人,从而杀之。楚师乱,吴人大败之,取余皇以归。"

七年之后,即鲁昭公二十四年(公元前 518 年),楚国在越国的支持下,又"为舟师以略吴疆"①,结果不仅中途无功而还,而且越的属国"巢"(安徽六安东北)和"钟离"

---

① 《文献通考》卷 158。

（今凤阳东北）反而为吴国吞灭，丧师失地。从此，楚国国势一蹶不振，接连又有几次水战失败。据《文献通考·兵一》注："昭王时，救潜之役，令尹子常以舟师及河内而返，竟无成功。囊瓦伐吴，师于豫章。吴人见舟豫，而潜师于巢，遂败楚师。入郢之后，吴太子终累又败楚舟师，获其帅……"

鲁定公四年（公元前 506 年），吴国与蔡国（今河南新蔡）、唐国（今湖北随州西北）结盟，联合攻楚。这年冬天，吴王阖闾率其弟夫概及伍员、伯嚭、孙武等谋臣武将，发兵 3 万，乘船由胥溪入淮河西进，在淮汭（今河南潢川西北）舍舟登陆。然后以 3500 名精锐士卒为前锋，在蔡、唐军的引导下，越过大别山与桐柏山之间的三大隘口——大隧（今河南信阳南与今湖北交界处）、直辕（今河南信阳市）、冥阨（今河南信阳西南与湖北应山县交界处），直向汉水东岸挺进。楚国派令尹子常、司马沈尹戍、武城大夫黑、大夫史皇等率军在汉水西岸抵御，与吴军隔岸对阵。楚军按照沈尹戍的建议，由子常坚守汉水西岸，正面阻击吴军；沈尹戍率军迂回至吴军侧后，毁吴舟，塞三关，断其归路，然后前后夹击。但子常听信了"吴用木（舟师）也，我用革（战车）也，不可久也，不如速战"的意见①，又想独占功劳，擅自改变原定计划，单独率主力渡汉水列阵。吴军鉴于楚军势盛，为免遭前后夹击，即由汉水东岸后退。子常企图速胜紧追吴山，在小别（山名，在今湖北汉川东南）至大别（今大别山）间，三战不利，锐气受挫。

十一月十九日，吴军在柏举（今湖北麻城东北，一说汉川北）迎战楚军。夫概认为子常不得人心，军无死战之志，即率部 5000 人先发起进攻，楚军一触即溃，阖闾及时投入主力，扩大战果，子常逃奔郑国，史皇战死。楚军遭重创后，吴军乘胜追击，在清发水（今湖北涡水），用夫概半渡而击的计谋，再歼楚军一部。吴军继续追击，在雍澨（今湖北京山西南），再败楚军，于二十九日占领了楚都郢城。

这次吴国进攻楚国，先水路后陆路，横跨今天的苏、皖、豫、鄂四省，实施远程战略机动，这在春秋时期是罕见的。在这次作战中，舟师无疑起了重大作用。因此，《文献通考》《古今图书集成》都把这次作战列入舟师水战，是很有道理的。

2. 吴齐海战

春秋时的齐国位于今山东东北部，其疆域东到海，西到黄河，南到泰山，北到无棣（今河北盐山南）。齐国本是一个霸主国，到了春秋末期，国势逐渐衰败。鲁哀公元年（公元前 494 年），吴王夫差战胜越国以后，一心要北进争霸。鲁哀公十三年，夫差为准备"伐齐南鄙"，开凿了邗沟，以便从水上进军。鲁哀公十年（公元前 485 年），吴国会合鲁、邾、郯三国军队攻打齐国。吴王夫差亲率主力由邗沟入淮水北上，直抵齐国南部边界。另派大夫"徐承帅舟师自海入齐"②，在黄海与齐国舟师进行了一场海战。这是我国史书记载的第一次海战，也是第一次海陆协同作战。第二年，吴鲁再次联军伐齐，艾陵（今山东泰安附近）一战，齐军大败，鲁、卫、宋诸国都归顺吴国，吴国势力更加强盛。

3. 吴越水战

春秋末期，先后崛起于长江下游的吴、越两个诸侯国，进行了一次争霸战争。

鲁哀公元年（公元前 494 年），越被吴击败。越王勾践卧薪尝胆，伺机灭吴。吴王

---

① 《左传·定公四年》。
② 《左传·哀公二年》。

夫差胜越之后,因胜而骄,穷兵黩武,急于以武力威胁齐、晋,称霸中原,放松了对越国的戒备。鲁哀公十三年(公元前482年)春,夫差率吴国精锐部队北上黄池会盟。勾践乘吴国后方空虚,"乃发习流(水兵)二千人,教士(经过训练的士卒)四万人,君子(越王的警卫部队)六千人,诸卸(在职军官)千人戍吴"①。越军兵分两路,一路由范蠡、后庸领舟师"泝(沿)海泝(溯)淮,以绝吴路"②,一路由大夫畴无余、讴阳为先锋,勾践自率主力继后,从陆路北上,攻入吴国都城姑苏,歼敌万人,夫差被迫求和。这次战役,越国舟师进行了1000多里的远程战略迂回,确保了大军主力的袭击成功。

夫差向越求和后,双方息兵四年。鲁哀公十七年(公元前478年),越国在进行了充分准备之后,乘吴国大旱之机,向吴国发动了大规模的进攻。三月,勾践进军到笠泽(江名,今苏州市,自太湖东至海,南与吴湘江平行)。夫差也率领姑苏所有的部队迎战。越军在江南,吴军在江北,双方隔水对阵。勾践派出部分部队,为左、右句卒。③黄昏时,命左、右句卒分别隐蔽在江边;半夜时,鸣鼓呐喊,进行江上佯攻。夫差误以为越军分两路渡江,连夜分兵阻击。勾践乘机率主力,出其不意地从吴军两路中间的薄弱部位展开进攻。吴军败退。越军乘胜猛追,再战于没(今苏州南),三战于郊(今苏州郊区)。越军三战皆捷,取得了决定性胜利。周元王元年(公元前475年),越军在长期围困姑苏之后,发起总攻,灭亡了吴国。

越吴笠泽之战在战术上的主要特点,是夜间潜渡,动作迅速,乘虚捣隙。为此,既要在江上两路佯攻以牵制敌人精力,又要运送主力隐蔽渡江。没有一支训练有素的强大舟师,显然是不可能的。有人在谈到舟师在此战中的作用时说:"笠泽之战,越以三军潜涉,盖以舟师胜。"④这样的评价是恰当的。

总之,早在春秋末期,我国沿海的齐、吴、越三国的舟师,不仅具有了海战能力,而且已经成功地进行了海上作战行动。这正如清朝人顾栋高在其《春秋大事表》卷8下所说:"海道出师,已作俑于春秋时,并不自唐起也。……春秋之季,惟三国边于海,而其用兵相征伐,率用舟师蹈不测之险,攻人不备,人人要害,前此三代未尝有也。"

第三节　秦汉时期海洋军事的发展⑤

一　秦汉时期海战条件的具备及海战力量的发展

(一)秦汉时期海战条件的具备

秦汉时期,海洋军事条件比以前有了大大的提高,这突出地表现在造船、航运和战船配备上。

---

① 《史记·越王勾践世家》。

② 《国语·吴语》。

③ 句卒亦作勾卒,句音勾。见《左传·哀公十七年》。

④ 徐天佑注:《吴越春秋》。

⑤ 本节引见张铁牛、高晓星:《中国古代海军史》,八一出版社1993年版,第18—33页。

秦始皇统一全国后,在政治上采取了一系列措施,以巩固封建的中央集权制度。在经济上也实行了不少积极的政策,如实行土地私有制、统一货币、统一度量衡、统一车轨等,促进了经济的发展。汉承秦制。西汉初期诸帝大都是有为的君主,特别是汉武帝接受桑弘羊的建议,制定和推行了一系列重大的经济措施,如改革币制、统一盐铁、均输、平准(平抑物价)等,使西汉的经济出现了繁荣的局面。冶金业有了巨大的发展,300人以上的大工场有400多处,冶铁工人多达10余万,出现了一次可炼2000斤铁的大冶铁炉,淬火技术也已发明。铁兵器已基本上代替了铜兵器。炼铁已开始在生活中得到广泛使用。所有这一切,给造船和航运的蓬勃发展提供了物质和技术条件。

秦朝二世而亡,只存在了短短的14年。但由于秦始皇建立了统一的全国政权,利于承袭前人的成果和便于组织力量进行开发,所以秦朝在航运和造船方面所取得的成就是空前的,有以下几件大事可资证实。

第一,大规模的水上漕运。秦始皇三十二年(公元前215年),秦始皇命蒙恬发兵20万北击匈奴。蒙恬收复黄河以南44个县以后,驻兵扼守北河(今内蒙古自治区磴口以下黄河地段)。为了保障军队的供应,派出大型船队从山东沿海港口出发,渡渤海,入黄河,向北河防地运送粮食。这是我国海上漕运之始。

第二,开灵渠。秦始皇三十三年(公元前214年),秦始皇发兵50万到岭南,在今广西兴安县境内开凿了一条长约30千米的运河——灵渠,沟通湘江和漓江,使长江和珠江水系相连接,保障了进军和开发岭南的需要。

第三,徐福东渡。秦始皇二十八年(公元前219年),秦始皇命徐福入海求仙,秦始皇三十七年(公元前210年),再次命徐福带童男女数千人入海求仙。徐福出海远航,得平原广泽,止王不来。[①] 中外历代学术界普遍认为,徐福远航抵达的地点是日本。也有学者甚至认为徐福抵达了美洲。

第四,秦始皇巡海。从秦始皇二十六年(公元前221年)统一中国起,到秦始皇三十七年(公元前210年)病死为止,前后12年,曾4次到沿海巡视。

从这四件大事中,我们不仅看到秦代航运的发达,而且可以推断造船业的兴旺。远程水运几十万人的给养,派童男女数千人东渡日本,没有数量多、质量好的船舶,是不可想象的。

汉代的造船业和航运业,在秦代的基础上得到进一步发展。汉代所造船舶种类之多,质量之好,海上航运之发达,前所未有。

西汉的造船中心有数十处之多,其中主要的有长安、雒阳(今洛阳东)、巴蜀(今四川)、长沙和洞庭湖一带、庐江郡(今安徽庐江县一带)、豫章郡(今江西南昌一带)、吴(今苏州市)、会稽(今绍兴)、福州、番禺(今广州市)等地,能造出多种类型的民船和战船。民船有龙舟、漕舫、舸、艑、艇、轻舟之分,战船有楼船、斗舰、蒙冲、龙船、赤马、斥侯之别,还有适航性好的海船"艅艎"和"般"。

随着造船技术的提高,船舶的规模日益增大。据《酉阳杂记》记载,汉武帝在长安所造的豫章大船,可载千人。在船舶的形制方面,汉代的船舶已出现了上层建筑。有一种船的上层建筑竟多达四层,并各有专名,从第二层起叫"庐",第三层叫"飞庐",第

---

① 《史记·秦始皇本纪》。

四层叫"雀室"。这种有上层建筑的船汉代泛称"楼船"。还有一种体形十分庞大的战船也叫"楼船"。

汉代的造船技术,当时在世界上处于领先地位。在中世纪,阿拉伯人还只知用平镶法造船,而在我国西汉就已经采用榫连法拼合了。西欧在 4 世纪至 5 世纪,还只知道用皮条缝船,而我国至迟在公元前 2 世纪至公元前 1 世纪的西汉,就知道用钉子钉船了。20 世纪 50 年代,在湖南长沙西汉墓出土了一条木船模,船身两侧和首尾平板上都有钉孔,就是明证。

船的属具锚、舵、橹、帆,在汉代已经出现。广州东汉墓出土的陶船模,船首的锚和船尾的舵清晰可见。东汉的文献也有记载。《释名·释船》说:"其尾曰柁(舵),柁,拖也,在后见拖曳也,且言弼正船不使他戾也。"西方的舵,据认定出现在 1242 年(一说 1180 年),比我国晚了 1000 年左右。

在我国古代文献中,最早出现"帆"字的,是马融于东汉元初二年(115 年)写成的《广成颂》。此后 6 年问世的我国最早的字典——许慎的《说文解字》,也有关于帆的记载。这就是说,我国的帆最迟在汉代就已经出现了。

橹的记载,也最早见之于《释名》,其出现年代也当不迟于 2000 年以前的汉代。英国学者李约瑟在其著作《中国科学技术史》中,把橹的发明看作是"中国发明中最科学的一个"。现代的螺旋桨,可以说是橹进一步发展的结果。

综上所述,可见汉代在我国船舶发展史上占有十分重要的地位。汉代的船舶的种类日渐增多,属具基本齐备。橹的创制,是中国对世界造船技术的重大贡献。船尾舵也是中国的一项重大发明。风帆的出现,使中国进入了利用自然风力作为船舶动力的时代。由于风帆的使用,船舶的动力增大了,船舶的载重量也随之增加,从而能容纳更多的兵员和武器装备,储备更多的食品和淡水。由于战船的使用,战船机动能力提高了,能够更有效地使用武器,特别是实施火攻和发射火器。这就为中国古代海军的远洋航行和作战开辟了广阔的前景。

汉代水军的战船,在春秋战国的基础上,又有了新的发展,见之于汉代文献的,有楼船、艨冲、先登、赤马、斥候、槛等数种。

楼船。这种战船始于春秋,兴于汉代,延续使用到宋代。据《史记·南越尉佗传》裴骃集解引应劭说:"时欲击越,非水不至,故作大船。船上施楼,故号曰楼船也。"《史记·平准书》也说:"是时,越欲与汉用船战逐,乃大修昆明池。列观环之,治楼船,高十余丈,旗帜加其上,甚壮。"这两段记载说明:①这里所说的楼船不是民用的楼船,而是用于"战逐"的战船;②这种船形体高大,上插各种形状不同,大小各异的彩色旗帜,甚是壮观。到了东汉,出现了"露桡"和"冒突"两种楼船,前者因装有露在舷外的小楫而得名,后者则"取其触冒而唐突也"①,即船首装有冲角,可以撞击敌船。另据《后汉书·公孙述传》记载,东汉还造了"十层赤楼帛蘭船"。这些船也属楼船。

艨冲。《释名·释船》说:"外狭而长曰艨冲,以冲突敌船也。"艨冲形体狭长,速度快,机动性也好,可乘人之不备,实施攻击。

先登。《释名·释船》说:"军行在前曰先登,登之先向敌陈(阵)也。"可见先登是一

① 《后汉书·岑彭传》。

种快速冲锋战船,水战中排在队列的最前面,抢先冲入敌阵或登上敌船进行白刃格斗。"先登"还可用于侦察。

赤马。《释名·释船》说:"轻疾者曰赤马舟,其体正赤,疾如马也。"这种船着红色,犹如一匹枣红色的骏马,纵横驰骋,进退自如,配合艨冲、先登,予敌船以突然袭击。

槛。《释名·释船》说:"上下重版(一作床)曰槛,四方施版以御矢石,其内如牢槛也。"《玉篇》释槛为"板屋舟",《广韵》释槛为"御敌船"。是说"槛"是一种木质"装甲"战船,分上下两层,四周设有木制栏杆,并钉有墙板,以御矢石。

斥侯。《释名·释船》说:"五百斛以上,有小屋,曰斥侯,以视敌进退也。"这是一种上甲板有小舱室的,载重量约40吨的侦察船。侦察兵藏在舱内,隐蔽观察敌军的动静。

另据《文献通考》卷158记载:"武帝时有楼船,有戈船,有下濑,有横海。"戈船在春秋末期就已出现。至于"下濑""横海"这两种战船虽无详细记载,但因汉代除设有楼船将军和戈船将军外,还有横海将军、下濑将军,就是明证。

汉代的战船是在春秋战国的基础上发展起来的,又为以后许多朝代所沿用和改进,所以汉代战船在战船发展史上起了承先启后的作用。

(二)秦汉时期海洋军事力量的发展

秦汉时期,海洋军事力量得到了进一步的加强,汉代水军的建置即是其例。

汉代水军称楼船军。在我国武装力量建制中正式设置水军,是从西汉开始的。据《文献通考·兵考八》记载:"高祖命天下选能引阅蹶张财力武猛者,以为轻车、骑士、材官、楼船……平地用车骑,山阻用材官,水泉用楼船。"又据《汉书·刑法志》记载,汉武帝发动统一东南沿海战争时,"内增七校,外有楼船,皆岁时讲肄,修武备"。这两项记载说明,楼船军是在屯骑(骑兵)、步兵等七校之外,根据沿江海的地理条件和防务需要而设立的,属汉代郡国兵制备军。郡国兵属于中央王朝,郡守可行使管辖权,但不能发兵。发兵需凭皇帝的虎符和行使符。武帝建元三年(公元前138年),汉武帝"遣助以节发兵会稽",浮海救东瓯(《前汉书·严助传》),就是一例。

楼船军士兵称"楼船士""楫濯士"或"卒",多由渔民、水家子弟充任。据《汉仪注》,其服役年龄为23岁到56岁。

如前所述,汉代水军既属郡国兵,自然不设常任指挥官,所以在《汉书》百官表中没有载列楼船官职。统帅楼船军作战的指挥官,是在征伐时临时拜封的。例如,散见于《史记》《汉书》名传中的,有伏波将军路博德、马援,楼船将军杨仆、段志,戈船将军归义越侯严,下濑将军归义越侯甲,横海将军韩说,横海校尉刘福等人。这些将军的等级和职务大小,史书中未见有明确划分,其中伏波将军的职务可能最高。因为据《后汉书·光武帝纪》记载,汉光武帝发兵征交趾郡时,楼船将军段志是由伏波将军马援节制的。汉兵制规定"不立素将,无拥兵专制之虞"[1],因事立称,事毕撤官,兵归防地。所以汉代只有常备的水军部队,而无常设的水军将领。平时楼船的管理和训练,由没有发兵、战争指挥权的官员负责。例如,《汉书·百官公卿表》中列举的楫濯令丞(即船官)和《汉

---

[1] 转引自包遵彭:《中国海军史》,中华丛书编辑委员会,1970年版。

书·地理志》中提到的楼船官,大概就是这类官员。

汉代楼船军为郡国兵,原则上以外郡为基地,主要在江淮以南,但在北方的齐地也有楼船军及其基地,如进攻朝鲜的楼船就是从现在的山东半岛调集和出发的。从现有史料查考到的汉代楼船军的主要基地有:

1. 豫章、寻阳

豫章属豫章郡,即今之南昌。据《汉书·武帝纪》记载,平南越时,"楼船将军杨仆,出豫章,下湞水",便是从南昌溯赣江南下,在赣州入桃江转入湞水,顺流达韶关,再进入北江直到广州。若由赣江北上,则可过鄱阳湖,进入长江。

寻阳,属庐江郡,在九江府西 15 里,据江湖之口,为咽喉要地。《汉书·伍被传》上说:"略衡山,以击庐江,有寻阳之船。"《汉书·尹助传》也说到闽越反叛,而"入燔寻阳楼船"。汉武帝第三次巡海是从寻阳登船沿江东下的。可见寻阳是汉代较重要的一处水军基地。

2. 庐江、枞阳

庐江、枞阳同属于庐江郡。据《汉书·地理志》记载,汉代在庐江郡设置"楼船官",又有造船工场。庐江郡治所先设在今之安徽舒城,后移潜山,均距长江甚远。这里所说的水军基地当指今之安庆,造船工场也在安庆下游江边菜子口的枞阳(《读史方舆纪要》)。当汉武帝在元封五年(公元前 106 年)乘船巡海时,从浔阳登船,顺流而下,到安庆视察了造船工场,又增添了船只,然后"舳舻千里,薄枞阳而出"①。可见对长江下游来说庐江基地的重要性,远在寻阳之上。

3. 会稽、句章

会稽郡辖今江苏东部与浙江西部地区,郡治在今之苏州。后于东汉永建四年(129年)移至绍兴。汉武帝时曾派朱买臣为会稽太守,朱买臣到郡后"治楼船,备粮食,水战具"②。这说明在汉代,苏州既是造船中心,又是水军基地。建元三年(公元前 138 年),浮海救东瓯,水军就是从会稽出发的。元鼎六年(公元前 111 年),汉水军平闽越,也是由会稽出海南下的。③

句章城址在今浙江慈溪县以西与上虞以北交界的杭州湾海边。平闽越时,"上遣横海将军韩说出句章,浮海从东方往"。元封元年(公元前 110 年)冬,攻至闽越,"闽越军使徇北军守武林,败楼船军,数校尉杀长史,楼船军卒钱塘"④。从这段记载中,可以得知钱塘江口外的句章,是一处水军基地。

4. 博昌

博昌属千乘郡,在今山东博兴县小清河入海口附近。小清河自济南经高苑县流过博昌而入莱州湾。济南以东、临淄以北的所有河流皆汇于博昌入海。凡海上渔盐之利及沿小清河、大清河各地物产,都在博昌集散,所以博昌是当时北方的一个重要口岸。据《汉书·卜式传》记载:"臣愿与子男及临菑习弩博昌习船者请行。"可见,博昌也是汉代水军基地之一。

---

① 《汉书·武帝纪》。

② 《汉书·朱买臣传》。

③ 《汉书·武帝纪》。

④ 《汉书》卷 95。

此外,元狩三年(公元前 120 年),汉武帝在长安城西南挖了方圆 40 里的"昆明池"①,"中有戈船楼船各数百艘"②,终日进行操练,准备讨伐南越。看来,当时西安的昆明池是汉水军的训练基地。

二 秦汉时期的海战

(一)西汉水军的作战

汉朝十分重视水军的建设,建立了一支拥有 4000 余艘战船、20 多万水兵的楼船军。这支水军南征北伐,对开拓疆域,统一中国,起了重要的作用。

汉代初期,在我国东南沿海主要存在着三个割据政权:东瓯(今浙江和江西东部)、南越(今广东、广西西部和湖南南部)和闽越(今福建)。当时,刘邦因天下初定,无力征战,只好对其采取笼络政策,予以承认。西汉经过 70 年的休养生息,国力逐渐强盛。到了汉武帝,便着手用武力统一这三个地区。先是从海上进军,占领东瓯。接着派 10 万楼船军,经珠江水系,进攻番禺(今广州),灭了南越。最后,海陆夹攻,平定闽越。

汉武帝统一东南沿海地区后,又派水陆大军进攻朝鲜,并在平定后的朝鲜设都,将其纳入汉朝版图。

现将这四次作战分述如下。

1. 进占东瓯

建元三年(公元前 138 年),闽越王无诸发兵进攻东瓯,东瓯王无力抵抗,向汉朝廷告急求救。汉武帝刘彻以"小国以穷困来告急,天子不救,尚安所愬,又何以子万国乎"③为由,派严助持节发会稽水军,出长江,浮海南下,在永嘉登陆。闽越得知汉军来援,未经交战便引军回国。汉军乘机占领了东瓯,然后将东瓯居民迁徙到汉淮地区,并在永嘉建立了南进的根据地。

西汉时,会稽郡为现在的苏南和靠近苏南的浙江部分地区,与东瓯接壤。按理也可以由陆路进军,而汉朝廷却派水军浮海登陆。由此可见西汉水军之强大,亦可见对水军之倚重。

2. 攻取南越

南越本是秦国的郡县。秦亡汉兴时,南海郡尉赵佗乘机吞并象郡、桂林,自立为南越武王。汉初,朝廷因无力南顾,即册封赵佗为南越王,借以维持与东南地区的关系。汉武帝时,南越王母子上书汉朝廷,表示愿意归属汉朝,撤除割据边防。南越丞相吕嘉起而反对,杀南越王母子及汉使,拥立赵建德为南越王,与汉对抗。

元狩四年(公元前 119 年),西汉对北方匈奴作战取得决定性胜利后,得有余力南顾,便着手发动统一南越的战争。元鼎三年(公元前 112 年)秋,汉武帝发楼船军 10 万人,讨伐南越,其部署分为以下四路:

(1)卫尉路博德为伏波将军,出桂阳(郡治在今湖南郴县),下湟水(源出湖南郴县,

---

① 《文献通考》。
② 《西京杂记》。
③ 《资治通鉴·汉纪九》。

南流经广东连县,东会汇水为进州江,经阳山至英德县,入北江);

(2)主爵都尉杨仆为楼船将军,出豫章,下横浦(今广东南雄县西,源出大庾岭,南流经始兴县西,入北江);

(3)归义越侯两人分别为戈船、下濑将军,主力出零陵,与路博德会师,一部下漓水至苍梧与驰义侯会师;

(4)驰义侯发夜郎(今贵州西北地区)兵牂牁江,会师苍梧,沿江而下。

以上四路中的第四路,因故未参加作战。

元鼎六年(公元前111年)冬,杨仆军先攻陷寻陕(今广东曲江县境),沿北江而下,破石门(今番禺县北),后继续推进,再破越峰,并在此驻军,等待同路博德会师。杨仆军同路博德军会师后,一道进发,楼船在前,进至番禺城下。南越军闭城坚守。于是,杨仆军从东南方向,路博德军从西北方向发起攻击。经过一整夜激战,番禺城被攻破,全城尽降。吕嘉率数百人乘夜暗逃亡入海,后被杨仆水军捕获,南越遂平。

南越灭亡后,汉朝将南越属地设置儋耳、珠崖、南海、苍梧、九真、郁林、日南、合浦、交趾九郡,其疆域包括现在的广东、广西、海南及越南之河内、清化、义安一带。

3.灭亡闽越

西汉时,闽越的辖地,大致包括现在的福建全境,西接豫章,北靠东瓯,南邻南越。闽越王对汉王朝阳奉阴违,心怀二意,对四邻则采取扩张政策,北侵南掠。汉武帝早就想平定南越,并为此作了充分的准备和部署。他任命朱买臣为会稽太守,令其"治楼船,备粮食,水战具,须诏书到,军马俱进"①。同时,接受朱买臣的建议,制定了"发兵浮海,直指象山,陈舟列兵,席卷南行"的平定闽越的战略方针。

元鼎五年(公元前112年),当汉武帝发兵讨伐南越时,闽越王余善自请发水军8000人随杨仆南征。但当兵至揭阳(今广东揭阳县境)时,余善却借口风涛汹涌,停军不前,一面又与南越暗通消息。汉军攻克番禺后,杨仆拟在回军途中顺便攻取闽越。汉武帝认为,闽越散居山泽腹地,易守难攻,应引其离境就歼,拒绝了杨仆的建议,令汉军在豫章集结,休整待命,余善闻讯,公开反叛,发兵进攻豫章、武林(今江西省余干)。汉武帝令横海将军韩说率水军出句章(今浙江慈溪县境),浮海南下,从海上进攻闽越,并切断其海上退路;楼船将军杨仆出武林,中尉王舒出梅岭,以归义越侯两人为戈船、下濑将军出若邪(今浙江省绍兴)、白沙(今江西鄱阳),分路进攻闽越。② 元封元年(公元前110年),汉水陆大军攻入闽越,闽越人杀余善投降。汉武帝又"诏诸将悉其民徙于江淮之间"③,闽越遂统一于中国。

汉武帝用了28年(公元前138—公元前110年)的时间,先后统一了东瓯、南越、闽越,使东南沿海的广阔地域悉归汉朝版图。在长期的征战中,汉代水军起了决定性的作用。

4.进攻朝鲜

汉武帝统一东南沿海地区后,立即把注意力转向北方的朝鲜。自西周起古代朝鲜

---

① 《前汉书·朱买臣传》。

② 《史记·东越传》。

③ 《资治通鉴》卷20。

一直是中国中原王朝的封地或属国。早在西周时代,武王即封箕子于朝鲜。战国时,朝鲜属燕国。秦灭燕后,朝鲜改属秦。西汉初,复修辽东故塞,至浿水(今清川江)为界,归属燕王管辖。汉惠帝元年(公元前194年),燕人卫满率千余人,"东走出塞,渡浿水,居秦故空地上下障"①,自号韩王,建都王险(今平壤附近),史称卫氏朝鲜。西汉前期,卫氏朝鲜为外臣,受辽东太守节制。卫氏王朝传至第三代右渠时,断绝了与汉朝的关系,并且切断了中国经朝鲜至日本的交通线。元封二年(公元前109年),汉武帝派涉何为使,劝说右渠归顺。右渠不从,遣其裨王长送涉何回国。行至浿水时,涉何指使随从杀死裨王长。汉武帝遂任命涉何为辽东郡都尉,右渠出兵袭击辽东郡,杀死涉何。战端遂起。

这年秋天,汉武帝发兵进攻朝鲜,一路由左将军荀彘率领陆军出辽东,渡浿水,一路由楼船将军杨仆率领楼船兵5万人,自胶东芝罘(今山东烟台市)渡渤海,在朝鲜登陆,直取王险城。

杨仆军的前军7000人,皆为齐兵,首先渡海,在列口(今朝鲜南浦之河口)登陆,未待荀彘军到达,即急趋王险城。朝鲜军先是闭城固守,后见杨仆军少,即出城反击。杨仆前军大败,后续部队亦被击破,乃退入山中收集残部,待荀彘军到达后再战。荀彘军的前军多为辽东兵,同样不待主力集结即先行攻击,也遭到失败。后荀彘率大军渡江作战,又受挫。

杨、荀两军在王险城下会师后,分别从城南、城西北攻城,由于缺乏统一指挥,两军互不协同,一连数月未能攻破。为了统一指挥和协调两军行动,汉武帝派济南太守公孙遂前往担任统帅。公孙遂到达朝鲜后,违背武帝旨意,偏袒荀彘,囚禁杨仆,并将杨军并入荀军,造成严重后果,使本来混乱的汉军更加混乱。

元封三年(公元前108年)夏,汉军经过整顿后,在荀彘指挥下再攻王险城。眼看城池将被攻破,朝鲜宰相尼溪参杀右渠出降,朝鲜遂告平定。汉武帝以其地设置真番、临屯、乐浪、玄菟四郡,归属汉朝版图。

2000多年前,杨仆率领的水军5000人渡海作战,开创了我国古代海军大规模渡海作战的先例。

(二)东汉水军出征交趾郡

交趾在我国秦代属象郡。西汉元鼎六年(公元前111年),汉武帝发兵平定南越叛乱之后,设置了交趾郡。到了东汉,交趾仍是中国的一个郡。东汉建武十六年(40年),交趾郡雒越贵族女子征侧、征贰姊妹,因怨恨交趾太守苏定,乃发动当地民众反抗汉朝政府,占领岭外60余城,征侧自立为王。

建武十八年(42年),汉光武帝刘秀拜马援为伏波将军,以扶乐侯刘隆为副,督楼船将军段志等,南征交趾。军至合浦,段志病死。刘秀命马援直接统率段志所部浮海而进,入红河,逆水而上,在浪泊(今越南河北仙山地区)与征侧军激战,取得歼灭征侧军数千人的胜利。接着,又追击征侧军至禁溪(今越南永富安乐),连战皆胜。征侧军溃败。第二年正月,征侧、征贰战败被杀,但征侧军余部仍在继续战斗。马援又率大小

---

① 《资治通鉴》卷21。

楼船 2000 余艘,士兵 2 万余人,南上九真,进攻都羊等,自无功一直打到居风(今越南宁平省东南至清化一带地区),歼灭对方 5000 余人,取得了征战的胜利。

自汉武帝时,中国通过南海而与东南亚、印度、斯里兰卡等国的海上交通和贸易,就已建立起来。[①] 从汉使回程中,可以看到其行程是取道南海或经过南海诸岛的。[②]

汉朝的政府官员,往来越南者,"皆从涨海出入"[③]。所谓涨海是指包括南海诸岛在内的南海。[④] 东汉时,中国地方官员有每年定期出巡所管辖地区("行部")的制度[⑤],我国南方的地方官员也不例外,定期出巡南海诸岛。晋代谢承《后汉书》记载:"汝南陈茂,尝为交趾别驾。旧刺史行部,不渡涨海。刺史周敞,涉(涨)海遇风。"[⑥]一直到晋朝,仍然可以看到中国官员"行部入海"的记载。[⑦] 可见自汉以来,中国政府已对南海诸岛行使主权,这是谁也抹杀不了的事实。[⑧]

---

① 参阅《汉书·地理志》"粤地"条。有关西汉海上交通的地名考释及其讨论,可参阅韩振华:《公元前 2 世纪至公元 1 世纪间中国与印度东南亚的海上交通》,载《厦门大学学报》(社会科学版),1957 年第 2 期;岑仲勉:《西汉对南洋的海道交通》,载《中山大学学报》(社会科学版),1957 年第 4 期。

② 《汉书·地理志》载:自皮宗,"船行可二月,到日南、象林界(在越南中部)云。"从其所说的航程两个月看来,已经不是历时好几个月的沿岸航行,很有可能是采取经过南海和南海诸岛的航道而归还的。

③ 见(晋)谢承:《后汉书》,引自徐坚:《初学记》卷 6。并参阅《后汉书》卷 63《郑弘传》。

④ "天池物志云:天地四方,皆海水相通,茫然一巨浸焉,茹而不吐,满而不溢,故涨之名归之。《文昌志》亦云:水恒溢,故曰涨海。"引自《儋县志》卷 1《地舆志·潮候·涨海》。(清)屈大均:《广东新语》卷 4"水路·涨海"条说:"炎海善溢,故曰涨海。""或曰:涨海多瘴,饮其水者,腹胀,故入涨海者,必慎其所养。"后者对涨海的解析,是错误的。

⑤ 范晔:《后汉书·百官志》。

⑥ 引自《太平御览》卷 60《内部二十五·海》。

⑦ 郝玉麟:雍正《广东通志》卷 56,1731 年刻本,第 3 页。

⑧ 韩振华:《南海诸岛史地研究》,社会科学文献出版社 1996 年版,第 54 页。

第五章

先秦秦汉时期的海洋经济

在我国沿海地区,分布着大量自旧石器时代以来内涵十分丰富的海洋贝丘遗址,反映着原始海洋经济的滥觞。到了夏商周时期,尤其是春秋战国时期,人们对海洋渔业资源的开发力度大大增强,海洋渔业和海洋盐业在沿海诸侯国的经济发展中占有重要地位。政府对海洋渔业和海洋盐业的开发、管理也非常重视。到了秦汉时期,一方面,海洋渔业和海洋盐业在原有的基础上继续向前发展,海洋渔业的区域扩大、海鱼产品加工技术的多样化、海丞官吏的设立以及海洋盐业中海盐产区产量的扩大、海盐技术和工艺水平的提高、海盐管理的规范等,都成为当时海洋经济发展的重要表现;另一方面,海港的出现和发展,海洋交通和海外贸易层面上出现的海外丝绸贸易以及其他有关贸易,获得了长足的进步,这些都是这一时期海洋经济发展的表现。

第一节　先秦时期的海洋经济

一　早期滨海居民的海洋经济生活[①]

早在原始社会时期,生活在我国沿海地区的居民已经开始向海洋索取海洋资源了,通过贝丘遗址,我们可以看到先民们的早期经济生活。

在中国北起辽宁、南至两广的漫长沿海地带,考古工作者发现了新石器时代的大量贝丘遗迹。[②] 这些遗迹,是古代人类把吃剩下来的贝壳抛弃在居住地附近,长期日积月累堆积而成的。当时中国人类正处于渔猎时代。渔猎时代起始于旧石器时代,充分发展于新石器时代。一般说来,贝丘主要是新石器时代海洋渔猎得到充分发展的产物和见证。在新石器时代的贝丘中,往往还同时出土有渔猎工具。所以贝丘遗迹是新石器时代海洋渔猎的历史见证,更确切地代表着中国海洋文明的滥觞。下面自北而南系统介绍一下重要的考古发现所显示的史前海洋渔猎文化遗存。

小珠山文化,位于辽东半岛地区的小珠山遗址,以首先发现于大连广鹿岛中部的小珠山而得名。遗址共分三期,经历了大约 2000 年的历史。一、二期大约相当于中原

---

① 本部分引见宋正海:《东方蓝色文化》,广东教育出版社 1995 年版,第 2—9 页。

② 贝丘在历史上早已发现并记载过。《左传·庄公八年》:"齐侯游于姑棼,遂田于贝丘。"

地区的仰韶文化阶段,三期则大约相当于龙山文化阶段。第一期,表明定居农业出现之后,渔猎业仍占有相当大的比重,不仅发现网坠、石球等渔猎工具,而且发现大量贝壳。第二期,表明渔猎业在当时的经济生活中仍占有十分重要的地位,故留下众多的海洋贝壳。从遗址中还经常见到石制的箭头、网坠等。第三期中渔猎业仍较重要,出土大量的骨镞、石镞和网坠等就足以证明。

在黄、渤海沿岸还发现过多处贝丘遗址,仅1949年以来在辽宁长海县的岛屿上就发现了十几处。大连市郊的小磨盘山贝丘,遗址东西长20米,南北宽约5米,厚0.5米。贝丘内堆积的贝壳以长牡蛎为最多,蛤仔次之,还有一些蛾螺。螺壳的尾端大部分被击掉,是食用壳内软体所造成的。小长山岛大庆山北麓贝丘,南北长500米,东西宽约300米,贝壳堆积厚度0.3—1.5米。贝壳种类是鲍鱼、海螺、海蛤等。英杰村西岭东地贝丘,长约400米,宽约300米,堆积厚度0.3—2.5米。贝丘中有一垛垛的灰层,还有陶片、骨制鱼钩、石网坠和石斧。广鹿岛东西大礁贝丘,长宽各约200米,贝壳堆积1—2.5米。贝丘中有一垛垛方形灰层,灰层中夹杂着大小不一的石头。贝丘中还出土有半月形卵石网坠、双孔石刀、陶器碎片。大长山岛上马石贝丘,长约300米、宽约150米,贝壳堆积厚度0.6—3米。贝丘还出土有网坠、石斧等,另外还发现鹿角、兽骨。

河北宁河县发现有几个贝丘遗址。[①] 这些贝丘现已距海30余千米,说明古今海岸线位置已有较大变化。

山东发现新石器时代遗址上百处。公元前5700—公元前1600年,山东地区前后经历了北辛文化、大汶口文化、龙山文化和岳石文化,由低级向高级发展。这一文化系统主要分布在山东半岛,沿海分布,北至辽东半岛,南至苏北地区。北辛文化最早发现于山东滕县北辛遗址,还有江苏邳县的大墩子遗址和连云港市的二涧村遗址等。由于当时农业水平较低,所以渔猎在当时仍占有相当重要的地位。渔猎工具有镞和鱼镖,已出土50多件。渔猎对象是龟、青鱼、丽蚌、中国圆田螺等。大汶口文化最早发掘于泰安与宁阳交界的大汶口,目前主要分布于山东省的中南部和江苏淮北一带。渔猎经济在大汶口文化中仍占一定的比重,尤以早期阶段比重为大。在山东及苏北的一些遗址中发现箭镞较多,大部分为骨制,有三棱形和短铤圆柱形;另外还有带双排或三排倒刺的尾部钻孔的骨质和角质鱼镖,以及陶制网坠。到了中、晚期出现了牙质鱼钩,以及一种特殊的牙刃钩状器。近代在太平洋沿岸的一些原始部落中,仍有用类似的方法制成钩状器来捕鱼的。在青岛胶州三里河的大汶口文化遗址中,出土了5000年前的海产鱼骨和成堆的鱼鳞,鱼鳞成堆地存放在废坑内,显然是吃鱼前加工除鳞的结果。有的鱼骨还可能是随葬品,说明早在5000年前,这些鱼类已是人们爱吃的水产品,并且有了对鱼类的信仰。龙山文化最早发现于山东章丘县龙山镇城子崖遗址,现山东有典型龙山文化遗址200处。在龙山文化中,渔猎经济比重已有所下降,但仍占一定的比例。捕鱼工具被发现很多。箭镞不仅有石制的,还有骨制、蚌制和陶制的。骨鱼镖和陶网坠等渔猎工具也时有发现。

山东长山列岛是黄、渤海的分界,又是候鸟旅栖之所,所以发现有鸟形古陶器。这

---

① 安志敏:《河北宁河县先秦遗址调查记》,载于《文物参考资料》1954年第4期。

里已发掘到新石器时代遗址,出土有石网坠、骨镞、渔钩、蚌刀、蚌镞等,还有大量贝壳、鱼骨。早在旧石器时代晚期,这里各岛屿之间就有着航海活动。

马家浜文化是目前已发现年代较早的新石器文化。它最早发现在浙江嘉兴马家浜,年代距今 7000—6000 年。它是一支以种植稻谷为主要生产活动的新石器文化。但渔猎仍是重要谋生手段,兽骨和石头磨制的箭头、骨鱼镖、陶网坠是捕鱼时常用的工具。

良渚文化最早发现于浙江余姚良渚,它主要分布于苏南和浙江,此文化距今5000—2200 年。良渚文化以农业为主,但渔猎是肉食主要来源之一。上海松江富林遗址出土有捕鱼用的倒梢(一种竹制的渔具)及竹篓等。浙江吴兴钱山漾遗址中出土的木桨,说明当时已有舟楫。当时人们有了水上交通,可到更广阔的水域进行渔猎活动。

河姆渡文化最早发现于浙江余姚河姆渡,它分布于杭州湾以南的宁绍平原上。其年代距今 7000—5000 年。河姆渡出土有鱼类及软体动物的骨骼,有不少滨海河口的鲻鱼骨。有骨镞、木矛、石丸、陶球等渔猎工具,说明渔猎仍是当时不可缺少的经济活动。由于未发现网坠一类渔具而存在大量鱼骨,故可推测,有的骨镞是用来射鱼的。在这一文化中出土有木桨。

昙石山文化,重点遗址在闽侯县昙石山,位于闽江下游冲积区。此文化遗址表明渔猎生活较发达,渔猎工具有陶网坠、石镞、骨镞等,有着大量贝壳堆积,最厚处可达 3 米。

左镇人文化,发现于台湾台南县左镇,距今 30000—20000 年。台湾自古以来与大陆有密切联系,早在旧石器时代台湾就有人类居住。学术界认为左镇人可能是由大陆渡海移居台湾的。

大坌坑文化,发现于台北县八里乡大坌坑遗址。它主要分布在台湾北部淡水河下游和西海岸一带,时间在公元前 5000—公元前 4000 年。渔猎占有主要经济地位。出土文物主要是网坠和箭镞。

圆山文化,最典型的是台北市圆山贝丘遗址,此文化在公元前 2500—公元前 1100年。渔猎也是当时重要的获取食物的手段。当时正值海水上升,台湾地区学者称此时期为"大湖期海进",海水灌入今台北盆地,使之成为淡水河的入海口,为各种海水、淡水贝类理想繁衍地。所以这里留下了著名的贝丘遗址。贝丘遗址直径数百米,厚达 4米。贝丘中含有水晶螺、小旋螺、棱芋螺、牡蛎等海栖贝类,还有中国田螺、台湾小田螺、川蜷等淡水贝类。出土的渔猎工具有石箭头、骨鱼叉、石网坠等。

芝山岩文化,发现于台北芝山遗址。此文化距今 4000—3000 年。经济以种植水稻为主,但渔猎也很发达,出土工具有石网坠、骨鱼叉、石箭头等,还出土了许多鱼骨。台湾学者认为芝山岩文化在台湾无祖型,其文化内涵与浙江、福建一带的新石器文化有密切联系,故可能是大陆航海传播而来的。

富国墩贝丘,发掘于金门。贝丘由 20 种贝壳构成,还有黑色和红色的陶片。陶片的表面多用贝类壳缘印出波浪纹等纹理。

陈桥贝丘,发现于广东潮州市西部。出土贝壳数十万斤,其种类以牡蛎、海螺、乌狮为最多,其次是魁蛤、文蛤、海蛏,也有少量淡水的蚬。还有出土采挖牡蛎的专用工具——蚝蛎啄。

新村港湾贝丘,发现于海南陵水,贝丘多为腹足类软体动物的螺壳,还出土 39 件石网坠。

东兴的亚菩山贝丘、杯较山贝丘、马兰嘴贝丘,分布于广西东兴的海滨地带。出土贝壳有牡蛎、文蛤、魁蛤等。出土蚝蛎啄 204 件,蚶壳网坠 19 件。这种网坠是把蚶壳顶部击出圆孔,成串缚在小网上,用于捕捞小型鱼、虾,当地渔民至今仍在使用。

原始海洋渔猎活动起源于旧石器时代,充分发展于新石器时代。在新石器时代中晚期,尽管沿海地区农业和养殖业有了很大发展,但海洋渔猎活动仍占有十分重要的地位。贝丘遗址是原始海洋渔猎活动成果的见证。

在人与海洋的接触过程中,人们不断地从海洋中获取资源,对海洋资源的依赖性并不因为陆地农业的出现而有所减弱,在相当长的时间内,人们对海洋的经济价值的认识和对海洋资源的充分利用仍然占重要的地位。

渔猎的发展,水产的富余以及储藏技术的提高,导致了蚌窖的出现。上海马桥遗址第五文化层中曾清理出两个蚌窖。窖挖在介壳沙层中,坑内填满了单扇蛤类。

调味品在渔猎时代就为人类所注意了,例如海盐生产在中国有悠久历史。传说炎帝时宿沙氏已煮海为盐。据说最早的炼盐方法十分原始,可能是烧一堆木炭,把海水泼在上面,这样在木炭上就出现一层白色的盐末,到后来才出现如宿沙氏的用锅煮盐方法。

二 夏商周时期海洋渔业资源的开发利用[①]

夏商周时期,随着社会生产力的发展,人们对海洋资源的认识不断深入,对海洋渔业资源的开发力度大大增强,这突出地表现在以下三个方面。

第一,海洋捕捞技术有了初步发展。

考古资料表明,早在 6000 年前,钓具、网具就已出现,并用于海洋捕捞了。沿海地区的贝丘遗址和其他遗址,出土了不少纺轮、网坠、鱼钩、鱼叉,就证明了这一点。文献记载也可以证明,如《庄子》说"投竿而求诸海""投竿东海,旦旦而钓"。

当时在海上捕捉较大的鱼类,可能是用箭或索标射杀。《竹书纪年》载:夏代帝王芒,"东狩于海,获大鱼",很可能就是用带索的标或箭射的。用这种方法射杀大型鱼类,到秦代还在使用,秦始皇曾派人在海上射杀较大的鲨鱼。后世用带索的标枪、炮射杀鲸鱼的方法,或许就是由古代的标、箭射法演变而来的。

海洋渔船的出现是这个时期最主要的进步。在渔船出现之前,渔民只能在滩涂和浅海活动。渔船出现之后,才可以进入较深的水域,在较广的海域捕捞游动性比较大的鱼类。海洋渔业的发展正是在渔船出现之后才进入了新的阶段。1977 年,在杭州湾南部的河姆渡遗址,出土了小型木桨,据推断是属于母系氏族社会的遗物,距今7000 年前后。当时河姆渡一带滨海,原始人利用小型船只进行池沼或浅海渔捞,是可能的。到春秋时代,海洋捕捞已经广泛使用船只。《管子·禁藏》载:"渔人之入海,海深万仞,就比逆流,乘危百里,宿夜不出者,利在水也。"能够到"万仞"深海过夜和捕鱼,并有收获,说明船只网具和捕捞方法都已相当进步了。

---

① 本部分引见张震东、杨金森:《中国海洋渔业简史》,海洋出版社 1983 年版,第 9—11 页。

第二,海产品已经成为重要的贡品和商品。

据考古资料和文献记载证明,早在夏、商时代海产品就是沿海地区向中原王朝进贡的物品,到周代则成了最重要的商品之一。这也是当时的海洋渔业比原始时代的渔猎活动更进步的重要标志。

考古工作者在郑州商代早期遗址发现了直径1.5厘米的大鱼牙、鱼鳞、海贝和海产蛤蜊。安阳殷墟出土了产于南海和印度洋的大龟、鲸鱼骨以及鲻鱼骨。关于鲻鱼骨,《中国考古学报》1949年第4册载伍献文的文章说:"此项鱼骨埋藏于灰坑之中,与其他鸟类及兽类之骨块相混杂,想系庖厨之弃物。"这就说明,在3000多年前,商代贵族在中原地区就能吃到海产品了。

周代以后,海产品则成了重要的商品。《荀子·王制篇》载:"东海则有紫绤、鱼、盐焉,然而中国得而衣食之。西海则有皮革、文旄焉,然而中国得而用之。故泽人足乎木,山人足乎鱼。"可见当时鱼产品已是沿海地区与内地进行交换的重要商品。

第三,海洋渔业在沿海诸侯国的经济发展中占有重要地位。

在西周到战国期间,海洋渔业是沿海诸侯国的主要经济活动和国家富强的源泉之一。凡是致力于发展海洋渔业的地方,就成为富庶的鱼米之乡。正如韩非子所说:"历心于山海而国家富。"

在沿海诸侯国中,最善于利用海洋资源的是齐国。齐国地处今日山东沿海地区,海洋资源丰富。《史记·齐太公世家》载:"太公至国,修政,因其俗,简其礼,通商工之业,便鱼盐之利,而人民多归齐,齐为大国。"管仲相桓公时代,更注意开发利用海洋资源。他称齐国为"海王之国",即海洋大国,提出"官山海"(即由国家组织开发利用海洋资源)的政策,由此齐国日益富强,正如《左传纪事本末》所说:"通鱼盐之利,国以殷富,士气腾满。"

燕、楚、越国,也是当时的"海王之国",也因为开发利用海洋渔盐资源而成为富强的诸侯国。正如司马迁在《史记》中所说:"燕有鱼盐枣栗之饶","楚、越之地,地广人稀,饭稻羹鱼"。

三 先秦时期的海洋盐业

盐是人们日常生活中不可或缺的必需品,每一个人都离不开它。地球上盐的来源是多方面的,其中,海盐是很重要的来源之一。中国人对于海盐重要性的认识,早在先秦时期就出现了。由于人们对海盐的需求量大增,先秦沿海国家(如春秋时期的齐国)的海盐生产获得了突飞猛进的发展,无论在管理上,还是在国民经济生活中,海盐都受到了特别的重视。盐之进入人们的生活,涉及的层面是很广的,在古文字中有它们的身影,在神话传说中有它们的声音,在政府的管理中有它们的位置。

(一)古文字中的卤和盐[1]

明人邱仲深说:"考盐名,始于禹,然以为贡,非为利也。"[2]他的根据是《禹贡》。

---

[1]　郭正忠:《中国盐业史》(古代编),人民出版社1997年版,第11—30页。

[2]　《盐法考略》(《学海类编》本)。

《禹贡》称:"海岱惟青州,厥贡盐、绨。"《禹贡》是《尚书·夏书》的篇名。据近代学者的研究,其成书约在周、秦之际。《禹贡》历来被认为是地志方面的经典性著作,虽事涉洪荒,它的记载还是可以相信的。

夏时,尚无文字。殷商有甲骨文、金文。查《甲骨文编》和《金文编》,都未确认"盐"字,因此夏禹时是否已经有了"盐"名,似乎还可以怀疑。汉许慎著《说文解字》,在其第十二篇上有"盐"字。许慎解释说:盐,"卤也,天生曰卤,人生曰盐。从卤,监声。"段玉裁注,在引用《周礼》"盐人掌盐之政令"之后说:"有出盐直用,不涑治者;有涑治者。"也就是说,"盐"和"卤"指的是同一物质;但两者也有区别,按许慎的说法,自然形成的称卤;只有经过人力加工而成的才称之为"盐"。看来,在同一产盐区,从自然形成的"卤"到人力加工的"盐"之间,还应该存在着一个发展过程。

金文中找不到"盐"字,却有"卤"字。① 西周穆王时(公元前976—公元前922)的"**兔盘**"上刻有铭文:"锡**兔**卤百**降**。""**兔**",贵族人名,"**降**",或可释为"筐"。② 一次赏给贵族"**兔**"的自然盐(卤)就有"百**降**",说明西周时期自然盐的利用,在数量上已很可观。但是,我们不知道周天子赏赐给**兔**的自然盐产于何处。东周初年的"晋姜鼎"也铸有铭文,它说:"锡卤**积**千两。"③此鼎得之于韩城(今属陕西,东临黄河)。韩城东临黄河,离古代盛产池盐的山西安邑很近,所以唐兰说:"晋姜鼎说'卤**积**千两',(其卤)指河东安邑之盐。《说文》:'鹽,河东盐池'。鹽从古声,与卤一声之转。盖古先有自然形成之盐,即鹽,而后有海水煎成之盐。鹽味微苦而盐味微咸。"④在这里,唐兰认为,"卤"就是"鹽",即一种自然形成的盐,其味微苦,产于河东安邑的盐池。

西周末和东周初之金文中有"卤"无"盐",似乎可以说明,当时在渭水流域、黄河中游,还很少有经过人力加工过的盐,或者说在周天子直接统治区内,"卤"或"鹽",还是最主要的"盐"。

在金文中,"卤"和"西"为同一字。唐兰指出:"古代地处黄河下游,河东盐已被认为是西方,所以'西'和'卤'为同一字。"⑤最早使用和丰富甲骨文、金文的商朝人,其统治中心一直在今河南中部以东和山东境内⑥,河东以及关陇地区都被认为是"西方",以"西"为"卤",指的正是河东、关陇出产的自然盐(包括河东的鹽盐和关陇一带池盐)。

商人曾建都于今山东的曲阜。曲阜临近东海,但在他们的头脑中,只有"卤"(天生之盐)产于西方,而没有盐(人工之盐)产于东方的概念。说明在商代,人力加工生产的盐,虽已经在山东滨海出现,或因质量不高,或因数量不多,还没有引起曾建都于曲阜的商人的关注。⑦

---

① 甲骨文和金文中是否有卤字,学术界尚有歧义。
② 唐兰:《西周青铜器铭文分代史征》卷五中《穆王》类,载有"**兔**盘"的拓片释文及注释。
③ (南宋)薛尚功:《历代钟鼎彝器款识》卷十载"晋姜鼎"的摹本及释文。但此句误释为"赐虎贲千两"。此处释文是根据唐兰《西周青铜器铭文分代史征》"**兔**盘"注。
④ 《西周青铜器铭文分代史征》卷五中,"**兔**盘"注释。
⑤ 《西周青铜器铭文分代史征》卷五中,"**兔**盘"注释。
⑥ 翦伯赞:《中国史纲要》上册,第二章第二节《商的兴起,商王朝的建立和发展》,北京大学出版社2006年版。下引此书均为此版本。
⑦ 黄惠贤:《"盐神"与"盐宗"》,冯天瑜:《人文论丛》(1998年卷),武汉大学出版社1998年版。

(二)先秦时期的盐业管理

先秦时期的盐业管理包括生产流通和贡赋两个方面。

1.先秦时期盐的类别、生产和流通

夏商及其以前,自然盐已经被发现和使用;商周之际,或更早的时代,在今山东地区,人工煮海水为盐也已经出现。周武王灭商纣统一全国后,曾分封太公望(吕望)于营丘(今山东昌乐县东南),建立齐国。齐国土地"潟卤",太公望施政使百姓"极技巧,通鱼盐",境内手工业、商业迅速发展,邻国的百姓也纷纷前来归附。①

起于豳(今陕西旬邑)、周原(今陕西岐山),建都于丰镐(今陕西长安)的西周王朝,有效地控制了关中平原、河北、山东和江淮地区,通过各诸侯国的朝贡,周王室可得到各地的珍稀贡品,其中就包括各式各类的盐。《周礼·盐人》称:"盐人掌盐之政令,以共百事之盐。""共"即供。《周礼·盐人》又称:"祭祀,共其苦盐、散盐;宾客,共其形盐、散盐;王之膳羞,共饴盐,后及世子亦如之。"据陆德明解释,"苦盐",或即鹽盐,其味淡,稍苦,是自然盐,产于河东盐池。②"散盐",即海盐,人工煮炼而成,味咸,当时产于山东滨海。"形盐",也是自然盐,属于"戎盐"的一种,如虎形盐、卵盐。③饴盐,味咸美,是"戎盐"中的佳品,后来有称为"君王盐""玉华盐"者。鹽盐是池盐;形盐、饴盐都属于"戎盐",即产于西北地区的岩盐或池盐。以上均统属自然盐。只有散盐属于人工盐。君王、后妃及世子食用的是饴盐;供祭祀、宾客用鹽盐、散盐。据此我们推测,此时,齐、鲁等山东诸国虽朝贡海盐,但其数量似乎很有限。

春秋(公元前770—公元前476年)、战国(公元前476—公元前221年)时期,社会生产力普遍有了提高,而盐业的发展也进入了上古时期的新阶段,这主要表现为食盐的生产、运销比较活跃,盐的资源亦有新的开发。

《管子》称:"齐有渠展之盐,燕有辽东之煮。"④《史记》记载,伍被曾经引用春秋时期吴楚的故事来谏阻淮南王刘安,他说吴楚"地方数千里","东煮海水为盐","国富民众"⑤。说明春秋战国时期,煮海水为盐,已经不限于所谓"青州"(山东半岛),北面已扩展到了辽东半岛,南方更达到了江浙沿海地区。

《管子》又称:"伐菹薪,煮沛水为盐。"⑥唐人尹知章注:"草枯为菹",沛水指的是山东境内的济水,其"流入海之处,可煮盐之所也"⑦。戴望《管子校正》引洪迈语则称:"沛,当作沸。"⑧解释虽有不同,但有一点是可信的,即当时制海盐的技术水平,尚处于砍伐枯干的柴草来煎煮海水的较原始阶段。但是,《管子》提到"北海之众""聚庸而煮盐"⑨,这一点却很重要。唐司马贞《史记索隐》称:"《广韵》:'佣,役也。'按:谓役力而

---

① 《史记·货殖列传》,《史记·齐太公世家》。

② 《周礼·盐人》唐陆德明注释。

③ 卵盐,《礼记·内则》郑玄注:"似为人君所食之盐"。

④ 《管子·地数》。

⑤ 《史记·淮南王安列传》。

⑥ 《管子·轻重甲》。

⑦ 《管子·轻重甲》尹知章注。

⑧ 《管子·地数》戴望《校正》。

⑨ 《管子》中的《地数》《轻重甲》。

受雇直。"①北海，指今渤海。《管子》这条资料说明，早在春秋时期，齐国已经出现了大盐业主，他们利用雇佣方式，集中大批的劳动力，从事食盐生产。

《史记·货殖列传》载："猗顿用盬盐起。"猗顿是春秋时鲁国人，本是个"耕则常饥，桑则常寒"的"穷士"②，在理财专家陶朱公的启迪之下，迁居河东盐池附近，从事盐业和畜牧，十年之间，成为"与王者埒富"的大盐业主和畜牧业主。

战国时期，食盐生产中发生的最重大的事件是"广都盐井"的开凿。根据《华阳国志·蜀志》和应劭《风俗通》的记载，盐史学者们推定，在公元前255年"周灭"后，秦昭王以李冰继任为"蜀守"③。李冰是一位杰出的水利专家，他在开凿都江堰等举世闻名的水利工程的同时，又于公元前255—公元前251年之间④，在今四川双流县东南的华阳镇，有目的地开凿了我国历史上第一口盐井——"广都盐井"⑤。这口由在任蜀守李冰主持开凿的盐井，自然不能归之于某豪强富商私人所有，而当属于"官营"的性质。

盐为"食者之将"⑥，人人仰给；"无盐则肿"⑦，百姓不食盐则四肢乏力。因此，盐的运输和销售，历来受到重视。早在商代末年，就有从事盐业的名人胶鬲。西周初年，太公望封于齐，当时齐地瘠民寡，吕望正是从"通商工之业，便鱼盐之利"入手⑧，即从重视运输和商业、手工业出发，来推动社会生产力的全面发展。就食盐而言，主要是从解决运输和销售，来促进食盐的生产发展。通过"便鱼盐之利"等手段，吕望使地瘠民寡的齐国很快成为国富民众的东方泱泱大国。

春秋时期，山东、辽东出产海盐，河东有池盐，关陇和西北有岩盐和池盐，而中原地区的"梁、赵、宋、卫、濮阳"却不产盐⑨，食盐的运输和销售，就成为一种很有利可图的事业。齐国的管仲除了把食盐运输到这些不产盐的诸侯国去销售之外，还曾创造性地提出搞"转手贸易"。他说："因人之山海假之，有海之国，雠盐于吾国，釜十五吾受，而官出之以百。"⑩尹知章注："雠，雠也；受，取也"。"假令彼盐平价，釜当十钱者，吾又加五钱而取之"，"既得彼盐，则令吾国盐官出而粜之。釜以百钱也。"⑪可见，这种转手贸易所获之利是很大的。

当时，还有一位与贩盐有关的名人百里奚。百里奚，字井伯，楚国宛（河南南阳）人，曾仕于虞国，为大夫。虞亡，百里奚作为晋国的俘虏，充作秦穆公姬的媵仆。后来，他亡命归于宛。⑫据《说苑·臣术篇》称："秦缪公使贾人载盐于卫，征诸贾人，贾人买

① 《史记·陈涉世家》司马贞《索隐》。

② 《史记·货殖列传》宋裴骃《集解》引《孔丛子》。

③ 白广美：《中国古代盐井考》，载《中国盐业史论丛》，中国社会科学出版社1987年版，第48—70页；另见廖品龙：《试论张若在成都置盐铁市官与李冰穿广都盐井》，载《四川井盐史论丛》，四川社会科学出版社1985年版，第50—51页。

④ 据白广美：《中国古代盐井考》，《中国盐业史论丛》，中国社会科学出版社1987年版，第49页。

⑤ 参考林元雄等：《中国井盐科技史》，《中国盐业史论丛》，中国社会科学出版社1987年版，第136页。

⑥ 《汉书·王莽传》。

⑦ 《管子·轻重甲》。

⑧ 《史记·齐太公世家》。

⑨ 《管子·地数》。

⑩ 《管子·海王》。

⑪ 同上尹知章注。另《管子校正》引王念孙解释与尹释不同；此处仍从尹注。

⑫ （清）俞正燮：《癸巳类稿》卷11《百里奚事异同论》。

百里奚，使将车之秦。缪公观盐，见百里奚"①，后成为缪公的贤相。晋献公灭虞，在秦缪公（即穆公任好）五年，为东周惠王二十二年（公元前655年）。秦居于渭水，古称"西戎"，其贾人所运之盐，当属解池盐或产于更西、更北之所谓"戎盐"（岩盐）。卫国临近解池，若喜食"戎盐"，则说明"戎盐"的质量，远优于河东的池盐；至少可以说，早在春秋战国时期，中原不产盐的地区，是海盐和池盐乃至戎盐争夺的市场。

2. 先秦时期的盐政

夏以前的"盐政"情况，尚不大清楚。商、周两代，实行等级分封制，以"贡"代税。推测所谓青州"厥贡盐"，也就是以"盐"作为贡品，向领主交纳，以代赋税。史书上一般都说，当时贡税较轻，而且交纳的是当地土产，所以百姓负担不重。对食盐的生产和运、销，听任百姓们自己经营，官府仅在产地设置虞衡之官，执掌政令，督促民众以时采煮。

春秋、战国时期，食盐业在经营管理方面也发展到了一个新的阶段，其最重要的标志是官府直接介入食盐的生产和运、销环节，形成了食盐官营制度。创建这一制度的就是春秋时齐国的理财家管仲。

东周庄王十二年（公元前685年），齐襄公去世，桓公继位，任用管仲以为辅佐。管仲即依据齐国海盐资源丰富这一优势，创制了食盐民产、官收、官运、官销的官营制度。

首先是民产、官收之制。曾仰丰指出："'请君伐菹薪，煮沸水为盐'，此有官制之证也'。'山林梁泽，以时禁发，草封泽，盐者之归譬若市人'，此主要产盐属于民制之证也。"据此，他认为："其制盐法，有官制，有民制。大都滩场散漫之地，则归官制；其整聚之处，易于管理者，则归民制。但以民制为主、官制为辅。"②这里，制盐有无官制，似可商榷。《管子·轻重甲篇》载管仲说："今齐有渠展之盐，请君伐菹薪，煮沸水为盐，正而积之。"桓公同意之后，"十月始正，至于正月，成盐三万六千钟"。尹知章注：正，"音征"；赵守正注释："正，通'征'"③。这种从十月开始至次年正月征收积聚起来的"三万六千钟"食盐，仍当出自"民制"。当时食盐官制的证据似乎不足。"普天之下莫非王土，率土之滨莫非王臣"④，本着这条传统的原则，齐管仲对食盐民产的控制，主要表现为对食盐资源的管理和生产者时间的限制上。渠展的食盐资源是齐国官府所拥有的，齐桓公可以下令要民众砍伐柴草煮盐；"孟春既至，农事且起"，"北海之众无得聚庸而煮盐"⑤，则是按上述"山林梁泽，以时兴发"的方针来制约民众的食盐生产。

其次，食盐官府专运。曾仰丰指出："无论本产或由外输入，均归政府统制经营。如'积盐以令枭于梁、赵、宋、卫'，是内盐出境由政府运销之谓。如'通东莱之盐，而官出之'，是外盐输入，亦由政府收买出售之谓"⑥，在这里，我们还可以强调一点：由于官府的限产，食盐价格上涨后，管仲主张："君以四什之贾（价），循河、济之流，南输梁、赵、宋、卫、濮阳"等无盐之国。这样做不仅经济上可以获利，而且"恶食无盐则肿，守圉之

---

① 此处据《北堂书钞》卷46《盐·观盐见百里奚》条注引；《太平御览》卷865引作《世说》。

② 《中国盐政史》，上海书店1984年版，第5—6页。

③ 《管子注释》下册，广西人民出版社1982年版，第350页。

④ 《诗经·小雅·北山》。

⑤ 《管子·轻重甲》。

⑥ 《中国盐政史》，上海书店1984年版，第6页。

本,其用盐独重",控制食盐运输,更可以达到政治上、军事上左右这些不产食盐的诸侯国的目的。① 在他回答齐桓公"国无海不王乎"的问题时,提出"因人之山海假之",主张收买产盐国的廉价食盐,加价"而官出之"②,搞这种转手贸易,更离不开食盐的长途转运。

最后是食盐的官卖。除食盐出口和转手贸易外,管仲特别强调在国内的官卖。他有一句名言:"海王之国,谨正盐筴"③,所谓"盐筴",通俗的解释就是食盐人口的册籍。产盐的国家,对全国食盐人口要有详细的登记,由官府按时按册籍卖给食盐,以稳收盐利,即"给之盐筴,则百倍归于上,人无以避此者"④。曾仰丰指出:"管子之意,以盐为人民日用所必需,若明令征税,则人民鲜有不疾首蹙额呼号相告、以图抵抗者,不如寓租税于专卖之中,使人民于不知不觉之间,无从逃税,盐利收入,其数必巨,公家可不必另筹税源,而国用已足,此乃专卖制之优点。故《海王》一篇,实为千古言盐政之祖。"⑤这样的解释,可谓中的。

通过上述资料和分析可知,管仲的"食盐官营"政策,实际上是食盐民产,官府统购、统运和统销。

明人邱睿说:"自管仲兴盐筴,以夺民利,始开盐禁。"⑥元人马端临说:"按《周礼》所建山泽之官员多,然大概不过掌其政令之厉禁,不在于征榷取财也。至管夷吾相齐,负山海之利,始有盐铁之征。观其论,盐则虽少男少女所食……皆欲计之,苛碎甚矣。"⑦尽管人们对管仲"食盐官营"多有批评,但盐禁一兴,历代仍多效法,无论专卖也好,官营也好,理由无不在于"为富国之计"。因此,管仲其人,盐禁其法,在中国盐业发展史上,都具有重要的历史地位。而管仲被尊为三大"盐宗"之一,就是尊重其兴食盐之官营,此法虽不利于民而大利于"国",是以各朝统治者无不重视,特别是自秦而汉,自汉而唐,下至宋、元、明、清,盐的管理制度,不是走向松缓,而是日益趋于严密。

春秋末年,齐晏婴对景公曾经说过:"薮之薪蒸,虞候守之;海之盐蜃,祈望守之",官府"征敛无度",以致"民人苦病"⑧。曾仰丰说:"齐自桓公至景公时,凡一百八十余载,虽行专卖,已非当时之旧",即"将民制之例,完全改为官制,尽夺民利,卖价昂贵",所以晏子"极言其苛"⑨。此时的齐国,食盐的煎煮,是否完全改为"官制",尚可研究;但此后的秦国,其盐政确有此趋势。

战国时,秦国生产池盐,大概始于夺得安邑盐池之后。秦夺安邑盐池在孝公二十二年(公元前 340 年),夺得安邑之后即征盐税,是很自然的事。《华阳国志·蜀志》载,秦"惠王二十七年(公元前 311 年)(张)仪与(张)若城成都……置盐铁市官并长丞"。

---

① 《管子·地数》。

② 《管子·海王》。

③ 《管子·海王》。

④ 《管子·海王》。

⑤ 《中国盐政史》,上海书店 1984 年版,第 6 页。

⑥ (明)邱睿:《盐法考略》。

⑦ 《通考·征榷考》。

⑧ 《晏子春秋·外篇》。

⑨ 《中国盐政史》,上海书店 1984 年版,第 6—7 页。

据廖品龙考证[1]，"秦统一巴蜀的时间应为公元前 316 年"，即秦惠王改元后的九年，"由于当时还没有穿凿盐井，张若任蜀守时还无盐的生产可管"，成都"盐铁市官只管盐的销售则是无疑的"，而德文《四川盐业史研究》已以此为中国四川盐垄断之始[2]；约 60 年后（公元前 255—公元前 251 年），秦蜀守李冰主持开凿四川第一口盐井——广都盐井，即属"官营"。因此，在秦统一六国前，即已置盐官、收盐利，甚至由官府直接介入食盐的生产。宁可指出，战国时期，"秦于商鞅变法（公元前 359 年、公元前 350 年共两次）后，置盐官'颛（专）川泽之利，管山林之饶'，实行食盐官营"[3]。日本学者森克己也认为："秦国不仅对制盐……征多额的税，而且本质上是已进而为国营，而使奴隶从事于此项工作。"[4]据此，似乎可以认为战国时秦国的食盐官营，比之于春秋时齐国的渔制又进了一步——在食盐的生产上，已经不再是一般百姓私制，而是由官府强制奴隶们从事于生产。[5]

以上简单分析了先秦时期的盐业管理，其中有些内容是着重于池盐与井盐的管理，但是，从西周开始，尤其是春秋时期，沿海国家对于海盐资源极为重视，因而先秦时期盐业管理中的一些措施，同样适用于对于海盐的管理。

先秦时期，中国沿海的海盐生产与管理最为典型的是山东地区，尤其是对于最为强盛的诸侯国齐国统治时期来说，更是如此。这方面的材料比较丰富，有必要在此作一重点论述。

（三）山东地区的盐业及其管理[6]

山东地区的海岸线长达 3000 余千米，为发展盐业提供了得天独厚的条件。这一地区的古先民在长期的生活、生产实践中，不断积累经验，使盐业由小而大，逐渐发展起来。时至今日，山东的盐业在全国仍占有极其重要的地位。下面，我们从先周时期、西周时期以及春秋战国时期这几个不同的时期来分析一下山东的盐业发展情况。

1. 先周时期山东的盐业

考古资料证明，早在四五十万年前的旧石器时代早期，山东就有人类居住。我们知道，盐是人类生活不可或缺的物质，尽管我们无法知道人类从什么时候开始食用盐，但是我们从山东分布密集而广泛的史前文化遗存可以断定，山东地区有着丰富的盐业资源可供远古居民选用，即所谓古先民"向盐而居"，否则，在无盐的条件下要想进行正常的生活、生产是不可想象的。据文献记载，传说中的黄帝、尧、舜都在山东留有他们活动的痕迹。《史记·五帝本纪》载："（黄帝）东至于海，登丸山，及岱宗。"岱宗即泰山；"丸山"，据《括地志》载："丸山即丹山，在青州临朐县界朱虚故县西北二十里，丹水出焉。"至尧时，命羲仲理东夷青州之地，直接把青州作为其辖区。舜即位后，巡视东方，

---

① 廖品龙：《试论张若在成都置盐铁市官与李冰穿广都盐井》，载《四川井盐史论丛》，四川省社会科学院出版社 1985 年出版。

② HANS ULRICH VOGEL：《UNTERSUHUNGEN UBER DIE SALZGESCHICHTE VON SICHUAN(3IIV. CHR.——1911)》. STUTTGART, 1990. P. 26.

③ 宁可撰："秦汉盐官"条，见《中国大百科全书·中国历史》，中国大百科全书出版社 1986 年版，第 797 页。

④ 陈昌蔚译：《中国社会经济史》，商务印书馆 1936 年版，第 135 页。

⑤ 郭正忠：《中国盐业史》（古代编），人民出版社 1997 年版，第 11—30 页。

⑥ 吕世忠：《先秦时期山东的盐业》，《盐业史研究》1998 年第 3 期。

至于岱宗,在羽山杀了治水无方的鲧。《括地志》称:"羽山在沂州临沂县界。"由此看来,黄帝、尧、舜之所以选择在山东一带活动,除了山东地区当时的经济文化发展水平较高而外,另外应当有一条很重要的原因,那就是山东有丰富的渔业盐业资源,能满足人体之所需。

从盐业史的角度看,最早的盐业生产是煮盐即煮海为盐。煮海为盐起码要具备三个条件,一是认识到海水中含有盐分,可以加工食用;二是火已被广泛利用,燃料充足;三是手工制品水平高,可用于煮盐。到大汶口文化时期,山东地区已具备了上述条件。前两个条件不言而喻,第三个条件,大汶口文化时期,已经产生了制陶器的手工业者,陶器生产形成一定规模,达到了一定水平,所以山东的煮盐业应始于大汶口文化时期。据《世本》记载,早在公元前2600年(亦即大汶口文化时期),胶东地区就有"夙沙氏煮海为盐"。夙沙氏又称宿沙氏,当为大汶口文化时期居住在胶东地区的一个部族或酋长,煮海为盐或许为集体智慧的结晶,后被托于一人。

到了夏代即岳石文化时期,山东土著居民——夷人的力量相当强大,其经济、文化均达到了很高的水平,对夏王朝构成了严重威胁,东夷首领中的后羿、寒浞居然先后摄代夏政,成为夏王朝不得不专门对付的一股强大势力,夏王朝统治者不得不更加注意这一地区。这一时期,山东的盐业已初具规模,并且成为全国重要的海盐产地。唯其如此,禹行九州定贡物时,盐被定为青州的贡物,这在其他地区是没有的。《史记·夏本纪》称,"海岱维青州:嵎夷既略,潍、淄其道。其土白坟,海滨广泻,厥田斥卤。田上下,赋中上。厥贡盐絺,海物维错,岱丝、枲、铅、松、怪石,莱夷为牧,其筐檿丝。浮于汶,通于济。"

商代前期,国都数次迁移,但都离不开鲁西南一带,离出产海盐的青州相去不远。盘庚迁殷后,殷都离青州也不远。这一时期,山东地区的经济文化水平较之夏代有了更进一步的发展,与商王朝的关系比夏代要密切得多,而且有几个势力较大的方国如薄姑、奄、莱、箕等。青州作为向王朝贡海盐的基地没有改变,人们还认识到了食盐在烹调中的作用,所谓"若作和羹,尔惟盐梅"[1],说明饮食文化的发达。姜太公为商末周族重臣,他不能不注意到山东的盐业资源。周初分封,他一到齐国,即将盐业确立为齐国国民经济的主要产业,这从一个侧面反映了商代山东盐业的发展情况。

商代是青铜器高度发展的时期,在山东济南、平阴等地都曾发现过商代青铜器作坊遗址,证明商代山东青铜冶炼手工业之发达。考虑到商代的青铜器主要是礼器和兵器,而且主要供王室使用,所以我们推测商代山东煮海盐使用的工具,仍然是陶器,使用青铜器的可能性不大。

有必要指出的是,夏商时期青州向王朝提供的盐贡,还不能说是严格意义上的盐税,但可以肯定,盐贡已是盐税的雏形。

2.西周时期山东的盐业

西周时期,山东的盐业得到了进一步发展,主要原因是:一是夏商两代山东的盐业生产已初具规模,为王朝所倚重。为王朝所倚重,反过来又刺激着山东的盐业生产,从而为西周时期山东盐业的发展打下了良好的基础。二是周初,佐周灭商的功臣吕尚东

---

① 《商书·说命下》。

封于齐。吕尚是周朝创业的关键人物,对海盐在生活中的地位了如指掌,而且他所就封的齐国,正是青州之地,吕尚因地制宜,提出了"便鱼盐之利"的发展渔盐业的方针。这一方针的确立,不仅为齐国找到了自身的经济资源优势,培育了齐国经济的增长点,而且客观上推动了山东的盐业生产。《史记·货殖列传》称:"故太公望封于营丘,地泻卤,人民寡,于是太公劝其女功,极技巧,通鱼盐,则人物归之,繈至而辐凑。故齐冠带衣履天下,海岱之间敛袂而往朝焉。"

西周王朝高度重视盐的使用,为此专门设置了"盐人"。《周礼·天官·盐人》载:"盐人掌盐之政令,以共百事之盐。祭祀,共其苦盐散盐。宾客,共其形盐散盐。王之膳羞,共饴盐。后及世子亦如之。凡齐事,鬻盐以待戒令。"这里不仅列举了盐的不同用途,而且还列举了盐的种类。设官管理盐的使用,证明西周时期盐文化已发展到相当的水平。《周礼》中提到的散盐是海盐,也就是山东贡的海盐。海盐比较珍贵,只在祭祀和招待宾客时才使用,周王室的膳食中也没有海盐,而是以其他盐代替。这一方面说明当时山东的海盐生产能力比较低,产量少,无法满足王朝大量的海盐需求,另一方面也反映出山东距周王朝路途遥远,贡海盐极其艰难。

因此,我们说西周时期山东的盐业有了进一步的发展,是相对于夏商而言的。对于西周时期山东的盐产量,我们不能估计过高。可贵之处在于,姜太公把盐业划为齐国国民经济的主要产业,初步建立了盐业外贸体系,既带动了山东地区盐业的发展,也促进了山东经济的发展。

除齐国外,位于胶东半岛的莱国也是一个较强大的诸侯国,三面环海,盐业生产开展较早,在山东盐业中占有重要地位。因史料不足,难述其详。

3. 春秋战国时期山东的盐业

我们知道,姜太公封于齐时,只有自然条件差的方圆百里之地,而且局势很不稳定,莱国曾多次与之争营丘。终西周一代,齐国虽经两次迁都,终于站稳了脚跟,但其版图并没有大的扩展。春秋时期,这种状况有了改变。这一时期,齐国国力有了较大提高,公元前 690 年,齐襄公灭纪,公元前 685 年齐桓公登位,开始扩张领土,公元前 684 年灭谭,公元前 681 年灭遂,公元前 567 年(齐灵公时)齐又灭莱、破棠。至是,山东半岛及鲁北地区才尽入齐之版图。我们这里说的山东的盐业主要指的是齐国的盐业。

管仲相齐后,协助齐桓公在齐国推行了一系列的重大改革。这些改革措施中,影响最大、效益最显著的改革,莫过于推行"官山海"之策。所谓"官山海",即实行盐铁专卖,因为盐和铁都是人们生产生活中一日不可或缺的物资,在生产力处于较低水平的春秋时期,盐、铁无疑是特殊的产品,具有战略意义。管仲认为,实行盐铁专卖,国君就可以依靠盐铁之利保证国家机器的正常运转,无须再开辟其他税源。

管仲认为,要实行盐的专卖,首先要"正盐策",即征税于盐之策。管子说:"十口之家十人食盐,百口之家百人食盐。终月,大男食盐五升少半,大女食盐三升少半,吾子食盐二升少半。此其大历也。盐百升而釜。令盐之重升加分强,釜五十也。升加一强,釜百也。升加二强,釜二百也。钟二千,十钟二万,百钟二十万,千钟二百万。万乘之国,人数开口千万也。禹策之,商日二百万,十日二千万,一月六千万。万乘之国,正人百万也。月人三十钱之籍,为钱三千万。今吾非籍之诸君吾子,而有二国之籍者六千万。使君施令曰:吾将籍于诸君吾子。则必嚣号。今夫给之盐策,则百倍归于上,人无以避此者,数也。"①也就是说,管仲的"正盐策",是按照人口数预算耗盐量,将人头税附加到盐价中,不再另征人头税,这样任何人都无法逃避,于不知不觉中交纳了税收。管仲不愧为千古理财能手,实际运作中尽管未必像他算的那么精确,但寓税于盐比单纯征税至少多获利一倍,而且不致激化矛盾。

为了限制盐的产量,并且不误农业生产,管仲规定:"孟春既至,农事且起。……北海之众无得聚庸而煮盐。若此,则盐必坐长而十倍。"②从"聚庸而煮盐"看,当时的生产规模是比较大的,场面比较壮观。

为了获取最大的盐业利润,管仲看到单靠齐国的生产能力难以达到目的,于是他向齐桓公提出了"因人之山海"的策略。他说:"因人之山海假之,有海之国雠盐于吾国,釜十五,吾受而官出之以百。我未与其本事也,受人之事,以重相推。"(《管子·海王》)与此相配套的措施是"通齐国之鱼盐于东莱,使关市几而不征",即免除关税,从东莱进口盐(每釜十五),齐国再以官价(釜一百)出卖,从中赚取多倍的差价。

管仲看到,没有海盐资源的诸侯国须受食于人,而且他们需求量大,必然要依靠齐国供给海盐。用这种人人都必须消费的特殊商品作为一种贸易手段,无疑会增强本国的经济实力。为此,管仲建议齐桓公"请以令籴之梁、赵、宋、卫、濮阳。彼尽馈食之也。国无盐则肿,守围之国,用盐独甚。"③此举一出,齐国得成金万一千余斤。无盐之国明知齐国故意加价,怎奈"国无盐则肿",也不得不源源不断地进口齐盐。显然,管仲把盐当成了削弱邻国、充实齐国的工具,可谓匠心独具。

管仲时期,齐国境内的煮盐业,民制官营,官府有计划地组织生产,由官府统一收购、统一定价、统一销售,并且建立了盐外贸体制,进出口亦由官府垄断。管仲独擅盐利的政策,使齐国迅速走上了富强之路,不久,齐桓公成为春秋首霸。

那么,管仲时期山东的盐产区又在何处呢?《管子·轻重甲》云:"今齐有渠展之盐,请君伐菹薪煮沸水为盐,正而积之。"这里,若理解"渠展"是产盐地名,在何处已不可考;若将"渠展"理解为晒盐之盐田,即开渠引海水展开为盐池以晒盐,或许更符合实际。此与"煮水为盐"两相对照,更可证明。齐国的盐产区,应在临淄北部沿渤海一带。位于胶东半岛的莱国,也是山东地区的一大盐产区,所以管仲才"通齐国之鱼盐于东莱"。公元前567年齐灭莱以后,齐国便据有了山东的绝大部分盐产区。

春秋后期,齐景公废除了民制官营政策,改民制为官制,尽夺民利,且卖价昂贵,百姓怨声载道。晏婴为此提醒过齐景公,他说:"山林之木,衡鹿守之;泽之萑蒲,舟鲛守之;薮之薪蒸,虞候守之;海之盐、蜃,祁望守之。……布常无艺,征敛无度……民人苦病,夫妇皆诅。"④除了盐之外,晏婴还提到了其他山林薮泽之产,齐景公也还能听取晏婴的意见,使有宽政、毁关、去禁、薄敛、已责,让利于民。尽管如此,春秋末期的齐国仍不可避免地为陈氏(田氏)所取代。晏婴早在公元前539年已看出端倪,他说:"此季世也,吾弗知齐其为陈氏矣。公弃其民,而归于陈氏。齐旧四量,豆、区、釜、钟。四升

① 《管子·海王》。

② 《管子·轻重甲》。

③ 《管子·轻重甲》。

④ 《左传·昭公二十年》。

为豆,各自其四,以登于釜。釜十则钟。陈氏三量皆登一焉,钟乃大矣。以家量贷,而以公量收之。山木如市,弗加于山;鱼、盐、蜃、蛤,弗加于海。民参其力,二人于公,而衣食其一。公聚朽蠹,而三老冻馁,国之诸市,屦贱踊贵。民人痛疾,而或燠休之。其爱之如父母,而归之如流水。欲无获民,将焉辟之?"[1]

陈氏(田氏)行阴德,大量贷,小量收,其中就有盐。经过几代人不懈的努力,陈氏(田氏)完成代齐的事业,姜齐政权变成了田齐政权。在这里我们可以说盐是陈氏(田氏)夺取政权的一种工具。

经过春秋时期大国争霸兼并之后,到战国时期,山东除齐国外,只剩下鲁、莒、邹、郯、任、薛、滕等国。鲁、莒等国国力日益削弱,先后为大国所灭,只有齐国日益发展壮大,成为战国七雄之一,在时代舞台上发挥了重要作用,在战国史上写下了光辉的篇章。

当时的齐国,可谓国强民富,兵强马壮,到处呈现一片蓬勃发展、繁荣昌盛的景象。《战国策·齐策一》是这样描述的:"齐南有太山,东有琅邪,西有清河,北有渤海,此所谓四塞之国也。齐地方二千里,带甲数十万,粟如丘山。齐车之良,五家之兵,疾如锥矢,战如雷电,解如风雨。即有军役,未尝倍太山、绝清河、涉渤海也。临淄之中七万户,臣窃度之,下户三男子,三七二十一万,不待发于远县,而临淄之卒,固以二十一万矣。临淄甚富而实,其民无不吹竽、鼓瑟、击筑、弹琴、斗鸡、走犬、六博、蹋鞠者;临淄之途,车毂击,人肩摩,连衽成帷,举袂成幕,挥汗成雨;家敦而富,志高而扬。"

《史记·货殖列传》描述说:"齐带山海,膏壤千里,宜桑麻,人民多文采布帛鱼盐。临淄亦海岱之间一都会也。"

考古材料则向我们展示了齐国都城的规模:临淄故城总面积(大城、小城)60余平方千米,是我国古代规模最大的早期城市之一。齐故城内发现有冶铁遗址6处,冶铜遗址2处,铸钱遗址2处,还有范围较广的制骨作坊遗址,这些遗址足可反映临淄手工业的发展盛况。

齐国如此兴旺发达,原因固然是多方面的,但盐业的发展是其中最重要的原因之一。尽管我们无法量化其盐业发展情况,但是可以肯定,较春秋时期从规模到产量都有了较大的发展。

我们知道,一个产业要兴盛不衰,必须具备这样几个条件,即资源优势不变、行业传统积累丰富、生产技术不断提高、无强大竞争对手。战国时期,齐国完全据有胶东半岛和鲁北地区,基本控制了海岸线,沿海盐业资源取之不尽、用之不竭,而且政令统一、畅通无阻。自太公以来,齐国历代统治者都十分重视盐业生产,至管桓时代更上一层楼,在产、供、销等方面积累了丰富的经验,盐业成为齐国的主要产业,田氏行阴德时,盐也是重要物资,因而田齐政权重视盐业亦属情理之中的事情。鼓风设备的使用,大大提高了煮盐的能力,在煮海史上具有划时代的意义。战国时期虽有燕国的海盐和楚国的海盐以及河东、西北的池盐,但它们在市场上均无法和齐盐抗衡。

战国时期,社会经济全面进步,齐国走在前列。农业、手工业、商业的发展及人口的增加、水陆交通的发达、城市的发展,对齐国的盐业无疑都起了巨大的推动作用。农

---

[1] 《左传·昭公二十年》。

业的发展为盐业提供了充足的粮食保证和其他农副产品的供应;手工业的发展为盐业提供了诸如鼓风机、铁器一类的生产工具以及一大批消费盐的手工业工人;商业的发展促进了盐业的流通。根据考古发掘出的各种齐币及齐币铸范地点来看,在整个现今的山东及其相邻地区,均有齐币出土,可见齐国商业之发达;人口的增加一方面加大了盐的需求量(其他诸侯国人口的增加必然加大盐的消耗量,亦不得不加大进口齐国海盐的数量),另一方面为盐业生产提供了劳动力资源。据学者考证,齐国境内有 6 条陆上交通线和 1 条水路可与境内外联系,如此发达的交通,在当时其他诸侯国并不多见,也为盐的运销提供了有利条件;经济发展的一个重要结果是城市的发展,临淄就是战国时期最大的都市之一,城市居民的饮食水平相对来讲一般比较高,也比较讲究,饮食文化发达,盐的消费量自然更大。

战国时期,战争成为社会的主旋律,齐国未能幸免。为了支付庞大的军费开支,齐国不得不想尽一切办法增加财政收入,而大力发展盐业生产无疑是一个最简捷、最有成效的方法。从这个意义上讲,战争又是战国时期齐国盐业的助推器。

春秋战国时期山东的煮盐工具,仍然以陶器为主。从当时冶铁、冶铜水平推断,有可能使用过铁锅、铜盘一类的东西,因无确切资料,只能暂付阙如。

综合上述情况,我们可以得出关于先秦山东盐业的几个结论:

(1)先秦时期山东是世界上盐业生产开展最早的地区之一,至少可追溯到公元前2600 年亦即大汶口文化时期。山东古先民为后世山东及全国的盐业奠定了基础,为中国盐业乃至世界盐业做出了不朽的贡献。

(2)先秦山东得地利之便,盛产海盐。海盐亦即《周礼》中所讲的"散盐"。山东的海盐除自己消耗而外,还必须向王朝进贡。在春秋战国时代,还向周边国家提供了大量的海盐,换回了巨额利润。山东的海盐在整个先秦时代都占有举足轻重的地位,非其他地区、其他盐种可比。

(3)管仲开世界史上盐专卖的滥觞。管仲首创的盐专卖及其创立的其他有关盐业的生产、流通、管理体制,为我国盐业史做出了巨大贡献,被誉为"千古盐政之祖",其影响至今犹存。

(4)盐业在先秦山东政治生活中尤其是齐国的政治生活中发挥了巨大作用。夏商周王朝需要仰赖于山东的盐,因而不能不格外看重山东。周初分封,封吕尚到山东,原因固然很多,但是山东的渔盐之利不能不说是一个诱因。齐国擅海盐之利得以存在,又因盐之利成为春秋五霸之首、战国七雄之一,盐甚至可以说是齐国的立国之本。在自然经济条件下,拥有海盐资源的山东在政治生活中比其他地区发挥大一点的作用也是情理中的事。

(5)先秦山东盐产量尚不高。这主要是由当时的生产力水平决定的。即使如《管子·轻重甲》所载:"十月始正,至于正月,成盐三万六千钟。"这三万六千钟若按人均占有量也仍然是比较少的,更何况还要用于进贡、外销。可以肯定的一点是,时间愈往后产量愈高。

第二节　秦汉时期的海洋经济与海外贸易

一　秦汉时期的海洋经济

从公元前221年嬴政统一全国,建立强大的秦王朝,直至220年东汉献帝禅位,秦汉两大统一王朝,统治中国共计440年之久。海洋渔业与海洋盐业是海洋经济中的大宗,这在秦汉时期尤为明显。

(一)秦汉时期的渔业①

关于秦汉时期的渔业,我们可从秦汉渔业技术的发展、秦汉渔业生产的地位及区域、秦汉渔业生产的经营组织形式三个方面来看。

在新石器时代的遗址中,鱼钩、鱼叉、鱼镖、网坠等多有发现,反映了当时渔业生产工具的发展状况。甲骨文中的"渔"字,有数种象形写法:有像以手持杆钓鱼者,有像以手抓鱼者,有像以手拿网捕鱼者。学者们据此认为,商代的渔法大致就是钓、抓、网三种。②

秦汉时期,渔具和渔法有了新的进步。《淮南子》中有"钓者静之、罟者舟之、罩者抑之、罾者举之,为之异,得鱼一也"的记载,可见渔具和渔法已经日趋多样。

就钓具而言,《吕氏春秋》云:"鱼有大小,饵有宜适,羽有动静。"《淮南子》云:"钩箴芒距,微纶芳饵,加之詹何娟嬛之数。"可知时人对钩、饵、纶、浮等各个部位及钩钓技术都加以注意了。

网具是当时最重要、最进步的渔具。所谓"临江而钓,旷日而不能盈罗……不能与网罟争得也"③的说法,正表明了网具的生产效率要远远高于钓具。《尔雅》中记录了不少当时的网具名称,其中有"九罭"和"眾"。据郭璞注,"九罭"是"百囊罟","眾"是"最大罟"。由此可知,比较复杂和大型的网具已经出现了。陈胜、吴广起义时,曾"丹书曰'陈胜王',置人所罾鱼腹中"④。这里的所谓"罾"者,文颖曰:"乃鱼网也。"据《初学记》引《风俗通义》云:"罾者,树四木而张网于水,车輓之上下。"需要使用机械作为拉网拖曳的工具,显然是一种比较先进的捕捞方法。另据《说文》释"罧"云:"积柴水中以聚鱼也",《尔雅》"槮"字郭璞注云:"聚积柴木于水中,鱼得寒,入其里藏隐,因以薄围捕取之。"这是一种将鱼类集中然后加以捕捞的有效方法。

除了钓具和网具之外,还有一些以竹木编制的小型渔具。如筌(《广雅》云"以竹为之")、罩(《尔雅》郭璞注云"捕鱼笼也")、笱(《说文》云"曲竹捕鱼")、篧(《说文》云"罩鱼者也"),等等。这些渔具简单易制,使用较为普及。

渔船是渔业的重要生产工具之一。秦汉时期的造船业十分发达。当时的常用船

---

① 余华清:《秦汉时期的渔业》,《人文杂志》1982年第5期。
② 见孟世凯:《殷墟甲骨文简述》,文物出版社1980年版,第88页。
③ 《淮南子·原道训》。
④ 《史记·陈涉世家》。

只宽度可达5—8米,长度可达20米左右,载重量可达25—30吨,少数大船可能还会更大。船上已具有帆、橹、锚、舵等设备。① 造船业的发展,固然主要是为了适应交通运输的需要,但无疑也会提供数量众多、使用便利的渔船,从而对渔业生产的发展起到重要的促进作用。秦始皇东巡时,曾乘船浮海,"令入海者赍捕巨鱼具,而自以连弩候大鱼出射之"②。汉代也屡有出"大鱼""巨鱼"的记载。③ 如果没有使用大型的渔船,要获得这些"大鱼""巨鱼",显然是不可能的。

秦汉时期捕鱼技术的不断进步,促进了渔业生产的发展,社会消费的鱼类品种和数量也随之增多。在汉代的砖石画像和墓葬壁画中,多有鱼鳖的图像,可见当时民间食用鱼类是比较普遍的。《盐铁论》所云"今民间酒食……臑鳖、脍鲤……鲐鲒",虽有夸张之嫌,但也反映了一定的实际情况。例如,辽阳棒子台汉墓壁画的饮食图中,食架上挂有鱼多条。④ 马王堆汉墓遗策记载的随葬品中,包括有鲂、鳠、鳙、鲤、鳡、白鱼、紫鱼、鲍鱼等多种鱼类。⑤ 不仅富贵人家食鱼,也有戍卒"买鱼烹食"⑥的记载。从目前可考的当时鱼价来看,鲤鱼长一尺至三尺者,每条值五十钱。⑦ 居延汉简记载,售鱼五千条,售主企图获钱四十万,平均每条八十钱。售出结果是:连同一头牛价在内,总共只获钱三十二万。实际售价每条鱼当在二三十钱之间。在同一简册中,还记有其他一些物价,如大麦一石值三千、肉一斤值三百、缰绳一枚值五百。⑧ 与这些物价相比,鱼价可算是低廉的。在一些渔业生产发达的地区,甚至将鱼作为牲畜的饲料。如《论衡·定贤篇》云:"彭蠡之滨,以鱼食犬豕。"《新论·殊好篇》中亦有类似记载,并说:其所以"人不爱者,非性轻财,所丰故也"。上述材料即是秦汉时期渔业生产发展的有力例证。

由于渔业生产的发展,其在整个社会经济中的地位日渐重要。当时有"民之所生,衣与食;食之所生,水与土也"⑨以及"鱼鳖之堀,为耕稼之场"⑩的说法,高度评价了各种水域的经济意义。秦汉统治者为了扩充封建国家的财源,也开始课取渔业税。据《汉书·食货志》记载,武帝曾征收"海租",即海洋渔业的生产税;王莽时规定:"诸取众物鸟兽鱼鳖百虫于山林川泽及畜牧者……皆各自占所为于其在所之县官,除其本,计其利,十一分之,而以其一为贡。"管理渔业税收事务的官吏,有海丞、水官等。《续汉书·百官志》云:"凡郡县……有水池及鱼利多者,置水官,主平水收渔税。"汉代水官的设置比较普遍,根据《汉书·百官公卿表》的记载,太常、大司农、少府、水衡都尉以及三辅地区均有都水长丞的设置。地方都水官今可考者有"浙江都水"⑪、"蜀都水""安定右水长""张掖水长"⑫,等等。另据《汉书·地理志》,九江郡有"陂官""湖官",南郡编县与

---

① 《秦汉时期的船舶》,《文物》1977年第4期。

② 《史记·秦始皇本纪》。

③ 《汉书·五行志》。

④ 《文物参考资料》1954年第9期。

⑤ 《马王堆一号汉墓》,文物出版社1973年版。

⑥ 《史记·陈涉世家》。

⑦ 《齐民要术》卷61引《陶朱公养鱼经》。

⑧ "建武三年候粟君所责寇恩事"释文,《文物》1978年第1期。

⑨ 《管子·禁藏》。

⑩ 《齐民要术·序》引仲长统言。

⑪ 《汉印文字征》第11。

⑫ 转引自陈直:《汉书新证》,天津人民出版社1979年版,第99页。

江夏郡西陵县有"云梦官"。这些水官、陂官、湖官、云梦官的主要职责,即是收取各地的渔业税。

就当时的渔业生产区域来说,关于海洋渔业生产区域,秦汉辽阔幅员的沿海地区,北起上谷、辽东、乐浪,中经齐、楚,南达南海,每每都是。《汉书·地理志》云:"上谷至辽东……有鱼盐枣栗之饶";"齐地……通鱼盐之利","楚地……民食鱼稻,以渔猎山伐为业。"《说文》中收有不少出自乐浪的鱼名。《西京杂记》云:南海"尉佗献高祖鲛鱼"。这些记载表明,秦汉的北部、东部、东南、南部沿海地区,普遍从事渔业生产。其中尤以齐地的近海渔业最为发达。早在春秋战国时期,齐国就有"兴鱼盐之利"的生产传统,至秦汉时,更是出现了"莱黄之鲐,不可胜食","燕齐之鱼盐……待商而通"①的盛况。

上述地区的海产品不仅为当地人民提供了重要的食品,而且源源不断地输往中原,成为与内地交易的重要商品之一。司马迁在《史记·货殖列传》中说:"通都大邑……鲐鲝千斤、鲰千石、鲍千石……此亦比千乘之家。"其中多为海鱼。当时的一些海鱼品种,已为中原人士所熟知和喜食。例如,《吕氏春秋·本味篇》云:"鱼之美者",有"东海之鲕"。《汉书·王莽传》云:王莽喜食"鳆鱼"。东汉张步曾遣使"诣阙上书献鳆鱼"②。曹操亦"喜食鳆鱼"③。《说文》云:"鳆,海鱼名。"据李时珍《本草纲目》,鳆鱼今名"石决明",系海洋中的一种软体动物。

在当时的条件下,除了冬季有可能长途运输鲜鱼外,大部分海产品须经过干制或盐制,以便于储存和运输。晒干的鱼,称为"枯鱼""槁鱼"。其他的加工方法,尚有"鲍""鲊"等。据《释名·释饮食》云:鲍是"埋藏奄使腐臭也",鲊是"以盐米酿之和菹熟而食之也。"此外,还有以鱼或鱼子作酱者,从鱼中炼取鱼油者。秦始皇墓中,"以人鱼膏为烛,度不灭者久之"④。所谓"人鱼膏",即是炼取的海鱼油脂。

就渔业生产的经营组织形式而言,西汉中期,一度实行过渔业官营政策。由于资料极其缺乏,这方面详情不得而知。《汉书·食货志》中简单地提道:"武帝时县官尝自渔,海鱼不出,后复于民,鱼乃出。"除此之外,未见其他记载。从当时的社会背景来看,武帝为了从经济上加强封建中央集权、解决因边地用兵造成的财政困难,实行了盐铁官营、酒类专卖、均输平准、改革币制等一系列经济强制政策。在这种形势下,为扩大财源而实行渔业官营是完全可能的。

在渔业官营期间,官府对部分海域实行垄断。所谓"后复于民",即说明了渔业官营期间是禁民捕鱼的。这样做的结果,是造成了"海鱼不出"的局面,引起了渔业生产的下降。渔业官营的政策实施不久,旋即废止。

(二)秦汉时期的盐业⑤

在秦汉统一的专制主义中央集权下,社会生产力普遍有较大进步,盐业也有很明

---

① 《盐铁论》之《通有篇》与《本议篇》。

② 《后汉书·伏隆传》。

③ 曹植:《求祭先王表》,引自《全三国文》卷15。

④ 《史记·秦始皇本纪》。

⑤ 郭正忠:《中国盐业史》(古代编),人民出版社1997年版,第31—56页;林仙庭、崔天勇:《山东半岛出土的几件古盐业用器》,《考古》1992年第12期。

显的发展,其主要表现是产盐区的增加,生产技术和生产者地位的提高,食盐运输、销售以及经营管理方面的改善等。

1.秦汉时期海盐产区的增加

秦时,食盐业有了发展,仅就井盐开采而言,已由广都一县扩大到三县。①《史记》卷129《货殖列传》记汉初的情况,说燕“有鱼盐枣栗之饶”;“齐带山海”,人民多“布帛鱼盐”;吴则“东有海盐之饶”,主要是海盐产区。又说:“山东食海盐,山西食盐卤,岭南、沙北固往往出盐。”《正义》称,沙北,“谓池、汉之北”。这是简略的食盐运销情况。

西汉中叶以后,食盐业的生产有了较为迅速的发展,产盐区已经遍布全国各地,这一点可以从《汉书·地理志》对盐官的记载得到印证。《汉志》载西汉中叶后及王莽时所置盐官36处,它们分布于27个郡国。从汉新时期郡国盐官设置来看,沿海的郡县有:千乘郡,位于山东高青县东北;北海郡,下辖都昌(今山东昌邑)、寿光(今山东寿光);东莱郡,下辖曲城(今山东招远西北)、东牟(今山东牟平)、㟬县(今山东黄县西南)、昌阳(今山东文登南)、当利(今山东莱州西南);琅琊郡,下辖海曲(今山东日照西南)、计斤(今山东胶县)、长广(今山东莱阳东);会稽郡,下辖海盐县(今浙江海盐和平湖);南海郡,下辖番禺(今广州市);苍梧郡,下辖高要(今广东肇庆)。需要说明的是,东莱郡黄县,有咸泉池,百姓取以为盐,未设盐官,“盖地濒海,故处处有盐,不尽设官”②。曾仰丰也曾指出:“汉吴王濞都广陵,煮海饶国用,淮、浙煎盐”③,已经见诸记载;“而广陵一郡,为今两淮重要(盐产)区域”,西汉时却“未设盐官”④。据上二例,未设盐官之处,并非当时不产盐,此其一。曾仰丰又指出:“五原郡成宜县,即今五原县”,“按现今五原县并不产盐,当时于成宜县设置盐官,所销之盐,殆以现今套内蒙盐为多,则成宜盐官疑系转运机关”⑤。安定之“三水县,即今固原县”,“今固原县并不产盐。而汉时于三水县设(盐)官,疑亦系转运机关”⑥。又苍梧“高要县,即今高要”,“高要县并非产(盐)地,而现今西江盐运必由之路”。汉于此“设置盐官,确系转运机关”⑦。因此,“汉置盐官处,也并非都是盐产区”,此其二。不过《汉志》所载置盐官处,多为当时主要产盐地,它为我们提供了汉代食盐产地的基本分布情况。

在西汉沿海置盐官的地方有:辽东的平郭,辽西的海阳,渔阳的泉州,渤海的章武,千乘和北海的都昌、寿光,琅琊的海曲、计斤、长广,东莱的曲城、东牟、㟬县、昌阳、当利,会稽的海盐,南海的番禺,苍梧的高要18处,几乎占汉置盐官38处的一半。可以说明海盐在西汉时已成为食盐中的主要品种。18处沿海盐官中,属江南者仅3处,占1/6;多数则集中于辽东半岛和山东半岛,特别是原齐国故地。仅今山东境内就有章武、千乘、都昌、寿光、海曲、计斤、长广、曲城、东牟、㟬县、昌阳、当利12处,占西汉盐官总数的1/3、沿海盐官的2/3,足见其地位之重要。

① 曾仰丰:《中国盐政史》,上海书店1984年版,第78页。
② 《汉书·地理志》上王先谦《补注》引。
③ 《中国盐政史》,上海书店1984年版,第51页。
④ 《中国盐政史》,上海书店1984年版,第57页。
⑤ 《中国盐政史》,上海书店1984年版,第89页。
⑥ 《中国盐政史》,上海书店1984年版,第90页。
⑦ 《中国盐政史》,上海书店1984年版,第91页。

东汉时,盐产区又有所扩大,从盐官增置同样可以看出。有些本为老产盐区,西汉时未置盐官,至东汉时增置。章和元年(87 年),马棱任广陵太守,"时,谷贵民饥,奏罢盐官,以利百姓"①。广陵(今江苏扬州市)为淮南产盐区,西汉初年,吴王刘濞都此,擅东海之利,以煮盐而致富,但西汉未曾于此地置盐官;马棱奏罢之盐官,当增置于东汉初年。《汉书·地理志》"朔方郡·朔方县"条,王先谦撰《补注》引《魏土地记》称:"县有大盐池,其盐大而青白,名曰青盐,又名戎盐,入药分。汉置典盐官。池在新秦中。"《汉志》本文不载置有盐官,仅称朔方县有"金连盐泽、青盐泽,皆在(县)南"。推测此类淮南老产盐区之"典盐官",也有可能和广陵一样增置于东汉初年。东汉初增置的盐官,涉及海盐(广陵)、池盐(朔方)和井盐(临江、蜻蛉),这反映出东汉时各类盐产区都有一定的发展。

2. 秦汉海盐的生产技术和工艺水平

产盐区的增加和扩大,与盐业生产力包括生产技术和工艺的发展进步有着密切关系。

关于秦汉时期的煮海水为盐,《汉书》卷 24 下《食货志》下载有盐铁丞孔仅、东郭咸阳的建议。对"建议"中有关"官与牢盆"等语,古今中外学者,从文字的标点到注释,都存在着明显的分歧。

首先是标点。中华书局《汉书》点校本作:"愿募民自给费,因官器作鬻盐,官与牢盆。"②《史记会注考证》引日本学者中井积德称:"'作',谓冶铸也,愚按'作'字句,言采铁者以官器冶铸;煮盐者,官与牢盆。"③其次是注释。"官与牢盆"一句,注释家们的分歧更大。如淳认为:"牢,廪食也,古者名廪曰牢;盆,鬻盐盆也"④,则"官与牢盆",即是煮盐者官府供给饭食、供给工具。《索隐》引乐彦云:"牢乃盆名"⑤,则"官与牢盆",也就是官府供给生产工具。又《注》引苏林语:"牢,价直也。今世人言'顾手牢'。"⑥《史记索隐》引苏林语,作"雇手牢盆"⑦。王先谦释称:"'顾手牢',不知何语,详其文义,当是雇佣价值耳,无'盆'字是也。此是官与以煮盐器作而定其价值,故曰牢盆。"⑧在此,"官与牢盆",又解释成为官府供给工具、规定价格。郭嵩焘则认为:"《说文》,牢,闲养牛、马圈,取其四周市也。则'牢'为煮盐所,'盆'则煮盐器也。乐彦曰'牢乃盆名',误。"⑨此则"官与牢盆",为官府供给煮盐场地和工具。

金少英撰《汉书食货志集释》一书,点校从中井积德而诠释从郭嵩焘。⑩ 他说:"案此数句,应如此标点:'愿募民自给费,因官器作。煮盐,官与牢盆'。谓民自备工本,利用政府设备,从事冶铸。煮盐者则政府与以工具(盆),供给场地(牢)也。'作'指冶铸,

① 《后汉书·马援附族孙棱传》。
② 《汉书·食货志下》中华校点本。
③ 〔日〕泷川资言:《史记会注考证》卷 30《平准书》,北京文学古籍刊行社 1955 年版。
④ 《汉书·食货志下》颜师古注引。
⑤ 《史记·平准书》司马贞《索隐》。
⑥ 《汉书·食货志》下,颜师古注引。
⑦ 《史记·平准书》司马贞《索隐》。
⑧ 《汉书·食货志》下王先谦《补注》。
⑨ 郭嵩焘:《史记札记》卷 3"官与牢盆"条,商务印书馆 1957 年 9 月。
⑩ 金少英:《汉书食货志集释》(油印本),第 30—131 页。

'牢'谓盐场。上文'山海天地之臧',下文'擅斡或山海之货':冶铸与'山'相应,牢盆与'海'相应。又'煮盐'两字但泛言之,非谓汉代之盐悉由煮也。"金少英氏的标点、解释,其义较长。宋人徐度说:"今煎盐之器,谓之盘,以铁为之,广袤数丈,意'盆'之遗制也。"①似宋"盘"为汉"盆"发展演变而来,虽为铁制而容积小于宋制,精细亦不如宋"盘"。②

对于秦汉时期海盐盐业用具,值得一提的是山东半岛出土的几件古盐业用器。

1972 年在山东半岛的掖县(今莱州市)路旺乡当利古城遗址出土有一件铁釜(现藏烟台市博物馆),该铁釜大口、深腹,口沿下有两道凸棱,双环耳,圜底。铁釜所出的当利地区,是汉代的一个县,属东莱郡,地处胶莱河入渤海海口东岸,西北距海 5 千米。海滩地势低平,汉时曾设盐官于此。③ 铁釜体大厚重,口沿处又设有巨大的环形耳,以便杠抬搬动,当非一般的生活用器,而应该是供多人劳动的器具。《史记·平准书》记"愿募民自给费,因官器作煮盐,官与牢盆"。"(东郭)咸阳,齐之大煮盐","敢私铸铁器煮盐者,钛左趾,没入其器物。"这几条材料说明:一是汉时以烧煮海水之法取盐,二是盐业官营,煮盐必用"官器",三是煮盐之器为铁器,名曰"牢盆"。即谓煮盐,需用大量海水,故煮盐之器有较大容量。铁釜不但为铁铸,而且体大、腹深,正具有容量大这一特点,与《史记》所载诸多相合。我们认为,铁釜可能就是史籍记载的煮盐官器——牢盆。时代可能在东汉或更晚一些。

山东半岛出土铁釜之外,还出土有铜印,也是海盐使用的器具之一。1981 年 3 月出土铜印于掖县(今莱州市)西由镇西头村(现藏莱州市博物馆),该铜印中下部为印文。印文阴文,四字,田字格布局,左读为"右主盐官"。字呈方体而略扁,篆书体,与一般汉印文等文字略近。铜印中的"右主盐官"蕴涵什么意思呢?

该铜印的出土地点西去 2.5 千米即为渤海海岸,这里是一片广阔的粉沙型海滩,古称"万里沙",历代都是胶东著名盐场。此地西汉时属东莱郡曲成县,设盐官,隶大农;④东汉时为曲成侯国⑤,"其郡有盐官""郡国盐官……皆隶郡县"⑥。这件罕见的大型铜印,可能正是朝廷设于地方的盐官之用印。

山东半岛出土的与海盐生产有关的器物中,还有两件铜盘(藏烟台市博物馆)值得一提。其中,一件于 1982 年 5 月在蓬莱县(今蓬莱市)城关镇西庄农民建房挖地基时出土。西庄地处海边沿岸,距海数十米。另一件于 1971 年 4 月在掖县(今莱州市)朱由镇路宿村农民挖土时出土。路宿村西距海岸 4.5 千米,也是古西由盐场之一部分。这两件铜盘的出土包含什么含义呢?

据清嘉庆《掖县志》载:"嘉庆初年,西由场官署灶房,旧有铜制盐锅三十余,今存其二。底平而色绿,口径四尺有奇,相传是管仲煮盐锅,疑即汉《食货志》所谓牢盆也。"路宿村正在古西由盐场范围以内,所出铜盘在形制、色泽、口径诸方面都与志书所记相

① 徐度:《却扫编》卷中。
② 郭正忠:《中国盐业史》(古代编),人民出版社 1997 年版,第 31—39 页。
③ 《汉书·地理志》。
④ 《史记·平准书》。
⑤ 《后汉书·郡国志》。
⑥ 《后汉书·百官志》。

合,可见所谓"管仲煮盐锅"正是出土的这类铜盘。①

3. 秦汉时期的盐政

春秋战国时期,东方诸国除齐用管仲推行"食盐官营"外,多采取放任政策,由民产、商销,官府只管课税。而西方的秦,自从商鞅变法之后,"禁山泽之原",置盐官以收"百倍之利"②。即普遍于产盐区设置盐官,垄断山泽,推行食盐的官营政策。此即所谓商鞅虽死,其禁断山泽的"秦法未败也"③。

秦王嬴政灭六国、统一天下,秦国的基本政策推行于整个中国。司马迁说,秦始皇"离六国而王天下,其道不易,其政不改"④,其食盐官营等"峭法"⑤,自然继续推行。因此,秦王朝所获得的盐利,比只收盐贡、盐税要高 20 倍。⑥

秦王朝的盐利悉入"少府",少府"掌山海池泽之税以给供养"⑦,即"以供王之私用"⑧。日本学者森谷克己根据商勒变法令上所说"事末业及怠而贫者举以收孥"和陈胜、吴广起义时,秦少府章邯免郦山"徒人、奴产子"以组织军队的资料,推断说:"实际上秦好像真的独占盐铁,设官掌山泽之利,而使奴隶从事于制盐、冶铁。"罗庆康则认为商鞅时专卖,秦始皇令民承包纳租。⑨

汉初,为了医治战争的创伤,在"黄老"思想指导下,朝廷曾推行一系列"与民休息"的政策,"弛山泽之禁"⑩,就是其中重要的一项。罗庄康、王子今、齐涛等先生对汉盐多有论述。

"弛山泽之禁",标志着食盐官营政策被取消,而为食盐的"自由"开采、运输和销售打开了方便之门。盐官们不再承担食盐的产、运、销,只负责征收盐税。但是,权贵、豪强和富商大贾们,却乘机"擅障山泽"⑪,役使成百上千的奴僮和逃亡农民从事煎煮以获盐利。其中尤以世袭权贵吴王濞为代表的诸侯王最为突出。

刘濞,汉高祖兄刘仲之子。高祖十二年(公元前 195 年)擢为吴王。⑫ 吴国建都于广陵(江都扬州),辖丹阳、豫章、会稽 3 郡 53 城,地方 3000 里,胜兵 50 万,是东南之大国。⑬ 惠帝、吕后时期(公元前 194—公元前 180 年),"天下初定,郡国诸侯各务自抚其民",吴得地利,有铜山,滨东海,吴王濞乃"招致天下亡命者,盗铸钱,煮海水为盐"。煮盐、铸钱,得利极厚,以致"无赋于民"而"国用富饶"⑭。文帝时(公元前 179—公元前

---

① 林仙庭、崔天勇:《山东半岛出土的几件古盐业用器》,《考古》1992 年第 12 期。
② 《盐铁论·非鞅篇》。
③ 《韩非子·定法篇》。
④ 《史记·秦始皇本纪》。
⑤ 《盐铁论·非鞅篇》。
⑥ 《汉书·货殖传》。
⑦ 《汉书·百官公卿表》。
⑧ 《汉官仪》,《宋书·百官志上》。
⑨ 罗庆康:《秦的盐制管窥》,《盐业史研究》1991 年第 3 期。
⑩ 《史记·货殖列传》。
⑪ 《盐铁论·错币篇》。
⑫ 《史记·汉高祖本纪》。
⑬ 据《汉书·地理志》载,西汉昭帝时(公元前 86—公元前 81 年),会稽等郡共有 61 县、398041 户、1789730 口。
⑭ 《史记·吴王濞列传》注引如淳语。《盐铁论·错币篇》说,吴国铸钱、煮盐的亡命,主要来自山东;《汉书·吴王濞传赞》也说:"吴于擅山海之利,能薄敛以使众。"因此,煮冶之利充国用,而本国"百姓"得以"无赋"。

157 年），吴国铸钱、煮盐业进一步发展，不仅民无赋国用足，而且还能做到：百姓应"践更"时，吴官府"为卒者雇其庸，随时月而平贾（价）"①；吴官府每年拿出一笔钱，"存问茂材""赏赐闾里"。刘濞治吴 40 余年，以冶煮之利收买人心，"以故能使其众"②。

汉中央"弛山泽之禁"，刘濞却在吴"擅鄣山海"，直接控制盐、铜生产资源；朝廷纵民煮铸，只收盐税，吴国却由官府出面"招致天下亡命者"，以致"山东奸猾，咸聚吴国"③，甚至"他郡国吏欲来捕亡人者"，也由官府出面保护，"相容禁止不与"④。这些煮盐、铸钱的"亡命"，来自他国、外郡，"远去乡里"，既无生活资料，更无生产资料，只能"依倚大家"⑤，在滨海、深山从事艰苦劳动，以养家糊口。因此，西汉初年，像吴王濞这样有特权、有实力的诸侯王，在其境内不行汉制，他们所推行的是与"黄老之术"相对立的"法家之术"。

司马迁指出，从阖闾到吴王濞，都是依仗"东有海盐之饶，章山之用，三江、五湖之利"，"招致天下喜游子弟"，使吴地繁华起来，成为"江东一部会"⑥的。山泽之利，历来就是割据势力重要的经济基石。吴王濞正是以此起家，最后成为景帝三年（公元前154 年）"吴越七国之乱"的魁首。⑦ 因此，汉初"弛山泽之禁"的最大获益者，正是吴王濞这一类拥有世袭特权的大贵族。

刘濞垄断山海，依靠铸钱、煮盐的反朝廷经济活动，迅速发展成为公开的武装叛乱。因此，在汉中央平定"七国之乱"后，这种包括役使"亡命罪人"⑧、"官营"煮盐的经济活动，也由于政治上的失败而随之没落。

当然，"弛山泽之禁"的获利者，还有那些"蹛财役贫"使"黎民重困"⑨的富商大贾，他们的势力也很大，"得管山海之利，采铁石、煮盐，一家聚众或至千余人"⑩。

西汉初年的私人大盐业主，主要出在盛产海盐的齐国。武帝时，著名的齐人东郭咸阳，司马迁称之为"大煮盐"，他以煮盐致富，家资"累千金"⑪。刀闲（《汉书·货殖列传》作"刁闲"）也是齐国人，他大批役使奴僮，从事煮盐、捕鱼，也搞长途贩运，积累资产达"数千万"⑫。

"聚深山穷泽之中"⑬，煮盐、冶铁，确"非豪民不能通其利"⑭；这种简单协作的劳动，既艰苦又极繁重。刀闲（或刁闲）、卓王孙都役使奴僮从事食盐生产，在这点上与同时代的权贵吴王濞是一致的。海盐的生产，一般要比井盐简单些，但汲卤、运卤、煮盐、

---

① 据《史记·吴王濞列传》集解引《汉书音义》。
② 《史记·吴王濞列传》。
③ 《盐铁论·错币篇》。
④ 《史记·吴王濞列传》。
⑤ 《盐铁论·复古篇》。
⑥ 《史记·货殖列传》。
⑦ 《史记·汉景帝本纪》。
⑧ 《史记·吴王濞列传》载景帝制诏将军语。
⑨ 《汉书·食货志》下。
⑩ 《史记·平准书》，《盐铁论·复古篇》。
⑪ 《史记·平准书》，《盐铁论·复古篇》。
⑫ 《史记·货殖列传》。
⑬ 《盐铁论·复古篇》。
⑭ 《盐铁论·禁耕篇》。

运盐等基本工序仍不可少。司马迁说,汉初,"齐俗贱奴虏"而刀闲"独爱贵之"。这是因为在"穷泽之中"从事艰苦的食盐生产,是一般平民所不愿干的,只有驱使那些既无生产资料,又无生活资料,甚至毫无人身自由的奴虏去干。刀闲对"人之所患"的"桀黠奴"特别有兴趣,"愈益任之"。我们怀疑,很可能在食盐生产的各工序中,都是由这些"豪奴"来直接进行管理。所以,在"(刀)闲终得其力,起富数千万"的同时,"豪奴"们也得以"自饶"了①。

汉武帝中期,由于长年战争,军费开支浩繁,加上天灾频仍,百姓破产流亡,朝廷财政也极为困难。国库空虚,入不敷出,朝廷不得不向豪富借贷。但是,富商大贾"冶铁、煮盐,财或累万金,而不佐国家之急,黎民重困"。因此,经济方面的一场尖锐斗争,不可避免地迅猛展开。

元狩(公元前122—公元前116年)中②,御史大夫张汤,秉承汉武帝的旨意,"笼天下盐铁"③,也就是实行盐铁官营。

"食盐官营"的具体办法是:官府募民制盐、官收、官运、官销。这和管仲在齐国的"正盐策"大同而小异;与同时期施行的"冶铸官营"的不同之处仅在于食盐在更大程度上允许"民制"。

汉武帝采纳孔仅、东郭咸阳的建议,重禁山泽,不允许富商大贾和权贵们擅有山泽之利,不允许他们使用奴隶或"亡命罪人"从事煮盐以致富;对私自煮盐的人,要受到"钛左趾"的严厉惩处。山海都由官府管理,官府招募百姓,自备生产费用煮盐,官府提供煮盐的场地("牢")和主要生产工具("盆",即煮盐的大铁锅)④,用以间接控制食盐生产,产品由官府收购。官府控制主要生产资料"山海",提供生产场地"牢"、生产工具"盆",使用的劳动力是招募来的略具资产的、具有自由身份的农民。因此,汉武帝在官营食盐生产中,实际上废弃了此前私煮食盐中奴隶(包括"亡命罪人"和奴僮)制生产方式。

综上所述,可以归纳为两点:①从"盐政"来看,大体可分为四个阶段。秦代严禁山泽、山海之利,为官府所垄断,为"食盐官营"时期,时间仅15年左右。汉初至武帝元狩四年,弛山泽之禁,"浮食奇民"擅山海之利,为食盐私营时期,为时约85年;不过,当时所谓"奇民"的诸侯王,据有郡国,拥有政治特权,在其境内垄断食盐生产,仍具有"地方官营"的性质。汉武帝重禁山海,严法推行食盐官营,组织较为严密,成效也较显著。此一制度推行于西汉中、后期,直至新莽末年,前后共约140年。东汉皇权不振,地方割据势力发展迅速,朝廷重弛山海之禁,山泽之利多为地方豪强所占有,直至曹操执政,食盐私营约180年之久。②从食盐生产者的身份来看:秦和汉初,无论是食盐的"官营"或"私营",其役使的劳动力,多为所谓"亡命罪人"或奴僮,属于奴隶制生产形态。汉武帝重禁山海,推行食盐官营,用给予场地和主要生产工具的方法,控制招募来的略具资产的平民从事煮盐,从生产关系来分析,较之使用奴僮有所进步,食盐业有较

---

① 刀闲事,均据《史记·货殖列传》。"桀黠奴"即"豪奴";"自饶"是指豪奴们在为主人经营盐铁时,从中渔利而富足起来。

② 《通鉴》卷19,系盐铁官营于元狩四年(公元前119年)冬。

③ 《汉书·张汤传》。

④ 《史记·平准书》,解释从金少英《汉书·食货志集释》,参考宁可撰"盐官"条,载《中国大百科全书·中国历史·秦汉史》单行本,第200页。

明显的发展。东汉是食盐私营时期(除章帝末约四年曾行"官营"),山海之利,多为地方豪强所占有,其役使的劳动者,或为奴僮[1],或为佃客式依附民。[2]

二 秦汉时期海外贸易的开启与发展[3]

(一)秦始皇巡海的动因及对海外航路的探索

秦始皇巡海是秦王朝时期海外贸易开启的重要信号,二者之间的关系虽然不是直接的,但是对航海价值的不断深入认识,将会不断促使海外贸易的产生与发展。

秦始皇二十六年(公元前221年),秦始皇统一了中国,建立我国历史上第一个统一的封建地主专政的国家,辽阔的疆域东至大海,西至甘青高原,南至岭南,北至河套、阴山、辽东,揭开了统一的中国既是内陆大国又是海洋大国的序幕。秦始皇在其登上统治宝座以后,便下令以咸阳为中心,修筑通向全国各地的驰道,"东穷燕齐,南极吴楚",沟通了全国的陆上交通。同时对各诸侯领地内河渠上的截水堤坝及拦阻水道的设施,全部决通。并以鸿沟为中心,疏通济、汝、淮、泗等水。此外,又在吴、楚、齐、蜀大兴水利,跋山开凿灵渠,沟通了珠江、湘江、长江水系,发展通航和灌溉,还派人出海,将内陆驰道与江、河、湖、海的航路互相衔接,构成了全国一体的水陆交通网。秦始皇在采取这些重大措施的同时,还付出很大的精力,推进航海事业的发展。

秦始皇巡海,与当时的经济状况也有一定的联系。

秦朝是在六国新兴商人地主的支持下,吞并六国,实现统一局面的。从这一角度来看,它是以商人地主为主体的政权,商人地主成为与国家权力相结合的官商。像山东的程郑,经营"冶铁,贾椎髻之民",与西南边民交易。乌倮氏以丝绸与匈奴、西戎交易牛马牲畜,有十倍之利。当时这些商人行"贾郡国,无所不至",可与万乘诸侯分庭抗礼。他们"大者倾郡,中者倾县,下者倾乡里",有左右国家大政国策的势力。秦朝之所以有"堕毁城郭,决通川防"的措施,"一法度衡、石、丈尺,车同轨,书同文字"的改革,正是商品流通突破封建领主的封闭以后,商人地主按照自身愿望改变社会制度的具体表现。而此时的商品交换,在全国统一的水陆交通无远不至的情况下,不仅需要积极占领中原以外的市场,而且需要通过沿海港口向海外发展。秦始皇作为商人地主的政治代表,他多次巡海,与这种要求有一定的内在关系。

秦始皇三十三年(公元前214年),秦始皇为统一岭南并取得"越之犀角、象齿、翡翠、珠玑"之利,"发诸逋逃亡人、赘婿、贾人"共50万人,分作五军进入岭南。在这个队伍里便有一大部分官商随军南下,并专门分出"一军处番禺之都",以驻戍兵力扩建广州海港城市,对海外交通进行开发。秦始皇进军岭南虽有多方面的动机,但争取开港出海,应是其目的之一。

在北方,秦始皇多次巡视过的四个港口,分布在燕齐两国的沿海。如《史记·货殖

---

[1] 《华阳国志》卷1《巴志》"临江县"条及《水经·江水注》"江水又迳虎鬢滩"条。

[2] 郭正忠:《中国盐业史》(古代编),人民出版社1997年版,第39—56页。

[3] 本部分引见中国航海学会:《中国航海史》(古代航海史),人民交通出版社1998年版,第35—39,45—62页。

列传》上所说的那样，"燕亦勃、碣之间一都会也……有鱼盐枣粟之饶。北邻乌恒、夫余，东绾秽貉、朝鲜、真蕃之利"，是一处富饶而有交通海外之利的地方。"齐带山海，膏壤千里，宜桑麻，人民多文采布帛鱼盐"而有士、农、工、商、贾五民之众，多有经营航海贸易的商人。《史记》上便记载过一个活动于秦汉之际的大海商，名叫刀闲。他收拢着一大批航海贸迁之徒，"使之逐鱼盐商贾之利，或连车骑，交守相，然愈益任之，终得其利，起富数千万"。司马迁称赞他是"当世千里之中，贤人所以富者"。由此可见，当时在沿海地区，已有一些可以交通王侯的海商势力。此外，当时次于刀闲的小帮，或者三五成群的小户，还有很多。秦始皇对这些商贾航海势力，寄有一定的期望。为开辟海上航路到沿海巡视，并下令迁 3 万户扩充琅琊港和进军开发岭南番禺，都是与向海外发展有直接联系的。[①]

(二)西汉时期海上丝绸之路的开辟

西汉时期是中国航海事业的发展前期，它的标志是南亚海上丝绸之路的形成。中国航海事业之所以在此时有较大的发展，是与西汉的社会经济发展联系在一起的。

秦朝末年，陈涉、吴广揭竿而起，天下云集响应。此时已被推翻的"山东诸侯"，借着农民起义的洪流，重又复辟了战国时期的割据局面，后经刘邦削平了各地的旧贵族势力，建立了统一的西汉王朝，当时由于连年混战，农民死亡流散，城乡人口锐减，"大城名都，民人散亡，户口可得而数"。社会经济凋敝，百物腾贵，"米石五千，人相食，死者过半"，国内一片萧条景象。面对这种局面，汉朝统治者不得不把稳定秩序、恢复生产作为首要任务，认真采取"与民生息"的政策。到文帝、景帝时期(公元前 179—公元前 141 年)，汉朝达到了初步稳定。到汉武帝时，则出现了"都鄙廪庾皆满，而府库余货财。京师之钱累钜万，贯朽而不可校"的盛况。汉武帝刘彻，即在这样一个海内物阜民丰的条件下积极开拓了通向国外的商路。

汉代对外输出的商品主要是丝织品。丝织品是中国的特产，而且产量多，质量好，国内外需求量都很大，因此丝织业是西汉比较发达的一种手工业。当时丝织品的来源有三个方面：一是全国范围内"男耕女织"自给自足的生产。这方面的生产总数虽无据可查，但从武帝时"一岁之中"赋税征收的"诸均输帛五百万匹"这个数字，对当时丝织品的生产能力，我们也可以想见一斑。第二是民间以商品生产为业的丝织作坊。例如，张安世夫妇二人经营的丝织业，雇养着"家童七百人，皆有手技作事，内治产业，累积纤微，是以能殖其货，富于大将军(霍)光"。这种民间丝织业作坊，不仅提供丝织商品的数量，并且在质量上也比前代人有提高。例如，钜鹿织户陈宝光的作坊，设有 120 镊的精密织机，能织出蒲桃锦、散花绫等各种花色的高档丝绸。"六十日成一匹，匹值万钱。"三是皇家官办的丝织室。当时在长安设有东织室和西织室两处，规模宏大，每年用费达五千万之巨。同时在丝织品主要产地临淄(山东临淄)和襄邑(河南睢县)设有官办丝织场和服装场，"作工各数千人，一岁费数巨万"。这类工场作坊的产品，主要供皇家服用或作为赏赐品，因此集中了全国能工巧匠的技艺大成，能织出复杂图案和花纹的精美织物。

---

① 中国航海学会：《中国航海史》(古代航海史)，人民交通出版社 1988 年版，第 35—39 页。

关于两汉丝织品的生产能力，可以从国内用量及向国外的输出量中看出。据《汉书》记载，西汉的历代皇帝曾一次次向全国的三老、孝悌力田者，或者鳏寡孤独者赏赐帛。其发放数量之大，十分可观。西汉不仅把丝织物赏给国内臣民，也经常作为赠予使者的礼品。例如，赠龟兹王"绮绣杂缯琦珍凡数千万"，赠给匈奴单于"黄金锦绣，缯布万匹"，"彩缯千匹，锦四端"，另外"赐单于母及诸阏氏、单于子及左右贤王、左右谷蠡王、骨部侯有功善者，缯彩合万匹"。这动辄几万匹的赠送并非一次，而且是"岁以为常"，年年遗赠成为定例。这类外赠的绮、锦、绣都是价格昂贵的精品。据《范子·计然》记载："绣细文，出齐。上价匹二万，中万，下五千也。"可以看出，西汉的丝织物不仅生产甚丰，而且质量精美。丝织业的发达，推动着商业也快速发展起来。《史记·货殖列传》说："汉兴，海内为一，开关梁，弛山泽之禁。是以富商大贾周流天下，交易之物莫不通，得其所欲。"《史记·淮南衡山传》也说："重装富贾，周流天下，道无不通，故交易之道行"，可见商业之繁荣。商业的繁荣又刺激着农业、手工业的发展，推动着都市经济日益兴旺。这时除一些老城市重新恢复繁盛外，还出现了一些新的城市。沿海的老城市番禺、临淄的经济实力均上升为全国重要都会的地位，反映着当时商业活动有向国外延伸的趋势。

中亚南路，是汉武帝时由中国通向罗马的贸易通道，大量的中国丝绸和丝制品由这条路线西运，这条路线遂被称誉为丝绸之路。当时在这条欧亚通道上，派赴西方的汉朝使者，"相望于道，一辈大者数百人，少者百余人"，在政府使者后面跟随着一大批商人。汉代的使者，实际便是商队的领头人，况且使者中也有许多"皆贫人之子，私县官赍物，欲贱市以私其利外国"，他们官商结合，成群结伙络绎不绝，把大汉帝国的声望远播到中亚及罗马。

正当汉王朝统一中国时，罗马人也统一了意大利半岛，建立了强大的罗马帝国（汉称大秦，又称犁鞬）。当时世界上的大国，基本上就是东方的大汉帝国和西方的罗马帝国。是时罗马势力东移，汉朝势力西进，而其间有大月氏和安息两大势力横在中亚，成了东西两个世界历史交流的壁障，使中国与罗马不能发生直接接触。《后汉书·西域传》说："大秦，一名犁鞬，在海西，亦云海西国。……其王常欲通使于汉，而以安息欲以汉缯彩与之交市，故遮阂不得自达。"说明中国丝绸虽然远销罗马，但并不是由中国人直接运销到罗马，而是把丝绸卖给大夏和粟特两国的商人，由他们转售给安息商人，最后再由安息商人转销到罗马。安息商人为牟取暴利，故意隔阻在中间，不使中国与罗马接触。以后，汉武帝派张骞通西域，并在中亚商路的中国境内沿途驻军设防，作了多方的沟通和保卫措施。但由于这条通道路途过于遥远，沿途又经过若干民族或国家，其中若有一处发生变化或动乱，都会阻塞商路的通畅，所以这条路有时因"匈奴绝和亲，攻当路塞"，有时因"西域反叛乃绝"，忽通忽断时有所见。张骞在国外历尽艰难，虽取得一定成效，但仍难以改变中亚商路这种多变的局面，东西双方，都急于另外开辟一条直接进行交往的通道。

为了摆脱中亚商路的困扰局面，张骞向汉武帝建议，通过"蜀身毒道"先与印度连接，然后再从印度出发直达中亚。汉武帝采纳了张骞的建议，于元狩元年（公元前122年），命他从四川四道并出，打通去印度的通道。张骞设想的这条道，与后世所通的"滇缅道"基本一致，即自川西平原中经西昌和云南的姚安、大理、永昌（云南保山）、腾冲通过缅甸而到印度。这条路要通过西南少数民族地区,沿途多原始森林、深山峡谷,一路是羊肠小道,栈道索桥,稍有骚扰,便会被阻断,比西北的商路更难保证其畅通。张骞设想的这条通路,在其生前始终没有打通。

张骞去世后,汉武帝便又采纳了番阳令唐蒙的建议,开始集中全力,把与罗马直接交往的希望转移到海路上来。早在建元六年(公元前135年),汉武帝第一次攻闽越时,曾派唐蒙到番禺联络过南越,南越王曾用蒟酱招待他,唐蒙即询问其所由来,得到的回答是,蒟酱来自四川,"道西北牂柯。牂柯江广数里,出番禺城下"。唐蒙回到长安后又向蜀商查询,蜀商说:"独蜀出蒟酱,多持窃出市夜郎。夜郎者临牂柯江。江广百余步,足以行船,南越以财物役属夜郎。"于是唐蒙向汉武帝建议:"诚以汉之强,巴蜀之饶,通夜郎道为置吏,易甚。"这段记载,说明唐蒙已调查了从四川到夜郎,从西江顺流而下到达广州,然后自广州出海可航印度的路线。唐蒙的建议,促使汉武帝于元鼎六年(公元前111年)发楼船共十万攻下南越,开辟了从广州徐闻、合浦通向印度和斯里兰卡的远洋航线。①

(三)汉武帝巡海及海上丝绸之路的形成

一般说来,浩瀚的海洋能把各国隔开,但是当人们掌握了一定的造船技术和航海技能以后,海洋即可成为无远不至的通途,它无须沿途筑城设防靡费巨大的开支,又不易受到沿途政治变迁的干扰,除有少数灾害天气的影响需要注意规避以外,完全可以根据需求开辟航线或临时改变航路,以保证长年通航。从运输效益来说,海船运载量大,运价低,这些都是陆运驼队所不能比拟的。另外从汉代丝绸之路输出品的货源来看,蚕丝和丝绸产地都在沿海的江南吴、越和山东齐、鲁一带,这些地方自古以来便是盛产蚕丝和造船的基地,像山东的兖州,是"桑土既蚕,厥贡漆丝,厥篚织文";青州是"厥贡盐绨,厥篚枲丝"②,都是以丝绸生产著称的地方。沿海从南到北,自合浦、番禺、闽越(福州)、永嘉(温州)、会稽,到琅琊、东莱(今山东莱州至福山)、渤海(河北沧州),均是秦汉时期著名的造船基地。这些地方既能为对外输出提供货源,又能提供航海外输的运载工具。这两者是汉代开辟海上丝绸之路的物质基础。

据《资治通鉴·汉记》记载,汉武帝曾亲自巡海七次。对于汉武帝的七次巡海,史家多以"武帝好神仙之事"为贬词,但这未必是公允之论。从汉代史籍中,同样可见汉武帝七次巡海的动因,也绝不是为着求仙寻药。

《汉书·大宛传》对汉武帝巡海作了概括性的叙述,说:"是时,上方数巡狩海上,乃悉从外国客。大都多人则过之,散财帛赏赐,厚具饶给之,以览视汉富厚焉。"从这段记载中,显见汉武帝巡海时,是邀请了许多浮海、陆行而至的外国商人随行,并向他们赏赐财帛,供应丰厚,同时还"令外国客遍观各仓库府藏之积,欲以见汉广大,倾骇之"。其目的是向外商夸示中国富强,施加政治影响,与寻求神仙几无丝毫瓜葛。史书上也说,汉武帝为人"聪明能断,善用人,行法无所假贷",是一个比较英明的政治家。他能

① 中国航海学会:《中国航海史》(古代航海史),人民交通出版社1988年版,第45—48页。
② 《尚书·禹贡》。

根据当时条件,大力开辟海上交通,当时便得到了"外使更来更去"①,倭人百余国"以岁时来献",南洋各国从"武帝以来,皆献见"②的效果。

汉代造船能力的提高,船舶形制的改善,船舶属具的日趋完备,为汉代海外交通的发展,创造了物质条件。汉代内河航运,已四通八达。汉武帝七次巡海,与西汉初期恢复沿海航路和开辟远洋航线有直接关系。由于汉武帝开边和巡海,当东南沿海的南越、闽越、东瓯三个割据势力被削平以后,在汉武帝晚年,终于沟通了我国北起辽宁丹东、南至广西白仑河口的南北沿海大航线。还开辟了两条国际航线,一条从广东番禺、徐闻、合浦经南海通向印度和斯里兰卡的南航线;另一条从山东沿岸经黄海通向朝鲜、日本的北航线,为我国后世航海事业的发展,奠定了基础。

1."徐闻、合浦南海道"远洋航线

汉武帝于元鼎六年(公元前 111 年)统一南越后,将南越地划分为九个郡,以合浦郡为起点,开拓了通向西方的海上丝绸之路,史称"徐闻、合浦南海道"。这条航线,被记录在《汉书·地理志》上:

> 自日南障塞、徐闻、合浦船行五月,有都元国;又船行可四月,有邑卢没国;又船行可二十余日,有谌离国;步行可十余日,有夫甘都卢国。自夫甘都卢国船行可二月余,有黄支国,民俗略与珠崖相类。其州广大,户口多,多异物,自武帝以来皆献见。有译长,属黄门,与应募者俱入海市明珠、璧流离、奇石异物,赍黄金杂缯而往。所至国皆禀食为耦,蛮夷贾船,转送致之。亦利交易,剽杀人。又苦逢风波溺死,不者数年来还。大珠至围二寸以下。平帝元始中,王莽辅政,欲耀威德,厚遗黄支王,令遣使献生犀牛。自黄支船行可八月,到皮宗;船行可二月,到日南象林界云。黄支之南,有已程不国,汉之译使自此还矣。

这条航线的走向,用今天的地名,可作如下表述:从徐闻、合浦出航,沿北部湾西岸和越南沿岸航行,绕过越南最南部,沿暹罗湾沿岸,顺着马来半岛海岸南下,进入马六甲海峡,到达都元国(今印尼苏门答腊西北巴塞河附近)。再从都元国绕航,沿马来半岛西海岸北上,到达邑卢没国(今缅甸南部萨尔温江入海口附近)。从这里沿缅甸西海岸向西北方向航行到谌离国(都城在今缅甸蒲甘城附近)。然后沿印度东岸向西南航行到达黄支国(印度南部),最后向南航行,到达已程不国,即今天的斯里兰卡。然后由此回国,往返一次需要 28 个月,航程达数万千米。

汉武帝打通的这条海上丝绸之路,从一开始,目的港便十分明确,他是要从海上经由印度沟通与罗马的贸易交往。

《汉书·地理志》中说到这次出发的船队里,"有译长,属黄门"。"黄门"是汉代皇帝近侍内臣的衙门,以宦官为主,设有"给事内廷黄门令、中黄门"诸官。可见在出国的远洋船上,也像陆路上的使节一样,是派遣近侍内臣担任使者率船远航,到海外去建立贸易关系。在这支汉政府的官办航运船队中,也组合了一大批商人,如文中所说的"应募者",便是这种惯于出海的冒险商人。当时积极探寻海外市场和海上交通路线,已经成了官私双方一致的殷切要求。汉代海上丝绸之路，即是在这样的历史背景下形成的。

这条航线以徐闻、合浦为起端，经印度东岸之康契普拉姆（黄支国），到达终点港斯里兰卡（已程不国）。形成这样一条穿过马六海峡而贯通两大洋的航线，首先取决于当时东西双方的商品流向。根据海运原理，货物流向尤其贸易双方的货物对流的流向，是形成航线的内在规律。假若双方有时必须在某一中转港口互相交易的话，这个中转口岸，便自然成为双方航线的终点。依此来看，汉船所载的货物是丝绸和作为货币使用的黄金，而在国外收买的货物是"明珠、璧流离、奇石异物"。因此可以说汉船输出输入货物的最后交易港口，就应是汉船航线所能达到的最终目的港。关于汉船的目的港，在国外古代文献中曾说明就在斯里兰卡，即该港成为欧亚贸易的中转港。古罗马学者白里内著有《博物志》一书，说到在罗马帝国的奥古斯都·恺撒时期[1]，有一名斯里兰卡的拉切斯（Rachiase，意为区长）率领着四个人，从海道到达罗马。据这位拉切斯对罗马人说，他曾亲自到过中国，提到了中国和罗马这两个东西方大国，都与斯里兰卡有直接往来。《博物志》上还说，罗马人通过印度航商用宝石和红海产的珍珠在斯里兰卡与中国商船交换衣料（丝绸）。而汉代中国海商，还在科罗曼德和斯里兰卡建立了货栈，与来自埃及的西方船舶交换货物。[2]

又据吉本所著的《罗马帝国之衰亡》记载："而与（罗马）通商最盛之邦，则首推阿拉伯与印度。每岁约当夏至节边，一百二十艘商船，自迈奥霍穆出发，是乃江海傍埃及之一海港。因风之助，四十日可渡大洋。印度的马拉巴海岸及锡兰岛（斯里兰卡），乃其寻常停泊之处。亚洲远邦商贾，多麇聚于这些地方，以待罗马商人之来与之交易。十二月或一月为其预定归期，回到非洲后，乃卸货于骆驼背上，自红海至尼罗河，以达亚历山大里亚港，然后再由此渡地中海输入罗马都城。"[3]说明这时印度航海者已开通了与埃塞俄比亚的海上航路，独自经营了到红海的航运贸易。[4] 他们载着罗马的珍珠、宝石，与满载丝绸的中国海船在斯里兰卡进行交易。由于双方对流中转港的限制，汉船航线终点当时只能到达斯里兰卡，买到所需的货物后，"汉使自此还矣"。所以在汉初（公元前2世纪）中国船到达印度和斯里兰卡时，中国与罗马的海上交易，是在中转港口依靠印度海船为中介进行倒载转运的。中国运去的丝绸，要由印度船运到罗马市场；汉船所需购买的珍珠、宝石，也要由印度船从罗马运回来卖给中国海商。

既然当时东西双方均有急欲沟通海上交通的需要，中国丝绸与西方璧流离、明珠等货物的对流流向已经存在，双方的中转交换港口已经形成，汉代海船也具备了扬帆乘风的能力，这时实现海上交通的主客观条件均已成熟，汉船便驶进印度洋，开辟出了这条直达印度和斯里兰卡的航线。

这条航线的形成，也为中外海上交通和贸易的后世发展提供了重要的海上网络前提。

2. 东渡日本的航线

早在战国时期，便有一条从山东半岛、辽东半岛经朝鲜半岛通日本的航线。汉朝

---

① 〔锡兰〕尼古拉斯，帕拉纳维达纳：《锡兰简明史》，商务印书馆1964年版，第20页。

② 《汉书·地理志》。

③ 翦伯赞：《秦汉史》，北京大学出版社1983年版，第416页引录。

④ 沈福伟：《中西文化交流史》，上海人民出版社1985年版。

立国后,仍把朝鲜看作辽东故塞。汉惠帝元年(公元前 194 年),燕人卫满率众东入朝鲜,据王险城(今平壤)称王,自此箕朝鲜亡而卫朝鲜兴。当时汉朝廷无力顾及中原以外,则对卫满采取羁縻政策,承认卫满为外臣,受辽东太守约束;卫满则对汉朝廷负责保卫边境安全,并承诺不阻碍其他各族通过朝鲜之路与汉廷的交往联系。但传至其孙右渠为王时,不仅背约断绝与汉的关系,并且阻止其他各族与汉朝来往。原来经辰韩而通日本的航路,也被堵塞,历经汉初六十几年,长期不能畅通。到元封元年(公元前 110 年),南方沿海最后的一个分裂势力闽越被平定的同时,汉武帝便亲自赶赴到东莱,他派了千余人发船探寻通日本之路。次年,又派左将军荀彘从辽西出兵,楼船将军杨仆率水军五万从山东渡海,水陆兼进攻击朝鲜。从这次两路进军的路线来看,正与汉武帝第一次巡行东莱和辽西的路线相吻合,可以看到,汉武帝这次巡海似为开通渡日航线而来的。

元封三年(公元前 108 年),由于朝鲜内讧,右渠被杀,战争结束。汉便在朝鲜设乐浪、临屯、玄菟、真番四郡。于是汉人大量移徙朝鲜和日本,而倭人经朝鲜也能顺利无阻地来到中国,旧有的中朝日海上通道复又畅通。这次朝鲜之战的动因,主要是要解决这条中日航线的中间阻塞。它与打通东南沿海航线一样,是汉武帝的既定方针。如《汉书·地理志》上所说:"乐浪海中有倭人,分为百余国,以岁时来献见云。"《后汉书·东夷传》上也说:"倭在韩东南大海中,依山岛为居,凡百余国。自武帝灭朝鲜,使译通于汉者三十许国。"这些都反映了汉武帝在朝鲜设四郡与其开拓海外航路的关系。

由于汉代航海家的积极活动,开阔了人们的视野,改变了人们的认识,蓬莱神山的传闻彻底破灭,中日的现实交往开始了,①日本的弥生文化遂之被推到一个跨时代的大发展阶段。②

远在 2100 多年前的西汉,海上航线就可东至日本,西抵印度半岛南部,南达南洋群岛,北到朝鲜,应该说这是世界航运史上的一大创举,为我国后世航海事业的发展奠定了重要基础。

(四)东汉时期海上丝绸之路的发展

东汉时期,海上丝绸之路进一步发展。

东汉时期,中亚陆上丝绸之路依然时通时断,给中亚交通带来无穷的繁难和困扰。东汉朝廷虽然几经致力沟通,结果是三通三绝。在东汉中期的前后 79 年之间,先后共沟通了 46 年,阻塞 33 年。东汉朝廷为争取此路畅通,曾连年动员数十万军队,耗费了巨额军费。仅为第三次打通此路,便用了"八十余亿"饷钱③,结果连时通时断的局面也没能维持住,足见陆上交通的艰难。在这条路上,东汉使者越过了乌弋山离国④,再"西南马行百余日",到达了安息与条支交界处的波斯湾海口。"条支国城在山上,周回四十余里,临西海、海水曲环其南及东北,三面路绝,唯西北隅通陆道。……转北而东,

① 〔日〕木宫泰彦:《日中文化交流史》,商务印书馆 1980 年版;〔日〕井上清:《日本历史》上册,天津人民出版社 1974 年版,第 13 页。
② 中国航海学会:《中国航海史》(古代航海史),人民交通出版社 1988 年版,第 48—55 页。
③ 《后汉书·西羌传》。
④ 《后汉书·西域传》。

复马行六十余日至安息。"①甚至当时可能有一些中国商人已经"从安息陆路绕海北行，出海至大秦"，走到了西汉未曾到过的地方。此时，汉使班超对条支已有所知。这里所说的条支，是指波斯湾幼发拉底河与底格里斯河汇合入海处的安提阿克城（Antioch），当时是希腊、阿拉伯、印度和埃塞俄比亚商船会集的港口。此港在西方是仅次于地中海亚历山大港的贸易城市。② 班超似已耳闻这座海滨城市的航运情况，早在他第二次打通中亚交通后，便于永元九年（97年）派甘英取道条支，探寻出使大秦的海上航路。当甘英抵达条支准备西渡大秦的时候，安息船人欺骗甘英，说是"海水广大，往来者逢善风三月乃得渡，若遇迟风，亦有二岁者，故入海人皆赍三岁粮。海中善使人思土恋慕，数有死亡者"。甘英一时畏难，"闻之乃止"③。甘英此行虽然未能达到预期目的，但他在条支却见到印度海船出入此港的事实，扩大了眼界，至少在认识上，已经构成了一条自中国广州、合浦出发，中经斯里兰卡、波斯湾而到达红海与罗马交易的航路设想。但自西汉以来，罗马"以金银为钱"，仍"与安息、天竺交市于海"。罗马虽"欲通使于汉，而安息欲以汉缯彩与之交市，故遮阂不得自达"④。这种状况一直存在，罗马想突破安息的长期隔阂，东汉也想摆脱中亚商路断绝的困境，双方为求取达到直接交往，都有转道海路交通的愿望，从而促进了自西汉以来中国与罗马东西相应发展的航海活动，把西南太平洋与印度洋西部海区直接地连接在了一起。

1. 东汉时期的西方航路

西汉开辟的"徐闻、合浦道"，只能通到印度和斯里兰卡，还不能与罗马直接通航。印度洋西部的一大段航程，中国船还没走过。到东汉至三国、西晋时期，中国通罗马的航路由双方的航海家共同努力开拓了出来。

到东汉中期，通罗马的海道先后有了两条。第一条，是从永昌郡到掸国（缅甸）出海。永昌郡建于东汉永平十二年（69年），辖区相当于今之云南大理及哀牢山以西地区，治所在不韦（今云南保山）。是当时与掸国、天竺、大秦等国进行贸易的通商要地。由保山沿萨尔温江可以直达缅甸的毛淡棉海口。这条航线在当时是通过缅甸为中介进行接触的。据《后汉书·南蛮·西南夷传》记载，永元九年（97年），"掸国王雍由调遣重译奉国珍宝，和帝赐金印紫绶"。到了永宁元年（120年），"掸国王雍由调复遣使者诣阙朝贺，献乐及幻人，能变化吐火，自支解，易牛马头。又善跳丸，数乃至千。自言我海西人。海西即大秦也，掸国西南通大秦"。从这一记载看，掸国在这条航路上，是受东汉的聘任和委托，起着在边境上的中间联系作用的。掸国借遣使祝贺汉安帝改换年号的机会，把罗马的魔术、杂技演员引见到洛阳。这是中国史册上记录下的第一批来到中国的罗马人。他们便是沿着这条航路，先到缅甸，而后沿萨尔温江进入中国境内的。

第二条是继续沿用西汉开辟的"徐闻、合浦道"，这条航线是沿岸航行。罗马的商人或使节，便是沿着这一条航线来到中国的。据《后汉书·西域传》记载，在"桓帝延熹九年（166年），大秦王安敦遣使自日南徼外献象牙、犀角、玳瑁，始乃一通焉"。这说明，中国与罗马直接发生往来的初始，是从"徐闻、合浦道"而来的。当时的罗马皇帝是

---

① 《后汉书·西域传》。

② 沈福伟：《中西文化交流史》，上海人民出版社1985年版，第42—43页。

③ 《后汉书·西域传》。

④ 《后汉书·西域传》。

马可·奥里略·安东尼(Marcus Aurelius Antoninus),《后汉书》所说的"大秦王安敦",便是"安东尼"的音译。这位罗马皇帝于162年率兵东进,击败波斯军,占领了安息,将波斯湾据为罗马势力范围之内,然后于166年(东汉延熹九年),派遣使臣由海路与中国建立了直接联系。这条航线在西汉开拓的航路基础上,突过了印度—斯里兰卡中介港,把东西两段航路接通了。

2. 东汉时期的东方航路

东汉时期,与太平洋西部地区各国、各民族,仍旧保持着密切的海上往来。与日本的海上交通,较西汉时有所发展,当时,在日本列岛上,已经出现了地区性农业生产,生产与消费之间起了很大的变化,交换与积累已经开始,并有了步入国家体制的条件。据《后汉书·光武帝纪》所记,建武中元二年(57年),"东夷倭奴国王遣使奉献"。这是中国史书对中日正式交往的第一次记载。《后汉书·东夷传》记载:"建武中元二年,倭奴国奉贡朝贺,使人自称大夫,倭国之极南界也。光武赐以印绶。"这条记载已被出土文物所证实。1784年(日本天明四年,清乾隆四十九年),日本九州福冈县志贺岛的一位农民在整修水沟时,挖得了一方金印,印上刻有"汉倭奴国王"五字印文,经鉴定,即是东汉光武帝赐给倭奴国王的那方金印。

"安帝永初元年(107年),倭国王帅升等,献上生口百六十人,愿请见。"[1]从这段记载中,显见日本使者带到中国来的并不是土产方物,而是男女奴隶。处于弥生时代中、后期的倭国,在无物可以交换时,只能靠输出奴隶表示敬意,借此得到一些丝织品、铜铁器皿和铜镜等回赠物。

东汉与日本海上往来的内容实质,与对西方的航海活动不同,它并不完全符合海上商品流向的规律,而是受双方政治动因的影响较大,这种册封,对东汉帝王来说,是为了满足其权势欲;对倭国被册封者来说,可利用东汉的经济、政治实力作为巩固本身统治的后盾。在这种背景下,不论在经济上、文化上,东汉对倭国都是无偿的支援和推动,实际上并没有航海贸易的意义。

东汉时期的东西方海上活动范围,比西汉时期发达了。这是中国与世界有关地区社会经济共同发展的结果。[2]

第三节　先秦秦汉时期的海港

一　交趾港与日南港

(一)交趾港

交趾,公元前2世纪初南越王赵佗置,辖境相当于今越南北部,公元前111年,路博德平定南越后归汉。汉元封元年(110年)置交趾刺史部,是汉武帝置13刺史部之

---

① 《后汉书·东夷传》。
② 中国航海学会:《中国航海史》(古代航海史),人民交通出版社1988年版,第56—62页。

一,辖境相当于今广东、广西大部、海南及越南的北部、中部,设治于嬴邻(今越南河内百北)。东汉末改为交州,移治龙编(今河内东天德江北岸,至南朝均为交州和交趾治所)。后辖境逐渐缩小,限于红河三角洲一带。隋大业初(607年)改交州为交趾郡。隋开皇十年(590年)改置交趾县,唐末废,改设安南都护府。五代晋时独立,建国号瞿越、大越等。北宋开宝八年(975年)宋王朝封其王为交趾郡王,南宋兴隆二年(116年)改封安南国王,此后即称其国为安南。明永乐五年(1407年)以其地置交趾省,治所在交州府(今越南河内),宣德二年(1427年)复独立建国,我国仍称之为安南。15世纪以后,其南部疆土不断扩展,占有占城国全部和真腊国的一半,濒临暹湾。1802年(清嘉庆七年)才改国名为越南。

从西汉起的1000多年间,交趾属于中国的版图,是南越诸郡中的大郡之一,是南海区域的贸易中心,海南岛处于南海交通的主航道上,与交趾隔海相望,历来与交趾的贸易及人员来往相当频繁。约翰·克劳弗德斯所著《出使暹罗及交趾》一书中写道:"交趾之外国贸易,每年有海南岛船15—20只,每船载重2000—2500担。""交趾之FAI-FO港,每年有18艘海南岛来交趾之东京贸易,每艘载重约3000担。"随帆船到交趾进行贸易的商人和船工,在当地经商或定居者,便成为华侨的祖先了。所以交趾是海南人最早的移民侨居地,越南是琼侨最早的侨居国。[①]

《后汉书·贾琮传》说:"旧交趾土多珍产:明玑、翠羽、犀、象、玳瑁、异香美木之属,莫不自出。"说明交趾龙编当时已是明玑、翠羽等奇珍异宝的市场,也是大秦和东南亚商人前来贸易的港口。特别是到了东汉末年,因中原的战乱很少波及这里,中原人士前来避难的日益增多。《三国志·士燮传》言:"中国人士往避难者以百数。"又说:"燮兄弟……威尊无上,出入鸣钟磬,备具威仪,笳箫鼓吹,车骑满道,胡人夹毂焚烧香者,常有数十。"这里所指的"胡人",是在这里经商的外国人。《三国志·士燮传》又说士燮每年大量地赠送奇珍异宝给孙权。说明此地是当时南中国的一个重要贸易港,有大量的奇珍异物进口。

(二)日南港

汉武帝平南越后,经营的重点集中在日南。

日南郡是武帝灭南越后建立起来的一个郡,郡治在西卷,港口也在这里。据法人鄂卢梭的考证,西卷就是现在越南顺化。关于西卷的兴起和繁荣,中国的古书有如下记载。

《后汉书·南蛮传》:"元始二年(2年)日南之南,黄支国来献犀牛。"

《南史·夷貊传》:"汉桓帝延熹九年(166年),大秦王(即罗马)安敦遣使日南徼外来献。汉世唯一通焉。其国人行贾,往往至扶南、日南、交趾。"

汉武帝时期开辟的印度洋航线,出航的港口也有"日南障塞"。可见从汉武帝的后期开始,日南的西卷港已成为我国中西交通的主要孔道和重要对外贸易港。其航线还远至南海诸国。

后世对此记载颇多,如《晋书·林邑传》:"徼外诸国赍斋宝物,自海路来贸货。"指

---

① 王俞春:《海南移民史志》,中国文联出版社2003年版,第83—84页。

东南亚国家通过西卷，前来中国贸易。任昉《述异记》："日南有香市，商人交易诸香处。"不一而足。①

二　徐闻港与合浦港②

（一）徐闻港

徐闻，是我国古代重要的南疆重镇、陆路驿站、海道要津和滨海县治，并且曾经是雷州半岛和海南岛的政治经济中心，也是我国古代对外贸易最早的通商口岸之一。徐闻港从汉代兴起后，一直到三国、东晋南北朝时，对外通商贸易都相当发达。由于东汉前期（117 年前后）匈奴占领河西走廊以西大部分地区，因此，中西方的陆路交通受到阻塞，以致南方海路交通显得更加重要。而徐闻港地处琼州海峡，是当时船舶沿岸航行到东南亚各国的必经之地，在历史上发挥过重要作用。此后由于陆地的延伸和航海技术的进步，以及陆路交通的发展，使徐闻港不再是航行东南亚各国的必经之路了。虽然 2000 多年来名称依存，但当年的港口旧址，已经是沧海桑田，湮没无闻了。

徐闻港地处雷州半岛南端，扼守琼州海峡，与海南岛隔海相望，是我国西南沿海地通往海南岛的咽喉之地，也是琼、雷之间的交通枢纽。徐闻古港位于海峡北岸中部，其三面环海，风帆易顺。可南出琼崖，东通闽浙，西往钦廉，沿中南半岛下，可到越南、暹罗、南洋群岛及印度等国，是古代中西方航海交通的必经之地，也是中国大陆南端的海防要塞。

徐闻古港的港址，随县治的移驻而变迁。据《徐闻县志》记载和考古发现，汉代时期的港址在今徐闻城西南 35 里的华丰讨网村，今名七旺（讨网和七旺在当地土语中发音相同，为取其语把吉利改为七旺）。唐朝以后，港址迁到今徐闻城南海安港西侧的麻城杏磊村（旧称踏磊浦，古地图上标有踏磊驿）。南宋时迁至海安。而今的徐闻城是在明朝天顺年间（1457—1464 年）才正式迁建的。

自从汉武帝元鼎六年（公元前 111 年）派遣伏波将军路博德和楼船将军杨仆平定南越，设置合浦郡徐闻县之后，徐闻与中原的交往已开始频繁，有关的历史记载也比较明确。如《汉书·地理志》载："粤地（包括合浦郡徐闻）处近海，多犀、象、毒冒、珠玑、银、铜、果、布之凑，中国经商贾者多取富焉。"（注：毒冒，玳瑁；珠玑，珍珠；果，龙眼荔枝；布，葛布。）说明南粤一带靠近沿海，物产丰富，并且已与中原一带商人进行贸易往来。同书又记载："自合浦徐闻南入海，得大州，东西南北方千里，武帝元封元年略以为儋耳、珠崖郡。"接着又记载了汉王朝派遣黄门译使从徐闻、合浦登船航海出发到东南亚和南亚各国进行外交活动和经济文化交流的经历。这是我国古籍对于中国边境徐闻、合浦等港口与海外交通贸易的最早记载。东汉初年，西域陆路交通阻塞，不能畅

① 邓端本：《广州港史》，"中国水运史丛书"，海洋出版社 1986 年版，第 27 页。
② 本部分引见沈荣嵩：《汉代古港徐闻的兴衰历史原因》，杨少祥：《试论徐闻、合浦港的兴衰》，《海交史研究》1985 年第 7 期。

通，东汉桓帝延熹九年(166—167年)，大秦(罗马)使者安敦来贡，即走经徐闻、合浦、九真、日南出海以通波斯之水路。

关于徐闻港，唐朝宰相李林甫编的《元和郡县志》又云："雷州徐闻县，本汉旧县……汉置左右侯官，在徐闻县南七里，积货物于此，备其所求，与交易有利。故谚曰：'欲拔贫，诣徐闻'。"由此可知，汉代的徐闻港囤积着大量的货物和海外商人进行非常有利可图的交易。谚语"要脱贫，到徐闻"，正反映了徐闻港国内外商业贸易繁盛的历史情况。

1973—1974年，广东省博物馆、湛江地区博物馆和中山大学考古专业师生及海康县、徐闻县文化馆等单位组成的考古队，在迈陈公社华丰村、龙塘化社红坎村和附城公社槟榔坬村三地，发掘了51座东汉墓，出土有琉璃珠、琥珀珠、水晶珠、紫晶珠、檀香珠、银珠玉石等。在这以前，当地群众还挖掘出了陶船、陶洋狗、洋人铜头、网锤、铜碗、铜盆等许多古物。从这些文物可以看出，在伴随官方贸易的同时，民间的海外贸易也很繁盛。

港口的兴衰是随着社会政治经济条件和自然条件的变化而演变的。从历史记载和考古发现可见，徐闻港作为我国对外贸易口岸，在两汉时期比较发达的主要原因是：

第一，西汉时期政治稳定，经济繁荣，开创了官方的海外贸易，使徐闻港成为对外贸易的重要口岸。汉明帝时，"天下安平，百姓殷富"。社会经济的繁荣，必然促进工商业和交通运输及对外贸易的发展。两汉时期国内不设关禁，商业通行无阻。从汉武帝扩展疆域以后，又开创了官营的海外贸易。汉王朝经常派遣直属宫廷的黄门译长，率同应募的船员们，带着黄金和丝织物，从徐闻或合浦上船，出海远航，和海外国家进行官方的外交活动和贸易。因此，西汉时期的经济繁荣，是徐闻港繁荣发展的重要条件。

第二，徐闻港的地理位置有利于当时的海上交通贸易。

徐闻港地处我国大陆南端，扼守琼州海峡，是当时船舶沿岸航行的必经之地，是我国与海外交通接触最早的地区之一，是两汉时期我国商船驶往东南亚和印度洋的出发港，也是大秦(罗马)、天竺(印度)、波斯等国的船舶到达中国的目的港。由于两汉时期对海外贸易有严格的限制，只允许在边境的几个港口如徐闻、合浦及越南沿海进行互市贸易，同时，两汉时期在徐闻派驻有左右侯官，掌管军政事务和对外贸易，在那里囤积着大量的货物和海外商人进行交易，许多远洋的中外船舶也在此港停靠，补充淡水、食品和货物，因此，徐闻港在两汉时期成为重要的货物中转港和集散地。

东汉后期，政治进入黑暗时期，地方官吏和豪强集团的斗争日益加剧，导致魏、汉、吴三国的割据局面。政治上的动荡，必然造成经济衰退，也一定影响对外贸易的开展和贸易政策的改变。同时，在三国时代，交趾一度反叛，攻打合浦等地，使徐闻、合浦至东南亚各国的航路受到严重阻碍，以致使徐闻这个繁荣的贸易中转港受到了严重影响。至晋代，番禺(广州)港已逐渐取代徐闻、合浦，成为我国最大的对外贸易口岸，航经徐闻港的远洋船已显著减少，徐闻港逐步衰落。后受自然因素影响，徐闻古港逐渐被泥沙淤积，日久之后便成了荒墟。

(二)合浦港①

汉武帝元鼎六年(公元前 111 年),西汉政府在环北部湾沿岸等地设置了合浦郡。"合浦"一名因其地理位置而得,其境内有南流江在州江分 5 条支流入海,故其含义是江河汇集于海的地方。② 元封五年(公元前 106 年),西汉设置交趾刺史部,合浦郡隶属于交趾刺史部。据《汉书·地理志》:"合浦郡,户万五千三百九十八,口七万八千九百八十。县五:徐闻、高凉、合浦、临允、朱庐。"徐闻县,即今广东的海康、徐闻、遂溪等县地;高凉县即今广东的阳江、阳春、电白、化州、吴川等县地;临允县即今广东新兴、开平等县地;朱庐即今海南岛琼山县境③;合浦县境相当于今广东的廉江和广西的防城、钦州、灵山、横县、浦北、北海、博白、北流、容县、陆川、玉林等县市的全部或一部。④ 关于汉代合浦县县城所在,一般认为是在今广西浦北县旧州境内⑤,但旧州境内尚未发现汉墓,只发现唐代及唐代以后的文物,而在今合浦县城东南郊已发现汉墓 1000 多座,这些墓葬分布在东西宽 5 千米、南北长 18 千米的广阔地带。⑥ 因此,西汉时期的合浦县城很可能是在今合浦县城附近,而不是浦北的旧州。西汉的合浦县城离海较近,又有南流江经过,适合作港口,"合浦"这一名称与"江河汇集于海的地方"之意也相吻合。东汉光武帝建武十九年(43 年),合浦郡治地由徐闻县迁往合浦县县城,即今合浦县城附近。

汉武帝统一岭南设置了合浦等郡后,以环北部湾沿岸的合浦、徐闻两县和位于今越南中部的日南等地为始发港,开辟了远洋贸易的"海上丝绸之路"。对此,《汉书·地理志》有比较详细的记载,上文已引。这是史籍中关于汉代中国环北部湾沿岸至东南亚、南亚等地之间远洋贸易航线的最早记载。这条远洋贸易航线以丝绸贸易为主,故又称"海上丝绸之路"。《汉书·地理志》所载的"译长",即通晓外国语言的翻译官;"应募者"即被招募参加远洋贸易船队的人,他们中可能有中原汉人,也可能有环北部湾沿岸一带生活的熟习航海驾船技术的越人。

合浦港是汉代环北部湾沿岸的重要海港之一,通过合浦港而与中国有海外贸易往来的国家和地区有印度尼西亚、缅甸、印度、新加坡、马来西亚、罗马帝国等。在所交易的商品中,合浦地区的珍珠是有名的商品之一。在汉代,"合浦珠还"的传说家喻户晓。环北部湾沿海滩涂底平流缓,面积宽广,水质清新,自然饵料丰富,水温适宜,是珍珠生长繁殖的好地方。环北部湾沿海所产的珍珠后世称"南珠",清朝屈大均在《广东新语》卷十五中说:"合浦珠名曰南珠……南珠自雷、廉至交趾,千里间六池",即环北部湾沿海自雷州半岛西侧,至合浦和越南北部沿海,有六个大海湾适宜南珠生长。南珠凝重结实,细柔圆润,晶莹夺目,是名贵的装饰品,也是具有镇心安神、去眼翳障和润肤等功

① 廖国一:《中国古代最早开展远洋贸易的地区—环北部湾沿岸》,《广西民族研究》1998 年第 3 期。
② 合浦县志编纂委员会:《合浦县志》,广西人民出版社 1994 年版,第 882 页。
③ 合浦县人民政府编:《合浦县地名志》,1983 年铅印本,第 15 页。
④ 合浦县志编纂委员会:《合浦县志》,广西人民出版社 1994 年版,第 45 页。
⑤ 郭沫若:《中国史稿地图集》,第 30 页,地图出版社 1979 年版;又见郭利民编:《中国古代史地图集》,福建人民出版社 1988 年版,第 16 页。
⑥ 合浦县志编纂委员会:《合浦县志》,广西人民出版社 1994 年版,第 687 页。

效的重要药材。因为南珠价值如此重要，所以它深受中原等地贵族和商人的青睐。从汉代起，环北部湾沿岸出产的珍珠，成为当地居民用以和外地商人换取粮食的重要商品。《后汉书·循吏列传》载合浦"郡不产谷实，而海出珠宝……常通商贩，贸籴粮食"。民国《合浦县志》卷四也说西汉时"合浦人以珠易米，珠多而人不重"。中原不少汉人因到合浦买卖珍珠而致富。如西汉成帝时候，京兆尹王章因刚直敢言，被下狱致死，其妻子充戍合浦后获得了大量的珍珠，"致产数百万"[1]。前面所引的《汉书·地理志》则说："粤地……处近海，多犀、象、毒冒、珠玑……中国往商贾者多取富焉。"环北部湾沿岸成为汉代商贸繁荣的地方，导致了合浦港的形成和发展，而合浦港的形成和发展，又对合浦一带的商贸繁荣和对外贸易起了很重要的推动作用。

三　番禺港[2]

番禺港（广州港的前身）在秦汉时期也得到了较快的发展。

据《广东通志》和《广州府志》记载，西周期间，番禺属楚国的势力范围，故周夷王八年（公元前887年）有"楚庭"之建。楚庭者，城郭也（《广东新语》认为是宫室）；周显王时（公元前339年），南海人高固为楚威王相，建"五羊城"，并有五仙骑羊降临之传说；周赧王时（公元前314—公元前256年），粤人公师隅筑城，号曰"南武"。仇池石的《羊城古钞》还说："越王与魏通好，使（公师）隅往南海求犀象珠玑以修献。"但以上这些记述均无确凿文献可征，不能作为历史依据。据《史记·越王勾践世家》记载：周显王十四年（公元前355年）楚灭越，"而越以此散，诸族子争立，或为王或为君，滨于江南海上，朝服于楚"。其在东瓯一带（今温州市附近）的，叫"东越"；其在治（即今福州一带）的为"闽越"；其在番禺一带的称南越，其在广西一带的叫"西瓯"；其在今越南北部的叫"骆越"。

秦始皇三十三年（公元前214年），秦在岭南推行郡县制，设南海、桂林、象郡。南海郡就是现在的广东，治所设在番禺。秦始皇三十四年（公元前213年），秦统一岭南后，便有组织地向这一带的地方移民，与越人杂处，从事岭南的开发。南海郡尉任嚣并在广州建"任嚣城"，又叫番禺城。城址在今仓边路附近，是一座规模很小的城。这是在历史上比较可信的一次早期建城活动。大批中原移民南下，给这个地区带来了先进的中原文化和生产技术，对促进汉、越人民的融合，加速岭南的开发，有着重大的意义。

秦末，天下大乱，当时的南海郡尉任嚣病危，急召龙川令赵佗付以后事云："番禺负山险，阻南海，东西数千里，颇有国人相辅……可以立国。"[3]于是，赵佗建立南越国，管辖原来三郡之地，其首都亦设在番禺，并扩建番禺城。赵佗是岭南最早的开拓者之一。在秦未统一岭南以前，岭南基本上是处于部落割据的状态。由于赵佗"甚有文理"，对越人中的各部落一视同仁，注重教化，再加上他注重发挥中原移民的作用，因此岭南地区社会历史的发展进入了一个划时代的新阶段。

既然番禺是岭南较早开发的一个地区，那么进入秦汉之际，经过中原人士与越人

---

[1]　《汉书·王章传》。
[2]　本部分引见邓端本：《广州港史》，海洋出版社1986年版，第19—29页。
[3]　《史记·南越尉佗列传》。

第五章

先秦秦汉时期的海洋经济

杂处的一段经营,番禺作为一个港口城市的条件也就逐渐成熟了,以下的史料可以作为依据。

(1)如《淮南子》卷18载,在秦之前,番禺已因犀角、象齿、翡翠、珠玑等珍物的集散扬名于全国了。而这些东西在后来都是海外输入的商品。故可以想见,在秦汉之前,岭南与海外已有贸易接触。也就是说,在这期间,番禺已有港口城市的萌芽成分出现了。

(2)公元前196年(汉高帝十一年),汉大夫陆贾出使岭南,说服南越王赵佗归汉,后来陆贾在其著作《南越行记》一书中写道:"南越之境,五谷无味,百花不香。此二花(即素馨花与茉莉花)特芳香者,缘自胡国移至,不随水土而变。"①据日本研究中西交通史专家藤田丰八的考证:素馨又名耶悉茗,是从波斯移植至广东的。另外,在南越王赵佗献给西汉皇帝的贡品中,有"白璧一双,翠鸟千,犀角十,紫贝五百……生翠四十双,孔雀二双"等珍品。王士鹤在《东南亚古代国际贸易港》一文中认为:"犀角、紫贝、玳瑁等物都是东南亚地区的珍贵特产,显然是从东南亚地区输入的。"《汉书·平帝纪》也曾记载:"元始二年,黄支国献犀牛。"同书《王莽传》也有"黄支自三万里贡生犀"之说,按黄支国即印度。广州出土的文物中有西汉早期的犀角模型,则犀角自汉初输入番禺,似无疑义了。事实上,像珠玑、象齿这类珍品,即使在当时的广东有出产,但产量也是极少的,既然番禺成了珠玑、象齿、犀角、玳瑁的集散地,那么这些珍品大部分应是从海外输入的了。

(3)《史记·货殖列传》在列举汉初全国19个大城市时,特别突出了9个城市,称为"都会"。番禺是9个"都会"当中的一个。同时还特别指出是"珠玑、犀、玳瑁、果布之凑"。《汉书·地理志》也说:"处近海,多犀、象、毒冒、珠玑、银、铜、果、布之凑,中国往商贾者多取富焉。番禺,其一都会也。"因此,我们完全可以说,秦汉之际的番禺,已是我国南方集散"珠玑、犀、玳瑁、果布"的城市了。关于"果、布",有解释,认为应为"果布",是马来语呼龙脑香"果布婆律"的音译。联系到广州汉墓出土的薰炉(共112件),表明那时已有用薰炉熏燃香料了,故"果布"解释为"果布婆律",亦不是毫无根据的。②

(4)从广州的西汉墓地出土的文物中,有一种玻璃珠和琥珀雕饰品,据化验,玻璃珠所含铅和钡的成分低微或者没有,与古代国产铅钡玻璃制品截然不同,而与西方玻璃相类似。另琥珀产自大秦国(即罗马)和缅甸,我国当时云南也有生产,但云南石寨山和李家山两处汉墓群都不见有琥珀出土,所以,广州出土的琥珀不会来自云南,应从当时的海外贸易角度加以考虑。此外,在苏门答腊、爪哇、加里曼丹等岛的汉代出土文物中,有底部刻有汉元帝初元四年年号的陶鼎(苏岛出土)和印圆圈纹的陶魁(加里曼丹出土),都和广州西汉墓出土的同类器形极为相似。③

(5)在与全国港口和各地的交通贸易方面,《史记》最早记载了汉朝与南越通关市的情况。该书《南越尉佗列传》云:"汉高帝十一年,遣陆贾立赵佗为南越王,与剖符通使和集百越……高后时有司请禁南越关市铁器。佗曰:'高帝立我通使物,今高后听谗

---

① 引文出自嵇含:《南方草木状》,陆贾:《南越行纪》已佚,对此书的史料真实性,目前学术界仍有争论。

② 《广州汉墓》第八章《结论》,文物出版社1981年版。

③ 《广州汉墓》第八章《结论》,文物出版社1981年版。

臣,别异蛮夷,隔绝器物,此必长沙王计也。'"《宋史·互市舶法》亦言:"自汉初与南越通关市,而互市之制行焉。"当时中原的铁器为岭南所必需,故赵佗曾三次上书请开关市,在吕后不准所请的情况下,还派兵攻打长沙王国的边界。

又据《史记》《汉书》称:早在汉初,番禺与夜郎(今贵州)便有水路交通和贸易。汉武帝建元六年(公元前135年),东越反,武帝命王恢伐东越,王恢平定叛乱后,为了显耀军威,特派番阳令唐蒙出使南越,南越人招待唐蒙的食物中,有一种酱,唐蒙问其产地,知为川蜀,唐蒙归长安后复问四川商人,商人曰:"独蜀出酱,多窃出市夜郎,夜郎者临牂牁江,江广百余步,足以行船。"由此我们可以知道,早在汉初,广州的水运便较为发达,与各地已有贸易通商。桓宽的《盐铁论》亦曾说到商人运蜀货到南海交换珠玑、犀、象等珍品。

入汉以降,番禺与东南沿海各港口的海上交通的发展,在古籍史料中也有了更多的反映。《史记·东越传》载:汉武帝元鼎五年(公元前112年),南越在其丞相吕嘉的策动下叛乱,当时东越王余善曾出兵8000人,由福州浮海至广东揭阳,以碰到大风为借口,逗留于中途,没有到达番禺。从这一则史料中可以看出,早在余善发兵之前,从福州到番禺的航路已经开辟,否则,余善是不可能选择从海路进军的。在同一时期,齐相卜式也向汉武帝上书:"臣闻主忧臣辱,南越反,臣愿父子与齐习船者,往死之。"①虽然卜式只是上书请求,未曾行动,但可看出从山东到广东,亦有海上航路可通,否则卜式不可能请求率"齐习船者"从海路进攻南越。

1974年,在广州市文化局院内发掘出古代三个平行排列的造船台,测定为秦初的产物。其中一号船台滑道间距宽1.8米,长88米。据测算,可建造宽6—8米,长30米,载重50—60吨的木船。在当时能造如此规模的船舶,说明番禺是一个造船基地,而且拥有比较先进的造船技术。广州市文物管理处撰写的《广州秦汉造船工场遗址试掘》一文称:该工场的两组滑道不作固定处理,可以随时调节,根据不同需要,灵活运用。"两个船台可以分别造大小不同的船,也可以造同一规格的船。"②在汉墓出土的文物中,有船模12件。这也反映出广州造船业和航运业的发达。

(6)《汉书·地理志》记载了西汉开辟的"徐闻、合浦道",出航点在番禺附近的口岸,与番禺有密切的关系。"中国与罗马等西方国家之海上贸易,要以广州为终止点:盖自纪元三世纪以前,广州即已成为海上贸易之要冲矣。"③

(7)泥城(今东风一路西端的西场),是番禺见诸史书记载最早的码头。据考证,陆贾第一次出使南越,是循水路而来的。古代西北两江到番禺的航线,大都经官窑、石门而南,抵泥城登陆,所以泥城也就成为番禺城外西侧的一个重要水陆码头。陆贾当时就是由这条航线在泥城上岸的,因此,《元和郡县志》称:"贾之来也,佗不即前,贾故为城以待之。""贾"即汉大夫陆贾。当时赵佗对汉高祖的和平政策不理解,陆贾便在这里"筑城以待佗"。"泥城"的名称就是这样来的。为了纪念陆贾来南越执行这一重要的使命,后人也称泥城为"陆贾城",并建有陆贾祠。泥城码头一直沿用至清朝末年。第

第五章

先秦秦汉时期的海洋经济

---

① 《史记·平准书》。

② 广州市文物管理处:《广州秦汉造船工场遗址试掘》,《文物》1977年第4期。

③ 见武育干:《中国国际贸易史》第二章。

一次鸦片战争期间,英国军舰曾在此登陆,并从这里进攻四方炮台,可见其在交通和军事上的重要性。

我国最早的海港是胶州湾的琅琊(今青岛市胶南)。琅琊自春秋时期就是极重要的一个港口,越王勾践曾迁都琅琊,后来又陆续有碣石(今河北乐亭南)、转附(在今烟台市)、吴(今苏州市)、会稽和句章(今浙江宁波市西)等港口见诸史册。但这些港口大都是作为军港而兴起的,就对外贸易港口来说,番禺港是最为重要的古港之一。①

汉武帝元鼎五年,南越丞相吕嘉反,杀南越王赵兴、王太后和汉使,立术阳侯建德为王。于是,汉武帝于元鼎五年秋"令粤人及江淮以南楼船十万师往讨之",以"卫尉路博德为伏波将军,出桂阳,下湟水;主爵都尉杨仆为楼船将军,出豫章,下横浦;故归义粤侯二人为戈船、下濑将军,出零陵,或下离水,或抵苍梧……咸会番禺"②。元鼎六年(公元前111年)冬,楼船将军杨仆统率的一路军首先攻破石门,然后会合伏波将军路博德的军队,纵火攻城,"城中皆降伏波"。至此,南越国的赵氏政权经历5代93年的时间后,终于为汉武帝所灭。

战乱造成了重大的破坏,番禺城估计已被夷为平地,故"汉筑番禺城于郡南六十里,为南海郡治,会龙湾、古霸之间是也"③。就是说,汉平南越后,不得不筑新城以作为南海郡的治所。虽然新城的遗址现在仍未找到,但根据当时的情况分析,文献记载也许是可信的。另外,南海郡的管辖范围也比以前缩小,岭南的政治中心暂时移向交趾,交趾的发展也就日益超过番禺了。这一点,《后汉书》和《旧唐书》均有记载。④《汉书·地理志》关于西汉末年的户口调查记录,亦可说明这一问题。⑤ 汉武帝平南越后,海外贸易有了一定的发展,但其经营的重点似乎集中在日南和交趾。因在这期间的史料极少反映番禺的情况,而日南郡的西卷港和交趾郡的龙编港却有不少记载。

但是,番禺仍然是南中国的一个重要对外贸易港口,广州汉墓出土文物属于西汉中期的出土文物中,有较多的串珠,这些串珠包括玛瑙、鸡血石、石榴石、煤精、水晶、硬玉、琥珀和玻璃等不同的质料,还有迭嵌眼圈式玻璃珠、蓝色玻璃碗、绿色玻璃带钩和璧(还有黄白色的),其中带钩、璧的是我国传统的礼用器物,其他的则与中国传统的工艺品相异,应与海外贸易有关(参见《广州汉墓》)。另外,在西汉中期以后,西汉墓出土的熏炉亦逐渐增加,至东汉尤为普遍,它反映了统治阶级燃熏香料习惯的普及,也说明

---

① 据《西京杂记》载:南越王赵佗曾向汉宫献烽火树,高一丈二尺,一本三柯,上有四百六十三条。学者考证为珊瑚,这样大株的珊瑚,肯定是从东南亚海域采集进口的。这条史料记载,亦可证明当时广州对外贸易是在不断发展的。

② 见《汉书·西南夷两粤朝鲜传》。

③ 见《读史方舆纪要》卷101。关于龙湾、古霸之间的城址,至今仍无发现。

④ 《后汉书·郑宏传》:"郑宏为大司农,旧交趾七郡贡献转运,皆从东冶汎海而至,风波艰阻,沉溺相系。宏奏开零陵、桂阳峤道,于是夷通,至今遂为常路。"《旧唐书·地理志》:"交州都护制诸蛮,其海南诸国大抵在交州南,自汉武以来,朝贡必由交趾之道。"

⑤ 《汉书·地理志》载西汉末年户口调查情况,其中交趾七郡户口数是:"南海郡:户万九千六百一十三,口九万四千二百五十三;苍梧郡:户二万四千三百七十九,口十四万六千一百六十;郁林郡:户万二千四百一十五,口七万一千一百六十二;交趾郡:户九万二千四百四十,口七十四万六千二百三十七;合浦郡:户五千三百一十八,口七万八千九百八十;九真郡:户三万五千七百四十三,口十六万六千一十三;日南郡:户万五千四百六十,口六万九千四百八十五。"当时南海郡的人口还没有九真郡、苍梧郡多,而交趾郡的人口却几乎比南海郡高出八倍。

香料进口的增加。同时，在西汉中期到东汉后期的基地中，还发掘出一种托灯的陶塑俑和侍俑。"这种俑的形象有异于汉人，亦不同一般侍俑。托灯俑有男性也有女性，侍俑均女性，站立作接物状。这两种俑的形象都是头较短，深目高鼻，两颧高，宽鼻厚唇，下颌较为突出，身材不太高，从刻画的胡子与胸毛来看，再生毛发达，有人说这与印度尼西亚的土著居民——'原始马来族'接近。这些俑的服饰特点是缠头、绾髻、上身裸露或披纱，侍俑下体着长裙如纱笼，亦与印度尼西亚一些岛上土著民族风习相似。但从深目高鼻这一体形特征看，他们似乎更有可能来自西亚或非洲的东岸。"（见《广州汉墓》第 8 卷《结语》）这与对外贸易也有关，即通过对外贸易进行的奴隶贩卖，而且这些奴隶还是来自西亚或非洲东岸的。

《后汉书·郑弘传》说，后汉章帝建初八年（83 年），大司农（管运输的官吏）郑弘奏开零陵及桂阳峤道（即过岭山路），运输贡献的物资。桂阳峤道就是通过番禺北运，逾骑田岭而达湖南郴州的，这条峤道的开辟，亦与当时的对外贸易有关，因贡献的物产就有一部分是进口的东西。

东汉末年桓帝时期（148—167 年），桂阳太守周昕开凿六泷。后人为他立了功勋碑。碑的铭文指出："郡又与南海接北，商旅所经，自瀑亭至于曲江（今韶关市），一由此水。……故其败也（指船沉舟覆之意），非徒丧宝玩，潜珠贝，流象犀也……（开凿之后）小溪乃平直，大道克通。抱布贸丝，交易而至。"[1]六泷属武水上游，开凿前，经常舟覆货沉，损失很大。在这些货物中，铭文特别说明有珠贝和象犀，而开凿之后，"大道克通"，北方丝绸等物，由此南输，明显的是一条对外贸易的运输线。清郝玉麟《广东通志》卷 58 也说："桓帝时，扶南之西，天竺、大秦等国，皆由南海重译贡献，而贾蕃自此充斥于扬、粤矣。"由此可知，番禺作为一个对外贸易港仍然在发挥作用，而且更为繁荣。

综上所述，可以看出，一方面，秦始皇统一岭南，结束了南越部落割据的局面，开创了岭南地区的一个新时代。由于中原地区向岭南不断地移民，带来了先进的文化和耕作技术，岭南地区的生产有了很大的发展，故番禺港能在秦汉之际开创形成，并得以发展起来。另一方面，汉武帝平南越后，进一步促发了这一地区对外贸易的繁荣，尽管汉代随着海上丝绸之路的开辟，南中国海地区的港口重心由番禺港转移到了新兴的日南郡西卷港和交趾郡龙编港，但番禺港作为对外贸易港口的作用一直没有中断，并在后世得到了进一步的加强，一直延续发展成了今天的广州港。

四 东冶港[2]

福州古称东冶，先秦时期为七闽之地，秦汉时期为闽越首邑都会，也是一大重要港口。

福州地区已发现的文化遗址主要有昙石山遗址、浮村遗址、闽侯庄边山遗址、闽侯溪头遗址、闽侯小箬牛头山遗址以及福清东张遗址等。这些遗址都处于濒近江海溪流的地方，最近的就在近水旁边，最远的也不超过 1000 米。由此可以看出，上古居民已开始濒江临溪而居，并利用竹木制造舟筏，开创了原始江海水上捕捞活动。当然，由于当时生产力水平十分低下，各部落来往也不频繁，剩余产品交换、人口迁移都十分有

---

① 见《韶州府志》卷 27《周昕传》。

② 本部分引见郑元钦：《福州港史》，"中国水运史丛书"，人民交通出版社 1989 年版，第 9—15 页。

限,水上交通也是短程的,属于低级萌芽阶段。

周朝时,把福建称为七闽之地。《周书·周官》载:"职方氏掌天下之图,以掌天下之地。辨其邦国、都鄙、四夷、八蛮、七闽、九貉、五戎、六狄之人。"先秦时期,中国南部及东南部是越族人的居住区,"自交趾至会稽七八千里,百越杂处,各有种姓,互不相属"①。福建地区是越族中的一支——闽越族人居住的地方。闽越族世代生活在大海江河之滨,长期与江海接触,生产以渔猎经济为主,往来交通以舟楫为工具,积累了丰富的江海航行经验。"水行而山处,以船为车,以楫为马,往若飘风,去则难从"②,正是闽越族人航行在江海的生动写照。《山海经·海内经》云:"闽在海中。"因为闽越族人和其他族人的联系依靠海上交通,所以人们才会有他们都住在海上的印象。

春秋末期,居住在江浙一带的越人也开始由海道进入福州地区。周显王三十五年(公元前334年),越王无疆兴兵犯楚,兵败,无强被杀,越王族各支向南逃散,分居江南海道,各据一隅,"或称君,或称王"③。长乐二十一都有越王山,乃当时越人南下入闽的一个居留地。④ 这是北方越人沿海岸南行至福州附近海域的一次较大规模航海活动,也是目前所知的福州与邻省最早的航海活动。

楚灭越后,南方百越纳入楚国势力范围,闽越族与中原政府的关系更加密切。"楚子称霸,朝贡百越。"⑤其时闽越朝贡楚国的路线,或取道海上自河口溯流入楚境;或溯流而上,再翻山越岭入楚境。两种路线均离不开水运。

公元前221年,秦始皇吞并六国,统一中国,嗣后秦人入闽。秦人入闽至闽江上游,再顺流而下到达东冶(今福州)。此时,具有一定规模的闽江航运已经开创。后来闽越首领无诸率兵参加抗秦反楚战争,出师及班师的路线亦是经由闽江。

公元前180年,吕后崩,南越国主赵佗以"兵威边,财务赂遗闽越"⑥。闽越都东冶,南越都番禺(今广州)。这一时期,福州与番禺间已存在货物、使节往来。根据福建地理环境与当时陆路交通条件判断,联系东冶与番禺间的主要渠道乃是海上交通。

汉景帝三年(公元前154年),吴王刘濞联合诸国叛汉,兵败走死。吴王之子逃居闽越国,挑唆闽越国攻东瓯。闽越国正有意扩充疆土,即派兵围东瓯(治于今浙江永嘉)。东瓯势弱难以抵抗,即向汉朝告急。武帝遣大将严助浮海救东瓯。闽越国见状,引兵归国。这是福州至浙江的北路近海航线的开辟。

建元六年(公元前135年),严助奏言:"(闽)越人若为变,必先由余干界中积食粮"⑦,"盖其地当闽越襟领也,且北扼大江,西阻重山,兵争出入,常为孔道"。余干是闽赣交界重镇,闽越人占其地无非防止汉兵自赣入闽,顺江而下至东冶。另外,闽越人又在闽北地区建造乌坂、汉阳、临江等大小6座城堡以拒汉兵。这些城堡位于今邵武市、浦城县、建阳市等地,分布于闽江上游的富屯溪、南浦溪沿岸。它们之间的相互距

① 《汉书·地理志》。
② 袁康:《越绝书》卷8。
③ 《史记·越王勾践世家》。
④ 《长乐县志》卷4《山川》。
⑤ 《后汉书·南蛮西南夷列传》。
⑥ 《史记·南越列传》。
⑦ 《汉书·严助传》。

离达百里左右,有水陆线路供驰达交往。① 后来汉军征闽越,其中一路也确实是翻越武夷山,再顺江而下,攻东冶。以上史实说明福州至内地水上交通已经形成。然而闽江水运自然条件是十分险恶的,正如淮南王刘安上书所言:"水道上下击石……漂石破舟,不可以大船载粮食下也。"②

汉武帝元鼎五年(公元前 112 年),南越相吕嘉起事,杀南越王赵兴、太后及汉使者。"东越王余善上书,请以卒八千人从楼船将兵击吕嘉等,兵至揭阳,以海上风波为解,不行,持两端,阴使南越。"③此时,不但福州至揭阳的南路海上航线已经开辟,而且福州至广州的海上航线也已存在,否则余善不可能"阴使南越"。

元鼎六年(公元前 111 年),余善杀汉三校尉,自立为武帝,"天子遣横海将军韩说出句章,浮海从东方往;楼船将军杨仆出武林;中尉王温舒出梅岭,越侯为戈船、下濑将军出若邪、白沙。元封五年冬,咸入东越"④。余善败亡,东越遂灭。横海将军韩说所率水师正是沿着句章(今浙江宁波)至东冶的航线进袭福州的。这一时期,服务于军事、政治活动的福州与邻省南北近海航线均已开辟。

1975 年,在福建连江县鳌江下游山堂村西北 40 米的江畔,出土了一艘独木舟。中国科学院贵阳地球化学研究所对舟体木材进行 C^{14} 测定,认为其年代距今 2170±95 年,上限为战国末期,下限为汉武帝天汉元年(公元前 100 年)。⑤ 这艘独木舟出土地点距离鳌江入海处 10 千米。福建水文地质队勘探了鳌江一带地层关系,认为今山堂村在 2000 多年前独木舟沉没时是鳌江濒海处。鳌江发源于今古田、罗源两县山地,是一条独流入海的河流,干流长 135 千米,由西向东贯穿连江县。古田、罗源、连江都属于闽江流域。此时,闽越族水上活动已在内河和近海广泛推进。如余善曾与宗族首领密谋"今杀王,以谢天下,胜则已,不胜即亡入海"⑥。

港口的形成是一个渐变的过程,古代港口一般都经历了自然状态、半自然半社会人文状态、社会人文状态 3 个发展阶段。人文状态下的港口是古代港口的形成阶段,其标志应该是在一定时期内有相对固定且具有一定数量的几种货物经常性地从港口输入或输出。以这个尺度衡量,福州古港的形成应在西汉初年。

秦汉时期,中原王朝势力开始向南推进。随着统一战争的进行,各方出于自身的政治、军事需要,竞相利用船舶作为运送人员、物资的工具,促进了东南沿海的海上交通发展。在闽越国与中原王朝及南越时而结盟、时而敌对的政治活动中,福州的南北近海航线亦随之得到发展。公元前 221 年,秦始皇翦灭六国后进兵福建,在闽越人居地设闽中郡。秦二世时,天下大乱,闽越族首领无诸不甘心屈服于秦,乘中原动荡,率兵反秦。秦亡后,因助汉灭楚有功,故"汉五年,复立无诸为闽越王。王闽中故地,都东冶"⑦。这样福州开始作为闽越国的首邑出现在历史舞台上。

---

① 《太平寰宇记》卷 101。

② 《汉书·严助传》。

③ 《史记·东越列传》。

④ 《史记·东越列传》。

⑤ 黄天柱、林宗鸿:《连江独木舟初探》,载《福建文博》1980 年第 1 期。

⑥ 《史记·东越列传》。

⑦ 《史记·东越列传》。

汉代，福州盆地内的陆地仍很狭窄，只有东起石鼓山麓、北抵西郊的屏山一带，形成沿山边的一线港湾。据考证，闽越王建都东冶后，在位于屏山东支的一座小丘（冶山前）建筑城郭，称"越王城"①，又称冶城。其时福州为一临水的半岛，宋人梁克家说过，今福州市内东大路的澳桥（铁路东站附近），在无诸时"四面皆江水，地如屋澳"，是个"舟楫所赴"的地方。②《福建通志·津梁志》云："旧为罗城大濠（即澳桥），相传无诸时，澳桥四面皆江水。"此处原为海岸大湾坞，水深、不冻、避风，是占有地利的良港，同时因地处石鼓山麓，故名"石鼓川"。可以推断，今福州还珠门外沿澳桥而下曾有一宽广的港汊，即东冶古港。

汉武帝时消灭了割据政权，开辟了海外贸易的通道。同时，封建统治者对海外珠宝的向往与需求与日俱增。汉元帝年间（公元前48—公元前34年）设置的南海、苍梧、郁林、合浦、交趾、九真、日南（今广东与广西的南部及越南北部）、交趾七郡，因"处近海，多犀、象、毒冒、珠玑、银、铜、果、布之凑"，出现了"市明珠、璧流离、奇石异物，赍黄金杂缯而往"③的海外贸易，成为中外商贾汇集、权臣贵戚瞩目之地。这里的宝物相当一部分运往京师，以满足统治者的奢侈享受。而"旧交趾七郡贡献转运皆从东冶泛海而至"④。当时，贡品由交趾七郡泛海至东冶，再转运往江苏沛县或山东登州、莱州，然后由陆路运往洛阳或京都。

东汉建初八年（83年），郑弘代郑众为大司农。以交趾贡献货物自海道运送"风波险阻，沉溺相系"为由，奏开零陵（今广西全州）、桂阳（今湖南郴州）栈道，于是爽通，成为常路。至此，贡物北运，改由陆路，东冶港渐失其转运功能。

东冶港是在海上交通发展的基础上，受南海贸易的推动而兴起的。寄泊转运是西汉时期东冶港的主要功能，因而尚不具备真正的贸易港条件。当贡献货物改由陆路北运后，虽受到一定程度的影响，但东冶港海上交通仍然持续不断。东汉"初平中（190—193年），天下乱，避地会稽，遂浮海客交趾"⑤。汉献帝建安元年（196年），孙策引兵攻会稽（今浙江绍兴），太守王郎弃郡，由海道奔东冶，"侯官长高开为郎起兵"，孙策遣将讨之⑥，以及"袁忠等浮海南投交趾"⑦，许靖"皆走交州，以避其难"⑧等，这些活动均以东冶港为中转港。自此及以后的一段时期，东冶港的功能又开始演变为以军事、政治活动为主。

五　句章港⑨

现在的宁波，先秦秦汉时期称为句章。由于句章的自然地理区位和人文社会地理区位的重要，句章港早在先秦秦汉时期，就凸显出了其重要地位。

① 林枫：《榕城考古略》卷上。
② 梁克家：《三山志》卷4。
③ 《汉书·地理志》。
④ 《后汉书·郑弘传》。
⑤ 《后汉书·桓晔传》。
⑥ 《三国志·吴书》。
⑦ 《后汉书·袁闳传》。
⑧ 《三国志·蜀书·许靖传》。
⑨ 本部分引见郑绍昌：《宁波港史》，人民交通出版社1989年版，第3—17页。

第四纪更新世以来,宁波沿海的地壳不断下沉,更由于全球性的气候转暖使大陆冰川溶化,海平面上升,因而发生了范围广泛的海进。宁波平原第四纪松散沉积层中的三个滨海——浅海相沉积层说明,新生代中宁波平原曾有过三次规模较大的海进海退事件。第一次海进发生于 18 万年前的中更新世;第二次发生在 7 万年前的晚更新世;最后一次发生在 1.2 万年前的全新世。海进在高潮时,由于地动型的海面上升(地壳下降)和冰消作用引起的水动型海面上升的叠加,使海面上升的幅度很大,形成了冲刷能力极强的涨落潮流。正是因为这两者的作用,把原先高低起伏的沿海陆地改造成了岛屿和水道相间排列出现的现代港湾格局。余姚江中游河姆渡文化遗址中第四文化层(距今 7000 年)的下面是第三次海进时沉积的海相沉积层。因此可以说第三次海进的高潮是在 8000 年前,到 7000 年前海水已退至河姆渡以东,余姚江中游成了陆地和滨海相连地带。宁波平原大部出露海面的时间约在 6000 年前。此时海岸线已向东推进至今余姚县城、镇海县骆驼镇和宁波市三官堂一线。

4000 年前,海水退出宁波平原。尽管在 1500 年前后又发生过一次规模较小的海进,但宁波地区现代河流的分布、海岸线的展开和港湾格局的形成,却在 4000 年前就已基本定型。

宁波的海上交通,可溯源于 7000 年前的河姆渡文化时代。考古实物证明,六七千年前,在今宁波余姚县的河姆渡人已经能制造和使用舟楫,航行于港湾和近海。这是迄今为止已被实物证明的中国最早的航海活动。

河姆渡位于甬江上游余姚江北岸,距宁波城区约 25 千米。1973 年首次在这里发现新石器文化遗址,考古学上定名为河姆渡文化。[①]

河姆渡文化与海上交通有密切联系。其遗址由四个文化层组成。经 C^{14} 测定,第四文化层的年代距今约为 7000 年(公元前 4887±96 年)。[②] 其余三层分别为 6000 年、5500 年和 5000 年。第四文化层出土的文物有:石斧、石刀、石锛、骨耜、木耜等工具 700 多件,夹碳黑陶和夹砂黑陶陶片 10 多万件(其中可复原的陶器有 235 件)。直接与海上活动有关的是 6 支木桨。这 6 支木桨中有两支比较完好,一支残长 92 厘米,另一支残长 63 厘米。桨叶长 50 厘米,阔 12.2 厘米,厚 2.1 厘米,柄部与桨叶用同一块木料制成。残留的桨柄下端绘刻着弦纹和斜线纹相间的图案。全器细长扁平,形如柳叶,造型轻巧,做工精细。

同层出土的还有:鹿、龟、犀牛、象与各种淡水与海生鱼类及猪、狗、水牛等动物的骨头,并发现多处有稻谷、谷壳、稻秆、稻叶、菱壳、葫芦、酸枣、麻栎果等果壳、果核和其他禾本科植物混在一起的堆积,以及燃烧过的灰烬和许多栽桩架板干栏式木构建筑的遗迹。[③]

从河姆渡第四文化层出土的大量实物资料来看,石斧、石锛、陶器、栽桩架木建筑和燃烧灰烬遗迹,特别是几把做工精细的木桨,证明河姆渡人不仅已经具备制作独木舟的条件,而且已进入使用独木舟从事捕捞和航海活动的阶段。从鲻鱼、鲨鱼、鲸鱼的

---

① 参阅《河姆渡发现原始社会重要遗址》,《文物》1976 年第 8 期。

② 夏鼐:《C^{14} 测定和中国史前考古学》,《考古》1977 年第 4 期。

③ 参阅《河姆渡发现原始社会重要遗址》和《浙江河姆渡遗址第二期发掘的主要收获》两文,后者载《文物》1980 年第 5 期。

脊椎骨的出土,可见当时人们的捕捞范围已不以附近水域为限,而已开始面向滨海河口并近而到了近海海面。随着独木舟的使用,在河姆渡文化向四周呈辐射传播时,大约在 5500 年前,河姆渡文化就已延伸到舟山群岛。舟山群岛由舟山本岛和岱山、大衢、泗礁、嵊山、普陀山等大小近 600 个岛屿组成。近年在舟山已发现新石器时代遗址 9 处,主要分布在舟山本岛、大衢、泗礁、马目等较大岛屿上。有代表性的遗址是十字路、孙家山、塘家墩三处,年代是 5000—5500 年前。定海的湖面、大支,岱山的馒头山,嵊泗的菜园镇等地也有遗址发现,年代在 4000 年前后。这些遗址像珍珠一样散落在各岛屿之上,如果串联起来,便显示出一幅 5000 多年前人们开发沿海岛屿的航海图卷。①

近年来,考古工作者又陆续在慈溪县、余姚县、宁波市等地新发现与河姆渡内涵相同的遗址 16 处,都属于河姆渡文化。② 根据历年考古资料所知的遗址分布和遗址中各个文化层的相互关系来看,西部遗址一般年代较早,其早期文化层的内容比较丰富;而东部和海岛遗址则年代较晚,其晚期文化层的内容特别丰富。由此可见,河姆渡文化是随着时间的推移逐渐东进的,凭借原始寄泊港和海上交通工具,它终于跨海东渡到达了舟山群岛。

河姆渡文化的传播和影响的范围是相当广泛的,如长江以南广大地区的古代文化就或多或少地受到了它的影响,台北出土的大量新石器时期的文物,也具有河姆渡文化的特点。③

就夏商周三代这一带的古港情况而言,历史文献尚无明确的记载。相传夏少康五十二年,封庶子无余于会稽(今绍兴),建立越国④,其领地就包括整个甬江流域。越人习于航海,视汪洋如平地。《越绝书》说:“水行山处,以舟为车,以楫为马,往若飘风,去则难从。”商西周时期,用青铜制成的工具为用木板造船提供了条件,造船技术从独木舟进入到木板船时代。《竹书纪年》称:“成王时于越献舟。”周成王在位约于公元前 11世纪,那时,贯通南北的大运河还没有开凿,所贡的舟船势必取道海路,从现在的浙江沿海出发,沿海岸北航,然后溯河而上,抵达周都。可见在周代,越人的航海活动已相当活跃。此外,从淮、济一代的河间海口也时有人乘船至越。所以《慎子》说:“行海者,坐而至越,故有舟也。”

春秋战国时期,随着浙东地区经济的开发和技术的进步,甬江流域出现了最早的港口——句章港。

公元前 494 年吴攻越,越败,勾践被俘。3 年后,吴王夫差释勾践回国,越国成为吴的属国。此后,越国加紧发展生产,训练士卒,打造“舸舰”,建设水师。当时像齐国、吴国等水运发达的国家都已建立了水师,成为作战中的重要兵种。越国在经过“十年生聚”之后,终于建立起一支拥有 300 多只战船的水师。

周敬王三十八年(公元前 482 年),正当吴王夫差率大军北上争做盟主时,越军乘

---

① 吴玉贤:《从考古新发现谈宁波沿海地区原始居民的海上交通》打印本。
② 《关于河姆渡文化的传播》,1987 年 11 月宁波市文管会、宁波考古研究所供稿。
③ 参阅厦门大学历史系考古研究室《台湾省三十年的考古发现》。
④ 《史记·夏本纪》。

隙攻入吴都,越水师从海道入淮,断了吴军的归路。①

周元王三年(公元前 473 年),勾践灭吴后,为发展水师,增辟通海门户,遂在其东疆勾余之地开拓建城,称名句章,是为句章古港之始。② 这是甬江流域最早出现的港口。

周贞定王元年(公元前 468 年),勾践率"死士八千,戈船三百"自会稽经海道北上琅琊,欲扬威海上,图谋霸业。勾践之开辟句章港实出于政治军事上的需要,以加强都城与内越及外越之间的联系。

句章的具体地理位置,据《浙江通志》卷 7《鄞县建置》句章辨证条援引唐代张守节《史证正义》云:"句章故城在鄞县西一百里。"这是指同谷到城山的距离。同书又云:"句章在慈溪城山渡。"明人高宇泰《敬止录》说得更明白:"句章在姚江东,即今慈溪县南十五里,句余山之东有城山,即句章县治。"据此,则句章的确切地点应在今宁波市郊区乍山乡城山(又叫城山渡)。城山在余姚江江边,东距三江口(今宁波市区)22 千米,西去河姆渡不足 3 千米,溯姚江可直达余姚县城,顺流入甬江经镇海出海。

句章是越国的通海门户,也是中国最古老的海港之一。秦汉之际,句章作为海上交通和军事行动的出入港口而屡见于史册。

秦始皇二十五年至二十六年(公元前 222—公元前 221 年),甬江流域置句章、鄞、鄮三县,隶属于会稽郡。③ 三县以甬江为界,县治分别设在句章、白杜(今奉化白杜)、同谷(今鄞县宝幢附近)。

汉武帝时,为了征服百越和控制海上交通线,派庄助和朱买臣等建立海上武装。闽越出兵进攻东瓯,武帝派庄助从会稽发兵航海救东瓯。公元前 111 年秋,东越王余善反叛朝廷。据《史记·东越列传》载,武帝派横海将军韩说率领军队,从句章乘船出海,于次年冬攻入东越。这是见诸史籍最早的一次从句章出海的大规模海上军事行动。

东汉顺帝阳嘉元年(132 年),"海贼曾旌等寇会稽,杀句章、鄞、鄮三县长,攻会稽东部都尉","诏沿海县各屯兵戍"④。句章实为会稽的海上门户。

秦汉之际,史籍记载多是关于句章港的军事活动,对海上贸易却很少记录。实际上,甬江流域对近海的贸易活动很早便已开始。例如,鄮县县治鄮廓(又叫同谷),在秦以前,就曾是甬江流域与海岛居民贸易的重要场所。公元前 221 年秦置鄮县,设治于此。鄮廓在鄮山山麓,即今宁波市东 25 千米的鄮县宝幢附近,那时有小浃江通海。小浃江是一条与甬江平行的短源河流,但要比甬江短窄,全长约 15 千米,唐时已筑坝截流蓄水,不通海舟了。据《十道四蕃志》说:鄮山"以海人持货于此,故名"。所谓海人,就是善于弄海的岛屿或滨海地区之居民。可见秦以前常有舟山群岛各岛及沿海渔人,驾着满载海产的船只,从海口进入小浃江,来到港埠廓,以交换当地生产的粮食和其他农副产品。

---

① 《国语·越语》云:"越王入吴也,范蠡、舌庸帅师,自海诣淮,以绝吴路。"
② (清)董沛:《明州系年录》载:"周元王三年,越王勾践城句余。"《光绪慈溪县志》援引《光绪鄞县志》云:"勾践以南疆句余之地,旷而称为句章。"
③ 据《浙江分县简志》,浙江人民出版社 1984 年版,第 149 页。
④ 参阅《后汉书·顺帝记》。

六　温州古港①

在远古时代,勤劳勇敢的温州原始居民——瓯越人(百越人的一支)便选择了温州这块肥沃的土地,作为栖息、生活、劳动的场所,与自然界不断地进行斗争,发展了自己的文化。

在夏商时代,温州虽已成陆,但是地势低下,大部分地方还是一片浅海滩,在陆地平原中还有许多湖泊和沼泽。原始的瓯越人居住在沿江一带的小山坪上②,"剪发文身","以渔猎为生,食海蛤、蝉蛇等物"③,惯于水上生活。公元前11世纪,中原地区的文化随着周王室政治势力的扩大,已越过长江,影响江南地区。瓯越人曾以"鱼皮之鞞"等土特产作为礼物贡献周王室④,与中原地区交往逐渐增加。

春秋时期(公元前770—公元前476年),舟船已成为越人日常的交通运输工具,正如越王勾践所说,越人"行而山处,以舟为车,以楫为马,往若飘风,去则难从"⑤。越国的造船业十分发达,造船技术较高,能够打造称为扁舟或轻舟等日常使用的船只,以及戈船、楼船等供政府及作战使用的船只。⑥ 当时海上交通也有了进一步的发展。越国主要根据地虽在浙江省境内一带,但越的族种很多,分布很广,除瓯越外,还有闽越、南越、骆越等,自今福建、广东以至越南的北部地区及附近岛屿,皆为越族居住之所。越人各族间的联系就依赖海上交通来维持。⑦ 这对温州海上交通的发展和港口的孕育,起了积极的促进作用。

战国时期(公元前475—公元前221年),东瓯的海上交通有了一定的发展,出现了原始港口的雏形。⑧ 这时东瓯的海上交通,除了和东南各族越人进行联系外,并有可能和北方一带也有直接往来。《山海经》说"瓯居海中",就表明了瓯越人和北方交通往来都取道于海上,所以给人们的印象是居住在海岛之上。⑨

秦朝末年,越王勾践后裔驺摇率领越人参加反秦战争,接着又帮助汉高祖攻打项羽,佐汉有功。汉惠帝三年(公元前192年),驺摇被封为东海王,都东瓯,故世称为"东瓯王"。东瓯国的都城约在今温州市区对岸楠溪江和瓯江交汇处一带。⑩ 东瓯建都

---

① 本部分引见周厚才:《温州港史》,"中国水运史丛书",人民交通出版社1989年版,第1—3页。

② 朱烈:《温州市的历史地理》,《温州市地理学会第一、二届年会论文集》,1964年8月。

③ 《逸周书·王会解》。

④ 《逸周书·王会解》。

⑤ 《越绝书》卷8,商务印书馆1956年影印本。

⑥ 章巽:《我国古代的海上交通》第一章,商务印书馆1986年版。

⑦ 章巽:《我国古代的海上交通》第一章,商务印书馆1986年版。

⑧ 据章巽《我国古代的海上交通》第一章称:东瓯是战国时见诸于史籍的中国沿海交通线上的九个重要港口之一。这九个港口指碣石(在今河北乐亭县南)、转附(今山东半岛北面的芝罘半岛)、琅琊(今山东半岛南面)、吴(今苏州市,古代长江口在今崇明岛以西入海,吴很近海)、会稽(今浙江绍兴)、句章(今浙江宁波市西)、东瓯、冶(今福州市)及番禺(今广州)。

⑨ 《山海经十·海内南经》载:"瓯居海中。"晋代郭璞注:"今临海永宁县,即东瓯,在海中也。"按《山海经》为战国时书。

⑩ 郑缉之:《永嘉郡记》"瓯水"条云:"水出永宁山,行三十余里,去郡城五里入江。昔有东瓯王都城,有季积石为道,今犹在也。"郑缉之为南朝宋人,可见故城遗址在刘宋时尚存。清代温州著名学者孙诒让在《永嘉郡记集校》中说:"瓯水盖即今楠溪,入江即谓东瓯入永宁(瓯江)。"据此,东瓯王故城应在楠溪江下游一带,靠近瓯江。

后,海上交通有了进一步发展。汉武帝建元三年(公元前 138 年),由于越族统治者之间的斗争,东瓯遭到了闽越王军队的围攻。情况危急。东瓯王广武侯望派人向汉武帝求救。朝廷命令会稽郡(都治在今苏州市)派兵浮海救援。闽越王闻讯,在援兵未到之时,即自行撤退。东瓯王因怕闽越王再来攻击,经汉武帝同意,率其众 4 万余人,举国迁徙至江、淮之间的庐江郡(今安徽舒城一带)①,东瓯国也随之灭亡。经过这次大迁徙以后,东瓯的生产和文化遭到了极其严重的破坏,成为一片荒凉之地,港口也处于萧条冷落的状态。

东瓯在大迁徙后,经过了 200 多年,人口方才逐渐有所增加,社会经济也逐渐有所恢复和发展。东汉顺帝永和三年(138 年),析章安县东瓯乡为永宁县②,县治在瓯江北岸的贤宰乡(今永嘉县罗浮区一带)。

七 杭州古港③

在钱塘江入海与杭州湾的交汇地带,古代港口中以今位于杭州港的古钱塘港最为重要。

以杭州良渚为轴心散布在钱塘江、太湖流域区中的良渚文化遗址,十分明确地证实,早在距今 5200 年的良渚文化时期,今杭州市区尚未成陆,杭州湾的岸线,大致在杭州西部天目山余脉的山麓地带,今天的杭嘉湖平原,当时大多处于水乡沼泽状态。从出土的良渚文化遗址分布地区看,除了部分遗址与陆地相连,其余的遗址均处于水网隔绝的孤立地带,其对外联系,只有借助自然水道来实现。频繁的水上活动,也就促使了原始港埠靠泊点的形成。

钱塘江流域的舟楫制作年代久远,距今 7000 年前的余姚河姆渡遗址中,已有木桨和陶舟的出土。这是我国迄今为止最早的水上交通工具遗物。2000 余年后,良渚文化兴起,水上交通工具的制作,又成为良渚文化时期重要的产物。

良渚文化遗址中出土的水上交通工具主要是木桨和独木舟。就木桨来说,杭州水田畈遗址(今杭州市北郊的半山山麓)和湖州钱山漾遗址(今湖州市南)内均有出土。水田畈遗址中的木桨分窄翼和宽翼两种。窄翼式,桨身窄而扁平,桨柄呈圆锥形,桨翼宽为 10—14 厘米不等,桨翼和桨柄连成一体,是用一根木料削磨而成;宽翼式,桨身宽而扁平,桨翼宽 26 厘米、厚 1.5 厘米,装柄缚扎其上。一般说来,桨翼的宽窄与船体的大小有关,窄翼式木桨,桨叶短窄,多作为独木舟之类的小型舟船的推进工具;而宽翼式木桨,桨叶宽度为窄翼的两倍,受水面比窄翼为大,应属于较大船舶的推进工具。水田畈遗址中出土的木桨数目较多,从一条不长的发掘沟中就出土了 4 把,说明水畈遗址在良渚文化时期的舟楫制作已进入较为成熟的阶段。

独木舟出土于杭州西部郊区的龙尾巴山麓。这只舟长约 3.5 米,直径约 0.7 米。

---

① 《史记·东越列传》。

② 《光绪永嘉县志》卷 21《古迹·名胜》:"新城去府城六里,在江北贤宰乡……初议立城于此,后迁过江,今其地为田野,犹其新城云。《方舆纪要》《万历府志》案:汉永宁县治。"

③ 本部分引见吴振华:《杭州古港史》,中国水运史丛书,人民交通出版社 1989 年版,第 17—36 页。

整个舟形两头微翘,舟首部位呈菱形,舟尾短平,[1]其断代是良渚文化时期。

木桨和独木舟的出土,表明杭州古代的水上舟楫活动至少在 4000 年前就已经非常活跃了。从目前河姆渡、水田畈及钱山漾出土的木桨可以看出,杭州及其周围的钱塘江、太湖流域,经过了自距今 7000—4000 年间的长达 3000 年之久的发展历史,水上交通工具的制作日趋进步。木桨由河姆渡的窄翼式木桨已发展到水田畈的宽翼式木桨,这标志着船的体积由小到大,船的结构由简趋繁的一个发展过程。

早期的杭州原始港埠靠泊点已具备了下列三个条件:一是各个遗址点都有水路通达(当然也有陆路相通);二是有供舟楫停泊和进出的自然港湾;三是岸上有供堆放物品的场地。正因为他们利用舟楫从事水上捕捞,所以他们的居住点附近的港湾便被选作停泊舟楫的处所。随着渔猎活动的增加以及物物交换的发展,舟楫停泊数量逐渐增多,便自然形成天然的原始港埠靠泊点。

就杭州地区而言,良渚文化时期的这种原始港埠靠泊点大致有良渚、水田畈、老和山等几处。

良渚。该靠泊点在今杭州西北方 20 余千米处的余杭县良渚镇附近。"良渚遗址"在这个地区实际上是良渚、安溪、瓶窑三镇间许多处遗址点的总称。其中,以良渚镇及周围的荀山、棋盘山、横圩里、茅庵前、长命桥、钟家村、金家桥、全山、安溪等地最为密集,形成一个良渚、瓶窑、安溪为三角的遗址群。这里系天目山余脉之山谷,水运条件十分便利。自有舟楫始,这里就与良渚文化其他遗址点的人群有了水上活动的联系。

水田畈。该靠泊点在今杭州城北 10 余千米的半山西南麓,皋亭山区的西南边缘区。良渚文化时期,这里尚系孤悬海中的岛屿,与大陆隔绝。遗址内有稻谷、陶器、石器、木器、竹编物等农业、手工业制品以及灶基、水井等设施,是皋亭山区的良渚人村落,因其四面环水,良渚文化的传入,唯有借助舟楫。从遗址中出土的舟楫表明,该地的舟楫停靠已具有一定规模。水田畈遗址背依半山,东南向有半山余脉伸延,可挡东海浪涛直击,兼之该地又与良渚、老和山隔水相对。这些条件,使之成为一个舟楫靠泊点。

老和山。该靠泊点在杭州城区西北的老和山麓。其地三面环山,一面濒水,北有老和山余脉,西有灵隐诸山,南有玉泉丘陵,东南有栖霞、葛岭、宝石等山连横,东面是古浙江海湾。其地形有如弯柄之伞杆,为舟楫停泊创造了有利的地形条件。该遗址内发掘出原始灶基 5 座,上面堆满了红烧土及草木、兽骨灰烬,还出土石器、玉器 500 余件,陶器残片 2000 余斤。可以看出,良渚人在此居住的时间很长,其经济与文化也发展到了一定程度,他们与相隔咫尺的水田畈、良渚以及较远的钱山漾、邱城等遗址的人类都有了水上往来。年复一年的水运活动,使老和山逐步发展成为钱塘原始港埠靠泊点之一。

以上这些杭州地区原始港埠的几个主要靠泊点,均处于地势较高的山麓(当时西湖海湾的水位较高),又未经任何人工修筑,故我们称之为高地自然港埠靠泊点。不过,这还只能算是十分原始的萌芽状态的港口,或只可称为"渡口""靠泊点"。但这是

---

[1] 20 世纪 70 年代,当地农民在整理土地时发现此舟。独木舟的周围有许多与良渚文化遗址中相同的石器出土。惜不及报告,舟体已被村民损坏。此资料系考古爱好者袁大梁先生提供。

良渚人的成就之一，也是杭州古港发展最初的基础。

传说禹建夏朝经钱塘"舍舟登陆"至会稽茅山（今浙江省绍兴市会稽山），大会天下诸侯，计功行赏，后病故并葬在此地。经过五代，夏朝君主少康的庶子无余为奉祀禹陵，来会稽建立越国。当时的越国领地北至今嘉兴，西南至今衢州，东止今舟山群岛，也包括钱塘地区在内，纵横800余里。浙江（今钱塘江）横贯越国中部。钱塘扼江口是南北水运的必经之路，自夏朝开始建立越国，钱塘港埠的水运活动日渐开拓，到春秋时期已具有一定规模。

春秋中期，钱塘出现人工修筑的固陵军港，钱塘港进入初兴时期。这时，钱塘港的港址由北部的良渚、水田畈、老和山等地逐渐向中部的西湖海湾及浙江两岸迁徙。东汉至三国时期，人工筑港又在新形成的沙洲上进行，终于形成了钱塘人工沙洲港。

春秋中期以后钱塘港之所以能够取得大的发展，除了港口的自身建设外，内河航道的沟通、造船业的日益兴盛、水军活动的频繁及海上贸易的出现，均是其重要因素。

春秋中期，位于江浙地区的吴国和越国逐渐强大起来。由于国境毗邻，"三江环之，民无所移"，双方都想争夺对该地区的统治权，以致为争霸，到了"有吴则无越，有越则无吴"①势不两立的地步。春秋后期，两国矛盾激化，吴、越地区爆发了频繁的战争。据史籍记载，自周景王（姬贵）元年（公元前544年）吴王余祭对越国用兵开始，到周元王（姬仁）三年（公元前473年）越王勾践灭吴的短短71年中，钱塘地区发生的较大的水上军事活动就有11次之多。当时的越国和吴国的军事力量均以水军为主，《吴越春秋·勾践伐吴外传》云：越有"楼船之卒三千人"；《史记·越世家》云：勾践有"习流二千"；《越绝书·记地传》又云："勾践伐吴，霸关东，从琅邪起观台……死士八千人、戈船三百艘"。吴国大夫伍员曾将中原诸国比作陆人居陆之国，将吴越两国比作水人居水之国，吴国虽能战胜中原国家却"不能居其地，不能乘其车"，而对自然人文条件相同的越国"吾攻而胜之，吾能居其地，吾能乘其舟"②。

在这样的历史背景之下，越国开始加紧对军港的建设，以对付虎视眈眈的吴国。周景王元年，吴国水师顺太湖至浙江的自然水道入侵越国，越国水师不敌，被吴国俘去宗人，刖其足，令其守余皇大舟。周敬王十年（公元前510年），吴国水师复来攻越，越军又败。两次迎战的失败使越国警惕起来。越王允常为了对吴国进行有效的防御和进攻，除进一步加强水军的作战力量外，又于周敬王十四年（公元前506年）在浙江口之南岸兴筑屯扎水军的基地。

关于新建的水军基地，《越绝书》载："浙江南路西城者，范蠡敦（屯）兵城也。其陵固可守，故谓之固陵。所以然者，以其大船军所置也。"西城，即固陵，后改西陵、西兴，即今杭州钱塘江南岸之萧山县西兴镇。春秋时，固陵紧靠浙江南岸，背依萧然诸山，有自然内河水道通会稽，与钱塘的吴山、凤凰诸山隔江相对。这个军事港的选址是独具匠心的，进攻，则可以出钱塘港入太湖水系与吴国争战，退却，则可凭借浙江天堑进行防守，即守住会稽城大门，又保存水军实力。固陵港的修建工程是由大夫范蠡主持的。

固陵军港建成后，越国利用这个军港为基地，开展军事活动。建成后不久，允常主

---

① 《国语·越语上》。
② 《国语·越语上》。

动出水师伐吴。周敬王二十四年(公元前 496 年),允常之子越王勾践起兵伐吴。周敬王二十六年(公元前 494 年),勾践再次出兵伐吴,周敬王三十六年(公元前 484 年),越出兵助吴攻齐。周敬王三十八年(公元前 482 年),越兴兵伐吴,而后 10 年中又三次兴兵伐吴。以上这 8 次大的水军活动,均是由固陵港出发的。

当时的固陵港的军运活动,是十分壮观的。公元前 494 年,吴国进攻越国北部领土,勾践亲率水军拒吴。越国水军 3 万人、船只数百艘,浩浩荡荡地驶出固陵港,自钱塘入笤溪迎战吴军。公元前 482 年,越国在固陵港集中了水手 2000 人、水师官兵 4.7 万人。战舰数百艘,一路出海入长江,一路经钱塘直趋苏州,灭掉了吴国。以后,越国北上争霸,攻占琅琊,从固陵港发出的海船(即戈船)到达琅琊港的就有 300 艘。以水上军事活动为建港目的的固陵港,在春秋末期迅速发展,固陵军港建港之早、规模之大,在中国古代海港史上占有重要地位。

由于固陵港的出现,浙江两岸的钱塘军事港渡逐渐增多。北岸出现了柳浦港(今杭州城南凤凰山麓)、定山浦港(今杭州西南郊区狮子山麓),南岸出现了渔浦港(今杭州萧山县之浦阳江口)。这个时期的钱塘港是以军事活动为中心的,港址自身也处于自然利用与人工建筑的演变之间。

柳浦港。该港渡位于杭州城南凤凰山、将台山之西南麓,南临浙江,周围有金家山、将台山、鸟龟山、慈云岭、玉皇山、大慈山环抱,港址呈"∩"字形,两翼南伸的一对岬角和分布于谷口的白塔、樱桃诸山(原系港湾口处的岛屿)起着防波堤的作用,是船舶停泊、避风的良港。这里往北越过慈云岭可抵达灵隐谷地的钱塘村镇居民稠集处,直到清代,岭上的老玉皇宫崖壁上尚有"上下马(码)头必经之路"的刻文,这是古代有港口之明证。

定山浦港。该港渡位于杭州西南部的转塘乡狮子山东麓,东、南两面濒临钱塘江,春秋时处于浙江与浦阳江的汇合处北岸,南与渔浦港相对,是钱塘以西地区南渡浙江的主要港渡。

渔浦港。该港渡位于浙江、浦阳江汇合处的东岸(今萧山闻家堰之西),是春秋时期钱塘江南岸又一个重要军事港渡。

关于内河航道,这个时期的钱塘港已有了与具区泽(今太湖)、江水(今长江)相沟通的定型内河水道。《越绝书》卷二载:"吴古故水道,出平门,上郭池,入渎,出巢湖,上历地,过梅亭,入杨湖,出渔浦,入大江,奏广陵。"该水道即今苏州到常州以北的江南河故道。同书又载:"百尺渎奏江,吴以达粮。"这里的江指的是钱塘江,百尺渎在今杭州东北,也即杭州至苏州的江南河故道。可以说,江南河早在春秋中期已初具雏形。至于春秋晚期吴王开邗沟,沟通江、淮、鸿沟,又沟通河(黄河)淮,说明春秋后期以钱塘为起点的沟通钱塘江、长江、淮河、黄河四大水系的人工开凿和自然水道相结合的南北大运河体系,已初具规模了。这也是钱塘港展示其生命力的不可缺少的因素之一。

秦至三国时期,钱塘县的地貌发生了巨大变化。西湖海湾的湾口,淤沙猛涨,形成了一条狭长的沙洲平原(相当于今中河以西的市区)。因此,这个时期钱塘县的发展分成了山中小县和沙洲平原县两个时期。两个时期以两汉之交的新莽政权为界,而东汉时完成了山中小县向沙洲平原的大迁徙。地理条件的变迁,使钱塘港的部分港址发生了变化。山中小县时期的钱塘港新增加的宝石山、灵隐等港址,到沙洲平原县时期又先后废去，转换成在沙洲上兴修的钱塘堤、前洋街、后洋街，官港、洋坝头及泛洋湖等人工港址。

灵隐港。该港在今杭州西部的九里松一带，为山中小县的县治所在地，周围有灵峰、北高峰、飞来峰、月桂峰、三台山环抱，而东对西湖海湾，内有金沙、卧龙两水通入腹地，整个谷地是一片西高东低的扇形开阔地。秦代时，九里松谷口一带筑有防海大塘，船舶进出钱塘县治时，多在此处停泊。

宝石山港。该港即秦皇缆船石，又称大石佛，位于宝石山中部凹处的山麓。据传秦始皇南巡会稽至钱塘，曾在此处登陆系舟。虽是传说，但由此也可以判断这里曾是一个重要的港埠。

钱塘堤港。该港位于今宝石山东麓至六公园古钱塘门遗址处，这里原是沙洲北端的西湖通江之口，东汉初年筑塘以防海潮，堤外逐渐形成江船海舶停泊的港埠。

前洋街、后洋街。两埠位于新沙洲北端的钱塘堤东边，大约为现在的青春路和竹竿巷一带。前、后洋街之分是沙岸北涨的结果，先形成的洋街岸线在今青春路、众安桥以西；后形成的洋街在今竹竿巷，为了区别这两个时期的岸线港址，故分称前、后洋街。1986 年竹竿巷东北曾发掘出用石块砌岸的码头，证明此处曾是汉代沙洲的北沿泊船港埠。

官港。该埠即今中山路中河之西的官巷口，汉时濒江，是沙洲县城的中部对外港址。

洋坝头。该埠在今中山路中段的中河以西，汉时筑有拦截江水的堤坝，故有洋坝头之称，是汉代沙洲县城的临江港口。

泛洋湖。该埠在今城北艮山港至朝晖新村一带。东汉时，这里是浙江江域。三国时，钱塘堤和前、后洋街因沙洲漫长而失去效用后，这里成为城北的主要港址。

灵隐诸港的出现，是山中小县时期的地理条件所决定的。它的初始时期可以追溯到战国时期。那时，钱塘人向此移居，遂成村落。经过 250 年的惨淡经营，终于将这里建成了一个具有一定规模的市镇。秦统一六国后，即于此地置县。自此以后这里逐渐发展起来。

灵隐诸港初始时，主要用于民间的水运商贩活动。汉文帝十六年（公元前 164 年），灵隐诸港的性质有了变化。这一年，辅佐郡守处理日常政务并掌管会稽郡西部诸县的军守防卫机构——会稽郡西部都尉治所设在钱塘县。重兵的驻守使山中小县的钱塘灵隐诸港具有了军港的内涵。汉武帝元鼎六年（公元前 111 年），横海将军韩说从会稽泛海攻东粤，就曾征调驻守钱塘灵隐诸港的水军。因此，西汉时的钱塘灵隐港，具有水运商贩和水军要塞的双重身份。

东汉初年的钱塘沙洲港，主要功用又是通过港口的水运活动来发展钱塘县的经济。当时的钱塘县正处于新城开发阶段，居民的迁入、园舍的营建、商业市场的设立、城市建设的初创，促使钱塘港的物料运量增加。经过 170 余年的扩建，与港口同时发展的钱塘县城便牢固地屹立在沙洲之上了。汉献帝（刘协）建安元年（196 年），钱塘又成为吴郡都尉治所。这时，我国已与东亚、东南亚、南亚、西南亚及南欧地区有了海上往来关系，双方互有使者通好。处于这样一个开放的环境，钱塘港开始了对外贸易。据载，东汉时，海舶已经常出入钱塘港。海舶之奇珍货物，甚至引起了海盗垂涎。汉灵帝熹平元年(172年),富春(今杭州富阳)人孙坚"与其父共载船至钱塘,会海贼胡玉等从舱里上掠取贾人财物方于岸上分之,行旅皆住,船不敢进"①。钱塘东北的盐官也有海盗出没。海舶的进出、海盗的出现,说明钱塘港已进入海上贸易港的起步阶段。

总之,经过秦汉三国时期钱塘人的不断开发,钱塘港终于完成了其初兴历程,开始向中国古代大港的行列迈进。

这一时期,钱塘内河航道与钱塘江海塘得到了大规模的整治。这些活动也是影响这一时期钱塘港口变化的一个重要的原因。

战国后期,越国和楚国相继统治江浙地区,钱塘至长江的江南河堵塞,无法通航,秦始皇(嬴政)统一中国后,曾发动了一次由长江经太湖至钱塘的大规模河道疏浚工程。史载,秦始皇东巡,"江东有天子气,始皇乃令囚徒十万人掘污其地表"②。也就是说,借助天子气而修复了运河,便捷了交通,加强了对江东的控制。秦始皇所发起的江南运河流凿工程已奠定了今日江南河之基本走向。秦始皇南巡江浙,还在江南地区大筑驰道,大修运河,把挖出的泥土沿河筑成高大宽阔的陵道。水陆两路并垂钱塘,使钱塘山中小县与内地诸县结成"县相属"的四通八达的交通网。自此以后,钱塘港便迅速发展了起来。

东汉初年,华信来到会稽郡担任郡议曹之职。他在巡视钱塘山中小县时,看到江潮从沙洲北端的西湖通江之口涌入,危及县治和濒湖村居、农田、人畜的安全,于是便发动县民修筑防海大塘。南朝宋刘道真《钱塘记》云:"郡议曹华信乃立塘以防海水,募有能致土石者,即与钱,及塘成,县境蒙利,乃迁理此地,于是改为钱塘。"③关于钱塘堤的位置,《钱塘记》又载:"防海大塘在县东一里。"海塘的建筑材料是沙质土、红黏土及石块,由官员对工程进行监督、对工料进行统计。整个工程进度较快,前后只用了1个多月的时间。海塘建成后,西湖海湾与江海分离,形成了今天的西湖(唐时又称上湖)。海塘外旧系江道,两晋前形成大湖(唐时又称下湖)。自东汉初年至三国吴亡的250年间,钱塘堤外仍是钱塘江湾。海舶驶来塘下停泊,形成县境北部的一处新埠头。华信所筑之塘,是杭州历史上最早的人工港建设工程。海塘筑成后,灵隐山中的县城与新成陆的沙洲连成一片,交通大大改善,更有利于它的开发。随着经济不断发展,人口逐渐增多,狭小的灵隐山谷限制了钱塘的发展和扩大,于是县治也由灵隐山中迁出,结束了"山中小县"时期,为港口发展开拓了更有利的条件。

八 琅琊港及碣石港④

琅琊港,古址在今青岛市胶南,因地近琅琊山而得名。周贞定王元年(公元前468

---

① 《三国志》卷46《吴书·孙破虏讨逆传第一》,中华书局1959年版,第1093页。下引本书版本同。
② 吴卓信:《汉书地理志补注》卷三十八。
③ 华信所筑海塘的地址,有四种说法:九里松、西湖东岸、中河西岸及昭庆寺前一带。东汉时沙洲已经形成,海潮不会对大大高于沙洲的九里松丘陵区造成危害,九里松海塘址非东汉时筑,而系秦代所筑。东汉时,钱塘县人户不多,经济尚不发达,又据史载,华信筑塘,共计1月,也就是说人力、物力、时间都受到限制,要完成北山(宝石山)至南山(吴山)长长的海塘(即西湖东岸、中河西岸)是不可能的,特别是西湖东岸筑堤,并不能起到保护新淤沙洲的功用,单纯为围西湖成内湖,似无此举之必要。
④ 本部分引见〔日〕藤田丰八:《中国港湾小史》,中国台北沧浪出版社1986年版;中国航海学会:《中国航海史》(古代航海史),人民交通出版社1988年版;以及张树枫与龚振河、李文渭与范浩儒文。

年），越王勾践曾迁都于此。随行的有"死士八千,戈船三百"（《越绝书·记地传》）。遂"霸于关东,从琅邪起观台,周七里,以望东海"。《水经注·潍水》也说:"琅邪,山名。越王勾践之故国。"据此史实来看,琅邪成港的时间,最迟不晚于春秋时期。琅邪城即旧诸城的故地,在今诸城市东南 160 里,今属青岛市胶南,夏河城以北的海湾边上。

自春秋以降,琅邪港已是一处渔盐业兴隆、人文荟萃的地方,并且还是沿海南北航路的中枢港口。[①]

琅邪在春秋时期就是齐之大邑,地处沿海,"擅鱼盐之利",又盛产稻谷,经济发展,人口繁衍,是齐之东方中心城市。战国中期,苏秦说齐王曰:"齐南有泰山,东有琅邪,西有清河,北有渤海,此所谓四塞之国也。"公元前 219 年,秦始皇"徙黔首三万户于琅邪台下",即琅邪港城的人口数量,当至少一二十万。如此丰富的人口资源,自然为经济发展和基本建设提供了保证。公元前 201 年,也就是秦亡后仅仅 5 年,田肯说刘邦曰:"齐,东有琅邪、即墨之饶,南有泰山之固,西有浊河之险,北有渤海之利……非亲子弟,莫可使王齐。"可见琅邪之丰饶,闻名天下。故秦灭齐后,析齐地为二郡,齐之北部、东北部为齐郡,郡治在故齐都临淄。齐之南部为琅邪郡,郡治就在琅邪城(今青岛市胶南琅邪镇)。其原因主要是看中了琅邪的丰饶及其在东方沿海作为港口的重要地位。秦始皇三临琅邪,久留不去,其庞大的扈从队伍之接待、居住、给养之供应等,除琅邪外,其他巡经地点都难以承担。而徐福航海求仙十年,建造船只,征集船员和童男女、补充给养等,"所费以百万计",若不是以琅邪为基地,其航运活动也很难实现。

琅邪地处东方海滨,航海业早有开展。《管子·戒篇》曰:"齐桓公将东游,南至琅邪。"《晏子春秋》亦载:"齐景公出游,问于晏子曰:'吾欲观于转附、朝舞,遵海而南,至于琅邪。'"齐景公尤喜航海,曾"游于海上而乐之,六月不归"。可见,至迟在齐桓公时,琅邪已成为东方良港。至齐景公游于琅邪附近之"少海"(今胶州湾)"六月不归",其航海规模和航海技术及造船工艺等均应具备相当水平。而齐国"宜桑麻,人民多文采布帛鱼盐",其丰饶如此,以至于"织作冰纨绮绣纯丽之物,号为冠带衣履天下"。手工业如此发达,也带动了商业发展,同时也促进了以商贸为主体的航海业的发展。因此,琅邪成为齐地的东方主要贸易港口。

琅邪同时也是齐国重要的军事港口。由于琅邪为齐之东方大邑,南接吴、越(后为强楚),北捍齐长城,军事地位十分重要。而作为三面环海的齐国,自然需要一支规模很大的水师,才能确保其东境安全。因此,当公元前 486 年吴国水师乘破越之威,"自海入齐"时,齐水师出击,两军在琅邪海域展开激战,结果"齐师败之,吴师乃还"。此例足证齐国水师之强大。秦统一中国后,置琅邪郡,郡治即设在与琅邪港同处一地的琅邪城,琅邪郡遂成为秦 36 郡中重要的滨海郡城。除城大物阜外,琅邪港口优良,航海贸易发达,海路北接齐、燕,南连吴、会(稽),并连接了环渤海、黄海与朝鲜半岛和日本列岛的海上航线。

正因为琅邪城市和港口有如此重要的位置和优势,才成了秦始皇东巡时行经次数最多和停留时间最长的地区。秦始皇统一中国后,自公元前 219 年至公元前 210 年,三次巡幸山东沿海地区,每一次巡幸都到琅邪。

第五章

先秦秦汉时期的海洋经济

[①] 中国航海学会:《中国航海史》(古代航海史),人民交通出版社 1988 年版,第 28—29 页。

公元前 219 年，"始皇东行郡县"，登泰山后，"乃并渤海以东，过黄、腄、穷成山，登之罘立石颂秦德焉而去。南登琅邪，大乐之，留三月。乃徙黔首三万户琅邪台下，复十二岁。作琅邪台，立石刻，颂秦德，明得意……既已，齐人徐福等上书，言海中有三神山，名曰蓬莱、方丈、瀛洲，仙人居之。请得斋戒，与童男女求之。于是遣徐福发童男女数千人，入海求仙人"。然后过彭城而还。此次东巡，以琅邪为重点："留三月"；遣徐福入海求三神山；徙民、筑台、立石。其停留时间之长和任事之多，皆为他地所无法比拟。

公元前 218 年，"始皇东游……登之罘，刻石……旋，遂之琅邪"。

公元前 210 年，"始皇出游……从江乘渡，并海上，北至琅邪"。然后与徐福一起"自琅邪北至荣成山……至之罘，见巨鱼，射杀一鱼，遂并海西"。

从秦始皇东巡，三次在琅邪做长期停留的史实来看，他始终是将琅邪作为其出巡的重点或目的地。①

汉朝建立后，到了汉武帝时，由于经济的快速发展，不仅社会较安定，人民生活也得到了改善。所以，汉武帝也学秦始皇东巡，并进行封禅，他曾数次到过琅琊港。据《史记》和《汉书》的记载，汉武帝大约有 5 次到过琅琊：元封五年（公元前 106 年），第一次来琅琊港；太初三年（公元前 102 年），第二次；太初四年（公元前 101 年），第三次来到了琅琊港；第四次到琅琊港是在太始三年（公元前 94 年），可见到汉武帝时，琅琊港仍很兴盛。所以，太始四年（公元前 93 年），汉武帝再至琅琊，祠神人与交门宫。

但是，自汉武帝之后，琅琊港似乎就从"地球上消失了"。史籍中极少提到，一直到唐朝才又在文人墨客的笔下读到颂扬琅琊的诗句。这究竟是什么原因造成的呢？

对此，《汉书》和《史记》均有记载："汉宣帝本始四年（公元前 70 年）夏四月，琅邪十四郡地震，坏城郭及祖宗庙，死亡 6000 人。"可以看出，琅琊是这次地震的重灾区。这次地震是一次强震，因为"郡国四十九"都有震感。从其破坏性也可看出，"坏城郭及祖宗庙"。"祖宗庙"只有皇室及将相一类人物才得以建筑，并且也非常讲究，比一般建筑要牢固。坚固的城郭和祖宗庙均被地震损坏，一般建筑可想而知了。从地震导致"死亡 6000 人"来看，这是一次大地震，2000 年前即使城市中也无高大建筑，人口居住是分散的，死亡 6000 人，可见对琅琊、琅琊港破坏的严重程度。

更为惨重的事，自这次大地震以后，琅琊港一带地方，自然也可以说琅琊一带，自然灾害经常发生，甚至是接连不断地发生。如："汉元帝初元元年（公元前 48 年）……其五月，渤海水大溢……琅邪郡人相食。"这里的"渤海"也指北部黄海，不是"渤海"专用，"琅邪郡人相食"，说明此次风暴潮及其他自然灾害非常凶猛，特别是在地震之后，又受风暴潮灾，土地盐碱化无法种植庄稼，所以，只能"人相食"。更令人惊讶的是，"汉元帝初元二年（公元前 47 年）二月戊午地震，其夏，齐地人相食"。有的书也记载"海溢"或"北海水溢"等，有的还明确载有"琅邪郡人相食"。尤为严重的是，又过 5 年，"汉元帝初元七年（公元前 42 年），其夏，齐地人相食"。7 年之内，接连发生 3 次"人相食"的灾难，可谓是灭顶之灾。因而在后世相当长的时间里，这里只能是一片荒芜了。②

碣石港，是渤海湾北岸的古港。它与南岸的黄、腄两港隔海相望，自三代以来，便

① 张树枫、龚振河:《徐福当属琅琊籍》,《琅琊与徐福研究论文集》,华夏出版社 1996 年版。
② 李文渭、范浩儒:《琅琊港衰落原因初探》,《琅琊与徐福研究论文集》,华夏出版社 1996 年版。

是横渡渤海航线的北端港口。

碣石港是以碣石山而得名,当在碣石山附近的海滨。碣石山位于今河北省昌黎县城北,抚宁县西南,卢龙县东南的三县交叉点上。[①] 这一带在三代时属于孤竹诸侯国的地面[②],抚宁古称骊城,即三代时的孤竹城。[③]《汉书·武帝纪》注中说:"碣石在辽西累县,今罢入临渝(今山海关临渝)。"《水经注》说:碣石在濡水(滦河)口,其所处的地理位置,实为通向辽东的水陆要道隘口。后世,随着自然条件的影响和航海船舶的发展,港口逐渐东移,遂被秦皇岛所替代。[④]

九 登州港及黄、腄港[⑤]

在先秦时代和秦代,广义的登州古港,由于带有原始港口的性质,具体港址经常变迁,因此包括渤海南岸今山东半岛东北端、原属登州辖地的所有古港,其中重要的有黄、腄二港;狭义的登州港,则指古代登州府治所蓬莱城(今蓬莱市)的港口。

黄和腄位于山东半岛东北部沿海,是渤海南岸的两个古港。

《史记》集解上说:在东莱有黄、腄二地,即夏商时期的莱子国。腄即今之牟平,位于烟台港东侧近旁。黄即今之黄县,位于蓬莱港西侧近边。这两港与渤海北岸的碣石港、辽宁南端的旅顺港一水相隔,是船舶横渡往来极为便捷之地。尤其黄港,是渤海著名的登州古港的前址。由此出海,沿庙岛、长岛、大、小钦岛、砣矶岛、南、北隍城岛逐岛航行,便抵辽东半岛南端,这是古代逐岛航行横渡渤海最安全的航线,同时,也是通向朝鲜半岛、日本列岛、形成北方海上丝绸之路的重要起始港口。但随着时代的发展和船舶等条件的演变,后世黄、腄港的功能被附近沿海的其他港口所代替,黄、腄港遂逐渐被遗弃了。

以下以狭义的登州港论之。

新石器时期的晚期,登州域已有先民聚居生息,他们的生活是与海洋和海上活动分不开的。至今发现的多处原始文化遗址,均揭示了这一点。

20世纪20年代以来,登州已发现多处大汶口文化、龙山文化、岳石文化遗址。这一原始文明,是自成体系、承上启下的,和其他地区相比,有其独特的风格和光彩。如岳石文化的发现,被认为是"填补了山东龙山文化和商文化之间的空隙"[⑥],弥补了文化断层。

原始文化经过交通传递,在登州海角和庙岛群岛(古属蓬莱)有着广泛的分布。新石器时期文化遗址,在登州海角、登州古港附近的紫荆山、大仲家、湾子口黄家、南王绪等有多处。在庙岛群岛,先后出土的文物更超过万件,发掘出原始文化遗址达11处之多[⑦],出土文物较多的是大黑山岛北庄、长山岛北城、砣矶岛大口、大钦岛北村等地。

---

① 《中国地图册》河北省图。
② 《中国历史地图册》商周地图。
③ 《太平寰宇记》《汉书·地理志》。
④ 藤田丰八:《中国港湾小史》,中国台北沧浪出版社1986年版。
⑤ 本部分引见杨寿宾:《登州古港史》,人民交通出版社1994年版。
⑥ 夏鼐:《中国文明的起源》,文物出版社1985年版,第103页。
⑦ 《山东长岛史前研究》,载《史前研究》,1983年,创刊号。

考古表明，山东的原始文化，特别是兴起于山东半岛的龙山文化，呈现了向北、向南、向西发展传布的线索，从海路而言，向北曾到达辽东半岛及朝鲜半岛；向南曾到达浙江、江西、福建，并到达了台湾。

当然，经济文化上的往来及其影响，从来就是相互的，只是程度有所差异罢了。在山东半岛的登州，特别是庙岛群岛，以及其他地区，同样吸收融合了若干辽东文化因素。不过，考古表明："山东半岛的原始文化对辽东半岛原始文化的传播和影响，是诸种关系中的主流。"①辽东半岛上的新石器时期遗址中，包含山东半岛的原始文化因素较多，影响地区较广、范围较大，有的已经到丹东地区，甚至进入朝鲜。而辽东半岛的原始文化对山东半岛的影响则较小，有也只限于胶东地区，从现有资料看，尚未深入山东内地。

山东半岛（胶东地区）和辽东半岛的原始文化是怎样传播的呢？考古资料未能揭示陆路传播的线索和证明，大量资料均证明，海路是主要的甚至是唯一的传播渠道。

航海离不开舟船。山东半岛当时的造船技术，已达到了一定的水平。考古资料证明了这种情况。1984年，在山东半岛北部的荣成湾郭家村，在距今地表4米处，发现了一只保存完美的独木舟。经初步测定（未做脱水处理），该舟长3.90米、中宽70厘米、两头各宽约60厘米；舟的两舷等高，保持原木弧形，底部加工平整；舟舱深30—40厘米，舱中有原木刻成的两道隔梁，形成3个小舱。此舟虽为独木刳成，但已具向木板船过渡的条件。关于沉舟年代，据测算："此舟沉没年代不会晚于距今5000年前。"②1983年，登州港外庙岛群岛的大黑山岛大诸村，在距地表7米深处（一说12米），发现了龙山文化层，层上还叠压着一艘已经腐烂的残木船和一支残断木桨。从残木船碎片分析，该船板厚约5厘米，板面加工十分平整，交接处榫卯结构清晰可见；船桨与近代大体相同。这只残船的年代，经考古工作者初步鉴定，至迟为4000多年前，即龙山文化时期的遗物。③20世纪80年代，在南长山岛浅海曾打捞到一具石锚（今存长岛航海博物馆），据考察，该锚呈哑铃形，两端皆作扁锥形，长约1米，重数十斤。据考家推算，该锚沉水底可稳住排水量6吨左右的船只。关于石锚的年代，虽无定论，但多数学者倾向于距今4000年前，亦为龙山文化时期器物。

综上所述，史前社会登州一带，已经有较高的造船能力，已经有桨和锚的应用，已经有隔舱技术，特别是木板船的出现比人们想象的要早，就造船工艺而言，榫卯技术已被采用，从而使船体不受木料的限制，可以根据实际需要由若干木料拼接理想中的船。

另据航路条件来看，登州至辽东半岛老铁山的航路，散布着众多可以湾泊、避风、补给的岛屿。从经济航程计，这条航路以登州港为起点，北行7千米到南长山岛（南大榭岛）；南长山岛至北长山岛（北大谢岛）仅1千米，西侧即庙岛（沙门岛），由北长山岛北行19千米即砣矶岛（鼍歆岛）；再北行13千米至大、小钦岛；北行4千米多至南隍城岛（乌湖岛），南隍城岛至北隍城岛仅隔1千多米。出北隍城岛即乌湖海，至老铁山约42千米。古代航行，大抵以目击物为航行参照物，傍岸航行，或通过岛与岛之间的推

---

① 许玉林：《我国辽东半岛、山东半岛及朝鲜半岛原始文化对东亚的影响》，载《太平洋文集》，海洋出版社1988年版，第177页。
② 曲石、袁野：《我国古代莱夷的造船与航海技术》，载《太平洋文集》，海洋出版社1988年版，第171页。
③ 曲石、袁野：《我国古代莱夷的造船与航海技术》，载《太平洋文集》，海洋出版社1988年版，第171页。

进，来联系整个航线，从当时舟船技术和航行水平来看，也是可以做到的。或者说，登州至老铁山的航程，有递进的过程，分三个阶段实现，即蓬莱和庙岛群岛之间；庙岛群岛和辽东半岛之间；辽东半岛和长海县诸岛之间。也就是说，山东半岛和辽东半岛间史前时代文化的传播和交流，是以庙岛群岛为桥梁来实现的。[①]

海道传播，从登州史前文化在海外登陆的考古发现亦可以得到佐证。在朝鲜半岛南部的"全罗道、庆尚道各地，均发现了龙山石棚墓葬的遗存"，"并在朝鲜、日本、太平洋东岸和北美阿拉斯加等地，还发现了龙山文化的有孔石斧、有孔石刀和黑质陶器。标志着龙山人在远方海上活动的行踪"。[②]

从这些史前遗存的分布，或从海外发现的龙山文化遗址分布状况来看，龙山人是从山东半岛的登州经庙岛群岛，渡海至辽东半岛的老铁山，沿着黄海北岸到达朝鲜半岛南端，然后借左旋环流漂航到日本北部地区，再穿过津轻海峡，趁北太平洋暖流向东漂航，一直漂航到北美洲西海岸的。

至夏商周至春秋战国时期，登莱沿海的港航活动，史亦每每有载。战国时期，齐国则曾从海上伐燕，齐宣王七年（公元前314年），宣王曾遣齐五都之兵，水陆攻燕。后来，由于秦、魏对抗日趋恶化，有关诸国准备联合抗秦。诸国支持洛阳策士苏秦关于"合纵"的建议，并在订立的六国盟约中，规定了一条："秦攻燕则……齐涉渤海，韩魏出锐师以佐之。"[③]由此可知，齐国的舟师在齐悼公四年（公元前485年）的我国第一次海战中，于青岛海区大败吴国舟师之后，仍应保持相当的实力。[④] 如果齐国舟师没有装备齐全的舟船，没有足够航海技术和海战能力，是难以承诺盟约规定的援燕义务的。而齐涉渤海援燕，就地理条件而言，登州港必是理想的港口。

登州港不仅是理想的港口，还是海上求仙的策源地。后世盛行海上求仙或寻觅海上"三山""三岛"，实起于战国时代。王嘉在《拾遗记》中说："三壶，则海中三山也。一曰方壶，则方丈也；二曰蓬壶，则蓬莱也。三曰瀛壶，则瀛洲也。"《史记》记："自威、宣、燕昭[⑤]使人入海求蓬莱、方丈、瀛洲。此三神山者，其传在渤海中，去人不远，患且至，则船引风去。盖尝有至者，诸仙人及不死之药皆在焉。"[⑥]从上述记载观之，入海求仙的始作俑者当属齐威王。若以齐威王即位之年算起，离越王从琅琊回迁吴（苏州），亦仅20余年，齐国的海港活动，主要当在北方，即登州一带。

秦始皇统一中国后，多次巡海，数次到山东半岛，即是重视山东半岛海上交通和出海口的明证。汉武帝对山东半岛及渤海一带的巡幸活动，除了求仙这一内容和秦始皇巡幸目的相同外，还应和对外用兵、开拓海外航线等联系起来。从海上求仙活动来看，

① 刘敦愿、逄振镐：《东夷古国史研究》第二辑，三秦出版社1990年版，第291页。

② 彭德清、杨熺：《中国航海史》（古代部分），人民交通出版社1988年版，第7页。

③ 《战国策·赵策》。

④ 应该说明的是，齐吴海战后不久，即越王勾践二十五年（公元前472年），越发"死士八千人，戈船三百艘"，从海道徙都琅琊，则齐长城以南为越所有，琅琊齐舟师或瓦解或转移。越王翳三十三年（公元前379年）才回迁至吴。苏秦议合纵后，齐为援燕，舟师主要在北方即集中在登州一带。

⑤ 齐威王（公元前356—公元前321年），齐宣王（公元前320—公元前302年），燕昭王（公元前311—公元前279年）。

⑥ 《史记·封禅书》。

说他"志尚奢丽,尤敬神明……俯观嬴政,几欲齐衡"①,似乎是不够的。汉武帝派遣的求仙船和求仙人,都比秦始皇多,时间也长,而且想亲自从登州(蓬莱)乘船渡海求仙山。一次为群臣谏止,一次连苦谏也不听,一定要从登州渡海,无奈天公不作美,风涛10余日,不得不作罢。不过,汉武帝的海上巡幸和求仙活动,到征和四年(公元前89年)即宣告中止,认识到海上求仙是"为方士所欺",没有像秦始皇那样最后死在巡幸的归路上。所以司马光评曰:"晚而改过,顾托得人,此其所以有亡秦之失而免秦之祸。"②汉武帝的海上巡幸活动,据《史记》《汉书》等记载,共计8次,从第一次汉元鼎五年(公元前112年)巡幸东莱(汉东莱郡,蓬莱港所在地,港在郡治北)起,至第8次巡幸东莱时止,历时共23年。③

第一次,汉元鼎五年(公元前112年)三月,"上遂东巡海上行礼祠八神。……益发船,令言海中神山者数千人求蓬莱神人……至东莱……宿留海上"④,东莱,即汉时东莱郡。登州(蓬莱)属是郡。志曰:"蓬莱县,本汉黄县之地,属东莱郡。昔汉武帝于此望蓬莱山,因筑城,以蓬莱为名。"⑤

第二次,元封元年(公元前110年),"天子既已封禅泰山,而方士更言蓬莱诸神山若将可得……乃复至海上望,冀通蓬莱焉……并海上,北至碣石"⑥。

第三次,元封二年(公元前109年),"其春……至东莱,宿留之数日"⑦。

第四次,元封五年(公元前106年),"舳舻千里……北至琅邪,并海上"⑧。

第五次,太初元年(公元前104年),"东至海上,考入海及方士求神者",十二月又"临渤海,将以望祠蓬莱之属"⑨。

第六次,太初三年(公元前102年),"东还海上,考神仙之属,未有验者","莫验,然益遣",求仙船并求仙人。⑩

第七次,太始三年(公元前94年)二月,"幸琅邪,礼日成山;登之罘,浮大海,山称万岁"⑪。

第八次,征和四年(公元前89年),"东幸琅邪,礼日成山,登芝罘,用事八神延年"⑫。此次据《资治通鉴》卷22,记为汉武帝最后一次巡海到东莱。

上述汉武帝巡幸海上8次,证及其他资料,可知每次均到山东半岛,几乎每次都到登州(蓬莱)。巡幸的规模也相当可观,史谓"舳舻千里";时间也长,例如:元封元年出巡,春正月至五月;元封二年出巡,春正月至四月;元封五年出巡,冬至次年四月;太初

---

① 《史记·孝武本纪》。
② 《资治通鉴》卷22《汉纪·世宗孝武帝下》。
③ 实际上,另据记载,时间要超过23年。《资治通鉴·汉纪10》记为"元光二年(公元前133年)……遣方士入海求蓬莱安期生之属",则汉元光二年至征和四年。差不多达半世纪,为44年。可见其求仙时间之长。
④ 《史记·孝武本纪》。
⑤ (唐)李吉甫《元和郡县图志》卷11《河南道七》;(唐)杜佑撰《通典》同是说。
⑥ 《史记·孝武本纪》。
⑦ 《史记·孝武本纪》。
⑧ 《汉书·武帝记》。
⑨ 《汉书·郊祀志》。
⑩ 《史记·孝武本纪》。
⑪ 《汉书·武帝记》。
⑫ 《汉书·郊祀志》。

三年出巡,春正月至四月。

和秦始皇相比,汉武帝的活动地点,主要在登州(蓬莱)一带,汉武帝不仅造船遣人,而且对求仙船的下落、求仙的结果进行调查考察,甚至要随船出海,要亲自"登蓬莱,结无极"[1]。

秦皇汉武的求仙活动,均以失败告终,但另一方面,他们的巡海无疑促进了造船、航海以及港口业的发展,对山东半岛,特别是登州(蓬莱)港的发展意义十分重大。

发展丝绸之路,开展丝绸外交,是汉武帝时期的一大特色,对发展文明有重要贡献。汉代曾遣使两次赴西域开辟陆道丝绸之路;在海上开辟同西方的联系,把太平洋和印度的航线连接起来,形成了海上丝绸之路;同时,在东方发展了和朝鲜、日本之间的海上丝绸之路。

以登州(蓬莱)为起点的东方海上丝绸之路,即登州和朝鲜、日本的海上贸易往来,要早于和西方沟通的北路陆上丝绸之路及南路海上丝绸之路。原因有二。

首先,山东半岛是丝绸的故乡。正如法国著名汉学家布尔努瓦所指出的:"据我们对古代东方地理书籍推敲稽考的结果来看,这一发明诞生在中国北方,更具体地说就是山东省……时至今日,山东省仍是中国一个盛产野蚕丝的省份。"[2]布尔努瓦甚至考据远古,"中国传说中的帝王黄帝的正宫娘娘嫘祖就发明了养蚕缫丝的主要操作技术……黄帝确实曾把其帝国的疆域向东一直扩展到山东海岸"。国内对此亦有定论。李白凤著《东夷杂考》引《尚书·禹贡》"莱夷作牧,厥篚檿丝",指出,"在登州海角一带,又有莱夷族","莱夷,原是东方古老的土著部落,最早应是游牧部族而在此定居下来,然后从事农业,而以养蚕出名,直到现在,山东半岛的柞蚕丝纺织成的山东丝绸依然是全国闻名的"。

山东半岛的丝织品和纺织品,先秦时期就扬名于世。《史记》记载:"齐带山海,膏壤千里,宜桑麻人民多文采布帛鱼盐。"[3]据光绪《登州府志·祥异》记载:汉元章刘奭"永光四年(公元前40年),东牟山野蚕茧收万余石,人以为丝絮"。秦汉时代,山东仍是丝织品的主要产地,"齐部世刺绣,恒女无不能"[4],"齐国给献素缯帛,飞龙凤皇相追逐"[5],师古注《汉书》曰:"言天下之人冠带衣履,皆仰齐地",均不是过誉之说。

其次,考古发现,早在龙山文化时期的登州文化,就在朝鲜和日本都有了传播。三代以降,这种联系更为频繁。早在周武王时期,"箕子不忍商之亡,走之朝鲜",武王闻之,即"封箕子于朝鲜"[6]。箕子在朝鲜,"教其民田蚕织作",养蚕技术已传之朝鲜。《山海经》曰:"盖国距燕南,倭北。倭属燕。"又曰:"朝鲜在列阳东。"[7]《山海经·海内经》亦记及朝鲜,说明是时对朝鲜和日本列岛已不是一般的了解。

事实证明,秦汉以前,养蚕和丝绸已经传播到朝鲜和日本。多是齐燕人侨居朝鲜

① 《汉书·礼乐志》。
② 〔法〕L·布尔努瓦:《丝绸之路》,新疆人民出版社1984年版,第7页。
③ 《史记·货殖列传》。
④ (汉)王充:《论衡·程材篇》。
⑤ (汉)王充:《论衡·急就篇》。
⑥ 《汉书·地理志》注。
⑦ 《山海经》卷7《海内北经》。

带过去，后来又渡海到日本的。秦灭六国，山东半岛的齐人从登州海角泛海去朝鲜的更多，当然也带去了丝织技术。后来在朝鲜的中国人，有不少移居日本的。这些大陆移民，其意义"特别显著的是他们于（日本）养蚕丝绸事业的发展作的贡献"①。汉代也是这样，考古发现，在朝鲜平壤乐浪区的1000多座汉墓中，曾出土大量中国丝织品。这是中国丝织品于汉代大量传入朝鲜的重要实物证明。

从登州渡辽东、经朝鲜而至日本的航路，在战国前就存在，历来往来畅通。

朝鲜在秦代已设郡设守，为秦极边。大批秦移民在那里居住，汉立国亦视为辽东故塞，中朝日的联系更为密切。但为时不久，朝鲜半岛形势就发生了变化。汉惠帝刘盈元年（公元前194年），"燕人卫满于是年左右入据朝为王，旧王箕准奔马韩。于是箕氏朝鲜亡，卫氏朝鲜兴"②。时汉立国仅10余年，战乱方罢，百废待兴，汉政府一时无力左右朝鲜形势，不得不承认卫满朝鲜既成事实，承认卫满为外臣，受辽东太守约束等。卫满传至其孙时，汉、朝关系恶化，朝鲜王"阻其蕃、辰国通使之路，（汉）遣人谕之又不听"③，阻断了早已存在的中朝日航路，使这条丝绸之路中断了60余年。

作为中兴之主，汉孝武帝当然不能容忍这种情况继续下去。元封初年，他在二次巡幸东莱并渤海以后，即发动了对朝鲜的战争。元封三年（公元前108年），战争结束，汉武在朝鲜设了乐浪、临屯、玄菟、真番四郡。汉人再次大量移民朝鲜和日本，并使这条丝绸之路更趋完善和巩固。

《朝鲜通史》就此记述说，汉武帝在原古朝鲜领域内设置了乐浪郡等四郡，其中，"乐浪郡是汉侵略东方的中心区，不仅汉商人往来频繁，而且汉人居民也日益增多"④。日本古籍也有"秦汉百济内附人民，各以万计"的记载。

秦人和汉人由于各种原因，经由登州或经由朝鲜半岛大批移民日本，日本的养蚕丝绸事业，立即有了显著的发展。据日本《姓氏录》记载，仁德天皇曾把移入的秦人分置各郡，从事养蚕织绸事业，从而使日本的养蚕和丝绸技术开创了一个新的局面。日本天皇渴望发展丝绸业以改善人民生活，因而很重视从事这一技术的秦人和汉人。这从天皇赐秦人姓的升格中可以看出。据日本《姓氏录》载，仁德天皇时代赐秦人为"波多公"，即"秦公"；雄略天皇时代，将分散居住的秦人召集起来，计18670人，赐以"秦酒公"，令他们养蚕织绸，从而使织出的绢、缣，达到了"朝廷上堆积如山"的地步，因此又赐姓为"太秦公"。从事丝绸的秦人，甚至获得了"绫人"这一荣称。⑤

秦汉人移民海外，开辟自己的事业，结果在文化落后的异域获得殊荣和推崇，取得了较国内更为安定、更有前途的生活地位，从而进一步吸引了移民的增加。

据考察，登州庙岛群岛的人民，有着漫长的移民历史。移民甚至成为当地的传统。他们移民的主要去向是国内关东、朝鲜、日本，秦汉时期或更早即出现移民。登州是沟通该航路的主要港口，登州又有养蚕丝织的传统，在移民潮流中，港口必然起着一定的作用。

① 〔日〕木宫泰彦：《日中文化交流史》，商务印书馆1980年版，第43页。
② 翦伯赞：《中外历史年表》，中华书局1961年版，第102页。
③ 翦伯赞：《中外历史年表》，中华书局1961年版，第112页。
④ 《朝鲜通史》卷上，吉林人民出版社1973年版，第1—64页。
⑤ 〔日〕木宫泰彦：《日中文化交流史》，商务印书馆1980年版，第34页。

汉帝国通过以登州港为起点的东方丝绸之路的输出,使中国文化在日本得到了广泛的吸收和传播。如据日方资料记载,"博多湾沿海地方大量发现可能是中国制造的铜剑、铜铮,在筑前国紫郡春日村大字须玖以及丝岛怡土村大字三云等地从弥生式系统的瓮棺内所发现的很多中国古镜、璧、玉之类,以及在丝岛郡小富村的海边遗址中所发现的王莽时代的货泉等物"①,都是实物证明。

汉朝虽然"重装富贾、周流天下"②,但没有发现汉朝政府派使节去日本和去日本经商的记载。所以,文明的传播和丝绸的输出,一方面是由于大批秦汉人移民朝鲜和日本的结果(在朝鲜南部的秦汉人到日本仅一苇之渡,往来也是极平常的),另一方面,日本也不会就此满足,因为当时的日本社会"恰如婴儿追求母乳般地贪婪地吸收朝鲜和中国的先进文明"③。这样就导致了日本走上了对汉王朝"朝贡"的道路,朝贡更为日本带回汉代的文明和丝绸。丝绸之路是由登州(蓬莱)——庙岛群岛——辽东旅顺老铁山——鸭绿江口——朝鲜西海岸——朝鲜东南海岸——对马岛——一冲之岛——大岛——北九州等连接起来的,日本朝贡也大致沿着这一路线,从登州登陆后,前往汉帝国首都长安。

东汉朝也有日本朝贡的记录,也是通过上述路线。建武中元二年(57年),"东夷倭奴国王遣使奉献"④。《后汉书》有"建武中元二年,倭奴国奉朝贺,使人自称大夫,倭国之极南界也。光武赐以印绶。安帝永初元年(107),倭国王师升等献生口,百六十人"⑤的记载。关于汉光帝赐印事,业已为日本考古发掘所证明⑥;而"献生口"的记载,则为前引《日本历史》所印证。

另外,秦始皇统一中国后,在北方,由于匈奴不时衅边,始皇乃遣蒙恬率大军北击匈奴,并筑长城以防之。据范文澜估计,"蒙恬所率防匈奴兵30万人,筑长城假定50万人"⑦,那么总数约为80万人。这样,戍边和匈奴对峙的军队,以及修筑长城的民工的供给就成了问题。就近供给既办不到⑧,陆运也难以救急,因此,秦始皇成功地运用了巡幸江海的经验,毅然决策海运粮饷。《史记》记严安上书:"(秦)欲肆威海外,乃使蒙恬将兵以北攻胡,辟地进境,戍于北河,蜚刍挽粟以随其后。"⑨唐李吉甫详述:"使天下蜚刍挽粟,起于黄、腄、琅邪负海之郡,转输北河,率三十钟而致一石"⑩,《通志》所载略同。"使天下蜚刍挽粟",说明征粮征船普及天下,可见征粮范围之广,动用力量之多。"起于黄、腄、琅邪负海之郡",登州(蓬莱)、琅琊、芝罘等港的作用和地位显而易见,从此运粮北渡(特别是登州港),堪称便捷,粮船出港后,渡渤海,自天津入古黄河,

---

① 〔日〕木宫泰彦:《日中文化交流史》,商务印书馆1980年版,第14页。

② 《史记·淮南衡山列传》。

③ 《日本历史》上,第20页。

④ 《汉书·光武纪》。

⑤ 《汉书·东夷传》。

⑥ 日本学者亦认为:日光格天皇天明四年(1784年),在筑前国槽屋郡志驾岛叶崎发掘到的名为"汉委奴国王"的金印,就是史载汉光武帝所赐印绶。

⑦ 范文澜:《中国通史简编》,修订本,人民出版社1964年版,第二编,第18页。

⑧ 《汉书·主父偃传》。

⑨ 《史记·平津侯主父列传》;《汉书·严安传》。

⑩ 《元和郡县图志》卷71《河南道七》;(宋)郑樵《通志》卷62。

溯流北上运抵北河防地。可见,运粮表现为海—河联运,或陆—海—河联运。

此后,汉代曾承袭秦的运道,用以"飞刍挽粟"。汉元朔二年(公元前127年),汉武帝依秦蒙恬规模,建立朔方郡,招募10万口徙居朔方,作为边防重镇,并由山东半岛等地转漕粮饷。这一情况,《资治通鉴》《史记》和《汉书》均有记载:汉"兴十余万人筑朔方城,复缮故秦时蒙恬所为塞,因河为固,转漕(编者按:车运曰转,水运曰漕)甚远。自山东咸被其劳,费数十百巨万"①。朔方设卫,匈奴屡遭打击。至元朔六年(公元前123年),匈奴单于龙廷被迫迁往瀚海以北。可见登州等山东诸港,在支援朔方前线抗击匈奴的粮食集散运输中发挥的重要作用。

同时,登州港作为军事用兵的始发港,其作用也同样不可忽视。

汉高祖十三年(公元前194年),"燕王卢绾反入匈奴,满亡命东走……居秦故空地"②,"朝鲜蛮夷及故燕、齐亡命者王之,都王险(平壤)"③,史称卫氏朝鲜。卫氏朝鲜对汉帝国承担着保塞防边、畅通各族和汉朝水陆交通的责任和义务,但传至第三代即右渠氏时,卫氏朝鲜出兵进犯与汉朝有密切关系的真番和辰韩,甚至背弃盟约,攻杀辽东地方官吏,破坏朝鲜半岛其他国家和汉王朝的交往及海上通道,使登州、莱州港对辽东、朝鲜的海上交通中断。

这样,汉元鼎五年(公元前112年)、元封元年(公元前110年)、元封二年(公元前109年),武帝多次到东莱巡视登州(蓬莱)诸港,亲临海上,对渤海航路进行实地考察。他这三次巡幸活动,有多种目的,其中之一,可以认为是为了讨伐朝鲜做准备。元封二年这一次,从正月到夏四月,汉武在东莱活动了很长时间,回京以后,秋天就发动了讨伐朝鲜的战争。据史载:"天子募罪人击朝鲜。其秋,遣楼船将军杨仆从齐浮渤海,兵五万人。"④《资治通鉴》:"遣楼船将军杨仆从齐浮渤海,左将军荀彘出辽东,以讨朝鲜。"⑤这场战争持续了一年左右,征伐部队的粮草军需供应等,也需海路运送。前有秦始三十二年(公元前215年)的"转输北河",后有汉武元朔二年(公元前127年)的转漕朔方,这是第三次大规模的海运粮草了。

汉朝陆水军兵临城下,经过一年左右的围困和外交攻势,右渠被刺杀,战争宣告结束。汉帝国即在朝鲜半岛设置四郡,直属汉中央政府管辖。自此,登州港的海外交通得以开通和发展,和辽东、朝鲜半岛等的海上交往复呈往日的繁荣。

秦汉时期的登州古港,平时则是往来海外的进出口港。据史载:往来海外的交通活动,大抵有三种情况,即经商、移民、交使。

经商。秦汉代商品经济已经有很大的发展。"足迹所及,靡不毕至","船车贾贩,周于四方","富商大贾,周流天下",大规模的商品交流和贸易已很平常。登州港的贸易活动,经过秦皇汉武巡幸的推动,经过几次大的兵员和粮食运输活动,国内和对海外贸易都有发展。如和朝鲜的联系,据《朝鲜通史》说:"汉商人往来频繁",从登州和辽东、朝鲜的传统交往看,这种现象是必然的。到日本的经商活动,未见到记载,但登州

---

① 《资治通鉴》卷18《汉纪》十,《孝武纪上之下》。

② 《后汉书》卷85《序·注》。

③ 《史记·朝鲜列传》。

④ 《汉书·朝鲜列传》。

⑤ 《资治通鉴》卷21《汉纪·孝武记下之上》。

港贸易活动的发展,肯定为后世中日间海上贸易奠定了基础。

移民。秦代已有移民往朝鲜的。还有记载表明,东汉末江南望族有举家移至日本的。虽未详其海路,但从两汉时期中日间航线以及其时航海水平来看,比较可能的是从江南沿岸北上到山东半岛,经由登州港,然后由传统的航线过去的。

关于移民的情况,山东半岛一带主要迁往辽东、朝鲜。史载多认为是"避乱""避祸",这当然是事实,但忽略了到海外求发展者,如前述庙岛群岛居民,有传统的移民海外谋生的习惯,这也是历史上庙岛群岛始终人口稀少的一个原因。另外,由于征伐朝鲜的胜利,汉把统治扩大到朝鲜中部,移民之增加及深入,也是形势使然。

秦汉对朝鲜、日本的移民,朝鲜、日本史有诸多记载。据《日本书记》《古语拾遗》等记载:日本仲哀天皇八年(199年),相当于东汉建安四年,一位名叫功满王的汉人,把蚕种从朝鲜半岛的百济传至日本;日本应神天皇十四年(214年),相当于汉建安十九年,弓月君率领来自120县之中国居民前往日本,日应神天皇二十年(220年),又有知使率来自17县的中国人移居日本。

所谓"避乱""避祸"的移民,实际上也有两种情况。一种是到海外后,成为归化人。这在朝鲜和日本就很多。一种是权宜之计,一旦乱靖祸消,他们仍然会重返家园。因"乱"因"祸"移民者,据史书记载,主要是从登州港等浮海而去的。如"陈胜等起,天下叛秦,燕齐、赵民避地朝鲜数万口"①。"汉初大乱,燕、齐、赵人往避地者数万口。"②避祸者,除了一般百姓,史书里还记载了一些有名有姓的望族,这实际上是"政治避难"了。如"诸吕作乱,齐哀王襄谋发兵,而数问于仲。及济北王兴居反,欲委兵师仲。仲惧祸及,乃浮海东奔乐浪山中,因而家焉"③。"例如北海郡都昌县(今山东昌邑)人逢萌,在王莽时渡海至辽东,到东汉初年又渡海回山东半岛……东汉末年管宁、王烈、邴原、刘政、国渊、大史慈等,都曾由山东半岛移居辽东。"④《资治通鉴》记载:"公孙度威行海外,中国人士避乱者多归之,北海管宁、邴原、王烈皆往依焉"⑤,还有大史慈,是东莱黄人,即蓬莱一带人,亦"恐受其祸,乃避之辽东"⑥。上述人物,是跨朝代人物,史书大都有传。由于他们的影响而移居的人就更多了。如"邴原,字根矩,北海朱虚人也……以黄巾方盛,遂至辽东……原在辽东,一年中往归原者数百家"⑦。"管宁,字幼安,北海朱虚人也。……遂……至于辽东",《三国志》注管宁因山建庐,居室简陋,但由于他的名望,"越海避难者,皆来就之而居,旬月而成邑"⑧。管宁是连家属都带走了的,是举家避难。综上所述,"一年中往归原居者数百家",而"就之(管宁)而居,旬月而成邑",可见一时渡海避难辽东的人数之众了。

交使。由于中朝日的航线的存在,虽然有短期的中断,但其带来的影响很快就消

---

① 《三国志》卷30《魏志·传》。
② 《后汉书》卷85《东夷传》。
③ 《后汉书》卷76《循吏传·王景》。
④ 章巽:《我国古代的海上交通》,商务印书馆1986年版,第12页。
⑤ 《资治通鉴》卷60,汉献帝初平三年条。
⑥ 《三国志》卷49《吴志·太史慈传》。
⑦ 《三国志》卷11《魏志·邴原传》。
⑧ 《三国志》卷11《魏志·管宁传》。

除了。如"倭,中元二年(57年)春正月,辛未,东夷倭奴国王遣使奉献"①;永初元年(76年)"冬十月,倭国遣使奉献"②,关于朝鲜,"光武建武八年(32年),高句丽遣使朝贡"③。由于汉政府在朝鲜设有衙门,日本和朝鲜半岛的其他小国,更多的恐怕是和设在朝鲜的汉衙门打交道,真正到汉朝京都去的不会太多。据一般认为,大都是渡海至登州,登岸后转陆道去京城的,登州港在交使活动中的作用也就十分显著了。

---

① 《后汉书》卷1下《光武帝纪》。
② 《后汉书》卷5《安帝纪》。
③ (唐)李延寿撰《北史》卷94《高丽》。《梁书》略同,并详"始称王"。

第六章

先秦秦汉时期的海洋交通

在石器时代,先民们已经开辟了对台湾及其他许多沿海岛屿的海上交通,发展了山东半岛和辽东半岛之间的海上交通。在夏商周三代,渤海、黄海、东海和南海上的海外交通得到了发展。春秋战国时期,随着沿海诸侯国家的出现,这一时期的海洋交通获得了全面的发展。到了秦汉时期,随着海外贸易的发展,海洋交通在获得了长足发展的同时,也丰富了多方面的内涵,开辟了我国航海的新纪元。秦汉时期,渤海、黄海和东海区域与朝鲜半岛、日本列岛的海上交通日益频繁,南方则开辟了到中南半岛一带的海外交通航线。秦汉时期,自北面、东面至南面的整个海上,均有海上交通线,海上丝绸之路沟通了东方与西方两个世界。

海洋交通的出现和发展,是以造船术和造船业的出现和发展为前提的。

第一节　先秦秦汉时期的造船业[①]

一　原始与早期的渡水工具

（一）原始的渡水工具

远古人类,以采集和渔猎为生,逐水草或森林而居。他们经常见到落叶、枯木等物漂浮在水面上,因而对某些物体的漂浮现象逐渐有所感知。远古先民在猎取食物以及与洪水搏斗中溺死于水中的事必然是时有发生的。多次利用浮性好的自然物体得以生存的实践,更能启发他们对浮性的认识。在为取得食物,或是对某一处隔水相望的地方产生向往的时候,想必更能促使他们根据已有的某些自然物体能漂浮于水面上的认识,选择浮性较好的自然物体,作为泅渡工具。纵然是跨着一段浮水渡河,也是经过多次实践而取得的重大突破。

古书《世本》记载说:"古者观落叶因以为舟",而《淮南子》更记叙为:"见窍木浮而知为舟"。尽管后者在记叙中突出了关键的一个"浮"字,但两者把舟船的产生都未免说得过于轻而易举了。这些都不过是后人在已经有了舟船的时候替前人说的话而已。

---

① 本节引见章巽:《中国航海科技史》,海洋出版社1991年版,第2—47页。

《物原》一书的记载，比较能说明舟船由低级形式向高级形式发展的层次和规律。它说："燧人氏以匏济水，伏羲氏始乘桴。""匏"就是自然界生长的葫芦。"桴"就是渡水用的筏。《物原》里的这一句话是立足于谈筏的起源，顺便说到在筏出现以前还曾有过抱着葫芦渡水的情况。

由于原始的渡水工具都是用有机质制成的，易腐难存，所以在我国石器时代的考古中尚未有所发现。但是，根据我国民族学者在一些少数民族居住地区的考察，近在数十年前，甚至在目前，仍沿用着许多形形色色的原始浮具。这些被认为是"社会的活化石"，它对于认识和研究舟船的产生，有着重要的借鉴作用。

1. 葫芦——"腰舟"

我国古代称葫芦为瓠、匏、壶，后来又称壶芦、葫芦、瓠瓟，等等。在 7000 年前的浙江河姆渡遗址就发现过葫芦及其种子，这是我国早在 7000 多年前已栽培葫芦的有力见证。

葫芦具有体轻、防湿性强、浮力大等优点，所以很早就被人类作为渡水浮具。

《易经》中有"包荒冯河"这句卦词。"包"是"匏"的假借同义字，就是葫芦。"荒"是空虚的意思。"冯河"是指涉水渡河。"包荒冯河"就是抱着空心的葫芦渡河。这种浮具也许沿用了一两万年之久。抱着葫芦过河，在后来的诗歌里也常被提到。如《诗经》中有"匏有苦叶，济有深涉"，《国语·晋语》中有"夫苦匏不材，于人共济而已"等诗句，其中济即渡。

《庄子·逍遥游》中说："今子有五石之匏，何不虑以为大樽而浮于江湖。""虑"就是用绳缀结在一起。"樽"为酒器，缚之可自渡。由此可以看出，从单个葫芦进而把几个葫芦用绳子连缀在一起，不仅浮力成倍增加，而且双手可以解脱，用以划水。这应当说是一个很大的进步。

过河时把几个葫芦拴在腰部，也称为腰舟。这种腰舟的遗风，至今在一些少数民族地区还能看到。云南省哀牢山下礼社江两岸的彝族，当捕鱼和出远门的时候，就在腰部拴上几个葫芦。[①] 这种腰舟在黄河流域也有遗迹可寻。例如，新中国成立前晋南黄河岸边的人民，为了耕田就常骑着两个葫芦往返于黄河两岸。

朝鲜过去称船夫为瓢公，因为最初从朝鲜去日本时，人们可能是在腰间拴上若干个葫芦作渡具的，改用舟船之后，对船夫仍然沿用过去的名称——瓢公。

2. 皮囊

可能比使用葫芦更晚些时间，大致在人类可以饲养牲畜以后，在某些地区还出现过用牲畜的皮革制成皮囊以为浮具。其作法是在宰杀牲畜时，先将头部割去，稍割开颈部，去掉四蹄，将整个皮革翻剥下来。经过加工后再把颈部和三个蹄部的孔口系牢，留一个蹄孔作为充气孔道进。用时，先把皮囊吹鼓，然后再结扎充气孔，便可单独作浮具了。

葫芦和皮囊，虽然都是原始的浮具，但是葫芦可取自自然界，而皮囊则须人工制造。制造皮囊，显示出人们已经有了关于物体浮性的认识。当人们了解到浮具与自己生活需要的关系后，才可能有制造浮具的主观行动。从利用自然浮具，到人工制造浮

---

① 宋兆麟：《从葫芦到独木舟》，《武汉水运工程学院学报》1982 年第 4 期。

具,这是人类的又一大进步。

《诗经·邶风·匏有苦叶》中说:"济有深涉,深则厉,浅则揭。"揭是提起衣裳,厉是河水深过腰部。这句诗的意思是,凭葫芦的浮力渡水时,难免腰部以下大半个身体还要淹在水中。这就是说,葫芦也好,皮囊也好,这都仅仅是一种浮具,都不具有水上运载工具的作用和意义。只有达到造筏渡水时,人类才开始脱离水浸,飞跃到一个主动建造水上运载工具的新时代。

3. 筏

筏是简单浮具的发展。一棵树干,在远古时就是一件浮具。但树干呈圆柱形,在水中易于滚动。为使其平稳,人们便将两根以上的树干用藤或绳并系起来应用。这样一来,单木浮具就变成了筏。

筏,因其大小或用材的不同而有不同的名称。《尔雅》中说:"桴,栰编木为之,大曰栰,小曰桴。"郭璞注解说:"木曰簰,竹曰筏,小筏曰泭。"《说文解字》则说:"编木以渡曰泭,或桴,通称作栰。"名称虽繁,但其相同之点是用原材编系而成。

将许多皮囊编扎在一起,就成为皮筏。组成皮筏的皮囊少则 6—12 个,多则 400—500 个[1],都用树棍绑扎成规则的形状。这种皮筏的应用,在黄河流域大约已经有三四千年了,因为有文字记载的"革船"已经近 2000 年了。

《后汉书·南匈奴传》记述了东汉永平八年(65 年)的事情,"其年秋,北虏果遣二千骑候望朔方,作马革船,欲渡南部畔(叛)者,以汉有备,乃引去"。文中所说马革船,如果是指用马皮缝合的船,则实属更为先进的船。皮囊或以皮囊组成的皮筏,当较革船更为原始,其年代自然更为久远。

皮筏的应用,经久未衰,是因为它具有独特的优点:制作简单,操纵灵活;安全可靠,不怕搁浅;成本低廉,不耗能源。近年在宁夏黄河岸边还时常见到这样的皮筏。这种小型皮筏的重量很轻,一个人就可以用肩背起来上路。在长江上游的一些少数民族地区,近年仍有使用皮筏的。

中国的南方盛产竹子,竹筏的使用也很广泛。用火将竹竿的两端烧烤后使其向上翘起,然后以藤条、野麻编缚在一起,划动起来阻力小,顺流则漂浮如飞。

筏有因地制宜、取材不拘一格、制作简单和稳定性好等优点,历代都被沿用。不过,民间使用的竹、木筏,原来是一种水上运载工具,而后世把竹、木筏当运载工具使用者日见其少,绝大多数的竹、木筏本身便是被运载的货物。如山区采伐的竹、木材,主要靠山间小溪或小河漂流到山下集散地点。然后编结成筏,顺江、河漂流下运。南宋诗人陆游乾道六年(1170 年)入蜀,任夔州通判。所著《入蜀记》写下了沿长江所见,在江中"遇一木筏,广十余丈,长五十余丈,上有三四十家,妻、子、鸡、犬、臼、碓皆具,阡陌相往来。亦有神祠,素所未睹也"。他还听说"舟人云此尚小者耳,大者于筏上铺土作蔬圃或作酒肆",前者是陆游所见,后者是得于传闻。近数十年来,在长江中的竹、木筏上,押运者确实搭着简单的竹木棚屋居住,有时也带着家眷,支着锅灶,养着鸡、狗。但铺土种菜和开酒店等传闻,或许有夸饰之嫌。不过,木筏本身既是货物、同时又是运输工具的这种运输方式,颇为经济,人们自然乐于采用。

---

① 鲁人勇:《古老的水上运输工具——皮筏》,《中国水运史研究专刊》,1987 年第 1 期。

尽管筏的构造简单,但它是人类征服自然的智慧结晶。人们从半身浸在水中抱中葫芦渡水,一旦得以登上木筏,甚至还能载上些猎物,其欢欣赞叹之情,是不难想象的。《事物纪原》说:"变乘桴以造舟楫,则是未闻舟前,但乘桴以济矣。"筏是舟船出现前的第一种水上运载工具。它与以后出现的独木舟,是我国平底船与尖底船两大船型的始祖。

水上运载工具,更具容器形态的,也就是具有干舷的,才能称作舟或船。葫芦或是皮囊只可称浮具,筏也算不得船。只有当独木舟问世以后,在人类的文明史上,才算是出现了第一艘船。

(二)从独木舟到木板船

随着原始社会发展和生产力提高,先民为向江海获取更多的生活资料而制造舟楫,作为水上活动工具。《易经·系辞》说:"伏羲氏刳木为舟,剡木为楫。"可见先民早就能制造舟楫了。当时的舟楫是刳木与剡木制作的独木舟,仅能在小河及近岸浅海驶行。除舟楫外,还有木筏,它是将若干树干捆扎作为济水或捕鱼的工具。先民经过长期操筏驾舟航行,积累了不少经验。由于小型舟楫和木筏不适合于在海洋风浪中驶行,需要制造较大型体木板结构的船。先民用这种新型木板船航行海上,原来的木桨、撑竿已不足用,而以纺织物为帆,置挂船上,借风力推动船行驶,于是出现了早期的帆船。考古学家研究浙江海滨的河姆渡原始社会文化遗址出土的文物,认为在六七千年前河姆渡先民已能制造早期帆船,出海航行和进行较大规模的捕鱼活动。帆船的出现,标志当时造船和航海事业有了重大发展。先民有了帆船就可以漂洋过海,扩大海洋捕鱼生产范围和规模,驾船远航到海岛和海外地方。尽管早期的帆船制造还不完善,航行能力有限,但它为后世造船和航海事业奠定了基础,在此后几千年间,帆船一直是航海和海上活动的主要工具。

1. 独木舟

第一艘独木舟是什么时候出现的? 第一艘独木舟的发明权又属于何人? 对这个问题,有不少古人曾想探本溯源。在我国古籍中,有多处作过记载或推测。《山海经·海内经》说是番禺开始作舟。《易经·系辞》则又把舟的出现向前推进一段时间,说是黄帝、尧、舜挖空木头作成舟,切削木头作成桨,就是古书上"刳木为舟,剡木为楫,以济不通,致远以利天下"这句话。《世本》又说是黄帝的臣子叫作共鼓、货狄的两个人发明了舟。《墨子》说舟是巧垂这个人发明的,但又说舜的臣子后稷首先做成了舟,可见墨子也是先后矛盾而缺少定见,难以说得准确。《吕氏春秋》却提出舟的发明人是舜的臣子虞姁。《发蒙记》说舜臣伯益是舟的创始人。《舟赋》又说黄帝的臣子叫作道叶的人"刳木为舟,剡木为楫"。《拾遗记》说还是黄帝从木筏改进而做成了舟。以上 8 种古书,提出了 11 个发明人,众说纷纭,令人无所适从,难以将发明舟船的荣誉加诸某人。这些古书在作者写下自以为正确的记载时,或取自传说,或根据所见到的典籍时,并不一定有什么信实可靠的根据。不过,古代治学者所反映的人类文化的进化观,还是值得珍视的。

从"以匏济水"到"始乘桴",再"变乘桴以造舟楫",准确地说明了舟船发展的层次和规律。"刳木为舟,剡木为楫"句中的"刳"与"剡"两字,按辞书的解释是:将木材"剖其中而空"为刳;"削令上锐"为剡。刳木与剡木,倒是真实地反映出独木舟和桨的制造过程。

在我国现代民族学资料中虽尚未发现用火烧、用石斧刮的办法制造独木舟的实证,但云南省佤族人在制造木臼时,却还是沿用用火烧斧挖的办法。①

独木舟出现的年代,按前述我国各种古籍的记载,上限在于皇帝轩辕。然而实际上,独木舟是新石器时代早期的产物,要比传说中的皇帝时代早得多。

新石器时代,是以磨制石器和烧制陶器出现为特征的。摩尔根(Lewis Henry Morgan,1818—1881年)在他的代表著作《古代社会》中写道:"燧石器和石器的出现早于陶器,发现这些石器的用途需要很长时间,它们给人类带来了独木舟和木制器皿,最后在建筑房屋方面带来了木材和木板。"②恩格斯在《家庭、私有制和国家的起源》一书中更进一步指出,在新石器时代,"火和石斧通常已经使人能够制造独木舟,有的地方已经使人能够用木材和木板来建筑房屋了"③。

1921年,在我国河南省渑池县仰韶村,首次发现我国新石器时代的一种文化遗址。生产工具以磨制石器为主,常见的有刀、斧、锛、凿等,骨器相当精致。日用陶器以细泥红陶和夹砂红褐陶为主。红陶上常有彩绘的几何形图案,故也称彩陶文化。据C¹⁴测定,其绝对年限在6500年以前。古籍中的黄帝"始做衣裳""刳木为舟,剡木为楫"等传说记载,在仰韶文化中都有文物可寻,得到印证。史学界推论,以黄帝为名的文化当是仰韶文化。

新石器时代,约在10000年到4000年前,中间经历了6000年。火和石斧这两个基本条件,在烧制陶器以前便全部具备了。独木舟出现的时间大约在10000年前,最迟不晚于8000年前。显然要比轩辕黄帝的时代早得多。

1973年,在浙江省余姚县的河姆渡村,发掘了长江中下游新石器时代的一种早期文化遗址。发现了干栏式建筑遗迹,梁柱间用榫卯结合,地板用企口板密拼,具有相当成熟的木构技术。生产工具有伐木用的石斧、石凿。出土文物有6000多件,其年代相当古老。经C¹⁴测定,绝对年代相当于7000年前。④河姆渡遗址的发现证明,我们的祖先不仅在黄河流域,同时在长江流域也创造了灿烂的原始文化。特别值得注意的是,在出土文物中还有几把木桨,做工精细,柄部和桨叶结合处,阴刻有弦纹和斜线纹图案。显而易见,这样做工精细的木桨,绝不会是最原始的。原始木桨的出现当然会更早,如果推到8000年或更早一些,应当说也在情理之中。据理而论,有桨必有舟,独木舟在这一地区形成于8000年前或更早,也大概可以成为定论。

1958年前后,我国考古工作者分别在濒临太湖的吴兴钱三漾和杭州水田畈两处,发掘出新石器时代末期的文物,其中有五六支木桨。据鉴定,这些都是4700年前的遗物。钱三漾木桨以青冈木制成,桨叶呈长条形,长96.5厘米,稍有曲度,凸起的一面正中有脊,柄长87厘米。⑤水田畈木桨分宽窄两种。宽者叶宽而扁平,宽26厘米,厚

---

① 宋兆麟:《从葫芦到独木舟》,《武汉水运工程学院学报》1982年第4期。

② 〔美〕摩尔根:《古代社会》上册,商务印书馆1977年版,第13页。

③ 恩格斯:《家庭、私有制和国家的起源》,《马克思恩格斯选集》第4卷,人民出版社1972年版,第19页。

④ 河姆渡遗址考古队:《浙江河姆渡遗址第二期发掘的主要收获》,《文物》1980年第5期,第1—15页。

⑤ 浙江省文物管理委员会:《吴兴钱三漾遗址第一、二次发掘报告》,《考古学报》1960年第2期,第93页。

1.5厘米,末端削成尖状,另作桨柄捆绑在桨叶上。窄者数量较多,桨叶宽10—19厘米,用整根木料削成,桨柄呈圆锥形。① 这一批木桨的发现足以证明,在长江中下游地区,在新石器时代,舟船活动就已相当广泛。舟楫的出现和应用,对于促进生产发展和文化交流都具有重要意义。

1958年,在陕西省宝鸡市新石器时代遗址,出土一件舟形壶②,底呈弧形,两端尖而向外突起,腹部宽而外鼓,侧面绘有渔网形花纹,这当是模仿当时渔猎用独木舟而制成的陶器。

1973年,在地处长江中游的湖北省宜都县红花套新石器时代遗址出土一件陶器,方头方尾,两端略上翘,底呈弧形。这可能是模仿当时方头方尾式独木舟的陶制品。经C¹⁴测定,其年代为距今5775±120年。③

1973年,在浙江省余姚县河姆渡遗址,除了出土6支木桨以外,还采集到一件舟形陶器,长7.7厘米,高3厘米,宽2.8厘米。两头尖,底略圆,首端有一透孔。据研究,它很可能是仿独木舟的陶制品。④

从中原到沿海,从南方到北方,新石器时代的舟形陶器都有所发现。在辽宁丹东市东沟县的后洼遗址中,也出土了舟形陶器。⑤ 此陶器呈长椭圆形,长13厘米,宽5.5—6.6厘米,高2.2厘米,壁厚0.4厘米。其年代应在6000年以上。

大量的出土文物证明,独木舟是在新石器时代应用火和石斧的技术基础上,经过远古诸多先民在漫长岁月的实践中逐渐形成的,其中包含着无数无名生产者的劳动与智慧。

河姆渡文化的年代,比仰韶文化约早500年。河姆渡遗址及6000多件文物的发现,说明了一个事实:长江流域也是中华民族古文化的摇篮,从而也是古老舟船的发源地之一。

20世纪50年代以后,在我国山东、江苏、四川、浙江、福建、广东等省,先后发现过30余艘古代独木舟遗存物。1965年在江苏武进县奄城出土的独木舟,残长4.34厘米,最大宽0.8米,深0.56米,底厚约6厘米,一端尖锐上翘,另一端横截面呈U形,两舷也凿有大致对称的孔,端部凿有一较大圆孔,可能是作拴缆之用。据C¹⁴测定,当是2890±90年前的遗物。其年代恰好是西周。⑥

1958年,在江苏武进县的奄城已经出土过一艘独木舟。它长11米,口宽0.9米,深0.42米,舟体形制如梭,两舷凿有若干对称孔。根据同时出土的器物判断,这约为春秋晚期至战国初期的遗物。⑦

① 浙江省文物管理委员会:《杭州水田畈遗址发掘报告》,《考古学报》1960年第2期,第103页。
② 《陕西宝鸡新石器时代遗址发掘报告》,《考古》1959年第5期。
③ 戴开元:《中国古代的独木舟和木船的起源》,《船史研究》1985年第1期。
④ 吴玉贤:《从考古发现谈宁波沿海地区原始居民的海上交通》,《宁波港海外交通史学术讨论会论文》1981年版。
⑤ 许玉林:《从辽东半岛黄海沿岸发现的舟形陶器谈我国古代独木舟的起源与应用》,《船史研究》1986年第2期。
⑥ 戴开元:《中国古代的独木舟和木船的起源》,《船史研究》1985年第1期。
⑦ 《奄城发现战国时期的独木舟》,《文物参考资料》1958年第11期。

1975 年,在福建省连江县发现一艘西汉独木舟[1],据 C[14] 测定为距今 2120±95 年。船长 7.1 米,头宽 1.2 米,尾宽 1.6 米,用整个樟木制成。在舱体部分,有明显的火烧和石凿的痕迹。这真实地反映了我国古籍所记载的"刳木为舟,剡木为楫"的独木舟制作工艺过程。

1976 年,在山东平度县出土了一艘隋代双体复合独木舟。其每一舟体用三段树木刳制,衔接处以舌形榫槽搭接,凿 10 余方孔穿木榫固定,再以 20 根左右的横木贯穿连接两只单体舟,上面铺甲板,设上层建筑。舟总长约 23 米,总宽为 2.82 米,单体宽 1.05 米,载重约 23 吨。[2]

近几十年来,在中国出土的独木舟,可谓不胜枚举。一些外国学者认为中国古代没有独木舟,这显然是不符合实际情况的。

在我国出土的独木舟,年代有早也有晚,随同独木舟出土的还有木板船。这就证明,在木板船出现以后,仍有独木舟在各地应用。

2.木板船

筏的缺点和弱点在于没有干舷,筏体本身又有较大的间隙。当筏的载重量增加时,乘载在筏上的人和货不可避免地要受到水的浸湿。独木舟虽然不漏水而且有一定的干舷,但在水中的稳性不好。制造独木舟时还要受到原株树木的局限。沉重的独木舟也难以满足载重量日趋增长的要求。

为了提高载重量和防止水浸,人们逐渐试着在筏和独木舟的两舷增加原木或木板,也试着在筏发间隙上加充填物以求少受水浸。这样的实践持续下去就使筏和独木舟逐渐产生了质变。在木筏的两舷增加木板,同时在筏体采取堵漏捻缝措施,使木筏逐渐演变成方头方尾平底的木板船。

在独木舟的两舷增加木板,可使干舷提高,容量增加。两舷木板逐渐加多的结果,则使舷板变成了主要部件,原来的独木舟则逐渐退居于次要地位,最后则使独木舟的"独木"转化成为尖底船的龙骨了。

在我国的考古发现中得到了独木舟正在向木板船演变中的古船实物。

1975 年,在江苏省武进县万绥镇蒋家巷通往长江的古河道上,发现一艘古船。[3]其结构形式奇特,出土的木船结构包括船底、一侧船舷、木榫和木梢。[4] 底部板由三段木材组成,采用搭接,搭接处用四只 5×5 厘米的方榫固定。

武进万绥古船的两舷,具有独木舟的形态,然而底部又采用一块木板。可以认为这是由独水舟向木板船过度的一种形态。

木船周围出土的遗物,多为汉代器物。木船经南京大学地理系 C[14] 测定为距今 2195±95 年;又经中国考古所 C[14] 测定为距今 1945±85 年。据此可断定木船为西汉时期的遗物。

根据诸多历史及船史文献记载,早在秦汉时期之前就已经出现过木板船,武进万

---

[1] 《福建连江发掘西汉独木舟》,《文物》1979 年第 2 期。

[2] 《山东平度隋船清理简报》,《考古》1979 年第 2 期。

[3] 王正书、杨宗英、黄根余:《川沙县、武进县发现重要古船——从独木舟向木板船的过渡形式》,《船舶工程》1980 年第 2 期。

[4] 武进县文化馆、常州市博物馆:《江苏武进县出土汉代木船》,《考古》1982 年第 4 期。

绥古船显然是反映了较为原始的一种技术状态,它的宝贵之处就在于为今人提供了一份很典型的实例,即由独木舟向木板船过渡的一种形式。

1979 年,在上海浦东川沙县川杨河开掘过程中,于北蔡镇出土一艘造型别致的古代木船。① 古船发现于吴淞口水准零下 95 厘米,距地表 4.6 米。该处是 6 世纪的古海岸。②

古船残体结构十分简单,通体只有三部分:一条独木舟,两侧装有舷板。这是一艘典型的加舷板的独木舟。

船底由三段独木连接而成,中段长 11.62 米,宽约 90 厘米、厚约 42 厘米,形似独木舟,只是所挖去部分较浅,只有约 10 厘米。古船的舷侧板是厚度为 5 厘米的独幅板,具有弧形,有火烤加工的痕迹。舷板用铁钉接在船底独木两侧深 5 厘米的接口上,在接口处填有大量油灰,未发现麻丝等掺入物。在舷板距口沿 6 厘米的水平线上,有一排间距 24.5 厘米的小方孔,它是安装横梁的榫孔。

由于目前发现的从独木舟向木板船过渡形式的古船实例尚不多,很难确切说出木板船的年代。不过,出现木板船的首要和必备条件,就是必须具有木板。按前述摩尔根的学术见解:是石器的出现和应用,给人类带来了木板。这也为我国新石器时代的河姆渡文化遗址发现的木板和相当成熟的木构技术所证实。过去认为只有出现青铜器才有可能剖制木板的学术见解,看来难以维持。当然,究竟在 7000 年前的河姆渡文化时代能否出现木板船,还有待考古学的研究,不可草率做出结论,但是那时制造木板船的技术却是基本具备的。

在我国出现木板船的有力见证,还是甲骨文中所见到的“舟”字。从而推论木板船最晚也应是殷商时代的产物。其时限相当于公元前 16 世纪到公元前 11 世纪之间,距今约 3000 多年。

象形文字,是客观事物实体特征的描绘。从甲骨文中的“舟”字,可以看出它所表征的舟,是由纵向和横向板材组合成的。“舟”的横线,代表肋骨或隔壁等构件,既能把船体分隔成若干隔舱,又能支撑两舷的纵向板材以加强船体的强度。更重要的是可以把纵向板材接长,即可用较短的木板造出长大的船。

甲骨文中“般”字,从字形看,像一个人持篙或桨使船旋转移动。“般”字中有一种读音为 pán(盘),可当盘旋解。在《康熙字典》上,对“般”的解释是“象舟之旋”③。

木板船突破了原木的局限,用同量木材可以造出比独木舟更大更多的船舶。④ 木板船可以通过变化尺度来提高稳性和快速性,为后世的船舶大型化和多样化开辟了无限的发展前景。

在商代的 600 年期间,木板船究竟发展到何种规模,还缺少确切的记载。不过,大约在公元前 13 世纪,商帝武丁曾“南击荆蛮”,其势力达到了长江流域,当时的船舶应是发挥了重要作用的。

---

① 王正书、杨宗英、黄根余:《川沙县、武进县发现重要古船——从独木舟向木板船的过渡形式》,《船舶工程》1980 年第 2 期。

② 王正书:《川杨河古船发掘简报》,《文物》1983 年第 7 期。

③ 杨槱:《中国造船发展简史》,中国造船工程学会 1962 年年会论文集第二分册,国防工业出版社 1964 年版。

④ 杨槱:《中国造船发展简史》,中国造船工程学会 1962 年年会论文集第二分册,国防工业出版社 1964 年版。

在这次社会制度大变动的决定性战役中,周军在孟津(又名盟津,今洛阳市北)渡黄河时,用船舶作了敌前抢渡。《艺文类聚》引《太公六韬》:"武王伐殷,先出于河,吕尚为后将,以四十七艘船济于河。"①

在武王纣强渡孟津的战役中,调集起来务急之用的船舶也只不过47艘,数量甚少。不过,从能渡4.5万大军②这一点看,这47艘船,当不是一叶扁舟,更非沉重的独木舟。这说明在商朝末年已经有供许多桨手撑驾的较大型的船舶了。

黄河北岸的孟津,地处中原,当有舟船之繁盛,而商代的海上活动也有迹可寻。《诗经·商颂》在追颂商汤的祖先相土时,有"相土烈烈,海外有截"在赞颂。郭沫若认为,"可能相土的活动已经到达渤海,并同'海外'发生了联系"③。章巽则以商人末有商的王族箕子出走朝鲜之事,说"看来商朝一代已超出近海,而在渤海以东发展了海上交通"。

二 先秦时期的船舶

先秦是指从周朝立国到秦始皇统一中国的这个时期,历史进入了封建社会的初期阶段,即封建领主制阶段。自公元前11世纪到公元前222年,大约经历了800余年。这个阶段习惯上又分为西周、春秋和战国。关于造船技术的发展,文献记载逐渐增多,通过出土文物,更可较深入地了解古代造船技术的发展脉络。

(一)西周的船舶

西周时期与船舶有关的文献,值得注意的有周文王用船舶搭成浮桥迎娶新娘的故事。《诗经·大雅·大明》:"迎亲于渭,造舟为梁,丕显其光。"用船搭成浮桥,很难说是周文王姬昌的发明,但经他在结婚时用了一次,便成了我国以船搭浮桥的最早记录。"丕显其光",说明这是一次煊赫、显耀的盛事。不过自此以后就制定了一种按官阶等级乘船的制度。《尔雅》中说,"天子造舟(指用船搭浮桥),诸侯维舟(并联四舟),大夫方舟(并二舟),士特舟(单舟),庶人乘栿(筏)。"④这样一来,直接造船的平民百姓连船也不能乘,只好乘木筏子了。

在周朝时曾专设主管舟船的官员,叫作"舟牧"。舟牧大约要执行类似于今日的船舶检验局的职责。《礼记·月令》:"命舟牧覆舟,五覆五反,乃告舟备具于天子焉。天子始乘舟。"从这段记载看,舟牧主要是为了保证周天子乘船的安全,要翻来覆去检查五遍,然后报告是否合于天子乘坐的安全条件。对于庶民乘船的安全保障问题,大概就不是舟牧的职责了。尽管这样,舟牧毕竟是作为舟船的安全检验员而出现在我国早期的历史舞台上了。

说到要建立对帝王所乘的舟船进行安全检验的制度,就要联系到周代的第四个帝王周昭王的死。按《通俗文》的记述,当周昭王攻楚时,有人向楚王献策,令船匠大造王

---

① (唐)欧阳询撰:《艺文类聚》卷71,上海古籍出版社1965年版。

② 《史记·周本纪》载:武王"率戎车三百乘,虎贲三千人,甲士四万五千人以东伐纣,十一年十二月戊午师毕渡盟津。"

③ 郭沫若:《中国史稿》第一册,人民出版社1976年版。

④ (唐)欧阳询撰:《艺文类聚》卷71。

舟,用胶黏合船板,泊在汉水渡口,待周昭王到达汉水,由越君假意相迎,请周王登胶合舟使其与舟共溺中流。《史记·周本纪》则说:"昭王之时,王道微缺。昭王南巡狩不返,卒于江上,其卒不赴告,讳之也。"①不论说法怎样,上述故事都从侧面反映了当时的楚国具有高超的造船技艺水平。

(二)春秋、战国的船舶

春秋,是封建地主制经济萌芽时期,战国时则开始向封建地主制经济过渡。春秋末到战国初,开始广泛使用铁工具,大大提高了生产效率。铁制的斧、凿、锯等木工工具和测垂直的悬锤,测平面的水平仪等都已出现,并且发明了曲木压直和直木弯曲的方法,对造船业的发展,起了极大的推动作用。船舶因航区不同或运输要求各异,也逐渐出现了特点不同、形状不一的各类船舶。

民间有以快速为主的轻舟、扁舟,还有适用于短途交通的舲船。屈原在《楚辞·九章》中唱"乘舲船余上沅兮",就指这种有棚有窗的小船。余皇则是大舰,又称王舟,专供国君乘坐。《墨子》说这类船建造坚固,航行轻快,并且雕刻华丽,技术工艺达到了较高的水平。

人们在春秋时就认识到,船舶在运输中承载量大,且有不费牛马之力的优点,特别是在运输粮谷时,船的效能是车辆所无法比拟的。春秋时期,在我国的黄河、长江,都有相当规模的水上运输,文献上多有记载。例如,《左传》就载有僖公十三年(公元前647年)秦国赈济晋国粮食的"泛舟之役"的纪事。"十三年冬,晋荐饥,使乞籴于秦。"秦伯乃向左右征询意见。有的同意,说:"救灾恤邻,道也。"也有人持反对意见,"请伐晋"。秦伯则说:"其君是恶,其民何罪?""秦于是输粟于晋,自雍及绛,相继,命之曰泛舟之役。"②雍是秦国都城,在今陕西省凤翔县,临渭水。绛是晋国都城,在今山西省绛县,傍汾水。自雍到绛的水道,先是沿渭水东下,入黄河则逆流北上,再东折入汾水,航程六七百里。船能前后"相继",那真是相当庞大的船队。运粮的船称作漕船,"漕"字原来就是水运的意思,后来演变成水运粮食的专用词了。自此,历史上把泛舟之役看作是漕运之始。春秋时,即使是中原地区,比起西周来,船舶也有了很大发展。沿黄河和汾水逆流而上的航程是很艰难的,划桨和拉纤当是并用的,当时是否有橹还不得而知。

再如,《史记》还记载有战国时长江水运的规模和水运优越性方面的资料。这是以秦惠王的使臣张仪到越国游说时向楚怀王介绍的形式记叙的。文曰:"秦西有巴蜀,起于汶山,浮江以下,至楚三千余里。舫船载卒,一舫载五十人与三月之食,下水而浮,一日行三百余里,里数虽多,然而不费牛马之力,不至十日而距扞关(今湖北长阳西)。"③

虽然黄河和长江的水运情况有这样一些重要的记载,但是,在这样两条大河中怎样解决舟船的操纵问题,尚未得其详。长江上游的航道,历来滩多流急,前人必然积累

---

① 《史记·周本纪》注引《帝王世纪》云:"昭王德衰,南征,济于汉。船人恶之,以胶船进王。王御船至中流,胶液船解,王及祭公俱没于水中而崩。"

② 《春秋左传集解》,上海人民出版社1977年版,第284页;《左传纪事本末·秦穆公伯西戎》,中华书局1979年版,第811页。

③ 《史记·张仪传》,中华书局1959年版,第2290页。

有操纵舟船的技术和经验，这是有待进一步探索的。

在西周时期只有作为大夫这一等级的官员才能乘坐的舫船，到了战国时期则变成了实用货运工具，可见造船业发展之迅速。

战国时期，楚怀王赐给鄂地封君名启的金节，1957 年于安徽寿县城东丘家花园出土。此种青铜器共两种，一为车节，一为舟节。舟节是一个特准的水路运输免税通行凭证。节上铸有："大司马邵阳败晋师于襄陵之岁"。查《史记》卷 40 载，楚怀王"六年，楚使柱国昭阳将兵而攻魏，破之于襄陵，得八邑。"[①]由此可断定此金节为越怀王六年（公元前 323 年）所铸。可能是这位叫作启的鄂地封君随军战晋有功，因而获得楚怀王的恩赏。这里的战晋与攻魏，并不相悖。因为到公元前 377 年，韩、赵、魏"灭晋侯，而三分其地"[②]。

鄂君启金节刻有节文，规定了舟船数目：以 3 艘船为一批，每年以 50 批即百五十艘为限。还划定了通航路线：自武昌出发可通行长江、汉水、湘、资、沅、沣和赣江以达汉口、南昌、沙市等处。在上述任何地点均准免税通行并可得到食宿优待。

舟节的制度，似可以从侧面说明，当时楚国已经设立了官办的水路驿站，更可窥见当时长江中游广大地区舟船往来的盛况。

春秋、战国距今已两千多年，人们只能通过有关文献、文物去了解当时船舶的概貌。若想得到古船的实物，是很困难的。正因为这样，我们对于河北省文物管理处在1974 年到 1978 年于平山县三汲乡战国墓中发掘出的随葬的 2300 年前的实船[③]，感到特别珍贵。

河北省文物管理处在平山县三汲乡发现战国时期的古城遗址一座，即中山国都城灵寿。古城内外有战国墓 30 座，埋葬时期约为公元前 310 年前后。陪葬的除车马坑以外，还有葬船坑。葬船坑内有船数只，经考证是中山王（公元前 344—公元前 308年）生前所用的游艇。游艇的船板虽已朽毁，但在坑底坑壁却残留有许多灰痕漆皮，其木纹及漆仍清晰可辨，犹如留下了一具实尺的彩绘浮雕。

经复原研究，其船身总长 13.1 米，最大宽度 2.3 米，最大深度 0.76 米，吃水为0.6米，则排水量为 13.28 吨，方形系数为 0.74，菱形系数为 0.78。

随船出土大桨 5 只，桨叶长 141 厘米，桨柄残长 17 厘米，宽 19.5 厘米；小桨 2 只，桨叶长 58 厘米，宽 9.5 厘米。大小桨均有褐色及朱色彩绘，图饰瑰丽。

出土文物还有篷杆铜帽 30 只，铜帽还带有钩，铜环用以结篷并套在篷杆铜帽的钩上，可推知此船无上层建筑。还有错银铜饰 4 只，下口与桨柄直径相合，疑为桨柄端的铜饰。[④]

特别引人注目的是，这艘古船用铁箍连接船板边缝的技术为前所未见。铁箍为宽20 毫米、厚约 3 毫米的长铁片绕制而成，用肉眼看几乎与现代锻打的熟铁无异。联拼船板的方法是，在船板的边接缝处，距边缝 40—50 毫米处各凿一 20 余毫米见方的穿孔，以铁片经穿孔绕三四道，相邻两船板即为之联拼，然后将穿孔之间隙以木片填塞，

① 《史记·楚世家》，中华书局 1959 年版，第 1721 页。
② 张传玺：《中国通史讲稿》上，北京大学出版社 1982 年版，第 66 页。
③ 河北省文物管理处：《河北省平山中山国墓葬发掘简报》，《文物》1979 年第 1 期。
④ 王志毅：《战国游艇遗迹》，《中国造船》1981 年第 2 期。

再注以铅液封固。铁箍的形状不一,均按外板的型线而定。船体平直部位的铁箍呈矩形,高 100—150 毫米,宽 80—100 毫米。

当时为什么不用铁钉而用铁箍?可能是在铁器应用之始,尚缺少对铁钉功效的认识。现代木船在重要部位使用的"蚂蟥钉",实际上就是半个铁箍,显然是铁箍的继承和发展。

中山国是北方小国,地处华北平原的西北边陲,无江河之利,竟有如此纹饰瑰丽的游船和这般技艺高超的造船能力,那么齐魏大邦定会更有甚之。南方的吴越濒海滨江之地,舟楫之盛更非中原所及。

从平山县一带的考古发掘中,获得战国中晚期的大量的铁制生产工具如镢、锛、铲、锄、镰、斧等。中山国冶铁技术的发展和铁制生产工具的广泛使用,促进了农业生产的发展,也促进了手工业生产的发展。看来,在中山国王的墓葬中发现如此先进的游艇,绝不是偶然的。这是与当时的经济技术发展水平相一致的。正因为在战国时期舟船技术有了坚实而广泛的基础,所以才有可能使我国从秦汉时代开始发展海洋船舶,并且开拓了海上丝绸之路。

(三)春秋、战国的水战及战船

春秋战国期间,各封建领主的兼并战争激烈而频繁。从田亩辽阔的中原到江河交错的江南,战争四起。中原争战用车,江南水战则以舟船为主。战争的需要,推动了造船业的发展,也促进了船型的多样化。

中国历史上的第一次水战,是公元前 549 年夏,楚康王以舟师伐吴。《文献通考·兵》载:"用舟师自康王始。"说的是楚康王十一年"楚子为舟师以伐吴,不为军政,无功而还"①。吴楚之间的水战相当频繁。到了公元前 525 年,又发生一次激烈的水战,是吴国派公子光率舟师逆长江而上攻打楚国,结果反而被楚国俘去王舟余皇。这就是《史记》所载"王僚二年,公子光伐楚,败而亡王舟。光惧,袭楚,复得王舟而还"②。自此以后,水战频仍,不仅在江河作战,甚至发展到海上作战。吴王夫差十一年(公元前485 年),"徐承率舟师,将自海入齐,齐人败之,吴师乃还"③。《吴越春秋》记述着吴楚水师的大小战例 20 余次。吴越之间的争夺,水战也很频繁。吴国的战船有大翼、中翼、小翼三种,另外还有楼船、突冒、桥船。《越绝书》《武经总要·水战》对各船的尺度均有记载。大翼长 10 丈,阔 1.52 丈,官兵桨手总共 93 人;中翼长 9.6 丈,阔 1.35 丈;小翼长 9 丈,阔 1.2 丈。据考证,晚周到战国时的尺度,每尺约相当 0.23 米,折合成米制,大翼长 23 米,阔 3.5 米;中翼长 22 米,阔 3.4 米;小翼长 20.7 米,阔 2.8 米。其长宽比值各为 6.6、6.5 和 7.3。这些翼都是吴国在长江中下游活动的军事船舶,船体修长,速度较快,若顺水而下,再用 50 名桨手奋力操桨,则船行如飞。

战国早期水战与战船的情况,在出土和传世的铜鉴和铜壶上得到了生动的反映。有关水战图像的青铜器共获有三件:1935 年在河南汲县山彪镇一号墓出土的水陆攻

---

① 《左传纪事本末·吴通上国》,中华书局 1979 年版,第 721 页。
② 《史记·吴太伯世家》,中华书局 1959 年版,第 1461 页。
③ 《左传纪事本末·勾践灭吴》,中华书局 1979 年版,第 779 页。

战纹铜鉴[①];故宫博物院藏有一件传世文物晏乐渔猎攻战纹铜壶;1965 年又在四川成都百花潭中学战国时期十号墓中出土了一件嵌错耕战纹铜壶。[②] 三件文物的水战图像,其构图和技法几近相同;船形明确,战斗形态生动。[③]

铜鉴上的水战画面,描绘了左右向对驶的两艘战船,形制相同,都是船身修长,首尾起翘,分上下两层,战士在上面作战,桨手在下面划桨。划桨手也身佩短剑,站立划桨。虽只绘出 4 人,但左右舷当为 6 人。看来这种战船并没有风帆,完全以人力划桨作为动力,也没有尾舵。

战船所用武器,在类型和形制上与当时战车所用者相同。指挥系统有战旗立于船首,而指挥水战的将领则站在鼓架后面,击鼓鸣金以节制舟师的进退。指挥的位置设在尾部,较能避开敌方武器的攻击。

图像中的战船是当时大型战船的图案化的概括。三名桨手只是象征性的代表而已,真实的数字当几倍于此数。据《越绝书》记载,当时的战船大翼,全船的 93 人中,桨手就有 50 人,船头船尾操驾 3 人。由此可见,驾船人员几近 2/3。

三 秦汉时期造船技术的发展

秦始皇于公元前 221 年结束了战国长期割据的混乱局面,建立了一个统一的封建帝国。秦代为时不过十数年,继而兴起的是汉代,秦汉两代前后 441 年。秦皇汉武对海外交通十分重视,连续多次巡海,尤其是汉代统一国家后,相对稳定地发展了 60 多年,生产繁盛,当时的繁荣景象是:"富商大贾周流天下,交易之物莫不通,得其所欲。"《史记》当时,国内交通四通八达,可谓已经无远不至。国外交通,除从河西走廊经塔里木盆地南北边缘通向中亚、西亚的丝绸之路以外,还形成了从广东出发通向印度洋的航路、从山东半岛出发经朝鲜半岛通向日本的航路。为适应发展海外交通的需要,中国舟船获得了大发展,出现了我国造船史上第一个高峰时期。

(一)秦代的水运与船舶

早在春秋末期的吴王夫差十一年(公元前 485 年),就曾有吴王派遣舟师从海路北上攻打位于山东半岛的齐国的战例,在这次海战中吴国被齐国击败,可见齐国也是有海上舟师的。另据史载,当越王勾践最后战胜吴王夫差之后,越国大夫范蠡以为越王"可与共患难,不可与共乐",于是在越王勾践二十四年(公元前 473 年)"乃装其轻宝珠玉,自与其私徒乘舟浮海以行,终不反"。这就是范蠡离开位于江浙的越国乘船渡海到齐国经商致富的故事。这些事例说明,早在春秋之末、战国之初,江浙与山东沿海的船舶往来已经很频繁了。

秦王政二十六年(公元前 221 年),秦军最后灭了齐国,秦王政称号为皇帝,自为始皇帝。秦始皇统一全国后,进行了一系列改革,对于发展陆路及水路交通尤为注意:第二年就开始筑驰道,"东穷燕齐,南极吴越"。第三、四两年,秦始皇两次东巡芝罘、琅琊

---

① 郭宝钧:《山彪镇与琉璃阁》,科学出版社 1959 年版,第 18 页。
② 四川省博物馆:《成都百花潭中学十号墓发掘记》,《文物》1976 年第 3 期;杜恒:《试论百花潭嵌错图像铜壶》,《文物》1976 年第 3 期。
③ 杨泓:《水军和战船》,《文物》1979 年第 2 期,第 76—77 页。

等沿海,还曾命方士徐福发童男女数千人入海求仙药。在公元前215年,秦始皇派蒙恬发兵30万攻匈奴便是以山东黄县、牟平为后方补给基地,征集海船,渡渤海向河北军前运粮的。历史学家把这次大规模的渤海运粮,定为中国海上漕运的开始。秦始皇在北御匈奴构筑长城的同时,更在公元前214年发兵50万到岭南,开凿成灵渠,连接湘江和漓江,保证了从湘江用船运输粮饷到前方,于是秦军攻下了岭南,设置了桂林、南海、象郡,并派兵戍守。

如果注意到秦始皇致力于开拓水上运输的这些事例,便能透过寻神觅药那种神话的迷雾,显露出人们对发展海上交通的向往和追求。

《史记·封禅书》记有:"自威、宣、燕昭使人入海求蓬莱、方丈、瀛洲。此三神山者,其传在渤海中,去人不远;患且至,则船风引而去。盖尝有至者。"事实上,渤海是齐、燕两国长期渔猎和交通活动的海区,或因航行中直接接触,或因海市蜃楼景象的诱惑,激发两国人们探索海外的热情。上述文献所记的时间相当于公元前356年到公元前311年。可见秦始皇之派徐福入海,并非什么创举,应当说是探索开辟海上航路活动的继续。据《史记·秦始皇本纪》载:徐福曾两次出海,第一次可能到达了目的地,然后回航中国,集合了各种工匠和男女劳力数千人,装载了足够的粮食种子又做第二次航行。后世盛传徐福到了日本,或者到过美洲等地,这都是可能的。至今在日本和歌县,还有徐福墓及徐福登陆处遗迹。

秦代船舶往来于中日航线,须横渡平均每昼夜24海里的对马海流。若没有风帆设置和相当水平的航海技术,是很难想象的。当时既已有所往返,自然令人联想到秦代船舶可能已具备了相当规模,并且有适于远海航行的各项设备。但秦朝立国短暂,关于其船舶的形制无确切资料可考,其实际规模迄今也难以说得清楚。不过,可以认为,我国春秋、战国特别是吴越的古代造船技术成就,是通过秦代继承下来并传于汉代,秦代至少起到了传递环节的作用,推动汉代成为我国造船史上第一个大发展时期的到来。

(二)从文献和文物看汉代的船舶

据《太平御览》记载,汉武帝在长安所造豫章大船,可载万人。"万人"这个数目或为误记或为夸大之词。后来《酉阳杂俎》上记述豫章大船时,就说可载千人。这个数字大致合乎情理。后世的中外史籍上,对可载700人到千人的中国大海船也有记载。

汉代以楼船最为著名。这是说汉代的船舶已不是一般的木板船,在构造上已经有了较为发达的上层建筑。具有发达的上层建筑的楼船,或作为水师的旗舰,或作为皇家的座船,少不了要加一些辉煌的装饰。如文献所载:"治楼船高十余丈,旗帜加其上,甚壮。"《后汉书·公孙述传》甚至记有:"又造十层赤楼帛兰船。"所谓帛兰,即以帛饰其栏。船有十层颇难令人置信,但在汉代发展了带有四层建筑的楼船,并且"旗帜加其上,甚壮",则是可以理解的。

汉刘熙所撰《释名》一书,讲到船的上层建筑并各有专名。从第二层算起叫作庐,第三层叫作飞庐,第四层叫作爵室。[①] 联系这诸多文献的记载,可谓楼船具有多层建

---

① (清)王先谦撰:《释名疏证补》第7卷,上海古籍出版社1984年版。又见(唐)欧阳询《艺文类聚》,上海古籍出版社1965年版,第1229页。

筑言之不虚。

20世纪50年代之后,在广州、江陵、长沙等地,相继出土了汉代的陶质和木质的船舶模型,借助这些文物倒是可以对汉代船舶有较深入的了解。

20世纪50年代初期,在长沙曾出土一只西汉时期的木船模。据当时的发掘报告说,这只船模的船身是由一段整木雕成的,船形细长,头部较狭,尾部稍宽,中部最宽,船底呈圆弧形。在船头、船尾上又各接出一段长方形的平板,总长1.54米,船头部稍高,尾部方阔,上部外侧最宽处为0.2米。在船身两侧和首尾平板上都有模拟的钉孔。两侧有较高的护舷板,左右共16只桨,为内河快速船型。尾有桨一支,用以代舵。现存北京历史博物馆。

1956年,在广州西郊西汉木椁墓中出土一艘木质船模。[1] 这只船模也是用一段整木雕成。船底中部略平而首尾部分略上翘,船中部有两个小房,前房较高呈方形,上为四阿(坡)式的盖顶。后房稍低,长形,篷盖是两坡式。小房两侧有用长板条构成的通道。前房以前为操舟之所,有木俑四个,持桨并坐两排,各持短桨一把。尾部有狭小的小房,顶盖是三面斜坡。在这尾区还有一个木俑,持一桨,或许是掌握船的方向的。此船模全长0.806米,通高0.206米。

1955年,在广州东郊的东汉墓中出土一个陶质船模。[2] 底略平,全长54厘米,宽11.5厘米,通高16厘米。前窄后宽,从船首到船尾架横梁八根,甲板上建小房三间,前房矮而宽,上有梯形篷顶。中房略高,方形,上盖圆形篷顶。后房又高,也是横形篷顶,作为舵楼。船首两侧各安桨架三支,船首悬一碇。最为重要的是船尾有舵,舵叶上有一孔。两舷有外延木板条,可作为船工司篙的通道。船上有六个姿态各异的陶俑,分布在船面的不同位置上。

1973年,在湖北江陵凤凰山汉墓中出土一只木质船模,系用一段整木雕成,全长71厘米,宽10.5厘米。船型细长,尾部略宽,首尾呈流线型上翘。甲板上置两根横梁并伸出舷外,作舷边通道板之支座。前部有桨四支,尾部有后梢一支,与广州西汉木船模有相似之处。该船模现陈列在湖北省荆州地区博物馆。

这四艘汉代船模,都是作为墓葬品而保留下来的,虽然由于模型的尺度较小,制作的精细程度不一,但是通过这些模型,再结合有关文献的记载,毕竟有助于了解当时船舶的形制和属具的基本特征与概貌。

四艘船模有共同的特点,即在甲板以上都设有舱室,也就是带有上层建筑。以广州东汉的陶船模为例,上层建筑的长度几乎占了全船的3/4。即使是长沙西汉16桨船模,为了加快船速,设了众多的桨手和桨,也具有相当长的上层建筑。如果和西方古希腊、罗马及北欧海盗船等大部都没有上层建筑的船型比较起来,中国船的上层建筑却是别具特色的。

再以广州东汉陶船模为例,该船在甲板之下设有八道横梁(而且各横梁均伸出舷外),这不论对支撑甲板或保证横向强度方面,都是有利的。特别是有的上层建筑的前后端壁均置于横梁上,这种构造就更加显得合理了。

第六章

先秦秦汉时期的海洋交通

---

[1] 广州市文物管理委员会:《广州皇帝岗西汉木椁墓发掘简报》,《考古通讯》1957年第4期,第22—29页。

[2] 广州市文物管理委员会:《广州市东郊东汉砖室墓清理纪略》,《文物参考资料》1955年第6期,第1—76页。

此外,在长沙西汉木船模的舷板以及其他部件之间的连接位置上,都可见到模拟的钉孔。当时模型制作者的细微精神,为我们提供了实证,那就是在战国时期应用铁箍联拼船板的基础上,到汉代已广泛使用铁钉。从战国时即有用麻布、油灰等物质作为捻缝材料的基础上,发展到汉代再加上应用铁钉,其捻缝技术已相当先进了;若用在隔舱板上则确实具备了制作水密舱壁的条件。

再则,在长沙木船模的发掘报告中说,散见的部件中,有编号为 93 号、94 号两块大小相同的长木板,平面和侧面上都有许多打孔,尚不知复原在何处。这两块长板条应安放在哪里呢?如果借鉴广州陶船模型的横梁伸到舷板以外,甲板也伸向舷外这一点,再借鉴广州木船模有左右两条木板供作行船时使篙通行之用,那么似可以把这两个木板条安放在两舷。现代造船术语中的所谓"舷伸甲板"就起这样的作用。这种舷伸甲板,在古船中叫"板"。

在三个木船模上,还有在船头船尾各向外延伸的部分或木板,这在古船法式中也是可以见到的,就是叫前出艄和后出艄。在船上加装前出艄、后出艄和左右两厥板,便可以在不改变原始尺度的条件下,增加船长和船宽,扩大了甲板的装载面积和操作面积。可以说,增加出艄和加板的法式,是从汉代就沿用到现代的。

(三)汉代的船舶属具

中国古代的造船业在汉代获得重大发展,船舶各项属具的齐备,是不可忽视的重要方面。

1. 桨

桨是舟船的推进工具,而且是最原始、最古老的一种船舶属具。随着舟船的发展,桨本身也在不断改进和变化。桨因其形状和各地叫法不同,而有櫂、楫、扎等不同的名称。汉代刘熙著有《释名》一书,其中《释船》1 卷,对桨的解释是:"在旁拨水曰櫂。櫂,濯也。濯于水中也,且言使舟櫂进也。又谓之扎,形似扎也。又谓之楫也,楫,捷也。拨水使舟楫疾也。"[1]这里写"在旁拨水"是说明操桨的位置;"使舟捷疾"是说桨的作用;"形似扎"是指桨的形状像汉代写字记事用的木扎,形容它是长片状。实际上楫与櫂在形状和用途上还是稍有区别的。通常认为"短曰楫,长曰櫂"。《太平御览》记扶南行船,说站着用櫂,坐着用桨,水浅用篙。把这些解释与汉代木船模型相印证,可知长沙木船模上有 16 把桨,也就是所说的櫂。桨柄伸进舷板上的圆孔,这圆孔实际上构成桨的支点,行船时船工站立着划进。广东陶船模的船首部左右也各有三个支撑櫂的支架。櫂较长,力矩大,有了支点,櫂的操作就具有杠杆的性质,船工划动时可以较小的力量获得较大的推船效率。站立着划桨时,便于桨手用自身的重量去推桨。广州木船模的四个木俑则持四把短桨,并且是坐在板凳上划进。结合这些文物,可以使我们对桨的长短区别以及操作方法了解得更具体了。

2. 橹

这是汉代船舶推进工具中一件带有突破性的大发明。《释名》说:"在旁曰橹。橹,膂也。用膂力然后舟行也。"在旁,指明了橹的操作位置。膂作脊梁骨解,用膂力则意

---

① (清)王先谦:《释名疏证补》,上海古籍出版社 1984 年版,第 381 页。

味着用全身的力气,以推动舟船前进。这段记载可准确地说明橹的出现至少是汉代,但可惜没有进一步说明橹的特点。用桨时要"划",用橹时却要"摇",即通常所说的摇橹与划桨。这个"摇"字,是对橹的特点的集中概括。

划桨比撑篙已有显著的优越性,它可以远离岸边,在深水区靠水的反作用推船前进。但在划动时,桨入水作功一次之后,则要离开水面为第二次作功做准备,是间歇作功。对舟船来说,便是间歇推进。橹,则可以左右连续不断摇,橹就不间歇地连续作功。橹对舟船是连续推进的,这在推进工具上是一次带根本性的改革。

橹较桨具有更高的效率,则是它的另一大优点。橹是由櫂直接演变而形成的,它的外形极像长櫂,但橹的把手和橹板却是弯曲的,不像桨那样平直。橹与櫂有一个共同点,即都必须有一个支点。橹与櫂在使用上则不同:"纵曰橹,横曰櫂"。櫂是横向布置,前后划动;橹是纵向布置,左右摇动。如果从流体力学的角度分析的话,桨是靠桨叶划水时产生的反作用力推船前进的;橹则是利用橹板在水中划动时产生的升力推船前进的。

橹板向上伸延,通过叫作"二壮"的部位和橹柄相连接,构成一支整橹。在操橹的甲板上,设置一个球顶的铁钉,叫作"橹人头"(橹支钮),作为橹的支点。使用时将橹垫(橹脐)置于橹支钮上,橹柄的顶端系一根绳,叫作橹索。橹索的下端,拴在甲板上的一个铁环上。橹索,一是起固定橹的作用,二是可以伸缩它的长短来调节橹板入水的深浅。

橹除有推进作用外,还可以操纵船舶转弯、调转方向。因为它有这些优越特点,自从它出现以后,无论在内河或沿海,船舶便广泛利用它作为主要推进工具之一。即使在风帆设施齐全的船上,橹仍作为一件辅助推进工具与风帆长期并存。远洋海船遇到无风带仍需靠摇橹。大船进出港口时也是这样,橹通常是不能缺少的。

橹最早出现的年代很难考证。既然《释名》上已作记载,那么橹出现的年代当不迟于 2000 年前的汉代。橹,起初是设在船的两舷的,所以《释名》说"在旁曰橹"。现在一些小型船用橹几乎都在尾部,这或有一个演变过程。敦煌第 323 窟的初唐壁画上,描绘着一艘无帆无桨的大船,在船尾装一只大橹用以推进船舶。由上可知,最迟在唐初已出现了尾橹。

橹,是中国对世界造船技术上的重大贡献之一。橹的效率高的特点,是由于橹板在水中以较小的冲角划动时,阻力小而升力大,再加上橹是连续性推进工具,而且有操纵船舶回转的功能,一直到现代仍被外国学者所称道,赞誉它"是中国发明中最科学的一个"成就。

现代广为应用的螺旋桨推进器,它的不间歇做旋转运动的叶片,实际上也与在水中划动的橹板相似。桨叶的叶片也是具有阻力小而升力大的特点和优点。螺旋桨的发明和改进,是否也从中国的橹板运动中得到应有的启示呢?这当然是非常有趣的问题。

3. 舵与梢

这两者都是控制船舶航向的属具。《释名》一书对舵的解释是:"其尾曰舵。舵,拖也。在后面拖曳也。且言弼正船使顺流不使他戾也。"这说明舵的位置在船尾,用途是扶(弼)正船时航向。至于舵的形状与构造,《释名》里没有作进一步的说明。据已有的

257

第六章

先秦秦汉时期的海洋交通

汉代文物和船模,经过一些人的研究,认为舵与梢都是由桨演化而来的。桨叶的面积展宽成为舵,桨柄伸长则成为梢。作为船舶操纵工具的船尾舵,是中国的一项重大发明,比外国最早出现的舵至少要早 700 年。[①]

桨向舵的演进过程,大致可以从前述几个出土的船模看清楚,广州西汉木船模,尾部一个木俑,显然是以桨代舵,"弼正"船的航向。其形体和作用,都与西方常用的操纵桨相近似。

无独有偶,在湖北的江陵也出土了一具西汉时期的木船模型。江陵与广州相距数千里,但两地出土的西汉木船模却有极为相似之处。两个船模都具有四把推进用的桨,一把尾桨,兼起代舵的作用。不过江陵船模的尾桨不是架在左舷,而是设在尾部中间位置上,它已不是桨舵兼用,而是专司代舵的职能了。从广州木船模到江陵木船模所显示的尾桨由船的一舷向尾部中央的变化中,可以认为,在西汉时期,桨已经转移到舵的位置上,出现了向舵演化的态势。

广州东汉陶船模,距今已将近 2000 年,在它的尾部正中位置上已经有了舵。这个舵已比代舵的桨有很大的发展,它比桨叶的面积宽展了许多,有了较大的舵面积,舵面积系数约为 9%。若仔细观察陶船模,还会发现,这个舵不是沿着竖直的舵杆轴线转动,还残留着以桨代舵的痕迹。即使是这样,这个舵已经不是桨了。它是舵的祖式,在世界范围来说,它也是最早的舵祖。在西方的一些船史著作里,一致认定最早的舵出现在 1242 年,其最有力的物证是德国埃尔滨城发现的一个带有船尾舵图案的印记,该船为"科格"型船,尾部有一个很窄的舵。[②] 1242 年,在我国是南宋淳熙二年,我国这个时候不仅普遍使用了舵,而且已经采用了现代意义上的平衡舵。这种普遍采用的平衡舵形象在许多绘画中可以看到[③],甚至已经出土了一具远比 1242 年更早的平衡舵实物。[④] 中国古代造船技术在世界上的领先地位,由此可见一斑。

扩展桨叶面积使桨演变成舵,这是船的定向工具发展的一个途径。另一个途径是,增长桨柄的长度则使桨成为梢。

梢,是用一根整木料制成的,其长度约等于船长的 70%。梢的末端做成大刀形状,多用于急流河道的船上。桨向梢的演变,在长沙西汉木船模上还可以看到。该木船模全长 1.54 米,两舷共 16 把长櫂,每只长 0.52 米,约等于船长的 1/3。尾部有一只大长桨,桨叶呈刀形,背厚刃薄,架在尾部正中凹缺处,长 1.02 米,约占船长的70%。可见这尾部的大长桨与两舷其他 16 只把长櫂是完全不同的,它就是控制航向的长梢。

1955 年,在云南省晋宁县距滇池约 1000 米的石塞山出土了两面铜鼓,这是战国末期到西汉初期的文物。铜鼓上铸有舟船竞渡的纹饰。[⑤] 这艘竞渡中的小船可能在滇池或某小河里。在这艘小船上,除桨手们奋力划动的短櫂外,在尾部还架着一支梢,

① 《中国大百科全书·机械工程卷·船尾舵条》,中国大百科全书出版社 1987 年版,第 100 页;席龙飞:《桨舵考》,《武汉水运工程学院学报》1981 年第 1 期。

② George F. Bass,"A History of Seafaring",Walker and Company,New York,1972.

③ (宋)张择端:《清明上河图》(张安治著文),人民美术出版社 1979 年版。

④ 天津市文物管理处:《天津静海元蒙口宋船的发掘》,《文物》1983 年第 7 期。

⑤ 冯汉骥:《云南晋宁出土铜鼓研究》,《文物》1974 年第 1 期。

用来掌握舟船的航向。该铜鼓船纹中的梢似尚未完全改变桨的基本形态。

4.碇

船舶作为水上运载工具，要有行有止。行靠桨、橹，或者利用自然风；止要靠各种系泊工具。现代的系泊工具是锚，古代就是碇。

在独木舟和舟船的初期，可以靠河岸上的树木或木桩系船，有时也可把船系在大的石头上。当船舶向开阔水域或海洋发展以后，没有近岸的木材和石头可借用系泊，便只有靠系泊工具了。

早期的泊船工具叫作"碇"，用绳索将一块未经加工但形状又便于捆扎的石头，绑扎起来投入水底，利用石块的重量拖住船身，这是简单易行的方法。随着使用经验的丰富，或者在石块上凿孔穿上长绳，或者将石块稍加雕凿成为易于绑扎的形状，有的在绳端编结一个绳网，再往绳网里装若干石块，碇发展成多种式样。系泊时将碇放到水底，所以古籍上说到泊船时，概用"下碇"两字。

碇石沿用了很长时间，因石碇的重量有限，在风浪较大时有时就系不住船，后来就发明了木石结合的碇，或称为木爪石碇。这种木石结合的碇，既有碇石的重量，又有木爪扎入泥底，可使系泊船的能力成倍增加，成为更有效的系泊工具。

木石结合的碇，在中国最晚出现在汉代。广州东汉陶船模就悬挂着这种碇。仔细观察广州东汉陶船模的碇，就会发现有两个爪，在垂直于两爪构成的平面又有一横杆。令人惊异的是，近代西方所发明并风靡全球的有杆锚或称为海军锚，便是采用这种构造形式。海军锚的优越性是可以以较小的锚重而获较大的系船力，这已为世所公认。虽然我们不能说海军锚的发明是借鉴过中国汉代的碇，但至少可以说汉代的碇在构造上的合理性，已为后世的大量实践所证实。

发端于汉代的木石结合的碇，沿用了很长时间，当不断有所改进。北宋宣和年间（1119—1125 年）徐兢乘庞大的船队奉使朝鲜，归国后著《宣和奉使高丽图经》，书中对碇的使用情况叙述颇详："船首两颊柱，中有车轮，上缩藤索，其大如椽，长五百尺，下垂（碇）石。石两旁夹以木钩。"[1]这里不仅说到碇的构造，而且说明碇是用粗大的缆索系牢并用绞车升降的。

5.帆

桨和橹都是以人力为原动力的推进工具。只有帆的出现才开始跨入利用自然界的风力作为船舶动力的时代，船舶的航程才基本上不再受人力的局限和制约。所以说风帆的出现，是船舶推进动力上的一次飞跃，为船舶的远洋航行开辟了广阔的前景。

若论帆的出现，外国出土的有古埃及王墓中的一个陶制花瓶，上面绘有帆船，其年代大约为公元前 3100 年。[2] 在公元前 1500 年，埃及女王曾用帆船去远征，在阿里—巴哈里的寺院里有这一帆船的浮雕。该帆船树一桅并挂一帆。从这些文物，可确信埃及帆船出现之早。

中国出现风帆的年代，迄今尚未有定论。中国科技史界有一个比较流行的说法，认为商代的甲骨文中的"凡"字就是帆。由此则意味着中国的帆至少也有 3000 年到

---

[1]　（宋）徐兢：《宣和奉使高丽图经》卷 34，故宫博物院影印 1931 年版。

[2]　席龙飞：《中外帆和舵技术的比较》，《船史研究》1985 年第 1 期。

3500 年的历史。在古文献中首次出现"帆"字的是马融于汉元初二年(115 年)写的《广成颂》。① 在这之后六年,许慎的文字学巨著《说文解字》也有帆的记载。汉末成书的《释名》更有对帆的解释:"随风张幔曰帆,使舟疾汛汛然也。"这些文献可以确切地证明汉代确实有了帆,但是帆最早出现的年代显然应比 115 年为早才是。

西汉时中国东与朝鲜、日本,西与印度、斯里兰卡,均有海路的频繁往来,如果没有帆又怎样能实现呢?特别值得提出的是,汉武帝于元鼎五年(公元前 112 年)秋,曾派杨仆率 10 万水军,从浙江出发南下广东,次年冬天攻克番禺。这样浩浩荡荡的大型船队在海上长途航行,没有适宜的风帆实在是难以想象的事。况且,出发与攻克的时间,又都是东北季风大作而有利于北船南行的季节。这一切或许能提供甚至在汉代初年就已经有了适宜的风帆设施的信息。如果再想到秦代徐福的远航,风帆的出现或有可能更早些。

近年,根据湖南出土的战国时代越族的古乐器"镈于"上的船纹,推断"船纹中部立有一扇状图形","应是一种原始风帆的图像"。如果此说成立,则可以认定"中国的风帆始于战国时代"②。

中国的风帆虽不能说比外国为先,似因为有舵与帆相配合③,加上中国风帆的特点,使中国的风帆别具特色和优点。另外,最晚从汉代起,就有相当成熟的驶帆技术,或许是基于这些原因,使中国的帆船能够跨海越洋,领先于全世界。

关于汉代的驶风技术,《南州异物志》的记述为我们提供了宝贵的文献资料。《南州异物志》为三国时东吴太守万震所撰,原书已失传,但所记关于从广州出发的海舟等内容,由于被收于《太平御览》而得以保存。例如,卷 769 对大型海船就记有:"大者长二十余丈,高去水三四丈,望之如阁道,载六七百人,物出万斛。"如按每丈为 2.3—2.5 米计,则 20 丈的船,大约有 46 到 50 米的长度。关于船舶载量的记叙,其中载六七百人较为明确。"物出万斛"或说载重量之大。如果将 3 世纪的斛合一石计算,每斛可视为百千克,万斛的船则相当于千吨。

最为重要的还是《太平御览》卷 771 引《南州异物志》关于风帆的构造和驶风技术的记载:"外徼人随舟大小,或作四帆,前后沓载之。有卢头木,叶如牖形,长丈余,织以为帆。其四帆不正前向,皆使邪移相聚,以取风吹。风后者激而相射,亦并得风力,若急则随意增减之。邪张相取风气,而无高危之虑,故行不避迅风激波,所以能疾。"从这段叙述中我们可以得知:第一,汉代由于船舶长而载量大,已经开始使用多桅多帆;第二,帆为卢头木叶所织成,迄今虽不确知卢头木为何种植物,但从后世使用的由蒲叶和篾片织成的帆来看,这用卢头木叶织成的帆当属于硬帆;第三,用植物叶织成的帆,古曰篷,厚而硬,可利用侧向风力,"其四帆不正前向"就证明了这一点;第四,汉代已经注意到多帆的相互影响,要随时调节帆的位置和帆角,更要因风力的大小而调节帆的面积。

中国船舶的船型、构造、属具以及建造法式等,均自成体系,别具一格。其中帆与

① 文尚光:《中国风帆出现的时代》,《武汉水运工程学院学报》1983 年第 3 期。
② 林东华:《中国风帆探源》,《海交史研究》1986 年第 2 期。
③ 席龙飞:《中外帆和舵技术的比较》,《船史研究》1985 年第 1 期。

驶帆技术就更具中国特色。在西方，帆虽出现得很早，但进展较慢，西方所有代表性船型皆应用软帆，只适用于顺风，对偏逆风和侧向风则远不如中国的硬帆有效。从某一攻角吹向硬帆的侧向风，按空气动力学原理，可获得较大的升力以推船前进。"风有八面"，硬帆皆可利用。西方的软帆主要是按动量理论获得由顺风而产生的推进力，并不能适应"风有八面"这种大自然常有的现象。当中国的篷帆从由植物叶编织过渡到采用布帆时，横向密布横杆称为帆竹，由诸多帆竹支撑的布帆仍保持着硬帆的特点。带帆竹的布帆，和由植物叶编织的篷一样，都可以随风力的大小，对帆面积"随宜增减之"。当遇到特大风暴时，中国式的硬帆可利用自身的重量而迅速落帆。西方式的大块软帆，这时就要用众多的人力将帆卷起并绑扎在横桁上，紧急时有时需要砍断桅杆。

中国式的硬帆通常是采用"平衡纵帆"的形式，能绕桅杆转动，可根据风向随时调节帆角以获得较大的推进力。若遇顺风时，前后两个帆如一个帆的宽边横出左舷，则另一个帆的宽边就要横出右舷。两帆充分横向展开，加大受风面积，可提高航速。这就是《太平御览》卷 771 引《南州异物志》中所形容的："皆使邪移相聚，以取风吹。"调节后面帆的角度，充分利用流经帆面的气流，也可提高帆的推进效率。正如《太平御览》卷 771 引《南州异物志》中所说："风后者激而相射，亦并得风力。"

采用中国式的硬帆，即使在逆风或斜逆风中，船舶仍可采取曲折航线，以减小风向角，尽可能地利用风力前进。这叫作打戗驶风，船舶沿"之"字形航线曲折前进。为了既充分利用高空的风力，又考虑船的安全，风帆的上横桁常有 60° 以上的倾角，使方挂帆的顶端呈尖角并高过桅顶。"邪张相取风气，而无高危之虑"，正是形象地说明了这个问题。

东汉年间成书的类似今日辞书的著作《释名》，有专门一篇对船舶技术问题加以解释，十分珍贵，这就是《释船》。

《释名》为东汉刘熙撰。另一说始作于刘珍，完成于刘熙。全书分 8 卷 27 篇，《释船》为其中的第 25 篇。全书以音同音近的字解释意义，推究事物所以命名的由来。其中虽有穿凿附会之处，但对探求语源和古义，普遍认为很有参考价值。正因为如此，后世的学者对其也颇为重视，并加以疏通与润色。清代华源有《释名疏证》，清代王先谦有《释名疏证补》及《释名疏证补附》。全书既然类似于辞书，免不了分条记述，漫无层次，像似随其所见信手写成，但仔细排比以后，便可发现关于船舶的内容概可分为以下五个部分。

（1）总论定义。给船的性质和船的作用定了名，作了注释。

（2）船舶属具。在这一部分里，除对碇这种系泊工具遗漏之外，对桅、帆、桨、橹，甚至拉船的纤绳等各项属具，从作用、形状、操作部位等，都做了解释和说明。对舵的安装位置、作用也有简要的记载。

（3）船体结构。对汉代船舶的甲板、舱底结构，对上层建筑的庐、飞庐、爵室等均有说明。

（4）船舶分类。对各类船舶分别立名，在兵船中，根据战时的作用分有攻击舰"先登"，装甲舰"蒙冲"，快速战船"赤马"，多层战舰"槛"（舰）。还以载重量分 500 斛以上的"斥候"，300 斛的"艒"和 200 斛的"艇"等。

（5）稳性理论。在书中明确地讲到船的主要尺度对稳性的重大影响。"短而广，安不倾危者也。"

《释船》这一篇,虽然还算不得有关造船技术的鸿篇巨制,但是,它能在约 1800 年以前,把中国当时曾获得的造船成就和达到的技艺水平,翔实地记录下来,不仅在中国,即使在全世界范围来说,也是难能可贵的。外国的一些船史专著中,迄今还在那里片面地强调舵是 1242 年前后发明和使用的,举出的证据就是德国埃尔滨城的一个带有船尾舵图案的印记。① 然而,在中国,不仅有公元前后的船尾舵的文物,而且有《释船》这样的文献,对舵的作用、安装与操作部位均加以明确的解释。这就是说,在公元前后,中国不仅有了舵在使用,而且已经引起文人学士的注意,认为有必要在他的著作中加以概括。

第二节　先秦时期的海洋交通

早在我国历史上的先秦时期,海洋交通已经出现了,这与我国先民对海洋的长期认识分不开。到了春秋战国时期,由于沿海国家的出现,海洋交通得到了长足的发展。

一　夏商周时期的海洋交通②

从我国海上交通的产生来看,远在旧石器时代,我们的祖先——居住在今周口店地方(在北京市西南部)的山顶洞人,就已经和海发生了接触,他们从海滨拣取了海蚶介壳,并在壳顶部磨出窟窿,用它们做成串珠状装饰品。③ 与山顶洞人同时,我们的濒海而居的祖先,他们的生活是和海洋结合着的,可以推知,最早的航海活动也就是由他们开始的。

到了新石器时代,以我国黄河流域这一东西横列的地带为主,产生过著名的仰韶文化和龙山文化。这两种文化曾向北分布到辽东半岛,向东分布到台湾,向南分布到香港。④ 这些由考古发现而获知的历史事实,证明了远在使用新石器的原始社会时代,我们的祖先便已发展了对台湾及其他许多沿海岛屿的海上交通;而山东半岛和辽东半岛之间的海上交通,在当时已经充分建立起来。

大禹治水是一个很古老的传说,它告诉我们,大约 4000 多年前我国人民已经能有力地控制和利用水了。《竹书纪年》说到,禹的儿子启建立了我国历史上第一个奴隶制国家夏朝,有一个国王叫后芒(即帝芒),曾经"东狩于海,获大鱼"⑤。这是历史上关于夏朝航海事业所留下来的一鳞半爪的记载。稍后,在我国古代史上以善于航海著称的百越人,据传也是夏禹的子孙。⑥

---

① Peter Kemp,"The History of Ships."Orbis Publishing Ltd. London,1978.

② 本部分引见章巽:《我国古代的海上交通》,商务印书馆 1986 年版,第 1—3 页;中国航海学会:《中国航海史》(古代航海史),人民交通出版社 1988 年版,第 22—24 页。

③ 裴文中:《中国石器时代的文化》,中国青年出版社 1954 年版,第 28 页。

④ 裴文中:《中国史前时期之研究》,商务印书馆 1948 年版;《中国石器时代的文化》,中国科学院历史研究所第三所《丛刊》第二集,1955 年刊,第 28 页。

⑤ 方诗铭等:《古本竹书纪年辑证》,上海古籍出版社 1981 年版,第 10 页。

⑥ 《史记·越王勾践世家》。

商朝是继夏期而起的国家。夏灭亡以前,商已是我国一个兴旺的部落。《诗经·商颂》在追颂商汤的祖先相土时,有"相土烈烈,海外有截"的赞颂。① 假如据此就说当时商部落已有海外的领地,并且通过海上交通来治理,恐怕还得研究。不过,郭沫若认为,"可能相土的活动已经到达渤海,同'海外'发生了联系"②。后来汉代人的记载,曾说到商末周初时,有商的王族箕子出走朝鲜之事。③ 可以相信商朝一代已超出近海,而在渤海以东发展了海上交通。④

夏朝立国之初,在北方沿海居住着一个很大的族系,古称东夷。

史籍上说"夷有九种",这不过是概言其多的一个约数,实际上有十几个种族。据《括地志》记载,其中有几支就分布在渤海、黄海和东海的一些岛屿上。住在南方沿海的族系,总称为百越,他们和九夷人都是长于航海的部族。当社会生产发展到需要商品交换的时候,随着造船能力的日益发展,航海技术的不断提高,他们由近及远,开辟出了若干航路,几经往返探索,形成了一条条的海上航线。九夷中的商族,他们从原始社会末期和夏代奴隶社会的初期,便开始了大规模的海上活动。据《十六国春秋·前燕录》上记载:"昔高辛氏游于海滨,留少子厌越居北夷,邑于紫蒙之野"。此处所说的"高辛氏",即历史上称为五帝之一的"帝喾",其少子厌越即是商族的始祖"契"。这段记载,是说在夏朝立国之前,高辛氏将其少子留守在其氏族的故乡紫蒙(今内蒙古赤峰市的老哈河一带),然后带领一部分族人沿渤海南迁。商族是东夷中长于航海的一支族系。在《诗经·商颂》中即有颂扬他们与海外往来的诗文:"肇域彼四海,四海来假;来假祁祁,景员维河";"相土烈烈,海外有截"。这是为颂扬商侯相土建立了卓越的航海功业而作的。

考古证明,夏商两代,从现在的山东蓬莱到辽宁大连之间,已开通了一条横渡渤海的航线,它与越人开辟的河姆渡到舟山群岛和台湾的航线南北相应,是现知我国最古老的两条沿海航线。另外,同时活动于沿海的东夷航海者还大有人在,例如,在相土所在年代以后不久,夏朝的第八代君王帝芒,曾"命九夷,狩于海,获大鱼"。"命九夷"这一句话,一方面是说明夏王朝对沿海各部族的统属关系,另一方面说明沿海的东夷人均有出海的物质条件和航行能力,从而可以测知东夷人在沿海各地之间,多有短程的航路联系了。⑤

当时的百越人,尤以善于造船著名。《艺文类聚》卷 71 所引《周书》有"周成王时,于越献舟"的记载。周成王约为公元前 11 世纪人,当时我国江、淮、河、济四大河流,平行东流入海,尚未开凿沟通南北的运河,则越人所献的船,自今浙江东岸出发,一定要通过海上,向北航行,才能驶入淮水或济水,向西到达周王的统治中心地区。当时的淮水,约在今江苏阜宁附近入海,济水约在今山东小清河口附近入海。由此可见,西周时由今浙江东部直通江苏东北部或山东半岛北面的海上交通,已经见于文字记载。

① 《诗经·商颂·长发》。"截"是治理和整齐的意思。
② 郭沫若:《中国史稿》第一册,人民出版社 1976 年版,第 157 页。
③ 《尚书大传》卷 3(《四部丛刊》本);《史记·宋微子世家》。
④ 章巽:《我国古代的海上交通》,商务印书馆 1986 年版。
⑤ 中国航海学会:《中国航海史》(古代航海史),人民交通出版社 1988 年版。

后汉的王充所著《论衡》中,还有周时"越裳①献白雉,倭人②贡鬯草"及周成王时"越裳献雉,倭人贡畅"③的叙述。《尚书大传》(前汉人的著作)亦有周成王时越裳国献白雉的记述,这亦是西周已和东方的日本及南方的越裳有了海上交通之传说的最早记载。④

到了春秋战国时期,地处沿海的齐国,已是以渔盐之利为立国之本,吴国已不能一日废舟之用,越国向例以舟为车、以楫为马。他们的航海实力,远远超过夏商与西周,达到了航海事业初创期的成熟阶段,这时航海活动范围比前代扩大了许多,形成了一些沟通诸侯国之间的航线。像《论语》上记齐景公对晏子说:"吾欲观于转附(芝罘,今烟台)、朝舞(成山),遵海而南,放于琅邪"。从这句话里,可以反映出当时以渤海湾口的芝罘为中转点,北到辽东半岛,南到琅邪已有了一条南北航线。至于琅邪以南的沿海航线,可从春秋时期的几次海战中反映出来。例如,当春秋末年吴国国势日盛,北上与齐国争霸之时,于周敬王三十五年(公元前485年),曾派徐承率水军沿海北上进攻齐国。周敬王三十八年(公元前482年),正当吴国争霸中原时,越国范蠡率水军从浙江出发,沿海北上,从淮北攻进淮河,溯流而上截断吴军后路。

从春秋后期的海战活动中可知,从琅邪到浙江,已形成一条航路。若以琅邪为基点,把南北两段航路衔接起来,便形成南起浙江,北至辽东,长达数千里的一条沿海航线。我国后世的沿海北洋航线,便是由此发迹,经过逐代改进而完善起来的。⑤

二 春秋战国时期的海洋交通⑥

春秋战国时期,由于沿海诸侯国家的出现,使得这一时期的海洋交通比以前有了明显的发展。

春秋时代(公元前770—公元前476年),在我国海上交通事业中占最重要地位的,北方为齐国,南方为吴、越两国。

但在春秋时代的前期,齐国向东通大海的路径仍然被莱夷阻隔着。公元前七世纪中期,齐国已十分强盛,齐桓公虽然能够"通齐国之鱼盐于东莱"⑦,但并未能征服莱夷。当时莱夷的首都在今山东黄县东南20里,整个山东半岛的东部皆受其控制。公元前567年,齐国终于灭了莱夷,齐国的势力才达到东部的大海。富有海上生活经验的莱人,也和齐人融合起来。渤海海面以及环绕山东半岛的航行,主要就归齐人掌握了。汉人著作《说苑·正谏篇》说:"齐景公(公元前547—公元前490年)游于海上而乐之,六月不归。"可见当时航海规模已经很大。春秋末年人孔子(公元前551—公元前479年)曾说他想"乘桴浮于海"⑧,可见当时山东半岛一带的海上航行已很平常。

---

① 越裳指今越南的北部一带。
② 倭人指今日本。
③ 鬯、畅二字相通。鬯,一种香草酿的饮料。
④ 章巽:《我国古代的海上交通》,商务印书馆1986年版。
⑤ 中国航海学会:《中国航海史》(古代航海史),人民交通出版社1988年版。
⑥ 章巽:《我国古代的海上交通》,商务印书馆1986年版,第1—9页;中国航海学会:《中国航海史》(古代航海史),人民交通出版社1988年版,第24—28页。
⑦ 《国语·齐语》。
⑧ 《论语·公冶长》。

公元前485年,吴国派遣海军由海上进攻齐国,但未能入境,就被齐国击败退归[1],可见当时齐国已经有了强大的海军。

吴国是一个"不能一日而废舟楫之用"的国家[2],这是对春秋时代历史有深入研究的清代学者顾栋高所说的。尤其在春秋后期,吴国在造船技术上也有了提高,已能造出各类船只和很大的船舰。春秋时吴、楚两国常用水军交战。吴国拥有这样完备的水军,所以能于公元前485年由大夫徐承指挥自海上去进攻齐国,结果却被齐国打败。

当时吴国的首都,就在现在的苏州市,西滨太湖,东通大海。我们可以想象得到,在吴国水军船艇的四周,那时一定活跃着大大小小各种民间的船只,在古代中国东部的江海交会区,呈现出帆樯林立和乘风破浪的雄伟景象。

吴国人还特别善于治理水道。吴王夫差时,曾于公元前486年开掘邗沟,沟通长江和淮水,公元前484—公元前482年间又开掘深沟[3],东边沟通沂水和泗水(二水皆通淮水),西边沟通济水和黄河,这样,就把江、淮、河、济四条大河的水道都贯通起来了。不过,据清代著名地理学者胡渭的研究[4],吴在开通邗沟以后,对北方的主要水路交通,仍旧取道于海上。胡渭举出充分的理由,这是可以使人信从的。

以会稽为首都的越国,主要根据地是今浙江省境一带。但百越民族分布范围很广,南到今福建、广东、广西以至越南的北部,包括广大的沿海地区及附近岛屿。如现在舟山群岛中的定海,春秋时候称为勾东,就是越国的直属领土。当时百越人各族间的联系,多依靠海上交通,正如越王勾践所说,百越人的习性是"水行而山处,以船为车,以楫为马,往若飘风,去则难从"[5]的。他们的造船技术很高,所造的船,有的称为扁舟[6]或轻舟[7],有的称为舲[8],大约这些都是日常使用的;还有戈船和楼船[9],大约专供政府及作战使用。《越绝书》还说越国和吴国都有"船宫",大约就是造船的工场;越国称伐木造船的工人为木客,称水军兵士为楼船卒;百越人的土语,称船为"须虑",称海为"夷",他们就在海上演习船战。

越、吴两国之间,也常在水上作战。公元前482年,越国乘吴王夫差远赴北方黄池和晋君相会的机会,派范蠡和舌庸率领越国海军沿海北上,驶入淮水,以断吴王归路。[10] 公元前473年越国灭吴国后,范蠡恐怕勾践忌他功高,从越国浮海逃至齐国。[11] 公元前468年,越国首都由会稽迁到琅琊。以上一切都说明,春秋末年前后,由今浙江至山东一带的海上交通是怎样发达了。[12]

---

① 《左传·哀公十年》《史记·吴太伯世家》及《齐太公世家》。
② 顾栋高:《春秋大事表》卷33。
③ 《国语·吴语》。
④ 《禹贡锥指》卷6。
⑤ 《越绝书》(《四部丛刊》本)卷8。
⑥ 《史记·货殖列传》。
⑦ 《国语·越语》。
⑧ 《淮南子·俶真训》,舲是一种有窗的船。
⑨ 《吴越春秋》及《越绝书》。
⑩ 《国语·吴语》。
⑪ 《史记·越王勾践世家》。
⑫ 章巽:《我国古代的海上交通》,商务印书馆1986年版,第1—7页。

战国时代（公元前475—公元前221年），我国北方航海事业的主角，除了齐国以外，又增加了一个以蓟城（今北京市西南部）为首都的燕国。当时齐、燕两国的航海事业都很发达。以寻找神仙追求出世的方士们就利用航海事业鼓吹他们的幻想，说渤海里面的蓬莱、方丈、瀛洲三处神山上有仙人和不死之药。这三处神山究竟在什么地方？我们今天，和两千余年前的那些方士们一样，并不能指出确实的所在。但史籍里面关于战国时代燕、齐海上方士们生动的记载，说明了战国时代我国北方的海上交通已经有了很大的发展。

《战国策·赵策》有"秦攻燕则……齐涉渤海"的记载，可见当时齐国的海军已活动在渤海上了。战国时燕、齐两国的航海范围，后来还不限于渤海。《山海经》里面的各篇"海内经"，虽然一般认为到汉代才编集起来，但其中也保存着汉代以前的资料。《海内北经》中称"南倭、北倭属燕"，有可能即是对战国以来燕和日本已有海上交通传说的记载。战国时候齐国著名的学者邹衍，提倡大九州说①，这一学说与其说是对地球空间的观察和认识，不如说是对海洋和岛屿的观察和认识，反映出当时的航海活动已经很发达，其范围很大。

至于南方，由山东半岛以南至今浙江东岸的海上交通线，仍旧控制在越国所统治的百越人和吴人的手中。公元前379年，越国首都由琅琊迁至吴；公元前323年，越国被楚国所败，自今江苏南部以至山东南部滨海一带地方便成了楚国的领地。战国时代这一带的海上交通持续不断，海战也不时发生，这些足以说明反映战国时代地理形势的《禹贡》中说"沿于江海，达于淮泗"，正是当时事实的描写。楚破越后，楚国的领地大约限于浙江（水名，即今新安江及钱塘江）以北。至于浙江以南，直至今福建、广东诸省沿海一带，仍在各族越人手中，在东瓯（即今温州市）一带的即称为东瓯，在冶（即今福州市）一带的为闽越，东瓯和闽越两族又合称东越；在番禺（今广州市）及今广东沿海的为南越，也称扬越；在今广西南部及沿海一带的为西瓯，也称骆越。《山海经·海内南经》说"瓯，居海中。闽，在海中。"说明当时我国东南一带的许多岛屿都已经有航海的百越人往来其间或居住在上了，百越人和北方的交通也都取道于海上。又《竹书纪年》中有公元前312年越王派人至魏国献舟的记载，可见过去一般认为公元前323年楚灭越国，并不完全准确，因为此后南方仍有越王，而且南方的越人和黄河流域的魏国之间仍然维持着必须经过海上的交通联系。

关于战国时代我国沿海交通线上的重要港口，见于史籍的，渤海西北有碣石（在今河北昌黎县境）②，它是燕国通海的门户；山东半岛北面有转附（即今芝罘半岛，自春秋时代就是海上港口）③，南面有琅琊④；长江口附近有吴（即今苏州市，古代长江口在今崇明岛以西入海，吴很近海）；更南有会稽和句章（今浙江宁波市西）⑤，它们是越国的海港。再往南，东瓯、冶、番禺等各族越人的都邑也都是比较重要的港口。⑥

① 《史记·孟子荀卿列传》。

② 《禹贡》及《史记·秦始皇本纪》。

③ 《孟子·梁惠王》下。

④ 《孟子·梁惠王》下。

⑤ 《国语·吴语》《国语·越语》及韦解。

⑥ 章巽：《我国古代的海上交通》，商务印书馆1986年版，第1—9页。

从春秋到战国,沿海的燕、齐航海者,从山东及辽东出发,中间经过朝鲜半岛,航行到日本,前后共开辟了两条航线。春秋时期的一条,是左旋环流航线;战国时期随着航海技术的提高,又开辟出一条经由对马岛直航日本北九州的航线。从近代日本考古出土文物的分布地址所见,证实了这两条航线的存在和通航的大致年代。

1. 左旋环流航线

这是一条趁日本海左旋环流的航线,这条海流起源于鞑靼海峡的里曼寒流,它沿朝鲜半岛东岸南下,流至北纬 36°,相当于韩国庆尚南道庆州以外的海域,与从西南流来的对马暖流相遇。遂后,里曼寒流便分成了两部分,一支成为潜流继续南下,到济州岛附近,再度上浮为表流,成为中国沿海寒流的源头;另一支,与对马暖流平行流向东方,到日本的西海岸山阴、北陆地区,便又沿着日本西岸转而流向东北,直到津轻和宗谷海峡,又分成几小股支流,流势逐渐减弱,最后在库页岛附近消失。这条海流的走向,在日本海上则成为一股沿着四周陆岸向左旋转的环流,趁着这条环流,从朝鲜半岛东南方向,可以航行到日本西岸。在 1904 年日俄战争时,俄国曾在海参崴港外布设了 313 个水雷,其中有 59 个被左旋环流漂到朝鲜半岛东岸和郁陵岛,还有 198 个漂到日本西海岸的出云到津轻海峡一带和隐岐、佐渡两岛沿岸。1906 年,日本人和田雄治又做过一次测验,他在釜山与清津之间海岸投放了 339 个空瓶,竟有 80% 以上的空瓶,随左旋环流漂到日本的山阴和北陆地区。中国在春秋时期,便是中经朝鲜半岛借着这条海流通向日本的。在这条环流所经各地,遗留下许多春秋时期的青铜器。

近代在日本山阴、北陆地区,出土了大小 350 多件铜铎,其形状与春秋时期的编钟相似,据日人栗山周一的考证,这些铜铎的形状、花纹都像中国乙侯钟的样子,而且其上细部的涡旋雷纹、锯齿纹等花纹图案均酷似。乙侯钟是著名的山东"陈氏十钟"之一,原为春秋时山东登州的乙侯国所铸。乙侯国是东夷人的诸侯国,后来有一支迁至辽西,据此认定,日本出土的铜铎,是起源于中国沿海东夷人的文物。这种铜铎,还在韩国庆尚南道沿海一带屡有发现,尤其在入室里出土的小铜铎,与 1918 年在日本大和葛城郡吐田乡出土者一样。这说明铜铎是由乙侯国迁渡到辽宁的一支东夷人先传到朝鲜半岛,而后又渡海传到日本的。从铜铎遗址在朝鲜半岛和日本列岛的分布地点来看,恰好是在左旋环流行经的沿途。这些材料证明早在 2400—2500 年以前,中国的青铜器,是沿着这条左旋环流航线传到日本去的。

另外,从语言学的关系上,也可以清楚地看出这条左旋环流航线的走向。由于当时沿着这条航线东渡的不仅有山东的东夷人,也有东北地区的肃慎人,即以后所称的女真人,他们的语言属于阿尔泰语系的满—通古斯语。当女真人趁左旋环流东渡以后,在其所经过的日本山阴、北陆、陆奥这些地区的方言中,深深地保留着女真语的印记。一些女真语的词汇、句法、语序等,也被移植为日本语的构成部分了。可以说,女真语对日本语言的影响,有一定的普遍性。例如,据日本的《东日流外三郡志》上说,日本北部的古老民族是阿曾部族。其始祖传称为宇曾利ウソソ,即通古斯语"乌苏里",其意即是"天王",迄今在青森县陆奥,还有以宇曾利命名的村、河、湖泊,证明这个地区的先人是来自中国东北地区乌苏里江流域各地。再如日本北海道的"手宫文字"来源于肃慎人;モヨロ是中国"毛挹娄"族人的遗址等等。这些语言学、民俗学的现象和考古文物、遗址,均可以说明,中国的东夷人在春秋时期开拓了这条左旋环流航线,而后相继渡海到了日本。

2.经对马岛到北九州航线

到了战国时,随着造船和航海技术的发展和提高,又开辟了一条经过对马岛直航日本北九州的航线。

中国古文献中最早记载过日本的,是战国时期成书的《山海经》。在《山海经·海内北经》盖国条上说:"盖国在距燕南,倭北。倭属燕。"据注释,"盖国"即"高勾丽盖马大山"。按其方位又在倭之北,当即指对马岛。这条记载,指示了对马岛与通北九州航线的关系。文中提到的"倭",在中国古籍中又称作"倭面土"或称"倭奴",这些名称皆来自音译。"倭"字古音读 ya。据此"倭面土"读若 yamandu,与"大和"族的日语的读音相同ヤスト。所以中国古籍中的"倭",实际是指日本列岛而言。具体说来,《山海经》上的这条关于对马岛和日本的记载,是由这条航线的走向而来的。在这条航线的沿途,遗存下大量战国时期的青铜剑、青铜鉾(戈),标示着这条航线的起止点及其走向。航线的北端起自朝鲜半岛今韩国的庆尚南、北道,在这里发现了战国青铜剑、鉾遗址 3 处,总共遗存文物 11 件;由此向南,在对马岛发现 17 处,共 59 件;博多湾岸边有 22 处,共 85 件;北九州的筑后有 15 处,共 48 件;丰后有 12 处,共 43 件。把这些青铜兵器的遗址的分布点连接起来,便成为从朝鲜半岛南端出发,中经对马岛而达日本北九州的航线。在这条航线上,对马岛是渡日的中间站。据《读史方舆纪要》上说,釜山"滨大海,与日本对马岛相望,扬帆半日可至"。对马岛由上下两岛组成,南北长 73 千米,东西宽 18 千米。岛中央的御岳山高 490 米,是为渡对马海峡时的陆标。从对马岛的南端出发时,可见东南方 35 海里处的冲之岛。该岛处于对马岛与关门海峡西口的连线中间,其高点为 224 米,是航路途中的良好陆标和寄泊地。再从冲之岛出发,可见 25 海里外的大岛,岛高 234 米,地标明显,而且对马岛东侧水道为对马暖流的支流,流速平缓,航行无大困难。船过大岛即到北九州的宗象。这条航线在左旋环流以西,又在三国曹魏所开的航线以东,《日本书纪·神代卷》上把它称谓"海北道中",是中国文化向日本流传的一条重要的海上交通干线。当在这条航线上航行时,往返都要横渡流速 24 海里的对马海流,所以这条航线的开通,反映着战国时期的造船和航海技术水平,已具备了克服对马海流横漂的能力。

在日本,出土铜铎的地方,则基本上少见铜剑和铜鉾;反之,出土铜剑的地方也少见铜铎。至今没有见到在一个地方有两种文物交杂或叠压同见的现象。有的学者认为这是两个文化圈,但说不清产生这种现象的原因。假若从形成以上两条航线的海流、船舶、驾驶技术等角度来研究的话,便可以清楚地看出,铜铎和铜剑分离遗存的现象,是由先后不同时期的两条航线(即春秋时期的左旋环流航线和战国时期的经对马岛至北九州航线)传播过去而形成的。特别是在发现铜剑的经对马岛到北九州航线的沿途,同时都发现了燕国的货币"明刀"的遗存。由此便可比较确切地把经对马岛至北九州航线出现的时间,定在战国时期了。[①]

---

① 中国航海学会:《中国航海史》(古代航海史),人民交通出版社 1988 年版,第 24—28 页。

第三节 秦汉时期的海洋交通

一 秦朝的海洋交通①

秦始皇于公元前221年统一中国后,表现出对海洋和海洋交通的极端重视。公元前219年,登基不久,秦始皇就开始东巡海疆,沿着渤海南岸,到黄、腄、芝罘、成山等地视察,南登东海(今黄海)北部的琅琊,并驻跸达三个月之久。这些地方都是以前齐国的重要海港。秦始皇在琅琊期间,令迁三万户居民于琅琊城,并派徐福带领了童男童女数千人入海求仙,一次次成就了大规模的海上航行。公元前215年,秦始皇又亲到渤海北岸的碣石(是以前燕国主要的海港,在今河北昌黎县境),从该处派遣燕地方士卢生们入海求仙。公元前210年,秦始皇东游会稽山(在今浙江绍兴市附近),然后沿海北上到琅琊;从琅琊经过劳山(今青岛崂山)、成山到芝罘,在山东半岛的东面环航一周。在回京途中,不幸病逝。

秦始皇派遣徐福率领的数千童男童女组成的庞大的航海船队,后世盛传曾到过日本,或者到过亶洲和夷洲(即今中国台湾),也有的说到了美洲,这些都是可能的。秦朝时渤海区域东到朝鲜半岛的海上交通,尤为发达。当时朝鲜半岛南端有三个国家,号称三韩:西为马韩,东为辰韩,南为弁辰。据《后汉书·东夷传》的记载,辰韩就是避苦役而逃亡海外的许多秦人所创建的。

秦时中国南部广大的地区,仍居住着各族越人。公元前222—公元前214年间,秦征服了各族越人,建立了闽中、南海、桂林、象四个郡。各族越人素来善于航海,秦在南方建立南海等四郡后,积极在南方发展海上交通。

下面我们从考古材料来看一下秦代海洋交通发展的情况。

1974年底,在广州市区中心的中山四路北面,曾发现一处古造船工场的遗址,这地方在古代紧靠珠江北岸。工场规模巨大,有三个平行排列的造船台,还有木料加工场。综合研究的结果,认为这个造船工场始建于秦代统一岭南时期,一直到西汉初年的文帝、景帝之际才废弃填覆。② 这工场遗址正是秦帝国统一南越后,积极在南方进一步发展海上交通的证明。

秦帝国南收百越,是含有经济动机的。《淮南子·人间训》中说,秦之南进,是为了"利越之犀角、象齿、翡翠、珠、玑"。《汉书·地理志》也说,越地"近海,多犀、象、毒冒(即玳瑁)、珠、玑、银、铜、果、布之凑(凑即集合地之意),中国往商贾者,多取富焉,番禺其一都会也"。以上这些物品的产地,一直展延到南方的中南半岛一带,所以秦平南越后急速在番禺(即今广州市)建立造船工场,以便向更南方发展。

根据这一造船工场遗址船台大小估计,一号船台所造船只的宽度应为3.6—5.4米,二号船台则应为5.6—8.4米。根据推算,当时常用船的宽度不超过5米,少数特

---

① 本部分引见章巽:《我国古代的海上交通》,商务印书馆1986年版,第13—14页。
② 《广州秦汉造船工场遗址试掘》,《文物》1977年第4期。

殊的大船可能宽达 8 米左右;至于长度,宽 5 米的船的长度可能在 20 米左右,载重约 500—600 斛(合 25—30 吨),宽 8 米船的长度和载重按比例增加。这样大的船自然可以胜任在南海沿中南半岛一带航行了。①

广州这个建立于秦代的造船工场,汉代初年仍继续使用,秦代在南海方面的航海活动,汉代也继续发展了下去。

二 汉朝的海洋交通②

西汉帝国(公元前 206—8 年)的初年,分封同姓。帝国的东部沿海一带,北从现在的辽宁省起,南到现在的浙江省止,分封成许多刘姓的王国;自今浙江省境以南,东瓯、闽越、南越、西瓯各族在事实上也恢复为相对独立的王国。公元前 154 年,西汉中央政府击败了吴越七国,加强了中央集权。

汉朝建国初期,采取了休养生息政策,社会经济逐渐得到恢复和发展。到汉文帝、景帝统治时期,出现了一代繁荣景象,历史上称之为"文景之治"。

公元前 140 年,开始了汉武帝的统治时期。汉武帝刘彻,是在文景之治的社会经济繁荣和财富积累雄厚的背景下登上历史舞台的,他很重视航海事业的发展,对陆上和海上的交通路线的开辟,起到了重要的历史作用。

汉建元三年(公元前 138 年)武帝派遣张骞出使西域凡 13 年,开辟了一条中西贸易的交通大道,这就是迄今仍载誉中外的丝绸之路。但这条通路经常受到匈奴的骚扰而中断,汉武帝不得不设法另寻他途。于是在元狩元年(公元前 122 年)其派使者从四川开辟经过印度通往西方的新路线,由于种种原因而未获成功。因此,开辟海上的航路就提到了议事日程。

秦始皇时,虽征服了百越,但秦末以后,百越各国又都独立了。为了征服百越和控制海上交通线,汉武帝派遣严助和朱买臣等吴人,建立海上武力。公元前 138 年,闽越出兵进攻东瓯,汉武帝就派严助从会稽郡(郡治在今苏州市)发兵航海援救东瓯。公元前 135 年,原来以今福州市一带为中心根据地的闽越,分为越繇和东越两国。东越国王后来曾移居泉山(在今福建泉州市城北)及其南方大约 500 里的岛屿中。公元前 112—公元前 111 年,汉武帝派兵灭了以今广州市为中心的南越。公元前 111—公元前 110 年间,又灭了东越。在进攻东越时曾利用海军,由句章(今浙江宁波市西)出发,浮海南征。

从西汉政府这几次对南方的用兵中,我们可以发现,当时西汉的海军船队,对于季风已经有了充分的认识并加以掌握了。例如,公元前 138 年的一次用兵,是在 7 月,当时汉武帝年轻心急,急着要出兵,但严助的浮海南征行动很慢,直到闽越退兵战役结束,船队尚未到达前线。看来船队之所以迟迟才行,应该是为了力求避免夏季南来的季风对于南向航行的不利。至于公元前 112—公元前 111 年和公元前 111—公元前

---

① 《秦汉时期的船舶》,《文物》1977 年第 4 期;《水军和战船》,《文物》1979 年第 3 期。据上海《解放日报》(1984 年 11 月 29 日第三版)载文,一艘由中国广州造船厂制造的木帆船,船身长二十五米;宽六点八米,排水量七十吨,由十个不同国籍的二十六名男女青年驾驶,从广州出发,经过三年多时间,于 1984 年 10 月中到达法国首都巴黎塞纳河岸。由此也可表明,秦代所造宽八米以上的船,是能够出远海航行的。

② 本部分引见章巽:《我国古代的海上交通》,商务印书馆 1986 年版,第 15—17 页。

110 年的两次用兵，前一次虽非航海，却也是船军沿河流南下，利用了风力，后一次是浮海南航，更有赖于顺风。这两次的船军和海军都在秋季出发南航，顺利获胜，显然是在航行进军中充分掌握和利用了秋冬季节北来的季风的。

至于朝鲜半岛方面，西汉初年时，燕人卫满灭了箕氏朝鲜，自立为王，史称卫氏朝鲜，建都王险，即今天平壤附近。卫氏朝鲜对于半岛中部的真番及南部的辰韩等邻国进行侵略，而且破坏他们和汉帝国的交通，汉帝国在渤海以东航运因而受到了阻碍。公元前 109—公元前 108 年间，汉遣海、陆军灭了卫氏朝鲜，设置四郡，直接辖属于汉中央政府。其中所遣海军 5 万人，就是由今山东港口出发，渡渤海前往的。

通过上述战争，汉帝国东面整个的海上交通线，北起渤海，南迄今越南沿岸，都通行无阻了。不仅如此，西汉时代我国还通过南海和今日印度洋上的国家建立了海上交通联系，开辟了太平洋和印度洋之间的远程航行。

自从汉武帝以后，直至东汉帝国末年，渤海和山东半岛附近一带的海上航行是非常发达的。例如，北海郡都昌县（今山东昌邑）人逢萌，在王莽时渡海至辽东，到东汉初年又渡海回山东半岛，可见当时在渤海上航行已经很便利了。又如 109—111 年间，渤海区域曾发生人民起义，起义军以海岛为根据地，纵横海上，转战于辽东半岛和山东半岛的北部。东汉末年，如管宁、王烈、邴原、刘政、国渊、太史慈等，都曾由山东半岛航海移民。航海事业向东发展，不但到达了朝鲜半岛，而且也确立了中国和日本之间比较经常的海上交通。当时日本和中国之间的海上交通，大约是以朝鲜半岛为中介的。

《汉书·地理志》记载说："乐浪海中有倭人，分为百余国，以岁时来献见云。"这是说汉武帝攻占朝鲜后，设置了乐浪、临屯、玄菟、真番四郡，开始与日本建立了海上交往。日本虽在中国东方，但限于当时的航海知识和技术等条件，双方只能沿着传统形成的绕经朝鲜的沿岸航线。这是自汉武帝以后直到曹魏时期的中日交往的主要航线。近代在日本弥生时代的文化遗址发掘中，发现很多中国的古镜、璧、玉及王莽时代的货物，这当然是汉代中日间海上交往的有力见证。

南方的海上交通，也很发达。两汉时在今广东和广西的南部，设置南海、苍梧、郁林、合浦四郡；在今越南境内，设置交趾、九真、日南三郡。在 83 年以前，上述七郡对北方的交通主要取道于海上，所以《后汉书·郑弘传》说："交趾七郡，贡献转运，皆从东冶（东冶即今福州市）泛海而至，风波艰阻，沈溺相系"。83 年以后，才在今湖南省的南部增开陆道，通往今广东、广西境及越南的北部。但增开陆道之后，海上航行仍然畅通。《后汉书》曾记载桓晔、袁忠诸人自会稽（东汉会稽郡治在绍兴市）浮海至交趾的航程；《三国志》中也有许靖自会稽远航交趾，以及王朗自会稽浮海至东冶，并欲再由海道前往交趾的记载。这些都是东汉末年的事情了。

汉帝国自汉武帝开始在南方海上航行畅通，促成了对印度洋以西海上交通的重要发展。

在《汉书·地理志》里面，留有弥可珍贵的记载，说从日南郡的边境（今越南广治附近一带）或徐闻（县名，故址在今广东徐闻县附近）、合浦（郡名，治合浦县，故址在今广西合浦县东北）航海出发，"船行可五月，有都元国；又船行可四月，有邑卢没国。又船行可二十余日，有谌离国；步行可十余日，有夫甘都卢国；自夫甘都卢国船行可二月余，有黄支国。……自黄支船行可八月，到皮宗；船行可八月"，就回到日南郡界了。记载中还说,这些国家在汉武帝时就来献见,汉帝国方面,则由国家派遣直属宫廷的译长,率同应募的船员们,带了黄金和丝织物品,入海远航,交换明珠、璧流离(一种宝石名)及其他的奇石异物带归。记载中还说,黄支以南有已程不国,是汉使所到的最远的地方。由此可知,西汉时代我国航海家的踪迹,已经远达印度半岛的南部和斯里兰卡了。往返一次需要28个月,航程达数万千米。这就当时而言,是非常了不起的。

至东汉时代,中国和天竺(印度)的海上交通始终畅通,佛教也早已传入中国了。131年,叶调国王所派的使者经由日南航海来汉,叶调大约即今爪哇,或苏门答腊岛东南部。166年,有"大秦王安敦道使自日南徼外献象牙、犀角、玳瑁"的记载[①],大秦即指罗马帝国东部,安敦可能即罗马皇帝马可·奥勒留·安敦尼(M. Aurelius Antoninus,161—180年在位)。这事可能是由罗马帝国东部的商人们借用了大秦王的名义东来活动,因为此时的大秦正与中国汉王朝一样,都在谋求建立直接的海上交通,以发展丝绸贸易。

大秦的首邑位于埃及北部的亚历山大城,中国丝绸传统上经由陆路向西运入大秦,途经中亚地区后,须经行安息(今伊朗)境内,而安息就加以阻挠,以求由它来垄断丝绸的西运,从中谋取高额利润。汉帝国与大秦都要打破安息的垄断,所以只好另辟海路,以谋求开辟直接通航贸易的海上航线。结果是,通过海上航线,当时世界上的两大帝国——汉帝国和罗马帝国(东部)就直接连接起来了。

这条航线因沿途国家较多,从开辟之始,便显示出适应东西方需要而交往频繁的优势。《舆地纪胜》广州条中说:"番禺格控引海外,诸国贾胡,岁具大舶,贵奇货,涉巨浸以输中国。"当时这条航线的起点是徐闻,《元和郡县志》中说:"雷州徐闻县,本汉旧县。……汉置左右侯官,在徐闻县南七里,积货于此,备其所求,与交易有利。"徐闻之所以能成为汉代的重要港口,是它的地理位置优越所决定的。在以沿岸航行为主的时代,进出广州的海船,每经琼州海峡时,都要在雷州半岛南端的徐闻停泊,储存或补充一部分货物或给养。徐闻在汉代海上丝绸之路的全程中,既是广州的储备外围港,又是全航线的始发港。所以,汉初形成的这条丝绸之路,被交通史家称之为"徐闻、合浦海南道"。

远在2000多年前的两汉时代,中国的海上航线就形成了北到朝鲜半岛,东至日本列岛,南达南洋群岛,西抵印度半岛南部直至非洲和地中海的庞大的海上交通网络,应该说这是世界航运史上的一大创举,为我国后世航海事业的发展奠定了基础。

---

① 《后汉书·西域传》。

第七章

先秦秦汉时期的海洋信仰与崇拜

在夏商周时期,已经出现了海洋信仰。一方面,人们把海洋的祭祀纳入祭祀礼仪的范围;另一方面,当时出现了对禺䝾、禺彊等海神的信仰以及对海盐神、海洋潮汐神、军事海神与求仙海神等行业海神的信仰,这时期的海洋信仰处于萌芽状态,具有原始的特征。其功能体现为东部沿海的东夷各族人在长期海洋实践基础上渴望开发、利用和征服大海并使之为人类服务的愿望,体现为人们对那些在认识海洋、开发海洋过程中做出了重大贡献的开拓者的崇敬之意。人们在认识海洋的过程中,赋予了海洋特有的文化理念,即海与海洋在人们的视野中可用于地域的划分,体现着特定的地域观念,海洋展示给人们包容和襟怀,海洋赋予了人们特定的超尘意识。在我国东南方沿海地区,在与我国东南沿海毗邻的环太平洋地区及其附近的滨海岛屿上,存在着鸟类图像遗存、鸟类器物和鸟形装饰,流传着众多的鸟图腾和鸟生传说,这里有渤海湾地区氏族部落的鸟生传说,有"居在海曲"或"食海中鱼"的鸟崇拜部族,有沿海百越部族的"雒越鸟田"即雒鸟助耕的神话,体现着特定的鸟崇拜文化。舟形器、舟形屋、陶制海船模型以及船形棺等器物造型表达的特定的海洋艺术,甲骨与青铜器上特定的海洋物象、帛画与铜镜上暗含的海洋因素、古老的岩画上传达的悠远的古海洋文化信息,均是以器物为载体的海洋文化形式。中国海南岛、台湾岛等沿海岛屿的早期传说中蕴涵着特定的海洋文化色彩。沿海地区盛行的徐福文化经久不衰。秦汉时期滨海方士文化的盛与衰适应着该区域亘古以来的滨海天然环境。在中国早期海洋文学的文化蕴涵中,《山海经》中"海"味十足,春秋战国及秦汉时期的滨海地区流传着很多海洋故事,秦汉时期的海赋散发着海的气息。

第一节 早期的海神信仰

涉海民众在长期的海洋生活过程中,对海洋的认识基本上可分为物质层面的和精神层面的,海洋资源的认识是属于物质层面的,而对海洋的信仰或崇拜则是属于精神层面的。精神层面的海洋认识往往具有非常神秘、非常模糊的特征,尤其是在人类社会的早期,那些沿海居民的海洋信仰,无论是祭祀海洋的现象,还是信奉各种海洋神灵的现象,都具有这样的特征。

一 海神信仰的产生与演变①

我国早期海神信仰,是伴随着我国沿海先民的早期海洋生活而逐步产生和丰富的。

探讨中国海神信仰的发生,自然应从最早的海神着眼。迄今为止,见诸文献与传说口碑的我国早期海神应是《山海经》所载的禺虢、禺疆父子。

《山海经·大荒东经》:"东海之渚中,有神,人面鸟身,珥两黄蛇,践两黄蛇,名曰禺虢。黄帝生禺虢,禺虢生禺京。禺京处北海,禺虢处东海,是谓海神。"郭璞注曰:"虢,一本作号。"由此可知,禺虢即禺号,是东海的海神,其神容为珥、践两黄蛇的鸟(人面鸟身)。其子——北海海神禺疆(郭璞注:禺京,"即禺疆也。")的神容:"北方禺疆,人面鸟身,珥两青蛇,践两青蛇,"(《山海经·海外北经》)禺虢与禺疆除了所珥、践之蛇的颜色不同外,其神容是相同的。

关于海神禺虢与禺疆的族属,《山海经》中有两说:一为"黄帝生禺虢"(《山海经·大荒东经》),一为"帝俊生禺号"(《山海经·海内经》)。这不同的族属解释似乎很矛盾,其实不然,这反映了不同海神信仰在不同沿海地区同时流行的情况。

黄帝生禺虢一说,强调了其神容构成中蛇的正统地位。《山海经·海外西经》说:"轩辕之国在此穷山之际。其不寿者八百岁。在女子国北,人面蛇身,尾交其上。"黄帝氏轩辕,蛇形。轩辕国信仰的蛇形,还表现在它的宗教象征物即图腾上:"轩辕之丘,在轩辕国北,其丘方,四蛇相绕。"黄帝之系谱在《史记·夏本纪》中是这样构成的:黄帝——昌意——颛顼——鲧——禹。《山海经·海内经》引《归藏·启筮》说:"鲧死三岁不腐,剖之以吴刀,化为黄龙。"鲧死化为黄龙实为其显出其神容——蛇(在先民眼里,蛇与龙是相类的)形。海神神容构成中的四蛇(珥两蛇、践两蛇),当是轩辕之丘四蛇的转型。推而思之,鲧所化的黄龙也当与禺虢神容构成中的黄蛇有着密切的关系。

帝俊生禺号(虢)一说,则强调了其神容构成中鸟(人面鸟身)的正统地位。帝俊即"夋"。甲骨文中的"夋"为鸟首人形。这正是以鸟为图腾的东夷族天帝——帝俊的形象。鸟首人形和人面鸟身是相通的。胡厚宣在《甲骨文所见商族鸟图腾的新证据》中有详尽的论证。

从海神禺虢、禺疆的神容构成看,似乎向我们传达了这样一个信息:鸟图腾与蛇(龙)图腾的结合。更确切一点说,是鸟图腾对蛇(龙)图腾的役使。

从古文献所载可知,鲧和其子禹均是上古时著名的治水者,因所采取的治水方法不同,鲧失败而禹成功。其所治之水主要是黄河及其支流。王孝廉说:"夏民族所祭祀的河神,也即是他们的祖神伯鲧(即鲧)。正因为水神河伯是大禹的父亲伯鲧死后所化,所以我们看到了《尸子》卷上河伯曾经赐给大禹治水的地图,然后返身入渊的故事。"②我们知道,上古时黄河流域各族所祭祀的河神是不同的,但夏族祭祀的河神则为鲧。在我国古代神话中,有羿射河伯(河神)之举。《楚辞·天问》:"帝降夷羿,革孽夏民,胡射夫河伯而妻彼雒嫔?"《山海经·海内经》:"帝俊赐羿彤弓素矰,以扶下国。"

---

① 本部分引见郭泮溪:《中国海神信仰三论》,《海南教育学院学报》1992年第1期。
② 王孝廉:《黄河之水——河神的原像及信仰传承》,《民间文学论坛》1989年第5期。

"羿"字从"羽",也是以鸟为图腾,属东夷族。羿射夏族的河神(除此外,羿还有其他壮举)应是秉承东夷族天帝俊的旨意而行的。王逸注《天问》关于羿射河伯之事时,引用了这样一则民间传说:"河伯化为白龙,游于水旁,羿见射之,眇其左目。河伯上述天帝曰:'为我杀羿。'天帝曰:'尔何故得见射?'河伯曰:'我时化白龙出游。'天帝曰:'使汝守神灵,羿何从得犯汝。今为虫兽,为人所射,固其宜也,羿何罪欤?'"河神之所以打不赢这场官司,因为这本来就是帝俊的旨意。羿射河伯一事,实际反映了东夷族征讨夏族之举。这与商人(属东夷族)革夏之命可能有关。羿射河神的结果是"眇其左目",并夺去了河神的妻子雒嫔——征服了河神。

在新石器时代及其以后很长的一段历史时期里,我国东部沿海地区的居民是东夷各族人(鸟夷、禺夷、莱夷、淮夷等)。面对波浪滔天的大海,沿海地区的东夷人既靠简单的渔具获取海中的水族,又时遭大海的报复。为了征服和控制大海,东夷人曾与之进行了不屈不挠的长期斗争。"精卫填海"的神话故事即反映了这一斗争。当东夷人征服了夏族的河神后,自然会想到役使这治水者去管理大海,于是就创造出了人面鸟身(处于主导地位的东夷人鸟图腾)珥两蛇,践两蛇(使之处于被役使的地位)的海神形象。

从上面的分析可以看出,从我国海神信仰产生的区位来看,它发生在我国沿海地区,其最早产生的地区,主要是沿海的东夷各族。海神禺虢、禺彊的出现,标志着我国早期海神信仰在一定时期的"权威说法"的相对统一。

随着时代的变迁,海神禺虢、禺彊父子的名气渐渐弱了下去。这一现象的出现与东夷族人不断被征服与同化有关。与之相适应的是海神角色的演变。这种演变的结果就是龙蛇摆脱了人面鸟身的役使,主动行使管理海神的职能。至此,海神与河神、江神相类似,其神容多为龙蛇形(包括大鱼,俗云黄河之鲤跃过龙门则为龙[①])。王嘉《拾遗记》:"羽渊(神话中鲧死后入羽渊而化为龙)与河海通源也。海民于羽山之中,修立鲧庙,四时以致祭祀,常见玄鱼与蛟龙跳跃而出,观者而畏矣。"另《史记·秦始皇本纪》载:始皇帝于三十七年(公元前210年)出游,"上会稽,祭大禹,望于南海",后北上琅琊。方士徐福又编造了因海中有大鲛鱼所阻,无法去蓬莱求仙药的谎话。随之,始皇帝梦中与海神战。醒后占梦,博士说:"水神不可见,以大鱼鲛龙为候。今上祷祠备谨,而有此恶神,当除去,而善神可致。"后来,始皇帝便以连弩射海神。从《史记》和《拾遗记》的文字可知,当时的海神早已不是珥两蛇、践两蛇,人面鸟身的神容了,而是以大鱼和鲛龙的面目出现。正如《史记》所记,秦始皇祭大禹,望于南海,是祭祀海神;但在琅琊又"梦与海神战",当博士言此海神为"恶神"后,又以连弩射海神。秦始皇的一祭一射,当反映了当时世人对海神的态度:如海神对人们有利,则祭之;反之,则对其大不敬,驱之,伐之。

东汉时期,佛教开始传入我国,后与中国传统文化融合,普及到社会各阶层。在这一基础上,佛教中统领水域并掌管兴云布雨的龙王,便与中国海域的龙蛇海神相融合,海龙王作为海神的信仰,就在民间广泛传承、普及开来,堂而皇之地享用起了渔民舟子的香火。从此以后,不但中国北、南、东诸海域,凡是有水之处,皆由龙王管辖,皆建有

---

① 《艺文类聚》卷96《三秦记》:"河津一名龙门,大鱼积龙门数千不得上,上者为龙,不上者鱼。"

龙王庙。原为龙蛇神容的水神（包括海神），也融合进了龙王信仰的观念之中。同时，佛教中的观音菩萨作为中国化的观音娘娘，不久也成了女性海神；至宋代，被升为国家祀典的女海神妈祖娘娘，又成了更为普遍的海神，享受起了上至国家、下至民间并波及世界各地的祭祀香火。对此，可参见本书相关卷册中的专门介绍。

二　早期的行业海神

古人云："依礼，有益于人则祀之。"在人类社会发展中，大凡在某一领域做出了重大贡献的人们，往往会被后人当作纪念的对象，有的甚至还会被神化，当成某一行业的行业神。人们在认识海洋、开发海洋的过程中，那些开拓者以及做出了重大贡献者，则被后人视为行业海神，在历史的长河里熠熠生辉，成为人们祭奠和缅怀的对象。

1. 盐神[①]

盐是人体必需的物质，盐很早就为人们所认识。在人们认识海盐、开发海盐的历程中，那些与海盐的生产管理有关的重要人物，往往被赋予神化的色彩。先秦时期的宿沙氏和管仲便是其中被神化的人物。

《说文解字》称："古者夙沙初鬶海盐。"[②]在《广韵》注中，也有类似的记载。[③] 鬶，即煮；据《说文解字》段玉裁注称："夙，大徐（本）作宿，古宿、夙通用。"从以上资料看，首创煮海为盐的"夙沙"，应该是人工盐在中国的创始者。

段玉裁《说文解字注》又说，许慎之说，"盖出《世本·作篇》"[④]。《世本》，据学者们研究，是春秋时人所撰，汉时宋衷（字仲子）为之作注；宋时已散佚。《图书集成》收有孙冯翼、雷学淇和张澍三种辑本，而以张澍本为详细。诸本《作篇》的正文，都只有"宿沙作煮盐"五个字。"古者""初""海"四个字，似为汉人许慎所增益。

"夙沙"，或者说"宿沙"，是一个人，还是一个部落？又是什么时候的人或者部落？对此，古籍上有很多相互矛盾的、十分混乱的记载。

段玉裁《说文解字注》引《吕览》注称："夙沙，大庭氏之末世"，是把它当作一个古老的部落来看待的。《庄子·胠箧篇》说："昔者容成氏、大庭氏……神农氏。当是时也，民结绳而用之。"认为大庭氏是与神农氏即炎帝同时代，或者早于神农氏的部落。而《诗谱序》却说："大庭、轩辕，逮于高辛"，在这里，大庭氏又成了神农氏的别号。大概正因为《诗谱序》的这个传说，清嘉庆（1796—1820 年）年间，自贡井的煮盐工人组成的行会组织，就曾经取名为"炎帝宫"[⑤]。

被当作"大庭氏之末世"的夙沙，在《渊鉴类函》的"煮海"条中[⑥]，又成了黄帝轩辕氏的"诸侯"，并称他"始以海水煮乳，煎以成盐，其有青、黄、白、黑、紫五样，盐之作，自此始"，但未注明这些说法出自何书。张澍辑《世本·补注》称："《北堂书钞》引《世本》

① 郭正忠：《中国盐业史》（古代编），人民出版社 1997 年版，第 19—22 页；宋良曦：《中国盐业的行业偶像与神祇》，《盐业史研究》1998 年第 2 期。

② 《说文解字注》第 12 篇上"盐"。

③ 《广韵》二十四"盐"注："古者夙沙初作煮海为盐"。

④ 《说文解字注》第 12 篇上"盐"。

⑤ 《自贡文史资料选辑》第 11 辑，第 36—39 页。

⑥ 《渊鉴类函》卷 391《盐三·煮海》条注。

云：'夙沙氏始煮海为盐。夙沙，黄帝臣。'"这大概也就是清朝初年编辑《渊鉴类函》的依据。

张澍的《补注》又说："《路史》[①]注引宋衷注：'夙沙氏，炎帝之诸侯。'"《路史》这部书虽不可信，但夙沙氏是炎帝"诸侯"的记载却并非孤证。《吕氏春秋·用民篇》载："夙沙氏之民，自攻其君而归神农。"南宋郑樵《通志》卷26《氏族略·以氏为国·夙沙氏》条引《英贤传》曰：'炎帝时侯国'。"同书卷1《三皇纪》称："夙沙为诸侯，不用命，箕文谏而杀之。神农退而修德，夙沙之民，自攻其君而来归。"看来，传说中居住在胶东半岛上的夙沙氏，作为一个发明煮海为盐的古老部落，曾经是炎帝神农氏的"诸侯"，大概没有问题。

《北堂书钞》卷146《盐·宿沙善煮》条，原注引《鲁连子》说："宿沙瞿子善煮盐，使煮滔沙，虽十宿不能得。"《太平御览》卷865引《鲁连子》，"滔"作"溃"，末多一"也"字，余同于《北堂书钞》。《鲁连子》一书，5卷，战国时齐国人鲁仲连所撰。这个熟悉故乡传说的鲁仲连，他所提到的那位"善煮盐"的夙（宿）沙瞿子，很可能就是传说中古老的夙沙部落中最善煮海的老盐工或者盐业的"大老总"。

《太平御览》卷865引《世本》称："夙沙作煮盐"下，有小注说："宋志曰：宿沙卫，齐灵公臣。齐滨海，故（宿沙）卫为自盐之利。"所谓"宋志"，当系"宋衷"的抄误。查《左传》鲁襄公二年（即齐灵公十年，前572年）、十七年、十八年、十九年，都记载有夙沙卫的事迹；称"齐灵公臣"，不误。根据《左传》的记载，夙沙卫曾经是齐灵公的"寺人"，后来升任"少傅"。至于"齐滨海，故（宿沙）卫为鱼盐之利"云云，不知汉人宋衷是否另有所本。

综上所述，这个在远古或上古时期就居住在山东半岛上的"夙沙氏"，长期与海为邻，首创煮海为盐是理所当然的。根据商人以"西"为"卤"来推测，至迟约在商周之际，这个古老的部落中终于出了一位远近闻名、技术精熟的煮盐人夙沙瞿子。直至春秋中期，人们一提到夙沙部落，总把他们和"鱼盐之利"联系在一起。

人工盐的煎煮成功，不仅在自然盐（卤）之外增添了新的品种，并且，随之而来的是"盐"的概念、"盐"的文字也广为传播。随着人工盐的发展，至战国之后，除了专门的文字书如《说文解字》之外，人们多知用"盐"，反而很少、甚至不知用"卤"了。

上述有关夙沙氏的记载虽然矛盾很多，但有两点是明确的：一，夙沙氏是一个长期居住在山东半岛上的古老部落，和传说中的洪荒时期的炎帝部落有密切的联系；二，夙沙部落长期与海为邻，不仅首创了煮海为盐，而且大概在商、周之际，就已在当地推广和普及煮盐。正因为如此，夙沙氏被后世尊崇为"盐宗"。

早在赵宋以前，在河东解州安邑县东南十里，就修建了专为祭祀"盐宗"的庙宇。《太平寰宇记》引用吕忱的话说："宿沙氏煮海，谓之'盐宗'，尊之也。以其滋润生人，可得置祠。"[②]直至清同治年间，盐运使乔松年在泰州修建"盐宗庙"，庙中供奉在主位的"盐宗"就是煮海为盐的夙沙氏，而把商周之际贩运卤盐的胶鬲、春秋时在齐国实行"食

---

① 《路史》47卷。宋人罗泌撰，记载三皇至夏桀的传说，依据纬书和道书，多荒诞不经。
② 《太平寰宇记》卷46《河东·解州·安邑县》条。

盐官营"的管仲,置于陪祭地位。座次的排列,似乎自发地反映了生产第一的观点。①

可见,煮海为盐的夙沙氏之所以被供奉在庙中主位而被称为"盐宗",这与他所代表的早期沿海部落对于海盐的开发利用是分不开的。

要之,传说中的夙沙被供为盐神,这种信仰最为普遍。夙沙又作宿沙,一说为黄帝臣,一说为炎帝时的诸侯,还有一说为齐灵公时的夙沙卫,说法很多,不一而足,而以信奉前两说者为多。也就是说,在我国相当广泛的海盐和池盐产区,大都是将宿沙作为盐业生产的鼻祖来供奉的。

在中国各类手工行业中,盐业的行业偶像和神祇数量甚多,构成了一个庞杂的体系。因为盐业的从业者既包括盐工、盐商,又包括盐官、盐运使,还有不少为盐业提供原、燃材料的间接人员,加之盐的产制又分成海盐、池盐、井盐、岩盐等,再因盐业产区、产场的分散和封闭,所以形成了与其他手工行业不同的特点,即不仅在全国盐业中没有一个共同的行业偶像,而且在海盐、井盐、池盐各产区也没有共同的行业神祇。如两淮盐区供奉夙沙氏、胶鬲、管仲;长芦盐区供奉盐姥、詹打鱼;两浙盐区供奉头神;川盐产区供奉张道陵、十二玉女、开山姥姥、梅泽、扶嘉、杨伯起。

盐业神祇的诞生,既有历代统治者敕封而成的,又有盐业从业者敬奉而立的,均为在一定的历史时期和社会条件下,造神者根据自己的需要和自身的利益,并按照一定的标准,从已知的材料中选择某一对象制造出来的。这一对象必须被认定为当地盐业的开发者、创始者、保护者,从而成为盐业的行业偶像。这种行业偶像可能是人,也可能是神,还有个别地区认定的偶像是某一种动物。由人变成行业偶像和神祇,是将人神格化,使之具有神的特征和法力;由神变成行业神祇,则是神性和神的职司的转换;至于将动物作为顶礼膜拜的行业神祇,则有一个赋予该动物神性的过程,并带有行业图腾崇拜的影子。

盐业行业神祇十分芜杂,既有人,又有神,还有动物;既有历史人物,又有神话人物,还有古老相传的民间人物,总之,既有真实的开业祖师,又有虚构的技艺神灵。

真实的开业祖师,系指历史上确有其人,而此人又是盐业某一领域、某一方面的开拓者、创始者,因而被尊为祖师、先师,成为盐业的行业偶像和神祇。真实的开业祖师在盐业神祇中仅占很小的比例,如管仲即是。管仲系春秋时齐国贤相,他为齐桓公殚精竭虑,正盐筴,官山海,设官煮盐,首创盐铁官营,促进了齐国的盐业和社会经济的发展,为齐桓公五霸称雄打下了坚实的基础。《管子·轻重甲》:"管子曰:'今齐有渠展之盐,请君伐菹薪,煮沸水为盐,正而积之。'桓公曰:'诺。'十月始正,至于正月,成盐三万六千钟。"《管子·海王》又载:"桓公曰:'然则吾何以为国学?'管子对曰:'唯官山海为可耳。'桓公曰:'何谓官山海?'管子对曰:'海王之国,谨正盐筴。'"可见管仲既是中国盐政的创始人,又是海盐生产的开拓者。在两淮地区的盐宗庙中,管仲与夙沙氏、胶鬲一起被尊为盐宗奉祀。在泰州,管仲被尊为中国盐政之祖供奉:"泰州西门内有小香者,中供先贤管子塑像,为淮官商云集之所。"②吴恭亨《对联话》卷2录有湖北武穴榷运局长朱纯经自题署门联:"管子天下才,霸图表海盐专卖;东坡宦游地,吏隐即仙心太

① 郭正忠:《中国盐业史》(古代编),人民出版社1997年版,第19—22页。
② (清)朱彭寿:《安乐康平室随笔》卷6。

平。"旧时海盐区有的盐店挂有颂扬胶鬲与管仲的对联:"胶鬲高踪传隐市,奚吾遗术足匡齐。"①奚吾即夷吾,管仲名夷吾,字仲。昔日在内地如四川的盐店门楣,也时有称颂管仲的对联:"胶鬲生涯,桓宽名论;夷吾煮海,傅说和羹。"

胶鬲是殷纣王时的贤臣,与微子、微仲、比干、箕子等并称为辅佐君王的贤人。因曾从事过渔盐之业,故被奉为盐神,享祀于两淮盐区的盐宗庙中。《孟子·告子章句下》载:"孟子曰:舜发于畎亩之中,傅说举于版筑之间,胶鬲举于鱼盐之中,管夷吾举于士,孙叔敖举于海,百里奚举于市。"凭此记述,盐业从业者便将胶鬲奉为祖师了。②

2. 潮神③

潮汐现象的发生很早就为先民所关注,人们在认识这种海洋现象的过程中,也赋予了它们神秘的色彩,从而产生了潮神(或曰"涛神")。

在中国古代对潮的含义有时不是严格的,它实际包括:月亮和太阳引潮力形成的潮汐(tide);喇叭形河口形成的暴涨潮(涌潮、怒潮)(bore);地震引起的海啸(tsunami);风暴引起的风暴潮(storm surge)。中国古代潮神的周期性显神威,似是第二种,但从人们对潮神的畏惧膜拜心理以及设置镇海神物来看,显然主要是指后两种潮灾。而实际上常是彼此叠加在一起后,才造成巨大的潮灾。

西汉枚乘在《七发》中已把广陵涛说成"候波",即古代传说中的涛神阳候的波,并且又提到怒涛到伍子胥庙所在的"伍子之山"时,即缓缓流去,远远地直奔传说伍子胥迎母之处的"胥母之场"。《七发》虽然提到了上述传说,并且描绘了广陵涛的神奇和壮观,却又强调这些均"似神而非",乃是客观自然现象。

伍子胥(? —公元前484年),春秋时楚国人,后逃亡吴国,在佐吴王夫差伐楚中建立了功勋而升任吴大夫。后吴打败越国,他因坚持反对夫差同意越王勾践的请和,而触怒吴王,最终被吴王屈杀。据《史记》记载,他"自刭死。吴王闻之大怒,乃取子胥尸盛以鸱夷革,浮之江中。吴人怜之,立祠于江上,因命胥山"④战国楚大夫屈原,对此有同感。他曾感叹说:"浮江淮而入海兮,从子胥而自适"⑤,要入海追随伍子胥而任意沉浮。东汉时,有关伍子胥冤魂驱水为涛的传说流传相当广泛。这些传说后来又被载入史册。⑥ 王充在《论衡》中谈潮汐时,也提到伍子胥驱水为涛的传说及当时立庙祭祀情况:"今时会稽丹徒大江、钱塘浙江,皆立子胥庙,盖欲慰其恨心,止其猛涛也。"⑦但接着王充对此迷信传说进行了逐条剖析和层层批驳。王充指出:"广陵曲江有涛……吴杀其身,为涛广陵,子胥之神,竟无知也。"⑧这就是说,虽然伍子胥为当时吴王所杀,吴都城在今苏州,若那么怨恨吴王,就应在吴地驱水为涛才对,不该在吴地外报复。即既不该在越国的钱塘江作涛,也不该在长江北面的广陵作涛。王充又明确指出:怒潮

① 李乔:《中国行业神崇拜》,中国华侨出版公司出版,第215页。
② 宋良曦:《中国盐业的行业偶像与神祇》,《盐业史研究》1998年第2期。
③ 宋正海:《东方蓝色文化》,广东教育出版社1995年版,第175—176页。
④ 《史记·伍子胥列传》。
⑤ 《楚辞·悲回风》。
⑥ 《越绝书》卷14;《吴越春秋》卷5。
⑦ 《论衡·书虚篇》。
⑧ 《论衡·书虚篇》。

现象"上古有之"①,并非始自伍子胥时代,并进而用喇叭形河口地形来解释怒潮的成因。东晋葛洪也指出:"俗人云,'涛是伍子胥所作',妄也。子胥始死耳,天地开辟已有涛水矣。"②

但是古代有关潮汐的迷信和迷信活动是始终不绝的,如造子胥祠、海神庙、潮神庙、镇海塔、镇海楼,设海神坛,封四海为王,祭海神潮神,置镇海铁牛,投铁符,强弩射潮等。

3. 航海神③

那些在战争中有所建树的人,往往会成为人们敬奉的对象,他们有时还会转化成一种精神力量,成为航海者崇拜的对象。

如汉伏波将军,开发华南地区,功不可没。"伏波故有神灵为徼外蛮酋所畏,自汉至今,恪遵约束,岁时禊腊,或祭铜柱于西屠,或祠铜船于合浦,其涉乌蛮之滩,渡朱崖、澹耳之海者,亦必精心所祷,乃得安流。"④这里说的"伏波"即汉代的伏波将军。把历史上某些英雄人物置庙奉祀,对于加强汉族与少数民族的交流,增大少数民族对中原王朝之向心力具有一定的意义。

那些通过航海来追求海外仙山或仙境的人物,由于其活动本身的神秘性,因此也被赋予了神秘的色彩,被后人作为求仙海神而祭祀着。如秦朝时,在日本及山东沿海就建有徐福祠(详见本书有关徐福文化的章节)。

三　早期的海神祭祀⑤

先民们对于大海的认识,和认识大自然中的其他物象一样,起初都是以崇拜或图腾的方式来实现的。《礼记·学记》云:"三王之祭川也,皆先河而后海",这里说的三王实际上是对夏商周三个王朝的泛称,可知夏商周时期已经开始对大海进行祭祀了。当然,对大海的膜拜在时间上并非如此具体,因为任何一种文化都不是在某一时段突然出现的,它必然要经历一个相当长的发展时期。在中国,对海洋进行祭祀这种崇拜方式是什么时候出现的呢? 我们可以用南海神崇拜为例作一说明。

相传南海神名祝融,本是火官,又称赤帝,或称炎帝。《礼记·月令》:"仲夏之月……其日丙丁,其神祝融。"(注):"祝融,颛顼之子曰黎,为火官。"他是主司南方的神。《汉书·魏相传》云:"南方之神炎帝,乘离执衡,司夏。"历代天子以立夏之日来迎接他,以祈求降福。《后汉书·祭祀中》云:"立夏之日,迎夏于南郊,祭赤帝祝融。"自隋文帝开皇十四年在广州扶胥镇为他立祠之后,南海庙便成为赤帝祝融的宫室,以便他在此坐镇,保护南方臣民。按屈大均谓:"南海之帝实祝融。祝融火帝也。帝於南岳,又帝於南海……故祝融兼为水火之帝。其都南岳,故南岳主峰名祝融,其离宫在扶胥。"故昌黎云:"南海阴墟,祝融之宅。"在诸神中,他的名次最贵,位于东、北、西三神及

---

① 《论衡·书虚篇》。
② 《抱朴子·外佚文》(四部备要)。
③ 陈伟明:《古代华南少数民族的宗教文化》,《世界宗教研究》1996 年第 1 期。
④ (清)屈大均:《广东新语》卷 2,中华书局 1985 年版,第 40 页。
⑤ 本部分引见曾一民:《隋唐广州南海神庙之探索》,《唐代文化研讨会论文集》,台北文史哲出版社 1991 年版,第 312—317 页。

河伯之上。碑文云："海于天地间为物最巨，自三代圣王莫不祀事。"屈大均云："四海以南为尊，以天之阳在焉。"由于他是主司南方之神，故称他为"南海之君"或"南海之帝"。①

大抵古人对天地山川海岳的奥妙，所知不多，且深不可测，常见怪异，能为云，作为风雨，同时也会给国家和人民带来祸害与幸福，因此以为有神。《礼记·祭法》云："山林、川谷、丘陵之神，有益于人民者也。""五岳、四渎、名山大川，神明所居，风雨是主。"②是故必须以祭祀来安抚它，来怀柔它。《诗经·周颂·时迈》云："怀柔百神，及河乔岳。"《礼记·月令》云："仲冬之月……天子命有司祈四海、大川名源、渊泽井泉。"这是我国古代传统的民间宗教信仰，希望借此"礼神致福"③，以保安。故历代天子皆有立祠来祭祀它们。《史记·封禅书》云："自五帝以至秦，轶兴轶衰，名山大川，或在诸侯，或在天子。礼损益世殊，不可胜纪。及秦并天下，令祠宫所常奉天地名山大川鬼神可得而序也。"秦始皇就曾多次巡海，并祭祀海神。即使不能到达南海，也于会稽举行祭祀仪式，"以望南海"。到了汉宣帝的时候，除了名山大川渎岳皆立祠致祭之外，还开创了立祠祭海神仪式的先例。其事始自神爵元年（61年），制太常云："夫江海，百川之大者也。今阙焉无祠。其令祠官以礼为岁时，以四时祠江河雒水，祈为天下丰年。"④自是五岳、四渎皆有常礼。大抵汉宣帝有感三代以来名山大川、渎岳，甚至山林川谷等历代天子，皆有立祠致祭的郊祀，为何独海没有？何况海乃百川之大者，而且有益于国计民生甚大，又怎可无祠来祭祀呢？所谓"依礼，有益于人则祀之。"汉文帝十二年（168年）就有依礼增修立祀的法令："比年五谷不登，欲有以增诸神之祀。《王制》曰：'山川神祇有不举者为不敬'。今恐山川百神应典祀准则未尽秩，其议增修群祀宜享祀者，以祈丰年，以致嘉福，以蕃兆民。"⑤及秦始皇一统天下，北抵长城，南达五岭，东至于海。自是与东南二海的接触渐频。

有关南海的开发，则在秦始皇平服百越之后，置南海、桂林、象都三郡。南海，今广东境；桂林，今广西境；象都，则今安南境。皆南海的领域，而以番禺（广州）为中心。所谓"处近海，多犀、象、毒冒、珠玑、银、铜、果、布之凑，中国往商贾者多取富焉。番禺，其一都会也"⑥。及汉武帝登位，雄才大略，南北拓展疆土。自平定南越王后，与南海的接触更为密切，就以海路交通来说，时由广州或徐闻、合浦出发，经中南半岛、马来半岛，可抵达黄支国（东印度建志补罗国⑦）。他们"自武帝以来皆献见。有译长，属黄门，与应募者俱入海市明珠、璧流离、奇石异物，赍黄金杂缯而往。所至国皆禀食为耦，蛮夷贾船，转送致之，亦利交易。剽杀人，又苦逢风波溺死。不者数年来还。大珠至围二寸以下"。如此看来，秦皇、汉武对南海的兴趣与财货之利有密切的关系。自南海交通开发之后，既有如此优厚的利益可图，海路波涛险恶虽可怕，但若祈求得到海神的庇

---

① （清）屈大均：《广东新语》"南海神及海神"条。
② 《册府元龟·卷三二·帝王部》"崇祭祀"条。
③ 见张秉权《殷代的祭祀与正术》，中研院史语所集刊第49本，1978年。
④ 《汉书·郊祀志》。
⑤ 见《后汉书·祭祀中》，"章帝元和二年注"。
⑥ 《汉书·地理志》。
⑦ 见方豪《中西交通史》"汉代中印间之交通"，华岗出版有限公司1977年版，及冯承钧《中国南洋交通史》"汉代与南洋之交通"，台湾商务印书馆1976年版。

佑,则海之有益于国计民生甚大。此所谓"依礼,有益于人则祀之"。在我国传统的宗教观念里,"功施于民则祀之。天文日月星辰,所昭仰也;地理山川海泽,所生殖也"①。基于上述原因,海之有益于百姓与后稷、山谷、丘陵、岳渎相同。既然自古以来对后稷、山林、川谷、丘陵、渎岳,历代天子皆有为它们立祠致祭的礼制,何以独海没有?此所以汉宣帝特别要为它立祠祭祀的缘由。大抵古代以海道遥远,未便在近海处立祠,仅在洛水附近设坛立祠望祭而已。此种望祭仪式,自古已有,或称之"四望"。《史记·楚世家》:"乃望祭群神,请神决之。"所谓"四望","不可一往就祭,当四望为坛遥祭之。故云四望"②。海道虽便,但比陆路更为险恶,为求海上旅途平安,于是乃有设立海祠来祭祀的需要,祈求海神庇佑的宗教思想因之自然而生,因此,到了隋文帝开皇十四年,开始直接在沿海近处立祠致祭。东海则在山东莱州西北 17 里立海神祠,南海则在广州扶胥镇,西北距广州城 80 里。

第二节　鸟图腾崇拜③

在对于大海的早期认识中,人们不但对海洋本身、人—海关系本身产生了神灵信仰与崇拜,而且对和大海相关的某些其他事物也产生了信仰与崇拜,这种信仰与崇拜是和对大海认识有着密切联系的,反映着人类特别是早期人类对于海洋、对于涉海社会的整体思维。对于这一类与海洋直接或间接相关的事物的信仰和崇拜,我们可统称之为海洋信仰与崇拜。

比如,从空间位置上来看,日出东方,而山东沿海在上古时期就曾认为是日出大海,大海,被人们看作是日出之所在。《尚书·尧典》:"分命羲仲,宅嵎夷曰旸谷。"《传》云:"宅,居也。东夷之地称嵎夷。旸,明也。日出于谷而天下明,故称旸谷。旸谷、嵎夷一也。羲仲,居治东方之官。嵎,言隅。马曰:嵎,海隅也。夷,莱夷也。"说明旸谷即东夷人所认为的日出之谷,在海隅一带的东夷之地。帝尧命主管天文历法的羲和氏首领羲仲居于日出之旸谷,目的是为了就便观测、祭祀日出。可以看出,人们对于从海中出生的太阳予以崇拜,在一定程度上可以说是与对大海的认识密切联系着的。大海的浩渺无边,大海的深不可测,赋予了人们这样一种认识,即给予人们温暖的、遥不可及的太阳只有在浩瀚的大海中才能够自由出入,才能够自由升降,这从一个侧面反衬出人们对大海广漠浩瀚、有容乃大的认知。

另外,水之所在,就成了人们想象洗浴的空间。太阳从大海中升起,于是人们就把太阳从海水中的升起,看作是太阳在洗浴。《山海经·大荒南经》云:"东南海之外,甘水之间,有羲和之国。有女子名曰羲和,方日浴于甘渊。"对于这种"浴日"行为,郭璞注指出:"羲和,盖天地始生,主日月者也……作日月之象而掌之,沐浴运转之于甘水中,

---

① 《汉书·郊祀志》。

② 《周礼·春官·大宗伯》:"则旅上帝及四望""疏"条。

③ 本节引见石兴邦:《我国东方沿海和东南地区古代文化中鸟类图像与鸟祖崇拜的有关问题》,《中国原始文化论集——纪念尹达八十诞辰》,文物出版社 1989 年版。

以效其出入旸谷虞渊也。"与之类似的记载还有"有女子方浴月"①,可知,这里洗澡的水只能是大海才能够说得通。人们已经把自身的洗浴和太阳与月亮在海上升起而运行的现象联系起来,这种对于太阳和月亮从海水中升起、落下的反复运行行为的朴素认识,蕴涵着人们对于日月崇拜的神圣心理,而这种日月崇拜和对于大海的崇拜,是密切联系在一起的。

由于历史的久远,由于古人对此疏于记述,我们现在来认识和描述这种海洋信仰与崇拜,可以查找到的文献史料毕竟有限,但我们通过考古工作,却发现和认识了许许多多反映我们祖先为表现这种信仰和崇拜所遗留下来的种种器物、种种艺术样式、种种文化景观遗产,甚至种种一直传承在民间的口碑遗产。对此,我们可统称之为早期海洋信仰与崇拜的艺术表现。

在这些早期的海洋信仰与崇拜中,鸟图腾崇拜是最为普遍和突出的文化现象之一。

一　鸟图腾崇拜的遗存

在我国东部、东南部和南方沿海地区的古代海洋文化中,鸟类图腾与鸟祖崇拜现象十分普遍、突出和鲜明,我们现在通过考古所能够发现和认知的,主要是远古人们刻画在岩石、器物上的艺术的图像遗存。通过这些类似于我们今天的"大地艺术"和"造型艺术"的图像遗存,我们可以感受到当年先人们在涉海生活中把鸟视为图腾神灵、对其作为祈祷和祭祀的对象物的虔诚之心,我们甚至可以想象出那顶礼膜拜的喃喃之声、虔虔之态以及缭绕的香火与攒动的人群。

在我国新石器时代,东方沿海及黄淮下游地区的考古学文化中,鸟类图像遗存及鸟形纹饰与塑造,向我们展示了这里曾是人类对鸟顶礼膜拜、寄托无尽感念与情怀的一处处神圣的殿堂。

东方沿海地区是古代鸟类崇拜的窠臼。繁荣滋长在这里的大汶口文化和龙山文化,是这一地区原始文化相继发展的两个阶段。在这一文化系统中,器物上的鸟类图形及陶塑鸟行遗存相当丰富。大汶口文化距今约 6000 年至 4000 年,可分三个发展阶段,鸟类器物和鸟形装饰一直相沿不断。

大概从龙山文化末期,经岳石文化而到早商时代,仍然流行鸟纹装饰。在传世的一批玉器上,雕刻有鸟形纹样和鸟形变态的图像,与商殷铜器上的纹样很相似。

美国弗利尔美术馆藏有三件玉璧,其上刻有鸟立于山上之形的图像,山作五峰,和大汶口文化陶尊上的山形一致,只是中峰是平顶。李学勤认为,鸟在山上可读为岛字。三件玉璧的符号都是两字的复合,其中都有岛字,这使我们联想到《尚书·禹贡》冀州、扬州条提到的岛夷,即古代海滨的部族,正好是大汶口文化分布的地区。这三件玉璧,大概是山东地区大汶口文化和龙山文化的遗物。②

燕人活动于沿渤海湾地区,也是古夷人后裔,也以鸟为图腾,并把图腾徽号铸于货币上。

① 《山海经·大荒西经》。
② 李学勤:《重新估价中国古代文明》,《人文杂志》增刊,1982 年。

　　在长江下游三角洲地区——河姆渡、马家浜、崧泽和良渚文化时期的鸟图像遗存，也同样反映着其丰富的鸟崇拜文化。

　　河姆渡文化，是这一地区新石器时代最早的文化遗存。河姆渡文化早期陶器上的纹饰，以刻画纹最发达，其题材是动物纹、植物纹以及由动物纹演变而来的圈点和线条组成的图案花纹。动植物纹多饰在釜、盆腹部，图案花纹多饰在釜上。动物纹中以鸟形图像最为突出，既丰富又生动、逼真，在陶器和骨器、牙器和装饰品上都有。

　　在古越人分布地区的各国，广泛流行的鸟篆书，是中国文字学中最独特的一种书体，是这一地区历史文化特点的反映。这些书铭多铸刻于春秋战国时代的青铜器上。容庚先生在《鸟书考》①中根据当时的资料统计，已知有鸟篆书的器物约 40 件，其中仅越国就有 15 件。

　　1981 年冬，浙江绍兴坡塘公社发现一座战国时期越人墓，出土大批徐国铜器，其中最珍贵的是一座铜制的房屋模型，在房顶中央竖立一柱，柱头蹲一只大尾鸠。这是鸟图腾柱的明显标志。② 这件标本可说明它是越人中以大尾鸠为图腾的后裔，在其宗庙中正在进行宗教祭祀的场面，说明徐国也以鸟为图腾，并保留了相当长的时间。

　　按越人习惯，航海时，每遇厄难，拜求祖先图腾——雒鸟或龙鼍，降临福佑，保护他们。在这种图腾崇拜意识支配下，每次出海时，按照图腾形象，把他们自己装扮成以鸟羽为衣冠的羽人或鸟人，同时也把它们所乘的船只予以图腾化，祈祷平安。

　　珠江三角洲地区的石峡文化中，其鸟形遗迹也有许多表现，现在发现的主要是鬶形器和鸟形罐。

　　雒越是越族分布在南方的主要支系，以鸟为图腾，故其分布地区有鸟田或雒田的传说。

　　《吴越春秋》记载："少康恐禹祭之绝祀，乃封其庶子于越，号曰无余。余始受封，人民山居，遂有鸟田之利。"《地理志》："龙山上有禹井，禹祠，相传下有群鸟耘田也。"《水经注》亦记："鸟为之耘，春秵草根，秋啄其穗。"又说越王无余时，"安集鸟田之瑞，以为百姓请命"。"禹崩之后，众瑞并去，天美禹德而劳其功，使百鸟还为民田，大小有差，进退有行，一盛一衰，往来有常。"

　　《越绝书》也记有："大越海滨之民，独以鸟田，大小有差，进退有行，莫将自使，其故何也。"《水经注》引《交州外域记》云："交趾昔未有郡县之时，土地有雒田，其田从潮水上下，民垦食其田，因名为雒民。"

　　不管是"鸟田"或"雒田"，反映的都是一回事。雒，在汉代写作"骆"，雒和骆乃同音异写字，雒，《说文》写作"鵃鶋"，意为小雁。"雒田"本身包含鸟田的传说在内。"雒田"就是鸟田，由于雒鸟助耕，所以雒越人民感怀此鸟，便把它奉为图腾。从而他们自称雒民，首领称雒王、雒侯和雒将。越南陶唯英认为："铜鼓上的候鸟疑为图腾形象，即属候鸟的雒鸟。""船头和船尾饰以鸟头和鸟尾。""无论如何，那些越过多少风险骇浪，载他

① 　容庚：《鸟书考》，《中山大学学报》1964 年第 1 期。

② 　浙江省文物管理委员会、浙江省文物考古所、绍兴地区文化局、绍兴市文管会：《绍兴 306 号战国墓发掘简报》，《文物》1984 年第 1 期。牟永杭：《绍兴 306 号越墓刍议》，《文物》1984 年第 1 期。

们去觅寻新的容身和生聚之地的船,对他们来说,却有着神圣的意义。安全的越海是由于有着图腾的威灵的护佑,甚至有时在越海的时候,他们也要把自己和船化装成图腾。"这个解释符合当时历史情况。但除了这个解释以外,还应有一个"雒鸟"耕田的情节存在,所以雒鸟成为雒越人民世代崇拜的图腾,后来便把它的图像铸在铜鼓上。①

西南地区的考古发现,同样证明了古百越人在原东南、南方滨海祖居地时期作为海洋民族与海洋结下的不解因缘,直到迁徙到山区和平原居住,还世世代代传承着祖先的文化基因和图腾性信仰。在石寨山出土的铜器图像中,可见有一种船形屋,并有三个铜模型,脊长于檐,两角高翘,屋顶上均有鸟形装饰。祥云大波那、江川李家山出土的房屋模型亦同。沧源岩画中之房屋亦作此型。这类房屋也普遍存在于南洋群岛的一些部族中。屋上的鸟,一般认为即是图腾标志。

在石寨山、李家山及其他广西铜鼓上的花纹,主要是翔鹰纹和羽人纹,以后者为最突出。羽人纹是头插大鸟的人物图像,多见于洪声分类中的丙型铜鼓上:"羽人或称舞人,或称鸟人。他的形象是头戴羽冠,身披羽衣,全身作鸟形装饰。其中羽人划船图,最清楚地反映了羽人的社会情景及社会意识形态。在羽人划船图中,通过船上羽人的装束、活动及所处位置,可以看出他们的不同身份。船舱中有一高踞于台座的人物,装饰华丽,举手作指挥状,应是酋长。台座下前方有两人执羽似前导,装饰也较华丽,似属义卫臣侍从吏。船两端各数人,荡桨掌舵,从事劳动,装束简单,当属被役使的劳动者。"②船的头尾也雕刻成鸟形,船头装饰成鸟头,船尾装饰成鸟尾。把船只图腾化是期望得到祖先的保护,这幅图画,活现出了同族出海时的情景。

二 鸟图腾崇拜的传说

有关鸟图腾和鸟崇拜的信仰传说,从我国古籍中,也有一些记载。从我国先秦和秦汉的古籍中,我们可以发现,这些有关鸟的崇拜和鸟生传说,主要有:

1. 太昊、少昊氏族部落的鸟崇拜

太昊、少昊氏族部落,就居住在沿渤海湾地区,即辽东和山东半岛,因为以鸟为图腾,所以,历史上又称这一带的古代居民为鸟夷。《尚书·禹贡》说冀州"鸟夷皮服",扬州"鸟夷卉服"。《汉书·地理志》:"冀州鸟夷。"颜师古注:"此东北之夷,搏取鸟兽,食其肉而衣其皮也。一说,居在海曲,被服容止,皆像鸟也。"《大戴礼记·五帝德》:"东方鸟夷羽民。"从这些记载可窥知,东方夷人以鸟为图腾,在服饰、装束方面亦仿鸟形,亦如越人之仿鸟装束同。

少昊氏族部落,不仅是鸟图腾,而且有图腾柱作为表记,这是图腾社会的惯例。在《拾遗记》中有关于少昊氏鸟图腾柱的记载:"帝子与皇娥泛于海上,以桂枝为表,结薰茅为旌,刻玉为鸠,置于表端。言鸠知四时之后……及皇娥生少昊,号曰穷桑子。"

2.《山海经》中有关人鸟、人兽合体图像的记载

《山海经》记羽民国,其南为驩头国,"其为人人面有翼,鸟喙,方捕鱼……或曰驩朱

---

① 见石钟健:《试论越与骆越出自同源》,《百越史研究论文集》第一辑。
② 洪声:《广西古代铜鼓研究》,《考古学报》1974年第1期。

国"。驩朱国即丹朱国,是丹朱后人南迁后所建立的国家,以鸟为图腾,并以捕鱼为生。《南次二经》记有"柜山……有鸟焉,其状如鸱而人手,其音如痹,其名为鴸,其名自号也,见则其县多放士"。鴸,即丹朱,或指丹朱部族之一支而言。同书《大荒南经》说:"驩头人面鸟喙,有翼,食海中鱼,杖翼而行。维宜芭苣,穆杨是食。有驩头之国。"郝懿行《山海经笺疏》云:"案驩儿古文……人面,鸟喙,《史记》正义引《神异经》云:'南方荒中有人焉,人面,鸟喙,而有翼,两手足扶翼而行,食海中鱼',即斯人也。"这种半人半鸟的形象,大概是崇拜驩鸟图腾而加以人格化的反映。

此外,《山海经》还有关于人鸟合体的记述,四海海神的形象,即是如此:"北方禺疆,人面鸟身,珥两青蛇,践两青蛇"(《海外北经》)。"西海渚中,有神,人面鸟身,珥两青蛇,践两赤蛇"(《大荒西经》),《大荒东经》说:"东海渚中,有神,人面鸟身……名曰禺虢……是为海神。"

在我国,从史前考古学的证迹和历史时期文献的记载中都可以证明,从7000多年前的氏族部落时代到秦汉时期,这种鸟图腾崇拜的传统和信念一直延续不断,北起渤海湾,南到雷州半岛,西南到滇黔高原的广大范围内,不同历史时代都有出现。台湾地区高山族与越人的关系密切。在我国东部夷族那里,鸟图腾信仰一直到商代还十分虔诚,并成为商人的共同图腾:"天命玄鸟,降而生商。"(《诗经·商颂·玄鸟》)在台湾地区的高山族中,也同样广泛流传着丰富的鸟生传说。台湾泰雅人是以鸟为图腾的,其鸟生传说富有诗意。台湾的南澳社群、合欢社群、万大社群以及台湾少数民族神话中,也都有鸟生传说的内容。由于历史发展的不平衡性,在相当晚的时期,在一些少数民族中仍保有这种遗俗,足证鸟崇拜在这一文化体系分布的地区内是根深蒂固的。[①]

在与我国沿海和海域毗邻的环太平洋地区及其附近岛屿中,如北亚、东北亚、玻利尼西亚、北美西北海岸等地,也都有关于鸟图腾和鸟生传说,而且有许多文化内涵是类同的。

1. 朝鲜半岛的鸟崇拜传说

朝鲜半岛是古代鸟夷文化领域的一部分,有关鸟生传说与殷商和满族的鸟生传说大体相同,在汉文史籍记录中不乏其例。在朝鲜传说中,卵生和感太阳而孕生交混在一起,带有东北亚的特征,是太阳崇拜与鸟类崇拜交融在一起的反映。这与我国传说中有羿射九日、日中有九乌一事有类同处。

2. 西伯利亚部族中的鸟生传说

西伯利亚东部土著居民也盛行鸟生传说和鸟崇拜,与我国东北地区的传说有很相似之处。

3. 北美西北海岸的鸟崇拜传说

美洲西北海岸的印第安人,也流行鸟崇拜。哥伦比亚河口的印第安人中有一个鸟变巨人的传说,意思是:很久以前,南风老人到北方来,遇到了一个女巨人,女巨人给了南风老人一张网,叫他捕鱼。他捉到一条小鲸鱼,便将鱼体横切开,取出脂肪。这条鱼

---

① 环太平洋地区的鸟崇拜和鸟生传说,可参看文崇一:《亚洲东北与北美西北及太平洋的鸟生传说》,《民族研究所集刊》1961年第12期。

变成了一只大雷鸟,雷鸟向北飞到哥伦比亚河口的马鞍山,在那里下了一巢蛋。女巨人赶到那里去,将蛋扔到山谷里,每个蛋就变成了一个印第安人,这就是印第安人被创造的过程和来由。

4. 太平洋诸岛屿上的鸟生传说

在玻利尼西亚(Polynesian)群岛的夏威夷(Hawai)、塔希提(Tahiti)、萨摩亚(Samoa)和毛利岛(Maori)均有鸟崇拜。夏威夷居民认为拉威鸟(Raven)是他们祖先灵魂的化身(与北美印第安人类同),夏威夷岛是一只大鸟在太平洋上下了一个蛋形成的。拉威鸟不仅创造了人,也创造了地。

萨摩亚岛的诞生与夏威夷的情节略同。据传,天神塔格劳(Tagalau)的儿子吐里(Tuli)变成一只鸟,从天上降下来,他在水面没有休息的地方,Tagalau 神为他造了一个萨摩亚岛。后来替他造了男人和女人,最后,Tagalau 的女儿也变成一只鸟下来了。毛利人相信:最初的女人是由卵里孵化出来的,卵变成鸟。他们的神泰尼(Tane)再把鸟变成一个少女,这个少女便成为诞生他们的始祖母。

印度尼西亚、苏门答腊、爪哇、婆罗洲诸岛也有鸟图腾和鸟生传说,大体上属同类性质的社会文化模式,这里不一一列举。

三 鸟图腾崇拜的文化分区及其功能

我国古代的鸟图腾崇拜是环太平洋文化的一个组成部分。根据考古资料与传说记载可以把鸟图腾及鸟崇拜分作以下几个文化区。

(1)长江下游三角洲地区(包括安徽淮南地区)。从公元前 5000 年到公元前 2000 年,延续约 3000 年。鸟形图像和纹饰比较丰富,可指出的有鸠、鹰、鹊和雁等类,是崇拜或图腾制的发达时期。文献对此记述不多,主要是考古资料可供参考。

(2)渤海湾周围地区。淮河以北沿渤海周围的山东、辽东以及朝鲜半岛地区为一鸟崇拜文化区,这一地区鸟图腾制度发展最典型,文献记载和考古资料能联系起来。从大汶口文化到龙山文化,有丰富的鸟形陶塑和花纹装饰,并有明晰的演变过程和规律。4000 多年前进入历史民族文化层积时代后,由于这里是东夷族的地区,故文献称当地部族为鸟夷。关于鸟图腾制度的文献记载中有较完整、系统化的组织。其特征是:①敬奉玄鸟(燕子);②其祖先是由卵而生,因玄鸟衔卵而生;③鸟卵生传说的事迹较完整。

(3)东北亚地区。中国东北北部及邻近的西伯利亚东北部为一文化区,这里有鄂温克、雅库特、布里亚特等民族崇奉鸟图腾,相信人与鸟结婚而产生人类后代,崇拜天鹅和黑色拉威鸟,部分与北美相同。

(4)中国东北满族地区。他们以神雀为图腾并自为保护神,相信其祖先是食神雀所衔之仙果而生。

(5)西南两广越南北部地区,即雒越族系各部族,崇拜雁、鸽等鸟类,与长江三角洲越人同俗。

(6)东南沿海及台湾地区。闽越族系,根据民族志和传说:①相信乌秋鸟(黑色)是开天辟地的英雄;②人是由鸟变成的;③人是从石头中生出,而石能开是鸟的神力作用。这种"石"可能是蛋的变化或夸张,与太平洋及东方沿海部分相同。

从上述各组特点分析,可以看出:

(1)各地区各部族信奉鸟图腾的传说和种类不一,或为鸟生,或为卵生,或由鸟直接变化而成,其祖先起源直接或间接与鸟的作用相关。因之,奉鸟为祖先或其氏族保护神或是以鸟为通神的使者则是相同的。

(2)各地区各部族或各时代的传说各形各异,但有颇多类同之处,有颇多历史联系。其相邻地区之间的关系尤亲。

(3)鸟图腾崇拜,即为环太平洋文化的一部分,关于这一文化的渊源,瓦特布吕(Waterbury)曾认为"鸟神的传说起源于太平洋地区,然后散布到各地区","中国的商、周以及夏威夷的鸟舞似乎都与祖先有些关系"[①]。不过根据考古资料与文献传说,这一广大地区鸟始祖的传说和演变史迹,繁简不一,详略各异。在我国境内,山东沿海地区的资料既详确,又系统,而且时代早,发展变化的脉络清楚,而附近地区,包括近海岛屿其色彩渐渐淡薄。因此,可以初步认为:东太平洋沿岸鸟崇拜的窠臼可能原来就在中国东方沿海,以后逐渐向四周发展,向西与中原地区的仰韶文化接触,向西南可到红河流域,东北到渤海湾及朝鲜半岛,彼此的关系都很密切。在这一文化系统中的其他几种文化因素,如拔牙习俗[②],陶鬶的使用[③],有穿孔石钺和有段石锛的使用及传播的规律、范围和路线大体都是类同的。

鸟图腾和鸟崇拜及其图像刻画如此流行,是一定社会意识形态的反映,具有特定的社会功能。张光直在《商周青铜器上的动物纹样》[④]一文中认为,商周青铜器上的动物图纹是与原始宗教祭祀有关的精灵图形(或形象),是原始巫师在人神之间交通的一种工具。这诚然是对的,但还不止于此。商周青铜器上的动物纹样,是沿袭原始社会氏族部落文化上的艺术图像而来,有些来自陶器上的彩绘,有些仿自木器上的雕刻。从原始艺术中所体现出的当时人们的思想内容和社会特点,至少有三方面的社会功能:即巫术的工具(或信使)、图腾的徽号和生活、生产活动的映象。这三个方面,在不同时代、不同文化共同体所反映的深度、广度不同,应视其文化特点而定。东方沿海和东南地区原始文化中,鸟形图像的大量出现,以前两个社会功能为主。

第一,巫术上的社会功能。纹饰和雕塑中的鸟,是巫师达到宗教目的的工具,精神功能的信使,萨满用以驱邪的神物,这在古代文化发达国家的原始时代和现代一些民族部落中都有踪迹可寻。在原始宗教崇拜中,鸟神的崇拜是以人所不具的超人力量而达于生命与永生之源的中介。以其鸟的神力,完成人靠自身无法达到的向往的境界。

第二,氏族图腾标志是社会行为的模式。我国古代,东方沿海和东南地区氏族部落的图腾崇拜相当发达,可提的有犬、蛇、龙、鳄鱼和鸟类。其中以鸟类图腾最发达,分布范围较广,影响也较深远。这在考古发掘、文献记载或民族志材料中,都有较充分的反映。

---

① 文崇一:《亚洲东北与北美西北及太平洋的鸟生传说》,《民族研究所集刊》1961年第12期。

② 韩康信、潘其风:《我国拔牙习俗的源流及意义》,《考古》1981年第1期。

③ 高广仁、邵望平:《史前陶鬶初论》,《考古学报》1981年第4期。

④ 张光直:《商周青铜器上的动物纹样》,《考古与文物》1981年第2期。

第三节　秦汉时期滨海的方士文化①

我国漫长海岸地带的北部,即大致相当于先秦燕、齐、吴、越与九夷旧域。《汉书·地理志》中幽、青、徐三州,兖州之泰山、城阳二郡,豫州之鲁国,以及扬州宁绍平原以北诸地,在古代曾是一块宗教文化相当发达的狭长地带。独特的滨海景观与环境条件,浓重的东方传统,夷、越文化,加之阴阳五行等学术思想,光怪陆离的神话传闻,造就了极为肥沃的宗教土壤。② 战国中期,燕齐滨海地区成长起一种新的强大的宗教文化——燕齐方士之学,并由此导致了秦汉时期一场由滨海地带风卷全国的巨大宗教浪潮。

滨海方士文化是各类方术、方说的综合体,其初大抵以海上神山仙人之说为主旨,饰以阴阳五行之学,泛海求仙、寻找不死之药是燕齐方士的主要活动。其后由于传播渐广,内容日益杂芜,奇异、荒诞的方术层出不穷,其中以炼丹化金、断谷导引、房中之术等最为流行,但各类方术方说始终未能形成一个完整的体系。秦汉时代,方士文化相当兴盛,曾在全国大多数地区对社会各阶层产生广泛影响,成为纪元前后4个多世纪中,与正统学术文化并立的另一显学,对秦汉宗教、学术、社会面貌、政治变迁发挥了巨大作用。至东汉末,才逐渐为早期道教所取代。

一　燕齐滨海地带方士文化的渊源与崛起

滨海方士文化是在燕齐滨海地带特殊的地理环境与社会条件下产生的,崛起于公元前4世纪下半叶的齐威王、齐宣王时代。对此,《史记·封禅书》有较为详细的记述,已如前引。

滨海地带的华夏族与东夷吴越各族本即盛行着各类原始崇拜,在滨海的地理环境下,仙人思想也起源很早。《左传·昭公二十五年》,齐景公问晏子:"古而无死,其乐如何?"这反映了早期的长生观念。早于《庄子》的《齐谐》一书今虽已见不到,但从《庄子》所援引它的海洋、神岛等部分内容以及它的"志怪"性质看,该书与滨海神话以至方士们的"怪迂"之说肯定有着某种渊源关系。《晏子春秋·外篇第八》载齐景公言,"东海之中,有水而赤,其中有枣,华而不食"。这段记载就可能是齐地早期的传说。秦汉齐地方士所宣扬的安期生居海上,食巨枣,大如瓜③,当与这一传说同源。

这样,自公元前4世纪下半叶始,燕齐自身的宗教神话与外来神话传说在滨海地带大规模地混杂、交织起来,并在滨海环境下继续发展,融合成一种相当流行的学说——神仙家言。《楚辞·远游》就很集中地反映了神仙家言的内容。燕齐方士文化直接来源于这种神仙家言。燕齐方士曾大力宣扬渤海外有蓬莱、方丈、瀛洲三神山,其上有黄金、白银砌成的宫殿和纯白色的禽兽,仙人们就居住在那里,他们有不死之药,

---

① 本节引见卢云:《秦汉时代滨海地区的方士文化》,《复旦学报》(社科版)1988年第6期。

② 见卢云:博士论文《汉晋文化地理研究》第2章第1节。

③ 《史记·封禅书》。

因而可以永远逍遥自在。又,司马迁论燕齐方士,言其为"怪迂阿谀苟合之徒"①,《汉书·艺文志》论神仙家言,言其多"诞欺怪迂之文",可见神仙家言实为早期燕齐方士文化的主要内容。方士们在齐威王、齐宣王、燕昭王以及秦始皇、汉武帝时多次大规模入海求仙,则神仙说下的泛海求仙可说是燕齐方士的主要活动。

再次,滨海地区发达的学术文化,如阴阳五行学、黄老学、儒学等,对滨海方士文化的最终形成,也起了极大的促进作用。

如果仅仅在滨海神仙说的基础上加以发展,还不足以形成兴盛的方士文化。齐威王、齐宣王之际稷下学宫的兴盛,致使阴阳五行学、黄老学等在齐地迅速发展,并北传至燕地,加之齐鲁地区固有的儒学传统,构成了发达的滨海学术文化。方士们从这些学术文化中大量吸取养分,给原始粗陋的方术方说涂上一层混杂的理论色彩,从而促成了滨海方士文化的崛起。

燕齐方士文化与邹衍学说关系最为密切。邹衍学说主要为阴阳五行说与大九州说。阴阳与五行的观念起源甚早,春秋时已屡见史载,并广泛用于天象解释、宗教祭祀与社会生活。邹衍的贡献是把五行说发展成五德说,即"终始五德之运"与"阴阳主运"。② 大九州说是滨海地理环境下的产物,是邹衍据各类海外传说加以创造的。邹衍,齐人,曾为齐稷下宫大师,又曾北仕于燕,受燕王尊崇,因此其说在燕齐一带最为流行。邹衍学说宏大不经,又有《迂怪之变》等篇,极易为方士所接受。按《史记·封禅书》的说法,方士文化就是邹衍学说之末流,系怪迂阿谀苟合之徒传其术不能通而为之。其实不仅邹衍学说,邹衍论述事物的方法也为方士们所承袭。《史记·孟子荀卿列传》载邹衍事迹云:

> 其语闳大不经,必先验小物,推而大之,至于无垠。先序今以上至黄帝,学者所共术,大并世盛衰,因载其机祥度制,推而远之,至天地未生,窈冥不可考而原也。先列中国名山大川,通谷禽兽,水土所殖,物类所珍,因而推之,及海外人之所不能睹。称引天地剖判以来,五德转移,治各有宜,而符应若兹。

此后方士也多由小推大,宣扬其说。如齐方士栾大谒见汉武帝,先验斗棋小方,博得汉武帝信任后,方大谈神山仙人。方士们引述符应,以成己说,史籍中更是屡见不鲜。

黄老学对方士文化也有很大影响。黄老学源于道家学说,在老子《道德经》中,已有"谷神不死""长生久视之道"的论述,《庄子》一书更是多言真人、神仙与呼吸吐纳之术。黄老学者托名黄帝,吸取了道家学说的许多哲学思想,多言静泊无为、养生之道。黄老学在齐地相当兴盛,田骈、接予、慎到、环渊都是齐地稷下学宫的黄老学大师,方士

---

① 《史记·封禅书》。《楚辞·远游》自王逸以来一直认为是屈原作品。今人游国恩、姜亮夫仍持此说。(姜亮夫《楚辞今绎讲录》第七讲)但近世以来也有许多学者从艺术水平与主题思想上加以分析,认为非屈原所作。顾颉刚先生以其神话内容推断,该诗应成于楚国都城东迁之后,此论甚是。但顾先生又以该诗中曾出现秦方士韩终的名字,认为还可能更晚至秦代以后,此说则不足取,秦汉方士素喜大言,托名先人、同名方士屡见史载,不足以确定时代的证据。

② 见齐思和:《五行说之起源》,《师大月刊》第 22 期;吕思勉:《辩梁任公阴阳五行说之来历》,《东方杂志》第 20卷 20 号。

们很自然地会从黄老学中吸取某些具有神秘意味的内容。安期生是早期滨海地带的方士，后又被尊为长生不死的仙人，但安期生又是黄老学流传系统中的一个重要人物，他学黄老于河上丈人，又传授于毛歙公，三传至于胶东盖公，从而使黄老学在齐地流传下来。道家《关尹子》一书，也被齐地方士持为方书，刘向《关尹子书录》云："盖公授曹相国参，曹相国薨，书葬。至孝武帝时，有方士来，以七篇上，上以仙处之。"到了东汉末，黄老学与方士文化同为中国早期道教的两个重要来源。

方士文化还杂糅了许多儒家文化的成分。儒家兴起于鲁地，很快传至齐地，战国之世，以齐鲁最为发达。《史记·儒林列传》曰："天下并争于战国，儒学即绌焉，而齐鲁之间，学者独不废也。"整个西汉时代，齐鲁地区仍是儒家文化发展的重心之地。儒家文化作为"显学"，对滨海方士文化同样影响巨大。方士们喜欢以儒学为饰，秦始皇时，"悉召文学方士甚众"①，其中多是方士化的儒生，或曰儒生化的方士。他们一方面寻仙求药，以博重禄，另一方面又皆法孔子，以儒学为诸生、博士。后终因屡次出海无获，逃亡诽谤事发，为秦始皇所坑。所以"焚书坑儒"，实际上是"杀术士，燔诗书"②。汉武帝以后，儒学与方士文化进一步结合起来，曾导致了汉代学术与政治的巨大变化。

方士文化内容杂芜，在以后的流传中，还吸取了其他诸子学说的内容。但在其早期，主要接受的是滨海地区最为盛行的阴阳五行学、黄老学与儒学，这也反映了方士文化形成过程中区域文化因素的相互影响作用。

二　燕齐滨海方士文化的发展与兴盛

滨海方士文化兴起之后，迅速发展，秦始皇与汉武帝时代，方士文化在其源区——燕齐滨海地区达到了它的鼎盛。

滨海方士文化的第一次高潮出现在秦帝国统一之后，对此，《史记·封禅书》已有记述，多被称引："自威、宣、燕昭使人入海求蓬莱、方丈、瀛洲……及至秦始皇并天下，至海上，则方士言之不可胜数。"而《史记·秦始皇本纪》的记载更为具体。秦始皇时燕齐方士的出海求仙活动，大规模的有两次：第一次在秦始皇二十八年，始皇东巡至齐，听信齐方士徐市等人的三神山之说，令其率数千童男女出海寻求。另一次是在三十二年，始皇东巡至燕地碣石山下，东临大海，令燕地方士卢生、韩终、侯公、石生分别泛海求仙人及不死之药。在燕齐滨海地区，秦皇所至之处，方士无不闻风而动，云起雾合，秦始皇笃信方术，反过来又刺激了方士之学的发展。所以此时滨海方士之众，的确有些难以胜数了。

秦帝国时滨海方士文化的兴盛，有着特殊的社会背景。战国之世，兼并剧烈，国君权贵最需要的，是各种周济救世、富国强民的法术，或审时度利，纵横变诈的计谋，甚至鸡鸣狗盗之徒，只要间或有用，皆可延为上宾。而方士们的神山仙人之说虚无缥缈，一无实用，因此其发展也很有限。但秦统一后，社会环境发生很大变化，纵横之士走了下坡路，他们在统一局面下既无用武之地，又受到秦王朝的猜忌。而方士之学却大受统治者欢迎，在游说这块天地里，独步天下，尽擅其利，滨海地带下层士人纷纷走进方士

---

① 《史记·秦始皇本纪》。
② 《史记·淮南衡山列传》。

行列,致使方士文化迅速发展。此外,秦始皇在滨海地带的多次巡游及其对方士方术的笃信,也促进了滨海方士文化的繁荣。秦始皇统一六国后,四次巡游至燕齐滨海地带。其最初是出自政治的考虑,但一接触滨海地带浓重的方士文化气氛,便立即沉迷于此。他率领庞大的侍从队伍,在海滨、海上寻仙人之迹,并亲自射杀妨碍求仙的大鲛鱼。这种封建帝王直接参与的求仙活动,在滨海地区的影响自然非同一般。秦始皇还重金优待并亲近宠信滨海方士,如徐市出海,前后所费以"巨万计",燕方士卢生所进谶言方说,始皇一一言听计从。这更使滨海士民对方士方说趋之若鹜,滨海方士之风越演越炽,蔚为高潮。至秦始皇三十五年,秦始皇大坑方术士,史称"坑儒",燕齐方士受到了一次沉重打击。

秦末大乱,天下残破,汉初以清静无为为本,除文帝一度听信方士新垣平外,诸帝对方士之学都相当冷淡。但汉初大行分封,关东诸侯王力量强大。燕齐方士转而依附滨海地区及其周围的诸侯王,是这一时期滨海地区方士文化的发展特点。如齐地方士李少君,"其游以方遍诸侯",他做过深泽侯舍人,又为武安侯座上客。齐方士栾大,曾为胶东王尚方,又与齐康王、乐成侯有着密切关系,而方士卫庆为衡山王谒者,淮南王刘安身边聚集的方士数以千计,广川王刘去、燕王刘旦也都笃信方术,国内也云集着一批方士。

汉武帝时,燕齐滨海的方士文化再度掀起高潮。同秦始皇相似,汉武帝作为封建帝王,他的个人欲望大为膨胀,为了长生仙道,汉武帝对燕齐方士文化产生了浓厚兴趣。他在位期间,先后11次巡游燕齐滨海地带,冀遇仙人,多次大规模派遣方士出海,寻求神山与长生之药。在汉武帝的提倡与需求下,燕齐滨海地区的方士显得异常活跃,汉武帝时以方术进身、显赫一时的方士很多,前后见于记载的有李少君、宽舒、谬忌、少翁、栾大、公孙卿、丁公、公玉带等。这些方士除李少君、谬忌外,都是齐人。李少君籍贯无载,但他谙熟齐地史实,往来海上,也极可能是齐人。谬忌亳人,地亦近齐。滨海地带的方士,每年都达数千人。可以说,汉武帝时滨海地带方士文化的兴盛,已臻至鼎盛。

随着方士文化的兴盛,燕齐滨海地带各类祠祀也有很大发展。齐地祠庙数量已相当可观,与关中平原同为两个密集分布区①,这与滨海方士的祠祀活动有密切关系。一方面,方士们把齐地许多旧有的祠祀纳于方士文化的范围。如齐地的八神祠,起源远在方士文化之前,但自战国中期以后,就逐渐与方士文化结合起来,秦皇汉武巡游至齐,总要祭祀八神。另一方面,方士们还兴起更多的祠庙,如规模很大的"明年"祠,即是在方士们直接设计下在海滨建造的。它与八神、凡山等祠享有同样礼遇,皇帝"行过则祠,去则已"②。再如琅玡郡不其县的太一、仙人祠九所,也完全是方士文化的产物。方士兴建的祠庙大致分两种类型:一种由祠官所领,规模较大。汉武帝以前没有统计数字,但成帝时"长安厨官县给祠郡国侯神方士使者所祠,凡六百八十三所"③。这些祠庙仅有部分被记载下来,大部分今已无考。还有一种是方士自主的祠庙。汉武帝

---

① 周振鹤:《秦汉宗教地理略说》,载《中国文化研究集刊》第3辑。

② 《汉书·郊祀志》。

③ 《汉书·郊祀志》。

时,"方士所兴祠,各自主,其人终则已,祠官不主"①,这类祠庙规模小,存在时间短,随人设置,兴废无常。燕齐方士动辄万人,这类祠庙的数量在燕齐地区必相当可观,不过今天大都无法考实了。

从秦统一至汉武帝时代,可说是燕齐滨海方士文化的繁荣时期。这一时期方士文化有两个主要特征:第一,方士文化的繁荣区域,主要集中在它的源区——燕齐滨海地带。虽然南部的淮南、吴越地区与西部的关中、巴蜀地区方士文化也已有所发展。但主要为燕齐方士集聚影响所致。这一时期著名方士基本出自燕齐,大规模的方术方说热潮也屡屡发生于这一地带。第二,这一时期的方士文化,是以宣扬海中神山、仙人、长生之药以及这种神话下的泛海求仙活动为其主要内容的,带有明显的滨海色彩。但除此之外,还有一些方术,如炼丹术、辟谷、导引,使鬼致神等也逐渐流行。炼丹术与泛海求仙都是以求仙药为目的的,由于泛海求仙无法验效,方士们便另辟蹊径,力图用自己的力量求得仙药。秦始皇时,已有不少方士从事炼丹活动,经过半个多世纪的发展,至汉武帝时,方士们把这两种方法结合起来。方士李少君论述过一套始于祭灶、终于封仙、由益寿而长生的完整修炼步骤:"祠灶则致物,致物而丹砂可化为黄金。黄金成,以为饮器则益寿,益寿而海中蓬莱仙者乃可见,见之以封仙则不死。"辟谷、导引战国时已出现,《庄子》一书有导引的记载,鲁国方士单豹曾行辟谷之术。② 汉初,张良也"辟谷,道引轻身"③,他的方术很可能学于黄石公。黄石公的记载非常怪诞不经,后世又为道教所尊,其实剥去这些记载的神秘外衣,他不过是秦汉之际齐地济北郡的一个方士,以方术与兵法传授张良。此外,方士们还根据统治者的欲望与某些时代需求,随时臆造出一些新的方士文化的内容。如秦时匈奴族构成北方的威胁,方士卢生就造出"亡秦者胡也"的谶言。汉武帝时河决严重,方士栾大即声称"黄金可成,而河决可塞"④,汉武帝"尤敬鬼神之祀"⑤,方士们就造出从泰一、三一到封禅长生一整套祭祀体系。武帝以后,随着方士文化在其他地区的传播,这些形形色色的方术大大发展,而滨海地带特有的泛海求仙活动则逐渐浸微。

汉武帝时代是燕齐滨海方士文化的鼎盛时期,同时也是其衰落的起点。汉宣帝时,还依方士之说,在齐地兴建许多新的祠庙。到了成帝时,对方士兴建的各地祠庙进行了一次大的整理,有 2/3 以上被罢除,其中很大部分是燕齐地区的祠庙,包括汉宣帝所新建者。自成帝末至王莽时,又连续掀起三次方士活动高潮。成帝末无子,于是各地"多上书言祭祀方术者",汉哀帝时,因久病,又"博征方术士",并基本恢复了被成帝罢废的各地方士祠庙。至王莽篡位,以神学襄佐政治,大兴方术,方士上书者达万余人,各地方士兴建祠庙达 1700 所。但在西汉末的三次方士文化热潮中,燕齐滨海地带已失去秦皇汉武时的那种重要地位,虽然燕齐方士绵绵未绝,但其他地区的方士也已相当繁多,与之平分秋色了。很显然,这是方士文化从燕齐滨海地带向外广泛传播的结果。

---

① 《汉书·郊祀志》。
② 《吕氏春秋·必己》《庄子·达生篇》。
③ 《史记·留侯世家》。
④ 《史记·封禅书》。
⑤ 《史记·封禅书》。

三 方士文化的衰退与区域遗存

汉武帝以后,随着方士文化的广泛传播,其内容日渐杂芜,与早期燕齐方士文化相去越来越远。西汉晚期,谶纬神学兴起,并逐渐脱离方士文化而独立发展,方士文化中预言、符瑞等内容转而依附谶纬神学而存留,并随着谶纬的衰亡而衰亡。东汉顺帝以后,道教兴起,许多方术如炼丹、导引、服饵、劾鬼等,为道教所吸收、发展,成为道教文化的一部分。虽然许多方术如占卜、相术等仍冠以方术之名,在中国封建社会长期流传下来,但实际上与燕齐方士文化已完全不同,不过沿袭了这一旧名而已。因此可以说,自战国以来起于燕齐滨海的方士文化浪潮,在东汉以后就基本消失了。但是,早期燕齐方士文化的许多内容,仍作为一种文化形式的遗迹,在某些地区存留下来,演化为民俗文化的一部分。主要的存留地区,是由燕齐滨海地区经淮南吴越地区至荆楚地区这一月牙形地带。

燕齐吴越滨海地区:燕齐滨海地区是方士文化的起源地区与发达地区,淮南、吴越一带也最早接受方士文化传播并曾一度成为方士文化兴盛之地。这一狭长的地带又有着亘古以来的滨海环境,因此,方士文化的遗迹最为显著。在燕地北部的滨海地域及其邻近地区,后世有着很普遍的仙人传说。如在涿郡一带,有仙人琴高的传说,相传他入居涿水之中,常乘赤鲤出没。在宁县(今万全)一带,曾长期流传着仙人班邱仲的传说,百姓称他为谪仙。道人县一带(今阳原境内),也相传有仙人游于其地,故有道人一名。广昌(今来源县境)东南郎山上有燕王仙台,"台有三峰,甚为崇峻",相传为燕昭王求仙处。无终山(今蓟县境)相传为仙人帛仲理合神药、炼黄金处,又有所谓的仙人玉田。在累县大碣石山(今昌黎境),也流传着秦始皇与海神相会的故事。燕地如此众多的仙人、海神、金丹、玉田的传说与遗迹,是方士文化在人们心理上与信念上的传承,说明方士文化在这里长期保持着较大的影响。齐地、淮南、吴越一带的滨海地区在东汉以后同样也有许多类似的方士遗迹与仙人传说。如东海郡朐县东有郁州岛,其上有仙人石室,东汉末崔琰曾实地经历过,郦道元《水经·淮水注》还有记载。左思《吴都赋》中描写吴地,"增冈重阻,列真之宇,玉堂对溜,石室相距……江斐于是往来,海童于是宴语"。刘渊林注曰:"玉堂石室,仙人居也。海童,海神童也,吴歌曲曰:'仙人斋,持何等,前谒海童'。"[1]西晋时,临淮一带还保留着方士们津津乐道的古仙人赤松子庙,而直到南北朝时,寿春八公山上还有淮南王刘安庙与淮南方士八公的隐室、石井与"遗物",以及关于淮南方士的许多传说。这些遗迹与传说也反映了方士文化的久远影响。

至于荆楚地区,至两汉时代这里的方士文化尚不发达,历史记载中还很少见到这一地区的方士活动,但至汉后魏晋六朝,这一地区的方士文化遗风,却明显地浓厚起来,这一事实在《荆楚岁时记》关于荆楚正旦民俗的记载中有所反映。正月一日,楚民"进椒柏酒,饮桃汤,进屠苏酒,胶牙饧,下五辛盘,进敷于散,服却鬼丸,各进一鸡子"。这一连串饮食大多与方士文化有关。如椒柏酒,注曰:"椒是玉衡星精,服之令人身轻能走,柏是仙药"。这种身轻能走的仙药,正是方士们所竭力宣扬的。再如五辛盘与鸡子,晋吴兴人周处《风土记》曰:"元旦造五辛盘,正月元旦五熏炼形。"又曰:"正月,当生

---

① 《文选》卷4引。

吞鸡子一枚,谓之炼形。"所谓炼形,即通五脏之气,系方术之一种。再如却鬼丸,出自《天医方·序》,这是方士文化在楚地的发展,楚地尚鬼,方士善服药,两者结合便出现了可以避邪防恶的却鬼丸。敷于散,出于葛洪《炼化篇》。葛洪是早期道教的重要人物,对古代方术很熟悉,多所记载,食敷于散实际也是方士文化的产物。《炼化篇》还讲到食赤豆可避瘟气,所以元旦食大豆也成为荆楚习俗。

第四节　蓬莱仙话与徐福信仰

一　蓬莱仙话

中国神话学界一直将中国神话分作"昆仑山神话"与"蓬莱神话"两大系统。而"蓬莱神话"更多地表现为仙话,其中以"蓬莱、方丈、瀛洲"三神山的信仰与传说最具有代表性。

"蓬莱、方丈、瀛洲"三神山的信仰和传说,如上所说,固然是滨海方士们的"创造",但更主要的起因和基础,则是滨海先民们作为"海人""海民"长期生活与海滨、航行于海上的"知识""经验"的精神感知与心灵信仰的产物。于是,巡海求仙,自先秦就在我国东部沿海广泛流行,成为沿海地区诸国上至王侯下至民间的普遍时尚。

《史记·封禅书》说:"自威、宣、燕昭使人入海,求蓬莱、方丈、瀛洲。此三神山者,其传在渤海中,去人不远,患且至,则船风引而去,盖尝有至者,诸仙人及不死之药皆在焉。其物禽兽尽白,而黄金银为宫阙。未至,望之如云;及到,三神山及居水下。临之,风辄引去,终莫能至云,世主莫不甘心焉。"

这是关于三神山较早的记载。实际上其产生的时代当为更早。燕齐沿海是三神山仙话发源地,燕齐方士及阴阳家后学是蓬莱仙话的主要传播者和发展者。战国中期齐国稷下学宫"百家争鸣"中的阴阳家创始人邹衍,其大九州之说惊世骇俗,"宏大不经",自然不无受到"海客谈瀛洲"的影响。而他的学说的创立,则更为神仙信仰及仙话故事的传播提供了广阔的空间,因而邹衍之后,仙话故事发展极快。阴阳家的后学非常多,把阴阳家学说导向了神仙方术之学,"燕齐海上之士传其术不能通,然则怪迂阿谀苟合之徒自此兴,不可胜数也"。显然,如果从文学创作的角度来看,是该给方士阴阳家后学们记功的。

秦统一后,秦始皇虽是法家皇帝,阴阳家的思想却对他深有影响。他接受秦朝是水德主运的说法,数用六,色尚黑,为政主刑杀,严刑峻法,同时,也相信了方士们关于采神山之药以求长生的说法。为此他不断在巡海过程中派人入海搜求不死之药。"及至秦始皇并天下,至海上,则方士言之不可胜数。始皇自以为至海上而恐不及矣,使人乃赍童男女入海求之。船交海中,皆以风为解,曰未能至,望见之焉"。秦始皇不但曾多次派人入海寻找仙山,而且亲自下海,以求不死之药。秦始皇二十八年,"齐人徐市等上书,言海中有三神山,名曰蓬莱、方丈、瀛洲,仙人居之。请得斋戒,与童男女求之。于是遣徐市发童男女数千人,入海求仙人"。二十九年,始皇东游,"……登芝罘,刻石。……旋,遂之琅邪,道上党入"。"三十二年,始皇之碣石,使燕人卢生求羡门、高誓(传说中的古仙人）。……因使韩终、侯公、石生求仙人不死之药。始皇巡北边，从上郡入。燕人卢生使入海还，以鬼神事，因奏录图书，曰'亡秦者胡也'。始皇乃使将军蒙恬发兵三十万人北击胡，略取河南地。"始皇三十七年，"并海上，北至琅邪。方士徐福等入海求神药，数岁不得。费多，恐谴，乃诈曰：'蓬莱药可得，然常为大鲛鱼所苦，故不得至。愿请善射与俱，见则以连弩射之。'始皇梦与海神战，如人状。问占梦博士，曰：'水神不可见，以大鱼蛟龙为候；今上祷祠备谨，而有此恶神，当除去，而善神可致。乃令入海者赍捕巨鱼具，而自以连弩候大鱼出，射之。自琅邪北至荣成山，弗见；至之罘，见巨鱼，射杀一鱼，遂并海西"。

秦始皇的巡游求仙，一是刺激了方士们的想象，编造了更多的故事；二是留下了许多秦始皇寻仙及徐福东渡本身的故事。这进一步丰富了三神山的内容，丰富了东方仙话系统。

秦始皇寻仙不得而死，并没有使信仙、寻仙者绝望。到汉武帝时，入海求仙反而变本加厉，登峰造极。司马迁《史记·封禅书》说："今天子初即位，尤敬鬼神之祀。"上行下效，自然就有一批神仙家出来。

最初靠言神仙得宠的是李少君。"是时李少君亦以祠灶、谷道、却老方见上，上尊之。"有些势力人物迷信他，馈赠金钱衣食，人们见他不劳而富，愈加信服。他又会捣鬼，"好为巧发奇中"，人愈惊为神仙。他对汉武帝说："祠灶则致物，致物而丹砂可化为黄金。黄金成，以为饮器则益寿，益寿而海中蓬莱仙者乃可见，见之以封仙则不死，黄帝是也。臣尝游海上，见安期生，安期生食巨枣，大如瓜。安期生，仙者，通蓬莱中，合则见人，不合辄隐。"于是"天子始亲祠灶，遣方士入海求蓬莱安期生之属。"后"李少君病死，天子以为化去不死，而使黄锤、史宽舒受其方，求蓬莱安期生，莫能得，而海上燕齐怪迂之方士多更来言神事矣。"司马迁说得很明白，是汉武帝的迷信靡然而兴，愈演愈烈。

李少君死后第二年，又有齐人少翁，以鬼神之方得宠于武帝，说是能致神仙。后来做假露了馅，武帝一怒之下把他杀了。不料过了四年，其师弟栾大又步后尘来到汉宫。栾大是胶东康王的宫人，原来就以神仙方术迷惑胶东康王。栾大彻底迷惑了武帝，在数月之内，连连受封为五利将军、天士将军、地士将军、大通将军、乐通侯、天道将军。栾大以六将军印，一时荣宠无比。"于是五利常夜祠其家，欲以下神，神未至而百鬼集矣，然颇能使之。其后治装行，东入海，求其师云。大见数日，佩六印，贵震天下，而海上燕齐之间，莫不扼腕而言有禁方、能神仙矣。"编造神话，造作玄虚竟成为一时时尚。

后来栾大虽然被杀，武帝求仙之痴心不改，而神仙妄言自然不息。不久，又有一个齐人公孙卿，通过太监献上一本一般人都认为荒诞不经的书，说是书从与安期生交好的齐人申公那里得来，宝鼎出世则出圣人，黄帝时就是通过得宝鼎又封禅才登仙的，而现时与黄帝时条件相当，汉武帝也会像黄帝一样得鼎升天。果然就有鼎出，汉武帝大悦，拜公孙卿为郎，让他到东边太室山等候迎仙。公孙卿说见仙人于缑氏城上，骗得汉武帝去看，什么也没看到。他又说黄帝是蓬莱仙人引导飞升的，于是，"上遂东巡海上，行礼祠八神。齐人之上疏言神怪奇方者以万数，然无验者"。"天子既已封泰山，无风雨灾，而方士更言蓬莱诸神若将可得，于是上欣然庶几遇之，乃复东至海上望，冀遇蓬莱焉。""其春，公孙卿言见神人东莱山，若云'欲见天子'，天子于是幸缑氏城，拜卿为中大夫,遂至东莱,宿留之数日,无所见,见大人迹云。复遣方士求神怪采芝药以千数。"
"其后二岁……东至海上,考入海及方士求神者,莫验,然益遣,冀遇之。……今上封禅,
其后十二岁而还,遍于五岳、四渎矣。然方士之侯伺神人,入海求蓬莱,终无有验。……
天子益怠厌方士之怪迂语矣,然羁縻不绝,冀遇其真,自此之后,方士言神祠者弥众,然
其效可睹矣。"司马迁似乎带着嘲讽的笔调写来,但稍加留心,便会发现,当时山东一
带,言神仙方术者以万数,派出海上寻仙者以千数,当时齐国一共能有多少人,几千几
万,真是一个全民言仙的群众运动,所造出的种种仙话怪异,不用说是数不清了。

汉武帝寻仙寻山的时间是如此之长,涉及范围是如此之大,参与的人数是如此之
多,中国皇帝之中,可算第一。那么多人创作"怪迂语",推波助澜,更有许多故事流传
下来。流传日久,后世竟说汉武帝已寻到神仙,常有仙人与之游,如西王母、上元夫人
等,托名郭宪的《别国洞冥记》,托名班固的《汉武内传》,题名葛洪所作的《神仙》,任昉
所著《述异记》,都有关于汉武寻仙及与神仙交谈之事,《别国洞冥记》还把东方朔说成
神仙。①

早期仙论的产生实际来源于海上夏季偶然出现的海市蜃楼景观,而最早发现这一
"气象"的自然是生活于海边的燕齐渔民和航海者,进而是燕齐方士。对此,如上引,
《史记·封禅书》中已经作了记载。至《汉书·天文志》,又描述道:"海旁蜃气象楼台,
广野气成宫阙然。云气各象其山川人民所聚积。"

海市蜃楼的出现实际上是由于大气变化而造成的视觉上的幻景。光线经过不同
密度的空气层,发生显著折射(有时伴有全反射)时,将远处景物显示在空中和地面、海
面上而出现的种种奇异幻景,常发生在海边和沙漠地区,呈现为上现蜃景、下现蜃景、
侧现蜃景等景观。如同物体在光线照射之下会产生阴影,海市实际上是现实世界投射
在空中的"影子"。但在科学逻辑尚未建立的古代,这一现象几乎很自然地与来自域外
的"世界"信息联系在一起。海市蜃楼这一现象的出现,激活了古人地理探索的想象力
和好奇心,海外九州的存在因此也被战国阴阳家邹衍请上了稷下学宫的讲坛。

作为海市蜃楼的直接影响的产物,恐怕要属徐福东渡及其信仰与传说最为著名、
影响最为广泛了。如托名东方朔的《十洲记》说,"八方巨海之中",有祖洲、瀛洲、玄洲、
炎洲等十洲,为人迹稀绝之处,上有不死之草、不死之药、不死之仙人之类。其中"祖
洲"条说:"祖洲,在东海之中。地方五百里,去西岸七万里。……上有养神芝,始皇乃
使使者徐福发童男女五百人,率接船等入海寻祖洲,遂不返。福,道士也,字君房,后亦
得道也。"②

二 徐福信仰的历史遗迹③

徐福东渡,作为对中国的历史及其国际影响产生了重大作用的一大事件,尤其作
为对中国的文化及其国际化产生了重大作用的一大事件,是中国海洋文化的历史为我
们留下的值得骄傲的一大遗产。

① 孟天运:《蓬莱仙话传统与历代帝王寻仙活动》,《东方论坛》2002 年第 2 期。
② 张树国、梁爱东:《蓬莱仙话及其文化意蕴》,《中国海洋文化研究》,1999 年第 1 卷。
③ 本部分引见曲金良:《中国沿海的徐福文化资源及其当代开发》,《青岛海洋大学学报》2002 年第 4 期。

关于历史上的徐福，实际上只有《史记》等史书上记载的那么几句话，就严格的史学层面而言，人们对徐福知道得还很少、很有限；但是一提到徐福，在中国，尤其是在中国沿海，却几乎妇孺皆知，甚至许多地方的人们能够如数家珍。关于秦始皇东巡，关于徐福东渡，关于海上三神山，关于长生不老草，关于徐福在哪里造船、在哪里起航，关于五百（或数千）童男童女，关于东渡扶桑不回……故事一串接着一串，遗迹一个接着一个，传承了一代又一代，而且传播到了日本列岛和朝鲜半岛，使得他们传说者众，信仰者众，并不断到中国来寻根问祖。这就得归功于民俗的力量了。这是一段传承了两千年，并无疑将永远传承下去的天下故事：中国历史上从来没有第二个人物会像徐福这样在中国沿海甚至在海外产生过如此深远的民俗影响；中国民俗中也从来没有另外一种现象会像徐福民俗这样与历史互为表里，与海洋密切相关，成为许许多多自然景观与人文景观的文化内核，关乎社会族群血脉，成为环黄海圈国际文化交流的密不可分的媒介。因此，与其说徐福文化是历史的，毋宁说它是导源于历史而成为民俗的（并且它本来就是根植于民俗的）。它的奥妙，正在其作为历史和作为民俗的合二为一上。

正因为徐福是历史的，同时又是民俗的，亦即是作为历史和作为民俗的合二为一，才具有如此大的艺术魔力：由此被人们"考证"着、传说着、猜测和试图破解着似乎永远不能考实，因而也永远不可能破解的千古之谜。

其一，徐福是哪里人？目前最主要和最激烈的论争是山东黄县（今龙口市）说和江苏赣榆说。《史记》只记徐福为"齐人"，"齐"是指战国时的"齐国"（大范围），还是"齐地"（中范围），抑或是秦朝的"齐郡"（小范围）？这都有可能。这就引发了旷日持久的学术界加各地政府对这一历史—民俗文化资源的论争。说法众多，互不相让。

其二，徐福的船队是从何处起航？于此说法最多，主要有：浙江省的慈溪以及舟山；江苏省的海州一带（今连云港赣榆）；山东省的登州湾（今龙口市黄县）、胶州湾（青岛）琅琊，荣成湾成山头——天尽头以及石岛湾；河北省的秦皇岛以及黄骅附近；等等。①

其三，徐福东渡抵达何处？《史记》说徐福"得平原广泽，止王不来"。多数学者认为徐福到达的是日本列岛，也有不少说去了或路经朝鲜半岛，也有的认为可能去的是吕宋岛，还有的认为是去了海南岛，等等。

其四，徐福的后裔在哪里？在中国，上述"徐福故里"中都有一些徐氏家族，甚至有一些徐姓乡、村，其中不少人自认是徐福后裔，甚至一些徐姓港台同胞也到这些"徐福故里"寻祖认宗；在海外，尤其是在日本，就连日本前首相羽田孜也自称是徐福后裔。②在日语中，秦与羽田的发音相同，这是一些日本人认定自己是徐福后裔的理由。还有一些人认定徐福就是日本的神武天皇，尽管商榷和反对意见不少。③

---

① 安作璋、朱绍侯等：《徐福故里考辨》，山东友谊出版社 1996 年版；山东省徐福研究会、龙口市徐福研究会：《徐福研究》，青岛海洋大学出版社 1991 年版。

② 日本前首相羽田孜在给河北沧州召开的中国千童城徐福千童国际学术研讨会的致辞中写道："日本和中国自公元前就有友好往来。作为我们家远祖的徐福，在中国秦代，也就是日本从绳纹到弥生的时代，率领童男童女跨海东渡，给日本带来了技术和文化。"引见网站：http://www.china-xufu.com/hebeiyan.htm。

③ 周延云、宫同文：《建国以来国内外徐福研究述评》，载《徐福故里考辨》，山东友谊出版社 1996 年版；关于不同意见，杨正光《徐福东渡的伟大历史意义》中有专门一节"与'神武天皇论'商榷"，见《徐福东渡钩沉》，山东友谊出版社 1996 年版。

而几乎所有这些传说、遗迹，都似乎言之凿凿，让人大有不可不信、不由不信之感。历史—民俗文化，就是在这样一些看似"偶然"的因素中被创造出来的：假如司马迁的《史记》、班固的《汉书》等将徐福其人其事记载得具体、详细，历史的徐福就没有了这么多的神秘、这么多的猜测、这么多的传说、这么多的故里、这么多的遗迹、这么多的可能性；就不会有这么多至今仍然争论不休、沸沸扬扬、似是而非、似非而是、热闹非凡、环黄海圈各地争相进行的徐福招牌、徐福搭台而"经济唱戏"活动。哪是历史，哪是民俗？民俗在历史中，历史在民俗中焉。纵使所有的这些传说、遗迹就历史而言全是假的，没有真的，而在民俗文化这里，也全都是真的——中国的海洋文化认同如此，环黄海文化圈和族群认同如此，人们的情感认同如此，审美认同如此。这就是民俗文化资源的魔力与价值所在。

从秦皇东巡、徐福东渡至今，在两千多年的历史长河和民俗传承、传播的文化长河中，徐福民俗文化早已成为中国沿海以至内陆、中国国内以至国外共同的中华历史—民俗文化传承播布的重要内涵。在中国整个沿海地带，由北到南，依次可见许多徐福传说的"遗迹"。[①]

（1）河北省盐山县的"千童城"。此地古为饶安县，唐《元和群县图志》记："饶安县，本汉千童县，即千童城。秦始皇遣徐福将童男童女千人入海求蓬莱，置此县以居之，故名。"这里相传有徐福募集、培训童男童女和百工巧匠的场所"百匠台"；有汇聚五谷良种和金银珠宝之所；有打造航船之地；有东渡起航之地千童城；有入海之道无棣河；有停泊航船的链船湾；有出发前杀鲸祭海的龙井；并且竟然有秦始皇送别徐福千童集团的秦王台……于此史书不载，且考之历史、地理和航海条件，显然难以凿实，但作为文化传说，却不可忽视。近年来，当地政府不断进行徐福文化纪念和国际交流活动。

（2）江苏赣榆徐福村（原名徐阜村，1982年地名普查后认为应是"徐福村"，即改）。这里传为"徐福故里"，且居然"发掘"出了"徐福故居"，周围数十千米内还"发掘"有：①夏家沟，据传为"下驾沟"，是秦始皇东巡经此下驾驻跸处；②大、小王坊村，据说是徐福受皇命造船处，是"皇（王）家造船作坊"；③吴公村，相传原为"圬工"（捻船工）村；④造船与起航地：在一处古河道地下海沙中，发现有两处已经炭化的木头堆积。另外，在赣榆县城东海中有秦山岛，志载"旧传秦始皇登此求仙，勒石而去"；岛上有棋子湾，传说当年徐福曾陪同秦始皇于此对弈；等等。赣榆较早就成立了徐福研究会，后改为连云港徐福研究会；1987年，他们发起召开了全国首届徐福学术讨论会，同时倡导发起成立了中国徐福会（1992），举行了大量的徐福文化研究和中外交流活动。

（3）浙江省慈溪市达蓬山。明天启浙江慈溪志载："秦始皇登此山，谓可以达蓬莱而东眺沧海，方士徐福之徒，所谓跨溟濛泛烟涛，求仙采药而不返者也。"达蓬山上有"秦渡庵"遗址；有摩崖石刻，画面有海水波涛、航行船只、异兽、人物等；有传为徐福出海前春谷碾米的18爿磨坊；有传为徐福船队出海东渡的凤浦湖；等等。慈溪市成立有徐福研究会，承办过日本东京歌剧协会和中国歌剧舞剧院合演的歌剧《蓬莱之国：徐福传说》，策划编、拍有20集电视连续剧《徐福东渡传奇》，可见当地对徐福文化的重视程度。

---

① 本节相关资料参见"中国徐福会"网站：china-xufu.com。

另外,秦皇岛等地,则主要是有关秦始皇的民间传承。

然而,就历史真实而言,秦始皇四次东巡,其主要的和中心的巡游地带是山东沿海;《史记》等所有的史书都记徐福为齐人,徐福上书秦始皇、秦始皇诏见徐福的地点都在山东沿海的琅琊台,因而徐福东渡这一重大历史事件的发生地、徐福文化这一重要民俗文化现象的导源地,是在山东半岛;因而关于徐福历史和徐福民俗的传承的中心地带和主要的遗迹"物证",以山东半岛沿海地区最为集中。在山东半岛沿海,从北到东,从东到南,构成了散落在 3000 千米海岸线上的徐福历史—民俗传说与遗迹互为依附、互为表里的景观点、线、群,形成了一大中心群落、二大次中心群落和数个外围点落。

1. 一大中心群落:今青岛地区

在今青岛地区,包括胶南琅琊台一带、崂山一带,有大量集中的徐福文化遗存资源。为此,青岛经济技术开发区等都成立有徐福研究会。

琅琊台。在青岛的琅琊镇,三面环海,为古时天然良港。公元前 472 年,越王勾践灭吴后迁都于琅琊,在此筑琅琊台,以图称霸中原。秦始皇置琅琊郡,并三次亲临,曾驻跸三月,徙民三万户于此,还扩建了琅琊台,由丞相李斯题写"颂诗"和"诏书",《诏书》石刻现存北京历史博物馆。徐福每次拜见并上书秦始皇,《史记》明记就在琅琊台。此处现为重点文物保护单位。近年来,当地政府拨巨款整修琅琊台,已建成秦始皇遣徐福入海求仙群雕、琅琊刻石、徐福殿、徐福东渡起航处、御路、云梯石级以及越王望越楼等。

斋堂岛。琅琊台前面海中有斋堂岛,民间相传为始皇登山、从臣斋戒之地。

沐涫岛。与斋堂岛相邻,属泊里镇,传为秦始皇从官斋沐于此。

徐山。琅琊台东邻海岸,不远处有徐山,《太平寰宇记》引西晋伏琛《三齐记》云:"徐山,始皇令术士徐福入海求不死药于蓬莱方丈山,而徐福将童男女二千人于此山集会而去,因曰徐山。"这里还有传说中的徐福炼丹处"徐山石屋"(齐长城东端的遗址也在此)。

徐福岛。在青岛市区崂山近海,传说徐福曾住此岛。

登瀛村。在青岛市区崂山沿海,相传徐福于此集合数千童男童女登船入海。

徐福村。在青岛市郊平度市。现已经成为旅游部门开辟的旅游景点之一。

……

青岛地区如此多的与秦皇东巡、徐福东渡相关的历史与传说紧密扣合的遗迹资源,所构成的这一大集群网络,在中国沿海的任何地区都找不到第二个。这是徐福历史文化—民俗文化景观的最大最集中的群落。

2. 二大次中心群落:今龙口与荣成

第一个次中心群落:龙口。山东龙口市徐福镇,即秦代齐郡黄县徐乡。徐乡,清王先谦《汉书补注》引元于钦《齐乘》云:"盖以徐福求仙为名。"传说当年徐福曾在此进行求仙活动。不少历史学家据《史记》所记秦始皇东巡屡经黄腄(即黄县地区,今龙口)、黄腄属齐地、徐福为齐人、黄腄汉代有徐乡、元人《齐乘》云徐乡"盖以徐福求仙为名"等,判断徐福故里是徐乡即黄县(今龙口)。龙口市因此也将"乡城镇"改名为"徐福镇"。据传徐福船队的出海口就是现在的黄河营港。龙口市 1989 年成立徐福研究会,并在其后两三年间,发起成立有山东省徐福研究会、中国国际徐福文化交流协会,连年举办较大规模的国际徐福文化活动,编辑出版书籍、刊物多种,并自 1999 年开始举办富有民间性、社会性、国际性的"徐福故里文化节",促进了经贸洽谈、招商引资以及与韩国、日本相关城市之间的交流与合作。

第二个次中心群落:荣成。荣成著名的遗迹景观,以关于秦始皇的为主,关于徐福者居次。一是龙须岛成山头("天尽头")的秦皇宫遗址,一是秦东门遗址(传说为徐福求仙处,秦始皇在此为徐福送行,秦丞相李斯手书"天尽头"三字,刻石碑于南峰,现残碑尚在)、秦桥遗迹(传说神助秦始皇造石桥渡海,以抵达海中神山采得长生不老药,惜始皇太为急切,得罪了海神,因此桥崩,今仅遗数块基石)。相关民俗传说、民俗信仰十分普遍。这里因而是十分火爆的旅游景点。另外,据当地学者考察,荣成石岛也有徐福起航处的传说。

3. 数个外围点落

一为烟台市的芝罘岛(史载:始皇自琅琊北上,至芝罘,射大鱼)、养马岛(传说这里曾经是秦始皇东巡到此养马的海岛,其邻山为"系马山");一为日照市的三桂山(相传系始皇东游时命名);一为滨州地区无棣县与河北千童城遗迹相关联的徐福东渡传说——解说无棣女子为何漂亮的多,原因是徐福东渡所选童男童女,多为美少年,其中有不少童女未能出海,而流落在无棣,因而至今无棣女子多漂亮;如此等等,不一而足。

关于徐福东渡的去向,《史记》中明载徐福东渡后"得平原广泽,止王不来",不仅后人猜测徐福抵达的是日本,路过的是朝鲜半岛南部,而且日本、韩国也多有其"历史遗迹",并多有传说,很多日本人甚至把自己的家族视为徐福的后代。在日本的遗迹主要有:

(1)爱知县名古屋市热田区的热田神宫,原称蓬莱仙山。日本旧时传说,此一"热田"和"富士""熊野",被称为日本的"蓬莱三山"。

(2)三重县熊野市,丸山下的"矢贺"海岸,传为徐福登陆地;山上有徐福墓;墓旁有木制小屋,供徐福石像,为徐福宫;山下有少林寺,内有古钟,铭文有"秦栖"字样,意即"秦人居住之地",后改为波田须;波田须町有波田须神社,奉祀徐福;波田须民至今仍视自己为徐福子孙,每年十一月五日举行"氏神祭典";在木本町,成华山上有"文字岩",上刻汉字草书:"警去徐仙子,深入前秦云。借问超逸趣,千古谁似君。梅花仙子题"。据传所言即为徐福之事。

(3)山梨县富士山东北麓的吉田市,传说徐福在登富士山途中仙逝,富士山谐音"不死山",徐福化为鹤,当地人建造了"鹤冢",以怀念徐福。吉田市东,有徐福祠;河口湖町,也有徐福祠,徐福被祀为纺织之神;有长池村,即长命村,传说有的就是徐福后裔。

(4)在秋田县男鹿市的本山(赤神山),相传有徐福墓。

(5)在青森县北津轻郡的小泊村,有尾崎神社,据传有徐福像。《东日流外三郡志》云:"尾崎神社镇座于山顶,据传祭祠中国的老子、孔子、孟子、徐福等,今只存徐福";"元历元年(1184 年)十一月建社殿,称尾崎神社。祀鹿岛大明神、八幡大神、更祀祖神徐福至今";并记神社内供有"金铜制徐福等神像十六尊"。

(6)京都府谢郡伊根町,有新井崎神社,供徐福及童男、童女木像。在八丈岛和青岛,有传说云,徐福船队有一部抵达熊野,但有五百童女漂流至八丈岛,有一些童男漂流至青岛,因此人们称前者为"女护岛",后者为"男岛"。传说此为过去八丈岛女多男少的缘由。

(7)宫崎县延冈市,有徐福岩,传说是徐福在此登陆时的系船石。

在韩国,以其西南和南部沿海"遗迹"和传说为夥。济州岛有"西归浦",据传即徐福求仙在此住过,后由此港浦西归回国;济州岛上有正房瀑布,崖壁有刻字,据辨认即"徐福过此",今已模糊。整个济州岛,韩国历史上相传就是"瀛洲";岛上的汉拿山,就是"瀛洲山";等等。韩国的南海郡,也有相似的遗迹和不少传说。

在日本,徐福研究会早已遍地开花,有日本徐福会、日本东京徐福研究会、佐贺县徐福研究会、富士吉田市徐福会、新宫市徐福研究会、京都伊根町和大阪明日叶徐福会等。在韩国,西归浦市也成立了徐福国际交流协会,举办了徐福国际学术大会(2002年),并正在发起筹备成立国际徐福学会。

要之,缘于海洋,"徐福情结"2000多年来已经在中国—日本—韩国之间传承播布,蔓延扩散,深入人心;它已经不再仅仅是中国沿海的徐福,而是全中国的徐福,东方的徐福,世界的徐福。"徐福"已经从历史的徐福、航海的徐福、移民的徐福,成为传说的徐福,民俗的徐福,精神的徐福,信仰的徐福,文艺的徐福①,旅游的徐福②,地方政府的徐福,家族、社会的徐福,国际交流的徐福,国际血缘亲情的徐福,甚至已经成为经济的徐福,企业的徐福,比如医药的徐福③,糖果的徐福④,酒业的徐福⑤,建筑与造型艺术的徐福⑥,等等。

三 徐福传说与祭祀⑦

大多数徐福文化现象都是以民间文化的形态呈现的。虽然有关徐福的其人其事不在正史中占有很大的位置,但在民间生活与民间文化中却有着极其丰富的表现。这样的事实提醒我们,有关徐福问题的研究,除了必须重视文献记载与考古资料以外,还必须重视至今依然以活生态的形式而存在的徐福传说与祭祀这种民间文化遗存现象,这些现象不像文献与考古资料那样完全脱离了现实中的民众生活,而是与现实中的民众生活紧密地结合在一起,呈现出一种活动的、充满生命力的姿态。这种以活生态形式呈现的民间徐福文化现象在东亚地区各个国家中大量存在,它们构成了一个庞大的东亚民间徐福文化圈,显示了徐福文化在民间生活中的丰富内涵与强大活力。

---

① 有关徐福的文艺创作和演出,近年出现了不少。如山东友谊出版社出版的《徐福文化集成》(1996),其中就有以徐福为主人公的小说、戏曲等多种,如《蜃楼梦》《楼船梦》《登瀛梦》。1998年,江苏又有《徐福东渡传奇》20集电视连续剧面世。

② 旅游的徐福:无论是在中国还是在日本、韩国,"徐福"被作为旅游文化和产业的重要景观资源,已经给旅游企业带来了不知多少利润。

③ 有的以"徐福"冠名医药机构,如北京协和医学公司徐福医学试剂中心;有的以徐福相号召,宣传其药草延缓生命、甚至可以长生不老的灵验,如灵芝草之类;等等。

④ 如糖果食品企业"徐福记"公司。

⑤ 比如江苏赣渝"徐福故里"产有"徐福酒",山东龙口"徐福故里"产有"徐市酒",等等。

⑥ 所有的关于徐福的"历史遗迹",都不是自然的景观,都是人工、人文的建筑。至于那些某块石头、某座山头之类的传说,则都是因为其形似、神似而激发的人们丰富的艺术想象化创造。

⑦ 本部分引见蔡丰明:《徐福东渡与东亚民间文化》,《青岛海洋大学学报》2002年第4期。

（一）徐福传说故事

徐福传说故事是中国以及日本、韩国等东亚地区民间徐福文化圈中极为重要的内容，它们主要通过口头传承的形式，将徐福的事迹进行编织和演绎成一段段美丽动人、奇妙有趣的民间故事情节，塑造出一个个生动感人、栩栩如生的徐福人物形象。东亚地区广泛流传的徐福传说故事中，包含着许多幻想的成分，它们表现了人们勇于抗争、惩恶扬善、开拓进取的精神，反映了人们对于美好生活的追求和安定环境的渴望。东亚民间的徐福传说虽然不能称其为历史，但它又的确包含着某些真实的成分。这些真实的成分，即是从现实生活众多的原型和事实中提炼出来的。

流传于中国东部沿海地区的民间徐福传说故事，在表现内容上大致可以归纳为三种类型。

一是徐福东渡求仙故事，这类故事主要从《史记》等正史中有关秦始皇派徐福率童男童女东渡求仙的记载出发，从各方面加以延伸和拓展，演绎出一段段生动有趣的情节。

二是将徐福事迹融入地名物产故事。这一类故事在东亚地区民间流传最为广泛。它们大多是将徐福事迹附会在当地的某一地名或物产之中，从而组成一些具有徐福文化特色的地物故事。例如，《童子豆腐》故事说：徐福从各处招来了许多童男童女，安置在饶安城（今盐山县千童城）内。为敬神灵，童男童女一律吃素，早晨一人喝一碗豆汁。童男里有一个名叫宝川的，睡觉有发忆症（现在叫夜游）的毛病，这天夜里他又发起忆症来，迷迷糊糊跑到厨房里，冲着盛豆汁的罐子撒了一泡尿，没想到，罐子里的豆汁结成了块，第二天一早，人们一人盛一碗，都说好吃。徐福在《黄帝内经》上找出了答案：尿的成分跟卤水差不多。他试验了几天，发现不管往豆汁里放童子尿还是卤水，都能使豆汁腐化变成块，于是就起名叫"豆腐"；一些穷困人家做豆腐买不起卤水，就用童子尿，所以又叫"童子豆腐"。后来徐福到了日本，就把做豆腐的法儿传给了日本人。所以无论中国人还是日本人，都喜欢吃豆腐。

三是徐福生平故事。这一类故事主要是通过各种生动有趣的生活佚事，来描述徐福的生平事迹，塑造徐福这一人物形象。这些故事中有些与东渡事迹有关，有些则没什么关系。例如，徐福收徒、徐福施医、徐福捉妖等。

《徐福治病》故事说：很久以前，饶安有一大户人家姓陈，只有一个独生女儿，美似天仙，远近有名，富家子弟、书生、才子前来求婚者不断，但陈大户都没有答应。有一位书生为此害了相思病，求徐福帮忙。徐福听说陈家小姐爱吃花生，近来每天吃得很多，几乎当饭，知道这小姐过不了多久就会得病，而这种病只有喝花生壳熬的汤才能治好，于是他找到书生，让他准备两大箩筐花生壳，洗净晒干备用。没过多久，陈家小姐果然得病，很多名医都没有治好，徐福也故意不说秘方，陈大户没有办法，只好贴出告示：谁治好小姐的病，有媳妇的给银子千两，没媳妇的娶小姐为妻。徐福将秘方告诉了书生："花生壳熬汤，食盐一捏，每晚一次。"书生揭榜，陈家小姐喝下花生壳汤，果然好了。书生和小姐便成了亲。这书生因治好了小姐的病，在饶安出了名，他不想担虚名，遂立志学医，后来成了饶安名医，被人们称为"药王"。至今千童镇的药王庙，香火不断。每年三月三举行庙会，据说这是书生和陈小姐成亲的日子。

在这则故事中,徐福被塑造成了一个既机智聪明,又热心帮人的神医形象;而在另一则《徐福除孽龙》故事中,徐福则成了一个具有高明法术的神仙人物。故事说:秦始皇派徐福四方寻找仙药,徐福一到饶安,就听说两条孽龙闹得四方不宁。徐福会武功,他同情百姓遭遇,便施武功法术除掉了孽龙,于是徐福成了这一带的恩人,所以他下海去寻仙药,人们才愿意跟着他去。

日本与韩国也存在着大量有关徐福的民间故事和传说。据彭双松调查,当前在日本流传的形形色色的徐福故事,分布于日本的 20 多个县市中,主要有佐贺县武雄市、佐贺县佐贺市、佐贺县诸富町、福冈县八女市、鹿儿岛县串木野市、鹿儿岛县坊津町、宫崎县延冈市、山口县祝岛、广岛县佐伯郡宫岛町、京都府伊根町、和歌山县新宫市、三重县熊野市、爱知县名古屋市热田神宫、爱知县宝饭郡小坂井町、静冈县清水市、山梨县富士吉田市、秋田县男鹿市、青森县北津轻郡小泊村、东京都八丈岛、东京都青岛,等等。这些故事与传说紧接着中国的传说故事进一步展开,主要描述徐福移民集团登陆日本以后的种种经历与遭遇,如船遇到沼泽地时用布匹铺地克服困难,掘井洗手,与原住民恋爱,教原住民稻作蚕桑、行医用药,秦姓族人的繁衍定居,以及徐福及其随从后来如何死亡、死后的安葬和人们建神社祭祀、徐福及其随从遗物的神化,等等,内容几乎无所不包,且逐渐增加了神话色彩。这些故事在情节上与中国的民间故事相联结,在徐福形象方面也与中国传说相一致:在故事中,徐福是一个才智出众、普惠众生、道术通神的人物,最终被供入神社,受万人景仰。有的故事也追述东渡前的情节,它们大都是对中国史书记载的复述。

日本的徐福民间故事在流传时间上要晚于中国,它们基本上都是 14 世纪以后见于文献记载的。另外,就故事的内容而言,日本徐福故事的传奇色彩和神话色彩要胜过中国。

(二)徐福信仰与祭祀

除了民间故事以外,中国、日本等东亚民间还有一种非常重要的徐福文化现象——徐福祭祀活动。每逢一些特殊的时日,当地民众就要举行盛大的徐福祭祀集会,进行各种仪仗、音乐、舞队、台阁、戏剧、火花等表演。这些祭祀活动,有的是当地某些宗教组织发起举办的,有些则是完全出自民间的自发行为。这种以徐福名义举办的祭祀活动之所以在东亚地区民间十分盛行,与当地民众对徐福的崇拜心理有着密切关系。

在中国江苏省的赣榆县徐福镇,每有节日,人们便要焚香点烛,对徐福虔诚祭拜,以表敬意。在中国河北省的千童镇,徐福连同众多的童子一起受到民众的崇拜。每当"信子节",人们都要举行大型的祭祀活动,列队巡游、表演。"信子节"的举行日期,为每个甲子年的农历三月十八日。民间信仰,按照阴阳八卦,人生六十年一个轮回,每当这个岁时,阴曹地府就要召集灵魂汇聚重新分配转世,此时活在阳世的亲人若召唤故去的亲人的灵魂,就能使亲人的灵魂重回故里,故"信子节"就放在这一时间进行。信子的高度达 12 米,外观呈"古"字形,由木杆、铁棍绑制而成。竖杆的顶端用铁棍、木板搭起空中舞台,台上有童男童女表演各种各样的艺术造型,内容有"天河配""许仙游湖""小磨房""西游记""八仙过海""红楼梦""水浒"等。每出戏文人物出场,或坐跪或鹤立或相依或舒袖而舞,造型优美奇特,表演惊、险、奇,俊男秀女犹如游于蓝天碧空,舞于云端雾中。支撑童男童女表演舞台的木杆下端,固定在由铁、木制做的架子上,架子上放着许多石磨盘(或石块),重达数吨,以稳定架子和高杆上的空中舞台。架子由36名粗壮的大汉抬着,踏着锣鼓点稳步前进,在千童镇四街游行演出。架子前,由会武术的人用三节棍和狮子舞开道;架子后,还配以龙灯、洛子、高跷、旱船、竹马、花狸虎、秧歌、武术等各种花会,一边走一边演。每当演出之时,天津、济南、德州等地的观众便提前几天抵达千童镇,到开化寺进香,等候观赏"信子节"表演。方圆百里的百姓和商贾也争相而至,围观者常多达数万人,涌满大街小巷,喧声震天。各种货摊商位,犹如雁群蚁队,摆出古城几里远。这一壮观浩大的景象,显示了"信子节"在人民群众中的巨大影响。

在日本,徐福是作为日本先民的引导者和日本文化的开拓者的形象出现的,因此日本各地对于徐福的崇敬程度更要超过中国,由这种崇敬心理而引发的祭祀活动,也是层出不穷,热闹红火。例如,每年收获季节之后日本新宫地区有丰收祭、御粥祭,熊野滩一带有御船祭、三轮崎祭,特别是佐贺地区50年一度的徐福祭,参加人数多达数千人,持续时间为三天。日本流行的祭祀徐福活动,有许多是自发组织、自觉参加的,这样的活动经过世代相传,现已逐渐演变成为民间的节日盛典,并从民间发展到官方,从国内发展到国外,规模越来越大,形式越来越多,充分表现了人们对于徐福的尊崇之情。

日本的徐福祭祀活动,也有许多是由当地的民间宗教组织——神社发起举行的。这些神社的产生与神道教有很大关系。古代时期,日本国土上存在着成百上千个神社组织。其中祭祀徐福的神社,几乎遍及全国,分别祭祀着徐福及其传说中的7名子孙和有关人士带到各地的神灵及遗物。一些著名的神社组织,如新宫市的阿须贺神社、神仓神社,熊野市的波田须神社,佐贺县的金立山神社等,都有专门的徐福庙、徐福宫,尤其是佐贺县的金立山神社,社内的主神为"金立大权观",即徐福的金身,距此不远的另一座庙宇供的女神就是阿辰。长久以来,佐贺一带一直流行着徐福春、秋祭和每50年举行一次的"徐福大祭"。虽然历史变迁、朝代更替,祭祀徐福的活动却盛行不衰。参加祭典的多为氏子。所谓"氏子",是指氏神后裔和在同一地区信奉同一氏神的人们。在佐贺县,有据可查的徐福氏子有1万余人。祭典开始,由主持人带领行祭队伍首先出庙游察。他们身穿白衣,头戴乌纱僧帽,脚穿特制的童履,精神庄严肃穆,步伐坚实整齐。神舆前,排列着手持旌、旗、幡、伞、戈、戟、矛等的仪仗队开道。这支队伍行进的第一站就是阿辰观音庙(传说徐福到日本后与阿辰结婚)。阿辰观音由一美妙女子扮演,坐上早已备好的神舆,由挑选的众童女簇拥,随徐福神舆串街过市至海边,面向西方行祭拜礼。然后沿原路返回,将徐福神舆放归神位。因为参加祭典队伍的多是氏子,又称"氏子节"。这种隔海向徐福故里和祖先行祭拜之礼的典仪,意在不忘祖先,表达思念家乡之情。

除了金立山神社的"徐福大祭"之外,日本新宫市、熊野市的"徐福万灯祭""火花大会""徐福传养祭"等祭祀活动,也各有特色。例如徐福万灯祭是一种集灯火、文艺表演为一体的祭典徐福的文艺形式,日期不尽相同。有人撰文这样描述1992年8月12日的新宫市徐福万灯祭的盛况云:"排在前面的鼓乐队,乐器是中国的三大件:鼓、锣、钗,演奏者是着中国旗袍的少女,演奏的是中国最简单的打击乐调:'咚咚呛,咚咚呛,咚呛,呛咚呛。'乐队后面是天狗队、徐福立像和龙灯队。徐福像安装在特别的方桌似的机动车上,由两根粗麻绳牵引着徐徐前行,牵绳的都是经过挑选的童男童女,一律着日式短衫裤,头上扎一根写着日文的白带子。现代化的灯光设备,使徐福像周身通明,照得四周如同白昼。一位少妇扮演丹鹤姬,端坐在敞篷车上,一动不动,好像雕塑一般。再往后是身着和服的少妇,随着音乐节拍尽情地舞蹈。整个表演队伍有 250 多人,按计划沿街表演,所经之处,张灯结彩,万头攒动。徐福像经过时,有的合掌鞠躬,有的热烈鼓掌,人们以各种方式虔诚地向自己的恩人徐福表示崇高的敬意。"

通过以上论述我们可以看出,在中国、日本、韩国等东亚国家,存在着大量的民间徐福文化现象,这些文化现象或是以实物的形态,或是以文学的形态,或是以宗教信仰的形态,表现了人们对徐福其人的观念与心理,反映了人们对于徐福事件的态度与评价。如果把这些纷繁多样、丰富有趣的民间徐福文化现象组合在一起,我们就可以看到一个清晰的徐福文化圈全形,这个文化圈记录着中、日、韩三国民族交往、文化传播的历史,体现了人民对于美好生活的共同追求和迫切愿望。

第八章
先秦秦汉时期的海洋文学艺术

　　海洋文学艺术,包括的范围很广,内容十分丰富。广义地说,在人类的海洋文化史上,人类一切具有审美价值的涉海文学艺术创造,都属于海洋文学艺术的范畴;狭义地说,海洋文学艺术是指那些主旨在于通过审美形象塑造来表现海洋、表现人类涉海生活的文学艺术作品。因塑造和表现的手段、方式及其作品的时间、空间呈现形态不同,海洋文学艺术可分为文学、舞蹈、音乐、绘画、雕塑、戏剧,等等。[①] 但在我们的先人那里,自古就是诗、歌、舞三位一体,甚至连绘画、雕塑、戏剧都是综合一体的,实际上就是我们今天所谓的"综合艺术"。这种"综合艺术"虽然在后世被分了家,但很多时候依然难舍难离。至于反映或表现同一题材和内容的艺术,艺术门类之间的重叠交汇现象就更多了。我们现在分析认识的先秦秦汉时代的海洋文学艺术,在很多情况下就是这种重叠交汇的"综合艺术"作品。

　　先秦秦汉时代的海洋文学艺术作为先秦秦汉时代人们对海洋认识、感知的精神创造,是我们祖先对海洋的理解、对海洋的感情、与海洋的生活对话的审美把握和艺术体现,是我们祖先的海洋生活史、情感史和审美史的形象展示和艺术记录,是我国海洋文化史上重要的精神财富。哪里有我们祖先的海洋生活,哪里就会产生我们祖先的海洋文学艺术创造和传承。先秦秦汉海洋文学艺术的作品一定是浩如烟海、灿若群星,却不知有多少没有被以文字语言的形式记录下来,有多少没有被以造型艺术或绘画艺术的形式保存下来;也许还有很多很多没有被我们在古代文献里发现,还有很多很多没有被我们在考古作业中发掘,对于这些,我们还是满怀祈望,希冀有一天我们还会有新的发现、新的惊喜,但我们先人们那激情的歌喉,那跳动的舞姿,那虔诚的讲述,那逼真的扮演,那刻画、造型时的冲动……那一切一切的创作和传承过程,我们是再也听不到、看不到了。

　　这里,我们只能将先秦秦汉海洋文学艺术中现在还能看得到和读得到的,择其要者加以介绍和解说。

---

① 曲金良:《海洋文化概论》,青岛海洋大学出版社1999年版,第170页。

第一节　早期的海洋艺术创造

一　海洋艺术造型

我们追溯人类认识和表现大海的历程,除了史籍中的文字记载以外,还可以从流传下来的器物造型中来寻找人类认识大海的艺术表现,在这里,我们可以深切地感悟、体味到古人是如何向我们传达着他们认识和感受大海的信息的。

在器物造型中,海参形罐、舟形器、舟形屋以及船形棺等最具有明显的海洋文化的艺术表现特色。在辽宁大连大潘家村新石器时代遗址中,人们发现了网坠、骨鱼卡、蚌器及大量鱼骨、鱼鳞、陶器上的网纹、海参形罐器,[①]看其中的海参形罐器取象于大海中的海参,传递着古人是如何认识海参这种海生动物并用于人们生活器物之上的信息。

(一)舟形

舟形器、舟形屋以及船形棺也是滨海器物中具有典型海洋文化色彩的东西。

在山东沿海的"岳石文化"中,有一种特殊的"舟形器",它与淮夷氏族文化联系紧密,均是滨海地区特有的器物。在滨海而居的徐人活动的中心地带,淮阴市高庄出土的战国墓中,发现其青铜器刻纹内容中,其车舆呈龙舟状。"这种造型的海滨器物,亦可看成是当时生活中的图像折射。"[②]

舟形屋(船形屋)与船形棺的形状均取象于航海工具,而其产生的地理位置又在沿海地区,这从一个侧面说明它们和海洋文化的密切关系。

在海南岛的黎族区,黎族富有民族特色的传统住宅是船形屋,是黎族最古老的居屋。相传黎家祖先从大陆沿海乘船漂洋过海而来,靠岸后,由于地处荒凉,没有人烟,只好将船翻过来,覆盖在地面上当住屋用。后来,他们的后人,为纪念祖先,便模仿船的样子建造房屋。这种房屋,屋檐一直贴到地面,状如船篷,远远望去,仿佛就是一只船,故名为船形屋。

这是有关海南岛船形屋由来的传说故事,不管其真实程度如何,我们从其造型来看,确实和海洋上航行的船舶有着一定的关系。

船形棺也同样如此。在福建西北部武夷山中的一些山崖山峰腰部,有许多天然洞穴,里面发现了一些船形棺、龟盘器以及其他遗物。

这是越人遗留下来的东西。越人以造船和善于用舟著称。《武夷山志》云:船棺以"楠木刳成"。《溪蛮丛笑》云:"蛮地多楠,有极大者刳以为舟。"

随葬品中的龟形四足木盘,颇能反映它与渔猎有关。龟是古代神话中的水母,最受水上人家崇拜。船棺、龟形盘这些与近水生活有关的遗物,可以说明武夷山船棺的

① 《辽宁大连大潘家村新石器时代遗址》,《考古》1994 年第 10 期。
② 李世源:《海洋文化中的古徐人迁徙》,《广西民族学院学报》1997 年第 4 期。

主人应是秦汉以前活跃于武夷山脉的"百越"族的一个支族。

类似武夷山崖洞墓葬制,沿武夷山系、五岭以及川滇一带,均有遗迹。浙江南部的临海山区,那里的"安家之民,悉依深山,架立屋舍于栈阁之上,似楼栖,父母死亡,杀狗祭之,作四方函盛尸⋯⋯乃悬高山崖石之间,不葬土中(《太平御览》卷780引《临海水土志》)"①。

船形棺取象于船,与这种器物有关的"船棺葬"风俗,曾经被人们视为"神秘文化"。这种"船棺葬"在福建、湖南、四川等地都有发现。这应该是原始海洋民族的古越人分散迁徙成为多个分支后的文化传承的结果。而在沿海的贝丘"土著"那里,比如在环渤海湾的东夷人的后裔那里,直到汉代,还有以贝壳筑为贝墓的风俗。在辽宁新金县花儿山汉代贝墓中,考古者发现,古人构筑的墓室,用牡蛎、蛤蜊、海螺等贝壳筑成,挖好墓穴后,墓底铺贝壳,四周竖木板为椁,空隙用贝壳填满,然后封土。这是西汉晚期的一座贝墓。② 至于以海产鱼类和贝类品陪葬,则更为普遍。

在距今7000年到6000年间的钱塘江河姆渡文化遗址,出土有陶制海船模型;而在旧石器时代晚期(大约距今1.8万年前)洞庭湖畔的临澧县竹马村遗址,就出土了椭圆形的上面开有方洞的"高台式建筑",这种古怪的建筑形制,至今尚无人能做出解释。从它的建筑形制与今日海南岛原居民的"船形屋"的屋基颇为相似,再联系到与之邻近的南县涂家台遗址(大约距今8000年前)曾出土过船形墓葬来看,它有可能是水居渔民的"船形祭坛"。

考古研究还发现,距今7600年前中国洞庭湖沅水流域黔阳县高庙遗址的陶画上,就出现了装饰豪华、艺术精湛的风帆船。这一现象说明:早在七八千年前的中国人就已有了比较高超的造船工艺和绘画水平了。

无论是"船形屋"、陶制海船模型、"船形祭坛",还是船形棺以及船形墓葬,这些器物的造型都和特定地域特定时期人们的海洋生活有关,从一个侧面反映了沿海先民的海洋社会生活图景。③

(二)鱼形④

海洋是海鱼的故乡,人们不仅把海鱼当成是食用品,而且在海鱼身上寄托了自己的精神世界,这在先民生活中的各种饰用、器用物品上也都有所反映。

在中国,无论是沿海的贝丘遗址还是夏商乃至春秋战国时期的滨海开发,表明人们已对海中的鱼族有了一定的认识。就海中的鲨鱼而言,先秦时期人们的认识早有突破。古代捕捞鲨的一个重要目的是用它的皮。"鲨鱼皮有甲珠文,可以饰物,古今皆然。"⑤《诗经》以赞美的手法描写了"象弭鱼服","鱼服"就是用鲨鱼皮作的箭袋。⑥《左

---

① 《福建崇安武夷山百岩崖洞墓清理简报》,《文物》1980年第6期。

② 旅顺博物馆:《辽宁新金县花儿山汉代贝墓第一次发掘》,《文物资料丛刊》第4辑,文物出版社1981年版。

③ 李建辉:《中华民族是人类海洋文化的主要缔造者——访文化人类学家、民俗学家林河》,《中国民族》2002年第11期。

④ 陶思炎:《中国鱼文化的变迁》,《北京师范大学学报》1990年第2期。

⑤ 《古今图书集成》,《中国海洋渔业简史》,第208页引。

⑥ 江阴香:《诗经释注》,中国书店1982年版,第16页。

传》有"归妇人鱼轩","鱼轩"就是用鲨鱼皮装饰的车子。《荀子·议兵篇》有"楚人鲛革犀兕以为甲",这是用鲨鱼皮作的护身铠甲。因此自商代开始,历代朝廷都规定东南沿海地区要进贡鲨皮。①

原始时期包括旧石器时代和新石器时代,这是中国海产造型文化的萌勃期。这可以追溯到旧石器时代的山顶洞人阶段,它最初以鱼类、贝类饰品的形态出现,其萌生过程体现了劳动对象、食物来源与精神观念的环合链条,其中的意识成分既是物质存在的派生物,又是文化创造的新的推动力。这里,我们不妨以不仅在沿海、在内陆也曾同样普遍流行的鱼文化为例加以说明。对此,文化人类学者和民俗学者陶思炎作了有关论说。

到了新石器时代的河姆渡文化阶段,鱼文化已经摆脱了开始时那种形态单一、内容朦胧和结构环合的性质,分解为物质型文化、精神型文化与制度型文化,渔具、鱼物、鱼信与鱼俗大量涌现,形成了中国鱼文化发展史上的第一个高峰。此期中国鱼文化的勃兴标志,可归纳成五个方面:第一,从文化形态看,人类可观察的三种基本文化形态已经生成,并各具体系,虽相互交叉,而又并行不悖;第二,从文化地位看,就仰韶文化而言,鱼文化在当时的社会诸文化中据有着超越一切的主导地位,特别是半坡时期出现的大量的鱼图、鱼物,留下了捕鱼、食鱼、信鱼、拜鱼的鱼文化社会的信息;第三,从文化分布看,此期鱼文化有较广的流布地域,在黄河流域、长江流域等地出现了不期而然的多点交映的局面;第四,从文化手段看,已由鱼骨的穿凿和涂饰发展到彩绘、刻画、雕凿、陶塑、研磨等,一切新技术都投向了鱼文化的创造;第五,从文化母题看,连体鱼、变体鱼、人鱼图、鱼鸟图、异鱼图、鱼物图等成为我国鱼图的传统,并在不同情境下发挥着复杂的功能作用。总之,新石器时期是我国鱼文化急剧演进的辉煌时期,其成就标志着中国鱼文化正步向成熟。

上古时期指商周到秦汉这一历史阶段,此期是中国鱼文化的衍生期。此期的鱼文化继承了萌勃期所开创的传统,在鱼物、鱼图、鱼事、鱼信等方面不断开拓,使鱼文化的形态、类型、载体、领域等得到了持续的衍化与生成。

衍生期的鱼文化可大略划归三个阶段。

商周时期是中国鱼文化衍生期的第一个阶段,从整体上看,此时鱼文化虽不及新石器时期内涵丰富、地位突出,但仍有重要的发展。铜鼎、铜盘等青铜礼器和餐具上发现了鱼形铭文和鱼饰;玉鱼、蚌鱼大量见之于墓葬,几乎成为必备的随葬物品;玉鱼饭含开始出现,表现出与半坡人的人面鱼纹陶画及大溪人的含鱼葬俗间的信仰联系;玉鱼刻刀的制作又表现出与大汶口人的獐牙器有功能上的承继关系……此期鱼文化的突出特点是:在继承中演进和创新,并具有强烈的礼俗化倾向。这一特点使商周时期的鱼文化在中国鱼文化史上仍带有高涨的性质。

春秋战国时期是中国鱼文化衍生期的第二阶段。此期由于诸侯分封和相互攻伐,鱼文化在商周时期起始的制度化进程减缓,不仅彩陶器皿早已湮灭,就是青铜礼器和玉石鱼雕也数量锐减,商周以金石为主要载体的传承方式被打乱,但鱼文化因素仍见于漆器、兵器、军阵、帛画、玩具等领域,鱼占活动也十分活跃。从内容、结构、载体等角度看,这一阶段没有较为集中的突出的鱼物与鱼事,从整体上说,鱼文化虽有一定面上的展开,但已呈现相对的衰减趋势。

秦汉时期是中国鱼文化衍生期的第三阶段。此时鱼文化又以金石为主要载体,其表现领域也较为广阔,在瓦当、铜洗、铜熨、铜盆、铜壶、铜案、铜鼓、墓雕、帛画、灯具、壁画、岩画、画像砖石、乐器、散乐百戏(鱼龙曼衍)等方面初见有鱼文化的因素,特别是画像石中的鱼图形式多样,内涵丰富,数量大,而历时久。从发展分期看,此时主要以量的积累和面的展开而归于衍化期,但从盛衰强弱的线性函变看,它又呈上升趋势,构成中国鱼文化的又一个高峰。

载体是文化的传承手段,作为符号系统,它构成人类文化习得的必要媒介。载体的演进决定着中国鱼文化传承机制的调整,并在一定范围内促进或限制其文化自身的传习,导致传统的承继与衰亡。

从考古学提供的实证看,鱼骨是中国鱼文化最早的载体。山顶洞人的鱼骨串饰,虽是原始人类对自然物最初的简单加工,但它承载着旧石器时代人类的文化行为、功利动因、技术手段及符号形态等重要信息,成为认识鱼文化在中国文化发轫期的地位与价值的重要实据。

在新石器时代,中国鱼文化的传承系统才真正建立和完善起来,载体对文化传统的保持与重建作用也随之而变得明朗。这一时期中国鱼文化的载体摆脱了对自然物的简单利用,演进为复杂的人工造物,出现了像彩陶这样重要的实用型载体。

玉石是中国鱼文化在衍生期的重要载体,它在原始时代就已出现,到商、周才进入鼎盛时期。

青铜器是鱼文化另一个重要载体,它从三代及止西汉,凡1900余年。鱼纹作为铭文和图饰,在商代中晚期尤为多见。

砖石是中国鱼文化在衍生期的另一个重要载体,大量的汉画像石使先秦金、石载体的简单鱼图有了更为丰富的发展,从构图到功能都趋向复杂。

功能是文化需要的反映,是人类借助工具和风俗所得到的一种直接或间接的满足。功能的演进是中国鱼文化盛衰的重要动因,作为其存亡生灭的命脉,决定着一切鱼物与鱼俗的实际价值与存在意义。

在原始社会中,鱼文化以图腾崇拜、生殖信仰和物阜祈盼为主,围绕"两种生产"而发挥组织、教化与改造的功能作用。进入阶级社会以后,随着社会实践范围的扩大及创造主体的分化,中国鱼文化又经历了宗教化、制度化、哲学化与艺术化的文化重建历程,其文化内涵则日趋多样与丰富。①

要之,早在旧石器时代的山顶洞人阶段就萌发了中国的鱼文化,此后一直蓬勃发展,已经成了人们社会生活中的重要组成部分。它以饰品、渔具、鱼物、鱼信与鱼俗等形态出现,借以玉鱼、瓦当、铜盆、铜壶、铜案、铜鼓、墓雕、帛画、灯具、壁画、岩画、画像砖石等物质载体为表现形式。

---

① 陶思炎:《中国鱼文化的变迁》,《北京师范大学学报》1990年第2期。

二 海洋雕刻绘画①

山东临沂金雀山九号墓棺盖上平展一幅帛画②,帛画顶上绘有日、月、云朵,下有蓬莱、方丈、瀛洲三仙山,山前有华贵的建筑物,或即琼阁;帛画中部绘墓主的现实生活情况,下部绘怪兽驾升龙于海中,分别表现的是天上、人间、地下的景况。

在出现于西汉中晚期的吉祥图纹铜镜上,此类题材也比较丰富,多饰有仙人、怪神、羽人、四神、飞禽、怪兽等图案。至东汉的神兽镜、神人车马画像镜上,五帝、句芒、南极老人、东王公、西王母、仙人、神兽等形象以及日驾六龙、羲和御车、伯牙弹琴等神话故事,也是常见的题材。镜上的铭文常有对仙人的描述,如"上大山,见神人,食玉英,饮澧泉,驾文龙,乘浮云";"驾文龙兮乘浮云,白虎□兮上泰山,凤凰舞兮见神仙,保长命兮寿万年";"上有仙人不知老,渴饮玉泉饥食枣,浮游天下遨四海,徘徊名山采芝草,寿如金石为国保"等。③ 可见,由于受到渤海之中蓬莱、方丈、瀛洲三神山上"诸仙人及不死之药皆在焉"的影响,汉代的天子、王侯都热衷于在自己的生活中来表现这种仙境,体现在物质媒介方面,在帛画中绘有蓬莱、方丈、瀛洲三仙山的形象,还在帛画中部绘有怪兽驾升龙于海中的形象,在铜镜上则刻有"浮游天下遨四海"的铭文,这些都反映出时人着力于寻求海上仙境的心理。

在铜镜上反映海洋文化元素,这种传统在宋金时期还保存着。高西省《论中韩两国出土的航海图纹铜镜》指出,在中国出土的航海图纹铜镜,是宋金铜镜中极富特色的铜器之一。其名称有"海船镜"④、"煌丕昌天海舶镜"⑤、"海舶镜"⑥、"海涛云帆葵花镜"⑦、"航海图形镜"⑧,等等。就目前考古发现及征集到的实物看,凡 10 余件。虽其出土数量不多,但分布比较零散,分别出土于陕西、河南、湖南、四川、吉林等地。这类镜的共同特征是:外缘均呈八瓣菱花形(或葵花形),整个镜背为一单桅杆帆船在大海波涛中航行,纹样规整,线条精细流畅。其中有一件系 1977 年陕西省扶风县城关下河村宋墓出土,现藏陕西省扶风县博物馆,直径 18.6 厘米,八瓣菱花缘棱起,镜面平但不光亮,镜背中央有圆钮。镜背纹样以流畅的细阴线表现起伏翻滚的波涛,一单桅杆帆船乘风破浪航行在大海波涛中。船头、尾部分别乘坐 3 人,船舱口探出几个人头来,俨然是一幅海上远航图。另有一件系 1984 年四川雅安宋墓出土。⑨ 纹饰中船及帆的形式几乎同于陕西省扶风下河村宋墓出土式,不同之处在于海浪波涛中有卷云龙纹及跳跃的鱼。另有一件著录于《中国铜镜图典》851 页,海浪平缓,船形与其他航海图船形

---

① 本部分引见刘卫鹏:《汉代神、鬼观念在墓葬中的反映》,《咸阳师范学院学报》2002 年第 3 期;高西省:《论中韩两国出土的航海图纹铜镜》,《考古与文物》2000 年第 4 期;班澜:《中国南方岩画的审美特征比较》,《内蒙古大学学报》2002 年第 3 期;姜永兴:《古越人平安航海祈祷图——宝镜湾摩崖石刻探秘之一》,《中南民族学院学报》1995 年第 6 期。

② 临沂文化馆:《山东临沂金雀山九号汉墓发掘简报》,《文物》1977 年第 11 期。

③ 刘卫鹏:《汉代神、鬼观念在墓葬中的反映》,《咸阳师范学院学报》2002 年第 3 期。

④ 张英:《海船镜》,《北方文物》1985 年第 1 期。

⑤ 孔祥星:《中国铜镜图典》,文物出版社 1993 年版,第 848 页。

⑥ 孔祥星、刘一曼:《中国古代铜镜》,文物出版社 1984 年版,图版 60-3。

⑦ 彭卿云、马承源:《中国文物精华大词典·青铜器卷》,上海辞书出版社 2006 年版,第 374 页。

⑧ 周世荣:《中国铜镜图案集》,上海书店 1995 年版,图 241,第 165 页。

⑨ 孔祥星、刘一曼编:《中国铜镜图典》,文物出版社 1993 年版,第 853 页。

不同,为长体,桅杆竖起,前后舱一高一低,舱中坐满乘客,船头、尾各一人。船的上方波纹呈菱状,是一种变异型航海图纹镜。

这类航海图纹铜镜在韩国境内也有许多出土,往往被称作"铜制阳刻船游文花形镜"①、"船舶文'煌丕昌天'铭镜"②或"煌丕昌天镜"③、"煌丕昌天"铭八花镜④、"煌丕昌天"铭船游纹铜镜。⑤ 其中韩国忠清北道出土的一件,直径 17.2 厘米,现藏韩国清州博物馆,编号为公州 840,著录于《韩国的铜镜》一书。该镜的形制、纹样、大小与我国陕西扶风航海图纹铜镜极为相似,一单桅杆船在大海波涛中航行,唯其船头增加了腾空而起的龙,波浪中有鱼、龙形象,船上旗帜迎风飘扬,上方铸阳文"煌丕昌天"四字。如果说它与我国陕西扶风航海图纹铜镜还有差别,那么,这些特征恰恰与我国湖南博物馆⑥及吉林前郭尔出土的⑦航海图纹铜镜完全相同。该镜在韩国被定为高丽时代。⑧

显然,这些后世出现的航海铜镜和两汉时期具有海洋文化元素的铜镜,应该是一脉相承的。

岩画是远古先民留下来了生活图景记录。它所反映的远古生活画面,已经为很多的专家学者所破译。

中国岩画的分析,一般把黑龙江、内蒙古、青海、宁夏、新疆、甘肃、山西等地区的岩画归为北方岩画;云南、广西、贵州、四川,以及东南沿海的江苏、福建、广东、台湾、香港、澳门等地区的岩画归为南方岩画。北方岩画为使画面在风雨中保存久远,作画方法主要采用凿刻和磨刻的方法,以深入岩表的线条和块面来造型。而在作画地点的选择上,除受原始的风水观念影响有一定方向性,一般要选择在位置醒目、岩画平整的岩壁和大石头上。值得注意的是,东南沿海地区的南方岩画,亦主要采用凿刻法,当是为抵御暴雨、海浪的冲刷,也是面对环境做出的选择。云南、广西、贵州、四川等南方岩画,则主要是颜料绘画。颜料以红色为多,大多选择遮风挡雨的洞穴和岩壁。

从写意与象征的角度来看,南北岩画审美风格的差异,源于相异的生存环境与生存方式的影响,进而形成的不同的审美心理。⑨ 岩画专家盖山林先生亦描述过南北方先民的心理素质,他认为:"甘、青、藏等高原地区岩画,由于地势高寒,生活困难,与外界交流少,思维欠敏锐,因此表现在岩画艺术上,画风格外稚拙,以现实主义作品占优势。江苏、广东、台湾、福建等沿海平原地区,由于海上交通比平原传递信息快,民智早熟,思维敏捷等原因,岩画作品较早进入抽象的风格。"⑩相比较而言,北方民族崇力,尚搏斗,是扩张的外向心态;南方民族崇智,尚机巧,是含蓄的内向心态。如北方之猎

① 韩国《大高丽图宝展》,225 图及说明,第 20 页。
② 清州博物馆:《韩的铜镜》,108 图及图版说明,第 67 页。
③ 韩国国立文化财研究所编:《日本所在文化财图录》,图 95,第 94 页。
④ 韩国国立庆州博物馆编:《国立庆州博物馆》,图 122 及文字说明,第 70 页。
⑤ 韩国东国大学校等编:《博物馆图录》,图版 79 及文字说明。
⑥ 孔祥星、刘一曼:《中国古代铜镜》,文物出版社 1984 年版,图版 60-3。
⑦ 张英:《海船镜》,《北方文物》1985 年第 1 期;《吉林出土铜镜》,文物出版社 1990 年版。
⑧ 高西省:《论中韩两国出土的航海图纹铜镜》,《考古与文物》2000 年第 4 期。
⑨ 班澜、冯军胜:《阴山岩画文化艺术论》,远方出版社 2000 年版,第 56 页。
⑩ 盖山林:《中国岩画》,旅游出版社 1996 年版,第 207 页。

以追逐、围搏而力取;南方之猎以陷阱、罗网而智获。由于审美心理基质的不同,决定了南北民族艺术对把握世界的方式的互异。见之于岩画的艺术表现,北方岩画以写意为主,南方岩画则以象征为主。①

以上我们从岩画的外围即其存在的生态环境角度分析了南方岩画所具有的海洋文化气质,下面我们深入岩画艺术的内部,即从南方岩画的内容中来观照它们所折射的海洋文化之光。我们以珠江出海口区域发现的典型的古越人平安海航祈祷图——宝镜湾摩崖石刻为例,来试作分析。

近些年来,珠海市博物馆在位于珠江出海口西岸的珠海南水高栏岛风猛鹰山坡和宝镜湾海边等地,发现了罕见的 6 幅摩崖石刻图像,图像以阴纹线条,浮雕造型,在花岗石面上,敲凿出各种图案、符号。在已发现的 6 幅摩崖石刻中,规模最大、保存最好、最完整的是"藏宝洞"东壁的摩崖石刻(以下简称"宝镜湾石刻")。石刻长 5 米、高 2.9 米,凿刻在海拔约 55 米高的天然岩洞里。洞深 8 米,宽 0.8—2.5 米,高 4 米不等,顶部石块已塌下。画面由船形、人物、蛇、鸟、鹿、云纹、雷纹、波浪纹,以及未能破译的 10 多组图案所组成,其内容丰富,艺术完整,规模宏大,表现了古越人的航海活动和海边生活。②

宝镜湾石刻的发现,纠正了"广东无石刻、岩画"的传统观念,引起了中外学者和社会各界人士的广泛重视,"它说明从江苏的连云港到福建、广东、广西,东南沿海连成一线都有岩画,很值得研究"③。

古代人类为了表达对大自然的祈求、祭拜,记载重大史实,乃至表现对美好生活的追求和缅怀,往往在一些特别重要的场合、地域,凿刻或绘画各种图像,存留于世,永为纪念。宝镜湾摩崖石刻即是其中的艺术样式之一。摩崖石刻是指凿刻在高岩峭壁上的石刻图像,石刻大多刻在岩面上,少数刻在山坡屹立的大石块岩面上,珠海宝镜湾石刻属后一类。这类石刻都系早期人类以青铜或铁制利器敲凿而成。因其产生于文字诞生之前,是早期人类意识的结晶,构成了充满神秘色彩的、很难认识的"天书"。

整幅石刻,造型最清晰、形象最丰满、装饰最华丽的是独木舟船的形象。石刻图像中,有众多的舟船造型,舟船几乎占满了整个中央画面;不仅如此,更使人惊讶的是,在这幅充满神秘感的图像中,作为一个观赏者,即使是对古石刻艺术及历史背景、文化氛围不甚理解的观众,对别的图案可以朦胧不识,但对位置如此突出、造型如此清晰的舟船,却能一目了然地指出其存在。

石刻中的独木舟船都为两头尖翘的平底船,这种造型是典型的中国古越人发展海航事业的实物印记,这在世界造船史上是难能可贵的记录。海南、广东沿海地区都有独木舟残迹的发现,但毕竟是木质材料,经数千年的风化,难以安然保存,而凿刻在岩面上的图案,千年永垂,毫不走样。

这种平底独木舟船,近代以来,台湾省东海岸的高山族地区仍有制作与航运。高山族的独木舟,取一根粗木,截去细端,两头削成上翘尖状,木头中间剖成狭长可坐两

---

① 班澜:《中国南北方岩画的审美特征比较》,《内蒙古大学学报》2002 年第 3 期。

② 《珠海市文物志》,广东人民出版社 1994 年版。

③ 徐恒彬、梁振兴:《高栏岛宝镜湾石刻岩画与古遗址的发现和研究》,广东人民出版社 1991 年版。

三人的深槽,舟底削平即成。船壁往往雕饰或绘制图腾式的图案,如海浪、眼睛等。①

石刻的独木舟船不仅凿刻清晰,且对船体装饰的描绘十分细腻,其装饰图案有波纹、水纹、云纹、雷纹,以及凤眼纹,从而达到"海船一体""天船一体",源于自然,融于自然,强烈显示了船、海、航运在滨海古越人生活中的重要意义。

上述种种迹象,无疑是凿刻者欲以强烈的形象,表达舟船在石刻中的主题地位。

整幅石刻似一幅浮雕,淡雅分明,主题突出,整幅崖画弥漫着一种缥缈、神奇、夸张的氛围,浮雕四沿由许多跟现实生活休戚攸关的花卉、藤叶、果实、蛇、猴、鹿及其他走兽,各种纹波以及不知名状的具有一定崇拜意识的图案、线条、符号,犹似鲜花簇拥于独木舟船的四周,这种充满虚幻与神秘的极富象征意义的表现手法,在中国古石刻、崖画中,尚属罕见。这种事象,既写实了当时人与自然尚未完全分离,又表达了一种庄重、肃穆的氛围,成为一种祈祷语言,烘托了对以独木舟船为主体的石刻的崇敬、祈祷与祭祀。

石刻充满了强烈的神秘意识,从而体现了石刻创作者强烈的崇拜心理;石刻画面中的人物,已出现了尊卑,其中头人及宗师形象突出,穿戴有型,头饰禽羽毛,身披法衣,手足表情有仪,举止、形态庄严传神。但就整体而言,人物造型简单,体型不大,动作划一,似人非人。石刻中祝祷的人物造型,蹲足上举双臂的姿势,跟广西花山崖壁画、福建仙字潭石刻如出一辙。明显差异的是,宝镜湾石刻中的人物,形象偏小,位置往往处于次要的地位,围住独木舟船,翩翩起舞,呈现一种送行、祭祀与向苍天祈求平安的造型。画面浸透了中原文化南下前古越人社会中浓重的宗教意识与信仰仪序。

无论从哪个角度观察整个画面(酋长、宗师、祈祷者,船的波纹、动物的走向等),图案均高度密集,南重北轻,重心前倾,具有明显或潜在的走动感,石刻中的舟船(其实是整幅石刻图像),犹似在大海中漂泊不定,居高临下,以仰天远视之态势,面向太阳,面向海洋,面向海水走向。

船是涉水工具,一旦入海,即为海航或渔捞,以从事海上作业,海船相连,船海眺望,整幅石刻,明显呈现了一种海航的游动感、开拓感。海航尽管在石刻图像中没有直接出现,但却又使人时时、事事觉得它的存在,从而成为石刻图像的主体、意境及灵魂的依托。其事其情,象征着海航者驾舟入海前,向图腾、神祇和祖先祈求,祈求舟楫旅途平安,渔捞丰收,阖族繁衍昌盛,在平安与兴旺中,"守住本土,向外拓殖;或是向外拓殖,但仍念念不忘故土"。

总之,整幅石刻,从内容而言,表达了"船—海—航"的三个主题;"船—海—航"正是完成海航开拓的三重奏。古越人以其独有的艺术风格,表达了这个主题,表达了海洋及岛屿的生活,客观地记述了珠江口地区的古越人的海上活动与岛屿生活,足以证实古越人是开发海航的先驱。正如《南海丝绸之路文物图集》所说:"春秋战国时期到附近岛屿活动的南越人,在海湾石壁上凿刻岩画,其中最著名的是珠海市南水高栏岛宝镜湾岩画……先秦时期在滨海和岛屿生活的越人,实际上是开发海上航船的先驱,他们的后代很可能是汉代海上'丝绸之路'最早的一批开拓者。"②

① 《中国少数民族文化史·高山族文化史》,辽宁人民出版社1994年版。

② 《南海丝绸之路文物图集》,广东科技出版社1991年版。

　　通过对宝镜湾摩崖石刻的图案的整体剖解，结合石刻所在地的生态环境、历史背景、文化氛围，有助于揭示石刻的主题、意境。

　　石钟健先生在《中国古代的岩壁艺术研究——岩壁石刻部分》①，评述"香港岩壁石刻"产生的原因时指出，包括香港在内的珠江出海口，是"古代南海越人集中出海的一个海港，每凡各种因素出海作业或活动时，他们首先集中至珠江口岸诸岛屿上，准备用品，集中船只，待机出发，在出发之前，首先举行宗教性质的仪式，如祭祀图腾、神灵和祖先，祈求保佑顺利出海，安全到达目的地。因此把他们的图腾、神灵和祖先，用种种不同的形象，刻在岩面，以供祭拜，借以表示尊神敬祖的情意。这些图腾、神灵，或属动物，或被抽象化了，成为几何图形，成为越人祭祀崇拜的对象"。上述宗教祭祀的理论，亦适合对宝镜湾石刻意境的理解。

　　据对宝镜湾藏宝洞的考古发掘，在其地下发现遗址有红烧土和窑址，采集到的遗物有石器、陶器残片、陶支脚等，藏宝洞地下的古人类居住遗址，以及存留的火烧灼痕迹，可见藏宝洞曾为当地水上居民的栖息之地。海航或出入当地海岸，或在当地临时穴居、休憩，或求淡水供给，或被潮水涨溢所困扰，或为躲避恶鲸凶鲨、水盗，或遇上连日不止的暴风骤雨，而使海航者被迫困守在天然洞穴内，这些迫于无奈的航海者，既出于焦虑、寂寞、祈求、祝祷等对前程的不安与愿望，又被一种巨大的精神力量所驱使，不畏艰辛，风餐露宿，以坚韧不舍的毅力，粗拙的工具，日复日，年复年，按照当时人的崇拜意识与信仰习惯，以刻凿、绘制崇敬、祭拜的图案，完成举世之作。具体而言，宝镜湾石刻是居住滨海，以航海、水上作业为生的当地土著民族——古越人，对海上平安的祈祷，对海洋保护神的祈祷，其中包含有对民族先祖的祈祷。嗣后，每当出发之前，或被风暴所袭，困守在岛屿之时，都须隆重举行祭祀图腾、神灵和祖先等宗教仪式，以求祈福攘灾，保佑平安出海，安全达到目的。上述意境在石刻中有着淋漓尽致的刻画。宝镜湾石刻跟所有的古摩崖石刻一样，是一种群体创作，没有预先的绘画蓝图，是同一族属的群体艺术匠人，以同一工具，按同一的构图思想，在不同时间分别完成，因之整体画面显得凌乱，构图模糊，局部之间缺乏逻辑，有些图案甚至不可名状，但意境却始终如一，倾注了滨海古越人的全部心血、崇拜心理与最高愿望。石刻是在"眺望、祈祷、祭祀"观念的驱使下，又以祈祷"平安海航"的主题承续完成之。宝镜湾洞穴本身成了古越人海上通航、作业的安全港，而石刻即是一幅表达群体朝拜的平安祈祷图。但凡行走于珠江出入口岸的船只，都会以宝镜湾石刻为祭祀台，以石刻岩画为崇拜偶像，祈祷平安，表达祝愿，整个画面的神圣、庄重、肃穆、神秘之情，流露尽致。

　　宝镜湾石刻是"中华瑰宝，岭南骄傲"；是古越人海洋文化的精致微雕，在中国岩画史、越文化史、海交史上都具有重要的地位与价值；是迄今为止发现的中国唯一的，以滨海生活和平安祈祷为主题的巨型石刻。石刻是中原文化南传之前古越人物质、宗教生活的写照，是古越人给人类文明留下的航海主题的文化遗产。

　　宝镜湾石刻线条粗犷，风格古朴，整幅石刻以船与大海为主题，造型完整，主要画景被一些虚幻而神秘的图案所笼罩。从石刻画面来看，尽管在艺术表述的能力上尚弱，但热烈的崇拜、祭祀的情绪累累在目，充分表现了古越人的浮雕艺术水平。石刻是

---

① 石钟健：《中国古代的岩壁艺术研究-岩壁石刻部分》，《民族研究动态》1991年第4期。

古越文化的记录,是未接受华夏文化前的越文化结晶。在历代汉文献中,关于古越人的底层文化,尤其是"习于水性,擅于用舟",以及在开发航海、造船技术上的功勋的记述上,实证颇少,石刻正可弥补其中的不足。

石刻图案线条有明显断裂,若干图案出现重叠的现象,可以认为石刻画面曾经被当时人或后人改造过;所谓改造非是破坏,而是一种崇拜意识的深化,崇拜偶像的转移。

石刻为什么在产生后的数千年中被人遗忘,而且在地方史志中毫无记载? 一方面,藏宝洞内的东西两幅岩画有被毁坏的痕迹,是由于缺乏保管,严重风化所致,而不是任何人为的敲凿而有意毁坏,可见在当地海航者的心目中,石刻蕴藏有一种神圣不可接触的神秘感。石刻点是珠江口舟船出入海的必经之地,出于祈求平安的动机,凡有经过的舟船,都会到石刻点朝拜、祈祷,久而久之石刻崖画即成为祈祷台;随着海航科技的进步,多元民族文化的影响,航海地位的变化,以及其他原因,宝镜湾石刻的宗教意识、海航作用日趋淡化,乃至湮没,石刻才在人们的记忆中销声匿迹。

据司徒标《珠海市古石刻的新发现》①一文介绍,珠海市平沙葫芦坑古航海石刻,又是一处重要的海洋古文化景观。②

第二节　早期的海洋文学作品

中国海洋文学,是悠久灿烂的中国文学,也是中国文化的重要组成部分,它同中国文学几千年的整体发展一样,同样经历了从神话传说时代到今天的丰富多彩、异彩纷呈的既有传承又有创新的过程。如前所述,早期的海洋文学艺术,往往是一种综合艺术;以"文学"的眼光视之,现在我们能见到的,主要是现存的相关古籍。而早期的古籍又是连文史哲也难以剥离的,我们现在以"文学"的眼光能够纳入视野的,则主要是那些涉海的传说杂记作品,即我们通常所说的"丛残野史""小说者流"——在这里,古人的"小说"概念,便与我们今人的"小说"概念接通了;另外,就是我们现在能够读到的、现今保存下来为数不多的海洋诗赋作品。

一　先秦的海洋传说与吟唱③

先秦的海洋文学,作为先秦文学的重要内容和方面,同样是由先民的神话传说和"杭育杭育派"(鲁迅语)歌谣开始的。其后一发而不可收,与反映其他生活内容的文学之水一起,共同汇成了中国文学发展的滚滚波涛,波浪起伏,气象万千。

先民们最早的海洋神话传说,在无文字记载之前,我们已经无从知晓了。作为文字记载的"文本",比较集中的,最早的要数成书于战国时代的《山海经》。尽管我们前面一再从不同的视角、不同的内容侧重引述《山海经》,但从"文学"的视角来看,《山海经》更是一部早期海洋文学的百科全书。从"小说"的角度看,则《山海经》又是"志怪之

---

① 《炎黄世界》1994 年第 4 期。
② 姜永兴:《古越人平安海航祈祷图——宝镜湾摩崖石刻探秘之一》,《中南民族学院学报》1995 年第 6 期。
③ 本部分引见王庆云:《中国古代海洋文学发展的历史轨迹》,《青岛海洋大学学报》1999 年第 3 期。

鼻祖"，它为我们保存下来众多的海洋世界的"天方夜谭"，里面有许多有关海洋的神话传说，其中最多的是一些可称之为"海上奇闻录"或"海外奇闻录"的记载。

其一是四海海神的传说。东海海神、北海海神的神名和形象是："东海之渚中，有神，人面鸟身，珥两黄蛇，践两黄蛇，名曰禺䝞。黄帝生禺䝞，禺䝞生禺京。禺京处北海，禺䝞处东海，是为海神。"（见《山海经·大荒东经》。郭璞注："禺京，即禺彊也。"又《山海经·海外北经》："北方禺彊，人面鸟身，珥两青蛇，践两青蛇。"）西海海神："西海渚中，有神，人面鸟身，珥两青蛇，践两赤蛇，名曰弇兹。"（《山海经·大荒西经》）南海海神："南海渚中，有神，人面，珥两青蛇，践两赤蛇，名不廷胡余。"（《山海经·大荒南经》）

其二是海的神话及海中奇异之事的传说。比如说大海是日出之处，为"汤谷"："汤谷上有扶桑，十日所浴，在黑齿北，居水中。有大木，九日居下枝，一日居上枝。"（《山海经·海外东经》）。再比如说海外有"大人之国""大人之市"："东海之外……有波谷山者，有大人之国。有大人之市，名曰大人之堂。"（《山海经·大荒东经》）"大人之市在海中"（《山海经·海外东经》），"大人国在其北，为人大，坐而削船。"（《山海经·海内北经》）等等。

其三是海外远国异民的传说。《山海经》记载了海内外100多处国家和居民，其中大多是对海外远国异民的玄想。例如，"羽民国在其东南，其为人长头，身生羽。"（《山海经·海外南经》）之类，多以形体怪异为特征。如结胸、交胫、歧舌、一目、三首、长臂、白民、毛民等，有些可能是对见过或听说过、越传越神奇怪异的远国异民的描述，有些可能是缘于那些远国异民的图腾面具或文身化装等，还有的可能是纯粹的凭空想象。

其四是一些有关人类与海洋相互作用的传说。最著名的是"精卫填海"的故事：精卫"是炎帝之少女，名曰女娃。女娃游于东海，溺而不返，故为精卫，常衔西山之木石，以堙于东海。"（《山海经·北次三经》）还有"羲和生日""后羿射日"："东海之外，甘水之间，有羲和之国，有女子名曰羲和，方浴日于甘渊。羲和者，帝俊之妻，生十日。"（《山海经·大荒南经》）"羿射九日，落为沃焦。"（《庄子·秋水》成玄英疏引《山海经》，今本无。）还有羿与凿齿之战的记载："大荒之中，有山名曰融天，海水南入焉。有人曰凿齿，羿杀之。"（《山海经·大荒南经》）据人类学研究，凿齿之民，即具有拔牙凿齿成年礼俗的南方古百越民族及东南亚一些民族地区。至如世界各国各民族大多都有过的与海洋相关的洪水神话（较为完备的结构是洪水兄妹婚神话，或曰洪水与人类再生神话），在《山海经》中以鲧禹治水的内容得到了反映。"黄帝生骆明，骆明生白马，白马是为鲧。""洪水滔天，鲧窃帝之息壤以堙洪水，不待帝命。帝令祝融杀鲧于羽郊。鲧复（腹）生禹。帝乃命禹卒布土以定九州。"（《山海经·海内经》）正是由于大禹治水与海洋的关系，迄至近代还有不少沿海地区，仍将大禹奉祀为海神。

《山海经》中所有的涉海神话与传说记载，当然不止以上这些，内容十分丰富，是后世海洋神话传说的博大渊薮和百科全书，在中国海洋文学史上具有重要的地位。后面我们还要专门论述。

除了《山海经》之外，《庄子》《列子》《左传》《黄帝说》《尚书·禹贡》等史书、子集，也有很多涉海的神话传说或史实传闻记载。尤其是《庄子》，反映出浓厚的海洋文化意识，如《山木篇》记市南子对鲁侯说"南越有邑焉，名为建德之邦，其民愚而朴，少私而寡欲"，那里的大海"望之而不见其涯，愈往愈不知其所穷"，劝他"涉于江而浮于海"一游；

《逍遥游》称海外有神人;另如著名的庄子寓言"望洋兴叹":

> 秋水时至,百川灌河……于是焉河伯欣然自喜,以天下之美为尽在己。顺流而东行,至于北海,东面而视,不见水端,于是焉河伯始旋其面目,望洋向若而叹曰:"野语有之曰:'闻道百以为莫己若者',我之谓也。且夫我尝闻少仲尼之闻而轻伯夷之义者,始吾不信;今我睹子之难穷也。吾非至于子之门,则殆矣。吾长见笑于大方之家。"(《庄子·秋水篇》)

再如著名的"坎井之蛙":

> 坎井之蛙谓东海之鳖曰:"吾乐与!出跳梁乎井干之上……夫子奚不时来入观乎?"东海之鳖左足未入,而右膝已絷矣。于是逡巡而却,告之海曰:"夫千里之远,不足以举其大;千仞之高,不足以极其深。禹之时,十年九潦,而水弗为加益;汤之时,八年七旱,而崖不为加损。夫不为顷久推移,不以多少进退者,此亦东海之大乐也。"于是坎井之蛙闻之,适适然惊,规规然自失也。(《庄子》)

如此等等,都体现了庄子作为哲学家的思想光辉和作为文学家的智慧光彩。尤其是他的《秋水篇》中所揭示、所展现的"万川归之,不知何时止而不盈;尾闾泄之,不知何时已而不虚"的大海形象,还有"鲲鹏展翅九万里"鲲鹏形象,在思想内容上成为后世形容胸怀博大、壮志凌云的常用借喻,在艺术创造上成为后世浪漫主义常用的意象:

> 北冥有鱼,其名为鲲。鲲之大,不知其几千里也。化而为鸟,其名为鹏。鹏之背,不知其几千里也。怒而飞,其翼若垂天之云。是鸟也,海运则将徙于南冥。南冥者,天池也……鹏之徙于南冥也,水击三千里,搏扶摇而上者九万里,去以六月息者也。(庄子·逍遥游)

《释文》云:"鲲,音昆,大鱼名也。崔撰云,鲲当为鲸;简文同。""鹏即古凤字。"今人袁珂云:"鲲字古当为鲸字,乃北海海神禺彊之神状。""凤又即古风字,大鹏即大风,是北海海神作为风神之神状。鲲化为鹏,乃海神禺彊在一定季节又兼其风神之职司。"可参考。

《淮南子》记:"昔者共工与颛顼争为帝,怒而触不周之山,天柱折,地维绝。天倾西北,故日月星辰移焉;地不满东南,故水潦尘埃归焉。"寥寥数句话,为我们揭示了历史故事,解释了天地何以如此形状,日月星辰何以如此运行,江河何以如此向东、向南汇入海洋的地理空间现象。

《列子·汤问篇》记殷汤与夏革谈论海中仙山,曰:"渤海之东不知几亿万里,有大壑焉,实惟无底之谷,其下无底,名曰归墟。八纮九野之水,天汉之流,莫不注之,而无增无减焉。"(张湛注:世传天河与海通)"其中有五山焉……所居之人皆仙圣之种,一日一夕飞相往来者,不可数焉。而五山之根无所连箸,常随潮波上下往还。……诉之于帝,帝恐流于西极,失群仙圣之居,乃命禺彊(张湛注:简文云,禺彊,北海神也。大荒经曰:北极之神,名禺彊,灵龟为之使也)使巨鳌(张湛注:列仙传云:巨鳌戴蓬莱山而抃沧海之中)十五举首而戴之,六万岁一交焉。五山始峙而不动。而龙伯之国有大人,举足不盈数步而暨五山之所,一钓而连六鳌,合负而趣。归其国,灼其骨以数焉。于是岱舆、员峤二山流于北极,沉于大海,仙圣之播迁者巨亿计。"

看似荒诞不经,但它所展示出来的质朴的海洋遐想和天然的浪漫情怀,实在令人惊叹。如同《诗经·沔水》所说的"沔彼流水,朝宗于海",《尚书·禹贡》所说的"江汉朝宗于海"一样,这是人们对海洋博大的赞叹,同时也表达了时人在海洋面前自觉渺小的无奈心境。它所具有的"永久的魅力"(马克思论神话),是我们后人无论如何难以企及的。

先秦时代,由于沿海地区的渔盐之利、舟楫之便,以及各沿海王国如齐国的"官山海"政策,使得海洋渔盐经济和海上交通、与海外的交往大有发展,这又反过来越发刺激了王公贵族们的海洋意识,像齐景公那样"欲观于转附、朝俰,遵海而南,放于琅邪"(《孟子·梁惠王下》),"游于海上而乐之,六月不归"(《说苑·正谏》)者,必然不少,从而孕育和造就了春秋战国时期方士们"海上仙山"之说的土壤,为后世的海洋文学开辟了浪漫主义的天地。

以上是"散文体"的相关作品。至于《诗经》《楚辞》,作为先秦先民们诗歌咏唱的最早结集,也为我们保留下了不少涉海作品。《诗经》中如《商颂·长发》的"相土烈烈,海外有截",歌咏了先民们的海上活动;《小雅·鱼丽》《小雅·南有嘉鱼》《齐风·敝笱》等,则是江河湖海渔民们的生活写照。至于《小雅·沔水》以"沔河流水,朝宗于海"起兴,则标示出古人对以地理时空观反映人生人世哲理的普遍认同。而大诗人屈原的楚辞《天问》,则通过其简短的对海洋自然现象和神话传说的一个个发问,如"伯强何处(海神伯强住在何处)?""东流不溢,孰知何故?""应龙何画(应龙是如何划出流沔洪水的沟渠的)? 河海何历(江河是如何流入海洋的)",等等,为我们展示出了一幅幅江海贯通、天地辽阔、宇宙无限的自然与人文时空任凭驰骋的图画,引人联想和向往。

二 "海洋小说"大观:《山海经》[①]

《山海经》是我国古代典籍中的一部奇书,内容"荒诞不经",却被冠以经典之名,可见它的价值和后世对它的重视。神话学家袁珂认为,《山海经》是战国时燕齐海上方士所编,其中保留了不少古代东夷人的神话[②];肖兵也认为:"《山海经》很可能是东方早期方士根据云集燕齐的各国人士提供的见闻和原始记载编纂整理的一部带有巫术性、传说性的综合地理书"[③]。这部成书于战国,荟萃了地理舆图、神话传说、土风异俗的中国最早的集地理、博物、方志、风俗与神话传说于一体的百科全书,可以说是中国"海洋小说"(古人之"小说"的概念)的大观、集成之作。

《山海经》成书年代正流行笔记散文,无论是诸子的语录体,还是史官的史传体,都由短制集成鸿篇。《山海经》取材于谈山说海,猎奇搜逸,与道听途说、街谈巷议的稗官小说相类,至今有些地区尚把闲话聊天称作"山海经"。流传既久,积累日富,有人加以整理辑录,便有了这样一部不同凡俗的奇书。

《山海经》记载了约 40 个方国,550 座山,300 条水道,100 多个历史传说人物,400多种神奇鸟兽,共三万言十八卷。前五卷为山经,中八卷为海经,后四卷为大荒经,最后一卷为海内经,其时空纵深几达于无限,可谓集上古传说文化之大成。海经篇幅最

---

① 本部分引见王学渊:《〈山海经〉与海洋文化》,《中国海洋文化研究》第 4—5 卷,海洋出版社 2004 年版。

② 袁珂:《山海经校译》,上海古籍出版社 1985 年版。

③ 肖兵:《山海经新探》,《山海经:四方民俗文化的交汇》,四川社会科学出版社 1986 年版,第 133 页。

多，山经也写到江河与海，大荒经与海经并无区别，海内奇观与海外奇闻是着眼重点。可以说，《山海经》乃是中国古代第一部写海洋的经典，反映出古代先民对于海洋的认知、好奇、探索与向往，具有鲜明、浓郁的海洋文化、海洋文学特性。

（一）《山海经》是中国古代第一部写海洋的经典

《山海经》虽说是山经、海经，其实是以山海为背景，以人为本，记述古代先民生活与生存环境的经典。中国最早记录历史的文献《尚书》，相传由孔子编定，所载史事从尧开始，距今已 5000 年，多语焉不详，海外则付阙如。《山海经》对这一段漫长时空的人类生活与生存环境作全方位多侧面的观照，填补了远古时代的历史空白。

首先，它以山海为坐标，确定人类生存的三维空间。山经分东西南北中；海经分海外与海内，分东西南北；大荒经亦有东西南北四至，远至人类难以到达和发现的区域，多在海外。中国古代以海岸为轴线划分海内和海外。汉帝刘邦《大风歌》云："威加海内兮归故乡。"海外即化外，不服王化，不受管辖。大陆的帝王把这一块交给神仙去管领了。而《山海经》却把眼光从海内延伸到海外以及大荒。原来海外还有海外，分布着众多方国、众多民族，许多土风异俗，奇谈佚事，闻所未闻，使人大开眼界。一方水土养一方人，《山海经》在描述这些方国风土人情的同时，特别注意到其自然气候与生存环境。例如，"有神，人面蛇身而赤，直目正乘，其瞑乃晦，其视乃明，不食不寝不息，风雨是谒。"（《大荒北经》）此神叫烛龙，他的眼睛张合，便是昼夜，不寝不息，只以风雨为食。这分明就是大海恒动不息的形象，渲染出晦明变化的海洋性气候。"有鱼偏枯，名曰鱼妇。颛顼死即复苏。风道北来，天乃大水泉，蛇乃化为鱼，是为鱼妇。"（《大荒西经》）这种观察与联想，自然与海洋有关。"其下有弱水之渊环之，其外有炎火之山。""寿麻正立无影，疾呼无响。爰有大暑，不可以往。"这寿麻之国分明是在赤道，即阳光直射，正立无影，酷热无风，大声呼唤也听不见。

其次，它以国别为标界，勾勒出一幅古老的世界舆图，重点是山志与海洋志。尤以海洋志具体、生动、鲜明，在古代典籍中独树一帜。十里不同风，百里不同俗。远古时代，山海阻隔，交通不便，各域人们不仅形貌服饰各异，风俗习惯更大相径庭。至于"国"的概念，中国古代或指诸侯封地，或专指城邑与某一地域。《山海经》所列举的 40 个方国，多在海外。海外殊域，烟波浩渺，云气暖昧，自然使人浮想联翩。其取名特点，约略有三：

一是取体形服饰之异相，如长股国："长股之国在雄常北，被发。一曰长脚。"（《海外西经》）周饶："其为人短小，冠带。"（《海外南经》）人的个子高矮也是一地水土使然，今日的东北人与广东人犹此。又如女子国："女子国在巫咸北，两女子居，水周之。"今之纳西族，尚有"女儿国"习俗，在风光秀丽的泸沽湖畔聚族而居，实行走婚制。结匈国与女子国相似，"其为人结匈"（《海外南经》），凸出的结形物或块状物，应指女子胸乳，由此可窥见氏族母系社会的面影。其他诸如深目国"为人深目"，聂耳国"为人两手聂其耳"（《海外北经》），玄股国"其为人黑股"，毛民国"为人身生毛"（《海外东经》），枭阳国"其为人人面长唇，黑身有毛，反踵，见人则笑。"（《海内南经》）深目大耳，黑股长唇，都是指某些部族突出的形体特征。

二是取生产与生活的特点。如长臂国："捕鱼水中，两手各操一鱼。"载国："其为人黄，能操弓射蛇。"（《海外南经》）大人国："为人大，坐而削船。"（《海外东经》）"有因民国，勾姓，黍食。"（《大荒东经》）狩猎、捕鱼、艺黍乃原始先民基本的生产生活，至于刳木为船，当是进入了较高层次。在当时社会条件下，由于工具简陋，往往劳而无获，故有劳民国："为人手足面目尽黑。"（《海外东经》）肤色黧黑当是由于终年日晒雨淋所致，或是黑人种族。

三是取部族图腾的徽记。原始部落为了增强凝聚力，都有图腾作徽记，图腾多为动物的形象，以示威武凶猛，对其他部族有威慑力。例如，"东方句芒，鸟身人面，乘两龙。""朝阳之谷，神曰天吴，是为水伯……其为兽也，八首人面，八足八尾，背青黄。"（《海外东经》）"冰夷人面，乘两龙。""东海中有流波山，入海七千里。其上有兽，状如牛，苍身而无角，一足，出入水必风雨，其光如日月，其声如雷，其名曰夔。"（《大荒东经》）以上这些都是图腾形象，其种种异相，与其部族生存环境和宗教信仰有关，且与海有渊源。如人面鱼身的氏人，八首人面的天吴，乘两龙的冰夷，都是滨海部族。夔，孔子在《论语》中曾提到过它："黄帝得之，以其皮为鼓"，"声闻五百里，以威天下。"想是被黄帝部族征服，说明黄帝部族的势力已达于海隅。海洋成为人类必须面对的天地空间。

再次，以部族的风俗习惯为标识，反映其恶劣的生存环境与艰苦的生活境遇，着眼点多在海边与海外。例如，黑齿国"为人黑齿，食稻啖蛇。"玄股国"衣鱼食鸥，两鸟夹之。"（《海外东经》）这些部族聚居水泽海边，"两鸟夹之"相当于渔民驯养的鸬鹚。讙头国"其为人，人面有翼，鸟喙，方捕鱼。"（《海外南经》）"陵鱼人面，手足，鱼身，在海中。"（《海内北经》）《山海经》中多有关蛇的描写，如海神"北方禺彊，人面鸟身，珥两青蛇，践两青蛇。""夸父国在聂耳东，其为人大，右手操青蛇，左手操赤蛇。"（《海外北经》）这些蛇并非装饰品，而是狩猎物。海边水泽湿地，蛇较易捕得，啖食之余便加以豢养。《山海经》中多处写到"乘两龙"，"践两蛇"，自是夸张想象。而山林中最威猛者莫过于虎，常作为一些部族的图腾，例如，"北海之内，有山一名曰幽都之山，黑水出焉。其上有玄虎。"（《海内经》）"聂耳之国在无肠国东，使两文虎……两虎在其东。""北海内有青兽焉，状如虎，名曰罗罗。"（《海外北经》）虎为百兽之王，今云南的某些少数民族称虎为"罗罗"，一部分彝族人还认为自己是虎的后代，自称罗罗人。无论是饲蛇或画虎，都无法掩饰其生存窘境。他们以树皮为衣（《海外西经·肃慎国》），以木叶为食（《大荒南经·盈民国》），饥饿时甚至食人，例如，"穷奇，状如虎，有翼，食人从首始"。（《海内北经》）由于缺衣少食，部族人丁不旺，"无膏之国，在长股东，为人无膏。"（《海外北经》）无膏即无继，没有后嗣，后嗣都夭折了。《山海经》多处提到"十日"，天上有十个太阳，长时间干旱不雨。夸父逐日与羲和浴日的故事（见《海外北经》和《大荒南经》）并非想象中那么浪漫，简直可以说是悲壮。在部族与部族之间，经常发生战争与掠夺，著名的有黄帝战蚩尤的故事（《大荒北经》）、禹杀相柳的故事（《海外北经》）等。黄帝与蚩尤在风雨中作战，风雨象征战争的酷烈程度；禹杀相柳，血流遍野，乃至不宜种植。蚩尤与相柳都是南方滨海部族，相柳是共工下属，传说海边尚存共工之台。海阔天空，却是走投无路。"贰负之臣曰危……帝乃梏之疏属之山，桎其右足，反缚两手，系之山上木。"（《海内西经》）"柔利国，在一目东，为人一手一足，反膝，曲足居上。"（《海外北经》）战败的部族成为奴隶，奴隶的命运十分悲惨，不但铐镣加锁，而且去手砍足，任人宰割。刑天则是其中勇于抗争、不甘屈服的一个："刑天与帝争神，帝断其首，葬之常羊之山，乃以乳为目,以脐为口,操干戚以舞。"(《海外西经》)这无头而操干戚以舞的刑天,表达了广大奴隶们的求生意志与不死精神。刑天炎帝族,居海边。鱼类也有乳目脐口的,如螃蟹。瞧刑天的形象不正像举螯横行海边的巨蟹嘛!

(二)《山海经》是一部搜集中国古代社会早期文化的经典

文化是一种历史现象。中国古代社会早期尚处于文化幼年期,蒙昧与半蒙昧状态:结绳记事,划地作画,执牛耳而歌,仿百兽舞。但人类毕竟迈出历史性的一步,脱离野蛮,走向文明。由于年代久远,人类早期文化遗存多已湮没,考古发掘只是片光吉羽,未窥全豹。《山海经》则是最早而且比较全面地搜集中国古代文化的一部经典。其文化价值高于同时期的相关著作。兹略举数端:

(1)《山海经》中已有关于人类佩戴饰物的记载,多处写到玉:"泰山,其上多玉。"(《东山经》)"竹山……其中多水玉。"(《西山经》)"夏后启于此舞九代……佩玉璜。"(《海外西经》)"其十四神皆彘身而戴玉。"(《北次三经》)玉是石之美者,先民常以玉作器皿,为饰物。他们不但佩玉,而且佩戴一切可以炫美的装饰品,如:"其名曰旋龟,其音如判木,佩之不聋。""基山,有兽焉,其状如羊,九尾四耳……佩之不畏。"(《南山经》)这些饰物既美观又实用,自然乐于佩戴。而玉不产于海,便产于山,采集颇为不易。中国是玉文化最发达的国家,汉字中以玉为偏旁的字多达百余,历代玉器饰物品种多样,美轮美奂。"爱美之心,人皆有之。"孟子认为是人性的表现,其实是一种文化心理,与物质生产同步,与风俗习惯同构,反映人类最初的审美自觉,《山海经》对此作了珍贵的记录。

(2)《山海经》记述了原始的歌舞。歌舞本乎情性,伴人类劳作而产生,出于自娱和娱人的需要。如孔子所云:"情动于中而形于外,故言之不足,则咏唱之,咏唱之不足,则不知手之舞之足之蹈之也。"夏禹的儿子夏启是中国传说中的歌舞之神,他左手操翳,右手操环,在大乐之野舞《九代》。《九代》原是天宫的乐舞,是他到天帝那儿做客时偷学来的。(《海外西经》)揭开其神秘面纱,可以想见原始先民集体载歌载舞的情景,如今非洲与拉丁美洲一些部落还保留此种古老风习。中国古籍中有《九韶》,《楚辞》中有《九歌》《九章》《九辩》,从中不难发现其渊源关系。此外,黄帝以夔皮为鼓,刑天操干戚以舞,女丑尸"以右手鄣其面",雷神"鼓其腹则雷",都可以见到原始歌舞的某种迹象。"祝融生太子长琴,是处摇山,始作乐风。"(《大荒西经》)长琴是中国原始音乐的创始者之一。"枭阳国在北胸之西,其为人,人面长唇,黑身有毛,反踵,见人则笑,左手操管。"(《海内南经》)大嘴,反踵,善于表情,是歌舞者天赋,其左手所执之管,便是乐器。《山海经》关于跂踵国(《海外南经》)、交胫国(《海外北经》)的记载,着眼其腿部形体特征,跂踵、交胫都是原始乐舞。

(3)《山海经》记载了不同地域的数百种奇鸟异兽,具体描绘其形态特征与生长环境。兽类有猩猩、白猿、九尾狐、鼍、象、羚羊、牦牛、熊罴、麢虎、豹、麋、鹿、天狗、狰、獬、橐驼、犰狳等百十种,禽类有凤凰、尸鸠、鸾鸟、比翼鸟、三青鸟、鸰、鸡、黄鸟、鸰習鸟、驾鸟、鸩、鹤、三足鸟、五彩鸟、狂鸟、玄鸟等百十种。《山海经》图文并茂,观察精细,描绘生动,虽或有夸张,却大致可信。如:"鹿台之山,有鸟焉,其状如雄鸡而人面,名曰凫徯,其鸣自叫也,见则有兵。"(《西次二经》)"翠山,其鸟多鸓,其状如鹊,赤黑而二首四足,可以御火。"(《西山经》)所谓"人面",当时人类蓬头垢面,瘦脸尖腮,自与禽鸟无异;二首四足盖是对禽,比翼鸟、鸳鸯、燕子之类,并颈比翼,形影不离。鱼类则有赤鲑、鲇鱼、鳙鱼、文鳐鱼、冉遗鱼、滑鱼、鳛鳛鱼、鳙鳙鱼、豪鱼、飞鱼、鲛鱼、文鱼、修辟鱼等百十种,与人类生活密切相关,如:鲇鱼,"见则天下大旱";鰼鱼,"动则其邑有大兵";文鳐鱼食之能治狂疾;食鲷鱼可以治赘疣;鲐鱼可以消肿,豪鱼、修辟鱼对治白癣有疗效,虽未获科学验证,却并非无稽之谈。其他尚有爬虫类、贝类等。草木则从略,与山水结合,如荆山、葛山、神囷之山、翠山、竹山、松果之山、华山、丰山、荣山、空桑之山……中国向来有格物致知的传统,孔子说过:"多识鸟兽草木之名。"《礼记》云:"致知在格物,物格而后知至。"可是中国人又重道德,贵虚无,老子主张弃圣绝智,庄子认为"外物不可必","无用之为大用",后世更注重性命义理之学,这也许是中国科技不甚发达的原因之一。从这一角度看《山海经》,就不仅有博物学的内涵,而且有认识论的意义。西晋张华的《博物志》是中国第一部较完整的博物学著作,渊源则来自《山海经》。《山海经》开中国植物学、动物学先河,格物致知,是一切文化的源头。

(三)《山海经》又是一部蕴涵中国文学艺术原生态素材的经典

中国北部多山,南部濒海,北部民风浑厚,崇尚质实;南部民风机智,善于幻想。《诗经》《楚辞》提供了不同范本,山与海,同样是中国文学艺术之源。《山海经》蕴涵大量文学艺术的原生态素材与广阔的联想空间,所谓"仁者乐山,智者乐水","峨峨兮若泰山,洋洋兮若江河","登山则情满于山,观海则意溢于海"。据《乐府解题》说:伯牙学琴于成连先生,三年不成。后随成连至东海蓬莱山,闻海水澎湃,群鸟悲号之声,心有所感,乃援琴而歌,从此琴艺大进。司马迁写《史记》遍历名山大川,乃有了大胸襟、大境界,完成了"究天人之际"的大著作。把山、海作为中国文学艺术的源头,《山海经》是源头的上游作品,有不少是中国文学艺术的原生素材,对历代的笔记、小说、诗歌、戏剧乃至绘画、雕塑发生着久远而深刻的影响。

(1)神话传说。《山海经》记述的著名神话传说有黄帝战蚩尤的故事,西王母的故事,夸父逐日的故事,精卫填海的故事,刑天舞干戚的故事,夏后启的故事,女英娥皇的故事,嫦娥的故事,羲和的故事等。这些故事在后世大都耳熟能详,成为二度创作、三度创作的素材。"应龙处南极,杀蚩尤与夸父,不得复上。故天数旱,旱而为应龙之状,乃得大雨。"(《大荒东经》)应龙是传说中黄帝战胜蚩尤的得力帮手,又辅佐大禹治水,以尾画地,疏浚洪水入海。后来去了南方,故南方多雨,未到之处则常常发生干旱,民间乃仿应龙之状祈雨,便是龙王传说与龙王庙的由来。《述异记》:"蛟千年化为龙,龙五百年化为角龙,千年化为应龙。"《桓子新论》:"向求雨所以为土龙者,何也? 曰:龙见者,辄有风雨兴起以送迎之,故缘其象类而为之。"龙文化在中国民间极为普遍、深入,演绎为民歌、故事、戏剧,进入风俗祭祀领域,文本早于《山海经》。《山海经》所列举的天神系列,既是自然神,又是人格神,往往与历史纠合,界乎天人之间,也有不少离经叛道之处,如关于马首龙身神、彘身人首神、人面牛身神、人面三首神、豕身人面十六神、龙身鸟首神等,均不见经传,是神仙系列之异端,与后世神魔小说《封神榜》《西游记》《平妖传》等一脉相承。著名话本小说《镜花缘》写海外列国奇风异俗,人物掌故,于《山海经》已见端倪。中国各民族品类庞杂、内容离奇的民间故事,有一些也系《山海经》所记故事之脱胎。

（2）名物。《山海经》是一部记载名物的书,一些名物常被后世文学作品袭用,由实指而泛化为文化概念和文学意象,受到更多作家诗人青睐,也为读者普遍认同。地名如:玉山、丹山、荆山、崦嵫、昆仑、流沙、赤水、蓬莱、潇湘、洞庭、大荒等;人名如:西王母、刑天、嫦娥、江妃、夸父、祝融、羲和、冰夷、少昊等;鸟兽名如:封豕、长蛇、青鸟、玄鸟、白鹿、乘黄、精卫、天马、鸾鸟、凤凰、烛龙、橐驼等。这些名物的诗化、文学化有一个发展过程。如西王母与青鸟,最初在《山海经》的记载中是:"西王母其状如人,豹尾虎齿而善啸,蓬发戴胜。"(《西次三经》)"西王母梯几而戴胜杖,其南有三青鸟,为西王母取食。在昆仑虚北。"(《海内北经》)到了《穆天子传》,便成为一个雍容平和、能唱歌谣的女人。而《汉武内传》里,她又演变为容貌绝世、仪态万方的女神。不过,诗人们却更愿意把她作为爱情的象征看待,青鸟也就成了传递爱情的信使。以唐诗为例:"瑶池阿母绮窗开,黄竹歌声动地哀。"(李商隐)"西望瑶池降王母,东来紫气满函关。"(杜甫)"王母相留不放回,偶然沉醉卧瑶台。"(曹唐)"蓬山此去无多路,青鸟殷勤为探看。"(李商隐)"杨花雪落覆白蘋,青鸟飞去衔红巾。"(杜甫)"青鸟新兆去,白马故人来。"(骆宾王)"符因青鸟送,囊用绛纱缝。"(李贺)……这里明显可以看出其从物化(神化)到人化的发展过程,一些与人接近的草木鸟兽、山川名物是最好的催化剂与载体。"楚天云雨皆有托"(李商隐诗),尽管有学者把《山海经》当作一部巫书或地理书看待,也并不否认它有较高的文学价值。书中的山水云雨、奇禽怪兽、民风土俗、人物故事蕴涵浓郁的文学因素,是值得珍视的原生态的文学素材。

（3）人文精神。一部流传的好书,不受时空局限,既有超时性,又有共时性,历久弥新,体现了文化传承的深厚渊源及其所蕴涵的人文理念的亘古恒久。晋代诗人郭璞为《山海经》作图赞,已经注意到这一点:"共工赫怒,不周是触。地亏巽维,天缺乾角。理外之言,难以语俗。"共工与颛顼争帝,怒触不周之山,其"理外之言"在于揭示人类的奋斗精神与生命的本质意义。人是顶天立地的人,即使倒下,"天柱折,地维绝",只要精神不死,依旧能够站立起来。中国人的世界观人生观有一个显著特点:既重视生死,又轻视生死,所谓"死有重于泰山,亦有轻于鸿毛"。从哲学思想说,儒家重视生死,孔曰"成仁",孟曰"取义";老庄轻视生死,"齐生死","生不足喜","死不足悲",庄子甚至为他妻子之死鼓盆而歌。《山海经》提供了一个天生地育的生命文本,杂糅孔孟老庄以及各家思想。从表面看,《山海经》多客观记叙,对生命采取自然主义态度,顺时安分,乐天知命,与老庄取同一姿态;小国寡民,也是当时实际情况。然而,严酷的生存环境与不测之祸,又不能不使一些人奋起抗争,《山海经》在记叙这些人物故事时,不能不带有强烈的感情色彩,如逐日的夸父,舞干戚反抗天帝的刑天,治水丢脑袋的鲧,冤死而化鸟衔石木填海的精卫,以及三面六臂的人,各种异相变体的兽,也都是桀骜不驯者。"夸父诞宏志,乃与日竞走……余迹寄邓林,功竟在身后";"精卫衔微木,将以填沧海。刑天舞干戚,猛志固常在。""浑身静穆"的大诗人陶渊明也是受这种舍生忘死精神的鼓舞,为作《读山海经》十三首,而变得"金刚怒目"起来。他在开篇第一首写道:"泛览周王传,流观山海图。俯仰终宇宙,不乐复何如!"《山海经》阳刚的人文理念与他"聊乘化以归尽"的隐逸思想并行不悖,其影响之深、之巨可见。

此外,《山海经》历来有禹鼎、地图、壁画、巫图诸说,证明它与雕刻、绘画、音乐都有渊源,人文精神也一脉相承。

(四)《山海经》与海洋精神

《山海经》从篇幅看,海经占了大半;从所叙内容、所塑形象看,多写近海一带与海外水土风物,海人海民与海中神仙、鸟兽鱼蛇杂糅,占有相当比重;从方位地域、山水名称看,偏于南方地区,如洞庭、荆山、汉水、东海、南海等,海洋、水泽气息极为浓郁。在中国古代,南方属化外蛮夷之域,多雨,多水网,多雾,多土风异俗。因地卑近海,草木滋繁,蛇虫孳生,疾病猖獗,人们生死无常,求神问卜,祈福禳灾,好祀鬼神,巫风盛行,乃成习尚。《山海经》多处写到"巫":"有灵山,巫咸、巫即、巫盼、巫彭、巫姑、巫真、巫礼、巫抵、巫谢、巫罗十巫,从此升降,百药爰在。"(《大荒西经》)"开明东有巫彭、巫抵、巫阳、巫履、巫凡、巫相,夹窫窳之尸,皆操不死之药以距之。"(《海内西经》)巫是通天人物,以占卜与祀神为业,他们用虚构的超自然力解释人们对于自然界的种种疑虑和迷惑,是最初的文化传播者。屈原《离骚》中曾提到巫咸、女媭,也是巫一类人物。《九歌》是祀神曲,所祀多为水神,神光离合,婉娈多情,无疑与巫文化有关。此外,《易经》是巫图,八卦像鱼形,用龟板占卜,鱼龟都是水族。《老子》是巫书,作者乃楚人,洋洋五千言几乎都在讲水,讲水的哲学,诠释"柔弱胜刚强"的玄理;他所提倡的"道"正是神道设教的缩影。鲁迅认为《山海经》也是巫书,作者也是巫,"神事"即"人事",只是作了变形处理。相比之下,吴楚、百越文化多神仙故事与鬼怪传说,想象丰富,色彩瑰丽,与当时的大陆主流文化迥异,是"异端""另类",属早期海洋文化范畴,有以下三方面的显著特色。

1.浪漫诡异

海洋是流动变化的,海阔天空,最易发人遐思;沧海桑田,更使人浮想联翩。《山海经》记述山灵水怪,山情海事,汇总了种种新奇传说见闻,无连贯情节,时空涵盖面广,故事流变性大,营造了一个超常的历史、地理、人文环境,充分体现海洋文化汪洋恣肆的特点,记事、状物、写景有极大的自由度性。《山海经》故事既有人的世系,又有神的世系,黄帝、颛顼、蚩尤、夸父、西王母、夏侯启等都是半人半神或半人半兽的人物;而人神两栖,人兽并存,需要有一个共同背景,这个背景便是山海。从穴居野处到神仙洞府,从编筏作舟与到御风飞行,都可以在高山大海找到支点,展开想象。如黄帝的子孙繁衍极广,基本是两个支系,一支在海:"黄帝生禺虢,禺虢生禺京,禺京处北海,禺虢处东海,是为海神。"(《大荒东经》)"北海之渚中,有神,人面鸟身,珥两青蛇,践两赤蛇,名曰禺强"(《大荒北经》)另一支在山:"黄帝生苗龙,苗龙生融吾,融吾生弄明,弄明生白犬,有牝牡,是为犬戎。"(《大荒北经》)山与海不仅成为人类生息繁衍的摇篮,而且是矛盾争斗的舞台。黄帝杀蚩尤的故事可以说是一场山海大战,蚩尤是南方的炎帝族,黄帝则是北方部族,交战双方各代表山与海。"蚩尤作兵伐黄帝,黄帝乃令应龙攻之冀州之野。应龙蓄水,蚩尤请风伯雨师,纵大风雨。黄帝乃下天下女曰魃,雨止,遂杀蚩尤。"(《大荒北经》)"有宋山者……有木生山上,名曰枫木。枫木,蚩尤所弃其桎梏,是为枫木。"(《大荒南经》)蚩尤的海魄又变作了山魂。而传说中五帝之一的颛顼竟可以变鱼;女娲是炼石补天的女神,她的肠化为十神,横道而处,分明是变成了山。其荒诞变异,属杂记、小说一类,大抵寓有沧海桑田之意。杂记历来被认为是最具个性化、最私人化的文体,属旁门歪道,市井人语。可恰恰是这些杂俎、札记、撷言、语林,从另一侧面记录了风俗民情、秘事逸闻、述异传奇,大大丰富了中国古代文化宝库。至于小说,本来就是三教九流,怪力乱神,后世魏晋为志怪,唐宋为传奇,元明为话本,与《山海经》同辙,有些则是《山海经》故事的二度创作、三度创作。以《西游记》为例,《西游记》情节与《山海经》一样荒诞不经,而怪异过之;结构流变蔓衍,与《山海经》类似;唐僧、孙悟空、猪八戒等属黄帝、刑天、夸父一类人物;其故事背景,取经路上之高山大河、奇风异俗、国名地名不少是《山海经》翻版;沿途山精水魅、熊妖狮怪、虎豹蛇蝎,几乎无一不在《山海经》注册备案。虽并非刻意为之,却深刻揭示文化积淀与传承的内在联系。"海纳百川,有容乃大。"《山海经》思想庞杂,内容怪诞,恍惚徜徉,光怪离陆,充分体现了海洋文学的浪漫诡秘特色。如明代学者杨慎所云:"取远方之图,山之奇,水之奇,草之奇,木之奇,禽之奇。说其形,著其生,别其情,分其类。其神奇殊汇,骇世惊听者,或见或闻,或恒有,或时有,或不必有,皆一一书焉。"(《山海经后序》)

2.原创求异

海洋文化具有原创与求异性,远如刳木为舟,便是人类航海的始发,船的起步,虽原始简陋,却独具匠心。《山海经》有些人物故事亦散见于《吕氏春秋》《列子》《淮南子》《太平御览》等书,大都比《山海经》晚出。从原创性角度看,《山海经》是中国古代神话传说的渊薮。如刑天故事,独一无二。西王母故事,三见于《山海经》,半人半兽,而后出的《穆天子述传》,则发展为与周穆王畅饮瑶池的美丽神仙。《淮南子》所记共工与颛顼争帝,共工怒触不周之山,绝天维,折地柱,《山海经》已有涉及:"西北海之外,大荒之隅,有山而不合,名曰不周,有两黄兽守之。"(《大荒西经》)缺断的不周山就像天地间一个大裂口,有神兽守护,而天地是神权暨王权象征,于是才演变出共工与颛顼争帝故事,其原创属于《山海经》。黄帝战蚩尤,见于多种古籍,大抵以黄帝为正,以蚩尤为邪,而《山海经》记黄蚩大战有三处,均无明显褒贬,当是这一著名神话故事的最早版本。此外,常羲浴月的故事为嫦娥奔月的原创:常羲为帝俊之妻,生有十二月亮;又羲和浴日故事,羲和也是帝俊,生有十个太阳,因而成为后羿射日传说的依据。《山海经》由于是民间创作,又由于它涉猎海外界域,土风奇俗,可以异想天开,自由发挥,求异求变,夸大其词,耸人听闻,正是它所追求的原创性目标。原创性超越事物的原生态,是浪漫艺术创作的特有风貌。原创性即独创性,与求异思维有关。《山海经》所记述的背景是尘世凡间,人是凡人,鸟是凡鸟,山水是平凡山水,却刻意某种程度的神灵化,使人与自然性灵相通,兼具双重品格。其方法有三:

一曰变形。《山海经》所记述的三足乌、两头鸟、两身蛇、八足龜、一目国、三面人、十翼鱼,改变其形体构成,创造新的形象。另一类则由嫁接而成,成为复合型形象,如鼠身鳖首的蛮蛮、人面马足牛身的窫窳、鱼身鸟翼的赢鱼、虎齿人爪的狍鸮、状如白犬的天马、头长身生羽的羽民……大千世界,无奇不有,这些变形鸟兽,虽然凶鸷,却未见恐怖,甚至觉得可爱,因为经过变形处理,渗入作者(说者)的审美理念与情感,更富艺术情趣。后世雕塑、绘画、戏剧也运用变形手法,《山海经》盖肇其始。

二曰变事。黄帝战蚩尤本事,原是部落间一场战争,蚩尤是南方人,南方多雾,后人附会说蚩尤能放雾,黄帝制作指南车胜之。《山海经》对情节作了重大改变。黄帝一方先命应龙蓄水,而蚩尤一方则请来风伯雨师反击,黄帝又请来天女魃止雨。这显然是一种极富文学意味的表述,用文学话语描绘了战争过程。自然气象无论在古代或现代都是战争必须考虑的重要因素,《山海经》变其事,把自然气象人格化、神魔化,更能展示涿鹿大战的壮观场景与酷烈程度。羲和浴日与常羲浴月的生活原型不过是女子裸浴,在远古时代司空见惯。《山海经》则变异为浴日浴月,且生育了十个太阳十二个月亮。

三曰变意,即改变创意。《山海经》在很长一段时期被误读为地理著作。《后汉书·王景传》:"赐景《山海经》《河渠书》《禹贡图》。"清代学者毕沅认为:"《山海经·五岁藏山经》三十四篇,古者土地之图。"其实,《山海经》的创意并不在此。中国在汉代以前,文学尚未从哲学与历史中独立出来。但《山海经》创意在文学,它并未刻意修史述古,也无创宗立说之论,而是谈山说海,猎奇搜异,抒发人的情感,表达人的愿望,用生花妙笔画就一册册别开生面、风格奇特的浮世绘,一卷卷色彩鲜丽、图像怪诞的西洋景。它的非凡的想象力最富于文学特色,是中国最早具有独立文学意味的著作之一。晋代诗人郭璞为作图赞数百首,深得其中壹奥,如同他的另一组著名的游仙诗一样,使笔下的山与海既是现实空间又是幻想空间,可以心仪四海,神骛八极。例如:"龙凭云游,腾蛇驾雾。犬若天马,自然凌霄。有理悬运,天机潜御。"陶渊明《读山海经》诗十三首,也是把它当作文学作品解读的。鲁迅幼时特别喜爱《山海经》,他在《阿长与山海经》一文中回忆说:"但那是我最为心爱的宝书,看起来,确是人面的兽;九头的蛇;一脚的牛;袋子似的帝江;没有头而以乳为目,以脐为口,还有'执干戚而舞'的刑天。"《山海经》一开始流传便是图像本,有图有文,以文解图,以图注文,这也是一种新创意,后世小说多有绣像插图,与《山海经》的文本样式也不无瓜葛。

3. 开放型思维

海洋文化的一大特性是开放、多元,兼容并蓄,综合杂糅,气象万千。中国传统主流思想有一个以王权为中心的封闭系统,所谓"四海之内,莫非王土;率土之滨,莫非王臣"。自古只知有中国,对周边的世界、海外的世界每每以"东夷""南蛮""西戎""北狄""外夷""外蕃""洋夷"等视之,而《山海经》早就打破画地为牢的禁区,对未知世界和未来世界展开想象的翅膀。《海外经》《大荒经》8卷明白指示着天下之大,物类之盛,世界之广。借用庄子的话说,当井蛙跳着在方寸间栏井观天的时候,河伯改变沾沾自喜态度望洋兴叹,北海之神已在向他进行关于海洋关于世界的启蒙了(《庄子·秋水》)。《山海经》描述的大陆、山脉、河流与海域呈现出一个多姿多彩的另类世界,山外有山,海外有海,在这样一个开放多元的空间里,人类一切生机勃勃的创造和发展都成为可能。原始人多夭折,故有不死民与"其不寿者八百岁"的轩辕国;腿长有利涉水,故有长股国;臂长有利捕鱼,故有长臂国;钻木取火不易,故有厌火国;又有奇肱国作飞车,轩辕国骑龙鱼,夸父善跑,天吴善泳,乘黄是神马,"乘之寿二千岁",反映了人类趋利避害,适应与改变自然的极浪漫又积极的生活与审美态度。

三　秦汉时期的海洋文学创作[①]

秦汉时期,尤其是两汉时期,中国的海洋文学获得了长足的发展。究其原因,主要有以下三个方面。

---

① 　本部分引见见王庆云:《中国古代海洋文学发展的历史轨迹》,《青岛海洋大学学报》1999年第3期。

一是秦代统一文字以后，文学的文本化变得容易起来，许多海洋文学作品同其他内容和题材的文学作品一样，产生以后容易得以记录保存，从而易于流传和为后人所鉴赏。

二是滥觞于燕齐等国及其他沿海文化发达地区的"鱼盐之利""舟楫之便"以及海外交通、海上移民等海上生产生活进一步得以发展，加之秦汉时期国土疆域得以统一和扩大，东南沿海地区也纳入了统一的版图，中国的海洋文化从总体上愈发丰富多彩和发展繁荣起来，人们对海洋的认识更多了，对海洋的感知感受更丰富了，生产力的提高和物质生活的发展使得人们的艺术创造力和审美愉悦需求也进一步发达起来，因而海洋文学的进一步发展，成为中国文学史发展的必然。

其三，由于秦汉时代国家版图大统一后沿海地区所占国土面积比例扩大，涉海人口所占比例增长，海洋产品及其他因海而获的物质财富所占比例增多，这些对于上层统治者来说都变得愈发举足轻重，因而他们也十分看重海洋，秦始皇、汉武帝的多次巡海，就是明显的例证。尽管秦皇汉武们东来巡海的动机有海上神仙的信仰在其中，以求亲眼见到海上神仙们的生活面貌，并求得长生不老的方药，但确实又有进一步巩固沿海疆土及其统治并以图进一步扩大其海外势力范围的用意。他们浩浩荡荡，声势大举，刻碑立石、筑台迁户、祭海祷神，既颂其德，又宣其威，且张扬鬼神，更壮其势，因而更加强化了国民的海洋意识，文人雅士们也就愈发地把海洋作为其创作的题材，这就愈发促进了海洋文学创作的繁荣。

其四，秦汉时期，尤其是两汉时期，由于神仙方术家推崇老、庄之学为宗，道教产生，并发展传播迅猛，神仙、长生之说及其信仰更为昌炽，关于海的意识、海的观念即使仅在民众信仰这一层面上也变得愈发普遍起来；同时，印度佛教不仅从北路陆路传来，而且从南路海路传来，一方面佛教经典经义中多涉及海洋，一方面佛教在海路入华过程中又使许多佛经佛义佛僧的形象海洋化了，如后世的"南海观世音"等也成了海神，"海天佛国"信者如云，钟鼓之音不绝，就是最好的说明。这些都刺激和丰富了中国海洋文学的创作发展。

这一时期的海洋文学，成就主要表现在以下几个方面。

1. 史家大书其事

《史记》《汉书》等史家之书，大多长于文采，后世也多视为文学典范，其中犹以《史记》最被人推重。我们仅以《史记》为例来看史书中对于涉海之人之事的记述，有很多完全可以看作如同今日的报告文学或传记文学。比如关于三皇五帝及其后世世系的追根求源，其中有很多涉海的神话传说；对周边尤其是沿海民族区域及其海外诸国民人特性与生活方式的描述；对齐、燕诸王的经营海洋；对秦始皇及二世、汉武帝等的东巡视海等，都记述、刻画得形象生动，有声有色。如《史记·封禅书》所记，尽管我们在前面有关章节中已多有引述，这里为疏理展现本时期海洋文学面貌，不妨再引：

> 自威、宣、燕昭使人入海求蓬莱、方丈、瀛洲。此三神山者，其传在渤海中，去人不远，患且至，则船风引而去。盖尝有至者，诸仙人及不死之药皆在焉。其物禽兽尽白，而黄金银为宫阙。未至，望之如云；及到，三神山反居水下。临之，风辄引去，终莫能至云。世主莫不甘心焉。及至秦始皇并天下，至海上，则方士言之不可胜数。始皇自以为至海上而恐不及矣，使人乃赍童男

女入海求之。船交海中，皆以风为解，日未能至，望见之焉。其明年，始皇复游海上，至琅邪，过恒山，从上党归。后三年，游碣石，考入海方士，从上郡归。后五年，始皇南至湘山，遂登会稽，并海上，冀遇海中三神山之奇药。不得，还至沙丘崩。二世元年，东巡碣石，并海南，历泰山，至会稽，皆礼祠之，而刻勒始皇所立石书旁，以章始皇之功德。……

这样绘声绘色的记载，自然还有很多，如记汉武帝也多次东巡海上，祠海求仙，其中一次：

东巡海上，行礼祠八神。齐人之上疏言神怪奇方者以万数，然无验者。乃益发船，令言海中神仙者数千人求蓬莱神人。公孙卿持节常先行候名山，至东莱，言夜见大人，长数丈，就之则不见，见其迹甚大，类禽兽云。群臣有言见一老父牵狗，言"吾欲见巨公"，已忽不见。上即见大迹，未信，及群臣有言老父，则大以为仙人也。宿留海上，予方士传车及间使求仙人以千数。

如此云云，都写得极为摹真传神，形象生动。

其他如班固的史著《汉书》，《淮南子》《列子》等托古子集，也多有涉海的描述。

2. 神仙家、博物家、小说家、道家佛家以及道教佛教大张其说

神仙家、博物家、小说家者流、道家佛家及其宗教宣传著述，后世多视为志怪小说。他们承继先秦诸子和《山海经》及方士谶纬之绪，更张而皇之，其作品中对海洋的面貌和信仰等，描述、铺排更为广博系统、具体细微、形象生动，艺术手段的运用更为娴熟多样，熠熠生辉。其中如《神异经》《洞冥记》《十洲记》《列仙传》《神仙传》《异闻记》等，涉海故事甚多，不胜枚举。我们这里举《十洲记》中数例，以见一斑。

《十洲记》，又称《海内十洲记》《十洲仙记》《十洲三岛记》《海内十洲三岛记》等，托名西汉东方朔撰，史家考证为后人伪托，史书有录为地理类者、道书者，也有人径称其为"道家之小说"（晚清陆绍明，见《月月小说发刊词》，《晚清文学丛抄·小说戏曲研究卷》），是书宋张君房《云笈七签》卷 26 录全文，分序、十洲、三岛凡三部分。内容叙汉武帝听王母讲八方巨海中有十洲，遂向东方朔问讯，东方朔为之细说端详。这十洲是：祖洲、瀛洲、玄洲、炎洲、长洲、元洲、流洲、生洲、凤麟洲、聚窟洲；还有沧海岛、方丈洲、蓬莱山、昆仑山之大丘灵阜、真仙神宫、仙草灵药、甘液玉英、奇禽异兽等，上面紫宫金阙琼阁，众仙林立纷纭，岂现实世界可能比之？张皇得令人向往而又实不可及——那毕竟是古人思想信仰中和艺术中的海洋，而非世界上真实的海洋。八方巨海中自然多有岛屿、国家，风景风情和人文建筑等自然与内陆不同，但无论如何那也不是现实世界，且不说大多人未能亲抵实见，即使亲眼抵达察访，哪里会有什么太玄都、太帝宫、太上真人、鬼谷先生、天帝君、西王母、金芝玉草、长生不老之人？但既然是小说家言，毕竟有其信仰的和艺术的双重感染作用力：

祖洲，近在东海之中，地方五百里，去西岸七万里。上有不死之草，草形如菰苗，长三四尺。人已死三日者，以草覆之，皆当时活也。服之令人长生。昔秦始皇大苑中多柱死者，横道有鸟如乌状，衔此草覆死人面，当时起坐而自活也。有司闻奏，始皇遣使者赍草以问北郭鬼谷先生。鬼谷先生云："此草是东海祖洲上，有不死之草，生琼田中，或名为养神芝。其叶似菰苗，丛生，一株可活一人。"始皇于是慨然言曰："可采得否？"乃使使者徐福发童男童女五百

人,率摄楼船等入海寻祖洲。遂不返。福,道士也,字君房,后亦得道也。

沧海岛,在北海中,地方三千里,去岸二十一万里。海四面绕岛,各广五千里,水皆苍色,仙人谓之沧海也。岛上俱是大山,积石至多……(长生仙草)百余种,皆生于岛石,服之神仙长生。岛中有紫石宫室,九老仙都所治,仙宫数万人焉。

其铺张扬厉可见。此书值得重视之处还在于,它把先秦即已张扬得沸沸扬扬的海中三神山之说、西汉即有的"十洲三岛"并称之说敷衍成了一个系统的海上神仙世界,对后世的海上传说起到了推波助澜的作用。

3. 辞赋、诗歌之作日多

先说赋家之作,其中以汉赋的文学成就最为文学史家所重。汉赋中写海的,今知如司马相如著名的《子虚赋》,对楚国和齐国的丰饶和富足,极尽铺排之能事,其中写到齐国的内容,"且齐东渚巨海,南有琅邪,观乎成山,射乎之罘,浮渤澥,游孟诸。邪与肃慎为邻,右以汤谷为界;秋田乎青丘,彷徨乎海外"云云,实际上就是一篇张扬"海王之国"的赋作。鲁迅称其"广博闳丽,卓绝汉代"(鲁迅《汉文学史纲要》),其对后世的影响可知。班彪的《览海赋》,则完全是写海、写对海的游思与畅想的:

> 余有事于淮浦,览沧海之茫茫。悟仲尼之乘桴,聊从容而遂行。驰鸿濑以缥鹜,翼飞风而回翔。顾百川之分流,焕烂漫以成章。风波薄其徜徉,邈浩浩以汤汤。指日月以为表,索方瀛与壶梁。曜金璆以为阙,次玉石而为堂。黄芝列于阶路,涌醴渐于中唐。朱紫采烂,明珠夜光。松乔坐于东序,王母处于西厢。命韩众与岐伯,讲神篇而校灵章。愿结旅而自托,因离世而高游。骋飞龙之骖驾,历八极而回周。遂竦节而响应,勿轻举以神浮。遵霓雾之掩荡,登云途以凌厉。乘虚风而体景,超太清以增逝。麾天阍以启路,辟阊阖而望余。通王谒于紫宫,拜太一而受符。①

东汉初年班彪的这一《览海赋》,是中国文学史上第一篇海赋。今存36句,采用游览赋体写法,开头说明览海之缘起,继而记述对海的总体印象,然后展开想象,描绘海上仙境:以金玉为堂,列灵芝于路,醴泉涌出,明珠夜光。其中多有神仙,"松乔坐于东序,王母处于西厢,命韩众与岐伯,讲神篇而校灵章"。作者自己很愿意与他们"结旅而自托","离世而高游"。结果和列仙一道畅游太空,并进入天庭,"通王谒于紫宫,拜太一而受符"。结尾似欠完整,可能有残缺。此赋名为览海,实写游仙。海与仙,仙与海,浑然一体,令人浮想翩然,可以看出《离骚》的影子。

班彪之子班固也有《览海赋》,仅存二句。②

如此神妙诱人的海上仙境,无怪乎齐威、齐宣、燕昭、秦皇、汉武等那么神往。再看汉末王粲的《游海赋》(残篇):

> 含精纯之至道,将轻举而高厉。游余心以广观兮,且彷徉乎西裔。乘菌桂之方舟,浮大江而遥逝。翼惊风而长驱,集会稽而一睨。登阴隅以东望,览沧海之体势。吐星出日,天与水际。其深不测,其广无皋。寻之冥地,不见涯泄。章亥所不极,卢敖所不届。怀珍藏宝,神隐怪匿。或无气能行,或含血而

---

① 《全汉赋》,费振刚等辑校本,北京大学出版社1993年版,第252页。
② 谭家健:《汉魏六朝时期的海赋》,《聊城师范学院学报》2000年第2期。

不食。或有叶而无根,或能飞而无翼。乌则爱居孔鹄,翡翠鹦鹉,缤纷往来,沉浮翔翔。鱼则横尾曲头,方目偃额,大者若山陵,小者重钧石。乃有贲蛟大贝,明月夜光,儁龟玳瑁,金质黑章,若夫长洲别岛,旗布星峙,高或万寻,近或千里。桂林丛乎其上,珊瑚周乎其趾。群犀代角,巨象解齿,黄金碧玉,名不可纪。洪洪洋洋,诚不可度也。处隔夷之正位兮,同色号于穹苍。苞纳污之弘量,正宗庙之纪纲。总众流而臣下,为百谷之君王。

洪涛奋荡,大浪踊跃。山隆谷窊,宛亶相搏。①

若非对海洋有较多的认识了解,断然写不出;若非对海洋有丰富且美妙的玄想和信仰,断然写不出;若非有对海洋的热爱并有艺术大家的磅礴气度和文学表现力,更断然写不出。

再看这一时期诗人们的咏海之作。最为人称颂的,莫过于曹操的《观沧海》:

东临碣石,以观沧海。水何澹澹,山岛竦峙。树木丛生,百草丰茂。秋风萧瑟,洪波涌起。日月之行,若出其中。星汉灿烂,若出其里。幸甚至哉,歌以咏志。

这位杰出的政治家、军事家和诗人,面对大海的壮阔与苍茫,歌以咏志,其叱咤风云的博大胸怀、凌云壮志和苍凉、悲壮的情感交集为一,胸中的大海意象丰满而又诗笔简约,激情奔涌而又用语朴实,这样就更能带给人以充足的品味流连、感慨唏嘘的空间,获得无尽的审美艺术享受。

按这一时期的海洋辞赋、诗歌创作,由上可见,主要是亲近海洋的游览审美鉴赏。此风肇始于先秦,孔子就曾提出要"乘桴浮于海",且要干脆搬到海边去生活,惜未知是否曾经成行。《论语·公冶长》一章:子曰:"道不行,乘桴浮于海,从我者,其由与?"子路闻之喜。子曰:"由也好勇过我,无所取材。"此事历来为学家所重。朱熹《四书集注》:"程子曰:浮海之叹,伤天下无贤君也。"刘宝楠《论语正义》引颜注:"言欲乘桴筏而适东夷,以其国有仁贤之化,可以行道也。"王夫之《四书稗疏》:"盖居夷浮海之叹,明其以行道望之海外。"《汉书·地理志》将孔子欲浮海与《论语·子罕》篇的"子欲居九夷"一语相参证,说明班固也认为浮海的地点就是齐国东部的大海;《说文·羊部》:"唯东夷从大,大,人也。夷俗仁,仁者寿,有君子不死之国。孔子曰:道不行,欲之九夷,乘桴浮于海。有以也"。

海上游乐之举在春秋时期以前既已出现,《拾遗记》载"帝与娥皇泛于海上"②,《帝王世纪》载:"(夏桀)与妹喜及诸嬖妾同舟浮海"③,而到了春秋时期,这种现象依然存在,《左传》载齐景公问晏子:"古而不死,其乐何如?"齐景公"游于海上而乐之,六月不归"④,"奚谓离内远游?昔者田成子游于海而乐之,号令诸大夫曰:言归者死"⑤。说明春秋时期齐景公有海上游乐之举,更是不虚的事实。

① 《全汉赋》,费振刚等辑校本,北京大学出版社1993年版,第657页。

② 《太平御览》卷9引。

③ 《太平御览》卷82引,《列女传·夏桀妹喜》同。

④ 《说苑·正谏》。

⑤ 《韩非子·十过》。

参考文献

著作类

1. 宋正海,郭永芳,陈瑞平. 中国古代海洋学史. 北京:海洋出版社,1986.

2. 章巽. 中国航海科技史. 北京:海洋出版社,1991.

3. 王俞春. 海南移民史志. 北京:中国文联出版社,2003.

4. 安京. 中国古代海疆史纲. 哈尔滨:黑龙江教育出版社,1999.

5. 登州古港史. 北京:人民交通出版社,1994.

6. 张铁牛,高晓星. 中国古代海军史. 北京:八一出版社,1993.

7. 郭正忠. 中国盐业史(古代编). 北京:人民出版社,1997.

8. 中国古代潮汐史料整理研究组. 中国古代潮汐论著选译. 北京:科学出版社,1980.

9. 吴振华. 杭州古港史. 中国水运史丛书. 北京:人民交通出版社,1989.

10. 章巽. 我国古代的海上交通. 北京:商务印书馆,1986.

11. 邓端本. 广州港史. 中国水运史丛书. 北京:海洋出版社,1986.

12. 郑光南. 中国海盗史. 上海:华东理工出版社,1998.

13. 中国水运史丛书. 北京:人民交通出版社,1989.

14. 中国水运史丛书. 北京:人民交通出版社,1989.

15. 中国航海学会. 中国航海史(古代航海史). 北京:人民交通出版社,1988.

16. 吴主助. 海洋文学名作选读. 北京:人民交通出版社,1992.

17. 宋正海. 东方蓝色文化. 广州:广东教育出版社,1995.

18. 孙波. 南海奇观. 中国香港:和平图书有限公司,1992.

19. 张震东,杨金森. 中国海洋渔业简史. 北京:海洋出版社,1983.

20. 周厚才. 温州港史. 中国水运史丛书. 北京:人民交通出版社,1989.

21. 韩振华. 南海诸岛史地研究. 北京:社会科学文献出版社,1996.

22. 孙光圻. 中国古代航海史. 北京:海洋出版社,1989.

23. 郑建顺. 福州港. 福州:福建人民出版社,2001.

24. 黄鸿钊. 澳门史. 福州:福建人民出版社,1999.

论文类

25. 王学渊. 山海经与海洋文化. 中国海洋文化研究,2004(4).

26. 司徒尚纪. 浅论海南黎族与台湾高山族同源异流. 海南台湾少数民族族源理论研讨会论文集. 海南大学东南亚研究所, 2002.

27. 王心喜. 杭州湾地区原始文化海路输入日本论. 文博, 2002(2).

28. 卢云. 秦汉时代滨海地区的方士文化. 复旦学报, 1988(2).

29. 张启成. 美洲古文明与中华古文明之关系. 贵州文史丛刊, 2000(6).

30. 石兴邦. 我国东方沿海和东南地区古代文化中鸟类图像与鸟祖崇拜的有关问题. 中国原始文化论集. 文物出版社, 1989.

31. 林华东. 越人向台湾及太平洋岛屿的文化拓展. 浙江社会科学, 1994(5).

32. 余华清. 秦汉时期的渔业. 人文杂志, 1982(5).

33. 吕世忠. 先秦时期山东的盐业. 盐业史研究, 1998(3).

34. 陈智勇. 试论夏商时期的海洋文化. 殷都学刊, 2002(4).

35. 陈智勇. 试析春秋战国时期的海洋文化. 郑州大学学报(哲社版), 2003(5).

36. 王赛时. 秦皇遗迹与山东海疆文化. 中国海洋文化研究, 2002(3).

37. 陈仲玉. 试论中国东南沿海史前的海洋族群. 考古与文物, 2002(2).

38. 杨琇绿. 百越原始神话科学价值探析. 中央民族大学学报, 2000(4).

39. 林仙庭. "迁康公于海上"地望考. 管子学刊, 1992(2).

40. 姜永兴. 古越人平安海航祈祷图. 中南民族学院学报, 1995(6).

41. 李世源. 海洋文化中的古徐人迁徙. 广西民族学院学报, 1997(4).

42. 周伟民. 在多元视野观照下关于琼台少数民族族源问题的探讨. 海南台湾少数民族族源理论研讨会论文集. 海南大学东南亚研究所, 2002.

43. 赵东工. 试说作为文化符号的海. 辽宁师范大学学报(社科版), 1993(1).

44. 北京大学考古实习队, 烟台地区文管会, 长岛县博物馆. 山东长岛县史前遗址. 史前研究(创刊号), 1983.

45. 藏振华. 中国东南海岸史前文化的适应与扩张. 考古与文物, 1999(3).

46. 刘德增. 海洋底下的人类文明——关于人类"前文明"的探索. 中国海洋文化研究, 1999(1).

47. 孟天运. 蓬莱仙话传统与历代帝王寻仙活动. 东方论坛, 2002(2).

48. 郭泮溪. 中国海神信仰三论. 海南教育学院学报, 1992(1).

49. 吴有祥, 赵钦泉. 居夷浮海欲何往——试论孔子晚年的出世思想. 烟台师范学院学报(哲社版), 2000(4).

50. 邓聪. 海洋文化起源浅释. 广西民族学院学报, 1995(4).

51. 韩嘉谷. 再谈渤海湾西岸的汉代海侵. 考古, 1997(2).

52. 陶思炎. 中国鱼文化的变迁. 北京师范大学学报, 1990(2).

53. 张崇根. 台湾少数民族的神话与传说. 中南民族学院学报, 1994(1).

54. 王青. 环渤海地区的早期新石器文化与海岸变迁——环渤海环境考古之二. 华夏考古, 2000(4).

55. 张树国, 梁爱东. 蓬莱仙话及其文化意蕴. 中国海洋文化研究, 1999(1).

56. 李建辉. 中华民族是人类海洋文化的主要缔造者——访文化人类学家、民俗学家林河. 中华文明基因问题访谈之五. 中国民族, 2002(11).

57. 宋良曦.中国盐业的行业偶像与神祇.盐业史研究,1998(2).

58. 班澜.中国南北方岩画的审美特征比较.内蒙古大学学报,2002(3).

59. 烟台市文物管理委员会.中国社会科学院考古研究所胶东半岛贝丘遗址研究课题组.山东省蓬莱、烟台、威海、荣成市贝丘遗址调查报告.考古,1997(5).

60. 王政.关于淮夷、徐夷文化中审美基因的初步考察.文史,1985(23).

61. 高西省.论中韩两国出土的航海图纹铜镜.考古与文物,2000(4).

62. 刘卫鹏.汉代神、鬼观念在墓葬中的反映.咸阳师范学院学报,2002(3).

63. 谭家健.汉魏六朝时期的海赋.聊城师范学院学报,2000(2).

64. 王和平,陈金生.舟山群岛发现新石器时代遗址.考古,1983(1).

65. 安京.试论先秦国家边界的形态.中国边疆史地研究,1999(3).

66. 海螺化石距今上亿年.郑州日报,2004.

67. 杨宽.西周春秋时代对东方和北方的开发.中华文史论丛,1982(4).

68. 陈伟明.古代华南少数民族的宗教文化.世界宗教研究,1996(1).

69. 曲金良.中国沿海的徐福文化资源及其当代开发.青岛海洋大学学报,2002(4).

70. 蔡丰明.徐福东渡与东亚民间文化.青岛海洋大学学报,2002(4).

71. 王庆云.中国古代海洋文学发展的历史轨迹.青岛海洋大学学报,1999(3).

参考文献

魏晋南北朝隋唐分卷

本卷主编 ◎ 朱建君　修斌

本卷概述

　　中华民族在负陆面海的地理环境孕育中,在漫长的历史岁月磨砺中,既创造了辉煌的大陆文化,也同样创造了令人瞩目的海洋文化。中国海洋文化自石器时代发轫,发展到汉代时已初步具备了后世海洋文化所表现出的基本方面和基本精神特征。本卷所涵盖的魏晋南北朝隋唐时期时间跨度长达近七个世纪,其中魏晋南北朝和隋唐又分别以中国的大分裂和大统一为特征,构成了不同的历史阶段。不过从总体上看,中国海洋文化在这两个政体性质不同的时段里,尽管展现出不一样的文化亮点,却依然保持着文化内容和精神的延续性,在承续中发展着、丰富着,沿着大致同样的脉络在变化中逐渐走向繁盛。魏晋南北朝隋唐时期的海洋文化在整个中国海洋文化史中承上启下、承前启后的地位和作用十分突出。

　　魏晋南北朝时期,国家分裂,政权割据,朝代更替频繁,战乱不已。一般来讲,分裂征战的大环境不利于社会整体发展,对社会发展起着阻碍作用。中国海洋文化在这样一种大环境中自然不能不受到影响,很多曾经在秦汉时繁荣的海港此时在战乱中衰落下去,海外往来受阻。但是,这并不妨碍某些沿海的小朝廷为了发展壮大自身实力而重视某些方面的涉海生活,并不妨碍沿海民众在涉海生活中进行发明创造,这些涉海生活和发明创造推动着海洋文化在某些时候、某些方面的发展。例如,东吴就曾大力进行航海和海外开拓,孙权也因此被著名史学家范文澜称为"大规模航海的提倡者";水战的需要促进了各式各样的船舶的制造,东晋的水车船、南齐祖冲之的千里船应属车轮船,可谓现代轮船之始祖;南朝各代普遍看重海外贸易,刘宋时期甚至在海路往来方面出现了如《宋书·蛮夷传》所记"舟舶继路,商使交属"的繁忙情景;沿海地区出现了利用潮水灌溉农田的潮田;海洋文学作品数量比秦汉时大大增加,海的形象和意象更为清晰,等等。不过,从整体上看,海洋文化在汉代具有的那种大创造、大发展的势头在魏晋南北朝这个政治局势动荡的时代不复存在,更多的是沿着前代的文化创造和文化积累缓慢前行。例如,汉代开辟的海上丝绸之路在北南两端继续存在和被沿用,有些地方由沿岸航行发展到离岸航行,但唐代以前中国船舶的海外航行大都没有超越斯里兰卡这一界限,海外贸易尽管有各个中央政权的干预,但也仍旧属于地方管理的时代,海港的规模也比较小,人们对海洋的认识和实践在丰富,但很多方面都是汉代以来数量、范围或程度的扩大或加深,飞跃性的变化不是很多。可见,中国海洋文化在魏晋南北朝时期的发展状况是相当复杂的,有的方面遭受打击衰落了,有的方面有大的甚至创新性的进展,更多的方面则是延续着汉代的成就,在延续中有所发展。

　　隋朝结束了魏晋南北朝以来国家分裂的局面，这是中国历史上非常重要的一件大事，对于中国海洋文化史来说亦然。国家的统一、大运河的开凿、海外联系的加强等，都直接为后来海洋文化的大发展奠定了基础。但隋朝立国时间太短，很多东西到了唐代才得以展开。

　　唐朝一向以盛唐而著称，是中国封建社会的鼎盛时期，社会生活中的很多领域都充分发展起来，中国海洋文化也在唐代日趋繁荣，取得了突破性的进展。第一，海疆大大扩展，北起今天的鄂霍茨克海，经日本海西部水域至朝鲜湾到渤海、黄海、东海，再南到南海北部湾这样一片庞大的水域都在盛唐时期的李唐王朝管辖之下。第二，对海洋的认识日趋全面，尤其是对潮汐的认识日趋系统、科学，出现了用来揭示潮汐变化规律的理论潮汐表和实测潮汐表，出现了一些潮论专家，形成了解释潮汐变化的元气自然论潮论和天地结构论潮论两大理论体系。第三，中国四大船型中的沙船和福船两大船型都已得到应用，性能优良的中国海船沿着大大拓展了的海上丝绸之路远达波斯湾和东非沿岸，官方和民间海外贸易频繁，除了丝绸外，瓷器开始成为外销出口的大宗商品，海港普遍繁荣，东南沿海贸易港口和城市勃然兴起，出现了市舶使这一全新的海外贸易管理制度及官员体系，开始了中国古代对外航海贸易管理的市舶制度时代。第四，唐朝对外开放的态度和政策还促进了中外文化的海路双向大交流，进入唐朝的外来文明因素和外来文化事项大大增多，与此同时，东亚汉文化圈开始出现，对南亚和西亚的物质文化影响大大扩展。第五，海洋民俗信仰和海洋文学艺术伴随着涉海生活的增加其内蕴大大丰富，海神不仅享受着制度化的祭祀，四海海神还受封为王，游仙思想深入人心，海洋文学作品形式多样，特别是写海或涉海的大量唐诗，构造出若干形象鲜明、意蕴丰满的海洋意象。如此等等，气象万千。这种种创新性的变化对后世影响深远，虽然有些方面仍处于滥觞阶段，但直接开启了宋元时期海洋文化兴盛发展的诸多方面。

　　值得注意的是，唐代海洋文化的繁荣并非同唐朝国力的强盛完全同步，"安史之乱"后，唐朝国力由盛转衰，但海上丝绸之路和海外贸易却更加繁荣发展。其原因，一是在于陆上丝绸之路和海上丝绸之路的兴衰交替，唐代初期陆上丝绸之路兴盛，"安史之乱"后，唐朝势力退出了西域地区，陆上丝绸之路即陷入阻塞，中外联系转而倚重海上丝绸之路；二是经过"安史之乱"这次变故，唐朝元气大伤，开始关注从海外贸易中获取更多经济财政收入，以弥补国内亏空，从而促发了海外贸易和中外海洋文化互动局面的形成。

　　魏晋南北朝时期，海洋文化之所以能在乱世之秋仍能够有所发展并在唐代走向繁荣，还在于伴随着这一时期全国经济重心的南移，海洋文化发展的重心由北方转移到了南方沿海地区。南方海洋文化的发展提升着全国海洋文化发展的水平，形成了中国海洋文化发展的支柱，这也是本时期海洋文化发展的一大特征。无论魏晋南北朝时期还是隋唐时期，战乱主要集中在北方地区，使北方地区的社会经济文化遭到很大程度的破坏，大量居民避祸南迁，移民的涌入带来了南方的大开发，包括东南沿海在内的大片原本荒蛮之地的经济逐渐发展起来，成为航海船舶和丝绸、瓷器、茶叶等外销产品的主要生产地和集散地，海外贸易港沿海岸线星罗分布，东海和南海成为海洋利用、海洋认知和审美的主要海域。正是在魏晋南北朝隋唐时期，南方在中国经济、文化包括海洋文化中的区位优势开始彰显出来,在国家生活中的地位开始上升,这一趋势一直延续到宋元及其以后。

本卷在梳理、构架和编写时,除了从时间、空间两个角度着力把握和体现魏晋南北朝隋唐时期海洋文化自身承上启下的变化趋势与特征外,还试图展现陆海关系对海洋文化的影响。

中国陆域面积广大,大部分地区土地肥沃适于农耕,濒临的海洋面积广阔,在魏晋南北朝隋唐时期,海洋方向近距离之内没有大国、强国冲击,这种自然人文地理环境决定了这一时期中国的海洋文化主要受国内发展状况的影响,主要受陆地农业发展的影响。海洋文化和陆地农耕文化有互相依附、互相辅成同时又互相制约、互相排斥的关系。就后者而言,其一,农耕文化的发育势必加重人们对土地的依赖性,限制向海洋开拓的动力,反之亦然;其二,传统农耕文化的影响使人思慕中原,延迟地处边陲的海疆的开发。今天,我们往往更多地强调、凸显这种关系,以此说明中国古代海洋文化所受到的发展限制。但从魏晋南北朝隋唐时期海洋文化的实际发展状况来看,沿海地区农业的开发与海洋文化的发展更大程度上还存在互相补充、互相推动的关系,这在东南沿海海外贸易和海港发展的过程中体现得特别明显。沿海地区海疆开发首先是农业发展,然后是与农业相关的手工业发展,丝绸、瓷器、茶叶等产品优质而大量地制造和生产出来,为海外贸易的开展提供了外销产品,海外贸易的繁荣又带动了海港和港市的繁荣。这种繁荣来自腹地经济的推力作用和海外需求的拉力作用,在海外贸易的基础上,中外文化交流得以频繁开展;反过来,海外贸易需求的增加又促进了与外销商品有关的农业生产的发展及商品化倾向。另外,沿海农业的开发还使人们设法利用潮水灌溉农田,潮田的出现令海洋利用带有某些农业性的特点,成为中国海洋文化的一个重要方面。所以,如果以大传统和小传统来论,海洋文化这个小传统受制于农耕文化这个大传统的框架内,在魏晋南北朝隋唐时期随着大传统的发展而水涨船高、陆海互动。当然,这和农耕文明下统治者的心态是否开放、是否拓展有关。

历史是人创造的,历史是鲜活的,海洋文化史也不例外。本卷的编写还力图避免文化成就的简单罗列,还原海洋文化史充满人声人氛的鲜活的面貌。展现魏晋南北朝隋唐时期的海洋文化,就要展现相关的人物,让人物牵领今天的人们进入历史的记忆和历史的深处。为此,每部分内容都突出相关人物,争取做到一谈魏晋南北朝隋唐时期的海洋文化,窦叔蒙、卢肇、沈莹、刘晏、周庆立、李皋、孙权、朱应、法显、贾耽、义净、鉴真、林銮、张支信、冯若芳、张保皋、葛洪、王粲、木华、张融、段成式等名字及其作为或作品就跃入读者的脑海。虽然如此,但由于材料缺乏和历史上轻视民间个人的传统,很多方面仍难如人意。例如,海上丝绸之路到唐代已远达波斯湾和东非沿岸,这是中外航海家和商人共同开拓的结果,但中国史籍中却少见关于这一时期远洋航海贸易家的描述,这不能不让人感到遗憾。法显及其《佛国记》虽然青史留名,在海洋文化史中的地位也的确重要,但法显本人并非航海家或奔走海上的商人,他搭乘海商的船并记录了归国的航程,给后世留下了珍贵的历史资料,但关于那些整日驾船凌波傲浪的航海者和海商们,我们却仍不得其详。所以,尽管本卷第十三章专门列出"活跃的唐代中外海商"一节,希冀收集资料、彰显人物作为,以弥补中国历史记忆中此一时期航海家和海商缺失的遗憾,但内容仍有待充实。

本着上述本时期海洋文化发展的特征和编写原则,本卷分为十一章。

第九章主要是考察、探讨本时期作为海洋文化发生、发展的地缘环境和政治环境的海疆的变化及开发背景,这其实也是海洋文化本身的一个方面,并深刻影响着海洋文化其他方面的发展,直接体现着陆海互动关系,构成以下各章内容的相关背景。这里的"海疆"概念,不是今天现代意义上的包括沿海地区陆地、领海、大陆架底土和管辖海域的海疆概念,而是历史上古人的海疆观念,主要指海岸线以内的沿海地区及其靠近大陆的海岛构成的、有着海洋文化特征的"沿海疆域"。本章分魏晋南北朝、隋代、唐前期、唐中叶以后四个时段,分别论述沿海疆域区划和海疆发展,并总结了魏晋南北朝这个大分裂时期和隋唐这个大一统时期各自海疆开发的历史特征。魏晋南北朝时期,沿海疆域的基本区划仍然承袭了汉代的划分方式,变化较小;其中比较而言,长江以南沿海疆域区划的增损比北方突出,特别是移民的增加使得南朝时期各代在南部边疆所设置的州郡逐渐增多。大量流民自北向南迁徙定居,直接推动了南方沿海疆域的治理与开发,其开发程度渐能超过北方的趋势。北方海疆的开发在一定程度上都与军事活动有关,开发水平相对较低,对海疆的治理也基本没能超过前代的水平,但是在割据的特殊条件下,也形成过北方海疆短时与局部的发展高峰。隋唐时期,随着大一统的封建王朝日益巩固,海疆范围到唐代大大拓展,海疆的开发已经全部纳入封建国家的政治、经济体系之中,中央政权对沿海疆域建立起有效的政治统治,政治的稳定又促进了经济的发展。由于地理条件的地域性差异和内陆传统农业对沿海地区的辐射影响,海疆的开发明显出现了区域性特征:北方沿海以政治、军事开发为主,东南沿海开发因循农业式发展模式,岭南沿海的开发主要依靠港市的带动;就开发程度而言,东南沿海要比南北两端更为突出。另外,由于海外交流的增加,隋唐时期的海疆开发还带有外向型发展倾向。

第十章主要是关于海洋认知与海洋利用,这是海洋文化中首要和基本的问题,反映了海洋在人们的思想观念中的状况和在现实生活中的地位和作用。本章首先通过对魏晋南北朝隋唐时期典籍所反映的对海区、海洋气象、海洋水文、海洋生物的认识及对社会中海洋观念的探讨,梳理出这一时期海洋认知发展的状况;其中,着力突出海洋水文尤其是潮论的发展成就,从现在所知中国历史上最早的一篇潮论——三国时严峻的《潮水论》起,分别论述杨泉、葛洪、窦叔蒙、封演、卢肇等潮论专家对潮汐现象的研究、记述,展现自东汉王充以来的元气自然论潮论的发展和新潮论——天地结构论潮论的兴起,说明到唐代我国潮汐学已从理论和实践两个方面同时较好地揭示了潮汐的变化规律,出现了理论潮汐表和实测潮汐表。海洋认知的丰富,一方面促进了渔盐之业特别是海洋盐业的发展,如淋卤制盐法普遍应用、海盐生产规模日趋扩大;另一方面也有助于航海和海上交通拓展,而海洋利用实践的发展反过来又加深了社会民众对海洋的理解,海洋圜道观、海洋宝域仙境观和海外异域交通观在这一时期都发育了起来。海洋经济地理变动的影响在本章行文中也随处可见,如南方沿海成为主要的海洋认知场所,两淮、江南等地成为海盐生产的重心所在,仰潮水灌溉的潮田在南方沿海地区出现,航海贸易与运输业主要发展、繁荣在南方沿海。

第十一章主要是论述海洋政策与管理,这同样是海洋文化中的重要方面,在很大程度上影响甚至决定着特定时期海洋文化发展的整体状况和水平。依照历史存在的事实,本章所说的海洋政策与管理,并非今天所理解的整体的海洋发展战略、政策和管理,而主要指在沿海地域靠海吃海、用海的过程中,朝廷和地方政权对海洋渔业、海洋盐业、航海贸易运输业等海洋经济部门的政策与管理。后世才凸显的海防政策,在魏晋南北朝隋唐时期还远远没有成型,故不述及。在本章对海洋渔业、海洋盐业、航海贸易运输业等各业的政策与管理的梳理与论述中,由于材料限制,海洋渔业政策与管理方面的论述在本章中显得非常薄弱,只涉及渔业官员和税收,总体脉络和具体状况无法探讨。相比之下,由于历朝历代都重视盐业生产与盐利,关于盐政的记载和研究相对丰富,对海盐政策与管理的论述显得充盈一些。魏晋南北朝时期盐政纷繁多变、难有定制,隋代和唐代初期基本实行无税制,"安史之乱"后逐渐改行刘晏确立的榷盐法,后者对后世影响很大。航海贸易政策与管理内容相对丰富,而且唐代中期变化重大,市舶使这一新官职的出现标志着航海贸易发展到市舶制度时代,所以本章分两节分别探讨三国至唐代前期的航海贸易政策与管理,以及唐代的市舶使与市舶管理。

鉴于海路交通和中外经济、政治、文化往来是魏晋南北朝隋唐时期海洋发展的主要内容,在本阶段的海洋文化中占有特别突出的地位,所以本卷第十二章、第十三章、第十四章、第十五章和第十六章分别从航海、海外贸易、海港、海外关系、海路文化交流的角度对相关问题展开专门论述。

第十二章主要是关于造船与航海的论述。造船与航海业的发展状况从技术的角度规定着海路交通拓展的可能性,所以本章论述的次序是先造船、次航路、再航海技术。魏晋南北朝时期北方的造船和航海业大受影响,但一些王朝政权特别是南方的六朝政权出于增强国力及军事征战的考虑,积极造船并发展海外交通。经过魏晋南北朝和隋代的承续、拓展,到唐代又产生了中国造船和航海技术、航海能力继汉代之后的第二次大发展。适航性强的新船型大量出现,水密舱等新的造船技术普遍应用,造就了唐代海船容积广、体势高大、构造坚固、抗沉性强的特征,唐代海船成为中外海上往来的首选船舶。李皋还曾制造过车轮战舰,对车船的发展起了承前启后的作用。航海技术也有了很大提高,特别是季风在航海中得到越来越普遍的应用。这些都给远洋航行的拓展提供了技术保证,多条远洋航路被开辟并频繁使用起来,贾耽所记述的"广州通海夷道"已远达波斯湾和东非沿岸国家和地区。本章最后一节还专门对几起重要的航海事件和人物作了介绍。

需要特别指出的是,在这些航路上,中外往来的传统物质产品是丝绸,所以晚近以来,中外一些学者比照陆上"丝绸之路"的提法,提出了"海上丝绸之路"的概念,并在国际范围内获得了广泛的认同。本卷也采用了这一概念,即"海上丝绸之路"指丝绸沿海上航路向外传播的路线。大致上,海上航路拓展到哪里,海上丝绸之路就延伸到哪里,二者名称不同但所指基本相同。沿着海上丝绸之路的航海活动和中外往来并非只与丝绸有关,既包括经济贸易,还包括政治往来和文化交流。

第十三章主要介绍、论述了沿海上丝绸之路进行的海外贸易。海外贸易是海路交通和中外往来的一个重要内容,并从魏晋南北朝隋唐时期开始越来越受到重视。本章主要考察了魏晋南北朝时期的海外贸易、隋唐时期的海外贸易、唐代的中外海商三个方面的内容。关于魏晋南北朝时期的海外贸易,侧重论述南方六朝海外贸易的展开和一度频繁;关于隋唐时期的海外贸易,侧重考察了唐代海外贸易的渐趋繁荣。由于海上丝绸之路在唐代中期逐渐取代陆上丝绸之路成为中外贸易的主要通道,海外贸易展现出生机勃勃、方兴未艾的态势,官方贸易和民间贸易两种方式都有很大发展,官方贸易由原来的朝贡贸易发展为市舶贸易,海外贸易商品的种类和规模也大大扩大,除了传统的丝绸,瓷器也开始成为大宗外销产品。鉴于海外贸易的发展源自大批中外海商的互动,本章特设"活跃的唐代中外海商"一节,简要介绍史籍中提到较多的林銮、张支信、张保皋等中外知名海商人物。

第十四章主要是关于海港的论述。海港是航海活动的始发地和终到地,与航海活动之间存在着相互依存、相互促进的关系,是中外物质贸易和文化交流的集散地。本章首先试图分时段勾勒出魏晋南北朝隋唐时期海港发展变化的总体状况和趋势。魏晋南北朝隋唐时期,总体看来是增多的航海活动与增多增大的海港交相呼应,但在魏晋南北朝国家分裂战乱之时,航海活动减少,海港特别是北方的一些原本活跃的海港变得默默无闻。秦汉时,北方港口的地位和开发利用比南方港口更为重要,而到了魏晋南北朝隋唐时期,由于受政治格局的变动、经济重心的南移和航海技术的发展等因素的影响,南方海港发展加快,特别是唐代,中国东南沿海若干海外贸易港兴起,如扬州、福州、泉州、明州等,它们同南端的广州、交州等海港一起,勾画出了唐代南方贸易大港点、线的图景。虽然唐代海港普遍繁荣,北方以登州为代表的海港也有很大发展,但繁荣程度远不及南方海港,而且,北方海港重军事,南方海港重贸易。基于海港的普遍繁荣,城市围绕海港发展起来,海港与城市合二为一的港市勃然兴起,这是唐代海港发展另一值得重视的现象。在考察了整体状况和发展趋势之后,本章分别考察了唐代繁荣的诸大港。

第十五章主要是论述海外关系,侧重于魏晋南北朝隋唐时期的海外经略、中外政治关系和海上往来。三国时期,吴国特别注重通过南海对南亚的经略和海外关系,曾多次派使臣泛海出使,朱应、康泰远至林邑(越南中部)、扶南(柬埔寨境内)诸国,大秦(罗马帝国)商人和林邑使臣也曾到达建业。黄龙二年(230年)孙权曾派大将卫温、诸葛直率万人出海赴夷洲(中国台湾)。在北方,魏国与朝鲜半岛国家和邪马台国有外交往来,魏明帝就曾授予邪马台女王"亲魏倭王"金印。南朝的刘宋王朝在东吴原有基础上进一步发展了对外关系。如此,即使是分裂时期的各代政权,也使得自汉代以来建立的东亚世界的朝贡体系得到了维持和强化,关于经南海往来的名僧也有很多记载。至隋朝,中华大统一,隋炀帝曾多次派人到流求(中国台湾),开始了对台湾的经略,并进行了对高句丽的三次战争,进一步回收和扩大了先秦以降的中国版图。整个隋唐时期,尤其是唐代,自汉代以来的海上丝绸之路到唐代得到空前发展,经广州、泉州等港口通向越南、印度尼西亚、斯里兰卡、伊朗和阿拉伯的海上航路更为通达,与这些国家和地区建立的国际关系更为密切,对东亚朝鲜半岛、日本列岛诸国的经略及其相互关系的建立更为重视,高句丽、百济、新罗、渤海及日本各政权等更为频繁地派使臣赴中国朝贡,与东亚以及东南亚国家和地区形成的华夷秩序和朝贡体系的范围进一步扩大。本章对这一时期海洋文化发展的上述几项重要内容作了重点考察、叙述。

第十六章主要是关于中外海路文化交流的论述。基于海上丝绸之路所承载的既是经济、贸易、人员、物质,也是思想、制度、对文化的认识,本章对魏晋南北朝和隋唐时期通过海上丝绸之路和海洋交通所进行的文化交流空前繁盛的状况作了尽可能全面的描述,特别对唐代中外海路文化交流所达到的历史高峰作了重点考察。在这一时期,尤其是隋唐时期,中外海路文化交流的特点是:中国封建制度的完备、宗教思想的博大、器物工艺的先进,使得文化的交流和传播更多地呈现为一种单向的,即由中国向周边国家流动和辐射为主的局面。由于当时政治和文化的重心偏于中国北方,所以在相当长的一个时期内,中国北部和东部的沿海地区和港口同外部的交通往来相对来说更为频繁,渤海、黄海、东海成为东亚世界相互联系和文化交流的平台;同时,南部沿海尤其是广州、泉州等地则成为中国与东南亚、西亚和西方世界进行海外贸易和文化交流的纽带。这一时期,包括大陆移民、各国的使节、僧侣、留学生、商人及外国的侨民等,构成了海上不断扬帆航行着的中国文化对外传播、中外文化海上交流互动的浩荡人流,海洋文化自身的世界性和流动性全面体现出来。正是通过这个时期的以海路为主的文化交流,日本和朝鲜半岛全面接受了中国的文化和典章制度,汉文化圈在东亚形成。

　　第十七章主要考察并介绍了魏晋南北朝隋唐时期的海洋社会。鉴于其中从事海上贸易的海商社会在上述第十二章中已有考察,本章主要针对从事海上生活的两大特殊社会群体——沿海水上疍民社会和海盗社会。所谓特殊群体,是指他们不像大多数涉海社会人群那样生活——依靠海洋为生,但安家定居于陆地,出没打拼于海洋,主要从事渔业生产、航海贸易、制盐采珠等行业,而是——就疍民社会而言,他们以船为家,居于海上,在海上过着居无定所的日子,这是整合了秦汉以来各朝各代流散于海上的人群而形成了一个庞大松散的群体;就"海盗"社会而言,他们也主要居于海上或海岛,专事海上或沿海抢劫与造反起义,反抗官府和豪强,在海洋社会中充当着被传统社会视为"另类"的角色,而他们却在中国历史和海洋文化发展史中起到了不可忽视的作用。关于沿海水上居民的记载,在魏晋南北朝时期开始出现,在本卷所涵盖的时间段内被称为"鲛人""游艇子""白水郎""疍民"等,他们往往以捕鱼采捞为业,生活贫困,文化落后,为陆地人所轻视,有些水上居民则成为海盗。海盗在当时常被称为"海贼",他们除了进行海盗式的抢劫活动外,还进行造反起义、反抗官府与地主豪绅的武装活动,带有农民起义的特点。孙恩、卢循领导的东晋末年海上大起义具有典型代表性,既是中国历史上一次重要的农民战争,也是中国海盗史上一次大规模的海盗活动,为后世海盗提供了活动范本,孙、卢因此被称为海盗"祖师","孙恩"一词一度成为海盗的代名词。唐末,海盗还与黄巢领导的农民起义军互相支援,协助黄巢的海上进军。

　　第十八章主要论述海洋信仰与风俗,这是涉海人群的心灵和精神护佑。魏晋南北朝隋唐时期,现实的涉海生活增加了,海神信仰需求也随之大增。一方面,前代所创造的海洋神灵被继承并被发展了,如四海海神得到立祠祭祀并在唐代受封为王。其中,由于南海丝绸之路和海外贸易带来的利润丰厚,南海海神在唐朝国家经济生活中的地位非同一般,所以被封为广利王,备受尊崇,成为四海海神中地位最尊贵的海神。潮神信仰也在扩展,与潮涌相关的广陵观涛和钱塘观潮习俗在东南沿海盛极一时。另一方面,新的海洋神灵信仰也不断出现,如海伯、船神、海龙王和观音等,其中海龙王和观音信仰是佛教传入中国并经历了本土化过程之后出现的新的海洋神灵,对后世影响很大。另外,本章还探讨了东海仙境信仰在这一时期的再营造。战国秦汉之际营造出来的东海仙境,在这一时期被人们叙述、描绘得更加充实、生动、形象,更加成熟,不仅继续充当着精神乐园的角色，而且还被人们视作灵魂飞升的目的地，求仙观念普遍流传，游仙思想大为盛行。

第十九章主要是关于海洋文学艺术的论述。魏晋时期，观览、鉴赏大海的赋作在数量和特色上比汉代又有了新的发展，曹操的《观沧海》被认为是中国第一首歌咏海洋的诗篇，唐代更是涌现出了大量涉海诗文。在整个魏晋南北朝隋唐时期，"海"这一要素和主题更多地出现在文学作品中，极大地丰富了人们的海洋审美文化生活，海洋越来越成为文人墨客重要的创作题材与反映对象。本章分别就魏晋南北朝和唐朝的海洋文学进行了总体概观，并分别选取这两个时期具有代表性的文学样式——海洋赋作和海洋诗作进行了重点分析介绍，以求窥斑见豹。

以上各章力求集成、反映学界多年来的研究成果，特别参考和引见了一批近年来问世的重要论著。海疆变迁与开发方面，主要引见张炜、方堃先生主编的《中国海疆通史》；海洋认知利用方面，主要引见宋正海、郭永芳、陈瑞平等先生的专著《中国古代海洋学史》和宋正海先生的专著《东方蓝色文化——中国海洋文化传统》；海盐生产及管理方面，主要引见马新先生的专论《汉唐时代的海盐生产》、吉成名先生的专论《魏晋南北朝时期的海盐生产》和齐涛先生的专论《魏晋南北朝盐政述论》《论榷盐法的基本内涵》；海洋渔业生产及管理方面，主要引见欧阳宗书的专著《海上人家——海洋渔业经济与渔民社会》和张震东、杨金森先生编著的《中国海洋渔业简史》；关于航海贸易的管理，主要引见王杰先生的专著《中国古代航海贸易管理史》、李金明先生的专论《唐朝的对外开放政策与海外贸易》和黎虎先生的专论《唐代的市舶使与市舶管理》；造船与航海方面，主要引见席龙飞先生的专著《中国造船史》、王冠倬先生的专著《中国古船图谱》、章巽先生主编的《中国航海科技史》、彭德清先生主编的《中国航海史（古代航海史）》、吴春明先生的专著《环中国海沉船——古代帆船、船技与船货》，以及石坚平先生的专论《义净时期中国同南海的海上交通》；关于海上丝绸之路与海外贸易，主要引见陈炎先生的专著《海上丝绸之路与中外文化交流》、彭德清先生主编的《中国航海史（古代航海史）》、李金明先生的专论《隋唐时期的中日贸易与文化交流》、邓瑞本和章深先生的专著《广州外贸史》（上册），以及沈光耀先生的专著《中国古代对外贸易史》；海港方面，主要引见邓瑞本先生主编的《广州港史（古代部分）》、郑元钦先生主编的《福州港史》《泉州港与古代海外交通》编写组编写的《泉州港与古代海外交通》、郑绍昌先生主编的《宁波港史》、朱江先生的专论《扬州海外交通史略》、樊文礼先生的专论《登州与唐代的海外交通》；海外经略和海外关系方面，主要引见陈尚胜先生的专著《中韩关系史论》等；关于海洋社会中的特殊群体海盗和疍民，主要引见郑广南先生的专著《中国海盗史》和张寿祺先生的专著《蛋家人》；海洋信仰与风俗方面，主要引见王荣国先生的专著《海洋神灵——中国海神信仰与社会经济》、张树国和梁爱东先生的专论《蓬莱仙话及其文化意蕴》；海洋文学方面，主要引见王庆云先生的有关专论。对上述学者前贤的奠基之功，在此特别致谢。

由于时间和篇幅的限制，难免有遗珠漏万之憾。对于如此漫长悠久的历史时段中的如此灿烂丰富的海洋文化事项及其价值，还有待于学界给予越来越多的重视和更全面、更系统、更深入的研究梳理与分析展现。

第九章

魏晋南北朝隋唐时期的中国海疆[①]

一定时期的海洋文化必定形成于一定时期的历史地理空间,从这个意义上讲,魏晋南北朝隋唐时期的海疆开发既是这一时期的海洋文化发展的一个组成部分,同时也是这一时期海洋文化孕育发展的先决条件。海疆的开发与否、开发状况和程度大小通常与海洋文化的发育与否、发育状况和程度大小互为因果关系。

今天国际通行的现代的海疆概念包括沿海地区陆地、领海、大陆架底土和管辖海域,而中国古代传统上是把海洋视为陆地的边疆,主观上还不可能将海洋本身纳入国家疆域的范畴,"海疆"也就没有一个相对规范的概念。就客观上来说,中国古代的海疆不是一个海岸线或海岸带的概念,而是一个区域的概念。从空间上界定,它是海岸线以内的沿海地区及其靠近大陆的海岛构成的、有着海洋文化特征的"沿海疆域"。考虑到"海疆"概念的古今差异和学者们的普遍认识,这里的"海疆"的概念定位于魏晋南北朝隋唐时期中国的所有濒海地区和近岸海域,主要指海岸带,包括沿海的陆地、滩涂、港湾及近岸岛屿和海洋水域。

魏晋南北朝隋唐时期,中国的海疆区域有过收缩,也有过拓展,至唐代基本确定。就海疆开发而言,三国以前,北方海疆开发较快,而到了魏晋南北朝隋唐时期,东南沿海疆域的发展速度加快,逐渐赶上并超过了北方沿海。北方沿海由于受中原地区政治局势的影响,社会发展要么相对停滞,要么呈不稳定的状态;而地处东亚大陆南端的岭南沿海地区,虽然有临近南海的地理优势,海外联系频繁,但整体来看在这一时期仍然作为封建国家一个没有充分开发的局部,没有真正形成迅速发展的局面,从而形成了中国古代沿海疆域发展"中段突出、两端略低"的特点。

第一节　魏晋南北朝时期的中国海疆

东汉末年,群雄割据,遭受了黄巾起义打击的东汉政权,分崩离析,最终瓦解。经过连年征战,在建安十三年(208年)赤壁之战后,魏、蜀、吴三国相互抗衡的格局逐渐形成。220年曹操死,其子曹丕废汉献帝,自立为皇帝,国号为魏,建都洛阳;次年,刘

[①] 本章引见张炜、方堃:《中国海疆通史》,中州古籍出版社2002年版,第81—107、118—124、136—155、162—171页。

备在成都称帝,国号为汉,史称蜀汉;222年,孙权建吴国,定都建业(今江苏南京市)。至此,三国鼎立局面正式形成。

三国时期是中国古代社会发展的特殊时期,秦汉以来中国统一的政治格局,到此时被迫中断。三国时期是中国统一之后经历的第一次国家分裂的历史阶段。在这个阶段里,中国社会的各种矛盾不断激化,政权更迭频繁。这种政治局面对中国沿海疆域的开发产生了较大的影响。

曹魏后期,司马氏掌握朝政。263年魏军灭蜀。两年以后,司马炎废魏帝自立,国号晋,史称西晋。280年,晋军攻克建业,吴亡,西晋统一全国。然而司马氏政权的寿命很短,在阶级矛盾和民族矛盾迅速激化的社会背景下,西晋只存在了30余年。"八王之乱"之后,西晋亡于匈奴刘氏。

西晋灭亡后,黄河流域的广大地区成为北方各少数民族争夺统治权的主要区域,先后有23个政权在这一地区进行了长达100余年的混战。历史上把这一时期称为"五胡十六国"时期。直到439年北魏统一北方,这一局面才告结束。

316年,晋室南渡,建东晋政权,都于江南建康(今江苏南京市)。东晋朝廷苟安江左百余年,在420年被刘宋政权取而代之。随之开始的是中国历史上的南北朝时期。在此后大约170年的时间里,南朝经历了宋、齐、梁、陈四个政权的更迭。大约与此同时,北方相继建立了北魏、东魏和西魏、北齐、北周五个更立或并立的王朝,史称为北朝。

在"五胡十六国"时期及南北朝时期,中国处于严重的分裂状态,南北割据政权长期对峙;地区性的短暂统一,不可能从根本上扭转因长期割据混战而受到严重阻碍的经济发展的局面。分裂还在一定程度上加大了各地区间经济发展的差距。在这种背景下,各个相关政权对沿海疆域的统治与开发带有不容忽视的时代色彩。

一 分裂状态下中国南北沿海疆域的基本区划

魏晋南北朝时期是中国历史上政权更迭最频繁、疆界变化最显著的一个时期。虽然陆上疆界随着政权更迭而不断地发生变化,但就沿海疆域来说,其基本区划仍然承袭了汉代的划分方式。比较而言,北方沿海地区疆界区划的变化较小,而长江以南沿海疆域区划的增损则比较突出。以下分别叙述之。

北方沿海省份从2世纪到6世纪的400余年时间里,由于所处的地理位置均在中原政治中心的极东之地,因此较中原地区而言,所受割据战乱的侵扰之祸不甚剧烈。尽管在西晋末年也有流民南迁,但从沿海地区的政治区划而言,此时的北方沿海相对稳定。

三国时曹魏统一北方,经曹操父子两代人的努力,其统治区域逐渐恢复到东汉时期的地域范围;其边疆的行政体制及疆域区划,仍沿袭东汉之旧制而略有损益。

曹魏政权最初在东北边疆的统治,以东汉幽州所领11郡(包括辽东属国)为基础。其中,除辽东、玄菟(今辽宁沈阳东)、乐浪三郡外,其余皆为曹操政权直接统治。沿海的昌黎、辽西、右北平、渔阳四郡构成曹魏政权初期的沿海边疆。238年,曹魏大军出征辽东。平定公孙氏之后,在公孙氏所领之地置平州,统辽东、玄菟、乐浪、带方四郡。这样,曹魏政权在直接统治原有四郡的基础上,复领有辽东、带方、乐浪三个沿海郡。

东北边疆(包括今朝鲜半岛北部)七个沿海郡即成定制,全部归于曹魏政权的直接统治之下。

自右北平郡向南,沿海岸线而下,依次有冀州之渤海、乐陵二郡,青州之乐安、北海、东莱、城阳四郡,徐州之东海、广陵二郡,共计三州八郡。以上构成曹魏政权的东部沿海疆域。① 事实上,冀、青、徐三州紧邻上述各郡的地区,如青州之齐国,徐州之东莞、琅琊、下邳等郡的部分或全部属地,也都属曹魏政权管辖,因此,曹魏政权在中国北方统治的内海疆域的总面积应当是很大的。

265 年,司马氏废魏立晋。280 年,晋灭吴,结束了三国鼎立的局面,完成了统一。其时,西晋领有的疆域与东汉时基本一致,其边疆政策和行政区划也基本延续了东汉和三国之旧制。在东北边疆,西晋仍保留了曹魏政权所设立的幽州;对曹魏时期一度增设后又撤销的平州,西晋政权于 276 年重新设立。新设平州由昌黎郡、辽东国、带方郡、乐浪郡四个沿海郡以及玄菟郡组成;幽州则统辽西郡、北平郡、燕国、范阳国四郡国,以及上谷、广宁、代郡三个内陆郡。西晋政权这样设置,主要是为了便于统治。西晋中央政权在平州置护东夷校尉,主持抗击鲜卑族的军事事宜,便是对此的有力证明;虽然东北州辖范围缩小,但在沿海仍沿用东汉及曹魏旧制,设立七个郡国的基本区划格局没有改变。

西晋时期,冀州的章武国、渤海郡、乐陵国,青州的乐安国、北海郡、东莱郡、长广郡、东阳郡,徐州之东海郡、广陵郡等三州十郡(国),构成了西晋政权北方主要的沿海疆域。其中,对曹魏时期区划建制的增损,主要表现在各郡辖区的变动,另外就是在前代八郡建制的基础上演变而成了十郡国的建制格局。这种变化,实际上是西晋政权对内统治政策进行调整的一种反映。西晋统治者鉴于东汉及曹魏皇族势力弱小、先后被迫禅让而亡国的教训,大封皇族子弟为王,以郡为国,实行"王不之国,官于京师"的统治方式。这种封国也有在边疆者,上述冀之章武、乐陵,青之乐安,就是这种封制度在沿海疆域区划中的体现。

316 年,汉赵灭西晋,中国结束了西晋以来短暂的统一重新陷入大分裂的政治局面。特别是长江以北的地区,一度政权林立,王朝更迭频繁,先后有 20 多个政权出现于黄、淮以北地区。这使得此时的北方沿海基本区划变化较大。在此,将北方诸政权统治下的沿海区划分述如下。

319 年,后赵建立。对后赵政权的统治疆域,后人曾经概括为:"石赵盛时,其地南逾淮汉,东滨于海,西至河西,北尽燕代。"②在这一范围内的沿海州郡,大体上有营、幽、冀、青、徐五州,而将前代晋时朝鲜半岛及辽东、辽西诸州摒弃于政权的统治范围之外,仅剩今华北至江苏一带沿海。值得一提的是,后赵后期于辽西新置营州③,这在中国边疆史上具有一定的积极意义。它明显反映出后赵时期的政权与其他少数民族政权在辽西一带的争夺逐渐加剧,后赵政权在争夺中逐渐扩大了统治范围。

4 世纪,久居东北边疆的鲜卑族慕容部逐渐扩大了势力:319 年,打败了其他部落

① 谭其骧:《中国历史地图集》第 3 册《三国·魏图》,地图出版社 1982 年版。
② 顾颉刚、史念海:《中国疆域沿革史》,商务印书馆 1938 年版,第 148 页。
③ 《晋书》卷一〇六《石季龙载记上》。

与高句丽的联合进攻,占领了辽东;337年,建立了前燕国;344年,统一了东北地区各个少数民族部落;351年,消灭了后赵政权且其势力日益南下,并逐渐控制了原后赵的统治疆域。在前燕政权统治下,沿海仍有幽、冀、青、徐、营五州。

370年,前燕政权被前秦所灭。376年,前秦统一了中国北方。前秦的统治疆域和行政建制,已经恢复到汉朝及西晋统一时期所领有的北方地区。在此基础上,前秦政权对沿海地区的行政区划没有做出大的改变。只是苻坚当政时,将幽州分置平州,以适应东北边疆地区经常发生战争与部族争夺的政治军事形势。但是,此时平州的管辖地区已经缺少带方、乐浪两郡。这两个在中国北方沿海一直占有重要位置的郡属,在前秦时已经被朝鲜半岛上的高句丽所占领。

386年,鲜卑拓跋部在北方地区建立了北魏政权。北魏于439年完成了对中国北方的统一。北魏政权在对北方进行的统治活动中,于东北地区仿汉魏旧制,实行郡县的统治方式。在沿海及左近地区,北魏政权设置了营、平二州。其中,营州是在和龙军镇的基础上设置的,下辖昌黎、建德、辽东、乐浪、冀阳、营丘六郡;平州则领辽西、北平两郡。这样,营州和平州所领郡属,加上幽州的部分辖地,北魏政权统治下的东北沿海区划已经基本定型。

在此应当着重指出,北魏时期辽东地区沿海区划的归属与变迁,对中国北方整个沿海疆域的治理与开发产生了重要而深远的历史影响。如前所述,汉魏以来所设置的辽东、玄菟、乐浪、带方四郡,在北魏时期已经为高句丽所占。而高句丽的逐渐强大,与中国传统的政治中心——中原地区的连年战争和社会混乱有直接关联。北魏统一北方地区以前,472年,高句丽已经将其国都从国内城(今吉林集安)迁往安壤(今朝鲜平壤)。① 自435年起,高句丽王开始派遣使节至北魏,"奉表贡方物";魏太武帝因此派遣员外散骑侍郎李敖,拜高句丽王为"都督辽海诸军事、征东将军、领护东夷中郎将,辽东开国公、高句丽王"。自此以后,北魏历代都封高句丽统治者以上述封号,高句丽政权也不时纳物朝贡。② 应当承认,入主中原后逐渐汉化的北魏政权,已经将高句丽等"东夷诸国"视为"荒外夷狄之国",并作为中原政权的藩属,因而将其排斥于沿海疆域的统辖之外,对高句丽仅是实行羁縻政策而已。这样,北魏政权实际上已经放弃了对辽东半岛的统治,更谈不上对这一地区进行开发了。

除东北地区外,北魏政权还领有淮河以北的全部沿海疆域。对这些沿海地区,拓跋氏政权基本上也是沿用郡县制度施以统治,但郡县的沿革并没有一定的规范。正如后人评价所说,"惟州郡建立,多因时制宜,靡有定制"③,因而使这一时期州郡管辖范围的变化较大,在此不一一赘述。

中国南方社会在魏晋南北朝时期的发展比较快。在经济加快发展的社会背景下,各割据政权对沿海地区的开发与治理都比较重视;同时,他们还都注重这些地区的政权建设,由此使得这一时期的南方沿海疆域的行政区划经常发生变化,而且其行政建制颇有特点。

---

① 见金毓黻《东北通史》上编有关章节。
② 《魏书》卷一〇〇《高句丽传》。
③ 顾颉刚、史念海:《中国疆域沿革史》,商务印书馆1938年版,第163页。

在三国鼎立时期,定都建业、与曹魏政权对峙于江南的孙吴政权,在其统治区域中继承了汉代的基本政治制度。孙吴以郡县制直接治理着荆、扬、交三州。黄武五年(226年)将交州的一部划出,南海的三个郡——合浦、珠崖、交趾仍称交州,而海东四郡——南海、苍梧、郁林、高凉改称广州。自永安七年(264年)起,广州的设置成为定制。至东吴末年,广州已经领有八个郡属,交州领有九个郡属。孙吴政权从长江以北起,合计共领有扬州之吴郡及无锡以西之毗陵典农校尉、会稽、临海、建安,广州之南海、高凉,交州之珠崖、合浦、交趾,以及九真、日南。这些地区构成了孙吴政权统辖的沿海疆域[①];同时,这也是当时中国南部沿海疆域的全部地理构成。

西晋统一全国,时间虽然短暂,但西晋政权对沿海疆域的治理与开发并未放松。相反,从郡县的区划来看,西晋对南方沿海地区的控制呈加强的趋势。西晋在三国之后,其制度也继承汉魏之制。在长江以南沿海疆域的区划设置中,计有扬州之毗陵、吴、会稽、临海、建安、晋安六个郡,广州之南海、高凉、高兴三个郡,交州之合浦、交趾、九真、九德、日南五个郡,共计三州14郡。比较三国吴时的沿海区划设置,西晋所置郡属明显增加了。在统治区域没有大规模拓展的前提下,沿海区划的上述变化,与西晋政权对边疆区域加强军事统治的政策相吻合。可以说,这是适应西晋政权边疆政策的产物。

东晋小朝廷偏安江南。在东晋政权的统治区域中,东部沿海地区,即长江中下游的徐、扬二州,是东晋的政治和经济的中心地带;东南沿海的交、广二州,在东晋政权的刻意经营下,也结束了西晋末年以来的割据状态,在323年归属东晋,由东晋政权直接管辖。东晋对沿海疆域的治理与开发,基本沿用了西晋的区划旧制,但在某些地区也出现了一些新的变化。从西晋末年开始的北民南徙,曾一度严重冲击了江南某些地区原有的统治秩序。大量流民的涌入,使得南方社会原有的社会构成增加了诸多新的成分。例如,"渡江之初每有洛都刺史挟其兵力来归",这些外来的政治势力"旧制虽失而其兵力依然完整。政府为安置此失地之刺史,每因其所至之地置州郡"。同时,为了安排那些"故土虽失,常欲存旧名以资辩职"的北方士族,东晋王朝采取了"因其迁移之地而赐以故土之名"的措施,设置了大量的侨州、侨郡、侨县。[②] 在这种制度下,东晋王朝在多数侨置州、郡、县的设官施政,与原设州、郡、县相同,但也有"侨、实(指土著居民)相错"的地区。这些地区的区划隶属十分复杂。因此在沿海地区,虽然东晋也设有侨置州、郡,但真正有效的行政区划仍为徐、扬、江、广、交五州。其中,江州为西晋时期由扬州南部临海等郡划出新建的,各州所统辖的范围因此也稍有变动。

上述"侨置"的疆域区划特点,在东晋以后的南朝各代都一直存在。例如,刘宋时"分扬州为南徐,徐州为南兖,扬州之江西悉属豫州"[③],萧齐时的南徐、北兖、南兖及青州、冀州的设置,都是"侨置"制度的产物。

南朝的州县设置有着一个大的增损过程,但通观南朝四代,其在南部沿海疆域的州郡设置一直呈现上升的趋势。这集中表现在交、广两州行政建制的变化上。刘宋虽

---

① 谭其骧:《中国历史地图集》第3册《三国西晋时期》,地图出版社1982年版。
② 顾颉刚、史念海:《中国疆域沿革史》,商务印书馆1938年版,第154页。
③ 《宋书》卷三五《州郡志总叙》。

沿用东晋旧制,但在广州设置了18郡,比东晋时增加了4个;在交州设置了8郡,又比东晋增加了2个。471年,刘宋政权从交、广两州当中分离若干属地,新设越州,以其统辖9个郡。① 到南齐时,广州增加了所领郡属,下辖23郡,比刘宋时期多出5个郡;交州则领郡9个,也比前代多设1郡;而越州领郡多达20个,较刘宋时期增加11个郡。② 梁、陈之际,中国南方沿海疆域的区划又为之一变,除继续保留了宋、齐两代的交、广、越三州外,又增设了崖州等15个州。这些新设州大都从原设郡升格而来。③

从上述增设州郡所统属的地域来看,其中有许多是中国南方沿海疆域中的重要地区。南朝时期各代在南部边疆所设置的州郡逐渐增多的现象,说明了南朝各政权在不断加强对南部边疆的行政管辖。也说明了由于受北方大批流民迁徙南下的影响,同时因东南沿海在这一时期较少受到战争的袭扰,故这一地区的人口在逐渐增加。因此,南朝时期沿海州郡的增加,也是该地区在这一时期内得到进一步开发的反映。

二 分裂与混战对中国北方沿海疆域开发的影响

魏晋南北朝时期,中国北方地区在分裂与统一、征战与安定反复交替的局势中逐渐获得发展。沿海地区在这种历史背景下的开发与治理虽然没有中断,但仍受到较大的影响。在政治上,这一时期相继统治北方的封建政权,无论曹魏还是司马氏西晋,在统一北方地区及对北方进行统治时,都仍然以中原地区作为他们的政治和经济重心,而对中原地区的关注则大大超过了沿海地区,由此产生的对沿海开发的影响是不言而喻的。相比之下,一些地方割据政权,对自己统治范围内的沿海区域则表现出了超乎寻常的重视,并对沿海倾力开发。这种历史局面的出现,使3—5世纪中国北方沿海疆域的开发颇具特点。

首先,3—5世纪北方沿海疆域的开发在一定程度上都与军事活动有关。尤其是在各相关政权的早期,某些军事征服活动除具有军事意义以外,对沿海地区的开发乃至治理具有深远的历史意义。

在政治统治的边缘地区消灭对立的割据势力,并在上述地区获得最大程度的稳定,是此时每个政权在取得对大部分北方地区的统治之后都力图实现的目标。这也是魏晋时期中国北方沿海疆域能够获得发展的重要条件之一。在曹魏政权建立之后,占据东北的公孙氏集团实际上仍然保持着割据自立。作为一支重要的政治势力,公孙氏集团不仅占据了辽东,甚至还跨越渤海,攻取东莱诸县(今山东省龙口市以东),自置营州刺史,对此地实施统治。④ 此后,公孙氏集团的势力又向朝鲜半岛拓展,并在乐浪郡以南自设带方郡。不仅如此,公孙政权还利用各种渠道南通孙吴,在沿海方向对曹魏政权形成重大的威胁,并对曹魏在东北的统治直接构成挑战。因此,位于中原的曹魏政权不得不为巩固其对整个北方地区的统治,对公孙氏施以军事征伐。当曹魏大军平定辽东之后,采取了一个非常措施,即将原住辽东半岛上的部分居民渡海迁徙至齐郡

---

① 《宋书》卷三五《州郡志总叙》。
② 《南齐书》卷一四《州郡志上》。
③ 见《通典》卷一八四《州郡十四》中的有关条目。
④ 《三国志·魏书》卷八《公孙度传》。

（今山东省临淄市）诸县进行安置。① 此举不仅缓和了辽东半岛的局势，更对开发辽东与山东半岛起了重要作用。在辽东人士迁徙齐地之后，原在辽西塞外以游牧为生的一些东鲜卑族部落陆续向辽东境内迁移。例如，辽西的鲜卑慕容部，因随从曹魏军队征讨公孙氏有功，其首领拜率义王，其部落迁于辽东大棘城北。定居于此地之后，鲜卑慕容部以农桑及畜牧为业，这对其民族进化及当地政治、经济的发展产生了重要的促进作用。

曹魏政权对东北地区采取的军事行动，无论是对推动民族融合、促进少数民族的汉化，还是在加速东北沿海及辽西地区的开发与治理方面，其意义都是十分深远的。及至晋时，在慕容氏管辖治理下的昌黎郡及其周边地区，据记载，已完全采取汉族政权的方法对其统辖下的地区进行统治，"教以农桑"，"法制同于上国"，同时"刑政修明，虚怀引纳流亡"，使"士庶多襁负归之"。② 在位处中原的西晋政权面临崩溃时，慕容氏却在东北地区得到了汉族地主阶级的认同与支持。这表明在上述地区，民族融合过程大体完成。这对该地区内政治经济的发展以及东北沿海地区的开发都有着重要的推动作用。

三国时期中国北方沿海疆域的开发多是建立于军事活动之中，这一点在历史记载中多有迹可循。曹魏政权统治下农田水利建设和漕运工程的实施都带有这种特征，比较典型的是曹操北征乌桓时开凿平虏渠、泉州渠和新河。206 年，曹军北征进军中，因患粮草军需的陆路运输不能满足北征大军的需要，曹操下令开凿此三项人工水道。其中，平虏渠自呼沲（即今滹沱河）凿入呱沱（上游为今沙河，下游循大清河至天津入海）；泉州渠从沟河口凿入潞河（白河合于温榆水后的下游水道，今北运河前身）；新河的开凿记载见《水经注》卷一四《濡水》篇："魏太祖征蹋顿，与洵河口俱导也。世谓之新河矣。"新河是沟通泉州渠与濡水（今滦河）的一条人工河渠。此渠西起宝坻县盐官口，承鲍丘水为源，东流至滦县入滦河。上述三条人工渠的开通，为曹魏北征乌桓创造了有利的后勤保障条件；而地处幽、冀两州的主要河流可以互相通航，则大大便利了曹魏军队在军事行动中的集结与调动。同时不可否认的是，这三条人工渠的联通，也必然会对幽、冀两州几条大河流域及其沿岸的百姓和当地的农业生产带来很多生产与生活的便利，对幽州之辽西、右北平、渔阳、燕、范阳，冀州之渤海、河间、安平、中山等沿海州郡及其延伸腹地诸郡的开发与治理，都产生了有利且深远的影响。

在北方沿海地区的开发与治理过程中，除去专为军事目的而修建的水利工程外，还有一些建设成果对沿海地区的发展起到了巨大作用。有些专为农业生产所建但为军事活动所利用的民用工程，在军事方面甚至发挥了更大的效力。其中，比较典型的如曹魏正始年间，胡质任职青、徐，都督青、徐两州诸军事时所兴建的水利工程。他在任职期间大力兴修水利以利农田灌溉，对促进农业发展和当地经济繁荣产生了良好的效果。值得指出的是，此举不仅在民间对"通渠诸郡，利舟楫"大为有利，而且在利用当地沿海自然地理便利条件的基础上达到了"严设备以待敌，海边无事"的军事目的。像这样利用开发沿海疆域社会生产，达到稳定边疆政治局势目的的做法，在这一时期是

第九章

魏晋南北朝隋唐时期的中国海疆

---

① 《三国志·魏书》卷四《三少帝纪》。
② 《晋书》卷一○九《慕容皝载记》。

比较常见的。

在三国时期，中国北方沿海疆域的开发活动，许多都与各个封建政权的军事活动有关。其中，有些带有强烈的军事色彩，还有些本身为政权的军事目的服务，具有直接的军事意义。这种历史现象的出现，是北方战乱分裂社会状况的必然反映。这种在特定社会历史条件下产生的沿海疆域的发展特点，一直存在于3—5世纪北方海疆的发展过程之中。它从一个方面说明，中国北方沿海疆域的开发与发展，不仅仅是经济问题，不能仅从经济发展的角度衡量，在很大程度上它还涉及民族问题、政权建设、对敌对势力进行军事征服等社会政治问题。

其次，三国时期中国北方沿海疆域的发展受到中原地区战乱的影响，开发水平相对较低，所受制约较大。这一时期沿海区域的经济与生产的发展，一直处于北方海疆开发历史上的较低水平。

在3—6世纪的几百年时间里，从整体上看，中国北方经济发展的基本格局是中原地区高于沿海地区。尽管中原多数地区的社会经济生活和政治秩序都不同程度地受到战乱的破坏，但中原地区文化和经济的发展基础仍然要优于以黄河下游州郡为代表的北方沿海地区。这种差距随着与中原在地理上的距离的加大而增加。东北沿海州郡的开发程度与中原地区的经济发展之间的差距，较黄河下游地区更加拉大。形成这种差距的原因大体上有两个：其一是受中国古代以农业文明为核心的经济发展模式的影响，其二是受各封建政权统治集团视中原地区为国家立国之本的传统观念的制约。后一点从魏晋时期当朝统治者制定的一些政策，以及这些政策的实施举措上可以清楚地表现出来。

三国时期对沿海疆域进行开发的主要经济措施，是官府出面鼓励生产人口对荒芜的土地进行开垦。在经历了东汉末年的黄巾起义及长时间的战争之后，中国北方原主要农业生产区内人口大量流失。不仅许多豪强地主为逃避农民起义军的打击纷纷逃亡，就连一般的中小地主和比较富裕的个体农民，为了躲避战祸，也大多结伴背井离乡，迁往比较安定的地区定居。这造成两种结果。一是曹魏政权统治下的北方地区人口锐减。至魏明帝时，北方在籍户口"不如往昔一州之民"[1]，"人民至少，比文、景不过一大郡"[2]。北方人口整体减少，其中必然包括沿海地区人口数量的下降。尤其是冀州、青州和徐州等有关州郡的沿海地区，人口流动对当地经济生活的冲击是相当大的。二是在距离中原战乱地区较远的沿海州郡，如辽东平原一带，由于避乱人口的大量涌入，使得这些地区的经济获得了超常发展的基本条件。

如果不考虑其他因素的影响，以上这两种结果都与土地的开垦和农作物的耕种有关。内陆与沿海地区大量人口从原居住地迁徙，必然使这些地区的农耕地至少在短时间内耕种失时甚至抛荒。在中原地区，当大量人口抛弃房屋地产而出逃外乡后，原居住地的生产活动肯定要被迫中止。同样原因，在那些受战乱影响而人口减少的部分沿海地区，其社会发展进程受到制约和阻碍也是战乱冲击的必然结果。值得注意的是，北方沿海疆域社会发展受阻于战乱的现象，一般都出现在原开发程度相对较高的沿海

① 《三国志》卷一六《杜恕传》。
② 《三国志》卷二二《陈群传》。

州郡,以今河北南部和山东半岛一带最为典型;而在一些原有经济较为落后、开发程度较低的沿海地区,如东北及河北北部的沿海州郡,却因受战乱侵扰相对较少而成为迁徙人口流动的主要目的地,成为流民的避难乐土。虽然形成这种现象是各种因素共同作用的结果,但它也从一个方面反映出各割据势力之间企图控制中央政权进行经济实力争夺的社会大背景。武力争夺经济比较发达的地区,目的是为了掌握更加雄厚的经济资源。战争对经济资源的损耗是巨大的,掌握经济资源是为了控制社会的战争动员力,以便在割据战争中占据更为有利的优势地位。对这一点的理解,三国时期的各个政治集团丝毫不亚于现代军事家们。

除受战乱影响而产生人口迁徙外,中国北方地区还存在着另一种原因导致的人口分布发生非正常变化。基于战略考虑,在经历了战乱后的中国北方各割据政权,一般都比较注意积蓄力量应对敌对势力的挑战。他们都十分注重采取各种政策和措施,尽快恢复自己统治管辖地区内的生产,加快发展包括沿海地区在内的经济,以增强实力。但也必须承认,受传统的影响,他们最为注重的是其统治中心及其周边区域,还有就是对其政权安全有着重要战略意义的重点防御地区。他们所采取的最为重要和有效的措施,就是增加统治区域内的人口,并使之与土地结合。然而,受自然规律的支配,人口总数在短期内实现大量增加显然是做不到的。因此,在某些历史时期,统治集团便会采取强制性手段,改变其统治范围内各地区的人口比例。"徙民"便是改变人口分布的重要方式。从历史记载看,魏晋南北朝时期北方各政权的这种"徙民"活动对中国北方海疆的发展,无疑产生了重要的负面影响。在曹魏政权统治时期,曹丕当政之后曾经计划迁徙冀州的 10 万民众至河南,后因各种原因使此次"徙民"只完成一半。① 《晋书》记载,东晋太和年间司马懿也曾"徙冀州农夫五千人佃上"②。这种从冀州这样的临近沿海区域大量迁徙人口至统治集团政治中心和军事战略要地的做法,对同时期沿海疆域的开发必然产生严重的制约作用。

北魏前期,是中国北方沿海疆域人口因战乱而大规模减少的重要时期。在这一时期,军事征伐的重要目的之一就是人口掠夺。为适应对外军事防御的需要,统治集团往往强迫居住在边境的居民向内地迁徙。根据记载,这种边民内迁活动规模较大、被掠夺人口主要来自沿海州郡的,有如下几次:

389 年,"徙山东六州民吏及徙高丽杂夷三十六署百工伎巧十余万口以充京师"③;

418 年,徙冀、定、幽三州居民于京师,徙龙城居民万余户于内地;

432 年,徙营丘、成周、辽东、乐浪、带方、玄菟六郡民众三万户于幽州;

445 年,北魏南略淮泗以北诸州县,徙青、徐之民以实河北;

469 年,北魏攻占青、齐二州,"徙青、齐民于平城",设平齐郡专门安置迁徙而来的民众。④

像北魏时期这种对沿海州郡及其周边地区的人口掠夺,往往使被掠夺地区的生产力水平急剧下降,造成人口大规模迁徙后沿海疆域开发的正常进程被人为阻断。

① 《三国志》卷二五《辛毗传》。
② 《晋书》卷三七《平安献王孚传》。
③ 《魏书》卷二《太祖纪》。
④ 《资治通鉴》卷一三二《宋纪一四》。

当然,尽管沿海州郡的人口被强行迁徙,是魏晋南北朝时期制约北方沿海疆域发展的一个重要因素,但人口分布在这些地区的非正常变化并不是一直持续的。在同一时期内,北方大部分沿海疆域的开发也在时断时续地进行着。魏文帝时,北方地区农业生产水平在总体上已经得到了一定程度的恢复;在战乱时徙往辽东避难的青州流民,又纷纷渡海返回青州。① 另一个北方沿海主要地区冀州,此时的农业生产也随着人口数量的逐渐增加而有所恢复,并一度形成了在整个北方沿海州郡中冀州"户口最多、田多垦辟"的发展优势。② 在土地开垦、户口增加的背后,实际上是小土地所有者及自耕农数量的增加。正是这个社会阶层,成为封建政权主要的赋税来源,以及开发北方沿海疆域的主要力量。

魏晋南北朝时期中国沿海疆域持续获得开发的另一个显著标志,是由封建官府直接控制下的沿海盐业的发展。早在先秦时期,盐业专卖就已经成为封建官府财赋的主要来源。在北方地区尤为如此。东汉末年的割据混战,虽然使各个沿海地区盐业的发展受到冲击,但其中有些也成为割据政权主要的财税收入。在曹魏及西晋政权的经营下,经过200余年的时间,到北魏早期北方各沿海地区的盐业生产不仅已经恢复,而且多数还获得了发展。据《魏书》记载,拓跋氏政权"自迁邺后,于沧、瀛、幽、青四州之境,傍海煮盐。沧州置灶一千四百八十四;瀛州置灶四百五十二;幽州置灶一百八十,青州置灶五百四十六;又于邯郸置灶四。计终岁合收盐二十万九千七百二斛四升"。这样大规模的盐业生产,使北魏政权因此而大获收益,"军国所资,得以周赡矣"。③ 北魏之后的各个封建政权,都继续经营开发沿海盐业生产,并都在上述四个沿海州郡中"傍海置盐官以煮盐,每岁收钱"④。封建官府通过控制和发展沿海盐业生产,得到了大量的专卖收益,并因此使北方各个封建政权的财政与军事开支得到补充。

从整体上看,魏晋南北朝时期中国北方海疆的开发水平处在相对较低的状态;对海疆的治理也由于受分裂割据的社会大背景的影响,基本没有超过前代的水平。

再次,在割据的特殊条件下,形成了北方海疆开发与发展短时的、局部的发展高峰期。

局部沿海疆域的开发与发展一直与整个北方地区的社会发展相伴。即便在汉末魏初战争频仍的条件下,当中原人士为躲避兵祸而大量涌入相对安定的东北沿海州郡后,也为这些地区的经济开发注入了一定的发展活力。当那些原来就具备一定生产技能并熟悉先进的中原文化的人士进入相对偏远的东北沿海州郡之后,他们当中的部分人"躬耕农器,编于四民,布衣蔬食,不改其乐",过起了悠然的定居生活;还有部分人则"因山为庐,凿坯为室",仍然具有一定的号召力,以至于"赴海避难者皆来就而居。旬月而成邑"。这种以中原人士为中心而很快形成的新的居民点出现在原居住人口稀疏之地,不仅对沿海,而且对整个辽东地区的开发都有着重要的意义。中原传统的农耕技术与模式,为该地区的经济发展提供了不可或缺的条件。尤为值得注意的是那些来自中原地区的具有高度儒家修养的内地人士,对沿海及偏远边鄙地区文化发展所产生

---

① 翦伯赞:《中国史纲要》第2册,人民出版社1979年版,第11页。
② 《三国志》卷一六《杜恕传》。
③ 《魏书》卷一一〇《食货志》。
④ 《隋书》卷二四《食货志》。

的作用。上述具有号召力的中原人士,大都属于因学问、个人修为等原因而威望较高者。他们的影响和带动,对沿海州郡的经济开发、政治治理程度的提高,乃至这些地区民风的进化,都有极为重要的促进意义。

曹魏时期辽东地区的短时安定,是这一时期内该地区沿海开发速度加快的主要原因。晋室南渡后,北方沿海地区的开发高峰期到来,则完全是由于各个割据政权都注意调整了统治政策,加大了治理与开发的力度。

后燕是鲜卑慕容氏建立的一个政权,其统治范围基本覆盖了晋时北方沿海疆域。后燕政权的汉化程度也相当高,这使慕容氏政权对统治区域内的统治方式完全没有了落后部族的痕迹。慕容农任幽州牧,"法制宽简,清刑狱,省赋役,劝农桑。居民富赡,四方流民至者数万";政治清明,使幽州地区在军事秩序稳定的基础上经济也获得了发展。慕容农在任职辽西后,在四五年的时间内就使"庶务修举",区域开发程度得到进一步提高。接替慕容农的慕容谙在辽西地区继续采取开明政策,"因农旧规,修而广之",进一步加快了该地区的开发,提高了对这一地区的治理速度。辽东及辽西地区开发程度的提高,对整个东北沿海疆域的开发起到了重要的辐射作用,同时也使东北边鄙的社会稳定与发展得到进一步巩固,"辽碣遂安"①。

后燕衰落后被一分为二,即南燕和北燕。南燕政权的统治范围基本上在今天的山东半岛。南燕政权的统治者慕容德推行比较开明的统治政策,"崇儒术以弘风,延谠言而励己"②。因此,在他统治期内,南燕朝廷"昌言竞进,朝多直士",政治十分清明。③在经济开发与地区治理中,慕容德采取积极有效的方法,"隐实黎萌,正其编贯",使生产者与生产资料——土地直接实现最大程度的结合,并进而使农业产量及品种增加,以达到"益军国兵资之用"的目的。实行这一政策的结果,南燕政权"得荫户八千",实现了为割据政权增加税收的目标。与此同时,慕容德在统治区域内大力进行封建秩序的重建,开启民风,建置学官,"简公卿以下子弟及二品士门二百人为太学生"。他还"大集诸生,亲临策试"④,在割据政权周围聚集了一批有较高封建文化修养的士人学子。这对提高山东半岛及其沿海地区的开发和治理程度产生了十分积极的作用。

410 年,刘宋政权灭南燕。鲜卑族慕容氏政权退出中国北方的政治舞台。汉人冯跋继后燕政权之后,在辽西和辽东地区建立了北燕政权。冯跋因统治地区内经济遭受重大破坏,"赋役繁苦,百姓困穷",十分注意政事改革。他不仅为政"务从简易",而且对"前朝苛政,皆悉除之"。针对统治地区内的经济恢复与发展,冯跋大力提倡以农为本,"励意农桑";在统治方法上,他坚持"省徭薄赋",并且赏罚分明,"坠农者戮之,力田者褒奖"⑤,其在沿海地区也同样采取了上述统治模式。经过这样大力的开发与治理,地处北方的北燕政权,统治秩序比较稳定,社会经济取得了相当的发展。当北魏统一中国北方而进攻北燕时,北燕政权的当政者冯弘投奔了高句丽政权,并派冯业"以三百人浮海归宋",南下归附南朝之齐政权,冯业因此留于新会,本人及其子孙做了南朝重

① 《十六国春秋辑补》卷四二《后燕录二》、卷四三《后燕录三》。
② 《晋书》卷一二八《史论》。
③ 《晋书》卷一二七《慕容德载记》。
④ 《晋书》卷一二七《慕容德载记》。
⑤ 《晋书》卷一二五《冯跋载记》。

要的地方官吏,"三世为守牧"。冯业的后代冯宝南徙岭南地区,成为俚族著名首领冼夫人之夫。在魏晋南北朝时期,冯氏之家为开发我国南北方海疆做出了不可磨灭的贡献。

3—5世纪,中国北方在割据混战中出现过的对沿海及其周边疆域进行开发与治理的短暂高潮,尽管范围有限,持续时间也不长,但这是在割据政权主持下的开发活动,几乎都突破了在此之前以经济活动为主的、旧有的沿海疆域开发模式;伴随着对沿海疆域的开发,政治治理和封建政权的建设,以及对高度发达的中原封建文化的传播也在进行。无论是建置学官还是厉行清明政治,这些都明显不同于"兴渔盐之利",或开垦荒地使土地与农民相结合的开发模式,因而属于较高层面的沿海疆域治理政策。这是在当时混乱的政治秩序下中国北方沿海疆域开发及发展的一个突出的历史特点。这表明,中国历史上沿海疆域政治、经济、文化共同获得发展的开发模式已经形成。

三 南方各割据政权统治下沿海疆域的开发与拓展

在汉末至隋朝重新统一中国的数百年的时间内,无论南方还是北方,各个割据势力争夺的主要区域并不是绵延万里的沿海疆域,而且统一政权进行统治的重点,也大多仍在传统农业发展及政治、经济影响所至的地区。三国时期的魏、蜀、吴鼎立三分,唯有孙吴政权因占据了长达万余里的全部东南沿海疆域,对沿海地区的治理较为注重。西晋政权统一全国的时间短暂,且在其治下的北与西北边疆不靖,因此司马氏集团无暇东顾,未能致力于海疆的开发与治理;而东晋政权的统治虽然限于江南一隅,但受各种因素的驱使,其沿海地区的开发颇有成效。

在东晋政权的推动下,一直相对落后的南方沿海地区,开始赶上北方沿海地区发展的水平,使中国南方与北方沿海疆域在整体发展水平上大致相齐;不仅如此,南方沿海疆域中的个别区域,如长江下游以南的沿海地区,在政治、经济开发过程中,已经超过了北方沿海的发展水平。值得一提的是,尽管东晋政权已经在沿海疆域的治理上取得了令人鼓舞的成就,但就其政权来讲,却始终注重于恢复对传统中原地区的统治。正因如此,"东晋以后,南北分裂。兵戈交征多在江、淮之间。域外之开拓殆无闻焉"。这种域外开拓的停滞,当然也包括了对沿海疆域及海上的政治治理,以及在这些地区建立新的统治秩序的开发活动。①

从疆域发展的全局来看,由于这一时期内中国南方建立的割据政权进行战略争夺和实施统治的重点不在沿海地区,因此虽然不排除某些封建政权在特定的环境下全力经营沿海疆域的情况,但中国南方沿海州郡及岛屿的开发,基本上仍然处于一种从属于陆上疆域开发的地位。

在3—6世纪中国长江以南沿海疆域开发的历史进程中,三国时期是最重要的历史时期。孙吴政权对东南沿海疆域的管辖与治理,为南方沿海地区政治与经济的发展打下了重要的基础。无论是长江下游沿海地区经济的迅速恢复与发展,还是岭南沿海地区及海南岛的开发,孙吴政权都做出了重要贡献。在巩固自身统治的同时,孙吴对上述沿海地区的加速发展发挥了重要的推动作用,产生了极其深远的历史影响。东晋

---

① 顾颉刚、史念海:《中国疆域沿革史》,商务印书馆1938年版,第175页。

和南朝各相关政权对海疆的统治,则使中国南方沿海疆域的开发,在三国时期的基础上范围更加广阔、力度进一步加大。东晋政权和南朝的各个小朝廷之所以能够以江南半壁与较早获得经济发展的北方地区政权对峙270余年,所凭借的就是孙吴时期对整个南方进行大力开发而打下的统治基础。不可否认,3—6世纪是中国古代南方社会政治与经济发展的一个重要转折阶段。正是在这一阶段,由各种因素促成的历史契机,才使中国海疆尤其是南方沿海疆域的开拓与治理达到了一个高潮。这个高潮与前述北方沿海局部地区出现的开发高潮相对应,所不同的是,南方海疆的这个开发高潮持续时间更长,涉及的沿海地域更加广泛,所产生的辐射作用更加强烈。

(一)孙吴政权对东南沿海疆域的统治政策与开发活动

沿海疆域的发展,离不开社会生产力的发展。作为生产力构成中最重要的成分,生产者的状况决定着社会经济发展的水平。如前所述,人口是封建国家经济状况的一个重要指数。从东汉末年战乱纷起之后,农业经济发展比较先进的中原地区受到了巨大冲击,人口随之锐减。大量人口南徙,为不断发展的中国经济结构和南方社会结构的变化埋下了伏笔。原来经济欠发达的南方沿海地区,社会经济构成比较脆弱,人口的变化也在一定程度上影响了经济的发展。战乱不仅造成了生产者流徙,而且农业生产受到干扰而导致社会抵御自然灾害的能力下降,甚至盗贼四起,这些都能够成为人口产生变化的原因。有一个数字很能说明问题。据《晋书·地理志》记载,太康元年司马氏平吴之后,全国户口"计户二百四十五万九千八百四十,口一千六百一十六万三千八百六十三"。这一数字,"较之东汉永和之时相差乃至四倍"[①]。这个数字说明,尽管孙吴政权对江南及沿海的经济开发和治理相当重视,但并没有使人口这个封建经济的重要指数完全恢复到前朝水平。在孙吴统治下的江南地区,由于某些地方人口稀少,"彼此互不治理,遂成瓯脱",导致扬州、广陵、江都一带治理荒废,"废县乃至十余"。为了改变这种状况,尽快具备在长江以南立国、对抗曹魏及蜀汉政权的实力,孙吴政权在江南及东南沿海地区采取了一系列开发措施。其中,最为重要的就是将土地与生产者结合,实行屯田。江南地区自然条件极宜屯田,所缺的就是劳动人口。由于北方地区战乱而导致江北人口源源南徙,为江南带来了北方先进的农业生产技术和大量的流动人口。后者成为南方经济恢复与发展所必需的生产者。于是,孙吴政权便在诸多有空余土地的地区开办屯田,以国家土地所有制的形式,将生产者和生产资料——土地的关系固定,以利于农业经济的增长。在屯田地区中,自然有在沿海地区开办的屯田区。毗陵屯田就是东吴最大的一处屯田区。3世纪,长江入海口在今常州、镇江以下流域,而海岸线则大约在今如皋、常熟、松江一线。[②]据《宋书·州郡志》记载:"吴时分吴郡无锡以西为毗陵典农校尉。"毗陵西北有建业和京(今镇江市),东南有吴(这里是孙权最初的屯田地)。自吴至建业,傍江靠海,既是孙吴政权的政治、经济中心,又当北上的运河要道,同时这里还靠近山越的居住区域。孙吴在这里开办屯田,对尽快发展江南地区的经济有着重要意义。总体而论,吴国统治下的整个长江出海口附近的沿海地

---

① 顾颉刚、史念海:《中国疆域沿革史》,商务印书馆1938年版,第139页。
② 谭其骧:《中国历史地图集》第3册,地图出版社1982年版,第26—27页。

区,都是进行重点战略开发的地区。这是孙吴政权为与蜀国和曹魏进行战略对抗而保持实力的重要举措。

孙吴政权统治下的大部分地区,其自然条件远远优于北方地区。为了尽快使荒芜的土地成为政权统治的财赋来源,弥补因劳动力不足而产生的生产效率低下的缺陷,除开办屯田以备军用外,孙吴政权开发经济的另一个手段是武力掠夺江南以外地区的劳动人口。孙吴企图用这种方式提高统治区域内土地开垦和利用的程度。例如,199年,孙策攻占皖城之后,"徙袁术百工及鼓吹部曲三万人至吴"①。此后,在与曹魏的军事对峙中,孙吴政权不断在魏国边境掠夺人口作为农业劳动力徙往统治区内安置,而且每次掠夺所涉数量都较大。与此同时,孙吴政权还利用实力的优势,不断掳掠境内的山越居民和山区汉人至屯田区域,用以缓解劳动力紧张的矛盾。通过掠夺性强行迁徙境内外人口,孙吴政权在发展经济过程中面临的人口短缺问题在不长的时间内便得到了缓解。这不仅有利于屯田的实施,而且也有利于自耕农经济和地主经济的恢复与发展,从而推动了南方沿海疆域经济的整体发展。

自耕农经济的发展,是封建社会经济发展的代表性特征之一。有关史籍记载了孙吴政权统治下自耕农经济在江浙沿海地区恢复和发展的情况。据《三国志·钟离牧传》记载,居住在永兴(今浙江省萧山)的会稽郡山阴人钟离牧,"新自垦田"多达20余亩,每亩所产稻谷可出白米近三斛。因为所产粮食多,还引发了一场诉讼。这一事例为我们至少提供了两点明证:其一,永兴县境内荒田甚多,而根据当时的官府法令,对这类荒田实行的是谁开垦、耕种即归谁所有的政策;其二,亩产稻谷可出米三斛,说明其土地的产量可观。前者鼓励开垦荒田为自己所有,后者则代表个体生产者已经具备了相当的农业技术手段。这两者结合,就具备了刺激自耕农经济在江东宜农地区发展的一般条件。而在这种傍海沿江地区大量自耕农的出现,标志着在孙吴政权统治下社会经济的恢复程度;从中我们也同时可以了解到整个江南地区在这一历史时期封建生产关系的发展。

对山越的统治,是孙吴政权开发沿海地区政治经济的一个重要部分。所谓山越,是居住在江南和岭南山区的多个少数民族的总称,史籍中有时又称之为"宗部""宗伍"。长江以南的广大地区,很早就有百越与汉族民众共同居住。秦始皇统一中国之后,修筑了从咸阳直接通往会稽的驰道,并将内地罪人发配至江南。此举加强了南北联系和民族融合。汉武帝时期,也曾几次将东瓯、东越的居民迁徙到江、淮之间。随着秦汉400年中央集权统治的加强和社会经济文化的发展,汉、越人民之间的民族界限逐渐趋于淡薄。山越人居住地区分布很广。在孙吴政权控制下的长江中下游流域及珠江流域的沿海诸郡县,居住有许多山越人。其在沿海郡县的聚居地大约有如下地区:吴郡之前唐,吴兴郡之乌程、永安、余杭,会稽、东阳、建安三郡之会稽、侯官、建安、南平,以及交州等。孙氏集团在江东建立政权后,曾因"扬、越蛮夷多未平集,内难未弥"而发动了对山越长期的征讨。② 对孙吴政权来说,平山越对巩固和扩大其统治范围具有重要意义;但更为重要的是,通过征讨战争对山越人口进行掠夺,使江南地区原

---

① 《三国志》卷四六《孙策传》注引《江表传》。
② 《三国志》卷四七《吴主传》。

本匮乏的劳动力和兵源得到补充。陆逊曾就讨伐山越的目的有过一番议论,他说:"克敌宁远,非众不济。而山寇旧恶依阻深地。夫腹心未平,难以图远。可大部伍,取其精锐。"①陆逊表明了讨伐山越的主要目的是扩充军队。同时,讨伐山越对立足江南的孙吴政权发展地区经济、增强经济实力也产生了深远影响。

孙吴为掠夺山越"生口"而发动的对山越用兵,前后长达30余年。这种掠夺战争,为比较落后的江南沿海地区的封建经济发展创造了一些有利条件。孙吴的一些著名将领通过大量掠夺山越居民,使自己统率的兵员数量超常增长。陆逊在讨伐会稽山越首领潘临和费栈的过程中,先后"得精卒数万人"②;全琮时任东安太守,其在招诱降伏山越的过程中,"数年间得万余人"③。在被俘获的山越"生口"中,那些年轻力壮者被编入军队,成为孙吴政权军队中的精兵。但详细考察这些人中绝大多数的真实身份时发现,实际上他们已经转入各豪门门下,成为豪族地主和军事贵族的部曲和田客。他们的职责,战时是士卒,平时则以为豪门耕牧为业。应该承认,掠夺人口这种形式造成了山越人身份的变化,从而为江南沿海地区封建经济的发展提供了重要的条件。

一般而言,山越所处的社会发展和经济发展阶段都相对落后。由于山越人口分布遍及江南大部分地区,尤其是沿海郡县几乎都有山越人居住,因此,能否将他们纳入统治之下,关系着孙吴政权统治的巩固和江南地区经济的整体发展水平,甚至关系到孙吴的存亡。孙吴发动对山越的征讨,将山越人从山地赶入平原,成为孙吴军队重要的兵源和社会劳动力增加的主要途径,对于进一步开发东南沿海地区,特别是沿海山区等经济发展落后地区,起到了重要的推动作用。尤其值得指出的是,山越问题的解决,意味着在中国南方沿海地区进一步清除了奴隶制的残余;封建关系的确立和发展使江南地区包括沿海地区的经济在数十年间得到了迅速的繁荣。

(二)吴、晋及南朝各政权对岭南地区的开发与治理

孙吴政权对岭南地区的开发,在中国沿海疆域发展史上占有极其重要的地位。岭南地区自古以来为百越所居,至三国时期仍是如此。史书中泛称之为"蛮",有的也称之为"夷"。对其民族的正式称谓,大体上有"俚"和"乌浒";也有以地名称之,如称沿海有交趾夷、九真夷等。各群居百越的主要活动范围,"俚"在广州南部,"乌浒"在"广州之南,交州之北"④。作为岭南地区的土著居民,在三国早期时,"俚""乌浒"的社会发展程度均落后于内地汉族。

孙吴政权对岭南地区的开发,是从确立其对该地区的政治统治开始的。在岭南地区归属孙吴统治之后,为了改变自汉末以来形成的士氏家族(士燮兄弟)操纵岭南局势的状况,孙权采取因人设制的策略,分交州、合浦以北三郡置广州,并直接任命了交、广二州刺史,以此打击并最终铲除了士氏家族的势力,直接控制了交、广二州。接着,孙权废除广州建制,将原广州统辖地区交还于交州。孙权还在军事镇压边隅的同时,招抚岭南地区的少数民族首领,对岭南土著"结以恩信",借以维护和保持岭南地区的安

第九章

魏晋南北朝隋唐时期的中国海疆

---

① 《三国志》卷五八《陆逊传》。
② 《三国志》卷五八《陆逊传》。
③ 《三国志》卷六〇《全琮传》。
④ 《太平御览》卷七八六《四夷部七》。

定局面。经过16年的苦心经营,孙吴政权才真正确立了对岭南地区的政治统治。

岭南是孙吴政权重要的战略后方,孙吴政权十分重视对岭南地区的开发和治理。由于所处地理位置的特殊性,岭南地区在内地群雄火并、社会生产遭受严重破坏之际,一直未罹战祸。在孙吴政权的统治之下,70余年间岭南地区基本保持了社会安定的局面,为岭南这个中国南方沿海疆域重要地区的经济发展创造了良好的环境。在孙吴政权的经营下,岭南的政治和经济逐渐发展,达到了"海隅肃清""流民归附,商旅平行"和"田稼丰年"的发展程度。

在政治上,岭南地区的"海隅肃清"是在孙吴政权对其进行政治治理中逐渐完成的;在对山越及沿海区域反抗势力的镇压中,孙吴政权得以在交、广二州确立了政治统治地位,从而巩固了政权。

"流民归附"的情况要相对复杂些,主要指在战乱中大量汉族人迁往岭南。迁徙的人群中间,既有以后任职高官者,也有为逃避刑罚和苛重赋役的下层百姓,以及被贬边疆的官吏。前者如士燮之长吏程秉,乃是为避战乱自汝南逃入广州;后任合浦、交趾太守的薛综,原为沛郡竹邑人,少时为避战乱而居于交州;其他如许靖、袁沛、邓子孝等,皆为"浮涉沧海,南至交州"的避难人士。至于后者,史籍中有如下记载:"其南海、苍梧、郁林、珠官四郡界未绥······专为亡叛捕逃之薮。"①总之,无论哪一类汉族人士南迁至交、广二州,都会给岭南地区带去比较先进的生产技术和中原文化。这对岭南的开发在此后很长时间内都产生了较大的促进作用,同时也加速了中国沿海疆域最南部分民族间的融合。

在经济上,"田稼丰年"和"商旅平行"是孙吴对岭南进行治理后取得的成就。岭南地处热带,优越的自然条件使这里素以物产富饶而著称。汉族的生产技术应用于岭南地区之后,岭南的农业生产呈现加快发展的势头。"田稼丰年"就是对这种农业发展状况的写照。产量的增加必然导致交换的出现。商业的发展是孙吴政权开发岭南的另一成果。事实上,岭南地区的商业行为很早就比较发达。史籍记载,交州俚人"唯知贪利······土俗不爱骨肉而贪宝货及牛犊"②。孙吴平定岭南后,在生产发展基础上的和平环境,使得商业获得了较快发展的条件。行商坐贾继续活跃于岭南各地,加快了该地商业的繁荣。商旅之盛成为岭南开发的一大特点。

孙吴政权在岭南统治的基本策略是分地区而治,其进行经济开发的主要注意力集中在南海、高凉、合浦、苍梧、郁林诸郡,即现在的广东、广西两地;至于对交趾、九真等郡,孙吴政权则多以军事行动震慑从乱者。对交州沿海各郡的经济活动,孙吴政权一般是以征收贡赋的形式进行干预,其目的是在显示统治权威的同时,获得一定的产品收益,"以益国用"。交州地方上缴孙吴政权的贡赋在形式上比较独特,其中多数不是传统的农业产品,而是一些"宝玩"方物。据《三国志》卷四九记载:"(士)燮遣使诣(孙)权,致杂香、细葛,辄以数千。明珠、大贝、流离、翡翠、玳瑁、犀、象之珍,奇物异果:蕉、邪、龙眼之属,无岁不至。一时贡马几数百匹。"③这些"方物",除一部分充实国库和满

---

① 《三国志》卷五三《薛综传》。
② 《太平御览》卷七八六《四夷部七》。
③ 《三国志》卷四九《士燮传》。

足统治者的奢欲外，还被用做与曹魏和蜀国的官方贸易，以换取孙吴急需的物资。220年，魏文帝"遣使求雀头香、大贝、明珠、象牙、犀角、玳瑁、孔雀、翡翠、斗鸭、长鸣鸡"。其中，明珠"出合浦"，象"出交趾"，犀"亦出交趾"[①]，而玳瑁"生南海"，大贝则产自"交趾北、南海中"。在这种以付出"方物"所进行的贸易活动中，孙吴方面交换来的大部分是可以进行农耕的马匹。同时，马匹又是古代国家进行军事活动的一种重要的战略资源。235年，"魏使以马求易珠玑、翡翠、玳瑁。(孙)权曰，此皆孤所不用，而可得马，何苦不听其交易"。吴、魏之间的经济联系如此，吴、蜀之间也是如此。223年，蜀国首次遣使与孙吴进行易货贸易。"自是之后，聘使往来以为常。"根据记载，吴、蜀之间以马和锦的贸易为主。由此可见，在与其他地区进行的贸易活动中，孙吴主要是以贡赋的形式将各沿海州郡所出产的生活物资和奢侈消费品征收过来，然后再以易货形式与魏、蜀交换所需要的马匹。这是一种利用开发沿海的经济达到巩固统治地位的官府行为。它的作用是双向的：其一，可用官府的名义为开发沿海经济、增强地方对外交往实力提供更多的机会；其二，也使以江南地区为统治重心的孙吴政权进一步增强了在其边缘区域的政权基础。

应当承认，孙吴政权对岭南地区的治理，在一定意义上是掠夺性的。对岭南沿海区域的开发更是如此。尽管其对交州一带的经济发展也有着很大的促进作用，但如前所述上缴贡赋不平等等状况在孙吴时期不在少数。对于这一点，曾任交州郡守多年的薛综在给孙权的上书中有所提及。薛综称，当朝对岭南采取的"羁縻"政策是由于越民区域的经济落后，几无产品可供"疆赋"。至于"田户之租赋"，则多为官府及豪族夺掠。[②] 这种掠夺性的统治策略，官府的投入较少，而获掠极大。这是孙吴对岭南地区进行统治的重要特点之一。

除去对岭南的"山海珍物"进行掠夺外，孙吴政权在岭南地区大肆进行人口掠夺，强行迁徙大批境内外人民，是为解决长江以南地区人口稀少、劳动力不足而采取的重要步骤。在统治区域的边缘地区进行人口的迁徙，主要是对岭南的少数民族进行人口掠夺，包括平时的征调和战时的俘获这两种形式。孙吴曾大批征调岭南的手工业者。《三国志·三嗣主传》对此有所记载：吴交趾太守孙谞就曾"科郡上手工二千余人送建业"；孙权也曾下令吕岱征讨"聚众于南海界上"的王金。在这次军事行动中，孙吴军队"获生凡万余人"[③]。这些被俘的岭南"生口"，大都被送往长江中下游地区从军或定居，以补充兵员和劳动力。

孙吴政权对岭南地区进行的掠夺和开发并举的政策，说明了孙吴政权此时尽管相当重视对交州等南部沿海疆域的统治，但其统治重心不在南部海疆，其所强化统治的地区在长江中下游。孙吴对岭南的开发和治理完全从属于对其统治重心地区所实行的战略。尽管如此，岭南沿海仍然是在孙吴政权的统治时期开始摆脱"蛮荒之地"，进入地区发展的实质性阶段的。东吴对岭南所实施的以政治统治为主的治理政策，启动了中国南部沿海疆域大幅度开发的初始行程。

第九章

魏晋南北朝隋唐时期的中国海疆

---

① 《资治通鉴》卷六九，魏文帝黄初二年，胡三省注。

② 《三国志》卷五三《薛综传》。

③ 《三国志》卷六〇《吕岱传》。

　　继吴之后，两晋在孙吴建立的对岭南统治的基础上，继续对南部沿海疆域实施管辖与开发。首先，晋政权为加强对岭南地区的政治控制，在这一地区设置"平越中郎将"一职①，其基本职能为镇抚岭南越人。平越中郎将一般都持节"兼领"广州刺史，以示其权力之重。与孙吴政权在岭南地区所设置的政区相比，晋政权管辖下的岭南主要归属广州。设置平越中郎将表达了两晋政权的一种战略意图，即进一步加强对岭南地区的直接控制。在与地方行政系统平行的情况下增加设置军事首长，而且还多为"兼领"，这表明两晋政权企图以加强军事控制的方法经略南部沿海疆域。能够说明这一点的还有一例：西晋灭吴后，为加强中央政权对各地方的控制，曾经大量削减各地军队员额。但晋武帝采纳了时任交州刺史的陶璜的建议，独不减交、广二州之兵，同时还赐免了沿海百姓采珠之税。② 这一举措明确地表明，晋政权对南部沿海疆域仍推行以军事统辖为主、辅以扶持地方经济发展的统治政策。

　　除采取军事统治手段外，西晋政权也开始以与管理内地相同的行政方式，干预岭南沿海地区的社会经济生活。这种行政干预，主要表现为中央征收岭南地区的租调。与孙吴时期相比，西晋政权的统治对岭南沿海经济发展的影响更加深入和广泛。就征收租调而言，西晋在岭南所设置的政权机构不仅有此职责，而且还有一定的制度。晋制，边鄙及民族地区的"户调"与汉族聚居的内地是有区别的。如遇天灾，中央政府还可以免征边郡的"户调"。例如，西晋泰始七年（271 年），司马氏政权下令"交趾三郡、南中诸郡"免交当年"户调"。值得注意的是，免征的地区主要是交趾。在孙吴时期对这里的控制和管理，一般都限于军事活动和设置官吏，并没有对交趾地方的生产和生活进行实际管辖。晋政权对交趾免征租调的诏令，说明此时对岭南的一些地区，已经初步建成了从军事到经济、从政治到社会生活等的有效管辖。当然，晋代岭南的开发仍在起步的阶段，尤其对土地的开垦还没有形成规模。因此，司马氏政权对岭南地区大批存在的无土可耕者，在征收租调统一定制的基础上采取了一些变通的办法。如时人陶璜所言："合浦郡土地硗确，无有田农。百姓惟有采珠为业。商贾去来，以珠贸米……今请上珠三分输二，次者输一，粗者蠲除。"③采取这种以地方特产顶替农作物的变通办法，使沿海征收租调的制度能够实际执行。这实质上是适应边鄙沿海地区经济不甚发达现状的一种统治策略。

　　从总体上看，由于岭南地处晋政权陆上疆域的极南之地，因此虽然此时这一地区的开发较孙吴时期已经有所拓展，但司马氏政权并没有将其与东南沿海等地区的开发和治理同等对待。两晋多次在交、广二州用兵，说明了对岭南治理还在采用军事征服的手段。与开发程度相适应，两晋时期对岭南地区的整体控制仍相对较为松弛。据记载："广州南岸周旋六千余里，不宾属者乃五万余户。及桂林不羁之辈复当万户。至于服从官役才五千余家。"④这条材料同时说明，在两晋时期岭南地区民众承当的徭役也相对较轻。由此可见，两晋政权对南部沿海边疆地区的实际管辖程度仍然较低。

　　南朝是继孙吴、两晋之后，岭南沿海地区开发的又一重要时期。无论从岭南沿海

① 《晋书》卷二四《职官志》。
② 《晋书》卷五七《陶璜传》。
③ 《晋书》卷五七《陶璜传》。
④ 《晋书》卷五七《陶璜传》。

自身的发展,还是从汉族政权对这一地区的开发治理程度而言,南朝都可称得上是承前启后的历史时期。

南朝时期岭南土著社会已经获得很大发展。南朝岭南各民族被统称为"俚僚",也被沿袭旧例仍泛称为"百越"。其社会发展变化的特点主要表现在以下两点:各族、各部落之间已经形成强大的政治与军事同盟,社会经济已经获得较大发展。岭南"俚僚"聚族而居。在社会发展比较原始的条件下,"俚僚"各族由各自族内的首长统领。南朝时期,"俚僚"各族均已建立起了地域广阔、部落众多的政权组织,其中以高凉冼氏最具代表性和典型意义。据《隋书》记载:"谯国夫人者,高凉冼氏之女也。世为南越首领。跨居山洞。部落十万余家……抚循部众,能行军用师,压服诸越。……后遇陈国亡,岭南未有所附,数郡共奉夫人,号为圣母,保境安民。"①在南朝时期的岭南沿海州郡各"俚僚"部落中,冼氏政权之所以能够建立起有如此权威性的政权组织绝非偶然,它是岭南诸族社会历史发展到一定阶段的必然产物。

南朝时期岭南沿海州郡社会经济已经获得较大发展。从农耕生产的发展状况来看,南朝时生活在岭南地区的"俚僚"民众已经普遍栽种水稻。刘宋始兴太守徐豁因此曾建议对俚民实行"计丁课米",征收贡赋。② 水稻栽种可以被认为是农业发展的一个标志。水稻的普遍栽种说明,当地农业技术的提高与普及已经达到了相当的程度。金属冶炼业在南朝时期也已经比较普及。两晋时期,居住在广州的越人就已经"知造铸之例";至南朝,金属的冶炼则又前进了一步,经铸造冶炼过的金属物品流传于民间,成为百姓日常所用之物。同时,金属铸造工艺的发展,促进了社会流通领域的发展。梁初的"交、广之域,全以金银为货",就是对这种现象的真实记载。冶炼技术的流传,在一定意义上也增加了社会不安定因素,俚人豪帅高州刺史李迁世就曾"铸兵聚众"③。除农业和金属铸造业的发展之外,南朝时期岭南沿海一带的造船业也已经相当发达。由于靠近海岸等地理原因,在孙吴之后几代开发的基础上,岭南沿海的民间造船十分普遍。就连僚帅李贲都曾经"大造船舰"④。隋文帝平陈之后,曾经下诏称:"吴越之人,往承弊俗,所在之处,私造大船,因相聚结,致有侵害。"⑤此诏明确表达了一个意图,就是禁止民间造船,以防由此对隋政权形成威胁。它从一个侧面反映出两晋之后岭南民间造船业的发达,同时反映出生产发展相对落后的"俚僚"之民,此时也掌握了较先进的制造技术。这有力地说明,南朝时期中国南部沿海疆域的开发在深度和广度上都有了大幅度提高。

南朝各政权对岭南地区,尤其是沿海地区的开发力度明显高于魏晋时期。在政治上,南朝各政权仍沿袭两晋旧制,实行的是设置治越职官、辟越州、建俚郡、任用酋豪为官的办法,但在具体做法上多不同于晋制。例如,治越职宫中不仅有平越中郎将,而且

---

① 《隋书》卷八〇《冼夫人传》。

② 《宋书》卷九二《徐豁传》。

③ 《北史》卷九一《谯国夫人传》。

④ 《陈书》卷一《高祖本纪上》。

⑤ 《隋书》卷二《高祖纪下》。

还有督护。平越中郎将的职能是"治广州，主南越"①，"绥静百越"②，而督护的设置，据记载是"广州，镇南海。滨际海隅，委输交部。虽民户不多，而俚、僚猥杂，皆楼居山险，不肯宾服。西南二江，川源深远，别置督护，转征讨之"③。可见，督护是一个对沿海边鄙有关州郡强化军事统治的官职。督护之职的设置，既是南朝政权加强控制岭南地区的措施，同时也是南朝势力在岭南"俚僚"地区深入发展的结果，表明南朝汉族政权加强了对统治疆域中南端沿海州郡的控制。

南朝各政权对岭南地区的统治，时有在经济上通过课租、输赆和直接掠夺的方式，以强制手段榨取岭南经济开发成果的现象。与此同时，有些南朝官员也将在岭南及沿海地区任职作为掠取财富的好机会。对此，时人曾评价说："南土沃实，在任者常致巨富。世言广州刺史但经城门一过，便得钱三十万也。"④为了达到掠夺财富的目的，南朝统治者不惜发动对岭南地区的征讨行动。南朝各政权及其地方官员对岭南的统治，甚至一度达到"日益暴横。征伐夷僚所得皆入己"的程度。因此有人评价，南朝管理边鄙的重官如越州刺史，"常事戎马，唯以贬伐为务"⑤。除此之外，南朝各有关政权也采取官府垄断贸易的方法，对岭南沿海地区进行剥削。由于地理优势和政治环境相对稳定，沿海的对外贸易在南朝时期已经得到初步发展。这为南朝统治者提供了一种获取暴利的途径。据记载，在南海，"郡常有高凉生口及海舶，每岁数至。外国贾人以通货易。旧时州郡以半价买市，又买而即卖，其利数倍。历政以为常"。这种贸易方式，只有利用官府的强势地位才能够实现。

在军事上，南朝政权在对岭南的统治中采取了利用"俚僚"酋帅的政策。这个政策的实施，起到了两个作用。其一，是以夷僚治夷僚。用酋帅所统辖的力量"压服诸越"，"征讨未附"，扩大南朝政权的统治范围，同时"怀集百越"，"保境安民"，巩固和稳定已征服地区的统治秩序。⑥其二，是使"俚僚"成为南朝统治集团的借用力量，为当朝统治者平定内乱提供军事力量。⑦除此，南朝政权还直接以军事征伐来维护其在岭南及沿海的统治。根据有关材料的统计，南朝时期各有关政权在岭南的军事行动，其规模之大、次数之多均达到了前所未有的程度。这种现象的出现，有着深刻的历史原因。南朝各政权都把交、广二州作为自己重点经营的地区之一。这与两晋时期的统治政策有很大区别。有一个现象能够清晰地表明这一点，这就是在南朝时期各政权在岭南地区设置的州郡逐渐增多。它说明南朝统治集团在不断加强对南部地区尤其是沿海疆域的行政管辖。形成这一趋势的原因，在于随着中国北方各政权势力日益增强，南朝的统治范围在日渐缩小，其所控制的人口也在逐渐减少。为了巩固政权，增加财富积累和收入，扭转上述颓势，南朝各政权必然将眼光向南转移，加大开发南部边鄙之地的力度，通过加强对南部疆域的控制，积蓄力量，提高与北方势力抗衡的实力。而对岭南

① 《宋书》卷四〇《百官志下》。

② 《宋书》卷五三《张茂度传》。

③ 《南齐书》卷一四《郡志上》。

④ 《南齐书》卷三二《王琨传》。

⑤ 《陈书》卷三六《始兴王叔陵传》。

⑥ 《北史》卷九一《谯国夫人传》。

⑦ 参阅《陈书》卷一《高祖本纪上》。

进行军事征伐,可以说是在短时间内实现上述目标最有效的方式。正因如此,南朝时期诸政权对岭南及沿海地区军事征伐的规模和频度大大超过了前代。

南朝统治集团在加强对岭南控制的同时,还采取了一些有利于加快沿海开发进程的措施。

在政治上,南朝诸政权比较注意选拔有能力稳定边地的官员,充任交、广、越等沿海州郡的行政长官。南朝时期任职上述边地的刺史中,也出现了一些为官清廉者。这些官吏"为政纤密,有如治家",这对进一步开发沿海疆域、稳定南部边疆具有积极意义。在这些官吏的推动下,岭南沿海有关州郡"禁断淫祀,崇修学校",整顿民风,提高教化,不仅在一定程度上对落后边地居民普及了教育,而且使社会风气得到了治理,一些地方甚至"威惠沾洽,奸盗不起;乃至夜城门不闭,道不拾遗"①。文化的发展,对较为落后的岭南沿海地区,起到了加速进化的作用。

社会经济的发展进步,在一定程度上刺激和带动了对外贸易的发展。在岭南沿海的一些城市(如南海),对外贸易活动开始频繁出现,其主要内容是经营作为官僚贵族奢侈品的犀、象、玳瑁、珠玑以及其他"宝货"。岭南沿海地区的居民利用依海之便,与外来夷船进行易货贸易。这种易货贸易成为南朝交、广等沿海州郡对外经济活动的主要方式。据记载,南朝时期"交州之地外接南夷,宝货所出,山海珍怪,莫与为比"。随着对外经济活动的活跃,一时形成了"商舶远届,委输南州"的海上贸易的繁荣景象。岭南地区的财富积累大增,"故交、广富实,物积王府"②。在这两个沿海州郡,所出产的地方特产,此时已经不仅作为贡赋之品而为官府专有,同时也作为民间商业活动的对象,在岭南沿海经济开发中扮演着积极的角色。

从两晋时期开始,大批汉人南迁进入岭南,南朝时期进入岭南的汉人数量更大量增加,成为促进中国南部沿海地区进一步开发的一种积极因素。在涌入的汉人中,除官吏、戍守与贬谪者外,主要由两部分人组成。其一是为躲避战乱而南下者。如《北史》记载,冯融本为北燕苗裔,其先祖"冯弘之南投高丽也,遣融大父业以三百人浮海归宋,因留于新会"③。其二是谋生计与逃避赋役者,如《宋书》记载,始兴"郡大田,武吏年满十六,便课米六十斛,十五以下至十三,皆课米三十斛。一户内随丁多少,悉皆输米。且十三岁儿,未堪田作,或是单迥,无相兼通。年及应输,便自逃逸。即遏接蛮、俚,去就益易"④。

由汉末迁徙而引起的民族融合过程,在南朝时更扩大了规模,因此在南朝时期汉、俚关系比较融洽。汉、俚之间的通婚已经比较常见;汉文化的传播也在俚人聚居区域中呈不断扩大趋势,南朝著名的冼夫人的经历就是一个典型的例子。这些都使岭南及沿海地区在经济开发逐渐扩大的同时,加快了社会发展进程。经过一段时间,在以俚人为主的岭南沿海少数民族聚居的社会"渐袭华风。修明之化,沦洽于兹。椎跣变为冠裳,侏偶化为弦诵;才贤辈出,科甲蝉联,彬彬然埒与中土"⑤。

---

① 《宋书》卷九二《杜慧度传》。
② 《南齐书》卷一四《州郡传》。
③ 《北史》卷九一《谯国夫人传》。
④ 《宋书》卷九二《徐豁传》。
⑤ 《古今图书集成·职方典》,《高州府部汇考三》。

伴随着汉化程度的提高,岭南社会的政治、经济和文化也在不断发展,包括沿海在内的整个岭南地区的开发进一步深入,社会人口也因此而不断增加。在中国古代,封建官府控制人口数量的多寡,标志着社会的稳定与发展程度。南朝时期治理疆域的重要成果之一是大量的岭南原土著居民成为封建政权的"编户齐民"。以沿海越州为例,南朝刘宋政权设立越州之初,此地"略无编户",只有划归越州管辖的合浦郡有编户938,但经过南朝几代经营之后,至隋朝时合浦郡原越州地区已经有编户28690。在很短时间内,该地受官府控制的人口数量竟然增长了27000户,其增长速度可谓惊人。这直接反映出岭南沿海经过开发后的社会发展程度。

总之,经过社会的剧烈动荡之后,中原王朝的统治势力日益深入南部民族地区。在封建政权的统治之下,中国南部沿海疆域的开发与发展进入了一个新的历史阶段。

(三)吴、晋及南朝时期海南及台湾的开发与治理

1. 对海南的开发与治理

海南岛在秦代以前为百越之地,各少数民族聚居于此,其社会的发展程度比较落后。由于地理原因,中原地区的封建政权没有将势力延伸至此,各少数民族部落间各自为政,因此先秦时期海南没有行政区划。秦代,海南岛划归象郡管辖。秦政权在岛内驻有军队,并在岛内的重要地区建城为卫。但在统治方法上,秦政权仍以旧的地方习俗治理,岛内原有的社会组织形态也得以保存。汉王朝在武帝时平定南越王吕嘉之乱后,于公元前110年在海南岛设立珠崖(今琼山市东南)、儋耳两郡。郡县制的建立,密切了中央王朝与海南地区的联系,推动了中国南部沿海疆域中这个重要区域的社会发展。

由于西汉王朝在海南实行严厉的剥削和镇压政策,居住于海南境内的黎族先民不断反抗,因此在公元前82年罢儋耳郡,将其治下并入珠崖郡;至公元前46年,西汉中央政权罢珠崖郡,海南境内仍以故俗治之。东汉时期,伏波将军马援曾经统帅军队登岛征伐岛内少数民族,但未能恢复中原政权对海南地区的直接统治。最终,东汉王朝正式承认儋耳渠帅在海南境内的合法统治地位和中央政权与儋耳渠帅之间的君臣关系。

三国时期,孙吴政权在242年"遣将军聂友、校尉陆凯以三万兵讨珠崖、儋耳"①,以图恢复对海南岛的直接统治,但因"军行经岁,士卒疾疫死者十有八九",最终被迫撤兵。② 东吴对海南只是通过在徐闻(今雷州半岛)设立珠崖郡进行"遥领"统治,郡治在大陆,这一点说明孙吴虽然已经将海南并入版图,但还没有实施实际的管辖。

晋代,海南的管辖依然如吴之旧,岛上不设官衙;海南岛地区与大陆中央政权之间存在着行政隶属关系。据《交广春秋》一书记载,这时岛上"人民可十万家"。这种统计数字,说明了当时对海南人口的统计没有因官衙不在岛上而中断;相反,对海南的治理依然存在于中央政权计划内。中央政权为治理此地仍在收集有关信息。

南朝时期,刘宋政权曾经企图借俚人之力开发海南岛,通过俚人太守打通珠崖道,

---

① 《三国志》卷四七《孙权传》。
② 《三国志》卷六〇《全琮传》。

但其结果"并无功"①。齐朝对海南的统治状况一如刘宋时期,只是对岛内时加征伐,"唯以贬伐为务",但也没有实现对海南的直接管辖。南朝后期梁、陈两代,中央政权与海南地方的关系有所变化。在梁政权统治时,海南岛内"儋耳归附冯冼氏千余洞请命于朝"。鉴于此,中央政权设立了崖州,"地置崖州,统于广州"②,改变了大陆政权对海南的"遥领"统治。梁所设崖州以海南北部地区为主要管辖区域,其治下的地域面积相当大。梁政权能够在此地设立州治,主要是对沿海及海南岛屿地区进行开发的结果,是在冼夫人组织俚人大联盟归附梁政权后的民族融合的具体体现。对海南进行开发和民族融合,为梁政权在海南建立政权统治打下了社会基础。崖州之设,名为梁朝国土,行政管辖权在中央,但管理方式并非郡县,实权仍为冼氏掌握。梁朝不过是通过岭南俚人首领实现了对崖州的间接统治。但崖州的设立,进一步密切了海南民族地区与中央王朝的关系。

以上可见,在6世纪以前,海南岛的开发仍局限于中原政权在这里建立政治统治的阶段,当地的社会发展程度很低,内地先进的生产技术尚未成规模地传入岛内,对海南地区的开发仅处在起步阶段。

2.对台湾地区的开发与治理

台湾地区的开发比海南地区更晚。先秦时期,公元前334年,地处东南沿海的越国为楚国所灭。"越以此散,诸侯子争立,或为王,或为君。滨于江南海上。"③也就是说,越人此时有流散渡海避居于台湾、澎湖者。秦建立了中央集权的封建国家后,在古越人聚居的闽、浙地方置闽中郡。统一局面的形成,促进了中原地区与外界的交往,更使沿海区域与海外开始了较多的接触,其中越人的海外活动因此也十分频繁。自此之后,台湾便以各种不同的名称出现在史籍记载中。《汉书·地理志》记载:"会稽海外有东提鲲人,分为二十余国。"现有史料可以肯定,在公元前2世纪的后半期汉武帝征闽越、东瓯等时期,东南沿海地区发生了几次社会大动荡,越人陆续前往台湾、澎湖等地。同时,也有证据显示,汉代在浙江会稽已经有包括来自台湾的岛屿居民登陆,上岸进行贸易活动。

魏晋南北朝时期台湾地区的发展比较落后。三国时台湾被称为"夷洲"。由于在地理上台湾与孙吴政权统治下的东南沿海相距最近,因此吴国大陆居民与台湾民间的接触日益频繁,这引起了当时统治者的注意。又由于孙吴政权立国于江南,在统治疆域的边缘北有曹魏、西有蜀汉,这在客观上造成孙吴政权欲向外拓展只有海外一个方向的局面。在这些因素的共同作用下,孙吴政权在征讨岭南的同时,将对台湾用兵作为扩大统治范围、实现"普天一统"政治目标的重要战略方向。吴国孙权在230年春"遣将军魏温、诸葛直,将甲士万人浮海求夷洲及澶州","但得夷洲数千人还"④。此次吴国军队"远规夷洲",规模很大。行前孙权曾经征求全琮和陆逊的意见,两人都不同

① 《宋书》卷九七《夷蛮传》。
② 道光《琼州府志·沿革表》。
③ 《史记》卷四一《越王勾践世家》。
④ 《三国志》卷四七《孙权传》。

意出兵海外。① 果然,孙吴军队对台用兵"军行经岁,士众疾疫死者十有八九"②,征伐的目的完全没有达到。然而,尽管孙吴未能在台湾地区建立政权,对其进行直接统治,但历时一年的军事行动,是大陆汉人第一次大规模、长时间地与台湾发生接触,也是中国历史上第一个内地政权将其力量延伸至台湾。近代日本人曾经在台北发现指掌型古砖,推测其年代,当属三国时代的遗物。这是大陆在这一时期与台湾发生联系的有力佐证。

四 魏晋南北朝时期中国海疆的历史特征

魏晋南北朝是继秦汉统一之后,中国社会经历的第一个分裂时期。在长达数百年的时间里,除西晋时有过短暂的统一外,其余时间中国社会均处于多个政权实行割据统治的状态。诸多政权先后并立,相互争伐是这一时期的政治特征。在秦汉统一时期形成的国土疆域,此时已无分边、内,各个地区都曾先后为不同的政权所统治,使得3—6世纪时期的中国疆域归属呈现出复杂纷纭的局面。与此同时,中国自北而南的沿海疆域开发也深受这一时期疆域观念和社会条件的影响,呈现出有别于前代的结构特征。

(一)"中华一体"疆域观念得到普遍的认同

不同时期疆域观念的演变,反映了该时期国家疆域构成的变化,但同时它更是国家观念历史积淀的一种延续。秦统一天下,一个统一的多民族的国家制度折射出了一种"天下一体"的疆域观念。在这种观念之下,国家疆域周边"蛮夷之族"要么被同化——适应并建立与华夏相齐的社会制度,要么被斥于边境,永守"夷夏"之分。秦二世虽亡,但曾对稳定中国疆域规模起过重大作用的"郡县制"却在汉王朝得以延续。在"天下一体"观念之下,汉之大一统成就了汉武帝的伟大事业,使中国的疆域版图有了进一步扩展。秦汉以降,以中原文化为主体的华夏文明受到了来自"四夷"的冲击。不断内徙的"蛮夷"在被中原文化同化的同时,也在无形中为中原汉族所坚持的一些观念增加了新的成分。这种双向的影响及其变化,导致了两种对中华民族的最终形成有着特殊意义的历史现象的出现:一方面,中华民族的族属不断扩大——原来的"蛮夷之族"通过各种方式(其中不乏军事征服和民族对抗的方式),迫使华夏汉族对其认同;另一方面,内徙的少数民族在原中原汉族设立的郡县内建立割据政权,对该地区实施统治。无论其政权形式还是统治方式,都以中原政权的原有形态作为其效法的蓝本;而最为关键的,乃是这些少数民族并不自外于中华民族,他们所建立的政权,几乎都以"中国"的面目出现。这一点,在魏晋南北朝时期表现得尤为突出,说明在疆域观念上,"中华一体"的观念在魏晋南北朝时期得到了广泛的认同,并且获得了发展。

魏晋南北朝时期既是中国历史上大分裂、大变动的时期,也是在秦汉疆域版图中生活的各个民族大迁徙、大融合的时期。其间,甚至某些生活在这个疆域版图之外的民族,也加入到民族融合的行列之中。在大分裂、大融合的过程中,"天下一体"的疆域

① 《三国志》卷五八《陆逊传》。
② 《三国志》卷六〇《全琮传》。

观念逐渐演变为"中华一体",并为各个分立政权所认同;"中华一体"的观念在各分裂政权彼此间的战和关系中,曾经发挥了极为引人注目的作用。分析这一观念在这一时期被认同的程度,我们可以得出如下结论:凡由华夏汉族建立的政权,无论其地处北方还是南方,都坚持把从"天下一体"演化而来的"中华一体"作为自己唯一的国家疆域观念;而那些由内徙少数民族建立的政权,则对"中华一体"的观念有着一个逐渐扩展的认同过程。而"中华一体"的国家疆域观念在动荡的社会条件下逐渐获得认同,并得到广泛传播,为统一多民族国家的再建,以及各封建政权实施对各自疆域的开发,提供了重要的条件。

正是在"中华一体"国家疆域观念的支配下,分裂时期的中国社会出现了一些重要的历史现象。其中之一是在分裂中先后出现的多个汉族政权,都把秦汉时期的中国疆域视为自己的疆域。三国时期各政权,不仅都把自己的统治范围作为自己的疆域,同时也把原汉王朝的疆土看成是自己的国土。他们都力图通过战争手段打破鼎立的局面,完成对原汉王朝疆域的统一。在频繁的战争中,征战各方虽各有自己的政治与军事目的,但他们都表现出了一个强烈愿望,即力图通过自己的势力来完成对全国的统一。由自己的政权继承汉统,这种色彩在东晋时期更为强烈。终东晋一朝,南方汉族政权一直企图收复中原,恢复西晋统一时的疆土,并实现政权回归中原。尤其值得提出的是,十六国时期由少数民族建立的北方政权,也受"中华一体"观念的影响,不满足于对中原地区的占据。他们力图跨过长江向南方扩展,以武力扩大自己的统治范围,完全实现对原中原汉族统治疆域的统一,将包括沿海疆域在内的所有版图作为自己的国土。可以说,以武力征服的形式完成统一是分裂时期各封建割据政权的基本政治倾向,这也是当时中国社会发展中一个十分突出的特征。这种倾向对分裂条件下中国沿海疆域的治理获得发展必将产生有利影响。

在"中华一体"的观念下获得正统地位,是这一历史时期各区域性政权都企图达到的政治目的。在分裂状态下,几乎每一个割据政权都强调自己是中华正统,将自己的统治奉为正朔。曹操利用"挟天子以令诸侯"而取得的正统地位,扩大了曹氏集团的政治影响。为证明自己的合法性,曹操一直以汉朝丞相的身份把持朝政,并最终统一北方。偏居江左的东晋和与之相对峙的北方少数民族政权,都曾自诩为"中华正统"。十六国时期,进入中原的各少数民族建立的政权,在承认中华正统的前提下所建立的政治经济和文化制度基本都与中原汉族政权无大的区别。这种"正统"政治观念是建立在对"中华一体"观念认同的基础上的,其结果必将使"廓定四表、浑一戎华"成为理想的统治模式。① 在这种理想模式之下,各个政权对海疆、边疆地区的治理与开发,与秦汉之际国家政权所采取的基本方式是相同的。

除去疆域观念对沿海疆域开发产生的重要影响之外,对前代治理海疆、边疆基本方式的继承,也是分裂时期中国沿海疆域能够获得发展的一个重要条件。从 2 世纪至 5 世纪,包括沿海地区在内的整个中国疆域不断发展的过程证明,由国家政权主持的地区开发具有对前代的继承性。应该承认,在这一时期海疆、边疆发展的进程中,历史的继承性是一个重要条件。虽然这一时期版图疆域处于严重分裂状态,但此时生存于

---

① 《魏书》卷四《世祖纪》。

秦汉统一时期疆域内的各个少数民族,在发展方向上是趋同的,从而为隋实现对全国的统一奠定了基础;同时,也使这一时期沿海地区的开发方式与进程并未因政权更迭和战乱频仍而完全停滞。这种历史继承性并未因政治秩序的混乱而中断,它在政治的导引下不断加速并产生变异。魏晋南北朝时期各割据政权政治观念上的趋同,使秦汉时期进行的对沿海疆域的早期开发不但没有因分裂而完全停滞,相反,在相关政权的组织下,对海洋及沿海陆上疆域的开发活动在不同的沿海区段仍然在继续着。应该指出,由于受到自然地理条件及各种社会政治因素综合作用的影响,各地也继续保留了各自的开发方式。在这一时期,以长江三角洲为界,中国北方与南方沿海疆域的开发凸显了各自的开发特点,并开始在开发速度上出现了地区性差异。对此,我们将在以下的论述中提及。

(二)中国政治地理结构的改变和经济重心的逐渐南移

东汉中期以后,居住在西北地区的许多少数民族开始陆续向中原地区迁移,并在幽并、关陇等地同汉人杂居。三国时期,北方的民族关系日益复杂。西晋末年的"八王之乱",严重破坏了中原地区的社会经济结构,阻断了中原正常的经济发展进程,大大加深了北方地区的社会危机。战乱对生产的破坏和天灾引起的严重饥荒,使得北方各地失去生产和生活资料的流民数量大增,包括匈奴、羯、鲜卑、氐、羌五个少数民族(史籍称为"五胡")在内的各族人民起义不断发生。西晋亡后,在少数民族贵族操纵下,民族仇杀与民族压迫逐渐取代了反抗封建王朝的斗争,民族矛盾日益尖锐。为争夺统治地盘,各割据政权之间征战不已。

社会政治秩序混乱与连年内战,引起了北方人口的大范围迁徙。由北方汉族及各少数民族形成的流民,或迁辽西,或走陇东。但流民迁徙最多的方向是迁往长江流域。他们渡江南徙,前往长江流域定居。据历史记载,东晋南迁时,"中州士女,避乱江左者十六七"①。《晋书·地理志》记载了北方流民两次过江的情景:元帝时,"幽、冀、青、并、兖五州及徐州之淮北流人相帅过江淮";"成帝初,苏峻、祖约为乱于江淮,胡寇又大至。百姓南渡者转多"。②在一段时间内,南迁流民到达长江流域的总数至少达到70万人。③其中,部分人过江后继续向南,进入浙、皖,有的甚至深入闽、广。

南迁移民的地域成分各不相同,他们来自不同的省份,定居的地域则相对集中。迁至江淮及靠近东南沿海一带的流民"实以黄河下游之人民为多;略包今山东、河北及河南部"。形成这种现象的原因,有历史学家分析,是由于"其第距江淮较近,而迁徙之事亦较易";至于黄河上游陕、晋及河南东部南徙的民众,则"多移就汉水以南、汉水上游巴蜀诸地"④。

魏晋时期的民族大迁徙,对中国古代社会的政治、经济及民族关系的发展产生了深远的影响,并直接制约了3世纪前后中国沿海疆域的治理与开发。

民族迁徙改变了中国北方的政治地理结构,同时改变了北方的民族布局。自秦统

---

① 《晋书》卷六五《王导传》。
② 《晋书》卷一五《地理志下》,"徐州条""扬州条"。
③ 数字引自翦伯赞:《中国史纲要》第2册,人民出版社1979年版,第82页。
④ 顾颉刚、史念海:《中国疆域沿革史》,商务印书馆1938年版,第153页。

一全国,中国的政治中心一直在中原地区。各朝的政治统治呈放射状达于四边。除中央政府在某一历史时期着意加强某一方向的统治措施外,一般的趋势是离政治中心距离愈远,统治力度及治理程度则愈低;相应的,经济发达程度也愈低。正是这个原因,地处东边之极的沿海疆域,无论是北方沿海还是南方沿海,其开发程度自秦以来一直低于中原地区。东汉以后的分裂割据,在一定程度上分散了中国的政治集约。政治统治的分散,导致了对沿海治理与开发的不同步及地域性特征的出现。除北方曹魏以外,东南沿海的孙吴在治理与开发东南半壁江山的过程中起了重要作用。晋室东渡,再次使原地处南北两方的贵族阶层结合在了一起。在北朝割据政权频繁更迭之时,南朝始终在一个政权统治之下。而从吴魏南北对抗发展而来的南北朝对峙的局面,使中国政治分布的格局产生了变化:在长江以南出现了一个可以自外于中原传统政治中心的地带,并由此发展成为一个新的政治中心。这个由南方贵族、上层人物和北方南迁的贵族、上层人物共同培育的政治中心,一改传统观念以"中原为中华"的旧见,在江南确立了有效的政治统治,并日益巩固和扩大了统治的范围。

民族迁徙使中国政治地理格局发生的变化,直接刺激了沿海疆域尤其是长江以南沿海疆域的开发,并使这一地区的治理程度大幅度提高。中国南部沿海疆域的开发,实际上自三国时期即进入了一个加速的时期。这是因为在统一的政治格局被分裂割据代替以后,受统治范围的局限,各分裂的封建政权必须尽可能地采取措施扩大自己的经济支配力,维持和增加政权的财政收入,以确保统治的稳固。他们都不得不着力开发本国资源和发展经济,沿海地区的开发因此成为各有关割据政权新的财富收入增长区。在力所能及的条件下,各有关割据政权把对沿海疆域的开发作为增加政权经济支配力的重要保证,因此形成了沿海疆域开发和治理的长足进步,同时也为沿海疆域的发展创造了重要的政治条件。这是沿海疆域在早期开发中形成的一个规律。孙吴对江南的统治,就典型地反映了这个规律。

民族迁徙也为中国沿海疆域的开发与治理提供了重要的经济和技术条件。大量人口南迁后,南方经济获得了进一步发展。数十万的南迁人口,不仅为南方的经济发展提供了充足的劳动力,而且带去了农业和手工业生产的先进技术。自东晋开始,南朝的各个政权仅占据江南的半壁江山,为达到巩固政权、重新统一天下的战略目的,他们必须发展社会生产。在这种背景下,沿海疆域的开发自然成为整个长江以南地区经济发展的重要组成部分。除此以外,由于迁徙到沿海省份的北方人群多来自沿海的山东、河北,这为广泛传播北方沿海较早发展的各种开发技术创造了契机。可以说,南朝时期长江以南沿海疆域的开发能够在较短时间内赶上北方且形成了超过北方的趋势,与上述两个条件有着密切的联系。正是诸种因素的综合作用,使民族迁徙导致的中国政治地理布局的变化直接对沿海疆域的开发产生了重要影响。

人口迁徙所导致的地区经济的重新组合,使沿海疆域的开发反过来对中国经济重心的南移起了巨大的促进作用。为躲避北方连年的战争,大量北方各阶层的民众迁往长江以南。这些人口的流动造成了相当大的社会压力。为了稳定社会,必须使这些居无定所的士族与流民获得生存的空间。东晋政权因此侨置许多郡县来安置流民。这样做的另一个结果,就是将流民所拥有的北方生产技术优势和生产力优势重新与土地结合起来,这必然使长江以南地区原本落后的农业经济水平获得大幅度的提高。像北方流民带去的先进的生产技术和生产工具,与当地南方土著种植经验相结合,改变了南方农业"火耕水耨"的落后耕作方式,使江南地区的农业获得了广泛进步。而其原来影响地区社会发展的经济结构,在北方人口大量涌入之后也得到了相应改善。尤其是北方流民的到来,大量地补充了劳动力,使得很多因各种原因荒芜落后的沿海郡县,经济都开始出现了增长,有些甚至开始出现初步繁荣。南朝晋陵郡,地处太湖流域,在5世纪时属长江出海口区域。据记载这一地区在东晋以前经济极其落后,生产力发展水平很低,"地广人稀,且少陂渠。田多恶秽"①。后经东晋时期的治理,当地经济得到初步发展。至南朝时,这个北方流民最为集中的地区已经得到全面的开发。据记载:"晋陵自宋齐以来,旧为大郡,虽经寇扰,尤称全实。"②能够达到"全实"的发展程度,说明流民对晋陵郡的开发起了重要的作用。

值得注意的是,在流民因素的促进作用下,南方沿海地区经济的发展不仅表现在农业方面,商业也在悄然兴起。商业行为以产品交换的方式,以"调剂余缺"的特性,为南方沿海地区的经济再获发展起到了润滑与加速的作用。如沿海之东境一次饥馑,"而晋安独丰腴"。侯官有陈宝应者,"载米粟"自海道运至临安、永嘉、会稽、余姚、诸暨等地"与之贸易"。③ 这一方面说明闽中诸郡由于南渡后的"衣冠士多萃此地",使这一地区的社会经济在南朝时获得了较大的发展;另一方面也向世人描绘了这一时期沿海贩运贸易的繁荣景象。

魏晋南北朝时期形成的分裂割据局面,使中国在政治秩序上陷入了混乱,但这种混乱也导致了社会诸种融合过程的开始。其中,比较重要的是民族融合的发展。南北方生产技术的交流与融合,使古代中国再次获得了统一和发展的社会经济基础。从宏观角度分析,南北方发展水平的接近,使自古以来南贫北富的经济格局开始被扭转了。

由于各割据政权互不统属、相互对立,在古代中国的经济发展中形成了一种独特现象:为了巩固自己的政权和兼并敌对政权,各割据势力不得不注重开发自己所管辖统治地区的资源,并采取各种措施致力发展这些地区的经济。这大大有利于沿海疆域,特别是长江以南沿海地区经济的发展和社会的进步。三国时期吴对东南沿海的治理,南北朝时期南朝诸政权对交、广二州的开发等,不仅促进了上述地区的社会经济发展,而且对这些地区的综合治理也都达到了前所未有的程度,使这些地区的社会进步程度大大提高。

在这一时期,中国的沿海特别是南方地区沿海疆域的发展速度明显加快。从这个意义上讲,隋唐以前的分裂割据比统一时期的政治干预似乎更加有利于沿海疆域各个方面的发展。在中国南北经济发展水平差异逐渐缩小的大框架内,具体分析、评估同期内沿海疆域社会发展的基本状况,可以认为,这一时期沿海疆域的开发尤其是东南沿海疆域的开发,在原有基础上明显快于内陆的传统农业地区,沿海地区的经济发展水平已经接近甚至超过发展较早的内陆地区;已经开始的古代中国经济重心的南移,在这时主要表现出了向长江中下游及傍江靠海地区转移的趋势。东南沿海地区经济

---

① 《元和郡县图志》卷二五"闽州丹阳县"条。

② 《陈书》卷二〇《孔奂传》。

③ 《陈书》卷三五《陈宝应传》。

在此时的超速发展,支持了这一具有重大历史意义和深远历史影响的转移过程。

(三)海上军事活动伴随长江流域以南沿海疆域的开发

3—6世纪,中国陆上疆域处于分裂割据的状态,政治秩序混乱,经济发展停滞,但在漫长的海岸线上,在靠近海洋的沿海州郡,海上活动十分活跃,且大多带有军事意义。造成这种现象的原因有多种,但其中最主要的是与当时中国陆上疆域的割据战争有关,也可以说,魏晋南北朝时期的海上军事活动,其本身就是陆上战争的延伸或翻版。而军事活动的攻城略地,最终又是为经济发展服务的。随着海上活动的增加,沿海疆域和海上的交通地位日益重要。为了维护这些沿海航路的通畅,各相关政权纷纷建设和部署负责在海上作战的沿海水军,大量建造适合近岸作战的舰船,建立水军使用的沿海基地。因此,魏晋南北朝时期经济重心的南移与海上军事活动相辅相成,成为长江流域以南沿海疆域开发中的重要因素。

事实是,军事力量的发展不仅在保卫南方政权中发挥了重要作用,而且对沿海疆域的开发也具有积极意义。南方各政权对海上军事活动的投入逐步增加,海上管辖范围也逐渐固定下来。孙吴所管辖的海域面积,为南朝各政权所继承。这种重视海上军事活动的做法,为6世纪以后中国海疆的拓展提供了必要的基础。这些举措在中国海疆发展史上产生了两种影响:一方面使分裂时期海上活动的军事色彩更加浓重;另一方面也扩大和提高了古代中国航海活动的规模和技术水平,使古代航海事业进入了新的发展时期。

第二节　隋朝沿海疆域的治理与开发

隋朝建立于581年,灭亡于618年,共存在了38年。

隋朝是一个承上启下的朝代。它存在的时间虽短,但在中国历史上却是一个非常重要的时期。隋朝对全国的统一,结束了中国从3世纪开始的近400年的割据分裂局面,由分裂重新走向统一;隋朝奠定的版图,为继秦汉之后中国第二个大一统封建政治局面重新走向强大打下了重要的基础;隋朝创立的政治体制、典章制度,为后世长期沿用;隋朝对国土疆域的经略,使古代中国海疆的开发得到恢复和发展。上述都为唐朝的强盛以及社会经济的快速发展和繁荣创造了有利的条件。

一　隋朝统一中国后沿海行政区划的变化

开皇元年(581年),隋文帝杨坚建立了隋朝。他在继承北周统一北方的基础上积蓄实力,进而灭掉了南方的陈朝,实现了对全国的再度大统一。封建中央集权国家的再建,为加强全国沿海疆域的开发提供了政治条件。隋朝为加强统治所采取的一系列措施,加速了全国沿海疆域各个区段的发展。

首先,隋朝为强化王朝中央对地方的统治,巩固中央集权的统治秩序,对中央和地方的行政体制进行了变革。继在中央确立了"三省六部"制度以后,隋朝于开皇三年(583年)对地方行政机构进行了大规模的改革,将秦汉以来沿用了数百年的州、郡、县三级地方体制改为州、县两级体制,罢去郡制;此后,又在隋炀帝大业三年(607年)改州为郡,实行以郡统县。这一变革,改变了南北朝以来"地五百里,数县并置。或户不满千,二郡分领;县寮以众,资费日多;吏卒又倍,租调岁减"的政治弊端,扭转了地方行政"民少官多、十羊九牧"冗官充塞的局面;实现了"存要去闲"的精简目的①,提高了地方行政机构的统治效率。通过对地方郡、县行政官员实行直接任命制度,也加强了中央对地方的控制。

隋朝所采取的加强中央集权、改革地方行政体制的措施,不仅在中国古代政治制度史上是新的创举,而且开创了中国疆域沿革史上一个重要的历史阶段,直接影响了隋代对沿海疆域区划的划分构成。据《隋书·地理志》记载,大业五年(609年),全国共有190个郡、1125个县。其中,设在沿海地区的郡自北而南约有:

辽西诸郡中有辽东郡、燕郡、柳城郡,河北诸郡中的北平郡、渔阳郡、涿郡、河间郡、渤海郡;上述诸郡中,除渤海郡原属兖州外,其余辽西诸郡和河北诸郡皆属冀州。

河南诸郡中有北海郡、东莱郡、高密郡、琅邪郡、东海郡和下邳郡;其中,北海、东莱、高密三郡原属青州,而琅邪、东海、下邳三郡属徐州。

淮南江表诸郡中有江都郡、毗陵郡、吴郡、余杭郡、会稽郡、永嘉郡、建安郡,岭南诸郡中有义安郡、龙川郡、南海郡、高凉郡、合浦郡、宁越郡、交趾郡、九真郡、日南郡、儋耳郡、珠崖郡和临振郡;淮南江表及岭南沿海诸郡原来都属于扬州境。②

这样,隋朝所管辖下的沿海郡共有33个。

从郡治划分来看,隋朝的北方沿海疆域范围较晋时已大为缩小。乐浪、带方的郡县设置此时已经为高句丽占据,就连晋代所设置的辽东郡也已经归高句丽管辖,而高句丽以北大部分沿海地区此时为靺鞨等部落民族所据,处在较为原始的发展阶段。自辽西向南,各沿海郡治的基本区划没有发生太大变化,尤其是原扬州属下永嘉郡(晋时临海郡)及其以南的建安郡仍然是幅员广阔,辖地几乎为东南沿海地区1/3的地域,甚至几乎继承了东晋原有的全部版图。

其次,伴随统一而来的社会稳定,为经济的发展提供了基础条件,这使隋朝国家政权初步具备了经略和开发沿海疆域的实力。隋朝完成了全国统一之后,在其大部分统治区域内都相继出现了比较稳定的政治局面,从而促进了社会经济的发展。在经历了人口迁徙、民族融合的社会变迁后,隋代黄河流域的社会生产已经开始逐渐恢复;长江以南,尤其是东南沿海地区经过多年的开发,社会生产水平也已经达到甚至超过了黄河流域。隋朝的统一,把黄河、长江南北两大农业生产区域的经济实力合为一体统归中央政权支配,这必然导致国家的经济、军事实力迅速增长。在中央政权的可动员与支配的资源量急速扩大的背景下,隋朝加大了对沿海疆域的经略与开发的力度。对落后地区的开发需要国家加大经济投入。粮食储备的多寡大致能够反映出不同时期国家政权经济实力的大小;同时,作为封建时期社会生产的主要产品,粮食储备还在一定程度上反映出国家动员力的强弱、其所供养的军事力量规模的大小等。隋朝历时虽

① 《隋书》卷四六《杨尚希传》。

② 以上据谭其骧《中国历史地图集》第5册《隋唐五代十国时期》、顾颉刚等《中国疆域沿革史》。顾著中辽西为一郡而无三郡名称。此从谭说。另,顾著中海南三郡仅注一珠崖,而无儋耳、临振二郡。实此二郡为大业六年(610年)析珠崖郡而来。请参阅吴永章:《中南民族史》,民族出版社1992年版,第116页。

短,只有38年的历史,但从其建立的国家粮食储备的规模来看,它已经具有强于前朝的国家综合实力。据唐人杜佑估计,"隋氏西京太仓,东京含嘉仓、洛口仓,华州永丰仓,陕州太原仓,储米粟多者千万石,少者不减数百万石"①。其中,洛口仓分布于城市周围20余里的范围内,有窖3000余。以隋代每窖可储粮8000石计,则仅洛口一仓的总容量即可达2400万石。另据唐太宗李世民估计,在隋文帝末年,各地粮仓中所储备的粮食可供当时的隋政权使用50—60年之久。粮食储备的丰盈不仅反映了社会生产的发展,作为国家主要的战略物资,粮食的充足还为国家保持人数众多的常备军队提供了保障。据统计,在7世纪初,隋朝人口总数约为4602万人,而隋朝军队约有130万人,军队占人口总数的比重为2.8%,②其中有为数不少的水军经编练后包括在内。这种常备兵力的规模,使隋朝在对沿海疆域及周边海上地区的武力经略和开发活动中,能够一次投入人数众多的武装力量。隋炀帝第一次出兵高句丽,仅陆路发兵即达113万。③ 与此同时,隋朝对兴起于沿海地区的反抗活动能够从容应对,可同时或先后数次发兵进行大规模镇压。可以说,统一使隋朝统治集团积蓄了"耀兵四夷"的资本与实力。大业初年,好大喜功的隋炀帝发大军"南征林邑"。隋军分海陆两路进兵:陆路"以步骑万余"由合浦沿海岸线向西南进发,海路"以舟师出北景浪至海口"直取林邑。这次征讨战争的结果,是取林邑之地为荡、农、冲三州,使隋朝的势力范围在南部沿海疆域向前延伸了许多,甚至已经超出了传统上以日南郡为南端所构成的中国疆域的界限。

二　隋朝对沿海疆域及朝鲜半岛的军事经略

隋朝统一时,其全部版图没有达到西汉鼎盛时期的疆域面积,西北、漠北和东北的广大地区多在各个少数民族的控制之下。居住在上述地区的少数民族政权不断南下侵扰,严重破坏了隋朝边疆地区的社会稳定和生产活动。为了改变这种状况进而巩固统治,隋政权在建立之初,就积极开展了旨在稳定陆上边疆的军事行动。它不断积蓄力量,依靠强大的军队以主动出击的作战方式,先后击败了威胁陆上边疆安全的各少数民族力量。经过数十年的经营,隋朝不仅保持了陆上边疆的安全,而且国土疆域也有所拓展。但是自隋初始,东北方向沿海疆域的不稳定的局面一直存在。导致这种现象产生的原因有多种,但最为主要的是隋朝在东北方向上的近邻高句丽国日臻强盛。

5—6世纪,地处朝鲜半岛的高句丽国是一个比较强盛的国家。隋朝建立后,高句丽与隋保持了较为友好的关系。隋文帝即位后,高句丽政权曾"遣使诣阙",因而被隋封授"高丽王"的称号。此后,高句丽"岁遣使朝贡不绝"④。当时高句丽政权的统治范围已经不仅限于朝鲜半岛北部,它还对辽东半岛实施了有效的管辖。这种局面,无论如何都会对隋朝的东北边疆及辽西诸郡的安全产生重要影响。因此,在6世纪末隋政权"怀抚"了契丹等部族、与吐谷浑和解并分化了突厥势力使陆上边境稍事稳定之后,隋王朝立即就把打击高句丽、确保东北沿海疆域的安全提上了议事日程。

---

① 杜佑:《通典》卷三三《职官一五·总论郡佐》。
② 据《隋书·地理志》"大业五年"所记。
③ 《隋书》卷二《炀帝纪》。
④ 《隋书》卷八一《高丽传》。

第九章

魏晋南北朝隋唐时期的中国海疆

高句丽陆、海皆通于中国，其所占据的朝鲜半岛尤其是朝鲜半岛的北部，在中国封建统治者的观念里是中原政权所管辖的疆域国土。隋代也是如此。这在隋炀帝君臣谋划进攻高句丽的记载中有明确的表述。《隋书·裴矩传》记载有裴矩的一段话："高丽之地……汉世分为三郡；晋氏亦统辽东。今乃不臣，别为外域。故先帝疾焉，欲征之久矣。但以杨谅不肖，师出无功。当陛下之时，安得不事。使此冠带之境，仍为蛮貊之列乎？"也就是说，应当凭借武力将辽东及朝鲜半岛上的三郡收回，使之仍归隋朝中央政权所统辖。裴矩的这段话表明，在隋文帝时就曾经对解决朝鲜半岛北部的归属问题进行过筹划，"朝野皆以辽东为意"①。可见，隋对朝鲜半岛进行军事讨伐的计划由来已久。598年，高句丽发兵自辽东进攻辽西之营州，为隋驻守在辽西的军队击退。隋文帝任命汉王杨谅为元帅率水陆大军30万，大举进攻高句丽。隋水军自东莱郡（今山东莱州）登船起程航渡黄海，由水路直指平壤。但由于在海上遇风而损失大批舰船，不得已只得回师。隋陆路大军虽进军顺利，但饷运不继、保障不力，以致"六军之食"无法解决。当"师出临渝关，复遇疾疫"，战斗力损失较大，故中途停顿。此时逢高句丽方面遣使议和，隋文帝遂下令就此罢兵，暂时停止对朝鲜半岛的军事征讨。

隋炀帝即位后，隋朝为巩固在东北方向包括沿海地区在内的疆域国土的安全稳定，仍然将收复辽东并把朝鲜半岛北部重新纳入统一的中国版图作为既定的国策。为实现这一目的，隋朝在几年内做了许多战争准备：开通永济渠，以做输运饷械粮草之用；在涿郡建临朔宫，以做陆路大军出兵之根据地；在沿海大造战船，以供水军渡海作战之用；同时打造戎车，以装载衣甲帐幕。除此之外，隋政权还"增置军府，扫地为兵"②，"资储器械巨万"③。经过几年的准备，隋炀帝发动了收复高句丽的战争。

隋炀帝对高句丽用兵共三次。隋大业八年（612年），隋炀帝诏命大举进攻高句丽。隋军陆路由宇文述统帅，有24路军；水军由来护儿统帅。总兵力共计113.38万人，再加上相当于军队数量一倍以上的民夫，"各路军队总趋平壤"④。隋水军以"舳舻数百里"之势，渡海进军高句丽，并在与高句丽军队的首次遭遇战中取得胜利。首战告捷后水军继续进击平壤，以精甲之师4万攻打平壤城，然而被高句丽军队诱入空城后败阵，仓皇撤退，逃回船上者仅数千人。战败的水军不敢继续留驻以接应陆军。而陆军30万人由于粮食供给缺乏，被迫撤兵。在高句丽军队的追击下，隋军总崩溃于萨水。30万隋军"及还至辽东城，唯二千七百人"⑤。至此，隋朝第一次用兵朝鲜半岛的行动结束。

隋大业九年（613年），隋炀帝再次发兵收复高句丽，但在整个战役尚未展开时，隋朝内部发生分裂，遂使得此次军事行动归于失败。在第二次进兵高句丽之后的次年，614年，隋炀帝第三次进军高句丽。此次发兵，隋水军从山东半岛的东莱起航，横渡渤海，在辽东半岛的南端登陆，攻打高句丽所属卑奢城，击败高句丽守军。隋军随即乘胜追击，直趋平壤。此时的高句丽因连年用兵抗隋，已经困弊不堪，战败后被迫遣使议

---

① 《隋书》卷七五《刘炫传》。

② 《隋书》卷二四《食货志》。

③ 《资治通鉴》卷一八一。

④ 《隋书》卷二《炀帝纪》。

⑤ 《资治通鉴》卷一八一。

和。隋炀帝因国内政局动荡，也已经无力继续征战，只好下令收兵，第三次征讨高句丽的行动就此结束。

隋炀帝时期三次对高句丽的军事收复行动，在隋朝38年的历史中具有很重要的意义。连年征战动摇了隋朝的统治基础，这是导致隋朝统治崩溃的重要原因之一，但这也是隋朝建立后巩固边疆并力图全面恢复版图的一个重要的战略步骤。不可否认，这三次大规模的用兵，对稳定隋唐时期的北方疆域，巩固中央政权对北方沿海地区的统治，重新统辖包括辽东半岛在内的传统国土，具有重大的战略意义，产生了深远的历史影响。在隋朝之后，唐朝也从未放松对这一方向尤其是沿海疆域的军事经略，并最终确定了该地区的政治版图。

台湾是隋朝对沿海疆域进行军事经略的另一个重要目标。继三国时期孙吴政权对台湾进行军事经略之后，隋代也多次遣官对台湾进行"慰抚"，而且还曾经派遣军队上岛进行活动。607年，隋炀帝派遣羽骑尉朱宽和海师何蛮"入海求访异俗"，到达"流求"（即今中国台湾）。因"言不通"，只得"掠一人而反"[①]。次年，隋炀帝再遣朱宽到流求进行"慰抚"，当地居民"不从"，朱宽"取其布甲而还"。610年，隋炀帝派遣武贲郎将陈稜、朝请大夫张镇洲"发东阳兵万余人"，自义安（今广东潮州）渡海进击流求。此次出兵是隋炀帝两番对台"慰抚"不见成效后的不得已之举。从所发兵将万余人的行动规模来看，隋炀帝是企图一举将台湾收入版图的。隋军乘船渡海先至高华屿，后进抵流求岛。"流求人初见船舰，以为商旅，往往诣军中贸易。"[②]但为完成使命，在流求人不从"慰抚"而有所反抗时，"稜击走之。进至其都，焚其宫室，虏其男女数千人，载军实而还"[③]。隋炀帝对流求的军事经略，没有得到他所期望的结果。但派遣军队短期进驻台湾岛内，进一步巩固和密切了大陆与台湾的联系，为唐朝时期正式治理与管辖台湾打下了政治基础。

隋朝对沿海疆域的军事经略，还包括对南朝时期陈国故境数次大规模反叛的镇压行动。隋灭陈后，在统治区域内实行中央集权，以削弱江南士族和地方豪强的势力，遭到了江南豪族势力的强烈反对。这些地方势力拉拢和煽动地方蛮族首领共同举事，在长江以南及东南沿海的一些地区以武装形式反抗隋的统一，给隋朝统治集团造成了相当大的压力。例如，婺州（今浙江金华）汪文进、越州（今浙江绍兴）高智慧、苏州沈玄愉等皆举兵反隋，自称天子，而且置署百官、自行其政；饶州吴世华、温州沈效彻、泉州卫国庆、杭州杨宝英、交州李春等也起兵自称大都督，或拥兵自重，或攻州陷县。在原陈国境内，很多地方都打起了反隋的大旗。反隋的队伍大者数万、小者千人，相互响应。[④] 这说明，反对隋统一的势力仍然存在。然而，反对统一违背了社会发展的规律。在统一局面形成之后，隋朝已经具备了强大的实力。在这种形势下，以隋文帝为代表的隋统治集团从容应对，派兵进剿。隋军分水陆两路对反叛势力进行征讨，越岭跨海，转战数千里，先后与陈的残余势力交战700余次。这个征战的过程，也是进一步打垮

① 《隋书》卷八一《流求》。
② 《隋书》卷六四《陈稜传》。
③ 《隋书》卷二《炀帝纪》。
④ 《资治通鉴》卷一七七。

士族势力的过程,使之"余党悉降",使包括沿海地区在内的"江南大定"①。

隋朝对沿海地区进行的大规模的军事活动,对北方沿海地区的发展产生了一种特殊的影响。伴随着隋对朝鲜半岛和辽东半岛几次大规模的用兵,北方沿海的港口开始繁荣。但这种繁荣,不过是在军事活动刺激下出现的一种畸形发展的表象。例如,碣石港及其周边地区(今秦皇岛地区),由于地处征讨高句丽行动转送军事物资的重要区域,因而这一沿海地带的海陆交通在隋炀帝三次对高句丽用兵的刺激下出现了大发展的局面。碣石港位于渤海北岸中段,是连接永济渠、黄河口与辽水之间最重要的军需运输和兵员转送的港口。隋炀帝征讨高句丽的军事行动都是在此亲率军队出征,然后络绎载途至辽东前线。由于此地的战略地位十分重要,因此虽然这里的民间生产相对比较落后,但在有隋一代仍然比较繁荣。其地各业大都也与军事征讨行动有关;其中,比较突出的是以船舶进行的海上运输在一段时间内的发展超过了传统的陆上运输。"帆樯如云,舳舻相接","相次千余里,往返在道,常数十万人……昼夜不绝"②,正是对此时北方沿海地区海上运输状况的写照。

隋朝对沿海疆域进行的军事经略,是完成全国统一之后所做的具有重要战略意义的大事,也是其稳定边疆、巩固统一国策中的一个重要组成部分。其中固然有封建帝王好大喜功、"耀兵四夷"的消极成分,但这种行动本身对稳定较为动荡的沿海地区的局势,加强中央集权的统治产生了重要作用。以军事手段消除沿海疆域内的敌对势力,是在古代条件下开发和治理海疆的必要前提。隋对沿海疆域进行军事经略的结果,是在较短的统治时间内获得了开发活动必需的稳定;尤其是清除陈残余势力和对岭南沿海实施的有效控制,对促进长江以南沿海疆域的发展作用极大。

三 隋朝统一全国以后沿海经济的发展

在经历了长期的分裂割据和军阀混战之后,各地经济的发展极不平衡。隋朝完成的重新统一,使全国各地经济的发展获得了有利条件。封建国家的再建,在很大程度上促进了封建社会经济的发展与繁荣。

农业是封建经济的根本。隋代农业的恢复和发展是隋能够取得较强国力的关键。在实现了对全国的统治之后,隋政权采取了一系列促进农业发展的措施,如仿北周的制度继续实行均田。均田是在封建条件下促使生产者与土地结合的办法之一。隋实行均田,一方面使得隋朝政权能够直接控制更多的社会劳动力,获得更多的赋税收入;另一方面,也使得农业耕地得以在短期内激增。③ 均田制的实施对当时农业生产的恢复与发展发挥了积极作用。在实行均田制的基础上,隋还继续沿袭了北周以来的租调力役制度,并经过几次改定,最终形成了一套新的赋役制,以"输庸停防"实现"轻税入官"的目的。隋朝改革赋税制度的初衷是巩固统治,使得封建官府直接控制更多的赋税对象。自耕农数量的增多可使国家税收得以提高。为此,隋朝还进行了对生产者户口的检括活动。重视社会户口的阅实,是封建王朝直接掌握更多剥削对象的主要方

① 《隋书》卷四八《杨素传》。
② 袁枢:《通鉴纪事本末》卷二六《隋讨高丽》。
③ 杜佑:《通典》卷二《田制》。

法。隋朝统治者进行这种活动的方式是"大索貌阅"和推行输籍定样,即通过对劳动者个人和家庭的阅实来确定租税对象,从而达到增加官府财政收入的目的。隋朝曾经雷厉风行地进行了两次大规模检查户口的活动,其结果是隋政权检括出许多逃亡农民和荫庇于豪强的户口,社会户口总数迅速上升。

农民与土地的大量结合,封建国家直接控制赋税对象的增加,以及相对较轻的赋役租税,使隋代的农业生产恢复很快。不仅在传统的中原农业产粮区是如此,而且在江南和大部分沿海地区也是如此,从三国时期开始的经济重心的逐渐南移,到隋代开始初步显示出其对各地经济发展的影响。在经过两晋及南朝对江南和东南沿海的全面开发之后,隋代广泛传播的精耕细作的农业技术,在良好的自然条件下已经大大提高了长江以南农业生产的产量。农桑的发展使包括沿海地区在内的东南各郡县成为繁富之区。隋代大运河的开凿,对南北经济文化加强交流起到了重要的促进作用。其中,大运河南段邗沟的疏导和江南运河的开通,对长江下游沿海区域的经济发展作用尤大,它使得南至杭州港腹地、北到江淮平原的农业生产都受到了运河之利,尤其是杭州湾以西的广大平原更成为重要的粮食产区。这一区域农业经济的发达,已跃居全国首位。

长江以南包括一些沿海地区在内的农业的发展,为大规模的粮食北运提供了充足的物质条件,同时,使古代中国社会生产结构发生了根本性的改变。沿海疆域的开发与发展在这种大背景下也加快了速度。当然,这种开发也是以农业为主的传统经济的产物。地处扬州与会稽之间、兼收"带海傍湖"之利的杭州在南朝以后的经济发展状况,就典型地代表了这一时期南方沿海疆域及其腹地的开发程度。南朝末期杭州就已经登上了一郡之首城的地位,"一岁或稔则数郡忘饥"①。隋代,杭州经济愈加发达。相形之下,自古作为农业经济中心、号称"天府"的关中地区,在隋统一全国之后,其农业生产的收入已经不能满足隋朝中央政府机构日渐增多的官吏和军队的需要,因此急切需要转运江南的粮食、布帛至北方以维持日常统治之需。这种粮食布帛的大量转运,当然是建立在江南尤其是太湖周边及沿海诸郡粮食生产富足有余基础上的。经过隋代的进一步开发,至唐代,包括沿海及其腹地在内的嘉、湖、杭地区已经成为古代封建国家主要的粮食出产地,其经济的发展在全国占有举足轻重的地位。

在隋代社会经济的发展过程中,除粮食的生产得以迅速恢复并发展较快以外,各地的手工业,尤其是长江以南沿海地区及其经济腹地的桑棉织业的生产水平,也在不断提高。隋朝中央专设机构统管手工行业。隋代手工业中最为发达的行业是丝织业,制造业中则为造船业。隋代丝织业的情况是,在北方的传统丝织业发展依旧的同时,江南的丝织业得到了快速发展。自晋室东渡之后,江南,尤其是杭州等近海大埠周边经济腹地的丝织业,在北方南下的桑蚕织工与南方本地桑蚕织工的技术融合下,产品的质量提高得很快,产量增加得也很快。相对安定的社会环境,加上原料出产与产品加工的结合,使得江浙沿海及相关纵深区域发展成为桑蚕、棉布的主要生产地。浙东地区的绢帛生产更是具备了相当的规模,产量增加,质量提高,品种更新。据记载,仅杭州一地每年上缴朝廷的棉麻织品的数量就有绫绢 3 万余匹、绵 3000 余斤。隋代杭

---

① 《宋书》卷五四《羊玄保传》。

州的丝绸产品已经是官府规定的重点贡物。

造船业在隋代继续兴盛。江南带湖傍海地区的造船业是在前代的基础上继续发展起来的。之所以出现这种情况，除去民间生产的需求之外，还受到封建国家政治需求的影响。自东晋末年始，几乎每一次大的军事行动都要动用上千条船只。这对民间造船业形成了刺激。同时封建官府也不断向民间征发造船材料，以供官府船场之需。南朝宋时，刘裕政权曾经设置了专门机构主管造船，限制地方官府垄断造船业，对民间造船业采取了一定的保护和鼓励措施，[①]为当时民间造船业的发展提供了必要的条件。南朝末期江南的民间造船作坊已经能够造出长度超过3丈的大船，供商舶之用。隋统一全国之后，由于旧陈势力在江南地区起兵反隋，内多有民船参加。因此，为断绝反隋势力的后援保障，隋政权采取了断然措施，开皇十八年（598年），隋文帝下令禁止民间私造大船，"人间有船长三丈以上，悉括入官"[②]。这一措施打击和限制了民间造船业中的大船的建造，但终隋一代，造船业并未因此而衰落。以官府船场为主，隋代的造船业仍然发挥了巨大潜力，并为隋政权巩固统一和对沿海疆域进行军事经略提供了物质保障。在南方造船业发展的同时，北方沿海造船业受隋朝对沿海疆域大规模用兵的影响，也不断扩大规模。611年，为准备对高句丽的武力征讨，隋炀帝下令在与朝鲜半岛隔海相望的山东东莱开场造船，一次造船数量多达300艘。由此可见，隋代北方沿海地区的造船能力绝对不低。造船业的发展，间接显示出隋在统一后对全国沿海疆域的管理和开发卓有成效。

随着农业、手工业的发展，江南沿海地区的商业也在不断扩大规模。商业的发展代表着隋代沿海经济发展的最高程度。社会生产达到一定量之后，商业繁荣才可能出现。商业的发展必须具备一定的社会条件。因为有地利之便，加上全国疆域实现统一后相对安定的社会环境，隋代的商业特别是长江以南沿海地区的商业呈现不断繁荣的局面。正所谓"以泽沃衍，有海陆之饶。珍异所聚，故商贾并凑"[③]。在江浙沿海区域，杭州及其腹地的商业自东晋以来就逐渐兴盛，经南朝至隋时已经成为东南一大商埠。会稽郡所治山阴不仅是"海内剧邑"，而且商旅往来繁盛，成为两浙绢米的交易中心。由于杭州在隋时已经是全国粮食生产和赋税来源的重要地区，因而其陆上腹地也受到了经济发展的辐射影响，并随之逐渐出现了一些新兴起的商业中心和城镇，如吴、临海、新安、永嘉、东阳、吴兴等。可以肯定，这些商业城镇或中心的发展，又会反过来促进沿海经济开发的深入。

隋文帝时期的"开皇之治"，以相对稳定的社会环境和日渐繁荣的经济，对广东岭南沿海地区的开发产生了重要的推动作用。据出土于钦州的隋《宁越郡钦江县正议大夫碑》记，大业五年（609年），该地已经有"铜制犁"在生产中使用，并且能够制造出"楼船、鹢舟、海船"等。这从一个方面反映出当时岭南沿海农业及造船业发展的状况。隋朝钦江故城遗址的发现说明，在政治上，隋政权在南方特别是在岭南沿海边陲已经设置了有效的行政管辖机构，隋对边远沿海地区的政令已通。可以说，隋王朝在统一后

---

① 沈约：《宋书》卷三《武帝下》。

② 《隋书》卷二九《地理志》。

③ 《隋书》卷二九《地理志》。

的行政管辖权甚至已经遍及遐荒海隅。①

隋朝对中国的统一是短暂的,但隋统一所产生的历史作用是巨大的,也产生了深远的影响。统一后,中国沿海疆域的开发在中央政权的有效管辖下,循着前代已经形成的地理与人文格局逐渐深入,为唐朝时期沿海疆域的大发展奠定了重要的基础。

第三节　唐前期中国沿海疆域的发展

618年,隋朝在农民战争的打击下覆亡,李唐王朝代之而立。建立之初的唐朝为了巩固政权,采取了一系列政治措施,改革厘定了各项政治制度,大大加强了中央集权的统治力度,同时采取各种措施缓和社会矛盾,巩固刚刚取得的统一局面。在这种背景下,唐朝出现了政治安定、经济繁荣的社会景象。这是唐朝建立后社会经济的第一个发展高潮,史称"贞观之治"。贞观年后,经"永徽之治"到唐玄宗开元年间,唐朝经历了第二个社会经济发展的高峰时期,历史上称这一时期为"开元之治"。随着社会经济的发展,封建社会固有的社会矛盾不断增长,阶级矛盾开始尖锐,导致唐初所确定的一些政治制度发生了变化。玄宗后期,唐朝的政治日益败坏,各种矛盾不断激化,终于爆发了"安史之乱",唐朝国势由盛转衰。唐朝末年的黄巢起义加速了李唐王朝的崩溃;各地军阀藩镇割据,最终酿成了"五代十国"的大混乱,中国社会再度分裂。

一　疆域的底定与唐代沿海疆域的基本区划

唐朝是中国古代最强盛、统治时间最长的封建王朝之一。唐政权统治疆域之大、管辖民族之多是空前的。唐前期的社会经济高速发展,封建政治制度日臻完善,为唐中央政权开拓疆土创造了有利条件。唐前期的最高统治集团内,以李世民为代表,有着一个十分杰出的政治家群体。他们十分重视对边疆地区的开发统治。在他们的倡导和主持下,唐政权通过各种政治、军事手段,稳定边疆局势,加强边地建设,使得唐朝的疆域面积超过了汉朝强盛时期的管辖范围。唐统治下的海疆,在盛唐时北段包括鄂霍茨克海,经日本海西部水域至朝鲜湾到渤海;中段包括有黄海、东海沿海及其海域;南段则直抵南海达北部湾。可以说,盛唐时期的沿海及海上管辖区域已经覆盖了几乎全部东亚大陆的沿海区域,从北纬50°一直南伸至北纬15°左右。

唐代沿海行政区划是唐朝陆上疆域的一个重要组成部分。要考察唐代沿海地区的行政区划,必须首先了解唐代疆域整体区划的变化。而唐代的行政区划是一个发展的过程。唐朝政权刚刚建立时,其"疆域制度仍因隋氏旧制",但在不长的时间内"纳地来归者往往因其所盘踞之处,割置州县,于是州县之数较之隋季已增数倍"。十分明显,由于连年战争所致,国家疆域区划在唐朝开国时处于十分混乱的状态。这种状况在唐太宗李世民在位时期得到了初步控制,正如后人所评价:"太宗贞观初年,天下大定。乃力加省并。复因山川形势之便,分国内为十道。"②这十道有关内、河南、河北、

---

① 参阅吴永章:《中南民族关系史》,人民出版社1992年版,第117页。
② 顾颉刚、史念海:《中国疆域沿革史》,商务印书馆1938年版,第181页。

山南、陇右、淮南、江南、剑南、岭南等。以道为基本地方区划的建制,在玄宗时期有所改变。玄宗将山南、江南两道分别划为山南东道、山南西道和江南东道、江南西道;与此同时,还增设京畿、都畿和黔中三道,使全国区划达到15道之多。至此,唐代以道为单位的行政区划体制基本确立。玄宗时期对行政区划的更定,对沿海疆域的实际意义在于进一步把江南道辖下的沿海地区与内腹之地区分开来,这对于唐朝中央政权对江、浙、闽地区的治理与开发产生了较大的影响。

唐朝边疆政策有一个突出的特点,它继承了隋代实行的对边疆州府县进行"羁縻"的策略,采取对腹地直辖和对边疆羁縻的双重统治手段。对这种现象的解释,正是理解唐朝对自北而南万里海疆分别治理统治的关键。唐朝的统治疆域十分辽阔,其国土范围内不仅有经济发达的中原和江南地区,也有社会发展程度还停留在原始聚居和奴隶制时代的边疆少数民族地区。这种社会阶段发展的不平衡,导致了唐中央政权对全国的统治只能采取各不相同的政策和策略。唐朝初年,李渊就确定了设置羁縻州县统辖边境地区的边疆治理方略。在当时的条件下,唐政权主要在西南地区设置了羁縻州,因为西北以及东北的少数民族大多尚未归附唐朝。唐太宗李世民继位后,边疆地区相继安定,羁縻州的数量也迅速增长起来,而且从此之后唐代设置羁縻州县的政策一直没有中断或改变。由此,在唐代的行政区划上形成了一种特殊的态势:羁縻州府比中央直辖州府的数量要多,羁縻州府的范围之广、地域跨度之大,几乎布满了唐帝国的整个陆上边界和部分濒海边界。唐代的行政管辖制规定,在羁縻州府设立都督府或都护府;其中,辖10州以上设上都督府,不满10州设都督府,都护府则专门设在边远的民族地区。在唐代设立的六大都督府中,管辖范围中濒海者有两个,即安东都护府和安南都护府。

在对边疆少数民族地区实行羁縻政策的同时,唐朝对经济比较发达的中原以及江淮、江南、东南沿海等地区,仍然实行直接管辖的政策,并且唐朝将中原地区作为其政治统治的中心地区,而把江南作为其赋税财政的来源之地。

唐朝对沿海疆域的统治与开发,是在上述边疆行政模式与国内其他地区以道为行政单位相结合的区划形式下实施的。贞观十年(636年),唐设立了10个道,不定期派遣官吏分巡各道。这时的道还不具备行政区划的职能。及至开元年间,唐玄宗将道的建制扩编至15道,每道置采访使一职,使之成为常驻的地方长官,道成为唐朝基本的地方行政单位。根据顾颉刚、史念海所著《中国疆域沿革史》统计,参照谭其骧主编《中国历史地图集》的有关卷册,唐代沿海疆域的基本区划大体如下:

河北道,辖安东都护府,营州、平州、蓟州、幽州、沧州、棣州;

河南道,辖青州、莱州、登州、密州、海州、泗州;

淮南道,辖楚州、扬州;

江南东道,辖苏州、杭州、越州、明州、台州、温州、福州、泉州、漳州;

岭南道,辖安南都护府,潮州、循州、广州、冈州、恩州、高州、潘州、罗州、雷州、崖州、万安州、振州、儋州、陆州、廉州、武安州、长州、交州、爱州、罐州、唐林州。

在岭南道的管辖区域内,除上述直接临海诸州以外,还有一些距海岸线不远、经济与社会发展程度与这些州属同一水平、经济发展类型也与之属同一体系的地区,亦应看作岭南沿海疆域的组成部分,它们是端州、春州、辩州、山州、钦州、瀼州等。

从上述沿海疆域的基本区划中我们可以看出,唐代对沿海疆域的统治体系是唐朝中央集权体制中一个重要的组成部分,它对沿海区划的设置完全体现了其统治全国的整体方略。虽然有唐一代行政区划多有变化,但从府州之设到分而治之,"都护"与"直隶"有机构成的沿海疆域管辖体制是一以贯之的。

二 唐前期东南及南部沿海疆域社会经济的发展

唐朝空前的统一版图,为其经济的繁荣和文化的高度发达提供了广阔的空间。唐代中国沿海疆域的发达昌盛,是此前任何朝代都无法企及的。南方与北方沿海都以各自不同的发展路径,使海疆开发达到了一个新的水平。其中,以东南沿海疆域为代表,沿海各段经济开发的迅速发展,使得唐代沿海经济取得了诸多历史性成就。

马克思曾经深刻指出:"农业是整个古代世界的决定性的生产部门。"[1]唐代沿海经济的发展,突出地表现了这一特点,它没有脱离传统农业经济的模式,而是以农业的发展作为提高沿海经济开发水平的基础与标志。

唐代农业的发展,是唐初所推行的鼓励恢复农业生产政策的结果。唐朝建立之初,受战乱影响,社会经济凋敝,人口大量流失。在北方的黄河下游一直到濒海地区,"崔莽巨泽,茫茫千里,人烟断绝,鸡犬不闻"[2],而"江淮之间,则鞠为茂草",也是一片萧条。为了维护和稳定政权统治,唐朝不得不采取一些政治经济措施,设法首先恢复农业生产。其前提,是尽快稳定一定数量的生产人口,以确保其赋税收入。624年,在统一全国之后不久,唐政权立即颁布实行均田制和租庸调法,以国家均给农户田桑的形式,将因战乱抛荒的土地分配给农民,受田者自然成为国家征收赋税的对象。均田制依丁授田,租庸调制以庸代役,在使农民得到土地的同时又保证了农民从事生产的时间。这种以土地重新分配的形式将失散的大量人口重新固定于土地之上,使劳动力与生产资料实现结合,封建政权从而获得财政收入的做法,对唐朝初期社会经济的恢复和发展产生了很大的促进作用。正是在这种大背景下,沿海各地区的经济也获得了发展。

兴修水利是唐代沿海地区农业发展的重要条件。在传统农业的生产过程中,水利条件极为重要,可称为古代农业的命脉。同时,兴修水利又是封建国家主要的公共职能之一,因此唐中央政权在兴修水利方面,比以前各代王朝做得都更多。唐代的中央政府中,专门设有职官——水部郎中和员外郎,职责就是"凡舟楫灌溉之利,咸总而举之"[3]。唐代兴修水利,以修筑河渠陂塘为主。这在唐前期做得较多,而后期相对较少。如唐初在关内各州及河东的并、晋等州兴建了大批水利工程之后,在河南及河北几道也陆续修建了许多河渠陂塘。在山东半岛沿海州府中的青州、河北近海之沧州以及在其他一些傍海地区,都曾经修筑了许多地方性的水利灌溉工程。其中,沧州修建的水利工程比较典型:在有关官员的调动之下,大量劳役沿海岸线修筑捍海大堤,在堤内引来江河水灌溉农田,同时开渠排涝。不仅北方沿海以这种形式增加了农业灌溉面

---

① 《马克思恩格斯全集》第21卷,人民出版社1965年版,第169页。

② 吴兢:《贞观政要》卷二《直谏篇》。

③ 《唐六典》卷七《尚书二部》。

积,而且南方沿海地区从唐初开始也广泛开凿湖塘以蓄水灌溉。据《新唐书·地理志》记载,在东南沿海的福州和泉州,当时也已经推广了这种水利兴修方式。泉州的莆田在贞观年间就修筑了诸泉塘、沥浔塘、永丰塘和国清塘等水利设施,大大扩增了灌溉面积。

大量水利设施的兴建改善了农业生产条件,均田制的实行又促进了闲置荒地的垦辟。耕地面积的大量增加,使粮食产量大幅度提高。据有关著作进行的统计,在一段时间内,唐代的粮食产量比汉代大约增长了 2.5 倍,达到了 1105.7 亿斤。① 粮食产量的增长,必然使粮食储备大量增加,以至于当时"人家粮储皆及数岁。太仓委积,陈腐不可较量"②,官府仓储的粮食在唐朝建立约 150 年之后,已经达到了一亿石。③ 农业生产的发展,使唐中期以前的封建经济达到了空前繁荣。

在促进唐代农业发展、繁荣封建经济的历史过程中,沿海疆域特别是东南沿海地区发挥了巨大的作用。这一过程,同时也是加速自身经济开发的过程。以杭、嘉、湖地区为例,作为当时全国主要的产粮区之一,入唐之后杭、嘉、湖地区的农业发展速度加快,并在全国经济中开始占有举足轻重的支撑地位。唐初,唐朝的政治中心关中地区粮食发生短缺。唐中央政权决策,开始岁运东南之粟:将杭州及浙东沿海等地的税粮、户调,经运河转输长安及边陲。这个决策的实施,在唐代具有重要的意义:自此开始,唐朝实行的军国大计,必须要以江淮地区的粮食供给情况而定。至天宝年间(742—755 年),杭州地区的年粮食产量已经达到约 840 万石,而每年的剩余粮食则多达 340 万石。国家设置于江南地区的粮仓,每处可储粮数百万石之多。至唐后期也依然如此。以会稽城为例,唐昭宗年间,会稽城粮食仓储达到 300 万石。④

扬州是唐代江海河运的中枢大港。扬州港的发展,主要是唐代江南地区和岭南诸州(主要是闽、粤两地)的租调经运河北运而兴起的。扬州因所处的地理区位,经三国以来数百年的开发,经济、文化日益发达,在唐代出现了前所未有的繁荣。人口数量的增长能够充分说明这种状况。作为社会生产力的主要构成,隋朝初年的扬州,仅有居民约 1 万户,人口当然不会多。但据《新唐书·地理志》统计,在唐初高祖时期的 626 年,扬州府共计有居民 23199 户、94347 人;至唐玄宗时期的 742 年,扬州的户口总数增长至 77150 户、467857 人。在 116 年间,扬州地区的人口增加了近 5 倍,增长率达到了 4%。在封建社会,人口的增长标志着经济的发展。扬州经济的繁荣,是唐代中期以前长江以南地区经济发展的一个缩影。它对唐代漕粮盐运的中转作用,在中外航海交通线上的中继港作用,以及在中外贸易中的著名商港作用,都使江淮平原上的这座城市成为唐代东南沿海经济繁荣的主要标志。

唐代经济的迅速恢复和农业的发展有着深刻的历史原因。应当指出,在唐代农业的空前发展和沿海经济迅速增长的过程中,北方与南方的沿海地区对农业产生促进作用的因素与条件各不相同。长江以北的许多沿海州府,因魏晋以来连年战争,大多处于土地荒芜、人口流失、生产凋敝的状态。在实行均田制之后,人口与土地的重新结

① 据姜鲁明:《中国国防经济形态》一书估算,国防大学出版社 1995 年版,第 76 页。

② 《元次山集》卷七《问进士第三》。转引自翦伯赞《中国史纲要》第 2 册,人民出版社 1979 年版,第 173 页。

③ 《通典》卷一二《轻重》记天宝八载。

④ 数字来源见吴振华:《杭州古港史》,人民交通出版社 1989 年版,第 39 页。

合,使农业生产的恢复和发展获得了必要的条件,最主要的是促进了荒芜土地的开垦。在江淮以北地区,尤其是沿海地区及其腹地,土地数量的增加,使传统产粮区的粮食产量得到提高。从另一个角度说,北方包括沿海地区在内的农业生产的恢复与发展,其主要原因在于均田制下耕地面积的增加。而长江以南沿海及其腹地农业生产的发展,则主要是依靠农业人口的增长和生产技术的精细化。自东晋以来,北方人口的大量南迁,使长江以南的土地开垦一直没有中断过。尤其是在太湖流域以东至海岸线的广大地区,到隋代闲置抛荒的土地已不多见。因此,可耕地的增加不是南方包括沿海在内的广大地区农业发展的主要原因。导致南方尤其是扬州及杭、嘉、湖地区成为唐代国家粮仓的原因,主要有以下三点:唐初北方人口再次大量南徙;由人口迁徙所带来的北方先进生产技术在南方农业生产中的应用;封建国家重视利用南方的水利资源。

隋末中国社会的大动荡,导致了唐初人口又一次大量南徙。迁徙后的人口,为南方提供了更多的劳动力资源。随迁徙人口一同在南方地区落户的,还有那些曾经广泛应用于北方农业生产中的技术与工具。这些技术条件的变化给南方农业生产带来的影响,与魏晋以及其后的流民迁徙对南方社会产生的促进作用是一样的,它们给南方农业经济增添了新鲜血液。

需要指出的是,南方相对适宜农作物生长的气候条件,加上精耕细作的生产技术,对提高农作物的产量有着极其重要的意义。这一点,在唐代岭南农业的发展中也表现得十分突出。在唐代,由于中原地区某些农业生产技术的传入,改进了岭南传统农业生产中的一些落后方式。正是从这时起,岭南才推广了稻、麦两熟制。"稻粟再熟"促进了粮食产量的提高。

在古代社会,人口既是促进生产发展的重要因素,也是封建政权赖以获得赋税收入的对象。唐代沿海疆域,特别是东南沿海地区人口的增长,集中、典型地体现出了上述表征。唐代,随着经济恢复和发展,全国人口的分布趋势开始出现了一些变化。这些变化不可避免地影响到沿海地区政治、经济的发展。而这些影响既有正面作用,也有制约沿海开发的负面作用。秦汉以后,中国人口的基本分布逐渐形成了"东密西疏"的格局。形成这种格局的原因,主要在于自然条件的地区性差异。至唐代以前,这种人口分布的东西格局基本没有改变。但是,就人口分布的南北格局来看,从魏晋时期开始的北方人口的不断南徙,尤其是几次大规模的人口向南流动,在大量减少北方户口的同时也使江淮以南的地区原来较为稀疏的人口分布趋于密集。尤其是在长江中下游地区及东南沿海区域,3世纪以后人口非自然增长的势头就一直很猛。至隋代,人口南北分布"北疏南密"的基本格局就已经呈现出来。至唐代,人口南北分布的这种格局已经接近定型。

在上述人口分布的转型期间,南方人口快速增长区域内的沿海诸州府,尤其是江南东道所属的各州,随着社会劳动力的大量增加,农业增长十分显著。这是在社会劳动力增长但又尚未饱和的条件下,农业生产自然资源(主要指土地)与农业生产的社会资源(主要指生产者)两者之间的匹配相对适中而产生的必然结果。从更广泛的意义上说,这也是东南一隅在唐代成为国家经济重心的根本原因。

在古代社会条件下,农业的发展必然刺激手工业的发展,而手工业是沿海经济的重要构成。在唐代,手工业分为官营与私营两种经营类型。私人手工业仍以纺织为主要生产部门。其中,在沿海地区又以杭州和扬州等地的纺织业为代表。扬州是唐代出产丝织品的丰饶之地,其作为宫廷供奉的纺织品绫锦数量,在唐代是全国第二。杭州的丝绸织品也是朝廷规定的重要贡品,其每年上缴唐宫廷的棉麻丝织品的数量大体是绫绢3万余匹、棉3000余斤,其中的品种有缣绢、绯绫、纹纱、白编绫、苎、交绫等。另外,在沿海诸州中,像越州的交绫、白绫、异文吴绫、吴朱纱,温州的绵、苎等纤丽织物,都是这些州府向唐室进呈的主要贡品。除纺织业以外,沿海州府的其他手工行业发展得也比较快。像杭州和越州的造纸业、越州的制瓷业、扬州与越州的铜镜制造业等,都在唐代沿海经济的发展中产生了比较大的影响,代表了唐代沿海私人手工业生产的最高水平。

唐代官办手工业主要是造船等行业。唐代的造船能力和水平很高,官办造船业也发展得十分庞大。官府开办和控制的造船工场所生产的船舶,通航于"天下诸津",其范围与声势达到了"旁通巴汉,前指闽越,七泽十薮,九江五湖,控引河洛,兼包淮海,宏舸巨舰,千舳万艘,交贸往还,昧旦永日"①。唐代开办的官控船场,几乎遍于全国各沿江沿海地区,尤其是江淮及以南的沿海州府更制造出了大批的海上航船。扬州、杭州、常州、越州、广州等沿海或通海的州府,都是海船的制造基地。其中,扬州在江口设立了十大造船工场,转运使刘晏专门派遣专知官10人进行分管。唐代扬州的造船业兴盛长达百年之久,每年造船约80艘,年产值多达4万贯②,而所造出的船舶,大都载重500—1000石货物,多属适于江海航行的中型船舶。特别值得指出的是,唐代能够建造形体高大的海船,其海上航行性能良好。对此,一名名叫苏莱曼的阿拉伯商人,在851年写的《印度—中国游记》一书中,对唐建造的大型海船作了如下描绘:"中国唐朝的海船特别巨大,抗风浪的能力强,能够在波涛险恶的波斯湾畅行无阻",但这种海船"由于体积太大,吃水太深,不能直接进入幼发拉底河口"③。从中我们可以透视唐代造船工场的规模和它的生产能力。

唐代农业和手工业的发展,牵引着社会商品流通领域的发展。终唐之世,大唐帝国的商业一直在不断地发展,并形成了空前的繁荣。在东南沿海地区,形成了农业、手工业与商业的互动发展模式,出现了农业、手工业越发展社会的商业活动就越繁荣的景象。在扬州、杭州等地,商业活动一直是城市主要的经济活动之一,内外贸易量很大,商品流通的范围也相当广;从事的商业活动种类,不仅有"膏腴之室,岁鬻著于江湖间,常获利丰而归"④,也有"多在于外,远易财宝以为商"⑤;参加经营活动的人中,甚至还有"诸道节度观察使,以广陵当南北大冲,百货所集争以军储货贩,列置邸肆,名托军用,实私其利息"的官商。⑥ 作为唐代最重要的商业城市,扬州因临江傍海的地理之便,使其商业的发展甚至超过了传统的商业都会成都。因此有人评论扬州:"商贾如

---

① 《旧唐书》卷九四《崔融传》。

② 吴家兴:《扬州古港史》,人民交通出版社1988年版,第45页。

③ 转引自张铁牛:《中国古代海军史》,八一出版社1993年版,第70页。

④ 《太平广记》卷一七二《崔碣》。

⑤ 《太平广记》卷三四五《孟氏》。

⑥ 《唐会要》卷八六。

织。谚称扬一益二,谓天下之盛,扬为一而蜀次之也。"①

唐代商业的兴盛,不仅使国内市场繁荣、商品流通增加,而且中外贸易交流也成为商业经济的重要内容。诸多沿海州府以地利之便,成为中外商人进行商业活动的集聚地和商品的集散地。广州是唐代南方的著名国际大都会,也是来自波斯、阿拉伯及南洋各国的商人进行对华贸易的首要口岸。在广州,市场商品多数是生活消费品,这里"环宝山积,珍货辐辏"。据考证,唐代广州港在高峰时期,每年进出进行贸易活动的人数将近 80 万。② 这说明,唐代广州商业的发达程度已经超过了以往任何一个时期。

手工业和商业的发展,标志着唐代东南沿海和岭南沿海疆域的开发进入了一个新的阶段。经济活动的广泛开展,一方面促进了南方沿海地区社会生产活动的发展,使民间的生活水平得以提高;同时,也使得较为先进的中原文化在许多偏僻落后的沿海地区,尤其是岭南的一些沿海州府得到进一步推广,在经济发展的基础上促进了长江以南沿海疆域的文化发展。这反映在南方沿海的许多地方,儒生文士日渐增多。鉴于"岭南州县近来颇习文儒",唐中央政权曾经下敕:"自今以后,其岭南五管内白身,有辞藻选可称者,每至逐补时,任令应诸色乡贡,仍委选补使准县考试。有堪及第者,具状同奏。"③由此可见唐代生产发展、经济繁荣对促进沿海社会发展产生的巨大牵动作用。

三 唐朝对北方沿海疆域的经略

唐朝初年,统治者对国家沿海疆域的底定分别采取了不同的战略。在南方,唐统治集团实行以经济开发和政权建设为主的方式;在北方,则主要以军事经略的方式,巩固版图,稳定边陲,消除边患。唐朝所实行的这种区别统治的战略,不仅成功地加强了中央政权对东北边疆特别是东北沿海地区的有效管辖,而且还以此牵动着整个北方沿海疆域的发展。这种战略的实施,使唐代北方沿海的发展颇具特色。

与隋代基本相同,唐代对北方沿海疆域进行军事经略的战略重点,是辽东地区和朝鲜半岛。唐中央政权之所以把战略重点放在这个方向,主要是为了执行收复被高句丽侵占的辽河以东地区的国策。在建国之初,唐朝并未把东北作为主要的国防战略方向。它急于巩固中原地区,以主要战争力量对付西北边境的突厥,恢复对西域的统治权。唐太宗时期,西北边境已经逐渐稳定,国内社会生产快速发展,国家已经有了比较丰足的物质储备,唐中央政权开始将经略的目标向东北方向转移,准备以武力收复疆土,稳定东北边疆。

唐朝东征高句丽的主要作战区域,在我国东北境内和朝鲜半岛及其周边沿海水域;主要作战对象有高句丽和百济军队,还有日倭军队。从 644 年唐朝发兵,至 688 年攻下平壤城,唐朝军队一共五次发兵,其中有三次以水军渡海执行战略打击任务。经过 25 年的征讨,唐朝收复了辽河以东的国土,在朝鲜半岛设置了安东都护府;在都护府下分设九都督府,下辖 42 个州、100 个县。唐设安东都护府的目的,主要是为了确

---

① 洪迈:《容斋随笔》卷九。
② 张星烺:《中西交通史料汇编》第二册,中华书局 1977 年版。
③ 《唐会要》卷七五。

立对朝鲜半岛的管辖权,并依托其对东北方向的沿海边疆进行有效的羁縻统治。唐中央政权采取分化政策,任命了一批高句丽人作为各都督府的官吏,以安抚高句丽人的反抗,又强制性地将总数大约 38000 名高句丽人迁徙至内地的江淮、山南及陇右等州府人稀地广的地区。但唐对朝鲜半岛实行的羁縻政策并未达到像在黑龙江流域那样的效果。由于朝鲜半岛内多有民族反抗爆发,迫使唐王朝将安东都护府向内地方向迁移,先迁至辽东(今辽宁省辽阳市),后迁至新城(今辽宁抚顺)。朝鲜半岛最终为新罗统一。新罗政权与唐朝的关系十分友好,新罗统一之后朝鲜半岛对唐基本不构成安全威胁。因此,在唐对东北沿海疆域进行多年的经略之后,辽东及相关地区的边患已不复存在。

朝鲜半岛局势的稳定,对唐在整个东北方向的统治有相当大的影响。安东都护府的辖区为北起黑龙江流域及鄂霍次克海,南抵渤海及西朝鲜湾,东至朝鲜半岛北部的广大地域。唐开元年间,在安东都护府辖境以北又设置了渤海都督府,在渤海都督府以北再置黑水都督府。政权体系的建立,标志着唐统治范围已经包括了东北方向的全部沿海疆域。

渤海国是以东北少数民族粟末靺鞨为主建立的政权,其统治区域东部已经达到日本海。渤海国很早就开始与唐朝通使往来。在唐玄宗时期,唐朝中央政权在渤海国的统治区域内设置了忽汗州都督府,以粟末靺鞨王为都督。作为一个少数民族的地方政权,渤海国不仅在政治制度上仿照唐朝体制,而且在文化和社会生活方面也深受中原地区的影响。最终,渤海国成为中华民族不可分割的一个组成部分,而渤海国地区也发展成为当时的"海东盛国"。唐与渤海国的关系,对 7—10 世纪的东北及其沿海地区的开发起到了重要的促进作用。

在渤海国以北,唐中央政权以同样的方式在黑龙江流域对黑水靺鞨部落实施管辖。在 726 年设置了黑水都督府,任命黑水靺鞨最大部落的首领为都督、刺史,并由朝廷派员作为长史。通过设置政权机构,唐朝在黑龙江流域及东北沿海地区建立了一套比较完整的管理体制。这样,从北部的鞑靼海峡到朝鲜湾,大片的沿海地区都成为唐朝所管辖的区域,不但增强了唐中央政权对东北边疆的有效管辖,而且也使唐朝原来设于营州沿海一线的北部海疆防御带向北推远了千余千米。但是应该指出,唐代对东北地区少数民族政权的羁縻统治是松散的。因为唐朝的国家战略重点是在西部,对东北方向实行的政策只是为了稳定局势,所以对朝鲜半岛以北的沿海疆域,唐朝基本没有进行过具有战略意义的经济开发活动。

唐代对辽东及朝鲜半岛的经略,客观上带动了北方部分沿海港口及其周边地区的经济发展,使这些地区的海运仓储等行业获得了一定程度的发展,从而刺激了部分北方沿海地区的经济活动,使其开始活跃。

第四节　唐中叶以后的中国沿海疆域及其治理

唐朝建立之后的一个世纪里,经济的发展达到了空前的繁荣。高度发展的封建集权政治体系,保持了唐朝中央政权统治的稳定,同时也保证着唐前期社会政治和经济生活的有序运行。但是,随着封建社会的社会矛盾不断深化,唐初所实行的一系列有利于生产发展的措施被废止,均田制在 8 世纪时已经完全被破坏,大土地所有制更加发达,大批农民失去土地,大量劳动者在被剥夺了生产资料之后四散逃亡,社会生产开始陷于停顿状态。与此同时,皇权衰落,封建割据局面进一步发展。藩镇势力相继由河北、山东等地向关中地区扩展,各藩镇拥兵自重,形成列镇相望的局面,唐中央政权已经不能对全国有效行使管辖权。在这种形势下,地方割据势力发动反抗中央的叛乱,从而造成国家政治秩序的混乱,对沿海地区的社会发展也产生了严重后果。

一 唐中叶以后对沿海疆域控制的弱化

8 世纪,拥兵自重的方镇势力已经对唐朝的统治造成了严重威胁。"所谓方镇者,节度使之兵也。原其始,起于边将之屯防者。"[1]从唐代边防军发展起来的节度使军队,其最初的兴起"固止于沿边十道耳"[2]。节度使势力是从都督演变而来的。都督是唐代握有军事、财政和行政大权的边疆最高长官,掌握有一方的经济财政,同时又有长期归于自己统帅的军队。当他们的权力逐渐扩大或急剧膨胀时,便会对中央集权的统治产生极大的离心力。唐玄宗年间,边镇节度所统领的军队数量已经比当时中央禁卫军的人数多出数倍。唐中央政权已经失去举关中之兵以制四方的军事优势,唐朝政治内重外轻的局面最终形成。

755 年,唐代历史上著名的"安史之乱"爆发,它是唐朝由盛逐渐转衰的主要标志。"安史之乱"历经 8 年之久始被平定。长期内战使唐朝的国力大减。由于内战的主要战场在黄河中下游地区,因此北方地区的经济受到极大的破坏,大量劳动力流失,许多地方的土地荒芜,一些地区的农业和手工业生产完全陷于停顿状态。在政治上,"安史之乱"虽然在长期内战之后被平定,但唐朝封建中央集权的统治益趋衰落,地方割据势力则大力扩展自己的地盘,不仅河北、山东为割据势力所控制,就连靠近京畿腹地的一些地区,也遍设节度使。这样,势必导致方镇益强,中央更弱,中央集权趋于瓦解。中央与方镇之间、各方镇相互之间的战争连年不断,李唐王朝更加衰落。

中央王朝的衰落必然造成疆域控制与管辖能力的减弱。沿海疆域因其特殊的地理条件,更加远离唐代的政治中心,从而使得多数沿海地区脱离唐中央政权的统治,其中一部分成为割据势力的管辖区域。在北方,自方镇势力兴起之时起,多数沿海州府就成为地方节度使的势力范围。特别是各地方又以军事职务兼领地方行政,使得方镇势力更加强大。这种形势发展至唐中期以后已经变得不可逆转,北方沿海州府全部成为各节度使的管辖区域,中央政权对北方沿海州府的各种事务也已经无力过问。尤其是卢龙节度使对幽州、平州和蓟州的管辖,横海节度使对沧州、棣州的管辖,平卢节度使对山东半岛北部青州、莱州、登州的管辖,兖州观察使对密州、沂州、海州的节制,使得这些管辖地区的赋税几乎完全不上缴朝廷,财政上已经完全独立,加之手握重兵,这样,政治上的割据状态将唐王朝对北方沿海的统治画上了句号。

---

① 《新唐书》卷五〇《兵志》。
② 《唐语林》卷八。

在江淮以南的广大沿海地区,社会经济没有像北方地区那样被战乱破坏殆尽。在南方地区,虽然也有中央集权与地方割据势力的冲突,但并没有最终导致社会政治秩序的彻底崩溃,社会经济的基本结构没有被摧毁。在方镇势力各自拥兵的同时,他们也挟地方经济的命脉以自重。但是他们对各自统辖区域内的社会稳定和经济发展都采取了比较扶持的政策,以增加自己的财政收入。因此,在北方发生内战的情况下,南方的经济逐渐超过了北方。

必须强调,虽然南方地区的经济在不断增长,但并未给封建国家的中央政权带来相应的财政收入。相反,各方镇将经济的发展视为扩展实力的基础,以图通过增强自身实力达到加强对统治地域的控制。这就形成了唐代经济发展过程中一种奇特的现象:一方面社会生产在增长,而另一方面各地方与中央的离心力却在不断加强。据史籍记载,僖宗在位时,"高骈据淮南八州,秦彦据宣、歙,刘汉宏据浙东,皆自擅兵赋,迭相吞噬,朝廷不能制。江淮转运路绝,两河、江淮赋不上供,但岁时献奉而已"①。

唐中叶以后,在江淮以南地区设立的方镇大体统辖以下几个区域:淮南节度使辖江、淮之间各州,浙西观察使辖太湖周边苏、嘉、杭、湖各州,浙东观察使辖越、台、温沿海诸州,福建观察使管辖的沿海州府有福、泉、汀、漳等州,而岭南节度使则管辖着大约整个岭南东部的沿海地区。② 方镇的存在对中央集权的封建秩序构成了挑战,方镇不遵从朝廷的号令已经成为一种普遍的现象。不仅如此,方镇势力还不允许包括中央政权在内的外部势力插手自己管辖区域的事务。但与北方割据形势不同的是,南方方镇各自保有的势力范围相对稳定。

在方镇势力不断膨胀的背景下,朝廷被迫放弃了对沿海地区的直接统治。虽然在南方沿海地区没有出现像北方那样连州跨省的大范围内战,但各地方势力之间的相互征伐也时有发生,只不过从时间和规模上看,其破坏程度不及北方严重。

在南方,受割据势力相互混战影响最大的是唐末扬州港的衰败。在唐中期以前,扬州港是南北与东西水路相互交汇的重要港口,对江淮沿海及其腹地的经济发展意义重大。887 年,由唐淮南节度使等方镇势力发起,对扬州进行了时间长达半年的争夺战。战争对扬州经济的打击是毁灭性的。在地方武装围攻扬州的过程中,"城中刍粮并尽,草根木实、市肆药物、皮囊、革带食之亦尽"。内战的结果,使扬州经济在不长的时间内彻底衰败,"广陵之雄富扫地矣"③,及至五代十国时期,江淮民众大部逃亡,东西千里尽成白地,扬州港再也未能恢复。

唐中叶以后,朝廷对沿海地区的控制呈逐渐减弱的趋势。有一个历史现象值得注意,在中唐之后北方社会饱受内战之苦,但较大规模的农民起义却多在南方地区爆发。产生这种现象的原因是复杂的,但有一点可以肯定,就是南方虽然内战程度相对低于北方地区,然其民众所受的经济剥削却相当严重。在南方经济发展相对稳定的地区,社会生产者受到中央政权和地方割据势力的双重压迫,这必然会激化封建社会所固有的社会矛盾,形成指向明确、动员广泛、涉及范围大、参与人员多的群众性反抗运动。

---

① 引《旧唐书》卷一九《僖宗纪》。
② 谭其骧:《中国历史地图集》第 5 册《唐·元和方镇图》,中国地图出版社 1982 年版。
③ 《旧唐书》卷一八二《高骈传》。

封建社会中央集权对各地方进行有效统治的重要原则有三个：其一，是完善能够行使政令且运转畅通的官僚体系；其二，是建立一套完备的赋税财政制度；其三，是保持一支强大的军事力量。在唐前期，唐朝中央政权执行的是重兵戍边的战略，其军事部署的重点在河北、陇右和剑南三道，以北方、西北和西南三个陆疆方向作为主要防御方向。与此同时，对沿海的军事力量的部署很少。例如，在江南道唐初仅置军4镇11戍，在"安史之乱"以后曾经增加至12军，但不久又废撤。[①] 这种对沿海疆域军事防御力量的弱化配置，在中央集权比较强盛的时期，能够维持地区的稳定，然形势一旦有变，便无法以军事力量保证朝廷的各种政令能够得以遵行。中央的军事力量在沿海被削弱，而地方势力的军事力量却在增长，这种力量消长的结果，必然导致中央政权失去对沿海地区的直接统治。

总观唐中叶之后全国沿海疆域的形势，浙东是唐中央政权控制最弱的地区。唐朝在此地驻军最少，军队的战斗力也最为薄弱，即所谓"甲兵朽钝，见卒不满三百"[②]。因此，浙东是民众起义较多的地区之一。唐中叶最大规模的起义，就是袁晁所领导的浙东农民起义。在"安史之乱"的末期，浙东又爆发了由龚厉父子领导的起义。这有力地说明了经历动乱之后的唐朝，已经没有力量对远离政治中心的沿海疆域进行有效的统治。

二 唐中期以后沿海经济的发展状况

8世纪中叶，北方中原地区爆发的"安史之乱"，使曾经强盛的唐帝国开始走向衰败。这场历时长久的内战，以唐朝的首都长安为中心，涉及北方多数州府；特别是黄河中下游地区，因这场空前的浩劫使经济遭受了极大的破坏。江淮以南的南方地区，没有直接遭到内乱的战祸，虽然也有各割据势力的争夺，但对社会生产的破坏程度相对较低，社会的经济结构没有遭到毁灭性打击，因而经济再发展的基础还存在，使南方经济的发展日益超过北方地区。因此，唐中期以后，中国经济重心南移的态势更加强劲，社会经济发展"北弱南强"的格局已经形成。

在上述背景下，沿海疆域各区段的开发与发展状况也在发生着变化。在北方沿海，中唐以后某些沿海地区的经济开发活动还在进行，甚至在个别沿海地区经济的发展还比较明显。从整个北方沿海地区的局势来看，它具备两个发展地区性经济的条件。一是远离中原战乱的中心。在兵祸相继的年代，其地区内受到的破坏相对较小，因此社会经济仍然能够得以持续发展。二是方镇割据的政治环境为北方若干沿海地区性经济的发展提供了保护。封建割据存在的首要条件是经济的独立。北方林立各地的方镇都对其管辖区域内的经济和财政表现出强烈的独占性。各方镇都绝对不允许外部势力进入自己的统治区域。这样做的目的，就是为了确保其财政收入，获得稳固的经济支撑。为了达到这一目的，北方各方镇也都采取了一些措施，以保护和促进所辖区域的经济发展。在这种条件下，沿海地区才获得了地区性经济持续发展的可

---

① 《新唐书》卷五〇《兵志》："唐初兵之戍边者，大曰军，小曰守捉，曰城，曰镇，而总之者曰道。"

② 《资治通鉴》卷二五〇。

能。据记载,幽州节度使朱滔曾下令命其属下"广垦田,节用度"①,而大量开辟新垦土地的意义,不仅是扩大了可耕地的面积,而且在于这些直接为方镇掌握的土地能够增加农业收入,从而增加方镇的经济实力。山东淄青镇的李正己,占据山东15州。在他据领山东期间,大力开发农业,并积极开展与外界的贸易活动,如"货市渤海名马,岁岁不绝";他在所辖境内还提倡"法令齐一,赋税均轻"。经过一段时间的开发与发展,李正己的势力在北方各镇中"最称强大"②。可以说,地方割据势力对本镇辖区经济的排他性占有,除直接打击了中央集权的统治秩序以外,在客观上也保护甚至促进了当地经济的发展。不可否认,方镇之间的战争对北方的社会生产同样具有极大的破坏性,但这种争夺的间隙性为生产的恢复和发展留下了余地;否则,失去了经济的独立,没有一定的物质基础,割据势力就不可能继续存在。

唐中期以后南方沿海的经济发展表现出了与北方完全不同的特点。首先,南方地区的自然条件较好,有利于农作物的生长,将比较先进的生产技术使用到农业生产中以后,便可以大幅度提高农作物的产量。中唐时期的淮南经济发达程度较高,堪称"淮海奥区,一方都会,兼水陆漕挽之利,有泽渔山伐之饶"③,在这种自然条件下发展农业,只要有相对安定的环境和一定的生产技术,其收获必然相当可观。其次,在"安史之乱"以后,唐朝统治集团比较注重发展南方的生产,以期获得更多的财政收入。唐中期以后,北方各地大多为方镇所据。在一段时间内,唐中央政权的赋税来源主要依靠江南地区。但经过长时间的政治混乱之后,中央政权所控制的赋税对象仅为原户口数量的1/4,即"每岁县赋人倚办,止于浙西、浙东、宣歙、淮南、江西、鄂岳、福建、湖南等道,合四十州,一百四十四万户。比量天宝贡税之户,四分之一"④。因此,为获得更多的租赋,唐朝统治集团在南方的一些地区采取了若干有利于农业生产恢复和发展的措施,如兴修水利、推广农业生产技术、提高农作物产量等。这些政策的实施,相应地刺激了南方沿海地区的农业生产。再次,与北方连年内战导致劳动力锐减的现象相反,在唐代尤其是唐中期以后,南方的劳动力在不断地增长。据韩国磐先生研究,从隋朝灭陈,到宋统一南方之前,中国南方的户口总数增加了4倍多。⑤ 及至唐后期,中原劳动力成批向江浙、闽粤等沿海省份迁移,其中以闽粤增加的劳动力为多。劳动力的增加必然会导致一些地区可耕地新辟面积增加,这也促使农业生产在量上不断提高。需要说明的是,自晋代开始的人口大量南迁导致南方人口的快速增长,至唐代已经在南方的一些地区造成了新的社会矛盾。比较突出的是新增人口对土地需求的压力问题。在福建,唐中期以后为解决这一问题,有些地方用围垦的方法增加可耕地面积。与海争地,重在构筑捍海围堤,这是唐代围垦的特点。据地方志记载,829年闽县修筑海堤,遏制住了"咸潮"对禾苗的侵害,使县东300余顷土地皆成良田。这种围堤成田的方式遍及福建沿海,其名有称为圩、塍等。在围垦造田的同时,滨海水利事业也前所未有地发展起来。以淡水灌溉荡地,将盐碱地改造成熟地,兴建各种水利设施是必需的

---

① 《新唐书》卷二一二《刘怦传》。

② 《旧唐书》卷一二四《李正己传》。

③ 陆贽:《陆宣公集》卷九。

④ 《唐会要》卷八四《户口数杂录》。

⑤ 韩国磐:《隋唐五代史纲》,人民出版社1977年版,第323页。

条件。而中唐时期南方沿海的水利建设也一直在进行,并已经显出成效。闽县的做法就是一个典型。这种对自然环境的改造充分说明,唐中期前后沿海地区的开发正在向深层次发展。

农业的发展是中唐及以后时期南方沿海经济发展的主要标志。农业生产对沿海地区的社会生活起着极大的制约与带动作用。在粮食作物的产量提高之后,其他经济作物也相继发展起来。两浙出产的橘、柚、缟、苎、茶等,丰富了地区性经济的产品种类,时人称之为"舟车所会,物土所产,雄于楚越,虽临淄之富不若也"①,是唐代赋税财政的主要上缴区域,达到了"衣食半天下"的程度。两浙地区这种以农业为主带动其他生产行业发展的模式,是唐代中叶以后东南沿海地区经济开发的一种典型模式。

沿海地区的手工业在"安史之乱"以后继续发展;其中,以东南沿海地区手工业的发展速度为快。在地方割据势力的有力支持下,浙东等地区凭借优越的自然条件,在丝织品的种类与数量上迅速发展并超过了北方一些传统的丝麻产品产地。例如,"薛兼训为江东节制,乃募军中未有室者,厚给货币,密令北地娶织妇以归,岁得数百人。由是越俗大化,竞添花样,绫纱妙称江左矣"②。这种对北方先进的丝织技术有意识地引进,成为越、杭一带纺织业获得发展的有效途径。浙东丝织业的发展,使这里所出产的各种丝织品成为该地州府向唐朝王室进贡的主要贡品,也成为海外贸易的主要输出商品。

唐代的制茶业在沿海地区从北向南大获推广。唐中期以后,茶叶产地遍布江南各地。从 780 年开始,唐中央政权向全国征收茶叶生产税,税率为值 10 抽 1。793 年官府征收的茶叶税达到了 40 万贯。821 年征收茶叶税的税率达到了 50%。茶叶也是一些沿海州府主要的经济作物,"江淮之人,什二三以茶为业"③。在浙南、闽、广等地区,茶叶种植与制茶业也逐渐普及。闽有武夷茶,而粤地则引进了江淮茶种种植在茶山。④ 浙东越、杭诸州更以生产诸多名茶著称于世。唐人陆羽在其所著《茶经》中对此有着专门的记载。北方的一些重要城市,尤其是山东、河北一些沿海市镇,也开始大做茶叶买卖,"自邹、齐、沧、棣,渐至京邑,城市多开店铺蒸茶卖之,不问道俗,投钱取之。其茶自江淮而来,舟车相继,所在山积"⑤。制茶业在南方各地的普及和茶叶贸易在北方各地的发展,对全国沿海各地商业的开展和经济的繁荣具有很重要的意义,并对全国社会各阶层民众的生活产生了深远影响。

唐代制盐业的发展,使盐业的利税成为唐中央政权重要的财政收入。唐德宗年间,中央政权加强了对盐业税收的管理,仅海盐税就收入 300 万缗,加上别种盐税共收入 600 万缗。由于盐业收入关系到封建政权的财政收入,因此唐朝对国内制盐业有着严格的管理制度,如海盐制造业设有四个专门盐场,即涟水、湖州、越州、杭州,并设有十监:嘉兴、海陵、新亭、临平、兰亭、永嘉、太昌、侯官、富都。上述海盐产地中,杭州的

① 《全唐文》卷五二九。
② 《全唐文》卷七四八。
③ 《全唐文》卷七六九。
④ 屈大钧:《广东新语》。
⑤ 《封氏闻见记校注》卷六。

盐产量很高,"盐廪至数千,积盐二万石"①。而在江北地区,海盐制造一直是这一地区重要的生产活动之一,如盐城在汉代起就已经设县治。清代《续修盐城县志》记载:"先是,范堤一带高地为海中之洲,长百六十里,州长有盐亭百二十三,岁煮盐四十五万石。"这个范堤,就是《淮南府志》中所记的"范公堤",始筑于唐大历年间(766—779年)。当时,"淮南节度判官李承筑捍海堰,北起盐城,南抵海陵(今泰州)",全长142里。所谓捍海堰,就是护盐防潮工程。这一工程至宋代在范仲淹主持下继续扩建长堤,因此后人称之为"范公堤"。中唐以后,沿海制盐业的继续发展,完全是在官府控制之下实行严厉官办的结果。唐中央政权在758年曾经颁布实行"榷盐法",由官府垄断全国盐的制造与买卖。从一定意义上说,这个法令促进了制盐业的发展。盐业的发展是中国封建社会中一个特殊的经济现象。在古代,盐的大量生产并非一定是社会经济发展的结果,但却间接显示着采盐技术的提高和社会需求量的增加。后者从一个侧面反映出社会人口增加的情况。唐中叶以后实行了盐铁专卖,海盐生产的大量增加,明显反映出是上述两种原因作用的结果。事实上,隋唐时期沿海开发当中各地相继出现的制盐业快速发展从而成为沿海地区主要产业之一的经济格局,是以沿海土地大量用做盐场作为代偿的发展经济的形式,它与农桑种植及其附带产业——纺织业都同属于传统的农业产业模式。这个模式突出的特点,就是通过对土地的开发利用获取和拓展生存空间,改善生存条件。从这个意义上说,汉民族的农耕文化构筑了沿海经济发展的基础。

三 唐朝对沿海疆域南端的管理政策及对海南的开发

唐朝对版图以内统治区域边缘的某些地区,实行了一些特殊的统治政策。对沿海疆域南端的岭南大陆地区、海南及台湾等地采取的统治形式,反映出唐朝对沿海疆域进行统治的基本政策走向。

唐朝对沿海疆域南端的统治实行的主要是羁縻政策。在岭南沿海地区,唐坚持实行了辑怀招抚政策。这从设置在岭南地区的统治系统中可以清楚地反映出来。据统计,唐代在岭南道先后设置的羁縻州府共93个。这一区域绝大部分属州总管府。唐代岭南道下分置广、桂、容、安南及邕州5个总管府,简称"五管";在"五管"辖区内又分别实行郡县与羁縻州府两种制度。唐在岭南设置的军事首脑为"岭南五府经略使",在岭南驻扎兵员有14400人。负责岭南羁縻州县军事治安的节度使一般由汉族官吏担任,而行政首脑则往往由少数民族的酋长世袭。在这种制度下,逐渐形成了一个由汉族军事首脑总揽的岭南地方统治网络。尽管以少数民族首领自任而形成的羁縻体制在岭南地区牢固地建立起来,但操纵和控制这个统治网络的权柄仍然握在汉族官吏手中,这使得唐朝通过少数民族上层实行间接统治的羁縻制度具有更大的力度。这种统治体制,对唐朝南部沿海疆域的开发,对仍然比较落后的岭南沿海及海南岛的经济发展,都产生了巨大的作用。

唐中期以后,在全国范围内出现了内乱的早期现象:中央政权对地方政治逐渐失去控制,各地的割据势力相继兴起,对中央政权构成威胁,并开始向唐朝的政治中心地

---

① 《新唐书》卷五一《食货志》。

区进行渗透。但是与上述形势相反，地处沿海疆域的南端且与大陆隔海相望的海南岛，却出现了向内地归化的趋势。唐初，在海南岛设置了 3 个州；至唐玄宗时期，海南已经设置有 5 个州。唐中央政权已经建立起了一个对海南进行有效控制的官僚系统。中唐以后，这个系统得到了进一步强化。789 年，唐岭南节度使李复为了加强对海南的统治，曾经派遣其属下孟京会同崖州刺史张少逸领兵讨伐琼州不服从唐政权管辖的"俚洞酋豪"。他们在海南"建立城栅，屯集官军"，使得海南岛及其周边的广大海域都处在唐朝军队的控制之下。李复又将唐驻海南军队移往琼州，自兼琼、崖、振、儋、万安"五州招讨游奕使"。

在唐朝不断加强在海南的政治统治的同时，一些任职于海南的唐朝官吏，从个人角度对岛内情况进行了调查，并将其为官任职和调查结果记述下来，对我们今天了解唐代海南的发展状况有着重要意义。784—787 年，杜佑任岭南节度使。他在所著《通典》一书中专门以一节记述了海南的情况。807 年，岭南节度使赵昌绘《海南五州六十二洞归降图》。曾经任广州司马的刘恂在任职期满后著有《岭表异录》，这是海南黎族见之于文献的最早记载。从上述著述当中，我们可以了解到唐代海南的开发与治理的状况。

海南岛上的居民有汉族和其他一些少数民族。唐代岛上主要的少数民族是黎族。从隋代开始，黎族就已经开始了与汉民族的融合。经过一段较长的时间之后，在政治和经济都还比较落后的海南岛内，开始形成了一种"汉在（海南）外围，黎在腹地"的民族分布格局。面对这种形势，许多参与对海南治理的汉族人士，都曾经为海南岛的发展做出过自己的贡献。在文化方面，许多曾经任职海南的汉族官员都在其任内努力推广先进的汉文化。例如，王义方在就任儋州吉安丞时，儋州地方"蛮俗荒梗。义方召诸首领，集生徒亲为讲经，行释奠之礼"，以身作则，以汉文化教化少数民族，从而带动海南岛内的民风进化。① 海南远离大陆，处"地远天荒"之境，因此在唐代成为贬官谪戍之地。在被"流放"到这里的官员当中，有许多利用他们为政的经验，为海南岛的不断开发进行了有益的尝试。例如，参与"永贞革新"的韦执谊，在革新失败后于 806 年被贬为崖州司户参军；曾经在武宗时担任宰相的李德裕，也在 849 年被贬为崖州司户。这些原来居于高位的官员，到海南后都大行促进汉文化传播之事，对海南的经济发展和文化进步产生了重要影响。

862 年，唐朝决定将岭南道划分为岭南东、西两道，海南归于岭南西道管辖。至此，唐朝中央政权完成了对海南进行环岛设置统治机构的预想，形成了岛上外围开发快于中心的发展格局。唐政权在海南岛设立了 5 个州，22 个县。这种行政系统的建立，标志着海南岛内汉族与其他少数民族的融合过程进一步加快，岛内从沿海到中心地区的汉族—熟黎—生黎同心环形的人文政治版图已经形成。随着岛内生产的不断发展和封建政治秩序的巩固，海南真正进入大规模开发的历史时期。

隋唐之际的台湾仍然处在原始社会发展阶段。隋时大陆已经有人频繁地进出台湾。一些大陆出产的生产工具如铁制品也已经传入台湾。有一部分高山族已经进入了父系氏族社会。但总的来说，隋唐时期的台湾尚未进入王朝政府对沿海疆域开发的管理体制之下。

---

① 《旧唐书》卷一八七《忠义上》。

第五节　隋唐时期中国海疆开发与发展的历史特征

隋唐时期是中国古代历史上一个重要而特殊的发展阶段。中国社会从一个长期分裂与内战的时期重新走向统一,再次出现了一个前所未有的发展高峰期。纵观从隋到唐代数百年间中国沿海疆域在政治、经济、文化等各个领域的发展轨迹,我们可以发现,这一时期的海疆开发进程有着鲜明的时代色彩。

一　沿海疆域的稳定与发展受国家政治稳定与强盛程度支配

隋唐以降,中国社会重新完成大一统的历史过程。在这个过程中,中国的国家疆域从秦汉时期的疆域范围不断向外扩展,到 10 世纪,中国陆上疆域已经大大推远。沿海疆域受自然地理与生产开发条件的限制东止于海岸线和近海海域,但在海疆的北、南两端,封建王朝势力也在不断扩展统治范围,到唐代,中原政权对东亚大陆边缘整个沿海区域及其近海海域的治理和管辖,已经达到了前所未有的程度。

一般而言,在统一的条件下,当封建国家处在上升时期,政治清明,国内安定,经济发展,国力强盛,则其对沿海开发治理的力度就大一些,对沿海疆域经济发展的促进措施也就多一些,同时更加关注对沿海疆域的南、北两端尤其是北端实施有效统治的力度与范围;反之,国势衰落,政治混乱,则必然海疆不靖、割据盛行。

从开发沿海的手段来看,隋唐时期中央政权稳定,其开发边疆地区的基本策略,一般以政治经略为主。建立有效的统治网络是对沿海进行开发的前提条件。在北与东北两个方向上的陆上边疆,封建王朝大都对这些边疆地区进行大规模的军事征服行动,建立起有效的政治统治;或以武力威慑的方式对这些地区的统治秩序进行调整,这集中体现在隋唐时期中央政权对东北及朝鲜半岛的军事经略当中。在对长江以南沿海疆域进行开发的过程中,封建国家也把建立有效的政治统治作为开发的首要措施,比较典型的是各封建政权对南端沿海地区的开发拓展,如南朝及隋唐时期在交、广两州实行的统治方式。

就开发沿海地区的目的来看,隋唐时期对沿海疆域的开发,不仅是基于建立政治统治,而且还有明确的经济需求。隋及唐代对江淮流域以南地区,尤其是扬、杭等沿海大港及其腹地经济发展的促进措施,都是封建政权对沿海经济发展后产生的社会效果有着强烈的预期需求而采取的措施,而沿海经济对封建政权所起到的支撑作用也能说明这个问题。

沿海疆域,尤其是隋唐以前尚未得到深入且有效开发的东亚大陆南北两端的沿海疆域,在 7 世纪前后几乎都面临着交通落后、民族混杂或与邻国毗连的状况,地区内的民族与民族之间、部族与部族之间的社会发展程度差异很大,政治关系复杂,经济发达水平远远低于内地农耕地区。在文化发展程度上,上述区域内居住的少数民族普遍比中原汉族的文化发展落后。要实现未开发地区与内陆社会的同步发展,政治的统一是必要的前提。因此,对落后的沿海地区进行开发,首先要建立起有效的政治统治网络,实现政令通达,加强对沿海地区的控制。而要达到这些目的,必须以实力作为后盾,以国家力量作为保障,因而只有在封建国家处于上升阶段的国泰民安的社会环境中这些目标才能够实现。

社会发展的一般规律表明,和平安定的社会环境,对社会经济发展起着重要的保障作用。在封建社会条件下,国家政治的稳定程度制约着社会生产力水平的提高,并在很大程度上影响着社会的发展。沿海疆域的发展与繁荣,也受到封建政治的重要影响。

封建政治的稳定首先影响社会人口的消长。在封建社会,人口数量是社会经济获得发展的重要和不可或缺的条件。古代的社会生产活动,主要由两个互为调节的层面构成:一是生产资料及生产工具的生产,二是人类自身的再生产。在中国封建社会,这两种生产之间的比例,曾经屡次经历协调—失调的周期性变化。而这两种生产的协调与否,与整个社会的盛与衰、安定与混乱的变化有着密切的关联。人类自身的生产是重要的经济—社会因素。人的再生产与物质资料的生产相互适应并协调发展,不仅是封建王朝政治社会稳定的先决条件,而且也是封建经济得以正常运作的重要前提,同时更是封建社会获得稳定和发展的一种表征和重要成果。换言之,消费人口的增长速度必须与消费资料的增长速度相适应,生产人口的数量、质量必须与当时社会生产的手段、生产水平相适应,消费人口必须与生产人口的比例相适应,才能达到社会经济协调运行的良性状态;而这种良性状态,又会使上述两种生产的相互适应程度更趋成熟。3—10世纪,各封建政权在建立之初,几乎无一例外地都因战祸而面临社会人口大量减少、可供耕种的荒芜土地相对增多的局面。在社会稳定程度相对提高、社会生产逐渐恢复的背景下,人口在不断繁衍,社会经济也在不断发展,两者形成互动的关系,从而实现共同增长,封建国家的实力因此而得到积累,随后便伴有"太平盛世"出现。但是当社会经济发展到一定程度,社会扩大再生产的能力接近极限时,两种生产之间的关系必然出现相互背离的趋势,生产者与生产资料之间出现大量的脱节现象,形成土地高度集中、流民数量激增、民间赋役重不堪负的严重局面。这必然导致社会出现危机,危机所导致的社会动荡将再次中断封建经济的发展进程,一个朝代的发展往往由此转向。这种历史发展的周期性循环往复,不仅存在于三国至唐代的历史阶段内,而且存在于整个中国封建社会中。因此,当我们从整体上审视这一阶段中国封建社会各个层面的问题时,这两种再生产的协调程度就成为衡量社会发展是否良性的重要指数。

社会人口的消长直接体现了社会的稳定程度:人口增长表明社会政治相对清明,经济比较富足;而社会动乱的直接后果就是人口锐减。以唐代为例,在经历了隋朝末年的社会大动荡之后,唐初人口大大减少,直至贞观年间全国人口尚不足300万;此后在经历了唐前期的社会经济恢复阶段之后,到8世纪中叶,全国人口总数已经达到890余万,增长幅度接近3倍。[①] 我们再从以下几个沿海州郡的户口数字看一下隋唐之际沿海地区的社会状况。

江淮地区:

扬州,隋初约10000户,唐朝初年23000余户,人口94300余人。在"安史之乱"

---

① 韩国磐:《隋唐五代史纲》,人民出版社1977年版,第174页。

前,扬州人口已经达到 77150 余户,467800 余人。经历唐代前期的治理恢复,扬州人口增长将近 5 倍。

隋毗陵郡,唐改常州,隋时户 17500 余,唐开元年间达 96400 余,元和年间降至 54700 户。

东南沿海:

隋余杭郡,唐改杭州,隋时户口 15300 余,唐开元时 84200 余,元和年间降至 51200 余户。

隋会稽郡,唐改越州,隋时户口 20200 余,唐开元年间 107600 余,元和年间锐减至 20600 余。

交广地区:

隋南海郡,唐改广州,隋时户数 15380,唐开元年间户数 64250,唐元和年间户数近 74100。①

上述几组数字反映出了从隋至中唐时期江淮以南户口变化及人口消长的基本状况。从中我们可以清晰地看出,在经历了唐初的恢复和贞观、开元时期的稳定发展之后,南方人口迅速增长,沿海州府已经在唐朝的经济发展中占有重要地位。同时,它也反映出除广州以外,上述地区在唐中期以后又都呈现出户口下降的局面。出现这种现象的直接原因,是此时上述地区的土地高度集中,大土地所有者隐占户口所导致。这从一个方面表明,社会动荡正在加剧,中央政权已经无力全面控制社会资源。

国家稳定导致人口增长,使社会生产劳动力的数量得到补充,这对社会经济的恢复发展有着重要意义。对于落后的沿海地区来说,人口的增长首先意味着农业获得了发展的重要条件。而农业生产的发展对于社会其他生产部门而言,是发展的主要前提。在中国沿海疆域发展的整个历史过程中,发展地区性农业始终占有主要地位。只有农业生产发展到一定程度,社会的手工业和商业才可能分别成长为各自独立的生产部门,并进而具备大规模发展的条件。在人口增长和农业发展的因果关系中,土地开垦是中间链条,它衔接着人口与农业这两个关系社会经济发展的重要环节。在古代的生产力条件下,人口的增长、土地的增辟和农产品的丰足共同作为社会经济发展的主要指标。只要封建国家能够有效控制国家政治局势,对沿海地区能够直接管辖并进行经略,人口的增长和土地新辟就能使上述地区的经济以正常或超常的速度发展;反之,在一定时期内将可能导致沿海疆域的开发陷入停顿状态,甚至产生倒退。

3 世纪起,由于长期战乱和分裂导致人口自北向南、自西向东的大规模流徙,为中原汉文化的同向传播创造了条件,使先进的农耕文化主导了沿海疆域的开发过程。在对沿海地区的开发中,从一开始就表现出来一种对土地的重视观念:将土地作为生存的基本条件和最重要的开发资源。在这种观念支配下,沿海地区的农业成为地区开发最重要的部门,获得了优先发展。至晚唐,沿海疆域开发的基本格局是:渤海及其以北一线的发展相对停滞,并逐渐落后于长江以南沿海区域;在同一时期,由于受中原地区政治局势的影响,黄海沿海疆域的社会发展呈不稳定状态,而东南沿海疆域的发展速度加快,逐渐赶上并超过了北方沿海,成为封建经济最发达的地区之一;地处东亚大陆

---

① 韩国磐:《隋唐五代史纲》,人民出版社 1977 年版,第 322 页。

南端的岭南沿海,在这时仍然表现为多个局部开发而尚未真正形成全面迅速发展的局面。

在封建社会中,一个地区的开发能否获得机遇,一方面取决于它的地理位置、地缘和资源条件,同时还取决于它在封建体制运行中的作用,取决于它在这个体制中的经济地位。隋唐以后,随着大一统的封建王朝日益巩固,中国沿海疆域的开发就已经全部纳入了封建国家的政治经济体系之中,其发展完全受这一体系的调控。从政治角度考察,这一时期的"沿海疆域"从未被当作独立的经济区域,沿海的各个区段都被列入相应的政治或行政区划之内,成为这个行政区域的一个组成部分,受该区域行政系统的一体管辖。这样,沿海疆域完全成为陆上疆域的边缘区域和附属,对沿海地区进行的任何开发都必须在成熟的封建体制之内进行。因此,地方行政系统及其所属的封建体制的稳定与否,必然直接或间接地作用于这一开发过程。

这里应当特别指出的是政治稳定对沿海开发所产生的作用。首先,这种作用表现在中央政权在统一时期能够凭借强大的实力,支持并促进各地对沿海地区的开发进程。在政治上,封建国家在保持对全国进行有效统治的同时,能够以暴力推动的方式加快对沿海地区政治开发的速度。由于巩固政权的需要,封建国家对边疆的开发,在多数时期都以政治策略的实施为主要内容,表现方式多是把建立有效的政治统治网络作为首要措施,并且经常以武力对沿海某一区域的统治秩序进行调整。这种方式,极大地加快了将沿海地区纳入封建王朝统治体系的历史进程。国内政治局势的稳定,可以促进沿海地区封建政治秩序的确立,能够保证沿海边鄙之地与国内其他地区在封建政治的演进过程中保持同步,这些无疑对中国封建政治的历史发展具有重要意义。在经济上,封建政权能够在较大区域内控制社会资源,并具备动员社会资源的明显优势。利用这种优势加强对沿海疆域的开发投入,对沿海疆域进行强制性的资源开发,其结果必然对沿海经济的发展产生有利影响,迅速缩小沿海与内地之间经济发达程度的差距。其次,国家政权的稳定对沿海疆域的发展趋向具有重要影响。一般情况下,国家政治的稳定会提高统治者对边疆开发的关注,这种关注能够导致加大对沿海经济开发的投入,从而促进沿海疆域的开发进程。但是,一旦社会发生混乱而统治集团又无法有效控制政治局面时,封建中央政权便会终止这种投入,迫使包括沿海在内的全国各个地区的社会资源完全服从于它的需要,因而局部阻断沿海疆域开发的正常进程,或者完全放弃对沿海疆域的控制,使沿海疆域的开发在整体上进入无序乃至混乱状态。再次,政治稳定和海疆的巩固,保证了中外各方能够在海上进行正常的交流。在封建政权有效统治沿海地区的条件下,吸引了诸多外国人来华进行经济和文化交流,这种交流的开展无疑会对参与交流的沿海地区的发展产生推动作用。隋唐时期沿海港口的兴起和发展,就是这种交流的直接后果。当稳定被破坏、中外海上交流中断时,沿海地区经济所受到的恶劣影响也是显而易见的。

由此可见,在全国统一的条件下,国家政治的稳定程度与沿海开发的深度和广度是成正比关系的。

二 沿海疆域开发受传统农业经济发展模式的影响

中国沿海疆域开发的整个历程表明,它要受传统农业经济发展模式的制约与影响,而这种影响的产生又与地理条件有关。

地理环境是人类社会发展的重要条件之一。地理环境的差异在社会的早期发展过程中直接影响着社会经济模式的形成,它在中国沿海疆域的开发中也曾经有过重要作用,尤其是在社会生产力相对低下时地理条件对海疆的发展产生了巨大的制约。中国沿海疆域纵跨数个气候带,在不同纬度上,各个沿海区域及其相邻地区都拥有互不相同的地理条件,这使古代中国沿海疆域各区段经济的发展从一开始就存在地域性差异。3—10世纪,由于多种因素的共同作用,尤其是在地理条件的制约和内陆传统农业对沿海地区的辐射影响下,这种差异表现出不断增强的趋势,各个沿海区段的开发程度极不平衡,区域性发展特征明显,沿海各地渐次形成了各具特征的发展模式。

在北方,从汉末进入分裂开始,相继建立了从属于中原王朝统治体系的政权,这些政权对沿海疆域的开发多以政治经营为主。北方沿海地区农业大多比较落后,除少数地区外,能够提供的经济产品主要是盐产和渔产。沿黄海、渤海的开发在秦汉之后,一度受内战的影响而陷于停顿。但因这里纳入封建政治统治体系早,传统经济已经深入这一区域的经济生活,因而在几次分裂的局面下,这里的沿海区域性经济还是获得了发展,特别是山东半岛沿海某些地区,经济开发呈现了平稳的发展态势。产生这种现象的重要原因之一,是这里的经济很早就属于传统农业经济体系。古代的沿海地区作为非独立的经济区域,一般都从属于以传统农业为主体的各个不同的农业经济区,不仅北方沿海是这样,江淮以南的广大南方沿海也是如此。黄海、渤海沿海地区经济带有明显的传统农业经济特征,其具有的在封建社会发育比较成熟的小生产的再生性特征为战乱中沿海经济的间断性恢复与发展注入了一定的活力。但是,也是由于这种从属性的作用,在北方地区生产受内战冲击而萎缩停滞的背景下,使得黄海、渤海沿海的开发进程受到影响,从而形成北方沿海的发展明显慢于江淮以南大部分地区的整体发展态势。

东南沿海地区在3—10世纪的开发进展最为明显。由于政治中心逐渐南移,魏晋时期的东南沿海已经逐渐褪去秦汉之时的蛮荒之色,纳入了封建经济的发展轨道。从沿海区域的开发趋势来看,它是伴随着中国社会经济重心从内陆向沿海做横向位移的进程,从长江中下游开始逐渐向南延伸,呈纵向扩展态势。从这一阶段经济地理布局的演变可以看出,经济重心逐渐东移对沿海海域的开发,特别是对东南沿海经济的发展,具有重要意义。在沿海地区特别是东南沿海地区开发的初期,受沿海经济对内陆传统农业经济从属性的制约,在开发时基本上是对内陆传统农业生产模式的移植;而经济重心的位移对沿海经济产生的驱动使得沿海地区获得了发展的重要机遇。在江苏、两浙和福建地区,沿海围垦和濒海水利事业的空前发展,使东南沿海地区特别是长江入海口南北两向的农耕条件得以改善,初步形成了具有一定规模的农业经济区域。沿海农业的迅速成长,加速了农业品种的改良,增加了经济作物的种类,同时,促进了社会手工业、商业以及城市规模的发展,使东南沿海的开发速度因此而高于其他沿海地区。

岭南沿海的开发具有突出的地域性特征。它既不同于北方沿海以政治开发为主的开发方式,又有别于东南沿海的农业式发展模式。岭南有大量的少数民族,因此开发岭南必须首先确立汉族政权对这一区域的统治。从东吴开始,历经南朝和隋唐各代,都采取了在岭南保持政治稳定为主的统治方略。这一地区原有的生产力水平很低,迟迟没有形成一个以农业为主的区域经济中心;其所处的地理环境又十分特殊,横亘的山脉将岭南地区与内地农业比较发达的地区完全阻隔开来,使后者对岭南沿海经济的辐射失去带动作用。在这种背景下,岭南沿海的开发出现了一种背离传统农业经济发展的开发模式:港市逐渐成长为岭南沿海地区及其相邻腹地的政治经济中心。南北朝时期,在发达的海上交通和日益增长的海外贸易的刺激下,广州开始成为国际航海大港,并进而成为岭南地区的政治经济中心。此后,广州突出地发挥了对整个岭南沿海疆域经济的带动与辐射作用,从港市经海路和陆路带动沿海的经济开发。对内,广州拉动周边地区的生产,扩大了地区内社会生产的规模,提高了岭南沿海一带的生产技术水平;对外,广州以明显的海上交通优势,促进了岭南沿海与海外的经济交流。因此从根本上讲,岭南沿海的开发不是农业生产发展的结果,它的非农耕性使中国沿海疆域南端的开发在形式上迥异于其他沿海地区。虽然在开发进程中也不断增加了传统农业的生产成分,但岭南沿海开发还是受到海洋文明与大陆文明的双重影响。

从 10 世纪以前沿海疆域开发的整体看,沿海经济的发展水平,在很大程度上取决于与之相连的内陆腹地地区的经济发展状况。在受传统农业经济辐射影响较强的沿海地区,一般为生产力水平提高较快、经济开发程度较高的地区。这些地区在内陆腹地地区经济的影响与牵动下,依托农耕生产提供的物质基础,在比较稳定的社会条件下即可获得较大幅度的经济增长。在 3 世纪之后东南沿海的发展就是一个典型。而岭南沿海背靠腹地的农耕经济相对落后,同时受海洋经济的影响又比较大,它所形成的开发模式容易受社会环境突变的冲击,具有不稳定性。唐代广州港的几次发展起伏正是这种特性所导致的。这种状况一直到宋代才以本地的农业生产发展而告结束。

三 大一统王朝沿海开发的外向型趋势

在沿海经济区域的形成与演化过程中,中国经济重心表现出向沿海地区转移的定位趋势。古代中国农耕经济在形成过程中,曾经受到海洋文明的若干影响,而中国传统农业社会经济结构的包容性,使得沿海地区经济的发展具有双重特点:一方面是农耕经济的特点,另一方面又显现出海洋性经济的某些传统。随着沿海疆域开发的不断深入,上述这种双重性特点也在逐渐显示出相互作用、相互制约的发展趋势。

从汉末开始,海洋性特征在中国沿海各区段的经济开发过程中都有所发展。在秦汉之后,中国社会经济出现了跨出中原向沿江及沿海发展的趋势。这是农业、手工业和商业发展的必然结果,同时也刺激了沿海经济向多元化发展,形成了沿海的中心港口城市,促进了沿海港市经济的兴旺。但是,这种带有海洋性特征的经济,不会突破建立在农耕经济基础上的封建统治所允许的程度,只有在封建国家的扶持与操纵下,它才能够获得发展空间。

从 3—10 世纪中几个历史时期的沿海开发的具体进程看,建立和稳定在沿海疆域内的政治统治是封建王朝的重要目标。但在隋唐时期,凭借封建统一国家的强大实力实现对中国海疆空前的开拓之后,一直存在于沿海社会之中的海洋经济传统开始出现某种发展活力,这主要表现在通过海洋达到扩大疆域的目的。

隋唐之际航海事业的繁荣,在空间上已经大大超出了传统农耕经济存在的范围。

海上航线的开辟,增加了东亚大陆与外部世界的交流通道;海上贸易的开展,对以自给自足自然经济为主要特征的封建社会经济的发展起到了一种辅助性推动作用;通过海上通道开展的中外文化交流,对中华文明的发展和促进周边民族与国家的历史进步有着重要意义。这些都充分表现出海洋文明的本质:向外拓展的倾向。海洋经济具有不断拓展的特征,它在不同历史条件下所产生的作用不尽相同。虽然濒海国家与民族都具有海洋性传统遗存,但其发育的程度不同。隋唐之际正是这种传统获得较大发展的重要时期,明显表现出一种外向型的开拓倾向。

隋唐时期的这种外向型发展倾向,为中国文化在世界上取得前所未有的地位产生了重要作用,尤其是对东亚及其邻近地区的影响超过了过去的任何一个历史时期。毋庸讳言,隋唐两代封建王朝不断对周边海上邻国或民族进行军事征讨,使得中外海上交流在地区内已经不完全是对等的了。同时,文化发展程度的不同,使中国与地区内的其他海上邻国与民族之间产生了文化上的明显差异。从文化意义上讲,这种差异强化了文化落后民族对先进文化的追求心理,从而形成了在东亚地区内对中国文化的向心力。这种文化倾向导致了以唐朝为中心的东亚文化圈的形成。从政治意义上讲,这种向心力的发展,使一种古代东亚国家关系的萌芽开始产生。这种国家关系的萌芽在经历了若干世纪之后,定型为中外的藩属关系。对此,我们将在本书有关章节中论述。

第十章

魏晋南北朝隋唐时期的海洋认知与利用

　　魏晋南北朝隋唐时期，人们对海洋的了解比以前更清楚了：有了确切的水体含义的"四海"各个海区的面貌已见诸文献记载；对海洋气象、海洋水文、海洋生物越来越多的描述和解释中不乏科学性的真知灼见。潮论的发展在这一时期尤其突出，不仅出现了现在所知最早的中国历史上第一篇潮论——严峻的《潮水论》，而且出现了以杨泉、葛洪、窦叔蒙、封演、卢肇等为代表的潮论专家，使得东汉王充以来传统的元气自然论潮论大大深化，新潮论——天地结构论潮论迅速兴起，到唐代我国潮汐学已从理论和实践两个方面同时较好地揭示了潮时的变化规律，出现了理论潮汐表和实测潮汐表。就民众的社会观念而言，人们在海洋的自然属性方面持海洋圜道观；在海洋的社会价值方面，早已突破了原来的"舟楫之便，鱼盐之利"的简单认识，海洋宝域仙境观和海外异域交通观日渐发展。

　　虽然自古渔盐并称，但在秦汉以后包括魏晋南北朝隋唐时期直至明代以前，海洋渔业发展的速度和地位远远低于海洋盐业。魏晋南北朝隋唐时期，关于海盐生产的记述增多了，淋卤制盐法普遍应用，海盐生产规模日趋扩大，而且随着经济地理的变动，两淮、江南等地成为海盐生产的重心所在。航海贸易与运输业也是海洋经济利用的重要领域，而且在本阶段的海洋发展中占有突出的地位。另外，沿海疆域开发中存在的重农化特征也给海洋利用带来了某些农业性特点，在沿海地区广为分布的仰潮水灌溉的潮田就是典型的例子。

第一节　海洋认知的发展与海洋观念

一　对海区的认识①

　　中国古人很早就认为中国四周为海水包围，并产生了"四海"的说法，即《山海经》中所说的东海、南海、西海和北海。关于"四海"，因古人认为中国居于大地中央、四面有海环绕而来，非实指某海域。在魏晋南北朝隋唐时期及其前后，"四海"有了确切的水体含义。

---

① 本部分引见宋正海、郭永芳、陈瑞平：《中国古代海洋学史》，海洋出版社 1986 年版，第 86—92 页。

渤海,既是现在渤海的单称,也含现在的渤海和黄海的合称。《河图括地象》称"黄河出昆仑山","入于渤海"①。唐代,我国的靺鞨族等所建立的地方政权,受唐封为左骁卫大将军、渤海郡王,在今辽东一带。这里所说的渤海都是指现在的渤海。明章潢的《图书编》中有《渤海考》,称"北海亦通称渤海",还对渤海的海域作了描述:"东方之极,自碣石通朝鲜诸国,重抵扶桑(指今日本),一望汪洋浩瀚,溟滓无际,外控夷落,内卫中夏。"所以古代的渤海,实兼有现在的渤海与黄海的海区。

"渤海"还被称为"沧海""辽海"。例如,唐李白《行路难》中有"长风破浪会有时,直挂云帆济沧海",杜甫《后出塞》的第四首诗中有"渔阳豪侠地,击鼓吹笙竽,云帆转辽海,粳稻来东吴",这里的"沧海""辽海"皆指渤海。

由于古人以自己生活所在地的地理位置来命名相对方位的海域,因而把黄河流域东边的大海视作"东海",秦汉时,曾在今山东郯城至江苏的海州一带设置东海郡。②魏晋南北朝隋唐时期沿袭前代而来的"东海"仍指现在的黄海乃至渤海。

"南海"在秦汉及其以后所指海域,包括现在的东海和南海两个海域。《图书编》的"南海考":"广东三面皆濒海地也,《禹贡》三江皆从会稽(汉会稽地绵亘四千余里)入于南海,南三岭复有三江,又从广城一百里合流,入于南海。"所以,南海含今天的东海和南海的海区。

但是,当时更多地称现在的南海为"涨海",如"南海大海之别有涨海"③。"涨海",不仅专指今天南海的海区,而且还指我国的南海诸岛。现存的文献里,较早记载"涨海"名称的,有晋谢承的《后汉书》:"汝南陈茂,尝为交阯别驾。旧刺史行部,不渡涨海。刺史周敞,涉(涨)海遇风,船欲覆没。茂拔剑诃骂神,风即止息"④;"交趾七郡贡献,皆从涨海出入"⑤。至于南海为什么又称为"涨海",虽无较早的文献可征⑥,然从当时对南海的地貌记载中不难发现一些端倪。东汉杨孚《异物志》:"涨海崎头,水浅而多磁石,徼外大舟,锢以铁叶,值之多拔。"⑦吴万震《南州异物志》:"极大崎大,出涨海,中浅多磁石。"⑧吴康泰《扶南传》:"涨海中,到珊瑚洲,洲底有盘石,珊瑚生其上也。"⑨南海中散布着无数大小岛屿,它们都是珊瑚礁岛且在不断地成长中;又由于潮汐的涨落使许多岛屿、沙洲、暗礁,时而露出海面,时而又隐藏在浩渺的碧波下,时而如卧牛,时而只露出尖尖的头角。这种明显有别于其他海洋地貌的现象,正是南海的异常之处,是南海又被名为"涨海"的原因。

时人还把南海的南部包括进去的更广大的海域称之为"大涨海","又传扶南东界

---

① (清)王谟辑:《汉唐地理书钞》。
② 《汉书·地理志上》。
③ 康泰:《外国杂传》,《初学记》卷六。
④ 《太平御览》卷六〇。
⑤ 晋谢承:《后汉书》,《初学记》卷六。
⑥ 较晚的文献,如清初的屈大均的《广东新语》卷四谈及今南海称涨海的缘由:"炎海善溢,故曰涨海","或曰涨海多瘴,饮其水者腹胀"。
⑦ (明)唐胄:《正德琼台志》卷九引《异物志》,上海古籍书店据宁波天一阁藏,正德残本影印,1964年。所谓此文乃三国吴万震《南州异物志》。《太平御览》卷九八八引《南州异物志》如下:"涨海崎头,水浅多磁石,外徼人乘大舶,皆以铁镍镍之,至此关,以磁石,不得过。"
⑧ 《太平御览》卷七九〇。
⑨ 《太平御览》卷六九。

即大涨海"①。

二 对海洋气象的认识②

(一)海洋占候

要进行任何海上活动,均需要掌握未来海洋天气状况。这不仅决定着海上活动能否正常进行,而且直接影响着生命、财产的安全。海洋占候在先秦就有,秦汉时期较为普遍,魏晋南北朝时期又有所发展。渔民和舟师十分重视海洋占候。梁元帝(萧绎,508—554年)《职贡图序》云:"梯山航海,交臂屈膝,占云望日,重译至焉。"③至唐代,天气预报的专著已有很多。《旧唐书·经籍志下》所收集的风角书就有4种共14卷:《风角要候》1卷、《风角六情角》1卷、《风角书》10卷、《风角鸟情》2卷。李靖(571—649年)是唐初军事家,称卫国景武公。他精通风角、云祲之术,至今《通典·云气候杂占》保留其部分内容。黄子发《相雨书》是一本著名的占候书,收集有丰富的占雨谚语,其预报雨情和与雨有关的风情的方法有候气、观云、察日月、看星宿、会风详声、推时、相草木虫鱼玉石等16种,其中不少谚语对海洋气象预报有重要的作用。

(二)对海洋风暴的认识

海洋风暴是我国近海主要的灾害性天气,古代尤甚。所以,对海洋风暴的预报在中国古代备受关注。风大风小,能否造成灾害,主要在于风速,所以古代对这方面早有研究。汉代已出现风速计。④唐代对风速的研究进一步发展,出现了风级表。李淳风(602—?年)《观象玩占》:"凡风发,初迟后疾,其来远,初急后缓,其来近。动叶十里,鸣条百里,摇枝二百里,落叶三百里,折小枝四百里,折大枝五百里,飞沙走石一千里,拔大木五千里。"⑤李淳风的《乙巳占》也有大同小异的记述。这里虽为占风远近,但实是按风速及其宏观现象划分了风级。李淳风风级划分原理与1804年英国蒲福(F. Beaufort,1774—1857年)建立的蒲福风级相似,可进行比较。李淳风风级表产生于唐贞观年间(626—649年),比蒲福风级表至少早1200年。

唐代占风家对大风进行了系统的分类。《观象玩占》载:"古云发屋折木扬沙走石,今谓之怒风……一日之内三转移方,古云四转五复谓之乱风,乱风者狂乱不定之象。无云晴爽,忽起大风,不经刻而止,绝绝复急起古云暴风卒起,乍有乍无今谓之暴风……鸣条摆树,萧萧有声,今谓之飘风……迅风触尘蓬勃……今谓之㘎风,回旋羊角,古云扶摇羊角今谓之回风者,旋风也。回风卒起而环转。扶摇有如羊角向上轮转,有自上而下者,有自下而上者,或平条长直,或磨地而起,总谓之回风……"⑥

---

① 《梁书》卷五四。
② 本部分引见宋正海、郭永芳、陈瑞平:《中国古代海洋学史》,海洋出版社1986年版,第150—152、157—160、164—165、172—173页;刘安国:《中国古人在认识海洋上的贡献》,载《中国海洋文化研究》第一卷,青岛海洋大学海洋文化研究所编,文化艺术出版社1999年版,第57页。
③ 《艺文类聚》卷五五引。
④ 〔英〕李约瑟:《中国科学技术史》第四卷,科学出版社1975年版,第741—743页。
⑤ 《观象玩占》卷四八《风角·占风来远近法》(抄本)。
⑥ 《观象玩占》卷四四《风名状》。

台风是威胁我国近海和沿海地区的主要风暴。最早把台风与其他风暴区分出来并进行命名的是晋沈怀远的《南越志》。《南越志》曰："熙安①间多飓风。飓者，其四方之风也，一曰惧风，言怖惧也，常以六七月兴。未至时，三日鸡犬为之不鸣，大者或至七日，小者一二日，外国以为黑风。"②这里描述的飓风或惧风或黑风，时间上，发生在夏秋之交，过境时间由一二日至一星期，强度大，有破坏性，风向又有四方变化，这些均说明此风是台风。可见，晋时台风已有专门名称，但主要称"飓风"，还没有"台风"这一名称。尤其重要的是《南越志》已描述此风为四方之风，即风向四方不断变化的风，这是十分科学的。台风是闭合气旋性涡旋（或称气旋），它是由中心低气压、四周空气幅合，幅合过程中气流由于受地转偏向力作用而不断旋转形成的涡旋。所以台风是一种旋转性风暴，四周风向是不同的。台风过境时，某地的风向就会递变。近代，台风为旋转风暴的理论是 1687 年由英国丹皮尔（W. Dampier，1652—1715 年）提出的。沈怀远的《南越志》成书于晋代（281—420 年），由此可见，就台风是旋转风暴这个概念的提出而言，沈怀远比丹皮尔至少要早 1200 多年。

唐代刘恂《岭表录异》："恶风谓之飓，坏屋折木，不足喻也，甚则吹屋瓦如飞蝶，或二三年不一风，或一年两三风。"③《唐国史补》："南海人言，海风四面而至，名曰飓风。"④由此可见，唐代台风仍被称为"飓风"。当时已有了灾害性台风的年频率统计数，这是个进步。

关于台风的预报方法，中国古代曾提出四种以上：其一是据断虹、断霓或赤云（晚霞）来预报；其二，据风向变化来预报；其三，用雷预兆台风；其四，观察海洋动物异常以预报台风或大风。魏晋南北朝隋唐时期应当是用第一种方法预报台风。这一点在唐代《岭表录异》卷上中已经指出："南海秋夏间，或云物惨然，则其晕如虹，长六七尺。比候，则飓风必发，故为飓母。急见震雷，则飓风不能作矣。舟人常以为候，预为备之。"此外，在李肇的《唐国史补》卷下、苏过的《飓风赋》中均描述了这种台风的先兆现象。宋代以后，用断虹预报台风的方法普及起来。

龙卷风是一种强烈的小范围旋风，是一种严重的灾害性天气现象，船舶在海洋中遇到龙卷风，是会立即船毁人亡的。中国古代对龙卷风的最早记载，见于庄周（公元前 369—公元前 286 年）《庄子》一书，书中形容此风"扶摇羊角而上"，正确地描绘了龙卷风的宏观外形。南北朝时对龙卷风的灾害已有记载："世宗正始二年二月癸卯，有黑风羊角而上起于柔玄镇，盖地一顷，所过拔树，甲辰至于营州，东入于海。"⑤唐代称龙卷风为"回风"，前已述及。李淳风《观象玩占》云："回旋羊角古云扶摇羊角，今谓之回风。回风者，旋风也。回风卒起而环转扶摇有如羊角向上转。"由此可见，唐时对龙卷风的气旋本质已有较深刻的认识。

---

① 熙安是一地名。晋顾微《广州志》有《熙安县》。
② 《太平御览》卷九。
③ 《岭表录异》卷上。
④ 《唐国史补》卷下。
⑤ 《魏书·灵征志》。

三　对海洋水文的认识

（一）对潮汐的认识[1]

潮汐是近岸海水的周期性涨落现象[2]，与近海海洋活动关系密切，所以了解潮候、制定潮汐表是涉海生活中不可或缺的重要工作。潮候观测和潮汐表的制定以及潮汐成因的解释，在中国起源很早，水平很高，这与中国文化传统是密切相关的。中国古代有机论自然观占统治地位，强调天地人统一，"把月亮和大地截然分隔开来的想法是和中国人的整个自然主义有机论的世界观相违背的"[3]。中国古代历法中很早就以朔望月为一月，且中国广大海区是典型的半日潮海区，这就促使中国人较早知道了潮水与月亮的对应关系。

1. 理论潮汐表和实测潮汐表

魏晋南北朝隋唐之前，东汉的王充对潮汐学有重大贡献，他提出了"涛之起也，随月盛衰"[4]的科学结论，明确指出了潮汐运动和月亮在天体运动中的同步关系。这就启发后人应用天文历算，以计算月球经过上下中天的时间的方法来确定潮时。中国古代天文历算十分发达、相当精确，因此中国古代用此法制订的理论潮汐表（实为天文潮汐表）在唐代就达到了精确的水平。

唐代窦叔蒙所撰《海涛志》[5]（亦名《海峤志》[6]，约成文于 770 年[7]）是现存最早的中国潮汐学专论，已达到相当水平。此文依据王充提出的潮汐与月亮同步原理，在潮候计算和理论潮汐表制订中做出了杰出贡献。《海涛志》曰："月与海相推，海与月相期……虽谬小准，不违大信。"这就进一步阐述了同步原理。窦叔蒙用天文历算法，计算了自唐宝应二年（763 年）冬至[8]，上推七万九千三百七十九年冬至之间的积日（日数）和积涛（潮汐次数），得到"积日二千八百九十九万二千六百六十四"和"积涛五千六百二万一千九百四十四"。两者相除，得到潮汐周期为 12 小时 25 分 14.02 秒，两个潮汐周期为 24 小时 50 分 28.04 秒。这个数据很精确，与现代一般使用的计算半日潮每日推迟 50 分很接近。

为了便于理论潮时推算成果的推广，窦叔蒙发明了一种可推算的一朔望月中各日各次潮汐时辰的涛时图。此图已佚，但《海涛志》中有具体的记载："涛时之法，图而列之。上致月朔、月出、上弦、盈、望、下弦、魄、晦。以潮汐所生，斜而络之，以为定式，循

---

[1]　宋正海、郭永芳、陈瑞平：《中国古代海洋学史》，海洋出版社 1986 年版，第 216—217、224—227、247—255 页。

[2]　潮汐词义在中国古代一直有三种解说：(1)海水涨为潮，落为汐。持此说的有五代丘光庭《海潮论》、北宋徐兢《宣和奉使高丽图经》，明张燮《东西洋考》、清陈良弼《乾隆台澎水师辑要》、嘉庆《三水县志》等。(2)海水上涨，朝至曰潮，夕至曰汐。持此说的有汉许慎《说文解字》、晋糜氏（糜豹？）的潮论、南宋马子严《潮汐说》、朱中有《潮赜》。(3)潮汐通指日潮、夜潮。持此说者不多，有清毛先舒《答潮问》。

[3]　〔英〕李约瑟：《中国科学技术史》第四卷，科学出版社 1975 年版，第 287 页。

[4]　《论衡·书虚篇》。

[5]　《海涛志》全文保存于清俞思谦《海潮辑说》中。《全唐文》卷四四〇保留有《海涛志》第一章。

[6]　徐兢《宣和奉使高丽图经·海道一》和周亮工《因树屋书影》卷九，均称《海涛志》为《海峤志》。

[7]　张君房《潮说》中篇只提唐大历撰《海涛志》，大历为 766—779 年。李约瑟认为《海涛志》成文于 770 年（《中国科学技术史》第四卷，科学出版社 1975 年版，第 775 页）。

[8]　《海涛志》原载"唐宝应元年癸卯"，这有错。宝应元年为壬寅，癸卯应为二年。

环周始,乃见其统体焉,亦其纲领也。"根据这段记载,可以做出"窦叔蒙涛时图"(复原图)(图 10-1)①。

图 10-1　窦叔蒙涛时图(复原图)

根据此图,人们可以方便地查出某一天的两次高潮时辰,看月相也可以方便地查出当天高潮时辰。当然,此图也可用于反查。

滨海而居的人们在涉海生活中对上潮、退潮时间很早就有大致的掌握,所以实测潮汐表的起源可能不比理论潮汐表的起源晚。唐诗人李益(748—827 年)《江南曲》中写道:"早知潮有信,嫁与弄潮儿。"②此诗句反映了中国古代对潮汐有确定时间的一种普遍性认识,这种"潮有信"的记载,是指可用于等待的具体时间,是有原始实测潮汐表内容的。这种潮汐时间表很可能是长期以民间常用的谚语形式存在的。这样的形式很难被记载、保存下来,故已无法考证清楚。

略为成文的实测潮汐表则可以保存下来。唐代封演少居淮海,日夕观潮,写有《说潮》。③ 此文指出:"大抵每日两潮,昼夜各一。假如月出潮以平明,二日三日渐晚,至月半,则月初早潮翻为夜潮,夜潮翻为早潮矣。如是渐转,至月半之早潮复为夜潮,月半之夜潮复为早潮。凡一月旋转一匝,周而复始。虽月有大小,魄有盈亏,而潮常应之,无毫厘之失。"这里封演通过实际潮时观察,详尽清晰地描述了一朔望月潮时的逐日推移规律。他实测得到的潮时情况和窦叔蒙用天文历算法得到的涛时图内容有异曲同工之妙。因此,早在唐代我国潮汐学已从理论和实践两个方面同时较好地揭示了一朔望月中潮时变化的规律。

---

① 此图参考了徐瑜《唐代潮汐学家窦叔蒙及其〈海涛志〉》(《历史研究》1978 年 6 期)的复原图,但有所改动。
② 李益:《江南曲》,宋代郭茂倩:《乐府诗集》第一册,中华书局 1979 年版,第 26 卷。
③ 封演:《说潮》,《全唐文》卷四四〇。

实测潮汐表与理论潮汐表相比的最大优点,是反映了由于地理因素(岛屿分布、海岸河口形态、海底深浅等)造成的潮汐迟到现象,以及这种现象反映潮时上形成的"高潮间隙"。因此,实测潮汐表比理论潮汐表更适用于具体的海区或港口,它有更大的实用价值和一定的进步作用。不过,封演《说潮》中阐述的潮候,虽说是来源于"日夕观潮",但由于观测并不精确,并且有意无意地去附和月亮运动或附和已有的理论潮汐表,所以没有反映出高潮间隙。

高潮间隙现象的发现目前已可追溯到东汉。王充在《论衡·书虚篇》谈到"涛之起也,随月盛衰"之后,又紧接着指出"大小、满损不齐同"。唐代窦叔蒙在《海涛志》中谈到理论潮时与实际潮时的比较,虽"不违大信",但也有"谬小准"现象,这又一次强调了潮时的高潮间隙现象。

唐代还发现了另一种潮汐迟到现象:一年或一朔望月中大潮相对于月亮运动也有迟到现象。窦叔蒙《海涛志》指出,春秋大潮并非在二月、八月的初一和十五,而是在其后的初三和十八。李吉甫(758—814年)不仅指出每年八月十八(而不是十五)潮水最大,而且指出一朔望月中的大潮和小潮均推迟约三天晚。[①] 唐时,人们对大潮在十八而不在十五现象的原因产生兴趣。卢肇《海潮赋》[②]提出潮汐学上的14个问题,其中第四个问题便是"十八日何故更大也"。赋中他引用了东晋葛洪提出的潮汐"势"的概念自己回答了这一问题,指出潮汐的"势由望而积壮,故信宿而乃极",即潮汐能量在十五之后仍在增加,到十八日才最大。这种认识是正确的,在当时也是先进的。唐代发现的这一种迟到现象虽非一般实测潮汐表中要考虑的高潮间隙,但也在较大程度上暴露了理论潮时的局限性,强调了具体海区实测潮时的必要性。这对实测潮汐表在以后的崛起是有促进作用的。

2. 对潮汐成因的解释

王充以元气自然论解释潮汐的成因,认为水者地之血脉,随气进退形成潮汐。《论衡·书虚篇》:"夫天地之有百川也,犹人之有血脉也,血脉流行,泛扬动静,自有节度。百川亦然,其潮汐往来,犹人之呼吸气出入也。"他根据同气相求原理,发展了《周易》中的月和水同属阴的思想,提出"涛之起也,随月盛衰"的科学结论,第一次明确地把潮汐成因和月球运动密切联系起来,自此形成的传统潮论可称之为元气自然论潮论。此传统潮论中,各家可能有出入,但均是从海水与月亮的相互关系去深入探索的,并用元气自然论和同气相求原理来解释。

三国时吴国的严峻曾写过《潮水论》。这是现所知最早的一篇潮论,可惜早已散佚,仅在《三国志·严峻传》中保留有一个篇名。

晋杨泉继承发扬了元气自然论和同气相求原理,进一步阐述了王充的潮汐理论。杨泉为西晋初的哲学家,字德渊,梁国(今河南商丘)人,著有《物理论》。《物理论》提出:"月,水之精。潮有大小,月有盈亏。"杨泉的潮论文字留下不多,但观点是清楚的。

东晋葛洪是新潮论——天地结构论潮论的创始者之一。葛洪开始用当时浑天说

---

① 《元和郡县志》卷二五《钱塘》,"钱塘江""江涛每日昼夜再上常以月十日、二十五日最小,月三日、十八日极大。小则水渐长,不过数尺,大则涛涌至十余丈"。

② 卢肇:《海潮赋》,《中国古代潮汐论著选译》,科学出版社1980年版。

的宇宙理论来解释潮汐成因。浑天说代表作《张衡浑仪注》曰："浑天如鸡子。天体圆如弹丸,地如鸡中黄,孤居于内,天大而地小。天表里有水,天之包地,犹壳之裹黄。天地各乘气而立,载水而浮。"①浑天说认为,大地浮于水,天又包着它们。因此建立在浑天说上的潮汐论,在解释潮汐的周期性时,自然容易认为涌上大地的潮水是某种外力冲击海水而引起的。葛洪的潮论认为,天河水、地下水和海水三种水相激荡而形成潮汐。《抱朴子》云:"天河从西北极,分为两头,至于南极……河者天之水也。两河随天而转入地下过,而与下水相得,又与[海]水合,三水相荡,而天转排之,故激涌而成潮水。"②不管葛洪的天河水、地下水和海水三水激荡说是否正确,这种用天地结构的模式来解释潮汐成因的理论,是一种与传统潮论不同的新潮论,可称之为天地结构论潮论,而可以把《周易》、王充、杨泉用元气学说来解释潮汐成因的理论称之为元气自然论潮论。我们可以进一步用这两个概念将中国古代所有潮论区分为两大类型。这两大类型潮论均源远流长,彼此展开过争论,并相互影响。

葛洪又用一年中太阳位置的不同,并结合阴阳两气的消长来论及潮汐的四季变化,从而引进了太阳的潮汐作用。《抱朴子》曰:"夏时日居南宿,阴消阳盛,而天高一万五千里,故夏潮大也。冬时日居北宿,阴盛阳消,而天卑一万五千里,故冬潮小也。春日居东宿,天高一万五千里,故春潮再起也。秋日居西宿,天卑一万五千里,故秋潮渐减也。"③中国古代的传统地球观是地平大地观,因此古代天文学所用的日高概念和计算一直是错误的,并且葛洪对四季的成因也还不了解,但他引进太阳的起潮作用,毕竟是潮汐理论发展上的一大进步。

唐代和其后的宋代是中国古代潮汐学发展的鼎盛时期,也是潮汐成因理论迅速发展的时期。浑天宇宙论在唐代开始成为权威学说。④ 因此,葛洪开创的以浑天宇宙论为基础的天地结构论潮论在唐宋迅速崛起,于是,天地结构论潮论与元气自然论潮论这两大学派展开了持续的激烈的争论。在长期争论中,两学派均有所发展。

唐代窦叔蒙对潮汐成因理论有着杰出贡献。窦叔蒙坚持元气理论和同气相求原理。在《海涛志》中,他进一步发扬了王充的潮汐与月亮同步原理,指出:"潮汐作涛,必符于月","月与海相推,海与月相期",二者关系"若烟自火,若影附形"。因此,潮汐盛衰有一定客观规律,既"不可强而致也",也"不可抑而已也"。正是在同步原理基础上,窦叔蒙制定了"窦叔蒙涛时推算图"。

窦叔蒙阐述了一回归年内,阴历二月、八月出现大潮的问题。《海涛志》曰:"二月之朔,日、月合辰于降娄,日差月移,故后三日而月次大梁。二月之望,日在降娄,月次寿星,日差月移,故旬有八日而月临析木矣。八月之朔,日月合辰于寿星,日差月移,故后三日而月临析木之津。八月之望,月次降娄,日在寿星,日差月移,故旬有八日而月

---

① 《开元占经·天体浑宗》。

② 《抱朴子·外佚文》。

③ 《抱朴子·外佚文》。

④ 唐开元十二年(724年),在一行领导下,南宫说等人在豫东平原进行了被现代科学史家称为"子午线测量"的北极出地高测量。《中国天文学史》认为:"在我国历史上,经过这番子午线测量……浑天说完全取代了盖天说,一直到哥白尼学说传入我国以前,成了我国关于宇宙结构的权威学说"(中国天文学史整理研究小组:《中国天文学史》,科学出版社1981年版,第164页)。

临大梁矣。"中国古代为了量度日月和五星的位置,把黄道带分成 12 个部分,叫十二次。[1] 十二次自西至东为星纪、玄枵、娵訾、降娄、大梁、实沈、鹑首、鹑火、鹑尾、寿星、大火、析木。十二次与黄道十二宫、十二辰位、二十四节气对应,可画成"辰位—次—宫—节气对应图"(图 10-2)。

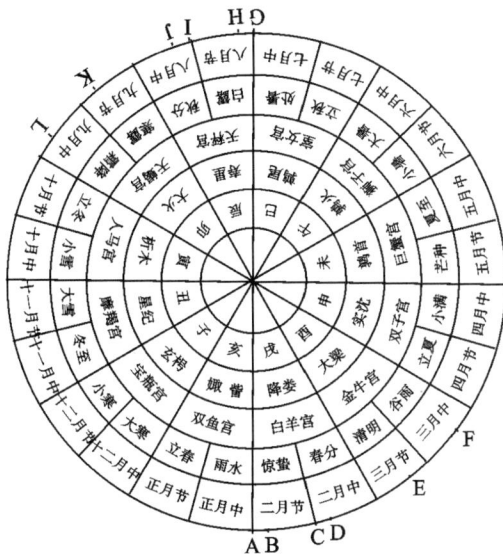

图 10-2　辰位—次—宫—节气对应图

　　根据此图,可以清楚理解《海涛志》所阐述的阴历二月、八月出现大潮的问题。二月初一,日月合朔于降娄 A 点。三日后,日移至降娄 B 点,月已移至大梁 E 点。此时出现大潮。二月十五日,日在降娄 C 点,月已在寿星 I 点。二月十八日,日在降娄 D 点,月到大火 L 点,此时出现大潮。八月初一,日、月合朔于寿星 G 点。同样道理,三日后,日在寿星 H 点,月在大火 K 点,此时出现大潮。八月十八日,日在寿星 J 点,月在大梁 F 点,此时出现大潮。由上可知,二月、八月的大潮,以日月合朔在降娄或寿星为前提。而"降娄的中央(C 点)相当于春分点",寿星的中央(I 点)相当于秋分点[2],所以窦叔蒙实际上阐述了分点潮。不仅如此,窦叔蒙的分点潮不定在朔或望的降娄或寿星,而是定在三天后,月亮所到的大梁或大火。这说明唐代对分点潮的理论推算已用实测的潮汐迟到数据来修正了,体现了理论与观测的结合。

　　窦叔蒙对正规半日潮的变化情况进行研究,发现潮汐是由几种不同尺度的周期合并而成。他分析了三种周期:一日内有两次高潮、两次低潮("一晦一明,再潮再汐");一朔望月内有两次大潮、两次小潮("一朔一望,载盈载虚");一回归年内有两次大潮期、两次小潮期("一春一秋,再涨再缩")。

　　一般地讲,靠海的人们容易发现潮汐与月亮有关。窦叔蒙之前的包括古代西方在

①　陈遵妫认为,十二次原"为了确认岁星(木星)12 年周天运行的目的而制定"。"但古人则用以观测日月五行的运行和节气的早晚。"十二次"最初是沿着赤道把周天分为十二等分,到了唐代才沿着黄道划分"。见陈遵妫:《中国天文学史》第 2 册,上海人民出版社 1982 年版,第 410、416 页。

②　陈遵妫:《中国天文学史》第 2 册,上海人民出版社 1982 年版,第 410 页。

内的整个古代世界中,关于潮汐和月亮关系的认识已发展到相当水平。而窦叔蒙由于用中国古代先进的天文历算方法计算潮汐变化,所以潮汐学成就是十分突出的,内容既丰富又精确。

唐代封演对潮汐成因有较好的阐述。封演,蓨地(今河北景县)人,天宝末进士,任过县令、吏部郎中兼御史中丞等职,著有《封氏闻见记》,其潮论为《说潮》。它指出:"月,阴精也。水,阴气也。潜相感致,体于盈缩也。"①这里的月和海水潜相感致,似有万有引力的原始概念。

卢肇为晚唐时人,字子发,江西宜春人,会昌二年为乡贡士,次年以状元及第,先后任歙(今安徽省歙县)、宣(安徽省宣城)、池(安徽省贵池)、吉(江西省吉安)四州刺史,著有《文标集》,其中有《海潮赋》。卢肇反对同气相求理论,他指出:"月之以海同物也。物之同,能相激乎。"卢肇是葛洪之后一个突出的天地构造论潮论者。《海潮赋》曰:"肇始窥《尧典》……乃知圣人之心,盖行乎浑天矣。浑天之法著,阴阳之运不差,阴阳之运不差,万物之理皆得;万物之理皆得,其海潮之出入,欲不尽著,将安适乎!"于是他提出他的天地结构论潮论:"地浮于水,天在水外。天道左转"②,"日傅于天,天左旋入海,而日随之","日出,则早潮激于右","日入,则晚潮激于左"。根据这些记载,可以画出"卢肇日激水成潮示意图"(图10-3)。

图 10-3 卢肇日激水成潮示意图

为了论证大地是可以浮在海上的,《海潮赋》又提出了"载物者以积卤负其大……华夷虽广,卤承之而不知其然也"的理论。

卢肇摒弃传统的元气自然论潮论,力图从浑天说来解释潮汐成因,并且提出了太阳的引潮作用,这在潮汐学研究的方法和视野上是个大的进步。但卢肇不重视实际观

---

① 《全唐文》卷四四《说潮》。
② 原文为"右",似有错,应为"左"。中国古代规定,观察者面向北极星,然后决定日月五星的旋转方向。因此,向西转为左转,不是右转。又如说"天道右转"也与"日入,则晚潮激于左"有矛盾。

测,竟不顾常识,认为"日激水而潮生,月离日而潮大",因而得出一些明显的错误结论。初一明明是大潮,他却任意说:"日月合朔之际,则潮殆微绝。"他的这种脱离验潮而主观设想的日激水成潮结论是荒唐的,因而受到后世主张元气自然论潮论的潮汐学家余靖、沈括、朱中有、史伯璇等人的尖锐批评,从而也使这种用天地结构来探讨潮汐成因以及引进太阳起潮作用概念等先进思想和方法受到相当大的挫折,长期没有发展起来。但葛洪、卢肇所代表的用天地关系来探索潮汐成因的方向是正确的。

卢肇在《海潮赋》中提出了有关潮汐的 14 个问题,并且自己作了回答。这些问题应当被认为是当时潮汐学研究的重要问题。这些问题的回答也反映了唐代潮汐学发展的水平。这些问题的提出,对后世潮汐学理论研究是有促进作用的。

(二)对海啸的认识与海塘修筑[①]

与周期性的潮汐现象不同,海啸是海面的异常升高现象。海啸可以对海上船舶和沿海地区造成极大的危害。目前中国有记载的最早的海啸是西汉初元元年(公元前48 年)的一次。魏晋南北朝隋唐时期有一些海啸记载,也有着一定的认识水平,并修筑起雄伟的滨海长城——海塘来抵御海啸的侵袭。

这个时期海啸发生过多起,当时还是常称海啸为"海溢"。东晋元兴三年(404 年)海啸,"商旅方舟万计,漂败流断"[②]。史籍记载,唐上元三年(676 年),"青齐等州海泛滥,又大雨,漂溺居人五千家"[③]。唐元和十一年(816 年),"密州大风雨,海溢,毁城郭"[④]。唐大历元年(766 年)海啸毁船千艘。[⑤] 大历十年海啸,也毁船千艘。[⑥] 唐天宝十年(751 年),"广陵郡大风,潮水覆船数千艘"[⑦]。从大风和海溢并提的记述来看,这些海啸主要是风暴潮。这个时期还出现了"风潮"的提法。南朝诗人谢灵运(385—433年)《入彭蠡湖口作》诗云:"客游倦水宿,风潮难具论。"[⑧]不过,这里风和潮还未合成一词。发展到明代,"风潮"才广泛作为风暴潮的一个名称。

风暴潮在南海地区又称为"沓潮"。此名称出现至迟在唐代。"沓潮者:广州去海不远,每年八月潮水最大,秋中复多飓风。当潮水未尽退之间,飓风作而潮又至,遂至波涛溢岸,淹没人庐舍,荡失苗稼,沉溺舟船,南中谓之沓潮。或十数年有一之,亦系时数之失耳,俗呼为海翻或漫天。"[⑨]这里,刘恂不仅较早,而且清楚、全面地介绍了"沓潮"。可见,这也是一种风暴潮,只是沓潮时,原来有定时的潮未退尽,风暴潮是在原来潮的水位基础上进一步涨水。"沓潮"意即"老潮、新潮汇合在一起"。唐代诗人刘禹锡

---

① 本部分关于海啸的论述引见宋正海、郭永芳、陈瑞平:《中国古代海洋学史》,海洋出版社 1986 年版,第 297—300 页。关于海塘修筑的论述引见宋正海:《东方蓝色文化——中国海洋文化传统》,广东教育出版社,第 68—71 页。

② 乾隆《上元县志》卷一《应征》,《中国历代灾害性海潮史料》第 9 页。

③ 《旧唐书》卷五《高宗下》。

④ 《新唐书》卷三六。

⑤ 道光《海昌胜览》卷四《海塘》,《中国历代灾害性海潮史料》第 18 页。

⑥ 《旧唐书》卷一一《本纪第十一·代宗》。

⑦ 《旧唐书》卷九《本纪第九·玄宗下》。

⑧ 《昭明文选》卷二六。

⑨ 刘恂:《岭表录异》卷上。

(772—843 年)专门写有《沓潮歌》,在歌引中说明:"元和十年夏五月,大风驾涛,南海泛溢,南人云沓潮也。率三岁一有之。"[①]这里,强调沓潮的形成在于狂风掀起海涛。

沿海人民为了保卫生命财产安全,与海啸进行了旷日持久的斗争。尽管历代为祈求海晏有着不少宗教和迷信活动,但人们也十分清楚,最有效的方法还是自己起来进行抗争。于是,沿海地区像北方地区修筑起万里长城那样,也修筑起滨海万里长城——海塘。万里长城在交通要冲处设立雄关,滨海长城在入海河口处也常设立潮闸。海塘、万里长城、大运河堪称中国古代三项伟大工程[②],其规模之大、工程之艰巨、动员人数之多是十分惊人的。中国古代海塘遍布沿海各地,但以江浙海塘最为宏伟。这里位于钱塘江喇叭形河口地段,日夜受到太平洋潮波的冲击,发育起壮观的钱塘江暴涨潮,在夏秋台风频繁活动之际,又是风暴潮灾最严重的地区之一。但钱塘江三角洲经济开发很早,杭嘉湖平原自古就是著名的江南鱼米之乡,所以这里的海塘所起的作用无疑十分重要。在历次强大潮灾中,也多次遭受到重大损失,原有海塘时时被冲垮。但是人们通过不断总结筑塘经验教训,技术水平迅速提高,工程规模也十分宏大。江浙海塘已成为中国古人与潮灾顽强斗争取得巨大胜利的象征,同时也展示了中国沿海人民与潮灾斗争的历程和中国海塘工程的水平。[③]

原始海塘肯定十分简陋,抗潮性能差,从功能和结构上看,它甚至与民间修建的避潮墩有着关系。避潮墩,又称救命墩。在苏北海岸地带由于泥沙堆积,海岸上升,海水东退,滩涂逐渐扩大,这里成为灶丁盐户刈割芦苇、杂草的地方。然而,每当风暴潮时,海浪排山倒海而来,在滩涂上的人就很危险,因而他们筑墩自救。[④]《筑墩防潮议》清楚地阐述了这一道理。在苏南和上海地区的古代文献中曾提到"冈身",这可能是原始海塘。《吴郡图经》记述:"濒海之地,冈身相属。"[⑤]这条冈身位置现已清楚,北起今江苏省常熟县福山,经太仓县的直塘、上海市嘉定县的外冈与黄渡、上海县的马桥,一直到奉贤县的柘林。[⑥] 这条古冈身距今已 4000 多年,可能是目前最早的海塘遗迹。

秦汉以前北方已有海塘,东南沿海因尚未开发,故缺乏海塘记载。秦汉以后,东南沿海逐渐开发,地方政府开始重视海塘修筑,故才有此记载。所记最早的是东汉钱塘(今浙江杭州)的钱塘江的海塘。《钱塘记》称:"防海大塘在县东一里些,郡议曹华信家议立此塘,以防海水。始开募有能致一斛土者,与钱一千,旬月之间,来者云集。塘未成而不复取(钱),于是载土石者皆弃而去,塘以之成,故改名钱塘焉。"[⑦]

三国时的海塘,《吴越备史》有这样的记载:"一日主皓染疾甚。忽于宫庭黄门小竖曰:国主封界,毕亭谷极东南金山咸塘,风激重潮,海水为害,人力所不能防。金山北,古之海盐县,一旦陷没为湖,无大神力护也。臣,汉之功臣霍光也。臣部党有力可立庙

① 《乐府诗集》卷九四。
② 朱锲:《江浙海塘建筑史》,上海学习生活出版社 1955 年版,第 1 页。
③ 陈吉余:《我国围海工程的经验与今后意见》,《高等学校自然科学学报》(地质、地理、气象)试刊第 1 期(1964 年)。
④ 乾隆《盐城县志》卷一五。
⑤ 《吴郡图经》,金祖同《金山卫访古记纲要》,1935 年,第 38 页引。
⑥ 陆人骥:《我国海塘起源初探》,《科学史集刊》第 10 辑(1982 年)。
⑦ 《钱塘记》,《水经注·浙江水》引。

于咸塘。臣当统部属以镇之。"①

沪渎垒为水边高阜,实则是一种原始的土海塘。晋代湖州刺史虞潭在沿海一带筑沪渎垒,以遏潮冲。《晋书》记载:"是时,军荒之后,百姓饥馑,死亡涂地,潭乃表出仓米赈救之。又修沪渎垒以防海沙,百姓赖之。"②但《晋书》又记载,沪渎垒是一种海岸军事工事。"吴国内史袁山松筑沪渎垒,缘海备恩。明年……恩复还于海,转寇沪渎,害袁山松,仍浮海向京口。"③由此看来,当时的沪渎垒是有双重功能的。但它能防止潮灾,所以在海塘史中仍是有地位的。

唐代钱塘江海塘在《新唐书》中有记载:"盐官有捍海塘,堤长百二十四里,开元元年重筑。"④这说明早在开元之前,这里已有较大规模的海塘。

海塘长期为土塘,虽修筑容易,但其抗潮性能较差。五代时江浙海塘已出现向石塘过渡。《咸淳临安志》记载:"梁开平四年八月,钱武肃始筑捍海塘。在候潮通江门之外,潮水昼夜冲激,版筑不就……遂造竹络,积巨石,植以大木,堤岸即成,久之乃为域邑聚落。"⑤《梦溪笔谈》记载:"钱塘江钱氏时为石堤,堤外又植大木十余行,谓之幌柱。"⑥钱镠这次造海塘,显然有了较大进步。塘身部分是竹笼实石法,部分已是石堤。堤外又有棍柱,以减缓潮波对海塘的冲击,也加固了塘基。至于《梦溪笔谈》所说的"石堤",是指竹笼实石法,还是指后世用条石砌成的海塘,目前尚难断定。

四 对海洋生物的认识

中国古代对海洋生物的认识和研究多集中在物种的形态、生态、分布和利用方面。其中,不少种类的名称沿用至今。魏晋南北朝隋唐时期,有关海洋生物的知识大大丰富了,这些认识主要散见于医书和沿海地方志中。

(一)对海洋生物利用价值的认识⑦

三国以前,海洋生物的食用、观赏和药用价值都已得到认识;魏晋南北朝隋唐时期,这方面的认识大大丰富和深化了。

海洋水产,是沿海地区人民重要的肉食来源。自原始社会的渔猎时代直至今天,海洋食物经久不衰并不断发展。三国至南北朝,文献记载了更多海洋生物的用途并给予质量评价,增加了对不同种类海洋生物的"赞",还有赞美出产丰富和稀珍海洋生物的"赋"。前者,仅三国时沈莹(?—280年)就作了较多记载:"蟹鱼至肥,炙食甘美。谚曰:'宁去累世宅,不去蟹鱼额'";"玉蜐……其壳中柱,炙之味似酒";"鼋……肉极

① 《吴越备史》,嘉庆《云间志》卷五"金山忠烈昭应庙"引。
② 《晋书·虞潭传》。
③ 《晋书·孙恩传》。
④ 《新唐书·地理志》。
⑤ 《咸淳临安志》卷三一"捍海塘"。
⑥ 《梦溪笔谈》卷一〇。
⑦ 宋正海、郭永芳、陈瑞平:《中国古代海洋学史》,海洋出版社1986年版,第333—335页;宋正海:《东方蓝色文化——中国海洋文化传统》,广东教育出版社1995年版,第33—35页;张震东、杨金森:《中国海洋渔业简史》,海洋出版社1983年版,第258—261、263—266页。

好啖，一枚有三斛膏"；而"端鱼……尾端有毒"①，等等。这时还出现了鲸的用途的记述。至西晋，陆机(261—303 年)的《齐讴行》中赞道："营丘负海曲，沃野爽且平……海物错万类，陆产尚千名。"②此"海物错万类"包括盐，但主要指海洋生物。由此可见，他更明确地评价了海洋生物的丰富性和多样性。晋木华《海赋》赞道："尔其(海洋)枝岐潭瀹，渤荡成汜，乖蛮隔夷，回互万里"，"其垠则有天琛水怪"。唐李善(630—689 年)注："天琛，自然之宝也。"③此赋道出了海洋有着稀珍和奇异的生物。隋唐时继续有这类概括海洋生物资源的记载。关于海洋生物的用途和评价，则更为丰富。

隋唐时期，对海洋食物的认识更加丰富了。隋朝吴都献松江鲈鱼，隋炀帝(569—618 年)曰："所谓金齑玉脍，东南之佳味也。"④唐陈藏器《本草拾遗》记载，鲳鱼"无硬骨，作炙食至美"⑤。而贻贝被美名为"东海夫人"，"味甘美，南人好食之"⑥。唐朝曾将贻贝列入贡品，乃至出现"明州(宁波)岁贡蚶，役邮子万人，不胜其疲，(元)积奏罢之"⑦的现象。海生蟹的某些种类，在隋朝已被加工作为贡品。隋炀帝到江都，"吴郡献蜜蟹二千头，作如糖蟹法，蜜拥剑四瓮，拥剑似蟹而小，一螯偏大"⑧。唐朝人亲友间赠蟹又寄诗，乃是一种雅兴。⑨ 海洋虾类有多种，晋王子年《拾遗记》："大虾长一尺，须可为簪。"这可能是龙虾。北魏《齐民要术》记载，"做虾酱法"，"用虾一升"，这是毛虾。唐陈藏器《本草拾遗》还记载了去河豚毒的办法。

海洋药物的使用始于先秦。三国《吴普本草》中有不少海洋药物的记载，南北朝陶弘景的《神农本草经注》和《名医别录》记载了鱼类、软体动物、爬行类、节肢动物和藻类等的应用。到唐代，《唐本草》、陈藏器的《本草拾遗》和海洋水产志中增加了海洋兽类和海洋鸟类的记载。

鲨的皮可作药用。《唐本草》记载它"主治心气鬼疰虫毒吐血"，"治食鱼成积不消"。《本草纲目》也有类似记载。鲨肉具有滋补强壮的功能。《唐本草》《食疗本草》均记载它甘平无毒，可补五脏。《唐本草》还指出鲨"胆，主治喉痹"。鲨翅是名贵的补品，《药性考》等书均记载它可以补血、补气、补肾、补肺、开胃进食。

中华鲟的肉和肝可益气补虚，通淋活血。《食疗本草》记载它能"治血淋"。《本草拾遗》记载它"主治恶血疥癣"，"利人肥健"。

鲥鱼的补虚功能在《食疗本草》中有记载。《本草纲目拾遗》还记载它可"治疗和血痣"。

鳓鱼具有开胃滋补强壮的功能，《本草纲目》对此也有记载。

海鳗和溯河成长的鳗鲡，是古代使用较多的海洋药物。《食疗本草》记载它能治"风痹"。《本草纲目》记载它可治"小儿疳劳"，"杀诸虫"。

① 沈莹：《临海水土异物志》，张崇根：《临海水上异物志辑校》，农业出版社 1981 年版。
② (梁)肖统《昭明文选》卷二八。
③ (梁)肖统《昭明文选》卷一二。
④ 唐刘竦：《隋唐嘉话·补遗》，中华书局 1979 年版。
⑤ 《本草纲目·鳞部》卷四四引。
⑥ 《本草纲目·介部》卷四六引。
⑦ 《新唐书·元稹传》。
⑧ 杜宝：《大业拾遗记》，《太平御览》卷九四三。
⑨ 宋正海、郭永芳、陈瑞平：《中国古代海洋学史》，海洋出版社 1986 年版，第 333—335 页。

海马是名贵的补肾壮阳药，入药年代早。《本草拾遗》还认为它能"主妇人难产"。

黄鱼，入药年代也很早。唐代《海药本草》记载它能治多种疮。

珍珠贝的珍珠是有名的药物。《海药本草》认为它能明目。《本草纲目》认为它能"安魂魄，止遗精"。

海月，《食疗本草》记载它能消痰、消食。

贻贝，《本草拾遗》记载它有滋阴、补肾、益精血、调经等功能。

海兔具有清热、滋阴、消炎等功能。《随息居饮食谱》记载它能清胆热、消瘿瘤等。

毛蚶，古代广泛用于防治疾病。《名医别录》记载它能治瘘痹、泄痢、便脓血等病。《本草纲目》记载它能消血块、散瘀积。

牡蛎，在唐以前已成为常用药，主要是补肾安神、化痰、清热等。

墨鱼内骨称"海螵蛸"，能止血、止痛。《本草纲目》认为它能治多种血病。

玳瑁的肉可祛痰、解毒、利肠。盾片可清热解毒、镇惊。《本草拾遗》认为它可"解岭南百药毒"。

蛸龟全身均可入药，有滋阴、潜阳、柔肝、补肾、去火明目、润肺止咳的功能。

海豹和海狗的药用部位是肾和雄性外生殖器，药名海狗肾，具有补肾壮阳、益精补髓的功能，是名贵补药。

石纯在唐代已入药。《海药本草》认为它能治风秘不通，五膈气，便不利等。

海洋植物药品昆布，入药很早，《吴普本草》就有记载。

裙带菜在唐代就用于主治妇女赤白带下，男子精泄梦遗。《药性论》记载它能利水道，去面肿。

鹧鸪菜也称蛔虫菜，可治小儿腹中虫积。

琼枝，《本草纲目》称它为石花菜，入药很早。《本草便读》记载它能清肺部热疾，导肠中湿热等。

海蒿子能治甲状腺肿、淋巴结肿等症。《本草经疏》记载它能治瘿、瘤气等症。①

海洋生物中的贝壳、珊瑚、玳瑁、珍珠、虾壳等，历来都是重要的装饰品。海产中的这些装饰物往往具有陆地产物所无法比拟的装饰美，因此，人们在食用、药用以外，还尽量利用渔货物的壳、骨等制作装饰品。

我国沿海常见的贝类有数百种，其中许多贝类的介壳五光十色、坚硬精巧，有的还具有鲜艳夺目的珍珠层，被人们加工成各种装饰品。最初的贝壳工艺品是编贝，即将贝壳磨光、钻孔、穿系成串，用做装饰。编贝饰物的起源可以上溯到旧石器时代的晚期，编的种类很多，最流行的是颈饰物即项链；其次是头饰，即用小型贝壳坠饰发髻或帽子；第三是臂饰或腰饰；第四是串贝马具饰物。《隋书·东夷传》载，流求国（这里指我国台湾）"其男子用鸟羽为冠，装以珠贝，饰以赤毛，形制不同，妇人以罗纹白布为帽，其形正方。……缀毛垂螺为饰，杂色相间，下垂小贝，其声如佩"。这一段关于头饰的描写真是绘声绘色，使我们如闻其声、如见其物。《新唐书·西域传》也有贝壳头饰的记载：吐谷浑国"妇人辫发萦后，缀珠贝"。编贝饰物的装饰作用，一是形悦目，二是声悦耳。

---

① 宋正海：《东方蓝色文化——中国海洋文化传统》，广东教育出版社1995年版，第33—35页。

用贝壳制成人物鸟兽花草等,镶嵌在红、黑底色的雕镂或漆器、木器上以为装饰,称为螺钿。这种工艺类似纺织物的刺绣。螺钿艺人用精巧的工具,把贝壳制成物象,然后镶嵌于润泽的底板上,发出闪烁的光彩,既精美又可长久保存。使用贝类介壳制作螺钿器物的时代,可以上溯到秦代以前。螺钿工艺发展到唐代,水平已经很高。历史博物馆陈放着两件唐代螺钿铜镜是在河南省出土的,镜上镶嵌的花鸟人物,全系贝类介壳制成,物象生动逼真,熠熠发光。

珍珠做首饰起源很早。《禹贡》已有"淮夷蠙珠暨鱼"的记载。《格致镜原》引《妆台记》云:"周文王子髻上加珠翠翘花,傅之铅粉,其髻高,名凤髻。"这说明珍珠做首饰已有 3000 多年的历史。秦汉以来,珍珠用作首饰十分普遍。《古今注》载:"隋帝令宫人戴通天百叶冠子,插琵琶钿朵,皆垂珠翠。"唐代宝历二年(826 年),浙东贡舞女,戴轻金冠,以金丝结之为鸾鹤状,乃饰以五彩细珠。白居易在《长恨歌》中说的"花钿委地无人收",也是用珍珠宝石制成的花朵形首饰。珍珠用做服饰也很早,《战国策》《晏子春秋》对此均有记载。珍珠还常作珠帘等陈设饰物与宝饰。《晋书》载,苻坚"自平诸国之后,国内殷实,遂示人以侈,悬珠帘于正殿,以朝群臣"。古代一些著名诗人的诗作中曾多次写到珠帘,晚唐诗人李商隐的《宫妓》就有"珠箔轻明拂玉墀"的诗句,白居易的《长恨歌》也有"珠箔银屏迤逦开"的句子。这些不仅古籍中有大量记载,而且故宫博物院、历史博物馆等均有大量古代用珍珠制作的文物展出。珍珠及其所制装饰品也是民间所追求的。《广东新语》记载当时民间以珠为上宝,生女为珠娘,生男为珠儿。地名也有用珠字的,如珠崖、珠海等。

我国剥制玳瑁做装饰品也有很长的时间了。按《汲冢周书·王会解》记载,商汤时南海沿岸的诸侯就要进贡玳瑁。战国期间就有以玳瑁为簪的。汉代以后玳瑁饰物更多了。《晋书》载,天子乘坐之车,"两箱之后,皆玳瑁为鹢翅,加以金银雕饰"。贵人、夫人、贵嫔为三夫人,梳太平髻,饰黑玳瑁。玳瑁制品在古代也是宝物。晋代潘尼的《玳瑁碗赋》首句就是"有玳瑁之奇宝"。古代的玳瑁制品,也有不少保存在博物馆中,如故宫博物院中就有玳瑁镶金嵌珠的手镯。

我国是最早发现和利用珊瑚的国家之一。据传说,大禹治水的时代就开始利用珊瑚了。美丽的珊瑚在汉代时已成为帝王享用的贡品,号称"烽火树"和"女珊瑚"。至魏晋南北朝时期,豪富之家将珊瑚用作装饰和鉴赏物品来体现主人的财富和身份,已成为一种社会风尚。《晋书》载,"魏明帝好妇人之饰,改以珊瑚珠",即将天子冕的前后旒由珍珠改为珊瑚珠。杜甫在诗歌中也提到珊瑚饰物:"腰下宝玦青珊瑚。"[1]刘义庆《世说新语》载石崇与王恺斗富,也可见一斑:

> 石崇与王恺争豪,并穷绮丽以饰舆服。武帝,恺之舅也,每助恺,尝以一珊瑚树高二尺许赐恺,枝柯扶疏,世罕其比。恺以示崇,崇视讫,以铁如意击之,应手而碎。恺既惋惜,又以为疾己之宝,声色甚厉。崇曰:"不足恨,今还卿。"乃命左右悉取珊瑚树,有三尺、四尺,条干绝世,光采溢目者六七枚,如恺许比甚众。恺惘然自失。

---

[1] 张震东、杨金森:《中国海洋渔业简史》,海洋出版社 1983 年版,第 258—261、263—266 页。

（二）对海洋生物生态习性的了解①

就现存文献记载来看，三国以前，人们对海洋生物的了解，似乎着重其分类、命名及分布，对它们的生长发育与习性尚未着力去总结和研究。三国至南北朝，上述所欠缺的方面已被研究者所注意和补充。这一时期的古籍中除了对海洋生物的分类、命名和地理分布记述更多更详细外②，亦有不少关于海洋生物生态习性的记载。

例如，三国《临海水土异物志》已有较多记载："海鱼，长十余丈，背皆负锯，舡触之皆断之"，"鲼……尾端有毒"，"土奴鱼……有刺螫人"，"燕鱼，长五寸，阴雨起飞高丈余"，"印鱼……额上四方如印有文章，诸大鱼应死者，印鱼先封之"，等等。③ 文中"螫"当为"螫"之误。"额上四方如印有文章"，是指吸盘。"诸大鱼应死者，印鱼先封之"，虽有欠妥的认识，但印鱼能捕吸于大鱼身上，却是它的特殊习性。此书所记，既有不同鱼类的成年个体的大小，又有不同鱼类习性，且注意到有的鱼类活动与天气条件的关系。三国时《魏武四时食制》中有番鯒鱼"尾长数尺，有节，有毒，螫人"④的正确记载。西晋初陆玑（261—303 年）《毛诗草木鸟兽鱼虫疏》又记道："鳠出江海，三月中从河下头来。"这已明确鲟可生活于江海中，春天有溯河习性，属咸淡水广生性鱼类。

魏晋南北朝，不仅增记了许多鱼类的生长发育特点与习性，而且出现了概括海鱼和淡水鱼类习性的记述："咸水之鱼不游于江，淡水之鱼不入于海。"⑤此论虽然存在片面性，未注意到某些鱼类的广生性，但就多数鱼类而言，却是正确的，是对鱼类习性有较多认识的一种反映。这时还记载了某些鲨的奇异生态和习性。《南越志》记载："环雷鱼，鲭鱼也，长丈许，腹有两洞，腹贮水养子，一腹容二子，子朝从口中出，暮还入腹。"⑥又《吴录》载："错鱼，鱼子生后，朝出索食，暮皆入母腹。"⑦再有《博物志》载："东海蛟错鱼生子，子惊还入母肠，寻复出。"⑧这类记载，可能是对某些鲨鱼胎生现象和口含保护幼子的一种描述，但所记也有失真和片面性。此外，这个时期还有鱼鸟互化的错误观念："黄雀鱼，常以八月化为黄雀，到十月入海为鱼"⑨，"石首鱼，至秋化为凫"⑩。这种错误可能是这样产生的，即这些海鱼因洄游与所说鸟类的迁徙，恰在时间上出现彼增此徙现象，因此就主观地做出了上述错误的判断。这些错误观念，影响颇久。

隋唐时记载海鱼生长发育与习性的又有增加。与当时的经济生活与社会风尚相联系，主要记述对象是经济鱼类和名贵鱼类，唐孙愐正确记载了鲥鱼和鮆鱼的习性；在长江下游地区，"每四月鮆出后（鲥）即出，云从海中溯上"⑪。《毛诗义疏》进一步记述

---

① 宋正海、郭永芳、陈瑞平：《中国古代海洋学史》，海洋出版社 1986 年版，第 391—392、448—449 页；宋正海：《东方蓝色文化——中国海洋文化传统》，广东教育出版社 1995 年版，第 84—86 页。

② 宋正海、郭永芳、陈瑞平：《中国古代海洋学史》第五编，海洋出版社 1986 年版。

③ 《临海水土异物志辑校》第 11—32 页。

④ 《太平御览》卷九三九。

⑤ 《渊鉴类函·鳞介部》卷四四一引，曹植之论。

⑥ （晋）沈怀远：《南越志》，《本草纲目》卷四四引。

⑦ 张勃：《吴录》，《初学记》卷三〇《鱼第十》引。

⑧ 张华：《博物志》卷三。

⑨ 《临海水上异物志辑校》第 29 页。

⑩ 张勃：《吴录》，《初学记》卷三〇《鱼第十》引。

⑪ 《古今图书集成·博物汇编·禽虫典》卷一四三。

了鲟。他批评了"旧说此穴（河南巩县东洛度北崖上山腹之穴）与江湖通，鳣鲔从此穴而来"的错误，明确指出"鲔鱼出海，三月从河上来"①。

关于蟹类、虾类、蛤类、哺乳类等其他海洋生物种类的生态习性也有大量观察和记录。例如，蟹因为其侧行，大致从唐朝起，又有了"螃蟹"之名。当时对鲸的认识已相当深刻，三国时《临海水土异物志》《魏武四时食制》、晋裴渊《广州记》等，都具体记载了成年鲸的个体大小。西晋时已获知鲸产仔的时间："常以五六月就岸边生子，至七八月导从其子还大海。"②关于鲸的胎生，估计这时已认识到了。关于鲸在岸边搁浅和所谓的"集体自杀"，这时期的古籍也有记载。《魏武四时食制》记东海"鲸鲵""时死岸上"。《南齐书·五行史·五行志》记浙江沿海有12条"大鱼""进入上虞江""皆搁浅岸滩"。由于珊瑚有观赏和制作艺术品等用途，引起了人们的继续重视和研究。这一时期对珊瑚的生长习性也有了进一步的认识。例如，三国时康泰在《扶南传》中记载南海珊瑚生在海底和磐石上。南北朝《南州异物志》："珊瑚洲，底有盘，水深二十余丈，珊瑚生于石上。初生白，软弱如菌……枝柯交错，高三四尺，大者围尺余。三年色赤。"③此珊瑚洲即珊瑚岛。虽然当时还只看作盛产珊瑚的洲岛，但仅在这个意义上也是认识珊瑚的一种发展。记载还表明，当时对珊瑚的生长环境和生长过程表现出的生态差异性也已经有了某些认识。唐朝人的认识又有所前进，知道"海中有珊瑚洲，海人乘大船坠铁网水底。珊瑚初生盘石上，白如菌，一岁而黄，三岁而赤，枝格交错，高三四尺。铁发其根，系网舶之，绞而出之"④。这是当时在外交和对外贸易活动中，从拂菻国所了解的情况。当时拂菻国指东罗马帝国及其所属西亚地中海沿岸一带。可见，唐朝关于珊瑚分布的地理视野，已扩展到地中海。

当时人们观察到的乌贼抱石和装死是非常有趣的现象。乌贼头前有10只腕是用来捕食和御敌的，这是人们已清楚的，但用于抗风浪可能还不清楚。《岭表录异》介绍："乌贼……肉翼前有四足。每潮来，即以二长足捉石，浮身水上。"⑤《南越志》还记载了乌贼装死诱捕海鸟的现象：乌贼"常自浮水，鸟见以为死，便往喙制，乃卷取鸟，故名乌贼"⑥。既然古代以乌贼的生态现象给其取名，说明当时对乌贼的此种生态现象已十分熟悉。

有关海洋生物的共生现象记载较多。但其中不少现代已不再认为是异常现象了。而"水母虾目"现象，现代科学可能尚不清楚并无合理的解释。东汉《越绝书》较早提到了"水母虾目"现象。晋张华《博物志》则有详细记载："东海有物，状如凝血，从广数尺方圆，名鲊鱼，无头目处所，内无藏，众虾附之，随其东西。"⑦这里的"众虾附之，随其东西"似可解释为水母虾目，但无法确定二者是共生还是寄生。唐代则明确了水母和虾的共生关系。《岭表录异》称："水母……常有数十虾寄腹下，咂食其涎，浮泛水上，捕者

---

① 《初学记》卷三〇《鱼第十》引。

② （清）道光《广东通志》卷九八。

③ 余嘉锡：《士说新语伐疏》，中华书局1985年版，第882页。

④ 《新唐书·拂菻国传》。

⑤ 《岭表录异》卷下。

⑥ 《南越志》，《太平御览》卷九三八《鳞介部十》引。

⑦ 《博物志》，《古今图书集成·博物汇编·禽虫典》卷一六三。

或遇之,即前然而没,乃是虾有所见耳。"①《北户录》卷一也说:"水母……生物皆别无眼耳,故不避人,常有虾依随之,虾见人惊。此物亦随之而惊,以虾为目自卫也。"

五 社会中关于海洋的观念

从魏晋南北朝隋唐时期人们对海洋的认识和海洋意识来看,在海洋的自然属性方面普遍持海洋圜道观;在海洋的社会价值方面,也早已突破了原来的"舟楫之便,鱼盐之利"的简单认识。

(一)海洋圜道观②

圜道即循环之道。圜道观认为宇宙和万物永恒地遵循着周而复始的环周运动,一切自然现象和社会人事的发生、发展、消亡,都在环周运动中进行。圜道观是中国传统文化中最根本的观念之一。③ 圜道观在海洋文化中集中表现在周期观念上。

半太阴日周期是月亮在天球上上、下中天间做圆周运动的周期。它直接反映在海洋潮汐上。我国绝大部分是半日潮区,所以对此周期有深刻的认识。首先是从东汉王充提出了"涛之起也,随月盛衰"的规律后,此潮汐周期深入人心,并且促使人们引进天文历算方法来计算潮汐周期,制定天文潮汐表。于是,中国古代在理论和实测两个方面都精确地掌握了潮汐的半太阴日周期。由于潮汐作用,海滩形成了以半太阴日为周期的水陆交替生态环境,发育起了形形色色的以半太阴日为周期的生态现象,所以在海岸地区自原始渔猎时代开始的赶海活动便经久不衰。海滩环境及其生物生态的半太阴日的变化已司空见惯、习以为常,有关半太阴日生物钟的记载也很多。例如,《临海水物志》说:"招潮小如彭蜞,壳白。依潮长背坎外向举螯不失常期,俗言招潮水。"④《酉阳杂俎》说:"数丸,形如彭螖,竞取土各作丸。丸数满三百而满至。"⑤《岭表录异》也说:"蚝即牡蛎也……每潮来,诸蚝皆开房。"⑥《临海水土异物志》还记载,海岛上有一种鸡也有半太阴日周期:"石鸡清响以应潮。"⑦晋孙绰《望海赋》也有相同记载。⑧《太平御览》在引述上述两条材料时,均有随文注:"石鸡形似家鸡而灰色,在海中山上,每潮水将至辄群鸣相应若家鸡之向晨也。"对这种现象在晋以后仍有记载,不过名称不一。南北朝梁萧绎(508—554年)的《梁元帝集·泛芜湖》中称之为"伺潮鸡";唐李德裕《会昌一品集·别集四·谪岭南道中作》中称"报潮鸡";五代丘光庭在《海潮论》中称"潮鸡"。古代还传说海鳅也有这种生物钟,并用以解释潮汐的成因。晋周处在《风土记》中称:"鲵一名海鳅,长数千里,穴居海底,入穴则水溢为潮,出穴则水入潮退。出入有节,故潮水有期。"⑨

---

① 《岭表录异》卷下。
② 宋正海:《东方蓝色文化——中国海洋文化传统》,广东教育出版社1995年版,第203—210页。
③ 刘长林:《中国系统思维》,中国社会科学出版社1990年版,第14页。
④ 《临海异物志》(杨晨辑,《崇雅堂丛书》)。
⑤ 《酉阳杂俎》卷一七。
⑥ 《岭表录异》卷下。
⑦ 《临海水土异物志》,《太平御览》卷六八《地部·潮水》引。
⑧ 《望海赋》,《太平御览》卷九一八《羽族部·鸡》引。
⑨ 《风土记》,《太平御览》卷六八《地部·潮水》引。

太阳日周期是地球自转引起的太阳东升西落周期,这在古代早已习以为常。对于日月星辰的这种在天球上的周日运动,古代早有解释。古代常用占统治地位的浑天说来解释日月星辰的东升西落,但一个棘手的问题难于解释,即灼热的太阳在天球做周日运动时,必定有半天时间和路程是在海水中穿行的。唐代卢肇坚信这一点。他认为,太阳在黄昏时落入海中以及在早晨升出海面时,均在海面激起巨大的海浪,海浪冲击大陆形成周期性的潮汐现象。于是,他建立了自己的日激水成潮理论。但灼热太阳在海水中行进是违背常识的。这是浑天说发展中碰到的一大理论难题,曾经使浑天说及其相关的海洋论一度走入困境。为摆脱此困境,古代的宇宙论家和潮汐学家又引进了"刚气"这种物质,它上可以举起沉重的天壳和日月星辰,下可以在海底把海水与球形天壳的下半部分隔开来。由于刚气的存在,太阳等天体再也不用解释成在海水中穿越,而是在海与天壳之间的刚气中由西向东行进。五代丘光庭的《海潮论》系统地介绍了这一修改后的浑天说:"气之外有天,天周于气,气周于水,水周于地,天地相将,形如鸡卵。""周天之气皆刚,非独地上之气也。夫日月星辰,无物维持而不落者,乘刚气故也……日月星辰虽从海下而回,莫与水相涉,以斯知海下有气必矣。"①

朔望月周期是海洋文化中最重要的周期,在古代主要反映在潮汐时辰推移和大小变化的朔望月周期以及海洋生物生殖活动的朔望月周期两大方面。

回归年周期是太阳在南北回归线间摆动的周期。由于中国大部分地区处中纬度又是季风带,四季分明,形成春生、夏长、秋收、冬藏的周期变化。这一周期在大陆农业文化中发育,因而在海洋文化中的反映也是十分明显的。许多海洋生物有这种周期变化,最明显的是生物洄游,这是重要的海洋物候现象。如果说陆地物候的发展由农业的需要所推动,那么海洋物候的发展则由渔业的需要所推动。长期的渔业实践,不仅发现了许多海洋动物的洄游性,而且也充分地利用此洄游性在汛期进行集中捕捞,实现高产丰收。不同鱼类的洄游路线有所不同,"龟产于海,种类不一,各应时而至"②。

古代对回归年周期的认识没有局限于生物节律上,还充分表现在对诸如海洋气象等非生物界的认识上。中国沿海地区和近海,一年有着不同风信,因而古代人有着丰富的风信知识③,并早已形成季风概念,发展季风航海。为了在航海中避免遇到风暴,于是确定了一回归年中的风期。

海洋文化中的周期观同时表现在沧海桑田等缓慢的地质过程中。汉代徐岳最早谈到了沧海桑田的缓慢性,指出:"数不识三,妄谈知十,犹川人事迷其指归,乃恨司方之手爽。未知刹那之赊促,安知麻姑之桑田?不辨积微之为量,讵晓百亿于大千?"他较早提出大面积的沧海桑田有十分缓慢的地质过程。《世说新语》卷三记述了东晋郭璞(276—324 年)的一段话,这段话针对某些人对一块坟地的位置所提出的异议进行了反驳。当时有人认为这块坟地过分靠近河边不合适。郭璞却不以为然,他认为这里数百万年后将完全变成桑田。葛洪在《神仙传》中说东海并非不变,长生不老的神仙已见到海陆的周期性的沧桑变化。《神仙传》载:"王远字方平,东海人也。……麻姑云:

① 丘光庭:《海潮沦》,《中国古代潮汐论著选译》。
② 弘治:《兴化府志·货殖志》。
③ 李广申:《我国古代候风方法和关于风信的知识》,《新乡师范学院、河南化工学院联合学报》创刊号(1960年)。

'接待以来,已见东海三为桑田;向到蓬莱,又水浅于往日会时略半耳,岂将复为陵陆乎?'远叹曰:'圣人皆言海中行复扬尘也。'"①葛洪是东晋道士,好神仙导养之法。而王远、麻姑也只是神话人物。但是这段"沧海桑田"的故事并非纯属虚构。故事说王远是东海人。东海即今江苏东海县,位于黄海沿岸。这里为上升海岸区,又由于黄河历史上曾多次在此入海,故称黄水洋,暗沙浅滩,分布很广,海岸不断向海洋推进,沧海桑田的变换十分明显。②《世说新语》卷二六还记载了东晋桓温(312—373 年)大约在360 年曾谈到中国大陆将全部沉入海底的问题。

唐时对沧海桑田的认识更加深刻。当时江西抚州南城县山上发现有螺蚌壳化石,因而更相信《神仙传》中所记的东海三为桑田之说。大历六年(771 年)书法家、政治家颜真卿(709—785 年)任抚州刺史,了解了这一情况,于是撰写了《抚州南城县麻姑山仙坛记》一文。文中引述了《神仙传·麻姑传》一段话后,接着说:"南城县有麻姑山,顶有古坛⋯⋯东北有石崇观,高石中犹有螺蚌壳,或以为桑田所变⋯刻金石而志之。"③颜真卿的这段记述,既以沧海桑田来解释山上岩层中为什么有螺蚌壳,又以螺蚌壳出现在高山上进一步证明并宣传了沧海桑田思想,对海陆变迁有了一个科学的认识。

在唐代,沧海桑田缓慢的地质变迁思想已深入人心,并且已上升为自然界和人类社会总会变化的哲学概念。例如,历史学家刘知几(661—721 年)的《史通·书志篇》指出:"夫两曜百星,丽于玄象,非如九州万国,废置无恒,故海田可变,而景纬无易。"诗人储光羲(707—约 760 年)《献八舅东归》诗云:"独往不可群,沧海成桑田。"④诗人李贺(?—816 年)《古悠悠行》云:"海沙变成石。"⑤诗人李程的《赠毛仙翁》诗也云:"他日更来人世看,又应东海变桑田。"

中国古代所以重视周期研究、发展圜道观念,是与中国传统文化中两方面的结合有关:一是万物在不断变化的思想,中国古代众经之首的《周易》就是专门研究变化的学问;另一是平衡的思想。两者结合自然是不断循环,以解决总体的动态平衡。古代水分海陆循环问题的提出和解决,便是个典型例子。百川归海是古代的一个基本认识,而水平面始终稳定,并没有增加也是古代的一个基本认识。屈原在《天问》中提出:"东流不溢,孰知其故?"⑥于是,人们很自然想到了海洋水分必有损失的途径。古人认为海水有外流的地方,用"尾闾""沃焦""归虚""落际"来解释这种动态平衡。但是人们同时也看到天上不断下雨,其水分必有来源。在这种圜道观的影响下,人们把这两件有关水的运动和动态平衡的事件联系起来,提出了水分的海陆循环理论。为了能解释

① 《神仙传》卷二《王远传》。《神仙传》卷七《麻姑传》有翔实记载。
② 葛洪《神仙传》说王远是东海人。李仲钧《我国古代关于"海陆变迁"地质思想资料考辨》:东海,即"今江苏东海县,汉东海郡海曲县地,东魏为海州,后周建德四年增置东海县⋯⋯县治赣州,亦曰郁州,四面环海。《诗·鲁颂·泌宫》:'遂荒大东,至于海邦',海邦即指东海郁州。古代在今江苏连云港市东大海中。周围数百里,洲上有山,即今之云台山。东汉末,邴原将家入海,住赣州山中,即此。东晋隆安五年,孙恩攻建康不克,浮海北上至此。顾祖禹《读史方舆纪要》卷二二海州赣州山条云:'州东北十九里,海中有大洲,周围数百里,谓之铅州,亦曰郁州。'《山海经》所谓'郁山在海中者也。'此处发生过海陆变迁。葛洪江苏句容人,距东海不远,对东海郁州是有所了解的,故借王远、麻姑的对话,而说明沧桑变迁的地质现象"。
③ 《抚州南城县麻姑山仙坛记》,《颜鲁公文集》卷一三。
④ 《全唐诗》卷一三六。
⑤ 《全唐诗》卷三九一。
⑥ 屈原:《天问》,《楚辞集注》卷三。

这个圜道理论，便引入了"天气""地气"概念和相互作用机制。①《范子计然》提出："天气下，地气上，阴阳交通，万物成矣。"②《吕氏春秋》则进而第一次明确提出了水分的海陆循环概念："水泉东流，日夜不休。上不竭，下不满，小为大，重为轻，圜道也。"③这些提法为魏晋南北朝隋唐时期的人们所继承并阐释发扬。

中国古代还有一种天河与地上的海、河相通的思想，这也属于海洋圜道观。《说文》认为："海，天池也。"《博物志》记载："旧说云，天河与海通，近世有居海渚者，年年八月有浮槎去来，不失期。"④葛洪更用天河水、地下水、海水三种水相通相激荡来解释潮汐的成因。《抱朴子·外佚文》称："天河从西北极，分为两头，至于南极……河者天之水也。两河随天而转入地下过，而与下水相得，又与（海）水合，三水相荡，而天转排之，故激涌而成潮水。"

（二）海洋宝域仙境观

在古人的观念中，缥缈无垠的海洋是神仙出没的地方。早在先秦时期就产生了关于海洋的种种神话传说，认为海中有神山，其上有不死之人、不死之药。为此，秦皇汉武都曾寻仙海上，冀求获得长生不老之药。魏晋南北朝隋唐时期，神仙居所有海外十洲，充满了灵异之气的观念和故事传承更为普遍。《拾遗记》载：

> 蓬莱山亦名防丘，亦名云来，高二万里，广七万里。水浅，有细石如金玉，得之不加陶冶，自然光净，仙者服之。东有郁夷国，时有金雾。诸仙说此上常浮转低昂，有如山上架楼，室常向明以开户牖，及雾灭歇，户皆向北。其西有含明之国，缀鸟毛以为衣，承露而饮，终天登高取水，亦以金、银、仓环、水精、火藻为阶。有冰水、沸水，饮者千岁。有大螺名裸步，负其壳露行，冷则复入其壳；生卵着石则软，取之则坚，明王出世，则浮于海际焉。有葭，红色，可编为席，温柔如屩氄焉。有鸟名鸿鹅，色似鸿，形如秃鹙，腹内无肠，羽翮附骨而生，无皮肉也。雄雌相眄则生产。南有鸟，名鸳鹭，形似雁，徘徊云间，栖息高岫，足不践地，生于石穴中，万岁一交则生雏，千岁衔毛学飞，以千万为群，推其毛长者高蜚万里。圣君之世，来入国郊。有浮筠之簳，叶青茎紫，子大如珠，有青鸾集其上。下有沙砾，细如粉，柔风至，叶条翻起，拂细纱如云雾。仙者来观而戏焉，风吹竹叶，声如钟磬之音。⑤

这里海洋仙境中不乏奇珍异宝，事实上古人正是把海洋也看成一个收藏奇珍异宝的地方。海洋也的确是这样，不少宝物如珍珠、珊瑚、宝贝、货贝等物均产自海洋中。宝物作为财富的象征，既可以用做装饰品，也可用做货币。关于这些宝物的形成，古人充满了奇思妙想。例如，晋朝干宝的《搜神记》记载：

> 南海之外，有鲛人，水居如鱼，不废织绩，其眼泣，能出珠。⑥

---

① 《管子·庶地篇》。
② 《范子计然》，《太平御览》卷一〇引。
③ 《吕氏春秋·季春纪·圜道》。
④ 张华：《博物志》卷一〇，范宁校证本第 321 条。
⑤ 王嘉：《拾遗记》齐治平校本，中华书局 1981 年版，第 223—224 页。
⑥ （晋）干宝：《搜神记》卷一二，文渊阁四库全书本。

说的是南海之外有一种"鲛人"像鱼一样居住在水中,但纺纱织布并不荒废,它的眼睛里流下的眼泪就是珍珠。又《太平广记》卷八〇三引《博物志》云:

> 鲛人从水出,寓人家,积日卖绢。将去,从主人索一器,泣而成珠满盘,以与主人。[1]

这种传说极富传奇,赋予了大海浪漫色彩。

随着佛教在中国的广为传播,隋唐以后四海龙王的信仰在民间流传开来,在人们的心目中,龙王居住的龙宫成为又一处汇聚海洋宝物的地方。

另外,丰富的海洋生物也是海洋馈赠给人类的一种宝物。前引西晋陆机(261—303年)在《齐讴行》中所赞"营丘负海曲,沃野爽且平……海物错万类,陆产尚千名"[2]和晋木华在《海赋》中所赞"尔其(海洋)枝岐潭瀹,渤荡成汜,乖蛮隔夷,回互万里","其垠则有天琛水怪",都是对海洋富有稀珍奇异的生物的认知,正如唐李善(630—689年)注曰:"天琛,自然之宝也。"[3]

(三)海外异域交通观[4]

对于中国古人来讲,海外是个奇异化外之地,先秦《山海经》中就充满了对远国异民的奇谈玄想。随着秦汉以来海外交通的发展,特别是汉代以来海上丝绸之路的开辟,人们对海外居民和物产的了解增多了,对海外诸国的鄙视态度有所变化,但原来的夷狄观念仍旧存在。由此形成的魏晋南北朝隋唐时期的海外异域交通观可以概括成两个方面。一是藩人来中国,"本以募化而来","其奉正朔,修贡职,航海岁至"[5]。《琅琊郡王德政碑》云:"佛齐诸国,虽同临照,靡袭冠裳,舟车罕通,琛赆阒献,口者亦踰沧海,来集鸿胪,此乃公示中孚,致其内附,虽云异类,亦慕华风。"因此,对这些慕华风而来的海外诸国来者要礼遇有加。二是海外诸国不乏奇物宝珍,通商对中国是有利的,海外贸易是获利颇丰的事业。因此,魏晋南北朝隋唐时期各朝政权普遍重视海外交通和海外贸易。

史学界有一种传统观点,认为唐以前的统治者主要是把海外贸易视为获取珠宝以供享用的重要途径,却并没有把海外贸易视为财政上的一项重要收入。为了证实这一观点,还屡屡引用孙吴大臣薛综所说的交州"贵致远珍名珠、香药、象牙、犀角、玳瑁、珊瑚、琉璃、鹦鹉、翡翠、孔雀、奇物,充备宝玩,不必仰其赋入,以益中国也",以作为根据。其实,薛综之言并没有否认海外贸易与国家财政之间的关系,现摘录如下,以备研考:

《三国志·吴书·薛综传》:"吕岱从交州召出,(薛)综惧继岱者非其人,上疏曰:'……县官羁縻(交州),示令威服,田户之租赋,裁取供办,贵致远珍名珠、香药、象牙、犀角、玳瑁、珊瑚、琉璃、鹦鹉、翡翠、孔雀、奇物,充备宝玩,不必仰其赋入,以益中国也。……'"

薛综这段话的意思很明确:第一,交州一带的农业不发达,虽然对"田户之租赋"加

---

① 今本《博物志》无此记载。
② (梁)肖统《昭明文选》卷二八。
③ (梁)肖统《昭明文选》卷一二。
④ 王杰:《中国古代对外航海贸易管理史》,大连海事大学出版社1994年版,第30—31页。
⑤ 《梁书·诸夷传》卷五四,第783页。

以征收,但毕竟数量有限,中央政府并不需要这些"租赋"来补充国家财政;第二,交州一带进口的象牙、犀角、琉璃等"远珍"是朝廷所需要的,必须"贵致远珍"(以致远珍为贵),这也是薛综认为的交州优势之所在,与"列州郡县,制其任土所出,以为征赋"的制度相吻合。至于有些专家学者由薛综之语而得出的海外贸易收入仅供朝廷消费、对财政无补的看法,很可能是对文中"充备宝玩,不必仰其赋入"的理解出现了偏差,以为都是指的海外贸易之物,而事实上后者指的是交州田赋收入,并非仍指海外贸易之物,这只要通观全文也就很明确了;否则的话,对海外贸易之物既要"贵致"又要"不必仰",本身就会陷入前后不一、自相矛盾的境地,同时也就无法解释岭南地区"献奉珍异,前后委积,颇有助于军国"这一实际存在的现象。

唐朝国力强盛,向以盛唐而著称,对外开放意识强烈。唐朝统治者重视睦邻邦交,积极发展对外关系,所以唐代时"四邻夷国""如贡来朝",呈现一派欣欣向荣的盛唐景象。唐代人们对于海外贸易更加重视,朝廷对海外贸易采取了积极扶持的态度(详见本书有关章节),把发展海外贸易与国家经济利益紧紧地联系起来,结果正如时人张九龄所指出的那样:"海外诸国,日以通商,齿革羽毛之殷,鱼盐蜃蛤之利,上足以备府库之用,下足以赡江淮之求。"①

第二节　海洋经济利用领域和规模的扩大

魏晋南北朝隋唐时期,滨海人们在先秦、秦汉时期利用鱼盐之利和舟楫之便的基础上,对海洋资源的经济产业开发领域和规模扩大了。

一　海洋渔业②

我国渔业发达甚早,至周而秦,凡渔官、渔法以及养殖(引者注:指淡水养殖)、制造等,灿然大备,是为我国渔业之灿烂时期。③　可是,到了秦汉以后魏晋南北朝隋唐时期直至明代以前,尽管海洋渔业的生产力水平有相当大的发展,但由于中国国民经济的农业重心特点更加突出和海洋盐业对渔业经济的巨大冲击,海洋渔业的发展速度趋缓,渔业不仅在整个国民经济中变为农业的副业,而且在海洋经济中也逐渐失去了支柱和龙头的地位。对此,渔业史学界大多数学者是有共识的。例如,沈同芳在《渔业历史》中就说:"秦汉以降,幅员渐广,濒海水产之利,详于盐而略于鱼,业渔者类穷海荒岛之民。"李士豪、屈若搴也说:"自殷周以来,农业渐臻发达,汉承秦之后,安定宇内,朕亲耕,后亲桑,重农政策之结果,渔业在生产上盖失去其重要性,遂完全隶为农家之副业地位。史虽渔盐并称,然渔盐性质不同,故后之政治,亦多详于盐而略于渔。业渔者类为穷海荒岛河上泽畔居民,任其自然以为生……故自秦、汉以至明季之一长时期中,渔业上直无甚兴革而言。"④黄公勉、杨金森也认为,在这一漫长的历史阶段,国家对沿海

① 张九龄:《开大庾岭路记》,《广东通志》卷二○一《金石略三》。
② 本部分引见欧阳宗书:《海上人家——海洋渔业经济与渔民社会》,江西高校出版社 1998 年版,第 10—14 页。
③ 李士豪、屈若搴:《中国渔业史》,商务印书馆 1998 年版,第 6 页。
④ 李士豪、屈若搴:《中国渔业史》,商务印书馆 1998 年版,第 6—7 页。

地区的经济,重视的是盐业,因而盐业一直是海洋地区经济收益最高的产业,而渔业则降为次要。① 不过,对这一观点,也有学者看法不同,如丛子明、李挺主编的《中国渔业史》就认为唐宋时期是中国渔业发展的高潮,甚至说"隋代以后,渔业的发展迅速到了一个高峰"②。他们的证据是唐宋时期一些文人名家如杜甫、李白、白居易、柳宗元、皮日休、陆龟蒙、苏轼、欧阳修、陆游、范致明等人以渔为题材写下的大量诗、词、歌、画,他们称之为"唐宋渔文化高潮",认为"作为上层建筑的文学艺术,归根结底,是经济基础的反映,唐宋时期出现的渔文化高潮,不仅反映了当时的渔业生产力水平、渔业的重要经济地位,而且也反映了渔民的艰辛和智慧,渔具渔法的'穷甚极趣',以及江海河山瑰丽多姿,水产珍品佳肴美味,等等"③。对此,已有学者直接提出了质疑和辨析,指出《中国渔业史》所列举的这些"以作唐宋渔业繁荣的写照"④的 14 首诗词,仅有两首与海洋渔业有关,它们分别是唐人王建的《海人谣》"海人无家海里住,采珠役象为岁赋。恶波横天山塞路,未央宫中常满库"以及宋人陈造的《定海甲寅口号》:"父子分头上海船,今年海熟胜常年。宫中可但追呼少,不质田输折米钱。"它们并未反映出唐宋时代的渔业经济出现过繁荣,唐诗宋词题材之广可谓是无所不包,若将其中题材相同的诗词归为一类便认为是反映了某某文化的繁荣或高潮,则会得出唐宋时代非但出现了渔文化高潮,还出现了蝉文化、猿文化、马文化、牛文化、鸭文化……高潮的结论,这显然失之偏颇,与事实不符。总之,秦汉以后直至明代以前,中国海洋渔业的发展一直是十分迟缓的,渔业非但在国民经济中的地位为农业的副业,在海洋经济中也失去了它的重心作用。魏晋南北朝隋唐各代基本如此。

二 海盐生产

海盐生产自古至今是我国盐业生产的主项,已有四五千年的历史。三国以前的海盐生产以环渤海湾为中心,尤其是山东半岛北部,其生产技术缺乏史籍明确记载。魏晋南北朝以后,关于海盐生产的记述增多了,而且随着经济地理的变动,两淮、江南等地成为海盐生产的重心所在。

(一)魏晋南北朝隋唐时期的海盐生产技术⑤

从现有的史籍材料来看,淋卤制盐法在魏晋南北朝隋唐时期我国沿海各地的海盐生产中已经得到普遍应用。

《吴都记》载:"海滨广斥,盐田相望,吴煮海为盐,即盐官县境内。"⑥东晋郭璞《盐池赋·序》曰:"吴郡沿海之滨,有盐田,相望皆赤卤。"赤,卤水的颜色。浓度较高的卤水是混浊的。"相望皆赤卤",意思是说,盐田里盛满了混浊的卤水。《盐池赋》描写河

① 黄公勉、杨金森:《中国历史海洋经济地理》第三章《海水制盐业》,海洋出版社 1985 年版。
② 丛子明、李挺:《中国渔业史》,中国科学技术出版社 1993 年版,第 6 页。
③ 丛子明、李挺:《中国渔业史》,中国科学技术出版社 1993 年版,第 52 页。
④ 丛子明、李挺:《中国渔业史》,中国科学技术出版社 1993 年版,第 52 页。
⑤ 马新:《汉唐时代的海盐生产》,《盐业史研究》1997 年第 2 期;吉成名:《魏晋南北朝时期的海盐生产》,《盐业史研究》1996 年第 2 期。
⑥ 转引自(唐)徐坚:《初学记》卷八。

东盐池的卤水颜色也是用"赤"字："扬赤波兮焕烂"①，"赤波"即混浊的卤水。盐田是用来储藏、浓缩海水(即所谓"取卤")或晒盐的。《吴都记》说"煮海为盐"，似乎盐田仅仅用来储藏、浓缩海水，但我们不排除有晒盐的可能。即便是仅仅用来取卤，将经过浓缩的海水取来煎煮也要比简单地取海水来煎煮先进得多。《南齐书》卷一四《州郡上》载越州有盐田郡，据此可以推测南齐时期越州(属岭南地区)海盐生产也已采用盐田生产法。交州位于南朝疆域之内的南部。南齐时张融写过一篇文章，题为《海赋》，其中有一段文字对交州的海盐生产情况作了生动的描写："漉沙构白，熬波出素，积雪中春，飞霜暑路。"②短短16个字，却将海盐生产、运销的简单过程全部勾勒出来了。"漉沙构白"，海水淋在沙土上，流进坑里，形成浓度较高的、泛白的卤水，这是取卤过程。"熬波出素"，将卤水取来放在锅里煎煮，结晶成白色的盐粒，这是煎煮过程。"积雪中春"，春季主要从事海盐的生产；"飞霜暑路"，夏季则将盐运到内地销售，这是运销过程。张融的这段文字是有关魏晋南北朝时期海盐生产技术为数极少的材料之一，而且是其中最详细的一条，是我们了解这个时期海盐生产技术的主要依据，因而是十分珍贵的。③

淋卤制盐法的基本环节到了唐代已较为完备，尽管受史料所限，我们无法知其全貌，但从史籍中存留的吉光片羽中我们依然可以捕捉到唐代盐业生产的基本面貌。

唐代海盐生产的第一步是刺土置溜与淋卤，就是刮取盐田中经过海水侵蚀的富含盐分的咸土或沙，将它们堆聚到已铺垫好的茅草上面，排列成溜，这种"溜"大者高二尺，方一丈以上。然后，再在溜侧挖一坑，称卤井，再用海水浇淋。这一信息我们得自《新唐书·食货志》，该书记刘晏变法时道：

> 晏又以盐生霖潦则卤薄，暵旱则土溜坟，乃随时为令，遣吏晓导，倍于劝农。

这里，引起我们注意的是"暵旱则土溜坟"，暵，枯也，与"旱"略同。坟，沃壤也。《禹贡》云"厥土黑坟"，释文引马融注："有膏肥也。"此句大意当为若遇枯旱天气，土溜就十分肥沃，亦即含盐量高。

土溜是什么呢？虽然《新唐书》未讲明，但据宋人其他记载，我们可以知道土溜以含盐壤土堆积而成，用以淋卤。制作土溜与淋卤的方法，从距唐朝不远的《太平寰宇记》中可以反观。该书卷一三〇记道：

> 凡取卤煎盐，以雨晴为度，亭地干爽。先用人牛牵挟刺刀取土，经宿，铺草藉地，复牵爬车聚所刺土于草上成溜，大者高二尺，方一丈以上，锹作卤井于溜侧。多以妇人小丁执芦箕，名之为"黄头"，水灌浇，盖从其轻便，食顷，则卤流入井。

> 淋卤之后，咸土已淡，仍将土放回亭地，以待再次海潮浸润，再次刺取，大约刺土至成盐，不过四五日。

南宋《淳熙三山志》引《福清盐埕经》："使土虚而受信"，"海水有盐卤，潮长而过埕地，则卤归上中，潮退日曝，至生白花"，"刮起堆聚"，"取以淋卤"。埕地即亭地，即制盐

---

① 《全晋文》卷一二〇。
② 《南齐书》卷四一《张融传》，《南史》卷三二《张融传》。
③ 吉成名:《魏晋南北朝时期的海盐生产》,《盐业史研究》1996年第2期,第40页。

之地,因耕刺以松土壤,故又称盐田,这种取卤方式一直延续到近代。民初林振翰所撰《浙盐纪要》云,当时的浙盐制法也是先整置好田面,"俟海潮流入盐田……日丽风吹水气蒸发,盐分吸引而上,田面变白色如霜,故称白地,亦即盐花也",然后,括起田面之浮泥,晒干作溜以淋卤。这样取卤,当然要受天气影响,霖雨时节影响卤质甚或无法取卤,干旱季节则可丰获厚卤,故刘晏认为"霖潦则卤薄,暵旱则土溜坟"。

唐代的上述取卤方式,还可以从当时人的诗文中找到一些旁证。刘长卿《宿怀仁县南湖寄东海荀处士》诗云:"寒塘起孤雁,夜色分盐田。"①怀仁,唐属海州,此地汉代即产盐,由诗可知唐代此地已有制卤之盐田。

顾况《释祀篇》记温州永嘉县盐田曰:

> 岁在甲寅,永嘉大水,损盐田。温人曰:"雨潦不止,请陈牲豆、备嘉乐,祀海龙。"……翌日雨止,盐人复本,泉货充府。②

这与"霖潦则卤薄"的记载正相合。③

除了上述盐田淋卤外,唐末五代人刘恂所著《岭表录异》一书④记载唐代岭南地区的海盐生产时还有另外一种"掘地为坑"积沙淋卤的办法,兹录如下:

> 野煎盐:广人煮海其□⑤无限。商人纳榷,计价极微数。内有恩州场、石桥场,俯迎沧溟,去府最远。商人于所司给一百榷课,支销杂货二三千。及往本场。盐并官给,无官给者,遣商人。但将人力收聚咸池沙,掘地为坑,坑口稀布竹木,铺蓬簟于其上,堆沙,潮来投沙,咸卤淋在坑内;伺候潮退,以火炬照之,气冲火灭,则取卤汁,用竹盘煎之,顷刻而就。竹盘者,以篾细织。竹镬表里,以牡蛎灰泥之。自收海水煎盐之⑥,谓之野盐。易得如此也。

"收聚咸池沙,掘地为坑,坑口稀布竹木,铺蓬簟于其上,堆沙,潮来投沙,咸卤淋在坑内",就是说,挖一个土坑,在坑口放上竹条和木条,再在上面铺上草席,收集成池沙,把它们放在草席上,当潮水冲来的时候,含有盐分的咸卤通过咸池沙和草席过滤后流到坑内。土坑是用来收藏卤水的,竹条和木条是起支撑作用的,要承受草席、沙子和潮水的压力。草席是起过滤作用的,让卤水渗到坑里去,把杂物留在坑外。咸池沙是一种含有盐分的沙子,也能起过滤作用,还能防止杂物掉进坑里。此外,潮水还可以将咸池沙里的盐分一起带进坑里,提高卤水浓度。

两种淋卤方法,究竟哪一种技术更先进呢?可能盐田淋卤生产法比野煎盐"掘地为坑"积沙淋卤的办法要先进一些,理由是:掘地为坑不可能大规模地生产,坑不可能很大,所容纳的卤水肯定不多,单位面积的产量很难提高。可以说,"掘地为坑"是一种因陋就简的办法,适宜于一家一户的、小规模的个体生产。郭璞所谓盐田"相望皆赤卤",可见生产场面是很大的。采用盐田生产法,就可以发展成大规模的生产,单位面

---

① 《刘随州市级》卷五。
② 见《全唐文》卷五二九。
③ 马新:《汉唐时代的海盐生产》,《盐业史研究》1997年第2期,第14—15页。
④ 《四库全书总目提要》卷七〇《史部·地理类三》认为该书成于五代,此据鲁迅校勘本,广东人民出版社1983年版。
⑤ 此处空缺一字,疑系"法"字。
⑥ "盐"疑系衍字,下文"野盐",疑其中漏"煎"字。

积的产量就会大大提高。①

淋取卤水之后，下一个环节自然应当是试卤，以检验卤水的含盐度是否达到了一定的量。这一环节唐代肯定具备，前引《岭南异物志》记载岭南野煎盐的生产方法时已有试卤工艺："咸卤淋在坑内，伺候潮退，以火炬照之，气冲火灭，则取卤汁。"以火炬试卤便是岭南野煎盐的试卤方法。同时，《岭南异物志》还记道："江淮试卤浓淡，即置饭粒于卤中，粒浮者即是纯卤也。"

但在唐代，还有没有其他方式试卤呢？回答这个问题之前，我们还是先看一下《太平寰宇记》等史籍中所记载的宋代试卤情况。根据该书以及姚宽《西溪丛语》所记，宋代普遍采用石莲子试卤的技术。

《太平寰宇记》卷一三〇在记试卤时说：

> 取石莲十枚，尝其厚薄，全浮者全收盐，半浮者半收盐，三莲以下浮者，则卤未甚，须另刺开而别聚溜。

宋姚宽《西溪丛语》记载用石莲试卤说：

> 予监台州杜渎场日，以莲子试卤，挑莲子重者用之，卤浮三莲四莲，味重，五莲尤重。莲子取其浮而直，若二莲直，或一直一横，即味差薄，若卤更薄，即莲沉于底，而煎盐不成。

这种试卤技术与现代通常使用的波美计测定液体比重的原理完全一致。十莲"全浮者全收盐"，说明卤水含盐度极高；"半浮者半收盐"，是说若有五颗石莲浮起，则含盐量只有十莲全浮的一半，产量也减半；"三莲以下浮者"，因浓度太低而不能煎盐。这种石莲试卤技术历宋元明清，直到初期，在一些海盐产区仍然使用。《盐政杂志》第18期（1915年5月）刊载盐务署场产整理处浙江调查主任范运枢著《浙江场产调查报告书》（续）中写道："土人试验卤质浓淡之法，截竹为管，留基底，节中藏石莲十颗，轻重递差。管口幂以竹丝，汲满盐卤，则石莲逐颗浮起。浮起一颗者，其卤为五折半，以下每浮一颗，算加半折，如二颗为六折，三颗为六折半，以此类推，法颇简捷。"

遗憾的是，盐史学界一直认为石莲试卤是宋代的发明，这对于唐代盐业生产者来说实在有些不公平。实际上，唐段成式在《酉阳杂俎》前集卷一九《草篇》中，已讲到了石莲的试卤功能：

> 石莲，莲入水必沉，唯煎盐成卤能浮之。

可见此法至迟在唐代已经出现，具体做法当如《太平寰宇记》所记。这是唐代海盐生产技术的一大进步。

试卤之后，便是海盐生产的最后一个环节：煮盐。其具体做法，据宋朝有关材料的记载，是先将试卤之后达到一定浓度的卤水运入灶屋，装到盐盘之中。盐盘有铁制和竹制两种。为提高煎煮效率，还要在盘中放入皂角，即皂荚子，因其水解后的生成物会促进盐水的饱和，加速食盐的结晶过程。接着便可起火煎煮，当卤水蒸发掉其大部分水分，盐液达到其饱和点时，食盐便开始析出。随着水分继续蒸发，盐结晶体也就渐次沉积于盘底。最后便是停火，收盐。制取海盐的过程至此完成。一溜之卤，大致可分

---

① 吉成名：《魏晋南北朝时期的海盐生产》，《盐业史研究》1996年第2期，第42页。

为三至五盘煎煮,每盘大约成盐三至五石。[①]

在这一生产环节中,最突出的进步是竹盘的普遍使用。《岭表录异》所记岭南野煎盐是用"竹盘煎之,顷刻而就。竹盘者,以篾细织竹镬,表里以牡蛎灰泥之"。宋《本草》引唐苏恭云:

> 其煮盐之器汉谓之牢盆,今或设铁为之,或编竹为之,上下周以蜃灰,广丈深尺,平底,置于灶,皆谓之盐盘。

《南越志》谓:"织篾为鼎,和以牡蛎是也。"竹类本是易燃物,但在其内外涂上蜃灰后,变成了轻巧耐火的煎盐器具。蜃灰是用海边牡蛎之类的遗壳,像煅烧石灰石那样加热制得氧化钙(CaO)即石灰。蜃灰和水涂于竹盘内外后,在空气中二氧化碳作用和水蒸气蒸发(或加热)条件下,发生化学反应生成坚硬的碳酸钙。

由于竹篾和煅烧贝壳制取石灰能够因地制宜、就地取材,使得篾盘与铁盘相比,有制造简便、价格低廉的明显优点,这对于盐业生产规模的扩大,盐业生产技术的推广都具有较大的意义。

自唐代发明的篾盘煎盐技术历宋元明清,直至民国初期,经千余年,在我国沿海一些海盐产地,因袭相传,沿用不衰。

利用沿海自然形成的卤水进行熬制,也是中国古代盐业生产史中较早出现而又流传久远的一种方式。在沿海地区一些相对封闭、曲折复杂的地形地貌中,容易使涌入的潮水滞留不去,在阳光蒸发与地表渗透的作用下,可能会形成含盐量较高的卤水,古代业盐者们往往直接利用这种卤水熬制成盐。史籍中所出现的沿海地区的盐井、卤池等,恐怕多是这种情况。这种天然卤水多集中在今渤海南岸和胶州湾一带。

《水经·潍水注》云:

> (平度)县有土山,胶水北历土山注于海。海南、土山以北悉盐坑,相承修煮不废。北眺巨海,杳冥无极,天际两分,白黑分别,所谓溟海者也。

平度故城在今莱州东北,此时之产盐地相当于汉东莱郡的当利盐官。"盐坑"之"坑",同"坑",王逸《楚辞补注》云:"坑字,书作坑。"既然"海南、土山以北悉盐坑",这些"盐坑"应当是卤水坑,抑或经过了人工再造,也未可知。

伏深《齐地记》云[②]:

> 齐有皮邱坑,民煮坑水为盐,石盐似之。

皮邱坑也见于《水经·淄水注》,其地在淄水下游入海处。这儿的盐坑相当于汉代的寿光盐井,也是积海水而成的卤池。

类似的卤池在唐代也常见到,《新唐书·地理志》云:"莱州东莱郡掖县有盐井二。"《元和郡县志》卷一一亦云,诸城县"东南一百三十里滨海有卤泽九所,煮盐,今古多收其利"。

这种沿海卤池的起源当然是天然形成的,利用这种卤水煮盐的历史应该很早。更需要指出的是,这种天然卤池在魏晋至隋唐时代,应当是不断地得到改造,有些卤池恐怕已完全是人工开挖。这种生产工艺的发展,应当是中国盐业生产史上天日晒盐法的

---

① 见《太平寰宇记》《淳熙三山志》等,并参见陈衍德《唐代盐业生产的发展》,载《盐业史研究》,1988年第4期。
② 《北堂书钞》卷一四六。

最早源头。①

《北史》卷九四《流求传》载，流求"以木槽中暴海水为盐，木汁为酢，米面为酒，其味甚薄"。将海水取来，置于木槽之中，让其蒸发水分，结晶成盐。这是海盐生产最简单、最原始的办法，不要依赖人工生火煎煮，只要靠自然热能将水分蒸发即可成盐，没有多少技术因素。可见，当时流求海盐生产技术是十分落后的。由于四面环海，自然条件优越，采取这种简单的办法生产海盐十分方便，吃盐不成问题，也许正是这个原因，影响了流求海盐生产技术的提高和发展。海盐生产技术处于原始阶段的地区很可能不只是流求一处，落后地区海盐生产往往采取这种因陋就简的办法。②

至于这一时期是否存在直接煮海水为盐的生产方法，学者们认识不一。

通常认为中国古代的海盐生产技术有三个阶段，即直接煎煮海盐、淋卤煎炼、晒制成盐。两汉及其以前生产海盐的办法大概是直接煎煮海盐，根据是汉许慎《说文》有"古宿沙初作煮海为盐"的记述。白广美先生是研究中国古代海盐生产的权威学者，他认为这种直接煮海水为盐的方式一直持续到唐宋时代。白广美曾在《中国古代海盐生产考》一文中专门就此作过论述，认为"当论及海水煮盐时，一般总是介绍淋卤煎盐，往往忽略甚至不承认直接煮海水制盐这一历史事实。追究其原因，一方面是缺乏对古代海盐生产技术的深入研究，另一方面是古籍中的有关资料确实太少了"。之所以说直接煮海水为盐的方式一直持续到唐宋时代，主要根据是：其一，北宋方勺（1066—？年）《泊宅编》道："盖自岱山及二天富皆取海水炼盐，所谓熬波者也，自鸣鹤西南及汤村，则刮碱淋卤。"宋姚宽（1106—1162年）《西溪丛语》中有相同的记载。又《宋史》卷一八二亦有记述："自岱山以及二天富，炼以海水，所得为最多，由鸣鹤西南及汤村，则刮碱淋卤，十得六七。"由此可知，古代海盐生产经历了一个直接煎炼海水的阶段，而且这种办法一直延续到宋代。其二，"熬波"是我国古代的一大发明，是人类支配自然力的一种表现，自远古开始历代相传，为中华民族的繁衍生息做出了巨大的贡献。宋唐慎微《重修政和经史证类备用本草》绘有清晰精细的"海盐图"，该图可作为唐、宋时期直煎海水制盐的例证。"海盐图"右侧为波涛起伏的大海，正有盐丁用长柄勺直接挹海水倒入木桶，另有两人挑海水倒入锅灶上方的水池中，水池与锅有管子相通，可加海水入锅。灶口有人添柴管火，灶旁有人不断用盐铲将锅内已结晶的食盐捞入旁置的缸内，另有数人将成盐送往盐仓中贮存。这是一幅生动描绘我国古代海盐场生产的全景图，是古籍中不可多得的写实之作，是海盐生产史中的一幅珍品。这是目前见到的最早的一幅海水煮盐图，它可与井盐史研究中的汉画像砖《井盐场图》相媲美。直接煎炼法和后来的淋卤煎盐法相比，工序简单，占地面积小，但其缺点是费时和浪费燃料，后来只是在一些地质条件差、燃料丰富的地区才采用。③

朱去非先生曾撰文《唐宋海盐制法考》，对白广美先生的这一观点进行了商榷，认为唐宋时代不可能用海水直接煎盐。根据大致如下：

第一，《泊宅编》所谓"取海水炼盐"及"熬波"，并非直接煮海水成盐。《泊宅编》和

① 马新：《汉唐时代的海盐生产》，《盐业史研究》1997年第2期，第14—16页。
② 吉成名：《魏晋南北朝时期的海盐生产》，《盐业史研究》1996年第2期，第39页。
③ 白广美：《中国古代海盐生产考》，《盐业史研究》1988年第1期。

《宋史·食货志》里提出了两种制盐方法：一种是"炼以海水"即"取海水炼盐"，另一种是"刮碱淋卤"。但不能肯定前者就是用海水直接煎盐，因为原文都载有"煮盐的分数法"，用今天的话来说就是上级核定的计划产量。"炼以海水"的计划产量订为十分，"刮碱淋卤"的计划产量订为六至九分。不言而喻，刮碱淋卤煎盐法优于用海水直接煎盐。如果"炼以海水"是用海水直接煎盐，其产量怎么可能高于"刮碱淋卤"呢？难道落后的生产方法反而出高产吗？其实，"炼以海水"或"取海水炼盐"都不是用海水直接煎盐，而是另一种"炼"法。即先用易于吸卤之物质，或细砂，或泥土，或草灰，摊晒于地面，灌以海水，经日晒使咸分凝聚于其内，然后收集这种物质淋制成卤，再煎成盐。它与"刮碱淋卤"不同。后者是利用土壤的毛细管作用，吸取地下咸分，经日晒在地表形成一层盐霜，俗称碱土，采集此种碱土淋卤制盐，故称"刮碱淋卤"。这样理解，才符合上述"煮盐的分数法"。

第二，那么，方勺为什么说"取海水炼盐"即所谓"熬波"呢？难道"熬波"不是直接煎海水成盐吗？古人用词简略，往往不能直接理解其真意。试举北宋著名诗人柳永所作《煮海歌》为例。这首诗描写当时海盐生产的全过程。原文如下："煮海之民何所营？……年年春夏潮盈浦，潮退刮泥成岛屿；风吹日晒咸味加，始灌波涛溜成卤。卤浓咸淡未得闲，采樵深入无穷山，豹踪虎迹不敢避，朝阳出去夕阳还。船载肩擎未遑歇，投入巨灶炎炎热；晨烧暮烁堆积高，才得波涛变成雪。"显然，柳永所说的"煮海"不是直接煎海水成盐，而是刮泥淋卤，再煎成盐。柳永曾在舟山任盐官，时间约在皇祐年间（1049—1053年）。上述岱山、昌国二场均在舟山境内。柳永以亲眼所见写成此诗，属于第一手资料，最为可信。又考方勺生于1066年，柳永写此诗时，方勺尚未出世。当方勺写《泊宅编》时，岱山、昌国早已实行淋卤煎盐，当然不可能改为用海水直接煎盐。他所说的"熬波"或"取海水炼盐"，应是以海水为原料炼制成卤再煎成盐。

第三，据唐代不远的宋代乐史的《太平寰宇记》卷一三〇"淮南道海陵监"条载有"刺土成盐法"，即刮泥淋卤煮盐法。可见早在唐代应已形成此种淋卤煮盐的生产方法。因而宋代更不可能再用海水直接煎盐。

第四，元代陈椿《熬波图诗》计图47幅，每幅图各配诗一首，生动而详细地记载了当时海盐生产的全过程。其中包括开辟摊场、车水耕平、海潮浸灌、担灰入淋、上卤煎盐、日收散盐等工序。《海潮浸灌》诗中明确地指出："浙东把土刮，浙西将灰淋"，即浙东刮泥淋卤，浙西淋灰取卤。考陈椿曾于元统年间（1333—1334年）任浙西下砂场盐官。他是亲眼看到海盐生产操作的。明明是"刮泥淋卤"或"淋灰取卤"，他还是名之曰《熬波图诗》，可见古人所谓"熬波"不是用海水直接煎盐，方勺所说的"熬波"，当与此类似。

第五，《重修政和经史证类备用本草》中的"煮海制盐图"确实是描绘的直接取海水煎盐的场面。但此书重订于1249年，如前所述，约早200年的《太平寰宇记》和《煮海歌》已先后记载了刮泥淋卤法，故"煮海制盐图"所绘的绝非当时的现实，而是作者根据传说构思而成。因此，不应据此图而断言直接煎水成盐的方法一直延续到宋代。

第六，根据《新唐书·食货志》载，刘晏理盐政自宝应元年至大历末年（762—779年），18年中盐利增长14倍。这种大幅度增长，主要依赖盐业的发展。盐业生产为什么发展得这么快？《新唐书·食货志》中"晏又以盐生霖潦则卤薄，暵旱则土溜坋，乃随时为令,遣吏晓导,倍于劝农"的记载说明唐代已经普遍实行淋卤煎盐法,不可能用海水直接煎盐。①

但这里是否还要考虑到一个问题,即既然用海水直接煎盐法前面一直实行,它是否就随着唐代普遍实行淋卤煎盐法而在全国各地都消失了呢? 新技术的出现是否完全取代了旧技术? 另外,如果说唐代已普遍实行淋卤煎盐法而不可能直接用海水煎盐,那么之前的魏晋南北朝时期是否还是处在由直接用海水煎盐向淋卤煎盐法转变的阶段?

马新在《汉唐时代的海盐生产》一文中则考证说中国古代盐业生产的第一阶段就是淋卤制盐,不存在所谓的直接煮海水为盐。她认为,主张中国盐业生产史的第一阶段是煮海为盐者的史料依据主要有两类:一类是宋元时代的有关材料,根据朱去非先生的分析,这一类材料难以成立。另一类是有关夙沙氏煮海为盐的材料。许慎在《说文》中是有"古宿沙初作煮海为盐"的记载,但这儿的"煮海为盐"并非说的是直接煮海水为盐,分析如下:

在许慎之前,《世本》的作者已为我们提供了"夙沙氏煮海为盐""宿沙氏始煮海为盐"的信息。② "夙"与"宿",古字通用。关于夙沙氏的身份,一说是皇帝臣,一说是炎帝诸侯,一说是夙沙瞿子。③ 实际上它是一个氏族的名称,后来归入炎帝部落。《淮南子·道应训》说:"夙沙之氏,皆自攻其君而归神农,世之所明知也。"神农即炎帝。至于夙沙瞿子应当是夙沙氏族的成员,他是发明煮盐技术的代表人物。鲁连子曰:

> 宿沙瞿子善煮盐,使煮渍沙,虽十宿沙不得焉。④

这段话的本意应当是宿沙瞿子善于煮盐,他煮盐是通过积沙汲卤,然后煮而成盐;他积沙汲卤,一宿可成,那些经过十宿反复积沙汲卤的制盐人,也不及他产盐丰厚。

这种积沙汲卤的方式应当是上古到秦汉时代的常用方式,以致人们凡提及盐,就要与漉沙相连。

《南史·张融传》记有这样一件逸事:

> (张融)浮海至交州,于海中遇风,终无惧色,方咏曰:"干鱼自可还其本乡,肉脯复何为者哉。"又作《海赋》,文辞诡激,独与众异。后以示镇军将军顾颛之,颛之曰:"卿此赋实超玄虚,但恨不道盐耳。"融即求笔注曰:"漉沙构白,熬波出素,积雪中春,飞霜暑路。"此四句后所足也。

"漉"有过滤、渗出之意。《战国策》云:"夫骥之齿至矣,服盐车而上太行……漉汁洒地,白汗交流。"张融所云"漉沙构白,熬波出素",实道出了从积沙淋卤到熬制成盐的生产过程。这种积沙淋卤的生产方式,后代仍有残存。我们从唐刘恂《岭表录异》的记载中,可反观积沙淋卤的大致程序。从上述史实出发,可以得出结论,中国古代盐业生产的第一阶段是淋卤制盐,不是直接煮海水为盐。这一阶段是积沙淋卤,与晋朝以后的盐田淋卤有所不同。⑤

① 朱去非:《唐宋海盐制法考》,《盐业史研究》1991年第1期。
② 《太平御览》卷八六五引。
③ 《北堂书钞》引《世本》。
④ 《太平御览》卷九三五、一五引。
⑤ 马新:《汉唐时代的海盐生产》,《盐业史研究》1997年第2期,第13—14页。

如果说直接用海水煮盐在中国古代制盐史上事实上并没存在过,那么魏晋南北朝隋唐时期自然也就不存在直接用海水煮盐的盐业生产方法。

　　(二)魏晋南北朝隋唐时期的海盐生产规模①

　　《魏书》卷一一〇《食货志》载,北魏"自迁邺后,于沧、瀛、幽、青四州之境,傍海煮盐。沧州置灶一千四百八十四,瀛州置灶四百五十二,幽州置灶一百八十,青州置灶五百四十六,又于邯郸置灶四,计终岁合收盐二十万九千七百二斛四升。军国所资,得以周赡矣"。从灶数来看,当时沧、瀛、幽、青四州进行海盐生产的规模是很大的;就产量来看,2666个盐灶一年产盐209702斛4升,平均每灶年产78.66斛(一斛为十斗),产量应该不算太高。

　　郭璞《盐池赋》载:"若乃煎海铄泉,或冻或漉,所赡不过一乡,所营不过钟斛。"可见,魏晋南北朝时期大多数地区海盐产量还不太高,一次能生产一斛半钟就算很不错了。②

　　到了唐代,海盐的生产规模明显扩大了,无论是产地数量还是产量,都比前代有了很大变化。首先,海盐产地数量较汉代有了较大提高。检《汉书·地理志》,汉代沿海地区主要产盐县份只有19处,而唐代增加至35处,是汉代的180%。

　　其次,海盐产地的分布与前代明显不同,唐代池盐与井盐的分布除较前代更为广泛外,未有其他显著变化,唯海盐产地的重心由北方移向了江淮。汉代海盐地诸县设置盐官19处,其中淮河以北16处,江淮、岭南仅3处,只占19%。海盐产地主要集中于河北、山东地区。至唐代,北方产盐县史籍所记仅8处,而南方则多达27处,北方所占比重,与西汉正倒置。盐产重心的南移对唐王朝经济、财政重心的南移影响甚大。

　　再次,唐代形成了淮南与两浙两大海盐生产重地。唐代淮南道设有海陵监与盐城监,其中,扬州海陵监的食盐产量位居全国之首。南宋王象之《舆地纪胜》卷四〇引《元和郡县志》曰:"今海陵县官置盐监一,岁煮盐六十万石,而楚州盐城、浙西嘉兴、临平两监所出次焉。"

　　楚州盐城监的产量位居第二。《舆地纪胜》卷三九引《元和郡县志》曰:"今宫中置盐监以收其利,每岁煮盐四十五万石。"这样,仅海陵、盐城两监年产即达百万石以上。

　　唐代两浙地区有浙西的嘉兴、临平两监与浙东的兰亭、水嘉、富都三监。兰亭盐的产量有确切记载,宋施宿《嘉泰会稽志》卷一七曰:

　　　　唐越州—有兰亭监……配课盐四十万六千七十四石一斗。

　　前引《元和郡县志》在记述海陵监盐产后说"楚州盐城、浙西嘉兴、临平两监所出次焉",既然如此,嘉兴、临平两监所产当不低于兰亭监。开成年间,嘉兴监所属盐场中有三处划归地方经营,所收盐额达13万石,可资一证。上述三监再加上温州水嘉监与明州富都监,两浙产区盐产总量当在淮南之上。

　　下面,我们将汉代与唐代海盐产地简单列表于下,以备参考。

① 吉成名:《魏晋南北朝时期的海盐生产》,《盐业史研究》1996年第2期;马新:《汉唐时代的海盐生产》,《盐业史研究》1997年第2期。

② 吉成名:《魏晋南北朝时期的海盐生产》,《盐业史研究》1996年第2期,第42页。

表 10-1　汉代海盐产地一览表

所在郡别	产盐县（设盐官县）	备注
辽西	海阳	《汉书·地理志》
渔阳	泉州	《汉书·地理志》
钜鹿	堂阳	《汉书·地理志》
勃海	章武	《汉书·地理志》
千乘	（不详）	《汉书·地理志》
北海	寿光　都昌	《汉书·地理志》
东莱	曲成　东牟　嵫　昌阳　当利	《汉书·地理志》
琅邪	海曲　长广　计斤　平昌	《汉书·地理志》
会稽	海盐	《汉书·地理志》
南海	番禺	《汉书·地理志》
苍梧	高要	《汉书·地理志》

表 10-2　唐代海盐产地一览表

道别	所在州县	产地	备注
河北道	沧州青池县	（有盐）	《元和志》《新地志》
	盐山县	（有盐）	《新地志》
	邢州巨鹿县	（有盐泉）	《新地志》
	棣州渤海县	（有盐）	《新地志》
	蒲台县	斗口淀盐场·哈垛盐池	《元和志》
河南道	莱州	（盐井二）	《新地志》
	胶水县	（有盐）	《新地志》
	密州诸城县	（有卤泽九所）	《元和志》
淮南道	楚州涟水军	涟水场	《新食志》
	盐城县	盐亭北二十三	《新食志》
	扬州海陵县	盐场九	《太平寰宇记》
	如皋县	如皋场	《太平寰宇记》
江南道	苏州嘉兴县	（有盐场）	《新食志》
	海盐县	（有盐场）	《新食志》
	杭州	杭州场	《新食志》
	盐官县	（有盐场）	《新食志》

（续表）

道别	所在州县	产地	备注
江南道	越州	会稽东场、会稽西场、余姚场、地心场、怀远场	《嘉泰会稽志》卷一七
	明州鄞县	（有盐）	《新地志》
	翁山县	（有盐场）	《新地志》
	台州黄严县	（有盐）	《新地志》
	宁海县	（有盐）	《新地志》
	福州侯官县	梅溪场等	《太平寰宇记》
	长乐县	罗元场等	《太平寰宇记》
	连江县	（有盐场）	《太平寰宇记》
	长溪县	（有盐场）	《太平寰宇记》
	泉州晋江县	（有盐）	《新地志》
	南安县	大同场、武德场、桃林场、小溪场	《太平寰宇记》
	潭州湘乡县	（有盐）	《元和志》
岭南道	潮州海阳县	（有盐）	《新地志》
	思州	诸石桥场	《岭表录异》
	儋州琼山县	（有盐）	《新地志》
	义伦县	（有盐）	《新地志》
	振州宁远县	（有盐）	《新地志》
	广州东莞县	（有盐）	《新地志》
	浈阳县	（有盐）	《新地志》

注：表中《元和郡县志》简称《元和志》，《新唐书·地理志》简称《新地志》，《新唐书·食货志》简称《新食志》，《太平寰宇记》简称《寰宇记》。[①]

三 航海贸易与运输

海洋巨大的水体把人们阻隔开来，但同时又给人们提供了依靠船舶往来的巨大方便。航海贸易与运输依赖海洋交通之便而产生和发展，也应该属于海洋经济利用的内容，而且在古代还是非常重要的内容和领域。

伴随着魏晋南北朝隋唐时期造船业的进步和航海技术的提高，伴随着海外异域交通观中的对海外贸易的关注，航海贸易与运输业也有了很大发展，不仅南北各港口之间的沿海航海贸易与运输越加频繁，海外贸易与运输到唐代也达到了繁荣的程度。由于航海贸易与运输业在本阶段的海洋发展中占有突出的地位，所以本卷另分别有专章从航海、海外贸易、海港的角度对这方面的相关问题展开论述，这里从略。

---

① 马新：《汉唐时代的海盐生产》，《盐业史研究》1997 年第 2 期，第 13—14、17—18 页。

四　潮田中的海水利用①

仰潮水灌溉的潮田,在中国古代沿海地区广为分布,这是中国古代海水资源利用的一项重大成就,也是中国古代海洋农业文化的一个明显的特点。

潮田在中国出现很早,这首先应谈到骆田。晋《裴渊广州记》记载:"骆田仰潮水上下,人食其田。"②《十三州志》记载:"百粤有骆田。澍案:骆音架,即架田,亦即葑田也⋯⋯骆田仰潮水上下,人食其田。"③由此可知,骆田即潮田之一种,也是中国古代架田的一种。架田是在沼泽水乡无地可耕之处,用木桩做架,将水草和泥土置于架上,以种植庄稼。木架飘浮水上,随水高下,庄稼不致浸淹。这在宋元时多见于江东、淮东和两广地区④,又记为葑田。架田、葑田在两广沿海地区之所以称骆田,这是因为"骆者,越别名"⑤。而越即百越或百粤,在古代即为位于南岭以南今两广地区。⑥骆田在中国出现的时代还可追溯到更早的战国时代。北魏郦道元(? —527 年)在《水经注》中引《交州外域记》记载:"交趾昔未有郡县之时,土地有雒田,其田从潮水上下,民垦食其田。"⑦这里的雒田显然即骆田。交趾,古代指五岭以南一带地区。有关"交趾昔未有郡县之时"的时间,根据我国古代有关行政区划的变革分析,最晚也是战国时期。由此可见,骆田或雒田即潮田,至迟在战国时期已经出现。

这种在岭南沿海发展起来的位于水上并仰潮水上下灌溉的潮田,与后来广为发展的位于陆地的潮田有较大的不同。位于陆地的潮田最早可追溯到三国时代的吴大帝孙权(182—252 年)在南京所开的潮沟。《舆地志》云:"潮沟,吴大帝所开,以引江潮。"⑧《地志》云:"潮沟,吴大帝所开。以引江潮⋯⋯潮沟在上元西四里,阔三丈,深一丈。"⑨开潮沟,引江潮,很可能是用于潮灌。有关陆地潮田的明确记载,则在南北朝时期。《常昭合志稿》记载:"吾邑于梁大同六年更名常熟。初未著其所由名,或曰高乡,濒江有二十四浦,通潮汐,资灌溉,而旱无忧。低乡田皆筑圩,是以御水,而涝亦不为患,故岁常熟而县以名焉。"⑩可见,在 540 年,长江流域潮田规模已相当大。长江流域的潮田到唐宋时又有较大发展。唐陆龟蒙(? —约 881 年)为长洲(今苏州)人,曾任苏、湖二郡从事。他在《迎潮送辞序》中记述了松江地区的潮田:"松江南旁田庐,有沟洫通浦溆,而朝夕之潮至焉。天弗雨则轧而留之,用以涤濯、灌溉。"⑪南宋范成大(1126—1193 年)为吴郡(今苏州)人,他在《吴郡志》中也记述了吴郡的潮田。综上所述,古代位于陆地的潮田,主要是在长江下游沿岸,特别是在太湖周围低洼地区发展起

① 本部分引见宋正海:《东方蓝色文化——中国海洋文化传统》,广东教育出版社 1995 年版,第 42—51 页。

② 《裴渊广州记》,《汉唐地理书钞》。

③ 凉时阚骃纂,清代张澍辑《十三州志》。

④ 王祯:《农书》卷一一"田制门"。

⑤ 《后汉书·马援传》注。

⑥ 《史记·李斯传》:"非地不广,又北逐胡貉,南定百越,以见秦之疆";《汉书·高帝纪》:"前时,秦徙中县之民南方三郡,使与百粤杂处"。

⑦ 《水经注》卷三七。

⑧ 《舆地志》,《六朝事迹编类》卷上引。

⑨ 《地志》,《东南防守利便》卷上引。

⑩ 光绪《常昭合志稿》卷九"水利志"。

⑪ 俞思谦:《海潮辑说》卷下。

来的,其年代大约始于三国时代,至迟可追溯到南北朝,其后在唐宋,特别在宋代有较大发展。

长江下游沿岸的陆地潮田的发展,实际上与当地圩田、圩田塘浦系统的发展是一致的。"圩田就是在浅水沼泽地带或河湖淤滩上围堤筑圩,把田围在中间,把水挡在堤外;围内开沟渠,设涵洞,有排有灌。太湖地区的圩田更有自己的独特之处,即以大河为骨干,五里七里挖一纵浦,七里十里开一横塘。在塘浦的两旁,将挖出的土就地修筑堤岸,形成棋盘式的塘浦圩田。"①这里的圩区在秦汉已进行了初步开发,三国时经东吴政权的经营,已达到一定的程度。由此可推测吴大帝当时在南京所开的潮沟,亦相当于圩田与塘浦中的浦。在南北朝时,正由于塘浦的发展,以及其中潮灌的发展,才使在梁大同六年将晋时的海虞县改为常熟县②的。唐时太湖地区的圩田塘浦"进入一个新的发展时期",后虽在北宋时"一度衰落",但到南宋时"圩田范围逐渐扩大"③。由此可见太湖地区的潮田发展,基本上与圩田、圩田塘浦的发展是同步的。《吴郡志》记载,吴郡治理高田的主要方法是挖深塘埔,"畎引江海之水,周流于岗阜之地",而"近于江者,既因江流稍高,可以畎引;近于海者,又有早晚两潮,可以灌溉"④。这里的潮田显然只是圩田的一种,只因近海,所以引潮水灌溉。

魏晋南北朝隋唐时期的文献中还没有关于北方沿海的潮田的记载。

潮田的作用是很大的,不仅仅在开发滨海土地或围海造田中救干旱之急,还能使干旱盐渍的贫瘠土壤变成旱涝保收、稳产高产的"膏田"。《福建通志》记载:"有一等洲田,潮至则没禾,退仍无害。于禾不假人、牛而收获自若。有力之家随便占据。"⑤在这里,潮田已成为最上等的田。

潮田的形成和发展,主要由于农业的发展需潮汐灌溉(简称潮灌)。潮灌方式有简单和复杂之分,各有其发展的过程。较原始的方式是自流灌溉。自流灌溉是潮灌的初级形式。它的潮田分布高度有限,只能在每月的大潮高潮线以下。所以潮田面积窄小,而且能潮灌时间并不一定与庄稼缺水时间一致。因此随着沿海农业区的发展,自流灌溉方式已满足不了要求,逐步被有一定水利设施的复杂的潮灌方式所取代。这种取代在长江三角洲是较早出现的。南宋《吴郡志》记载,吴郡"沿海港浦共六十条,各是古人东取海潮,北取扬子江水灌田"⑥。这里记载了潮灌中的渠系,既言为古人所为,魏晋南北朝隋唐时期可能就已出现。

海水苦咸,盐度高达35‰,而庄稼对盐度1‰的水已不能适应,那么,为什么沿海各地广泛发展的潮田能使庄稼丰收呢?这是因为中国古代劳动人民在长期的抗旱斗争中,已发现在河流的感潮河段以及入海的河口地区,由于淡水的注入和潮汐的作用,海水盐度有着明显的时空变化。因此人们能够根据潮汐涨落情况,掌握海水盐度时空

---

① 武汉水利电力学院《中国水利史稿》编写组编:《中国水利史稿》(中册),水利电力出版社1987年版,第144页。

② 长江流域规划办公室《长江水利史略》编写组编:《长江水利史略》,水利电力出版社1979年版,第73页。

③ 武汉水利电力学院《中国水利史稿》编写组编:《中国水利史稿》(中册),水利电力出版社1987年版,第145页。

④ 《吴郡志》卷一九。

⑤ 乾隆《福建通志》卷三。

⑥ 《吴郡志》卷一九。

动态,得到淡水灌溉。明代徐光启(1562—1633年)在《农政全书》中指出:"海潮不淡也,入海之水迎而返之则淡。《禹贡》所谓逆河也","海中之洲渚多可用,又多近于江河,而迎得淡水也"①。十分明显,徐光启在这里所说的"洲",应为入海河口的拦门沙,而"逆河"实为入海河流的感潮河段。中国沿海受太平洋潮波的强大冲击,河口中"江水逆流,海水上潮"②的现象是明显的。清《直隶太仓州志》则进一步阐明,滨海之地,"潮有江、海之分,水有咸、淡之别……古人引水灌田,皆江、淮、河、汉之利,而非施之以咸潮"③。由此可见古人早已清楚潮灌中所引之水虽名为潮水、海水,实为河流淡水。

既然海水咸重,江涛淡轻,那么在出海河口和感潮河段,海水和河水相交换处,自然不会轻易融合。而且由于海水咸重,所以上潮时,进入江河的海水,不会在上层,只能在下层沿河底向上游推进,形成一个向上游方向水量逐渐减少的楔形层。这样,上层仍为淡轻剽疾的河水,可资灌溉。明崔嘉祥《崔鸣吾纪事》记载了当时耕种潮田的老人对潮灌原理的精辟阐述:"咸水非能稔苗也,人稔之也……夫水之性,咸者每重浊而下沉,淡者每轻清而上浮。得雨则咸者凝而下,荡舟则咸者溷而上。吾每乘微雨之后辄车水以助天泽不足……水与雨相济而濡,故尝淡而不咸,而苗尝润而独稔。"这虽然是记载的明代老农的认识,但从中国早已利用此科学原理来发展生产来看,这种认识的出现可能实际要早得多。

潮田的出现和在魏晋南北朝隋唐之后的广泛发展和存在,以及人们对潮灌原理的深刻认识,不能不说是中国古代传统农业和传统海洋文化的一大创举。

---

① 《农政全书》卷一六。
② 《七发》,《昭明文选》。
③ 嘉庆《直隶太仓州志》卷一八《水利》。

第十一章

魏晋南北朝隋唐时期的海洋政策与管理

由于历史的局限,中国古代还不可能有今天意义上的整体的海洋发展政策和管理,又由于魏晋南北朝隋唐时期的中国海洋疆域相对安全,没有像后来那样受到来自外国海上势力的挑战和威胁,因而针对外来势力的海防政策也还远远没有成型,所以这里所说的海洋政策与管理,主要体现为在沿海地域靠海吃海、用海的过程中,中央政权和地方政权针对海洋渔业、海洋盐业、航海贸易运输业等海洋经济部门的政策与管理。

第一节 海洋渔业政策与管理

一 渔业管理

由于历史上略于渔,关于魏晋南北朝隋唐时期渔业政策与管理的内容记载和研究都不多,现有的材料主要述及渔官组织、土贡和渔税等方面。

(一)渔官组织①

为了做好渔政工作,古代很早就设立渔官制度。《周礼·天官》记载,周代职官中有"戲人",即"渔人"。此官专掌捕鱼、供鱼、征收渔税及其有关渔业政令。《唐六典》中也有"鱼师"等渔政管理官员,此书记载:"长上鱼师十人,短蕃鱼师一百二十人,明资鱼师一百二十人。"②有些文献还记载了一些渔政官员的事迹。东晋陶侃(259—334年)曾为鱼梁吏,《世说新语》云:"陶公少时作鱼梁吏,尝以坩鲊饷母,母封鲊付使,反书责侃曰:'汝为吏以官物见饷,非唯不益,乃增吾忧也。'"③这不仅说明当时对渔业已有严格的管理和政策,而且在管理中渔官已有贪官、清官之分。

---

① 宋正海:《东方蓝色文化——中国海洋文化传统》,广东教育出版社 1995 年版,第 125 页。
② 《唐六典·河渠署》。
③ 《世说新语·贤媛》。

（二）土贡和渔税①

自夏代开始，沿海地区要向中原王朝贡献海产品。汉代则有"海租"，渔税曾多次变化，有时税赋很重，甚至由官府直接控制海洋渔业，渔民不堪重税盘剥，无力发展渔业生产，因而导致渔业凋零，"鱼不出"②。

唐代以后，海洋渔业赋税大体有两种形式：一是土特贡品，凡是京城附近不易得到的重要海产品，都要由沿海各地进贡，如鲨鱼皮、海龟壳、珍珠、鲜干鱼、贝类等，无不充贡；二是类似于土地人丁税的税课，或按渔户、蟹户征收，或按船只网具的大小和数量征收。

各地的鱼税不同。广东地区，在唐代，潮阳贡鲛鱼皮10张；南海贡鼊皮30斤；玉山贡玳瑁2具，鼊皮60斤；海丰贡艇鱼皮3张；朱崖贡珍珠2斤，玳瑁1具。福建也是贡海产品的重要地方，如唐代时长乐郡贡海蛤。浙江沿海自古以来就是最重要的海洋渔业基地，因此贡品和渔税也多。例如，《元和郡县志》记载，唐代仅黄岩一地要贡鲛鱼皮100张；《新唐书·元稹传》记载，当时浙东每年要向京师进贡蚶子，役使邮子万人；《孔戣传》载，当时明州岁贡淡菜、蚶、蛤之属，自海抵京师，役使43万人，另外还要进贡石首鱼（黄花鱼）、鲻鱼、鲈鱼、螟干、白蟹、泥螺等。山东沿海地区也是很早就向朝廷进贡海产品，在唐代，东莱、高密、东牟各郡，都要进贡海产蛤类。

二　采珠政策与管理③

南海采珠自汉代开始才有正式记载，至今已有2000年的历史。《后汉书·顺帝本纪》记载，顺帝时桂阳太守文砻"献大珠，以求幸媚"。当时的桂阳辖今日广东沿海一带地方，太守所献大珠很可能采自南海珠池。另外，《后汉书·孟尝传》《晋书·陶璜传》也有采珠的记载，如《陶璜传》说："合浦郡土地硗瘠，无有田农，百姓惟以采珠为业，商贾去来，以珠贸米。"这里虽未说明采捞数量，但是，百姓以采珠为业，以珠易米维持生活，说明规模是相当可观的。

《晋书·陶璜传》中有一段重要记载，陶璜向晋帝建议："吴时珠禁甚严，虑百姓私散好珠，禁绝来去，人以饥困。又所调猥多，限每不充。今请上珠三分输二，次者输一，粗者蠲除。自十月讫二月，非采上珠之时，听商旅往来如旧。"这一建议得到晋帝同意。这里除了表明采珠已有旺季淡季之分，还说明采珠已实行交税政策。

隋唐时代广东采珠起色不大，官府管理也不甚严。《旧唐书》载："廉州珠池与民共利。近闻本道禁断，遂绝通商。宜令本州任百姓采取。"朝廷这种"与民共利"的指导思想，可能就是允许珠民自由下海采捞，然后官府或征用，或收买，官府得珠，珠民少得其利。

五代十国时期，南海采珠出现了高潮。当时的南汉刘氏王朝极为奢侈，曾大量搜集珍珠宝物装饰宫廷，因而刺激了珍珠采捞业的发展。《南汉春秋》载，南汉刘龑聚南

---

① 张震东、杨金森：《中国海洋渔业简史》，海洋出版社1988年版，第52—55页。

② 《前汉书·食货志》。

③ 本部分引见张震东、杨金森：《中国海洋渔业简史》，海洋出版社1988年版，第223—224页。

海珍宝,以为珠殿。昭阳殿以金为仰阳,银为地面,檐楹榱桷,皆饰以银,殿下设水渠,浸以珍珠。到刘铢执政时,服装宫殿悉以珍珠玳瑁为饰。我们虽未见到采珠数量的记载,但是从珍珠既做服饰又做殿饰、水渠里都撒上珍珠来推断,当时的采捞量可能是前所未有的。为了得到大量的珍珠,南汉王朝还曾置兵八千人专以采珠。

第二节　海盐政策与管理

古代的盐业生产包括海盐与井盐、池盐等,海盐政策与管理是整个盐政中的有机组成部分,因此对海盐政策与管理的考察就无法脱离各个朝代的整体的盐政。

一　魏晋南北朝时期的海盐政策与管理[①]

魏晋南北朝时期,由于分裂割据加之朝代更替频繁,很多方面都没有定制和记述,盐政亦然。因此,很难清晰地概括这一时期的盐政包括海盐政策与管理。下边拟按朝代顺序,略加条缕。

(一)魏、吴和两晋的盐政

东汉末年以来,群雄纷争,割据者们无不注重盐与盐利。三国时代,各国均在其境内实行了各具特色的专卖制,以助军国之需。三国之中,蜀国深具内地,只有魏国和吴国涉及海盐政策和管理。专卖制的做法也被后起的两晋所承袭,但两晋时代,由于社会经济政治结构的重大变动,所谓专卖只能得其皮毛而已。

三国时代,曹魏疆域最大,有司隶及青、徐、凉、秦、冀、幽、并、雍诸州,包括了几乎所有的池盐产区和北方海盐产区。自东汉黄巾起义以来,群雄逐鹿,军阀混战,食盐也就成为军阀们加强自身优势的一种重要武器。

官渡之战间,曹操派河中安邑人卫觊镇抚关中。当时,关中疲敝,土地荒芜,战乱之后还乡的流民往往被关中诸将或豪强引为部曲。卫觊通过荀彧向曹操建议征收盐税,作为安抚百姓、加强集权的资本,他提出:

> 关中膏腴之地,顷遭荒乱,人民流入荆州者十万余家,闻本土安宁,皆企望思归,而归者无以自业,诸将各竞招怀,以为部曲。郡县贫弱,不能与争,兵家遂强,一旦变动,必有后忧。夫盐,国之大宝也,自乱来放散,宜如旧置使者监卖,以其直益市犁牛,若有归民,以供给之,勤耕积粟,以丰殖关中,远民闻之,必日夜竞还。又使司隶校尉留治关中以为之主,则诸将日削,官民日盛,此强本弱枝之利也。[②]

荀彧转达给曹操后,曹操立即采纳了这一建议,派谒者仆射监盐官,司隶校尉治弘农,取得了良好成效,"关中服从"[③],奠定了关中稳定的基础。

---

① 本部分引见齐涛:《魏晋南北朝盐政述论》,《盐业史研究》1996 年第 4 期。
② 《三国志·魏书·卫觊传》。
③ 《三国志·魏书·卫觊传》。

卫觊建议征税的目标，应当是河东池盐，因为卫觊是河东安邑人，熟悉河东盐池的情况，而当时曹操所能直接控制的也只有河东盐池。胡三省也认为"河东安邑盐池，旧有盐官，盐之为利厚矣"[1]，曹操派出的谒者仆射监盐官，就是监此处盐官。既然卫觊建议"盐，国之大宝也，自乱来放散，宜如旧置使者监卖"，那么，这儿的"旧"，应当是东汉末丧乱以前的制度，也就是征税制，其税率应当比东汉征税制为高。

随着曹魏势力的扩展，对新纳入其版图的盐池、盐井，往往采用官营官卖的方式。

魏明帝时，徐邈为凉州刺史，经济困顿，他重新整修武威、酒泉盐池，卖盐收谷，供给边费，成效卓著。《三国志·魏书·徐邈传》称：

> 明帝以凉州绝远，南接蜀寇，以邈为凉州刺史，使持节领护羌校尉。至，值诸葛亮出祁山，陇右三郡反，邈辄遣参军及金城太守等出南安贼，破之。河右少雨，常苦乏谷，邈上修武威、酒泉盐池以收虏谷，又广开水田，募贫民佃之，家家丰足，仓库盈溢。……正始元年，还为大司农。

徐邈之擢升为大司农，当因他在凉州经营有方，任大司农后是否将这一盐业政策推广全境已不得而知，但从有关资料看，官营官卖在曹魏比较普遍。

齐王芳嘉平四年，关中大饥，司马懿上表，建议徙冀州农夫五千人佃上邦，并兴京兆、天水、南安盐池，以益军实。

陈留王景元四年，邓艾平蜀后，向司马懿建议道：

> 兵有先声而后实者，今因平蜀之势以乘吴，吴人震恐，席卷之时也。然大举之后，将士疲劳，不可便用，且徐缓之；留陇右兵二万人，蜀兵二万人，煮盐兴冶，为军农要用，并作舟船，豫顺流之事，然后发使告以利害，吴必归化，可不征而定也。[2]

邓艾的这一做法，开后世盐屯之先河。

官渡之战后，曹操即控制了北方海盐生产的中心地区渤海湾南岸，但如何管理海盐产销史无明文，我们只知徐干在《齐都赋》中将海盐视作大利。

徐干的《齐都赋》这样写道：

> 若其大利，则海滨博者，溲盐是钟，皓皓乎……[3]

由曹魏的池盐、井盐政策，对于海盐，推亦实行了官产官销制。

东吴领有扬、广两州，东南盐产均在其境内。东吴在主要产盐区设立专门的盐业管理机构，管理海盐生产，在海盐设司盐校尉与司盐都尉。《水经·沔水注》云：

> 谷水又东南迳盐官县故城南，旧吴海昌都尉治。谷水右有马皋城，故司盐都尉城，吴王濞煮海为盐于此县也。

海盐自西汉以来，一直是东南沿海的盐业生产中心，东吴时代依然如此。东吴盐业管理的最高机构司盐校尉即治此处。《三国志·吴书·孙休传》云：

> 永安七年秋七月，海贼破海盐，杀司盐校尉骆秀。

除海盐外，东吴还在其他一些重要产盐地设司盐都尉，如孙皓甘露元年，在东莞置

---

① 《资治通鉴》卷六三胡注。

② 《三国志·魏书·邓艾传》。

③ 《北堂书钞》卷一四六引。

司盐都尉。①

东吴政府直接控制着境内食盐的生产,盐也就成为东吴的一项重要财源,有时对臣下的赏赐也直接以食盐为之。《三国志·吴书·朱桓传》记道:

> 朱桓,字休穆,吴郡吴人也。……黄龙元年,拜桓前将军,领青州牧。……赤乌元年,卒,……家无余财,权赐盐五十斛,以周丧事。

官渡之战后,曹操挟胜勇之威,要挟孙吴质子曹魏,在孙权召集臣议论此事时,周瑜即以铜、盐作为重要资本,反对向曹魏屈服。他认为:

> 今将军承父兄余资,兼六郡之众,兵精粮多,将士用命,铸山为铜,煮海为盐,境内富饶,人不思乱。……有何逼迫,而欲送质。

这表明了盐利在东吴国力中所占据的重要地位。

两晋盐政情况,限于史料,我们只能略知一二,无法窥其详情。

西晋武帝泰始初年,蜀汉甫灭,东吴未定,军国之需,仍支出浩大,这时,杜预因"明于筹略",被擢为度支尚书。西晋度支尚书总揽全国财政,利权在焉,史称杜预到任后:

> 乃奏立籍田,建安边,论处军国之要。又作人排新器,兴常平仓,定谷价,较盐运,制课调,内以利国,外以救边者五十余条,皆纳属。②

"较盐运"是其经济措施的重要组成部分。所谓"较盐运",应当是指官府控制食盐运销,从中取利,也就是专卖制,但执行情况已不得而知。

就盐业生产而言,西晋承三国之余绪,主观上也想推行官营盐业,禁止私家煮盐,并颁布了相应的法律。《晋令》云:

> 凡民不得私煮盐,犯者四岁刑,主吏二岁刑。③

西晋还在各主要产盐地设立司盐都尉,负责盐业生产与缉私,如《太康地记》云:

> 盐池在河东安邑县,有司盐都尉,别领兵五千。④

又如,钱塘也设有司盐都尉,《晋书·王允之传》云:

> 允之讨贼有功,封番禺县侯,邑千六百户,除建武将军、钱塘令,领司盐都尉。

据《晋官品》,司盐都尉为第六品,其属官有司盐丞,第八品⑤,其余设置情况不详。

需要指出的是,尽管西晋王朝在法律上禁止私家煮盐,但在当时世家大族把持政治的情况下,国家政权也无法阻止世家大族们对经济命脉的操纵,世家大族既然占山固泽,自然也不会放过盐业之利。东晋时代更是如此。因之,两晋时代盐业生产的特点是官私并举。这方面的事例十分多见。

《华阳国志》卷三记道:

> (蜀郡广都县)有盐井、渔田之饶,大豪冯氏有鱼池盐井,县凡有小井数十井。

---

① 见《太平寰宇记》卷一五七引《南越志》。
② 《晋书·杜预传》。
③ 《太平御览》卷八六五引。
④ 《太平御览》卷八六五引。
⑤ 《通典》卷二六。

《益州记》则云,此地的平井,"官有两灶,二十八镇,一日一夜收盐四石,如霜雪也。"①

《华阳国志》卷五记道:

（巴郡临江县）接朐忍,有盐官,在监、涂二溪,一郡所仰,其豪门亦家有盐井。

《南兖州记》记有盐城一带官私盐业的盛况:

南兖州地有盐亭百二十三所。县人以渔盐为业,略不耕种,擅利巨海,用致饶沃。公私商运,充实四远,舳舻干计。②

私家所经营的盐业,可能要交纳一定的盐税,《太平御览》卷三九九所引《陵州图经》,流露出一些线索:

陵州盐井,后汉仙者张道陵之所开凿,周回四丈,深四十四尺,置灶煮盐。一分入官,二分入百姓家。因利所以聚人,因人所以成邑。

这与东汉时代的"纵民煮铸,人税县官"是相通的。③

(二)南朝盐业的自由经营

宋齐梁陈四朝实行了盐业放任政策。初时,食盐恐怕是混同于一般商品,收缴工商常税,盐业生产与流通为豪门大族所垄断。至陈文帝天嘉二年十二月,因地域遽缩、国力不支,太子中庶子虞荔、御史中丞孔奂"奏立煮海盐赋及榷酤之科,诏并施行",实际上是征收盐业生产专项税,税率当高于常税若干。此诏之后二十余年,陈朝灭亡。在征收盐业专项税的情况下,盐业生产与流通依然为豪门大族所把持。

南朝的这一盐业放任政策,取决于其特定的经济政治结构。刘宋以来,世家大族们既把持着国家的经济命脉,也把持着国家的政治命脉。就盐产而言,古来属于山泽之利,但恰恰在这一时代,山泽本身即被世家大族所瓜分,盐产自然也成为其囊中之物。

占山问泽自东晋以来即屡禁不止,刘宋以后,愈演愈烈,如刘宋扬州刺史刘子尚所言:

山湖之禁虽有旧科,民俗相因,替而不奉,炸山封水,保为家利。④

这样,羊希不得不建议废旧制,颁行新的五条法令:

凡是山泽,先常炸燐,种养竹木杂果为林,及陂湖江海,渔梁鳅鲎场,常加功修作者,听不追夺。官品第一、第二,听占山三顷,第三、第四品,二顷五十亩,第五、第六品,二顷,第七、第八品,一顷五十亩,第九品及百姓,一顷。皆依定格条上赀簿;若先已占山,不得更占,先占阙少,依限占足。若非前条旧业,一不得禁,有犯者,水土一尺以上,并计赃,依常盗律论。⑤

这"立制五条",与其说是禁占山泽令,不如说是听占山泽令。有了这道护身符,占

---

① 《太平寰宇记》卷八五引。
② 《太平御览》卷一六九引。
③ 陈连庆:《魏晋时期盐铁事业的恢复和发展》一文,载《魏晋南北朝史论文集》,齐鲁书社1991年版。
④ 《宋书·羊玄保传附羊希传》。
⑤ 《宋书·羊玄保传附羊希传》。

山问泽更是一发而不可收,纷纷越规逾制,多占山泽。齐竟陵王萧子良"封山泽数百里",远远超过了规定的限数。谢灵运夸耀自由田庄时也说:"其居也,左湖右江,往渚还汀,背山面阜,东阻西倾……远北则长江永归,巨海延纳……"规模十分惊人。在这样的条件下,那些占尽地利的世家大族们自然要独揽他们占治下的盐业生产与其他手工业生产,所以谢灵运说他的田庄"供粒食与浆饮,谢工商与衡牧",真正做到了自给自足。

那些广殖田园,未有盐产之便的世家大族们往往引以为憾,《颜氏家训·治家篇》就说:

> 生民之本,要当稼穑而食,桑麻以衣,蔬果之蓄,园场之所产,鸡豚之善……爰及栋宇、器械、樵苏、脂烛,莫非种植之物也。至能守其业者,闭门而为生之具以足,但家无盐井耳。

(三)北朝盐业专营的大起大落

与南朝盐业的自由经营相比,北朝各政权一直试图把握盐利,垄断食盐生产与销售,但时代的差异与社会环境的制约,使他们的努力难以奏效。

十六国时代,军阀混战,各方对于盐产都格外重视,一般都实行专营。例如,今山东临淄附近有乌常泽,南燕即在此设置盐官。[①] 据《赵记》云:"石勒使王述煮盐于角飞。"[②]角飞即漂榆。《魏土地记》云:"高城县东北一百里,北尽漂榆,东临巨海,民咸煮海水,藉盐为业。"[③]对于河东盐池,拥有者更是不肯放松。《魏书·食货志》云:"河东郡有盐池,旧立官司以收税利。"

北魏统一北方后,奄有司、冀、雍、凉、青、幽、并、平诸州,华北海盐与河东、西北池盐,尽在其掌握之中。魏献文帝鉴于自身势力强盛,又极欲笼络那些豪门大族,遂放开了盐产,撤除了河东盐池等处的盐司,宣布"弛山泽之禁"[④]。这是北魏的第一次弛放盐禁。

北魏第一次收缩盐业政策在孝文帝延兴末年,当时军国多事,财用不支,北魏政府正积极准备调整各项经济政策,而河东盐池弛禁以来,"富强者专擅其用,贫弱者不得资益"。孝文帝遂重设盐司,"量其贵贱,节其赋入,于是公私兼利"。其做法应当是官营商销,对盐商按收入多少,实行差额累进税,是一种高税率的专项税收。

北魏第二次弛放盐禁是在孝文帝后期。《魏书·孝文帝纪》云,太和二十年十二月,"开盐池之禁,与民共之"。所谓"与民共之",是在前此官营盐业的基础上,允许民营盐业的存在。

北魏第二次收缩盐业政策是在宣武帝景明年间。《魏书·宣武帝纪》载,景明四年七月庚午诏:"还收盐利以人公"。

北魏第三次弛放盐业政策是在宣武帝正始三年。这一年通直散骑常侍、中尉甄琛上书建议弛废盐禁。他认为:

---

① 《晋书·南燕慕容德载记》。
② 《水经·淇水注》。
③ 《水经·淇水注》。
④ 《魏书·献文帝纪》。

周礼虽有川泽之禁，正所以防其残尽，必令取之有时。斯所谓郭护虽在公，更所以为民守之耳。且一家之长，惠及子孙，一运之君，泽周天下，皆所以厚其所举，以为国家之富。未有尊居父母，而醯醢是吝；富有万品，而一物是规。今者，天为黔首生盐，国与黔首郭护，假获其利，是犹富专口齿不及四体也。且天下夫妇岁贡粟帛，四海之有，备奉一人；军国之资，取给百姓。天子亦何患乎贫，而苟禁一池也。

……愿弛兹盐禁，使沛然远及，依周礼置川衡之法，使之监导而已。

宣武帝认可了这一主张，下诏曰：

民利在斯，深如所陈。付八座议可否以闻。

司徒、录尚书彭城王元勰、兼尚书邢峦等人上奏，反对此议，他们认为：

琛之所列，富乎有言，首尾大备，或无可贬。但恐坐谈则理高，行之则事阙，是用迟回，未谓为可。……至乃取货山川，轻在民之贡；立税关市，禅什一之储。收此与彼，非利己也；回彼就此，非为身也。所谓集天地之产，惠天地之民，藉造物之富，赈造物之贫，彻商贾给戎战，赋四民赡军国，取乎用乎，各有义已。禁此渊池，不专大官之御，敛此匹帛，岂为后宫之资。既润不在己，彼我理一，犹积而散之，将焉所吝？且税之本意，事有可求，固以希济生民，非为富贿藏货。不尔者，昔之君子何为然哉？是以后来经图，未之或改。故先朝商校，小大以情，降鉴之流，兴复盐禁。然自行以来，典司多急，出入之间，事不如法，遂令细民怨嗟，商贩轻议，此乃用之者无方，非兴之者有谬。至使朝廷明识，听莹其间，今而罢之，惧失前旨。一行一改，法若易棋，参论理要，宜依前式。

但宣武帝不为所动，仍下诏废弛盐禁，诏称：

司盐之税，乃自古通典，然兴制利民，亦代或不同，苟可以富氓益化，唯理所在，甄琛之表，实所谓助政毗治者也，可从其前计，使公私并宜，川利无壅。尚书严为禁豪强之制也。[①]

在这一盐业政策下，所谓"公私并宜"，实际上是放弃了官营，完全任由民间经营，只是依据朝中所需，收缴一定的食盐，"取足而已"。例如，《魏书·食货志》言："世宗……复罢其禁，与百姓共之，其国用所须，别为条制，取足而已。"而虚张声势地规定的"严为禁豪强之制"也只能是一纸具文，在放任民营的情况下，盐利不可避免地完全被豪民所专擅，"自后豪贵之家，复乘势占夺，近池之民，又辄障吝，强弱相陵，闻于远近。"盐业放任政策的真正原因昭然若揭。

北魏第三次收缩盐业政策是孝明帝神龟初年，太师、高阳王元雍、太傅、清河王元怿等上奏，要求实行专营。他们详细论列了放任政策的利弊得失：

盐池天藏，资育群生；仰惟先朝限者，亦不苟与细民竞兹赢利。但利起天池，取用无法，或豪贵封护，或近者吝守，卑贱远来，超然绝望。是以因置主司，令其裁察，强弱相兼，各令得所，且十一之税，自古及今，取辄以次，所济为广，自尔沾洽，远近齐乎，公私两宜，储益不少。及鼓吹主簿王后兴等词称：请

---

① 上引均见《魏书·甄琛传》。

供百官食盐二万斛之外，岁求输马千匹，牛五百头，以此而推，非可稍计。后中尉甄琛启求罢禁，被敕付议。尚书执奏称："琛启坐谈则理高，行之则事阙，请依常禁为允。"诏依琛计。乃为绕池之民尉保光等，擅自固护，语其障禁，倍于官司，取与自由，贵贱任口，若无大宥，罪合推断，详度二三，深乘王法。臣等商量，请依先朝之诏，禁之为便，防奸息暴，断遣轻重，亦准前旨，所置监司，一同往式。

孝明帝接受了这一建议，"复置监官以监检焉"。不过，"复置监官以监检"并不是收归官营，而是严格管理，加强税收。到了孝昌年间，"朝议以国用不足，乃置盐池都将，秩比上郡"①，将盐业生产收归官营。

但时隔不久，孝明帝又宣布废盐池税，此举被长孙稚谏止。《魏书·长孙稚传》，详细记有此事：

> 后除尚书右仆射，未几，雍州刺史萧宝夤据州反，以稚为行台讨之。时薛凤贤反于正平，薛修义屯聚河东，分据盐池，攻围蒲坂，东西连结，以应宝夤，稚乃据河东。

> 时有诏废盐池税，稚上表曰："盐池天资赊货，密迩京畿，惟须宝而护之，均赡以理。今四境多虞，府库罄竭，然冀定二州，且亡且乱，常调之绢，不复可收，仰惟府库有出无入，必须经纶出入相补，略论盐税一年之中，准绢而言，犹不应减三十万匹也，便是移冀定二州置于畿甸。今若废之，事同再失。臣先仰违严旨，不先讨关贼而解河东者，非是闲长安而急薄坂。薄坂一陷，没失盐池，三年口命，济赡理绝，天助大魏，兹计不爽，昔高祖升乎之年，无所乏少，犹创置盐官而加典护，非为物而竞利，恐由利而乱俗也。况今王公索餐。百官尸禄，租征六年之粟，调折来岁之资，此皆出入私财，夺人赘力，岂是愿言，事不获已，臣辄符司监将尉还率所部，依常收税，更听后敕，"

长孙稚所言河东盐池一年之税可当冀定二州之赋，能折合为30万匹绢，"三军口命"，全赖此利。因此，孝明帝不得不收回成命，继续"依常收税"。

前废帝普泰元年，北魏王朝已名存实亡，前废帝登基后，宣布"其税市及税盐之官，可悉废之"②。实际上，废与不废，这都成了一纸空文。

北魏盐制"更罢更立"③，实际上是政府与豪强大姓在经济问题上的一次又一次的较量。河东盐利一年之税即抵冀、定二州之赋，丰厚的盐利不由得双方不全力争夺。从总体上看，严格管理与放任私营时间各半，而且后者实际上取得了最终的胜利，但北魏政府的盐业政策要比南朝好得多。当然，与汉武帝时相比，它还难望项背。

东西魏时代，西魏拥有池盐产地，仍设盐池都将，严格税收；东魏拥有海盐产地，实行了分区管理政策。在沧、瀛、幽、青这一海盐中心产区，实行盐业官营，获利丰厚，其他地区则听由民煮。

《魏书，食货志》云：

---

① 《魏书·寇俊传》。
② 《魏书·前废帝纪》。
③ 以上未注出处者均见《魏书·食货志》。

第十一章

魏晋南北朝隋唐时期的海洋政策与管理

自迁邺后,于沧、瀛、幽、青州之境,傍海煮盐。沧州置灶一千四百八十四,瀛州置灶四百五十二,幽州置灶一百八十,青州置灶五百四十六,又于邯郸置灶四,计终岁合收盐二十万九千七百二斛四升,军国所资,得以周赡矣。

所收海盐,除少部分供应朝中宫中外,大部分流入市场,换取货币。《隋书·食货志》也记载:

魏自永安之后,政道陵夷,寇乱实繁。……天平元年迁都于邺……于沧、瀛、幽、青四州之境,傍海置盐官以煮盐,每岁收钱,军国之资,得以周赡。

沧、瀛、幽、青四州之外的民营盐业,初时恐怕未收专项盐税,到武定中,崔暹建议全部收归官营时,才开始征收此税。《北史·崔昂传》记载:

武定中,……右仆射崔暹过奏称:海、沂煮盐,有利军国,文襄以问昂,昂曰:"亦既官煮,须断人灶,官力虽多,不及人广,请准关中,私馆官给,彼此有宜。"朝充从之。

北齐建立后,盐法情况不详,当依东魏旧制。后主武平六年,又"以军国资用不足,税山泽盐铁有差"。这儿的"税"应当是对官营盐业之外的所有私营盐业的一种加税。

北周实行征税制,《隋书·食货志》云:

后周太祖作相,创制六官,……掌盐,掌四盐之政令:一曰散盐,煮海以成之,二曰盬盐,引池以化之;三曰形盐,物地以出之;四曰饴盐,于戎以取之。

凡盬盐、形盐,每地为之禁,百姓取之皆税属。

散盐产于海,饴盐产于戎,均在西魏、北周范围之外,所以,它的征税面向盬盐与形盐。

二　隋唐时期的海盐政策与管理

(一)隋代和唐代初期的盐政

隋朝初年对盐业实行征税制,隋文帝开皇三年废除盐禁,实行无税制。"唐初沿隋之旧,国用所资,皆赖租调,租调以外,概不税敛。自隋开皇三年迄唐开元九年,其间共137年(唐开元初左拾遗刘彤请榷收盐利,为议者所阻,事不克行),均未征收盐税,为无税主义。此实我国盐政史上值得纪念之一大时期也。"[①]唐开元十年重新对盐业征税之后,征税制实行了30多年。

唐代天宝末年开始的"安史之乱",给唐朝经济造成很大破坏,国家财政困窘。肃宗时,颜真卿为河北招讨使,因为军费困竭,就收取景城的盐产,然后运销到各郡,用其收入以资军用。这种做法为德乾元间的第五琦所效仿,在诸道推行,国家财政日渐丰饶。这样,征税制变为专卖。按照第五琦的办法,凡是制盐之人都要经过官府许可,编录户籍,叫作亭户。亭户生产出的盐,全部由官府收买,全部由官府转卖。宝应年间,刘晏对实行中的民产官运官销的专卖制度作了些改变,盐仍归民制,仍由官收,但将官运官销改为了商运商销,即由官将在场所收之盐,寓税于价后转售给商人,商人在缴价领盐后可以自由运销,刘晏这种"就场专卖制比之管子及汉武专卖法,形式虽同,精神

---

①　曾仰丰:《中国盐政史》,商务印书馆1998年影印版,第3页。

各异。盖管子法以民制为主,官制为辅,晏法为纯粹民制,管子为官运官销,晏法为商运商销,此管刘不同之点,而其为官收则相同也。至若汉武盐法,制造运销悉归于官,完全为国有营业。然官自煮盐,官自卖盐,论者谓其盐利过甚。晏法则仅官收其盐,仍由商运销,既不夺盐民之业,亦不夺商贩之利,为专卖制中之最善者也"[①]。

(二)榷盐法[②]

自刘晏改第五琦的官运官卖为商运商卖,唐代榷盐法一直未脱出这一轨道。唐代榷盐制是中国盐业历史上重要的盐法制度,其基本内容包括盐产的管理、卖与招商、税额与计账、榷利的储运与入库、榷税的转嫁与归宿五个方面。

1. 榷盐制下对盐产的管理

榷盐是国家税收的一个组成部分,其基础同其他税收一样,也是物质资料的生产。榷盐收入与盐业生产有着直接的联系。第五琦、刘晏都意识到了这一点,而将盐业生产的管理作为榷盐制度的重要内容。榷盐制下对盐业生产的管理,主要通过以下几个方面进行。

(1)设立盐籍与特许生产制度。

第五琦变盐法时就规定:

> 其旧业户并浮人愿为业者,免其杂徭,隶盐铁使,盗煮私市,罪有差。[③]

此制为刘晏所继承。旧业者,即榷盐法实施前的自营业盐者,这些人往往"世煮盐为生",浮人即游离于土地之外的人户。唐政府为这部分人单设盐籍,凡取得盐籍之人户,即不属州县,而归于各盐场、监、院,由盐铁机构掌管。例如,《新唐书·食货志》言:盐民田园籍于县,而令不得以县民对盐籍下的农户,国家给予"免其杂役"等项优待。元和(806—820年)中,铁盐使皇甫镈又重申:

> 应管煎盐户及盐商,并诸监院亭场官吏所由等,前后制敕,除两税外,不许差役追扰,今请更有违越者,县令奏闻贬黜,刺使罚俸,再罚,奏取旨施行。[④]

不在盐籍者,严禁从事盐业生产,如太和二年(828年)三月,度支奏:

> 京兆府奉先县界卤池侧近百姓,取水柏柴烧灰煮盐,每石灰得一十二斤盐,乱法甚于咸土,请行禁绝。[⑤]

(2)盐业生产在盐吏的严密管理下进行。

实行榷盐法后,唐王朝规定所有制盐生产都必须在官办盐场中进行,由场、亭等官吏直接进行监督与管理。刘晏变法时就对盐业生产"随时为令,遣吏晓导,倍于劝农"[⑥]。此后,对生产的控制与监督日甚一日。

不过,盐户除从事盐业生产外,又往往有田园在县中,进行其他生产。盐业生产的

---

① 曾仰丰:《中国盐政史》,商务印书馆1998年影印版,第9页。
② 齐涛:《论榷盐法的基本内涵》,《盐业史研究》1997年第3期。
③ 《旧唐书·第五琦传》。
④ 《通考》卷一五"征榷"二。
⑤ 见《唐会要》卷八八。
⑥ 《新唐书·食货志》。

季节性很强,如海盐生产有一定的时间限制。因此,在不进行盐业生产的情况下,盐户可以从事其他劳作;到产盐时令,官府则向盐户征召盐丁,从事制盐生产。唐代海盐生产中,盐丁以灶为单位编制,当如宋代情况"盐灶一所,盐丁四十余"①。开元前幽州盐屯每屯配丁 50 人,与之相类。

(3)盐司对诸盐场有严格的配课制度。

榷盐法下,盐业产量是榷利收入的首要一环,因此,中央盐司对下属诸盐场严格规定产量定额,如对越州兰亭监管下的盐场规定:

> 会稽东场、会稽西场、余姚场、怀远场、地心场,配课盐四十万六千七十四石一斗。②

规定得十分具体,各盐场又将课额分摊到诸灶盐丁身上,严加摧勒。唐后期诏书中每每有盐户积欠的记载。对于盐户之积欠,盐铁机构或"囚系多年",或"展转摊征",致使"簿书之中,虚有名数,图圄之下,常积滞冤"。

(4)盐户所产之盐要全数上交,不得隐漏。

场、亭盐吏对所产食盐有严厉的检查,如贞元(785—804 年)中为解池榷盐官的史牟,有"外甥十余岁,从牟检畦,拾盐一颗以归,牟知,立杖杀之"③。由此可见私留食盐,罪莫大焉。

由以上四个方面不难看出,榷盐法下的盐业生产实际上是在官府严格控制下的官营盐业,与其他官手工业无本质区别。正由于此,唐王朝才能更有效地压低成本,高抬榷价,牟取超额利润。

2. 榷卖与招商

榷盐法下的榷卖方式,一言以蔽之,即"但于出盐之乡置盐官,收盐户所煮之盐转鬻于商人,任其所之"④。

(1)招商。

刘晏榷盐法的核心是商运商销,盐商是实现榷利的媒介。因此,自刘晏始即实行"广牢盆以来商贾"的政策,凡官府确认的盐商均可入于盐籍,享有"居无征徭,行无榷税"的权力。场、监及一部分巡院均设有祭盐官或招商官。李白子伯禽就曾充嘉兴监徐浦下场祭盐官。⑤《云笈七笺》中也有关于巡院招商的记载。此外,盐场、盐亭又在外地或附近设有一些祭盐小铺,以方便商贾,增加榷利,盐商可以分别到以上地方祭取食盐。

由于院、监距盐场、亭有一定的距离,为节省官府的转输之劳,唐政府鼓励盐商直接到场、亭等生产地采购食盐。例如,长庆元年(821 年)三月盐铁使王播奏请:

> 诸监、院祭盐付商人,请每斗加五十文,通旧一百九十文价;诸处煎盐亭场置小铺祭盐,每斗加二十文,通旧一百六十文价。⑥

① 《海盐澉水志》卷下。
② 《嘉泰会稽志》卷一七。
③ 《国史补》卷中。
④ 《通鉴》卷二二六。
⑤ 见《太平广记》卷三〇五。
⑥ 《唐会要》卷八八。

场、亭榷价较之监院每斗要低三十文。实际上,在一些僻远的盐场,则以更优惠的条件吸引盐商前往。例如,岭南恩州的诸石桥场,因其"去府最远",故商人交纳"一百石榷课",即可"支销正货三、五千"①。

(2)榷价的支付。

商人可以钱或以货支付榷价。刘晏规定:"商人纳绢以代盐利者,每缗加钱二百。"②至包佶领盐铁,更"许以漆器、玳瑁、绫绮代盐价"③。但唐宪宗时,一方面由于钱荒问题的日益突出,官府极力要回笼货币,十分欢迎商人纳钱籴盐;另一方面,纳物代钱,因物之估价无固定标准,商人可以以次充优,而场、监之吏为增加课利,"虽不可用者亦高估而售之,广虚数以罔上"④,"滥作无用之物"⑤入于国库,以至运往边地的绢帛,手触即裂,将士聚而焚之。⑥ 这都迫使唐王朝改变政策,强调以钱纳榷。宪宗曾再三强调:

> 盐利、酒利,本以榷率计钱……不可废去钱额。⑦

对纳盐的商人实施优惠政策,规定:

> 所由招召商人,每贯加饶官中一百文换钱。⑧

(3)飞钱的运用与钞引制的萌生。

纳钱比例增大后,钱币的运输成为重要的问题,铜钱转输往往耗费巨资。兴元元年(784年),判度支元琇"以京师钱重货轻,切疾之,乃于江东监院收获见钱四十万贯",欲使江淮转运史韩滉"转送入关"。滉奏云:"运千钱至京师,费钱至万,于国有害。"⑨其中虽有虚夸,但运钱耗资之巨是无疑的。在这种情况下,飞钱与便换便被运用到了榷盐法中。

《新唐书·食货志》称:

> 宪宗以钱少,复禁用铜器,时商贾至京师,委钱诸道进奏院及诸军、诸使、富家,以轻装趋四方,合以取之,号飞钱。

盐铁、度支、户部等官署因皆有分司驻于各地,便自然成为飞钱兑换的机构。元和七年(812年)王播奏称:

> 商人于户部、度支、盐铁三司飞钱,谓之便换。⑩

飞钱用于榷盐法后,盐商大贾可以将钱交到指定地点后领取票券往盐场兑盐,免除了盐商与官府的转输之劳,故而迅速流行。

榷盐法中的便换主要有两种方式。

---

① 《岭表录异》。

② 《新唐书·食货志》。

③ 《新唐书·食货志》。

④ 《新唐书·食货志》。

⑤ 《白氏长庆集》卷六三《议盐法之弊》。

⑥ 《旧唐书·王播传》。

⑦ 《旧唐书·食货志》。

⑧ 《册府元龟》卷五○一。

⑨ 《旧唐书·元琇传》、《新唐书·韩滉传》。

⑩ 《唐会要》卷八七。

其一，所谓"巡院纳榷，小铺粜盐"①。纳榷，即付榷价后换取盐券。扬州、白沙二处巡院曾一度改名为"纳榷院"，可谓名副其实。这使诸巡院往往积蓄着大量钱币。例如，会昌初，崔铉辅政，奏称前盐铁史王琚"领使日，妄破宋滑院盐铁钱九十万贯"②。由此可见巡院储币之巨。由于巡院多设于便于转输的交通要道，因此，所储钱币随时可以调入京师或就近赡军。

其二，商人入钱京师，取券往盐场兑盐。长庆元年（821年）正月所颁《南郊改元敕》称：

> 京城坊市，聚货之地，若物无集处，即弊生其中，宜委度支盐铁使于上都任商人纳榷，粜诸道盐。③

后来的榷茶法也援用这种便换方式，户部侍郎庾敬休于太和五年（831年）奏：

> 剑南道税茶，旧例委度支巡院勾当榷税，当司与上都召商人便换。④

可见，这种便换方式的实行是比较普遍的。

榷盐法中便换的两种方式，与北宋的钞引制颇有相似之处。北宋人观念中，往往视钞引与飞钱为一物。宋熙宁八年（1075年）中书房定盐法条约八事称：

> 不如止以当月钞数立额，却置场卖钞，飞钱为便。⑤

元丰二年（1079年），神宗谓臣下曰：

> 本欲榷盐价，飞钱于塞下。⑥

可以认为榷盐法中飞钱的运用就是北宋钞引制的先声。

由榷盐法中飞钱的运用，我们又可以联想到刘晏初变盐法时的规定，《新唐书·食货志》云：

> 商人纳绢以代盐利者，每缗加钱二百，以备将士春服。

既然纳绢是为备将士春服，以刘晏之机敏成算，当不至于使盐商们远赍匹段往诸盐场付直取盐吧？恐怕亦如后世纳榷之制，于上都或某些需要地点纳绢，然后，取得凭证往诸处粜盐。果如此，则唐代榷盐法伊始，就已萌生交引制与入中法了。但史料阙略，我们无法进一步加以证实。

3. 税额与计账

（1）计征标准。

税收的计征标准有从价税与从量税两类。唐代的榷税属于后者，即以征税对象的重量、件数、容积、面积等为标准，采取固定税额而征收。计征一般以盐的体积为标准进行。第五琦变盐法，"斗加时价百钱而出之"，即以斗为计征单位。此法沿至唐末未改。

从量税的税率一般不采用百分比的形式，而是采用定额税率，即按单位征税对象规定固定税额。榷盐法中，采用了地区差别税额与浮动税额两种方式。地区差别税额

---

① 《唐大诏令集》卷一一二《停淄青等道粜盐令》。
② 《唐大诏令集》卷一一二《停淄青等道粜盐令》。
③ 《唐大诏令集》卷一一二《停淄青等道粜盐令》。
④ 《册府元龟》卷五〇四。
⑤ 《宋会要辑稿》食货二四《盐法杂录》。
⑥ 《宋会要辑稿》食货二四《盐法杂录》。

包括生产条件差别与运输条件差别两项。例如,河东解池采用晒制法产盐,单位产量中所耗活劳动少于海盐生产,因此,其榷税往往高于海盐。又如,水贞元年(805年)江淮盐斗榷250文,解盐则斗榷300文。① 运输条件所产生的差别税额如前引诸盐商在煎盐亭场所置小辅粜盐时,斗榷260文,在监院则斗榷290文。唐代榷盐中的浮动税额也十分流行,自第五琦定榷盐斗榷100文后,以后诸朝多有浮动,最高者曾达斗榷370文。其浮动之动因是据国计所需,并非根据生产与社会经济之状况。

（2）计征之考课。

榷盐制中有严密的计征考课制度。监、院、场均为独立考课单位,《白氏长庆集》卷六三《议盐法之弊》中道:

> 主者岁考其课利之多少而殿最焉,赏罚焉。

每一考课单位都有具体的征榷数目,亦即粜盐数额。《大唐国要图经》云:

> 唐朝应管诸院,每年两浙场收钱六百六十五万贯,苏州场一百五万贯。②

开成二年(837年)三月,盐铁使奏曰:

> 得苏州刺史卢商状,分盐场三所隶本州,元粜七万石,加至十三万石,倍收税额,直送价钱。③

原粜盐七万石就是这三所盐场的课额。课额不充者,皆作欠逋处理,唐后期诏令中,每有盐场、监院逋欠诸色钱物斛斗的记载。④ 在这种情况下,场、院官吏"各虑其课不优也","各虑其商旅之不来也"⑤。因此,或对盐商"羡其盐而多与焉",或"多是诛求,一年之中追呼无已,至有身行不在,须得父母妻儿锢身驱将,得钱即放"⑥,形同勒索。

（3）计征单位。

榷盐法下的计征单位自始至终皆以钱计,在不纳钱币而纳实物的情况下,也是折合成钱贯收取。"商人纳绢代盐利者,每缗加钱二百"即其例。例如,穆宗诏令所称"盐、酒本以榷率计钱,与两税异,不可除去钱额"。

（4）计账与实估、虚估。

榷盐的计账本应十分简明,但由于受到实估与虚估的影响,变得复杂起来。

中晚唐时代的榷盐、税酒及两税多以钱计,由于钱荒等一系列原因,不可能尽数收钱,尚须收取绢帛等实物,这就产生了给这些实物估价的问题。当时的估价有两套标准。其中,一套是由中央王朝定估,称省估,由于它的估价高于市场价格,故又称虚估。虚估的盛行,人们普遍归之为两税法"约法之初,不定物估"。其实,虚估之始作俑者应是刘晏,如前引商人纳绢者"每缗加钱二百",即为十分典型的虚估。此后,虚估之风在榷盐法中迅速蔓延。德宗朝包佶为盐铁使,"许以漆器、玳瑁、绫绮代盐价,虽不可用者

---

① 《新唐书·食货志》。
② 《吴郡志》卷一。
③ 《册府元龟》卷四九四。
④ 《唐大诏令集》卷七三《乾符二年南郊赦文》等。
⑤ 《白氏长庆集》卷六三《议盐法之弊》。
⑥ 《樊川集》卷一〇《上盐铁裴侍郎书》。

亦高估而售之"①。至贞元十四年(798年)六月,皇甫煜正式奏定:

诸道州府监院每年送上都两税、榷酒、盐利旨米价等四段加估定数。②

这样,盐利的记账就出现了实估与虚估二套数额。李锜为盐铁使,更是"多为虚估,率千钱不满百三十而已"③,实、虚估之比高达6倍。此后的实、虚估之比例也大致稳定在2.5倍至4倍左右。读一下《册府元龟》卷四九三所列元和(806—820年)中榷利计账账目,实、虚估之比例及计账方式可一目了然:

(元和)四年二月,诸道盐铁转运使李巽奏:江淮、河南、河内、兖、郓、岭南诸监院,元和三年粜盐都收价钱七百二十七万八千一百六十贯,比量未改法已前旧盐利总约时价四倍加抬,计成虚钱一千七百八十一万五千八百七贯。贞元二年,收粜盐虚钱六百五十九万六千贯。永贞元年,收粜盐虚钱七百五十三万一百贯。元和元年,收粜盐虚钱一千一百二十八万贯。二年,收粜盐虚钱一千三百五万七千三百贯。三年,收粜盐虚钱一千七百八十一万五千一百贯。谨具累年粜盐比类钱数,具所收钱除准旧例克盐本外,伏请伏度支收管。从之。

五年四月甲午,诸道盐铁使奏:元和元年盐利钱虚估一千八百五万三千六百贯。

六年四月,盐铁转运使、刑部侍郎王播奏:江淮、河南、峡内、岭南、兖、郓等盐院,元和十五年粜盐都收价钱六百九十八万五千五百贯,比量未改法已前旧盐利总约时价四倍加抬,计成虚钱一千七百一十二万七千一百贯,改法实估也。

七年四月,盐铁转运使、刑部侍郎王播奏:元和六年粜盐除峡内盐井外,计收盐价钱六百八十五万九千二百贯,比量未改法已前旧盐利总约时价四倍加抬,计成虚钱一千七百一十二万七千一百贯,改法实估也。

八年四月,盐铁使、刑部侍郎王播奏:应管江淮、兖、郓等盐院,元和七年计收盐钱六百七十八万四千四百贯,比未改法已前旧盐利总约时价四倍加抬,计成虚钱一千二百一十七万九十贯。其二百一十八万六千三百贯,克粜盐本;其一千四百九十九万二千六百贯,克榷利。请以利付度支收管。从之。

计账中实、虚估并行,但在榷利的实际征收中,一般是就实不就虚。刘晏"每缗加钱百钱"的做法只是榷盐法初立时"以来商贾"的权宜之计,若长此以往,政府榷利必受影响。因此,元和(806—820年)中即明确规定榷利须折纳者,须"折纳实估匹段"④。这就形成了"以实估敛于人,虚估闻于上"的现象。因此,随着"钱重物轻"的发展,榷利税额"所纳渐多"。

如上所述,榷利以实估起征,以实、虚两套数额入账,但唐王朝在支出之时,却又多以虚估计账,"出给之时,又加虚估"⑤。例如,会昌元年(841年)户部奏:百官俸料,一

_____

① 《新唐书·食货志》。
② 《册府元龟》卷四九三。
③ 《新唐书·食货志》。
④ 《册府元龟》卷四八八。
⑤ 《陆宣公集》卷二二。

半匹段给见钱,其余则以虚估计,"每贯给见钱四百文"①。又如,宫市所用,"皆盐估敝衣,绢帛,尺寸分裂酬其直"②。白居易《卖炭翁》所吟:"一车炭、千余斤……半匹红绡一丈绫,系向牛头充炭直。"即是其真实写照。唐王朝这种对"实估""虚估"的"妙用",短期内可能的确达到了"广求羡利,以赡库钱"的目的,但它造成的计账方式的混乱以及由此产生的种种弊端却又是它始料不及的。

4. 榷利的储运与入库

(1)榷利的转输。

榷利征收后,首先面临的就是转输问题。唐代榷盐法有一个重要特点,就是自大历以来,盐铁使一直兼诸道转运使,以至于时人每将盐铁转运视为一职,这为榷利的转输带来了莫大方便。

具体转输事宜,多委巡院主持。刘晏时"以盐利为漕佣,自江淮至渭桥,率万斛佣七千缗,自淮以北列置巡院,择能吏主之,不烦州县而集事"③。巡院既然司掌漕运,则盐利之转输亦当为其职责范围中事。此后,除大中时裴休改革漕法,命"所在令长兼董漕事","敕巡院不得侵牟"④外,巡院一直执掌转运事宜。一般情况下,盐铁使多以判官驻转运要冲甬桥,督察巡院节级相输榷利。但在特殊情况下,盐铁使也亲督榷利之转运,如德宗建中末出奔梁洋,"盐铁使包佶以金币溯江,将进献"⑤。

转输路线,因地因时而异。江淮盐利多由扬州发运,沿汴宋路北上,再西上黄河入渭至长安。此路受阻时,则多由长江西上,沿襄汉路北进,元和(806—820年)中又开淮颖水道,《唐会要》卷八七记道:

自淮阴溯流至寿州西四十里,入颖口,又溯流至颍州、沈邱界,五百里至于陈州项城,又溯流五百里入于溵河,又三百里输于郾城。

元和十二年(817年),即诏:

以诛蔡之师食窘,促令盐铁所挽皆趋郾城下。⑥

池盐、井盐榷利之转运难可考索。解盐之利可能是通过陆道抵关中。解池在中条山北,南下黄河十分不便,极可能到绛州,过蒲津桥而往关中。唐末每称解池贡盐若干车,既以车运,则道由陆路无疑。

(2)榷利之委储。

唐代榷利入库前多委于诸巡院。入库后,也有相当一部分仍委于彼。巡院一方面汇入盐商所纳榷价,另一方面又可将榷利加以转化。或市轻货输京师,或以榷利和籴米粮,或分榷利就近赡军,是盐利的重要委藏所在。巡院之委储量首推扬子院,此院兼容江淮闽中盐利,所入当占全部盐利之半数以上,时人每云盐铁"货财在扬州者,填委如山"⑦,"扬子者,盐铁之委藏也"。建中四年(783年),盐铁使包佶一次就由扬子院发

① 《册府元龟》卷五〇八。
② 《顺宗实录》卷二。
③ 《新唐书·刘晏传》。
④ 《新唐书·裴休传》。
⑤ 《新唐书·伊慎传》。
⑥ 《文苑英华》卷八〇三,沈亚之《淮南都梁山仓记》。
⑦ 《通鉴》卷二五七。

运钱帛800万①,亦可见其委储之巨,扬子院之次,当数河阴院。河阴位于黄河与运河的交汇点,是江淮北运物资的重要集中地。贞元十五年(799年),唐廷以汴州累遇兵乱,移汴州院于河阴,元和初又增置仓屋150间,大大扩充了其委储能力。② 宪宗赐魏博钱150万贯,即完全取自河阴院。③

权利入库后大部分还是储于大盈内库或左藏库。

第五琦为盐铁使,因"京师豪将,求取无节,琦不能禁,乃悉租赋进大盈内库,天子以给取为便,故不复出"。至杨炎为相,上言"请出之,以归有司"。德宗遂诏:"今后财赋皆归左藏库,一用旧式,每岁量进三、五十万匹绢帛以入大盈,度支具数先闻。"④此后至唐末,赋人一直归于左藏,权利之入京师者亦多集中于此。

除左藏外,会昌(841—846年)中李德裕请置备边库,令"度支、盐铁岁入钱帛十二万缗匹"⑤,此库后易名延资库,所入渐有增加。

(3)权利之入库。

唐代权利入库制度的奠基者是大历年间(766—779年)的盐铁转运使韩滉。《通鉴》卷二二四云:

> 自兵兴以来,所在赋敛无度,仓库出入无法,国用虚耗。滉为人廉勤,精于簿领,作赋敛出入之法,御下严急,吏不敢欺。

具体而言,唐权利之入库有这样几项内容:

其一,盐铁使所获权利尽数归度支收管,如《唐会要》卷五八载贞元四年(788年)德宗诏称:

> 度支自有两税及盐铁、榷酒物以充经费。

元和年间(806—820年)盐铁使上纳权利奏文亦均言除克盐本外,其余盐利请付度支收管。⑥ 至大中七年(847年),度支所领依然包括租税、榷酤、盐利,这与唐人所言"度支掌内,盐铁转运掌外"是一致的。

其二,权利收入虽由盐铁使总其数奏闻,但入库之时,则以院、监为单位进行,如《唐会要》卷八八载元和十三年(813年)规定:

> 盐铁使所收,议列具一年都收数并已支用及送到左藏库欠钱数,其所欠亦具监、院额,缘某事欠未送到。

这是基于当时对权利的考课也是以院、监为单位。

其三,虽然权利入库之计账皆以钱贯,但入库之时亦间以大量实物。除折估所入外,还有以盐利市轻货者。如两池盐利,本以实钱一百万贯为额,至大中元年(847年)正月敕"但取匹段稍好,不必计旧额钱数"⑦。兴元元年(784年)盐铁判官王绍亦以盐利市轻货,"以江淮缯帛来至"⑧。另外,唐王朝还往往将权利就地籴米入库,巡院长官

---

① 《通鉴》卷二二九。
② 《唐会要》卷八八。
③ 《唐大诏令集》卷一一七《宣慰魏博诏》。
④ 《唐会要》卷五九。
⑤ 《新唐书·杨炎传》。
⑥ 《册府元龟》卷四九三。
⑦ 《唐会要》卷八八。
⑧ 《通鉴》卷二三一。

往往兼领和籴事宜,如高骈领盐铁时所委知扬于院官吴尧卿即兼榷粜使。有些盐池甚至直接课以米石,如乌池,"每年粜盐收博榷米以一十五万石为定额"[①]。

其四,入库时间及程度有具体规定。每年二月,盐铁、度支等要将上年"正月一日至十二月三十日所入钱数闻奏,并牒中书门下"[②]。运送榷利,须按程限抵达,"有违程限"者,"请停给俸料"[③],诸州府对榷盐之利不得擅自截留,"若不承度支文牒,辄有借使及擅租赁回换,本州府录事参军,本县令专知官,并请同入己枉法赃科罪"[④],以保证榷利的正常入库。

5.榷税的转嫁与归宿

唐代榷税的纳税人是盐商,盐商纳榷取盐,即完成了向政府的纳税手续。表面看来,盐商似乎是榷税的负担者,其实,盐商通过提高食盐价格,将税额转嫁给了消费者,消费者通过支付高额盐价交纳了税项。唐榷盐法下食盐的市场价格,一般均在榷价的两倍以上。盐商利用这种价格关系,使榷税的归宿最终还是落到了百姓身上。

第三节　三国至唐代前期的航海贸易政策与管理[⑤]

航海贸易是中国海洋文化中的一个重要方面,历史悠久,有关航海贸易的政策与管理则随着航海贸易规模的扩展而产生和变化,并反过来又影响着对外航海贸易的发展。大量的考古与文献资料业已证实,早在悠远的上古时代,中华民族的先民们便开始了"狩于海"的征服海洋活动,并同海外各民族发生了互通有无的间断性航海贸易关系。延至春秋战国和秦汉时期,随着航海贸易的规模日益扩展,中央政权插手其间,中国古代对外航海贸易管理制度也就应运而生了,但地方官员仍握有辖属港口的对外航海贸易管理权。魏晋南北朝隋唐时期,除了延续这种政策和管理外,航海贸易政策与管理有了重大发展,这种发展往往落实在港口,这是因为航海贸易系流通领域的一种活动。船舶一旦投入营运状态,有关机构便很难对其实行直接而又有效的管理;只有当船舶驶入并锚泊于某个港口的时候,这种管理才有可能是具体而直接的。

一　航海贸易的地方时代——隋以前时期的"海关"管理

在封建时代,掌握与经管海外贸易是一项无本万利的买卖,主持者往往可以轻而易举地从中捞取巨额财富,番禺港的最高行政长官广州刺史"经城门一过,便得三千万钱"这一流行于东晋南朝的俗语[⑥]即说明了这一点。但是,对外航海贸易系大利之所在,只是相对而言的。倘若从汉晋之时航海贸易额的绝对数量来看还是很小的。仅以

---

① 《唐会要》卷八八。

② 《唐会要》卷八八。

③ 《唐会要》卷五九。

④ 《唐会要》卷五九。

⑤ 本节引见王杰:《中国古代对外航海贸易管理史》,大连海事大学出版社1994年版,第9—31、40—49页;李金明:《唐朝的对外开放政策与海外贸易》,《南洋问题研究》1994年第1期,第51页。

⑥ 《南齐书·王琨传》。

当时的番禺暨广州港为例,一般情况下每年进入港口交易的外国船舶"不过三数",只是遇到"纤毫不犯"的廉明地方官,也才"岁十余至"①。况且,由于古代帆船必须要仰仗季风航行,来华时间往往集中在一两个月内,而一年的大部分时间则无船可来,这也给管理造成了很大的不便,因此中央朝廷很难派遣专门官员长年负责此事。如此一来,岭南地区州郡地方官员们便"近水楼台",顺理成章地握有了辖属港口的对外航海贸易管理权。

《晋书·吴隐之传》指出:"广州带山包海,珍异所出,一箧之宝,可资数世……故前后刺史皆多黩货。"

《南史·梁宗室上》指出:"广州边海,旧饶,外国舶至,多为刺史所侵,每年舶至不过三数。"

《陈书·王通传》指出:"越中(岭南)饶沃,前后守宰例多贪纵,(王)劢独以清白著闻。"

上述这些地方州郡官吏的贪污行为,恰恰说明了其手里始终操纵着对外航海贸易的管理权。更有甚者,如三国时期的士氏兄弟,刘宋时期的李长仁和李叔献、陈朝的欧阳纥等刺史太守,干脆凭借掌握的对外航海贸易管理权与中央朝廷公开对抗,所谓"交州斗绝海岛,控带外国,故恃险数不宾"②,在这种非常条件下,其手中的海外贸易管理权力更是膨胀到了无以复加的地步。

但是,在东晋南朝时期,朝廷仍然对岭南大员的航海贸易管理权实行监督。

《宋书·刘道产传》指出:"(刘道锡)迁扬烈将、广州刺史。(元嘉)二十七年,坐贪纵过度,自杖治中苟齐文垂死,乘舆出城行与阿尼同载,为有司所纠。"

《陈书·王通传》指出:"时河东王为广州刺史……王至岭南,多所侵掠,因惧罪称疾,委州还朝,(王)劢行广州府事。"

即使梁宗室河东王也因"多所侵掠"而"惧罪",可见朝廷对岭南官员们运用海外贸易管理权的监督有时还是起到了一定的作用。

虽然隋以前的对外航海贸易管理往往由港口所在地方官员加以实施,而中央朝廷主要担负监督之责,但这并不等于说朝廷方面根本就不插手具体管理其事了。事实上,历代中央政府对于航海贸易管理所能带来的大笔收入还是颇为注目的,况且收入之物又大多是奇珍异宝等"世主之所虚心"的奢侈品。③ 于是,封建朝廷也时常插手对外航海贸易的管理,其具体做法就是派人出使岭南,刮取海外贸易之利,事毕则罢。

这种以笼络海外贸易之利为目的的临时性出使,最早发生在汉武帝时代,三国以后仍时有发生。262 年(永安五年),吴主孙休即"使察战到交趾调孔爵(雀)、大猪……"④南朝萧梁时期更是"大邦大县,舟舸衔命旨,非惟十数,复穷幽之乡,极远之邑,亦皆必至"⑤,加紧了对航海贸易管理的控制。正如沈约在《宋书·蛮夷传》里提到的那样:南海各国"通犀象、翠羽之珍,蛇珠、火布之异:千名万品,并世主之所虚心。故

---

① 《南史·梁宗室传》。

② 《南齐书·东南夷传》。

③ 《宋书·蛮夷传》。

④ 《三国志·吴书·三嗣主传》。

⑤ 《梁书·贺琛传》。

舟舶继路,商使交属"。又如《陈书·阮卓传》所言"交趾通日南、象郡,多金翠珠贝珍怪之产,前后使者皆致之"。

三国至隋,岭南地区仍然是汉人与少数民族杂居的局面,有些土著大姓往往控制和经营航海贸易,财多势大,对这些土著大姓,中央政权采取了"因而属之"的特殊政策。《隋书·食货志》指出:"岭外酋师,因生口翡翠明珠犀象之饶,雄于乡曲者,朝廷多因而属之,以收其利,历宋、齐、梁、陈因而不改。"这一"因而属之"政策的核心是"以收其利",即朝廷与土著首领共同瓜分海外贸易之利益。

鉴于这一时期中国对外航海贸易的数量和规模均十分有限,在国家和地方的财政收入中还不占有重要的地位,所以并没有为此制定专门的制度和法规。但是,没有专门的制度不等于说就没有制度了,作为全国范围内交通和贸易的一个重要方面,某些交通检查与贸易管理等相应的制度仍旧推广到了以岭南为中心的海外贸易集中区域,其标志就是关、市制度在岭南海外贸易管理中的运用。

关,是指在交通要道或边境出入的地方设置的守卫处所。《周礼·地官·司关》注:"关,界上之门",即是此意。设关之制,起源颇早,西周时期已有"司关,掌国货之节,以联关门"之说①,汉代则遍设关于内地交通孔道或汉朝与周边各族交界地区。一般说来,关的功能大致可分为两类:设于内地的关,主要是为了镇压图谋不轨之人;设于边境附近的关,则是为了防御外族入侵和稽查行旅。后一类设于边境的关,又可依置地被分为陆疆之关与海疆之关。与航海贸易管理发生关系的就是海疆之关,过往航海贸易商人的检查工作就是由其通过关禁符传的方式负责执行的。关禁符传制度开始于汉代,依照汉王朝的法令,出入关塞是要持有凭证的,这个凭证被称作"符传"。关于"符传"的式样,古人说法不一。如曰:"两行书缯帛,分持其一,出入关,合之乃得过,渭之传也。"或曰:"传,棨也。"颜师古则以为"古者或用棨,或用缯帛。棨者,刻木为合符也"②。可见"符传"是用书字的丝绸或刻字的木块制作而成,一分为二,一份留存于关门,一份交给过关的商贾。如果没有"符传",则为私出关门,称为"阑",所谓"无符传出入为阑"要受到法律的惩处。

这种在对外陆上或海上贸易中实行的做法,直到三国时期仍有记载。据《三国志·魏志·仓慈传》,魏明帝太和中,仓慈为敦煌太守,"西域杂胡欲来贡献……慈皆劳之。欲诣洛(阳)者,为封过所"。"过所"亦即汉代"符传"之异称,张晏所谓"传,信也,若今过所也"③。由此可见当时外商从陆上入境,必须要持有相应的凭证。海上入境亦当如此,因为关禁制度本身就要求其只有通过颁发或审核"符传"等外在的手段,才能最终达到稽查征榷过往行旅商人及其货物之目的。无论内陆边关或沿海边关都同样概无例外,否则也就失去置关的意义了。

值得注意的是,这一时期的中国史料还提到了东方日本所采取的"临津搜露"检查方法,与中国的关禁制度颇有不同。

《三国志·魏志·倭人传》:"自女王国以北,特置一大率,检察诸国,诸国畏惮之。……

① 《周礼·司徒·司关》。
② 《汉书·文帝纪》注引。
③ 《汉书·文帝纪》注引。

王遣使诣京都、带方郡、诸韩国，及郡使倭国，皆临津搜露，传送文书、赐遗之物，诣女王，不得差错。"

津，即港口，"临津搜露"也就是港口检查制度。这里记载的虽然是东方日本之事，但当时的中国至少已经知道并了解了这种制度。至于其在隋以前的中国对外航海贸易管理中实行与否，则还需要更充实的史料证实之。

关禁符传制度是对中外航海贸易者及其携带的东西进行检查征榷，这仅仅是隋以前航海贸易管理中的交通贩运检查内容。至于航海贸易管理中的货物交易制度，则是以市为中心展开的。

市，指的是战国至唐代时期在城市内划出的专门进行商业买卖活动的特定场所。我国汉晋时期的商业活动发展迅速，一时"富商大贾，周流天下，交易之物莫不通，得其所欲"①，显示了特殊的繁荣。为适应这种情况，汉政府曾于郡国县邑之所在遍设市，以便于交易。海外各国前来贸易者也在市中交易。同时，汉代还出现了在关附近设立的新的国际贸易场所关市。按照汉晋时期的法令，市是有一整套的制度来规范在其中进行的贸易活动的。市有专门的封闭式围墙或沟堑以隔绝内外，《说文解字》所谓"市有垣"，市有专门的交易时间。《周礼》所谓"大市：日侧而市，百族为主；朝市：朝时而市，商贾为主；夕市：夕时而市，贩夫贩妇为主"②。市有专人"平铨衡，正斗斛"，检查衡器；有专人"定物价"；不许滥恶的产品和政府禁物上市买卖。③为了执行上述制度，政府还根据市的规模大小分别配置了市令（长）、市丞、市掾、市门卒等人员进行管理。这样一来，作为市的一种，汉晋时期沿海诸州郡的中外货物交易之市和关市当然亦要执行这些规章制度。

尚须一提的是，在三国两晋南北朝的分裂时期，因为各割据政权彼此间"隐若敌国"，所以他们之间的贸易往来亦往往采用国际贸易的关市或互市办法。以三国时代江南的孙吴与辽东的公孙氏而言，就是"（孙吴）比年以来，复远遣船。越渡大海，多持货物。诳诱（辽东）边民。边民无知，与之交关。长吏以下，莫肯禁止。至使周贺浮舟百艘，沈滞津岸，贸迁有无"④。这种由江南地区的上百条船只组成的船队"多持货物"直航辽东地区，在当地的"津岸"港口与辽东百姓"贸迁有无"的交易行为并非自发进行的，而是遵循一定的关市制度或程序加以约束，故称"交关"。这也从一个侧面反映出了汉晋时期的关市与航海贸易之间的联系。

中国历代王朝均以自己的政治和经济利益为标准，对中外交往中的进出口货物种类进行了一些限制性规定，这也是中国古代对外航海贸易管理的一项重要内容。汉晋时期就有这方面的禁令，其中明确记载的禁止输出品是生产和战争中常用的铁器、马匹，而珠、玉等高档奢侈品亦在禁止输出之列。众所周知，中华民族是世界上发明冶铁技术最早的民族之一，春秋战国时期铁制生产工具和武器已经有了广泛的使用。随着铸铁柔化技术、渗碳制钢技术等一系列发明的出现，冶铁技术也日益进步，铁制工具与兵器也变得日益耐用和锋利，这是包括南方在内的周边各部族或国家所望尘莫及的。汉

---

① 《史记·货殖列传》。
② 《周礼·地官·司市》。
③ 《太平御览》卷八二七。
④ 《三国志·魏书·二公孙陶四张传》。

代严禁用铁器与外人贸易。据《晋书·四夷传》记载，日南郡人范文"随商贾往来，见上国制度，至林邑，遂教（国王范）逸作宫室、城邑及器械"，则林邑制造包括铁器在内的器械需范文指导，其中或也透露了某些魏晋时期禁止对海外诸国出口铁器的信息。由于马匹在古代社会是一种高效率的生产和战争用物，所以也是汉王朝明令不许出关的违禁品。当南朝时期檀和之征伐林邑的时候，即依靠乘马的骑兵战胜了不知用马的林邑军队，而海南诸民族的不习用马更是直到宋代孝宗时期。[①] 可见，在隋代以前的对外航海贸易中，禁止输出马的规定是行之有效的。在古代中国，珠玑是一种相当贵重的物品，通常情况下是禁止出口的。这方面的规定最早见于秦代，汉王朝继承了这一做法，直到三国时期，禁珍珠出口的法令仍然施行，史载"吴时珠禁甚严，虑百姓私散好珠，禁绝来去"[②]，可为明证。另外，还有禁止各种不符合王朝礼法规制的货物进入市中的规定。正是通过这些交易物品的限制规定，汉晋王朝达到了"璧、玉、珊瑚、琉璃，成为国之宝，是则外国之物内流而利不外泄"的目的。[③]

对输出品限制是如此的严格，而对外国的输入品也同样有所选择，并非可以随意私买带入境内的。《史记·高祖功臣侯者年表》："宋子惠侯许瘛。孝景中元二年，（嗣）侯九坐买塞外禁物罪，除国。"可见，汉代对进口商品的控制颇为严格，违反者即使官至封侯，亦要依法予以处罚。至于这"塞外禁物"究竟包括哪些物品以及后世的限制情况，因为史籍不载，今日就无从考究了。

对航海贸易的税收和利益分配可以从交易税、过口税、估较和贡献四个方面考察。

在汉代，交易税是在市中征取的，所以又称"市租"，其具体形态不一，有市籍税、集市交易税等名目。到了南北朝时期，由于各地税收比较混乱，多"临时折课市取，乃无恒法定令"，所以这种中外航海贸易中的交易税征收也就不十分清楚了。

商人在贩运过程中需要向沿途关卡交税，这就是过口税，又叫作关税。恩格斯在《德意志意识形态》中曾经指出："关税起源于封建主对其领地上的过往客商所征收的捐税。"[④]中国古代关税起源也是如此，周代即有"关市之赋"[⑤]，汉代所设诸关也征收关税，大都为"什一"之制，即关税征收为货物的 10%。这种关税的"什一"（10%）之制一直延续到了南北朝时期，"其获炭鱼薪之类过津者，并十分税一以入官"[⑥]，则海外输入的贵重货物关税亦当为 10% 或者更高一些。历代对关税的征收均颇为重视。南齐世祖做太子时，身边的宠臣张景真就曾经"度丝锦与昆仑仑舶营货，辄使传令防送过南州津"，因而受到时人的指斥。可见，利用特权逃避对海外输入品的关税征收，在当时是被视为非法行为的。

"估较"又做"辜较""辜榷"，汉晋时期对商品交易实行禁榷或博买的一种名目，即凭借权势阻止他人自由买卖某种货物，而由权势者自己攫取其交易之利。在隋代以前的对外货物交易中，掌握实权的州郡地方政府也经常采用"估较"的垄断买卖方式。三

① 《宋书·林邑传》。
② 《晋书·陶璜传》。
③ 《盐铁论》。
④ 《马克思恩格斯全集》第三卷，人民出版社 1960 年版，第 65 页。
⑤ 《周礼·天官·太宰》。
⑥ 《隋书·食货志》。

国时期的西北边郡敦煌即"西域杂胡欲来贡献……欲诣洛阳者,为封过所;欲从(敦煌)郡还者,官为平取,辄以府见物与共交市"①,其中的"官为平取,辄以府见物与共交市"办法就包括了"估较"在内。至于在对外航海贸易领域,"估较"方式的应用则更为普遍。《晋书·南蛮传》指出:"初,徼外诸国尝持宝物自海路来贸货,而交州刺史、日南太守多贪利侵侮,十折二三。至刺史姜壮时,使韩戢领日南太守,戢估较太半,又伐船调枹,声云征伐,由是诸国恚愤。"这里提到了地方长官对海外贸易货物的"估较"数量:在一般情况下为"十折二三",即"估较"其货物总数(或价值)的20%—30%,对于这一比例,外商还能够忍受;而后来又"估较太半",即"估较"其货物总数的50%以上,实在过重,外商难以承受,遂致"诸国恚愤",从而诱发了南方邻国林邑的入侵。关于隋以前历代地方政府在海外贸易中实施"估较"的具体内容,《梁书》给我们提供了一些资料。《梁书·王僧孺传》记载:"(南海)郡常有高凉生口及海舶每岁数至,外国贾人以通货易,旧时州郡以半价就市,又买而即卖,其利数倍,历政以为常。"可见"估较"的基本内容就是岭南沿海港口所在的州郡,以低于市场的价格强制购买某种舶来品之全部或一部,然后转手在市场上高价倒卖,从而牟取暴利。这样,由岭南州郡出面对海外输入品实行的"估较",实际上也是对中外航海贸易商人的一种变相税收。

贡献即"进奉""进贡",中国古代常指地方把物品进献给天子的一种行为。《周礼·天官·太宰》四载:"五曰赋贡。"唐陆德明释文"赋,上之所求于下;贡,下之所纳于上",便为此意。进贡的物品多为当地土特产,所以又有"任土作贡"的说法。岭南地区作为古代中国对外航海贸易的重心,是海外舶来品的集散地,以"犀、象、毒冒、珠玑、银、铜、果、布之凑"闻名于中原,其进献给朝廷的物品便自然离不开珠玑、犀、象等这些其他地区罕见的舶来品了。岭南地区向朝廷的正式贡献始于秦汉时期在该地设置郡县以后,《后汉书·郑弘传》已有"交趾七郡,贡献转运,皆自东冶泛海而至"之语,其中就包括了"珠贝、象犀"等舶物。三国时期,掌握岭南实权的交趾太守士燮亦是"每遣使诣(孙)权,致杂香细葛,辄以千数,明珠、大贝、流离、翡翠、玳瑁、犀、象之珍,奇物异果,蕉、邪、龙眼之属,无岁不至"②,每年都向孙吴朝廷进献舶来品等方物。直至南朝末期,岭南实力派广州刺史欧阳頠仍旧"自海道及东岭奉使不绝"③,源源不断地将岭南舶货贡输于陈朝廷。

岭南州郡贡献的舶来之物,一方面除了用做皇室自身消费及赏赐臣僚之外,另一方面还往往可以填补或充实中央政府的财政经费,所谓"献奉珍异,前后委积,颇有助于军国焉"④,就有这个含义,故历代统治者大都不肯轻易放弃此项财源。南齐立国之初,交州李叔献拥兵割据,"既而割断外国,贡献寡少"⑤,齐武帝不顾百废待兴,遂于永明三年(485年)发兵平定岭南,随即"岁中数献,军国所须,相继不绝"⑥,重新恢复了岭南州郡对朝廷的贡献。可见,朝廷对岭南舶货贡献之依赖,几乎已经成为一项经常性

① 《三国志·魏书·仓慈传》。
② 《三国志·吴书·士燮传》。
③ 《陈书·欧阳頠》。
④ 《陈书·欧阳頠》。
⑤ 《南齐书·东南夷传》。
⑥ 《南史·梁宗室传》。

制度了。唯其贡献数额多少,恐怕并无定制,所谓"军国所须杂物,随土所出,临时折课市取,乃无恒法定令。列州郡县,制其任土所出,以为征赋"①,是因时而异、因人而异的。②

二　隋和唐前期的航海贸易政策与管理

中国古代的对外航海贸易管理,在经历了汉魏六朝将近 800 年的长期实践之后,至隋唐时期开始发生新的变化:随着《唐律》的制定和实施,与对外航海贸易有关的法律文件遂相应地得到了增补完善;以互市监的参与海外贸易为标志,中央朝廷对航海贸易的控制进一步加强起来;更为重要的是,继汉代候官之后,一种全新的海外贸易管理官员——市舶使又出现在海外贸易管理舞台,进而开创了中国古代对外航海贸易管理的市舶制度时代。

隋代以前,互市贸易的管理权多操纵在地方之手,史载"并郡县主之,而不别置官吏"③。这种情形到了隋代才为之一变,出现了专门管理互市贸易的机构——互市监。最早的互市监设于隋文帝时期。当时,"缘边交市监及诸屯监,每监置监、副监各一人。畿内者隶司农,自外隶诸州焉"④。由此可见其仍属州郡地方管理体制。隋炀帝执政之后,为了加强中央集权体制,遂着手对互市监进行了一系列重大的改革。《隋书·百官下》记载:"初炀帝置四方馆于建国门外,以待四方使者……东方曰东夷使者,南方曰南蛮使者,西方曰西戎使者,北方曰北狄使者,各一人,掌其方国及互市事。每使者署,典护录事、叙职、叙仪、监府、监置、互市监及副、参军各一人。录事主纲纪。叙职掌其贵贱立功合叙者。叙仪掌小大次序。监府掌其贡献财货。监置掌安置其驼马船车,并纠察非违。互市监及副,掌互市。参军事出入交易。"其中已提到将互市监(交市监)纳入四方使者的管辖之下,由中央直接控制。值得注意的是,鉴于中国大陆东、南两面被海洋包围的地理环境,四方使者中的东夷使者和南蛮使者所负责的国家或民族势必要通过海上航行才能与隋王朝建立联系。因此,四方使者辖下的监置便"掌安置其驼马船车",其中就包括了对外国商人乘坐海船的保管与养护。这样一来,东夷使者和南蛮使者属下的互市监对"互市"的掌管自然也就拥有海外贸易管理方面的内容了。

除此之外,隋炀帝还经常直接任命大臣前往互市场所,插手或主持这种中外"互市"交易活动,裴矩就是以民部侍郎的高职"往张掖监诸商胡互市"⑤。后来,为了进一步加强中央朝廷对"互市"的控制,又规定"与诸蕃互市,皆令御史监之"⑥,派御史去互市之地监督中外交易之事。这样,互市监、御史、大臣,有亲临的,有监管的,还有负责具体交易之事的,层层叠叠,形成了一套对中外"互市"贸易活动严格管理的中央控制体系,朝廷对陆上或海外贸易的干预也达到了一个前所未有的高度。

唐王朝建立后,吸取隋代的教训,对中央朝廷过度干预"互市"之事的做法进行改

---

① 《隋书·食货志》。
② 王杰:《中国古代航海贸易管理史》,大连海事大学出版社 1994 年版,第 9—31 页。
③ 《唐六典》卷二二。
④ 《隋书·百官志》。
⑤ 《隋书·食货志》。
⑥ 《隋书·裴蕴传》。

革,撤销了大臣主持"互市"以及御史监督中外交易的制度,只保留了互市监,仍旧由中央直接管辖,不过其上级机构已经发生了重大变化,从隋代的四方馆变成了唐代的少府监。依照唐制,"互市监:每监,监一人,从六品下;丞一人,正八品下。掌蕃国交易之事"。在监、丞之下又有录事一人、府二人、史四人、价人四人、掌固八人等具体办事人员①,分别承担评定物价、看护仓库等市场管理工作,从而保证了中外互市贸易的顺利进行。至于唐代互市监是否和隋代一样也包括了对海外各国商使的贸易管理内容,由于史料的缺乏,今天已经难知其详了。唯高宗显庆年间的《定夷舶市物例敕》云:"(诸国)舶至十日内,依数交付价值,市了任百姓交易,其官市物送少府监简择进内。"②这说明互市监的上级机构少府监仍旧同海外贸易打交道。如此看来,少府监下属的互市监在唐代前期继续兼有某些海外贸易管理方面的职能,并不是不可能的事情。

前面已经提到,汉魏六朝时期的市与中外货物交易建立了密不可分的关系,这种情形持续到隋唐时期,市与对外航海贸易的关系更为密切了。例如,《全唐文·进岭南王馆市舶使院图表》曰:"臣奉宣皇化,临而存之,除供进备物外,并任蕃商,列肆而市,交通夷夏,富庶于人。"《新唐书·王綝传》中记到:"武后时,累迁广州都督。南海岁有昆仑舶,市区外琛琲。"《新唐书·王锷传》中言道:"广人与夷人杂处,地征薄多牟利于市。"由上可见唐代广州港口的海外贸易之市是相当繁荣的。所以清初考据学家顾炎武在《天下郡国利病书》中说:"唐始置市舶使,以岭南帅臣监领之。设市区,令蛮夷来贡者为市,稍收利入官。"③这实为有的放矢之语。

在这个时期,市内的交易管理制度比前代更加严格和规范化了:"凡市,日中击鼓三百以会众,日入前七刻,击钲三百而散"④,有时间上的限制;"诸非州县之所,不得置市"⑤,有地点的限制;"财货交易、度量器物,辨其真伪轻重"⑥,对衡器严格检查;"平货物为三等之直,十日为簿"⑦,每十天由市官评定一次物价;严禁强市、有意哄抬或降低物价之类不正当行为;严禁质量不合格或禁卖品上市交易,等等。作为市的一种,对外航海贸易货物的交易也必须遵守这些规定,在总的交易管理制度框架内进行中外商品交换活动,这是显而易见的事情。当然,进入中唐以后,随着唐王朝国内商品经济的不断发展,对外航海贸易也渐趋活跃,中外商品交换日益扩大起来。为了适应这种新的客观形势需要,隋及唐代前期旧的中外货物交易管理制度遂相应地发生了一些变化:市的交易时间不再固定于白天,晚上也出现了所谓的"夜市",唐代著名的对外航海贸易港口扬州即是"夜市千灯照碧云,高楼红袖客纷纷"⑧;与此同时,用来做生意的商业区市逐渐突破了官府限定的地域范围,出现了广州那样"蕃商大至,宝货盈衙"的局面。⑨ 但是,这些变化毕竟还是围绕着市进行的,它并没有从根本上动摇以市为中心

---

① 《新唐书·百官志》。

② 《唐会要》卷六六。

③ 《天下郡国利病书》卷一二〇。

④ 《新唐书·百官志》。

⑤ 《唐会要》卷八六。

⑥ 《新唐书·百官志》。

⑦ 《新唐书·百官志》。

⑧ 《容斋随笔》卷九。

⑨ 《李府君墓志铭》,见《考古与文物》1985年第6期。

的中外货物交易管理体制，直到唐末仍是如此。

在这个时期，设立于各交通孔道之上的关津制度仍旧保存着，以稽查行旅，征收商税。但是，关津的设置地区却与前代颇有不同。唐代全国26关，多设于京城四周，而以西北、西南为重点，至于在岭南等沿海地区则无关的设置。相对而言，江河水陆交会要冲的津，设置比关更为广泛一些，东南沿海地区亦常见其名。

尽管唐代关的设置局促于内地，但由于其往往位于交通孔道附近，所以中外航海贸易商人要想贩货到长安、洛阳等内地商业都市，就必须在沿途经关、津机构的检查与征税。检查，即是"蕃客往来，阅其装重"①，对外商所带货物加以搜索，防止携带禁物通过关津，"若赍禁物私度及越度缘边关，其罪各有差"②。征税，即对过关商旅征收关税。"江津河浒，列铺率税。检覆稽留"，乃至于中原内陆的汴州也是"草市迎江货，津桥税海商"③，对过津海商征税。

为了同这种沿途检查与征稽商旅的关津制度相配合，唐代还实行了进出关津须持官府证明的过所制度。过所，又称"公验"，是隋唐时期官府颁发的一种纸制通行凭证，其系从两汉之符传演变而来，张晏所谓"传，信也，若今过所也"④，可为佐证。中外商旅"来往通流"，越度关津到唐王朝内地去"自为交易"，就必须"先经本部本司请过所，在京则省给之，在外州给之，虽非所部有来文者，所在给之"⑤。有押番使或押番舶使的地区，外国客人的过所或公验的发放还要经过他们之手。例如，日本僧人圆仁从文登县开始申请公验，就是经过县、州、节度使各级严格审核，最后才得到了淄青节度使兼押新罗渤海两番使勘给的去长安公验。按照政府的要求，过所或公验上需详细开列本人身份、同行之人、携带财物的种类数目、将往何处，最后再有主管官员的签押与公章。日本的《大日本佛教全书》就收录了唐朝台州府颁给日本僧人圆珍的公验一份，现转录如下：

行数	文字
1	台州　牒
2	当州今月壹日，得开元寺主僧明秀状称：日本国
3	内供奉赐紫衣僧圆珍等叁人、行者肆人，都柒人
4	从本国来。勘得译语人丁满状，谨具分析如后：
5	僧叁人
6	壹人内供奉赐紫衣僧圆珍
7	壹人僧小师丰智
8	译语人丁满　行者的良　已上巡礼天
9	台、五台山及游历长安。
10	壹僧小师闲静　行者物忠宗、大全吉，
11	并随身经书，并留寄在国清寺。

① 《新唐书·百官志》。
② 《唐六典》卷六。
③ 《全唐诗》卷二九九。
④ 《汉书·文帝纪》注引。
⑤ 《新唐书·百官志》。

12	本国文牒并公验共叁道。
13	牒，得本曹宫典状，勘得译语人丁
14	满状称：日本国内供奉赐紫衣求
15	法僧圆珍，今年七月十六日离本国，
16	至今年九月十四日到福州。从福州
17	来，至十二月一日到当州开元寺，称住
18	天台巡礼五台山，及游历长安。随
19	身衣钵及经书，并行者及本国行
20	由文牒等谨具。勘得事由如前，事
21	须具事由上省使者。
22	郎中判具事由，各申上者，准状给
23	牒者。故牒。
24	大中柒年拾贰月叁日　　史陈沂牒
25	摄司功参军唐　［员］①

这件公验里面就开列了申请者及其随员的姓名、身份、携带种类、数目、来源与去处，以及负责官吏的签名。此外，公验还盖有"台州之印"三方。从中我们可以更为清楚地看出唐代官方通行证的一些格式与细节。

这样一来，持有过所或者公验的商旅在经过交通要隘的时候，当地的关津官吏便可以根据过所上的记录对其实施检查核对了。不过，由于内地商业都市——尤其是两京（长安、洛阳）周围地区往往关津密布，一路上层层叠叠的检查实在令中外商旅们不胜其烦，所以为了简化出入关手续以促进流通，唐王朝还特地规定："蕃客往来，阅其装重，入一关者，余关不讥。"②外商只需在沿途所经的第一个关津接受检查，往后的关津就不必再详细搜阅了。

隋唐时期的过所制度曾经广泛施用于来华做生意的外国航海贸易商人，对当时的中外航海贸易管理产生过不小的影响，这还引起了阿拉伯人的注意。成书于9世纪的阿拉伯文献《中国印度见闻录》（又称《苏莱曼东游记》）就曾详细介绍了这一制度："如果到中国去旅行，要有两个证明：一个是城市王爷的（或指当地节度观察使），另一个是太监的（或指宦官监军使）。城市王爷的证明是在道路上使用的，上面写明旅行者以及陪同人员的姓名、年龄和他所属的宗族。……而太监的证明上则注明旅行者随身携带的白银与货物，在路上，有关哨所要检查这两种证明。"这里所言的证明也就是过所或公验。值得注意的是，阿拉伯人在此处提到了过所证明必须有两个，分别由藩镇节度使和监军使签发，两份证明登录的内容也并不一致，这些都与中国史籍所记载的过所制度颇为不同。考虑到唐代阿拉伯人主要活跃在以广州港为中心的岭南地区，则其或为中晚唐时期宦官监军使势力膨胀、"监军则权过节度③"所造成的一种特殊现象。

隋唐时期继续沿用汉晋的办法，对可能有损于王朝政治、经济利益的某些物品严

① 《大日本佛教全书·游方传丛书》第一。

② 《新唐书·百官志》。

③ 《旧唐书·高力士传》。

禁交易和输出，为此在法律上对互市商品有明文限制。《唐律疏议》就记载道："禁物者，谓禁兵器及诸禁物，并私家不应有者。""依关市令：锦、绫、罗、**縠**、**䌷**、绵、绢、丝、布、犛牛尾、珍珠、金、银、铁，并不得度西边、北边诸关及至缘边诸州兴易。"①上述唐高宗时期制定的禁物法律，在唐玄宗开元年间又以皇帝敕命的形式再次给予了重申："开元二年闰三月敕：诸锦、绫、罗、**縠**、绣、织成**䌷**绢丝、犛牛尾，珍珠、金、铁，并不得与诸蕃互市，及将入蕃。金铁之物，亦不得将度西北诸关。"②

由上可见，这些不得"至缘边诸州兴易"或者"将入蕃"的禁止品，包括有丝织和纺织成品、金银贵金属、铁和铁制品、珍珠、武器，以及内容不详的"诸禁物"，等等，范围比汉晋时代显然要广泛许多。中唐以后，随着客观形势的变化与社会进步，又陆续地把铜钱出口和奴婢买卖列入了这一违禁品名单。

唐朝从立国之初即开始铸钱，政府在全国务产铜州府设立了九十九炉，"岁铸三十二万七千缗"。但是，尽管政府全力铸造铜钱，而铜钱却日渐减少，远远不能满足正常的流通需要。造成这种现象的原因很多，铜钱大量外流就是其中的重要原因之一。唐管理财政的户部尚书杨于陵便曾在奏章中提到铜钱"昔行之于中原，今泄之于边裔"的情形。③ 尤其是在这个时期发展起来的中外市舶贸易，大量的外国奇珍异宝香料等物源源不断地从海外输入中国，而唐王朝却缺乏足够的出口货来抵偿入超。这样一来，"买卖交易，行使中国历代铜钱"的许多海外国家就将中国商人支付的铜钱用船载运回国，甚至远在波斯湾的尸罗夫港"也发现铸着汉字的（中国）铜钱"在流通使用。④ 于是，面对着海外贸易中的输入货物越多、铜钱外流越快之怪圈，唐王朝只得采取强制性措施，严禁铜钱输出，以缓和国内的钱荒。

《册府元龟》载：建中元年（780年）敕令："银、铜、铁、奴婢等并不得与诸蕃互市。"

《新唐书·食货志》载："贞元初，骆谷散关禁行人以一钱出者。"

《新唐书·刘晏传》载："（德宗）时天下钱少货轻，州县禁钱不出境，商贾不通。"

《旧唐书·宪宗纪》载："（元和四年六月）辛丑，禁钱不过岭南。"

鉴于铜钱一到岭南，往往便流到国外去了，唐政府干脆隔断中原与岭南的货币来往渠道，可见其禁止铜钱外流的决心是相当大的。

除了铜钱出口的禁止之外，唐政府还把注意力放到了禁止在对外航海进出口贸易中买卖奴婢人口上面。当时，来华贸易的外国商船在输入香药宝货的同时，还随船运来大批的外国奴隶。其中，多为马来人、印度人、肌肤黝黑，所以唐代文献往往称之为"昆仑奴"，诗人张籍《昆仑儿》即叙述道："昆仑家在海中洲，蛮客将来汉地游。"他们一踏上唐朝土地，便被驱入交易市场，"遂使居人男女与犀象杂物俱为货财"⑤，与外国的奇珍异宝一同作为商品在市场上公开售卖。而中原地区的王公贵族亦纷纷购买这种"商品"，史载"帅南海者，京师权要多托买南人为奴婢"⑥，彼此间以使役外国奴隶相标

---

① 《唐律疏议》卷八。

② 《唐会要》卷八六。

③ 《新唐书·食货志》。

④ 《中国印度见闻录》，穆根来等译，中华书局1983年版。

⑤ 《全唐文》卷八一。

⑥ 《旧唐书·孔巢父传》。

榜。这种输入外国奴隶的现象,实在与当时中原的文明程度格格不入,有碍国体。这引起了唐王朝的不安,遂三令五申禁止岭南地区输入和贩卖外国奴隶。

《旧唐书·宪宗纪》载:"(元和八年九月)诏:比闻岭南五管,多以南口饷遗,及于诸处博易,骨肉离析,良贱难分。此后严加禁止,如违,长史必当科罚。"

《新唐书·宣宗纪》载:"(大中九年)四月辛丑,禁岭外民鬻男女者。"

《唐会要·奴婢》载:"(大中)九年闰四月二十三日敕:岭南诸州货卖男女,奸人乘之,倍射其利。今后无问公私土客,一切禁断。若潜出券书,暗过州县,所在搜获,以强盗论。"

与此同时,针对东部沿海地区也有"掠新罗良口,将到当管登、莱州界,及缘海诸道,卖为奴婢"的现象,唐政府下达敕旨:"起今以后,缘海诸道,应有上件贼该卖新罗国良人等,一切禁断。"[①]这些政府的诏敕,有力地制止了进口奴婢的不人道行为,实行近千年的外国奴婢输入遂逐渐退出了中外航海贸易商品之列。[②]

应该强调指出,唐朝政府自开国初期直到唐末对海外贸易一直采取较为开明的对外开放政策,以吸引海外商人来华贸易。

唐太宗李世民即位之后,处处以隋朝的灭亡为借鉴,对内励精图治,对外怀柔绥抚。他反对穷兵黩武,认为"兵者,凶器,不得已而用之"[③]。其基本国策是:"君临区宇,深根固牢,人逸兵强,九州殷富,四夷自服。"[④]这个国策为其后几位继任者所沿袭,形成了一系列较为开明的对外开放政策。

这些对外开放政策首先表现在对待来朝的外国使者的态度上。唐朝统治者一般能尊重外国使者的宗教习俗,对其失礼之处表现出宽宥的态度。例如,贞观四年(630年),林邑遣使来朝,据说表文中有失礼之词,朝中有人奏请唐太宗借此为由发兵征伐,但唐太宗不同意,认为"言语之间,何足介意",如以此而发兵,一劳百姓,二损士兵,是得不偿失的事[⑤],充分表现出宽厚的度量。再如,开元初,阿拉伯遣使来朝,进马及宝钿带等方物,使者在谒见唐玄家时,唯平立不拜,宪司欲纠之,而中书令张说却奏曰:"大食殊俗,慕义远来,不可置罪。"唐玄宗特敕准免予跪拜,不久阿拉伯又遣使来朝,其使者解释说:"在本国唯拜天神,虽见王亦无致拜之法。"[⑥]可见,唐朝统治者能注意尊重各国使者的风俗习惯,而不是把自己的规则强加于人。

这件事情在阿拉伯方面亦有记载,据说此次使团共有六人,在谒见中国皇帝时,第一次穿华丽的衣服,皇帝不接见;第二次穿黑袍,皇帝又不接见;第三次全副武装而去,皇帝才接见他们。当皇帝问起他们更换衣服之事时,他们回答:"第一日所穿者,则见贵妇之服也;第二日所穿者,则朝服也;第三日所穿者,则对仇人之面者也。"皇帝壮其直言,以厚礼赏之。[⑦] 对于唐玄宗的宽宏大量,英国学者布隆荷尔(M. Droomhall)盛

① 《唐会要》卷八六。

② 王杰:《中国古代对外航海贸易管理史》,大连海事大学出版社1994年版,第40—49页。

③ 《贞观政要》卷九。

④ 《贞观政要》卷九。

⑤ 《贞观政要》卷九。

⑥ 《旧唐书》卷一九八《大食传》。

⑦ 见提阿尔桑:《中国伊斯兰教徒》第一卷,第65页。引自朱杰勤:《中外关系史译丛》,海洋出版社1984年版,第21页。

赞说:"当日处理此事的开明精神,实胜于一千一百年以后之王朝也。"①正因为唐朝统治者有如此开明的对外开放政策,故各国纷纷派遣使者来华朝见,京城长安出现了一派"万国来朝"的空前盛况。马克高恩(Macgowan)在《中国史》一书中写道:"从前在觐见时候并未听过的方言,第一次在长安听到,有人提到殿前的万国衣冠,以及大使及其从人的行动,宛然如画。"②

　　唐朝开明的对外开放政策还表现在对待外商的态度上。唐朝的法律规定:"诸化外人,同类自相犯者,各依本俗法,异类相犯者,以法律论。"③这就是说,来华贸易的外商中,如有犯法,在同国人之间(如阿拉伯人与阿拉伯人之间)依本国法律论处,在异国人之间(如阿拉伯人与新罗人,或阿拉伯人与中国人之间)则依中国法律论处。在外商群集的广州,唐朝皇帝还特派一名回教徒驻扎在那里,对前来经商的各国回教商人,如有诉讼,则由此人公判,每当节期,亦由此人领导大众,行祷告礼,宣颂圣训,并为回教国王向安拉求福,而阿拉伯商人对其判断均绝对服从,因他依据的是伊斯兰教的法律。④

　　唐朝政府在同外商的交易中,一般采取怀柔的优惠政策。据说当时外国商船入港后,皇帝如欲购买宫廷的御用物品,则派所信任的宦官为宫市使,对所需的货物,以高于民间市价两倍的价格购买,因此阿拉伯商人俱热望把货物卖给宫廷。⑤ 当时亲身来到中国的阿拉伯商人苏莱曼(Suleiman)亦写道:"货物之为中国皇帝所买者,都照最高的行市给价,而且立刻开发现钱,中国皇帝对于外商们,是从来不肯错待的。"⑥除此之外,为了防止地方官敲诈外商,皇帝还不时发布敕令,禁止对外商滥征各种杂税。例如,大和八年(834年),唐文宗曾下达谕令:"南海藩舶,本以慕化而来,固在接以仁恩,使其感悦。如闻比年,长吏多务征求,磋怨之声,达于殊俗。况朕方宝勤俭,岂爱遐琛?深虑远人未安,率税犹重,恩有矜恤,以示绥怀。其岭南,福建及扬州蕃客,宜委节度观察使常加存问。除舶脚、收市、进奉外,任其来往通流,自为交易,不得重加率。"⑦有些比较开明的地方官,也主动将一些勒索外商的陋规废除。例如,元和十二年(817年)任岭南节度使的孔戣,就将原先外船泊港后必须举办的"阅货之燕,犀珠磊落,贿及仆隶"等陋规,一并废罢。⑧ 同时,他还更改了对外商遗产处理的规定。按旧制,"海商死者,官管其赀,满三月,无妻子诣府,则没入"。但孔戣认为,海道往返一道需年余,三个月期限太短,应适当延长,"苟有验者,不为限"⑨,遂对外商遗产的处理做出较为合理的规定。

　　唐朝对外开放政策的又一表现是在对外国宗教的态度上。唐朝统治者虽然提倡道教和佛教,但并不排斥其他外来宗教,许多西方宗教,如伊斯兰教等,都是在唐时传

①　见 M. Broomhall, Islam in China,引自朱杰勤:《中外关系史译丛》,海洋出版社 1984 年版,第 20 页。
②　朱杰勤:《中外关系史译丛》,海洋出版社 1984 年版,第 16—17 页。
③　《唐律疏议》卷六。
④　刘半农译:《苏莱曼东游记》,中华书局 1937 年版,第 17—18 页。
⑤　〔日〕桑原骘藏:《唐宋贸易港研究》,商务印书馆 1935 年版,第 124 页。
⑥　刘半农译:《苏莱曼东游记》,中华书局 1937 年版,第 33—34 页。
⑦　《册府元龟》卷一七〇。
⑧　韩愈:《正议大夫尚书左丞孔公墓志铭》,《全唐文》卷五六三。
⑨　《新唐书》卷一六三《孔戣传》。

入中国。在当时阿拉伯商人密集的广州，唐朝政府准许其建立侨居地——番坊，设番长为主领①，且授予官衔。例如，天佑元年(904年)六月，就授予三佛齐入朝进奉使，都番长蒲诃粟为宁远将军。② 在番坊里还建有寺塔，以做礼拜之用。方信孺在《南海百》中曾写道："蕃塔始于唐时，曰怀圣塔，轮囷直上，凡六百十五丈。绝无等级，其颖标一金鸡，随风南北。每岁五、六月，夷人事以五鼓登其绝顶，以祈风信，下有礼拜堂。"严从简在《殊域周咨录》中亦云："今广东怀圣寺前有蕃塔，创自唐时，轮囷直立，凡十六丈有五尺，日于此礼拜其祖。"可见，当时在广州的阿拉伯商人，完全可以自由地从事自己的宗教活动。据说在唐末，寓居在广州的伊斯兰教徒数以万计，每逢礼拜日，常汇集在一起进行宗教聚会。③ 这些说明，唐朝政府在对外政策上是允许各外来宗教同时并存的。布隆荷尔曾评价说："唐太宗倾向儒学，反对佛教及道教，但欢迎景教传教士，编译其书，藏于馆中，可见其政策之开明。"④

　　唐朝统治者之所以奉行如此开明的对外开放政策，一方面是以强盛的国力和繁荣的经济为基础，在外交上自信地奉行"中国既安，四夷自服"的方针，对外国使者与外国商人始终以怀柔绥抚为主，如唐太宗所言"朕始即位，或言天子欲耀兵，振伏四夷，唯魏征劝我修文德，安中夏，中夏安，远人伏矣"⑤；另一方面是通过这些政策的实行以吸引外商来华贸易，因自天宝十年(751年)唐将高仙芝在恒罗斯战争失利后，唐朝经陆路同西亚各国的贸易被切断了，于是只好把对外贸易的重点转向海路。而"海外诸国，日以通商，齿革羽毛之殷，鱼盐蜃蛤之利，上足以备府库之用，下足以赡江淮之求"⑥，故唐朝统治者极力保护外商的利益，以鼓励他们不断地来华贸易，布隆荷尔曾指出这一点："终唐之世，阿拉伯商人之在中国者，颇蒙优待，因其有利于中国也。"⑦显然，通过这些对外开放政策的实行，唐朝的海外贸易发展迅速，呈现出前所未有的繁荣景象。⑧

第四节　唐代的市舶使与市舶管理⑨

　　随着海外贸易的发展，唐朝政府设立了专门管理海外贸易的官员——市舶使。此举标志着对航海贸易的管理进入了市舶制度时代。唐代的市舶使与市舶管理制度，乃唐代外贸、外交管理中的重要制度，素为中外学者所关注。现就有关市舶使之设置与市舶管理等问题重点加以考察。

---

① 李肇：《唐国史补》卷下。

② 《唐会要》卷一〇〇。

③ 〔日〕桑原骘藏：《中国阿拉伯海上交通史》，商务印书馆1934年版，第185—196页。

④ 朱杰勤：《中外关系史译丛》，海洋出版社1984年版，第16页。

⑤ 《新唐书》卷二二一上《西域传》。

⑥ 张九龄：《开大庾岭路记》，《全唐文》卷二九一。

⑦ 朱杰勤：《中外关系史译丛》，海洋出版社1984年版，第35页。

⑧ 李金明：《唐朝的对外开放政策与海外贸易》，载《南洋研究》1994年第1期，第51页。

⑨ 本节引见黎虎：《唐代的市舶使与市舶管理》，《历史研究》1998年第3期，第21—37页。

一　市舶使的设置

市舶使是唐代市舶管理的重要角色,然而史料中关于市舶使任职情况的记载却不为详赡。通过对有关史料的考察,唐代市舶使可考者见表 11-1。

表 11-1　唐代可考之市舶使

时间	姓名	任职	地点	身份	资料出处
开元二年	周庆立	市舶使	安南	朝官	《旧唐书》卷八《玄宗纪》
开元十年	韦某	市舶使	广州	宦官	《全唐文》卷三七一于肃《内给事谏议大夫韦公神道碑》
天宝初	无	中人之市舶者	广州	宦官	《新唐书》卷一二六《卢奂传》
广德元年	吕太一	市舶使	广州	宦官	《旧唐书》卷一一《代宗纪》
德宗初	王虔休	市舶使	广州	朝官	《全唐文》卷五一五王虔休《进岭南王馆市舶使院图表》
开成元年	无	市舶使	广州	宦官（监军）	《旧唐书》卷一七七《卢钧传》
大中四年	李敬实	市舶使	广州	宦官（都监）	《考古与文物》1985 年第 6 期关双喜《西安东郊出土唐李敬实墓志》

从表 11-1 可见,自玄宗开元二年(714 年)至宣宗大中四年(850 年)的近 140 年间,先后有七例市舶使担任者见诸记载①,几乎跨越唐代中后期。这表明市舶使普遍存在于唐代中后期。

（一）市舶使的始置

唐代文献所记市舶使最早者为开元二年(714 年)之周庆立。《旧唐书》卷八《玄宗纪上》:开元二年"右威卫中郎将周庆立为安南市舶使,与波斯僧广造奇巧,将以进内。监选使、殿中侍御史柳泽上书谏,上嘉纳之"。此为文献首见市舶使之记载。

论者或将唐代市舶使始置年代提早至贞观十七年(643 年)。此说肇端于顾炎武。② 日本学者桑原骘藏已指出此乃误将《宋会要》关于绍兴十七年之记事张冠李戴为贞观十七年事。③ 桑原氏所论甚是,毋庸赘述。亦有将市舶使始置年代定于高宗显庆六年(661 年)者。④ 此说所据乃高宗于是年发布之《定夷舶市物例敕》。《唐文拾遗》卷一载此敕曰:"南中有诸国舶,宜令所司,每年四月以前,预支应须市物,委本道长史,

---

① 论者多谓唐代史料中仅见两人曾担任市舶使(《吕思勉读史札记》丁帙《唐代市舶一》,上海古籍出版社 1982 年版,第 999 页。其余论著持此说者甚多,不备举),即玄宗时的周庆立和代宗时的吕太一。此实袭用马端临旧说(见《文献通考》卷六二《职官·提举市舶》)。或谓"有案可查的只有三人",即除上述二人外,再加上王虔休(宁志新:《试论唐代市舶使的职能及其任职特点》,《中国社会经济史研究》1996 年第 1 期)。

② 《天下郡国利病书》卷一二〇《海外诸藩》。

③ 桑原骘藏:《蒲寿庚考》第一章注 1,陈裕菁译,中华书局 1954 年版,第 7—8 页;参《宋会要辑稿》卷一一二四《职官》四之二二五。

④ 李庆新:《论唐代广州的对外贸易》,《中国史研究》1992 年第 4 期。

舶至十日内,依数交付价值,市了任百姓交易。其官市物送少府监,简择进内。"认为"所司"即指市舶使。此说不确,敕文中之"所司"实则指中央有关部门,由他们造好预算,然后委托夷舶所至之地方长史负责采购。据《唐六典》卷二二《少府监》载少府丞所掌:"凡五署(中尚、左尚、右尚、织染、掌冶)所修之物须金石、齿革、羽毛、竹木而成者,则上尚书省,尚书省下所由司以供给焉。"少府修造所需的这些物品不少为夷舶所舶来者。此类物资之供应由少府上报尚书省,而由尚书省之度支具体负责管理。同书卷三《尚书户部》度支郎中条称其职务之一为"每岁计其所出而支其所用",其中即包括"支纳……少府等物"。由此可见显庆六年敕中之"所司"即尚书省及其所辖之度支。高宗令其于每年四月以前造好收购夷舶物之预算,赶在夏季季风将夷舶送达南中之前,将购物之"价值"交付南中本道长史负责收购,购得之后再上交少府监,以供御用。显庆六年敕将收购夷舶御用物品作了上述规范,以为日后收购舶物之"定例";《唐六典》所载,乃是唐前期收购夷舶物品操作程序之实践总结,前后二者完全吻合。显然,显庆六年敕与市舶使之设置无涉,而唐代有关文献亦未见这一时期曾设置市舶使之记载。此敕规定由本道长史负责舶物收购,乃为前代以来相沿之成例。高宗、则天时期桂州都督府法曹参军杨志本曾被都督周道务"奏充岭南市阇□、珠玉使",他"握水衡之钱,权御府之产……散国财,市蛮宝"[①]。杨志本就是这样一位按照显庆六年例敕,持度支所付钱前往岭南采购珠玉等"蛮宝"之"本道长史"。可见其时尚无"市舶使"之官名,更无市舶使之官员。

市舶使始置于开元二年,这与唐代使职制度之发展、市舶贸易之发展等总形势也是大体相吻合的。众所周知,唐代使职差遣制是随着唐中叶起三省制的破坏而日益盛行且大多是从玄宗时期开始的,其中财经部门的使职化即开始于开元九年(721年)。[②]市舶使作为与财经部门关系密切的使职之一产生于开元二年应是很自然的。对唐代市舶发展而言,玄宗时为海外贸易开始大发展时期。张九龄称开元元年(713年)"海外诸国,日以通商,齿革羽毛之殷,鱼盐蜃蛤之利,上足以备府库之用,下足以赡江淮之求"。由于海外贸易及国家财政需求的发展,开元四年玄宗令张九龄主持开大庾岭路。[③] 这是从陆路方面加强岭南与内地交通、进一步发展海外贸易的重要措施之一。从玄宗初年海外贸易的发展及其相应采取了加强海外贸易措施等方面来看,开元二年创置市舶使是顺理成章之事。在没有发现新的资料之前,我们只能认为开元二年为市舶使始置之年。

(二)市舶使主要设置于广州

唐代海外贸易繁盛的港口主要有安南、广州、泉州、扬州等,成书于9世纪中叶(当唐宣、懿、僖朝)的阿拉伯古典地理名著《道里邦国志》记载西方海舶进入唐境之后的港口由南而北依次为鲁金(安南龙编,今越南河内附近)、汉府(广州)、汉久(今福建一带

---

① 严识元:《潭州都督杨志本碑》,《全唐文》卷二六七。所缺一字疑为"儿",《新唐书》卷二〇七《宦者上·吐突承璀传》:"是时诸道岁进阉儿,号'私白',闽、岭最多。"

② 陈仲安、王素:《汉唐职官制度研究》第1章第6节《唐后期使职差遣制的流行》,中华书局1993年版,第111页。

③ 张九龄:《开大庾岭路记》,《全唐文》卷二九一。

城名）、刚突（扬州）①，大体反映了唐代外贸港口布局的实际情况。在上述四个港口中，以广州、安南最为繁盛和重要。魏晋以来即常将海上贸易两大中心"交、广"连称，唐代仍然如此。李肇在《唐国史补》卷下即谓："南海舶，外国船也。每岁至安南、广州。"从表 11-1 可以看到，唐代市舶使即是派往安南和广州的，尤以广州为主；而扬州、泉州均不见派遣。②

　　唐代以广州、安南为接纳番舶之主要港口，并向此二地而不向扬、泉二州派遣市舶使的情况，还可以从其他方面得到印证。唐政府从市舶所得之番货，是交由少府保管供用的。据《唐六典》卷二二《少府监》：少府所属中尚署制造御用物品所需之物资，"其紫檀、桐木、檀香、象牙、翡翠毛、黄婴毛、青虫珍珠、紫矿、水银出广州、安南"。这些大多为舶来番货，其供应地主要为广州、安南；扬、泉二州不见供应此类珍异。天宝元年（742 年）韦坚为陕郡太守、水陆转运使，于长安东穿广运潭以通舟楫，运输东南贡赋。他将各郡产物分别陈列于该郡船上，"若广陵郡船，即于背上堆积广陵所出锦、镜、铜器、海味……南海郡船，即玳瑁、珍珠、象牙、沉香"③。由此可见扬州与广州贡赋物产迥异，前者均属本土特产，后者全为舶来番货。鉴真和尚从天宝元年（742 年）至天宝十二载（753 年）曾六次试图东渡日本，期间往来于扬州与广州之间。日人真人元开所作《唐大和上东征传》真实地记录了鉴真一行历程中的所见所闻，其对于扬州、福建一带未见只字提及番舶之事，相反，天宝二载（743 年）时由于"海贼大动繁多，台州、温州、明州海边，并被其害，海路埂塞，公私断行"，东海海域呈现一幅萧条景象。唯独到了广州时，则盛称"江中有婆罗门、波斯、昆仑等舶，不知其数；并载香药、珍宝，积载如山。其舶深六、七丈"④。他们对广州番舶之盛如此惊叹，作了如此细致的描述，无疑是其与前者形成鲜明对照，并给鉴真及随行日人留下深刻印象之反映。

　　唐代的市舶使有一个从安南而广州，后即常派往广州的发展变化过程。唐代的市

---

① 〔阿拉伯〕伊本·胡尔达兹比赫：《道里邦国志·通向中国之路》，宋岘译注，中华书局 1991 年版，第 71—72 页。汉久，或谓泉州（岑仲勉：《隋唐史》，中华书局 1982 年版，第 592 页）。

② 或谓扬州、泉州亦有市舶使。扬州有市舶使说者引南宋罗濬《宝庆四明志》："汉扬州、交州之域，东南际海，海外杂国，时候风潮，贾舶交至，唐有市舶使总其征。皇朝因之，置于浙、于闽、于广"（卷六《叙赋下·市舶》，故宫博物院 1950 年版），认为这是唐代扬州已设市舶使的早期记载（林萌：《关于唐、五代市舶机构问题的探讨》，《海交史研究》1982 年第 4 期）。实则《四明志》所称"汉扬州、交州之域"，乃泛指东南沿海一带，其中的"扬州"非指扬州港，而是包括扬州地区在内的东南沿海。下文述及宋朝在浙、闽、广三地置"舶务"时，也没有扬州这个城市。这条材料并不能证明唐代在扬州已有市舶使。有的文章甚至认为唐代扬州已有市舶司，认为日僧圆仁《入唐求法巡礼行记》中所记"所由"即扬州市舶司（朱江：《唐代扬州市舶司的机构及其职能》，《海交史研究》1988 年第 1 期）。文宗开成三年（838 年）圆仁随藤原常嗣所率日本遣唐使团抵扬州，在大使赴长安期间，留守扬州的日本遣唐使人员到市场买香药而"为所由勘追"（卷一，上海古籍出版社 1986 年版，第 32 页）。何谓"所由"？《通鉴》卷二四二穆宗长庆二年四月条，胡注："所由，绾掌官物之吏也，事必经由其手，故谓之所由。"蒋礼鸿《敦煌变文字义通释》对"所由"一词作了详细解释，认为是"吏人的名称，所做的事情不止一种"。泛指各种具体事务的办事人员，"也用来称某些官员"，它不是正式的官员职称（上海古籍出版社 1981 年版，第 30—33 页）。《行记》中的这个"所由"乃市场管理人员，与市舶司相去甚远。《行记》中共有 9 处出现"所由"，均为各项具体事务之负责人而非市舶司。不仅在扬州，如在登州也有，当圆仁等人到达登州时，"城南地界所由乔改来请行由，仍书行历之。"（卷二，见前引此书第 85 页）。这是指城南负责盘查来往行人的有关官吏。

③ 《旧唐书》卷一〇五《韦坚传》。

④ 〔日〕真人元开：《唐大和上东征传》，中华书局 1979 年版，第 43、74 页。

舶使最初是派往安南的,第一任市舶使周庆立即冠以"安南市舶使"职衔。德宗贞元八年(792年)岭南节度使李复拟派判官至安南收市时,也曾上表朝廷请求派市舶使同至安南。① 德宗拟同意其请求,而宰相陆贽不同意,不论后来是否派了市舶使至安南,至少表明在开元二年之后也曾考虑过向安南派遣市舶使。但唐代市舶使派往安南者毕竟是少数,主要是派往岭南道所在地、当时的海外贸易中心广州。

市舶使由安南而广州以及后来即常驻于广州的原因如下。首先是因为广州为岭南政治、经济中心,其地位较安南更为重要。在汉魏时期基本上是以交州领南海(广州),其地位高于广州,东晋南朝以来广州地位日益上升,取代交州而成为岭南政治中心。唐"永徽后,以广、桂、容、邕、安南府,皆隶广府都督统摄,谓之五府节度使,名岭南五管"②,地位更为重要,安南都护府归其统辖。随着政治、经济中心从交州而向广州转移,番舶聚集港口亦呈由南而北转移之势,广州遂取代交州而成为最重要的海外贸易港口。其次与航海技术的进步有关。在航海技术水平较低的汉魏时期,海舶一般循沿岸航线而行,东吴以来随着航海技术的提高,逐渐开辟了横渡南中国海直航广州、不必停靠交州沿岸的航线。③ 天宝七载(748年)鉴真等一行漂泊至万安州(今海南岛万宁、陵水),住于州大首领冯若芳家,"若芳每年常劫取波斯舶二三艘,取物为己货,掠人为奴婢"。万安州在海南岛东南,这里正是横渡南中国海所经航道,亦即日后贾耽所谓"广州通海夷道"所经之航道。从其所掠奴婢之多,所掠番舶物资之夥④,可见其劫掠番舶已积多年,并可推知这一带为当时繁忙之航线。航海技术的进步和横渡南海航线的开通,使广州在海外贸易中的地位超过安南,而成为最大的海上贸易中心。到德宗时,贾耽所总结的"入四夷路",以安南为通往东南亚、南亚的陆上交通门户,而以广州为通往南海、印度洋、波斯湾的海上交通门户。⑤ 由此可见海上贸易中心已完全由安南转移至广州。因此开元十年之后市舶使便一直是派往既是岭南的政治、经济中心,又是唐代最大的海外贸易中心的广州了。

(三)市舶使的人选:朝官——宦官——监军

唐代市舶使的担任者大体经历了由朝官而宦官而监军(宦官)的变化过程,总的说来是以宦官为主,亦偶有朝官。⑥

市舶使最初是以朝官担任的,开元二年(714年)首任市舶使周庆立即以右威卫中郎将而出任安南市舶使。在周庆立任市舶使之后两年(开元四年)有胡人上言"市舶之

① 陆贽:《论岭南请于安南置市舶中使状》,《全唐文》卷四七三;《资治通鉴》卷二三四德宗贞元八年条。
② 《旧唐书》卷四一《地理志四》。
③ 彭德清:《中国航海史(古代航海史)》,人民交通出版社1988年版,第98—99页。
④ 〔日〕真人元开:《唐大和上东征传》,中华书局1979年版,第68页。
⑤ 《新唐书》卷四三下《地理志七下》。
⑥ 这个问题主要有三说:(1)宦官说。以"宦官为市舶官员,岭南帅监领之"(吴泰:《试论汉唐时期海外贸易的几个问题》,《海交史研究》1981年第3期);唐初以帅臣监领,后期有时以节度使兼任,但更多的仍以宦官兼领(上引李庆新文)。(2)广州地方长官说。"唐及北宋,市舶使多由地方官兼任,时或由中央派遣内官干预之。"(〔日〕桑原骘藏:《蒲寿庚考》第一章注1,陈裕菁译,中华书局1954年版,第6页)"在一般情形之下,市舶使由广州刺史兼任,但在某些情况之下,市舶使则由京官担任。"(王贞平:《唐代的海外贸易管理》,《稽古拓新集——屈守元教授八秩华诞纪念》,成都出版社1992年版)(3)节度使府幕职人员说。即除宦官和节度使外,尚有幕职人员担任(王杰:《唐岭南市舶使人选补正》,《中国史研究》1993年第4期)。

利",于是"上命监察御史杨范臣与胡人偕往求之",因杨范臣反对而作罢。① 杨范臣如果成行,也应是一位市舶使,他也是朝臣。这两件事情可以说明三个问题。一是开元初选派市舶使时是在朝官中物色,而尚未从宦官中考虑。二是从熟悉当地情况的人士中选派。周庆立不是一般的朝官,他原系"昭州首领"②,昭州为岭南道桂州都督府所辖,可见最初在选拔市舶使时是以熟悉当地情况的地方酋豪为对象的。联系高、武时期曾以桂州都督府法曹参军杨志本为"岭南为珠玉使"观之,唐前期赴岭南市物之专使是以当地人士或本地官员为首选对象。三是以胡人参与市舶使之职事。周庆立任市舶使时因与"波斯僧及烈等广造奇器异巧以进"而遭到柳泽的弹劾,柳泽弹劾的对象是他们两人③,可见周庆立是与这位波斯僧共同进行市舶事宜的,这与后来拟安排杨范臣与胡人配合出使是一致的。看来早期的市舶使须以当地酋豪承担,并邀请胡人以类似顾问的身份协助行事,这表明唐政府对于市舶经营管理还缺乏经验,对于市舶使及其人员选派尚处于摸索试探阶段,此后即不见朝官出任市舶使事。大约到德宗时,王虔休作《进岭南王馆市舶使院图表》,称"臣奉宣皇化,临而存之,除供进备物之外,并任蕃商列肆而市"④,表明他也是市舶使。王虔休,两唐书有传,其官历在代、德时。他是以朝官出任市舶使,此为唐后期所仅见。

从开元十年(722 年)开始以宦官充任市舶使。韦某于"开元十年解褐授内府局丞……寻充市舶使,至于广府"⑤。内府局为内侍省下属六局之一,其任职者均为宦官。这是首见明确记载以宦官充任市舶使。《新唐书》卷一二六《卢奂传》载:天宝(742—755 年)初,卢奂为南海太守兼五府节度使,"中人之市舶者亦不敢干其法"。可见其在任时,亦有"中人"充任市舶使来到广州。代宗广德元年(763 年)之吕太一也是"宦官市舶使"⑥。

到文宗开成年间(836—840 年),以宦官为市舶使的做法发生了变化,即由一般的宦官临时出使演变为长驻岭南之宦官——监军兼任市舶使。《旧唐书》卷一七七《卢钧传》:时卢钧为岭南节度使,其"性仁恕,为政廉洁,请监军领市舶使,己一不干预"。此为文献中首见以监军兼领市舶使。其后又有李敬实于宣宗"大中四年(850 年),除广州都监兼市舶使"⑦。从《李敬实墓志铭》知其曾任内侍省掖庭局令、内给事等宦官职务。其事迹仅在《新唐书》卷一六五《郑朗传》中有一处提及:"中人李敬实排(郑)朗驺导驰去,朗以闻。宣宗诘敬实。"事在大中十至十一年郑朗为宰相期间。墓志与史书的记载完全吻合,他也是一位宦官。根据唐代监军制度,监军使之外,还有都监、都都监。李敬实是以广州都监兼任市舶使。由此进一步证明从卢钧开创的以监军领市舶使的做法后来已成惯例,因而这个时期又出现了"监舶使"⑧。这意味着宦官在岭南监督军事的同时亦监督市舶事宜。

① 《资治通鉴》卷二一一唐玄宗开元四年。
② 《旧唐书》卷一九五《薛季昶传》。
③ 《册府元龟》卷五四六《谏诤部·直谏十三》。
④ 《全唐文》卷五一五。
⑤ 于肃:《内给事谏议大夫韦公神道碑》,《全唐文》卷三七一。
⑥ 《旧唐书》卷一一《代宗纪》。
⑦ 关双喜:《西安东郊出土唐李敬实墓志》,《考古与文物》1985 年第 6 期。
⑧ 萧邺:《岭南节度使韦公神道碑》,《全唐文》卷七六四。

唐代市舶使人选的这种演变进程，首先是唐代宦官势力发展的必然结果。唐初抑制宦官，不任以事，玄宗破坏旧制，宦官地位急剧上升，宦官干政局面开始形成。唐代的宦官专权主要是通过使职差遣而实现的，市舶使即为宦官所充任的众多使职之一，因而从开元十年开始便出现以宦官代替朝官充任市舶使的变化。此后这一职务便一直由宦官把持，只在德宗时有一例朝官担任者，这与"德宗初立，颇整纲纪，宦官稍绌"①当有一定关系。其次是由中央与地方关系的发展变化所决定的。唐朝自"安史之乱"以后藩镇势力急剧膨胀，为了加强对地方的控制，向藩镇派遣监军即为朝廷重要措施之一。早在开元末年，即以宦官充任监军，最初这些监军只是临时派遣，"安史之乱"以后随着在各藩镇设置常设的监军机构，监军使也成为常驻地方之官员。监军使一般都同时兼任其他使职，因而唐后期市舶使便由中央临时派遣宦官充任改为由长驻岭南之监军使兼任，使市舶使的任职开始相对固定化。这一转变开始于文宗开成年间岭南节度使卢钧请以监军兼领市舶使，此后遂成为唐后期市舶使任用的重要办法，市舶使制度也进入了一个新的发展阶段。这是中央加强对地方财政控制的重要措施之一，同时也是宦官势力和监军制度发展的必然结果。

（四）市舶使由临时到常设

唐代市舶使经历了由前期的临时出使到后期相对固定的转化过程。论者或谓市舶使设立之初已有常设市舶官员或机构，不确。从开元四年有胡人上言市舶之利，玄宗决定派监察御史杨范臣与胡人共同前往求之一事观之，既没有继续以前年之市舶使周庆立担任此事，也没有委托安南或广州的市舶使（如果有这样的官员或机构的话）承担此事，可见市舶使乃根据朝廷的需要临时派遣，而在安南或广州均无常设之市舶机构或官员。早期市舶及市舶使在人们眼中并非十分光彩之事。人们受到传统观念束缚，认为市舶与商贾争利，有失王者体统。唐朝统治集团对于市舶的认识还处于不甚成熟阶段，把市舶与奢侈腐败联系在一起；加以玄宗即位日浅，还在标榜廉俭而不尚侈靡，在这种政治环境中也还不可能设置专门的市舶机构或官员。

唐朝后期市舶使逐渐演变为常驻之官，这主要是在监军兼领市舶使之后，因为唐后期监军已经制度化，一般任期为三年，任满之后再"入觐"述职，听候迁转。例如，李敬实在任广州都监兼市舶使时，据其墓志称"秩满朝觐，献奉之礼，光绝前后"，这是在三年任满之后回京"朝觐"。在市舶使由监军兼领之后，市舶使的任期与监军的任期可能是一致的，大约也以三年为一任期。市舶使遂由原来的临时出使转变为相对固定的常驻之官。

关于唐代有无市舶机构的问题，或以为唐代根本没有市舶机构，或以为早在高宗显庆六年已经有了市舶机构。事实上，唐代已有市舶机构——市舶使院，但它是在唐后期德宗朝才产生的。德宗时王虔休《进岭南王馆市舶使院图表》说："伏以承前虽有命使之名，而无责成之实，但拱手监临大略而已，素无簿书，不恒其所。自臣亲承圣旨，革前弊，御府珍贡，归臣有司，则郡国之外，职臣所理。"从表文可知在其之前市舶使一无固定之办公场所，二无有关之文书档案资料，反映了市舶使为临时差遣之特点，不可

① 《资治通鉴》卷二六三昭宗天复三年臣光曰。

能有常设机构。王虔休利用海阳旧馆加以整修,建造了市舶使院,市舶使始有固定的办公地点,同时也就有了相关的文书资料,这无疑标志着市舶机构之成立。从此,"供国之诚,庶有恒制……后述职于此者,但资忠履信,守而勿失,不刊之典,贻厥将来"①。王虔休的创举,遂成为日后市舶使机构之模式。

此外还有不少论著认为唐代已经设立了专管海外贸易的专门机构"市舶司"②,其主要根据是《唐会要》卷六二《御史台下》所载"开元二年十二月,岭南市舶司、右威卫中郎将周庆立"云云,认为《唐会要》所记高祖至德宗诸朝事迹乃唐人苏冕手笔,是可信的。宋人王溥编撰《唐会要》时虽以苏冕《会要》为底本,但是后来其书失传,而王书又经1000余年辗转传抄翻刻错误很多。除了这里有"市舶司"的提法外,唐代有关文献无一提及。可见,《唐会要》这条很可能是误以"使"为"司"。事实上,到宋代才有"市舶司"③,唐代并没有设置市舶司。

综上所述可知,市舶使于开元二年始置于安南,开元十年之后移置于广州。市舶使的人选大体经历了朝官——宦官——监军(宦官)这样的变化,任职也由前期之不固定演变为后期之相对固定,并逐渐有了自己的机构。这反映了唐代中央对于岭南市舶的控制由松而紧,并日益重视和倚重的演进历程,到唐后期,岭南市舶已愈益成为支撑朝廷的重要财政来源之一了。

二 地方长官对市舶事务的管理

虽然朝廷向地方派遣市舶使负责有关市舶事宜,但是与此同时地方长官却始终掌管着市舶管理之大权。④ 前期掌握于军区长官都督、总管手中,中后期则掌握于节度使手中。有唐一代的广州都督、节度使共计有114位⑤,粗略统计见诸文献记载与番舶管理有直接、间接关系的就有23人⑥。他们分布于高宗至昭宗的各朝,覆盖唐代之前、中、后各个时期。

唐高宗永淳元年(682年)路元睿为广州都督,"每岁有昆仑乘舶以珍物与中国交市",他"冒求其货,昆仑怀刃杀之"⑦。据《通鉴》记载,其被杀一事详情是:"有商舶至,

---

① 《全唐文》卷五一五。
② 王冠倬:《唐代市舶司建地初探》,林荫:《关于唐、五代市舶机构问题的探讨》,《海交史研究》1982年第4期。
③ 《宋史》卷一六七《职官志七》。
④ 关于唐代市舶管理主要有两种意见:一种认为既然朝廷派遣市舶使出使地方,则市舶大权即由市舶使掌管,地方长官只是监领大略或有时兼任此职,故权力主要归宦官(李庆新:《唐代广州的对外贸易》)。另一种意见认为市舶管理大权在广州地方长官之手,此以前引王贞平之《唐代的海外贸易管理》一文所论较为充分。但他认为广州地方长官常兼市舶使,亦即以兼任市舶使一职以发挥其管理职能,并认为唐代没有常设的市舶机构等,则尚可商榷。
⑤ 《岭南文史》1984年第2期载陈谦《唐代岭南节度使建制考》的统计为114人,但将市舶使周庆立、吕太一亦计入其中,除此二人后实为112人。今补刘巨鳞、陆杲(参两唐书《卢奂传》),仍得114人。
⑥ 即高宗朝之路元睿,则天朝之王方庆(《新唐书·王綝传》),玄宗朝之宋璟、裴伷先、李朝隐、刘巨鳞、陆杲、卢奂(两唐书《卢奂传》),肃宗朝之韦利见(《旧唐书·肃宗纪》),代宗朝之张休(《旧唐书·代宗纪》)、徐浩(《全唐诗》卷一四九刘长卿《送徐大夫之广州》)、李勉(《旧唐书》本传)、路嗣恭(《旧唐书》本传),德宗朝之李复(《旧唐书·李复传》)、王锷(《旧唐书》本传)、徐申(《新唐书》本传),宪宗朝之马总(《旧唐书》本传)、孔戣(《新唐书》本传),穆宗朝之郑权(《旧唐书·敬宗纪》),文宗朝之卢钧(两唐书本传),宣宗朝之韦正贯(《新唐书》本传)、萧倣(《旧唐书》本传),昭宗朝之陈佩(《旧唐书·昭宗纪》)等。
⑦ 《旧唐书》卷八九《王方庆传》。

僚属侵渔不已,商胡诉于元睿,元睿索枷,欲系治之,群胡怒,有昆仑袖剑直登厅事,杀元睿及左右十余人而去,无敢近者,登舟入海,追之不及。"①地方当局之所以能够对外商"冒求其货""侵渔不已",就是因为他们直接掌管市舶管理大权;外商有了不满是向广州都督投诉,并由其进行判决,其愤怒的矛头所指也是广州都督。路元睿被外商杀死后,改任王方庆为都督,他"秋毫无所索"②,一改前任都督的做法。可见,广州地方长官直接掌握着市舶管理之方针政策和具体事务。唐后期之岭南节度使掌管市舶管理的记载更为丰富。兹仅举一例以明之:王锷于德宗贞元十一年(795 年)至十七年(801 年)为岭南节度使,"西南大海中诸国舶至,则尽没其利,由是锷家财富于公藏"。③如果不是由节度使掌管市舶大权,王锷是不可能"尽没其利",以致"富于公藏"的。

由广州地方当局掌管市舶是南北朝以来的传统。梁天监年间王僧孺出为南海太守,"海舶每岁数至,外国贾人以通货易,旧时州郡以半价就市,又买而即卖,其利数倍,历政以为常"。④ 南海太守掌管市舶大权不自王僧孺始,而是"历政以为常"。唐代正是继承这一传统而由广州地方长官负责市舶管理的。

文宗《太和八年疾愈德音》有一段对东南沿海市舶管理的指示:"南海蕃舶,本以慕化而来,固在接以恩仁,使其感悦。如闻比年长吏,多务征求,怨嗟之声,达于殊俗……其岭南、福建、扬州蕃客,宜委节度观察使常加存问,除舶脚、收市、进奉外,任其来往通流,自为交易,不得重加率税。"⑤这个诏令表明市舶管理的大权在地方上集中于地方长官之手,他们负责对外商之"存问"、番舶的各项具体管理事务、番商之贸易管理等各个方面。

事实正是如此,地方长官对市舶的管理体现于市舶事务的各个方面和环节。

一是奏报。

番舶抵达之后,由地方政府负责及时向朝廷上报。李肇《唐国史补》卷下:"南海舶,外国船也,每岁至安南、广州。狮子国舶最大,梯而上下数丈,皆积宝货。至则本道奏报,郡邑为之喧阗。"这种奏报制度还可以从《新唐书》卷二二二下《南蛮传下》关于罗越国的记载中得到印证:"罗越者,北距海五千里,西南哥谷罗,商贾往来所凑集,俗与堕罗勃钵底同。岁乘舶至广州,州必以闻。"罗越国在今马来半岛南部。⑥ 可见,地方政府要将番舶到达之事及时向朝廷上报。

二是检阅。

番舶进港后,首先由地方长官对其进行检查。大历四年(769 年)李勉为岭南节度使,当时"前后西域舶泛海至者岁才四五,(李)勉性廉洁,舶来都不检阅,故末年至者四十余"⑦。李勉因廉洁而不对番舶进行检查,这是特例,那么按照惯例节度使应对番舶负责检查。李勉之前番舶所以稀少,就是因为前任节度使"讥视苛谨"⑧。"讥"即稽

① 《唐纪》卷二〇三则天后光宅元年条。
② 《新唐书》卷一一六《王綝传》。
③ 《旧唐书》卷一五一本传。
④ 《梁书》卷三三本传。
⑤ 《全唐文》卷七五。
⑥ 参陈佳荣等:《古代南海地名汇释》,中华书局 1986 年版,第 514 页。
⑦ 《旧唐书》卷一三一《李勉传》。
⑧ 《新唐书》卷一三一《宗室宰相·李勉传》。

查,"讥视"与"检阅"都是指对番舶的检查。本来这种"检阅"是行使国家主权的正当方式,但是实际上不少节度使却以"检阅"之名而行敲诈勒索之实。开成元年(836年)卢钧为岭南节度使,"海道商舶始至,异时帅府争先往,贱售其珍,(卢)钧一不取,时称廉洁"①。大中三年(849年)韦正贯为岭南节度使,"南海舶贾始至,大帅必取象犀明珠,上珍而售以下值,(韦)正贯既至,无所取,吏咨其清"②。这些是节度使行使"检阅"职能时的不同做法和表现。大多数是利用这个机会压价强购,即前文所谓的"讥视苛谨",像卢钧、韦正贯这样清廉的是少数,故"凡为南海者,靡不捆载而还"③,于是造成外商"至者见欺,来者殆绝"的情况;而韦正贯到任后"悉变故态,一无取求,问其所安,交易其物,海客大至"④,表明节度使之贪廉与执行政策之好坏,直接影响番舶之多寡和对外贸易之发展。

三是款待。

番舶到达后,地方长官还要举行"阅货宴"加以款待,此即在"存问"范围内之职责。韩愈在述及孔戣为岭南节度使之事功时说:"始至有阅货之宴,犀珠磊落,赇及仆隶。"⑤可见,这种"阅货宴"在"存问"外商之余,也是地方长官乃至下级人员勒索受贿的一个机会。元和八年(813年)马总为岭南节度使时,特修建"飨军堂"作为宴会和礼宾场所,新堂落成后,他"肃上宾,延群僚……胡夷蜑蛮,睢盱就列者千人以上"⑥,其中当包括番舶商人。

四是舶脚。

上引《太和八年疾愈德音》所称"舶脚、收市、进奉"三者,乃番舶管理之核心内容,广州地方长官对此三者均负有责任并参与其事。所谓"舶脚"即征收关税。这种关税又称"下碇税","蕃舶之至舶步,有下碇之税"⑦。大历二年(767年)徐浩出任岭南节度使时,刘长卿赠诗云:"当令输贡赋,不使外夷骄。"⑧所谓向"外夷"征收"贡赋",当主要是指番舶。从此诗可知这是岭南节度使的重要使命之一。有的节度使利用负责征收关税之机,"多务征求","重加率税"⑨,贪赃枉法,如贞元中王锷为岭南节度使时,"诸蕃舶至,尽有其税,于是财蓄不赀"⑩。清廉之节度使则能守法而"不暴征"⑪。

五是收市。

"收市"即政府优先垄断番舶珍贵商品的交易。高宗显庆六年(661年)二月十六日所发布的《定夷舶市物例敕》规定:"本道长史,舶到十日内,依数交付价值,市了,任百姓交易。"⑫朝廷委托岭南道将番舶之货物先行收购,收购完毕再任其与民间交易。

---

① 《新唐书》卷一八二《卢钧传》。
② 《新唐书》卷一五八《韦皋传》附子正贯。
③ 《新唐书》卷一八二《卢钧传》。
④ 萧邺:《岭南节度使韦公神道碑》,《全唐文》卷七六四。
⑤ 韩愈:《正议大夫尚书左丞孔公墓志铭》,《全唐文》卷五六三。
⑥ 柳宗元:《岭南节度飨军堂记》,《全唐文》卷五八〇。
⑦ 韩愈:《正议大夫尚书左丞孔公墓志铭》。
⑧ 《送徐大夫赴广州》,《全唐诗》卷一四九。
⑨ 《太和八年疾愈德音》。
⑩ 《新唐书》卷一七〇《王锷传》。
⑪ 《新唐书》卷一三一《宗室宰相·李勉传》。
⑫ 《唐会要》卷六六。

这就是"收市"。"收市"所得商品称为"官市物",上交中央少府监以供皇室之需。德宗贞元八年(792年)岭南节度使李复向朝廷上报说:"近日舶船多往安南市易……臣今欲差判官就安南收市。"①由于广州番舶减少而安南番舶增多,影响岭南节度使完成"收市"任务,于是考虑派遣官员前往安南"收市",可见包括广州、安南在内的岭南道的"收市"都是由岭南节度使负责的。

六是进奉。

"进奉"即番商向皇帝进贡珍异物品。同时,岭南节度使在征收关税和进行"收市"之后,也要将所得商品向朝廷贡献,这是其进行番舶管理中最重要的一环。正如岭南节度使李复所说:"进奉事大,实惧阙供。"②王虔休《进岭南王馆市舶使院图表》说:"除供进备物之外,并任蕃商列肆而市。"徐申为岭南节度使时,"蕃国岁来互市,奇珠玳瑁异香文犀,皆浮海而来,常贡是供,不敢有加,舶人安焉,商贾以饶"③。所谓"供进备物""常贡",即是进奉。这些资料表明向朝廷进奉舶来品是岭南节度使的重要职责。有的节度使截留进奉,中饱私囊,上文已述王锷为岭南节度使时,曾尽没番舶之利,"家财富于公藏",他还把截留之舶货转运境外交易牟利。

七是作法。

所谓"作法",即制订某些有关番舶管理的政策法令,这是岭南地方长官市舶管理的重要职权之一。《旧唐书》卷一七七《卢钧传》在论及岭南节度使管理番舶问题时说"旧帅作法兴利以致富",可见岭南节度使在番舶管理中可以自行"作法"。《新唐书》卷一二六《卢奂传》在述及其出长岭南时说"中人之市舶者亦不敢干其法",表明岭南地方长官在管理番舶中自有其"法"。贪赃者可以"作法"以牟利,廉洁者可以"作法"以除积弊。《新唐书》卷一六三《孔戣传》载:"旧制,海商死者,官籍其赀,满三月无妻子诣府,则没入。"这是关于外商遗产继承的一项重要法令。孔戣为岭南节度使时,对这项法令作了修改,他说:"海道以年计往复,何月之拘?苟有验者,悉推与之,无算远近。"④这是对外商遗产继承法所做的重要修改。此外,他还废除了在"纳舶脚"和"阅货宴"中收受外商贿赂的陈规陋例,"蕃舶舶步有下碇税,始至有阅货宴,所饷犀,下及仆隶。(孔)禁绝,无所求索"⑤。为了杜绝此弊,他"厚守宰俸而严其法"⑥,采取增加官吏俸禄的措施以保证其法之贯彻执行。由上所述可知,广州地方长官是唐代市舶事宜的主要管理者,从番舶管理之大政方针到各项具体事务均由其全面负责。

三 市舶使与地方长官的关系

一方面是朝廷向岭南派遣市舶使以司市舶事宜,另一方面岭南地方长官又掌管市舶管理之大权。那么,这两者之间是什么关系呢?

首先,当朝廷派有市舶使时,则两者并存、共同管理。天宝(742—756年)初,卢奂

① 陆贽:《论岭南请于安南置市舶中使状》。
② 陆贽:《论岭南请于安南置市舶中使状》。
③ 李翱:《徐公行状》,《全唐文》卷六三九。
④ 韩愈:《正议大夫尚书左丞孔公墓志铭》。
⑤ 《新唐书》卷一六三本传。
⑥ 韩愈:《正议大夫尚书左丞孔公墓志铭》。

为南海太守兼五府节度使时，"中人之市舶者亦不敢干其法"①，表明其时广州派有由宦官担任之市舶使，与节度使共同管理市舶。而"中使"之到来，并没有动摇或取代卢奂对市舶的管理权力，卢奂照样对番舶实施其法，市舶使也并未干预其行法。宣宗大中四年（850年）李敬实以广州都监兼市舶使，如果任期三年，则他在大中四、五、六年间兼任市舶使，而大中四、五年时的岭南节度使是韦正贯，表明其时也是两者并存的。李敬实墓志记其担任市舶使之事迹曰："才及下车，得三军畏威，夷人安泰。不逾旬月，蕃商大至，宝货盈衢，贡献不愆。"②而萧邺《岭南节度使韦公神道碑》在叙述韦正贯管理番舶事功时也说："先是海外蕃贾赢象犀贝珠而至者，帅与监舶使必搂其伟异，而以比弊抑偿之，至者见欺，来者殆绝。公悉变故态，一无取求，问其所安，交易其物，海客大至。"③前者称"蕃商大至"，后者称"海客大至"，两者虽都有溢美之嫌，但他们都负有市舶管理的职责则是符合事实的。这期间海上贸易的起色，应是他们共同努力的结果。相反，在此之前，番舶到来时，"帅与监舶使必搂其伟异"，导致"来者殆绝"，也是两者共同贪赃所致。正反两方面都表明"帅与监舶使"是共同进行市舶管理的。

其次，朝廷未派市舶使时，则完全由节度使负责市舶事宜。贞元八年（792年）岭南节度经略使李复向朝廷上奏说："近日舶船多往安南市易，进奉事大，实惧阙供。臣今欲差判官就安南收市，望定一中使，与臣使司同勾当，庶免欺隐。"④他要求朝廷派出市舶使，与他所派遣的判官共同到安南"收市"。可见，这期间在广州是没有中央派来的"市舶使"的。这进一步证明市舶使并非经常有，只是朝廷根据需要而临时派遣的。没有朝廷所派市舶使时，由节度使掌管市舶管理之权。岭南节度使不仅负责在广州"收市"，而且可以根据情况派僚属到安南去"收市"。为了避免"欺隐"之嫌，他才向朝廷请求派"中使"同往。可见，节度使负"市舶"之总责，而且经常性的市舶管理权是在节度使手中的。德宗准备同意李复的要求，但宰相陆贽不同意，他说："广州地当要会，俗号殷繁，交易之徒，素所奔凑，今忽舍近而趋远，弃中而就偏，若非侵刻过深，则必招怀失所。"他认为番舶从广州转聚安南，责任在岭南节度使"侵刻过深"，"招怀失所"。陆贽又说："且岭南安南莫非王土，中使外使悉是王臣，若缘军国所需，皆有令式恒制，人思奉职，孰敢阙供，岂必信岭南而绝安南，重中使以轻外使。"⑤这番话表明朝廷把市舶管理大权交给了地方长官，并非必须派市舶使才能管理此事，不能"重中使轻外使"。

第三，市舶使与地方长官在市舶管理权能方面有一个消长变化过程。地方长官对市舶之管理是全面的、经常性的和一贯的，而市舶使乃自开元初新起之事物。市舶使产生初期，其使命主要是为皇室采购舶来珍异物品，因而其对市舶之管理只是"拱手监临大略而已"⑥。随着朝廷对于市舶收入需求的不断增长，以及市舶使制度之逐步发展完善和行施经验之积累，其权能也在逐渐增强扩展。德宗时期，随着市舶机构的建立，市舶使"奉宣皇化，临而存之，除供进备物之外，并任蕃商列肆而市，交通夷夏，富庶

第十一章

魏晋南北朝隋唐时期的海洋政策与管理

---

① 《新唐书》卷一二六《卢奂传》。

② 前引关双喜文。

③ 《全唐文》卷七六四。

④ 陆贽：《论岭南请于安南置市舶中使状》。

⑤ 陆贽：《论岭南请于安南置市舶中使状》。

⑥ 王虔休：《进岭南王馆市舶使院图表》。

于人"①。除了完成贡献珍异这一主要任务之外,已扩及外商与外贸之综合管理。地方长官管理市舶之各项具体职能,市舶使基本也逐渐具有了。据成书于穆宗朝的李肇《唐国史补》卷下记载:"市舶使籍其名物,纳舶脚,禁珍异,蕃商有以欺诈入牢狱者。"这些都是地方长官管理番舶之一贯职责,市舶使也同时具有了,但这并不表明市舶使已取代了节度使的市舶管理权,而是与之共同管理,主要权力还是在地方长官手中。

监军领市舶使的制度确立之后,市舶使的管理权力又有所加强。根据旅居中国的阿拉伯商人的亲身闻见,于9世纪中叶至10世纪初成书的《中国印度见闻录》有一则记载:"如果到中国去旅行,要有两个证明:一个是城市王爷的,另一个是太监的。城市王爷的证明是在道路上使用的,上面写明旅行者以及陪同人员的姓名、年龄和他所属的宗族……而太监的证明上则注明旅行者随身携带的白银与货物,在路上,有关哨所要检查这两个证明。"对此,中译者注道:"这里所记载的正是唐代通行的'过所'。"②这只说对了一半。所谓"城市王爷"即节度使,他所发的证明无疑即是"过所"。而所谓"太监"及其所发之证明是什么呢? 窃以为这里的"太监"应指"监军",唐后期的方镇均派有以宦官担任之"监军",他与节度使分庭抗礼,共同管理当地军政要务。而开成(836—840年)以后多以监军领市舶使,所以这里所称的"太监",实为市舶使。如果这个推断不谬,则所谓"太监的证明",乃是监军兼市舶使发给外商到内地的贸易许可证明。从其所登记的内容看,与节度使所颁发的"过所"是有区别的,"过所"着重登记旅行者的身份,"是在道路上使用的";而后者登记的是其财产、货物。由此可见"太监"颁发的这个证明不是通常所谓的"过所",而应是舶商在港口完成舶脚、收市、进奉等手续之后,进而与民间进行贸易的许可证明。关于"过所",唐代史籍已多所记载,而后者则未见中国史籍之记载,这条记载补充了这方面重要之史实。这个记载表明监军领市舶使后,对地方长官的市舶管理权有所侵夺和取代。

许多著述从岭南节度使也兼任市舶使的这种认识出发,因而对于市舶使人选及其与岭南节度使的市舶管理权和两者相互关系的解释就往往互相矛盾抵触、格格难通。因此,岭南节度使是否兼任市舶使? 他是以什么身份行使市舶管理权力的? 辨明这个问题就成为认识唐代市舶使与市舶管理的关键。唐代岭南地方长官并不兼任市舶使,理由有三。其一,唐代文献未见一例节度使担任市舶使的直接记载,尽管市舶由其全权管理。从已有资料看,市舶使是由中央所派特使担任的。前述贞元八年岭南节度使李复虽然派其僚属去安南收市,但并不加以"市舶使"头衔,而是请朝廷派宦官以"市舶使"名义监督其事。可见,不论是节度使还是其僚属虽然负责管理市舶事宜,但并不加以"市舶使"头衔。其二,市舶使常与节度使并存,朝廷派出市舶使时,节度使与其共同管理;未派市舶使之时,节度使对番舶的管理也照样进行,并未另加市舶使头衔。可见,节度使并非必须兼任市舶使才能管理市舶事宜。其三,认为地方长官担任市舶使的原因之一,是以为"押蕃舶使"乃"市舶使"之异称,而节度使是兼任押番舶使的,亦即兼任市舶使。其实,押番舶使与市舶使不是一回事,节度使担任的是押番舶使,而非市舶使。

---

① 王虔休:《进岭南王馆市舶使院图表》。
② 《中国印度见闻录》卷一第43条,穆根来等译,中华书局1983年版,第18页、77页。

多数学者认为"押蕃舶使"是"市舶使"的另一种称呼，两者是一回事。日本学者桑原骘藏说："市舶使之称，唐人记录已有之，当时又称押蕃舶使。"[①]此说影响颇广，至今绝大多数学者均从此说，认为这是"史学界业已公认之事实"[②]。虽然已有少数学者对此提出怀疑，认为两者可能不是一回事[③]，但他们只是提出怀疑，并未进行深入论证，而且他们关于两者区别的说法也是含混而不确切的。其实，押番舶使与市舶使的确是不同性质的两种官职。押番舶使是节度使的兼官[④]，是作为全面负责对外管理的一种官职；市舶使是负责采购兼及外贸管理的专职官员。柳宗元的《岭南节度飨军堂记》对此有详细的记述，他说："唐制：岭南为五府，府部州以十数，其大小之戎，号令之用，则听于节度使焉；其外大海多蛮夷，由流求、诃陵、西抵大夏、康居，环水而国以百数，则统于押蕃舶使焉。内之幅员万里，以执秩拱稽，时听教命；外之羁属数万里，以译言赞宝，岁帅贡职。合二使之重，以治于广州。"可见，节度使主内，押番舶使主外，而押番舶使的职权比市舶使广泛得多，是全面负责外交与外贸。他接着说："今御史大夫、扶风公廉广州，且专二使，增德以来远人，申威以修戎政。"[⑤]此人即马总，他于元和八年（813年）至十一年为岭南节度使。这里明言节度使是一身而二任。[⑥]他当然也管理市舶之事，但他是以押番舶使身份，而不是以市舶使身份管理市舶事宜的，外贸只是其职权范围之一。飨军堂修竣后，"公与监军使肃上宾，延群僚……胡夷蜑蛮，睢盱就列者千人以上"[⑦]。这些"胡夷蜑蛮"当包括境内少数民族、外商与外交使节等，并非仅是外商。如果这位监军使也兼任市舶使的话，那并不妨碍节度使与他共同管理市舶事宜，因为这只是押番舶使的职责之一而已。

以岭南节度使兼任押番舶使与唐代的地方行政制度是符合的、一致的。唐代中后期于北方和内陆边境地区的方镇均设置押番使，或称押番落使。边镇节度使同时兼任押番使，以负责对外交与外贸进行全面管理，如卢龙节度使兼押奚、契丹两番使，平卢节度使兼押渤海、新罗两番使等。"押蕃使"与"押蕃舶使"的性质是相同的，只是北方和内陆地区所面对的是若干具体之番国，故以押某某等番使为称；而广州所面对的是"蕃舶"，而且"国以百数"，无法以具体之番国相称，故只能称之为"押蕃舶使"，此为其特点所决定。吴廷燮《唐方镇年表》序曰：边镇"接蕃国者则兼押蕃落、押蕃舶等使"。

① 《蒲寿庚考》第一章注1，中华书局1954年版，第6页。
② 王杰：《唐岭南市舶使人选补正》，《中国史研究》1993年第4期。
③ 王冠倬：《唐代市舶司可建地初探》。林萌：《关于唐、五代市舶机构问题的探讨》，《海交史研究》1982年第4期。
④ 此观点提出的同期，不谋而合的是宁志新的《唐代市舶制度若干问题研究》（《中国经济史研究》1997年第1期）也提出了岭南节度使兼任押番舶使的见解。同时陈国灿、刘健明主编的《全唐文职官丛考》，其中之"市舶使与押蕃舶使"条谓："同在广州之地，同为职守蕃舶，一名市舶使，一作押蕃舶使。二者孰是，不详。"（武汉大学出版社1997年版，第313—314页）则仍对二者之性质与关系，持存疑态度。特予补记。
⑤ 《全唐文》卷五八〇。
⑥ 柳宗元《唐故岭南经略副使御史马君墓志》在叙述扶风马君之官历时说："凡佐治，由巡官、判官、押蕃舶使、经略副使，皆所谓右职。"（《全唐文》卷五八九）则节度使之僚属亦可能偶有担任押蕃舶使者。颇疑此文所记夺一"副"字或"舶"字下衍一"使"字，应为"押蕃舶副使"。"押蕃使"即有副使，懿宗咸通五年（864年）张建章由幽州节度判官而升为"押奚、契丹两蕃副使"（周绍良、赵超：《唐代墓志汇编·唐幽州刺史兼御史大夫张府君墓志铭》，中华书局1992年版，第2511页），其升迁次序亦由判官而副使。迄未发现由僚属兼任押番使者。姑志以存疑。
⑦ 《全唐文》卷五八〇。

他将两者并列,视为性质相同的边镇官员,颇有见地。其所叙诸方镇官职大体可分为两类,一类不接番国者,一般为"节度、观察处置等使";另一类接番国者,岭南东道为"节度、观察处置、押蕃舶等使",此外则一般为"节度、观察处置、押蕃落等使"。显然,岭南东道节度使所兼押番舶使,与其余节度使所兼其他使职之性质和地位是一致的。

而市舶使作为采购舶货这样一种特定商品的专使,与作为全面负责边境外交、外贸的押番使和押番舶使是不同性质的官职,它应是与"市珠玉使""市马使"等性质大体相同的一种使职。开、天年间,有宦官刘元尚先被任为"大食市马使",后又"复为骨利干市马"①,是为前往大食(阿拉伯)、骨利干(在今贝加尔湖北一带)等国之"市马使",这种使职也是一种负责采购特定商品的专使。这种"市马使"与上文所述之"市珠玉使"等,与"市舶使"的性质大体是一致的。

总之,押番舶使与市舶使是两个不同序列、不同性质的使职。押番舶使是与押番使同一序列、同一性质的使职,是由边境地方长官兼任以负责外交、外贸管理的使职;市舶使是与市马使、市珠玉使等同一序列、同一性质的使职,是朝廷派往各地负责采购特定商品的一种专使。但由于市舶使到唐后期有了自己的机构并相对长驻岭南,又与纯属临时差遣的市马使、市珠玉使等有所不同,与押番舶使则有所交叉、融通,此又其特点也。

通过以上论述可以得出如下结论。第一,唐代市舶使产生于开元初年;市舶使主要是派至海外贸易的中心广州;市舶使在前期为临时派遣,后期转变为相对常驻的官员,并有了机构——市舶使院;市舶使偶有朝官担任,开元十年之后多由宦官担任,开成之后则由派驻广州之监军兼领,其权力亦有所增强。第二,唐代的市舶管理由广州地方长官全面负责,但朝廷为了需要也时派市舶使前来负责市舶事宜。有市舶使时两者共同管理,无市舶使时由地方长官单独管理。第三,岭南节度使虽然掌管市舶的全权但并不兼任市舶使,而是兼任押番舶使,并以此身份全面负责外交与外贸的管理。

---

① 《金石萃编》卷九〇《刘元尚墓志》。

第十二章

魏晋南北朝隋唐时期的造船与航海

　　继汉代造船与航海获得重大发展之后,魏晋南北朝时期政治的纷争、社会的动荡并没有使中国的造船和航海业全面萎靡,一些王朝政权特别是南方的六朝政权出于增强国力以及军事征战的考虑,还积极造船并发展了海外交通。经魏晋南北朝的承续、拓展,到唐代又产生了中国造船和航海技术、航海能力的第二次大发展。福船和沙船新船型的出现,水密舱等新的造船技术的普遍应用,使得唐代的海船以容积广、体势高大、构造坚固、抗沉性强而著称于世,所以往来于中外之间的海外诸国使节、商人、学者等往往都乘坐中国船。优良的船舶和地文导航、天文导航技术以及利用季风航海技术的发展,给远洋航行的拓展创造了前提条件,多条远洋航线被开辟并频繁使用起来,构成了中国连接世界的海上网络。

第一节　造船技术的进步和造船业的发展

一　魏晋南北朝时期的船舶制造①

(一)孙吴的造船业

　　三国时,吴国地处东南沿海,对造船和发展海上交通十分重视。孙权曾在鄱阳湖训练水师,在武昌造大舟名曰"长安",并在豫章郡(南昌一带)建造战船。洞庭湖地区造船业也很发达,所谓"湖州七郡,大舳所出,皆受万斛"。孙权还在建安(福建建瓯)建立造船厂,并设专门管理船舶的官员"典船校尉"。大将吕蒙还在巢湖濡须口"夹江立坞,状如偃月"。这种泥船坞是世界上最早的船坞。

　　东吴所造的船,不仅数量大(估计东吴拥有船只不下5000艘),而且种类多,其中战船就有"艨冲"。这是一种上下两重板、外狭而长的船,船上蒙着牛皮防护甲,以阻挡敌船射来的箭,而自己船上的战士却可以从甲上的小孔对敌方射击。"斗舰"比"艨冲"更为庞大,船舷上装有女墙以隐蔽战士,墙下开孔,以置棹橹。另外还有一种小型战船"舸",十分灵活,运转自如,船上划桨的人也比别种船多一倍,航行很快,可以冲击于敌

---

① 本部分引见王冠倬:《中国古船图谱》,三联书店2000年版,第81—87页。

船之间。《吴都赋》云："弘舸连舳，巨舰接舻。飞云盖海，制非常模。""飞云"则是一种大舸。东吴所造的船，运载量也很大，如其中最大的"楼船"，专门运载战士，可载"直坐之士二千人"①。

孙权曾多次派出强大的舰队去海外访问，不止一次派遣舰队由海上与辽东的公孙述联系。舰队的船只多时有百艘，随行士卒达万名。他派舰队访问朝鲜半岛的高句丽，使者回来时，用一艘船就运载了高句丽国王所赠的骏马84匹，这表明他的舰队中的船舶之大。赤乌六年（243年）孙权又派将军聂友、校尉陆凯率领一支有战士3万人的庞大舰队进军儋耳、朱崖，足以说明其船舶之多。

（二）楼船的普遍使用

265年西晋建立后立意统一全国，因此注重打造战船、训练水师。西晋武帝咸宁五年（279年），晋军六路出击进攻吴国时，益州刺史王濬统率的巴蜀水师所乘大船"方百二十步，受二千人。以木为城，起楼橹，开四出门，其上皆得驰马来往。又画鹢首怪兽于船首，以惧江神"。西晋水师东出夔门，顺江而下，"舟楫之盛，自古未有"，于次年二月攻克丹杨城（在湖北秭归西南）。吴军在长江险碛要害之处，设拦江铁索阻挡敌方攻势，为晋军所破。以后王濬水师"兵不血刃，攻无坚城，夏口、武昌，无相支持"。大队直逼建业（又称石头城，即今江苏南京市）城下。② 吴主孙皓开城投降。唐人刘禹锡《西塞山怀古》诗云："王濬楼船下益州，金陵王气黯然收。千寻铁锁沉江底，一片降幡出石头。"该诗说的正是这一史实。从诗中还可得知，王濬乘坐的大船就是楼船。

在两晋南北朝时期，大凡较大规模的水战都出动过楼船，连农民起义军也不例外。晋安帝隆安三年（399年），孙恩、卢循在浙江起义，江南八郡农民群起响应，十数天内，起义部队扩大到十万人。隆安五年（401年），孙恩率众十万，战船千艘，一度打到丹徒（今江苏武进）。后来孙恩战死，卢循率余部自海路南下。元兴三年（404年），占领广州。殆至义熙六年（410年），卢循挥师北上，取巴陵（湖南岳阳）、豫章（江西九江），顺江而下，直扑建康（江苏南京）。军中有"八槽舰九枚，起四层，高十余丈"③。何谓"八槽"？槽，木槽也。既然以此特点为船命名，就意味着船体内有八个类似木槽的结构，即八间横隔舱。汉代内河船已采用横梁结构，只要安装竖板，就可分隔成舱。时隔二三百年，造船技术不断进步，此时在船体内装置横隔舱大有可能。八槽战舰远远大于内河船，对结构的技术要求更加严格。从当时达到的造船技术推测，"八槽"可能就是水密舱。

（三）北方地区的造船业

西晋末年，司马氏皇族内争趋于激化。从晋惠帝永康元年（300年）起，八家藩王连年攻杀，战场波及长安、洛阳及黄河南北广大地区。内战长达16年，参战的八王相继败亡。统治集团的力量消耗殆尽，西晋王朝随之灭亡。其宗室司马睿迁移至江南，

---

① 《三国志·吴志》。
② 《晋书》卷四二《王濬传》。
③ 《太平御览》卷七七○《舟部三》。

建立东晋。在"八王之乱"中,北方少数民族势力深入中原,并乘机灭晋。北部中国先后为匈奴、鲜卑、羯、氐、羌等族建立的政权所控制。后来北魏日渐强大,于436年统一了北方,并与江南的宋、齐、梁、陈南北对峙。

在相当长的时期内,中国北方战事频繁、社会动荡,农业和手工业生产都受到很大损害;但即使如此,在前代已有的基础上,北方仍制造出相当数量和颇具规模的大船。北方民族本来是马上民族,而此时出于政治、经济和军事的需要,对船舶的打造和使用也非常重视。后赵的石勒"于葛陂缮室宇,课农造舟"①。后赵石虎建武元年(335年),石季龙将都城由襄国(今河北邢台西南)迁到邺城(今河南安阳北)。次年,他下令将西晋遗留在洛阳的大型皇家礼器与乐器运往邺城。这些物件大而且重,于是"造万斛舟以渡之"②。后赵拥有强大的造船力量,境内船夫总数不下17万人。③ 石季龙征伐辽西之役,出兵20万,其中横海将军桃豹、渡辽将军王华所统领的海上水师就多达10万。石季龙派兵驻守某海岛,以海船往来运送给养和战具,其中仅粮草就先后运送了300万斛;又用300条船装载30万斛粮米,接济在高句丽海滨屯田的部队。他曾在青州地区打造战船,一次就完成1000艘。后赵征讨辽东地区慕容皝的战役规模声势浩大,"令司、冀、青、徐、幽、并、雍兼复之家五丁取三,四丁取二,合邺城旧军满五十万",又"具船万艘,自河通海,运谷豆千一百万斛于安乐城,以备征军之调"④。在这一时期,一次行动就动用上万艘船之事并不鲜见。晋孝武帝太元三年(378年),前秦苻坚挥师南下,想一举灭掉东晋,著名的"淝水之战"由此而发。苻坚调动的总兵力超过110万人,其中包含蜀中水师。大军前后千里,旗鼓相望。"(苻)坚至项城,凉州之兵始达咸阳,蜀汉之军顺流而下,幽冀之众至于彭城,东西万里,水陆齐进。"军粮所需极大,万艘粮船,经黄河入汝水、颍水,源源不断地送往前方。⑤

北魏崛起后,持续不断地在北方大量打造和使用船舶。太武帝始光元年(430年),为防范江南刘宋的进攻,北魏以10万大军在边界各地驻防,并下令在冀州(河北冀县)、定州(河北定县)、相州(河南安阳市北)三州火速造船3000艘,提供给守河屯军。⑥北魏官府、军队所需之粮有相当部分依靠外地输送,所以对船运亦很重视,认识到"运漕之利,今古攸同。舟车息耗,实相殊绝","以船代车,是其策之长者",主张修复旧日渠道,"纵复五百三百里,车运水次,较计利饶,犹为不少"。有人举例:"市材造船,不劳采斫。计船一艘,举十三车","造船一艘计举七百石","若域内同行,足为公私巨益。"⑦北魏北方重镇沃野镇(今内蒙古五原西北)所需军粮甚巨,北魏下诏令高平、安定、统万及薄骨律镇(甘肃灵武)等处"出车五千乘,运屯谷五十万斛"给之。薄骨律镇将刁雍认为此去沃野镇800里,每车运粮不过20石,5000车共运10万斛。一车最多往返两次。若运足50万斛需时3年。他建议改车为船,"造船运谷,一冬可成"。得到

① 《晋书》卷一〇四《石勒上》。
② 《晋书》卷一〇六《石季龙上》。
③ 《晋书》卷一〇六《石季龙上》。
④ 《晋书》卷一〇六《石季龙上》。
⑤ 《晋书》卷一一三《苻坚上》。
⑥ 《魏书》卷四《世祖纪四上》。
⑦ 《魏书》卷一一〇《食货志》。

同意后,刁雍"于牵屯山河水之次,造船二百艘,二船为一舫,一舫胜谷二千斛",一次就可运 20 万斛。去时顺水,五日而至;归时逆行,纤夫拉船,仅十日而返。从三月至九月,共运 60 万斛军粮。①

北魏亦曾用船在黄河上搭装浮桥。"太宗南幸盟津。谓栗䃅曰:'河可桥乎?'栗䃅曰:'杜预造桥,遗事可想。'乃编次大船,构桥于冶板。六军既济,太宗深叹羡之。"②在黄河上铺设浮桥殊非易事,船要大,还要多,又要有精确的设计与施工技术。

北魏皇族出身草原马上,但对船也深为喜爱,在后苑中有专设的龙舟。孝文帝太和十三年(489 年),"七月丙寅,(太宗)幸灵泉池,与群臣御龙舟,赋诗而罢"③。

一些偏远地区也有一定造船能力。新疆克孜克拉罕石窟第 21 窟壁画有一龙首船,它是当地居民生活的写照,说明那里也能够造船。

善于使船的船工、渔夫自有熟练的驾船技巧。西晋人夏统世居会稽郡海滨,长于操舟。因至洛阳买药,在三月三上巳节那天,为万众游春人士表演驾舟技艺。"统乃操拖正橹,折旋中流","飞鹢首,掇兽尾,奋长梢而船直逝者三焉"④。柂、橹、梢均是早已有之的使船工具,此时发展得更加成熟。

在上述诸事中,符坚南侵,用万艘船载运军粮,可谓多矣,而最大的船则是石季龙用以运送洛阳铜器的万斛舟。多与大皆可以证明当时中国北方的造船实力。

(四)南方地区的造船

东晋和宋、齐、梁、陈四朝时,江南地区虽亦有战乱,但相对北方地区较少,而且江南河川纵横,由来就有雄厚的造船基础。东晋时,"湘州七郡,大艑之所出,皆受万斛"⑤。大艑是一种大型运输船,以船形又扁又浅而得名,荆州洞庭湖地区乃晋朝重要的造船基地之一。安帝元兴三年(404 年),一次暴风扫过建康,"涛水入石头,商旅方舟万计,漂败流断"⑥。某次,宋孝武帝从六合(江苏六合)乘翔风龙舟横渡长江,随行之船多至 3045 艘。江上桅杆林立,白帆如云,被人夸耀为"舟楫之盛,三代二京无比"⑦。宋顺帝升明二年(478 年),沈攸之率部叛,攻郢州(湖北武汉市武昌)。宋将柳世隆坚守待援,援军中"舳舻二万,络绎继迈",同时又有"轻牒一万,截其津要"⑧。梁元帝承圣三年(554 年),陈霸先奉命征讨叛将侯景。他自豫章出发,亲率战舰 2000 艘、锐卒 3 万人顺江东下,一举打败侯景。⑨ 陈宣帝太建十一年(579 年),陈宣帝登建康玄武门检阅水师,500 楼船在长江编队而过。⑩

东晋与江南四朝拥有若干名船,如朱雀大航、太白船、平乘舫、苍鹰船、苍兕船、飞

---

① 《魏书》卷三八《刁雍传》。
② 《魏书》卷三一《于栗䃅传》。
③ 《魏书》卷七下《高祖》下。
④ 《晋书》卷九四《夏统传》。
⑤ 《太平御览》卷七七〇《舟部》三。
⑥ 《晋书》卷二七《五行志》上。
⑦ 《初学记》卷二五舟。
⑧ 《南齐书》卷二四《刘世隆传》。
⑨ 《陈书》卷一《高祖纪》上。
⑩ 《陈书》卷一四《南康王子方泰传》。

燕船、飞舻巨舰、没突舰、水门大舰、平房舰、金翅大舰,其中有战船也有大型座船。民间更广泛用船。

就船只的单只承载量相比,南船亦大于北船。当时有种世俗偏见:有人只相信自己亲眼所见,对于未亲目所睹的事物,多抱怀疑态度。南齐人颜之推针对此偏见教导他的子弟:江南有人不相信北方有千人毡帐,北方有人不相信江南有二万斛船。而事实俱在,怎能不相信呢?① 从此例中得知江南确有载重二万斛的大船。虽然当时的度量衡制较小,三升才相当于现在的一公升②,此船之大亦前所未有。

史书记载,中国两晋南北朝时期著名的科学家祖冲之曾"造千里船,于新亭江试之,日行百余里"③。这里提到的千里船结构如何? 由于史书记载过于简略,又不见任何图像,所以对千里船之形及动力装置一时难以搞清楚,只能依据当时社会已具备的生产能力及科学技术已达到的水平,予以推测分析。

古代船舶的动力或是风帆或是桨、橹、梢等类工具。关于千里船的记载中没有提到帆与桨。而且如果它与一般木船一样采用常规的推进工具,也不可能获得超常的航速而被称为千里船,所以其动力设施并非桨、帆等物。

自汉魏以来,机械学已比较发达。汉代造出记里鼓车、曹魏时马钧创造指南车,都运用了齿轮传动原理。翻车——龙骨水车也已出现,它由人力操纵转轴以带动木叶片来提水灌田。又据《抱朴子》记载,每年屈原投江之日,人们争相"命舟楫以迎之"。延至东晋时,"或以水车为之,谓之飞凫,亦曰水马"④。水车是船名,水中之车,应该有轮;其行甚快,故又称水中之马。祖冲之本人就曾制造过指南车,翻车的木叶片、水车船的高速都给他以启发,由此他造出了千里船。所谓千里船,应该是在船底两侧安装木质叶轮,人工在船内踏动转轴,叶轮飞旋,轮上的叶片依次入水,从而使船得到连续的推力,其行速大大超过一般木船,以水中千里马誉之,故曰"千里船"。其含义与荆楚地区之水马相同。千里船是在水车基础上改进而成。

此后史籍中未再见"千里船"之名,但"水车"之名却屡屡见之。例如,梁将徐世谱为讨伐侯景叛军,"时景军甚盛,乃别造楼船、拍舰、火舫、水车以益军势"⑤。《荆楚岁时记》亦云,端午日"河上之人以水车船"举行竞赛。这颇有些现代水上快艇大赛的意味了。

不言而喻,东晋水车船、南齐祖冲之千里船乃现代轮船之始祖。

双体画舫和指南舟也是这一时期重要的船舶型制。

中国古代有种方船。"方,并两船也",即双体船,或叫双帮船。双体船行速慢,但航行平稳。皇室贵族看中这一优点,往往大加修饰乘坐游幸,称为画舫,又称缯彩船。"陆逊破曹休,当还西陵,公卿并为祖道,上赐御舡一舫,缯彩舟也。"⑥其实,舫的本意

---

① 《颜氏家训》卷一六《归心篇》。
② 参阅《中国度量衡史》第二章第四节《量的演变》,商务印书馆 1956 年版。
③ 《南史》卷七二《祖冲之传》。
④ 《北堂书钞》卷一三七舟上引《抱朴子》。
⑤ 《南史》卷六七《徐世谱传》。
⑥ 《太平御览》卷七七○《舟部三》。

就是船。"舫,船也。"①只是舫与方同音,就逐渐以舫代替了方。所以史书提到的舫有二义:一是双体船,一为单体船,如平乘船又叫平乘舫。②

双体船的图像在广西贵县罗泊湾"百廿斤"铭文汉代铜鼓上能够见到,船体双身,用横梁联结。至于画舫,目前所见最早者见于东晋顾恺之《洛神赋图》(今存宋人摹本)。图中画舫有两条并列的船身,船上重楼高阁,装饰华美,船尾有长橹。

两船并联之后,甲板面积扩大一倍以上,加之有两组船底舱,这就大大增加了承载量。船体加宽,提高了稳定性,航行途中更加安全。古代多把双体船用以客、货运输。梁朝时,"江湘委输,方船连舳"③,长江与湘水中双体船往来如梭。

双体船还可拆开使用。据《晋书·顾荣传》载,西晋末年,顾荣被朝廷任命为侍中,从苏州起程赴洛阳就职;刚到徐州就遇到战乱,顾荣弃车后乘坐舫船打算回归故里;行至下邳(今江苏睢宁西北),时局益乱;顾荣"遂解舫为单舸",将双体船拆开,乘坐单只船加紧赶路,日行五六百里,终于安全地回到家乡。

两船并联,是对舟船使用的改进与发展。双体船以其独具的优势存在了 2000 余年,即便近现代船只也有双体并联的船型。

同画舫一样同属高贵船舶而地位更高的则是指南舟。据《晋宫阁记》记载,西晋宫苑"灵芝池有鸣鹤舟、指南舟"④。《宋书》亦载:"晋代又有指南舟。"⑤可惜两书只提到有此舟,而对其形制未作解释。

早在曹魏时已有指南车,是运用齿轮传动结构使车上木人恒定地指示南方,属机械学范畴。指南车上木人之所以保持指南,有两个必备的条件:一是车轮滚动带动齿轮转动,二是指南车转弯时必须拐死角——一轮立定不动作为圆心,另一轮沿圆周运转。这两个条件在船上均无法实施。即便在舵上立绳来代替车轮以操纵指示方向的标杆,因船只转弯不能拐死角,故标杆虽能转向而不能保持指南。因此,指南舟就不可能亦采用齿轮系。

可行的办法是在舟上安放磁性指南工具。战国时期,中国就已制造和使用了这种工具,称为司南。汉代的司南由磁勺与青铜地盘组成。地盘四周标示出周天二十四方位;磁勺放置在地盘中部的凹面上,磁勺可以在凹面上旋转,但静止时,其首尾则分别指向北和南。船上放置司南,无论船只如何转向,都可从磁勺的指向认出哪是南方。

使用司南需要一个相对平稳的场所,否则载体摇晃、磁勺滑落,难以指示方向。指南舟是在皇家园水灵芝池内使用的,池水相对平定,所以才能将司南安放在船上。皇帝乘舟在池中游乐,无须辨识方向,亦用不着选择航线,故船上虽有司南而目的不是导航。与指南车一样,指南舟在社会生活、交通运输与军事方面无实际用途,它是皇帝的专用仪仗之一,用特殊之物来表示皇帝特殊的地位。《宋书》将指南舟收入礼仪志,道理就在于此。

---

① 《说文解字》卷八下。
② 《宋书》卷六一《刘义恭传》曰"平乘船",《宋书》卷一八《礼五》作"平乘舫"。
③ 《梁书》卷五《元帝纪》。
④ 《太平御览》卷七六九《舟二》。
⑤ 《宋书》卷一八《礼五》。

在实际航行应用中,还出现了一些特殊构造的船型,如多桨船与漏底船。

桨是船舶重要的推进工具之一。一般而言,木桨之数与船的大小成正比,船越大则桨越多。但亦有超出常规者,军用船只出于特殊的需要,为了求得航行的快速、灵活,一些不大的船也可能配置比较多的桨。

梁武帝末年,侯景举兵叛乱,攻占建康,拘禁梁武帝。王僧辩率军平叛,侯景水师以鹘䑩战船千艘应战。鹘䑩是一种快速的小船,早在春秋末年越国就已使用。《正字通》曰:"船小而长者曰鹘䑩。"侯景军的鹘䑩船,"两边悉八十棹",全船共有 160 条木桨。"棹手皆越人",都是操桨的能手。加之船体狭长,受水的阻力小,所以敏捷,"去来趣袭,捷过风电"[①]。这也是我国古代配置最多木桨的船只。

为适应战场需要,又有一种构造奇特的战船——漏底船。船底开洞,用木板掩盖,需要时可随时打开供人出入,这种装置叫作船械。此船是朱伺创制,他"能水战,晓作舟舰",曾为陶侃制造过大舰。东晋末年,杜曾兵变,围攻扬口垒,城被攻破,守将朱伺躲到漏底船上。叛军蜂拥登船,高呼"贼帅在此",召唤同伴来捉拿朱伺。朱伺打开船械,"从船底沉行五十步,乃免"[②]。漏底船的船械结构如何,史籍未作详述。以理推之,船底开口而不进水,盖板上应有密封装置;开启木板后人去而船不沉没,其出入通道必有恰当的防护设施。现代潜水艇始创于 1620 年。有些潜艇亦设置出入水中的通道,船械比之最少早了 1200 年。

另外,据《风土记》记载,当时永宁县(今浙江温州)出五会大船,"合五板以为大船,因以五会为名也"[③]。此处说的"五板",并非指船底、两船舷、船头板、船尾板五块整板而言,因为只要稍大些的船就绝不是简单的五块整板所能组成的。中国古代的"五"字,与"三""六""九"等数字一样,既是具体的数字,又含有"许多""众多"之义,如"三令五申""三番五次"等。"五"字还有一解:五者,"在天地间交午也"[④]。所谓交午,即纵横交错之意。所以,"合五板"即是将众多的板材纵横交错地组合起来。五会船的船身乃是若干木板、木料交错重叠而构成的。《风土记》成书于东晋,故这种造船技术的应用应该早于东晋,否则就难以解释前代大船的制造。

我国在原始社会末期奴隶社会初期制造出木板船。但随着社会的进步、经济的发展和造船技术的提高,船舶品种增多,船体加高加大,单凭几块木板造船显然已不能适用。从后世的木船结构来看,船体是用无数块板材拼装成的,板材大小不一,交错重叠,勾合严谨,既可变小材为大用,又加固了船身。这个变化始于何时,尚未见文献与实物的证明。以理推之,春秋大翼船、汉代楼船、西晋王濬大舰、后赵石季龙的万斛舟、南朝的二万斛船都应是用无数板材拼装的新型结构船;否则,哪里去找如此大尺寸的整板?即使有此特大板材,又如何解决板材中部的颤动以确保船体抗御侧向压力以及防止船只变向时船体发生扭曲?出土的汉代船模,船体内有横隔舱装置,突破了"由几块木料组合成船"的局限,为新型结构的船提供了部分证据。

---

① 《梁书》卷四五《王僧辩传》。

② 《晋书》卷八一《朱伺传》。

③ 《太平御览》卷七七〇《舟部三》。

④ 《说文解字》卷一四下。

二　隋唐时代造船技术和造船业的发展

隋朝统一中国的时间虽然只有短短的 20 多年,但是对于开运河、造船以及发展海上交通却做了许多事情。

唐代是中国封建社会发展较快的时期,造船技术的进步在国内运输和远洋运输方面起到了重大的作用。犹如唐人崔融所写:"天下诸津,舟航所聚,旁通巴、汉,前指闽、越,七泽十数,三江五湖,控引河洛,兼包淮海。弘舸巨舰,千舳万艘,交贸往还,昧旦永日。"①在唐代,随着生产力的发展和国际海上交往的频繁,造船生产能力不断扩大,造船场地几乎遍及全国各地。

（一）隋代的五牙战舰和龙舟②

1. 五牙舰

隋文帝杨坚,在统一全国的战争中为了讨伐江南的陈叔宝（后主）,吸取了（280 年）晋于益州（今四川）大造船舰伐吴的历史经验,命行军元帅杨素于永安（今四川奉节）大造船舰、训练水师。隋开皇八年（588 年）,杨素统帅由五牙战舰为主力的,包括黄龙、平乘、舴艋等各型战船组成的庞大舰队,在长江上与陈朝守军展开激战。

第一次激战在开皇八年（588 年）冬于长江三峡展开。"陈将戚欣以青龙百余艘,屯兵数万人守狼尾滩,以遏军路。"③杨素对这次战役非常重视,以为"胜负大计,在此一举",乃分别以步卒击南岸,以甲骑击北岸,"杨素亲率黄龙数千艘,衔枚而下",遂使陈将戚欣败走,"悉俘其众"④。

第二次战于开皇九年（589 年）,夜袭陈将吕仲肃,破其横江三条铁锁。"陈南康内史吕仲肃屯岐亭,正据江峡,于北岸凿岩,缀铁锁三条,横截上流,以遏战船。素与（刘）仁恩登陆俱发,先攻其栅。仲肃军夜溃,素徐去其锁。"⑤

第三战最为激烈。"（吕）忠肃复据荆门之延洲,素遣巴䝞（习水性、善驾舟的部族）千人乘五牙四艘,以拍竿碎其十余舰,遂大破之,俘甲士二千余人,忠肃仅以身免。"⑥"巴陵以东,无敢守者。"

由杨素统帅的以五牙舰为主力的舟师,在消灭陈朝统治、结束南北朝的分裂局面、而后又统一全国的大业中发挥了重要的历史作用。

在下列历史文献中可以见到有关五牙舰的记述。

《隋书·杨素传》记有:"素居永安,造大舰,名曰五牙。上起楼五层,高百余尺,左右前后置六拍竿,并高五十尺,容战士八百人,旗帜加于上。次曰黄龙,置兵百人。自余平乘、舴艋等各有差。及大举伐陈,以素为行军元帅,引舟师趣三峡。"该书记述了隋

① （后晋）刘煦:《旧唐书·崔融传》,中华书局 1975 年版。第 2998 页。
② 席龙飞:《中国造船史》,湖北教育出版社 2000 年版,第 101—110 页;王冠倬:《中国古船图谱》,三联书店 2000 年版,第 93—94 页。
③ 《隋书·杨素传》,中华书局 1973 年版,第 1283 页。
④ 《资治通鉴》卷一七六,中华书局 1956 年版,第 5499 页。
⑤ 《隋书·杨素传》,中华书局 1973 年版,第 1283 页。
⑥ 《资治通鉴》卷一七七,中华书局 1956 年版,第 5512 页。

陈水战。

《四库全书》载有五牙舰的图样,该图能给人启示的是该船起楼五层,至于船楼是否会像图中显示的那样高大丰满,从船舶的平稳性及其他航行性能方面审视颇可商榷。该图也未能就隋陈水战中乘坐五牙舰的士兵"以拍竿碎其十余舰,遂大破之"中的拍竿的型制、机理有所揭示。

《文献通考》等文献关于五牙舰及隋陈水战的记述,大体与《隋书·杨素传》相类似。

李盘所撰《金汤借箸十二筹》有对拍竿及五牙舰的记述:"拍竿:其制如大桅,上置巨石,下作辘轳,绳贯其颠,施大舰上。每舰作五层楼,高百尺,置六拍竿,并高五十尺,战士八百人,旗帜加于上。每迎战敌船,迫逼则发拍竿击之,当者立碎。"[①]该书对五牙舰的记述也与《隋书》相一致。

从几种文献的排比中大致可以看出,关于五牙舰以及隋陈水战的记述,可能皆出自《隋书》;关于拍竿的记述则以《金汤借箸十二筹》的记述最为生动而具体。

从型制上分析,起楼五层是五牙舰的重要特征。我国自汉代起有楼船,但只起楼三层;即使是三层楼的楼船,也是出于壮军威的目的而设,在航行性能上并无好处。《太白阴经》记载:"楼船:船上建楼三重,列女墙、战格……忽遇暴风,人力不能制,不便于事。然为水军,不可不设,以张形势。"[②]具有三层楼的楼船,在暴风中都有麻烦,何况五层楼的五牙舰。如果五牙舰果像古文献所附图样所显示的那样,由于风暴中行动不便,因而也必然会减弱作战能力。但鉴于各种文献都强调"起楼五层",经论证研究所复原的五牙舰(现已正式陈展于北京中国人民革命军事博物馆古代战争馆)仍将此作为复原依据。复原的五牙舰主要尺度如下:舰长 54.6 米;水线长 50.0 米;甲板宽16.0 米;型宽 15.0 米;型深 4.0 米;吃水 2.2 米。[③] 由现时上溯 1400 年,总长为 55 米的大舰,当然也属于庞然大物了。不过,这样大的船在长江三峡中还是有先例的,这就是西晋灭吴时王濬曾在四川造的大船。《晋书》说王濬"大船连舫,方百二十步(围长约170 米),受二千余人。以木为城,起楼橹,开四出门,其上皆得驰马来往"。两船并列称"连舫"。总长为 55 米、宽为 15 米的两艘船并列,则恰好合"方百二十步"之数。由此可见五牙舰所复原的尺度还是有先例可援的。吃水取 2.2 米,即使冬季枯水也可通航。

2. 大运河开凿后龙舟等船舶的建造

隋朝结束了延续 300 多年的国内分裂局面,着手恢复和发展经济,并重视改善交通条件。南北大运河的扩展和开凿,使黄河流域和长江流域两个经济发达的广大地区血脉相通,既推动了漕运的发展,也促进了造船业的繁荣。

隋炀帝于 605 年、610 年和 616 年三次率庞大的旅游船队巡游江都,挥霍民财、扰乱民生达于极点。大业元年巡游江都,"自长安至江都,置离宫四十余所"。为此一项,特建造龙舟及各种游船数万艘。《隋书·炀帝纪》记有:"遣黄门侍郎王弘、上仪同、于

---

① (明)李盘:《金汤借箸十二筹》卷一一。
② (唐)李筌:《太白阴经·水战具篇》,辑于守山阁丛书子集。
③ 席龙飞:《长江上的五牙舰及其复原研究》,《中国水运史研究》,1990 年第 3 期,第 1—6 页。

士澄往江南采木,造龙舟、凤艒、黄龙、赤舰、楼船等数万艘。"由此足见当时造船能力之强大。不过,这都是在严苛监督下建造的,"役丁死者什四五"。

"龙舟四重,高四十五尺,长二百尺。上重有正殿、内殿、东西朝堂,中二重有百二十房,皆饰以金玉,下重内侍处之。皇后乘翔螭舟,制度差小,而装饰无异。别有浮景九艘,三重,皆水殿也。又有漾彩、朱鸟、苍螭、白虎、玄武、飞羽、青凫、陵波、五楼、道场、玄坛、板䑩、黄篾等数千艘,后宫、诸王、公主、百官、僧、尼、道士、番客乘之,及载内外百司供奉之物,共用挽船士八万余人,其挽漾彩以上者九千余人,谓之殿脚,皆以锦彩为袍。又有平乘、青龙、蒙冲、�艖、八棹、艇舸等数千艘,并十二卫兵乘之,并载兵器帐幕,兵士自引,不给夫。舳舻相接二百余里,照耀川陆,骑兵翊两岸而行,旌旗蔽野。"[1]隋炀帝第一次巡游江都的龙舟船队拥有船只 5191 艘(表 12-1),这是隋代造船能力和船舶制式的一次大检阅。

表 12-1　隋炀帝第一次巡游江都龙舟船队船只一览表

船名	艘数	船名	艘数	船名	艘数	船名	艘数
龙舟	1	二楼船	250	飞羽舫	6	艨艟	500
翔螭舟	1	板左舟右翕	200	青凫舸	10	�左舟右爰	500
浮景舟	9	朱鸟舫	24	凌波舸	10	八棹舸	200
漾彩舟	36	苍螭舫	24	黄篾舫	2000	舴艋舸	200
五楼船	52	白虎舫	24	平乘	500		
三楼船	120	玄武舫	24	青龙	500		

隋代龙舟的型制、式样,在现存的文物中尚未发现。后世北宋张择端所绘《金明池争标图》对这类帝王乘坐的龙舟有形象的描绘。宋代孟元老在《东京梦华录》里也有文字的叙述。宋时的龙舟长三四十丈,阔三四丈;头尾鳞鬣,皆雕镂金饰。在山东蓬莱的中国船舶发展陈列馆陈列的隋代龙舟模型,概可显示龙舟的概貌。

龙舟在布置上的一大特点是具有高大的上层建筑,船舶重心必高;为显示龙的形象其船身狭长,长与宽的比值近于 10,船宽相对较窄。如何保证船舶平稳性的问题至为重要。平稳性问题如果不能获得妥善解决,龙舟等许多具有高大上层建筑物的各式船舶势必经常会出现翻沉的危险。平稳性问题是如何解决的使人疑虑重重。然而,孟元老在书中对龙舟特别写明:"底上密排铸铁大银样如桌面大者,压重庶不敧倒也。"[2]这说明当时人们对压重的必要性是重视的,对解决平稳性问题是有办法的。隋代龙舟长 20 丈,到了宋代如《东京梦华录》所记就增加到三四十丈。对这一尺度人们或有疑窦。但从孟元老所记以桌面大小的铸铁件压重而且"密排"的情况看,说明压重量较大。这又从侧面反映出龙舟之大。如果完全是虚夸不实之词,当时或并不深谙船舶原理的孟元老,恐怕也是难以编出"底上密排铸铁"这样有分量的词句来的。

隋代有很强的造船能力,但未能用之于国计民生。"杨广又是个好大喜功的人,他

① 《资治通鉴》卷一八〇,中华书局 1956 年版,第 5621 页。
② (宋)孟元老撰,邓之诚注《东京梦华录注》,中华书局 1982 年版,第 185 页。

因高丽王不肯来朝，于 612 年、613 年、614 年，三次派兵进攻高丽。"①大业七年(611年)春，"下诏讨高丽，敕幽州总管元弘嗣往东莱(今山东莱州)海口造船三百艘，官吏督役，昼夜立水中，略不敢息，自腰以下皆生蛆，死者什三四。……七月，发江、淮以南民夫及船运黎阳及洛口诸仓米至涿郡，舳舻相次千余里，载兵甲及攻取之具，往还在道常数十万人，填咽于道，昼夜不绝，死者相枕，臭秽盈路，天下骚动"②。三年三次入侵高句丽，612 年时，隋的水师从江淮出发，先到东莱，再向平壤进航，614 年时则从东莱郡进发。由于高句丽军的反抗和本国人民的反对，三次都以失败而告终。

隋炀帝醉心于游乐和黩武。此两项敝政，耗资巨大，导致隋朝迅速灭亡，"但从另一角度上看，在这种虚荣的追求之中，却也间接地提高了中国的造船技术"③。

毫无疑问，隋代有能力打造规模宏大的海船，但可惜至今未出土隋海船实体，亦未发现这类大船的图像资料。聊可安慰的是，就在打造海船的地区出土了其他类型的木船。

该船是 1975 年秋在山东省平度县新河乡出土的。船体已残，有明显的被火烧过的痕迹，但其大体轮廓、结构尚可看出。此船为双体船，船身是两条并列的独木舟。实际上，独木舟已非"独木"，每一条都是用三段粗大树段刳挖，然后纵向连接而成。两条独木舟首尾相齐地并肩排列，中间隔开一定距离。用若干根横梁把两条独木舟联结成一个整体，其两端分别穿过左右独木舟船舷，再用铁钉加以固定，在上面铺设一道道横向木板，形成船面甲板。甲板宽度等于两条独木舟宽度加两舟之间相距宽度的总和，这不仅增大了船上的使用面积，而且加强了航行稳定性。在船体附近还同时出土了三根长木，应是船上的伏梁。伏梁两端各凿去长方体的一小段，呈阶梯形。整根伏梁就像是一个拉长了的凸字，中间高起平台是未经凿砍的中间部位，其长度相当于整船左右舷间的宽度。将伏梁反扣在船上，平台部位正好嵌入船身。伏梁两端各有一个竖穴。如在竖穴中安上立柱，就形成左右各一排共六个支撑点，可用以构成船上篷架或舱房之类建筑物。经测量，该双体船残长 20.22 米，最宽处 2.82 米，其载重量约为 23 吨。

该船出土地点位于莱州湾南面的冲积平原上。平原东西横亘 100 余里，潍河、胶莱河、滋阳河、沙河流经其间，注入渤海。该船出土地点北距渤海湾仅 15 千米，若遇海水大潮，滚滚潮水能逆流而上至古船沉没之地。古船底部的淤积土层中有红螺、背瘤面螺、紫石房蛤、砂海螂、四角蛤蜊等海生动物遗壳，说明该地在隋代尚是海滩。

以上情况表明，这种双体船既用于内河，又可驶于近海，是种两用船。海船中也有双体者，此为见到的最早的实物。④

(二)唐代的船舶制造与技术发展⑤

在唐代，随着国内生产力的发展和国际海上交往的频繁，造船生产能力不断扩大，

① 白寿彝：《中国通史纲要》，上海人民出版社 1980 年版，第 186 页。
② 《资治通鉴》卷一八一，中华书局 1956 年版，第 5654 页。
③ 姚楠、陈佳荣、丘进：《七海扬帆》，中国香港中华书局 1990 年版，第 61 页。席龙飞：《中国造船史》，湖北教育出版社 2000 年版，第 101—110 页。
④ 王冠倬：《中国古船图谱》，三联书店 2000 年版，第 93—94 页。
⑤ 席龙飞：《中国造船史》，湖北教育出版社 2000 年版；王冠倬：《中国古船图谱》，三联书店 2000 年版。

造船地点几乎遍及全国各地。值得注意的是,这个时期的主要造船基地,多与盛产丝绸和瓷器的地区相一致。造船与丝、瓷生产相互推进,相得益彰。

沿海地区历来是建造海船的主要地区。北方主要有登州、莱州,南方则以扬州、明州(今浙江宁波市)、温州、福州、泉州、广州、高州(今属广东茂名)、琼州(今海南海口市一带)和交州(今属越南)等地最为著名。①

内陆广大地区设有造船工场。有文献可考的有江南的宣州(今安徽宣州市)、润州(今江苏镇江市)、常州、苏州、湖州(今浙江湖州市)、杭州、越州(今浙江绍兴市)、台州(今浙江临海市)、婺州(今浙江金华市)、括州(今浙江丽水市)、江州(今江西瑞昌市)、洪州(今南昌市)、饶州(今江西波阳)以及剑南道(今四川境内)沿江各地。②

1. 新船型——沙船与福船

唐代航运发达,船型多样,凡江河湖泊的水面上都有适航船只航行。例如,广德二年(764年),时关中缺粮,米斗千钱,刘晏任河南、江淮转运使,疏浚汴水,更针对汴河的水文建造“歇艎支江船”,每船千斛,十船为纲,每纲300人,篙工50人;还依黄河的急流,特别是要具有驶上三门峡的能力,建造了“上门填阙船”。两种船建造数千艘以应所需。自刘晏以来漕运更形成定制:“未十年,人人习河险。江船不入汴,汴船不入河,河船不入渭;江南之运积扬州,汴河之运积河阴,河船之运积渭口,渭船之运入太仓。岁转粟百一十万石,无升斗溺者。”③《资治通鉴》卷二二三称赞说:“唐世推漕运之能者,推(刘)晏为首,后来皆遵其法度云。”

在黄河有“上门填阙船”,在黄河与长江之间有适宜于汴河和通济渠的“歇艎支江船”,航行于长江则有大型船舶“俞大娘船”。

《唐国史补》载:“江湖语云,水不载万,言大船不过八九千石。然则大历、贞元间有俞大娘航船最大,居者养生、送死、嫁娶悉在其间,开巷为圃,操驾之工数百,南至江西,北至淮南,岁一往来,其利甚溥。此则不啻载万也。”④此种俞大娘船的名称来源虽不得而知,但所谓生死嫁娶悉在船上,实为以船为家的传统,文献所载者也较为可信。关于俞大娘船载量为八九千石的规模,也为北宋的文献所证实。张舜民的《画墁集》,记述了他亲眼所见的万石船的实况:“丙戌,观万石船,船形制圆短,如三间大屋,户出其背。中甚华饰,登降以梯级,非甚大风不行,钱载二千万贯,米载一万二千石。”⑤⑥

唐代时,我国古代四大船型中的沙船和福船都已得到应用。

沙船是以平底船为基础,在唐代发展演变为新的船种。沙船的特点是平头、方艄、平底,船身较宽,所以它吃水浅,在水上航行受到的阻力较小,行驶平稳,在水浅沙滩多的水域亦容易通过。这些优点,使之经历千余年而长盛不衰。

沙船的使用地区很广。它最先出现于长江下游,是由崇明沙人创用的,所以一些史书称之为崇明沙船。后来使用日广,逐渐被简化称为沙船。崇明沙位于长江入海口

① 陈希育:《中国帆船与海外贸易》,厦门大学出版社1991年版,第10页。

② 《资治通鉴》卷一九七至一九九,中华书局1956年版,第6209、6249、6258、6259页。

③ 《新唐书·食货志》,中华书局1975年版,第1368页。

④ (唐)李肇:《国史补》卷下,《景印文渊阁四库全书》第1035册,台湾商务印书馆1985年版,第449页。

⑤ (北宋)张舜民:《画墁集》卷八,《知不足斋丛书》,另见《丛书集成初编》,商务印书馆1935年版,第65页。

⑥ 席龙飞:《中国造船史》,湖北教育出版社2000年版,第125、113页。

处,由长江所含泥沙沉积而成,现在称为崇明岛,是上海市下属诸县之一。唐朝初年,崇明沙方始出现,当时是两个沙洲,分别叫作东沙、西沙。武则天执政期间(684—704年),有黄、顾、董、施、陆、宋六姓人家来到沙洲上定居,开荒种田。至唐中宗神龙年间(705—707年),唐政府在此地开始设置行政机构,并定名为崇明镇,此后历代沿用这一名称。[①]"崇明"二字是8世纪初才使用的,新船种既然以"崇明"二字为船名,其创用时代应该晚于此时。它可能是在8世纪中叶或稍后出现的。

沙船问世后,因它的性能优异,立即得到广泛的应用。沙船不仅成为内河航运的重要船种,而且用于海上航行;不仅用于长江口以北的近海航线,而且驰骋于南方沿海,甚至于远洋航行。924年,一艘中国海外贸易船沉没在今印度尼西亚爪哇岛之三宝垅附近,该船就是五代时的大型沙船。[②]历经宋、元、明、清各代,沙船都是我国主要用船之一。唐代工匠创制出沙船,为中国古代造船事业的发展做出了杰出贡献。

福船亦是中国古代四大船型之一,其底型与沙船之平底完全不同。唐玄宗天宝年间(742—756年)泉州所造海船,"舟之身长十八丈,次面宽四丈二尺许,高四丈五尺余。底宽二丈尺,作尖圆形。银镶舱舷十五格。可贮货品二至四万担之多"[③]。船底"作尖圆形",即两舷向下逐渐内收,俗称尖底船,船体横剖面近似V形。其特点是吃水深,但利于破浪而行。此材料是目前所见关于尖底船的最早资料。按常规,尖底船的船底纵向中线应有龙骨,其作用在于既可提高船体的纵向强度,驶偏风时又可产生对船只横向漂泊的阻力。文献对龙骨虽未明确记载,以理推之,泉州海船应有此等装置。可以认为,唐代已设计打造出世界最早的尖底龙骨船,后来继续发展,就形成了庞大的福船系列。

2. 水密舱、金属锚及其他造船新技术[④]

唐代造船技术有若干项重大革新。

水密舱结构:船底舱用木板隔开,并在隔板与船舷的结合处采用合理拼接板材、钉锔加固、捻料填塞等方法予以密封,就叫水密舱。两晋南北朝时卢循所造八槽大舰,据分析可能就属水密舱结构,但未见更明确的记载。而确凿无疑的水密舱实证是在出土的唐代木船上见到的。1960年在扬州施桥镇出土了大小两只唐代晚期木船。小船是独木舟,系用整根楠木挖成,两端上翘,船头有钉补的木板,乃是随行在大船之后的柴水船。大船残长18.4米,最大宽4.3米,深1.3米。全船分为五个大舱和若干小舱。[⑤]1973年又在江苏如皋县马港河故道出土唐代早期木船,残长17.32米,最宽处2.58米,舱深1.6米;船底板厚8—12厘米,船舷板厚4—7厘米。船上部损坏严重,但船体下半部基本完好,全船分为九舱,各舱之间都安装隔舱板。中间舱位有桅杆座一具。舱面覆盖木板或竹篷。[⑥]唐代之水密舱不仅有文物实例,而且有文献为记。前面提到泉州海船"银镶舱舷十五格","十五格"即十五舱。文物和文献都证明唐代早中晚三个

---

① (清)《(雍正)崇明县志》卷二《沿革》。

② 《郑和南征记》第一章第二节引坎派尔《印度尼西亚的过去和现在》。

③ 语出《西山杂志》,转引自庄为玑、庄景辉:《郑和宝船尺度的探索》,《海交史研究》1983年第5期。

④ 王冠倬:《中国古船图谱》,三联书店2000年版,第98—100页。

⑤ 《扬州施桥发现了古代木船》,载《文物》1961年第6期。

⑥ 《如皋发现的唐代木船》,载《文物》1974年第5期。

时期木船均采用了水密舱结构。这种结构有两个显著优点:一是如果某舱不幸破损,其他舱不致被连累受损,既保证了船只与货物的安全,又便于修复;二是隔舱板横向支撑船舷,增强了船体抗御侧向水压、风浪的能力。

榫钉接合与油灰捻缝技术:如皋出土唐船船体纵向的木料均由三段榫接而成;两舷则以长木上下叠合,用两排铁钉上下交错钉联,船底则以铁钉按人字形排列钉牢。板材缝隙用石灰桐油调和制成的捻料填充;铁钉钉入木板后,外面亦用油灰抹盖;板材严密坚固。施桥木船的整个船身,都以榫卯和铁钉连接,木板的夹缝与空隙亦填充油灰。这种接合技术远比外国船先进。当时外国商人乘坐的昆仑舶,"用椰子皮为索连结,橄榄糖灌塞,令水不入。不用钉镍"①。这种缝合式木船,船体脆弱,抗风浪能力差,其牢固性难以与中国船同日而语。

关于防腐与减少阻力的技术:据《旧唐书·杜亚传》记载,唐德宗贞元时(785—805年),杜亚任扬州长史兼御史大夫、淮南节度观察使。春季赛船,杜亚"令以漆涂船底,贵其速进"。船底涂漆,不仅能减少水的阻力、加快航速,更重要的是可防止浸腐,保护船体。杜亚之举开创了船体防腐之先河,时至今日,各国船舶无一例外地采用涂漆防腐之法。

大腊的设置:施桥唐船的船舷安装有四根长的粗木,用长钉牢牢地结合在两舷上。这就是大腊。腊,又叫作大筋,是加在两舷上的纵向的强力结构。根据船的大小,平行设置一道至六道。一般将安置在船舷舷边的一道称为大腊。大腊提高了船体的纵向强度,承受外来的冲撞力,又可加强船体的浮力及稳定性。

金属锚的使用:我国最先使用的定泊工具是块状石碇,最迟在汉代又出现了木石锚,此后在长时间内两者并用。1982年在安徽濉溪县三铺乡隋代大运河遗址出土了一块隋代石碇。石质为花岗岩,呈不规则菱形,长50厘米,宽43厘米,重约25千克。在顶端有一穿孔,直径约6厘米,用以栓系缆绳。② 1985年在该县百善集古运河旧址又出土一块隋碇,似葫芦形,长55厘米,宽41厘米,重27.5千克,顶部有穿孔,直径约5.5厘米。此碇是由含铁石英砂岩经过高温处理的古代"海绵状"生铁铸件。在其正面还有"杨广"两个阴刻文字。③ 中国何时出现了金属船锚?形制如何?南北朝时梁人顾野王在其《玉篇》中曾提到"锚",但未作说明。从字面看,此字以金为偏旁,所指应为铁锚。目前所见最早的铁锚形象,出自五代时卫贤所绘《闸口盘车图》。该图主画面是官营磨房的生产场面,辅以官衙、吏役、酒肆。画面布局紧凑,从磨面、箩面、扛粮、扬簸、淘麦、挑水、引渡、赶车等各方面生动地刻画了40余名民工的活动。磨房前河中运粮船来来往往,一只船的船头倒扣一件铁锚,四齿,并列在锚的一侧。船舶在岸边停靠时,或将缆绳系在岸边固定物上,或将定泊工具投入水中,此铁锚代替了石碇和木石锚,定泊方法提高了一步。但该锚的形状近似农业工具铁耙,与后来常见的三齿锚、四齿锚不同;另外,此锚的四齿单向排列,抛出后不一定恰好锚齿入地,需要人为地调整,所以只能用于岸上,不适宜投入水中。尽管如此,它终究是一种新型的定泊工具。它

---

① 惠琳:《一切经音义》卷六一。
② 《安徽濉溪古运河遗址陆续出土文物》,载《海交史研究副刊》1987年3月号。
③ 罗其湘:《略论我国隋代船锚新发现的历史意义》(会议论文,未刊)。

的出现意义深远,在发展过程中,锚齿由一侧排列演进为按圆周均匀排列,形成了我国传统的四齿锚、三齿锚。

3. 唐代海船①

唐代我国远洋航行的海舶,以船身大、容积广、构造坚固、抵抗风涛力强以及船员航海技术纯熟,著称于太平洋和印度洋上。东晋高僧法显由印度海路回国时所乘"商人大船",每船载200余人。到了唐代,大的船舶长达20丈,可载六七百人,载货万斛。由于唐代中国海船这样巨大,所以在波斯湾内航行时,只能止于阿拉伯河下游及今阿巴丹港一带,如再向西至幼发拉底河口,需要换小船转运商货。② 鉴于中国海舶坚固且完善,所以自唐代末期(9世纪)以后,阿拉伯商人来中国都希望搭乘中国海舶。迄今为止,我国尚未发现有唐代的海船出土,因而缺少其形象资料。我国甘肃敦煌莫高窟现存的壁画和雕塑作品,反映了我国从6世纪到14世纪的部分社会生活,其中第45窟就有唐代海船的壁画。③ 壁画中的海船虽然并不能反映出当时船舶的技术水平的典型性,但是唐代的航海和船舶已成为当时社会生活中值得重视的事物则是不争的事实。

据诸文献所记,唐时来中国的海船有各种名称:①蛮舶(《旧唐书·卢钧传》);②番舶(《新唐书·孔巢父传》);③西域舶(《旧唐书·李勉传》);④西南夷舶(《新唐书·李勉传》);⑤南海舶(《唐国史补》);⑥狮子国舶(《唐国史补》);⑦昆仑舶(《新唐书·王琳传》);⑧波斯舶(《大唐西域求法高僧传》)④,等等。唐李肇所撰《国史补》载:"南海舶,外国船也。每岁至安南、广州。狮子国舶最大,梯而上下数丈,皆积宝货。至则本道奏报,郡邑为之喧阗。有蕃长为主领,市舶使籍其名物,纳船脚,禁珍异,蕃商有以欺诈人牢狱者。舶发之后,海路必养白鸽为信。舶没,则鸽虽数千里亦能归也。"⑤

在9世纪中,往来于中国和日本之间的,大体上完全是唐船。日本遣唐使或学问僧所乘遣唐船,虽由日本朝廷下令在日本各地监造,但也注意吸收中国造船的经验,"建造者和驾驶者,大都是唐人"⑥。日本1975年发行的邮票图案为日本遣唐船,船上所用双帆是用篾席制成的。这种硬帆的优越性在于可利用侧向来风,只要是非正逆风,皆可行驶,这是中国风帆的优秀传统。首部设有绞碇机,由图可见,这碇石显然是木石结合碇。在舷侧缚有竹橐,可有两个作用:一是在横摇时可增加入水一舷的浮力,减缓横摇的幅度;二是像今日的载重线标志,用以限制船舶的装载。

4. 唐代的水战具及车轮战舰⑦

唐时曾任河东节度使、幽州刺史并本州防卫使的李筌,于乾元二年(759年)著《太白阴经》十卷。他继承和发展了先秦的军事辩证法,从刑赏能影响人的勇怯,得出人性可移、人心可变的结论。在军事上他认为战争的胜负主要决定于人事。《太白阴经》卷

① 席龙飞:《中国造船史》,湖北教育出版社2000年版,第121—125页。
② 章巽:《我国古代的海上交通》,商务印书馆1986年版,第48页。
③ 王冠倬:《中国古船》,海洋出版社1991年版,第68页。
④ 〔日〕桑原骘藏:《蒲寿庚考》,陈裕菁译,中华书局1954年版,第49—50页。
⑤ (唐)李肇:《国史补》卷下,《景印文渊阁四库全书》,台湾商务印书馆1985年版,第1035册第449页。
⑥ 〔日〕木宫泰彦:《日中文化交流史》,胡锡年译,商务印书馆1980年版,第108页。
⑦ 席龙飞:《中国造船史》,湖北教育出版社2000年版,第126—131页。

四为"战具",包括攻城具、守城具、水攻具、火攻具、济水具、水战具、器械、军械八篇。

唐代李筌在其《太白阴经·水战具》[1]中写道:

经曰:水战之具,始自伍员。以舟为车,以楫为马。汉武帝平百粤,凿昆明之池,置楼船将军。其后马援、王濬各造战船,以习江海之利。其船阔狭、长短,随用大小,皆以米为率。一人重米二石,则人数率可知。其楫、棹、篙、橹、帆席、绳索、沉石,调度与常船不殊。

楼船:船上建楼三重。列女墙、战格。树旗帜,开弩窗、矛穴。置抛车、垒石、铁汁,状如城垒。晋龙骧将军王濬伐吴,造大船长二百步(《晋书》为方百二十步),上置飞橹阁道,可奔车驰马。忽遇风暴,人力不能制,不便于事。然为水军,不可不设,以张形势。

蒙冲:以犀革蒙覆其背,两相开掣棹孔,前后左右开弩窗矛穴。敌不得近,矢石不能败。此不用大船,务于速进,以乘人之不备,非战船也。

战舰:船舷上设中墙半身,墙下开掣棹孔。舷五尺又建棚,与女墙齐,棚上又建女墙。重列战格,人无覆背。前后左右树牙旗、幡帜、金鼓,战船也。

走舸:亦如战船,舷上安重墙。棹夫多,战卒少,皆选勇士精锐者充。往返如飞,乘人之不及。兼备非常救急之用。

游艇:小艇以备探候。无女墙,舷上桨床左右。随艇大小长短,四尺一床,计会进止。回军转阵,其疾如飞。虞候居之,非战舶也。

海鹘:头低尾高,前大后小,如鹘之状。舷下左右置浮板,形如鹘翅。其船虽风浪涨天无有倾侧。背上左右张生牛皮为城,牙旗、金鼓如战船之制。

李筌所列六种战术作用各不相同的舰艇:一曰楼船,用其"以张形势",相当于当今的指挥舰;二曰蒙冲,"以犀革蒙覆其背",取其"矢石不能败",当为装甲舰;三曰战船,前后左右皆可迎敌,取其人无腹背受敌;四曰走舸,"棹夫多,战卒少","往返如飞",取其乘人之不及备,这是快艇;五曰游艇,"回军转阵,其疾如飞",这是为侦察、巡逻官员"虞候"预备的侦察、巡逻艇;六曰海鹘船,"舷下左右置浮板,形如鹘翅,其船虽风浪涨天无有倾侧",显然这是具有优异航海性能的战船,可理解为全天候战舰。

在李筌所列的六型战船中,前五种前朝早已出现过,唯有海鹘船始见于唐代。海鹘船的主要性能特点是"其船虽风浪涨天无有倾侧"。就是说,这型战船摇摆幅度较小,在风浪中也有较好的稳性。其所以能有此优越性能,无外乎两点:一是在船型上"头低尾高,前大后小,如鹘之状";二是在装备上"舷下左右置浮板,形如鹘翅"。依当代船舶耐波与适航性研究成果审视,其船型方面的优越尚须继续探讨。在装备方面所谓"浮板",目前有两种解释:一说为披水板,另一说为舭龙骨。[2] 披水板,在《江苏海运全案》[3]中称作"撬头",设在船之两旁。此披水板虽也有增加横摇阻尼的作用,但其根本用途在于防止和减缓船舶在受侧风时产生的横向漂移。舭龙骨,在《江苏海运全案》中称作梗水木,即减摇龙骨,也称舭龙骨。梗水木是设在舷下船舶底部开始向舷部转

① (唐)李筌:《太白阴经·战具·水战具》,《中国兵书集成》(2),解放军出版社1988年版,第532—534页。
② 席龙飞、何国卫:《中国古船的减摇龙骨》,《自然科学史研究》第3卷(4),1984年,第368—371页。
③ (清)贺长龄:《江苏海运全案》第一二卷,道光六年(1826年)刊行,光绪元年重印本。

弯部位(即舭部)的两条木板,当船舶横摇时因有梗(阻)水的作用,从而产生阻尼力矩以减轻摇摆。带有此种减摇龙骨的北宋建造的帆船已经出土①,为李筌《太白阴经》所记述的全天候的战船提供了实物证据。

车船在唐代也得到了发展。东晋水车船、南齐祖冲之千里船等即为车船,车船的出现有重要的意义。作为船舶推进工具的桨,操作时只能做前后直线、间歇运动,对船的推进也是间歇性的。"桨的进一步发展就是轮桨的出现,即'车船'的出现。从桨转化为轮桨,在船舶推进工具发展史上是一件足以使史家和工程界人士为之兴奋的大事。轮桨在我国创用之早以及后来宋朝车船种类之多、规模之大均足以震惊世界。它使船舶的人力推进工具产生了一个飞跃,达到了半机械化的程度,成为古代船舶人力推进技术的最高水平。"②所谓"轮桨",即将桨的叶片装在轮子的周边,这就可以使原本桨的直线、间歇、往复运动,变为圆周、连续、旋转运动。由连续旋转的轮桨不断划水,不仅可以连续推进,避免了手力划桨时产生的虚功,而且借助自身的体重用脚踏转轴可较为省力。在同根转轴上可因船宽的大小安装很多踏脚板,由很多人同时踏之,可以发挥多人的作用,提高车轮舟的推进效能和船速。车轮向前转船就前进,车轮向后转则船可后退。进退自如,机动灵活,这就提高了船的机动性,对战船尤为重要。

唐代李皋(733—792年)对车船的发展起了承前启后的作用。③ 李皋为唐宗室,嗣为曹王,曾任衡州、潮州刺史。他在任江西节度使时曾率军讨伐李希烈叛乱;转任江陵(今属湖北)尹、荆南节度使时,曾造战舰,并装有脚踏木轮作为推进机械,即车轮战舰。《旧唐书》载李皋"常运心巧思为战舰,挟二轮蹈之,翔风鼓浪,疾若帆席,所造省而久固"④。《新唐书》还载其"教为战舰,挟二轮蹈之,鼓水疾进,驶于阵马。有所造作,皆用省而利长"⑤。《古今图书集成》载有车轮舸图⑥,由之可窥见车轮舟的概貌。李约瑟对李皋的技术成就很是重视,他在1964年的《科学与中国对世界的影响》一文中写道:"这种船的结构,以及其在湖上和河上进行水战,在8世纪已是十分明确的。那时候唐曹王李皋建造并率领了这样一支船队。"⑦从一系列文献中可了解到:唐曹王李皋不仅在8世纪建成车轮战舰,"翔风鼓浪""驶于阵马",而且所造省而久固,"有所造作,皆用省而利长",也就是说,李皋所造车轮战舰实用经济。

车轮战舰由晋而南北朝,继之由唐而宋,到了宋代竟获得空前的发展,甚至"在鸦片战争期间(1839—1842年),有大量的踏车操作的明轮作战帆船派去同英国船作战,而且证明颇有成效"。在欧洲,车轮船的第一次试验,是于1543年在巴塞罗那进行的。"西方人曾认为中国的这些船是模仿他们的明轮汽船而制造的。但对中国当时的文献进行的研究表明,根本就不是那么回事。……在4世纪的拜占庭,曾经提出了一项用牛转绞盘驱动明轮船的建议,但没有证据说明曾经建造过这种船。由于手稿仅仅在文

---

① 林士民:《宁波东门口码头遗址发掘报告》,《浙江省文物考古所学刊》,文物出版社1981年版,第105页。

② 周世德:《中国古船桨系考略》,《自然科学史研究》第8卷(2),1989年,第190页。

③ 周世德:《车船》,《中国大百科全书·机械工程卷》,中国大百科全书出版社1987年版,第54页。

④ (后晋)刘昫:《旧唐书·李皋传》,中华书局1975年版,第3640页。

⑤ (宋)欧阳修:《新唐书·曹王皋传》,中华书局1975年版,第3582页。

⑥ (清)陈梦雷、蒋廷锡:《古今图书集成·经济汇编·戎政典》,中华书局1988年影印版,第91302页。

⑦ 潘吉星:《李约瑟文集》,辽宁科学出版社1986年版,第261页。

艺复兴时期(14 到 16 世纪)才被发现,因而不可能对中国造船匠产生什么影响。"①事实上,中国的文献证明,几乎在欧洲刚刚开始提出车轮船设想时,中国在渭水已经有在船内踏车前进的车轮舟出现了。在中国已大规模发展车轮战船并编成水军时,尚较欧洲的第一次试验早了约 400 年。

第二节　魏晋南北朝隋唐时期的航路拓展

一　三国至六朝横渡南海航线的开辟和中日航线的变更②

三国时期,吴国十分重视发展海外交通。范文澜先生曾说孙权是"大规模航海的提倡者"。孙权执政之时,不仅几次浮海出兵,还遣使同海南诸古国发展友好关系。大约在吴孙权黄武五年到黄龙三年(226—231 年),孙权派遣宣化从事朱应和中郎康泰访问海南诸古国。这件意义重大的事在《三国志·吴书·吕岱传》中只简略地记载:"岱既定交州,复进讨九真,斩获以万数。又遣从事南宣国化,暨徼外扶南(今柬埔寨)、林邑(今越南中部)、堂明(今洛坤)诸王,各遣使奉贡。"该记载没有说明所遣使者姓名及其活动。《梁书·诸夷传》中的记载能对此有所补充:"及吴孙权时,遣宣化从事朱应、中郎康泰通焉。其所经及传闻,则有百数十国,因立记传。"他们回国以后,朱应曾撰有《扶南异物志》,康泰曾撰有《吴时外国传》等书,记述了他们访问各国的见闻,但《扶南异物志》一书今已亡佚,《吴时外国传》(又名《扶南记》或《扶南传》)原书也已失传,只在《水经注》《艺文类聚》《通典》和《太平御览》等书的引文中保留有零星片断。根据这些零星片断,"可知他们曾到过滨郍专国(在今中南半岛,有柬埔寨、老挝、缅甸等说)、林阳国(在今泰国西部或缅甸东南部)、优钹国(在今缅甸南部)、横跌国(在今恒河口一带)、蒲罗中国(今新加坡和马来西亚的柔佛一带)、耽兰洲(今马来半岛东岸的哥打巴鲁一带)、薄叹洲(在苏门答腊岛西北部或马来半岛)、马五洲(在印度尼西亚)、巨延洲(在今加里曼丹岛)、乌文国(在印度东岸的奥里萨邦)、斯调洲(今斯里兰卡)等国家和地区。"③由于年代久远、相关资料缺乏,这些海南诸古国的确切位置已很难考查清楚,这也给弄清此一时期的航线带来了困难。

不过,从上述散见的资料中,还是可以大致追寻出当时东吴通西方航线的概况的。这条西方航线大致可以分为三段路程。

第一段:从广州出发,经过西沙群岛直航南海,出马六甲海峡西口,到达扶南的句稚港。句稚又称九离或称投拘利(Tak-kola),故址在今泰国西岸的塔库巴(Takua-pa)。在三国时期,此处是中国海船与西方商船的重要转运港。④ 前面提到的扶南王范旃派苏物出使印度,便是从此港出发的。

---

① 潘吉星:《李约瑟文集》,辽宁科学出版社 1986 年版,第 261 页。

② 本部分引见彭德清主编:《中国航海史(古代航海史)》,章巽主编:《中国航海科技史》,吴春明著:《环中国海沉船——古代帆船、船技与船货》。

③ 郑一均:《中国古代的海上航路》,见章巽:《中国航海科技史》,海洋出版社 1991 年版,第 112 页。

④ 《图书集成·食货典》。

第二段：从扶南句稚出发，中经蒲头，到达歌营，即从今之塔库巴港开船，经过尼科巴群岛，到达印度南部的科佛里河口，希腊地理学家托雷美称此港为科佛里镇（Khaberis Emporion），在今之特朗奎巴附近。由于这一段航路不再是沿岸航行，而是直接横渡孟加拉湾，缩短了航程，所以大约经一个月的时间，便可从塔库巴到达印度的科佛里河口了。①

第三段：从印度的康契普腊姆出发，西至大秦。《吴时外国传》上说："从迦那调洲西南入大海湾，七八百里，乃到枝扈黎大江口，渡江迳西行，极大秦也。"迦那调洲即今印度的康契普拉姆，西南行七八百里到达科佛里河口（枝扈黎大江口），然后转向西行便到红海口曼德海峡的奥赛里斯附近。② 同书又说："从迦那调洲乘大舶，船张七帆，时风一月余日，乃入大秦国也。"东吴丹徒太守万震，在他所著的《南州异物志》中说，当时中国船向西最远曾航行到加陈国。加陈国是古波斯铭文中 kusa 的音译，是指居住在埃塞俄比亚的库施族。故地即在今红海西岸埃塞俄比亚的马萨瓦港附近的 Kacen，是当时阿克苏姆王国兴盛的对外贸易中心。③ 根据万震的记载，中国船已经进入红海，与埃塞俄比亚建立贸易关系了。

西汉的徐闻、合浦航线的走向是先要经日南郡，然后沿岸向西方航行。近代在当年日南郡的重要港口哥俄厄（今越南迪后以北）遗址发掘出大量的罗马文物和东汉的铜镜④，但却未见后代遗物。从考古发掘的结果来看，证明自三国东吴为始，由于造船与航海技术水平的提高，中国海船已逐渐脱离开这条沿岸航线，开始向远洋横渡发展，开辟了一条以中国广州为起点、横渡中国南海、穿过马六甲海峡、经过塔库巴横越孟加拉湾、航抵科佛里河口、再西渡阿拉伯海的新航线。假若连续航行的话，大约四个月可以行完全程，航期大为缩短，适应了双方交往频繁的要求，对促进中国与南亚、北非的海上贸易和文化交流起了很大的推动作用。⑤

另外，《太平御览》卷六九引康泰《扶南异物志》："涨海中，到珊瑚洲，洲底有盘石，珊瑚生其上也。"卷七九〇引《南洲异物志》："句稚去典孙八百里，有江口西南向，东北行极大崎头。出涨海，中浅而多磁石。""海中千余里，涨海无崖岸。"这里，"涨海"（即南海）所经的"珊瑚洲"很可能就是横渡南海时所遇的西沙、南沙群岛⑥，这从另一个方面说明了当时人们已经开辟了过西沙、渡南海的离岸航路。

在东晋、南北朝时期，除了政府外交官员，更有许多商船和佛教僧侣来往于中国和南洋诸岛及印度之间，呈现一派"舟舶继路，商使交属"⑦的繁盛景况，而他们所循行的依然是两汉、三国时代已有的海上航路。东晋高僧法显的远洋航行，便是其中一个著名的事例。他于东晋隆安三年（399 年）从长安（今陕西省西安市）出发，往西经过甘肃省河西走廊及今新疆境，转而南下，经印度河流域而入恒河流域，在天竺即今印度境内

① 沈福伟：《中西文化交流史》，上海人民出版社 1985 年版，第 54 页。
② 沈福伟：《中西文化交流史》，上海人民出版社 1985 年版，第 54 页。
③ 沈福伟：《中西文化交流史》，上海人民出版社 1985 年版，第 55 页。
④ 苏继顗：《岛夷志略校释》真腊条。
⑤ 彭德清：《中国航海史（古代航海史）》，人民交通出版社 1988 年版，第 69—70 页。
⑥ 韩振华：《魏晋南北朝时期海上丝绸之路的航线研究》，载《中国与海上丝绸之路——联合国教科文组织海上丝绸之路综合考察泉州国际学术讨论会论文集》，福建人民出版社 1991 年版。
⑦ 《宋书》卷五七《蛮夷传论》。

定居学习佛经并周游了五天竺,到东晋义熙五年(409 年)乃取海路回国。根据法显回国后撰写的旅行记《法显传》(或曰《佛国记》),我们得知他东归的海上航程,先从印度恒河口的多摩梨帝国(在今加尔各答西南的德姆卢克 Tamluk)一海港附近乘商人大舶,航海西南行,时值冬初信风季节,顺风航行 14 天到狮子国(今斯里兰卡),在此留住两年;东晋义熙七年(411 年)夏秋之间,由狮子国继续东航,两天后忽遇大风,在大风中漂流了 13 昼夜,才得停靠一岛(可能是今尼科巴群岛中的一岛),把船上漏水处补好,然后继续航行;又航行了 90 天左右,到达耶婆提国(在今印度尼西亚苏门答腊岛东南部或爪哇岛);在此地停留了五个月,于第二年(412 年)4 月 16 日再乘船向东北航往广州。当时从耶婆提国到广州的航程,通常大约只要 50 天,航行一个多月后,因遇狂风暴雨,加以弄错方向,过了 70 多天还没有看到海岸,于是发觉方向有误,忙改向西北航行,又过了 12 天,在 7 月 14 日始在祖国登陆,却早已航过广州,到达山东半岛南面的牢山(今青岛崂山)了。由上述可见法显返国的航路,是从印度东海岸的多摩梨帝国向西南航行,到狮子国后,再东渡印度洋,经尼科巴群岛,然后转向东南航行,绕经印度尼西亚苏门答腊岛与爪哇岛之间,再向东北航行,从中南半岛南端洋面,穿越南海,过台湾海峡,经东海、黄海偏东北而上,又折向西北航行,最后抵达当时的青州长广郡牢山。[①]

　　西沙的沉船文物是六朝时期中国帆船走横渡南海离岸航线的最有力证据。1974—1975 年,广东、海南的考古工作者在西沙北礁东北角的礁盘上发现了 1278 件历代沉船陶瓷,其中三件青瓷器为六朝时期产品,即一件深弧腹饼形足的青瓷杯(小碗)和两件敛口鼓腹六系青瓷罐。调查者认为与六朝广东的窑址和墓葬所出同类器类似。[②] 实际上,类似的陶瓷器在六朝时期江南地区都常见,西沙六朝陶瓷的发现说明了中国东南沿海船家横渡南海、历经西沙岛礁的航海实践,数量虽少,意义却不在唐宋以来沉船文物的大量发现之下。此外,南沙群岛最新调查发现的文物最迟不晚于六朝。郑和群礁的"五铢"钱和米格纹陶片,虽有秦汉文化特征,因数量太少,故不排除是六朝时期舶去的可能,而道明礁的带莲藕纹的网格纹陶片不会是调查者所认为的秦汉文物,而应是六朝的东西。可见,伴随着横渡南海离岸航路的开辟,六朝船家已经实践了涉足南沙群岛的航海活动。从这条跨海航路上输出的中国六朝陶瓷曾发现于爪哇等地,如雅加达博物馆收藏的由爪哇扎巴拉发现的六朝青瓷罐、马来西亚吉隆坡国家博物馆收藏的由彭亨州哥拉立卑(Kuala Lipis)出土的六朝青瓷四耳尊,都是南方六朝青瓷窑口的产品。[③] 在广东英德南齐墓发现的波斯萨珊帝国卑路斯王朝银币和曲江南华寺南朝墓发现的 5 世纪萨珊王朝银币,应就是沿着这条航路输入中国的西亚舶来品。[④] 此外,江苏南京象山东晋墓葬出土的刻画圆圈纹的两件直筒形白色透明玻璃杯

① 郑一均:《中国古代的海上航路》,见章巽:《中国航海科技史》,海洋出版社 1991 年版,第 112—113 页。
② 广东省博物馆等:《广东省西沙群岛北礁发现的古代陶瓷器》,载《文物资料丛刊》第 6 辑。
③ 沈福伟:《两汉三国时期的印度洋航运业》,载《文史》,第 26 辑;〔日〕三上次男:《陶瓷之路》,文物出版社 1984 年版,第 153 页;韩槐准:《中国古代与南洋之陶瓷贸易》,载《中国航海学会年刊》,1955 年。
④ 广东省文物管理委员会等:《广东英德、连阳南齐和隋唐古墓的发掘》,载《考古》1961 年第 3 期;夏鼐:《综述中国出土的波斯萨珊朝银币》,载《考古学报》1974 年第 1 期。

和南京大学东晋墓发现的嵌有金刚石的金指环等物,都是拜占庭帝国的舶来品。① 这些发现,更加证实了六朝以来南海、西海航路初步发展的景象。②

在东方,三国以前,中日之间的航线已变更过两次。最早的一条在朝鲜南端借左旋环流漂渡的古老航线。这条航线起于远古,可能一直沿用到春秋末年。第二条航线,是从山东渡渤海沿岸航至朝鲜南端,然后再从釜山经对马岛、冲之岛航抵日本的宗象。这条航线出现在战国时期,是在航海技术能够克服对马海流以后开辟的。日本把这条航线称作"海北道中"。曹魏开辟了第三条航线,是从山东渡渤海,沿岸先航抵朝鲜南端的带方郡,然后再到对马岛;当从对马岛出发时,便不再走"海北道中"的冲之岛和大岛的航路,而是走偏出其西侧,直取壹岐岛而达九州福冈松浦的航线。③ 可以看出,中日之间的航线,到三国曹魏时已有三次变迁。当时的船舶结构和驶风操纵技术,已经完全能够克服对马海流的横漂干扰,体现了三国时期我国的航海技术水平已比前代有所提高。

东吴孙权曾试图开辟跨东海通日航线,据《三国志·吴书》载,黄龙二年(230 年)孙权"遣将军卫温、诸葛直将甲士万人浮海求夷洲(今台湾)及(檀去掉木)州(今日本)。……所在绝远,卒不可得至,但得夷洲数千人还"。虽然没有达到目的,但却为以后通日南道的形成奠定了基础。

南朝时期形成了中日南道航线。这里所说的南道航线,是指从山东渡黄海直抵朝鲜百济的一条航线。因其位于曹魏开辟的第三条对日航线之南,故称南道。这条航线,是在两晋以后,因受当时东北地区和朝鲜政体变迁的影响而开辟的。在西晋初年,倭人曾经遣使重议入贡。④ 但自此以后,再不见中日双方通使来往的记载,说明自西晋初年以后,中日交通即被阻塞。这次阻塞发生的原因,是因为鲜卑族在辽西重新崛起,隔断了晋朝与朝鲜半岛的联系。同时貊人吞并了乐浪郡和带方郡的北部,建立了高句丽,形成与百济、新罗鼎足而立的局面。三国之间互相征战,同时还有倭人来侵。在此期间,原来由山东渡渤海,沿朝鲜西岸南驶过对马岛而渡日的航路被阻。自东晋以后,继为南朝刘宋,政治中心仍在建康(今江苏南京)。此时朝鲜半岛南部的百济,已经又"与倭和通",商船有了可以道经百济的条件,所以南朝的中日航线是在这种多方面的政治、经济因素制约下发生演变的。

南朝时期形成的中日南道航线,据《文献通考》上解释:"倭人……初通中国也,实自辽东而来。……至六朝及宋,则多从南道,浮海入贡及通互市之类,而不自北方,则以辽东非中国土地故也。"这条注文,把南道之名的来历和其产生的原因基本上说清楚了。这条航线是以建康为出发点,顺江而下,出长江口后即转向沿岸北航,到达山东省成山头的文登地方,然后横渡黄海,到达朝鲜南部,过济州海峡、对马岛、壹岐岛到达福冈(博多),再过关门海峡(穴门),入濑户内海,直达大阪(难波津)。

这条航线的开辟,对中日文化交流起了极为重要的作用。当时中国正处于南北分

---

① 南京博物馆等:《南京象山 5 号、6 号、7 号墓清理简报》,载《文物》1972 年第 11 期;《南京大学北园东晋墓》,载《文物》1973 年第 4 期。

② 吴春明:《环中国海沉船——古代帆船、船技与船货》,江西高校出版社 2003 年版,第 171—172 页。

③ 〔日〕木宫泰彦:《日中文化交流史》,胡锡年译,商务印书馆 1980 年版。

④ 《晋书·四夷传》。

裂时期,从东晋政治中心南迁开始到隋代统一为止,中国文化的分布发生了巨大变化,基本上偏移于江南,南朝成了当时中国文化的中心。另一方面,由于倭国与朝鲜北部高句丽的对抗,旧航路被阻致使中日航线的终点南移。据史书记载,在南朝刘宋时期,日本使者曾前后八次到达过建康。到南朝齐、梁、陈时,中日之间仍循着这条航路,保持着联系。这些往来,对日本的文化发展产生了很大的影响。另外,战乱造成的大批流民迁徙,也将中国的技艺、文化传到日本,成为直接促进日本文化发展的动力。高句丽和百济的兴起,使汉人在朝鲜已难立足,大部分迁移到日本。日本为争取利用这部分有文化、有技艺的移民,曾特地派人到朝鲜来招募汉人移居日本。据《雄略纪》记载,雄略天皇听说,在百济滞留着很多技艺高超的汉人,便派吉备弟君到百济去索要这些汉人,对汉人移居日本极表欢迎。从东汉末年至三国、南北朝这段时期,大量中国人经这条航线迁居日本,与日本列岛人民长期共同劳动生息、世代合作,逐渐融合在日本民族之中,这在日本民族发展史上是一件重要的大事。①

二 隋唐时期沿海航线和远洋航线的发展②

隋朝时候,国内从辽东半岛至福建、广东沿海各大港口之间已有固定航线。当时国内沿海航线常被应用于军事上的需要,如隋开皇八至九年(588—589年)派兵平陈,其中一路就是从山东半岛出发,沿海南下,直趋苏州;开皇十年曾用海军平定浙江、福建东南沿海;大业八年(612年)在进攻高句丽的战争中,隋海军由江、淮(今江苏省的东海岸)出发,先至东莱郡(今山东莱州),再北上直航辽东半岛的南部,然后再驶向朝鲜半岛。隋时还发展了大陆沿海和台湾之间的航线。据《隋书》记载③,隋炀帝杨广在大业三年(607年)和大业四年两次派朱宽航海前往流求(今中国台湾岛)"慰谕";大业六年又命陈稜和张镇州带兵1万多人,从义安郡(郡治在今广东省潮州市)航海出发,经高华屿和𪓟鼊屿(今花屿和奎辟屿,属澎湖地区),到达流求,进行"慰谕"。

通往南洋的航线,隋朝时也有所发展。继孙权之后,隋炀帝于大业三年派遣屯田主事常骏、虞部主事王君政等出使位于马来半岛南部的赤土国。据《隋书》记载:"其年十月,骏等自南海郡(今广州市——引者注,下同)乘舟,昼夜二旬,每值便风。至焦石山(在今越南中部海岸之外,或指岘港角)而过,东南泊陵伽钵拔多洲(今越南占婆岛),西与林邑相对,上有神祠焉。又南行,至师子石(今越南南岸外的两兄弟群岛,或泰国曼谷湾中的锡昌岛),自是岛屿连接。又行二三日,西望见狼牙须国(今马来半岛中部北大年一带)之山,于是南达鸡笼岛(今马来半岛东岸外一岛屿,或认为即泰国春蓬(Chum-phon)海中岛名Ko(岛)Rang(笼)Kai(鸡)的意译),至于赤土之界。"这条由广州经越南沿海直航马来半岛沿岸的航线的开辟,对发展中国与南洋地区间的海上交通有着重要的意义。

隋朝时的中日航路与南朝时基本相同。从日本到中国,大多是从日本的博多出发,经过壹岐岛和对马岛,到朝鲜半岛西南部的百济,再沿辽东半岛航行,横渡渤海湾

---

① 彭德清:《中国航海史(古代航海史)》,人民交通出版社1988年版,第62—67页。

② 本部分引见章巽主编:《中国航海科技史》,彭德清主编:《中国航海史(古代航海史)》。

③ 《隋书》卷八一《流求传》,《隋书》卷六四《陈稜传》。

口,在山东登州登陆,然后循陆路经青、兖、曹、汴各州而至洛阳。当时由中国赴日本,是先到百济,然后经壹岐、对马到博多。据《隋书·东夷传》记载,隋炀帝曾派遣文林郎裴世清出使日本,其航路是:"度百济,行至竹岛(朝鲜全罗南道珍岛西南的一个小岛——引者注,下同),南望耽罗国(济州岛),经都斯麻国(对马岛),乃在大海中,又东至一支国(壹岐岛),又至竹斯国(筑紫,即博多),又东至秦王国,其人同于华夏,以为夷洲,疑不能明也。又经十余国,达于海岸,自竹斯国以东,皆附庸于倭。"由此可见,隋朝时中日间往返航路仍然走的是传统的北线。[①]

唐代,中国社会经济文化繁荣,国力强盛,航海事业迅速发展,海上航路获得了进一步的拓展。在沿海航行方面,唐朝开始用海运调运南北物资。《册府元龟》卷四九八记有:"太宗贞观十七年,时征辽东,先遣太常卿韦挺于河北诸州征军粮,贮于营州。又令太仆少卿萧锐于河南道诸州转粮入海。至十八年八月,锐奏称:'海中古大人城,西去黄县二十三里,北至高丽四百七十里,地多甜水,山岛接连,贮纳军粮,此为尤便。'诏从之。于是自河南道运转米粮,水陆相继,渡海军粮皆贮此。"另外,《旧唐书·懿宗本纪》记有:"咸通三年(862年),南蛮陷交趾,征诸道兵赴岭南……军屯广州乏食,润州人陈石磻诣阙上书……'臣弟听思,曾任雷州刺史,家人随海船至福建,往来大船一只可千石,自福建装船,不一月至广州,得船数十艘,便可致三万石至广州矣。'又引刘裕海路运军破卢循事,执政是之,以石磻为盐铁运巡官,往扬子院,专督海运。于是承训之军皆不阙供。杜甫《后出塞》一诗对于近海航运盛况做过描绘:"云帆转辽海,粳稻来东吴。"《昔游》诗中有句曰:"幽燕盛用武,供给亦劳哉。吴门转粟帛,泛海陵蓬莱。"据敦煌卷子第2507页唐代《水部式》记载,山东登、莱、沧等十州就有水手5400人,其中3400人海运,2000人河运,而且还运粮食至越南。例如,《唐会要》卷八七载:"咸通五年(894年)南蛮(南诏)攻安南府,连岁用兵,馈不集,诏江淮监巡院和雇用船,运淮南、浙西两道米至安南。"

远洋航路方面,在《新唐书·地理志》附有唐代著名地理学家贾耽(730—805年)所述唐朝交通四邻的七条主要路线,其中有两条是海上交通线:南方为"广州通海夷道",北方有"登州海行入高丽、渤海道"(高丽指今朝鲜半岛,渤海指今辽宁、吉林及黑龙江三省东部一带的渤海政权)。这两条航线较之前代的南北方航线有很大的发展,尤其是南方印度洋上的航线有更大的发展,标志着唐代的海上交通已进入一个新的发展阶段。

在南方,由中国航海前往阿拉伯乃至非洲沿岸国家,唐朝时已由过去的分段航行进而直航全程,不需要经印度沿岸国家(一般在今印度西南端的故临)和斯里兰卡换船中转,而能由国内港口直接抵达。唐代所开辟的这条沟通亚非两洲的远洋航线,在贾耽记述的"广州通海夷道"中有着详细的记载:从广州起航,向东南行驶200里到屯门山(在今九龙西南),张帆顺风行二日到九州石(在今海南岛东北角附近)。又向南行二日到象石(即今独珠山,海南岛东南岸属岛),又向西南行三日,到环王国(即林邑)东面海中的占不劳山(今越南占婆岛),又向南行二日到陵山(今越南燕子岬),又行一日到门毒国(今越南归仁),又行一日到古笪国(今越南富庆省东南部的芽庄),又行半日到

---

① 郑一均:《中国古代的海上航路》,见章巽:《中国航海科技史》,海洋出版社1991年版,第114—115页。

奔陀浪洲(在今越南的藩朗一带),又行二日到军突弄山(今越南南岸外的昆仑岛),又行五日至海峡(今新加坡海峡),海峡的北岸是罗越国(在马来半岛南部今马来西亚的柔佛州一带),南岸是佛逝国(即室利佛逝国,在今印度尼西亚苏门答腊岛的巨港、占碑一带)。由佛逝国向东航行四五日到诃陵国(今印度尼西亚爪哇岛),由海峡向西行三日到葛葛僧祇国(今印度尼西亚苏门答腊岛东北伯劳威斯群岛中的一岛),它的北面有茵罗国(今马来半岛西岸之吉打),茵罗国的西面则是哥谷罗国(在今马来半岛克拉地峡西南)。又从葛葛僧祇向西航行四五日到胜邓洲(在今印度尼西亚苏门答腊岛北部东海岸棉兰之北日里(Deli)附近),又往西行五日到婆露国(即婆鲁师洲,在今印度尼西亚苏门答腊岛北部西海岸大鹿洞附近巴鲁斯(Baros)),又行六日到伽蓝洲(今孟加拉湾中之尼科巴(Nicobar)群岛),又向北行四日到狮子国(今斯里兰卡),其国北海岸距南天竺(南印度)沿岸有百里。从狮子国向西行四日就经过南天竺最南边的没来国(今印度西南马拉巴尔(Malabar)海岸奎隆(Quilon)一带),由此转向西北,行经十余小国,到婆罗门(指古印度)西境。又西北行二日到拔飓国(在今印度纳巴达河口的布罗奇(Broach)附近),又行十日,航经天竺(今印度)西境的五个小国后到提飓国(在今巴基斯坦印度河口西北卡拉奇附近之提勒儿(Daibul)一带)。有条弥蓝大河(今印度河),又称作新头河的,经提飓国北部入于海。从提飓国更向西行20日,航经20多个小国,通过现在的波斯湾,到达提罗卢和国,此国又称罗和异国(在今波斯湾内伊朗西部的阿巴丹附近),其国在附近海中建有灯塔,使来往船只夜航不致迷失方向。又向西行一日到乌剌国(今波斯湾头之奥布兰,在巴士拉(Basra)的东方),有条弗利剌河(今幼发拉底河)自大食国(即阿拉伯伊斯兰教国家)流来,经此国向南注入海中。乘小船由此河上航二日到末罗国(在今伊拉克南部的巴士拉一带),这里是大食国的重镇;再向西北可由陆路到达大食国的王都缚达城(今伊拉克首都巴格达)。自婆罗门南部沿海,从没来国到乌剌国,都是沿海东岸航行;其西岸的西面,都是大食国的属地,其往西最南面的是三兰国(或即今东非坦桑尼亚首都达累斯萨拉姆(Dares Salaam),另一说谓即索马里(Somali)的异译)。自三兰国向正北行20日,航经十余个小国,即到达设国(又作施曷,即今阿拉伯半岛南岸之席赫尔(Ash Shihr))。又行十日,经过六七个小国,到萨伊瞿和竭国(今阿曼马斯喀特(Maskat)与哈德角(Ras-Hadd)之间卡拉特(Kalhat),中世纪时为阿曼海岸之大港)。又向西行六七日,经过六七个小国,到没巽国(今阿曼北部东邻阿曼湾之苏哈尔(Sohar)港)。又向西北行十日,经过十余个小国,到拔离诃磨难国(今波斯湾西岸之巴林岛,亦指其对面之哈萨(Hasa)地区)。又行一日,就到乌剌国,与经乌剌国东岸那条航路会合。[①] 上述航程,概括地讲就是:从广州出发,经过珠江口万山群岛、海南岛东北角、越南东海岸、新加坡海峡、马六甲海峡,由此往南则经苏门答腊东南部至爪哇,往西则出马六甲海峡,经尼科巴群岛到斯里兰卡,然后沿印度半岛西海岸行至卡拉奇。在驶离印度半岛后,西行可有两条航线:一条经过霍尔木兹海峡,进入波斯湾,沿波斯湾东岸到达幼发拉底河口的阿巴丹和巴士拉;另一条沿波斯湾西岸出霍尔木兹海峡,经阿曼湾北岸的苏哈尔和今也门民主共和国境内的席赫尔,到达亚丁附近,西面最南则能沿东非海岸航至坦桑尼亚的达累斯萨拉

---

① 《新唐书》卷四三下《地理志》。

姆。唐代航海家所开辟的贯通亚非两洲的远洋航线,是当时世界上最长的一条远洋航线。这条航线的开辟,加强了中国与阿拉伯各国家间的联系,扩大了东西方的经济与文化交流,以后这条航线逐渐发展成为亚、欧、非各国人民相互间进行友好往来的交通大动脉,对东西方文明世界的社会进步做出了重大的贡献。[①]

在北方,从当时中国商船及日本留学生往返的路线来看,中日之间的航线或因沿途政体变迁,或因航行技术的提高,曾有过多次改变,前后共有四条航线。最早的一条,是与通渤海国航线从同一个港口出发而中途分道的。

(一)北线

1.登州入高丽渤海航线

这条航线即贾耽所述的"登州海行入高丽、渤海道":

> 登州(今蓬莱)东北海行,过大谢岛(长山岛),龟歆岛(鼍矶岛),末岛(大、小钦岛),乌湖岛(南隍城岛),三百里。渡乌湖海(黄洋川海面,老铁山水道),至马石山(老铁山)东之都里镇(旅顺口),二百里。东傍海,过青泥浦(大连、又称青泥洼),桃花浦(金县清水河口),杏花浦(庄河县花园口),石人汪(石城岛),橐驼湾(大洋河口)、乌骨城(丹东市)鸭绿江口。[②]

这条航线从山东登州出发,渡过渤海以后沿辽东半岛东侧航抵鸭绿江口,然后又分作南北两路。北向的一条路,沿着鸭绿江溯流北上,到吉林临江镇后,舍舟陆行而达渤海王城上京龙泉府(今黑龙江宁安)。唐代的渤海国(698—926年),是我国东北地区粟末靺鞨部(满族的先世)建立的地方自治政权,受唐朝册封。唐开元二年(714年),鸿胪寺卿崔忻取海道持节到渤海国宣扶[③],册封大祚荣为"左骁卫大将军,渤海郡王,以所领为忽汗州,领忽汗州都督",从此"去靺鞨号,专号渤海"[④]。大祚荣被册封的当年,即派使入贡,但当时通向中原的陆路被契丹隔绝,因此即沿登州入高丽渤海道这条航线与中原地区进行联系。此后"每岁遣使朝贡"[⑤],在登州港口经常停泊着渤海国的交关船[⑥],大历年间渤海国来登州贩卖马匹的船舶,岁岁不绝[⑦],经由这条航线联系。这条航线成为中原与东北地区往来的重要通道。

南向的一条路,是赴日的传统航线,先从鸭绿江口航行到唐恩浦,然后沿着朝鲜半岛西岸南下,到达釜山以后,再转向航过对马岛、壹岐岛而达日本北九州。这条航线,沿途傍岸或是逐岛航行,虽然航期比较长,但是较为安全,在当时是中国和新罗海船通常采取的中、朝、日三国的海上通道。

2.文登通难波航线

隋代裴世清出使日本曾是从山东文登出发,东南行横渡黄海,直达朝鲜半岛西南

---

① 郑一均:《中国古代的海上航路》,见章巽:《中国航海科技史》,海洋出版社1991年版,第117—119页。

② 《新唐书》卷四三下《地理志》。

③ 大连市旅顺口黄金井碑文。

④ 《渤海国志长编》上编83页。

⑤ 《旧唐书·北狄传》。

⑥ 圆仁:《入唐求法巡礼记》。

⑦ 《旧唐书·李正已传》。

端的百济,然后经济州岛、对马岛、壹岐岛、值嘉岛到达筑紫(北九州)的大津浦(福冈),再东行至秦王国(周防,今山口)。再经十余国可能已达难波(今大阪)。①唐朝时去日本除走登州渤海道外,也沿用隋代这条文登至难波的航路。例如,日本遣唐大使藤原常嗣、日本求法僧圆仁,当他们回国时都是在文登莫琊口乘船沿着这条航线东渡的。这条航线也是从江南扬州通新罗的海道,而后再从新罗延长到日本。华北沿海船舶去日本时,也就近选取此线从文登出航。

(二)南岛航线

南岛航线的出发港在扬州,从扬子江口入海,有时也从楚州的盐城县或浙江的明州(今宁波)出发。船舶离港后便直接横渡东海,中途不作停泊,直达日本本土以南的奄美(大岛);然后转向北航,经夜久(屋久岛)、多弥(种子岛),再从萨摩海岸北上到达博多、难波。

这条航线大约是在天宝年间(749—756年)开辟的。因为当时日本与新罗的关系恶化,于752年和759年两次准备大举攻打新罗,②因此中国通过新罗领海赴日的北路被阻,不得不开辟这条南岛航线。据《唐书·东夷传》记载,天宝年间"新罗梗海道,更由明(今宁波)、越(今绍兴)州朝贡"。由此可以测知这条航线开辟的时间,约在唐天宝八年至十五年(749—756年)之间。唐朝高僧鉴真和尚在天宝十二年(753年)十一月东渡日本时,即是从苏州沿这条新辟航线出发的。《唐大和上东征传》中,对这条航线及航期都有详细记载:"天宝十二载十月二十九日戌时,从(扬州)龙兴寺出至江头……乘船下至苏州黄泗浦(黄歇浦)。十五日壬子,四舟同发,有一雉飞第一舟前,仍下碇留。十六日发。二十一日戊午,第一、二两舟同到阿儿奈波岛(冲绳岛),在多弥岛(种子岛)西南。第三舟昨夜已泊同处。十二月六日南风起,舟着石不动。第二舟发向多弥去,七日至益救岛(屋久岛)。十八日自益救发,十九日风雨大发,不知四方。午时,浪上见山顶。二十日乙酉午时,第二舟着萨摩国阿多郡秋妻屋浦(川边郡秋目)。"此外又据《续日本纪》天平胜宝六年(754年)二月条记载:"丙戌,敕大宰府,去天平七年,故大贰从四位上小野朝臣老,遣高桥连牛养于南岛树牌。因其牌经年,今既朽坏,宜依旧修树,每牌显著岛名,并泊船处,有水处,及去就行程,遥见岛名。令漂着之船,知所归向。"③日本在南岛沿线各岛上设立的标牌,将岛名、去各处之航程以及泊船和汲取淡水的地名,均记载清楚。这些内容实际是引导船舶航行的"航路指南"。以上引文中的鉴真座船,出航时原是举帆直指奄美岛的,但偏离了航向,大概是见到这种航路标牌以后才知道本身已在冲绳岛,而方位是在种子岛的西南方了。这条关于指路牌的记载证明了南岛航线的存在和走向,也说明当时这是一条往来频繁的航线。

南岛航线看似一条横渡东海的捷径,实际在初创时期,由于航行技术上的制约,从中国出航后先驶向日本本土以南的奄美岛,甚至有时漂移到冲绳,然后再逐岛北上,全程航行颇费时日,几乎与走北路的航行日期相差无几。据文献记载,大约过了二十九

---

① 王金林:《简明日本古代史》。
② 《续日本纪》,引自〔日〕木宫泰彦:《日中文化交流史》,胡锡年译,商务印书馆1980年版,第82—83页。
③ 《续日本纪》,引自〔日〕木宫泰彦:《日中文化交流史》,胡锡年译,商务印书馆1980年版,第82—83页。

年,又开辟了一条南路航线。

(三)南路航线

南路航线是从长江口(楚州或明州)出发,横渡东海,直航日本值嘉岛。值嘉岛是今之五岛列岛,包括今之鹿岛、平户岛、福江岛、久贺岛等岛在内。唐船到达其中任一岛后,再前进经过松浦、博多即到筑紫(北九州)。唐大历十二年(777 年),日本遣唐使已不再走南岛旧路,而是从南路航线来到扬州登岸的。① 这是大历年间开辟的一条新航线。这条航线与北路航线、南岛航线相比,航程最短,中途没有停靠口岸,一路顺风只需十天左右便可到达值嘉岛。根据《安祥寺惠运传》的记载,在唐会昌二年(842 年)八月二十四日,海商李处人的船从日本走这条航线回国,一路左舷偏顺风,航速很快,"得正东风,六个日夜,法(流)着大唐温州乐城县玉留镇府前头"。同书记大中元年(847 年),海商张支信于六月二十三日从明州出海,沿这条航线乘正顺风,创三天到达日本的新纪录,"得西南风,三个日夜,才归着远值嘉岛那留浦。才入浦口,风即止"。

又据《头陀亲王入唐略记》记载,唐咸通五年(864 年)九月,日本真如法亲王入唐,由张支信在日本松浦郡柏岛建造海船并由其驾驶来华。全船"僧俗合六十人,驾舶离鸿胪馆,赴远值嘉岛。八月十九日著于远值嘉岛。九月三日从东北风飞帆,其疾如矢。四日三夜驰渡之间,此月六日未时,顺风忽止。逆浪打舻,即收帆投沉石。而投石不着海底,仍更续储料纲下之。纲长五十余丈。才及水底。此时波涛甚高如山。终夜不息。舶上之人皆惶失度,异口同声祈愿佛神,但见亲王神色不动。晓旦间,风气微扇,乃观日晖,是如顺风,乇嘉行碇桃帆随风而走。七日午刻,遥见云山,未刻着大唐明州之杨扇山,申刻到彼山石舟奥泊,即落帆下碇"②。这一次张支信的船于九月三日从值嘉岛出发,正顺风七日中午到达明州,全程走了五天。若除去中途遇风下碇停航了将近一天,实际航行只有四天。根据这些记载,可见南路是一条直捷快速的航线,一般三天,多则六七天便可到达。值得注意的是,这时航行在这条航线上的主要是中国海船,航行中极少发生海难事故,不似日本遣唐使船每次都有遇难漂流、沉没的事故发生。主要原因在于唐代船舶建造的技术高超,能耐风浪,适航性良好。另外,船工水手已掌握了这一广大海域的信风规律,熟悉海上气象变化而且操驾技艺精良。这两项基本条件,保证了远洋横渡的安全。从唐开成四年(839 年)日本停止派出遣唐使以后,到唐末(907 年)的 68 年之间,来往于中日之间的除个别新罗船以外,主要是中国船。

无论南线还是北线,两条航线的终点都是在日本的值嘉岛。此地"地居海中,境邻异俗,大唐、新罗人来者,本朝入唐使等,莫不经(历)此岛",成了商舶往来云集的要港。唐乾符三年(876 年),日本政府在值嘉岛"更设二郡",升格为两个郡治,提高了值嘉岛作为日本重要港口的地位,从这项建置改制中,可以看到唐代中日航海贸易的繁荣盛况。③

① 〔日〕木宫泰彦:《日中文化交流史》,胡锡年译,商务印书馆 1980 年版,第 772 页。
② 〔日〕木宫泰彦:《日中文化交流史》,胡锡年译,商务印书馆 1980 年版,第 121—122 页。
③ 〔日〕木宫泰彦:《日中文化交流史》,胡锡年译,商务印书馆 1980 年版,第 84 页引《三代实录》。

（四）毛口崴通日本航线

唐代渤海国，有一条从毛口崴（今俄罗斯波谢特湾的克拉斯基诺）通向日本的航线。毛口崴古称盐州，在渤海国东京龙原府（今吉林珲春县八连城）的东南百里，所以这条航线又称"龙原日本道"。《新唐书·渤海传》上有"秽貊故地为东京，曰龙原府……日本道也。东南濒海"的记载，其中"日本道"就是指这条航线说的。在渤海立国的200余年间，从这条航道共出使日本 35 次，日本回访 13 次。① 双方的出访，有官方性的访问，也有以文化交流、贸易活动为目的的来往。而每次渤海去日本的船队规模都比较大。例如，在大历六年（771 年）时，渤海使"壹万福等三百二十五人，驾船十七只，到着出羽（今日本山形、秋田）"，一次出使人数竟达 300 余人。另外，民间进行渡日航海贸易的人数更多，在天宝五年（746 年），"国人及铁利部人千一百余"人，分乘 40 余艘海船"贾于日本"②。贞元十五年（799 年），铁利商人 350 余人，乘船 17 艘渡日贸易。③ 铁利部是分居在松花江下游的部族，一时也集中到沿海来参加对日航海贸易。当时从毛口崴去日本，根据船舶航向和到日本的登陆地点不同，具体分为两条航线。

1. 渤海能登线

这条航线早期是从毛口崴出发，东南走向，到日本本州中部的能登（石川能登半岛）、加贺（石川县南部）一带登陆。由于开始对日本海的气象、洋流的认识不够，常于这个海区台风盛行的夏季开航，因此在海上经常遭遇风暴，造成海难。例如，开元二十七年（739 年）五月，渤海使臣胥要德等人出航访日。"乃渡海，渤海一船遇浪倾覆，大使胥要德等四十人没死。"④宝应二年（763 年）日本使臣板振廉束从渤海国回日本。船在"海中遇风……风势犹猛，漂流十余日"⑤。据粗略统计，到第 12 次访日为止，渤海国死于海难的使者竟有 200 余人。长期的实践与巨大牺牲的代价，使渤海航海者逐渐掌握了日本海每年秋冬盛行北风与西北风的规律，也认识到在毛口崴一带日本海上有来自鞑靼海峡的里曼海流。这股海流紧傍锡霍特山脉东部的海岸南流，于是在贞元十一年（795 年），渤海第 13 次访日使吕定琳，便改变出航季节，修正了一部分航路，选在秋末冬初从毛口崴扬帆渡海，出港后先趁里曼海流南下，然后再转向东南，驶达日本本州中部。待次年夏季，趁东南风返航。从此以后，便能平安到达能登或加贺一带。这条航线的全程约长 500 海里（900 余千米），是渤海与日本之间的一条主要航线。

日本政府对这条通渤海国的航路十分重视，采取一些积极措施维护与渤海国之间的往来。因考虑到"渤海国使者来着，多在能登国"，遂下令地方官员，对渤海使者的"停宿之处，不可疏陋，宜早造客院"，盛情款待；又"敕令能登国，禁伐损羽、昨郡福良泊山木。渤海客着北陆岸之时，必造归舶于此山，任民采伐，或无材，故预禁伐大木"⑥，为渤海使船商舶预先准备下修船木料。从中既可见日本的殷切情意，又可知日本来渤

① 《渤海国志长编》下编，社会科学战线杂志社 1982 年版，第 492 页。
② 《渤海国志长编》上编，社会科学战线杂志社 1982 年版，第 87 页。
③ 《渤海国志长编》上编，社会科学战线杂志社 1982 年版，第 130 页。
④ 《渤海国志长编》上编，社会科学战线杂志社 1982 年版，第 87 页。
⑤ 《渤海国志长编》上编，社会科学战线杂志社 1982 年版，第 92 页。
⑥ 《渤海国志长编》上编，社会科学战线杂志社 1982 年版，第 121 页。

海,便是以能登作为出发港口。

2.渤海筑紫线

这条航线是从毛口崴出发,东南向渡日本海直达筑紫。

日本与渤海通航的前期,曾强调要求渤海船在筑紫进港,大历八年(773年),日本政府曾对渤海大使乌须弗说"从今以后,宜依旧例,就筑紫道来朝",要求"宜依古例,向太宰府,不得取北路来"。日本政府的这种要求,是因为自隋到唐便在筑紫大津浦(福冈)开港,设置了专管对外事务的太宰府。筑紫大津浦港是"太宰府之门户……凡往外国船舶,咸碇泊于此"。为便于对航海贸易的统一管理,日方希望渤海船与唐船、新罗船一样,也在筑紫进口。但渤海船走筑紫线者,只有乾元二年(759年)高南申出使日本这一次。虽然日本政府十分希望渤海使者能沿此线而来,但地处北方的渤海国,走筑紫线则航程较远多担风险,不愿舍近就远,结果仍取渤海能登线。所以,此线虽经日方再三提倡,终未能成为渤海对日的主要航路。

渤海对日航线,是中国东北地区与日本交流文化互通经济的联系纽带。大中十一年(858年),渤海使乌孝镇把《长庆宣明历》传到日本,被日本采为通用历法,沿用了800多年。具有鲜明民族特色的渤海舞蹈和音乐,随着渤海船也传入日本,深得日本人的喜爱和欢迎,不久便在日本传播开来。渤海商船把东北的特产貂皮、熊皮、虎皮、人参及精美的手工艺品带到日本,又将日本的彩帛、绫、绝、绚棉、土毛绢和黄金、金漆等货品运回渤海。一些日本遣唐使、留学生、学问僧有时也经由毛口崴海道往返于日本与唐朝中原之间,完成他们的政治使命和文化交流任务。例如,开元二十二年(734年),遣唐使平群广成和大使多治比广成一行人员,"事毕却归,从苏州入海,恶风忽起,彼此相失",出航没有成功。平群广成一行又返回长安,通过著名的日本留学生晁衡(阿倍仲麻吕),向唐朝请求"取渤海路归朝,天子许之"。平群广成于开元二十七年(739年)三月从山东登州入海,"五月到渤海界",然后随渤海使船"即时出发",七月"广成等率遣众到着出羽国(秋田)"①。他们这次便是走毛口崴航路回国的。天宝十四年(755年),唐朝发生了"安史之乱",日本政府对中国发生的这场内乱十分关切,曾派小野田守到渤海探听中原消息。乾元二年(759年),日本所派使臣藤原清河因"安史之乱"阻留在中国未归,"乃以高元度为正使,内藏全成为副使,同行九十九人"趁送承庆回渤海之便,"并命(高)元度入唐迎清河",致书渤海郡王,说明要"假道贵邦,达于大唐"。渤海王大钦茂考虑到中原"(安)禄山先为逆命,(史)思明后作乱常,内外骚荒,未可平殄",恐高元度遭到残害,又"虑违邻志",于是决定留高元度11人,"随(渤海)贺正使杨方庆等往于唐",其余众人送回日本。此时,藤原清河也"遣人赍表自唐来"渤海,借道渤海回日本报告"唐乱未平,途危,未即还",请渤海帮助"遣人归国告迟归之故"。渤海郡王一面派杨方庆陪高元度入唐接回藤原清河;一面派高南申乘船陪同回国的日本使臣,携带着藤原呈送日皇的表文,于十二月到达日本,"日皇方忧念清河,览表甚喜"②。这些频繁的外交活动,足见渤海与日本的交往密切,而毛口崴航线在中日

---

① 《渤海国志长编》总略,社会科学战线杂志社1982年版。

② 《渤海国志长编》诸臣列传、文征、总略,社会科学战线杂志社1982年版。

航海交通中是一条可以左右全局的重要航路。[①]

另外，唐朝唐太宗贞观年间（627—649年），在东北地区还开辟了一条从库页岛经由鄂霍次克海到堪察加半岛的航线。关于这条航线的情况，杜佑《通典》、王浦《唐会要》、欧阳修《新唐书》以及胡三省《资治通鉴音注》等史籍均有所记载，其中以《新唐书·东夷传》中所记较详：

> 流鬼去京师万五千里，直黑水靺鞨东北，少海之北，三面皆阻海，其北莫知所穷。人依屿散居，多沮泽，有鱼盐之利，地蚤寒，多霜雪。以木广六寸，长七尺系其（足）上，以践冰，逐走兽。土多狗，以皮为裘，俗被发。粟似莠而小，无蔬蓏它谷。胜兵万人。南与莫曳靺鞨邻。东南航海十五日行，乃至。贞观十四年（640年），其王遣子可也余莫貂皮更三译来朝，授骑都尉，遣之。

靺鞨族是自古以来就生活在东北地区的少数民族，周、秦时称肃慎，汉、魏、晋时称挹娄，南北朝时称勿吉，隋、唐时称靺鞨，唐代在靺鞨族居住地区设立羁縻都督府和羁縻州，开元年间（713—741年）又在靺鞨两大部之一的黑水靺鞨部设立黑水都督府，由中央政府派长史等官员协助当地部族首领对黑龙江（当时称黑水）中下游直至库页岛的广大地区实行了有效的管辖。当时莫曳靺鞨即是位于库页岛上的黑水靺鞨部的一支部族，由莫曳靺鞨向东南方向航行15日，可到流鬼国。据《新唐书·东夷传》的记载，这个流鬼国位于库页岛东北，又在鄂霍次克海（即少海）之北，"三面皆阻海"，其自然环境、地理特征、气候、风俗物产等，均与堪察加半岛相同，可以确认该国位于今堪察加半岛西岸一带。因此，《新唐书·东夷传》等史籍所载唐贞观年间所开辟的由莫曳靺鞨至流鬼国的航线，即是由库页岛东岸至堪察加半岛西岸的航线。这条航线处于自然条件极为恶劣的鄂霍次克海区，在古代中国东北靺鞨族和堪察加半岛土著民族的造船及航海技术都较落后的条件下，只有巧妙地利用海流和风力才能够实现两岸间的通航。

鄂霍次克海是太平洋最北部的边缘海。它的近岸内侧，有一股按逆时针方向循环运行的海流。这股海流位于堪察加半岛西岸18—27海里的海中，以每小时半节（1节等于1海里/小时）的速度沿岸北行至舍列霍夫湾中，然后转而向西及西南方向沿大陆海岸前进，又过库页岛北端的耶利扎维特角，沿库页岛东岸南下，再折向东南，直抵千岛群岛南端的择捉岛，此时流速达到每天4.5—13.5海里。在夏、秋两季，这股海流在择捉岛外与宗谷海流会合后折向东北，以更快的流速沿着千岛群岛北岸直抵堪察加半岛西岸，又汇入原来的海流，构成一个完整的循环系统。由库页岛至堪察加半岛的航线正是利用了两地间这种向东南和西北运动的海流来渡海的，此外，又利用了西北季风。鄂霍次克海位于中、高纬度地区（北纬44°—61°），属于北太平洋温带季风气候。一年之中，西北风占绝对优势，东南风比较少，每年9月至次年4月盛行西北风，风力强劲，东南风则持续时间极短，风力柔弱。每年春、秋两季，是这两种季风相互转换消长的时期，其中春季多盛行南风、东南风，秋季多盛行西风、西北风。虽然鄂霍次克海区秋、冬季盛行西北季风，利于自西向东的航行，但该海区从10月份即开始逐渐冰封，到次年6月始解冻，一年中实际上只有8、9两个月适宜自西向东航行。在此期间，西

---

① 彭德清：《中国航海史（古代航海史）》，人民交通出版社1988年版，第134—142页。

北季风开始盛行,海区尚没有结冰,从宗谷海峡涌入的宗谷海流又使鄂霍次克海沿岸海流的流速大大加快,是由库页岛航向堪察加半岛的最佳时间。《新唐书·东夷传》记载的航线,应是在一年中 8、9 两个月内,从库页岛中部东岸起航,止于堪察加半岛的西岸,在风力和海流的推动下,仅用 15 天的时间,便驶完了全长约 918 海里的弯状航线。这条航线的特点是从西北出发向东南航行,利用鄂霍次克海沿岸逆时针环流作为航行动力,而到达位于起航地东北方向的目的地。这条由库页岛至堪察加半岛的北太平洋航线的开辟,说明至迟在唐代贞观年间,东北靺鞨族和堪察加半岛土著民族从长期的航海经验中已能利用鄂霍次克海沿岸的逆时针环流和西北季风发展起了两地间的海上交通。①

第三节　魏晋南北朝隋唐时期的航海技术

一　季风的利用②

季风的利用对于古代海洋交通和中外贸易是至关重要的,中国帆存在的悠久历史说明我国古代在航海中使用风作为动力的时间是十分早的。早在商朝时,人们就已经利用旗上的飘带来观测风向,有四面来风的观念。到春秋战国时,人们对风的认识从四个方向发展为八个方向,留下了"行八风""逐八风"的记载。《史记·律书》中进一步认识到风向转换的规律,将每一种风与特定的月份联系起来。汉代出现了"铜凤凰""相风铜鸟"测风仪。到晋代,它们为轻巧的木制相风鸟所代替。唐前期人们已经懂得用羽毛制成"五量"来测定风向和风力。另外,航海者还善于通过分析海洋生物的习性来预测风的来临,如张英《渊鉴类函》卷四二七引南朝沈怀远《南越志》曰:"江鸥,一名海鸥,在涨海中,随潮上下,常以三月风至乃还洲屿,颇知风云,若群飞至岸,必风,渡海者以此为候。"③

风的使用自然包括季风的使用,但季风的使用开始只是自发的,自觉地利用季风航海,是在航海的发展需要和人们对季风本身认识的基础上逐步形成的。东汉时已出现了舶䑦风这一词。崔实《农家谚》记载,"黄梅雨未过,冬青花未破。冬青花已开,黄梅雨不来"④,"舶䑦风云起,旱魃深欢喜"⑤。这里记述了舶䑦风是梅雨之后的风,即为使海外船舶顺风而来的东南季风。《吴录》载:三国时"吴人吴范,字文则,善占候,知风气"⑥。吴范是孙权军中的高级幕僚。而吴军以水军出名,由此可见当时船舶航行和水战均需了解风向,也是需要利用季风的。

南北朝时在中西航海中,季风的应用日益广泛。《宋书》记载南朝宋时,各国商船

---

① 郑一均:《中国古代的海上航路》,见章巽:《中国航海科技史》,海洋出版社 1991 年版,第 119—121 页。

② 本部分引见宋正海、郭永芳、陈瑞平:《中国古代海洋学史》,海洋出版社 1986 年版,第 136—138 页。

③ (清)张英:《渊鉴类函》卷四二七,上海古籍出版社 1985 年版。

④ (清)顾禄:《清嘉录》卷五《黄梅天》引。

⑤ (清)顾禄:《清嘉录》卷五《拔草风》引。

⑥ 《太平御览》卷二引。

"泛海陵波,因风远至"①。《梁书》记载,梁时,广州也是"海舶每岁数至,外国贾人以通贸易"②。这每岁数至,显然与季风的夏汛和冬汛有关。

但在东汉崔实《农家谚》之后,"舶䑲风"的名称很长时期未见出现,而用"信风"或其他名称。《风俗通》曰:"五月有落梅风,江淮以为信风。"③晋周处《风土记》曰:"南中六月则有东南长风……俗号黄雀长风。"④晋代也称之为"信风"。法显《佛国记》:"载商人大舶,泛海西南行,得冬初信风,昼夜十四日到狮子国。"唐代也称之为"信风"。唐代李肇《唐国史补》:"江淮船溯流而上,待东北风,谓之信风",又"扬子钱塘二江者,……(舟船)编蒲为帆,大者或数十幅,自白沙泝流而上,常待东北风,谓之潮信(亦作信风)。"⑤"舶䑲风"一词到宋代才又大量出现。

随着海外贸易及季风航海的发展,祈风活动也就迅速发展起来。唐代广州已有祈风活动。道光《南海县志》:"怀圣寺在府城内,西二里,唐时蕃彝所创。明成化四年都御史韩雍重建。留达官指挥阿都剌等十七家居之。寺南蕃塔,建始于唐时,轮(菌去掉草字头)直上;凡一十六丈五尺,绝天等级,其巅标一金鸡随风南北。每岁五六月,夷人率以五鼓登其绝顶呼佛号以祈风信。……明洪武二十年金鸡堕于飓风。"⑥后来到了宋代,祈风活动非常盛行。

东部的黄海、东海以及渤海是我国国内南北海运的主要场所,也是我国沟通日本、朝鲜半岛,以及我国大陆和台湾等岛屿间的必经之路。这里夏季多刮偏南风。到秋季过半,台风期已过,为冬季季风期,近中国海区多刮东北风,近日本九州海区多刮西北风。

中日之间往来的历史很早,但"倭人……初通中国也,实自辽东而来,至六朝及宋,则多从南道"⑦。唐代日本遣唐使由日来中国的海道,从九州唐津或唐津以东的博多湾沿海一带开航,直航长江口,驶抵扬州一带。⑧

然而在 836 年以前,遣唐使这条海路是十分危险的。"从统计数字看,遣唐使船在旧历六七月,东南风最盛的季节开航的时候比较多。现在看来,进行这种逆风而上的航行,无异于自蹈死地。可见,关于季风的知识,当时的日本人大概还不了解。之所以走南岛路和南路的船只几乎全部遇难沉没,出现了人数众多的牺牲者,完全是由于这种航海技术的幼稚所致。"⑨

但在这段时期,由中国去日本的鉴真(688—763 年)东渡,却表示出可能是利用季风航行的。鉴真东渡共六次,其中三次由于各种阻拦而未出海。出海的是第二、五和六次。第二次是天宝二年(743 年)十二月航海,如去冲绳时风向倒是顺的,但是途中碰到寒潮大风,风浪太大不宜航行。第五次是天宝七年(748 年)六月二十七日,如去

① 《宋书·蛮夷传》。

② 《梁书·王僧孺传》。

③ 《太平御览》卷九七〇《梅》引。

④ 《太平御览》卷九引。

⑤ 《唐国史补》卷下。

⑥ 道光《南海县志》卷二七《古迹略二》。

⑦ 《文献通考》卷三二四。

⑧ 蒋华:《扬州和唐津》,《海交史研究》1982 年第 4 期。

⑨ 〔日〕中村新太郎:《日中两千年》,吉林人民出版社 1980 年版,第 61 页。

九州唐津一带风向也是顺的,但六月二十七日相当于阳历 7 月底、8 月初。而这正是台风季节。所以东渡失败也不一定是风向不顺,而是碰到了台风。第六次是天宝十二年(753 年)十一月十五日,此时台风季节已过,寒潮大风还不猛烈,或没有赶上寒潮大风。而正值冬季西北季风时期,顺风吹送船由西北的扬州吹向东南方的琉球,然后沿琉球群岛于十二月二十日到达秋妻屋浦(今鹿儿岛的秋月浦)①,由此可见鉴真东渡成功是利用了季风的。

839 年以后,日本来中国的航海已有了很大进步。木宫泰彦《日中文化交流史》指出,唐开成四年(839 年)至天祐四年(907 年),近 70 年间中日之间海上往来有 37 次。这些航海船舶几乎全部都是唐朝的商船。其中,只有极少数是在日本建造的,但建造者和驾驶者也大都是中国人。这段时期的航海和以前中日间的航海大不相同。一是横渡东海的时间大为缩短,二是船舶极少遇到漂流。所以有这种"使人感到惊异"的变化,虽然造船技术进步是个原因,但"最重要的原因恐怕是唐朝商人已经掌握了东中国海的气象而航行的"②。这个结论基本上是正确的。

在利用季风的中日航海中,日本商人来中国则以阴历八月底到九月上旬为最多。这时秋季过半,台风期已过,将刮起冬季季风。这时,九州近海虽是西北风,商船有漂到东南大洋的危险,但克服了这段后,随着接近中国海岸,便得到东北风,风浪也就不那么汹涌。而中国商船多在阴历四月到七月上旬趁西南季风到日本。《日中两千年》指出,五代时远航日本的中国船从吴越(中国南部的杭州)出发,横越中国海,到博多港靠岸。每次航行,基本上都是利用季风在夏季开航,一般的到台风期过后的 9 月左右,就起程返航。北宋时,商船来日的时间,大多是到夏末秋初这一段时间,以便利用西南季风。返航时多为仲秋或晚春时节,这时又可以充分利用东北季风,一般的在一星期左右就可以横越东海。③ 这是可信的。

二 地文导航

中国传统的航海技术重视利用山形水势、澳屿礁石、泥沙水色、更数针路以及生物区系等进行地文导航,但在魏晋南北朝隋唐时期,关于航海中运用地文导航的资料记载还很少。这很有可能是因为航海实践中积累起来的地文知识在这时还大都只刻画在舟师和渔民的脑海里,没能著于文字。

海上的岛屿和沙洲等具有很大的地文导航价值。中国古人很早就对这些海上陆地有认识和命名。《释名》认为,"岛"是海中有人居住的山,而低平的洲则是"屿"。《初学记》卷六记有:"海中山曰岛,海中洲曰屿。"这种解释是从高度来衡量和区分的。在航海中还发展起了对山形岛屿的测量。例如,魏景元四年(263 年)时刘徽撰有《海岛算经》一书,其第一题就是以海岛立表设问,用汉代发明的"重差法"来计算海岛的距离和高度。

在古代航海中,沿海的海岸地貌也是重要的导航陆标。醒目的高山海岬等都可作

① 耿鉴庭:《中日科技交流史上的鉴真》,中华全国医学会印。
② 〔日〕木宫泰彦:《日中文化交流史》,胡锡年译,商务印书馆 1980 年版,第 121 页。
③ 〔日〕中村新太郎:《日中两千年》,吉林人民出版社 1980 年版,第 161—162、169 页。

为自然的航标。像唐咸通五年(864年)九月,日本真如法亲王乘坐张支信的海船入唐时,就是远远看见云山而判断到了目的港。

在缺乏自然航标的地势平坦的地方,人们往往会建立或寻找人工航标,如筑塔导航。在我国的江河岸边,海湾港埠以及长桥古渡等地方,常常可以看到巍巍宝塔耸立高空,远远就可以望到。这正体现出古塔的又一功用——导航引渡。许多古塔已经成为某一港湾码头的重要标志。这一时期,广州怀圣寺内的光塔就有导航的作用。古塔之外,海塘、庙宇等也可作为航标。

魏晋南北朝隋唐时期对海下地貌特别是对南海海区的海下地貌也有所了解。东汉杨孚《异物志》载:"涨海崎头,水浅而多磁石,徼外大舟,铟以铁叶,值之多拔。"①吴万震《南州异物志》载:"极大崎大,出涨海,中浅多磁石。"②吴康泰《扶南传》则曰:"涨海中,到珊瑚洲,洲底有盘石,珊瑚生其上也。"③文献记载证明,起码至三国时人们即已认识到,珊瑚赖以生长的海下地貌"大礁盘"的存在,并认识到珊瑚虫形成的礁、滩、屿对航行的威胁,虽然目之为磁石是错误的,但由水下礁滩的阻碍而形成的湍流或漩涡的螺旋形海水有吸船触礁作用,用"磁石"来形容还是恰当形象的。

唐代可能已经有了实用航海图,凭此能在茫茫大海中引导船舶航行。因为唐朝的兵部设有职方郎中一官,专司绘制和掌存地图。对于国外的地图,鸿胪卿访问外国人,询其"本国山川风土,为图以奏"。

三 天文导航④

(一)三国至唐以前的天文导航

汉代的航海者已能利用北斗星和北极星来进行定向导航。到三国以后,随着中国远洋航海的活动范围越来越广泛和横渡航行的海上跨距越来越长,有关天文导航的文字记载就迭见不鲜了。

晋代葛洪在《抱朴子》中曾说过:"夫群迷乎云梦者,必须指南以知道;竝(并)乎沧海者,必仰辰极以得反(返)。"⑤法显在《佛国记》中也记道:"大海弥漫无边,不识东西,唯望日、星宿而进。若阴雨时,为逐风去,亦无准。"另外,据《谈薮》记载:"梁汝南(今河南省汝南)周舍,少好学,有才辩。故谐使高丽,以海路艰难,问于舍。舍曰:昼则揆日而行,夜则考星而泊。"⑥大概由于梁代的航海业颇为兴旺之故,甚至梁元帝都知道"梯山航海,交臂屈膝,占云望日,重泽至焉"⑦。

---

① (明)唐胄:《正德琼台志》卷九引《异物志》,上海古籍书店据宁波天一阁藏,正德残本影印,1964年。《太平御览》卷九八八引《南州异物志》如下:"涨海崎头,水浅多磁石,外徼人乘大舶,皆以铁鍱鍱之,至此关,以磁石,不得过。"
② 《太平御览》卷七九○。
③ 《太平御览》卷六九。
④ 本部分引见孙光圻、陈鹰:《中国古代的天文航海技术》,见章巽:《中国航海科技史》,海洋出版社1991年版,第259—264页。
⑤ 《抱朴子》外篇卷一。
⑥ 《渊鉴类函》卷三六。
⑦ 《职贡图序》。

上述记载表明,天文导航术在当时的近海与远洋航行中的应用已日趋普遍,船员们已懂得利用北辰星即北极星来引导船舶安全返航,可供导航观测的天体对象也在逐步增多。尤其是在横越孟加拉湾这类海上直航跨距较大的水域时,天体定向导航的价值更突出,已成为在茫茫海洋上引导船舶向预定目的港前进的唯一技术手段,以避免一旦遇到阴雨时因船向"无准"而随波漂荡。在经由黄海水域赴高句丽的航行中,无论是行船还是锚泊,也离不开太阳与星座的参照。

值得注意的是,在谈到天体导航时,用了"仰"与"考"的字眼,此为前所未见。这是否暗示或隐喻了当时航海者已开始利用"仰辰极"的角度变化来确定木船的返航程度,或者开始利用"考"有关星座与本船之间的相对位置来确定安全的锚泊场所呢?换言之,这是否是古代天文定位导航时代的曙光初露呢?对此有必要作进一步的考证。

自汉代以来,我国传统天文学的体系开始逐步形成。浑天说取代盖天说占了统治地位。浑天仪的使用对恒星观测水平的提高具有重大的促进意义。通过仪器人们不仅可以测得天体的黄、赤道坐标,而且还可以由仪器上的地平环读出天体出没的方位,从而使天体方位的观测完全定量化。三国、两晋、南北朝时期,人们对于星辰的认识增多并进一步系统化。孙吴太史令陈卓,就曾"总甘、石、巫咸三家所著星图"[1],绘制了圆形盖天式星图,内收有 283 官、1464 星,并同时编制了星表。在南北朝时期,天文仪器也更臻精良。东晋义熙八年(412 年),在晁崇与斠兰主持下,铸成了中国历史上唯一的一台铁制浑天仪。它的底座上设有"十字水平"仪。尽管这些星图和天文仪器并不是用在航海方面的,但是,人们对于星辰知识的逐渐丰富以及对测量天体的水平基准的认识,必将给后来的天文航海术的发展带来某种深远的影响。

(二)唐代的大地测量技术及其对天文航海的可能影响

唐代的天文航海术,基本上仍处在天文定向导航阶段。例如,唐代大诗人王维在《送秘书鼎监还日本国》的诗中说:"向国唯看日,归帆但信风。"[2]这种天文导航术,只能使海船沿岸航行,或做惯常的较短距离的横渡航行,如横渡东海、暹罗湾口或孟加拉湾口,尚不能确保海船在大洋腹地连续几十天的远跨度航行。因为天文定向只能使海员通过观测天体辨别本船的航向,而不能在毫无陆标的海洋中判别本船所在的地理位置。由贾耽所记的印度洋航路亦可证明,其时远洋航行能力并未达到横渡大洋的水平。

但是,从某些唐代文献考察,牵星定位的航海技术萌芽似已在孕育之中。例如,沈佺期在《度安海入龙编》的诗中,即有这样两句:"北斗崇山挂,南风涨海牵。"[3]这表明当海员观测北斗星达到"挂"在崇山(今越南境内)顶上的高度时,在涨海(今南海)中行驶的帆船,便可渡过安海(今北部湾)而进入龙编(唐代交州港口之一,今越南河内)。由此分析,人们当时可能已注意到随着航行地点的迁移,北斗的高度有所变化,从而将

---

① 《隋书·天文志》。
② 《古今图书集成》卷三一七。
③ 《全唐诗》卷九七。

某些航行要道或要地以北斗的高度作为识别的标志之一。但是,这仅仅是一种不自觉的、零星的记载。从我国古代对北极星出地高度与地理南北走向(即地理纬度)之关系的认识发展过程来看,天文定位术得以产生的理论基础在唐代刚刚出现,而将这种理论能动地应用于航海活动似尚待时日。

唐一行、南宫说等人于开元年间主持进行了一次大规模的天文观测与大地测量工作。这次测量不仅为大衍历的制定提供了更加准确的观测资料,更重要的是,通过实测彻底否定了自《周髀》时就流传下来的"日影一寸,地差千里"①的传统说法,并通过北起北纬51°左右的铁勒回纥部(唐瀚海都督府,今蒙古乌兰巴托西南的喀拉和林遗址附近)、南至北纬17°多的林邑等13处实地测量北极星高度,以及二分、二至日太阳午正时的影长(其中南宫说在河南的白马、浚仪、扶沟、上蔡四处经度略同处的测量尤为重要)得出结论:"大率三百五十一里八十步(相当于129.22千米),而极差一度。"②

这一结论对于天文航海的意义极其重大。它告诉人们,虽然影差和南北距离之间不存在常数关系,但南北距离移动量是可以度量的,即以北极高度差来度量:只要北极的高度变化一度,南北方向上的距离就必定有351里80步的变化。这样,人们可以通过这种简单、可靠的线性关系,测量北极高度的变化,得知自己观测时的南北位移。这一结论,正是天文定位导航术的根本理论所在。因为从航海天文学角度考察,天体在宇宙中部有其一定规律的运动轨迹,人们站在地球表面的某一点上观测某颗天体,都可以该天体在地球上的垂直投影点为圆心,以人的观测点与该投影点之间的距离为半径画出一个大圆圈——天文船位圆,而站在这个天文船位圆周上的任何一点来观测该天体,其观测角度(或说天体离开海平面的出水高度)都是一样的。例如,以北极星为观测天体,则其出水高度略为观测者所在的地理纬度。中外古代航海者之所以特别重视对北极星的观测,不但是因为它方向基本恒定可以定向导航,而且还因为它的出水高度可以如实地反映观测时的船位纬度,从而进行定位导航。

为了进行北极高度的测量,唐朝和尚一行创制了一种简便的仪器,称为"复矩"。据推测,使用的时候观测者通过复矩的一边向北极星望去,使人眼、复矩一边及北极星三者共处一线,此时重锤线即可在分度器上指示出北极的出地高度。至于复矩之类的仪器是否曾被应用于航海,目前因史证缺乏而尚难断定,但其基本测量原理及技术却是与航海天文定纬度术一脉相通的。

在或许性的天文定位导航观测仪器方面,"唐小尺"颇有注意价值。这种量具,在唐代以前曾"定其尺为测晷景之用",向为传统天文仪器之一。唐小尺制曾广泛应用于民间,每寸约当今公制2.52厘米。例如,航海者引臂握尺进行观测,以尺下端平切水线,以尺上刻度视接北极星,即可大略估出船舶在海上航行的南北里程,再配合其他导航手段,即可定出下一步正确的航向。此种量天尺与复矩的结构不同,但唾手可得、携用方便、观测简捷,故在海上应用似应相宜。

①《旧唐书·天文志》。
②《新唐书·天文志》。

第四节　三大僧人的航海经历及其记录

魏晋直至隋唐各代,印度佛教在中国传布越来越广,因此在当时的航海活动中,时见佛教僧侣与海商同船并行的现象,中、印佛教徒多借助海上商舶此往彼来。虽然这些佛教僧侣不是具体的航船操作者,但他们往往对海上行程作有相关记载,从而成为反映这一时期航海状况的重要历史文献。

一　法显归航与《佛国记》[①]

从航海史的视角来看,特别值得重视的是东晋高僧法显的求法归航,因为他在《佛国记》中关于这次航海经历的记载是有关东晋和南朝的珍贵航海资料,从中可以得知当时中国与东南亚间航海活动的航行概况。

> 多摩梨帝国即是海口。其国有二十四僧伽蓝,尽有僧住,佛法亦兴。法显住此二年,写经及畫象,于是载商人大舶,汎海西南行,得冬初信风,昼夜十四日,到狮子国。…法显住此国二年,更求得弥沙塞律藏本。……得此梵本已,即载商人大船上,可有二百余人。后系一小船,海行艰险,以备大船毁坏。得好信风,东下二日,便值大风。船漏水入。商人欲趣小船,小船上恐人来多,即斫绳断,商人大怖,命在须史,恐船水漏,即取粗财货掷著水中。……如是大风昼夜十三日,到一岛边。潮退以后,见船漏处,即补塞之。于是复前。海中多有抄贼,遇辄无全。大海弥漫无边,不识东西,唯望日、月、星宿而进。若阴雨时,为逐风去,亦无准。当夜暗时,但见大浪相搏,晃然火色,鼋鼍水性怪异之属,商人荒遽,不知那向。海深无底,又无下石住处。至天晴已,乃知东西,还复望正而进,若值伏石,则无活路。如是九十日许,乃到一国,名耶婆提(今爪哇或苏门答腊)。……停此国五月日,复随他商人大船,上亦二百许人,贲五十日粮,以四月十六日发。法显于船上安居。东北行,趣广州。一月余日,夜鼓二时,遇黑风暴雨,商人贾客皆悉惶怖。……于时天多连阴,海师相望僻误,遂经七十日,粮食、水浆欲尽,取海咸水作食。分好水,人可得二升,遂便欲尽。商人议言:"常行时正可五十日便到广州,尔今已过期多日,将无僻耶?"即便西北行求岸,昼夜十二日,到长广郡界牢山南岸。

法显所著的《佛国记》,全书共13000多字,是我国详细记载印度、斯里兰卡和印度尼西亚的第一部书,其内容远远超出佛教范围。上述这段记录,提供了关于当时航路、航海技术等多方面的信息。他所记回程海路的描述,用现代航海技术分析,与这一海域实际状况也是十分吻合的。

从法显的记载中,可以看出当时海船已经普遍掌握了季风规律,并从中可以推算出当时海船的一般航行速度。例如,法显从恒河口出发到斯里兰卡哥伦坡的海程是1245海里,合2206千米,顺风航行了14天,平均航速每天158千米。从斯里兰卡到

---

① 本部分引见彭德清:《中国航海史(古代航海史)》,人民交通出版社1988年版,第71—74页。

苏门答腊,再从苏门答腊到广州,这两段海程都是离岸航行,前一段横渡孟加拉湾时,全程约有 1900 海里(3519 千米)。这时还没有指南针,仍旧"唯望日月星宿而进"以定航向,但是还不会测定船位。在这种条件下,若作大跨度长距离的航行虽有困难但还属可能,只要航向一定而所到的目的港又有绵长的岸线的话,便可先行抵岸,然后再循岸投港。所以,从斯里兰卡出发而东行,终归可抵马来半岛;同样,从苏门答腊出发而北行,若驶够了预计的日数,"便西北行求岸"终究可找到绵长的中国海岸。到岸后,或南或北再沿岸求港驶抵目的地。法显所乘的海船,便是采取这种古老的航行方法横渡大洋的。

法显从斯里兰卡出发以后,便在海上遇到了灾害天气。他确切地记录了这个海区的气象水文实况。他是于义熙九年(413 年)七月十五日到达山东长广郡牢山(今青岛崂山)的。这一天是 413 年 9 月 7 日,以此为据倒推上去,法显从斯里兰卡出发的日期应在八月初,即公历 9 月 4 日;到耶婆提(苏门答腊)的时间是十一月十五日,公历 12 月 17 日;在耶婆提住了五个月,于第二年的四月十六日,即公历 5 月 13 日出发,9 月 7 日到达山东登岸。根据以上日期之内的孟加拉湾和中国南海的气象状况来看,法显乘船的出航日期不尽合理,沿途遇到了许多麻烦。在孟加拉湾,每年的 5—9 月盛行西南季风,7—8 月的风力最强,平均为 5—6 级,最大时可达 8 级,常伴有大雷雨,海上的能见度很差。10 月份为孟加拉湾海区的季风转换季节,风向不定,同时热带气旋频繁出现,而且来势凶猛。而在安达曼群岛南部海区,风力有时可达 12 级。法显 9 月 4 日从斯里兰卡出发,在 12 月 17 日到达耶婆提以前的半途上,正值大雷雨和季风转换季节;后半段时间已进入东北风季节,常有 3—4 级甚至 7—8 级东北逆风。所以船行两日后,"便值大风","大浪相搏",一路不得顺风,全程 1900 海里(3519 千米),航行了 105天,平均每天航速只有 34 千米。

法显从耶婆提出发后,船舶便进入南海海区。在这一地区,4—9 月份盛行西南季风,同时也进入台风季节。南海与西太平洋台风季在 5—10 月,以 6、8、9 三个月为多。[①] 法显所乘的船 5 月 13 日趁西南季风出发,向"东北行趣广州,一月余日",大约时至 6 月中下旬,"夜鼓二时,遇黑风暴雨",船便在海上随风所至,到了 9 月 7 日才在山东长广郡牢山靠岸。这段路程共有 2850 海里(5278 千米),航行了 115 天左右,平均每天航速 46 千米。在这段时间,法显所乘的船虽在顺风季节,却又正值台风盛行期,台风来时浓云低垂,疾风骤雨,法显所记的"黑风暴雨",是对这种景象真实的描述。从法显对这两段海程的记录中,大致可以推知,当时的航海者虽然已经掌握了信风的知识,但对于具体海区的气象变幻大概仍不甚了了,对远洋航行中的不利因素尚无预先规避的能力。

法显从狮子国东归,第一段航程所搭乘的"商人大船"是哪国的船只呢? 关于这个问题,学者们有不同意见。日本学者桑原骘藏(1870—1931 年)认为法显所乘坐的是印度船。[②] 欧人韦尔斯(H. G. Quaritch Wales)认为是中国船。[③] 苏继顾同意韦尔斯

① 《世界主要航线简介》,人民交通出版社 1979 年版,第 56 页。

② 〔日〕桑原骘藏:《蒲寿庚考》,陈裕菁译,中华书局 1954 年版。

③ Wales,Towards Angkor,pp. 31-34.

的意见,并提出了两点使人信服的理由。一是法显说他所坐大船,"后系一小船",这正是我国大海船的传统,其作用是,如果大船遇到风暴失事时小船可充当救生船,而无风时小船又可驶到前面,借摇橹来拖大船前进。二是法显所乘船,"东下二日,便值大风,船漏水入","如是大风昼夜十三日,到一岛边,潮退后,见船漏处,即补塞之"。船漏而能不沉,这也正是我国大船的特殊构造,有防水隔舱,因此一处漏水,不致影响全船。这种密封隔舱是当时我国海船的特点,迟到近代西方船只才采用隔舱。① 至于法显从耶婆提去广州、直至牢山登岸所乘的"他商人大船",则应该是印度船,因为他提到途中遇黑风暴雨,船上"诸婆罗门"认为是由于搭载了法显所致,要赶他下船。又,当船到长广郡找到了两个猎人时,"令法显译语问之",均足以证明是印度船。

二 义净海路取经与《大唐西域求法高僧传》②

义净是我国唐代著名的高僧。他自幼酷爱佛法,少年立志西游求法。35 岁时得以成行。义净在印度专研佛法十多年后,又携带大量的佛经返回东土大唐,往返途经室利佛逝,并停留在那里翻译经文、撰著见闻,前后达 14 年之久。义净在中外关系史上和佛学上的地位和贡献已得到重视。③ 其实,义净在《大唐西域求法高僧传》中记载的自己海路取经的路线和 36 位往来于中国与南海之间的求法高僧的事迹,还为研究唐代早期中国同南海各国间的海上交通状况提供了可信的资料。

义净在《大唐西域求法高僧传》中记载了他前往天竺取经的海上路线,兹录于下:

于时咸亨二年,坐夏扬府。初秋,忽遇龚州使君冯孝诠,随至广府,与波斯舶主期南行。……至十一月遂乃面翼轸,背番禺。指鹿园而遐想,望鸡峰而太息。于是广漠初飙,向朱方而百丈双挂,离箕创节,弃玄朔而五量单飞。长截洪溟似山之涛横海,斜通巨壑如云之浪滔天。未隔两旬,果之佛逝。经停六月,渐学声明。王赠支持送往末罗瑜国(原注:今该为室利佛逝也)复停两月,转向羯荼。至十二月举帆乘王舶。渐向东天矣。从羯荼北行十日余,至裸人国。……从兹更半月许望西北行遂达眈摩立底国,即东印度之南界也。④

义净在咸亨二年即 671 年初秋便随同冯孝诠从扬州到达广州。广府,是广州中都督府的简称。唐时将都督府分为大、上、中、下四级。广州属于中级都督府。义净在这里联系到一只波斯商舶,约定一同前往南海。直到农历十一月,义净才从广州出发,开始远航。番禺是西汉十八古县之一。在唐代,广府的治所就设在番禺,当时的番禺县亦在今广州市内。故而,番禺成为广州的代名词。"背番禺"即离开番禺,开始远航。广州是义净旅程的出发点。当时的广州是唐代重要的对外贸易的港口,各国商船云集于此。

"面翼轸"中翼、轸都是二十八宿之中的星宿名。我国古代天文学家很早就注意观

---

① (元)汪大渊撰、苏继庼校释:《岛夷志略校释·叙论》,中华书局 1981 年版,第 3 页。
② 本部分引见石坚平:《义净时期中国同南海的海上交通》,《江西社会科学》2001 年第 2 期,第 59—64 页。
③ 周桓:《义净前往南海诸国和印度事迹及其贡献》,《河北大学学报》1982 年第 3 期;卓建平:《义净前往南海诸国和印度的事迹及贡献如何》,《世界历史》1992 年第 6 期。
④ (唐)义净著、王邦维注:《大唐西域求法高僧传校注》,中华书局 1988 年版第 152 页。

察日月星辰的运行规律,他们将全天的星座分为三垣、二十八宿及其他星宿。二十八宿分别是:东方苍龙七宿;南方朱雀七宿;西方白虎七宿;北方玄武七宿。翼宿、轸宿分别是朱雀七宿的第六、第七宿。"面翼轸"意即向西南方航行。"指鹿园而遐想,望鸡峰而太息"一句不是航行经过的地方,而是点明义净此次远游的目的是到印度参观佛教圣迹,学习佛法。鹿园又称鹿苑、鹿野苑、仙苑,地点在今瓦腊西北约4英里处。《南海寄归内法传》中称释迦牟尼得道后,来到这里"初传法轮,则五人受化,次谈戒蹬,则千生伏道"①。鹿苑作为法轮初转、传播佛法的发祥地,成为重要的佛教圣迹。鸡峰,又称尊足山,相传一位高僧大迦波在鸡足山中圆寂,人们因敬仰这位高僧的缘故,称此山为尊足山,并视为佛教圣地之一。

义净起程的时候,"广漠初飙",正值东北信风来临。广漠又称广莫,指北风。《史记》称"广莫风,居北方。广莫者,言阳气在下,阴莫阳广大也,故曰广莫"②,其所对应的月份是农历十一、十二月份。"向朱方而百丈双挂"中"朱方"即西南方。朱方又称朱天。《淮南子·天文训》:"西南方曰朱天。"高诱注:"朱,阳也,西南为少阳,故曰朱天。""向朱方"借指义净等人朝西南方航行。"百丈",指古代用来牵船的篾缆。唐代杜甫的诗中常常提到,如《秋风》中就有这样"吴樯楚癔牵百丈,暖向成都塞未还"③。在古代河流中水流湍急,又有礁石,船只行进时十分困难危险,故人们用绳索系住船只,用人在岸旁牵引。一般的绳索碰到石头容易被割断,人们便用竹篾和麻索掺杂使用,制成篾缆作牵具,牵引船只前进的这种特殊的篾缆被称为百丈。

"离箕创节"中"箕",即箕宿,东方青龙七宿之末一宿。"离"在古代同作"丽",有"附丽,附着"之意。箕星,被认为是"好风之星"。当月亮经过箕星时,那是天将刮大风的前兆。"离箕"即"月离箕",月亮靠近箕星的位置,这表明义净出发的时候,东北信风已经来临。"创节",创逢节气之意。这里的节气指冬至,冬至时,冬季季风刚刚来临。"弃玄朔而五量单飞"中"玄""朔"都表示北方。"弃玄朔"同"向朱方"相对应,都指船行方向。"五量",是古代的一种候风仪。古时人们很早就注意到对自然界风力的利用,为了测定风力的大小和方向,发明了一些简易装置,其中一种就是五量。五量又称八量,制作十分简便:选择一根高竿,在竿顶系上细绳,绳子的另一端系上五量到八量不等的鸡毛;风吹动鸡毛,鸡毛就会高低起伏,人们通过观察鸡毛被吹起的高度和方向来判断风向和风力的大小。在唐代,运用五量测风已十分普遍。唐诗中保留了大量的记载,如王维的《送宇文太守赴宣城诗》中写道"何处寄相思? 南风吹五量"④;郭璞的《江赋》中有"舰五量之动静"。义净文中"五量单飞"句表明这种装置已被运用于远洋航海之中,由中国传到了波斯商船上,反映了唐前期中国航海技术的进步,体现了中国和阿拉伯人民在航海技术上的相互交流、相互促进。

义净旅程的第一站是佛逝,又称室利佛逝。在唐代,从番禺到这里需20天的航程。有人认为其位于今印尼苏门答腊岛上的詹卑河流域,也有人认为在马来半岛的某地如坤洛、吉兰丹等地,一般认为在渤淋邦附近。在巨港附近发现的刻于683年的碑

① 王邦维:《南海寄归内法传校注》卷一,中华书局1995年版,第6页。
② 司马迁:《史记·律书》卷二五,岳麓书社1988年版,第170页。
③ 杜甫:《杜工部草堂诗笺》二九,秋风。
④ 王维:《送宇文太守赴宣城诗》,见《全唐诗》扬州诗局本卷一二五。

铭提到一位大统领希扬率领大军远征,到达巨港,建立了名为室利佛逝的新都城,以此庆祝远征的胜利。刻于684年的另块碑铭提到室利佛逝国王下令建立封建僧侣庄园来巩固自己的统治基础。佛逝的历史是从683年开始的。[①] 义净在这里称为佛逝的地方,当时并不称佛逝,而是义净在返回时才知道该地名佛逝。佛逝是当时的一个佛教中心,僧侣众多,国王崇尚佛法,佛逝还是唐代中国对外贸易的一个重要的对象,南海贸易的总枢纽。

义净在当时渤淋邦国王的帮助下,被送往末罗瑜国。末罗瑜国是义净海上航程的第二站。对其位置,有三种看法:一是以费琅、冯承钧为首,认为在今詹卑河上;二是张星烺认为渤淋邦是;三是荷兰、泰国的一些学者认为末罗瑜应该在今天的廖内自治区甘巴河上的慕阿拉·达谷斯(末罗古打)。[②] 最后一种观点能较好地解释义净记载中的一些疑点。首先,从航程上考虑,义净在《无行禅师传》中提到无行禅师从室利佛逝出发,"十五日达末罗瑜洲,又十五日到羯荼国"。因此,末罗瑜国应处于羯荼与室利佛逝的中间位置。羯荼,在今马来半岛西岸的吉打州附近。若将末罗瑜考订在詹卑河上,那么从室利佛逝到末罗瑜的距离大大短于从末罗瑜到羯荼的距离,难以解释两段航程所花费的时间相同的事实。因此费琅将其归因于佛逝和末罗瑜都处于内河中,内河航行艰难所致。[③] 苏继顾则认为"十五"中的"十"是后人衍生的,本作五天。[④] 这些解释十分勉强,据考古报告称,古代的詹卑和巨港都位于沿海,是优良的海港,而不是处于内河之上[⑤],故费琅提出的理由不能成立。若将末罗瑜考订在末罗古打,该地位于吉打和巨港中间位置,可以解释两段航程的相同。义净在表示前往羯荼时用的词是"转向羯荼","转"意味着航程方向的转移。末罗古打处于马六甲海岸的南岸,从巨港经马六甲海峡前往吉打的船只正好在这里掉头西转。最后,末罗古打在古代是一个优良的港口,比现在的位置优越,具备了作为王国首都的条件。若末罗瑜国在末罗古打,就可以解释义净书中提到的有关日照的记载。义净在《南海寄归内法传》中称室利佛逝国夏至和冬至时圭影的长度一样。八月中和春季一段时间,圭影不缩不盈,人站在太阳底下无人影,据此可以断定该地在赤道附近。末罗古打恰好符合条件。室利佛逝在巨港兴起后,势力迅速膨胀,很快吞并了苏门答腊上的小国,势力远达马来半岛,室利佛逝的都城也屡屡迁徙。当时的末罗瑜也被囊括其中,而且末罗古打正好处于赤道附近,其地理位置能够圆满地解释记载中的种种疑点。

羯荼是义净前往印度的第三站,一般认为在今马来半岛的吉打州。这是一个重要的贸易港口,前往印度的中转站。义净在《根本说一切有部百一羯磨》(卷五)中提到从印度返回的船只一般要在羯荼停留到冬季才续航,[⑥]大约是在这里守候季风的来临。羯荼向北,航行10天,便到达了裸人国。裸人国,即现在的尼科巴岛(Nicobar)。义净

---

① 王任叔:《印度尼西亚古代史》(上),中国社会科学出版社1987年版,第371、374页。

② 学术界对末罗瑜国的位置的讨论颇多,可参考冯承钧:《中国南洋交通史》;费琅、冯承钧:《苏门答腊古国考》;张星烺:《中西交通史料汇编》(第六册);《中华日报》1984年11月5日,《室利佛逝在哪里?》。

③ 费琅、冯承钧:《苏门答腊古国考》,台湾商务印书馆1970年版。

④ (元)汪大渊撰、苏继顾校释:《岛夷志略校释》,中华书局1981年版,第143页。

⑤ 黄元焕:《室利佛逝古国评述》,见于《东南亚史论文集》,河南人民出版社,第460页。

⑥ 义净:《根本说一切有部百一羯磨》(卷五),见于《大藏经》第二十四部。

对该地男子裸体,女子以树叶蔽体,以铁为贵的记载同苏莱曼《游记》所记载的尼科巴岛的情况不谋而合。[①] 从裸人国朝西北行半月后便到达耽摩立底国。耽摩立底国位于今恒河口的 Tumluk,《法显传》中称为"多摩梨帝国"。这是义净西行海上航行的终点,又是从印度返航中国的起点——"升舶入海归唐之处"。义净在 684 年从这里出发,途经羯荼,返回室利佛逝,再由此返回广州。

综上所述,义净的航行路线可以勾勒如下:从广州出发,向西南航行,横渡大海,到达苏门答腊岛南部的巨港,即后来称佛逝的地方。再沿着苏门答腊岛东岸航行,途经末罗瑜国,即今天的慕阿拉·达谷斯(末罗古打)。由此转向西行,穿过马六甲海峡,到达被称为羯荼的吉打附近。从吉打出发,经尼科巴岛上的裸人国,向西北航行到达耽摩立底国。

义净在《求法高僧传》中记载了 36 位经海道前往印度求法的高僧的事迹。他为我们勾勒出了义净时期的中国同南海海上交通的状况。前往南海贸易的船只多从中国的南方港口出发开始远航。在众多的始发港中,广州的地位最为重要,其次是交州。合浦、乌雷、占婆也偶尔作为远航的出发点。船只从港口出发后,大体上按两条路线航行。一条是直接扬帆渡海,横渡大海,到达诃陵、室利佛逝,由此经过末罗瑜国,西穿马六甲海峡后,或北上,经羯荼、裸人国直抵耽摩立底;或横渡印度洋,前往狮子国(斯里兰卡)、那伽钵亶那,由此北上,前往耽摩立底国、诃利鸡罗。第二条是从港口出发后,先沿着今天的越南的海岸线航行,依次经过交州、马援铜柱、上景、占婆后,或向西直接渡海抵达马来半岛中部的郎迦戍国;或朝南直接渡海前往诃陵、室利佛逝,同第一种路线汇合。可见,他们大体上遵循贾耽所记的广州通海夷道。

从义净记载的求法高僧的海上航行路线中,再参照《新唐书·地理志》的记载,我们可以发现佛逝、诃陵已经成为当时中国同南海交通的重要枢纽,商舶经常往来于此。义净几次乘船直接往来于广州与佛逝之间。无行禅师、大津、智弘等僧人都到过佛逝。常愍、明远法师、会宁法师、道琳、法郎等人都拜访过诃陵。诃陵,大多数学者将其位置考订在今爪哇岛上。在唐以前,中国同南海诸国的海上交通的重心是在扶南及马来半岛的北部。义净所记载的高僧的求法路线中,除了义朗一行三人,由乌雷经扶南到郎迦戍外,没有任何沿暹罗湾海岸航行的记载。昔日作为中国同南海海上交通中心的扶南及其在马来半岛北部的属地的海上交通业已衰落下来。古代著名的商贸港口如顿逊、丹跕、毛淡棉、投拘利等港不复见于史册。南海海上交通的重心转移到苏门答腊南部和爪哇岛上。室利佛逝和诃陵取代了扶南的重心地位,成为中国同南海诸国海上交通的枢纽。

义净时期中国同南海海上交通重心的南移,是受扶南的衰落、室利佛逝的迅速崛起的影响。扶南是东南亚古代史上一个重要的国家。扶南在国王范蔓时期,成为一个强大的国家。《梁书》中记载范蔓"自号扶南大王。乃治大船,穷涨海,攻屈都昆、九稚、典孙等十余国,开地六千里",势力远达马来半岛。[②] 扶南的经济文化都很发达,是东南亚重要的佛教中心,也是佛教东被的重要一站。国力强盛、经济文化发达的扶南,控

---

① 张星烺:《中西交通史料汇编》(第六册),第 297 页。
② 《梁书·扶南传》卷五四,中华书局 1973 年版。

制着南海海上贸易,成为中国同南海海上交通的重心。到 6 世纪中叶,真腊兴起,扶南衰落下来,到 7 世纪时被真腊完全吞并。长期以来控制着南海海上贸易、交通的扶南不复存在,为新的海上交通重心的兴起创造了条件。扶南衰落后,位于苏门答腊岛上的室利佛逝在义净时期不断地兴起壮大。在 683 年定都巨港后,国力蒸蒸日上,不断地吞并征服周围的土邦小国,一跃成为南海中一个强大的帝国。室利佛逝通过远征爪哇,侵吞末罗瑜,役属羯荼国,囊括了从马来半岛到爪哇岛在内的广大地区。这样,室利佛逝控制了马六甲海峡和巽它海峡,建立起它在南海诸国中的霸主地位。随着政治、军事势力的增长和经济文化的繁荣,室利佛逝理所当然地填补了扶南衰落留下的空白,成为南海海上交通总枢纽。

义净时期中国同南海海上交通重心的转移还是中外航海技术相互交流不断提高的产物。到义净时期人们已经掌握了大量的航海知识,积累了丰富的航海经验。这些宝贵的知识和经验在各国人民中相互交流、相互借鉴,促进了中外航海技术的共同进步,使远洋航行的各国船只能够摆脱沿岸航行的传统航道的束缚,直接跨海横渡,开辟新的航道。由义净所记,可知这一时期人们的航海技术的提高表现在以下几个方面。首先,对风力的运用上,义净时期的人们已经十分熟练地利用季风来航海。义净在咸亨二年初秋便到广州,联系到前往南海的船只,但未能立刻成行。因为这时东北信风还没有来临。义净只好等到农历十一月份,月亮靠近箕星,冬至时节来临,东北信风到来的信号出现才动身起航,于是留下"广漠初飙""离箕创节"的记载。可见,义净时期的人们不仅掌握了季风来临的规律,而且能准确推算出东北季风来临的时间,能及时远航。"五量"也已经被中外船只广泛采用作为测定风力、风向的工具。其次,义净留下了"面翼轸""弃玄朔"的记载,反映了人们利用星象导航的优良传统,而且这时可能如前所述采用了牵星术来确定船只在海上的方位。最后,义净时期中外航海技术有了很大的提高还表现在航行的速度的提高。法显在《佛国记》中说从耶婆提到广州在正常条件下要花费 50 天的时间,而义净从广州到室利佛逝只花了不到 20 天的时间,无行禅师也只花了一个月的时间。耶婆提,一般认为在今爪哇岛上,一说在苏门答腊岛上。尽管从广州到爪哇比到室利佛逝稍远些,但法显时期花费的时间是义净时期的两倍之多。若耶婆提在苏门答腊岛上,则更显现出航行速度不及义净时期。这表明义净时期航海技术有了很大的提高。

三 鉴真东渡与《唐大和上东征传》[1]

鉴真和尚(688—763 年),俗姓淳于,唐中宗嗣圣五年生于广陵郡江阳县(今扬州地区江都),14 岁时出家,在扬州大云寺为沙弥。青年时代到长安、洛阳游学求师,"究学三藏",钻研律宗,兼通天台,在佛学上很有造诣。回扬州后,担任大明寺住持。26 岁时已经是能融贯各家专长、声名远播的律宗大师了。

唐天宝元年(742 年)冬十月,日本学问僧荣叡和普照得到鉴真门徒道航的引荐,到扬州大明寺拜谒鉴真,礼请大和尚东渡日本,向日本国传法。当时的唐王朝,正是唐玄宗在位时,唐玄宗崇扬道教、贬抑佛教,佛教在激烈的斗争中已经居于下风,许多佛

---

[1] 《唐大和上东征传》,中华书局 1979 年版。扬州市鉴真纪念馆、张家港市委宣传部文物展厅等有关介绍资料。

家弟子转而屈顺于道教和朝廷。而一向坚心信仰佛教，作为佛教中律宗后起之秀的鉴真和尚当然不会向道教屈尊，因而，他接受了荣叡和普照的邀请，决心东渡日本，传律授戒，弘扬佛法。

鉴真六次东渡始获成功，其航海经历在日本真人元开的《唐大和上东征传》中有比较详细的记述。

唐天宝二年（743 年），鉴真和尚率弟子道航、思托等 21 人准备东渡。由于道航是当朝宰相李林甫的哥哥李林宗的"家僧"，于是，通过道航，鉴真一行获得李林宗的介绍，得到扬州仓曹（唐地方官）李凑的支持与帮助，建造船只，备办干粮。当时唐律禁止僧人私渡日本，所以均借口是准备去天台山进香用的。不料，准备同行的僧人中有一叫如海的，因与道航意见不统一，遂到官府报告，诬告道航、荣叡、普照他们是海贼。地方官立即前往搜捕，将普照、荣叡、道航等人逮捕入狱。后来经过查实，放了众僧，可是所造的船被没收了，备办的杂物还给各寺僧人，第一次东渡还没出海就破产了。

荣叡和普照因是日本僧人，关了四个月才放出来，但他们仍然决心请鉴真东渡日本，所以又一次秘密到大明寺拜访鉴真。鉴真为其真情所感动，决意再次东渡。于是亲自出钱购买了一艘岭南采访使刘巨鳞的军用船舶，并雇用了 18 个水手，置办各种物品。准备随同一起前往日本的还有僧人思托等 17 人以及各种工匠、艺人 85 人。他们于当年冬天，即天宝二年（743 年）十二月从扬州扬帆东行，沿长江东下。当船航行到今江苏省南通市狼山江面（当时叫狼沟浦）时，遇到狂风恶浪，旧船破坏严重，无法行驶，抢滩修理，又因潮水顶托，破船四处漏水到齐腰深，所有干粮被水浸泡。漂泊了一个多月，鉴真等人才被明州（今浙江宁波）官员派人救回。第二次东渡又告失败。

两度失败后的鉴真仍不甘心，鉴真在浙东一带，一面巡礼阿育王寺、国清寺等名刹，一面准备第三次渡海，被一越州僧人觉察，向州官告发，说日本僧人荣叡引诱大和尚欲往日本国。荣叡遭到逮捕，押送长安治罪。到杭州后，荣叡患病，开释在外治疗，荣叡假装病死，潜回阿育王寺。第三次东渡尚在酝酿便又因被人告密而流产。

鉴真和尚看到日本僧人荣叡和普照为了请他东渡日本而不避生死，再次下决心东渡。为了避开众人的注意力，这一次鉴真派人到福州打造船只，备办物资。唐天宝三年（744 年）冬，鉴真率领荣叡、普照、思托等 30 余人拜别阿育王寺，秘密南下。鉴真一行刚到浙江黄岩县的禅林寺，便被官兵重重包围，将他们强行押回扬州大明寺。原来，鉴真这次准备活动被他在扬州的弟子灵佑知道了，灵佑不忍心师父冒那么大的风险，所以与各寺的僧人一起到官府通告鉴真等人准备出海东渡日本的事。于是，江东道采访使下令各州县阻拦鉴真一行。第四次东渡又告夭折。

天宝七年（748 年）春，还是日本僧人荣叡、普照从同安郡（今安徽安庆市）到达扬州崇福寺，拜见鉴真，三人马上又着手准备东渡。当年六月下旬，鉴真一行 14 人、水手 18 人等共 35 人从扬州新河出发，向东航行，沿江而下，出了长江口，在越州三塔山停留一个多月，然后驶到舟山群岛附近的暑风山。又停留一个多月，到十月中旬，船从暑风山起航，扬帆东驶。航行中，遇到狂风恶浪，船只失去控制，只能随风飘荡，到第七天才风平浪静。等到第九天，船才靠上一无名小岛，补充了淡水。又继续航行五天，才靠岸在一个鲜花盛开、四季常青的地方。上岸一打听，才知道已经漂航到海南岛的南端了。他们碰上四个商人，便跟随商人到了振州（今海南省崖县），受到地方官府的接待，然后辗转北返,渡过雷州海峡,取道广西、广东、江西,返回扬州。在归途中,多年追随他的日僧荣叡不幸病殁于端州(广东肇庆),弟子祥彦又在吉州(江西吉安)逝世,他本人也因长年跋涉,身染重病,以致双目失明。但他仍然在准备着下一次的机会。

唐天宝十二年(753年)十月,日本第十次遣唐使在回国前,到扬州拜见鉴真,代表日本国迎请鉴真去日本传律授法。此时的鉴真经五次东渡失败,年届66岁高龄,而且又双目失明,但他仍然应允随使团东渡日本。听到鉴真又要出海的消息,当地寺庙的和尚们为阻止鉴真东渡,对他们严加防范。十月二十九日晚,鉴真带领他的弟子思托、日僧普照和其他僧尼、工匠一行24人,在黄泗浦(今江苏常熟黄泗)与日本遣唐使船队会合,踏上了第六次东渡的航程。经两个月的艰苦航行,鉴真和尚终于抵达日本萨摩国阿多郡的秋妻屋浦(今日本鹿儿岛县川边郡坊津叮秋目村),得到当地官府的迎接,并于次年(754年)二月到达日本遣唐使船队的始发港——难波港。

鉴真和尚从743年起到754年止,历经11年,前后六次东渡日本,真是备受艰辛、屡遭磨难,终于达到东渡日本、弘扬佛法的目的。唐广德元年(763年,日本天玉宝字七年)五月六日,鉴真因病逝世,终年76岁。元开在所撰《唐大和上东征传》中说,他对日本宗教界的影响"如一灯燃百千灯"。

鉴真航海东渡日本所经历的磨难和艰辛,在航海史上是少有的,《唐大和上东征传》对其航海经历、对日本的文化贡献和影响的记载之翔实及其史料价值的重要性,也是航海与文化传播史上所鲜见和极为可贵的。

第十三章

魏晋南北朝隋唐时期的
海上丝绸之路与海外贸易

　　丝绸是中国的骄傲,也是古代中外贸易的主要商品。晚近以来,丝绸沿海上航路向外传播的路线逐渐被一些学者比照陆上丝绸之路称为"海上丝绸之路",并获得了广泛的认同。海上丝绸之路在汉代就已经出现,《汉书·地理志》所载中西海上交通路线即早期的海上丝绸之路,其后经魏晋南北朝隋代至唐代,海上丝绸之路又获得了巨大的发展,海商活跃范围远达波斯湾和东非沿岸,贾耽所录对外海上交通路线体现了海上丝绸之路在唐代的拓展。沿着海上丝绸之路所做的航海活动除了经济贸易外,还包括了政治往来和文化交流。本章着重讨论海上丝绸之路上的贸易活动。海上丝绸之路在唐代中期逐渐取代陆上丝绸之路成为中外贸易的主要通道,官方贸易的性质也由原来的朝贡贸易发展为市舶贸易,贸易商品的种类和规模大大扩大,从事海外贸易的民间海商人数也大大增加了。正如范文澜先生所指出的,"自隋唐时起,航海技术进步,海上贸易比陆上贸易更为有利,增加了中国与外国的交换关系"。这是"支持隋唐以来社会经济上升的主要条件之一。"①

第一节　魏晋南北朝时期的海外贸易②

　　魏晋南北朝时期,东海丝绸之路到达朝鲜、日本等国,南海丝绸之路到达中南半岛、马来半岛、印度洋沿岸国家。沿海上丝绸之路进行的海外贸易以官方贸易为主,私人贸易也占有一定的地位。官方贸易的主要形式则是朝贡贸易。

　　例如,在魏景初二年(238年)时,倭国女王卑弥呼派使臣难米升来华与魏通好,难米升到了洛阳,"献男生口四人,女生口六人,班布二匹二丈"③。曹魏册封卑弥呼为"亲魏倭王,假金印紫绶",并封"难米升为率善中郎将,假银印青绶"。另外还回赠"绛地交龙锦五匹、绛地绉粟罽十张、蒨绛五十匹、绀青五十匹、细班华罽五张、白绢五十匹、金八两、五尺刀二口、铜镜百枚、珍珠、铅丹各五十斤,皆装封付难米升,牛利"。这

① 范文澜:《关于中国历史上的一些问题》,《中国科学院历史研究所第三所集刊》第一集,第10页。
② 本节引见彭德清:《中国航海史(古代航海史)》(人民交通出版社1988年版)、陈炎《海上丝绸之路与中外文化交流》(北京大学出版社1996年版)。
③ 《三国志·魏志·倭人传》。

些回赠的价值大大超过进献物品的价值,不等价贸易的目的是要表示曹魏对卑弥呼的支持,使其"悉可以示汝国中人,使知国家哀(爱)汝,故郑重赐汝好物也"①。

东吴的航海活动,是与其开发海外贸易紧密联系在一起的。据《太平御览·布帛部》记载,魏文帝曹丕,曾经于黄初元年(220年)遣使到东吴,愿"与孙骠骑和,通商旅,求雀头香、大贝、明珠、象牙、犀角、玳瑁、孔雀、翡翠、斗鸭、长鸣鸡"。东吴群臣认为,不应同意曹丕所求,而孙权却认为:"彼所求者,于我瓦石耳,孤何惜焉。"到嘉禾四年(235年),魏国又派使者到东吴"以马求易珠玑、翡翠、玳瑁"。孙权说:"此皆孤所不用,而可得马,何苦不听其交易。"②孙权所以能同意赠送珠宝和支持与魏国互市,主要因为当时东吴所属的交广一带,已经开展了对南海和西方的海外贸易,其动机就在于"贵致远珍名珠、香药、象牙、犀角……以益中国"③,而由此得到的"杂香、细葛,辄以千数,明珠、大贝、琉璃、翡翠、玳瑁、犀、象之珍,奇物异果,蕉邪龙眼之属,无岁不致"④,除满足东吴统治者享用之外,还广积奇珍异物可供与邻邦互市增加财政收入。这说明东吴对航海贸易十分重视。

据史书记载,黄武五年(226年),有大秦商人,名叫秦论,来到交趾。太守吴邈送其去见孙权。"权问论方土谣俗,论具以事对。时诸葛恪讨丹阳,获黝、歙短人,论见之曰:大秦希见此人。权以男女各十人,差吏会稽刘咸送论。咸于道物故,乃经还本国。"⑤以上记载,说明东吴立国仅五年时间,就已与罗马建立了联系。文中所提到的这个名叫秦论的大秦商人,是北非利比亚国"昔兰尼"地方的一个海商,当时把"昔兰"这个地名的对音译成秦论,便把"昔兰尼"误认为是他的姓名了。⑥ 从秦论来华这件事看,东吴已与红海西岸的北非地区建立了来往关系。

当时南海各国的政治形势,与两汉时期相比已发生了很大变化。抶南国王范蔓当政后,"以兵威攻伐旁国,咸服属之,自号扶南大王。乃治作大船,穷涨海,攻屈都昆、九稚、典孙等十余国,开地五六千里",成为南海的一大强国,称雄海上。在其辖区之内的典孙,即今之马来半岛北部的董里(Irang)。⑦ 这个地方在三国时期十分繁盛,"东界通交州,其西界接天竺,安息徼外诸国,往还交市。……其市,东西交会,日有万余人。珍物宝货,无所不有"。它地扼东西海上交通的要冲,是我国向西方发展海上贸易必经的互市港口。在黄武四年(225年),"扶南诸外国来献琉璃"⑧,东吴对扶南开始重视,于次年(黄武五年)便派康秦、朱应出使到了扶南。

据《通志·四夷扶南》载:"吴时,遣中郎康泰、宣化从事朱应使于寻国(指范寻为王的扶南),国人犹裸,唯妇女著贯头。泰、应(指康泰、朱应)谓曰:'国中实佳,但人裸露可怪耳',寻始令国中男子著横幅,今干漫(即沙笼)也。大家乃截锦为之,贫者用布。""可见三国时中国的锦(丝绸)早已传入扶南,并且用它来制沙笼(筒裙),改变了扶南裸

---

① 《三国志·魏志·倭人传》。
② 《三国志·吴志·孙权传》。
③ 《三国志·吴志·士燮传》。
④ 《三国志·吴志·薛琮传》。
⑤ 《梁书》卷五四。
⑥ 沈福伟:《中西交通史稿》上册第133页。
⑦ 《辞海·地理分册》典孙条,上海人民出版社1977年版。
⑧ 《图书集成·食货典》。

体的习俗,丝绸几乎起了移风易俗的作用。"①

东晋南迁时,"中州士女,避乱江左者十六七"。一直到南朝,"时海内大乱,独江东差安,中国市民避乱者,多南渡江"。这是又一次大规模移民。东晋初迁到江南的移民,约有"十八万户,九十六万六千九百余口"。他们带来了先进的生产技术和工具,进一步开发了江南,推动南方经济日益发达起来。作为海外贸易主要输出品的丝、瓷也相随着发展起来,并已具有较大的生产能力。农业、手工业生产的提高也促进着商业流通,有一大部分人弃农从商。据《晋书·温峤传》上说:"今不耕之夫,动有万计。"《隋书·食货志》曾追述南朝的商业活动说:"晋自过江,凡货卖奴婢、马、牛、田宅,有文券,率钱一万输估四百入官……名为散估。历宋、齐、梁、陈,如此以为常。以此人竞商贩,不为田业。"这说明南朝的低税鼓励政策,推动了商业繁荣,为海外贸易打下了基础。东晋以及南朝各代,仅据有东南半壁江山,所以对西方各国的航海贸易比东吴时更为重视。中外商人来往不断,所以法显等佛教徒多借助海上商舶此往彼来。②

东晋时的法显是我国第一个从陆上丝绸之路出国去印度取经,由海上丝绸之路回国的高僧。他所著的《佛国记》《法显传》,论述沿途情况,写得精练生动,其中还提供了与丝绸贸易有关的下列几点启示。

第一,他从印度恒河口的多摩梨帝国(今 Tamluk 港)起航,经狮子国(今斯里兰卡)、耶婆提(今爪哇或苏门答腊东南部)到广州,都有商人大舶。由此可见当时海上贸易已相当发达。因为商人们经常往来于广州至耶婆提这条航线,对航程所需的日期已经有了经验,所以商船"赍五十日粮",商人也都说"常行时正五十日便到广州"。由此可见当时广州已经是对外贸易的重要海港了。

第二,记述中虽未具体谈到丝绸贸易,但他看到了商人在玉像边"以晋地白绢扇供养"竟触景生情,凄然泪下。由此可见不只是中国丝绸而且用丝绸制作的中国工艺品——绢扇,也通过商人之手传入今斯里兰卡了。

第三,法显只提到从今斯里兰卡经爪哇到广州都有能容 200 多人的大商船,而乘客又都是商人。虽然他未具体谈到这些商人是否去广州贩运丝绸,但在外国人的记载中却谈到这一点。例如,6 世纪时希腊人科斯麻士写的《基督教诸国风土记》中谈到当时的情况说:"从遥远的国度里,我指的是中国和其他的输出地,输入到锡兰(今斯里兰卡,当时称'Taprobane'岛)的是丝……"③由此可见中国的丝绸已经大量传播到今斯里兰卡了。④

至刘宋时期,与印度支那半岛的林邑、扶南等国,经常有使节往来,交易方物;与南海各国也时常交往。元嘉七年(430 年),印尼境内的诃罗陁国派使来华,希望刘宋与其建立贸易关系,提出"愿自今以后,赐年年奉使"的通商要求。同时,南洋地区的诃罗单、婆皇、婆达等国也都遣使运来金刚指环、赤鹦鹉鸟、天竺白叠古贝、叶波国古贝等物。宋文帝对这三国都予以册封,建立了正常的通商关系。这三个国家运来的货物中,有一部分是他们中介转运的,并不只限于当地自产。若从元嘉十三年(436 年)诃

① 陈炎:《海上丝绸之路与中外文化交流》,北京大学出版社 1996 年版,第 30 页。
② 彭德清:《中国航海史(古代航海史)》,人民交通出版社 1988 年版,第 68—71 页。
③ 转引自季羡林:《中印关系史论丛》,人民出版社 1957 年版,第 168 页。
④ 陈炎:《海上丝绸之路与中外文化交流》,北京大学出版社 1996 年版,第 31 页。

罗单国王因王位被夺而遣使来中国请"买诸铠仗袍袄及马"①一事来看,当时对南洋的航海贸易,凡属双方所需皆可商请交易,也不只限于丝瓷两项。

刘宋时期,与南亚、西亚各国的往来也很频繁。元嘉五年(428年时),狮子国(今斯里兰卡)遣使奉表,表文中说两国"虽山海殊隔,而音信时通",说明两国之间有着经常的往来。同年,天竺迦毗黎(在今印度境内)也遣使来中国,送金刚指环,摩勒金环诸宝物和赤白鹦鹉各一头,其表文中说:"大王若有所须(需),珍奇异物悉当奉送。……愿二国信使往来不绝,此反使还,愿赐一使,具宣圣命,备敕所宜。款至之诚,望不空反。"其要求通商的迫切之情,可见于字里行间。这时虽然国内战乱频起,中国的商船仍能越过印度而西达波斯湾沿岸各地。当时人竺枝著有《扶南记》一书,以其见闻记载了自今斯里兰卡到波斯湾的航路。书中说:"安息国去私诃条国(斯里兰卡)二万里,国土临海上,即《汉书》天竺、安息国也。户近百万,最大国也。"曼苏地所著的《黄金草原和宝石矿》一书也曾提到,幼发拉底河的支流阿蒂河,流入希拉地区(今那杰夫 Najaf)②,在5—6世纪时,拉克米德王朝,便建立在这里,中国和印度的商船,便沿河而上到了希拉,与拉克米德王朝进行贸易。③ 中外两种记载互相印证,证明刘宋时期的中国海船至少仍能到达波斯湾的北端。另外,《宋书·蛮夷传》的传论记述:"若夫大秦、天竺,迥出西溟,二汉衔役(使),特艰斯路。而商货所资,或出交部,泛海陵波,因风远至。……山琛水宝,由兹自出,通犀翠羽之珍,蛇珠火布之异,千名万品,并世主之所虚心。故舟舶继路,商使交属。"由此可以看出,在刘宋时期,与印度、罗马之间的海上贸易,使船舶和商使一批接一批往来不断。

南齐时,与南海和西方各国海上贸易,承袭着刘宋的成规。当宋末齐初,扶南王侨陈如(阇耶跋摩)派遣的商船从中国回航时,有天竺僧人那伽仙随船回国,中途遇风漂至林邑,船货俱被林邑洗劫。永明二年(484年),扶南王再派天竺僧"那伽仙为使,上表问讯奉贡,并陈列下情",申报扶南国的叛奴鸠酬罗趁刘宋、南齐两朝更替的混乱时刻,占据了林邑,借机打劫商旅过往船舶,造成航路不靖,要求南齐出兵扫清航道,以利通商贸易。齐武帝即诏报扶南王说:"知鸠酬罗于彼背叛,窃据林邑,聚凶肆掠,殊宜剪讨。……自宋季多难,海译致壅,皇化惟新,习迷未革。朕方以文德来远人,未欲便兴干戈。王既款列忠到,远请军威,今诏交部随宜应接。伐叛柔服,宜惟国典,勉立殊效,以副所期。那伽仙屡衔(使)边译。颇悉中土阔狭,令其具宣。"他仍旧以天竺僧那伽仙为使,将诏文带回扶南,并报送绛紫、地黄、碧、绿纹绫各五匹。从回文可见,南齐朝廷对航路通塞十分关心,得到消息后,马上诏告"交部随宜应接",会同扶南"伐叛",维护航路畅通。由于南齐注意开发航海贸易,所以商舶远届,委输南州④,仍旧保持着刘宋时期"舟舶继路"的局面。另一方面,亦见佛教僧人从海路来往者甚多,而且有的通晓双方语言,能"屡衔边译",像那伽仙一样,直接参与了中西航海贸易活动。

梁朝立国55年。开国皇帝萧衍,史称梁武帝,笃信佛教。他在位46年,几乎与梁朝相始终。这个时期的西方海上贸易,比前代更加繁荣,尤以佛教文化传播频繁。大

第十三章

魏晋南北朝隋唐时期的海上丝绸之路与海外贸易

---

① 《宋书·蛮夷传》。
② 冯承钧:《西域地名》,中华书局1955年版,第46、47页。
③ 沈福伟:《中西交通史稿》上册第138页,引曼苏地《黄金草原和宝石矿》。
④ 《南齐书·东南夷传》。

同五年(539年)扶南国来献犀牛,言称其国有长一丈二尺的佛发,梁武帝即派僧人云宝随扶南使者前往迎取。[①] 被尊称为中国禅宗祖师的菩提达摩,原籍是南天竺人,便是在梁代时渡海先到广州,随后又去北方的。《梁书·诸夷传》上有一条记载说,干陁利国王瞿昙修跋陀罗曾梦见一位僧人对他说"中国今有圣主,十年之后佛法大兴",并在梦中带他拜见了梁武帝。瞿昙修跋陀罗善于绘画,醒后便将梦中所见梁武帝的容貌画了出来,然后又遣画工到中国实绘了梁武帝的影像带回去对照,竟一般无二。"因盛以宝函,日加礼敬",这条记载显然是故弄玄虚,但与以上所记联系在一起考虑,可以说梁代的航海通商是与佛教传播合而为一、同步进行的,航海贸易和文化交流都受到萧梁朝廷的支持,是佛教由海路传入中国的极盛时期。

关于南朝的海外交通,《南史·夷貊传》有概括的论述:"自晋氏南度,介居江左,北荒西裔,隔碍莫通,至于南徼东边,界壤所接,洎宋元嘉抚运,爰命干戈,象浦之捷,威振溟海。于是辑译相系,无绝岁时。以洎齐、梁,职贡有序。及侯景之乱,边鄙日蹙。陈氏基命,衰微已甚,救首救尾,身其几何。故西(上为韦中为)南琛,无闻竹素。"

据文中所说,由宋、齐、梁发展起来的西方航海贸易,因受侯景之乱的冲击逐日败落,到陈朝立国时已自顾不暇,再无力开展对西方的航海贸易了。但是,这种说法有些言过其实,据《册府元龟》所记,陈朝与丹丹、盘盘、扶南、天竺等仍有往来,不过盛况大不如前了。但自东吴以来,积六朝的连续发展,海上交通、贸易、文化交流等方面都超过了两汉的水平,随后带来了隋、唐航海事业的大发展。[②]

第二节　隋唐时期的海外贸易

一　隋代海外贸易的恢复和发展

581年,隋文帝统一了全国,结束了数百年的分裂割据局面。隋王朝虽然存在的时间极为短促,但到隋炀帝大业年间与之通商往来的国家便有十几国了,其中最重要的有南海丝绸之路上的林邑(越南南部)、赤土(马来半岛吉打)、真腊(柬埔寨)和婆利(北婆罗洲)。隋炀帝十分重视对外贸易,几次遣使海外诸国。例如,令云骑尉李昱出使波斯,波斯也遣使和李昱同来,并与隋朝进行通商贸易;派侍御史韦节、司隶从事杜行满出使罽宾、印度等地,从而带动了与阿富汗的贸易;607年派常骏、王君政出使赤土国,"赐骏等帛各百匹,时服一袭而遣,赍物(丝绸)五千段,以赐赤土王"。这个赤土,中外学者有不少考证,大多数学者认为就是唐代高僧义净去印度取经来回航线都曾经过的羯荼,也就是今马来半岛西岸的吉打(Kedah),也有学者考证在今泰国境内克拉地峡一带。如果这一考证无误,那么这是我国派专使携带大量丝绸访问今马来西亚或泰国的开始。这时,丝绸已被用作联系两国友好往来的纽带,赢得了国王"以舶三十艘来迎"的隆重礼待,并派王子和常骏同来中国进行友好访问。这是我国"丝绸外交"的

---

① 《梁书·诸夷传》。
② 彭德清:《中国航海史(古代航海史)》,人民交通出版社1988年版,第74—77页。

首次胜利。①

隋朝通过东海丝绸之路和日本的贸易往来也有发展。官方朝贡贸易方面,文帝开皇二十年(600年),炀帝大业四年(608年)、五年、十年,日本先后四次遣使来贡方物。大业四年,当日本使节小野妹子等回国时,炀帝派裴世清等同行,向倭王答谢。而裴世清等回国时,倭王又以小野妹子为使,随同一起来中国。

在隋都洛阳,"诸蕃请入丰都市交易,帝许之。先命整饬店肆,檐宇如一,盛设帷帐,珍货充积,人物货盛,卖菜者亦藉以龙须席。胡客或过酒食店,悉令邀延就坐,醉饱而散,不取其直,绐之曰:'中国丰饶,酒食例不取直。'胡客皆惊叹"②,极尽铺张招揽之事。

但是,由于隋炀帝施行的暴政,隋朝立国时间只有38年,海外贸易还未来得及充分展开便中断了。

二 唐代海上丝绸之路的崛起与发展③

唐朝是我国海外贸易史上一个极其重要的阶段,唐朝前期的"贞观之治"和"开元之治"使得唐朝社会经济繁荣,农业和手工业显著进步,可进行海外交换的物资大大增加,航海和造船技术的进步更为海外贸易的展开提供了保证,当时的国际形势也有利于海外贸易的发展。大致在唐朝成立的同时,大食(阿拉伯帝国)在西亚兴起,室利佛逝、三佛齐和诃陵在东南亚兴起,他们都成为海上强国,重视开展海上贸易,积极发展与中国的贸易联系。日本和统一朝鲜半岛的新罗更是对于发展同唐朝的贸易、文化联系采取了积极的态度,海道往来频繁。所以,总体来看,唐代中国的海外贸易是繁荣的。

不过,唐朝前期,在对外贸易方面,通向西域的陆上丝绸之路较之海上丝绸之路更为统治者所重视。但由于唐朝政府在对外关系方面采取的是开放态度和政策(详见本书有关章节),对于来朝贡的外国使节和来贸易的外国商船都是欢迎的。海外贸易依旧在有利的环境中开展起来,到了开元、天宝年间便出现了繁荣的局面。"海外诸国,日以通商"④,广州江中,"有婆罗门、波斯、昆南等帕,不知其数;并载香药、珍宝,堆积如山"⑤。与此形势相适应,唐朝政府在广州设置了管理海外贸易的官职市舶使。

陆上丝绸之路的地位更为重要的态势到唐代中期才发生了重大变化。

陆上丝绸之路开拓自汉代张骞,此后,中国丝绸就沿这条丝路大量向西域传播。张骞第二次通西域带往西域的币帛(丝绸)就价值"数千巨万"。后来,汉朝公主刘细君远嫁乌孙王又携带巨量丝帛赏赐其国人。以后每隔一年都要为公主送去"帷帐锦绣",成为定例。⑥ 汉昭帝时(公元前86—公元前74年),傅介子出使西域也携带大量丝绸作为丝绸外交的礼品。至于民间商旅沿着丝路贩运丝绸远销到西亚、中亚乃至罗马帝

---

① 陈炎:《海上丝绸之路与中外文化交流》,北京大学出版社1996年版,第31页。

② 《资治通鉴》卷一八一。

③ 本部分引见陈炎:《海上丝绸之路与中外文化交流》,北京大学出版社1996年版,第14—26页。

④ 张九龄:《开大庾岭路记》,《全唐文》卷二九一。

⑤ 〔日〕真人元开:《唐大和上东征传》,汪向荣校译本,中华书局1979年版,第74页。

⑥ 《汉书·西域传》。

国,数量之多,范围之广,更是无法估计。近几十年来,在丝路沿线陆续发现大批我国汉代丝织物就是例证。东汉时,这条丝路发展成为交通网络。和帝时(89—105年),印度人多次经西域通往中国。当时在罽宾(今克什米尔)、安息(今伊朗)、大夏(今阿富汗)等国都有通往印度的支路,与西域丝路形成了交通网络。在这条丝路上就呈现出"商旅往来不绝,使者相望于道"的繁荣景象。中国使者的足迹远及犁轩(今罗马)、安息、奄蔡(今咸海至里海一带)、条支(今伊拉克)、大夏(今阿富汗)、印度等国。与此同时,中亚、西亚、罗马和印度的商旅、使节也相继来中国。一年之中多至数千人。汉时长安就为他们修建了专门接待这些商旅使节的邸舍(宾馆),出现了"商胡贩客,日款于塞下"的盛况。魏晋南北朝时,虽然中原战乱频仍,但同中亚、西亚和罗马各国的交往从未间断。西晋时,大宛两次送来汗血马,杨颢也奉命出使大宛。北魏曾多次派王恩生、许纲和董琬等人携大量锦帛出使访问西域诸国,结果西域有16国遣使随董琬等回访并"贡献"。当时,从葱岭以西到罗马帝国,沿途的商旅使节"相继而来,不间于岁"。北魏都城洛阳,还开辟了专门的市区,建造接待中亚、西亚来宾的宾馆。隋时,张掖曾是东西方的贸易中心。兴盛时曾有40多个国家的商旅集中在此经商。当时由裴矩管理其事。在他任职期间,凡有外商到来,都派人去逐个了解他们的国俗和山川险易等情况,并把这些资料积累起来,于608年(大业四年)写成了《西域图记》一书,记载了丝绸之路北、中、南三道的详细情况。它是研究陆上丝绸之路的重要文献和宝贵遗产。

唐初,粟特的商人在东西方贸易往来中起了重要的作用。仅在唐太宗贞观年间(627—649年),粟特的撒马尔罕地区就有25个使团和随行的商人到中国进行友好的贸易往来。643年,拂菻(指东罗马)国王波多力遣使入唐,赠赤玻璃等珍贵礼品,唐太宗也回赠丝绸作为礼品。唐朝在平定西突厥之后,丝绸之路更加畅通无阻,经济文化交流更加繁荣。

8世纪开始,大食(阿拉伯帝国)灭波斯后,取代了昔日波斯控制陆上丝绸之路的地位,与唐朝交往密切,跃居与中国贸易的首位。大食向唐朝遣使多达37次。据记载,大食、波斯来中国经商的,不下十余万人,当时长安西市成为大食和波斯商旅的聚集之地。他们有的在长安久居不返,经商达40多年之久,与中国人通婚繁衍,在长安、洛阳等地开店列肆,鬻卖酒食、香药。因此,唐代前期的陆上丝绸之路曾被称为"黄金时代"。在"安史之乱"以前,陆上丝绸之路发展到了顶峰,形成了自两汉以来东西陆路交通的鼎盛时期。正如史籍《唐大诏令集》所载,"伊吾(今哈密)之右,波斯以东,商旅相继,职贡不绝"。但是到了唐代中期以后,陆上丝绸之路就失去了发展的优势,而让位给海上丝绸之路。因此,唐代前期不仅在整个陆上丝绸之路发展史上起着承前启后的作用,而且也是海上丝绸之路发展史上的重要转折时期。陆上丝绸之路发展到鼎盛时期,表现在以下两个方面:

(1)630年,唐太宗平定东突厥,并和西突厥加强了联系,接着又扫除了高昌、焉耆、龟兹等势力,于是西北诸族君长皆奉唐太宗为"天可汗",加强了西北边疆的军事和行政管理,保证了丝路的繁荣和畅通。与此同时,又完成了对漠北地区的统一,并在回纥以南开辟了"参天可汗道",沿途置邮驿68所,备有驿马、酒肉专供来往官吏和行贾。从此,西部地区与漠北地区连成一片,使丝路更加畅通无阻。

(2)突厥族的兴起,使丝路北道越来越显示出其地位的重要。因当时突厥与东罗马经常互通使节,由天山以北沿咸海、里海和黑海的北道可直通地中海。随着西突厥统一于唐朝,更促进了丝路北道交通的兴盛,因而在唐朝前期,天山以北就出现了许多新兴起的商业城市,如庭州、弓月、轮台、热海、碎叶、恒逻斯等。从此,回鹘、西辽、蒙古的向西扩张,主要都经由丝路北道与西方发生联系。丝路北道的繁荣是继两汉以来,对外陆路交通发展的必然结果,也是整个陆上丝绸之路发展到鼎盛时期的重要标志。

综观这个时期陆上丝绸之路的历史贡献表现在:

(1)陆上丝绸之路开辟后,为了确保丝路的畅通,沿线戍军屯田,并在西北各地建立如西域都护府、北庭都护府、安西都护府等地方政权,不仅使汉唐中央政权的势力及于西北边陲,扩大了祖国的版图,巩固了祖国的统一,而且使中原汉族大批迁徙西北边疆,形成移民高潮。这条丝路不仅成为向西域移民的走廊,而且也是中原汉族联系西北各兄弟民族之间的纽带,对发展中原汉族与西北各兄弟民族之间在政治、经济、文化、宗教等各方面的友好关系,共同建立统一的多民族的中华民族大家庭都做出了重要的贡献。

(2)陆上丝绸之路是古代沟通亚、欧、非三大洲和东西方交通的大动脉。它不仅把世界上最大的文明古国,如东方的中国和西方的罗马联结在一起,而且把古代文明的发源地如中国、印度、埃及、罗马、波斯、阿拉伯等连接起来,形成一个洲际的交通网络,使东西方各族人民的文化,通过这一网络的互相交流和提高而放出了异彩。

(3)陆上丝绸之路所经,是世界三大宗教的发源地。它不仅是传播基督教、佛教、伊斯兰教等的媒介,而且也是向西方弘扬华夏文化(儒教)的桥梁,使中国在吸取外来文化的同时,也使中华传统文化得以弘扬光大而产生了重大的影响。

(4)陆上丝绸之路虽以丝绸贸易为开端,最初丝绸只是作为商品交换,后来突破经济范畴发展到与政治、外交、宗教、文化、艺术乃至改善人民的物质生活和精神生活,增进了各族人民之间的友谊,产生了深远的影响。

由此可见,丝绸之路不仅是传播丝绸等商品的"贸易交换之路",传播各族人民灿烂文化和宗教信仰的"文化交流之路",传播各族人民情谊的"友好往来之路",而且也是互相传播发明创造、生产知识、科学技术的"造福人类之路"。这是我们祖国对世界文明的一大贡献。

唐代前期陆上丝绸之路发展进入了鼎盛时期,其原因,既是在唐朝大统一后,政治稳定、国力强大、社会经济高度发达,又是两汉以来对外陆路交通不断发展的结果。同时,也是与丝绸之路东西两端形势的发展有关:东方的中国出现了统一、繁荣、空前强大的"唐朝盛世";而西方也出现了东罗马帝国,尤其是在大食灭波斯后的阿拉伯帝国,在倭马亚王朝时期是据有地跨亚、欧、非的强大帝国。他们都十分注意对外陆上交通的开拓,尤其想极力加强与东方强大的中国在政治、经济、文化各方面的联系。这样,就使这条联系当时世界上东西方两个最大的政治、经济、文化中心的陆上丝绸之路,迅速发展到鼎盛时期。虽然这时的海上丝绸之路也有很大发展,但还受各种条件的制约,东西交通陆路仍起主导作用。但是,陆上丝绸之路的这个"黄金时代"好景不长,到了唐朝中期就突然衰落了。这是由以下种种原因造成的:

大食的阿拔斯王朝(750—1258年)建立,定都于巴格达。751年(唐天宝十年)唐朝与大食在恒逻斯交战,结果唐军战败,唐朝在西域的威信急剧下降。不久,国内又爆发"安史之乱"(755—763年),唐朝遂将驻守在西疆四镇的边防守军东调长安,一时西北边防空虚,吐蕃乘机北上,侵占河西陇右。此时,回鹘亦南下控制了阿尔泰山一带。从此,唐朝就失去了对西域的控制。陆上丝绸之路因而"道路梗绝、往来不通"。连当时诗人杜甫也在《有感》诗中有"乘槎消息断,何处觅张骞"的哀叹。在《喜闻盗贼蕃寇总退口号》中又有"崆峒西极过昆仑,驼马由来拥国门。数年逆气路中断,蕃人闻道渐星奔"的描述。对于唐代中期陆上丝绸之路的衰落而言,"安史之乱"只是契机,并非全部根源。其实,陆上丝绸之路的衰落与海上丝绸之路的兴起,两者有着密切的关系,是相辅相成、互相交替的。

陆上丝绸之路的衰落除上述原因外,还有其自身难以克服的以下种种致命弱点:

(1)陆上丝绸之路只能通达毗连邻国,再向远运便要穿过一连串的国家和民族,如果其中有一个国家和民族发生了变乱,或有任何一个国家为垄断丝绸贸易而操纵了这条丝路,就会影响全线的畅通。而这样的变故或因战乱而使丝路中断的情况,在历史上是屡见不鲜的。

(2)陆上丝绸之路位于我国西北,地处内陆,只能向西运输商品,而我国传统的外销商品,如丝绸、瓷器、茶叶等的产区都在东南沿海。陆路西运,远离商品产区,既不经济,又不方便。何况,对于环太平洋各国,陆上丝绸之路是无法到达的。

(3)陆上丝绸之路的自然条件十分恶劣,要越过葱岭和戈壁沙漠,风沙弥漫,行程艰巨,又只能以骆驼运输,运输量有限,而且时间久,运费高。

(4)随着商品生产和商业活动的发展,商品外运与日俱增,尤其像瓷器这样较重且易损坏的商品,陆上运输就难以承担。因此,陆上丝绸之路已不能适应日益繁荣的商品经济和商品运输发展的需要。这是陆路运输转向海路的关键。

正是上述这些致命的弱点,限制了陆上丝绸之路的发展。加之,到唐代中期,中亚被土耳其等民族占领,唐朝的势力退出了这一地区。而"安史之乱"以后,唐代社会的政治、经济发生了重大的变化。黄河流域历经战乱,社会经济残破,陆上丝绸之路阻塞中断。这样,它就很快衰落,再也没有以前那样的繁荣景象了。

上述陆上丝绸之路的这些致命弱点,恰好是海上丝绸之路的优点。我国东部沿海有18000多千米漫长的海岸线,有许多终年不冻的良港和海港城市。陆路能够到达的国家,海路大都可以到达。陆路不能到达的许多海岛和洲间国家,海路都能到达。海路也不像陆路那样易受别国的牵制,可以自由通航,越过那些发生变乱或操纵丝路的国家。罗马帝国为了摆脱安息对陆上丝绸之路的操纵,曾于166年另辟到中国的海上丝绸之路就是例证。加之,我国东南沿海是外销商品丝、瓷、茶的生产基地,又是造船、航海最发达的地区,商船的运载量也比骆驼之类的运输工具不知要大多少倍,而且运费低廉,安全可靠。以上这些都显示出海上丝绸之路的巨大优越性。

正是因为以上这些原因,海上丝绸之路从此日益兴盛,同陆上丝绸之路的日益凋敝形成鲜明的对照,到唐代中期达到高峰。唐代前期在陆上丝绸之路发展至极盛的同时,海上丝绸之路也有很大的发展。到唐代中期,借陆上丝绸之路衰落的契机,海上丝绸之路又扶摇直上,取代了陆上丝绸之路昔日繁荣兴盛的主导地位。因此,海上丝绸之路的兴起和陆上丝绸之路的衰落,有着相辅相成、彼此交替的密切关系。这并非偶然,而是历史发展的必然结果。

8世纪中叶,东西方的海上交通和贸易往来空前繁荣,海上丝绸之路也有了新的突破。究其原因,主要表现在以下几个方面。

(1)唐代中期以后,中国扩大了与波斯湾之间的远航,并开辟了通向东非的航线。中国商船虽早已航行至印度以西,但其主要航线向来是在南海和印度洋南部。只是到了唐代中期,随着大食定都于巴格达,中国通向波斯湾的航线才出现了新的突破。贾耽在他的《广州通海夷道》中,详细记录了中国海船从广州起航,穿过马六甲海峡至印度南部,又沿印度南部西岸北上,再沿海岸线西行至波斯湾,最后抵大食首都缚达(今巴格达)的航程。他还记录了从波斯湾沿阿拉伯半岛通向东非海岸,以三兰(今坦桑尼亚首都达累斯萨拉姆)为终点的另一条东非航线。唐代后期,海上丝绸之路已能通达东非。在唐人写的《酉阳杂俎》和杜环写的《经行纪》中,都提到了东非的"拔拔力国"(今索马里柏培拉)和"摩邻国"(今肯尼亚的马林迪),就是例证。

(2)唐代中期后,大批阿拉伯和波斯商人,侨居在东南沿海各大商业城市且越来越多。这无疑是海上丝绸之路的发展,特别是广州至波斯湾航线通达后的明显反映。

综观唐代,由于海上交通和对外贸易的发展,在大批中国人移居海外经商的同时,也有不少外国商人留居中国境内。值得注意的是,在唐朝前期,留居中国的,主要是通过陆上丝绸之路来自西域的中亚、西亚人,他们绝大多数侨居于中国北方,尤其是长安和洛阳。唐代中期以后,由于海上丝绸之路的发展,留居中国的阿拉伯和伊朗商人不断增多,他们主要集中在东南沿海一带的海港城市。唐代中期后的广州已是国际贸易大港,不仅是东西方货物的集散中心,而且也是"汉蕃杂居"的要地。当时广州的外国人很多,已经有称为"蕃坊"的外国商人集居地。据来华通商的阿拉伯人苏莱曼记载,番坊中的番长由坊内外商选举并经唐朝政府任命,有管理外籍侨民和宗教信仰自由的权力。他还说,唐末黄巢起义在广州罹难的外商竟达 12 万人。[①] 可见,外商在广州留居的人数之多。其中,以阿拉伯人和波斯人最多,他们在番坊内建有清真寺便于礼拜,广州的怀圣寺就是在唐朝时建立的。此外,据《新唐书·田神功传》记载,760 年"神功兵至扬州,大掠居人,发冢墓,大食、波斯贾胡死者数千人"。可见,当时在扬州的阿拉伯、波斯商人也很多。

(3)最能说明唐代中期后海上丝绸之路发展的,莫过于广州在"安史之乱"期间仍能继续繁荣和兴盛。当时的广州除了通过波斯湾航线与大食首都巴格达有定期往来外,还与东西方许多国家发生友好关系和贸易往来。正如韩愈在《送郑尚书序》中曾描述与广州往来的海外各国"若耽浮罗(指朝鲜的新罗)、流求毛人夷檀之洲(指今中国台湾、日本)、林邑、扶南、真腊(指越南、柬埔寨)、干陀利(今印尼苏门答腊)之属,东南际天"。柳宗元在《岭南节度使飨军堂记》中也谈到与广州交往的国家"由流求、诃陵(今爪哇),西抵大夏、康居,环水而国以百数"。其时各国番舶云集广州,人云"舶交海中,不知其数"[②],并有"蛮声喧夜市,海邑润朝台"[③]等诗句来描绘广州当时受到对外贸易影响的繁荣景象。

---

① 《中国印度见闻录》,穆根来等译,中华书局 1983 年版,第 96 页。

② (唐)李肇:《国史补》。

③ 张籍:《送郑尚书出镇南海》,《文苑英华》卷二七七。

在唐代中期以后,为什么陆上丝绸之路由盛而衰、一蹶不振,而海上丝绸之路却方兴未艾、蒸蒸日上?这个问题牵涉面很广,也很复杂,既有国内、国外方面的原因,也有政治、经济的种种因素。就国内而言,至少有以下几个方面原因。

(1)唐代社会的政治和经济形势在"安史之乱"以后,发生了重大的变化:唐朝势力退出了西域地区,陆上丝绸之路中断和阻塞,黄河流域一带因历经战乱,社会经济凋敝残破。而南方的长江流域中下游一带,却与此相反,社会经济相对繁荣,国内经济重心就由北向南转移。以中国外销的传统商品丝绸而言,唐代中国南方江浙一带丝绸的产量已经大大超过了北方。东南沿海各省的陶瓷生产和造船等工业也不断发展,并在全国工业生产中占有重要的地位,为海上丝绸之路的发展,奠定了物质基础。

(2)为了适应不断发展起来的瓷器的出口和各类香药的进口,对外贸易空前扩大,海上运输量也大大增加。古代中国传统的外销商品,除了丝绸外,瓷器也成为外销出口的大宗商品。陶瓷的大量外销正是始于唐代盛于宋元,其中在唐代中期后有很大发展。瓷器是沉重而又易碎的商品,唐代中期后,又成为大量输出的外销商品,为了安全起见,当然以海路运输最为可靠,因为船舶不仅容量大,而且比较平稳也不易破碎,故有学者主张将"海上丝绸之路",称为"陶瓷之路"或"丝瓷之路"。这也反映了海上丝绸之路的发展和瓷器主要靠海路输出有一定的关系。

此外,从阿拉伯各国的进口商品中,各类香药占有重要的地位。唐代的统治阶级上层对香药的需求量很大,香药的用途也很广。它可以被用做香料、药物、防腐剂、化妆品、熏衣、制炬、食品佐料、净化环境,特别是用于医疗治病能起很大疗效。[1] 香料的产地集中在大食和南海地区,它的进口数量很大,主要是通过海路运输,所以有学者也称海上丝绸之路为"香料之路"。可见,不论是陶瓷的出口还是香药的输入,都对海上丝绸之路的发展起了很大的促进作用。

(3)唐代中期后,随着科学技术的发展、航海和造船技术的提高,人们征服海洋的能力已经大大增强。例如,根据《汉书·地理志》记载,汉代的中国海船航行至印度黄支国,还有"苦逢风波溺死,不者数年来还",而到了唐代中期后,据贾耽的《广州通海夷道》记载,中国商船从广州航行至波斯湾尽头的末罗国(今巴士拉),它的航程比印度要远得多,而航期只需89天。当时,我国的造船能力已居世界之最,全国造船工场遍布各地。唐代中国船舶之庞大、坚固及运载量之多,都是当时外国海舶所无可比拟的。可见,先进的造船和航海事业也直接为唐代中期后海上丝绸之路的兴起创造了必要的条件,提供了可靠的保证。

此外,由于陆上丝绸之路中断衰落,唐朝政府转而重视和加强对海上对外贸易的管理。例如,设市舶使管理对外贸易,征收市舶税,以增加国家的财政收入,促进了海外贸易的发展,它对唐代中期海上丝绸之路的兴起也起了一定的作用。在上述各种因素中,最重要的还是全国经济重心的南移。南方地区经济的发展和繁荣,正是当时海上丝绸之路兴起的前提和基础。而这一经济重心的南移,又与北方地区经济的衰落相一致,反映了"安史之乱"后唐代社会情况和地区经济结构发生了重大的变化。

就国外而言,唐代中期后海上丝绸之路的兴起,不仅适应了中国社会本身的变化,

---

① 详见陈炎:《海上丝绸之路与中外文化交流》,北京大学出版社1996年版,第143页。

而且也符合了国外东西方各国贸易交往的要求。当时不管是东亚、东南亚或是阿拉伯地区各国,都希望通过海上丝绸之路与唐朝发生进一步的友好关系和贸易往来。

首先是唐代主要的海外贸易对象大食,自建立阿拔斯王朝后,即全力加强海上交通。其都城巴格达由陆上丝绸之路西段的陆路交通中心转而成为海路交通中心,这一转变正好是与中国陆上丝绸之路的衰落、海上丝绸之路的兴起相适应的。当时的海上丝绸之路于是就成为联系广州和巴格达这两个国际性大都市的纽带。因此,巴格达特设有专卖中国货的市场,而广州则辟有居住大批阿拉伯商人的"蕃坊"。大食极力发展海上交通,与唐代中期后海上丝绸之路的兴起几乎同时出现,彼此遥相呼应。

其次是东亚和东南亚地区,在唐代中期后也明显地与中国加强了往来和联系。例如,贾耽的《登州海行入高丽渤海道》详细地记述了从中国北方港口登州起航到朝鲜的全部航线和航程,充分说明了中朝海上交通的发展和繁荣。早期的中国和日本的海上航路就是循着这条航线掠朝鲜半岛,越对马、壹岐等岛屿而到达日本的。日本的遣唐使先后来唐 19 次,大批留学生、学问僧乘大海舶携带大批货物来中国进行政治、经济、文化交流,自第 8 次遣唐使后开辟了自我国南方各海港城市如扬州、苏州和明州(今宁波)起航、越东海至日本的新航线。这条航线的开辟,大大缩短了航程,并且与中国南方经济最发达的江浙一带进行了友好的宗教传播和贸易往来。鉴真东渡日本 5 次(743—748 年)失败,753 年鉴真第 6 次自扬州东渡日本时已 66 岁高龄且双目失明,坚持实现了东渡日本的愿望。

再次,在东南亚地区,当时也出现了室利佛逝(今印尼苏门答腊)和诃陵(今印尼爪哇)等重要国家。他们控制了东西海上交通的咽喉之地马六甲海峡和巽他海峡,既是东西海上贸易的中转站和集散中心,又是当时海上丝绸之路中国商船通往印度洋的重要据点。据《唐书》记载,768—873 年诃陵遣使入唐的入朝使节至少达 8 次。类似例子举不胜举,只此一例足以说明东南亚地区各国与中国交往的频繁和海上丝绸之路的日益重要。

综上所述,丝绸之路在唐代经历了重大的发展和变化的过程:唐代前期是陆上丝绸之路发展至鼎盛时期,到唐代中期陆上丝绸之路盛极而衰,中期以后是海上丝绸之路的方兴未艾。正是这种陆海两路的兴衰交替,构成了丝绸之路在唐代中期的变化和特点。因此,唐代中期是丝绸之路由陆路转向海路的转折时期,起了承前启后的作用,它在整个丝绸之路的发展史上具有十分重要的地位。因此,要研究海上丝绸之路的发展历史,就不能不研究唐代中期丝绸之路由陆路转向海路的这种盛衰交替的变化。

三 唐代海外贸易的繁荣

(一)海外贸易方式的变化

唐代,官方海外贸易和民间海外贸易都有了很大发展。

唐朝初期,官方海外贸易主要是朝贡贸易,市舶使在广州设置后,官方贸易除原有的"朝贡贸易"方式外又出现了市舶贸易方式。

唐代前期,国力富强,万国来朝,朝贡贸易占主导地位。唐朝为了远播声威及"怀柔万国""申辑睦、敦聘好""开怀纳戎,张袖延狄"①,对来朝贡的国家一般都有相当丰厚的回赐。这种朝贡贸易实际上是一种不等价交换,旨在从政治上扩大唐朝的影响。唐前期国力强盛,朝贡贸易得以大力提倡和发展。诗句"条风开献节,灰律动初阳,百蛮奉遐赆,万国朝未央"②,"开元太平时,万国贸丰岁"③,"梯航万国来,争先贡金帛"④,就是对兴盛的朝贡贸易的生动写照。

市舶贸易是以禁榷制度(即专卖制度)为核心,征抽"舶脚",收取"上供",主要着眼于经济收益。"安史之乱"是唐朝由盛转衰的分界线。经过这次变故,唐朝元气大伤,不得不设法从海外贸易中获取更多经济收入,以获取财政收入为主要目的的市舶贸易成为官方贸易的主要方式。从繁荣的市舶贸易中获得的市舶收入"上足以备库府之用,下足以赡江淮之需"⑤,给唐朝带来了可观的经济收入,同时也促进了海港和城市的发展繁荣。

整体来看,唐代官方贸易中重政治影响的朝贡贸易与重经济收入的市舶贸易,"这两种形式交互兴替,即前期以朝贡贸易为主,后期以市舶贸易为主。这种转变与唐朝的兴衰与财政的盈竭直接相关"⑥。

除官方贸易外,民间海外贸易也蓬勃发展,中国海商远赴海外各国经商贸易,唐朝更是吸引着众多外商纷至沓来,在广州、扬州等海港城市聚集着大量前来贸易的外国商人(详见本书相关章节)。

(二)贸易国家和地区的广泛⑦

东方海上丝绸之路主要通达朝鲜半岛和日本。唐代同日本、新罗保持着频繁的贸易关系。日本和新罗都多次派出遣唐使到中国,其中包含很大一部分朝贡贸易的内容。另外,民间商人也很活跃,朝鲜的新罗人在中国和朝鲜半岛及日本之间往来贸易,在我国东部沿海经商定居的新罗人也很多,中国海商更是频繁往返于黄海和东海海面。

南方海上丝绸之路通达东南亚、南亚、西亚、东非许多国家和地区。贾耽所记南海航路,共举出国家、地区名30多个,从广州起航依次是:

屯门山,在今九龙西南;

九州石,在今海南岛东北角附近;

象石,即今独珠山,海南岛东南岸属岛;

占不劳山,今越南占婆岛;

环王国,即林邑;

陵山,今越南燕子岬;

---

① 《全唐文》卷二七。

② 《全唐诗》卷一太宗皇帝《正日归朝》。

③ 《全唐诗》卷五二李肱《省试霓裳羽衣曲》。

④ 《全唐诗》卷七〇一王贞白《长安道》。

⑤ 张九龄:《开大庾岭路记》,《全唐文》卷二九一。

⑥ 李庆新:《论唐代广州的对外贸易》,《中国史研究》1992年第4期,第14页。

⑦ 邓瑞本、章深:《广州外贸史》上册,广东高等教育出版社1996年版,第53—55、66—70页。

门毒国，今越南归仁；

古笪国，今越南富庆省东南部的芽庄；

奔陀浪洲，在今越南的藩朗一带；

军突弄山，今越南南岸外的昆仑岛；

海峡，今马六甲海峡；

罗越国，在马来半岛南部今马来西亚的柔佛州一带；

佛逝国，即室利佛逝国，在今印度尼西亚苏门答腊岛的巨港、占碑一带；

诃陵国，今印度尼西亚爪哇岛；

葛葛僧祇国，今印度尼西亚苏门答腊岛东北伯劳威斯群岛中的一岛；

茵罗国，今马来半岛西岸之吉打；

哥谷罗国，在今马来半岛克拉地峡西南；

胜邓洲，在今印度尼西亚苏门答腊岛北部东海岸棉兰之北日里（Deli）附近；

婆露国，即婆鲁师洲，在今印度尼西亚苏门答腊岛北部西海岸大鹿洞附近巴鲁斯（Baros）；

伽蓝洲，今孟加拉湾中之尼科巴（Nicobar）群岛；

狮子国，今斯里兰卡；

南天竺，南印度；

没来国，今印度西南马拉巴尔（Malabar）海岸奎隆（Quilon）一带；

婆罗门，指古印度；

拔𩗊国，在今印度纳巴达河口的布罗奇（Broach）附近；

天竺（印度）西境的 5 个小国；

提𩗊国，在今巴基斯坦印度河口西北卡拉奇附近之提勃儿（Daibul）一带；

弥蓝大河，今印度河；

提罗卢和国，又称罗和异国，在今波斯湾内伊朗西部的阿巴丹附近；

乌剌国，今波斯湾头之奥布兰，在巴士拉（Basra）的东方；

弗利剌河，今幼发拉底河；

大食国，即阿拉伯伊斯兰教国家；

末罗国，在今伊拉克南部的巴士拉一带，是大食国的重镇；

缚达城，今伊拉克首都巴格达；

三兰国，即今东非坦桑尼亚首都达累斯萨拉姆（Dares Salaam），另一说谓即索马里（Somali）的异译；

设国，又作施曷，即今阿拉伯半岛南岸之席赫尔（Ash Shihr）；

萨伊瞿和竭国，今阿曼马斯喀特（Maskat）与哈德角（Ras-Hadd）之间的卡拉特（Kalhat），中世纪时为阿曼海岸之大港；

没巽国，今阿曼北部东邻阿曼湾之苏哈尔（Sohar）港；

拔离诃磨难国，今波斯湾西岸之巴林岛，亦指其对面之哈萨（Hasa）地区；

等等。

唐朝同以上这些国家和地区大都有贸易关系。

据《旧唐书》《新唐书》《通典》《唐会要》的记载，唐时由海路通过广州前来与中国贸

易的,有26国,其中交往比较密切的有如下十数国:

(1)林邑:唐肃宗至德(756—757年)后改名环王。唐高祖武德六年(623年)遣使贡献,此后往来不绝。从武德六年至唐玄宗开元二十三年(735年),见于记载的入贡次数有30余次之多。"安史之乱"后到五代的后期,仍不时到中国进贡。

(2)盘盘:是马来半岛中的一个小国。"贞观九年,遣使来朝,贡方物。"①"贞观中,再遣使朝。"②

(3)真腊:今柬埔寨。武德六年来朝,"自武德至圣历,凡四来朝"③。唐中宗神龙(705—706年)后分裂为水真腊与陆真腊两个部分。陆真腊又名文单,唐玄宗开元、天宝(713—755年)和唐代宗大历年间(766—779年),均有使者来朝。水真腊于唐宪宗元和(806—820年)中,亦遣使入贡。

(4)堕和罗:又名堕和罗钵底、投和等等,在今泰国中部、湄南河的下游地区,是6世纪时期暹罗湾沿岸的重要国家,国际贸易发达。《通典》卷一八八谓其"民多以农商为业"。还说"其国市有六所,贸易皆用银钱"。《旧唐书》卷一九七载该国"去广州五月日行。贞观十二年(638年),其王遣使贡方物。二十三年(649年),又遣使献象牙、火珠"。

(5)陀洹:在今缅甸境。唐太宗贞观十八年(644年)、二十一年(647年),唐高宗永徽二年(651年),均遣使来朝。

(6)骠国:今缅甸。与中国有悠久的交往历史。唐德宗贞元十八年(802年)遣使来朝。

(7)罗越:在今马来半岛南部。《新唐书》卷二二二曰:"商贾往来所凑集……岁乘舶至广州,州必以闻。"

(8)单单:今马来半岛吉兰丹一带。唐高宗乾封、总章时(666—669年),遣使入朝献方物。

(9)婆利国:今印度尼西亚巴厘岛。"贞观四年(630年),其王遣使随林邑使献方物。"④总章二年(669年),又遣使来朝。

(10)室利佛逝:今印度尼西亚苏门答腊,唐时是东南亚一个强盛的大国。"咸亨至开元间(670—741年),数遣使者入朝。"⑤

(11)诃陵:今爪哇岛,与中国有较频繁的交往,从贞观中开始,至唐懿宗咸通中(627—873年),均遣使来朝。

(12)狮子国:今斯里兰卡。与广州有频繁的贸易关系。总章三年(670年),遣使来朝,至天宝九年(750年)仍献象牙、珍珠。

(13)天竺:即印度。原为五天竺,唐武德(618—626年)中,东西南北四天竺为中天竺所并。贞观十五年(645年),遣使贡献,唐太宗亦于贞观二十二年(648年)派王玄策出使印度,后往来朝贡不绝。据《册府元龟》记载,自唐高宗咸亨三年(672年)至唐

---

① 《旧唐书》卷一九七《南蛮传》。
② 《新唐书》卷二二二《南蛮传》。
③ 《新唐书》卷二二二《南蛮传》。
④ 《旧唐书》卷一九七《南蛮传》。
⑤ 《新唐书》卷二二二《南蛮传》。

肃宗乾元元年(758年)的86年间,共朝贡19次。该国商船亦有不少至广州贸易者。

(14)波斯:今伊朗。唐与波斯的往来也很密切,因其地扼东西方交通的咽喉,故与中国有频繁的贸易往来。据《册府元龟》记载,从贞观十三年(639年)开始,至大历六年(771年)的100多年间,波斯遣使贡献34次。因其在唐中宗龙景二年(708年)已为大食所灭,所以在龙景二年后的来朝,均为商人所为,不属国与国之间的正式朝贡关系。从中亦可看出波斯商人之活跃。

(15)大食:今阿拉伯国家,由伊斯兰教创始人穆罕默德建立。唐高宗永徽二年(651年)首次派遣使者访问中国。后来,该帝国又经历了乌玛亚王朝(661—750年,唐代称之为白衣大食)和阿拔斯王朝(750—1258年,唐代称之黑衣大食),均与中国有频繁的贸易往来。据《册府元龟》等书记载,自永徽二年(651年)至贞元十四年(798年)的140多年间,朝贡39次,平均不到4年遣使一次。"安史之乱"时,还派兵协助唐肃宗平定叛乱,是中国当时最大的一个贸易伙伴。

(16)拂菻:即东罗马帝国。其名最早见于正史者,为《隋书》卷六七《裴矩传》,说明在唐以前已与中国有交往。《旧唐书》卷一九八记该国于贞观十七年(643年)遣使献赤玻璃、绿金精等物,后来又有三次贡献,一次是高宗乾封二年(666年),一次是武则天大足元年(701年),还有一次是开元七年(719年)。《册府元龟》记其在睿宗景云二年(711年)和玄宗天宝元年(742年),均有贡献,证明它与唐朝的关系亦比较密切。

在这里值得注意的是,有一些记载在《旧唐书》和《新唐书》里面的国家,过去都是史不见书的,如哥罗舍分(在泰国境)、修罗分(在泰国境)、甘毕(在苏门答腊岛)、弥臣(骠国之属国)、多摩长(在马来半岛)、婆罗(加里曼丹岛)等,说明了唐代经由广州的海外贸易之繁盛。所以,柳宗元在《岭南节度使飨军堂记》中说:"其外大海多蛮夷,由琉球、诃陵,西抵大夏、康居,环水而国,以百数,是统于押蕃舶使焉。"

在同以上这些国家和地区进行贸易交往的过程中,下面这些外国港口对中国商人和中国商品最为重要:

(1)巴士拉:位于波斯湾头,幼发拉底河畔,在今伊拉克境内。贾耽《广州通海夷道》称它为末罗国,并说其是"大食重镇",为当时大食国首都巴格达的门户,其最繁荣时期是8、9两个世纪。马索提(生于9世纪下半叶,卒于956年)在《黄金牧地》中提到该港与广州的关系时说:"中国之船直航至瓮蛮、波斯湾畔之西拉甫(即西拉夫)港、八喻刺因、俄波拉、巴斯拉等港。"[①]那个时期的巴士拉,是世界上有数的港口之一,市场内的中国货,大都由广州进口,故广州火灾频繁时直接影响到巴士拉的中国货供应。《中国印度见闻录》记巴士拉的情况说:"……尽管(中国)商品稀少,而他们却掌握着一切。"这说明这个港口城市垄断了广货的贸易。

(2)西拉夫:位于海湾东岸。兴起于9世纪,是当时波斯湾最重要的一个贸易港。据《中国印度见闻录》介绍,它是唐船航海贸易的终点站。大部分的中国商船到达这里后,即装货返航。从巴士拉、阿曼运来的货物,也在这里集中,然后再运往世界各地。"中国商船以东洋物产,例如芦荟、龙涎香、竹材、檀木、樟脑、象牙、胡椒等,先载至西拉

① 张星烺:《中西交通史料汇编》第二册,中华书局1977年版,第221页。

夫港,然后更由西拉夫港用小舟改装,输运此等产物于巴士拉、巴格达方面。"①桑原骘藏更进一步引 9 世纪中叶阿拉伯古文献记录说:"当时之西拉夫居民,恃海外贸易之关系,储有可惊之资产。西拉夫居民之富有,盛传于伊斯兰教之国中,就中一人持有六千万典拉(约合二千万元)之资产者,数见不鲜。彼等复用由海外运来之良才,择一展望出入商船舒适之处,构筑几层之高楼。有某富豪仅于住宅,费去三万典拉(约合十五万元)云。"②当时,从阿拉伯来广州经商的商人中,有许多是西拉夫人。这个地方还有一种构造奇特、用椰子树外皮制索结缚船板而成的船舶,称为西拉夫舶。可见,其在世界航海贸易中影响之大。但话又说回来,这个港口之所以繁荣,主要是因为和广州建立了贸易关系,故至唐末黄巢的农民起义军攻陷广州时西拉夫的经济受到严重的打击,西拉夫到广州的航线中断了,"中国之事变波及于海外万里之西拉甫港及瓮蛮省两地之人。前此恃营商中国为生,至此破产者,所见皆是也"③。

唐代,仍然是以丝绸出口为主,由于动乱期间,丝绸出口锐减,所以《中国印度见闻录》和马素提的《黄金牧地》都非常重视广州城外桑树遭破坏的情况,并说:"我们特意提起桑树,是因为中国人用桑树的叶子,喂蚕……因此,这一事件就是阿拉伯各国失去货源,特别是失去丝绸的原因。"④可以说,广州的兴衰,直接牵动着西拉夫港的兴盛与衰落。

(3)瓮蛮:即阿曼。贾耽《广州通海夷道》称之为没巽国。在当时的阿曼境内,有两个重要的港口:一叫马斯喀特,一叫苏哈尔。据《中国印度见闻录》记载:从西拉夫出发的船舶,要先泊马斯喀特补充淡水。西拉夫到马斯喀特大约有二百法尔桑。市场上食品丰富,价廉物美。船舶补给完毕后即开往苏哈尔。苏哈尔亦是波斯湾旁的一个繁华都市,"这里是全世界的转口港,世界上没有哪一个城市的客商能比这里的商人更为富裕。东西南北的各种货物都运到这个城市,然后再由该处转运各地"⑤。当时,从海路进入波斯湾,有两条航线可走:一是从印度沿岸西行,进入波斯湾头的各个港口;一是由南印度的马拉巴海岸出发,过阿拉伯海,抵达阿拉伯半岛南岸的亚丁附近,然后再沿半岛的南岸往东北走,经阿曼进入波斯湾,到湾内各港口。在这条航路上,苏哈尔首当共冲,所以称它为世界的转口贸易港。唯其如此,当时的阿曼在东西方海上贸易中便占有重要的位置。"首批侨居中国的阿拉伯人,其原籍都是阿曼人"⑥,在苏哈尔考古发掘中,亦发现了许多唐代的瓷片,证明这个港口与广州有密切的贸易往来。

(4)故临:今印度奎隆。贾耽《广州通海夷道》称之为没来国,在印度西海岸,是一个交通发达的国际贸易中转港,中国有不少的商船到此贸易。据《中国印度见闻录》载,中国船体积比较大,载货也比较多,所以交纳税款时要比其他国家的商船多好几倍,故临的税收有相当大的一部分要仰给于中国船舶,这些中国船舶很多都是来自广州,所以故临的繁荣,在很大程度上依靠与广州和阿拉伯之间的贸易。

---

① 〔日〕桑原骘藏:《波斯湾之东洋贸易港》,载《唐宋贸易港研究》,商务印书馆 1935 年版。
② 〔日〕桑原骘藏:《波斯湾之东洋贸易港》,载《唐宋贸易港研究》,商务印书馆 1935 年版。
③ 张星烺:《中西交通史料汇编》第二册,中华书局 1977 年版,第 208 页。
④ 《中国印度见闻录》卷二,穆根来等译,中华书局 1983 年版。
⑤ 《中国印度见闻录》,穆根来等译,中华书局 1983 年版,第 42—43 页。
⑥ 《中国印度见闻录》译本序言,穆根来等译,中华书局 1983 年版。

（5）狮子国：今斯里兰卡。它与中国有悠久的贸易关系历史。到了唐代，贸易规模更大。李肇《唐国史补》卷下曰："南海舶，外国船也。每岁至安南、广州。狮子国舶最大……至则本道奏报，郡邑为之喧阗。"由此可见它是当时中国常年的贸易伙伴之一。由于这里地扼东西海运交通的咽喉，所以不少阿拉伯、印度商人居于岛上。由广州开来的商船亦多停泊这里，并有大量的瓷器、丝绸行销此地。

（6）羯荼：今马来半岛的吉打。它是马来半岛西部的一个重要贸易港。由于这个港口有航线通印度的耽摩立底和广州以及阿拉伯等国，所以贸易兴旺、商贾云集。唐代僧人航海往天竺取经，很多是取道广州——室利佛逝——末罗瑜——羯荼——耽摩立底航线。阿拉伯和印度商船到中国进行贸易，几乎都经过这里，而从中国到印度恒河流域的船只，一般也经过羯荼。所以，到了唐末黄巢农民起义军攻占广州后，由于贸易船舶不能直接开往广州，羯荼便成了东西方贸易的中转站。对此，马素提的《黄金牧地》作了这样的记载："喀拉城（即羯荼）今成为西拉甫、瓮蛮两地回教商人船舶集汇之地。中国之船，亦来此相会，惟以前则不然也。……自中国有上方所述大乱（指黄巢之乱）后，地方长官无法律公道可言，其善意全不可恃，商人乃裹足不前。船舶皆于此中间港埠相会，交易货物也。"①由此可见这羯荼港地位之重要，与广州关系又是非常的密切。《中国印度见闻录》卷二也说："个罗岛是商品的集散地，交易物产有：沉香、龙脑、白檀、象牙、锡、黑檀、苏枋木、各种香料以及其他种种商品。……从阿曼到个罗，从个罗到阿曼，航船往来不绝。"

（7）室利佛逝：在今苏门答腊岛。唐时的室利佛逝是东南亚的一个强国，首都在苏门答腊岛的巨港。巨港是一个国际贸易港，9世纪中叶前，史书所介绍的室利佛逝港，指的就是巨港。7世纪下半叶，义净往印度取经，最先抵达的地方便是室利佛逝。他从印度取经回来后，又以此地作为译经的基地，并往来广州——室利佛逝之间，物色助手，运输纸笔。义净《大唐西域求法高僧传》也多次记载西行求法高僧取道室利佛逝、狮子国至印度的情况。印度僧人金刚智（跋日罗菩提）于开元年（713—741年）间来中国传教时，亦由狮子国途经室利佛逝，而且当时同行的还有商舶35艘，可见此港是国际贸易海运航线上的重要港口。但是，自9世纪下半叶室利佛逝王国迁都至末罗瑜后，其国际贸易的地位逐渐为末罗瑜所代替。

末罗瑜在今苏门答腊岛的占碑，原是一个独立的国家，644年曾遣使到中国朝贡，与唐朝建立了外交关系。但当671年义净抵达室利佛逝时，末罗瑜已被这个强大的邻国并入了版图。义净的《大唐西域求法高僧传》和《南海寄归内法传》都多次提到了这个地方，说明早在它未入室利佛逝版图前，已是东南亚的一个著名国际贸易港。陈序经《马来南海古史初述》引伊德里西《行履诸国消闲录》（著于1154年）称，末罗瑜与东非有航线来往，并有贸易关系，中国商人因其土人公平善良、风俗淳朴，亦有赴此贸易者。由于贸易关系密切，两国的统治者都非常重视发展彼此之间的友好关系。开元二十九年（741年），室利佛逝王子率使团来中国朝贡，朝廷"册封佛誓王刘滕为宾义王，授左金吾卫大将军"②。唐昭宗天佑（904年）又遣使贡物，朝廷又封其使"都蕃长蒲河

---

① 张星烺：《中西交通史料汇编》第二册，中华书局1977年版，第221页。

② 《册府元龟》卷九七一。

栗宁远将军"①。

（8）诃陵：即现在的爪哇岛。贾耽《广州通海夷道》亦提到它，谓其是"南中洲之最大者"。由于当时国际贸易船舶频繁地通过巽他海峡，所以，此岛的国际贸易也非常发达。《中国印度见闻录》卷二称此岛"是个无比富饶的地方，居民的住地稠密无间。……村落相连，人烟稠密"。它除了与广州有航线往来外，与斯里兰卡、印度、阿拉伯等国都有贸易关系。它甚至与东非也有贸易关系，"黑人无船可航，仅有阿曼船航行其他，运载黑人之货物，至印度各岛中之爪哇，以易爪哇之货物。爪哇岛人则以其大舟小舶，运载货物，来售于黑人。因彼此通晓语文也"②。爪哇岛商人能通晓非洲东部黑人的语言，证明他们之间贸易接触的频繁。此岛自贞观至咸通年间（627—660年），不断遣使来朝。8世纪后，无论是东来传教或西行求经的僧人，都较多地选择巽他海峡航线，通过诃陵前往狮子国或印度，足证在这期间此岛加强了与广州的贸易。

（三）贸易商品的增加

1. 丝瓷等商品的外销③

当时输出的商品主要是丝绸、瓷器和金银、铜钱。

唐代是中国封建社会的繁荣时期，它是以最发达的手工业品——丝绸生产而显示其对外贸易的特点。丝绸生产到了唐代，已遍布大江南北。漆器由于陶器的发展而渐趋减少，瓷器生产还在婴儿时期。陶器虽然已发展到三彩釉，但毕竟还不能成为出口的大宗。因此，丝绸成了唐代独占鳌头的出口商品。由于丝绸的大量外销，又刺激了丝绸生产的发展。它是唐代对外实行开放政策的重要物质条件之一。

唐代的丝织生产，据统计有宋、亳、郑、汴、曹、怀、滑、卫、陈、魏、相、冀、德、海、徐、泗、濮、衮、贝、博、沧、瀛、齐、许、豫、仙、棣、郓、深、莫、洺、邢、恒、定、赵、颍、淄、青、沂、密、寿、幽、易、申、光、安、唐隋、黄、益、彭、蜀、梓、汉、剑、遂、简、绵、襄、褒、邓、资、眉、邛、雅、嘉、陵、阆、普、璧、集、龙、果、洋、渠、通、巴、蓬、金、均、开、合、兴、利、泉、建、闽诸州，黄河上下、大江南北皆有丝织。

根据唐武德七年（624年）制定的租庸调法，"调"就是农业税，凡是产蚕桑之地，每丁每年缴纳绫、绢、**绅**各二丈，丝绵三两。这种人头税构成了唐代国库丝绢的主要来源。仅据天宝年间的捐税统计，全国人口890余万户，丝绵产区的农户，有370余万丁口，全年庸调输纳给朝廷的丝绢，即达740余万匹，丝绵达到1110万两。

唐代丝织业生产的一大变化，是出现了城市中专门生产的独立织户，标志着丝织从男耕女织、农业手工业混合一体的农户中独立了出来，成为独立家庭手工业的一支大军。它不仅大量提供国内市场的需要，而且提供了民间对外贸易的货源。范文澜在《中国通史》中说："南北互相需要和对外贸易的扩大，是唐朝手工业发达的重要原因。"

唐代的官府手工场，也控制着一部分丝织业的生产。唐代少府监中有染织的官营工场，工场又划分为织纴、组绶、**紬**线、色染等部门。当时官营的丝织工匠，已经不是

---

① 《唐会要》卷一〇〇。

② 费琅：《昆仑及南海古代航行考》，商务印书馆1920年版，第123—124页。

③ 沈光耀：《中国古代对外贸易史》、陈炎：《海上丝绸之路与中外文化交流》、吴春明：《环中国海沿船——古代帆船、船技与船货》，江西高校出版社2003年版。

全部征调来的役匠,有一部分已是出资的"私雇匠"。雇匠是雇佣劳动,这种由无偿的劳役形式转变为雇佣劳动,是手工业生产史上的一大进步,也反映了唐代丝织业的发展情况。中国丝织业经历着一个由北向南的发展过程。唐朝初年,薛兼训为江东节制,因江浙民众还不善丝织,于是给军队中未婚士兵以厚币到北方去娶妻,一年竟有数百人。李肇《唐国史补》记道:"由是越俗大化,竞添花样,绫纱妙称江左矣。"唐代城市丝织业以四川、河北著称。据《太平广记》卷二四三《何明远》条引《朝野佥载》说:"唐定州何明远大富,主官中三驿,每于驿边起店停商,专以袭胡为业,资财巨万。家有绫机五百张。"全国州郡进贡丝织品给朝廷的也以定州为第一。拥有 500 张织机是很大的手工业工场了,必然要雇佣许多工匠。产量多要有销路才能进行再生产,何明远主要是与胡人做贸易,这在当时与对外贸易有关。由于丝织业的发展,丝帛价格较前下跌。唐德宗时,大臣陆贽说"往者纳绢一匹,当钱三千二百文,今者纳绢一匹,当钱一千五六百文",因产量增加之故。

随着城市丝织业的发展,出现了产销范围的行会以及介于税户和织户之间的媒介人揽户。因当时租赋仍用绢帛,而税户要纳帛但又不产绢帛,于是由中间人揽户包揽织户之绢帛和税户之租赋。

在织染技艺上达到了基本大全的水平,织纴有布、绢、绝、纱、绫、罗、锦、绮、绸、褐等品种,组绶(丝带)类有绦、组、绶、绳、缨等,紃线有紃、线、弦、网,色染有青、绛、黄、白、皂、紫等。织红和刺绣相结合,开创了丝绣工艺的历史。织女刘氏发明的印花镂板,开创了丝绢印花。汉代以绫锦著称,唐代则有缭绫闻名,质地优美,技艺精湛。诗人白居易写的《缭绫》篇对这种丝织品就有细致的描绘:"缭绫缭绫何所似,不似罗绡与纨绮。应似天台山上明月前,四十五尺瀑布泉。中有文章又奇绝,地铺白烟花簇雪。""去年中使宣口敕,天上取样人间织。织为云外秋雁行,染作江南春水色。广裁衫袖长制裙,金斗熨波刀剪纹。异彩奇文相隐映,转侧看花花不定。"这种名贵的织物,民间自然无权穿用,而是专供朝廷权贵用的。[①]

新兴的江南各产丝区,能织出品种繁多的精美丝织品。这些产品有的从不同角度看,可显示出迥异的图案;有的"薄如蝉翼,飘似云雾",其工艺可谓"巧夺天工",成为唐代外销商品中最受各国人民欢迎和喜爱的商品。

上述江南产丝地区,同时也是我国著名的造船基地,如润州、常州、苏州、杭州、越州和明州都能制造海船。例如,有一种名曰"苍舶",长达 20 丈,可载六七百人;还有一种名曰"俞大娘"的大舶能载重万石。

唐玄宗时,大臣韦坚调集各州郡制造的船只进行了一次大检阅。船头上都挂上各州郡造的牌子,船上装的是各州郡的特产,如广陵郡造的船上装的是"锦",丹阳郡船上装的是"京口绫、衫缎",晋陵郡船上装的是"官端绫绣",吴郡船上装的是"方文绫",会稽郡船上装的是"罗、吴绫、绛纱"。可见,这些地区既是造船基地,也是丝绸产地,它们既提供了丝绸外销的来源,又提供了丝绸外传的运载工具。因此,为唐代的海上"丝绸之路"和海外贸易的发展奠定了经济基础。

丝绸的当量输出除了经由民间贸易外,在官方贸易中也是最重要的唐朝回赐礼

---

① 沈光耀:《中国古代对外贸易史》,广东人民出版社 1985 年版,第 95—97 页。

品。例如,日本政府遣唐使时,大使、副使、判官按等级赏赐大批丝织品,作为奖励和旅费。他们到达中国后又受到唐朝的赏赐。除赏赐国王大使的丝绸外,判官以下的水手每人赐绢5匹。贞元二十一年(805年)赴上都270人共赐绢1350匹。[①] 中国丝绸(当时被称为"唐货")一到日本,一部分通过内藏官售卖,王臣贵族心爱远物,无不以高价竞相争购。这反映了中国丝绸等商品,受到日本人民的欢迎和喜爱。

贾耽《广州通海夷道》记载了从广州经南海到波斯湾头巴士拉港,全程需时3个月的航线。这条航线把中国和三大地区:以室利佛逝为首的东南亚地区,以印度为首的南亚地区,以大食为首的阿拉伯地区,通过海外贸易连接在一起。这些地区是转运中国丝绸的集散地,也是当时世界上政治、经济、宗教和文化的中心。唐代与南海各国通商的海港以广州最为重要。阿拉伯等国商人在广州侨居,开店列肆,于是就出现了外侨聚居区——番坊。据苏莱曼说,878年黄巢进城时,阿拉伯等国商人就有12万人被杀遇难,由于战争,桑树都被砍了,以致影响了阿拉伯和中国的丝绸贸易。[②] 可见,当时对外丝绸贸易之盛。

唐代海外贸易的主要对象之一是阿拉伯地区。关于这个地区的情况,记载得最详细的首推杜环写的《经行纪》。它翔实地反映了当时中亚各国和大食、拂菻(东罗马帝国)等国的情况。例如,在提到拂菻国时说其"妇女皆珠锦""多工巧,善织络";在提到大食国时有"四方辐辏,万货丰贱,锦绣珠贝,满于市肆"。上述记载反映了东罗马帝国和阿拉伯各国丝绸工业的发展,丝绸应用之广和丝绸贸易的兴旺。特别是提到大食时说:"绫绢机杼,金银匠、画匠、汉匠起作画者,京兆人樊淑、刘泚,织络者河东人乐隈、吕礼。"这段记载非常重要,它说明了我国绫绢工人、金银匠和画家的西传;也说明了唐代时不仅丝绸早已西传,就连生产丝织品的工人(具有姓名、籍贯)、生产丝绸的技术和生产工具——纺织机杼也传入阿拉伯国家。

唐代义净于671—695年去印度求经,来回都是取道海路的。他先到室利佛逝(今印尼苏门答腊的巨港)停留六个月学习梵文。当时的室利佛逝已成为控制东南亚海上贸易的中心,也是中国丝绸传播到东南亚各国的集散地。这在义净的著作中也有所反映。例如,义净的《梵语千字文》里,除了"丝"字外,还有"绢""绫""锦""绣"等字。可见,中国的丝织品早就在印度和东南亚各国流传了。[③]

瓷器是我国传统的出口商品之一,其悠久的历史仅次于丝绸和漆器。瓷器盛产于唐,发展于宋,正当唐宋对外实行开放政策、经济活跃的时候,顺乎潮流,瓷器成了四方交誉的佳品。中国传统出口商品丝瓷并称,交相辉映。

瓷器的前身是陶。陶器是石器时代的产品,世界广大地区都有陶器的文化遗址,然而并非都能生产瓷器。瓷器要经过原始陶器——硬质陶——釉陶——软质瓷——硬质瓷等一系列的技术演变过程,这是一个漫长而复杂的过程。中国是世界上第一个完成这些技术演变的国家,因而成为世界瓷器的故乡。

有人说,汉代已有原始瓷器,其实还只能说是釉陶。汉代是丝绸、漆器、釉陶三大

① 园仁:《入唐求法巡礼行记》。
② 〔阿拉伯〕苏莱曼:《苏莱曼东游记》,刘半农译,中华书局1937年版,第58页。
③ 陈炎:《海上丝绸之路与中外文化交流》,北京大学出版社1996年版,第33—37页。

手工业品并存的时期。汉代釉陶大致有翠绿釉、栗黄色彩亮釉、茶黄色釉和浅绿色釉，当时釉陶已有出口。彩釉陶是向瓷器迈进的过渡阶段。随着烧造技术的提高，还原焰煅烧的成功，三国时代出现了最早的青釉瓷。青釉瓷是越窑系统的鼻祖。一般而言，陶和瓷在三国时期分了家，但社会上大量生产和使用的还是陶器。

隋代的工艺大师何稠已采用绿瓷制琉璃，反映了瓷器从三国起经过魏晋南北朝，生产技术不断进步的事实。

唐代是我国封建社会的上升和繁荣时期。当时的漆器、金银器皿和铜制器皿开始让位于瓷器。瓷器在唐代已经成为社会的普及用品，当然并不排斥社会上还大量使用着陶器，特别是农村和城镇贫民。

在生产技术史上，瓷器可以说是封建社会上升、繁荣的象征。唐瓷普遍用高火候烧成，形成了青白分类的越窑、邢窑两大系统。除越、邢二系外，江西和四川地区也出现了瓷器的生产基地。据传唐武德年间（618—626年），景德镇陶户送载一批名瓷到关中，质量精优，有"假玉器"之称。据《旧唐书·韦坚传》记载，当时的豫章郡即今天的南昌已以出产名瓷著称。唐瓷以越窑的秘色瓷为代表，但已有多种样式，奠定了宋瓷洋洋大观的历史基础。

虽然远不及丝绸的出口地位，但唐代陶瓷已有相当数量的出口，包括三彩陶和青白瓷。唐代开创了瓷器出口的历史，以青瓷为主，主销日本、朝鲜半岛和大食国及其属地。[①]

由于唐代瓷器质地优良，如李肇在《唐国史补》中所描述的："青如天，明如镜，薄如纸，声如磬。"如阿拉伯人苏莱曼所称赞的："他们有精美的陶器，其中陶碗晶莹得如同玻璃杯一样，尽管是陶碗，但隔着碗可以看得见碗里的水。"[②]所以，瓷器成为深受海外诸国喜爱的外销产品。前引贾耽所记的通海夷道沿途各地都发现有唐瓷碎片，日本陶瓷学者三上次男因此称这条航线为"陶瓷之路"[③]。

在这一跨越东西的海路通夷航线上，以中国陶瓷为代表的唐船舶货屡见于考古发现。[④] 首先是这一航路近端的南海沿岸，在泰国南部素叻他尼省差也（Chaiya）、洛坤省的古法万（Phra Wiang）城址等地，先后发现了长沙窑、越州窑以及广东梅县窑等生产的晚唐青瓷器；[⑤]在印尼苏门答腊的巨港、占碑、摩鹿加（Molucca）等遗址，发现了晚唐五代的越窑、长沙窑、广东窑的青瓷碗、四系壶和青釉褐彩的碗、壶、杯、盒等；在爪哇的日惹、巴厘（Bali）、三宝垄诸遗址，发现了广东窑的青瓷壶，长沙窑的碗、水注，越窑的青瓷器，以及北方巩县窑的白瓷和彩瓷[⑥]；在加里曼丹的沙捞越州，1948年开始发掘

---

① 沈光耀：《中国古代对外贸易史》，广东人民出版社1985年版，第111—112页。

② 《中国印度见闻录》，穆根来等译，中华书局1983年版，第15页。

③ 〔日〕三上次男：《陶瓷之路》，李锡经、高善美译，文物出版社1984年版，第144—155页。

④ 马文宽、孟凡人：《中国古瓷在非洲的发现》，紫禁城出版社1987年版，第93—97页。

⑤ Bhujiong Chandavij：《中国陶瓷在泰国》，载《中国古陶瓷研究》，科学出版社1987年版；冯先铭：《马来西亚、泰国、菲律宾出土的中国陶瓷》，载《中国古陶瓷论文集》，紫禁城出版社1987年版；何翠媚：《从考古学证据看1500年以前存在于泰国的华人》，载《中国与海上丝绸之路》，福建人民出版社1991年版。

⑥ 〔阿拉伯〕苏莱曼：《东南亚出土的中国外销瓷器》，载《中国古外销陶瓷研究资料》第一辑（1981年），中国古陶瓷研究会内部资料1983年印；三上次男：《晚唐五代的陶瓷贸易》，转引自唐星煌：《汉唐陶瓷的传出和外销》，载《东南考古研究》第一辑，厦门大学出版社1996年版。

的港口遗址山都望(Santubong)发现了大量唐宋时期的陶瓷和冶铁遗迹,其中越窑的黄釉划花盘、鱼纹六系罐、盘口壶等唐代瓷器几乎都发现于这个港口遗址的早期区,即宋加江(Sungei Jaong)河岸①;在邻近的文莱,韩槐准先生先后发现了唐青瓷、黑瓷双耳罐各一件,并认为与福建安溪唐墓所见同类器没有差别②;处于这一通海夷道咽喉上的新、马地带,吉打州的江湾(Merdok)曾发现晚唐的绿釉陶瓷和唐代铜镜,在彭亨州的哥拉立卑(Kuala Lipis)金矿遗址有唐代的青瓷四系瓮,柔佛州的哥打丁宜(Koto Tinggi)遗址采集四耳青瓷尊和不少唐代青瓷片,新加坡国家博物馆收藏中就有大量出自柔佛州哥打丁宜和柔佛拉麻(Johon Lama)等遗址的越州窑青瓷。③

印度洋沿岸各国也有大量唐五代瓷器,生动再现了这一通海夷道的向西延伸。在狮子国故地的斯里兰卡,先后发现了多处8—10世纪的中国陶瓷遗址,如满泰古港的越窑青瓷、长沙窑瓷和定窑系白瓷片,德地卡玛(Dadigama)的越窑青瓷碗、长沙窑褐花壶等。④ 在天竺故地的印度,我们注意到马德拉斯邦著名的古港阿里卡美都(Arikamedu)遗址有唐五代的越窑青瓷碟子的发现。⑤ 在巴基斯坦古港口斑波尔(Banbhore)发现的越窑水注、长沙窑绿彩花草纹的黄褐釉碗,信德省的布拉夫米那巴德(Brahminabad)遗址的越窑瓷片、北方窑白瓷和长沙窑彩绘碗,将晚唐五代的陶瓷之路延伸到了阿拉伯海湾。⑥

阿拉伯世界是华瓷的重要消费地。在波斯湾口的阿曼古港苏哈尔(Suhar)遗址的发掘中,就发现了晚唐五代的越窑青瓷、邢窑或定窑的白瓷、长沙窑的彩瓷残片,器形有碗、罐、壶、杯、盘等。⑦ 在也门亚丁湾畔的津季巴尔(Zingibar)古港发现的大量中国瓷片中最早的也是晚唐五代的越窑青瓷,在考德安赛拉(Kawa am-Saila)和阿哈比尔(Al-habil)分别发现了晚唐五代的中国白瓷。⑧ 在波斯湾内的伊朗西拉夫(Siraf)古港遗址进行过多次发掘。据三上次男的研究,这里发现的大量中国陶瓷始年为9世纪前期,主要是广东西村窑、佛山窑、潮州窑生产的橄榄青色釉的粗瓷,之后渐有邢窑白瓷、长沙窑、越窑青瓷以及唐三彩的到来。霍尔木兹海峡上的米纳布(Minab)也有浙江余

① Cheng Te-K'un. Archaeology in Sarawak. Heffer Cambridge,1969(中译本《沙捞越考古》,载《东南考古研究》第二辑,厦门大学出版社1999年).

② 韩槐准:《南洋遗留的中国古外销陶瓷》,新加坡青年书局1960年版,第6页。

③ 〔阿拉伯〕苏莱曼:《东南亚出土的中国外销瓷器》,载《中国古外销陶瓷研究资料》第一辑(1981年),中国古陶瓷研究会1983年印;韩槐准:《南洋遗留的中国古外销陶瓷》图版四,新加坡青年书局1960年版;安志敏:《马来亚柔佛州出土的古代瓷片》,载《考古》1965年第6期;冯先铭:《马来西亚、泰国、菲律宾出土的中国陶瓷》,载《中国古陶瓷论文集》,紫禁城出版社1987年版;三杉隆敏:《探索海上丝绸之路的中国瓷器》,载《中国古外销陶瓷研究资料》第三辑,中国古陶瓷研究会等1983年印。

④ 〔日〕三上次男:《陶瓷之路》,文物出版社1984年版,第130—134页;三上次男:《唐末作为贸易陶瓷的长沙铜官窑瓷》,《中国古外销陶瓷研究资料》第三辑,中国古陶瓷研究会等1983年印;唐星煌《汉唐陶瓷的传出和外销》,载《东南考古研究》第一辑,厦门大学出版社1996年版。

⑤ 〔日〕三上次男:《陶瓷之路》,文物出版社1984年版,第123—126页。

⑥ 〔日〕三上次男:《陶瓷之路》,文物出版社1984年版,第115—119页;《唐末作为贸易陶瓷的长窑瓷》,《中国古外销陶瓷研究资料》,第三辑,中国古陶瓷研究会等1983年印。

⑦ 〔法〕米歇尔·皮拉左里:《阿曼苏哈尔遗址出土的中国陶瓷》,载《海交史研究》1992年第2期。

⑧ 欧志培:《中国古代陶瓷在西亚》,载《文物资料丛刊》第二辑,文物出版社1978年版。

姚上林湖越窑青瓷和长沙窑彩绘瓷。[①] 在伊拉克发现的属于晚唐五代的中国陶瓷有巴格达北面的萨迈拉(Sanmarra)宫殿遗址发现的河北邢窑或河南巩县窑的白瓷、浙江上林湖越窑系的青瓷,还有三彩碗和盘;巴格达南面的阿比鲁塔(Abirta)遗址也有越窑的青瓷和华南窑的白瓷,在巴格达的博物馆中还藏有9—10世纪的越窑青瓷。[②] 华瓷在阿拉伯地区最丰富的发现是被誉为"中国古瓷博物馆"的埃及开罗南郊的中世纪重镇福斯塔特(A1 Fustat)遗址,三上次男等研究了这里发现的70多万件陶瓷片,有中国古瓷上万件,其中属于晚唐五代的主要是浙江越窑青瓷和河南定窑的白瓷,器形有碗、盘、杯、壶等;秦大树先生在出访埃及期间又从大量瓷片中拣选出长沙铜官窑的绿釉蓝彩瓷片。[③] 此外,在红海岸边的埃及古港库塞尔、苏丹古港埃得哈布,也都先后发现了唐末五代的越窑青瓷。[④]

在这一通海夷道的最远端的非洲,也找到了隋唐五代中国陶瓷传播的足迹。肯尼亚曼达岛发现的9—10世纪越窑青瓷和白瓷是迄今所见传播最远的唐五代陶瓷。[⑤] 与此同时,索马里的摩加迪沙发现的47枚中国古钱中,就有1枚五代后唐所铸的"唐国通宝"。在坦桑尼亚的桑给巴尔岛也发现了4枚唐"开元通宝"。[⑥]

日本发现的隋唐五代贸易陶瓷主要是河南、河北、浙江、湖南四省名窑的产品。奈良和福冈等地出土的唐三彩有印花枕、绞胎枕、罐、壶、长颈瓶、砚等,应是河南巩县窑、河北邢窑和陕西耀州窑的产品;在奈良、京都等地出土不少白瓷碗,少量盒、砚等,碗多唇口璧形底、白釉泛黄,是典型的邢窑产品;越窑青瓷是日本发现的数量最多的唐瓷,在福冈、京都、奈良、熊本等地的近50处遗址都有发现,有碗、碟、水注、盒、壶、灯碗等,都应是浙江余姚越窑的产品;在奈良、京都、福冈、唐津、冲绳等地发现不少的釉下绿、褐彩的黄釉碗、碟、水注、枕、盘、唾壶,则无疑是湖南长沙铜官窑的瓷器。[⑦] 这些发现足以说明,隋唐时期的中日陶瓷之路已经初步繁荣。[⑧]

另外,"唐三彩输出后,还影响了日本、波斯等地的陶瓷制造工艺。如日本仿制唐三彩而成的奈良三彩,其彩釉较素雅。波斯仿制成的波斯三彩,则彩釉较凝重。这些仿制品,也大都是实用器皿或观赏物品。"[⑨]

① 〔日〕三上次男:《伊朗发现的长沙铜官窑与越窑青瓷》,《中国古外销陶瓷研究资料》第三辑,中国古陶瓷研究会等1983年印;冯先铭:《元以前我国瓷器销行亚洲的考察》,《文物》1981年第6期。

② 欧志培:《中国古代陶瓷在西亚》,《文物资料丛刊》第二辑,文物出版社1978年版;三上次男:《陶瓷之路》,文物出版社1984年版,第76—82页。

③ 马文宽:《福斯塔特出土的中国瓷器的窑口和时代》,《中国考古学研究(二)》,科学出版社1985年版;秦大树:《埃及福斯塔特遗址中发现的中国陶瓷》,《海交史研究》1995年第1期。

④ 马文宽、孟凡人:《中国古瓷在非洲的发现》,紫禁城出版社1987年版,第5—6页;三上次男:《陶瓷之路》,文物出版社1984年版,第21页。

⑤ 马文宽、孟凡人:《中国古瓷在非洲的发现》,紫禁城出版社1987年版,第12页。

⑥ 马文宽:《非洲出土的中国钱币及其意义》,《海交史研究》1988年第2期。

⑦ 冯先铭:《元以前我国瓷器销行亚洲的考察》,《文物》1981年第6期;唐星煌:《汉唐陶瓷的传出和外销》,载《东南考古研究》第一辑,厦门大学出版社1996年版;矢部良明:《日本出土的唐宋时代的陶瓷》。三上次男:《唐末作为贸易陶瓷的长沙铜官窑瓷》,熊本县博物馆:《熊本县出土的中国陶瓷》,均载《中国古外销陶瓷研究资料》第三辑,中国古陶瓷研究会等1983年印。

⑧ 吴春明:《环中国海沉船——古代帆船、船技与船货》,江西高校出版社2003年版,第184—187页、221页。

⑨ 汶江:《唐代的开放政策与海外贸易的发展》,载《海交史研究》1988年2期,第13页。

2.输入商品①

至于进口物资,据古文献记载,则有数十种之多,现将唐代几个主要贸易国的进口物资种类分列如下。

(1)从拂菻进口的有:玉、水银、金刚石、矾石、玻璃、木香、肉豆蔻、郁金香、迷迭香、兜纳香、蜜香、降真香、薰陆香、阿勃勒、苏合香、芜荑、阿魏、抱香履。

(2)从大食进口的有:马脑(玛瑙)、琉璃、火油、石榴、鸦片、乳香、苏合香、无食子、诃黎勒、金颜香、栀子花、蔷薇水、丁香、阿魏、芦荟、押不芦、珊瑚、珍珠、象牙、腽肭脐、龙涎香、大食刀。

(3)从波斯进口的有:珊瑚、瑜石、石绿、琉黄、白矾、黄矾、琥珀、胡黄连、缩砂蔻、荜拨、蒟酱、破故纸、茉莉、青黛、螺子黛、莳萝、偏桃、阿月浑子、阿勒勃、葡萄、无花果、石蜜、波斯枣、薰陆香、没药、耶悉茗、安息香、芦荟、无石子、阿魏、诃黎勒、婆罗得、乌木、苏合香。

(4)从印度进口的有:琉璃、消石、胡椒、白豆蔻、蜜草、郁金香、天竺干姜、砂糖、天竺桂、沉香、乳香、干陀木皮、宝石。

(5)从东南亚国家进口的有:象牙、犀角、龙脑香、紫铆、硫黄、珊瑚、郁金香、波棱菜、丁香、肉豆蔻、降真香、苏合香、抱香履、槟榔。

所以,日本人元开所著的《唐大和上东征传》说:"(广州)江中有婆罗门、波斯、昆仑等舶,不知其数;并载香药、珍宝,积载如山。"

(四)海外贸易港的繁荣

唐代海上丝绸之路的发展和对外贸易的繁荣带来了海外贸易港的发展和繁荣,除了广州、交州继续作为贸易大港加快发展外,扬州、福州、泉州、明州等贸易大港在东南沿海兴起,并且海港城市也围绕海港的发展而发展起来(详见本书第十四章第二节、第三节)。

第三节　活跃的唐代中外海商

海外贸易的繁荣带动了海商的活跃,特别是唐代中期以后民间海外贸易发展加快,海商们往来于中外之间,不仅成为海陆贸易的中坚力量,而且往往以其富豪之势兴不寻常之举,成为开当时社会风气之先的人物。

一　中国海商②

中国海商和商船是海上丝绸之路上一支重要的贸易力量。活跃在南海丝绸之路上的海商主要来自广东和福建。

---

① 邓瑞本、章深:《广州外贸史》上册,广东高等教育出版社1996年版,第56—57页。

② 本部分中关于赴日贸易的海商的论述,引见李金明:《隋唐时期的中日贸易与文化交流》,《南洋问题研究》1994年第2期,第10、12页。

广东地处岭南，一向有重商经商的传统，所以史书称："广人与夷人杂处，地征薄多谋利于市。"[1]"百粤之地，其俗剽轻，猎淫浮之利，民罕著本。"[2]在唐代海外贸易大发展的大背景下，有很多善于经商的广东人从事海外贸易，其中不乏豪酋巨商。《旧唐书》卷一二二《路嗣恭传》记载大历八年（773年），岭南节度使哥舒晃反，朝廷派路嗣恭前来平反，"及平，广州商舶之徒多因晃事诛之。嗣恭前后没其家财宝数百万贯"。这证明广州海商人数和势力都相当可观。由于海外贸易获利颇丰，有些地方官员利用权势，也参加进来谋取财富。唐德宗贞元时期（785—804年）的岭南节度使王锷就是代表。《旧唐书》卷一五一《王锷传》记载，王锷"迁广州刺史、御史大夫、岭南节度使。广人与夷人杂处，地征薄，而丛求于川市。（王）锷能计居人之业，而榷其利，所得与两税相埒。……西南大海中诸国舶至，则尽没其利。由是（王）锷家财富于公藏。日发十余艇，重以犀角珠贝，称商货而出诸境。周以岁始，循环不绝。凡八年，京师权门，多富（王）锷之财"。少数民族首领一向重视海外贸易经营，商贸之外有时还进行海盗性质的抢劫行为，抢掠海上丝绸之路的商船。《唐大和上东征传》记载："（万安）州大首领冯若芳……每年常劫取波斯舶二三艘，取物为己货，掠人为奴婢。其奴婢居处，南北三日行，东西五日行，村村相次，总是若芳奴婢之住处也。若芳会客，常用乳头香为灯烛，一烧一百余斤。其宅后，苏芳木露积如山；其余财物，亦称此焉。"

据清乾隆时蔡永兼《西山杂志》记载，早在唐朝开元年间，已有福建海商到南洋进行经商活动，其中最为有名的是林銮家族。"唐开元八年东石（今晋江县东石镇）林知祥之子林銮，字安东，曾祖曰林智惠，航海群蛮，海路林銮试舟到渤泥，往来有制，沿海畬家俱从之往，引来蕃舟，蛮人喜彩绣、武陵多女红，故以香料易彩衣，晋海舟人竞相率航海。"[3]同书"麦园"条又说："唐开元八年涂公文轩兴，东石林蛮航海至渤泥，其地称涂家涯，涯之北有陈厝戴厝，俱从余之操之人也。"林銮继承祖业，大造海舶，航行于勃泥、三佛齐、占城等地，运去中国的陶瓷、丝绸、铁器、茶叶及手工艺品，运回来象牙、犀角、明珠、乳香、玳瑁及樟脑，等等。因往来获利颇丰，所以东石人纷纷跟随其从事海外贸易。又据《西山杂志》记载，林銮为了导引番舶安全入港，不被礁石触沉，曾在东南沿海建造7座石塔，即钟厝塔、钱店塔、石菌塔、刘氏塔、凤鸣塔、西资塔和象立塔。与此同时，林銮还于泉州湾内石湖港的西南侧，建造了一个巨大的古渡头。古渡头的引堤长30丈，宽9尺，高1.5丈，又称"通济桥"。古渡头及引堰均嵌砌于海底礁石盘上，再用每条数吨重的巨石砌筑而成，十分牢固。礁盘边缘凿了许多石鼻孔，为泊船系缆之用。渡头装有木吊杆以便装卸货物。至今，该处尚遗存一方明崇祯十二年己卯（1639年）重立的"通济桥"残碑。林銮的后裔仍旧以航海贸易为业，林銮九世孙林灵曾在唐乾符年间至"甘棠，真肭诸国，建造百艘大舟，在鳌口家资万贯"[4]。到了唐末乾符六年（879年），王仙芝、黄巢之农民起义军南下江浙，攻打闽南龙溪一带，林銮后裔林百万于是散埋家财，逃往外地躲避战祸。关于福建海商的活动，在正史中也可找到零散记

① 《新唐书》卷一七〇《王锷传》。
② 《全唐文》卷七六四，萧邺：《岭南节度使韦公（正贯）神道碑》。
③ 蔡永兼：《西山杂志》"林銮宫"条。
④ 蔡永兼：《西山杂志》"盟仙宫"条。

载，如《新五代史》云"刘隐，其祖安仁，上蔡人，后徙闽中，商贾南海，因家焉"①，虽然其祖安仁生卒不可考，但刘隐父亲刘谦于唐懿宗咸通年间已官岭南牙将，由此推测，其祖安仁"商贾南海"，一定是在唐咸通以前。进入五代以后，更多福建人到南海诸国航海贸易，如后晋开远元年（944 年）南唐伺中李松的儿子李富安"弃学经商，航舟远涉真肭，占城，暹罗诸国，安南，交趾尤孰居，每次舟行，村里咸偕之去"②。

隋唐时期，日本政府曾不断派出"遣隋使""遣唐使"来华，这些"遣隋使""遣唐使"在中日之间的来往，繁荣了中日两国之间的贸易，又增进了文化交流。日本政府在承和五年（838 年）后不再派出遣唐使，此后，中日之间的贸易即转由唐朝商人来承担。据统计，从承和六年（839 年）至唐朝灭亡的醍醐天皇延喜七年（907 年）近 70 年时间里，唐朝商人张支信、李邻德、李延孝、李达、詹景全、钦良晖等频繁地到日本贸易，仅史书载明的就达 30 多次。③ 这些唐朝商船一般比遣唐使船小，但显得坚固、轻便、灵活，他们通常从明州（浙江宁波）一带出发，横渡东海，时间大抵是 4—7 月上旬，利用西南季候风；返航时大抵是 8—9 月初，利用西北风航行到东海时，风向则逐渐转为东北，有助于航行，故唐朝商船向来比较安全，很少遇难。④

唐商载运到日本的货物很多，主要有香料、药物、文集、诗集以及经书、佛像、佛具，等等。每当商船到博多津时，太宰府官员即将消息报告京师，把唐商安置在鸿胪馆，供应食宿，他们以府库所藏的砂金、水银、锡、锦、绢等物和唐商交易货物，这种交易是在京师派来的交易唐物使主持下进行的。按照《大宝令》规定，在官方未交易之前，不许私人和诸番交易。也就是说，私人必须在官方买完后才准交易，但实际上根本办不到，因唐船一到日本，诸公卿、大臣、富豪等便争先恐后地派手下人到码头，抢购载运来的珍贵物品⑤。自从遣唐使停派以后，日本上层贵族所需要的奢侈品仅能依靠唐商载运来，即使他们自己派人到唐朝采购，也必须依靠唐商的船只替他们载运，如清和天皇曾派遣多治比安江等人到唐朝购买香药，至阳成天皇元庆元年（877 年）始由唐商崔铎等人将其货物载运回日本。⑥

进行日本贸易的唐朝商人，不仅加强了中日之间的贸易往来，而且促进了两国之间的文化交流。这时期派往唐朝的留学生和学问僧亦几乎都是搭乘唐朝的商船，故可以说，9 世纪中叶后，遣唐使舶的作用已基本为唐朝的商船所代替。例如，承和十四年（847 年），入唐学问僧惠运、仁好、惠萼等人，搭乘唐商张支信的船到中国；贞观四年（862 年），张支信在肥前国松浦郡柏岛建造一船，与唐商金文习、任仲元等送真如法亲王及其随行僧宗叡、贤真、惠萼、忠全、安展、祥念、惠池、善寂、原懿、猷继等入唐。⑦ 因此，这些唐朝商人很自然就成为中日文化交流的桥梁，他们除了运送入唐学问僧外，还替他们运送物品、传递书信，甚至充任翻译。如上述的张支信后来就在太宰府任唐通

① 《新五代史》卷六五。
② 蔡永兼：《西山杂志》"李家港"条。
③ 〔日〕木宫泰彦：《日中文化交流史》，胡锡年译，商务印书馆 1980 年版，第 153 页。
④ 〔日〕木宫泰彦：《日中文化交流史》，胡锡年译，商务印书馆 1980 年版，第 114—115 页。
⑤ 〔日〕木宫泰彦：《日中文化交流史》，胡锡年译，商务印书馆 1980 年版，第 122—124 页。
⑥ 《大日本史》卷二四一《诸蕃十一》。
⑦ 〔日〕木宫泰彦：《中日交通史》上册，商务印书馆 1931 年版，第 146 页。

事,历时颇久;李英觉、陈太信曾替在唐学习的园珍送天竺贝多树柱杖、广州班藤柱杖、琉璃瓶子等到日本;园珍返国后,李达还为之搜集一切佛经的阙本 120 卷,托人送到日本给他。[1]

二　来华贸易的外国海商

唐代实行对外开放的贸易政策,这种对外开放更主要地体现为容纳万方。唐朝统治者对于同外国通交往来非常感兴趣,并以一种开放的心态对待国际交往,迎接万国来朝,以求永敦聘好,和睦相处。每年,唐朝政府都要从国库中拨出 13000 斛粮食作为招待外国使节之用,并给他们"报增、册吊、程粮、传驿之费"[2]。对于外国留学生,唐朝政府不仅承担了他们在唐生活的衣食费用,而且还让他们通过宾贡科参加中国的科举考试。对于外国僧侣来唐求法,唐政府每年赠绢 25 匹,四季给时服。外国移民也得到妥善安置,同时还免去十年赋税,其内部纠纷依据其本国风俗习惯处置。唐王朝保护外商来华进行贸易活动,要求对外国商船"除舶脚、收市、进奉外,任其来往通流,自为交易,不得重加率税"[3]。对于无故留难外商的官员,唐朝法律规定:"一日主司笞四十,十日加一等,罪止杖一百。"[4]外商如在唐死亡,唐政府对其遗产也作了保护性的规定,开始是规定外商死后三个月而无家人到官府认领财产的,官府没收其资财,后来考虑到海上往来需费时日,三个月的期限对外商的家人来说太短,遂延长到一年。这种规定给来华外国人提供了一个开放、优厚的大环境,来中国进行贸易的外国海商非常多,使得广州、扬州、明州、福州等海港城市处处可见外商的身影(详见本卷有关章节)。

在来华贸易的诸海商中,新罗人张保皋是比较突出的一个。张保皋在韩国和中国都被看成一个英雄传奇式的人物。关于他的记载,最早见于杜牧的《张保皋、郑年传》和韩国《三国史记》。尽管两篇记载篇幅都不长,且内容有所出入,但都言简意赅地勾画出了一个有血有肉、豪放仁义、骁勇的新罗人物。张保皋又名张弓福、张弓巴,少时曾入唐投军,于徐州为武宁军小将,英勇善战。828 年归国,拜见兴德王,请求以万人镇守清海(今韩国莞岛),王准其请,为清海镇大使。张保皋在清海打击奴婢贩子,维护海上交通,经营对外贸易,势力日渐扩大。836 年兴德王薨,新罗王室起纷争,张保皋派军平祸乱,迎神武王即位。王感念其恩,封其为感义军使,食实封两千户。又据《三国史记》的记载,839 年 8 月,张保皋被文圣王封为镇海将军,兼赐章服,荣耀全国。846 年,张保皋因与朝廷的矛盾而据镇反叛,朝廷利用张保皋喜好结交壮士豪杰的特点,设计暗害了张保皋。851 年,清海镇随之被罢。

由上述记载可见张保皋并不是纯粹的商人,而是亦官亦商亦武,但张保皋最重要的事业是在清海镇及其以南以西以东海面上围绕航海贸易成就的。清海地处韩国南端,扼海路之要,乃当时中韩日海上往来的必经之地。张保皋识其重,用其利,专心营略清海和海上交通贸易,这成为他人生事业的起点。从此,张保皋的海上势力崛起于黄海海面,并充当了黄渤海海上贸易桥梁和海上使者的角色。

①　李季:《二千年中日关系发展史》第二册,广西学用社 1940 年版,第 299 页。
②　《唐会要》卷六六,《新唐书》卷二二二下。
③　《全唐文》卷七五。
④　《唐律疏议》卷八。

张保皋就任清海镇大使后即开始打击海盗,护卫海上航路安全。唐初,中韩往来有两条航线:一条是传统的东北航线,从登州北行入海,经庙岛群岛过渤海海峡,再沿辽东半岛南海岸到朝鲜半岛,由于是逐岛和沿岸航行,比较安全,但迂回曲折耗费时日;另一条是据记载南朝刘宋以来才开辟的黄海航线,从山东半岛东端直接横渡黄海到朝鲜半岛,快捷方便,逐渐为民间采用。但9世纪初,中韩间往来的黄海航线上海盗猖獗,经常在新罗西海岸拐掠新罗人到中国登莱沿海卖为奴婢。加上平卢军淄青割据以来,淄青节度使李正己身兼唐朝的海运押新罗、渤海两番使,负责山东与辽东和朝鲜的岸口贸易、海道运输以及国事往来事务,对贩卖奴婢的行为不仅不加制止,还趁机大发其财,致使登莱沿海奴婢市场上出卖新罗人为奴婢的风气盛行。819 年,割据长达60年之久的淄青镇最终被唐廷收复后,新任平卢淄青节度使薛平试图制止这种现象。821年他上奏曰:"应有海贼炫掠新罗良口,将到当管登、莱州界及沿海诸道卖为奴婢者。伏以新罗虽是外夷,常禀正朔,朝贡不绝,与内地无殊。其百姓良口,常被海贼掠卖,与理实难。先有制敕禁断,缘当管久限贼中,承前不守法度。自收复以来,道路无阻,递相贩鬻,其弊尤深。伏乞特降明敕,迄今以后,缘海诸道,应有上件贼炫卖新罗国良人等,一切禁断。"①唐廷准奏,后又多次下达禁令。如果说唐政府是试图截断海盗贩卖新罗奴婢活动的末端,也就是中方的奴婢市场的话,张保皋则致力于截断这一非法活动的首端和供给来源。张保皋当时从徐州回国,就是看到贩卖新罗人的海盗活动屡禁不止,而谒其王曰:"遍中国以新罗人为奴婢,愿得镇清海,使贼不得掠人西去。"②"大王与保皋万人。"张保皋在清海设立军事要塞,大力打击海盗的掠卖活动。此后,由于张保皋的军事打击,同时加上唐政府的配合,黄海航线上的海盗势力萎靡,"海上无鬻乡人者"③,这一航线开始被频繁使用,以至于官方往来也有放弃传统的北路航线而改走黄海航线的。根据园仁的记载,839 年,日本朝贡使雇用新罗船只九艘,有登州赤山浦度黄海回国。④ 847 年,唐朝派往新罗的金简中、王朴使团从登州乳山浦乘船渡海前往新罗。大中元年九月二日,园仁回国时也是由赤山浦泛海东渡的。⑤ 海路的平安和畅通为海上贸易的发展提供了良好的环境。

张保皋经营的东北亚地区的海上贸易,包括对唐贸易和唐、罗、日之间的贸易。当时,东北亚存在着巨大的商机,这给张保皋从事国际贸易和航运提供了机遇。唐朝和新罗、日本有着发展上的区别,就其程度而言,可以讲唐朝是个发达的大国,而新罗、日本则是发展中的小国。三国的生产能力和物产也就因此有着很大的不同,从而产生了对对方物产的强烈需求。整个唐朝时期,都弥漫着崇尚外来物品的风气,新罗的土特产如人参、松子、毛皮、牛黄、茯苓、马、狗、鹰、鹘、被称为"朝霞绸"和"鱼牙绸"的新罗绸、鱼牙、名叫"担罗"(tam-la)的双壳软体动物等,在唐朝很受欢迎。另一方面,唐朝制作精美的金银器、衣饰、彩素、丝绸锦缎以及茶叶等也为新罗人和日本人喜爱。况且,唐朝以它的强大繁盛和开放吸引着世界各地的商人,是世界商品的一个汇聚地,从

---

① 《唐会要》卷八六。

② 杜牧:《张保皋、郑年传》。

③ 《三国史记》。

④ 园仁:《入唐求法巡礼行记》卷二。

⑤ 园仁:《入唐求法巡礼行记》卷四。

这里，新罗和日本可以间接获得来自西方的物品。巨大的市场需求使经营国际贸易成为非常有利可图的事。

张保皋的对唐贸易，曾有一个系统的组织负责经营和一只庞大的船队负责运输。根据当时入唐求法的日本僧人圆仁在《入唐求法巡礼行记》中的记载，张保皋的贸易船队在黄海沿岸的登州赤山浦、乳山浦、邵村浦以及密州、泗州、楚州、扬州等地，分别建有贸易基地。张保皋的交关船，频繁地出没于这些贸易基地和唐朝各大港口。例如，开成四年六月二十七日，圆仁到达赤山村时，就得知在邻近的旦山浦停泊有两艘张保皋的交关船。[①] 圆仁到达赤山新罗院不久，就受到张保皋所派遣的大唐卖物使崔晕的欢迎和慰问。从圆仁的记载中可以看到，这位大唐卖物使曾在唐朝的登州、泗州、楚州等地往来活动。又据日本史料的记载，张保皋的交关船还曾贩运大批唐朝商品到日本博多的大宰府[②]，设有对日贸易使。张保皋的船队除在唐、罗、日之间经营海路贸易外，还向入唐、出唐的新罗人和日本人提供航运服务，"日本对唐贸易商人、留学唐朝的僧侣大都乘过张保皋的商船"[③]，所以他所设立的贸易基地同时又是航运基地。

这些贸易基地的设立一般以新罗侨民社区为依托。唐朝和新罗的官方关系良好，这推动了民间关系的发展，新罗僧侣游学中华，新罗人口移民中华，新罗商人牟利中华，都蔚成风气。据严耕望的研究，唐朝 300 年间，新罗在华僧侣有名号可考者就超过 130 人，遥居外国在唐侨居僧侣之首。[④] 他们中的归国者在新罗传播了中国的佛教文化，使唐代佛教各宗如法相宗、天台宗、神印宗、瑜伽密教等在新罗也先后建立起来。新罗人落户中国，在黄海沿岸形成了众多的侨民社区，最典型的是新罗坊和新罗村，前者建于城内，后者建于郊外农村。圆仁所到之处，楚州和泗州涟水县有新罗坊，登州牟平县的陶村、邵村浦、乳山浦，文登县的赤山村、刘村，莱州即墨县的涟水乡，都有新罗村。新罗商人经商贸易，往往以这些新罗侨民社区为依托。从前文所述来看，张保皋也不例外。张保皋海上势力的活动促进了唐代新罗侨民社区的发展：一方面，一些从奴婢处境中解脱出来的新罗人愿意居留唐朝，从而形成了唐代众多的新罗侨民社区；另一方面，新罗侨民社区通过与张保皋海上贸易集团的联系，联手合力，得到了物质需求和精神需求上的改善。例如，张保皋为了满足赤山新罗人的精神需求，特在赤山上兴建了法华院，有新罗僧侣 40 余人，"冬夏讲说，冬诵法华经，夏讲八卷金光明经，常年讲之"。其讲经礼式，皆据新罗。[⑤]

自 8 世纪以来，新罗人就不断泛舟海上，充当东北亚国际贸易和航运的中介。例如，日本神护景云二年（768 年），当时的称德女王准备赏赐官员，左右大宰绵各 2 万屯，大纳言各 1 万屯，以下官吏各 1000—6000 屯不等，如此巨大的数目，她就让其臣下到九州大宰府新罗商人处购买唐朝丝织品。日本人来唐朝，也往往搭乘新罗人的

① 圆仁：《入唐求法巡礼行记》卷二。
② 《续日本后记》卷一〇，引自张声振：《中日关系史》卷一，吉林文史出版社 1986 年版。
③ 《朝鲜通史》（内部发行），引自孙光圻：《公元 8—9 世纪新罗与唐的海上交通》，载《海交史研究》1997 年第 1 期，第 32 页。
④ 严耕望：《新罗留唐学生与僧徒》，载于《唐史研究丛稿》，中国香港新亚研究所出版。
⑤ 圆仁：《入唐求法巡礼行记》卷二，上海古籍出版社 1986 年版。

船。① 张保皋继承了前代新罗商人的开拓精神，并以系统的组织、众多的贸易航运基地、庞大的规模一时称雄于黄海海面。而且张保皋有普通商人无人能及的军事实力和政治背景，所以其势力和影响很大。"当时大量从事对唐、日航海贸易的新罗船舶和新罗船员，恐怕绝大部分均隶属于或挂靠于清海镇张保皋大使的管制。张保皋这种官商合一，以海上封疆大吏身份主持新罗海外贸易的独特身份，与中国历史上元代的蒲寿庚、朱清、张瑄以及清代的郑芝龙等显赫一时的航海权贵颇具相似之处。"②

至于南方港口城市侨居的外国海商，主要以广州最为集中，对此，我们将在之后加以介绍。

---

① 关于新罗商人，参见陈尚胜：《中韩关系史论》，齐鲁书社 1997 年版；陈尚胜：《中韩交流三千年》，中华书局 1997 年版。
② 孙光圻：《公元 8—9 世纪新罗与唐的海上交通》，载《海交史研究》1997 年第 1 期，第 34 页。

第十四章
魏晋南北朝隋唐时期的海港与城市

航海活动与海港之间存在着相互依存、相互促进的关系，日趋频繁的航海活动促进了海港的产生和发展，后者反过来又为航海活动的发展提供了依托。这一关系在魏晋南北朝隋唐时期得到了很好的展示，更多的航海活动与更多更大的海港交相呼应，共同构成了活跃的海路交通图景。

我国海港发展历史悠久，早在夏商周三代，就出现了渤海湾北岸的碣石港，渤海湾南岸的黄、腄两港，黄海西岸的琅琊港，以及南海古港番禺等海港。汉代，南海的徐闻、合浦、日南等港已同国外有了频繁的海路贸易活动。这些海港主要分布在中国海岸线的北南两端。秦汉时，北方港口的地位和开发利用比南方港口更为重要。而到了魏晋南北朝隋唐时期，由于受政治格局的变动、经济中心的南移和航海技术的发展等因素的影响，海港的布局亦如中外航路一样发生了变化，主要表现为魏晋南北朝时期南方海港发展的加快和唐代中国东南沿海港市的兴起。

第一节　魏晋南北朝时期的海港

一　南方诸港

魏晋南北朝时期，由于南方相对稳定，各王朝又普遍重视造船和海外贸易，南方的海外贸易港有了很大发展，其中最重要的是交趾港和广州港。

（一）交趾港①

我国南海沿岸的进出港口地区，在汉朝之前是日南（今越南中部沿海一带），随后移至交趾（今越南河内附近），而且其后重要的港口是交趾。凡是南洋诸国以及西方的大秦（罗马）来华，多是由此登陆。《后汉书》曾有记载，终后汉一代，从海道来朝贡的共有四次，没有一次不由此道。《梁书》："海南诸国大抵在交州南及西南大海洲上，相去近者三五千里，远者二三万里，其西与西域诸国接。汉元鼎中遣伏波将

---

① 刘锋：《中国古代的海港》，见章巽：《中国航海科技史》，海洋出版社1991年版，第344页。

军路博德开百越，置日南郡。其徼外诸国，自武帝以来，皆朝贡。后汉桓帝时，大秦、天竺皆由此道遣使贡献。及吴孙权时，遣宣化从事朱应、中郎康泰通焉。"①由此可以看出计海南诸国位置方向与远近，要自交州算起。海南各国自从汉武帝以来，来华朝贡的必经之道是交趾。"自汉武以来，朝贡必由交趾之道。"②东汉时西方大国的罗马和东方大国的印度第一次遣使来华，也是由此道登岸的。由此可见，交趾是中国南方的主要港口。

（二）广州港③

广州是先秦时期形成的对外港口。西汉初年开始向海外发展时，由于受当时船舶规模和航海技术所限，从广州出发后，还无力渡过海南岛东北角的木兰头急流和东南侧的七洲洋。④ 这一带久有"上怕七洲，下怕昆仑"的传说，航海者视为畏途，因此主要是沿岸航行。汉武帝于元鼎六年（公元前 111 年）平南越后，设合浦郡。郡治设在雷州半岛南端的徐闻。从其所在地理位置看，它与内地无河道联系，陆路也甚困难，不具备吞吐集散货物的条件。它所以在汉代被列为南海航线上的港口，正如《元和郡县志》所说："雷州徐闻县；本汉旧县。……汉置左右候官，在徐闻县南七里，积货物于此，备其所求，与交易有利。"当时的徐闻不是作为一个主要进出口的口岸，而只是一个囤积进出货物和补充给养的中转港。由于当时的海船续航能力还比较差，从广州开出后，沿岸航行多日后才到琼州海峡，就在徐闻补充淡水给养和部分货物，再到合浦港，然后经交趾、日南，开始沿岸远航斯里兰卡。这条航线就是徐闻、合浦南海道，因此合浦成为远洋航线上的主要港口。

新中国成立后，两广考古队从合浦县廉城一带的数十座汉墓中发掘到大批琥珀、玛瑙、紫晶、玻璃等文物，从这些舶来品数量及汉代合浦人口多于广州的情况来看，汉代合浦港的繁荣程度高于广州港。而合浦港的形成，除其上述的地理条件外，主要还是由当时的航海技术尚不能离岸远航所决定的。⑤

三国以后，随着政治、经济重心南移和航海技术提高，广州港的地位迅速上升。

孙权分交、广两州对广州港的影响很大。东汉末年，岭南一带属士燮的势力范围，士燮在交趾任职 40 余年。建安八年（203 年）"朝廷赐燮玺书，以燮为绥南中郎将，董督七郡，领交趾太守如故"⑥。但自孙权兼并了刘表领地之后，东吴的势力范围便逐渐向岭南地区扩张。东汉建安十五年（210 年），孙权派鄱阳太守步骘为交州刺史，率兵南下，先诱斩了刘表委派的苍梧太守吴巨，威声大震。士燮在这样的形势下，不得不屈从孙权，"权加燮左将军，燮遣子入质。由是岭南始服属于权"⑦。步骘集中了船兵两万，直取番禺，当骘抵番禺时，曾登高远望，"睹巨海之浩茫，观原薮之殷阜，乃曰：'斯诚

① 《梁书·海南诸国传》。
② 《旧唐书·地理志》。
③ 彭德清：《中国航海史（古代航海史）》，人民交通出版社 1988 年版；邓瑞本：《广州港史（古代部分）》，海洋出版社 1986 年版。
④ 《中国航路指南》三卷，中国航海图书出版社 1988 年版，第 176 页。
⑤ 彭德清：《中国航海史（古代航海史）》，人民交通出版社 1988 年版，第 97—98 页。
⑥ 《三国志·士燮传》。
⑦ 《资治通鉴·吴书》。

海岛膏腴之地，易为都邑也'"①。建安二十二年(217年)乃把州治从广信迁至番禺，并修筑了原南越都城的旧址，岭南的政治中心又逐渐转移到了番禺。

吴黄武五年(226年)，孙权考虑到岭南地区过于辽阔，不易管辖，乃分合浦以北为广州，吕岱为刺史，交趾以南为交州，戴良为刺史。广州治所仍在番禺，此后，虽然有一个短时期的合并，但岭南地区的政治经济中心仍然向着广州方向转移。孙权分交、广两州，实际上就是加强对岭南的开发，以广州为中心，实施对广东、广西和交趾的行政管理。

三国孙吴政权，"以舟楫为舆马，以大海为夷庚"，拥有船舶5000多艘，是一个水运十分发达的国家。孙权本人还十分重视航海。230年，他特派将军卫温、诸葛直率领海军万人，航海求直洲和夷洲，到达了现在的台湾岛(夷洲)；他又多次派遣船队前往辽东与割据该地的公孙氏政权联络，并且于232年至233年间，两次派出大批商船与公孙氏通商，随行兵士多至万人；派将军聂友、校尉陆凯以兵三万讨珠崖、儋耳(即海南岛)。因此，孙权很注意东南沿海的建设，特别是造船业的发展。建安的侯官(今福建福州市)、临海的横屿船屯(今浙江平阳)、广州的番禺，都是重要的造船基地。左思的《吴都赋》就说："篙工楫师，选自闽、禺。"黄武五年(226年)，吕岱奉令征讨交趾太守士徽，"督兵三千人晨夜浮海"②。3000人的军队从海道进军，要有大批的船只运送，可见广州造船业实力雄厚。另，清道光《南雄直隶州志》卷三〇"杂志"条下，有陆凯过梅岭寄友人诗，该诗正是作于陆凯讨珠崖、儋耳的时期，因此，很有可能孙权的海军是由广州出发的。广州当时已成为吴国的一个重要出海港。

孙权对江东和岭南的开发，推动了江南和东南沿海以及海南的经济发展。226年孙权又派康泰、朱应统率船队出访南海诸国，加强与这些国家的友好往来，因而"频年奉贡"，"国无南忧之顾"。在同一年间，大秦商人秦论从海道来中国，在龙编港登陆，并到建业晋见孙权。凡此种种，都说明当时的岭南在三国分立时期吴国的割据管理之下，海外交通和对外贸易还是有了一定的发展。

三国以来广州港地位的提高，还得益于航海技术的提高和国际航运业的进一步发展。国内方面，造船和航海水平得以提高，从广州横渡南海的离岸航路从东吴起就开辟了出来(详见本书第十二章)，海上远航船舶日渐向广州停泊。国外方面，1世纪，罗马水手希帕努斯在印度洋上发现信风，从此欧洲商人打通了印度洋的航路，使印度洋上的交通发生了很大的变化，改变了过去大秦或埃及要依靠阿拉伯人才能与印度往来的局面。外国商船往返于中国、南洋群岛和印度之间，船舶数量、航次逐渐增加。《梁书·南海诸国传》说："晋代通中国者盖鲜，故不载史官；及宋、齐至者有十余国，始为之传。自梁革运……航海岁至逾于前代矣。"成书于3世纪中叶的《魏略》，已知有"乌迟散城"(即埃及的亚历山大港)了。《魏略·西戎传》还注明大秦有海道通中国，即经印度支那半岛海岸而至广东。其时罗马所需要的丝绸，完全依靠中国进口。戴维逊在《古老非洲的再发现》一书中说："中国货早在公元初的确运到了红海和地中海……还

① 《水经注》"浪水"条。
② 《三国志·吕岱传》。

有中国、罗马的交易。不过,这些交易同大多数贸易一样,其货物要经过多次的驳运。"[1]当时航行在南海的除中国船外,尚有波斯舶、天竺舶和扶南舶。这些船,"大者长二十余丈(四十六至五十米)、高出水三二丈,望之如阁道,载六七百人,物出万斛"[2]。不少的"外徼人(即外国人)随舟大小,式作四帆,前后沓载之。有卢头木,叶如牖,形长丈余,织以为帆。其四帆不正前向,皆使邪移相聚,以取风吹,风后者,激而相射,亦并得风力,若急则随宜增减之,邪张相取风气,而无高危之虑,故行不避迅风激波,所以能疾"[3]。至于扶南国,在范蔓为王时,早已"治作大船,穷涨海(即南海)"。《梁书·中天竺传》亦记载"范旃遣亲人苏物使其国(即中天竺国)……历湾边数国……可一年余到天竺江口"。据《太平御览》卷七七一引康泰《吴时外国传》称:"扶南国伐木为船,长者十二寻(22至24米),广六尺,头尾似鱼,皆以铁镊露装,大者载百人。人有长短桡及篙各一,从头至尾,约有五十人至四十余人,随船大小,行则用长桡,坐则用短桡,水浅乃用篙,皆撑上应声如一。"由此可见当时国际上无论是造船技术或航海技术方面,都有很大的进步,船舶抵御风浪的能力大大加强。因此,船舶可以选择较为快捷的线路直航广州,广州港的国际贸易也因此获得了很大的发展。

西晋太康二年(281年),大秦王遣使至中国,到达京城洛阳,是循海道由广州登陆的。《艺文类聚》卷八五《布部》所录晋殷巨《奇布赋及序》对此有记载:"惟太康二年,安南将军广州牧腾候作镇南方……大秦国奉献琛,来经于州,众宝既丽,火布尤奇。"这里记载的"来经于州"即广州,说明随着东南沿海的经济开发,广州又成为当时的市舶要冲了。

但是,西晋是一个极其短促的王朝。从280年晋武帝灭吴、重新统一中国开始,至300年八王之乱止,中间只经历了还不到20年的短暂统一,又出现了十六国之乱和南北朝对峙的局面。在200多年的战乱中,黄河流域在少数民族的统治下,经济遭到很大的破坏,但长江以南却加快了开发的步伐,而广州港也在这一时期再次屹起,成为当时全国最大的对外贸易中心。分析其原因,主要有如下几点:

(1)南方自东晋政权建立以来,与北方连年战乱相比,其局势还是比较安定的;同时又因其是由汉人建立的政权,所以北方汉族大批南逃带来了先进的文化、技术,这就加速了江南的经济开发,使南方经济在两汉和东吴的原有基础上发展起来,为广州港的经济繁荣带来了极为有利的条件。

(2)北方连年的战乱、东南经济的开发,世族大家的南渡和东晋、宋、齐、梁、陈定都南京,都引起了全国外贸市场的转移,即进口商品较多或大部分在江南一带推销。就是北方所需要的舶来品,亦多数从南方进口。

(3)广州曾经是对外贸易的都会,汉武帝平南越后至东汉末年这一期间,为日南、交趾所超过,但随着外贸市场的转移,交趾的地理条件便远远不如广州优越了。也就是说,进口的物资如由交趾登陆,其内运路线比从广州登陆要长得多,所以,外商很自然地便以广州为碇泊地点了。

---

① 张铁生:《中非交通史初探》,三联书店1965年版。
② 见《太平御览》卷七六九引万震《南州异物志》。
③ 《太平御览》卷七七一。

东晋僧人法显从狮子国归国，中经耶婆提停留，等候信风，意欲直航广州。《佛国记》中记载，按照商人所说，在正常的情况下50日便可到广州，可见当时广州与耶婆提之间已有频繁的商舶往来。该书还说，从耶婆提至广州的海舶，可载200余人并可贮存50天的粮食和给养，其所航行的路线亦是当时最快捷的航线。

另外，随法显之后往来南海之间的佛教徒，据冯承钧《中国南洋交通史》考证，约有10人。其中：

昙无竭于宋永初元年(420年)召集25人远适天竺，后于南天竺随舶放海达广州。

印度僧人求那跋摩，于宋文帝(424—453年)期间，应邀来我国传教，从诸薄港(即爪哇岛)乘搭印度商人竺难的商船直达广州。

印度僧人求那跋陀罗，由狮子国随舶汛海，于宋元嘉十二年(435年)至广州。

印度僧人拘那罗陀，经狼牙修(今马来半岛)、扶南，于梁大同十二年(546年)至广州。

还有罽宾国僧人昙摩耶舍、印度僧人菩提达摩也是这个时期航海从广州登陆的，其中菩提达摩的登陆地点——西来初地，至今古迹犹存。昙摩耶舍建王国寺，即现在的光孝寺。

据《宋书·蛮夷传》记载，广州当时"舟舶继路，商使交属"。《南齐书·东南夷传》也说："四方珍怪，莫此为先，藏山隐水，环宝溢目。商舶远届，委输南州，故交、广富实，牣积王府。"同书《州郡志》又称，交、广一带"外接南夷，宝货所出，山海珍怪，莫与为比"。因此，凡当广州刺史的，无不暴富。俗话有"广州刺史经城门一过，便得三千万钱"的说法。《晋书·吴隐之传》也说了这么一个故事：402年，东晋安帝元兴元年，吴隐之任龙骧将军、广州刺史，当时广州官吏贪污之风极盛，皆说饮了市郊石门的贪泉水所致。吴隐之特地到石门喝了一勺贪泉的水，并题诗一首曰："古人云此泉，一歃怀千金，试使齐夷饮，终当不易心。"该诗驳斥了贪官污吏的谬论。当然，"饮之辄使人贪"，这是无稽之谈，但这个故事亦说明当时广州对外贸易之繁荣，官吏借此而贪污。故《晋书·吴隐之传》又云："广州包山带海，珍异所出，一箧之宝，可资数世。"据王仲荦《魏晋南北朝史》引阿拉伯人古行记的记载说："中国的商舶，从公元三世纪中叶，开始向西，从广州到达槟榔屿，四世纪到锡兰，五世纪到亚丁，终于在波斯及美索不达米亚独占商权。"马斯欧迪的《黄金草原和宝石矿》一书(成书于947年)也有记载，谓5世纪上半叶，在幼发拉底河的古巴比伦西南希拉，常有人看见印度和中国船在此停泊。[1] 当时的外国船"每岁数至"[2]，并且有十余艘之多。[3]

清郝玉麟的《广东通志》记载外国商人前来广州贸易时，亦列有狮子、毗加梨、干陀利、阇婆、狼牙修、盘盘、顿逊等十国余。其中，交往最密切的有占婆、扶南、诃罗单和干陀利等国。

---

① 〔日〕桑原骘藏：《波斯湾之东洋贸易港》一文，载《唐宋贸易港研究》，商务印书馆1935年版。

② 《梁书·王僧孺传》。

③ 《南史》卷五一《肖励传》。

表 14-1　当时前来广州通商贸易的国家

国名	今名	地理位置
大秦	意大利之罗马	欧洲
天竺	印度	亚洲
狮子国	斯里兰卡	印度以南
罽宾	克什米尔	克什米尔的斯利加附近
占婆	越南南方	越南南部
扶南	柬埔寨	东南亚
金邻	泰国	暹罗湾上
顿逊	泰国	泰国西南部
狼牙修	泰国	泰国南部
盘皇	马来西亚	马来半岛的彭亨
丹丹	马来西亚	马来半岛南部
盘盘	马来西亚	加里曼丹北部
诃罗单	印度尼西亚	爪哇岛
干陀利	印度尼西亚	苏门答腊巨港
婆利	印度尼西亚	巴厘岛(也有人认为在婆罗洲)

占婆在西晋、东晋、宋、齐、梁、陈等朝代中,先后 20 多次派出使节来洛阳和南京访问朝贡。① 外国的朝贡就包含有通商的成分在内。

扶南是雄霸东南亚数世纪的强国,从西晋武帝泰始四年(268 年)起至陈后主祯明二年(588 年)止,扶南王国曾先后 20 多次派遣使节来南京访问朝贡②,也是当时和我国通商的主要贸易国。

诃罗单和干陀利虽然前来朝贡的次数③不如以上两个国家多,但由于地处东南亚

---

① 据王仲荦《魏晋南北朝史》下册所辑,占婆从西晋至陈这一时期,前来中国朝贡的次数有:西晋武帝泰始四年、大康五年(284 年),东晋成帝咸康七年(341 年),简文帝咸安二年(372 年),孝武帝太元七年(382 年),安帝义熙十年(414 年),义熙十三年(417 年),南朝的宋武帝永初二年(421 年),宋文帝元嘉七年(430 年),元嘉十年(433 年),元嘉十一年(434 年),元嘉十五年(438 年),元嘉十六年(439 年),元嘉十八年(441 年),孝武帝孝建二年(455 年),大明二年(458 年),明帝泰豫元年(472 年),南齐武帝永明中(483 年至 493 年),梁武帝天监九年(510 年),天监十一年(512 年),天监十三年(514 年),普通七年(526 年),大通元年(527 年),中大通二年(530 年),中大通六年(534 年),陈废帝光大二年(568 年),宜帝太建四年(572 年)。

② 同上书,扶南国进贡次数有,西晋武帝泰始四年,太康六年(285 年),太康七年(286 年),东晋穆帝升平元年(357 年),孝武帝太元十四年(389 年),南朝宋文帝元嘉十一年(434 年),元嘉十二年(435 年),元嘉十五年,南齐武帝永明二年(484 年),梁武帝天监二年(503 年),天监十一年,天监十三年,天监十六年(517 年),天监十八年(519 年),普通元年(520 年),中大通二年(530 年),大同元年(535 年),大同五年(539 年),陈武帝永定三年(559 年),宜帝太建四年(572 年),后主祯明二年(588 年)。

③ 同上书,诃罗单向中国进贡次数有:南朝宋文帝元嘉七年,元嘉十年,元嘉十一年,元嘉十四年(437 年),元嘉二十九年(452 年)。干陀利国进贡次数有:南朝宋孝武帝孝建二年(455 年),梁武帝天监元年(502 年),天监十七年(518 年),普通元年,陈文帝天嘉四年(563 年)。

各国通商贸易的要冲,再联系到法显《佛国记》的有关记载,这两个国家与广州的通商据推测也会非常频繁。德国人夏德氏也认为,那个时期外国商人开辟了广州这一重要市场。但由于文献记载非常简略,所以还无法对当时的贸易情况做出详细叙述。

在这期间,输入我国的主要物品有象牙、犀角、珠玑、玳瑁、琉璃器、螺杯、吉贝(棉布)、郁金、苏合(香料)、沉檀、兜銮等①,输出的商品以绫、绢、丝、锦为大宗。此外,还有奴隶交易,据《梁书·王僧孺传》称,广州每年都有从高凉郡(今阳江高州一带)运来的"生口"(即奴隶)卖给外国商人。

按照史料的反映,三国至隋代广州又出现坡山与西来初地两个码头。坡山又称坡山古渡,在今惠福西路的坡山,山脚下仍有白垩纪红层上发育的洪水蚀成瓯穴地形(即仙人脚印)可作证明,故惠福路以南的地面是晋代以后才冲积而成的。西来初地在今秀丽二路北侧,是西关南部较早见于历史记载的码头区。南朝梁普通七年(526年),印度僧人达摩坐船来中国,就是在这里登陆的,并在此建西来庵(后改华林寺)。可见,这一带是古代远洋航线停泊之地。②

二 北方诸港③

魏晋南北朝时期,由于北方战乱频发,港口发展相对南方总体来看缓慢且地位普遍下降。例如,春秋以来为我国著名港口的琅琊港已日趋衰落,春秋战国之际称名的安陵(即灵山卫)、之罘港则几乎默默无闻了。但这时期中日、中朝交往仍很频繁,由于山东半岛北部的登莱地区的海港离南北对峙交界地区较远一些,所以相对北方诸港而言有了较大发展,登州(蓬莱)港成为北方地区的主要港口。

登州(蓬莱)所辖范围,即先秦时期的黄、腄两地。魏晋南北朝时期登州(蓬莱)港的发展主要体现为以下几点。

1. 海上军事用兵基地

三国时代,曹魏于明帝景初元年(237年)秋诏青、兖、幽、冀四州大作海船,讨伐辽东,地属青州的登州(蓬莱)港当其冲要。景初二年(238年),司马懿伐辽东时,屯粮黄县,造大人城,船从此出。④ 大人城,在登州(蓬莱)港西不远,登州滨海之地,是魏伐辽的军需仓屯,登州(蓬莱)港因此成为伐辽东的水军战略基地,对于水军北渡并讨伐成功发挥了重要作用。两晋时期后赵四处攻伐,为了对燕发动战争,特别加强海上运输,登州(蓬莱)港又出现了繁忙的军事运输。例如,晋成帝咸康四年(338年),"赵王(石)虎遣渡辽将军曹伏,将青州之众戍海岛,运谷三百万斛以给之;又以船三百艘运谷三十万斛诣高句丽。使典农中郎将王典,帅众万众屯田海滨,又令青州造船千艘,以谋击燕"⑤。咸康六年(340年)九月,"赵王(石)虎命司冀、青、徐、幽、并、雍七州之民,五丁

---

① 《梁书·南夷诸国传》。
② 邓瑞本:《广州港史(古代部分)》,海洋出版社1986年版,第33—44页。
③ 本部分中关于辽东北方沿海新兴口岸的论述引见彭德清:《中国航海史(古代航海史)》,人民交通出版社1988年版,第100页。
④ 《登州府志》卷一二,光绪本。
⑤ 《资治通鉴》卷九六《晋纪·成帝中之下》。

取三,四丁取二,合邺城旧兵满五十万,具船万艘,自河通海,运谷千一百万斛于安乐城"①。至咸康七年(341年)十月,"赵横海将军王华帅舟师自海道袭燕安平,破之"②。南北朝时,由于战乱,经由登州(蓬莱)港的军事活动频繁。如北魏于元嘉九年(432年)秋伐燕时,燕王遣朱修之南下建康求救。朱修之乘船"浮海至东莱,遂还建康"③。又如,刘宋"泰始四年(468年),虏围青州,明帝所遣救兵(陆军)并不敢进,乃以沈文静为辅国将军,海道救青州"。这次用兵当亦经登、莱港口。

2.南北海上交通的重要港口

魏晋南北朝时期,从登、莱北渡或南渡的航路都已畅通。官方方面,曹魏和东吴之间虽然南北对峙,但仍进行着商旅贸易,登州(蓬莱)港自然在其中起着重要作用;另外,从《资治通鉴》等文献记载来看,前燕和东晋往往通过登州海道往来。民间方面,移民是这个时期登州(蓬莱)港南北海上交通的一个重要内容。曹魏平辽东诸郡后不久,曾两次大规模地从辽东移民到山东半岛,大量移民的到来使山东界内增加了新沓、新汶、南丰三个县,而且移民航海活动也给登州(蓬莱)港带来一时的繁忙。后赵时,由于统治残暴,山东人经由登州港外出南迁北移者很多。北移的如晋元帝太兴二年(319年),东莱郡太守因和青州刺史发生矛盾,惧祸及,"与乡里千余家浮海……归慕容廆"④。南迁的如掖县人苏峻不满于后赵政权的压迫,"峻率众浮海"⑤,乘船经登州大洋、成山,沿岸南下去了广陵(扬州)。由于东莱一带北渡辽东的人数颇多,前燕还特设营丘郡,予以安置。南北朝时,由于战祸不止,由登州(蓬莱)港出海移避乱世的人数仍然众多,而且大多迁移南方。

3.北方交通朝鲜、日本的主要海港

曹魏时,海外交通随着辽东割据势力的清除获得了很大的发展,曹魏以登州港作为海外交通朝鲜、日本的通道。据《魏志·倭人传》记载,魏和倭的交通约为6次,魏遣使2次,倭使魏4次。由登州港至日本的走向,大致为:从登州(蓬莱)港起程,沿庙岛群岛,过乌湖海,至辽东都里镇,傍海而行,历鸭绿江口,经百济而至带方郡,"循海水行,历韩国,乍东乍西,七千余里始渡一海。海阔千余里,名翰海,壹支国;又渡一海千余里,名未庐国;又东陆行五百里,至伊都国;又东南行百里,至奴国;又东行百里,至不弥国;又南水行二十日,至投马国,又南水行十日,陆行一月日,至邪马台国"⑥。这条航线和秦汉时期的航线不同,从带方郡到对马岛后,不再经日本称之为海中北道的"冲之岛""大岛",而是偏西直取壹支岛而向九州。

在两晋南北朝时期,受割据、动荡和战争频发影响,北方诸朝海外交通次数明显减少,但登州(蓬莱)港仍为次数有限的海外交通中的重要出入港。

另外,由于这一时期东北沿海局部地区在曹魏、后燕、北燕等政权统治下出现过开发加快的局面,辽东北方沿海随之新兴起若干的口岸,如马石津与三山浦。马石津即

---

① 《资治通鉴》卷九六《晋纪·成帝中之下》。
② 《资治通鉴》卷九六《晋纪·成帝中之下》。
③ 《南朝宋会要·兵·海师》。
④ 《资治通鉴》卷九一《晋纪·元帝中》。
⑤ 《资治通鉴》卷九一《晋纪·元帝中》。
⑥ 《册府元龟》卷九五七《外臣部·国异》。

今旅顺,三山浦即大连。这两港均在辽东半岛南端,汉代属沓氏县(今大连市金县),后改称东沓,港口称沓渚、沓津。①

马石津在马石山以东,故称马石津。马石山古称将军山,即今之旅顺老铁山。据金毓黻先生考证,"马石津即马石山之津口,今称旅顺口,愚谓马、乌二字形似,马石山应作乌石山,今老铁山,其色焦黄,因以得名"②。但马石津之称久已约定俗成,史籍相沿未改。东晋咸和九年(334年),晋朝廷派侍御史王齐,谒者徐孟到辽东,册封慕容皝为镇东大将军、平州刺史、辽东公。船自建康出发,出大江至于海,至登州大洋;东北行,过大谢岛、龟歆岛、乌湖岛、北渡乌湖海,"船下马石津"③,可见在晋朝时,这里已是南北通航的重要港口。唐代称此港为都里镇④,辽、金、元时改称狮子口。明洪武四年派马云、叶旺率兵渡海收复辽东,自"狮子口登陆,驻兵金州",更名为旅顺口⑤,沿称至今。

此港地处渤海与黄海的分界线上,正与山东登州隔海相对,是联系、捍卫中原和东北的军商要港。自开港以来,历经各代,相延两千余年而不衰。

三山浦港在汉沓氏县(今金县)的海滨。东汉末年,山东登州与辽东海路畅通,一时避黄巾战乱流徙到辽东的人很多。当时知名之士如邴原、管宁、王烈、刘政、太史慈等,都曾流寓到辽东。《魏志·邴原传》注引《邴原别传》,说他到辽东后"止于三山","一年中往归原居者数百家,游学之士,教授之声不绝"。孔融托船家捎寄给邴原的信中说:"顷知来至,近在三山。……奉问榜人舟楫之劳,祸福动静告慰。"⑥可见,当时三山浦与山东之间的航海往来十分频繁,已是一处人文荟萃的港口。三山浦是以大连湾口处的三山岛而得名,是自汉代以来从山东通航东北、朝鲜和日本的必经港口。

第二节　隋唐时期海港的发展状况⑦

隋唐时期,特别是唐代统一的政治局面、活跃的经济发展、开放的对外政策、便捷的交通运输等因素,有力地促进了海港的发展,南北方的海港在自身发展历程中普遍出现了繁荣的景象。不过,南北方海港的繁荣程度和性质呈现出较大差异,北方的海港重军事,南方海港重贸易。

隋唐之际,伴随着统一多民族国家的形成,中原政权为巩固东北边疆的安全而多次发动对高句丽的战争。在这些征讨战争中,北方沿海的一些港口在屯兵待征和进行海上军事运输等军事行动中发挥了重要的作用。秦皇岛港,古称碣石海港,位居渤海湾北岸中段。隋代为开通大运河,在北方开凿了永济渠。开凿此渠的另一个重要目

---

① 《东北通史》卷五二。
② 《东北通史》卷五二。
③ 《资治通鉴·晋纪》。
④ 《唐书·地理志》。
⑤ 《明实录》。
⑥ 《三国志·魏志·邴原传》。
⑦ 本节中关于北方海港论述引见张炜、方堃:《中国海疆通史》,中州古籍出版社2002年版,第146—147页。

的，主要是为了发动对高句丽的征讨战争。地处秦皇岛沿海地段临渝关的碣石海港，成为转运军资的重要沿海中枢。在发兵之前，隋中央政权就曾经组织大规模水路运粮。其路线为从关中地区启程，船队顺黄河、永济渠，分头进入渤海湾，而后再经碣石港转运至狼水海口。隋炀帝第一次东征高句丽，总兵力多达113万余人，而涉及后援物资运输"馈远者倍之"。隋军运兵船的一部分就是从碣石港出发浮海先行的。由此可见，隋代的碣石港是连接永济渠和黄河与辽水之间重要的中转港口之一。

唐代，随着北方海上军事活动的大规模开展以及沿海地区经济的逐渐恢复，在山东半岛以北，以环绕渤海湾为主的北方沿海港口，形成了主要由登州（今山东蓬莱）、莱州（今山东莱州）、平州（今秦皇岛卢龙）和都里镇（今辽宁旅顺）等几个港口组成的海上交通网。秦皇岛港再次成为海陆交通要道以及军储重地。唐太宗五次征讨高句丽，唐朝军队的舟师以及运粮船队，大都沿渤海北岸经碣石港再行狼水（今大凌河）和辽水参战。据顾祖禹《读史方舆纪要》一书记载，唐太宗东征，山海关一带是重要的待兵之地。太宗曾经命臣下于河南道各州经海路转运军粮，粮船至平州后运储于碣石港周边地区，然后再转辽东支援前线。

需要说明的是，为了在对高句丽用兵的军事行动中，能够保证获得更多的支援兵力和后勤补给，唐代从山东半岛起航的官船一般都沿渤海湾的海岸线航行。沿途所经河口与港口计有济水、黄河、漳水（今海河）、鲍丘水（今蓟运河）、滦河等，途中经过棣州、沧州、幽州、蓟州、平州等州府。据敦煌发现的唐代《水部式》记载，仅以上地区内从事海运的水手就有3400余人。755年唐玄宗年间，诗人杜甫随军北上，其间曾经写下许多诗篇，其中有些记叙了当时海运转输军饷的情景，如《后出塞》等篇就有"云帆转辽海，粳稻来东吴"，"幽燕盛用武，供给亦劳哉。吴门转粟帛，泛海凌蓬莱。肉食三十万，射猎起黄埃"等诗句。在这些诗句中，反映出唐朝大军出征，军需物资自扬州港起运北上，绕行山东半岛沿渤海湾抵达平蓟等地的情况。

唐朝为了加强对环渤海北海岸线海运的管理，对镇守河北道的藩镇节度使加以"河北道海运使"之衔，将河北道辖区内沿海海运以及沿岸各港口都置于海运使的管辖之下。此举使得北方，尤其是山东半岛以北的海运事业带有鲜明的军事运输色彩。

海上运输业因政治原因而出现的繁荣，也带动着碣石港及其周边区域出现了一些相关行业，使这里原本比较落后的社会生产领域，也获得了一定的发展。例如，大型码头的修造对周边地区就产生了相当大的影响。平州港是唐代北方较大规模的港口，是一座完全由人工修筑的大型码头，既可用于航船靠泊，又可在玄水风期起到护城的作用。当运船靠泊时，货物在卸下后可直接进城归仓，其泊岸遗址至今基本保存完好。在码头周边地区，一些相关的行业也因港口的兴起而发展起来。据《永平府志》记载，唐代在平州治所的西北，已经有一些炼铁业出现。这些小规模的炼铁业所生产的铸铁，可以放置在石座之上做揽船桩用。

随着海运业的兴盛，在渤海湾沿岸的一些地方也出现了商业活动的场所。例如，在滦河及玄水河口，有一个石臼岛，是海运船舶的避风港。在石臼岛上设有"市店"，是专为海运船员进行生活用品交换所立。由此可见，唐代在北方兴起的海运事业虽然属于军事活动的性质，但其兴旺后的社会影响已经不仅限于军事活动领域。港口的发展带动了沿海地区相关行业的开发与发展，从而又促使社会生活发生变化。

登州港是唐代北方港口发展带动周边开发的另一个典型。707 年，登州治所迁往蓬莱，此地即为登州港。登州港处山东半岛，濒临渤海，东南接黄海，北望辽东半岛，是唐朝内对辽东、外对高句丽和日本的主要海运港口，是渤海海上漕运的基地港。唐中央政权在登州长年驻扎征调服役水手 5400 余人。每期两年，轮番更调。从这里经过再转运出的粮食军资供应辽东地区唐朝军队的作战消耗以及征服叛乱所用的军饷。因此，登州港的军事作用极其显著。唐代，这里又是北方最大的港市，具有沿海商业中心的功能。山东自古以来就是我国北方丝织品的主要产地。唐代的登州，仍然是全国丝麻织品的中心产地之一。这里出产的纺织品和黄金在当时驰名全国。加之登州地处山东半岛北缘，有较好的自然条件，同时又远离战乱频起的中原地区，在中唐以后所受兵祸袭扰较轻，使这里的经济发展有着相对良好的环境。因此，在登州港的带动下，登州整个地区的经济经过数百年的开发，至唐末五代时期达到了很高的水平，已经与长江以南的杭州港直接进行贸易往来，贸易的主要品种有粮食、瓷器、叶以及干姜等。到宋朝初年，登州港以及周边腹地已经是"户口蕃庶，田野日辟"[1]，经济发展水平在整个北方沿海地区是最高的。

在南方海港的发展中特别值得注意的是唐代东南沿海海港的兴起。"在古代的帆船航海时期，我国去东西方的海船，在横渡黄海或穿过马六甲海峡以前，一方面为保证航行安全，尽量缩短航程就近投港；另一方面为方便集散货物时在航行沿途装卸，所以港口开放形成的顺序，是从中国沿海的南北两端向中部延伸。"[2]这一变化过程在唐代表现得特别充分。由于航海技术的进步和新航线的开辟，再加上政治经济格局变动的影响，魏晋南北朝时期，东南沿海的海港已逐渐对外交通，随着唐代国力的强盛、造船和航海技术的提高，繁荣的海外贸易往来的频繁，一系列海港在东南沿海兴起并繁荣开来，如扬州、福州、泉州、明州等港，它们同南端的广州、交州等海港一起勾画出了唐代南方贸易大港的图景。

9 世纪中期，阿拉伯地理学家伊本库达伯在其著作《郡国道里志》(*The Book Of Routes and Provinces*)中有关于唐代的南方贸易港的记载：

> 从 Sanf(即 Champa，占婆)到中国的第一港口 AI-Wakin，无论航海或陆行均是 100 farsangs(古波斯里，1 farsang 相当于 3.25 英里)，此地有优质的中国铁、瓷器和大米，是一个大港。从 AI-Wakin 航行 4 天，到 Khanfu，若陆行需 12 天，此地出产各种水果、蔬菜、小麦、大麦、大米和甘蔗。从 Khanfu 航行 8 天，到 Janfu，此地出产与 Khaafu 相同，从 Janfu，航行 6 天到 Kantu，此地出产亦相同，在中国各港口皆有一条可航船的大河，河水随潮汐涨落，Kantu 有鹅、鸭及其他野禽。

这段记载中的各港口，经日本学者桑原骘藏的考证，认为第一港口 AI-Wakin，即龙编(Loukin)，属交州，在今越南河内地区；Khanfu，即广府，也就是广州；Janfu，即泉州；Kantu，即江都，也就是扬州。[3] 依此，唐代外国商船从越南中部的占婆进入中国海

---

① 《宋史》卷一八六《食货志下》。
② 彭德清：《中国航海史(古代航海史)》，人民交通出版社 1988 年版，第 158 页。
③ 〔日〕桑原骘藏：《伊本所记中国贸易港》一文，载《唐宋贸易港研究》，商务印书馆 1935 年版，第 64—65 页。

后,依次到达的海外贸易港就是交州、广州、泉州和扬州。这些港口中以广州最为重要。广州自魏晋南北朝时期以来就逐渐成为国内最重要的贸易港。607年(大业三年),隋朝屯田主事常骏、虞部主事王君政等出使赤土国时,带着丝织物五千段就是从广州出航的。到了唐代,广州港全国第一大港的地位更加彰显,它不仅是进出东南亚各国的大港口,也是航行印度、波斯湾的主要海港。而交州自汉代起就是我国往印度洋航线的起点,也是从印度洋东来的船舶的第一个登陆站。隋、唐时交州的海外贸易也十分繁荣。《隋书·地理志》记有:"南海、交趾各一都会也,并所处近海,多犀、象、玳瑁、珠玑,奇异珍玮,故商贾至者,多取富焉。"

围绕唐代普遍繁荣的海港,城市发展繁荣起来,形成海港与城市合二为一的港市。港市一般具有商品经济比较发达、中外贸易活动十分活跃的特点,往往既是商业中心,又是地区性政治、文化乃至军事中心。所以,港市大都分布在海外贸易频繁的南方沿海地区,像广州、扬州、福州、泉州、明州等是当时规模较大的港市,其中尤以广州、扬州港市规模最大、地位最重。在岭南道下分置的"五管"中,唯独广州所属的岭南节度为大府,其余各府事广府"虔若小侯之事大侯。有大事,咨而后行"①。扬州既有盖世的商业繁华,又终唐之世享有江淮地区政治中心的显要地位。淮南道的治所即在扬州江都,其人选往往与中央之宰相一职更迭出入,可见地位之重。

第三节 唐代繁荣的诸海港

一 广州②

广州早在南北朝时期就已经成为世界性的大港,唐代在原有的基础上更加发展并超过了以往任何一个朝代。

(一)唐代广州的内外交通

贞元宰相贾耽记录的"广州通海夷道"远洋航线,反映出从广州出发进行海外贸易的船只已远达波斯湾沿岸甚至东非沿岸。伊本库达伯在其所著《道程及郡国志》一书中,关于从阿拉伯至广州的航线也有与贾耽类似的记载。该航线从波斯湾北岸的西拉夫出发,经马斯卡特岬角(今阿拉伯半岛东南角)出大海向东至印度河口,再沿印度半岛西岸航行至南端的故临、斯里兰卡。再沿印度、缅甸沿海航行而至勃固,然后沿马来半岛西海岸南下,经苏门答腊而出暹罗湾,再经林邑而达广州。布罗姆哈尔在《中国的伊斯兰教》一书中的记载则附有航行时间。该书说,从波斯湾北岸的西拉夫出发,经阿曼湾南岸马斯卡特港入海,在刮信风的时候,航行一个月后可到南印度。然后经斯里兰卡的南海岸到尼科巴群岛,再过马六甲海峡经马来半岛的南海岸北上,十日可到暹

---

① 韩愈:《送郑尚书序》,《全唐文》卷五五六。

② 本部分引见邓瑞本:《广州港史(古代部分)》,海洋出版社1986年版,第45—64页。

罗湾。又十日或二十日后可到昆仑岛,再一日则到南海,最后达广州。[①] 这条航线与贾耽所记"广州通海夷道"不同之点是,阿拉伯人的商船从印度半岛南端至马六甲海峡的一段是沿印度、缅甸的海岸航行,而中国商船则是从马六甲海峡横越大洋直航斯里兰卡等地。这也说明当时中国商船和航海技术比其他国家先进。

另外,从广州往印度的航线中,还有一条路线,这条路线在马六甲海峡以东一段和上述路线相同,而在马六甲海峡以西,则是经由羯荼、尼科巴岛,然后向西北航行至耽摩立底国(今恒河三角洲一带)。从耽摩立底至我国也是经由羯荼然后穿过马六甲海峡,再东北航至我国。[②]

按日本人高楠顺次郎的考证,当时从广州至海外各地的航线,经常性的定期航行的有六条:

(1)广州、南海(即东南亚)、锡兰(斯里兰卡)、阿拉伯、波斯之间(此线经阿拉伯海岸入波斯湾);

(2)广州、南海、锡兰、美索不达米亚(即伊拉克)之间(此线经阿拉伯之南复经亚丁峡、红海);

(3)波斯、锡兰、南海、广州之间;

(4)阿拉伯、锡兰、南海、广州之间;

(5)锡兰、阇婆(爪哇)、林邑(越南中部)、广州之间;

(6)广州、南海之间。

当时往返这条航线的除中国人外,还有阿拉伯人、波斯人、印度人、欧洲人、东南亚诸国的使节和商人,船舶有南海舶、番舶、西南夷舶、波斯舶、狮子国舶、昆仑舶、昆仑乘舶、西域舶、蛮舶、海道舶、南海番舶、婆罗门舶12种。以狮子国舶最大,还有一种外国商船"不用铁钉,只使桄榔鬚系缚,以橄榄糖泥之,糖干甚坚,入水如漆也"[③]。

自秦汉以来,广州与全国沿海各口岸的航线,可以说是畅通的。进入唐代,与交趾及东南沿海的交通似乎又有了加强。唐代著名文学家王勃于上元二年(675年)往交趾省父,路过南昌,写了《滕王阁序》之后,便是从广州"渡南海,堕水而卒"的。又据《全唐文》卷八〇五《天威径新凿海派碑》称,在高骈未到交趾前(咸通五年前),唐代已有三位安南都护开凿交州至广州的海道,因工程浩大,均未获成功。原来交趾以北(即现在北部湾一带)的海路,有一段海域密布礁石,船舶经常在这里触礁沉没。咸通八年(867年)高骈亲自前往视察,"乃有横石隐隐然在水中,因奏请开凿,以通南海之利。……乃召工者啖以厚利,竞削其石,交广之利,民至今赖之以济焉"[④]。也就是说,经过一番整治后,海道比以前畅通了。所以刘恂的《岭表录异》(成书于唐昭宗年间,889—904年)说:"每岁,广州常发铜船过安南货易。"可见,广州与交趾沿海交通之频繁。

另据《唐会要》卷八七所记,咸通三年(862年)五月,交趾发生战乱,朝廷征集诸道的军队赴岭南,计划由湖南、江西两地越五岭转内河水道运送军粮,因河运缓慢,缓不济急。润州人陈磻石诣阙上书曰:"臣弟听思昔曾任雷州刺史,家人随海船至福建往

① 张铁生:《中非交通史初探》,三联书店1965年版。

② 王士鹤:《东南亚古代国际贸易港》,《地理集刊》1959年第2号。

③ 刘恂:《岭表录异》。有人认为这是中国南方所造的船。

④ 见《北梦琐言》卷二。

来,大船一只,可致千石,自福建不一月至广州。得船数十艘,便可致三五万石。"皇帝乃命陈磻石为盐铁巡官,驻杨子县专督海运,"于是军不阙(缺)供"。从这一史料可知,东南沿海一带的海运是比较发达的。在陈磻石奏请利用海路运送军粮之前,扬州——福建——广州——交趾之间必有众多的商船往来,同时也进一步显示了海运量大、迅速的优点。

唐代由广州至中原内地的主要交通路线有以下两条。

(1)取道骑田岭之路线:从广州至韶州、过骑田岭至湖南的郴州,再至衡州(衡阳)、潭州(长沙)达岳州(岳阳),过长江抵江陵(湖北江陵)、襄州(襄樊)、邓州(河南邓县),过蓝关至长安。

(2)取道大庾岭之路线:从广州至韶州,过大庾岭至虔州(江西赣州)、吉州(吉安)、洪州(南昌)、江州(九江),然后沿长江顺流至池州(安徽贵池)、宣州(安徽宣城)、润州(江苏镇江),过长江至扬州,溯大运河至汴州(开封),再由汴州至洛阳出潼关达长安。

这两条交通线都可利用广东的内河北江,故北江是当时的一条十分重要的运输线。韶州是广州通往内地的重要交通枢纽。皇甫湜《韶阳楼记》说:"岭南之属州以百数,韶州为大,贡朝之所途。"在这两条路线中,魏晋南北朝以前,由于大运河未开凿,多通过武水至郴州一线而达中原,自隋代大运河开凿之后,古人为了充分利用水运,所以取道大庾岭一线显得特别重要。盖此线只为在越岭时需要陆运外,其余均有水路可通。

唐开元四年(716年),朝廷派出高级官员张九龄整治大庾岭道。张九龄在《开凿大庾岭路序》中说:"初岭东废路,人苦峻极……故以载则不容轨,以运则负之以背。"可以说,当时的山道是十分难走的。但"海外诸国,日以通商",齿革羽毛等进口物资源源而来,所以"相其山谷之宜,革其坂险之故"。经过整治之后,"则已坦坦而方五轨,阗阗而走四通,转输以之化劳,高深为之失险。于是乎镶耳穿胸之类,殊琛绝赆之人,有宿有息,如京如坻"。就是说,把一条险峻的山路,改造成为荡荡坦途,大大方便了往来的交通,使各国前来贸易的商人畅通无阻,进一步促进了对外贸易。中外史学家对这条道路的修筑曾给予高度的评价,认为大庾岭道路的修建具有加强国际经济、文化、科学、技术交流的重大意义。

(二)对外贸易的繁荣与港口的繁盛

唐朝的统治者对海外贸易非常重视,采取了开放和鼓励的政策。外国商人可以在中国自由贸易,允许他们把商品自由运进口岸,而且可以往来各地市易或开铺经营。当时的长安与广州南北对应,都是中外通商的要地,而广州由于海外贸易的发展,城市也进入了繁盛时期。

当时南海诸国与唐朝通好的有20多个,其中关系最为密切的有林邑、真腊、丹丹、盘盘、堕和罗、赤土、骠国(缅甸)、室利佛逝、堕婆登(在今苏门答腊)、诃陵(爪哇)、波斯、大食、婆利、印度、罽宾、狮子国、大秦等国。这些国家与广州都有贸易往来。关于这方面的情况,史书作了大量的记载。

《旧唐书·王方庆传》载:"广州地际南海,每岁有昆仑乘舶,与以珍物中国交市。"

《唐大和尚东征传》载:"(天宝九年)广州……江中有婆罗门、波斯、昆仑等舶,不知其数。并载有香药、珍宝,积载如山……狮子国、大石国、骨唐国、白蛮(可能指欧洲人)、赤蛮(非洲人和阿拉伯人)等往来居住,种类极多。"该书还记叙了万安州(今海南岛万宁、陵水)海盗冯若芳的事情:"每年常劫取波斯舶二、三艘,取物为己货,掠人为奴婢。其奴婢居处,南北三日行,东西五日行,村村相次,总是若芳奴婢之(住)处也。若芳会客,常用乳头香为灯烛,一烧一百余斤。其宅后,苏芳木露积如山,其余财物,亦称此焉。"

李肇《唐国史补》载:"南海舶,外国船也。每岁至安南、广州。狮子国舶最大,梯而上下数丈,皆积宝货。至则本道奏报,郡邑为之喧阗。"

韩愈《送郑尚书序》载:"其海外杂国若耽浮罗流求毛人夷亶之州,林邑扶南真腊干陀利之属,东南际天地以万数,或时候风潮朝贡,蛮胡贾人舶交海中。""外国之货日至,珠香、象犀、玳瑁、奇物溢于中国,不可胜用,故选帅向重于他镇。"

柳宗元《岭南节度使飨军堂记》载:"唐制岭南五府……其外大海多蛮夷,由流求诃陵西抵大夏康居,环海而国以百数,则统于押蕃使焉。"

当时广州对外贸易范围已大大超过以往任何一个朝代,欧洲、非洲的商人都来贸易,故《广东通志》卷一九八说:"旧时所未通者,重译而至,又多于梁隋焉。"

至于广州港当时的对外贸易情况,可以说是"环宝山积""珍货辐辏"。《旧唐书》卷一三一《李勉传》记载,大历五年(770年),李勉任岭南节度使后的一年,海舶岁至4000余艘。[1] 按张星烺的考证,广州港年有80万人进出,参加贸易活动。[2] 当然,这个数字有可能夸大了,但唐代曾经到过广州的阿拉伯商人苏莱曼却证实,广州是中外船靠泊之处,世界商人群集的港口。《全唐文》卷五一五王虔休《进岭南王馆使院图表》亦有"……大舰飞轩……陆海珍藏……蕃商列肆而市,交通夷夏,富庶于人"等句。据岑仲勉考证,这是描写广州对外贸易的情况。[3] 又《旧唐书》卷一五一《王锷传》载,贞元十一年(795年)王锷出任岭南节度使,"广人与夷人杂处,地征薄,而丛求于川市。锷能计居人之业,而榷其利,所得与两税相埒"。就是说,王锷通过专卖的方法,收购了一部分舶货,其所得的利润,竟与两税(即地税和户税,是唐朝的主要税收入)的收入相等。这说明了当时广州对外贸易在整个经济中所占的重要地位。在这期间,广州的人口也有很大的增加,隋时广州的户口数37482户,到唐开元时增至64250户,元和时又增至74099户,与隋时相比增加了两倍。因此,当唐朝末年,黄巢起义军在进军广州途中,义军都统黄巢要求任命他为岭南节度使时,右仆射于琮便立即反对说:"南海市舶利不资,贼得益富,而国用屈。"可见,广州在全国中的地位又是何等重要。

另外,广州地方官贪污枉法特别严重,也可以从一个侧面反映出唐代广州海外贸易的繁盛。《旧唐书》卷一七七《卢钧传》载:"凡为南海者,靡不捆载而还。"唐玄宗时,节度使刘巨麟、彭杲皆因"坐赃巨万而死"(即贪污巨款败露后被处死)。《新唐书》卷一二六《卢奂传》说:"自开元后四十年,治广有清节者宋璟,李朝隐,卢奂三人而已。"可见,当时在广州的高级官吏中,清官是凤毛麟角。武则天光宅元年,广州都督路元睿纵

---

① 据岑仲勉考证,"海舶岁至四千余艘"应是"四十余艘"。
② 张星烺:《中西交通史料汇编》第二册,中华书局1977年版。岑仲勉认为不可能有80万人前来贸易。
③ 见岑仲勉:《隋唐史》下册,中华书局1982年版。

容僚属敲诈勒索,侵吞外商运来的珍品。商人到元睿面前控告,元睿不但不予主持公道,反而要把这些外国商人投入监狱。群商大怒,抽剑杀了元睿和他左右的十余人。又如,唐大历八年(773 年),广州的一个将官哥舒晃反,朝廷命路嗣恭为节度使,带兵平反。路嗣恭攻入广州后,没收豪商大贾的资产归他个人所有,家财一下子增加到数百万贯。另外,上面提到的那个王锷节度使,便经常收买南海珍宝,用船送往北方贩卖,成了巨富。"日发十余艇,重以犀象珠贝,称商货而出诸境。周以岁时,循环不绝。凡八年。京师权门,多富锷之财。"①由于侵吞舶商的利益十分严重,唐德宗贞元八年(792 年),曾经一度出现船舶不来广州而往安南市易的情况,即所谓"舍近而趋远,弃中而就偏"。有人主张禁止安南的港口开放,后来陆贽出来制止,这个主张才没有实现。唐文宗太和八年(834 年),曾颁发了一道保护外商的谕旨,要求地方官吏对航海而来的外国商人,"接以仁恩,使其感悦",并规定:"岭南福建及扬州蕃客,宜委节度观察使常加存问,除纳舶脚(即关税)、收市(由宫市使收购部分商品)、进奉(进贡)外,任其来往通流,自为交易,不得加重率税。"②这说明当时舶政之腐败,政府不得不保护外商,以繁荣市舶。事实上,贪官污吏过分侵占外商利益所引起的后果也是严重的。《资治通鉴》卷二百二十《唐纪》称,乾元元年(758 年)九月,广州发生大食、波斯商人武装抢掠仓库、焚毁房舍后,泛海而去的事件,刺史韦利见逾城而走。可见,外商在忍无可忍的情况下,亦作激烈之反抗。

唐时,聚集在广州的外商,据说有十多万人,他们侨居的地方叫"蕃坊"。"蕃坊"的出现亦是广州对外贸易繁荣的一种标志。最早反映广州"蕃坊"的书籍为房千里的《投荒杂录》,该书写道:"顷年在广州蕃坊,献食多用糖蜜、脑麝、有鱼鲊,虽甘香而腥臭自若也。"房千里字鹄举,唐文宗太和初年进士,太和中(832 年左右)任高州刺史,《投荒杂录》是他离任北归时所著,描写山川物产、人民风俗习惯。可惜此书已佚。有关"蕃坊"的引文是从顾炎武《天下郡国利病书》卷一〇四中转引而来的。

外国文献亦有描写"蕃坊"之事,阿拉伯商人苏莱曼的《东游记》一书称:"中国商埠为阿拉伯商人群集者,曰康府(即广州),其处有回教牧师一人,回教教堂一所……各地回教商贾既多聚康府,中国皇帝因任命回教判官一人,依回教风俗,治理回民。判官每星期必有数日专与回民共同祈祷,朗读先圣戒训。终讲时辄与祈祷者共为回教苏丹祝福。判官为人正直,听讼公平,一切皆能依《可兰经》圣训及回教习惯行事。故伊拉克商人来此者,皆颂声载道也。"③刘恂的《岭表录异》(成书于唐昭宗时 889 年至 904 年)亦记载:"恂曾于蕃酋家食本国将来者(波斯枣),色类沙糖,皮肉软烂,饵之乃火烁水蒸之味也。"番酋即番长。可见,广州"蕃坊"的出现,不会迟于 9 世纪 30 年代初。苏莱曼所指出的"教堂"是现在的怀圣寺。古时珠江仍很辽阔,怀圣寺以南尚未成陆,是一个码头区。外国人因是"化外人",不得在城内居住,只能"流寓海滨湾泊之地,筑石联城,以长子孙"④。所以"蕃坊"地点在今光塔街一带。又据《旧唐书·卢钧传》载,开成元年(836 年)冬,卢钧为广州刺史、御史大夫、岭南节度使,"先是土人与蛮獠杂居,婚娶

---

① 《旧唐书》卷一五一《王锷传》。

② 《全唐文》卷七五。

③ 张星烺:《中西交通史料汇编》第二册,中华书局 1977 年版。

④ 顾炎武:《天下郡国利病书》卷一〇四。

相通。……钧至立法,俾华蛮异处"。这说明卢钧进一步严格"化外人"不得与华人杂处的规定,把所有的外国商人都集中到"蕃坊"一带居住。唐朝末年,黄巢起义军攻陷广州,大批外商在战乱中离开广州,"蕃坊"一度萧条了下来。

"蕃坊"设番长进行管理,其办事机构为番坊司。番长的主要职责有两条:一是对"蕃坊"进行管理,二是招邀番商来华贸易。番长在实施"蕃坊"的行政管理时,应根据侨居国的法令和本国的惯例行事。按照《唐律疏议》规定:"诸化外人,同类自相犯者。各依本俗法。异类相犯者,以法律论。"就是说,同国籍侨民犯法,可按本国的惯例处理;不同国籍的侨民互相斗殴或串同作案触及刑法时,则按侨居国法律处理。

关于外侨财产的保护,地方官亦有简单的规定。按《新唐书·孔巢父传》所说,凡来中国贸易的外国商人,如不幸死去,其财产在三个月内家属不来认领者,则全部入官。元和十二年(817年),岭南节度使孔戣考虑到海舶受季候风的影响,一年才能往返一次,因此规定不受三个月为期的限制,这也是保护外侨利益的一种措施。另外,外侨可以同华人通婚,但华人不能跟随外侨回国。当时有许多外侨在中国娶妻生子。

唐代输入广州的物资有珠贝、象牙、犀角、紫檀木等。另外,香药和植物也是大宗进口商品,香药、植物中又以下列品种为主:

乳香或薰陆香:由天竺国和波斯等国输入。

苏方木:由爪哇输入。

龙脑香:由婆利国输入。

安息香:由波斯国输入。

青木香:由昆仑(今缅甸南部萨尔温江口一带)输入。

苏合香:由爪哇输入。

无石子:由波斯国输入。

胡椒:由波斯国输入。

荜拨:由波斯国输入。

白豆蔻:由爪哇、柬埔寨、暹罗等地输入。

阿日浑:由波斯国或大食输入。

无漏子:由波斯国输入。

麒麟竭:由爪哇、苏门答腊输入。

紫铆:由真腊输入。

诃黎勒:由波斯国输入。

没药:由波斯国输入。

波棱菜:由尼泊尔输入。

无花果:由波斯国输入。

耶悉茗,茉莉:由波斯国输入。

由广州输出的商品,则以瓷器、丝织物、纸、铜钱、铁器、金银为大宗。

另外,在唐人著作中,亦有关于奴隶输入之记载。此等奴隶即所谓昆仑奴,其肤黑身高、孔武有力,在富人家中从事笨重的体力劳动。例如,开元中王昌龄的诗便有"青骢一匹昆仑牵"之句。张籍关于昆仑儿的诗句,描写得就更为具体了:"昆仑家住海中州,蛮客将来汉地游,言语解教秦吉鸟,波涛初过郁林洲。金环欲落曾穿耳,螺髻长卷不裹头,自爱肌肤黑如漆,行时半脱木棉裘。"当时广州亦有奴隶买卖。《旧唐书》卷一五四《孔戣传》对此事略有所记,言京师有权有势之家,多托人至广州购买奴隶,孔戣到职后严加禁止,曾一度取缔奴隶的买卖。

以上是史料记载有关唐代广州对外贸易的大概情况。广州的海外贸易之所以在唐代诸港口中最为繁荣,是因为广州正好是中国的南大门,是沿南海丝绸之路而来的外国商船理想的碇泊地点。正是由于目睹繁荣的海外贸易带来的巨大收益,"唐置市舶使于广州,以收商舶之利,时以宦者为之"①。市舶使的设立和管理,一方面标志着中国古代航海贸易管理随着海外贸易的繁荣由地方管理时代发展到市舶制度时代;另一方面,其独在广州设立的事实从另一个角度说明了广州港突出的地位。

由于广州当时不但是全国最大的对外贸易港,而且也是东方最大的国际贸易港。正如唐德宗时陆贽在《论岭南请于安南置市舶中使状》中所指出的,"广州地当会要,俗号殷繁,交易之徒,素所奔凑"。广州城发展壮大起来,《唐大和上东征传》中对广州市容描述为:"州城三重,都督执六纛,一纛一军,威严不异天子;紫绯满城,邑居逼侧。"

(三)唐代广州的码头

唐代的广州已有内港和外港。唐代广州的外港主要有屯门和波萝庙两地。

屯门在今我国香港新界青山湾,扼珠江口外交通要冲。港口坐北朝南,九迳山与青山为其东西翼,大屿山为其屏障,是一个天然避风良港。古代凡外国船舶来广州贸易,必先集屯门,然后驶进广州。这些外国船回航返国时,亦经屯门出海扬帆南驶。贾耽的《广州通海夷道》也把屯门列入航线之中。当时的屯门有军队驻防,保护交通,称为"屯门镇"。② 唐玄宗时,节度使刘巨麟曾以屯门镇兵泛海北上,讨平骚扰永嘉(今温州附近)的海盗。可见,屯门又是沿海的重要军镇。

波萝庙在今黄埔南岗庙头村,古称扶胥镇,即韩愈所称的"扶胥之口,黄木之湾"。李吉甫《元和郡县志》称:"自州东八十里有村,号曰古斗,自此出海,浩淼无际。"古斗村也就是扶胥镇。庙头村之西有一小山,建有南海神庙,供奉南海之神。南海神庙建于隋代,但扶胥镇作为广州外港则始于唐代。古代航海因生产工具落后,带有很大的冒险性,所以船员水手均极迷信。波萝庙刚好是一个出海口,船舶出海或回航都要在这里停靠,以便船员们参拜海神,祈求保佑。唐代海外交通有了很大的发展,船舶经过此地的数量增加了,因此,逐渐形成一个船舶聚泊之地。从地形来说,镇前的江面是广州漏斗湾的转折点,东江水可以直接流经庙前与珠江汇合入海,所以也是海舶进出广州优越的停泊之处。据一些文献记载,古代的波萝庙"去海不过百步,向来风涛万顷,岸临不测之渊"。江面非常辽阔,交通堪称方便。宋、元两代,此处仍是广州外港。

广州的内港之一光塔码头在今光塔街一带,是唐代对外贸易的中心,也是主要的码头区,因番坊就在附近,所以非常热闹且建有光塔引航。清乾隆时,坐落在今海珠北路(即光塔街以南)的元妙观道士黄某,在观西侧挖掘出一艘深埋在地下的洋舶,证明

---

① 《资治通鉴》卷二二三《吕太一》条注。

② 罗香林等:《一八四二年以前之香港及其对外交通》第二章《屯门与其地自唐至明之海上交通》,中国学社1959年版。

这一带是古代洋舶往来的航道。

另一内港兰湖码头在今流花湖公园附近一带。宋以前，流花水还是交通要道，由佛山、北江、西江来广州的旅客有很多在此登陆。因其离城较近，故是广州西侧一个重要的水陆码头。南海县署从隋代至宋代，都设在这里，到了元代才搬走，可见其地位之重要。另外，这里因靠近象冈，又是船舶避风之地。唐刺史李㟭建"余墓亭"，"使客舟楫避风雨者皆泊此"。这里是唐宋两代广州的水上要地。

二 扬州

扬州在唐代是一座繁华的城市。当时的谚语就有"扬一益二"的说法。唐诗中有很多吟咏扬州繁华的篇什佳句，如：徐凝《忆扬州》中"天下三分明月夜，二分无赖是扬州"；王建《夜看扬州市》中"夜市千灯照碧云，高楼红袖客纷纷。如今不似时平日，犹自笙歌彻晓闻"；李涉《醉中赠崔膺》中"古今悠悠人自别，此地繁华终未歇。大道青楼夹翠烟，琼圹绣帐开明月"；张祜《游淮南》中"十里长街市井连，月明桥上看神仙。人生只合扬州死，禅智山光好墓田"。从这些描述中，扬州兴盛的局面可见一斑。扬州的繁华是和港口的发展、海外交通的频繁密切相关的。

(一)扬州的海外交通[①]

扬州对海外交通的历史有文献稽考的，最早可以上推到东晋时期。法显和尚身为扬州人，而且他的足迹由扬州至长安，经由陆上丝绸之路，然后循海航行，最终返抵扬州，转往南京，勾画出了自此以后扬州与海外内陆交通的概貌。

扬州成为重要的对外交通的海港，那还是隋代开凿大运河以后的事情。这主要是由于这条大运河南连江海，北接淮汴二水，把扬州构成南北水陆交通与运输的枢纽和财货的集散地，而且是我国对外交通的陆上和海上两大通道的联结点。因此，在唐王朝前后的三四百年间，这就成了扬州港口兴旺发达的突出因素。在这期间，日本和朝鲜对扬州的交通，除了沿着传统的北线，即沿着朝鲜半岛西侧近海航行，由山东半岛北部的登州陆行，转由济水入淮河，沿淮南运河直抵扬州，或由江苏北部的楚州及其附近沿海登陆，转由淮南运河达于扬州。此外，即由日本九州岛南部的萨摩半岛或由北部的博多湾一带渡海，直航扬子江口岸，驶抵扬州，然后由扬州沿着长江转往襄鄂，或是沿着运河转往京洛。在这期间，日本历次的遣唐使节，大都是经由这条航道往返的，这就是历史上所称的南线。由于当时的航海技术水准还不是很高，还不能克服风浪的阻力，所以每次航船到达的口岸还不能十分准确。日本驶往扬州的航船，不是在扬子江口以南的宁波停泊，再循江南运河抵扬州，而是在扬子江口以北的堀港停泊，循运盐河而抵扬州。这在《日本国史》和圆仁《入唐求法巡行记》等文献中，都有详尽的记载。扬州对日本和朝鲜的交通，若以对朝鲜交通而论，主要是循着传统的北线航行，即由扬州沿淮南运河，北上楚州，再由楚州乘船沿海航行，经山东半岛而到朝鲜。当时的新罗国人崔致远，即是沿着这条航线由扬州返抵朝鲜的。若以对日本的交通而论，主要是经由南线航行的。鉴真和尚东渡，每次都是取的南线。最后一次即唐天宝十二载(753

---

① 本部分引见朱江：《扬州海外交通史略》，《海交史研究》1982年总第4期，第1—4页。

年)十月,也是由扬州江边发足,"下船至苏州黄泗浦",乘日本遣唐副使大伴宿弥胡麻吕的船只航海,经阿儿奈波(即今冲绳)、益救(屋久)岛,达于秋妻屋浦(即今日本九州萨摩半岛上的秋目浦),抵筑紫太宰府(今福岗县治所在),遂去奈良。唐朝开成三年(838年)六月十三日,日本和尚园仁随遣唐使藤原常嗣来中国时,亦是由筑紫太宰府发足,乘船经志贺岛至有救岛(即益救岛与屋久岛)"上帆渡海",经过七个昼夜航行,抵扬州海陵县白潮镇桑田乡东梁村;再沿盐运河西行,经如皋、海陵、宜陵、禅智寺前桥,入于扬州。因此,在长达3个多世纪的隋唐五代时期,到过或在扬州居留过的朝鲜(主要是当时的新罗)和日本人是史不绝书的。不少朝鲜人充当日人翻译,在日本文献中称作"译语"。不少日本人是入唐求法的和尚,在日本文献中称作"学问僧"或"请益僧"。

在这期间,东南亚和西北亚,乃至北非人与扬州的交通要道,一小部分人是由传统的丝绸之路,先到京洛,而后沿着汴水、淮水,抵达扬州,再由扬州转往襄鄂或闽粤;当然也有的是以扬州为目的地的,乃至世代居于扬州。例如,其中的哈氏一支,即是由上述路线来到扬州而繁衍生息于此。在盛唐以前,不少来扬州的波斯与大食人,大都是由波斯湾沿海,经马六甲和北部湾,抵中国的广州,或在福建沿岸登陆;然后由梅岭等通道,经洪州(今南昌)、江州(今九江),循江南下扬州。最迟在8世纪稍后,西北亚人已能循近海航线,由波斯湾、马六甲、北部湾沿海,直接驶向扬子江口,而达于扬州。沿着这条海上通道,来往于扬州的东南亚和西北亚人,大抵是阿拉伯、波斯和昆仑、占婆等国的商人,尤以波斯和阿拉伯人最多。据《旧唐书·田神功传》中记载,当时居留在扬州的"胡人"数以千计。他们大都以经营珠宝和香料为业,并从扬州贩回陶瓷、铜器和其他手工业品。这在记载唐人逸事的《玄怪录》等笔记中时有记述。20世纪60年代初期,曾于扬州五台山出土过一方唐代光启三年(886年)"勃海吴公故夫人卫氏墓志",志文上载:卫氏"育子五人,二男三女;长子曰延玉,次曰波斯"。另在唐人笔记中,经常提到扬州"波斯邸";在扬州地方志书中,并有"波斯庄"地名,另在扬州出土的唐代陶俑中有不少波斯胡人的形象。由此种种迹象看来,在我国唐代,由波斯泛海到扬州来经商的胡人确是不在少数,可能要占外籍人中的首位。但以阿拉伯人来说,虽然在人数上似乎略逊于波斯人,可是在持续时间方面要远比波斯人长。据今所知,继唐代以后,来到扬州的阿拉伯人,历经宋元明三代,在长约7个世纪的时间里,可以说是络绎不绝的。至今在扬州有姓和事迹可考的阿拉伯人中,有宋代的普哈丁、撒敢达等,元代的撒穆逊丁、撒穆逊邦乃基、尔伊审哈同(女)、勒尊丁等,明代有马哈谟德、展马陆丁、法纳等。在我国唐代来扬州的昆仑人,即是唐代久游淮扬的诗人崔涯在他的《嘲妓》诗中所说的那种贩卖"苏方木"和"玳瑁皮"的昆仑人。昆仑这一名称,在我国历史上,有广义和狭义两种称谓之分。广义的称谓,指我国唐代前后中印半岛南部及南洋诸岛所在的地区,都叫作昆仑;狭义称谓,系指昆仑国,这一昆仑即唐义净在《南海寄归内法传》里所记的"掘仑",即是《新唐书·南蛮列传·骠国》条下所载的"大昆仑"与"小昆仑",故地在今缅甸南部萨尔温江口一带。至于到达扬州的是什么昆仑人的问题,若从日本真人元开所撰《唐大和上东征传》上记载的"昆仑国军法力"句义来看,这个"昆仑国"指的是今天的缅甸,而崔涯诗中所嘲弄的昆仑则是指的今天的南洋一带,但都是中古世纪海上通道所在地域内的"胡人"。在我国唐代来扬州的占婆人即占婆国人,在我国史籍上记为"瞻波""胆波"或"占婆",地在今越南中邻,称"林邑环王",9世纪后期称"占城"。此地亦是海上通道必经之地,是最为接近中国本土的一处货物集散港。"胆波国人善听",也是随鉴真和尚东渡日本的僧徒之一。从以上情况来推想,既然扬州已成为海上通道直航的港口、东方的一大都会,又与唐王朝所在的京洛有便利的水陆交通联系,因之来扬州经商的"胡人"当然不会仅限于阿拉伯、波斯和昆仑、占婆国人了,如在波斯湾以东的狮子国(今斯里兰卡)人,既至广州,也会航至扬州来从事贸易活动。爰此,不仅唐王朝采办稀世珍品要派人到扬州来,而且全国有许多内陆省份在对内对外贸易中也把相当大的一部分商品运到扬州来销售,因而唐文宗李昂太和八年(834年)的上谕中,特别提到"岭南、福建及扬州蕃客,宜委节度;观察使常加存问,除舶脚收市进奉外,任其来往流通,自为交易"。

唐代,扬州港口出现了空前繁盛的情况,这就要求扬州要有相应的造船业和码头。当时扬州的造船工业是很发达的。据《唐大和上东征传》记载,天宝元年(742年)十月,"要约已毕、始抵东河造船。扬州仓曹李凑依李林宗书,亦同检校造船"。再据《唐语林》记载,唐代大历年间(766—779年),刘晏为盐铁转运使,在扬州设有10个造船厂,造船达2000余艘。再据《全唐文》一七三卷记载,张鷟因五月五日洛水竞渡一事,"请差使于扬州修造"船十只,开销达五千贯钱。仅从以上三例来看,唐代的扬州,不仅能造航行于长江与内河的运输船,而且能造竞渡用的快船。更为重要的是,扬州还在建造航海的大船。这在上述鉴真于天宝元年于东河造船,准备东渡大海,前往日本讲学的信息中得到了证实。此外,在《唐大和上东征传》中提到,天宝二年(743年)仍出正炉八十贯钱,买得岭南道采访使刘臣隣之军舟一只之事,此只"军舟",亦当是航海的官船。

岭南道采访使的治所是设置在广州的,其采访使刘臣隣的军舟,于扬州卖给鉴真和尚东渡,可见唐代扬州与广州之间确有海道交通,这为扬州成为对外通商口岸以及阿拉伯和波斯等国人由海上通道直航扬州港口的历史提供了有力的证明。似亦可见,当时扬州当有相当繁盛的码头。那个时期的通商码头,从《唐大和上东征传》中来看,似在既济寺一带。唐代扬州既济寺的地址,在唐代扬子县治所在的扬子镇,即今扬子桥以西地域内。这一带地方,就是隋代开凿的淮南运河流入扬子江的河口所在,也是江岸所在的地方,名叫扬子津,或称扬子渡。邀请鉴真和尚东渡的日本遣唐大使藤原清河等人来中国、回日本,都是经由这个港口往返的。因之,唐王朝握有重权的盐铁转运使属下的扬子留守,别称扬子院,就设在这里。但这个港口的码头,就不止是扬子镇江边的这一处了。这从20世纪60年代初,于扬州以南施家桥船闸工程工地出土的长达24米的唐代大木船所在地点来看,此处有密密匝匝的木桩排列,极似一处码头建筑;而且这个地域,在唐代也是属于江岸所在,它与扬子津同在一条江岸上,此处发现也应是当时的港口码头之一。据《唐书·玄宗本记》与《五行记》记载,"天宝十载(751年)八月乙卯,广陵海溢";"天宝十载广陵大风"。另据《嘉庆瓜洲志》引《秋汀偶录》记云:"天宝十年大风驾海潮,沉江艘数千只。"由此可以看出,有这么多的江船,沉没于广陵、沿扬子津一带,定然不止是一处码头,即便是远在西侧的宣化镇(即通常所说的白沙镇,即今仪征),也是扬子县属沿江的一镇,它与扬子津也同在一条江岸上,亦当是当时扬州的一个码头。开元之后,由于扬子江边滩涨、阻碍通航,扬子港口先是移到瓜洲,到了北宋时期又转到真州(即今仪征)。其实,这些地方都是唐代扬州港口一带的通商口岸所在的地域。

(二)扬州盛衰原因分析①

扬州在唐代是一处繁盛的海港,但没有能够长期维持下来,自唐代末年急转直下,无论是城市本身还是航海贸易均陡然衰落,一直到宋代始终未能恢复。

唐代中叶,航海贸易日益发达,外国海商纷至沓来,其中尤以大食、波斯商人及日本、新罗的留学僧俗人士居多。因此东海、黄海沿岸的港市相继兴起,扬州便是在这种历史背景下,由沿江城镇上升为海港的。唐代有许多外国海商侨居在扬州,新罗、日本的留学生和求法和尚,也多从扬州进出,鉴真和尚东渡日本也是从扬州出发的。扬州在唐代所以能成为一个重要航海港口,除大唐帝国繁富昌盛这个基本条件以外,关键还在于它本身具有作为一个海港的若干条件。

1. 扬州港兴起的条件

(1)扬州港的地理位置。

隋唐时期,海岸线还没有推进到现在的位置上,约在泰兴以东一线。扬州在长江入海口内侧,紧临江边,"东至海陵(泰州)界九十八里,又自海陵东至海一百七里"②,地居我国东部沿海的中点。自隋开通南北大运河以后,扬州正在长江与大运河的交汇点上,上游有安徽、江西、湖广、四川广大腹地,下游可直接通向海外,具备运河漕运、江运和海运之利,是四方物资交流的中心。当时长江入海口的上海、太仓还未形成港口。这一客观情况,便决定着长江入海口的大港坐落在扬州。

(2)扬州本身的经济条件。

扬州本身有雄厚的物质基础和广阔的腹地,这是它所以能够发展成为海港的另一个重要因素。当时扬州物阜财丰,《唐会要·市》上说:"广陵(扬州)当南北大冲,百货所集。"《旧唐书·秦彦传》说:"江淮之间,广陵大镇,富甲天下。"《新唐书·高骈传》说:"扬州雄富冠天下。"总的来说,在唐代已经把扬州评定为"富庶甲天下"了。其主要原因,是内外水陆交通促使"百货所集";扬州四周府县有丰富的矿产和农副产品的资源,自古以来便能"即山铸钱,煮海为盐"。"扬部有全吴之沃,渔盐杞梓之利,充仞八方。"另外,还有技艺精良的手工业,其"丝绵布帛之饶,覆衣天下"③。唐代扬州的手工业,不仅门类多、分工细,而且制作精美,尤以所铸的青铜镜最为著名;此外,还有金银制品、丝织、制革、造纸、造船以及珠宝、首饰、玉雕等皆驰名中外。④ 再则,浮梁的茶叶和瓷器,豫章的木材、四川的蜀锦和药材都能顺江而下集会在扬州,凡此种种,均是扬州市经济繁荣、市场活跃的物质基础。另外,唐朝政府对航海贸易始终坚持提倡和保护的态度,唐文宗曾下诏:"南海蕃舶,本以慕化而来,固在接以仁恩,使其感悦……其岭南、福建及扬州蕃客,宜委节度观察使常加存问,除舶脚收市进奉外,任其往来流通,自

① 本部分引见彭德清:《中国航海史(古代航海史)》,人民交通出版社1988年版,第171—174页。
② 《资治通鉴》唐纪一九。
③ 《宋书·孔季恭传》。
④ 《新唐书·地理志》。

为交易,不得重加率税。"①唐朝廷对来扬州和闽、广的海舶,所采取的支持、鼓励的政策,也是扬州港形成和发展的不可忽视的因素。

2.扬州港衰落的原因

扬州港衰落的原因,总括起来有两个方面:一是战争破坏,二是航道变迁。

(1)战争对扬州的破坏。

唐代末年,军阀混战,烽火连年,对扬州的破坏极为严重,港市荡为废墟。唐昭宗在位期间(889—904年),这处富甲天下的广陵大镇,被"(毕)师铎、秦彦之后,孙儒、(扬)行密继踵相攻。四五年间连兵不息,庐舍焚荡,民户丧亡,广陵之雄富扫地矣"②。《新唐书·高骈传》上也记载说:"扬州雄富甲天下,自(毕)师铎、(扬)行密迭攻迭守,焚市落,剽民人,兵饥相仍,其地遂空。"同时扬州地区连年大旱,粮荒严重,"以宝贝市米,金一斤,通犀带一(条),得米五升"③。扬州城已到了人丁稀少、烟火不继的境地。其后到了五代后周显德三年(956年),扬州再遭一次大兵灾的洗劫,城中的官私庐舍焚掠已尽,全城只剩下无力逃避的"癃病十余人而已"④,已经连居民生存的基本保证都没有了,更谈不到什么港市了。

入宋以后,国内复归一统,虽经近200年的整顿,但扬州城仍然没有恢复旧观。

(2)航道变迁对扬州港的影响。

扬州经唐末战乱破坏而致一蹶不振的另一个原因,是地理环境变化所形成的航道变迁,使扬州失掉了作为海港的根本条件。

古代长江下游的河身和航道,曾经过若干次变迁,唐代时,江口北岸延伸到泰州以东。此时扬州与镇江之间,西起仪征东至崈山称作镇扬河段,江面宽有20千米,即《太平寰宇记》所说:"江都(扬州)南对丹徒之京口(镇江),旧阔四十余里。"当时扬州城在今之蜀冈,面临长江,东距入海口约100千米。由于长江每年约有4.86亿吨泥沙下泄到接近海口河段,因受海潮的顶托,迅速在岸边沉积形成许多沙滩;同时,在地球自转所产生的柯氏力作用下,涨潮流北偏,而落潮流南偏,江中泥沙沉积的沙岛便南坍北涨,久之,北侧水道径流减少,更加快涨潮时顶托着大量泥沙在北岸淤积,形成更多的沙岛,河槽上口门堵塞,沙岛继续扩大,终与岸边合并。

在唐代的末期,入海口已东移到南通,扬州距离海口愈来愈远;同时,由于沙洲并岸,长江向南移进了15千米,镇扬河段的江面宽度仅剩下了2.3千米,原来的扬州港也离江岸有15千米远了。⑤ 到了宋代初年,海岸线已东移到上海浦东的北蔡、周浦、下沙、航头一线,扬州城便远离海口260千米。自此,它已经失掉作为一个海港的基本条件,而被沿江下游的城镇所代替。

当长江入海口东移、扬州失去作为海港的条件以后,到了宋代长江下游的青龙镇、华亭、太仓、上海相继兴起,后来在青龙镇的兴衰与航路变迁等方面因素的作用下,终于形成了上海港。

① 《全唐文·病后德音》。
② 《旧唐书·秦彦传》。
③ 《新唐书·高骈传》。
④ 《资治通鉴》卷二九二、二九三。
⑤ 《读史方舆纪要》卷二三扬子江。

三　福州[①]

福州位于福建中部沿海，一向是福建政治、经济、文化的中心，又处于江海通津之地，交通便利。闽江流经其南境汇入大海，闽江及其众多支流深入内地，形成扇状的交通运输网络，使福州便于联系广阔的经济腹地。自福州以下的闽江入海水道深阔利于航运，海船可以从闽江口溯流而上直抵台江。沿岸的琅岐、殆口、闽安、马尾都是可供海舶停泊的天然良港。出闽江口则是东海航线和南海航线的交汇处，前往我国北方和两广诸港以及海外诸国都很方便，因此在外洋航运中处于重要的位置。福州港作为商港，其历史源远流长。汉代在福州还珠门外沿澳桥而下有一宽广的港汊，即东冶古港，东冶（今福州）港可谓是福建商港的源头。早在西汉元帝年间（公元前48—公元前33年），交趾七郡（今广东至越南北部一带）的贡物转运皆途经东冶港。以汉代海上航行能力，不可能作长途远航，中途靠泊东冶是在情理之中的事。当时，贡品由交趾七郡泛海至东冶，再转运往江苏沛县或山东登莱，然后由陆路运往洛阳或京都。东汉建初八年（83年）以后，由于零陵（今广西全州）、桂阳（今湖南郴州）峤道的开通，贡物北运改由陆路，东冶港渐失其转运功能。东冶港是在海上交通发展的基础上受南海贸易的推动而兴起的。寄泊转运是西汉时期东冶港的主要功能，因而尚不具备真正的贸易港条件。当贡献货物改由陆路北运后，东冶港虽受一定程度上的影响，但其海上交通却仍然持续不断，其功能又开始演变为以军事、政治活动为主，如吴国开始利用东冶港有利的条件组织海上活动。

（一）唐代福州的开发

福州直到唐初还没得到完全开发，"户籍衰少，耘锄所至，甫途城邑。穷林巨涧，茂木深翳，少离人迹，皆虎豹猿猱之墟"[②]。中唐时期，福州经济有所发展。据《新唐书·地理志》记载，福州有洪塘浦。大和三年（829年），闽县令李茸于闽县东五里筑海堤，使深受卤潮之害的洲上变为良田。王翃又在郡县西南再开南湖[③]，以备干旱季节农田汲用。福州几个属县的农田水利建设成就也很显著。连江有东湖，福清有天宝陂，长乐有西湖、东湖、陈令津湖、横屿湖、陈塘湖等。于是，大片耕地摆脱海潮威胁且有较多水源灌溉，瘠地变沃野。[④] 侯官、长乐、连江均是产盐区。大历年间（766—779年），侯官为江淮十盐监之一。唐代福建茶叶产地为福州、建州两地，福州侯官县方山露牙茶被列为贡品。唐代福建的绢、蕉已列为贡品，但质量较差、产量亦不高，长乐和建安每郡仅贡蕉布20匹。而王审知于后梁乾化元年（911年）进户部支榷课，葛多至3.5万匹。延曦于后晋天福六年（941年）进贡支度税葛，也达到8880匹。[⑤]

福建境内多山，河流湍急，多险滩，因此沟通福州与内地的陆路交通及内河航运就远不及海上交通那么方便，这给沿海与内地的商旅往来、货物流通带来诸多困难。唐

---

① 本部分引见郑元钦：《福州港史》，人民交通出版社1996年版，第15—31页。
② 梁克家：《三山志》卷三三《寺观类·僧寺》。
③ 王应山：《闽都记》卷一五。
④ 《新唐书》卷四一《地理志》；王澳：《长乐县志》卷二。
⑤ 吴任臣：《十国春秋》卷九一、九二。

代以来,随着社会经济发展,福州与内地水陆交通落后状况得到一定改善。陆路方面,"唐元和中岁歉,宪宗纳李播言,发使赈济。观察使陆庶,为州二年,而江吏籍沦,溺者百数,乃铲峰湮谷,停舟续流,跨木引绳,抵延乎(今南平)富沙以通京师"①。这样400余里的官道修成,弥补了水运条件的缺陷,加强了福州与中原的联系。盛唐时代,由于政局安定、经济发达,福建开始设置驿站,供传递政令公文和接待来往官员停宿及交通的需要。据《元和郡县志》记载,自京都至福建驿站路线是由长安至汴州,再由汴州南下,经扬州、杭州、睦州、衢州、江山,越仙霞岭入闽,再经浦城、建州,最后至泉州。以福州城区为中心,出西门上至闽北,出南门下至闽南,沿途各设有马驿或水驿。唐末黄巢领导的农民起义军进入浙江后本打算由海路进攻福建,但一时无法找到船舶,只好胼手胝足开辟一条从衢州(今浙江衢州市)到建州(今福建建瓯市),经天设雄关仙霞岭的长达700里的山路,长驱进入福建,于乾符五年(878年)攻下福州。起义军所开辟的山路后来成为闽浙交通要道。水路方面,虽然唐代闽江及其支流尚未得到整治,但闽江中游的古田、尤溪、闽清、永泰等县境内皆山,交通又全靠水路。唐贞元元年(785年),张籍送友人,有诗云:"为郡暂辞双凤阙,全家越过九龙滩。"唐代闽中官吏赴任多由闽江水道乘船。

福州的开发和社会经济的发展为福州商港的发展奠定了基础。

(二)港口性质的变化

唐代是中国封建社会鼎盛时期,社会安定,经济全面发展,为海外贸易发展提供了坚实基础。其时,福州是福建观察使治所的所在地,管福、建、泉、汀、漳州。

天宝十年(751年)后,大食控制了中亚,切断了唐朝通西域的陆路交通。于是,唐朝致力于经营与海外诸国的海上交通,由海路取代陆路成为中外经济文化交流的主要渠道。这种形势为福州对外交通和贸易的大发展创造了有利的时机和条件。

唐代福州对外交通和贸易迅速发展,通商地区不断扩大。海外交通除了与中南半岛、马来半岛诸国的传统航线之外,还开辟了多条新航线。其中主要有以下几条。

(1)新罗:朝鲜半岛上的新罗与唐朝关系友好,交往频繁。新罗人入唐往往在福州登陆,尔后转赴长安。例如,唐初有"慧轮师者,新罗人……自本国出家,翘心圣迹,泛舶而陵闽越,涉步而届长安"②,走的就是经福州的路线。迨及唐末,新罗人仍频繁地往来于新罗与福州之间。天成三年,"新罗僧洪庆自唐闽府航载大藏经一部至(新罗)"③。新罗政府亦频频遣使向闽地的统治者进献宝剑④。可见,双方的海上联系很密切。

(2)日本:天宝三年(744年),鉴真和尚第四次东渡日本,先期派人至福州置办粮船,准备由此出洋,说明当时福州已是对日交通的重要口岸。中唐以后,中日民间贸易兴起,福州对日海上交通更趋兴盛,中日商舶往来如梭。仅据日本方面的记载就有大中六年(852年),唐朝商人钦良晖的商舶自日本肥前国值嘉岛扬帆归国,海上航行6

---

① 梁克家:《三山志》卷五。

② 义净:《大唐西域求法高僧传》卷上。

③ 郑麟趾:《高丽史》卷一。

④ 《新五代史》卷六八《闽世家第八》。

天,在闽江口的今福州连江县登陆①;咸通六年(865 年),"延孝舶,自大唐福州得顺风五日四夜,著值嘉岛"。② 这些表明,福州已开通了对日交通的固定航线,双方往来频繁,海上贸易相当繁盛。

(3)三佛齐:三佛齐是当时东南亚的强国,领土包括了苏门答腊岛和马来半岛南部。据于竞《王审知德政碑》记载,唐末三佛齐诸国经常派遣使团至福州,向唐朝政府进贡,并开展贸易活动。《十国春秋》亦载:"天祐二年(905 年)夏四月……三佛齐诸国来贡。"③

(4)印度:唐文宗时,中印度僧人般怛罗来到福州,"传授佛法"④。天祐三年(906年),又有"西天国僧声明三藏"⑤前来。印度僧人屡至福州,表明福州港也是印度商舶经常问津之地,双方之间存在着较为频繁的海上交通。

(5)大食:隋唐时期西亚崛起了强盛的阿拉伯帝国,中国史籍称之为"大食"。大食帝国热衷于开拓对东方,尤其是对大唐帝国的海上贸易。大食商人纷纷驾舟东来,活跃于中国的各个贸易口岸和商业都会。福州就是他们从事商业活动的重要港口之一。当时大食商船满载着阿拉伯诸国的商品,运抵福州,然后溯闽江而上,翻越武夷山脉,进入江西,又顺赣江而下,将舶货贩销全国各地。唐人沈亚之记载了这条商路,指出:"(江西)饶江其南导自闽(江),其南颇通商,外夷波斯、安息之货,国人有转估于饶者。"⑥所谓"波斯""安息"指的都是阿拉伯帝国阿拔斯王朝。由此可见,福州与大食之间通商往来不绝,是当时东西方海上交通的一条热线。

唐代海外交通和贸易的发展及福州港的迅速崛起也为福州地区的人民提供了走向海外、施展经商才能的条件。从唐代开始,福州商人出海经商日渐增多,从事海外贸易蔚然成为风气。五代南汉主刘隐的祖父原先就是居住在福州一带的商人,后因为经营南海贸易才徙居广州。⑦ 唐末闽人黄滔亦有诗曰:"大舟有深利,沧海无浅波。利深波也深,君意竟如何? 鲸鲵凿上路,何如少经过。"⑧时黄滔在福州任节度推官,诗中所描绘的当是福州的景象。可见,唐时福州的商贾驾驶大舶,出没大洋,逐波逐利,大有其人。

由于福州对外贸易繁荣,各国商船纷至沓来,中外商贾云集。唐大历中,包何《送泉州李使君之任》诗赞曰:"傍海皆荒服,分符重汉臣,云山百越路,市井十洲人,执玉来朝远,还珠入贡频。连年不见雪,至处即行春。"⑨该诗之"泉州"指的是福州,福州在隋代与唐初称为"泉州"。《旧唐书》记载:"隋建安郡,又为泉州,旧治闽县,后移于南安县。"改称福州是在唐开元十三年(725 年)的事。晚唐人薛能《送福建李大夫》诗也称颂福州对外贸易之盛:"洛州良牧帅瓯闽,曾是西垣作谏臣。红旆已胜前尹正,尺书犹

---

① 〔日〕木宫泰彦:《日中文化交流史》,商务印书馆 1980 年版,第 111 页。

② 《头陀亲王入唐略记》,引自《入唐五家传》,大日本佛教全书。

③ 吴任臣:《十国春秋》卷九〇。

④ 〔日〕木宫泰彦:《日中文化交流史》,胡锡年译,商务印书馆 1980 年版,第 146 页。

⑤ 吴任臣:《十国春秋》卷九〇。

⑥ 沈亚之:《沈下贤文集》卷四《郭常传》。

⑦ 《新五代史》卷六五。

⑧ 黄滔:《黄御史集》卷四《贾客》。

⑨ 《全唐诗》卷二八八。

带旧丝纶。秋来海有幽都雁,船到城添外国人。行过小藩应大笑,只知夸近不知贫。"[①]"李大夫"即乾符二年(875年)从河南府尹转任福建都团练观察使福州刺史的李晦。河南府唐初称"洛州总管府",所以说李晦是"洛州良牧帅瓯闽",其帅府所在地无疑是福州了。"船到城添外国人"则是对福州舳舻辐辏、外商云集、交易繁盛情景的真实写照,也反映了有唐一代福州对外贸易长盛不衰的实况。

福州的对外交通发达,海外各国使者、商人、学者来往者络绎不绝,其中不少由于各种原因还定居下来成为侨民。例如,中唐时期,福州开元寺就有印度僧人居住,在此讲授佛经和梵文学[②],慕名来学习者有来自日本的学僧。名僧鉴真东渡日本时,曾有经永嘉(今浙江温州)乘舶到福州,再渡海日本的打算。《入唐五家传》引《头陀亲王入唐略记》载,865年,日本空海和尚入闽,在福州居住。中印度僧人般恒来到福州,传授佛法。元代阿拉伯人、波斯人也到福州经商传教,今福州市西北郊井边亭附近的圣山墓亭,即为1306年来自阿拉伯的穆斯林伊本·玛尔贾德·艾末尔·阿墓丁的墓亭。在福州的清真寺也存有元代阿拉伯人的墓碑,可见当时阿拉伯人在福州活动之活跃。1958年在福州发掘出元和八年(813年)《球场山亭记》残碑,碑文描绘当时的福州"海夷日窟,风俗时不恒"[③],说的是海外诸国人多侨居福州,异邦风俗充斥,陶冶熏染以致当地风俗颇受影响,难守常态。例如,唐代盛行的马球,就是由波斯传入的,故又称"波斯球"。福州建有球场应与福州"其南颇通商",有大批阿拉伯和波斯人侨居有关。由于福州外国侨民甚多,唐朝政府还在此专门设置了"都蕃长"一职,以管理侨民事务。[④]这也反映了福州对外贸易之繁盛,故《球场山亭记》碑文说福州"迩时廛(门内为干)阛阓,货贸实繁"并非妄语。

唐之后,福建为割据政权闽国治理,割据者王审知采取保境息民政策,发展国力,福州海外贸易继续发展。

闽国辖境仅五州之地,资源贫乏,四邻均为割据国家。王审知治闽伊始先是"闽疆税重,百货壅滞",且"黄岐岸有巨石,屹立波间,舟往来,多触覆"[⑤]。为招徕外国商贾,开辟福建海上交通,清除港道巨石,杜绝覆舟之患成为当务之急。光化元年(898年),别开一港,航行称便。《恩赐琅琊王德政碑》记载:"闽越之境,江海通津,帆樯荡漾。山号黄崎,怪石惊涛,覆舟害物,公乃具馨黍稷祭祀神祇,一夕震雷暴风,达旦则移其险,别注平流,虽画鹢争驰,而长鲸弭浪,优诏奖固,赐其名为甘棠港。"这虽带有神话色彩,但证明了王审知开港的事实。甘棠港港址一说在连江,另一说在福安。按地理条件分析,五代的甘棠港址是在连江黄岐镇附近海边的定海湾一带。另外,古代的"港"与现代的"港"的含义不同。古代河道、海道均称"港"。所以,王审知开凿的甘棠港不是对外贸易港,而是供海舶进出的港道。

王审知及其继承者治闽期间,"外域诸蕃,赆贶不绝"。其时与福州交往的国家有新罗、占城(即占婆国,在今越南南部)、三佛齐诸国。闽王王昶即位,新罗曾遣使献剑。

---

① 《旧唐书》卷二〇《地理志》。

② 〔日〕木宫泰彦:《日中文化交流史》,胡锡年译,商务印书馆1980年版,第219页。

③ 引自陈叔侗:《福州中唐文献孑遗》,载《福建史志》1992年第5期。

④ 《唐会要》卷一〇〇《杂录》。

⑤ 道光《重纂福建通志》卷八八。

天德二年(944年),占城国相金氏婆罗出使福州,由于在海上漂泊逾月,身上长满疥疮,访知闽县崇贤里有个龙德外汤院,前往一洗即愈,为此金氏捐款在温泉旁盖一亭以资纪念。① 天祐二年(905年),"佛齐诸国来贡"②。"佛齐诸国虽同临照,靡袭冠裳,舟车罕通,赊赆阆献,致其内附"③,由闽入贡,然而"蛮夷海中商贾"中相当一部分是自中国发舶到海外贸易而又回来的中国商人。例如,泉州刺史王延彬自泉州发舶至海外贸易,从无失落,因而被誉为"招宝侍郎"。据《三山志》云,"伪闽时蛮舶至福州城下"。这些"蛮舶"不仅包括海外诸国的船舶,还包括自福州、泉州发舶而又回到福州的中国商船。

王审知致力于海外贸易的另一项措施是在福州设置"榷货务",委任张睦专门管理舶货征榷事宜。张睦不负所望,把此项工作干得有声有色,因此他从三品官"累封梁国公"。为了达到"招徕"的目的,闽国曾在福州举办"万人大佛会",引来了南海三佛齐国的国王及其属国的君臣前来观瞻并进贡,福州港出现了"万国来朝"的盛况。《西山杂志·东石之舟》云:"商舟之税,闽王审知更重珍视,航舟南行,提倡交易,铸造大钱。"王延曦设立市舶司,闽商人林仁翰,林灵仙曾孙,谋求市舶司之官,而拱宸指挥朱文进亦求。天福十二年(947年)朱文进杀王攻福州,林仁翰杀朱文进,移市舶司于泉州。不久,闽国便被南唐所灭,但泉州未归附,仍然发展其海外贸易。

闽国从海外贸易抽解来的象牙、犀角、香药、珍珠、玳瑁等海外珍宝,有一部分进贡给中原王朝,"岁自海道登莱州入贡于汴"④。例如,梁太祖开平二年(908年),"贡玳瑁、琉璃、犀象器,并珍玩、香药、奇器、海味色类良多,价累千万"。开平四年(910年)又贡方物。唐庄宗同光二年(924年)冬十月,"福建节度使王审知进万寿节,并贺皇太后,致京金银、象牙、犀、珠、香药、金装宝带、锦文织成菩萨幡等物于唐"。后唐天成二年(927年)冬十一月,王延钧贡犀牛、香药、海味等于唐。天成四年(929年),延钧于冬十月戊戌,"进谢恩银器六千五百两,金器一百两,锦绮罗三千匹于唐,并犀角、象牙、玳瑁、珍珠、龙脑、笏扇、香药等"。后唐明宗长兴元年(930年)冬十月,王延钧"遣使贺唐郊礼毕","献白金七千两及焦牙、香药、金四百两"。通文三年(938年),王昶贡"金花细镂银器三千两、珍珠二十斤、犀三十株、银装交床五十付、牙二十株、香药一万斤"。永隆三年(941年),王延曦"遣使至汴,贡晋白金四千两、象牙二十株……乳香、沉香、玳瑁诸物"⑤。

福州商人也常到海外进行贸易活动。五代时,朝鲜半岛的新罗、高丽与福州有海船往来。《新五代史》记载:"新罗遣使聘闽以宝剑。……曦(指延曦)即立,而新罗复献剑。"⑥《福建通志》云:"金身罗汉寺,旧有高丽铜佛像三……藏于西殿,伪闽王时,高丽所献。"⑦《高丽史》也称:"新罗僧供庆,自唐闽府航载大藏经一部至礼成江,王亲迎之,

---

① 道光《重纂福建通志》卷二六四。
② 吴任臣:《十四春秋》卷九〇。
③ 于竞:《琅琊王德政碑》。
④ 吴任臣:《十国春秋》卷九〇。
⑤ 吴任臣:《十国春秋》卷九〇至九二。
⑥ 《新五代史》卷六八《闽世家》。
⑦ 道光《重纂福建通志》卷二六四《寺观志》。

置于帝禅院。"①僧人的海上航行，一般都搭乘商船。据《高丽史》统计，福建海商人数在中国商人中占首位。

王审知及其继承者奉中原王朝为正朔，常年贡献不绝，然而联系福州与中原的传统仙霞岭贡道梗阻于战乱，于是开辟福州至登州（今山东蓬莱）、莱州（今山东莱州）的海上贡路。《资治通鉴》注云："自福州洋过温州洋，取台州洋，过天门山，入明州象山洋，过冷江，掠冽港，直东北，渡大洋；抵登莱岸。"这一贡路虽然海上风波限险，"没溺者什之四、五"②，但是终闽国一代始终没有被废止，成为这一时期福州与中原交往、贸易的主要交通线。

渤海国位于辽东一带。渤海国宾高元固曾从海上来访闽国。王延曦即位，遣使者访契丹，也由海路北上。这说明福州近海航线不仅延伸到山东半岛，而且远及辽东半岛一带。

在海外贸易及近海航运贸易发展的推动下，福州港已由三国两晋南北朝时为军事活动服务为主要内容的军运型港口，转变成为地方经济服务的余兴的贸易港。

（三）港区的南移

福州为"七闽之冠"，"工商之饶，利尽山海"。晋太康三年（282年），福州设晋安郡。首任晋安太守严高嫌东冶古城狭小，而且地势不平，又值闽江泥沙已由北向南冲积，在冶山之南出现一小块平原，乃在越王山（今屏山）南麓建立新城，名为"子城"。据《三山志》记载，子城不大，北靠冶山，共有6个城门。扩建后的福州城池已拓展到今卫前街至杨桥路一线。与此同时，严高还凿通了迎仙馆至澳桥的水道，并浚深城内河道，以通舟楫之利。③

唐末天复元年（901年）就开始筹建一座规模更大的新城，名为"罗城"。罗城周围约40华里，设有大门及便门16个。

迨至五代，随着辖土面积的扩大和福州经济的发展，王审知以"古子城甚狭小"，难以成为全闽政治、经济、文化中心为由，又继续进行城区拓建工作。在距离"罗城"的兴建不过七年之后，王审知又把罗城椭圆形的南北两面稍加扩大，使罗城夹在中间，谓之"夹城"。夹城的南门已由安泰桥边的"利涉门"，扩展到今南门兜的"宁越门"；北面已由钱塘巷的"永安门"，扩展到越王山（屏山）麓的"严胜门""遗爱门"一带。与此同时，还疏深护城河，使之与江潮相通，江海船舶可循此直抵城下，故《三山志》云："伪闽时蛮舶至福州城下。"

由于福州城区的建设是随着沙洲的扩展而断续进行的，城池建设也每每遇水而止。因而与城池紧密相连的港区也随着城区建设的拓展不断地向南、向东南方向推移。古东冶港的港区在今东直巷至澳桥一带。晋严高筑"子城"时，并凿迎仙馆（位于今福州鼓楼区），起大航桥（后称到任桥）、连澳桥（在今福州东大路），浚深城河，以利船行。他还在城河口设置了四个水关：一在水部门（近今东门），引南台江潮水入城；一在

---

① 《高丽史》卷一。
② 吴任臣：《十国春秋》卷九〇。
③ 福州市政协文史资料工作委员会编：《福州地方志》，1979年版，第80页。

西门之南,引洪塘江潮水入城;其他两个分别在北门"汤门"(今温泉路),以导城外诸山之水,绕城河而流;又在城郭浚东西二湖,溉田数万亩,其利尤大。于是,福州城河与闽江之间,舟船均可随潮往来,进出无阻,货畅其流,物尽其用,上达侯官,下连闽县,极大地促进了闽江下游内河运输的发展。到了宋代,福州港区已迁移至安泰桥一带。

四 泉州[①]

泉州港是福建省泉州市东南晋江下游滨海的港湾,它的范围除泉州湾外,还包括深沪湾、安平港和围头澳。泉州湾有后渚、石湖、蚶江等港口,而以后渚港为重要。泉州港扼晋江下游,水陆交通便利,水道深邃,港湾曲折,是个天然良港,在中世纪时就是我国海外交通的重要港口。

泉州,古时为越地,秦时属闽中郡,汉属闽越国,三国时为建安郡辖地。西晋太康二年(281年),析建安郡南部地区增设晋安郡,泉州属晋安郡。南朝末年晋安郡改称为丰州。隋开皇九年(589年)又把丰州改称为泉州,至此才出现"泉州"之名。不过,那时泉州州治设在今天的福州市,辖境包括了今福州及闽江流域以南的大部分地区。入唐以后,随着福建南部社会经济的发展和海外贸易的繁荣,泉州的名称和辖地屡有更改。唐初,分泉州南部设置武荣州。唐景云二年(711年)改旧泉州为闽州,而以武荣州为泉州,州治设在今南安县的丰州。唐开元六年(718年),州治才移到今天的泉州,辖地北起莆田,南至龙溪,几乎包括了闽中和闽南地区。不久,泉州先与漳州分治。

(一)唐代泉州地区的开发

泉州所处的晋江流域,经过秦汉、两晋、南朝至隋的不断开发,社会生产力不断提高;特别是西晋末年中原地区劳动人民大量入闽,与当地居民共同劳动,促使社会经济文化进一步发展,为对外通商和泉州港的兴起与繁荣提供了深厚的物质基础。

唐初,统治者推行了一些有利于发展生产的措施,社会经济逐渐得到恢复和发展。本来就少受战乱影响的泉州地区的社会经济,较之前代又有了进一步的繁荣。

农业生产方面,劳动人民一面与江海争地,一面开发山区,扩大耕地面积。在晋江下游,围垦冲积的河滩;在晋江中上游,开辟了梯田。在泉州东南郊将大片碱地围垦为农田。至今这里的村庄还保留着"下围""大围""围口""浦西"等名称。大规模的农田水利设施也相继出现。唐贞元五年(789年),在泉州东郊开凿了"尚书塘",周围二十八里,灌田三百余顷。[②]贞元年间又疏浚了"东湖",使泉州东郊农地的灌溉初步得到解决。唐大和年间(827—835年),在通淮门外的晋江北岸,开浚了"潴泄江水,以肥沃南洋之田"的"天水淮",以及元和初凿北山下塘以灌民田的"仆射塘"[③]等,都是当时著名的水利建设工程,至今仍然起着灌溉作用。

手工业生产方面,瓷器的制作技术和生产规模继南朝之后又有所发展。当时浙江越窑的产品,釉色青翠可爱,是我国南方青瓷的代表作。唐代诗人陆龟蒙咏越瓷诗:

---

① 本部分引见《泉州港与古代海外交通》,文物出版社1982年版,第2—30页。

② 《泉州府志·水利》卷九。

③ 《晋江县志·舆地》卷一。

"九秋风露越窑开,夺得千峰翠色来",极赞其釉色的美丽。泉州瓷器的制作深受越窑影响,产品也很精美。泉州地区唐墓出土的青瓷器可为例证。1973 年,在晋江磁灶附近的童子山、狗仔山、后壁山、虎仔山等地发现了数处唐代窑址,可见唐代泉州的制瓷业已经相当发达。纺织业也有新的发展。当时泉州已是全国绢和纻的产地之一。①与丝织业有关的养蚕和植桑,在泉州也具有相当规模。唐初,仅泉州一个叫黄守恭的地主就有桑园七里。据《新唐书·地理志》记载,当时泉州有"土贡:绵、丝、蕉、葛"的定例。唐人杜佑《通典》中也记有"清源郡贡绵二百两"。清源郡就是泉州。② 这些都说明了唐代泉州纺织业的发达。《新唐书·地理志》还记载,泉州的手工业,除瓷器、纺织之外,冶铁和制盐也相当发达。

(二)唐代泉州的海外交通

唐代,随着商品生产日益发展和海上丝绸之路的繁荣,泉州已是我国对外贸易主要口岸之一,和广州、扬州等被称为我国南方大贸易港。

唐代,中国和阿拉伯之间的贸易频繁,阿拉伯人来中国,是 7 世纪以前的事。7 世纪初,阿拉伯已经正式派遣使节来中国,随后来者日多。唐武后天授年间(690—692年),阿拉伯人住在广州、泉州、扬州诸港的数以万计。③ 8 世纪,阿拉伯帝国的阿拔斯王朝(750—1258 年)与我国通商贸易更为频繁。我国对外贸易主要出口货物是瓷器、丝绸等手工业品,进口货物有象牙、犀角、明珠、乳香、玳瑁、樟脑等。这些舶来品很多是通过阿拉伯商人从东非等地贩来的。因此,阿拉伯人和波斯人来中国的日渐增多,他们中有不少人侨居在泉州。中唐以后,侨居泉州的外国人更多,出现了"船到城添外国人"的景况。④

侨居泉州的阿拉伯人,大都信奉伊斯兰教。据传说,唐武德中(618—626 年),有阿拉伯伊斯兰教创始者穆罕默德的门徒四人来中国:一个在广州传教,一个在扬州传教,另两个名叫沙谒储和我高仕的在泉州传教。沙谒储和我高仕后来死在泉州,葬于东门外灵山,至今其墓尚存。⑤ 那时伊斯兰教刚创立,他们来中国只是在阿拉伯人中传教。可见,当时的泉州和广州、扬州一样也是阿拉伯人聚居的地方。

1965 年,在泉州郊区出土的一方古体阿拉伯文墓碑石,经初步辨认,其义为"这是侯赛因·本·穆罕默德·色拉退的坟墓。真主赐福他。亡于回历二十九年,三月⋯⋯""回历二十九年"即我国唐贞观二十三年(649 年)。可见,早在 7 世纪中叶,在泉州的阿拉伯人中间已有信奉伊斯兰教的。

唐代来我国贸易的外国商人,除阿拉伯人和波斯人外,还有来自东南亚一些国家的。当时的海上贸易,有的是通过使节往来的形式进行的。唐天祐元年(904 年),三

---

① 《唐六典》卷二○载:"泉、建、闽之绢,泉、建、闽、表之纻,登、莱,邓之贷(布),并为八等。"
② 《泉州府志》卷三"建置沿革"载,"(泉州)天宝元年(742 年)改为清源郡,乾元元年(758 年)复改泉州"。
③ 水玉琰:《世界回教史》下编《中国回教记》,民国十一年(1922 年)铅印本。
④ 薛能:《送福建李大夫》,见《全唐诗》卷五五九,中华书局 1960 年版。
⑤ 何乔远:《闽书·方域志》载:"吗喊叭德圣人⋯⋯门徒有大贤四人,唐武德中来朝,遂传教中国。一贤传教广州,二贤传教扬州,三贤、四贤传教泉州,卒葬此山。然则二人唐时人也。"

佛齐国曾派遣使节蒲阿粟来福建进行商业活动。① 这时，泉州港商贾云集，出现了"市井十洲人"②的繁荣景象。那些来泉州的外国人有使臣、商人和传教士。他们从外国带来了香料和珠宝诸物，而贩回我国出产的丝织品和瓷器等。除泉州外，全国其他大城市也都有外商的活动，扬州还有波斯人开设的店铺。③ 唐王朝采取了一些有利于发展海外贸易的措施。唐文宗大和八年（834 年）下令保护广东、福建、扬州的外商，规定："除舶脚（即下碇税）、收市（先买宫廷所需番货），进奉（即贡献）外，任其来往通流，自为交易，不得重加率税。"④唐王朝在泉州设参军事，专门管理海外往来的使节和商人。⑤ 在外国商人来中国的同时，我国商人到东南亚及阿拉伯去的也不少，至今东南亚各国人民仍称华侨为"唐人"。

海上交通贸易的繁荣，得益的同时反过来也促进了泉州造船和航海技术的发展，福建的福州、泉州有了一定规模的造船工场。⑥ 福建造的海舶，一艘可容置数千石。⑦我国的航海技术，在唐代也有很大的提高。我国船员已掌握了航海气象规律，能利用季风驶船，每年的秋冬季节利用北风由广州、泉州、扬州出海，春夏季节利用南风回国。由于中国船的载量大、吃水深，驶往阿拉伯时不能直接进入幼发拉底河，只能停在西拉夫（Sitaf，今伊朗南部曼特河口略东），然后换小船运至幼发拉底河口，再溯河而上至阿拉伯国家首府巴格达等地。

随着泉州海外交通贸易的不断发展，泉州城市也逐渐繁荣。唐开元六年（718 年）州治由南安丰州移设于近海港的今泉州市。唐天宝年间（742—755 年），泉州总户数达 23806 户，比晋代南渡后的晋安郡户数增加近 6 倍，人口则增至 160295 人。⑧ 唐元和六年（811 年）泉州从中州升为上州。⑨ 这是泉州城市发展的重要标志。这时泉州港也从一般的海港，逐渐发展成为唐代对外通商的大贸易港之一。

（三）唐末五代泉州港的发展和刺桐城的由来

唐末政治腐败，各地封建势力割据称雄，战乱频繁，广大劳动人民流离失所，阶级矛盾激化。唐僖宗乾符元年（874 年），爆发了我国历史上著名的农民战争——黄巢起义。黄巢在山东起兵，先在长江以北活动。后来，他引兵向唐王朝军备薄弱的江南地区进攻。乾符五年（878 年）起义军进入福建，夺取福州后又挥戈南下，经泉州⑩、大同场（今同安）、漳州、潮汕攻入广州，然后北上攻占长安。黄巢在进军福建时，对福建的社会经济和泉州港海外交通的发展都有一定的影响。起义军从浙江入福建时，由于军

---

① 《唐会要》卷一〇〇，第 24—25 页。

② 包何：《送泉州李使君之任》，见《唐诗别裁》卷一一，中华书局 1975 年版，第 165 页。

③ 谢肇制：《五杂俎》卷一二，中华书局 1959 年版，第 358 页。

④ 《全唐文》卷七五。

⑤ 陈懋仁：《泉南杂志》载："唐设泉州……参军事四人，掌出使导赞。"

⑥ 章巽：《隋唐时代我国造船和航海技术的发达》载《我国古代的海上交通》，新知识出版社 1956 年版，第 26 页。

⑦ 《唐会要》卷八七。

⑧ 《旧唐书·地理三》卷四〇。

⑨ 《唐会要》卷七。

⑩ 《晋江县志·纪兵》卷一五二。

事上的需要,从衢州至建州开拓山道七百里。① 这条山路经义军开辟后,就一直成为闽浙间陆路交通要道,客观上有利于国内一些地区的出口货物汇集泉州,同时也便于进口物资经由泉州运往内地。

在黄巢起义的同时,各地组织武装、据地称王的也不乏其人。唐广明元年(880年),河南寿州人王绪,自称将军,率部属从河南经江西入福建,占据泉州。由于王绪性多疑忌,任意杀人,部将人人自危,其部属王潮因众怒而幽禁了王绪,被推为军主。唐昭宗景福二年(893年),王潮派其弟王审知攻占福州,控制了福建全省。唐朝廷封王潮为福建节度使。王潮死后,王审知继位。907年,后梁的朱温封王审知为闽王。以后王审知就建立了所谓"五代十国"之一的闽国。泉州是闽国的重镇。

王审知治闽时,采取了"保境息民"的方针,同南方诸邻国友好相处,并与吴越、南汉互相通婚,成为姻戚关系;对内则实行所谓"选任良吏,省刑惜费,轻徭薄敛,与民休息"②的政策。继王审知之后割据福建的各政权,也采取了一些有利于生产的措施,境内政治安定,经济有所发展。一些不被北方朝廷重用的地主官僚和文人学士相继投奔闽国,北方的劳动人民继西晋之后又一次大批南迁入闽,这对于促进福建社会经济的进一步发展起到了良好的作用。

五代时期,泉州人民继续与山海争田,扩大耕地面积。在山区,出现了"晋江两岸趁春风,耕破云山千万重"的景象。在海边,除经营唐代围垦的晋江下游土地外,又向海口进军,在泉州城南围垦大片海滩,规模最大的是陈埭。在水利方面,除疏浚扩大原有陂塘外,还增设规模较大的水利工程。例如,晋江六里陂,迂回四十余里,"内积山之源流,外隔海之潮汐,纳清泻"③,使数十里农田得以灌溉,同时还重修了天水淮。这些水利设施,保证和促进了农业生产的进一步发展,出现了"岁屡丰登"的景象。

手工业,特别是与海外贸易有关的陶瓷业、冶炼业和丝织业等也得到发展和提高。五代时,福建陶瓷业的制作技术水平和产品质量,比唐代都有提高。瓷器除青瓷外,还有白瓷、影青瓷和其他色釉,品种多样,造型美观。1962年在福州市郊发掘的五代闽王王延钧妻刘华墓中出土的瓷器有青瓷罐、白瓷碗等,其中三件孔雀蓝的大陶瓶,釉色晶莹,造型优美,反映了当时福建陶瓷制作技术的成就。④

20世纪50年代以来,在泉州地区曾先后发现过唐、五代的陶瓷窑址多处。据晋江地区文管会1977年在南安、晋江、惠安等县普查,发现唐五代窑址16处,其中南安、晋江各5处,产品以青瓷为主。当时,泉州青瓷器的烧制,直接受越窑秘色瓷(即青瓷)的影响,所产瓷除民用和外销外,还作为贡品进贡中原的中央朝廷。闽国徐夤《贡余秘色茶盏》诗云:"巧剜明珠染春水,轻旋薄冰盛绿云。古镜破苔当席上,嫩荷含露别江渍。"可见,闽国所烧制的"秘色"瓷器质量是相当高的。

关于泉州的矿冶和铸造业,唐代文献已有记载,五代时期更为发达。安溪县是当时银、铁的主要生产地。安溪原名小溪场,南唐保大十三年(955年)升场为县。其置

① 《新唐书·黄巢传》卷二二五。
② 《旧五代史·僭伪列传·王审知传》卷一三四。
③ 《泉州府志·水利》卷九。
④ 福建省博物馆:《五代闽国刘华墓发掘报告》,载《文物》1975年第1期。

县的理由之一,是安溪"冶有银铁"。安溪西北有铁矿山产铁。① 1977 年在安溪发现的冶铁遗址有 14 处,在湖头、尚卿、长坑、祥华、剑斗、福前、感德等地都有古代冶铁场遗址。直到现在,安溪还是福建主要产铁地区之一。在尚卿银场村还发现了五代冶银的遗址。这些考古发现,证实了五代时安溪冶炼业的发达。当时除安溪外,晋江、南安、惠安、德化等县也产铁。1960 年,曾在泉州附近的梧宅发现了五代的冶铁遗址。泉州城西的铁炉庙,就是五代留从效的冶铸场。②

1974 年在泉州南俊巷发现五代铸钱遗址,出土了"永隆通宝"钱范。"永隆"是王延曦的年号(939—942 年)。这表明泉州还是闽国地方割据政权的铸币场。

泉州的陶瓷器和冶铸品,不仅供应国内市场的需要,而且还输出国外,成为五代时期重要的外贸商品。"陶瓷、铜铁,远泛于蕃国,取金贝而返,民甚称便。"③

泉州蚕桑业到五代比唐代有进一步的发展。边远山区的安溪县,也以"农耕和养蚕并行"④。蚕桑已成为当时农村中重要的农业经济之一。"泉绢"是当时远销国外的著名产品。泉州葛布,也很有名。王审知曾以葛布 35000 匹作为对后梁王朝的榷课。⑤

福建是我国茶叶的主要产区之一,早在唐长庆年间(821—824 年)已是全国重要产茶区。五代时,南唐曾在福建设茶局,叫作王茸轩。⑥ 当"五代之末,建(阳)属南唐。岁率诸县民造茶'北苑',初造研膏,继造腊面,既又制其佳者,曰京铤"⑦。五代时,泉州的安溪,也是福建产茶的重要地区。当时泉州的丝织品和茶叶有没有出口,史书上虽无直接的记载,但是,北宋开港后泉州的丝绸和茶叶一直是重要的外销品。以此推论,五代时泉州的丝、茶可能已是出口商品。

农业和手工业的发展,为海外交通贸易提供了重要的物质条件。而通过海外交通贸易与国外进行经济交流,又反过来促进了社会经济的进一步繁荣。五代时,泉州农业的发展和手工业的繁荣,是与海外交通事业的发展分不开的。

闽国东临大海,陆路交通又受割据和战乱的影响,所以为了加强与沿海各地的贸易往来,开辟通商途径,很重视发展航海事业。闽国在闽东北的福安沿海增辟了甘棠港。它和福州、泉州成为闽国的北、中、南三个重要港口。闽国在与北方相继而兴的五代诸朝廷以及南方邻国通过海道相互往来的同时,还"招徕海上蛮夷商贾"⑧,发展与海外各国的贸易,促使泉州海外交通继唐代之后又有发展。治闽的王审知的侄儿王延彬任泉州刺史"凡三十年,仍岁丰稔,每发蛮舶,无失坠者,人因谓之招宝侍郎"⑨。可见,泉州海外交通贸易是很正常的。

闽国统治者也常用海外珍宝作贡品,讨好中原的五代诸朝廷。后梁开平二年(908年),王审知向梁王朝进贡"玳瑁、琉璃、犀象器并珍玩、香药、奇器、海味,色类良多,价

① 顾祖禹:《读史方舆纪要》卷九九,中华书局 1955 年版,第 4108—4109 页。
② 《晋江县志·寺观》卷一五。
③ 《清源留氏族谱·鄂国公传》。
④ 《安溪县志》卷七。
⑤ 《旧五代史·梁书·太祖纪》卷六。
⑥ 陶毂《清异录》。
⑦ 顾文《负暄杂录》。
⑧ 《新五代史》卷六八。
⑨ 《泉州府志》卷七五。

累千万"①。这些大都是从南海诸国进口的商品。此后王延钧、王继鹏、王延曦等也相继向北方朝廷进贡犀牙、香药、玳瑁、龙脑、珍珠等海外珍品。王继鹏在一次向后晋贡的物品中即有珍珠 20 斤、犀 30 株、副牙 20 株、香药 1 万斤。② 由此可见，当时闽国对外贸易的数量是巨大的。945 年，闽国为南唐所灭。闽南地区为原闽国的泉州刺史留从效所割据，泉州、漳州都属于他的势力范围。③ 留从效和后来的陈洪进统治泉州的时期，仍然继续发展海外交通和贸易。宋初太平兴国年间（976—984 年），陈洪进先后给宋王朝的贡品中就曾有乳香 2 万斤、瓶香 1 万斤、象牙 2000 斤等大量的国外进口商品。④ 这些都说明五代时泉州与亚洲各国的通商往来更加频繁，贸易额也不断增长。这为宋元时期泉州港海外交通的繁荣和显要地位奠定了基础。

五代后期，先后统治泉州的王延彬、留从效和陈洪进，相继扩建了泉州城。唐代的泉州城（即子城），周围只有三里，设有四门：东曰行春，西曰肃清，南曰崇阳，北曰泉山。唐天祐年间（904—906 年）王延彬首先扩大西门城。到了南唐保大四年（946 年），留从效为了适应海外交通贸易的需要，在唐子城外又建了罗城和翼城，城高一丈八尺，有七个城门：东仁风，西义成，南镇南，北朝天，东南曰通淮，西南谓通津、临漳⑤，周围长达20 里，为唐城城周长度的 7 倍。入宋以后，陈洪进在宋乾德年间（963—967 年）又扩展了东北面的城墙，但基本上是五代后期的规模。由于初筑城时，在城周环植刺桐树⑥，因此泉州城别称为"刺桐城"。唐光化年间（898—900 年），曹松有诗云："帝京须早入，莫被刺桐迷。"⑦宋人王十朋也有过"刺桐为城石为笋"的诗句，说明早在唐宋间，泉州就以刺桐著名。所以元代来中国的外国人，如著名旅行家欧洲人马可·波罗和非洲人伊本·巴都他写的游记中，都根据当时人们的称呼把泉州称为"刺桐城"，而称泉州港为"刺桐港"，于是刺桐城和刺桐港驰名中外。

五 明州⑧

明州即今天的浙江省宁波市。据《广舆记》记载："宁波府，三代皆为越地，曰甬东。秦置鄞、鄮、句章三县，属会稽郡；隋曰越州。"春秋战国时期，宁波所在的甬江流域出现了最早的港口——句章港，位于今宁波市郊区乍山乡城山（又叫城山渡）。城山在余姚江江边，东距三江口（今宁波市区）22 千米，西去河姆渡不足 3 千米，溯姚江可直达余姚县城；顺流入甬江经镇海大浃口出海。句章是越国的通海门户，也是中国最古老的海港之一。秦汉至六朝的 800 余年中，句章作为海上交通和军事行动的出入港口而屡见于史册。但句章古港的航海活动，仅仅局限于军事、政治及简单交换活动，所以只能称为中国最早的军港之一。从隋代开始，明州港才开始形成，到唐代得到了很大的发展。

① 《旧五代史·梁书》卷四。
② 《十国春秋》卷九一。
③ 《宋史·列传·漳泉留氏》卷四八三。
④ 《宋会要辑稿》番夷七。
⑤ 《泉州府志·城池》。
⑥ 《古今图书集成·方典汇编·职方典·泉州府部》卷一五一〇。
⑦ 曹松：《送陈樵校书归泉州》，见《全唐诗》卷七一七，中华书局 1960 年版。
⑧ 本部分引见郑绍昌：《宁波港史》，人民交通出版社 1989 年版，第 16—33 页。

(一)港址的变化和港城的建立

1. 三江口新港址的形成

句章古港到 6 世纪逐渐衰落后,甬江流域的港口开始东迁三江口(今宁波城区)。这次迁址经历了一个世纪的时间。

隋朝结束了南北朝长期分裂的局面,甬江流域自秦以来延续 800 余年的行政区划开始变动,开皇九年(589 年),改会稽郡为吴州,并鄞、鄮、余姚三县入句章县,隶属于吴州。① 句章县治自城山迁至小溪(今鄞县鄞江镇)。

小溪位于宁波平原西南边缘的四明山麓,地处奉化江支流鄞江之端,水源丰富,极宜发展农桑。从地域上看,小溪是当时句章全境的中心地。但那里比较偏僻,水上交通需经过鄞江、奉化江干流才能到达甬江,不论是东行出海,还是西去余姚和会稽的水道,都不及原来的句章来得便捷。因此句章县治虽然迁到小溪,但港口却没有随县治移向小溪,而是东迁至三江口。但是,在港口易址的初期,平原中心还没有真正开发,还是"泻之地",淡水易泄,旱灾多,既无人工畜淡设施,又缺乏抗旱和防盐害的能力,这一切只有在甬江流域的经济开发由平原边缘山麓丘陵地带向平原中心不断推进的过程中才能逐步获得解决。因此,港口易址的渐进过程,又是与平原中心的开发过程同步进行的。

唐朝武德四年(621 年)置越州总管府,统辖越、嵊、姚、鄞等 11 州,又以旧句章、鄞、鄮三县地置鄞州,州治在小溪。武德八年(625 年),废鄞州,以鄞州地置鄮县。这时的鄮县实辖旧鄞、鄮、句章三县之地。

贞观十年(636 年),其时距隋初句章迁治已有 47 年,鄮县县令王君煦发民在三江口开凿小江湖②,即后来的明州城西南隅的日、月两湖。据《宝庆四明志》卷一沿革爰引《唐书·地理志·鄮县注》,"小江湖在鄮县城(今宁波市中山公园一带)南二里"。"小江湖,即今日湖,又曰细湖。"北宋舒亶在《西湖记》中说:"明为州,频江带海,其水善泄而易旱,稍不雨,居民至饮江水。是湖之作……蓄以备旱岁。"由此可见,小江湖的开凿主要是为了解决日益增加的三江口居民的饮水。它反映了随着新港口的发育成长,人口逐渐向三江口集中,以及其地由村落向城镇演变的历史过程。

盛唐时期,甬江流域的经济开发迅速向平原中心推进,特别是大量水利工程的兴修。景龙年间(708 年前后),修治了白洋湖。开元中(727 年前后),开凿了慈济湖。天宝三年(744 年),开广西湖(即今之东钱湖),可以溉田 500 顷。③

大历八年(773 年),修治了县西 12 里的罂脰湖,更名为广德湖,溉田 400 顷,到大中年间(847—859 年),又修治了一次,增加到 800 顷。广德湖,"其源出于四明,引其北为漕渠,泄其东北入江。凡鄞之乡十有四。其东七乡之田,钱湖溉之;其西七乡之田,则此湖溉之,舟通越者,皆由此湖而溉之"④。自此以后,使平原十四乡之农田,有了较丰富的灌溉用水和便利的通航条件。

① 参看《隋书·地理志》。
② 罗浚:《宝庆四明志》卷一二县令条。
③ 参看《甬上水利志》。
④ 《嘉靖宁波府志》,《宝庆四明志》引曾巩《广德湖记》。

贞元十年(794 年),修治了鸡鸣湖、花墅湖和杜湖。大和六年(832 年),在广德湖西南 40 里的地方,筑仲夏堰,溉田千顷。

大和七年(833 年),县令五元晖发民在小溪附近建起它山堰,把鄞江上游来水的主流引入南塘河;沿南塘河筑起了行春塥、乌金塥和积渎塥,使三者在防盐害的同时,对旱涝时用水加以调节。同时,又把南塘河的水引至城(指子城,其时罗城还未建筑)南 2 里处的日月两湖,以供给市内大小河渠,然后再从东南侧排入甬江。这个工程对当时港口城市的发展和改善平原西部沿江一带的农田水利,都起了十分重要的作用。它山堰的设计者,匠心独具,"规其高下之宜,涝则七分入于江,三分入于溪,以泄暴流;旱则七分入溪,三分入江,以供灌溉"[1]。这在当时的技术条件下,确是难能可贵的。

大规模兴修水利,使当时广德湖与钱湖等灌区的粮食产量成倍增长。正是在这个时期内,甬江流域的行政区划进行了大调整。开元二十六年(738 年),甬江流域(包括舟山群岛)与越州分离而单独成立明州,州治始设于小溪,大历六年(771 年),鄞县县治同谷(一说是小溪)迁到平原中心的三江口。三江口成为鄞县县治,标志着句章港东迁三江口这一过程的完成,也标志着甬江流域的经济开发从低山丘陵地带向平原中心推进的过程的完成。长庆元年(821 年),明州州治也从小溪迁到三江口。自此,明州港进入了新的发展时期。从县治和州治迁到三江口这一事实可以看出,即使在自然经济占主导地位的时期,有利于经济和贸易发展的港口也会促使一切生产要素向港口集中。

2. 依托港口扩建州城

明州因港建城,一开始就是个港口城市,鄞县县治自同谷迁至三江口后,即在那里筑城,此为明州城的前身。长庆元年(821 年),明州州治从小溪移到三江口。是年,刺史韩察"易县治为州治,撤旧城址,更筑新城"[2],这就是后来所称的明州城的子城(即内城);又在"旧城近南高处置县"[3],使鄞县成为州治的附廓。

子城周围长 420 丈,在今中山公园一带。它的范围是东至今蔡家巷,西到呼童街,三面有城门,现在的鼓楼(海曙楼)就是当时子城的南门。

长庆三年(823 年),为了进一步沟通和连接港口的水陆交通,在子城东面的奉化江上(即今灵桥所在地)造了东津浮桥,"凡十六舟,互板其上,长五十五丈,阔一丈四尺。……初名灵现桥,又名灵建桥"[4]。桥建成后,有力地促进了港口物资的交流和港口城市的发展。

景福元年(892 年),建造罗城(又叫外城),城周围长 2527 丈,北沿余姚江,西面与南面挖护城河环绕之。与子城相较,新建的罗城所包括的面积至少要大 20 倍,城市的规模大大发展了。罗城的东北两面紧靠江岸,注意利用港口码头的舟楫通航之利,罗城的港城特色是十分明显的。

明州城以子城为核心,内设各种官衙,子城外罗城内置有常平仓、都税务、州学和织锦坊,东渡门外到余姚江边的渔浦门外一带为市集所在,沿江为船舶停靠的码头,向西沿岸地方为船舶修造工场,门湖边上置有水驿站。

———————————

① 魏岘:《四明它山水利备览》。

② 《雍正宁波府志》引韩子材《移城记》。

③ 《雍正宁波府志》引韩子材《移城记》。

④ 《光绪鄞县志》录曾从龙《浮桥记》。

3.海运码头、船场与造船技术

自从长庆元年(821年)明州州治迁至三江口之后,明州港港口航运业便迅速地发展起来。考古发掘的资料证明,在明州城的渔浦门外的姚江、奉化江、甬江的三江口靠城脚一带,已陆续地建起驳岸码头。例如,1973年至1975年在宁波市和义路唐代海运码头旧址出土了一艘沉船,与这艘沉船同时出土的有两块刻有"乾宁五年(898年)六月"字样的方砖,均为晚唐时期的遗物。

大中初年(847年),明州已设有官办造船场。1978年,在唐船出土地点西首一带,发现了大面积的唐代堆积地层,获得船场遗迹一处。出土物有建造棚舍用的柱、桩和造船用的油灰、绳索、船钉等,还有木船一艘。船中发现印有"大中二年"铭文的云鹤纹碗等越窑青瓷残器。所造船的大小,从历史记载来看,当时去日本贸易的明州商船可乘40—60人,明州船场所造一般当为500—1000斛,即载重为25—50吨的海船。明州商人还把先进的造船技术带到日本,在日本造船。例如,会昌二年(842年),明州商人李处人在日本肥前国松浦郡值嘉岛,用大楠木费时三个月打造了一艘船;咸通三年(862年),日本真如法亲王来唐时所乘的船是明州商人张支信在日本肥前国松浦郡柏岛用八个月的时间打造的。[①]

(二)明州港内河、外海航线的拓展

1.杭甬运河和内河水运网的形成

隋唐时期,宁波地区的农田水利往往与内河水运紧密结合在一起,在兴修水利的同时,平原各地河渠均得到整治,以州治为中心呈放射状的内河水运网开始形成了。向东整治了州治至同谷、州治至钱湖的后塘河和中塘河;向西开挖了州治至小溪、州治至拷湖桥的南塘河和西塘河。这些河流,既可灌溉,又可通航,构成了后世称之为"三江六塘河"的内河航运的基本格局,成为明州港与腹地之间货物集疏的通道。

这里特别值得一提的是杭甬运河的开通。这条运河对于明州港的发展,具有相当重要的意义。

杭甬运河的雏形,在六朝以前已经有了。隋大业六年(605年),隋炀帝开通济渠和邗沟,大业四年开永济渠,大业六年开江南河,曾对杭甬运河杭州至会稽(绍兴)段作过整治。唐代,在大兴水利建设的同时,对杭甬运河又作了整顿。据《新唐书·地理志》记载,开元十年(722年)、大历十年(775年)和大和六年(832年)曾三次对运河的山阴(萧山)至曹娥段进行疏通和挖深,以利于灌溉和航运,贞元元年(786年),整治山阴至杭州段,凿山开河,建造斗门。运河的曹娥至明州段,东晋时就已通舟楫,唐代又作了整顿,修筑了一些堰、堤和斗门。至此,杭甬运河全线通航。

通航后的杭甬运河,自杭州至明州,隔着三条河,经过七道堰。三条江是钱塘江、曹娥江、余姚江;七道堰指通明堰、梁湖堰、风堰、太平堰、曹娥堰、西兴堰和钱清堰。船只从杭州出发,过钱塘江,到对岸的山阴县境,经过西兴镇,在钱清南北堰入钱清口,经越州州治会稽,抵达曹娥江,过曹娥堰分成南北两路。南路经上虞县杏湖,与北路会合,至余姚江上游的通明堰,再经余姚、慈溪、鄞县境向东到达明州州治三江口。从这

---

① 〔日〕木宫泰彦:《日中文化交流史》,胡锡年译,商务印书馆1980年版,第109、112页。

里可以改乘海船,经甬江出海。同样,从南岭、福建以及日本来的海船,在明州驻泊后,改乘内河船,溯余姚江,经杭甬运河至杭州,与大运河相接,可直达唐朝最大的商业城市扬州,或至中原重镇洛阳和京都长安。其他直接去杭州的海船,亦因杭州湾潮大流急和当时航海技术所限,为确保航行安全,往往先行在明州港停泊,然后易舟取道杭甬运河而至杭州。通过这条运河,把甬江流域与江淮平原在经济贸易上联系起来。明州迁治三江口以后,设置了水驿站,作为明州到长安内河水运的起点。明州的贡品如蚶子、淡菜等海鲜,就是取道运河昼夜兼程运至长安的。后因"水陆劳费,邮卒不胜其疲,乃奏罢之"①。

2.明州港的主要海上航线

唐五代时,北起辽宁的安东,南至广东的海南岛,东至日本,都已通航海船。明州港出发的商船,北上至楚州、登州,在登州与渤海航路相接。《新唐书·地理志》附记渤海航路"从登州海口出发,经大榭岛(长山岛)、龟歆岛(今砣矶岛)、末岛(大小钦岛)、乌湖岛(今南城皇岛)、马石岛(老铁山)、都里镇(今旅顺巿附近)、青泥浦(今大连湾)、桃花浦、杏花浦、石人汪(今石城岛)、橐驼湾(今鹿岛以北大洋河口),达到乌骨城(今安东市)"。去高丽一般也是走这条航线。另一条路自明州港南下至温州、福州、广州,在广州与南洋航线相接。"从广州出发,东南二百里到屯门山(今九龙西南部),张帆西行二日到九州石(海南岛东南岸独珠山),再继续航行即为南洋航线。"

明州港去日本的航路是:从明州港(即使是从福州或台州开出的船,一般也先到明州港停泊)出发,横渡东海,到日本的值嘉岛,从那里再进入博多津。横渡东海所需要的时间,一般是三昼夜至六、七昼夜,很少超过十昼夜。大中元年(847年),张支信船从明州望海镇放洋,"得西南风三日夜,才归着远值嘉岛那留浦"②。由于他们充分地利用了季风,横渡东海只用了三个昼夜的时间,创造了最快的航速。咸通三年(862年),张支信船自日本值嘉岛开航,"九月三日从东北风正帆,其疾如矢。……此月六日未时,顺风忽止,逆浪打舻,即收帆投沉石,而沉石不着海底,仍更续储料纲下之,纲长五十余丈,才着水底。此时波涛甚高如山,终夜不息,船上之人皆惶失度……晓旦之间,风气微扇,及观日晖,是为顺风,乍嘉行碇挑帆随风而走。七日午刻,遥见云山。未刻着大唐明州之杨扇山,申刻到达彼山石丹岙泊,即落帆下碇"③。这次航行在九月三日自值嘉岛启碇,于七日到达明州石丹岙,途中虽遇上逆浪,但也只用了四昼夜时间。根据这些记载,可知当时航海能利用顺风时便利用顺风;如遇着逆风,或迷于暗雾难于确定方向时便收帆下碇;如石纲料不足,够不到海底时就接上备用纲料,以防止船舶漂流;待风顺雾霁再启碇扬帆续航。

上述三条主要航线已为近年各地考古发掘的越窑青瓷资料所证实。

(三)海外贸易

1.明州港与日本的贸易往来

明州港与句章港不同,从一开始就以贸易港的姿态而展现于世。明州建立不久,

---

① (宋)张津:《乾道四明图经》十二。
② 〔日〕木宫泰彦:《日中文化交流史》,胡锡年译,商务印书馆1980年版,第121页。
③ 〔日〕木宫泰彦:《日中文化交流史》,胡锡年译,商务印书馆1980年版,第121页。

就有日本使船来港驻泊。未几,又被指定为中日两国间来往使节出入的重要门户,中日间的民间贸易也随之发展起来。

唐朝的明州港与国外进行贸易的主要对象国是日本。中日间的贸易往来,有与日本遣唐使相关联的贸易和民间贸易两种形式。

唐时,日本孝德天皇发动大化革新,试图积极汲取唐朝的先进技术和优秀文化,渴望与中国互通贸易。为此,曾先后派遣唐使17次(实际到达中国的13次)来中国。

日本遣唐使舶,在初期概走海道北路。到了8世纪中叶,因为日本与朝鲜半岛上的新罗关系紧张,所以从第三次遣唐使之后不再走经过新罗海域的海道北路,而改走海道南路了。《唐书·东夷传》载日本孝谦朝(749—758年)的遣唐使事说:"新罗梗道,更有明州朝贡。"海道南路是一条从日本的九州出发,横渡东中国海,到唐朝的明州或楚州、扬州等江浙沿海港口的直达航路。这条航线后来发展成为中日交通的最重要最便捷的航路。中日航路的新发展,对明州港的繁荣并使之成为海外贸易港都有重大意义。

唐玄宗天宝十一年(752年),日本孝谦朝遣唐使舶四艘220余人,其中第一舶漂流到安南,其余三舶在明州登岸。这是第一次到达明州港的日本使船,也是到港最早的外国船。

德宗贞元二十年(804年),日本遣唐使舶四艘,其中副使石川道益所乘的第二舶100余人,在明州登岸,27人被许可前往京都长安,同船到达的日僧最澄、义真、丹福成去天台山国清寺巡礼。其第一舶遭风漂到福建长溪县(今霞浦),第二年特派录事山田大庭把船开到明州港,与第二舶一道,从明州鄮县(当时镇海口属鄮县)放洋回国,日僧最澄等三人去天台山时,明州刺史陈审则为他们开具了前往台州的文牒;次年从台州回明州时,也由台州刺史陆淳开具文牒,然后乘船回国,带去经疏230部计460卷以及佛像、佛具等物。[①]

开成三年(838年),日本仁明朝遣唐使舶四艘,其中第一、第四两艘270人到达明州港,自大使藤原常嗣以下35人被许可前往京师。据日本文献记载,他们由明州经扬州、楚州、汴州、洛阳而至长安。

日本遣唐使一行到达长安后,向唐帝进呈贡品及其他方物,唐帝照例回赠礼物,并对使节及随行人员按照级别各有赏赐。日本进献唐帝的物品,大致以银、缔、丝、绵、布等为主。唐帝回赐,以彩帛、香药为主,也有手工艺品之类。这可以看作带有礼仪形式的官方贸易。此外,遣唐使还在鸿胪寺下设的典客署进行交易活动。事毕之后,日使一行循原路回到明州,然后搭船归国。[②]

遣唐使到明州后,允许入京的只是其中的一小部分人。大部分人留在明州。他们要引颈遥望,焦急地等上几个月,有时甚至是一年之久。[③] 在这段时间里,这些人免不了会拿日本朝廷所赐的物品与当地市民私相交易。即使入京的人员,在将回国时也有在明州"下船往市的"。所以遣唐使一行每次回国,总是带回去很多中国货物。日本宫

① 参阅《文物与考古》第109期引《比睿山延历寺综览》。
② 〔日〕木宫泰彦:《日中文化交流史》,胡锡年译,商务印书馆1980年版,第89—90,105页。
③ 〔日〕中村新太郎:《日中两千年》,商务印书馆1980年版,第169页。

廷还为此特设宫市，让他们出售"唐物"。例如，日本仁明朝遣唐使回国后，日本朝廷特派检校使指令陆路递运礼物、药品等，然后在建礼门前搭起三个帐篷（即宫市），向臣下标卖这些货物。[1]

8 世纪下半叶开始，从明州港去日本的民间商船不断增加。特别是文宗开成三年（838 年），日本停止派遣唐使之后，中国的民间商船在明州港与日本之间往来更加频繁。日本的请益僧和留学生，也纷纷搭乘"唐舶"。中日间的海上交通，概由中国的民间商船来承担了。从那时起，到 907 年唐朝灭亡的 70 年间，中国商人张支信、李邻德、李廷孝、李达、詹景全、钦良晖等往来中日之间，络绎不绝。他们从明州港出发，横渡东海，经日本肥前值嘉岛入博多津经营贸易，仅在史书上载明的就有 30 多次。[2] 兹择其要者摘录如下：

会昌二年（842 年），明州商人李邻德船，自明州港去日本。日僧惠萼搭乘此船回国。

大中元年（847 年）六月十六日，商人张支信及元净等 37 人，自明州望海镇（今宁波市镇海）放洋，于六月二十四日到达日本肥前值嘉岛那留浦。日僧惠远、仁好、惠萼以及日人春太郎、神一郎均搭乘此船回国。

大中三年（849 年），商人李廷孝、张支信、张言、崔及、扬青、崔泽等 53 人自明州乘船去日本。

大中十二年（858 年）六月八日，商人李廷孝船自明州出发，于六月十九日到达日本肥前值嘉岛旻美乐。日僧园珍搭乘此船回国。

同年九月三日，明州商人张支信、金文习、任仲元船自日本肥前值嘉岛启碇，于九月七日回到明州石丹岙（石秃岙）。日本真如法亲王及日僧宗睿贤真、惠萼、忠全、安居、禅念、惠池、善寂、原懿、猷继等乘此船来唐。

咸通四年（863 年）四月，张支信船去日本，日僧惠萼、忠全等搭乘此船回日。同年，商人詹景全自明州港去日。第二年回国。

咸通六年（865 年），詹景全又去日本。

同年七月二十五日，李廷孝等 63 人，自明州望海镇抵达日本肥前值嘉岛。

乾符四年（877 年），詹景全（一说李廷孝）、李达乘船去日本。日僧园载等搭乘此船回国，因遇风浪，詹景全、园载等部沉海溺死，只有李达幸免于难。

上面所列仅是见于记载的一部分，实际要比这多得多。由此可见，当时明州港与日本的贸易往来已颇为频繁。

明州港去日本的商船，一般能乘 40—60 人，比起日本的遣唐使舶来，船身小而轻快，质地牢而能承受风浪，速度也快多了。而更重要的是，中国商船的驾驶者，已熟谙天文气象，善于利用季风，有较高的航海技术，不但快速，而且安全，很少遇难漂流。在 839 年以前的日本遣唐使，所用日本船或新罗船，航途风浪，常常造成船毁人亡，事故很多。"因为日本船不用铁钉和麻觔桐油，只联铁片，以草塞隙，费工多，费财大，布帆

---

① 〔日〕木宫泰彦：《日中文化交流史》，胡锡年译，商务印书馆 1980 年版，第 107 页。
② 〔日〕木宫泰彦：《日中文化交流史》，胡锡年译，商务印书馆 980 年版，第 153 页。

悉于桅之正中,不似中国偏帆活……唯使顺帆,不能使逆风。"①因此,中唐以后,多数日本使者、僧人和留学生改乘中国商船。有些船虽在日本建造,但造船技师和驾船人员多为中国人。

中日贸易货物的品种,从日本出土的丝织品与瓷器等实物以及一些文献中的零星记载来看,大致是绵绮、瓷器及香料、药品、经卷、佛像、佛画、佛具和文集、诗集。从日本换回来的是金、锡、水银、绵、绢等。

2. 吴越时明州港对外贸易的扩大

五代时,明州属吴越国。吴越钱氏奉行保境安民的政策,境内"休兵乐业二十余年",一时农业、手工业、商业堪称繁盛。

吴越据地狭窄而支费浩繁,每年还得向中原朝廷贡纳为数不少的金银宝货。为了增加财政收入,当地统治者除了增加税收"常敛其民"②外,还积极发展海上贸易。《旧五代史·世袭列传第二》说吴越"航海收入,岁贡百万",每年从航海收入中拿出"百万"之数以进贡朝廷,足可窥见其海上贸易之盛。正是由于这些原因,明州港才在五代时能够继续发展。

为了经营管理海上贸易,吴越在其沿海港口置博易务,并在全国滨海郡邑诸如山东半岛的登、莱州等处设置"两浙回易务"③。博易务与回易务既是管理机构又是经营机构,去海外的贸易商人往往充当吴越王的使节。例如,947年商人蒋衮、953年商人蒋永勋都曾经以使者的身份,到日本为两国传递来往文书和礼品。

五代时,华南的海外贸易因连年战乱而大为减少,而明州港与外国贸易往来的范围却反而有所扩大。这是因为原来在广州驻泊经商的大食等国商人,因广州贸易减少而沿海北上,以寻求新的贸易场所。来吴越的高丽商舶,有时也来明州港停泊。所以当时除明州商人继续去日本贸易外,大食、高丽等国商人也来明州进行贸易。

当时日本正是醍醐天皇和村上天皇执政时期,对外采取消极的态度,几乎处于锁国状态,来往中日间的船舶都是中国商船,没有一艘日本船。商船走的是横渡东海直达日本肥前值嘉岛到博多津的航路,一般夏季开往日本,过了台风期(八九月份)后返航,和唐代商舶的往来并无不同。从明州运去的货物,主要是瓷器、锦绮和香药;日本方面用来交易的主要是砂金等物。

吴越与高丽关系密切,明州港曾向高丽出口大量越窑青瓷。

大食商人运来的主要货物是香药以及象犀等珍物。香药除本国需要外,一部分转运日本。9—10世纪,日本宫廷贵族竞学唐宫习俗,用香之盛,比之唐室毫不逊色。大食商人就以上述货物在明州换取绵绮与瓷器运回本国。

正是不断发展的对外贸易,使得明州港成为贸易口岸而获得了初步的发展。

3. 明州港主要的出口商品——丝织品和越窑青瓷

唐与五代时期,由明州港出口的货物,主要是丝织品和越窑青瓷。

唐大历二年(767年),浙江东道节度使薛兼训密令军中未婚士兵去北方"娶织妇

---

① (明)王在晋:《设防纂要》。

② 《五代史·吴越世家第七》。

③ 《旧五代史》卷一〇七《刘铢传》。

以归,岁得数百人"。从此,"越俗大化,竞添花样,绫纱妙称江左矣"①,浙东的丝织业开始发展起来。唐开元到贞元的 100 年间,明州丝织业发展尤快,能大量生产丝锦、画绢、锦布等各类丝织品。② 有些产品享有很高的声誉。例如,明州的官营织锦坊(在今开明街和南大河路交合处的三角地纺丝巷)生产的贡品吴缓和八棱绫③就极负盛名。

明州丝绸主要的出口对象是日本。其中,少部分是由唐朝廷以赏赐的形式赠给日本遣唐使一行,由他们带回日本。例如,开成四年(839 年),明州奉观察之命,按照向例,赐给从明州港回国的日本明仁朝遣唐使一行 270 人绢 1350 匹,大量的丝绸是由明州商人直接运销日本。明州赴日商船,主要是从事贸易,其货物大致是绵绮、瓷器、香药,十分抢手,到日本后必须通过内藏官出售,而王公贵族心爱"唐物",无不以高价竞相购买。

越窑青瓷的大量外销是在 9 世纪中叶以后。当时,由于明州港海上贸易的迅速发展,刺激了越窑青瓷生产,明州慈溪县上林湖一带出现了十几个制瓷窑场,形成了越窑青瓷生产中心。此外,还有上岙湖窑场 6 处,白洋湖窑场 6 处,东岙游源窑场 6 处以及杜湖窑场,共计 30 多处。东岙游源窑场,长达 6 千米,生产的器件成套成组;上林湖一带所产的越窑青瓷,不但数量多,而且质量好,在市场上赢得了很高的声誉,

明州的越窑青瓷,在五代又有了新的发展,除了上林湖一带有瓷窑外,在鄞县增办了新的瓷窑。大约在 9 世纪末 10 世纪初,上林湖创立了官办秘色窑场。秘色窑瓷除外销外,主要用于上贡。924 年,吴越向唐进贡了一批秘色青瓷。978 年,吴越向北宋贡献了大量秘色青瓷器,"太平兴国三年三月来朝,(吴越王)俶进……越器五万事,金银越器百五十事"。④"太平兴国七年秋八月二十五日……(吴越)王遣世子(钱)惟治贡上……金银陶器五百事"⑤,"惟治秋献金银瓷器万事"⑥,仅此贡献一项,数量已极为可观。

9 世纪中叶以前,明州越窑青瓷外销的不多。9 世纪后半期,越窑青瓷生产迅速发展。到吴越国时,越窑青瓷居然成了吴越国财政收入的重要来源和上层社会的贵重礼物,上贡、内销、外销量显著增加。1973 年在宁波市和义路出土的唐代海运码头遗址中,出土了一批晚唐青瓷。在全部 700 件的出土瓷器中,越窑青瓷最多,铜官窑瓷器次之。这批瓷器造型丰富多彩,仅注子(壶)一类就有数十件之多,形式多种多样。这次出土的瓷器,大多数没有使用过的痕迹。其中,青瓷壶、碗、托具和各式瓷盒与上林湖黄鳝山窑址所出土的相同,证明这些瓷器是装船待运准备外销的产品。1973 年以来,在广州皇帝岗珠江岸边和阳山县滩白浪、在福建建瓯和接近泉州的永青县,都发现了晚唐时期的越窑青瓷。近几十年以来,晚唐五代的越窑青瓷,在北婆罗洲至印度尼西亚一带,在印度西海岸阿里卡美道,在巴基斯坦卡拉奇东郊的班布尔,在印度河上游7—11 世纪的商业中心布拉明纳巴法,在斯里兰卡底迦摩寺院,在伊朗的古海港、商业

---

① 李肇:《唐·国史补》卷下。

② 参阅《浙江通志》。

③ 参阅全祖望:《鲒埼亭集》。

④ 《宋史》卷四八。

⑤ 《吴越备史》补遗。

⑥ 《十国春秋》卷八三《吴越》七《钱惟治传》。

城市席拉夫和内河布纳,在埃及首都南郊的福斯塔特遗址,都有发现。朝鲜是中国的近邻,自9世纪末至10世纪上半叶,越窑系的制瓷技术传到了全罗南道的康津、全罗北道的扶安等地。越窑青瓷在日本出土更多。曾经是日本鸿胪馆所在地的日本福冈市和平台(凡日本遣唐使来唐均由此起航,中国的使节到日本首先在那里受到款待,中国商人也在那里上岸住宿并且进行贸易活动)出土了相当多的唐五代时的越窑青瓷;其中,以茶碗、碟、壶、水注等居多,还有精致的典型的慈溪上林湖划花花草纹碗片。①

从上述资料以及在宁波市和义路唐海运码头遗址中出土的越窑青瓷和铜官窑瓷器,可以推定唐朝明州越窑青瓷的外运航路。这些瓷器先用内河船运至明州港,然后换用海船出海;有的直接运到日本,有的运到国内南北诸港,再从那里转运到国外。其时北面的登州(山东蓬莱)、楚州(江苏淮安)等是沟通朝鲜、日本的重要港口;南面的福州、广州、交州(今越南河内)是沟通东南亚、南亚及阿拉伯各国的重要港口。唐大中五年(851年)阿拉伯商人苏莱曼所记汉府(即广州),咸通五年(864年)伊宾库达第伯所记劳京(即交州),都有大量的瓷器待运。至于铜官窑瓷器,它的产地在今湖南省长沙市望城县铜官镇。这些瓷器运抵明州港的路线,可能是从户地先进长江运到扬州,然后入大运河到杭州,再转杭甬运河而到明州换船出海。显然,明州越窑青瓷的外运航线,也就是明州港的海上贸易航线。明州港8—9世纪海上贸易发展很快,其航线不仅遍及国内诸港,而且直通东邻日本。

社会经济的发展是促使古代宁波港址从句章东迁三江口的基本动力,也是使港口职能从以军事为主转向贸易为主的根本原因。伴随着这一漫长的演变过程,宁波沿海平原得到了大范围的整治,包括修筑沿海堤塘和平原排灌系统。这样,宁波地区农业生产的条件改善了,因此促进了手工业的发展,从而为港口贸易的发展提供了物质基础;在更大的范围内,内河河道得到了开凿和疏通,从而使宁波港获得了较为广阔的经济腹地,宁波港址终于在最有利于帆船运输的三江口长期地稳定下来了。在这个基础上它发展成为对外进行文化和经济往来的重要港口,最初是对日本和朝鲜半岛,后来大食和波斯的商人也介入了明州的港口贸易。所有这一切都促使政治、经济、文化的区域中心向明州港转移。于是,明州港城就因此而兴起,到9世纪以后其繁荣程度终于超过了会稽,成为当时东南沿海重要的港口城市。

六　登州②

唐武德四年(621年),登州治所设在文登县,下辖文登和观阳两县,始有登州之名。贞观元年(627年)登州废,地入莱州,直到武则天如意元年(692年)才又恢复,所以在贞观元年至如意元年以前的65年期间,史籍上所记载的"莱州"应包括登州在内。登州的州治最初设在文登县(今山东文登市),如意元年(692年)迁至牟平县(今山东烟台市牟平),中宗神龙三年(707年)又迁至蓬莱县(今山东蓬莱市),领有蓬莱、文登、牟平、黄县(今山东龙口)四县。登州濒临渤海,与辽东半岛隔海相望;东南临黄海,岸湾曲折,是唐代内对辽东地区、外对朝鲜半岛和日本的主要港口。

---

① 李知宴:《论越窑和铜官窑瓷器的发展和外销》,中国硅酸盐学会编《中国陶瓷史》第137页。
② 本部分引见樊文礼:《登州与唐代的海外交通》,《海交史研究》1994年第2期,第25—34页。

（一）登州界内主要的航海线和出海口

唐代登州界内最主要的航海线，就是贾耽所说的登州海行入高丽、渤海道以及由此向前延伸的"日本道"。① 入高丽道、入渤海道这两条航线（前半段实为一条）充分利用了庙岛群岛和辽东半岛、朝鲜半岛的近海海面航行。在造船术和航海技术尚不很发达的古代，这是一条较为安全可靠又方便的航线。贞观十八年（644年），唐王朝第一次准备向高句丽用兵时，太仆卿萧锐就上疏指出："海中古大人城，西去黄县二十三里，北至高丽四百七十里，地多甜（淡）水，山岛接连，贮纳军粮，此为尤便。"②"地多甜（淡）水，山岛接连"固然对战争期间的"贮纳军粮，此为尤便"，而在和平时期的友好交往中，对于过往船只补充淡水、避风休息无疑也是"此为尤便"的。不过，这条航线对于航行朝鲜半岛南部的百济、新罗来说，却是走了一大段的弯路，所以当时往往也有的从登州界内出发，横渡黄海，直抵朝鲜半岛西岸。这样航行虽然风险较大，却缩短了许多距离。在我们所见到的材料中，航行朝鲜半岛南部，大多是走的这条航路，

高丽道向前延伸，即从朝鲜半岛的唐恩浦口继续南下，穿越济州海峡，经对马、壹岐，进抵日本九州北部的筑紫大津浦（今福冈），然后循濑户内海东进，到达日本国政治中心奈良附近的难波三津浦（今大阪市南区三津市町），这就是日唐交通中的北路北线。从登州横渡黄海，经新罗直达日本为北路南线。此外，由渤海国的东京龙泉府（今吉林珲春东部）附近下海，直航日本西海岸的能登、加贺等地，是渤海与日本交通的主要航线，而其中也有许多日本遣唐使臣、僧侣等搭乘渤海船只往返于日、唐两国之间。所以，"登州海行入渤海道"，同时也是日唐交通的一个通道。

登州界内另外两条重要的航海线：一条是到达海州（今江苏连云港）、楚州（今江苏淮安）、扬州、杭州、明州（今浙江宁波）等地的南下航线；另一条是到达辽东半岛都里镇等地的北上航线。这两条航线也是大运河之外，唐朝南粮北运和南北商业贸易往来的又一重要通道。

登州界内的主要出海口，有"当中国往新罗、渤海过大路，正北微东至大海北岸都里镇五百二十里"③的州治蓬莱港；有位于黄县东北二十余里的古大人城，此城为三国魏司马懿征辽东时为运粮入海所筑，唐朝时"新罗、百济往还常由于此"④；有"海东诸国朝贡必由此道"⑤的文登县，高宗时十万大军征百济，就是从文登县东部的成山（今属荣成）渡海；有文登县青宁乡赤山浦（今荣成市石岛镇），这里是新罗商船的重要中转站。此外，见于圆仁《入唐求法巡礼行记》的尚有陶村、卢山、青山浦、乳山浦、乳山西浦、乳山长淮浦、旦山浦、邵村浦、北海浦，等等。总之，登州三面环海，界内随处都有可供船只停泊的出海口。

————————

①　详见本书第十二章第二节。

②　《册府元龟》卷四八九《邦计部·漕运》。

③　《元和郡县图志》卷一一。

④　《元和郡县图志》卷一一。

⑤　《太平寰宇记》卷二〇。

（二）登州界内主要的航海活动

唐代登州界内最主要的航海活动，表现在唐朝与朝鲜半岛三国、渤海国和日本的政治交往中。

唐朝初年，朝鲜半岛继续处于高句丽、百济和新罗三国鼎立的局面。三国都与唐建立了友好关系，相互往来不断。据统计，高句丽在总章元年（668年）亡国之前，共遣使来唐16次；百济在显庆五年（660年）亡国之前，共遣使来唐18次；而唐与新罗的交往终唐世为160次，其中新罗使至唐126次，唐使到新罗34次。①

唐与朝鲜半岛的交通，有陆路和海路两条通道。海路即登州海行入高丽道或由登州直达朝鲜半岛南部的航道；陆路是以营州（今辽宁朝阳）为起点，经燕郡城（今辽宁义县）、汝罗守捉（今辽宁锦州）、渡辽水至安东都护府（今辽宁辽阳），行八百里至平壤城（今朝鲜平壤），然后陆行至百济或新罗都城。陆路对于高句丽与唐的交通来说，尚不失为便捷，然而对于建立于半岛南部的百济和新罗来说，无疑要走许多的弯路；特别是从625年三国关系恶化后，"高句丽塞路"、百济、新罗"使不得朝"②，于是百济和新罗与唐的往来便都改由海路。例如，唐代宗大历初年，新罗王宪英卒，子乾运立，代宗以归崇敬充吊祭、册立新罗使。"至海中流，波涛迅急，舟船坏漏，众咸惊骇。舟人请以小艇载崇敬避祸，崇敬曰：'舟中凡数十百人，我何独济？'逡巡，波涛稍息，竟免为害。"③文宗开成四年（839年），圆仁在登州文登县所属的赤山法华院中，见到了"大唐天子差人新罗慰问新即位王之使青州兵马使吴子陈、崔副使、王判官等卅余人"之字；在他返国途中的大中元年（847年），又"闻入新罗告哀兼予祭册立等副使试太子通事舍人赐绯鱼袋金筒中、判官王朴等到当州（登州）牟平县南界乳山浦，上船过海"。④此外，登州城内设有"新罗馆"，青州城里有"新罗院"，以接待往返于唐朝与新罗之间的新罗客人。这一切都说明，由登州入海前往朝鲜半岛的海路，是唐朝与朝鲜半岛诸国往来的主要通道。

唐代我国东北地区的渤海国政权始建于圣历元年（698年），开元元年（713年）后始称"渤海国"。渤海国在建国前和建国后，都同唐保持着十分密切的关系。从开元元年唐册封大祚荣为渤海郡王始，以后历任渤海国王大多接受唐的册封。渤海国则每年遣使向唐朝贡，有时一年甚至朝贡数次。据统计，从渤海建国到唐末，渤海国先后向唐朝贡123次，唐向渤海国派出使臣14次。此外，靺鞨拂涅部、铁利部、越喜部、黑水部（后均成为渤海属部）等向唐朝贡53次。⑤

唐与渤海国的交通，亦有陆路和海路两条通道。海路即登州海行入渤海道；陆路亦是以营州为起点，经渤海长岭府（今吉林桦甸县苏密城），"千五百里至渤海王城"⑥。

---

① 以上数字据《册府元龟·外臣部·朝贡门》及杨昭全《唐与新罗之关系》一文（载《中朝关系史论文集》）统计。
② 《三国史记》新罗本纪四。
③ 《旧唐书》卷一四九《归崇敬传》。
④ 《入唐求法巡礼行记》卷二、卷四。
⑤ 以上数字据李殿福、孙玉良：《渤海国》（文物出版社1987年版）一书统计。
⑥ 《新唐书》卷四三下《地理志》。

营州"去西京五千里"①这样从长安出发,整个陆路行程为 6500 里。水路"登州去西京三千一百二十五里"②,登州去渤海王城 3100 余里,整个行程为 6200 余里。虽然从路程上看,陆、水两路相差无几,但东北地区先后由于契丹的反唐、安禄山的叛乱以及河朔三镇的长期割据,使"营州道"屡屡受阻。因此,在唐与渤海国的相互往来中,大多是从登州海路通行。例如,开元元年唐派鸿胪卿崔忻册封大祚荣时,走的就是海路。他在次年返唐途中,在今旅顺黄金山麓凿井刻石留念;文宗太和元年(827 年),渤海僧人贞素自五台山归国,途中死于海上,可见也是走的海路;开成五年(840 年)圆仁在从登州前往五台山的途中,先后遇到了"从上都(长安)归国"的渤海使臣和从长安"拟归本乡"③的渤海王子,显然他们也都是走的海路。史称渤海国的交通有五道,其中"鸭渌,朝贡道也"。所谓"鸭渌"道,即登州海行入渤海道。此外,在登州和青州城内都设有"渤海馆",以接待来往于唐与渤海国间的渤海国客人。这些都充分说明登州道是唐同渤海往来的主要通道。

唐朝时期,中日两国之间的关系有了空前的发展,特别是日本任命了 19 期遣唐使(实际成行为 16 次),成为中日交通史上的一大壮举。日本遣唐使来唐,分为南、北两线:北线即如前所述的登州海行入高丽道的延伸,南线是从日本抵达中国扬州、明州一带的航线。据日本学者木宫泰彦统计,在遣唐使团中,前 7 期除第 2 期第二舶走的是南路以及第 6 期只到达百济外,其余均是走的北路;而后期除第 12 期"迎入唐大使"高元度在入唐时走北路外,其余均是走的南路。④ 然而即使是后期,也有许多遣唐使节或僧侣等是途经登州回国的。例如,第 10 期遣唐大使多治比广成和判官平群广成在办完公事后,从苏州入海,准备归国,"恶风忽起,彼此相失",平群广成又返回长安,遇到了日本留学生阿倍仲麻吕,阿倍仲麻吕为他向唐朝请求"取渤海路归朝,天子许之"。平群广成遂于开元二十七年(739 年)三月从登州入海,"五日到渤海界",恰逢渤海国王要派使臣访日,平群广成随之"即时同发",回到日本。⑤ 文宗开成四年(839 年),日本第 18 期遣唐使完成任务后,雇佣 9 艘新罗船,从登州界内的"庐山过海,遇逆风,更流着于庐山"。到七月二十一日,又"泊此赤山浦"⑥,后从此渡海归国。圆仁在会昌末年归国时,本打算从扬州或楚州渡海,但二州都不许,理由是:"当州未是极海之处,既是准敕递过,不敢停留,事须递到登州地极之处,方可上船归国者。"⑦不得已,圆仁只好再赴登州,然后从登州渡海回国。由此可见,即使是唐后期,登州仍不失为中日交通的重要通道。

唐代登州界内的第二项航海活动,表现在唐王朝几次对朝鲜半岛的用兵中。

贞观十七年(643 年),新罗遣使入唐,诉说百济攻取其 40 余城,并与高句丽联兵,绝其朝贡之路,请求援助。唐太宗本来就打算对高句丽用兵,收复辽东故地,于是下令

① 《通典》卷一七八《州郡八》。
② 《通典》卷一八〇《州郡十》。
③ 《入唐求法巡礼行记》卷二。
④ 〔日〕木宫泰彦:《日中文化交流史》,胡锡年译,商务印书馆 1980 年版,第 63—72 页。
⑤ 《续日本纪》卷一三,转引自汪向荣、夏应元编:《中日关系史资料汇编》,中华书局 1984 年版,第 95 页。
⑥ 《入唐求法巡礼行记》卷二。
⑦ 《入唐求法巡礼行记》卷四。

在洪（今江西南昌）、饶（今江西上饶）、江（今江西九江）三州造船四百艘，"以载军粮"①；又令太仆少卿萧锐运送河南诸州粮入海，贮于黄县古大人城，作好战争准备。次年（贞观十八年）十一月，唐从水陆两路向高句丽发起进攻，其中水路以刑部尚书张亮为统帅，率江、淮、岭、峡兵四万、长安、洛阳募士三千，战舰五百艘，"自莱州泛海趋平壤"②。这是唐对高句丽的第一次用兵。

但唐朝首次对高句丽的用兵未能达到预期的目的，于是唐太宗又接连不断地下令向高句丽发动进攻：贞观二十一年，以水、陆两路进击高句丽，其中水路以牛敬达为主帅，李海岸副之，"发兵万余人，乘楼船自莱州泛海而入"③；贞观二十二年，以薛万彻为青丘道行军大总管，裴行方副之，"将兵三万余人及楼船战舰，自莱州泛海以击高丽"④；同年四月，设置于登州（当时属莱州）北部海中的乌胡（即乌湖）镇将古神感"将兵浮海击高丽，遇高丽步骑五千，战于易山，破之，其夜，高丽万余人袭神感船，神感设伏，又破之而还"⑤；七月，太宗又命江南造大船，遣陕州刺史孙伏伽、莱州刺史李道裕运粮及兵器贮于乌湖岛，"将欲大举以伐高丽"⑥，未行而太宗死去，遂暂罢辽东之役。

高宗即位以后，继续执行用兵朝鲜半岛的政策。显庆五年（660年），唐应新罗之请，命左武卫大将军苏定方率水陆大军十万进击百济。八月，苏定方引兵"自成山济海"⑦，直趋朝鲜半岛西部的熊津江口（今锦江口），与新罗联兵击灭了百济。次年，百济旧部起兵反唐，唐高宗又发淄、青、莱、海诸州水师七千，渡海增援唐军。白江战役一战，唐军大败前来增援百济的日本水师，从而占领百济全境。乾封元年（666年），唐又出动水陆大军击高句丽，经过两年的鏖战，终于在总章元年（668年）攻克平壤，高句丽灭亡，唐也结束了对朝鲜半岛的用兵。

上述唐军渡海的出发点，史书分别记载为"莱州""东莱""乌胡镇""成山"。如上所述，从贞观元年至如意元年的60年间，登州并入莱州，所以这里的"莱州""东莱"实际上指的都是登州，至少也应该包括登州在内。成山和乌胡镇则是登州的属地。唐朝对朝鲜半岛的用兵，其时间次数远不及友好交往之长之多，然而规模却非常之大。因此，抛开战争的性质不论，几次渡海入朝作战，实为当时乃至整个中国航海史上的大事。

唐代登州界内第三项重要的航海活动，表现在海漕运输和海上贸易方面。

关于唐代的海运，史书缺乏明确记载，不过我们从敦煌出土的《开元水部式》残卷中可以窥视出一些大概情况："沧、瀛、贝、莫、登、莱、海、泗、魏、德等十州，共差水手五千四百人，三千四百人海运，二千人平河，宜二年与替。"⑧这十州中，沿海的有泗、海、登、莱、沧五州，平均每州有海运水手近700人，可见当时的海漕运输具有相当规模。《水部式》中还记载了一段登州海运北上的情况："安东都里镇防人粮，令登州召取当州经渡海深勋之谙知风水者，置海师贰人，拖（舵）师肆人，隶蓬莱镇，令候风调海晏，并运

① 《通鉴》卷一九七，贞观十八年七月。
② 《通鉴》卷一九七，贞观十八年十一月。
③ 《通鉴》卷一九八，贞观二十一年三月。
④ 《通鉴》卷一九八，贞观二十二年正月。
⑤ 《通鉴》卷一九九，贞观二十二年四月。
⑥ 《旧唐书》卷一九九上《高丽传》。
⑦ 《通鉴》卷二〇〇，显庆五年八月。
⑧ 转引自刘俊文：《敦煌吐鲁番唐代法制文书考释》，中华书局1989年版，第330—331页。

镇粮。"都里镇是唐代设置于辽东半岛上的一个军镇。唐代军镇,大者万人,小者五千人。都里镇"防人"即使以五千计,每年消耗的"镇粮"亦不在小数。可见,登州通往都里镇的航线,不仅仅只是入高丽、渤海道的必经之地,而且也是唐朝重要的海上运输线。此外,武则天万岁通天元年(696年),契丹叛唐,朝廷诏左卫将军薛纳"绝海长驱,掩其巢穴"。时王庆任登州司马,"仍充南运使","飞刍挽粟,雾集登、莱";"粍粟齐山,飞云蔽海。三年叹美,佥曰得人。圣历年停运还任"。① 所谓"南运使",当为从南方运粮至登州、莱州一带,即所谓"飞刍挽粟,雾集登、莱",然后再从这里运往辽东。杜甫诗云"幽蒸盛用武,供给亦劳哉。吴门转粟帛,泛海凌蓬莱"②,也反映了江南粟帛通过登州(蓬莱)转运至河北地区的情况。

　　登州地区的海上贸易,包括登州与国内其他地区直接的商业贸易以及登州作为海上贸易通道和中转站与渤海、新罗、日本之间的国际贸易。前者如范摅《云溪友义》卷上所载:"登州贾者马行余转海,拟取昆山路适桐庐。时遇西风,而吹到新罗国。""桐庐"今属浙江,唐时属睦州,位于富春江畔,即马行余是"转海"于登州至杭州、睦州一带的。民国《牟平县志》卷九著录《唐光化四年无染院碑》亦载:"鸡林金清押衙,家别扶桑,身来青社,货游鄞水,心向金田。舍青凫择鄞匠之工,凿白石竖竺乾之塔。……""青社"泛指齐地,这里应指登州;"鄞水"即今甬江,在鄞县(宁波)界内,即新罗商人金清是"货游"于登州至明州一带的。后者如代宗时,淄青节度使(领青、淄、登、莱等十数州)李正己利用其兼押新罗、渤海使的政治条件及海上交通的便利条件,"货市渤海名马,岁岁不绝"③。文宗开成元年六月,淄青节度使上奏朝廷:"新罗、渤海将到熟铜,请不禁断。"④开成四年,圆仁在登州文登县境内先后遇到了新罗商人张保皋的交关船和渤海国交关船等⑤。而这里尤其值得一提的,是活跃在登州一带的新罗商人。

　　朝鲜民族是一个善于经商和航海的民族。唐朝时期,许多新罗人航海往返于唐朝、新罗、日本之间及中国东部沿海一带,形成了北起登州、莱州、密州,南至楚州、扬州、苏州、明州,东到朝鲜半岛、日本的商业网络。例如,上面提到的新罗商人金清是"货游"于登州至明州一带的,他在致富后,出资修缮了登州牟平县境内的无染寺院;圆仁在开成四年前往登州的途中,遇到新罗船只,"船人等云:'吾等从密州来,船里载炭,向楚州去'"。而当他大中元年(847年)返国途中,又在密州诸城县界的大朱山骏马浦(今青岛一带)"遇新罗人陈忠船载炭欲往楚州"⑥;新罗商人金珍的船只则时而到苏州,时而到牢山(即崂山),时而到赤山,时而到乳山长淮浦,并远至日本,圆仁在最后返国时所搭乘的便是他的船只。特别是新罗最著名的海运贸易家张保皋,把登州文登县青宁乡赤山村(今山东省荣成市石岛镇脚河村)作为其在唐贸易的中转站,并在此建造了一座法华寺院,以保佑其事业的繁荣昌盛。据曾在该寺院居住达半年之久的日本僧人圆仁记载,该院有僧侣40余人,寺院庄田年收米500石。圆仁参加了开成五年正月

① 《唐文拾遗》卷二二王敬《唐故朝议郎行登州司马上柱国王府君墓志铭》。
② 《杜诗详注》卷一六《昔游》,中华书局1979年版。
③ 《旧唐书》卷一二四《李正己传》。
④ 《册府元龟》卷九九九《外臣部·互市》。
⑤ 《入唐求法巡礼行记》卷二。
⑥ 《入唐求法巡礼行记》卷二、卷四。

十四、十五日两天的讲经活动,每天都有 200 多名新罗男女前去听讲。可见,赤山村又是新罗人的一个重要聚居点。

(三)登州在唐代海交史上的地位

在唐代地理学家贾耽所著的《古今郡国县道四夷述》(或云(皇华四达记))中,登州作为当时中国通往"四夷"仅有的两条海路中的一条,其重要地位是不言而喻的。但在稍后一些,大约成书于 9 世纪 60 年代的阿拉伯地理学家伊本·库达特拔(ibn-khurdādhbih,一译伊本·考尔大贝或伊本·郭大贝)的著名《省道记》(kitabal-Masālik W-al-Mamāilk,一译《道里郡国志》)中,所列举的唐代四大海港为交州、广州、明州(一说泉州)和扬州,而不及登州。那么,登州在唐代海交史上究竟处于怎样一种地位呢? 第一,在唐前期,登州与广州、交州一起,堪称当时中国的三大海上交通枢纽;第二,中唐以后,登州的地位虽然相对下降,但仍不失为唐朝对外政治交往的主要通道。

登州在唐代海交史上的地位之所以不为人们所看重,主要原因是它在唐代海上贸易中不占十分突出的地位(至少这方面的记载不多)。然而唐代的海上贸易,是从玄宗时特别是"安史之乱"以后才繁荣兴盛的。正如范文澜先生指出的,"大体上,唐前期的经济繁荣,主要表现在农业生产的兴盛上,自中期以下的繁荣,主要表现在工商特别是商业的兴盛上"[1]。所以,在玄宗以前,唐朝的海上交通并不是主要表现在海上贸易方面,而是表现在海漕运输和唐与各国特别是与朝鲜半岛诸国、日本、渤海国的政治交往(包括唐对朝鲜半岛的几次用兵)方面。而如上所述,登州在海漕运输中,是南北运输干线中最重要的中转站;在唐朝对外交往中,是通往朝鲜半岛诸国、渤海国以及日唐前期往来的主要通道。当时唐朝与各国的贸易,也主要表现为贡使贸易,即各国向唐朝廷的进贡、唐朝廷的回赠,以及唐朝官员在出使各国中,"或携资帛而往,贸易货物,规以为利"[2]。因此,也可以说,登州又是唐前期对外贸易的重要口岸。登州的这一地位,当时也只有广州、交州能与之相媲美,后者是东南亚、南亚、中亚、西南亚国家与唐朝海上往来的主要通道。

但是,随着玄宗以后特别是"安史之乱"以后民间海上贸易的发展,登州这一海上交通枢纽的重要地位在逐渐下降,一些沿海城市赶上甚至超过了它。以日唐交通为例,从 839 年日本停派遣唐使至 903 年的 64 年间,双方海上往来见于记载的有 37 次。而在这 37 次中,在中国有明确起航或到达地点的有 16 次,其中楚州 3 次,明州 7 次,温州、台州、常州、苏州、福州、广州各 1 次。[3] 唯独没有登州;甚至连与登州隔海相望的新罗,也大有将航海重心转移到浙东一带的趋势。[4] 至于东南亚、南亚、西亚诸国与唐朝贸易的商人或船只,更不见有到达登州的记载。

为什么登州在唐代航海事业的日趋发展、中外海上贸易日益繁荣之际,其地位却反而下降了呢? 这主要有两方面的原因。

---

① 《中国通史》第三册,人民出版社 1965 年版,第 243 页。

② 《旧唐书》卷一四九《归崇敬传》。

③ 以上据木宫泰彦:《日中文化交流史》"日唐间往来船舶一览表"统计。

④ 林士民:《唐吴越时期浙东与朝鲜半岛通商贸易和文化交流之研究》,《海交史研究》1993 年第 1 期。

第一,登州位于山东半岛东部,在所有与唐朝进行海上往来的国家和地区中,除新罗、日本和渤海的船只外,其余都无须经过这里;即使是日唐之间的交通,走登州道也要绕许多的弯路。例如,从日本直航明州,一般只需要 5 日左右的时间,中国商人张支信和李延孝从明州望海镇出发,都只用了 3 日就抵达日本;直航扬州、楚州,需要 10 日左右的时间,日本第 15 次遣唐副使小野石根于宝龟八年(775 年)六月二十四日出海,七月三日到达扬州海陵县,回国时更只用了 8 日。而从登州直航日本,要用半个月左右的时间,圆仁回国时即走的这条路线,九月二日从登州文登县赤山出发,十八日到达日本筑紫大津浦。如果走北路北线,则所需时间更长。日唐交通最初之所以大多走北路,主要是出于安全方面的考虑。而随着造船和航海技术的不断提高,横渡东中国海的危险性已大大减少,于是后来往返于日中之间的船舶特别是以中国商人为主的民间贸易船只,便多选择明、越、楚、扬等州的近距离航行了。

登州与内地的交通,主要经过如下路线:登州——莱州——青州——淄州——兖州——曹州——汴州——郑州——洛阳——长安。从登州至洛阳的行程为 2370 里,至长安为 3125 里。我们将其与扬州、楚州作一比较:扬州至洛阳为 1749 里,至长安为 2567 里;楚州至洛阳为 1660 里,至长安 2501 里。二州不仅去洛阳和长安的距离较登州为近,而且可以乘舟船顺运河直达二京,也较登州走陆路省时且方便。

作为一个贸易海港,拥有到贸易国(或地区)最便捷的航线(即处于海上贸易的通道)和与大陆腹地便捷的交通,是其兴盛发展的重要条件。登州由于不完全具备这两个条件,从而使它失去了往日作为中日海上交通枢纽的地位。

登州在唐代海交史上地位下降的另一个重要原因,是"安史之乱"以后登州乃至整个北方地区经济的衰退。

唐王朝建立以后,经过 100 多年的发展,包括登州在内的北方经济出现了空前的繁荣。史称开元年间,"海内富实,米斗之价钱十三,青、齐间斗才三钱"①,从一个侧面反映了当时社会经济特别是今山东一带地区经济发展、物质财富丰富的情况。但经过"安史之乱"的浩劫,北方经济受到了毁灭性的打击。文宗时圆仁路过登州一带所见到的情景是:从文登县至青州,三四年来"蝗虫灾起,吃却五谷,官私饥穷"。登州百姓"专吃橡子为饭"。登州市上的物价是"粟米一斗三十文,粳米一斗七十文";莱州是"粟米一斗五十文,粳米一斗九十文";青州城内更是"粟米一斗八十文,粳米一斗一百文";齐州禹城县也是"粟米一斗卅五文,粳米一斗百文"。② 比之开元年间青州齐州一带米"斗才三钱",高出了数十倍。七八年之后,圆仁在返国途中再次踏上了这片土地,所看到的依然是一派凋敝的景象。可见登、莱、青州一带的衰败,并非仅仅是由于"三四年来蝗虫灾起"所造成的一时现象,而是"安史之乱"后整个北方经济衰落的一个缩影。

与"安史之乱"以后登州及整个北方经济遭受严重破坏相比,南方地区虽然也受到一些战乱的波及,但其破坏程度远不及北方严重,加之优越的自然条件,所以战后的恢复也很快。特别是长江下游流域的江浙一带,成为全国最富庶的地区。例如,圆仁在扬州境内所看到的情景,便与登州大不一样。他从海陵县登陆后,在前往县城和扬州

---

① 《新唐书》卷五一《食货志》。
② 《入唐求法巡礼行记》卷二。

城的途中,只见运河"水路北岸杨柳相连","掘沟北岸,店家相连","水路左右富贵家相连,专无阻隙"的扬州城内更是繁华无比。苏州、杭州、越州也都发展成为繁华的商业都市。越州和明州,则成为唐朝外贸出口最主要的两项商品——丝绸和瓷器的重要生产基地。

作为一个商业贸易海港,它的兴盛与发展,需要以该地区和与之相连的大陆腹地的经济为依托,贸易国(或地区)都要选择那些经济繁荣的地区作为贸易口岸。中唐以后,登州以及整个北方地区经济的衰落,不能为登州海港的繁荣与发展提供有力的支持,于是以长江中下游特别是江浙一带全国经济最发达地区为依托的扬州、明州,便都超越登州而进入全国四大海港的行列。

但是,登州虽然在唐后期海交史上的地位下降,却仍不失为唐朝与新罗、渤海官方政治往来的主要通道。据统计,从安史乱后到唐末,新罗与唐往来有 56 次,渤海与唐往来达 84 次,这 140 次的官方往来,基本上都是走的从登州下海的海道。文宗时渤海国"梯航万里,任土之贡献具来;夙夜一心,朝天之礼仪克备"①,反映了当时黄渤海水域上舟樯交梭的景象。此外,由于登州地处渤海、新罗与唐海上往来的交通要道,因此这里也是两国与唐朝进行海上贸易的重要通道。前面提到的淄青节度使奏请不禁断新罗、渤海将到熟铜,圆仁在登州见到新罗、渤海交关船,登州界内居住的大量新罗人口,以及新罗巨商将登州文登县青宁乡赤山村作为其海上贸易的中转站等,都说明了这一点。

综上所述,登州在唐代海交史中占有十分重要的地位,它是连接唐朝与朝鲜半岛、日本以及我国东北地区的一条重要纽带。

---

① 《文苑英华》卷四七一封敕《与渤海王大彝震书》。

第十五章

魏晋南北朝隋唐时期的海外经略

　　三国时期，为适应水战和江海交通的需要，东吴的造船业有了很大发展，吴国使臣也曾多次泛海使出，朱应、康泰远至林邑（越南中部）、扶南（柬埔寨境内）诸国，大秦（罗马帝国）商人和林邑使臣也曾到达建业。黄龙二年（230年）孙权曾派大将卫温、诸葛直率万人出海赴夷洲（今台湾地区）。北方魏国与朝鲜半岛国家和邪马台国有官方往来。《三国志·魏志·倭人传》记载有魏明帝授予邪马台女王卑弥呼的使节"亲魏倭王"金印之事。刘宋时期，造船业在东吴原有基础上进一步发展，不少江南织工、缝工也随日本使者东渡。自汉代以来，东亚世界的封贡体制继续得到维持和强化。

　　隋唐时代，台湾被称为流求[①]，与东南沿海地区有密切的文化联系。隋大业三年（607年），炀帝两次派朱宽到流求。大业六年（610年）又派陈稜、张振周率万人前去。在北方隋炀帝进行了对高句丽的三次战争。东晋到南朝，南海已经有直航和转航的区别，经南海往来的名僧在史料上有很多记载。进入隋唐，僧徒往来中土者更为增多。同时，高句丽、百济、新罗、渤海也频繁派使臣赴中土。自汉代以来的海上丝绸之路到唐代得到空前发展，经广州、泉州等港口通向越南、印度尼西亚、斯里兰卡、伊朗和阿拉伯。

　　这一时期中国同南海及南亚、西亚诸国的往来，更多地表现为贸易和文化关系，有关内容在本卷其他章节论述。本章重点放在中国对东亚海洋邻邦朝鲜半岛、日本列岛诸国的经略及其相互关系上，这也是该时期中国最重要的海外关系。

第一节　魏晋南北朝时期对朝鲜半岛的经略及其相互关系[②]

一　从"三韩"到百济、新罗、高句丽

　　"韩"，最初来自于朝鲜半岛南部的三韩部落，其名始见于中国史书《三国志·魏志》。[③] 三韩自部落到国家的社会发展过程，正值中国的魏晋南北朝时期。中国魏晋

[①]　关于流求，学术界有台湾说和冲绳说。

[②]　本节引见陈尚胜：《中韩关系史论》，齐鲁书社1997年版，第1—16页。

[③]　按《后汉书》卷一一五《东夷传》中也专门有"韩"的记载，但《后汉书》为南朝宋范晔所撰，《三国志》则为西晋陈寿所撰，所以在中国正史中最早记载"韩"的情况，仍以《三国志》为先。

南北朝的政治分裂和对立以及朝鲜半岛本身的多种政权并存的政治局面,对于两者关系有着深刻的影响。

朝鲜半岛的历史,从传说中的檀君朝鲜、箕子朝鲜,到卫满朝鲜、汉朝四郡,这几个政权、政区的地理范围,基本都在朝鲜半岛的北部地区。就在汉朝政府于朝鲜半岛北部地区设立郡县的时候,在朝鲜半岛的南部地区则形成了三个部落联盟集团,即马韩、辰韩和弁韩,史称"三韩"。

三韩之中,以地处西边的马韩最大。据《后汉书》记载,"马韩在西,有五十四国,其北与乐浪、南与倭接"①。所谓"五十四国",其实就是 54 个部落。据《三国志》记载,马韩"凡五十余国,大国万余家,小国数千家,总十余万户"。"其俗少纲纪,国邑虽有主帅,邑落杂居,不能善相制御;无跪拜之礼,居处作草屋土室,形如冢,其户在上,举家共在中,无长幼男女之别。其葬有棺无椁,不知乘牛马,牛马尽于送死,以璎珠为财宝,或以缀衣为饰,或以县(悬)颈垂耳,不以金银锦绣为珍。其人性强勇,魁头露纷如炅兵,衣布袍,足履革蹻蹋。其国中有所为及官家使筑城郭,诸年少勇健者,皆凿脊皮以大绳贯之。又以丈许木锸之,通日欢呼作力,不以为痛,既以劝作,且以为健。常以五月下种,讫祭鬼神,群聚歌舞,饮酒昼夜无休。其舞数十人俱起相随踏地,低昂手足,相应节奏,有似铎舞。十月农功毕,亦复如之。信鬼神,国邑各立一人主祭,天神名之天君。又诸国各有别邑,名之为苏涂,立大木县(悬)铃鼓事鬼神。"②

辰韩在马韩之东,据说辰韩也称秦韩,这是一些逃避秦朝苦役的中国人在逃到马韩地界时,马韩人让出自己的东部地区而听其留居所形成的部落,因此他们的语言仍带有秦朝的语言习惯,"其言语不与马韩同,名国为邦,弓为弧,贼为寇,行酒为行觞,相呼皆为徒,有似秦人,非但燕齐之名物也……始有六国,稍分为十二国"③。辰韩始有 6 个部落,后分为 12 个部落。

弁韩在辰韩之南,据《三国志》记载,弁韩也分为 12 个部落,"又有诸小别邑,各有渠帅。……大国四五千家,小国六七百家"④。三韩部落各有酋长,有些酋长曾与汉朝的乐浪郡保持着密切的往来。甚至,马韩和辰韩中的一些部落就是北方人南迁与南方土著人杂居所形成的移民社会。例如,箕准王在遭遇到卫满进攻时,就曾南逃到马韩地区,"攻马韩破之,自立为韩王"⑤。

三韩部落中的一些北方部落,也受到汉朝四郡文化的影响。据《三国志》记载:"其北方近郡诸国,差晓礼俗。"⑥所谓"近郡诸国",正是指邻近汉朝四郡的部落。不仅如此,他们还在中国政治文化的影响下,相继走上了古代国家的建设之路。

在马韩部落集团中,百济部首先强盛起来。百济原为马韩的 54 个部落之一。相传公元前 18 年,从北部南下的高句丽王子温祚率领部分臣民来到汉江流域的百济部定居下来。他们在汉江北岸的慰礼(今汉城附近)建立起王城,国号百济。后来,他们

---

① 《后汉书》卷一一五《东夷传》。
② 《三国志》卷三〇《三韩传》。
③ 《三国志》卷三〇《三韩传》。
④ 《三国志》卷三〇《三韩传》。
⑤ 《后汉书》卷一一五《东夷传》。
⑥ 《三国志》卷三〇《三韩传》。

又将王都迁到汉江南岸的汉山（今京畿道的广州）。东汉末年，百济王仇首（214—233年在位）娶割据辽东地区以及朝鲜半岛北部地区的公孙康之女为妃，凭姻亲关系取得了中国割据势力公孙康集团的支持，百济由此强盛起来，并逐渐统一了马韩的其他部落。在古尔王（234—285年在位）统治时期，百济初步完备了奴隶制国家体制。据《周书》记载，古尔王二十七年，百济设制有16品官阶，"左平五人，一品；达率三十人，二品；恩率，三品；德率，四品；杆率，五品；奈率，六品。六品以上，官饰银华。将德，七品；紫带；施德，八品，皂带；固德，九品，赤带；李德，十品，青带；对德十一品，文督十二品，皆黄带；武督十三品，佐军十四品，振武十五品，克虞十六品，皆白带。自恩率以下，官无常员，各有部司，分掌众务"①。在建立中央官制的基础上，古尔王还加强了国王权威。据韩国史书《三国史记》记载，古尔王"二十八年春正月，初吉，王服紫大袖袍，青锦绔，金花饰乌罗冠，素皮带乌韦履，坐南堂听事"②。此处的"南堂"，与中国的明堂制度有着密切的关系。根据《礼记》"明堂篇"的记载，"明堂"是古代帝王宣明政教的地方，凡朝会、祭祀、庆赏、选士、养老、教学等大典，都在此举行。而根据该书"月令篇"的记载，明堂是南向之屋。《周易》"说卦篇"中说："圣人南面而听天下，响明而治。"由此可见，"南堂"制度即由"明堂"制度而来。

三韩之中的辰韩部落集团，也在斯卢部落基础上逐步走向统一的国家之路。大约在公元前后，斯卢部落以金城（今韩国庆州）为中心，联合六部组成部落联盟，酋长由朴、昔、金三氏担任。在部落联盟初期，其巫俗信仰十分普遍。据韩国史书记载，其初期的王皆通巫术。例如，"南解王次次雄（4—23年在位），或云慈充，金大问云，方言谓巫也。世人以巫事鬼神，尚祭祀，故畏敬之"③。其实，这一情况在其他民族中也曾存在。因为在古人看来，巫能通天意，所以也可领导百姓。到奈勿王（356—402年在位）时，朴、昔两姓不再担任部落联盟首领，形成了金姓世袭的王权，国家体制也逐渐建立起来。从502年智证王下令禁止殉葬之举，也可看出中国文化对斯卢部落集团的某些影响。根据《三国史记》记载，智证王"三年春三月，下令禁殉葬，前国王薨，则殉以男女各五人，至是禁焉"④。所谓"薨"，正是周礼中对诸侯死亡的称法；而禁止殉葬，很可能是受中国儒学影响的结果，因为孔子当年就曾对殉葬问题进行过指责："始作俑者，其无后乎！"⑤503年，斯卢部落决定仿照中国习惯定国号为"新罗"。据史书记载，该年冬十月，"群臣上言：始祖创业已（以）来，国名未定，或称斯罗，或称斯卢，或称新罗。臣等以为，新者德业日新，罗者网罗四方之义，则其为国号宜矣。又观自古有国家者，皆称帝称王。自我始祖立国，至今二十二世，但称方言，未正尊号。今群臣一意，谨上号新罗国王"⑥。此后，新罗又模仿中国的政治制度而陆续颁布丧服法、州郡县制、谥法、律令、纪元等制度，并于517年在中央首先设立起兵部，后又先后设立起上大等官、位和府、调府、乘府等机构，从而完备了国家体制。532—562年，强盛起来的新罗又统一了

第十五章

魏晋南北朝隋唐时期的海外经略

① 《周书》卷四九《百济传》。
② 《三国史记》卷二三《百济本纪》。
③ 《三国史记》卷一《新罗本纪》。
④ 《三国史记》卷四《新罗本纪》。
⑤ 《孟子·梁惠王章句上》。
⑥ 《三国史记》卷四《新罗本纪》。

弁韩人的所有部落,完全占有洛东江流域。至此,在原来朝鲜半岛南部的三韩部落联盟集团的基础上,分别形成了百济(位于西部)和新罗(位于东部)两个国家。

另外,公元前37年在中国东北兴起的高句丽,曾先后以纥升骨城(在今中国辽宁省桓仁)和国内城(今中国吉林省集安市)作为都城。高句丽人大多以狩猎为生,强悍好斗,势力日盛,终于在313年和314年相继吞并了西晋的乐浪郡和带方郡。427年,长寿王(413—491年在位)将都城迁至朝鲜半岛上的平壤。于是,在朝鲜半岛上形成了百济、新罗、高句丽三国争雄的政治局面,这在韩国历史上被称为"三国时期"。

在中国方面,自从东汉王朝覆灭和三国鼎立开始,也出现了诸多封建政权并存的政治局面。于是,在中国和朝鲜半岛上的各个政权之间,为了争雄天下,相互之间你来我往、合纵连横,形成了复杂的外交竞争态势。

二 南北朝各政权与朝鲜半岛的关系

从当时中韩双方外交使团的频率分布情况看,朝鲜半岛三国所派遣的对华外交使团次数要远远多于中国诸封建政权派往朝鲜三国外交使团的次数。这一情况表明,朝鲜半岛三国对于与中国诸政权的外交更为积极和主动。那么,朝鲜半岛三国为什么都积极主动结交于中国各政权呢?

原来,朝鲜半岛上的三国鼎立和竞争,使其中的任何一方都想通过外交途径以谋取中国封建王朝对自己一方的支持,以增强自己的政治实力并打击竞争对手。即使是在中国南北朝的政治分裂情况下,朝鲜半岛三国也都积极开展起与北朝和南朝的双重外交,以从外交上寻求更多的外力支持。例如百济国,本来与中国南朝刘宋政权一直保持着密切的政治关系。刘宋政权对百济国王的封号,也从原来东晋王朝对百济国王所封的"持节都督百济诸军事、镇东将军、百济王",加封为"持节都督百济诸军事、镇东大将军、百济王"。但就在刘宋政权册封百济国王不久,百济国又主动派遣使团前往中国北朝的北魏政权朝贡,并在朝贡国书中特别向北魏"揭发"高句丽"不义,逆诈非一,外慕隗嚣藩卑之辞,内怀凶祸豕突之行,或南通刘氏(按:即指南朝刘宋政权),或北约蠕蠕,共相唇齿,谋陵王略"。其实,百济国自身与刘宋政权的外交往来,又何尝少于高句丽呢?百济此举的目的,正是希望北魏发兵征讨高句丽,以减轻自身所受高句丽扩张的压力。百济国王在这封朝贡国书的结尾,即直接向北魏献文帝提出了发兵攻打高句丽的请求,"今若不取,将贻后悔"。"况陛下合气天地,势倾山海,岂令小竖跨塞天逵。"[1]好在献文帝拓跋弘并不想介入朝鲜半岛上的三国之争,百济的这种打北魏外交牌以压制高句丽的战略才未取得如愿效果。不久,百济即因北魏不支援自己而断绝对北魏的朝贡。同时,百济王又闻悉南齐册封高句丽王为"骠骑大将军",又急忙遣使上表请求内附。不过,由于百济在外交上疏远北魏,最后却在488年遭到北魏的进攻。虽然史籍中并未显示北魏此番军事行动与高句丽有什么瓜葛,但从当时高句丽与北魏的外交情况看,在488年的二月、四月、闰九月,高句丽却三次派遣使节前来北魏朝贡[2],其外交频率实属异常,北魏受高句丽的外交影响而兵伐百济的因素是存在的。

---

① 《魏书》卷一〇〇《百济传》。
② 《魏书》卷七下《高祖纪》。

百济国曾经与陈朝通贡四次,陈朝也曾主动遣使一次以示通好,但当百济获悉隋朝平定陈朝时,威德王立即遣使到隋朝祝贺平陈成功。此后,百济即通过自己与隋朝的通贡关系,多次向隋帝请求讨伐高句丽,并愿出兵予以配合。最后,百济终于在好大喜功的隋炀帝面前,取得了通过隋朝兵伐高句丽的外交结果。由此可见,朝鲜半岛三国根据现实中的生存利害,积极开展对中国的外交,借以取得中国对自己的支持,这是当时朝鲜半岛三国积极与中国南北朝政权进行外交往来的主要原因。

朝鲜半岛三国积极与中国通交往来,也是为了从中国吸收先进的文明成果,促进自身的进步和发展。例如,百济国在 450 年遣使到中国南朝刘宋政权,直接目的就是为了"表求《易林》《式占》、腰弩"①。南朝萧梁政权时期,百济国王"累遣使献方物,并请《涅槃》等经、《毛诗》博士并工匠,画师等"②,可见百济国统治者仍带有这种从中国吸收文化的目的。也正是由于朝鲜半岛三国一直坚持吸收中国文明成果的政策,所以中国的经史书籍以及军事器具等在那里也十分流行。据史书记载,此时的高句丽"书有'五经'、'三史'、《三国志》《晋春秋》,兵器与中国略同"。百济人"俗重骑射,兼爱坟史。而秀异者颇解属文,能史事,又知医药蓍龟与相术阴阳五行法。有僧尼,多寺塔,而无道士。有鼓角、箜篌、筝、竽、簇、笛之乐,投壶、樗蒲、弄珠、握槊等杂戏,尤尚弈棋。行宋《元嘉历》,以建寅月为岁首。赋税以布、绢、丝、麻及米等,量岁丰俭差等输之。其刑罚,反叛、迟军及杀人者,斩;盗者,流,其赃两倍征之;妇犯奸,没入夫家为婢。婚娶之礼,略同华俗"。此时的新罗,也已发展到"外有郡县,其文字、甲兵同于中国"③。显而易见,朝鲜半岛三国对中国南北朝的外交,已为双方的经济文化交流提供了重要的渠道。中国的各个封建政权对于与朝鲜半岛三国的外交,虽然没有像朝鲜半岛三国那样表现得主动积极,但却也乐此不疲。毕竟,海外国家的频频来"贡",也使这些中国的封建统治者在心理上感到荣耀。它可以向臣民们表明,自身的皇权是那么神圣和辉煌。同时,异域使节的拜访,还可以为自己带来一些异域情调,如高丽乐、新罗乐、百济乐在隋朝的宫廷中就是经常演奏的音乐。另外,一些有作为的中国封建帝王也积极凭借外交途径来谋取国家利益。例如,南朝宋元嘉十六年(439 年),宋文帝"欲北讨,诏琏(按:即高句丽长寿王)送马。琏送马八百匹"④。又如,552 年,北齐文宣帝高洋曾通过与高句丽的外交渠道,使高句丽一次就遣返中国流民 5000 户。⑤

总而言之,在中国魏晋南北朝时期,朝鲜半岛三国,尤其是高句丽和百济两国,为了确保自身的安全利益,积极利用中国南北朝的分裂和对立开展起双重外交。虽然这种双重外交的实际效果不大,但朝鲜半岛三国在利用中国政治势力来打击自己的政治对手的外交倾向,却一直影响到隋唐时期的国家关系。尤其是对华外交起步最晚的新罗国,最后竟能成功地得到唐朝的支持而战胜了高句丽和百济,进而统一了朝鲜半岛。

———————————

① 《宋书》卷九七《百济传》。
② 《梁书》卷五四《百济传》。
③ 《北史》卷九四《高句丽、百济、新罗传》。
④ 《宋书》卷九七《高句丽传》。
⑤ 《北史》卷九四《高句丽、百济、新罗传》。

第二节　唐朝与新罗的关系①

进入隋唐，中国与朝鲜半岛的海上关系以与新罗的关系为主。隋朝统一中国以后曾先后多次或应邀或主动发动对高句丽的战争。

开皇十八年（598 年），隋文帝以水陆军 30 万人进攻高句丽，因为水潦乏食，军中疾疫，失败而还，战士死者十之八九。大业七年（611 年），隋炀帝进行了大举远征高句丽的准备工作，在河南和江淮制造戎车 5 万乘，在东莱海口造船 300 艘，全国的陆军，不论远近，都到涿郡集中。大业八年二月至七月，隋炀帝第一次进攻高句丽。陆军113 万人，分 24 军从涿郡出发，指向辽东，由隋炀帝亲自节度；水军从东莱海口出发，由来护儿率领，指向平壤。高句丽军队据城坚守，勇猛抵抗。隋军作战意志不强，逃散的很多。隋炀帝督率的主力军攻辽东（今辽宁辽阳）不下。来护儿率领的水军，也在平壤城下被高句丽军队打得大败。宇文述、于仲文率领军队，进到距离平壤 30 里的地方，粮尽且受到高句丽军的四面包抄，高句丽军乘胜追击，在萨水（清川江）击溃隋军。隋的士兵战死逃散，回到辽东城的只有 2700 人。大业九年和大业十年，隋炀帝又两次进攻高句丽，由于高句丽军的抵抗和国内人民的反对，也没有取得胜利。②

一　唐朝与朝鲜半岛三国和新罗的关系

唐代是中国古代对外关系史上的一个重要发展阶段。从唐太宗统治之始，就曾出现了"百蛮奉遐赆，万国朝未央"③的外交繁荣局面。唐朝不仅与 70 多个国家和地区有着交往，而且唐文化在域外，尤其在东亚的朝鲜半岛和日本列岛影响巨深。

朝鲜半岛上的高丽王朝开国君主王建曾云："惟我东方，旧慕唐风，文物礼乐，悉遵其制。"④这种文化上的深刻影响，沿波讨源，则得力于唐朝与新罗之间关系的广泛开展。

唐朝的对外开放政策，不仅为自身的政治、经济和文化的发展准备了良好的外部条件，而且也为新罗发展与唐朝的关系提供了良机。621 年，新罗真平王（579—631年）"遣使大唐朝贡方物"⑤，揭开了两国关系的序幕。于是，唐"高祖亲劳问之，遣通直散骑郎庾文素往使焉，赐以玺书及画屏锦彩三百段，从此朝贡不绝"⑥。据一位韩国学者统计，从 621 年到 906 年的 286 年间，新罗共向唐朝派遣使节 179 次。而根据我们的统计，唐朝向新罗所派遣的使节仅有 35 次。从双方往来的互动频率的分布情况看，新罗方面派来的使节高达唐朝方面派去的使节次数的 5 倍。显然，新罗政府对于与唐朝的往来，则更加积极和主动。那么，新罗政府为何如此积极结交唐朝呢？

---

① 本节引见陈尚胜：《中韩关系史论》，齐鲁书社 1997 年版，第 18—41 页。

② 蓟伯赞：《中国史纲要》，人民出版社 1995 年版，第 356—357 页。

③ 《全唐诗》卷一。

④ 《全唐诗》卷一〇〇〇。

⑤ 《三国史记》卷四。

⑥ 《旧唐书》卷一九九上《新罗传》。

朝鲜半岛自 5 世纪以来,新罗、百济、高句丽三国即进入相互兼并的战争时代。427 年,高句丽将都城从国内城(又称丸都城,今吉林集安)迁到平壤,开始向南部的百济和新罗施加强大的军事压力。475 年,高句丽大军渡汉江,攻陷百济首都汉山城,迫使百济残余势力迁都到熊津(今韩国公州),并与新罗结盟。551 年,百济联合新罗复夺汉江流域失地,但新罗却将自己收复的百济故地据为己有。于是,百济和新罗的军事同盟破裂,高句丽则乘机与百济结盟,使新罗处于北面的高句丽和西面的百济的前后夹攻的危险环境中。608 年,新罗真平王命僧人圆光撰写《乞师表》于隋朝,请求隋朝出兵征服高句丽以减轻自己的生存压力,得到隋炀帝的应允。但好景不长,隋朝不久就灭亡。从此,新罗把取得唐朝的支持,作为其外交上的头等大事。

唐朝建立不久,朝鲜半岛三国都主动地开展起对唐朝的外交。除新罗于 621 年首次遣使来唐外,高句丽在 619 年就已首次遣使向唐高祖朝贡,到 621 年时已是第二次向唐朝派出使团了;百济则如新罗一样,也是在 621 年首次向唐朝派遣使节。唐朝方面也同时在 624 年分别封高句丽荣留王为"上柱国、辽东郡王、高丽王",封百济武王为"带方郡王、百济王",封新罗真平王为"柱国、乐浪郡王、新罗王"①。从册封情况看,虽然高句丽略占优势,新罗次之,但这仅仅是唐朝建立初年对各方的实力认定,还不足以反映唐朝的外交本质倾向。因此,朝鲜半岛上的三国之中,哪方能在外交中赢得唐朝的支持,对于其自身在朝鲜半岛上的生存具有决定性的意义。唐朝建立之时,百济就派军包围着新罗椵岑城、速还、岐岑、樱岑、旗悬、穴栅等城,最后这些城池全被百济攻占。这样,新罗在无法与高句丽结盟的情况下,便加强了对唐朝的外交。626 年,新罗、百济皆遣使控告高句丽国王"建武闭道,使不得入朝,且数入侵"②。由于被告知的情况是高句丽在有意阻碍新罗、百济与唐朝的通交,这就使得在立国初年就积极关注外部局势的唐朝最高统治者,在感情上开始倾向于新罗和百济方面。于是,唐朝派遣员外散骑侍郎朱子奢前往调解,结果以高句丽国王"奉表谢罪"告终。新罗对唐的外交,终于使唐朝对朝鲜半岛诸国的外交天平有利于自己。

贞观十七年(643 年),新罗善德女王遣使来唐,向唐朝通报并且请援:"高句丽、百济侵凌臣国,累遭攻袭数十城。两国连兵,期之必取。将以今兹九月大举,臣国社稷必不获全。谨遣陪臣,归命大国,愿乞偏师,以存救援。"这时,对新罗已有同情之心的唐太宗即询问新罗使节:"我实哀尔为二国所侵,所以频遣使人,和尔三国。高句丽、百济旋踵反悔,意在吞灭而分尔土宇。尔国设何奇谋,以免颠越?"新罗使节谨告:"臣王事穷计尽,唯告急大国,冀以全之。"③于是,唐太宗遂决定发兵进攻高句丽,以牵制它对新罗的进攻。本来,唐太宗由于高句丽权臣盖苏文杀害荣留王及其臣僚而自立宝藏王一事,就对盖苏文怀有恶感。因此,唐太宗遂借册封高句丽宝藏王之机,派遣司农丞相里玄奖带玺书前往劝谕高句丽君臣:"新罗,委命国家,不阙朝献。尔与百济,宜即戢兵。若更攻之,明年当出师击尔国矣。"④然而,盖苏文为了高句丽的国家利益,不肯罢兵,并明确回答唐朝使节里玄奖:"高丽、新罗怨隙已久。往者,隋室相侵,新罗乘衅夺

---

① 分别据《旧唐书》卷一九九上《高句丽传》《百济传》《新罗传》。
② 《新唐书》卷二二〇《高句丽传》。
③ 《三国史记》卷五。
④ 《旧唐书》卷一九九上《新罗传》。

高丽五百里之地城邑，新罗皆据有之。自非反（返）地还城，此兵恐未能已。"①唐太宗见盖苏文不肯让步停兵，加上唐朝与高句丽在辽东领土问题上又有争执，遂应新罗之请，出兵征伐高句丽。同时，唐朝通知新罗出兵进攻高句丽南面。至此，在新罗与高句丽的争执中，新罗终于通过外交途径与唐朝建立起军事联盟。经过多次对高句丽的战争，唐朝已将高句丽军队主力吸引到北线，从而解除了新罗所遭受的高句丽的威胁。

如果说，唐朝在高句丽与新罗的对立中支持新罗，还在于高句丽与唐朝有着直接的领土争执；那么，唐朝在百济与新罗的对立中支持新罗，则在于百济在与新罗对唐朝的外交竞争中败于新罗。贞观元年（627年），百济准备大举出兵夺回被新罗侵占的失地，新罗真平王闻之，忙遣使告急于唐朝。唐太宗于是赐玺书百济国王："王世为君长，抚有东蕃，海隅遐旷，风涛艰阻，忠款之至，职贡相寻，尚想徽猷，甚以嘉慰。朕自祗承宠命，君临区宇，思弘王道，爱育黎元，舟车所通，风雨所及，期之遂性，咸使义安。新罗王金真平，朕之藩臣，王之邻国，每闻遣师征讨不息，阻兵安忍，殊乖所望。朕已对王侄信福及高（句）丽、新罗使人具敕通和，咸许辑睦。王必须忘彼前怨，识朕本怀，共笃邻情，即停兵革。"②而百济方面虽然在表面上接受了唐太宗的劝和建议，但仍然没有放弃与新罗的领土之争。贞观十六年，新罗告急的使节又向唐朝通报：百济国王"义慈兴兵伐新罗四十余城，又发兵以守之，与高丽和亲通好，谋欲取党项城，以绝新罗入朝之路"③。由此可见，新罗方面对于百济的指控，有两点特别重要：一是百济已站到与唐朝对立的高句丽方面，一是百济有意阻碍新罗对唐朝的朝贡，从而使得唐朝在对百济和新罗的外交天平上也开始偏向新罗。唐太宗再次派遣使节前往百济替新罗说和，但百济仍然在外交上对唐朝的劝和不予重视，又乘唐朝、新罗与高句丽战争之机，发兵攻新罗，"乘虚袭破新罗十城。（贞观）二十二年，又破其十余城。数年之中，朝贡遂绝"④。至此，百济为了避免唐朝对自己进攻新罗一事进行调和，甚至不惜停止了对唐朝的朝贡与往来。

一方面，百济对唐朝进行外交冷落；而另一方面，新罗则加强了与唐朝的外交。648年，新罗派遣富有才华的金春秋前来唐朝。他借唐太宗询问之机，向唐太宗请求："臣之本国，僻在海隅，伏事天朝，积有岁年。而百济强猾，屡肆侵凌，况往年大举深入，攻陷数十城，以塞朝宗之路。若陛下不借天兵，翦除凶恶，则敝邑人民尽为所虏，则梯航述职无所望矣。"一席话，使唐太宗十分动心，"太宗深然之，许以出师。春秋又请改其章服，以从中华制。……春秋奏曰：臣有七子，愿使不离圣明宿卫"⑤。于是，其子文汪又留在唐朝宫廷宿卫。由此可见，金春秋极有外交才能，通过章服之请，在唐朝统治者的心目中产生了与新罗之间的文化认同感；而通过留子宿卫之请，又使唐朝统治者感到新罗对唐朝的向心力，从而满足了唐朝统治者的"天朝上国"的虚荣感。

650年，在高宗即位后的第一年，新罗又不失时机地派遣使节前往唐朝，向唐朝通报新罗军已大破百济大军，并带来真德女王在织锦上所做的《太平颂》：

①　《旧唐书》卷一九九上《高句丽传》。
②　《旧唐书》卷一九九上《百济传》。
③　《旧唐书》卷一九九上《百济传》。
④　《旧唐书》卷一九九上《百济传》。
⑤　《三国史记》卷五。

大唐开洪业,巍巍皇献昌。止戈戎衣定,修文继百王。统天崇雨施,理物体含章。深仁谐日月,抚运迈陶唐。幡旗既赫赫,钲鼓何皇皇。外夷违命者,翦覆被天殃。淳风凝幽显,遐迩竞呈祥。四时和玉烛,七曜巡万方。维岳降宰辅,维帝竺忠良。五三成一德,昭我唐家光。①

这首《太平颂》,除了恭维唐朝皇帝"统天""体物""深仁""抚运"以外,已把高句丽和百济定为"违命"的"外夷"了。由此可见,新罗自我感觉已经纳入了唐朝体系。

次年,唐高宗即根据新罗方面的意见降"诏书"于百济:"至于海东三国,开基日久,并列疆界,地实犬牙。近代以来,遂构嫌隙,战争交起,略无宁岁。遂令三韩之氓,命悬刀俎,筑戈肆愤,朝夕相仍。朕代天理物,载深矜悯。去岁,高(句)丽、新罗等使并来入朝,朕命释兹仇怨,更敦款穆。新罗使金法敏言:'高(句)丽、百济唇齿相依,竞举干戈,侵逼交至。大城重镇,并为百济所并。疆宇日蹙,威力并谢。乞诏百济,令归所侵之城,若不奉诏,即自兴兵打取,但得故地,即请交和。'朕以其言既顺,不可不许。昔齐桓列土诸侯,尚存亡国,况朕万国之主,岂可不恤危藩。王所兼新罗之城,并宜还其本国;新罗所获百济俘虏,亦遣还王,然后解患释纷,韬戈偃革。百姓获息肩之愿,三蕃无战争之劳。比夫流血边亭,积尸疆场,耕织并废,士女无聊,岂可同年而语哉!王若不从进止,朕已依法敏所请,任其与王决战。亦令约束高句丽,不许远相救恤。高句丽若不承命,即令契丹诸蕃度辽,深入抄掠。王可深思朕言,自求多福,审图良策,无贻后悔。"②显然,唐朝已完全站到了新罗的立场来指责百济了。

655年,新罗国又遣使来唐朝,通报百济与高(句)丽又联兵侵略其北界,攻陷新罗30余城,请求援兵。为此,唐朝派遣营州都督程名振、左右卫中郎将苏定方率兵击高句丽,以减轻新罗压力。659年,新罗太宗王又遣使入唐乞师,诉告百济又遣将侵占新罗独山、桐岑二城。于是,唐朝又派遣左卫大将军苏定方统兵13万由莱州渡海,前与新罗军会合征讨百济。660年,唐罗联军大破百济军队,攻入百济都城,国王义慈等人被俘,百济国灭亡。唐朝遂在百济故地置五军都督府来统领州县,恢复对其作为中国疆域的统治。

666年,新罗文武王"以既平百济,欲灭高句丽,请兵于唐"③。于是,唐朝又与新罗联合兵伐高句丽。668年,唐罗联军包围高句丽国都平壤城,国王宝藏出降,高句丽灭亡。唐朝遂在高句丽故地直接设立州县,同样恢复对其作为中国疆域的统治,并在平壤设安东都护府予以军镇保护。

由此可见,在朝鲜半岛的三国时期,新罗积极主动地开展对唐朝的外交,目的是为了谋求唐朝的支持和保护,以摆脱自身在三国竞争中的不利处境,进而由自己来统一朝鲜半岛。必须指出,在唐朝与新罗联盟消灭百济和高句丽后,双方曾一度围绕着如何处置百济和高句丽的故地而发生争执,彼此关系也恶化到甚至兵戎相见的程度。但即使在双方关系恶化期间,唐朝与新罗仍有使节往来。

669年,新罗派遣钦仁、良图入唐。次年正月,唐"高宗许钦仁还国,留囚良图,终

---

① 《旧唐书》卷一九九上《新罗传》。
② 《旧唐书》卷一九九上《百济传》。
③ 《三国史记》卷六。

死于圆狱,以王擅取百济土地遗民,皇帝责怒,再留使者"①。可见,唐朝扣留新罗使节的原因在于百济的故地问题。本来,唐朝在灭百济后,即根据其原有五部三十七郡之制,于其故地置五军都督府来统领州县,都督、刺史、县令皆由百济人担任,唐朝将领刘仁愿领兵驻守原百济都城泗沘。但唐朝在百济的统治,立即引起百济人的反抗。在百济王族福信的组织下,百济人又攻克了泗沘城,刘仁愿忙向新罗求援,击败福信部众。不久,百济王子扶余也自倭国领兵回百济,企图借倭兵来恢复百济统治。唐朝与新罗再次联合,双方联军遂在白江(今锦江)口与百济倭国联军展开大战,终于将倭军击败。而唐朝为了平息百济人民的反抗斗争,将原来的五都督府合并为一个,并任命原百济王子夫余隆为都督。新罗又恐百济复国,遂不断派兵侵占百济土地。于是,遂有唐高宗扣留新罗使节之举。

然而,新罗方面仍然加强了对百济土地的军事蚕食,唐朝遂又发兵前去救百济。671年,唐朝行军总管薛仁贵遣琳润法师致书新罗国王,诉说唐朝为救新罗国家之危而出兵百济与高句丽,"吊人恤隐,义之深也……今强寇已清,仇人丧国,土马玉帛,王已有之,当应心臂,不移中外,相辅锁镝。而化虚室,为情自然,贻厥孙谋,以燕贻子,良史之赞,岂不休哉!今王去安然之基,厌守常之策,远乖天命,近弃父言,侮暴天时,侵欺邻好一隅之地……此王之不知量也。……皇帝德泽无涯,仁风远洎,爱同日景,召若春华,远闻消息,悄然不信,爰命下臣,来观由委……"显然,薛仁贵希望新罗国王放弃对百济故地的扩张政策。不久,新罗文武王即派遣使节送书就薛仁贵的责问做了回答:"先王贞观二十二年入朝,面奉太宗文皇帝恩敕:'朕今伐高(句)丽,非有他故,怜你新罗,摄乎两国,每被侵凌,靡有宁岁。山川土地,我非所贪;玉帛子女,是我所有。我平定两国,平壤已南,百济土地,并乞你新罗,永为安逸。'垂以计会,赐以军期;新罗百姓,具闻恩敕,人人畜力,家家待用。大事未终,文帝先崩。……新罗、百济累代深仇。今见百济形况,别当自立一国,百年以后,子孙必见吞灭。新罗既是国家之州,不可分为两国,愿为一家,长无后患。……披读总管来书,专以新罗已为叛逆,既非本心,惕然惊惧。数自功夫,恐被斯辱之讥,缄口受责,亦入不吊之数。今略陈冤枉,具录无叛。国家不降一介之使,垂问元由,即遣数万之众,倾覆巢穴,楼船满于沧海,舻舳连于江口,数彼熊津,伐此新罗。呜呼!两国未定平,蒙指踪之驱驰;野兽今尽,反见烹宰之侵逼;贼残百济,反蒙雍齿之赏;殉汉新罗,已见丁公之诛。大阳之曜,虽不回光;葵藿本心,犹怀向日。总管禀英雄之秀气,抱将相之高材;七德兼备,九流涉猎;恭行天罚,滥加非罪;天兵未出,先问元由。缘此来书,敢陈不叛,请总管审自商量,具状申奏。鸡林州大都督、左卫大将军、开府仪同三司、上柱国、新罗国王金法敏白。"②由此可见,薛仁贵企图借唐太宗曾应新罗已故太宗王之请而救新罗的"祖宗之言"来指责新罗现政府的扩张政策。不料,新罗国王金法敏却来书指出:新罗军占领百济故地,完全是根据唐太宗的敕令行事。

672年,新罗继续派兵攻占百济故地,并将前来讨伐的李谨所部唐军击败。新罗文武王感到获罪唐朝,于是又主动派遣原川、边山等人前往唐朝上表乞罪曰:"臣谋死

---

① 《三国史记》卷六。
② 《三国史记》卷七。

罪谨言,昔臣危急,事若倒悬,远蒙拯救,得免屠灭,粉身糜骨,未足上报鸿恩,碎首灰尘,何能仰酬慈造。然深仇百济,逼近臣蕃,告引天兵,灭臣雪耻。臣忙破灭,自欲求存,枉被凶逆之名,遂人难赦之罪。臣恐事意未申,先从刑戮,生为逆命之臣,死为背恩之鬼。谨录事状,冒死奏闻,伏愿少垂神听,召审元由。臣前代已来,朝贡不绝;近为百济,再亏职贡,遂使圣朝出言命将,讨臣之罪,死有余刑。南山之竹,不足书臣之罪;褒斜之林,未足作臣之械;渚池宗社,屠裂臣身,事听敕裁,甘心受戮……"①尽管国书如此,但新罗对于百济和高句丽故地的扩张政策没有丝毫变化,并一次次将唐朝戍兵击败。674年,鉴于新罗文武"王纳高句丽叛众,又据百济故地,使人守之。唐高宗大怒,诏削王官爵,王弟右骁卫员外大将军临海郡公仁问在京师,立以为新罗王,使归国"。正当金仁问被护送回国途中之际,文武王又主动"遣使入贡且谢罪。帝赦之,复王官爵。金仁问中路而还,改封临海郡公"②。至此,唐朝听任了新罗对百济故地的占领。

　　不久,新罗又开始发兵与唐朝争夺高句丽故地。675年9月间,围绕着原高句丽南境的土地,新罗军与唐军展开大小共18场战斗;次年2月间,双方又展开大小共22场战斗,皆以新罗军取得胜利,唐军被斩万余人。当新罗军北攻高句丽故地之际,文武王再未派遣使节入唐。681年,在神文王继其父文武王之位时,"唐高宗遣使册立为新罗王,仍袭先王官爵"③。686年,神文王也在即位六年后,首次遣使到唐朝,"表请《唐礼》一部并杂文章。(武)则天令所司写《吉凶要礼》,并于《文馆词林》采其词涉规诫者,勒成五十卷,赐之"④。此后,神文王再未遣使到唐朝。但唐中宗却于692年遣使到新罗,就新罗国王金春秋的庙号也为太宗问题提出交涉:"我太宗文皇帝(即李世民),神功圣德,超出千古,故上仙之日,庙号太宗。汝国先王金春秋,与之同号,尤为僭越,须急改称。"经过新罗君臣讨论,最后回答唐朝:"小国先王春秋谥号,偶与圣祖庙号相犯,敕令改之,臣敢不唯命是从。然念先王春秋,颇有贤德,况生前得良臣金庾信,同心为政,一统三韩,其为功业,不为不多。捐馆之际,一国臣民不胜哀慕;追尊之号,不觉与圣祖相犯。今闻教敕,不胜恐惧,伏望使臣复命朝廷,以此上闻。"⑤言下之意,当初金春秋去世之际追尊号时,唐朝并未就此问题提出,现在却又重新翻检这一问题,完全是唐朝找麻烦。最后,唐朝方面也不了了之。根据文献记载,新罗直到孝昭王八年(699年)才又派遣使节入唐。

　　新罗圣德王(702—736年)时期,与唐朝的外交往来又开始频繁起来。一方面,唐朝对新罗还是采取了以友好为主的政策,不仅对于新罗占领百济故地问题未予再提,而且对于唐军在高句丽南境所受新罗军的袭击亦未追究。唐朝方面采取对新罗友好政策的一个重要背景,是由于唐朝东北边疆地区在696年曾发生契丹人李尽忠等领导的起义,一些靺鞨人和高句丽遗民也乘机东归,于698年建立起以大荣祚为首的"震国"政权。此后,大荣祚又逐渐占领了原来高句丽的部分土地。713年,唐朝派遣侍御

第十五章

魏晋南北朝隋唐时期的海外经略

---

① 《三国史记》卷七。
② 《三国史记》卷七。
③ 《三国史记》卷八。
④ 《旧唐书》卷一九九上《新罗传》。
⑤ 《三国史记》卷八。

史张行岌招抚大荣祚,大荣祚被册封为"渤海郡王"。面对着渤海国的兴起,唐朝也需要借新罗力量予以抑制。733年,"唐玄宗以渤海靺鞨越海入寇登州,遣太仆员外卿金思兰归(新罗)国,仍加授(圣德)王为开府仪同三司、宁海军使,发兵击靺鞨南鄙。会大雪丈余,山路阻隘,士卒死者过半,无功而还"。①虽然新罗军队未能完成袭击渤海国的任务,但唐朝的战略意图却十分明确。不久,唐玄宗又在处置高句丽故地问题上做出让步,对新罗"赐坝江(今朝鲜大同江)以南地境"②,从而满足了新罗方面的领土要求。

另一方面,新罗积极与唐朝通交往来,也是为了从唐朝吸收先进的文明成果,促进自身的进步和发展。实际上,新罗在统一三国前,就注意派遣王室要员来唐朝进行实地考察。例如,金春秋在648年入唐时,就曾"请诣国学观释奠及讲论"③。在他于654年成为新罗国王后,即命令"详酌(唐朝)《律令》,修定《理方府格》六十余条"④。所谓"理方府",即新罗王朝掌管刑律的专门机构。由此可见,新罗的《理方府格》是根据《唐律》来制定的。新罗统一三国后,即进入全面模仿唐朝制度以便建立和完备中央集权体制的新阶段。在这一阶段,新罗系统地建立了类似唐朝的政治、经济和文化教育制度。例如,682年新罗建立起国学机构,并且规定以中国的《易经》《尚书》《毛诗》《春秋左传》等经史著作作为教材。所以,通过发展与唐朝的政治关系,新罗也便于扩大与唐朝的文化交流。据历史文献记载,新罗使节来到唐朝后,往往利用这一宝贵机会,积极结交唐朝的知名人士,并千方百计地寻求他们的诗文作品。例如,717年,新罗"入唐大监守忠回。献文宣王、十哲、七十二弟子图,即置于太学"⑤,从而完善了新罗国学的祭祀制度。再如,728年,新罗圣德圣王"遣王弟金嗣宗入唐献方物,兼表请子弟入学。(唐玄宗)诏:许之"⑥。从而使唐罗战争中已经停罢的新罗派遣学生入朝学习的活动,又重新开展起来。另如,828年,"入唐回使大廉持茶种子来,(兴德)王使植地理山。茶自善德王时有之,至于此时盛"⑦,从而使植茶和饮茶文化在新罗流传开来。

二 唐朝与新罗的海上交往

应当看到,唐朝与新罗关系的密切,在很大程度上也是与两者在海洋地理上的邻近和航线上的安全与便利相关的。唐朝与新罗之间的海上交通路线,据唐朝贞元年间(785—805年)宰相贾耽的记载,为登州海行入高(句)丽、渤海道。其具体路线,则是从"登州东北海行,过大谢岛、龟歆岛、末岛、乌湖岛,三百里;渡乌湖海,至马石山东之都里镇,二百里;东傍海壖,过青泥浦、桃花浦、杏花浦、石人汪、橐驼湾、乌骨江,八百里;乃南傍海壝,过乌牧岛、贝江口、椒岛,得新罗西北之长口镇,又过秦王石桥、麻田岛、古寺岛、得物岛,千里;至鸭绿江唐恩浦口,乃东南陆行七百里,至新罗王城"⑧。对

---

① 《三国史记》卷八。

② 《三国史记》卷八。

③ 《旧唐书》卷一九九上《新罗传》。

④ 《三国史记》卷五。

⑤ 《三国史记》卷八。

⑥ 《三国史记》卷八。

⑦ 《三国史记》卷一〇。

⑧ 《新唐书》卷四三下《地理志》。

于这条唐朝与新罗官方交往路线中一些地名的现在的位置,史学家们虽有少数不同的解释①,但对其基本走向的看法则大体一致,即从今山东蓬莱(古登州港)出海经长山岛(大榭岛)、北城隍岛(乌湖岛)而横渡老铁山海峡(乌湖海),至旅顺口附近石岚子(都里镇),然后沿海岸东行,经大连市西南小平岛(青泥浦)、石城岛(石人汪)、大洋河口(橐驼湾),然后在鸭绿江口(乌骨江)改沿朝鲜半岛西海岸南行,经大同江(浿江)口、椒岛至朝鲜长渊唐馆浦(长口镇),进抵京畿湾的江华岛(古寺岛)、大阜岛(得物岛),到唐恩浦口登陆。关于"唐恩浦口",贾耽记其位于鸭绿江口应有误。因为自长口镇南行千里海程,已至京畿湾南岸。据《三国史记》记载,新罗在统一百济和高句丽后,曾将全国领土划"置九州。本国界内(即原新罗土地)置三州:王城东北当唐恩浦路曰尚州"②。意思是说,尚州的东北界至唐恩浦路。而"唐恩郡,本高句丽唐城郡。景德王改名,今复故。领县二:车城县,本高句丽上(一作车)忽县,景德王改名,今龙城县;振威县,本高句丽釜山县,景德王改名,今因之"③。因此,作为唐罗海上交通航线的新罗方登陆点,应在今韩国水原南阳镇附近。《朝鲜八道纪要》中说:"南阳距京(即汉城)一百里,别名唐恩。"④在今水原至乌山一带有一水仍称振威川,也证明了古唐恩浦在此附近。由此登陆后,可东南陆行七百里至新罗都城庆州。从这条海上航线看,虽然从登州折至辽东而转航新罗极其曲折,但由于它是逐岛和沿海岸航行,却比较安全。唐朝和新罗的官方往来取道这一路线,在情理之中。

除了这条航线,在唐朝和新罗民间往来活动中,还有一条由登州横渡黄海直达新罗的海上航线。虽然唐代文献中缺乏记载,但日本入唐求法僧人圆仁却曾有记述。他于唐大中元年(847年)九月二日离开唐朝回国时,即从登州所属的文登县"赤浦渡海,出赤山莫琊口,向正东行一日一夜。至……(天)明,向东望见新罗国西南之山。风变正北,侧帆向东南行一日一夜。至四日晓,向东见山岛段段而连接。问梢工等,乃云:'是新罗国西熊州西界,本是百济国之地。'终日向东南行,东西山岛联翩。欲二更,到高移岛泊船,属武州西南界。岛之西北去百里许有黑山"⑤。"赤浦港",从"出赤山莫琊口"文字看,即今山东荣成石岛湾。"熊州",即公州。公州本为百济的熊川,"新罗尽有其地。神文王改为熊川州,置都督;景德王改为熊州;高丽太祖二十三年(940年)改今名"⑥。高移岛,即今韩国的荷衣岛;"武州,本百济地。神文王六年(686年)改为武珍州,景德王改为武州,今光"⑦。黑山,即今韩国大黑山岛。据此,圆仁一行从赤浦横渡黄海到新罗国熊州海岸仅两日夜。显然,这条航线比前述渤海航线距离短,航行起来也就快得多。

关于这一条航线,在唐初曾被唐朝水军使用过。660年,唐高宗应新罗请求,命苏

---

① 参阅(清)吴承志:《唐贾耽记边州入四夷道里考实》卷二,载于《求恕斋丛书》;〔日〕津田左右吉:《朝鲜历史地理》第321、340页,南满洲铁道株式会社1913年版;刘成:《唐宋时代登州港海上航线初探》,载于《海交史研究》1985年第1期。

② 《三国史记》卷三四。

③ 《三国史记》卷三五。

④ 引自吴承志:《唐贾耽记边州入四夷道里考实》卷二。

⑤ 《入唐求法巡礼行记》卷四。

⑥ 《东国舆地胜览》卷一七。

⑦ 《三国史记》卷三六。

定方率军援助新罗进攻百济,"定方发自莱州,舳舻千里,随流东下。(新罗太宗王)迎定方于德物岛"①。9世纪初这条航线曾一度为海盗所控制。据821年唐朝平卢节度使薛平奏,"应有海贼该掠新罗良口,将到当管登、莱州界及沿海诸道卖为奴婢者。伏以新罗虽是外夷,常禀正朔,朝贡不绝,与内地无殊。其百姓良口,常被海贼掠卖,于理实难。先有制敕禁断,缘当管久陷贼中,承前不守法度。自收复以来,道路无阻,递相贩鬻,其弊尤深。伏乞特降明敕,起今以后,缘海诸道,应有上件贼诱卖新罗国良人等,一切禁断……旨:宜依"②。到828年,又有人针对此种掠卖新罗人口活动未绝,再次奏请唐文宗"申明前敕,更下诸道,切加禁止"③。另一方面,新罗政府也于828年任用张保皋为清海镇大使,在新罗西海岸建立了阻止海盗掠卖新罗人口的据点。"新罗人张保皋、郑年者,自其国来徐州,为军中小将。后保皋归新罗,谒其王曰:遍中国以新罗人为奴婢,愿得镇清海,使贼不得掠人西去。其王与万人,如其请。"④这里所说的"清海,新罗海路之要,今谓之莞岛。大王与保皋万人。此后,海上无鬻乡人者"⑤。张保皋不仅在清海设立军事要塞打击了海盗掠卖新罗人口的活动,而且还以清海作为自己经营对唐贸易的基地,从而使唐罗关系由密切的政治、文化关系又发展到频繁的经济贸易关系。根据当时日本僧人圆仁的记载,张保皋的贸易船队在唐朝沿海的登州的赤山浦、乳山浦、邵村浦以及密州、泗州、楚州、扬州等地,分别建立有航运贸易基地。他们除了进行自身的贸易经营外,还向日本国的入唐人员提供航运服务。正是由于他们频繁地使用这一黄海航线,所以在晚唐时期也有一些官方使团改用这一航线前往新罗。例如,847年唐朝派往新罗的金简中、王朴使团,就是从乳山浦乘船渡海而往新罗的。⑥ 这也意味着,唐朝和新罗民间海上关系的深入发展,也为官方外交提供了有利的条件。

第三节　唐朝初期的平百济之战⑦

军事行动是国际政治和国家关系的重要组成部分。唐代海军的海上作战,以平百济之役最为典型。

龙朔元年(661年),唐朝在多次外交干涉无效之后,遂出兵百济,以武力阻止百济联合高句丽对唐朝藩属国新罗的进攻。唐军在新罗军的配合下速战速决,迅速攻克百济,俘虏其君臣。唐军主力凯旋后,百济复国势头高涨。龙朔三年(663年),唐军又发起白江之战,彻底打败了百济反唐势力和增援百济的倭国军队,完全平定了百济。此

---

① 《三国史记》卷五。

② 《唐会要》卷八六

③ 《唐会要》卷八六。

④ 《全唐文》卷七五六。

⑤ 《三国史记》卷四四。

⑥ 《入唐求法巡礼行记》卷四。

⑦ 本节引见熊义民论文。王小甫:《盛唐时代与东北亚政局》,上海辞书出版社2003年版,第79—93页。

战役对当时东北亚政局产生了深远影响。① 对于唐朝来说,参战的虽然主要是陆军,但海军的作用至关重要,因为要渡海作战,离开了海军卓有成效的配合和作战,陆军再强大也无用武之地,平灭百济只能是空谈。

一 唐朝海军的规模与装备

(一)海军规模

中国海军(或称水军)历史悠久,曾创造过辉煌的战绩,甚至影响了历史的进程。早在"秦汉时期,我国的舰船制造技术已经达到了成熟阶段,船体庞大,雄伟坚固,甲板建有高楼栅寨,能在海上抗风斗浪,设备齐全的楼船就是这个时期的代表作,这时水军已经发展成为比较强大的独立军种,专门从事海上战斗"②。汉武帝在平南越和卫氏朝鲜的战争中都曾使用过海军,甚至其楼船军多达10万。③ 到隋唐时代,海军又有了新的发展。隋炀帝东征高句丽时曾多次使用海军,唐太宗为了东征高句丽也大建海军。据《新唐书·阎立德传》记载,贞观年间,唐太宗曾委任阎立德"为大匠,即洪州造浮海大船五百艘",并随之渡海东征辽东;《资治通鉴》卷一九八记宋州刺史王波利在贞观二十一年(647年)受命"造大船数百艘",卷一九九记唐太宗曾"敕越州都督府及婺、洪等州造海船及双舫千一百艘";《唐鉴》卷三记唐太宗为征辽东,"遣右领左右府长史强伟于剑南伐木造舟舰,大者或长百尺,其广半之",舟舰造成后,"别遣使行水道自巫峡抵江扬,趋莱州"。当然,唐初造船之地并不止这几处,高宗在平灭百济之后就解除了以前为东征百济应急而命三十六州造船以备东行之令④,不在此数之内的造船地当然还有很多。由此可见唐初军用船舶制造业的发达和唐初海军实力的强大。据《旧唐书·高丽传》记载,贞观十九年(645年),张亮率"劲卒四万,战船五百艘,自莱州泛海趋平壤",从海道进攻高句丽。《唐会要》卷九五《高句丽》说"张亮水军七万人",故此"劲卒四万",当是指舰船上的作战士兵,不包括掌舵、摇橹等辅助性人员,即平均每艘战船载战士80人。一支舰队就有500艘战舰、数万战士,唐初海军规模之大由此可见一斑。

显庆五年(660年),唐军从山东半岛成山角渡海,迅速平灭百济,俘其君臣。此役,唐朝海军究竟有多少兵力参战史无明载,但唐朝参战军队的数量则有记载。按中国方面的史料,唐将苏定方所率的攻灭百济的唐军共计10万⑤;按朝鲜方面的史料,

第十五章

魏晋南北朝隋唐时期的海外经略

---

① 如石晓军:《唐日白江之战的兵力及几个地名考》,《陕西师范大学学报》1983年第2期;余又荪:《白江口之战》,《大陆杂志》第15卷第10期;黄约瑟:《试论唐倭之役与七世纪的东亚——评"白村江"》,《食货月刊》(复刊)第12卷3期;韩昇:《唐平百济前后的东亚国际形势》,《唐研究》第一卷,1995年;鬼头清明:《白村江》,教育社,1986年;森公章:《"白村江"以后》,讲谈社,1999年;等等。

② 马书珂:《军事技术发展纵横史略》,北京兵器工业出版社1988年版,第26页。

③ 《汉书》卷九五《南粤传》,中华书局1975年版,第3857页。

④ (宋)宋敏求编:《唐大诏令集》卷一一一《罢三十六州造船安抚百姓诏》,商务印书馆1959年版。

⑤ 《资治通鉴》卷二〇〇记"以左武卫大将军苏定方为神丘道行军大总管,率左骁卫将军刘伯英等水陆十万以伐百济",6320页。

唐军是13万①,双方数据相差3万人。按苏定方在东征百济之前,刚从西北战场得胜归来,其所率10万人之数,当主要是调来的陆军和海军作战士兵,不包括海军水手。而朝鲜方面在统计东征百济的唐军数量时则包括陆、海军全部。若此论不虚,则参加东征的唐朝海军应有3万水手。10万大军从山东半岛海运到百济,所需舰船数量是非常庞大的。按水手与乘客对半计算②,3万海军水手至少也对应3万海军战士,按张亮舰队的船和战士比例,所需战舰也应500艘;唐军水陆10万扣除3万海军战士,尚有7万陆军战士,需要用海船运送。唐代一般的海船"长二十丈,载六、七百人"③,若撇开运输船上水手(或为临时征召)不计,按每船运送200人及其武器装备计算,7万陆军至少也需350艘海船运输。兵马未动,粮草先行,10万大军渡海东征,所需粮草补给必然很多;虽有新罗接济,但在平定百济,与新罗会师之前也无法得到。由于补给线长且危险,为了确保战役顺利进行,出征时当携带至少一月之补给,所需运输船舰当为数不少。如此则总船队当有上千艘。

663年,由于日本先后几次派兵共4万人支援百济抗唐④,留守百济的1万唐军处境困难⑤,唐高宗又"诏右威卫将军孙仁师为熊津道行军总管,发齐兵七千往援"⑥。唐日矛盾尖锐化。当年八月,两军在白江口(今韩国锦江上)爆发了大战,唐军大胜。对于此战,唐朝方面记载说"(刘)仁轨遇倭兵于白江之口,四战捷,焚其舟四百艘,烟焰涨天,海水皆赤,贼众大溃"⑦;日本方面记载说"贼将至州柔(唐称周留),绕其王城,大唐军将率船一百七十艘,阵列于白村江(即白江)。戊申,日本船初至者与大唐船师会战,日本不利而退,大唐坚阵而守"⑧;朝鲜方面记载说"此时倭国船兵来助百济,倭船千艘停在白沙,百济精骑岸上守船。新罗骁骑为汉前锋,先破岸阵"⑨。综合三国史料,可对当年参战的唐日双方的海军规模有一个大致的了解。据研究,当时日本船的载重量大约100吨,可乘140人左右⑩,唐朝的海船则更大些。隋朝杨素所造楼船"五牙"能载800名战士⑪,这在当时已经是很大的战舰了。前面已提到唐代一般的海船"长二十丈,载六、七百人"。刘仁轨所率唐海军170艘舰船作为作战舰队,当由各种型号大小不同的舰船组成,大者楼船载兵很多,小者艨艟载兵不多。日本记载唐军舰船170艘,当主要指其造型较大者,即使按每船百名战士计算,170艘唐舰所载战士也多达

---

① 《三国史记》卷二八百济义慈王二十年条记载:"高宗诏:左(武)卫大将军苏定方为神丘道行军大总管,率左(骁)卫将军刘伯英、右武卫将军冯士贵、左骁卫将军庞孝公,统兵十三万以来征。"

② 《唐大和上东征传》记载:鉴真有一次从扬州东渡日本,"同行人僧祥彦……道俗一十四人,及化得水手一十八人,及余乐相随者,合有三十五人。"这表明当时海上航行,水手所占比例甚高,木宫泰彦认为"半数以上是水手"(木宫泰彦:《日中文化交流史》,胡锡年译,商务印书馆1980年版,第79页)。

③ 李肇:《唐国史补》卷下记载漕船"每船载一千石",杜佑《通典》兵十三水战具附说战船"胜人多少,皆以米为率,一人重米二石",则每船亦载500人左右。

④ 石晓军:《唐日白江之战的兵力及几个地名考》,《陕西师范大学学报》1983年第2期。

⑤ 〔韩〕金富轼:《三国史记》卷七《新罗文武王十一年》,李丙焘译注,乙酉文化社1983年版。

⑥ 《新唐书》卷二二〇《东夷百济传》,中华书局1975年版,第6201页。

⑦ 《旧唐书》卷八四《刘仁轨传》,中华书局1975年版,第2791—2792页。

⑧ 〔日〕舍人亲王:《日本书纪》卷二七《天智天皇二年八月》,东京吉川弘文馆,国史大系本。

⑨ 〔韩〕金富轼:《三国史记》卷七《新罗文武王十一年》,李丙焘译注,乙酉文化社1983年版。

⑩ 〔日〕茂在寅男:《遣唐使船与日中间的航海》,江上波夫:《遣唐使时代的日本和中国》,东京小学馆,1982年。

⑪ 《隋书》卷四八《杨素传》,中华书局1973年版,第1283页。

17000人，另加掌舵、摇橹等辅助性人员，人数当更多。至于日本参战海军的数量，新罗说其战船千艘，唐说焚其舟400艘，或有夸大，但其参战舰船有数百艘当不虚。即使按其参战舰船总数400艘、每艘战士50人计算，其参战海军战士人数也多达2万人。白江之战，唐海军以少胜多，有力地支援了陆军作战。

平百济之役，唐海军战绩卓著，这既是海军将领指挥得当、官兵作战英勇的结果，也有赖于先进的装备和航海技术。

（二）海军装备

唐初海军规模巨大，装备也很先进。为适应作战需要，唐初海军所配备的舰船按其用途分为若干类型。据杜佑《通典》卷一六〇《兵十三·水平及水战具附》记载，当时的军用舰船有六种类型：楼船、艨艟、斗舰、走舸、游艇和海鹘。

（1）楼船。历史悠久，早在西汉就有楼船将军。到隋初，杨素所造楼船可谓大矣，"上起楼五层，高百余尺，左右前后置六拍竿，并高五十尺，容战士八百人"[①]。唐代的楼船，杜佑说"船上建楼三重，列女墙、战格，树幡帜，开弩窗矛穴，置抛车垒石铁汁，状如城垒。忽遇暴风，人力莫能制，此亦非便于事，然为水军不可不设，以成形势"。楼船乃当时海军装备最主要的作战舰船，武器配备齐全。

（2）艨艟。杜佑说："蒙冲，以生牛皮蒙船覆背，两厢开掣棹孔，左右前后有弩窗矛穴，敌不得近，矢石不能攻。此不用大船，务于疾速，乘人之不及，非战之船也。"东汉刘熙《释名·释船》则说"狭而长曰艨艟，以冲突敌船也"。这表明艨艟采用封闭型结构，外配装甲（生牛皮），造型小巧灵活，速度快，当主要用于突袭、侦察、通讯联络。

（3）斗舰。杜佑说："斗舰，船上设女墙，可高三尺，墙下开掣棹孔，船内五尺又建棚，与女墙齐，棚上又建女墙，重列战敌，上无覆背，前后左右树牙旗、幡帜、金鼓，此战船也。"这表明斗舰是梯级复式结构，水兵可以梯级排列迎敌，划船者则隐蔽于船内，通过棹孔划船，是当时海军装备主要的作战船只。

（4）走舸。杜佑说："走舸，舷上立女墙，置棹夫多，战卒少，皆选勇力精锐者，往返如飞鸥，乘人之不及，金鼓旗帜列之于上，此战船也。"走舸速度快，战斗力强，当主要用于突袭和冲击，是海上进攻的利器。

（5）游艇。杜佑说："游艇，无女墙，舷上置桨床，左右随大小长短，四尺一床，计会进止、回军、转阵，其疾如风，虞候居之，非战船也。"这表明游艇主要用于指挥调度和军事侦察，机动性很强，造型一般不大。

（6）海鹘。"头低尾高，前大后小，如鹘之状。舷下左右置浮板，形如鹘翅翼，以助其船，虽风涛涨天，免有倾侧。覆背上左右张生牛皮为城，牙旗、金鼓如常法，此江海之中战船也。"海鹘所配备的浮板是一种特殊的平衡装置，可使舰船在遇到大风浪时保持平稳。舰船的抗风浪性能，气候恶劣的条件下在江河或海上作战具有巨大的优越性。

由以上杜佑所记海军舰船，可见当年唐朝东征百济时海军装备舰船的大致情况。海军除舰船外，还必须装备与之配套的兵器，否则也无法作战。按当时的技术，海军的主要兵器除常用的刀、剑、矛、枪、弓、弩外，当有绞车弩、袍车及配套的箭、石等。

① 《隋书》卷四八《杨素传》，中华书局1973年版，第1283页。

（1）绞车弩。中国古代使用弩历史悠久。据《周礼·夏官》记载，在战国时期弩就分为夹弩、庾弩、唐弩、大弩四种，时称"四弩"。汉唐时期，弩的技术水平不断提高，种类增加，张力扩大。唐代的弩分为擘张弩、角弓弩、木单弩、大木单弩、竹竿弩、大竹竿弩和伏远弩七种。[①] 当时最著名的是绞车弩。《通典·兵二》记载："绞车弩，中七百步（约等于 1000 米），攻城垒用之。……置弩必处其高，争山夺水，守隘塞口，破骁陷果，非弩不克。"唐初名将李靖说绞车弩是将十二石之巨弩设在绞车上而成，能同时发射七支箭，绞车弩威力强大，射程远，甚至绞车弩发射的箭"所中城垒，无不摧损，楼橹亦颠坠"[②]，是当时主要的远程杀伤武器。但它造型比较笨重，机动性较差，陆军主要将其用于既设阵地的防守[③]；对于海军来说，则是进攻突击的利器，是最重要的舰载打击兵器。

（2）砲车。或抛车，抛石机也，与弩同为当时重型远射兵器。砲车的历史也非常悠久，相传战国时期就有了。《汉书·甘延寿传》引张宴注说："范蠡兵法，飞石重十二斤，为机发，行三百步。"三国时期，在官渡之战中，曹军使用砲车发石击毁袁军的橹楼，时称"霹雳车"[④]。为了提高砲的发射速度和效率，马钧还发明了车轮砲[⑤]。唐代抛车的造型比过去大，甚至有一辆车用 200 人操作的，又称"将军砲"或"擂石车"[⑥]。砲车在海军中的应用历史也很悠久，早在梁元帝时，大将徐世谱就将砲车装在战船上，在水战中发挥了巨大作用。当时称装有砲车的战船叫"拍船"[⑦]。唐初，楼船上就装有砲车，它在海军中的应用更多，战绩也随技术水平的提高而更大。

（3）拍竿。东晋初出现，始称桔橰，到南北朝时已普遍用于在近战时袭击敌船，拍打敌人，是一种破坏力很强的重型近战兵器，主要装备大型战船。[⑧] 隋代大型战舰如上引杨素所造的楼船"五牙"就装有六只拍竿，战绩不菲，唐初此技术当得到更进一步的发展应用。

唐初海军弹药除了与舰载武器弓、弩、砲车相配套的各种型号的箭和石弹之外，还有一些用于火攻的弹药。据《卫公兵法辑本》卷下，唐初名将李靖详细论述了当时的一些火攻战具，包括火箭、火杏、燕尾炬、游火；助燃物则有油，常以瓢、囊盛之。它们通过弓、弩或砲车发射，甚至投掷而用于火攻。另外，唐初海军当还装备有主要用于火攻的

① （唐）李林甫著，陈仲夫点校：《唐六典》卷一六，中华书局 1992 年版，第 461 页。
② 《卫公兵法辑本》卷下："作轴转车，车上定十二石弩弓，以铁钩绳连，车行辄转，引弩弓持满弦，牙上弩为七衢，中衢大箭一，镞刃长七寸，广五寸；箭杆长三尺，围五寸，以铁叶为羽，左右各三箭，次小于中箭，其牙一发，诸箭齐起，及七百步，所中城垒，无不摧损，楼橹亦颠坠，谓之车弩"，"木弩，以黄连桑柘为之，弓长一丈二尺，径七寸，两弰三寸，绞车张之，大矢自副，发声如雷吼"（见《丛书集成》初编，社会科学类，第 941 册）。
③ 孙机：《床弩考略》，载《文物》1985 年第 5 期。
④ 或因发出的石弹在空中飞行有声，故名。参见《三国志》卷六《袁绍传》，199 页。
⑤ 即将石弹系上绳索，绳索依次缠于轮周，作战时激烈转动车轮，当石弹转到需要的角度时，以利刃断绳，使石弹连续地抛射出去。参见《三国志》卷二九《杜夔传注》，807 页。
⑥ 《中国军事史》编写组：《中国军事史》卷一《兵器》，解放军出版社 1983 年版，第 43 页。
⑦ 张铁牛、高晓星：《中国古代海军史》，八一出版社 1993 年版，第 42 页。
⑧ 《武备志》卷一一六《军资乘·战船》："拍竿者施于大舰之上……每迎战，敌船若逼，则发拍竿，当者，船舫皆碎。"拍竿是利用杠杆原理，在船上建一大型 T 形活动架，将巨石系上绳索，套于横杆，一端挂石，另一端人拉绳索保持平衡。当与敌船靠近时，将巨石转到敌船上空，然后松开人拉的绳索，巨石便砸向敌船。巨石可反复使用，操作灵活。

类似梁大将徐世谱的火舫一样的战船。

唐朝的文化、科技发达,在当时处于领先水平,比许多地区先进得多,其海军装备也拥有巨大的优势。

二 唐朝海军的航海技术与战术

(一)航海技术

隋唐时代,中国的航海技术已处于当时世界前列,为当时军民航海提供了坚实的物质基础。

首先,造船业十分发达。

《旧唐书·崔融传》记载说:"天下诸津,舟航所聚,旁通巴、汉,前指闽、越,七泽十薮,三江五湖,控引河洛,兼包淮海,弘舸巨舰,千轴万艘,交贸往还,昧旦永日。"《唐国史补》卷下亦说:"凡东南郡邑无不通水,故天下货利舟楫居多。"这些都表明唐代航运业非常发达,而航运业是以航海技术和造船业为基础的,同时又推动航海技术和造船业的发展。唐代拥有发达的造船业,唐初就已颇具规模。《资治通鉴》卷一九九记唐太宗就曾"敕越州都督府及婺、洪等州造海船及双舫千一百艘",高宗也曾敕令三十六州造船以备东征。这既表明唐初造船业基础雄厚、规模宏大,又表明唐初战舰制造能力很强。对此问题,前人论述其多[①],此不赘述。

唐代不仅造船业发达,而且造船技术也十分先进。"当时的船只已普遍采用钉接榫合法,而当时欧洲的船板连接办法还处在使用皮条绳索绑扎的阶段。如江苏如皋出土的唐代木船,船上共设九个舱,船底部采用三块木料榫合相接,两弦和船舱隔板以及船篷盖板均用铁钉钉合,两弦船板用七根长木,上下叠合成人字缝,以铁钉成排打入:铁钉断面呈方形,每根直径0.5厘米,长16.5厘米,钉帽直径1.5厘米,隔12厘米钉一根,上下两排交叉,相距6厘米;人字缝中间用石灰桐油填实,严密坚固,铁钉钉入舰体后,外面嵌油灰并涂上桐油或漆,以防止铁钉受到腐蚀。""1960年,江苏扬州施桥镇出土一唐代大型木船,船内有水密封舱壁,把船体内部分隔成许多部分。这种结构有效地保持了船的抗沉性,并成为我国木船建造的规范。这艘船的外板采用平接法,船内隔舱板及舱板枕木与左右两弦榫接,船舷由四根大木拼成,平排钉合。穿钉工艺是先开45度斜孔,用长17厘米、帽径2厘米的铁钉沿孔洞打入,一穿两板,每隔25厘米钉一根,上下两排交错布钉,底部也采用这种平接工艺。这种平接法与搭接法相比,具有连接处不易松动、脱落,船体光顺、减少阻力的优点,而且节省木材,减少船体自身重量。从木船的建造工艺和技术水平上讲都是很先进的,这种平接法一直沿用至今。"[②]

唐朝造船技术高,造舰技术也高。前述海鹘两翼装浮板,增加稳定性,能抗风浪。楼船则上下几层,下层可装铁石压舱,中层可住宿生活,上层和两弦则可分层排列作战,居高临下使用弩、砲,往往能克敌制胜,且船体高大,结构坚固,乘风下压往往能犁

---

① 王赛时:《论唐代的造船业》,《中国史研究》1998年第2期;冯汉镛:《唐宋时代的造船业》,《历史教学》1957年10月号。

② 张奎元、正常山编:《中国全史·中国隋唐五代科技史》,人民出版社1994年版,第163—164页。

沉敌船,威力强大①,在当时处于世界领先水平②。而当时日本的造船技术则要落后得多。据研究,日本当时的遣唐使船只"非常脆弱,船身前后拉力小,一旦触礁,或因巨浪而颠簸,便马上会从中间断开"③,且多为单层船只。遣唐使船作为日本当时最先进的船只尚且如此,其批量生产的战船技术水平便可想而知了。

其次,唐朝战船的动力装置也很先进。

在冷兵器时代,战船的动力主要来自风力和人力,甚至水流的冲力。如何有效地利用这几种力,对提高战船的动力、加快航速至关重要。《通典·兵十三·水战具附》记载唐朝战船"其楫、棹、篙、橹、帆、席、绖索、沉石、调度与常船不殊"。对风力的利用主要靠帆。中国使用帆的历史悠久,东汉刘熙《释名·释船》说:"随风张幔曰帆,使舟疾泛泛然也。"这表明至迟在汉代人们就已能熟悉地使用帆了。到三国时期,一船多帆技术就已得到普遍的应用。④ 唐代不仅船帆的数量多,而且挂帆的技术也甚高,出现了多种帆形、装帆方式和驾风使帆技术,以适应瞬息万变的自然风,通过调戗技术⑤甚至可以利用除强逆风外的一切自然风。高超的驾风使帆技术,不仅可以解决战船航行的动力,而且可以提高战船航行的稳定性。在没有风或无法利用风力的时候,战船的航行主要靠人力,工具有橹、棹和楫,浅水也可用篙。棹、楫和篙使用简单,橹的发明使用乃船舶动力的巨大进步。早在东汉,刘熙《释名·释船》就对橹做出了解释,它不仅省力而且效率高,有一橹三桨之说。唐代橹的使用已非常普遍,一船多橹技术也广为应用。帆和橹、桨、篙配合,很好地解决了船舶航行的动力问题。明朝陈侃《使琉球录》卷一说"张帆施双橹,去势如脱箭"。

晋大将王镇恶自河入渭伐羌时,乘"艨艟小舰,行船者悉在舰内……舰外不见有乘行船人"⑥;梁大将徐世谱与侯景战于荆州赤亭湖时"别造楼船、拍舰、火舫、水车以益军势"⑦。据研究,所谓水车当是在船内搬用了脚踏翻车的轮轴机构⑧,这种动力装置既可避免风帆的局限,增加战船的灵活性,又可保护操船水手的安全。唐代艨艟、走舸等军船当亦广泛应用这种技术。

第三,唐代导航技术也非常先进。

据研究,在唐代天文导航术出现了新的进展。主要表现在:①某些具有早期航路指南性质的文字记载已开始见于史乘,虽然从文献资料上看不到唐代海员拥有非常全面的航路指南,但其雏形则已开始出现;②有较为精确的数学典籍,如《海岛算经》能对

① 周世德:《中国古代造船工程技术成就》,自然科学史研究所:《中国古代科技成就》,中国青年出版社 1978 年版。

② 唐志拔:《中国舰船史》,海军出版社 1989 年版,第 76—77 页。

③ 〔日〕木宫泰彦:《日中文化交流史》,胡锡年译,商务印书馆 1980 年版,第 79 页。

④ 《北堂书钞》卷一三八引《南州异物志》云:"外徼人随舟大小作四帆或三帆,前后沓载之,张帆取风气而无高危之虑,故能不避迅风激波,安而能疾也。"

⑤ 中国古代的一种驾风使帆技术,当船只在侧斜风向下行驶时,要使船只沿着既定方向航行,只要轮流调整航向,使船头方向与风向成一角度,使船能利用风力航行,这种调动船头的过程叫调戗;当遇到逆风时,通过调戗,使船走之字形,就可以将逆风变成侧斜风使船前进。参见周魁一、谭徐明:《中华文化志·水利与交通志》,上海人民出版社 1998 年版,第 280 页。

⑥ 《宋书》卷四五《王镇恶传》,中华书局 1974 年版,第 1369 页。

⑦ 《陈书》卷一三《徐世谱传》,中华书局 1972 年版,第 197 页。

⑧ 戴念祖:《中华文化志·物理与机械志》,上海人民出版社 1998 年版,第 323 页。

海岸和海中的地形地物的距离与高度进行测量;③对海岸地形与海洋地貌的辨认知识日益增多。天文导航技术也出现了新进展,天文定向导航技术普及而成熟,并开始由天文定向导航向天文定位导航发展。当时处于萌芽状态的天文定位导航技术在实践上大约只是一种较模糊的估计方法,但对一位经验丰富的海员来说无疑是一种颇具价值并使用便捷的导航手段。①

指南针导航在宋代已开始普及,但我国指南工具司南、指南车等的发明应用的历史则非常悠久。汉代司南就很出名②,晋代又有指南舟③,唐初人们也没有忘记它们,用于航海的可能性极大。④

第四,唐代海洋气候知识也很丰富。

据研究,唐代对季风的认识有了提高,并应用到航海实践中。例如,《唐国史补》卷下就记载"江淮船溯流而上,待东北风,谓之信风,七八月有上信,三月有鸟信,五月有麦信"。对台风的认识也有所提高,开始懂得按经验规避台风;另外对海洋潮汐的认识也提高了。⑤

总之,唐初航海技术已达到了一个新的水平,处于当时世界前列⑥,比日本要先进得多。据王在晋《海防纂要》记载,直到明代,日本船还是"不用铁钉和麻觔、桐油,只联铁片,以草塞罅隙,费工多,费材大,布帆悉于桅之正中……唯使顺风,不能使逆风"⑦。先进的航海技术为唐初海军建设以及平百济之役和白江之战的胜利奠定了坚实的物质基础。

(二)海军战术

对于海军来说,"无论什么原因引起的冲突,战舰的主要职能总是保护自己的海上运输线,即保护货船、运输船和所载运的人员货物,封锁或破坏敌人的运输线,达到这两个目的才能取得制海权(控制海洋)。而取得制海权通常是海军完成其战时职能的首要条件,这些战时职能包括抗击海上入侵以保卫国家,封锁敌人并通过海上向敌人进攻"⑧。海军要履行自己的职责、完成自己的战略任务,首先必须建立一支装备精良、编成编制合理、训练有素、战略战术得宜的海军。海军是一国科技和生产力水平的集中体现。唐初先进的经济文化和生产力水平,为海军履行其职责、完成其任务奠定了坚实的物质基础,也决定了当时海军的编成编制和战略战术。

唐初海军的编成编制充分体现了当时的科技文化水平,也比较合理,能充分发挥

① 孙光圻:《中国古代航海史》,海洋出版社1989年版,第336—345页。
② 林文照:《指南针和中国古代的磁学知识》,自然科学史研究所:《中国古代科技成就》,中国青年出版社1978年版。
③ 《宋书》卷一八"礼志五",中华书局1974年版,第496页。
④ 望月信亨《佛教大事表》记载,乾封元年(666年)"沙门智由携指南车至日本"(转引自范文澜:《唐代佛教》,人民出版社1979年版,第147页),这表明唐初指南车并未失传。唐志拔《中国舰船史》(海军出版社1989年版)78页说,3—7世纪我国已出现指南针导航的萌芽。
⑤ 孙光圻:《中国古代航海史》,海洋出版社1989年版,第337—344页。
⑥ 邱克:《海上丝绸之路与各国船舶》,载邱克:《中国交通史论》,人民交通出版社1994年版。
⑦ 孙光圻:《中国古代航海史》,海洋出版社1989年版,第297页。
⑧ 〔美〕E. B. 波特:《海上实力》,马炳忠等译,海洋出版社1990年版,第2页。

当时先进的装备、技术和人员的战斗力。唐初海军配备的舰船具有大小多种,杜佑所记六种不虚,实际只会多不会少。具体作战时,各种舰船的作用既有不同,又协调互补。《武备志》卷一一六《军资乘·战船》说:"凡水战,以船舰大小为等……以金鼓旗幡为进退之节,其战则有楼船、斗舰、走舸、海鹘,其潜袭则有蒙冲、游艇,其器则有拍竿,为其用利顺流以击之。"唐初,海军已有严格的条令,据《通典·兵二·法制附》记载:"船战,令曰:雷鼓一通,吏士皆严;再通,什伍皆就船,整持橹棹,战士各持兵器就船,各当其所,幢幡旗鼓各随将;所载船鼓三通鸣,大小战船以次发,左不得至右,右不得至左,前后不得易,违令者斩。"根据这些史料,可以看出,唐初海军战船种类多,各舰行动协调,训练有素,阵位清楚;战船所载人员也按其职责分为什伍、战士和将吏①,大家职责明确、配置严谨、纪律严格。②

按唐代海军装备,战船远距离作战,兵器主要有大型绞车弩和砲车,近距离作战的兵器则还有弩、弓和拍竿。《通典·兵五》记载唐军陆战时建有弩台,台上置"弩手五人,备干粮水火",这与前述绞车弩必须放置高处才能充分发挥战斗力的要求是一致的。弩用于海战,装置在楼船上层,梯级分布,既可收集中使用而又充分利用其效;砲车,虽为远射兵器,但一般只需在平地安装,故用于海战,则可装置在下层甲板上,车轮炮亦然;用于近战的拍竿,则装置在船舷周围。如此,则唐初主力战舰大型楼船的作战配置是:上层配置强弩兵,中层配置弓、弩兵,下层甲板配置砲车兵,船舷周围则配置拍竿兵和弓、弩兵,底层配置水手操船,所需战士员额当亦不菲。当然战船也会因其大小、层数多少、战舰性能、任务而对舰载武器和战士有所增减。

显庆五年(660年),唐大将苏定方率十万大军渡海东征百济。此次大规模渡海作战,对海军来说不仅要扫除海上障碍,掌握制海权,护送陆军渡海,确保海上后勤补给线的畅通,而且要配合陆军溯江进攻,克敌制胜。据史料记载,大军平安到达白江两岸,而后海军"乘潮而上,舳舻衔尾进,鼓而噪"③,配合陆军,速战速决,三日攻克其王城,俘虏其君臣④,月余凯旋。若无强大的实力、先进的装备和航海技术,这些都无法想象。

龙朔三年(663年)的唐日白江之战,唐军大胜,从战术上来讲也有可得而述者。古战场在今锦江下游,距海尚有一段距离,河道弯曲,水流较急。⑤ 根据前引三国史料对此战的记载,唐军是从上游的熊津出发,包围百济驻守的处于下游的周留城并封锁河口,阻止日军从水路增援周留守军;日本海军为解周留之围迅速赶到,两军相遇时"日本船初至者与大唐船师会战,日本不利而退,大唐坚阵而守"。这表明日本海军赶到后急于解围,不等主力到来即投入战斗,首战不利而退,等其主力赶到后,双方于翌日决战。史载"日本诸将与百济王不观气象而相谓之曰:我等争先,彼应自退。更率日

---

① 《卫公兵法辑本》卷下记载:"城上一步一甲卒,十步加五人,以备杂供之要。"这表明守城时,为战士提供后勤服务的人员竟达战士数量的一半。在海军战船上,若包括操持橹棹者,非战斗人员与战士之比例将更大。

② 《广东海防汇览》卷二二《操练》记载有清乾隆年间水师操练情况及阵图,卷二三《巡哨》记载有明清两代水师巡防情况,除火药用于军事,出现火炮,并常以炮声代替鼓声发令外,余与唐初相比无质变,可予参考。

③ 《新唐书》卷一一一《苏定方传》,中华书局1975年版,第4139页。

④ 《日本书纪》卷二六《齐明天皇六年》条引"或本"云:"今年七月十日,大唐苏定方率舟师军于尾资之津,新罗王春秋智率兵马军于怒受利之山,夹击百济,相战三日,陷我王城。"同年十月条"覆我社稷,俘我君臣。"

⑤ 徐作生:《古百济国400艘倭船遗踪查勘录》,《海交史研究》2000年第2期。

本乱伍中军之卒进打大唐坚阵之军,大唐便自左右夹船绕战,须臾之际,官军败绩,赴水溺死者众,舻舳不得回旋"①,唐军"焚其舟四百艘,烟焰涨天,海水皆赤,贼众大溃"②。据此可知当年海战的基本情形:唐海军配合陆军包围锦江下游的周留城,日本海军从外洋赶来解围,妄图凭借数量优势以勇取胜,妄信"我等争先,彼应自退",不观气象,不加整顿部署,贸然以远来部伍不整之军进攻唐朝海军既设之阵地。唐朝海军则因势利导,在河口构筑坚固的阵地,以逸待劳,凭借先进的装备和航海技术,处于水流上游的有利地理位置,以及河口水域不便于大规模舰队机动作战的有利条件,乘日本海军大舰队一哄而上,拥挤于河口内狭窄水道而无法散开的有利时机,发挥唐舰技术优势,左右夹船绕战,运用火攻,速战速决,大获全胜。那么,日本海军为何要涌入白江口内而不在口外迎战? 当是其为解周留之围,因为周留控扼白江咽喉,是双方必争的战略要地,不入内河,无以解围,船少又不足以撼动唐军,故此致败。唐军以战斗力强但大而不便的楼船、海鹘居中构筑阵地迎敌,以战斗力强又机动灵活的斗舰、走舸从左右两翼出击迎敌,夹船绕战,迫使日舰汇集于中间;然后实施火攻,利用火舫顺流而下,冲烧敌阵,并以弩、抛远距离密集发射火箭、火炬、火球、油瓢、油囊等,油助火威,风助火势,迅速击败日军。此战显示,唐朝海军不仅装备、航海技术比日本海军要先进,战术运用也更得宜,甚至对气象(当指天气、风向)的利用也比日军强。

海军是科学技术和生产力最集中的体现,技术决定战术,先进的装备和航海技术为唐初海军提供了较多而适宜的战术选择,这是其获得卓越战绩的根本保证。正如竺可桢先生所言,"未有科学不兴而能精于战术者,亦未有战术不精而能操胜算者,工欲善其事必先利其器"③,自古如此。

第四节　隋唐王朝与日本的关系

一　隋王朝与日本的往来

589 年(隋文帝开皇九年),隋朝灭陈,结束了东晋以来南北朝分裂的局面,开创了隋唐三百余年统一的封建大帝国时期。隋代为建立巩固的帝国,改革官制,并修定军制、法律、田令、赋役、货币等制度,加强了中央集权,恢复和发展农业生产,承前启后,为隋唐统一繁荣的封建大帝国奠定了基础。在文化上,由于有统一帝国的新兴政治、经济力量为基础,又兼并有南北朝两个系统,统一后又有各民族的来归,混融胡汉文化为一体,比起光辉灿烂的大唐文化,它虽处在序幕的位置上,但却显示出新的生命力,吸引着周围国家。而其对外政策上,由于国家统一、国力增强,隋朝帝王又要重温秦汉大帝国时期的四夷来朝、天下共主的美梦,希望有更多国家与隋朝建立朝贡关系。其国力与文化的成就,为倭国遣使来隋奠定了基础;而它吸引四邻来朝的政策,又为倭国

---

① 〔日〕舍人亲王:《日本书纪》卷二七《天智天皇二年八月》,东京吉川弘文馆,国史大系本。
② 《旧唐书》卷八四《刘仁轨传》,中华书局 1975 年版,第 2791—2792 页。
③ 竺可桢:《天时对于战争之影响》,《竺可桢文集》,科学出版社 1979 年版。

遣使创造了方便条件。

中日之间,自478年倭王武遣使向南朝的刘宋朝廷请求封号以后,至隋开皇二十年(600年)倭"遣使诣阙"为止,共有100多年的空白期。这对于中国人了解倭国来说,虽是个空白期,但时间对于倭国并没有白过。在此期间,它继续与朝鲜半岛的高句丽、新罗、百济有使节往来,特别与百济保持了政治、文化上的密切往来。自513年起,由百济不断贡五经博士、易博士等至倭,向倭国统治阶级讲授中国的儒学。538年百济圣明王向倭献佛像、经论,正式把佛教传到日本,通过587年主张崇佛的苏我氏诛灭了主张排佛的物部氏,从此佛教在日本扎根。593年进入推古朝由圣德太子摄政后,极力提倡佛教,而当时每座寺院都是汲取和传播大陆文明的基地。在社会生产力的发展及国力提高的基础上,由于大陆中、朝移民一批批来日,使得6世纪倭国的生产力水平和国家建设水平较前大有提高。正是在这种形势下,日本迎来了589年隋的统一中国与600年遣隋使的派遣。

关于遣隋使的具体情况,由于中国史书《隋书》与《日本书纪》所记互有异同,致使中日许多历史学家意见纷纭。就遣使的次数而言,有三次、四次、五次、六次诸种说法。但目前日本史学界中,以四次说(即600年、607年、608年、614年)较占优势。受此影响,中国史学界的看法大致也差不多。

以第一次而论,《隋书·倭国传》中记载:"开皇二十年(按即600年,日本推古天皇八年),倭王姓阿每,字多利思比孤,号阿辈鸡弥,遣使诣阙。"但由于不见于《日本书纪》,致使许多日本史学家持怀疑态度,以致有人推测或系日本在朝鲜的镇将所派。[1] 以下的第二、三次,则记载比较详细。其中,又以第二次,即隋大业三年、推古十五年(607年)以小野妹子为首的那一次,最为史家所瞩目。因为那一次发生了著名的"国书事件",即由于倭国致隋炀帝的国书中,以"日出处天子致书日没处天子,无恙"为开头,致使隋炀帝大为不悦。[2] 对于这一国书,日本历史学家大多认为,这反映了圣德太子摄政的倭国朝廷力图以平等地位与隋交往。甚至有的学者主张,倭王自称为"日出处天子",而称隋帝为"日没处天子",表示出自认为日本占上风而轻视隋朝的"倾斜关系"。[3] 对此,中国有学者作了反驳,认为"日出处"与"日没处",只是地域的代名词,并不表示政治地位之高下。[4] 但也有人认为,这一态度确实是表示了倭国一不要册封,二要力争与隋朝在对等的基础上进行交往的愿望,从而与倭五王时代对南朝交往中表现的自愿称臣并乞求封号的情况有很大的不同。其后,尽管炀帝不悦,但隋朝为了完成其构筑"世界性中华帝国"的计划,并力争在控制朝鲜半岛的斗争中结倭为后援,结果在次年还是派遣裴世清作为使节回访日本。裴的到来,受到倭国方面隆重热烈的欢迎。在推古天皇十六年(608年)四月,裴世清及小野妹子等抵筑紫之后不久,当年六

---

① 〔日〕木宫泰彦:《日中文化交流史》,隋唐篇第一章,富山房,1955年版。

② 《隋书·倭国传》。

③ 〔日〕栗原朋信:《上代日本对外关系研究》,吉川弘文馆,1978年版。书中收有与此有关的两篇论文:《日本赠隋之国书》《日隋交涉的一个侧面——对于所谓国书问题的再考察》。

④ 石晓军:《关于"日出处天子"与"日没处天子"的考察——以栗原朋信博士的"倾斜说"为中心》,《日本研究》327号(1989年11月)。

月，又发生了小野妹子向倭王奏报，在归国途经百济时隋的国书被百济人"掠取"的事件。[1]正如许多历史学家指出的，在当时百济与倭国关系十分友好的情况下，这是不可思议的。估计是由于小野妹子恐怕隋朝回复的国书的语气和称谓等有为倭国朝廷所不能接受的地方，若直陈恐反而有损于两国邦交之故。这里，也从一个侧面反映当时倭国朝廷对隋朝国书的态度，即力争在国书上不失对等之礼。这也可以从当年九月裴世清返国时同行的小野妹子所携国书，开头用"东天皇敬白西皇帝"之语中反映出来。后来，在《隋书·倭国传》中，只简记一笔："复令使者随清来贡方物"，而未谈惹出任何事端，使许多学者都估计可能此国书并未献给隋朝。后来，只有在推古二十二年（隋炀帝大业十年，614年），倭国又派犬上御田锹等使于隋，是为第四次。但由于《日本书纪》中所记极简，故无从窥出详情。

倭国当时之所以如此做，是有其背景与目的的。首先是从对外影响考虑。倭国长期以来，出兵朝鲜半岛，占领弁韩的一部分，设任那府，参加在朝鲜半岛的角逐。562年，新罗攻占任那，其后，倭国曾几次拟攻打新罗，复占任那，均未如愿，但它一直把国际地位居于百济、新罗之上作为自己的目标。倭国在倭五王时向南朝乞求获得了包容范围及于朝鲜半岛南部的封号，造成了倭国威压朝鲜半岛的形势。隋朝统一中国后，百济、新罗等国都受隋朝的册封，而倭国则只派使朝贡而不受册封，并力求在国书的称谓、语气上体现出与隋朝保持平等的关系，正是为了显示在国际地位上优越于新罗、百济。

其次，在6—7世纪倭国国内的政治生活中，倭王的地位逐步有所提高，与一般豪族逐步拉开距离。例如，在6—7世纪的继体、钦明、用明及推古朝倭王的称号中，相继出现了"治天下……大公王""治天下天皇""治天下大王天皇"等字样。这说明倭王的称号，正从"王""大王""大王天皇"向"天皇"发展之中，而且又与"治天下"联系在一起。"天下"的字样虽来源于中国，但此处倭王却用以指大和朝廷统治下的整个倭国，即到推古天皇时，已出现了以倭国天皇为治理"小天下"帝国的首脑的想法。而这一想法的产生，与通过朝鲜半岛传入的中国儒学思想有关。因为与此同时，中国的华夷之别的思想很可能也会渗透到大和朝廷统治者的头脑中去。中国的华夷之别的思想，是自认为华夏是居天下之中央，中国皇帝应是统治天下的共主。而倭国接受这一思想后，则自居为"华夏"，把国内的少数民族及新罗、百济视为夷狄，认为自己是中国以外的另一个东方"小帝国"。因之，与隋朝国书事件的冲突，从一定意义上说，与它接受中国儒学思想的影响有密切关系。

尽管倭国力图在与隋交往中坚持对等立场，但由于在事实上中国是个有悠久历史、雄踞亚洲大陆的文明古国，隋朝又是一个新兴的统一王朝，就国力、经济、文化发展水平、在东亚国际社会中的地位而言，无论哪方面倭国都远不能与隋相比。而且，以这些条件为基础，隋有求于倭者较少。因为从隋看来，倭不过是一个较朝鲜三国更远的海外小国——虽然隋可能认为其国际地位在新罗、百济之上，也希望它能作为许多朝贡国之一来隋朝贡，或许还考虑到它对隋控制朝鲜半岛能起一点"拱卫"的作用。与此相反，倭对隋的要求则远比此为多，而且实际、具体。除了前面所述，希望在进出朝鲜

---

[1] 《日本书纪》卷二二，推古天皇十六年六月条。

半岛时拥有有利的地位,也希望提高天皇在国内豪族中的地位;此外,更具体的目的,一是为向中国求佛法,二是向隋全面学习中国文化。正由于这些原因,在倭隋交往之中,实际上仍有不对等的因素。例如,倭遣使去隋的次数多(共 4 次),而隋遣使回访只有 1 次;倭委派的遣隋使节地位高(小野妹子在推古朝官位十二阶中,属于"大礼",即第五阶;犬上御田锹为"大仁",属于十二阶中的第三阶),而隋的回访使则品位较低(裴世清或从八品,或为正九品)。而且倭国用极端隆重热烈的仪式接待隋使裴世清的回访,也可见其重视程度之一斑。①

二 小野妹子使隋与裴世清使日

7 世纪以前的中日关系,主要是通过朝鲜半岛,并且以大陆移民(所谓"渡来人")作为媒介向日本传播大陆文明的。经过 6 世纪初到 7 世纪初的短暂空白之后,以 7 世纪初的隋日关系为分界线,开始了中日直接进行文化交流的新时期。593 年圣德太子摄政,他要通过与隋朝廷建立通交关系,学习隋朝建立统一的中央集权国家的各项制度,并向隋朝求取经典学习佛法。562 年,日本的任那府为新罗所灭,日本失去了朝鲜半岛上的立足点。虽然后来在 600 年、602 年,日本不断派军队企图打败新罗,恢复任那府,但是没有达到目的。日本在朝鲜半岛上的失败,使圣德太子不得不转而集中全力于内政改革上。在对外关系上,他只能通过与隋朝的交往,提高自己的国际威望。正是由于这些原因,使得他热心于与隋朝的往来,建立国家间关系。从 600 年到 615 年,日本派出遣隋使 4 次,隋朝廷派使回访 1 次。其中,以日本的小野妹子及隋朝的裴世清的活动最为突出。

日隋间的航海路线,大致是从难波津(今大阪附近)出发,到九州的博多,经壹岐、对马岛,再北上航行至百济和高句丽沿岸,横断黄海到山东半岛的登州登陆,经莱州、青州、兖州、曹州、汴州(今开封),再经洛阳到长安。

通过日本的遣隋使和隋朝派使回访等一系列交通往来,以及日本在派遣隋使的同时派出许多遣隋留学生多方面接触中国文化、学习儒学和佛教并把其带回日本,使得日本无论是圣德太子制定十七条宪法和冠位十二阶还是大兴佛教等,都在诸多领域有助于建立统一的中央集权国家,甚至对后来 654 年日本的重要转折点——大化革新的实现,都形成了相当大的影响。

607 年,倭国派小野妹子来隋朝。小野妹子,据传说他是神话传说时代的第五代孝昭天皇的皇子天带彦国押人命的六世孙。607 年,当圣德太子在国内改革方面初具规模之后,由于听说大隋朝重兴佛法,倭国也正需要大力振兴佛教,以建立超越各氏族之上的统一的信仰对象,为建立中央集权制国家这一总目标服务,于是派小野妹子,带着翻译随从及圣德太子起草的国书来到隋朝。他们没有想到,正是这封国书惹得隋炀帝大发雷霆。他们一行到中国之后,由鸿胪卿把他们的国书奏上隋炀帝。炀帝看了以后大为不悦。原来国书上写着"日出处天子致书日没处天子,无恙"(《隋书·倭国传》)。中国各个朝代历来是东方最为强大的国家。以前,周围各国家(包括倭国自己)凡是递上国书的,大都用称臣的谦卑语气。例如,478 年大和朝廷的倭王武向中国刘

---

① 王晓秋、大庭修:《中日文化交流大系 1·历史卷》,浙江人民出版社 1996 年版,第 85—90 页。

宋王朝的顺帝上表时,就尊刘宋为"帝",而自己谦称"臣"(《宋书·倭国传》)。而现在居然倭王也自称起"天子"来,此不满者一也。其次,中国历来把自己认为是居于世界的中心,现在倭国自称是"日出处",反而把中国隋王朝称为"日没处",这至少在隋朝的理解上具有贬义,这也是使大隋皇帝大为不悦的地方。

圣德太子力争与中国建立平等国交的做法,触及了隋炀帝的自尊,马上又使刚刚破土而出的隋日国交的嫩芽趋于夭折的危险。但是,在历史上,统治者个人的喜怒虽然有时也会起相当的作用,但从根本来说,统治者的决策还是由其根本利益和基本路线所决定的。当时隋炀帝继承父业,作为刚刚完成统一大业的第二代君主,才即帝位三年,出于封建统治者的本性,他"慕秦皇汉武之功",具有强烈的向外扩张的要求,为了扩大帝国的声威,其所用的手段,则有时是通过军事征讨,有时则通过外交,争取外国的朝贡。例如,大业初年,隋朝就先后派使者出使印度王舍城、波斯、流求、赤土等地去招徕"蕃夷"。况且,当时炀帝已准备征战高句丽,更需要笼络邻近的倭国。所以,倭国的国书虽然不能使隋炀帝满意,但隋炀帝还是要压住怒火冷静从事。于是在第二年(608年)四月,当小野妹子回国时,隋炀帝还是派裴世清等13人作为大隋的使者去往倭国回访。

小野妹子607年第一次访隋时,偕有沙门数十人,史籍上虽然没有记载他们的姓名,但估计他们会在学习隋朝佛法进而服务于倭国的佛教事业上有相当的贡献,而608年第二次访隋的时候,有留学生、学问僧8人同行。这8个人一般都在中国停留了二三十年之久,到隋灭唐兴才回国。他们一般都是中国移民的后代,学习中国文化自然有其优越条件。更何况当时正值隋末唐初,他们亲历了隋唐两代建立起来的统一大帝国的规模之盛以及一系列措施,这些自然对他们政治思想的形成有重大影响。因而在他们回国以后,其中有几个人对随后不久的日本社会变革起了巨大作用。追根溯源,是小野妹子等人起了开路先锋的作用。

隋炀帝大业四年(608年,日本推古天皇十六年)六月十五日这一天,在濒临濑户内海的难波,人人喜气洋洋,准备迎接远来的贵宾——来自中国大陆的隋朝的使者。这一幕热烈而隆重的场面,就是日本为迎接隋朝来的使臣裴世清而特意安排的。

这已经是日本与隋朝遣使往返的第二次了。隋文帝灭陈,统一中国以后的600年(隋开皇二十年),倭国王曾经派使臣到隋朝来,朝见隋文帝。文帝杨坚派官吏向使者询问当地的风土人情。日本使者介绍说,倭国国王认天为兄,以太阳为弟,所以当天未明时就上朝盘腿而坐,处理政务;太阳一出便不再听政,说是交给御弟处理;每次上朝,都要陈设仪仗,奏国乐;在日本共有国造120人,设稻置,管辖80户,10个稻置属一个国造。全国有10万户;此外,使者还介绍了倭人的服饰、兵器、法律、习俗、物产等。这是日本圣德太子摄政(593年)第7年发生的事。607年(日本推古天皇十五年)这次遣隋使,也是出于圣德太子的决策。这次遣使之后三四年间,日本就接连进行了制定官位十二阶、十七条宪法等一系列重大措施。

裴世清的上几代,虽然在史籍上默默无闻,但裴姓一族还是关中的六大姓之一,颇有门第。在隋炀帝时,他任文林郎,从八品。他出使倭国的正式官名,是隋的国书上写的"鸿胪寺掌客"。鸿胪寺是当时专门掌管对外事务的官衙,内设"典客署"(大业年间又称为"典蕃署"),其中设10人掌客,大约是正九品,是掌管对外接待事务的职事官,同时也负有向外国遣使的任务。他正是以这种身份出使倭国的。

裴世清率随员 12 人在小野妹子等人的陪同下，由中国启程，越过黄海，经百济南下，路过济州岛以北的海面，再经对马、壹岐岛，到达九州的筑紫，受到了倭国王派遣的吉士雄成的欢迎。他们一起东行，航经濑户内海的许多地方，到达日本当时的第一大港口城市难波（今大阪市）。这时，倭王早已在难波专门为隋朝使节造了一所新的迎宾馆。当六月十五日这天，裴世清一行大隋国使来到难波的时候，受到了隆重热烈的欢迎。

这时候，小野妹子已经先期回到京城复命。当时倭王考虑到隋朝国使马上就到，所以宽恕了他丢失国书之事（《日本书纪》卷二二）。

就这样，为了这一个国书事件，一直耽误了一个多月时间。到八月三日，才迎接隋朝使节进入王都。倭国朝廷特地派遣 75 匹盛装打扮起来的马匹，到海石榴市（今奈良县樱井市）街头来迎接。八月十二日，皇子、诸王、大臣们都身着五色绫罗，盛装打扮，出席了盛会。推古天皇亲自召见裴世清等一行于朝廷之上。隋朝皇帝致倭国王的礼品被置于大庭中央。裴世清亲自手持国书，向倭王两度再拜，然后呈上了隋朝致倭王的国书。国书中说，"皇帝问倭王好"，并且表示"我自从登极以来，就想把爱育之情普遍施加给一切外邦。知道你居于海表，人民富庶，境内安乐，风俗融和；并且诚心诚意地从远路来朝贡，我非常嘉尚。现在特地派遣鸿胪寺掌客裴世清等去把我的意思向你们传达，并且赠送一点东西给你们……"（《日本书纪》卷二二）。接着，倭国王很欣喜地表示："我闻海西有大隋，礼义之国，故遣朝贡。""现在打扫街道、装点馆驿，以待大使，希望能得到大国维新改革的化雨春风。"倭王对裴世清一行来到倭国以后没有能立即接见耽误了一些时间表示歉意，随后又宴请了裴氏一行。（《日本书纪》卷二二）

九月十一日，当裴世清等一行返回中国时，倭国朝廷又派小野妹子为大使，并派古士雄成为副使，鞍作福利为翻译，携带圣德太子的国书，同时又派高向玄理、南渊请安、僧曼等留学生，学问僧八人一同来中国。609 年 9 月，小野妹子等才从中国大陆回到倭国，圆满完成了任务。

小野妹子被遣使隋和裴世清的回访，在中日国交史上具有重要意义。虽然远自后汉时起，日本列岛上就有国家在 57 年、107 年向中国朝贡，但在当时小的原始国家林立，"使驿通于汉者三十许国，国皆称王"的情况下，"倭奴国"是"倭之奴国"的简称，所以来的使臣并非统一的中央政权的代表。而到三国曹魏时期，魏与邪马台国的来往都是通过带方郡进行的。到了南朝时期，倭王虽曾向中国南朝上表入贡，南朝的宋、齐、梁各政权尽管给倭王以封号，但从来没有派过使节回访，这种交往主要还是单边的。只有到了隋朝，通过小野妹子的出使和裴世清的回访，才真正建立起了双边的国交。

过去许多史书都强调圣德太子在对等基础上建立中日国交上的贡献，但当时中国华夷之别的思想根深蒂固，双方都作了一定的忍让和克制，才取得一些进展：隋炀帝见了小野妹子首次来访的国书，虽然发怒而终于派出回访使节；裴世清所携国书中虽有"朝贡""宣谕"字样，倭国朝廷也认识到这是"赐诸侯的书式"，却也还是欣然接受。①

---

① 夏应元：《海上丝绸之路的友好使者——东洋篇》，海洋出版社 1991 年版，第 11—17 页。

三 唐朝与日本的关系

618年,李渊父子镇压了隋末农民起义,建立了唐朝统一的封建帝国。它在隋制的基础上,革除弊政,初步建立了各种典章制度,努力重建封建秩序,并且吸取隋亡的教训,颁布均田令和租调法,采取轻徭薄赋的方针,实行科举,扩大统治基础,结果使经济复苏、社会稳定,不久就迎来了"贞观之治"的强盛局面,成为中国漫长封建社会中空前繁荣和强盛的朝代。

623年,在隋朝时就来中国留学的惠齐、惠日等人回到了日本。他们根据在隋末唐初所亲眼看到的情况,向推古天皇建议说:"其大唐者,法式备定之珍国也,常须达。"(《日本书纪》卷二二,推古三十一年七月)这成为促使当时日本统治阶级从630年起向唐朝派遣使团和学生向唐学习的直接动因。所以,日本在630—838年的200多年中经常派出遣唐使团。就整体来看,其最主要的目的是向当时东方繁荣而强盛的唐朝学习中央集权的封建大一统帝国的典章制度和先进的文化,用以为国家和社会建立新的统治秩序的借鉴和参考。例如,每次遣唐使在唐都积极利用各种机会进行学习,每次都偕带不少留学生、学问僧来唐,在唐长期学习(有的长达二三十年),领会唐文化的精髓和佛教的真谛。遣唐使还要为他们在唐的学习、生活进行介绍与安排。他们在唐期间都努力与文人学者交往,搜集、购买大批汉籍(包括佛教经典)带回日本。

在初期的遣唐使中,有几次出使主要是出于政治、外交上的目的。这是唐日之间围绕着朝鲜半岛的形势而发生的纠葛所造成的。在唐立国之前,日本已失去了其在朝鲜的殖民地——任那府,并在7世纪初,几次图谋恢复,均未成功。嗣后,唐朝强大之后也插足朝鲜,先征高句丽,又打百济,日本出兵与百济共同对抗唐与新罗的联军。结果,663年在白村江大败。虽然唐在胜利后并不想越海打日本,但也曾从驻百济的镇将那里几次派人去日本,对日本"怀柔",以希望日本在未来伐高句丽的战争中至少保持中立。而日本则不断风闻唐准备袭击日本,特别是668年唐灭高句丽之后。由于这一情况,日本一面严修战备,以备万一,一面在665年、667年派出了第五、第六次遣唐使,在669年派出了第七次遣唐使,即以河内鲸为首的"平高丽庆贺使"去唐,以努力改善两国关系,避免唐朝对日本发动袭击。当然,也有几次是为了迎回上次遣唐的大使和送回来日的唐使,或为东大寺塑造佛像购买黄金而派出。但从总体来看,移植唐朝的典章制度和先进文化还是遣使的主要的目的。

日本自从630年(唐太宗贞观四年,日本舒明天皇二年)派出第一次遣唐使,直到838年(唐文宗开成三年,日本仁明天皇承和五年)派最后一次遣唐使,共历时208年。如果以894年菅原道真上疏请罢遣唐使,则前后达264年之久。在这200多年中,日本共计任命了19次遣唐使,其中有3次(第十三、十四、十九次)只任命而未成行,在其余的16次中有一次只到百济(第六次),有一次为迎接上一次尚未回国的遣唐使而派遣(第十二次)和两次为送还来日的唐使而派(第十六次)。因之,实际真正的遣唐使有12次。

(一)遣唐使的分期

按照日本派遣的目的,规模、航路等情况,大致可分为下列三个时期。

1. 初期

这一时期从派遣的目的上看,又可分为前后两个阶段:从第一次(630年)到第四次(659年),主要是在隋留学的惠齐、惠日等人的建议下,为了学习唐朝的典章制度而来唐,也可以说是遣隋使的延长。从第五次(665年)到第七次(669年),主要的目的是为了打探朝鲜半岛的形势,防止唐朝派军袭击日本而派的。初期的规模不算太大,每次大约二百四五十人,分乘两只船,每只乘120人左右。初期的遣使一般走北路,即从难波的三津浦(今大阪的南区三津寺町)通过濑户内海西行,到达筑紫的大津浦(今博多),经过壹岐、对马岛,沿朝鲜半岛西岸北行,由汉江口西行,横断渤海湾,到达山东半岛北端的登州,经莱州西行,经过汴州,到达洛阳和长安(由于这条航路需经过新罗,所以又称为"新罗道")。

2. 中期

自第八次(702年,唐中宗十九年,则天武后长安二年)到第十一次(752年)遣唐使,正值大唐盛世,日本也在大化新政府成立以后,各项制度正在逐步拟定之中,大宝律令(702年)及其后的养老律令(718年)正在一个个地颁布实施。在这种情况下,日本不满足于初期形式上的模仿,而要更进一步全面、深入学习唐文化的真髓。所以,这一时期自然也成为遣唐使的鼎盛期。每次人数扩大到550人到600人,分乘四艘船只。所以,历史上"四舶"就成了遣唐使的代名词。例如,孝谦天皇在为藤原清河赐钱时,在赠给他的一首和歌中写道:"四舶紧相连,乘风破浪向前去,平安归来日,痛饮美酒再相聚。四舶快快归,莫待头白衣垂地。"在航行路线上,这一时期也与上一时期不同。由于677年新罗统一了朝鲜半岛,不再买日本的账,导致日本与新罗关系紧张,遣唐使不敢再经过新罗沿岸。经过短期的调查,从702年的遣唐使开始,改走"南岛路",即自九州的筑紫出发后,经肥前国的松浦郡,然后经天草岛、萨摩沿岸南下,经过奄美大岛,折而向西北,横断东海,到达长江口岸,在扬州一带登陆。由于这一时期日本向唐朝学习的愿望特别强烈,唐朝国力充盈,给他们的学习、生活创造了一切必要条件,使得这一期间所派遣的留学生、学问僧中涌现出了许多学习唐文化有成就的著名人物,如阿倍仲麻吕、吉备真备等,形成了奈良时代天平文化的繁荣。

3. 后期

唐自755—763年的"安史之乱"以后,国力日益衰落,所以,日本虽然沿袭过去惯例,继续派出遣唐使,使团表面仍很盛大,人数多达650人,但实际上学习热情有所下降。留学生、学问僧在唐学习的时间明显缩短(只不过停留一两年)。航行的路线,因为南岛路屡次出事,改为走南路(又称为大洋路),从大津(今博多)经平户岛、五岛列岛的福江岛,横断东海直达长江口。这一航线优点是航程短,如果顺风八天时间就可到达,但缺点是安全上还是不太可靠。在末期,由于日本贵族们已经失去了对唐的求知欲与使命感,往往力求逃避入唐的使命。

(二)遣唐使团的构成和航程

遣唐使是代表日本国家的外交使团。其组成人员大致是:最高首脑是大使(1人);有时大使之上任命执节使、押使;大使之下设副使(1人)。也有时恐怕海上遭难,任命大使、副使各两名,分别组织两个使团来唐。大使、副使之下设判官、录事各数名。

这四种官职是遣唐使团的主要官员。为了能有效地完成移植唐文化的使命并维持国家的威望，一般任命使团的首脑（特别是大使、副使）时，都选任学者或学问修养很高的人，有些过去充任过遣隋使或者遣隋、唐的留学生，到过中国，或者是中国移民的后裔，对中国有比较多的了解；同时还注意他的容貌、风采和举止等等（大使一般任命四位上下的官吏）。正因如此，他们在唐期间才能比较有效地完成吸取唐文化的使命，并在唐朝受到好评，产生良好的影响。此外，还有工作人员，如知乘船事、造舶都匠、翻译、主神、医师、阴阳先生、画师、史生、射手、船师、音乐长、新罗翻译、卜巫、杂役、音乐生、玉器匠、铜匠、铸匠、细工匠、船匠、水手长、水手等。由于学习唐文化的需要，每次都有几十名留学僧、留学生等一同遣唐。当时授命使唐是一件了不起的隆重大事。在宣布任命以后，要由天皇授节刀，在宫中赐宴饯行。天皇往往还要亲自赋诗作歌相送，还要谆谆告诫使者一些注意事项，然后进行各种准备。集结起来以后，一起从难波出发，经过濑户内海西行，到九州的大津（今博多）等待顺风。等到认为合适的风向时，便即登程。当分乘四船时，往往第一船是大使，第二船是副使，第三、第四船是判官乘坐；也有时分成两个使团，以防海中遇难。在顺风登程时，为了便于夜中在海上的联系，各船之间举火炬为号，互相瞭望。但实际上，由于当时不懂得海上季风的规律，日本船舶的制造技术又不好，因而不时发生海难事故。当时的船只都是奉命在本国的安艺、近江、丹波、播磨、备中各国（今广岛、滋贺、兵库、冈山各县）所造的船，船底是扁平的，难以在海中劈波斩浪。这种船是由许多的四方木联结在一起的，方木之间只用铁片联结，不用铁钉，所以很不坚固，一遇风浪，船体经常被打断，变成两截。所以，海上遭难的事时有发生。使者和船员在海上吃干粮喝生水，经受着炎热、疾病等种种苦楚，以致不少人死在海上的旅途中。那时，日本人为了寻求大唐的先进文化，付出了重大的代价。

日本使团一旦登上中国土地，就立即向当地州都督府报告。当地州都督府一边按先例让使团的人们下榻客馆，一面向朝廷报告。随后，根据朝廷的指令，让其中部分人（主要官员和部分留学生、留学僧，一般在 30 人左右）去长安，余人在当地等候。进京的人到长安后，一般被安排在鸿胪寺客馆、礼宾院、宣阳坊官宅等处，然后，向唐帝进献朝贡的礼品——"国信物"，大使、副使在麟德殿谒见唐朝皇帝，并且往往有赐宴、授赏、授爵等优遇。到了归国前夕，由唐朝皇帝赐给答信物（就是对于朝贡物品的回赠物），赐宴饯别，然后离开京城，到起航地，登上归途的航程。

遣唐使团一般在唐停留一两年。在这期间，他们为了学习唐代文化进行了多方面的活动，主要是参观、考察文化设施，如孔庙，收藏儒、佛、道三教典籍的三教殿，以及各种寺观等；聘请儒者教授经典或学其他技艺，邀聘各种人才去日本，与唐的文人（甚至也包括其他各国来唐的使节）作诗文上的唱答，通过雇人抄写、由唐人赠送、出资购买等各种方式搜寻中国书籍携回日本，同时从事一些公私贸易活动。在这些活动中，也包括偕带留学生、学问僧来长安习业、求法，起一种介绍的作用，或作为日本官方的代表，偕带学成的留学生、学问僧们返回日本。

（三）入唐学问僧和留学生

唐朝由于比较重视中外经济文化交流，因而对待日本的遣唐使和留学生、学问僧采取了比较优容的政策，对遣唐使的主要官员自然是优礼有加。政治上，谒见皇帝，赐宴赠诗;经济上,厚赐答礼。对留学生,学问僧也负责供应他们的主要生活资料,使他们的衣食住行均有一定的保证,并为他们的学习创造一定的条件。例如,留学生一般被送入国子监学习。国子监是唐朝国家的最高学府,下分六馆:国子、太学、四门、律、书、算馆。日本留学生大多被送入太学、国子学或四门学学习,几乎有求必应。食住也在国子监内,由鸿胪寺给资粮。由于在国子监内生活既有保证,又有名师指点,在此优越条件下,学习成绩卓越者颇不乏人。结业后还有个别人考试及格,登进士第者。这些留学生归国后对中日文化交流做出了贡献。入唐僧通过赴各寺院朝拜圣迹,求法寻师,参加各寺院的讲经、募缘等各种法事;以及搜求经典、佛画、佛具等物,努力学习唐朝的佛教,把当时的各宗移植日本。

日本入唐学生及僧侣,共分两种情况。前、中期,主要是留学生(又称学问生)、学问僧(又称留学僧),这些人是长期留唐学习的,有人甚至长达二三十年之久,努力掌握唐代文化之真谛。后期,则出现所谓请益生、请益僧,这些人一般在国内时已对某方面的学艺有相当的造诣,现在是专门就某个领域、某些问题到唐进行短期学习的,停留期间比较短,不过一两年,往往是随遣唐使同来同去。前后期这种变化,反映了日本摄取唐文化逐步取得了一定成效的过程。

随着遣唐使的派遣和留学生、学问僧的频繁往来,唐代的典章制度和文化的各个方面大量地移植到日本。例如,在国家制度方面,日本为建成类似唐朝的中央集权国家,在官制上仿照唐的三省(尚书、中书、门下)六部(史、户、礼、兵、刑、工)制,在日本设立三大臣(太政大臣、左大臣、右大臣)八省(中务、式、治、民、兵、刑、大藏、宫内)制;在律令制度上,吸收唐的武德令、贞观令、永徽令等律令格式的主要内容,制定日本的大宝律令、养老律令等;仿唐的均田法;在税制上实行类似唐的租庸调法;在教育制度上仿照唐设国子监的制度,也在中央设大学寮,内设明经、纪传、明法、书道、算道、音道等六学,讲授中国儒家经典;在生产和科学技术方面,如在农业生产上,把中国式的犁、锄、水车传到日本;在历法上,先后使用南朝和唐的元嘉历、大衍历、宣明历;其他如在数学、天文、武器制造、手工艺技术、医药、印刷等方面,均被日本仿效和学习。在文化、艺术、意识形态各领域,中国汉字的传入,为9世纪晚期日本创造"假名"提供了前提条件。日本也像唐朝一样,大力提倡儒学及推广佛教,通过大量入唐僧(占留学人数的78%)的习业受法,先后使三论、法相、律、华严、天台、真宗各宗传到了日本;在建筑上,日本的都城平城京、平安京都是仿照唐长安城的模式营建起来的;其他如文学、史学、雕刻、绘画、音乐、书法,甚至日本的衣食住行、体育娱乐、风俗习惯等,无不受到唐的影响。总之,日本吸收唐朝的文化很彻底、及时而又全面,并且前后历时300年之久(到894年,日本正式决定停派遣唐使,但仍有中国商船往来日本和中国,也承担着中日文化交流的任务)。①

---

① 夏应元:《海上丝绸之路的友好使者——东洋篇》,海洋出版社1991年版,第18—24页。

第十六章

魏晋南北朝隋唐时期的海路文化交流

在古代,国与国之间的文化传播和交流,无非是通过陆路或海路来进行。不论是陆地丝绸之路还是海上丝绸之路,它所承载的是经济、贸易、人员、物质,也是思想、制度、文化。魏晋南北朝和隋唐时期,通过海上丝绸之路和海洋交通所进行的文化交流空前繁盛,特别是在唐代,达到了中国历史上的一个高峰。当然,这中间航海能力和造船水平的提高是重要前提。而中国封建制度的完备、宗教思想的博大、器物工艺的先进,使得文化的交流和传播更多地呈现为一种单向的,即由中国向周边国家和域外流动、辐射为主的局面。由于当时政治和文化的重心偏于中国北方,所以在相当长的一个时期内,中国北部和东部的沿海地区和港口同外部的交流往来相对来说更为频繁,渤海、黄海、东海成为东亚世界相互联系和文化交流的平台。同时,南部沿海以及广州、泉州等地也成为中国与东南亚、西亚和西方世界经济贸易和文化交流的枢纽。这一时期,进行文化交流的人员构成十分广泛,包括大陆移民、使节、僧侣、留学生、商人、探险者以及外国的侨民等。特别值得一提的是,通过这个时期的以海路为主的文化交流,日本和朝鲜半岛全面接受了中国的文化和典章制度,进入了文明的、统一的封建国家发展历程。在这个时期,海洋的功能正在逐渐扩大,"交流"的使命被不断赋予,"鱼盐之利""舟楫之便"的活动半径被大幅度延伸,海洋文化自身的世界性和流动性全面体现出来。

第一节　大陆移民及中日交往中的中华文明传播

一　魏晋南北朝时期的移民及其作用

日本列岛从 4 世纪初到 7 世纪前半叶,进入考古学上的古坟时代。由于这个时期出现了数量庞大的古坟,而文字史料缺乏,故史学家多用考古学上的划分方法,即以"古坟时代"名之。古坟时代,在弥生时代的基础上,水田农耕、灌溉技术进一步发展,铁器普及使生产力水平又有提高,出现了阶级分化和对立。在政治上,表现为以大和地区(今奈良之南)为中心的中央豪族(即大和朝廷)逐步扩展对地方豪族的统治,基本上统一了全境,成为日本古代国家形成的重要时期。从汲取中国大陆文化的角度来说,这一时期(主要在 4—6 世纪)是上古时期里继弥生时代之后的第二个重要时期。

它的主要内容是大量中国大陆移民（日本称为"渡来人"或"归化人"）来到日本列岛，对推动日本古代国家的形成、生产力的进步起了重要作用。其中，又可分为北、南两线：北方是通过朝鲜半岛大陆移民迁往日本，南方则是通过与江、浙一带的中国南朝的交往。

先从北方一线来说，中国有大量移民通过朝鲜半岛辗转来日，与中国这一阶段的历史背景有密切关系。中国西晋末年（3世纪末至4世纪初），匈奴、羯等各族人民起兵反晋。317年晋室南迁。在这场大变动中，许多汉人流入辽东、辽西地区的前燕国内。370年苻坚灭前燕，使得流落辽东、辽西的汉人进一步向邻近的朝鲜半岛逃亡。而朝鲜半岛这一时期也不宁静。乘西晋末年衰微之际，高句丽趁机南下，灭西晋的乐浪郡与带方郡，渐趋强大，占有辽东及朝鲜半岛北、中部大片土地。南部则有由马韩、辰韩蜕变而来的百济、新罗，努力抵抗高句丽的南下，三国纷争不已。

从4世纪中叶起，初步统一日本列岛的大和朝廷，派军队侵入朝鲜半岛，占东南角弁韩的一部"任那"为立足点。倭国是以部民制为经济基础的氏族制国家，它对朝鲜半岛出兵，除拟夺取向外发展的立足点之外，还企图掠夺朝鲜半岛上的物质资源和具有先进生产技术与文化水平的人力资源，以为发展国家之用。倭国的参与，增加了朝鲜半岛局势的复杂性，形成4—7世纪300年的动乱。

这种动乱局面，自然直接影响到中国移民的流向。第一阶段，4世纪末到5世纪前半叶，在大部分时间内，高句丽与新罗勾结南侵，攻打百济，倭则援百济打高句丽与新罗。在战争中，流落在百济、新罗、弁韩的许多中国人乃至朝鲜本地人，为避战乱，不得不越海到日本。其中，也有在高句丽灭乐浪、带方郡时从此两郡逃亡到朝鲜半岛南部的中国人，也一同迁徙日本（当时百济与倭关系密切，更便于这些人从百济逃往日本）。在这些移民当中，既有自动的逃亡者，也有倭国的军队为觅求掌握先进技术和文化的人才而用武力掳去的。

这一阶段到日本的移民，主要有秦氏、汉氏和以王氏为首的文氏集团。

秦氏一族大致是在5世纪初来到日本列岛的。至于原住地，有的日本学者认为，秦氏是从朝鲜南部来的，并且与新罗的关系比较密切。① 有的中国学者认为，居住在朝鲜的秦氏，大体上是中国秦人亡命到朝鲜的后裔，而以居住在辰韩、弁韩之地者居多。② 而新罗正是由辰韩（又名秦韩）的斯卢族蜕变而来。双方意见不谋而合。当然，在去日本的人中，会有秦人与朝鲜人混血的后裔及朝鲜当地居民。其首领，过去多认为是《日本书纪》所载应神天皇十四年（约403年）条记载的率"百廿七县"的百姓来"归化"的弓月君。③ 但近年来，有人怀疑此说，认为其首领应是后来雄略天皇时出现的"秦酒公"。④

秦氏主要在传播种桑养蚕、制造丝织品的技术方面起了很大作用。据《日本书纪》记载，在雄略天皇时，秦民以蚕丝制品绢、缣作为庸、调，奉献朝廷，致使"绢、缣充积朝

---

① 〔日〕上田正昭：《归化人——围绕古代国家的成立》，中央公论社1965年版，第72页。

② 徐逸樵：《先史时代的日本》，三联书店1991年版，第279—281页。

③ 《日本书纪》卷一〇，应神天皇纪。

④ 《日本书纪》卷一四，雄略天皇十二年条。

廷"。于是,紧接着次年就"诏宜桑国县殖桑。又散迁秦民,使献庸调"①。这可能是为了使他们分至各地以教民种桑养蚕、制丝的技术。此外,他们也从事农耕,在所居住的京都盆地一带开沟渠、筑堤堰发展生产。后来秦氏中也出现了土木工匠,能营造土木工程。

关于汉氏,《日本书纪》应神天皇二十年(约409年)条载:"倭汉直祖阿知使主、其子都加使主并率己之党类十七县而来归焉。"②他们自称为汉灵帝三世孙之后,这或许是假托之辞,但大体上可推断他们是在汉时来乐浪、带方郡一带的移民,为避4世纪末、5世纪初朝鲜半岛的战乱南下到日本。当然,也会有朝鲜南部移民同来。到日本后,主要聚居于大和高市郡桧前村一带,再向他处发展。汉氏的主要特长在手工业技术方面,如他们有金属工、皮革工、金银细工、冶铁、锻铁等技术,善于制甲胄、弓箭等各种武器、武具,饲育良马等。雄略王时,把他们集合起来,置汉部,赐姓"直",命他们管理朝廷所有技术民。汉部中,除有人从事农业开垦外,还有锦部、鞍部、金作部、吹角部、陶部、画部等各种手工艺者。汉氏自己则成为其管理者,逐步上升为有力豪族。

再者是以王氏为首的文氏集团。《日本书纪》载,应神天皇十六年(约405年),根据来自百济充当太子菟道稚郎子之师的阿直岐的推荐,通达典籍的王仁被征到了日本。③ 由于王仁的家世及其来历,史籍不详,因而许多史家都对其确凿性持保留意见。但至少可以反映至晚到5世纪初年(有的日本史学家认为,可能早在此之前的4世纪70年代④),有一些精通汉文典籍的人从朝鲜南部的百济一带来到日本。其最早的渊源可能仍是居住在乐浪、带方郡的中国人的后裔。他们到日本后,被任命担当朝廷的文书记录、涉外文书、财物出纳、征收税务、编制户口诸项任务。他们随着日本古代国家规模的日渐完备而渐受重视。初名为"书首",又与"史首""文首"通用,所以,又渐称为"文氏"。

在上述的第一阶段内,即4世纪末到5世纪前半叶,迁居日本的大陆移民,虽然是从朝鲜半岛来的,但因为其中起主要作用的是秦末、汉末逃亡到乐浪、带方郡的中国移民的后裔,因之,他们带来的主要是属于中国汉、魏系统的文化。

第二阶段,即从5世纪后半叶到6世纪后半叶。当时朝鲜半岛的形势是高句丽猛攻百济,使百济都城不断后移;继之,562年新罗吞并任那,倭国被迫退出朝鲜半岛。这一阶段中,高句丽继续保持强大,而新罗也逐渐崛起,后来居上。而百济转弱,与新罗间时而为对抗高句丽而联合,但更多的是彼此侵攻。在战火侵攻之下,百济及弁韩一带的许多人在当地豪族首长率领下集体移往日本。由于他们带来了新技术,故被称为"今来之才伎"(即新来的会技术的人),或称为"新汉人"。

在第二阶段的移民中,需要提到王辰尔一族。关于王辰尔的记载,首见于《日本书纪》钦明十四年(553年),当时大臣苏我稻目"遣王辰尔数录船赋……赐姓为船史,今

---

① 《日本书纪》卷一四,雄略天皇十五、十六年条。

② 《日本书纪》卷一○,应神天皇二十九年秋九月条。

③ 《日本书纪》卷一○,应神天皇十六年条。

④ 关晃:《归化人》,至文堂1956年版,第41—46页。

船连之先也"①。这当是从事管理贸易船只的税收等工作,也许与朝鲜来的贡调有关。② 这是一个重要工作,说明他已有一定的地位。估计他们到日本的时间至晚也在钦明即位之后。而他来日之前,可能居住在百济,并似乎与王仁一族有一定的关系。③从敏达元年(572年)他能解读他人皆无从入手的高句丽使臣所进的乌羽之表的事实来看④,他的活动领域与王仁一族类似。他的弟弟牛,甥胆津在历史上也留下了踪迹。特别是胆津,在钦明及敏达年间,在朝廷的吉备国白猪屯仓检括"脱籍免课"的人,"检定白猪田部丁籍","拜田令"⑤,就是说,他们在朝廷的屯仓制定户籍以为课税基础,这对加强朝廷的经济实力有一定好处。对大化革新后律令制下建立统一的户籍来说,也是一种先驱性的和有探索意义的活动。

在第二阶段中,百济与中国南朝有较密切的交往,主要是接受南朝的文化;而北方的高句丽主要与北朝来往,接受的主要是北朝文化。以当时移民而论,主要来自百济,但百济与高句丽也有使节来往,所以,日本对南北朝双方的文化都有程度不同的接受。

在4—6世纪中,中国文化传播到日本列岛的另一条路线是南方路线,即倭国大和朝廷与中国南朝的往来。根据中国史籍记载,自东晋义熙九年(413年)至刘宋升明二年(478年)止,倭国的赞、珍、济、兴、武等5个王先后派遣使节去东晋、刘宋王朝,请求赐予封号。这当然主要是从政治目的出发的,即打算通过取得南朝赐予的包括朝鲜半岛南部某些地区为辖区的封号,以获取控制朝鲜南部的有利地位。但由于南朝被认为是继承了中国汉文化的正统,日本自然也会趁互相来往的机会,主动吸取南朝文化。日本雄略朝时,曾派身狭村主青、桧隈民使博德去吴,吴也应邀派使去倭,送去"手末才伎、汉织、吴织及衣缝兄媛、弟媛等"⑥。要求派遣这些身怀技艺的人,可能是由于当时日本列岛上居民衣着的纺织与缝制技术十分落后,正如《魏志·倭人传》所描写的"其衣横幅,但结束相连,略无缝,妇人……作衣如单被,穿其中央,贯头衣之"。

自与南朝交往后,倭人痛感自己衣着之简陋,有向南朝学习的必要,因而专门邀请南朝派纺织与缝衣工人前往传艺。而其后果,正如所发现的古坟时代陶俑("埴轮")所表现的那样,女穿上下身分开但成套的裙服,男下身着裤,显然比《魏志·倭人传》中所描写的情况进步很多了。

通过以上的叙述可以看出,4—6世纪中国大陆文化的对日传播,是分南、北两条路线进行的。

北线,主要通过朝鲜半岛去的移民,优点是人数多、门类广且分批前往,是这一时期日本接受大陆文化的主要渠道。另外,它既是经由朝鲜半岛,并有朝鲜当地人民同往,因之它所传播的既有中国的也有朝鲜的文化特征。这是一种瑕瑜互见的现象。因为,就其明显的缺点而言,这些移民本身是文化传播的承担者,而他们一朝身离故土就难免成为无源之水、无本之木,时间一长,则易于与当地文化同化,不能长期成为中国

---

① 《日本书纪》卷一九,钦明天皇纪。
② 关晃:《归化人》,至文堂1956年版,第110页。
③ 〔日〕上田正昭:《归化人》,中央公论社1965年版,第92—93页。
④ 《日本书纪》卷二〇,敏达天皇纪。
⑤ 《日本书纪》卷一九,钦明三十年正月条;卷二〇,敏达三年十月条。
⑥ 《日本书纪》卷一四,雄略天皇十四年正月条。

文化传播的媒介。

南方一线，主要靠大和朝廷与中国南朝的官方来往。由于有东海相隔，限于当时的航海技术条件，越海来往肯定成功率很低，限制了群众性的来往。有的中日历史学家肯定当时中国江南一带有越海移民去日本列岛的可能性，论迹象和线索是有的，但要完全肯定还须进一步研究。当时倭国使节与南朝的来往，可能还是通过朝鲜半岛进入中国大陆的北方，然后再南下的。① 这一路线的缺点是耗费时日多、人数有限，因而在此期间的文化交流中占次要地位。但它毕竟能使日本源源不断地接受新鲜的纯粹的中国文化，因而虽幼弱，毕竟标志着发展的方向。

这一时期，中国大陆文化的对日传播，对日本各领域的发展起了很大的推动作用。

先从物质文化方面来说。在制铁上，由于从朝鲜半岛输入了新技术，提高了冶铁、锻铁的水平。5 世纪后半叶，日本逐步改变了由朝鲜半岛南部输入制铁原料的做法，而用国产铁制造铁器的现象日益明显，铁制工具日益多样化。铁制工具、农具的使用，更便于开垦土地、凿修池堤、修建土木建筑工程。在陶器上，在由百济传来的烧陶技术的影响下，过去的弥生式陶器到 5 世纪后半叶一变而为用辘轳和烧窑生产的质地坚硬的灰陶——须惠陶器。秦氏带来了新的制丝方法，使丝织大为发展，所织的绢帛质地柔软。移民中有锦部等，把汉式的绫、锦等高级织物的织造技术传入日本，使其丝织品产量及品种都有所增加。通过南朝的汉织、吴织、衣缝兄媛、弟媛等长于纺织、缝纫技术工人的到来，把中国先进的技术引入日本，改变了过去简陋的衣着方式。

在精神文化方面，首先是汉字的传入。日本自古有语言无文字。在邪马台国时，女王曾向魏"上表"答谢②，但未见原文，无法确证。但到了古坟时代，已发现使用汉字的确凿证据。例如，熊本县江田船山古坟大刀、埼玉县稻荷山古坟铁剑、和歌山县隅田八幡神社的人物画像镜等器物上，都有汉字铭文，而这些都是 5 世纪的遗物。这恐怕都与汉人移居有关。特别是宋顺帝昇明二年（478 年）倭王武向刘宋政权上的表，是按中国南朝风格写成的对仗工整的骈体文，按其写作水平恐怕是出于汉人移民之手。

《日本书纪》《古事记》中记载，在应神朝，王仁来倭国，献上《论语》《千字文》。此事如许多史家指出，难以遽信，但自 6 世纪起百济确曾向大和朝廷派出五经博士并轮流更换；同时派出易博士、历博士、医博士等，向大和朝廷的豪族们传授中国儒学及其他知识。

关于佛教传入日本，日本史学界一般认为钦明天皇七年（538 年）百济圣明王赠送佛像、经文③为正式传入之始。但在此之前，即继体天皇十六年（522 年），大唐汉人案部村主司马达止于当年二月入朝，在大和国高市郡坂田原结草堂，"安置本尊，皈依礼拜"④，这是日本传入佛教的最早记载。而司马达止，据《元亨释书》说他是中国南朝梁人。而当时中国南朝，佛教正处于十分兴旺的状态，因之从梁朝（502—557 年）来的移民司马一家带来佛像加以礼拜，是可能的。此足以证明民间传入佛教，始于中国移民。

在政府机构及社会组织方面，由于大陆移民具有较高文化修养，往往被朝廷任用

---

① 例如《日本书纪》卷一〇载，应神天皇卅七年二月遣阿知使主等去吴，就是先到朝鲜半岛，然后再到南朝的。

② 《魏志·倭人传》。

③ 《上官圣德法王帝说》《元兴寺缘起》。

④ 见《扶桑略记》的延历寺僧禅岑记中所引的《法华验记》。

做文书记录、史官,起草对外文书,进一步甚至充任对外使节、负责财政赋税等。由于他们在生产技术和手工艺方面颇有擅长,故而在百济影响下把他们按行业不同组织在各部之内,任命移民的领袖为该部的伴造,以统率之。大者,分为田部(农业)和品部(手工业)。而后者又有画部、手人部、鞍部、锦部、衣缝部、锻冶部、饲部等。这种部民制成为氏姓制度统御下的倭国的社会生产组织。

总之,在4—6世纪,通过南北两线的移民和往来,大规模输入中国文化(包括朝鲜文化),推动了生产力和军事力量的发展,充实了刚刚统一日本列岛的大和朝廷内部的统治机构,在日本古代国家形成过程中起了重要作用。按照恩格斯的原始社会的理论,如果说弥生时代是从野蛮时代向蒙昧时代的过渡,到这时则是从蒙昧时代进一步跃进到文明时代。①

二 唐赴日本的移民及其作用

(一)唐移民类型及若干人物

关于唐朝渡海到日本的移民,国内外史学界尚未见到系统的研究。有些外国学者甚至认为,日本古代的中国移民,大多是在8—9世纪日本景仰唐朝文化时,为抬高自己的身份地位而改籍冒充汉人的三韩移民。因此,考述日本的唐朝移民的事迹并与三韩移民作比较,进而考察日本政府在吸收唐朝文化时的立场态度,不仅可补以往研究之不足,而且对中日交流史和日本古代的大陆移民史的研究均有重要意义。

唐朝人成批流徙至日本,大约始于唐高宗时代。唐高宗灭百济时,百济为取得日本的援助而将续守言等百余名唐俘转献日本。《日本书纪》齐明天皇六年(660年)条载:"冬十月,百济佐干鬼室福信遣佐平贵智等,来献唐俘一百余人,今美浓国不破、片县二郡唐人等也。"此事又见于《日本书纪》齐明天皇七年十月条傍注和天智天皇二年(663年)二月条。由于当时日本出兵支援百济,与唐朝处于战争状态,所以这些战俘被囚居于大和附近的美浓国和近江国属郡,强制进行"垦田"。不久,日军被唐朝与新罗联军击溃于白村江,而百济和高句丽也相继灭亡。经此一役,日本举国震动,转而迅速与唐朝修好,彻底地采行唐朝的制度文化。在新形势下,唐俘也很自然地成为一般的移民。

天智天皇去世后,围绕皇位的继承问题,日本爆发了史称"壬申之乱"的大规模内战。原唐俘参加的天武天皇一方,争得皇位,取得完全的胜利。《释日本纪》卷一五天武上,引当时人的日记载:"既而天皇问唐人等曰:'汝国数战国也,必知战术,今如何矣?'一人进奏曰:'厥唐国先遣者□睹者,以令视地形险平及消息,方出师,或夜袭,或昼击,但不知深术。'时天皇谓亲王云云。"战后,天武天皇大赏功臣时,虽有不少移民集团首领受赏,但未见唐俘受赏的记录。受赏的功臣基本上是地方实力集团的氏族首领,而唐俘不可能成为有组织的地方势力,自难受赏。很明显,移民在日本的地位主要取决于其实力。

在上述唐俘中,续守言和萨弘恪两人的事迹,散见于史书。《日本书纪》持统天皇

---

① 王晓秋、大庭修:《中日文化交流大系1·历史卷》,浙江人民出版社1996年版,第76—85页。

三年（689 年）六月载"赐大唐续守言、萨弘恪等稻，各有差"，五年（691 年）九月己巳朔壬申条载"赐音博士大唐续守言、萨弘恪，书博士百济末子善信，银人二十两"；六年（692 年）十二月辛酉朔甲戌条载"赐音博士续守言、萨弘恪，水田人四町"。萨弘恪后来参加了大宝律令的制定工作。《续日本纪》文武天皇四年（700 年）六月甲午条记载："勤大壹萨弘恪，……撰定律令，赐禄各有差。"从萨弘恪和续守言担任音博士及萨弘恪参加制定律令的经历来看，他们两人完全是凭着个人的才能而为日本朝廷所任用的。

我们再来考察一下其他唐朝移民的情况。[1]

日本天平宝字五年（761 年）八月十二日，迎藤原清河使高元度一行自唐朝回到日本。唐朝政府派遣"押水手官越州浦阳府折冲赏紫金鱼袋沈惟岳等九人，水手越州浦阳府别将赐绿陆张什等卅人，送元度等归朝，于大宰府安置"（《续日本纪》）。根据上书天平宝字六年（762 年）五月丁酉条"大宰府言，唐客副使乔容已下三十八人状云，大使沈惟岳赃于已露，不足率下，副使纪乔容、司兵晏子钦堪充押领，伏垂进止"，可知唐朝使日一行的大使为沈惟岳，副使为纪乔容，司兵为晏子钦。上书天平宝字六年八月乙卯条记载："敕唐人沈惟岳等着府，依先例安置供给。其送使者，海陆二路量使咸令入京。其水手者，自彼放还本乡。""如怀土情深，犹愿归乡者，宜给驾船水手，量事发遣。"根据以上记载，送使沈惟岳一行的官员因"安史之乱"而留在日本成为移民。

沈惟岳，《新撰姓氏录》左京诸番上记载："清海宿祢，出自唐人从五位下沈惟岳也。"其赐姓[2]、授官位和编附京籍的时间见于《续日本纪》宝龟十一年（780 年）十一月丙戌条"授唐人正六位上沈惟岳从五位下"，同年十二月甲午条"唐人从五位下沈惟岳赐姓清海宿祢，编附左京"。也就是说，沈惟岳自天平宝字五年来到日本，经过 20 年后方被赐予清海宿祢姓。宿祢姓在天武天皇新定八姓中，是次于真人、朝臣的第三位姓，属于中高级的姓。在送使一行中，仅沈惟岳一人获得此姓。沈惟岳原是大使，在中国的官位比同行人高，所以相应地获得比其他人高一级的姓。

张道光和孟惠芝，《新撰姓氏录》左京诸番上记载："嵩山忌寸，唐人外从五位下（船典、赐绿）张道光入朝焉。沈惟岳同时也"，"嵩山忌寸，唐人正六位上（本丑仓、赐绿）孟惠芝入朝焉。沈惟岳同时也"。丑仓的"丑"字乃"司"字之误。司仓一职，《唐六典》卷三〇上州中州下州官吏条载："（上州）司仓参军事一人，从七品下。……（中州）司仓参军事一人，正八品下……（下州）司曹（曹当作仓）参军事一人，从八品下。"赐绿见于《旧唐书·舆服志》："贞观四年又制，三晶以上服紫，五品以上服绯，六品、七品服绿。"由此看来，张道光和孟惠芝二人均为唐朝的七品官。

晏子钦和徐公卿，《新撰姓氏录》左京诸番上记载："荣山忌寸，唐人正六位上（本岳、赐绿）晏子钦入朝焉。沈惟岳同时也"，"荣山忌寸，唐人正六位上（本判官、赐绿）徐

魏晋南北朝隋唐时期的海路文化交流

---

[1] 唐平百济之后，有八清水连和杨津连两氏，冒称唐将王文度后裔，徙居日本（《新撰姓氏录》右京诸番上）。据《两唐书》百济传载，熊津都督王文度到朝鲜后旋即去世。又据《续日本纪》天平宝字五年三月条载，此二氏为百济人，兹不论。

[2] 姓是日本古代氏族的氏名上所加的称号。古代大和政权，根据豪族世袭分掌的职务，相应地授予他们各种姓，建立起尊卑等级秩序，亦即"赐姓"。氏姓制度是日本朝廷实行政治统治的组织形态。天武天皇十三年（684 年）整顿旧氏姓制度，将众多的姓统一为真人、朝臣、宿祢、忌寸、道师、臣、连、稻置八色，以提高天皇和皇族的权威。

公卿入朝焉。沈惟岳同时也"。晏子钦的官职,据前引《续日本纪》天平宝字六年五月丁酉条记载为"司兵",故"国岳"应是"司兵"之误。司兵一职,《唐六典》卷三〇上州中州下州官史条载:"(上州)司兵参军事一人,从七品下。……(中州)司兵参军事一人,正八品下",此二人均明记"赐绿",故应是唐朝七品官。关于此二人的记载,又见于《类聚国史》卷七八、赏赐:"延历十七年六月戊戌,敕唐人外从五位下嵩山忌寸道光、大炊权大属正六位上清川忌寸斯麻吕、鼓吹权大令史正六位上清根忌寸松山、官奴权令史正六位上荣山忌寸诸依、造兵权大令史正六位上荣山忌寸千岛等,远辞本蕃,归投国家,虽预品秩,家犹口乏,宜特优恤,随便赐稻。""(延历)十八年正月甲戌,唐人大学权大属正六位上李法琬、大炊权大属正六位上清川忌寸斯麻吕、造兵权大令史正六位上荣山忌寸千岛、官奴令史正六位上荣山忌寸诸依、鼓吹权大令史正六位上清根忌寸松山等给月俸,口其羁旅也。"由于晏子钦和徐公卿文二人均改日本名字,所以荣山忌寸千岛和荣山忌寸诸依到底谁是晏子钦、谁是徐公卿,不得而知。

五税儿,《新撰姓氏录》左京诸番上记载:"长国忌寸,唐人正六位上(本押官、赐绿)五税儿入朝焉。沈惟岳同时也。"他得到赐姓一事,见于《续日本纪》延历三年(784年)六月癸丑条"正六位下吾税儿赐永国忌寸",亦是在到日本20余年之后。其任官及家人事迹,未见记载。

卢如津,《新撰姓氏录》左京诸番上记载:"清川忌寸,唐人正六位上(本赐绿)卢如津入朝焉。沈惟岳同时也。"其赐姓记载见于《续日本纪》延历五年(786年)八月戊寅条"唐人卢如津赐姓津川忌寸",亦是在他迁居日本20余年之后的事。任官方面,上书延历二十四年(805年)十一月丁卯条载"授唐人正六位上清河忌寸斯麻吕外从五位下";《类聚国史》卷九九、叙位四、弘仁十三年(822年)正月己亥条载"外从五位下清川忌寸斯麻吕……从五位下"。官职见前引《类聚国史》卷七八、赏赐条,任大炊权大属,亦非重要官职。

沈庭助,《新撰姓氏录》左京诸番上记载:"清海忌寸,唐人正六位上(本赐绿)沈庭助入朝焉。沈惟岳同时也。"除此之外,其赐姓和任官的情况未见于史籍。从他们一行人的事例推测,其赐姓最早也在迁居日本20年之后。

据前引《续日本纪》天平宝字五年八月十二日条记载,送使沈惟岳一行的官人留在日本的应有9人,除上述8人外,应该还有1人。最有可能属于此一行人的,是下述马清朝或者沈清朝。但到底是谁,因为史料缺乏,难以判定。

马清朝,《新撰姓氏录》左京诸番上记载:"新长忌寸,唐人正六位上马清朝之后也。"赐姓记载见于《续日本纪》延历七年(788年)五月丁巳条"唐人马清朝赐姓新长忌寸"。其任官及家人情况未见记载。

沈清朝,《新撰姓氏录》右京诸番上记载:"净山忌寸,出自唐人赐绿沈清朝也。"赐姓的时间不详,当同于以上诸例。其族人见于史籍者有清山总世。①

除了沈惟岳一行人之外,还有个别迁居日本者,诸如,李元环《续日本纪》天平胜宝二年(750年)二月乙亥条载:"幸春日酒殿,唐人正六位上李元环授外从五位下",同书天平宝字五年(761年)十二月丙寅条载:"唐人外从五位下李元环赐姓李忌寸"。天平

---

① 《类聚三代格》十二,齐衡三年(856年)九月二十三日"太政官符"。

宝字七年(763 年)正月壬子任"织部正,出云介如故"。翌年十一月戊戌进位"从五位下",任出云员外介。天平神护二年(766 年)十月癸卯"授五位下李忌寸元环从五位上。……以舍利之会奏唐乐也"。宝龟二年(771 年)十一月丁未叙正五位下。《新撰姓氏录》左京诸番上记载:"清宗宿祢,唐人正五位下李元环之后也。"其受赐清宗宿祢姓的具体时间,"可能在延历十一年(792 年)以后的延历年间"①。

皇甫东朝和皇甫升女。皇甫东朝于天平八年(736 年)八月伴随遣唐副使中臣朝臣名代迁徙到日本。关于此二人的事迹,《续日本纪》天平神护二年(766 年)十月癸卯条记载:"从六位上皇甫东朝、皇甫升女并从五位下。以舍利之会奏唐乐也。"

王希逸,《续日本纪》延历十年(791 年)五月乙亥条记载:"唐人正六位上王希逸赐姓江田忌寸,情愿也。"除此条外,未见其他记载。

清内宿祢雄行,《三代实录》元庆七年(883 年)六月十日条记载:"从五位下行丹波介清内宿祢雄行卒。雄行字清图,河内国志纪郡人也。本姓凡河内忌寸,后赐清内宿祢姓。昔者唐人金礼信、袁晋卿二人归化本朝云云。年七十三。"清内宿祢雄行一族精通儒家文化,他本人为德天皇讲解《孝经》,应该是当时比较著名的学者,因而为日本朝廷录用,获得较高的"宿祢"姓。

袁晋卿,《续日本纪》天平神护二年(766 年)十月癸卯条记载:"正六位上袁晋卿……并从五位下。以舍利之会奏唐乐也。"神护景云元年(767 年)二二月丁亥,称德天皇"幸大学释奠"时,他从五位下升为从五位上,是时担任大学的音博士。神护景云三年(769 年)八月甲寅出任日向守,宝龟九年二月庚子回京担任玄番头。延历四年(785 年)正月辛亥转任安房守。《新撰姓氏录》左京诸番上载:"净村宿祢,出自陈袁涛涂也。"《续日本纪》宝龟九年(778 年)十二月庚寅条记载:"玄蕃头从五位上袁晋卿赐姓清村宿祢。晋卿唐人也,天平七年随我朝使归朝,时年十八、九,学得《文选》《尔雅》音,为大学音博士,于后历大学头、安房守。"净村宿祢的"净"字和清村宿祢的"清"字,在日语里发音相同,净村也写作清村,显然,净村宿祢出自袁晋卿一族。从袁晋卿所担任的大学音博士、大学头等职务不难看出,他在日本主要不是作为官人,而是作为学者,依靠自己的文学才华为日本吸收唐朝文化做出巨大贡献而受到朝廷的重用,这一点还可以从弘法大师空海撰写的《为藤真川举净丰启》中得到证明。② 空海在启文中写道:"晋卿遥慕圣风,远辞本族。诵两京之音韵,改三吴之讹响,口吐唐盲发挥婴学之耳目。遂乃位登五品,职践州牧。男息九人,任中而生。"袁晋卿的九个儿子中,见于记载的有弘、秀及最弟三人。据上引空海启文称"弘、秀两人,则任经中外,俸食判官,并皆降年,短促不幸而殒。最弟一身,孑然孤留,是则真川等受业之先生也。文雅陶心,廉贞养素。去延历中沐天恩于骏州录事,次迁亲王文学",全家皆为儒学之士。此外,袁晋卿还有养子袁常照父子二人。《日本后纪》延历廿四年(805 年)十一月甲申条记载:"左京人正七位下净村宿祢源言,父赐绿袁常照,以去天平宝字四年奉使入朝。幸沐恩渥,遂为皇民。其后不幸,永背圣世。源等早为孤露,无复所恃。外祖父故从五位上净村宿祢晋卿养而为子。"文中称袁晋卿为外祖父,可知其父袁常照为袁晋卿的入赘女婿,

① 〔日〕佐伯有清:《新撰姓氏录的研究》第四卷,吉川弘文馆 1981 年,第 466 页。
② 收入空海:《遍照发挥性灵集》卷四,壶井老铺,1900 年。

日本称作"养子"。从"赐绿"的记载可知,袁常照在唐朝大概是六七品官,天平宝字四年(760年)出使日本,不幸早逝。其子源为袁晋卿所收养,延历二十四年十一月改姓春科宿祢。

(二)唐移民在日状况及影响

上述唐朝移民所取得的最高等级的姓为宿祢,计有清海宿祢、清宗宿祢、清内宿祢、净村宿祢和春科宿祢五例。沈惟岳原为大使,在唐朝的官品亦高,所以获得比同行其他人高一级的宿祢姓。袁晋卿和清内宿祢雄行获得宿祢姓,是因为他们在传播唐朝文化方面做出了卓越贡献而受到日本朝廷的重视。春科宿祢是由净村宿祢的改姓,无须再论。最多见到的是忌寸姓。村尾次郎氏认为,日本一般授予中国人忌寸姓,而授予三韩人连、造等姓,赐姓标准明确,似为不成文规定。[①]众所周知,天武天皇新定八姓中,忌寸姓要高于连、造等姓。也就是说,日本朝廷特别优待唐人及其他中国移民,胜于三韩移民。但从当时的实际情况来看,村尾氏的见解颇可商榷。

赐姓问题是研究日本的大陆移民史的重要方面。太田亮《日本上代社会组织的研究》认为,天武天皇新定八姓中的真人和朝臣相当于旧姓的公和臣,授予皇族;宿祢相当于旧姓的连,授予日本贵族;忌寸相当于旧姓的直,授予地方长官国造和有势力的氏族,对移民来说,此乃是最高等级的姓。也就是说,在赐姓上存在着严格的血统限制。这一赐姓原则一直到天平胜宝二年(750年)仍严格遵循,但此后就发生了根本性的变化。《续日本纪》是年正月丙辰条记载:"从四位上背奈王福信等六人赐高丽朝臣姓。"也就是将皇族的姓授给了外国移民,而打破赐姓上血统限制原则的是高句丽氏族。从天平胜宝七年(755年)到宝龟十一年(780年)的25年间,共有74件改姓事例。其中,外国移民获得朝臣姓的有百济移民1支,而在5支获得宿祢姓的移民氏族里,中国移民仅有清村宿祢(袁晋卿)1支。到弘仁(810—823年)初年为止,取得朝臣姓的5支氏族全为移民。

实际上,日本政府并非一律授予唐朝移民忌寸姓。前述八清水连迁徙到日本之后,被赐的姓为"连"。《续日本纪》天平六年(734年)九月戊辰条载:"唐人陈怀玉赐千代连姓。"可知也有授连姓的。《续日本纪》养老六年(722年)四月辛卯条载,"唐人王元仲始造飞舟进之,天皇嘉叹,授以五位下";前引《类聚国史》卷七八赏赐条载"唐人大学权正六位上李法瑛";《续日本后纪》承和元年三月丁卯条载"敕,在大宰府唐人张继明,便令肥后守从五位下粟田朝臣、饱田麻吕相率入京",以及前述皇甫东朝和皇甫升女等例子,均未见赐姓;《三代实录》元庆元年(877年)十二月二十一日条记载:"令大宰府,量赐唐人骆汉中并从二人衣粮。入唐求法僧智聪在彼二十余载,今年还此。汉中随智聪来。智聪言曰:'汉中是大唐处士,身多伎艺。知其才操,劝令同来。不事趁求,独取艰涩。愿加优恤,以慰旅情。'诏依请焉。"骆汉中身多伎艺,又有才操,是日僧智聪特意聘来的人才,而日本朝廷只不过赐其"衣粮"略加优恤而已,未见任何特别优待。而且,从迁居日本到取得姓,都经历了颇长的岁月。由此观之,在日本获得何种姓,与本人原来的身份地位颇有关系,而不取决于国籍或民族。

---

① 《氏姓崩坏所见移民同化之情况》,《史学杂志》第52—57页。

关于官位官职。在上述唐朝移民官员中，以仕宦出身的李元环官位最高，为正五位下。在日本古代，四位以上为上层官僚。而唐朝移民所担任的均属于中央或地方的中、下级官吏。若与早期的大陆移民，特别是和三韩移民相比较，则唐朝移民仕途之平淡更为醒目。在大陆移民中，最早官升四位的是百济国义慈王的曾孙郎虞。他在亡国后逃到日本，元明天皇（707—715年）时任从四位下摄津亮。① 从天平九年到贞观十二年（737—870年）的133年间，共有8位大陆移民担任公卿以上要职。其中，三韩移民6位，而中国移民仅2位②，无一是唐朝移民。而首先成为中纳言者，亦是三韩之百济移民。《日本后纪》延历二十三年（804年）四月辛未条载："中纳言从三位和朝臣家麻吕薨……其先百济国人也。为人木讷，无才学，以帝外戚，特被擢进，蕃人入相府，自此始焉。"总之，在赐姓和任官方面都看不出唐朝移民受到任何特殊优待。③

最后，我们再简单地考察一下唐朝移民的经济境况。唐朝移民大多是个别地、零散地迁徙到日本，主要居住于京城。他们不同于早期的移民，未能成为拥有土地和依附人口的地方大族建立起自己的势力基础，而只能凭借个人的才能出仕朝廷以维持生计。因此，他们在经济方面并不富裕。从前引《类聚国史》卷七八赏赐条所载"远辞本蕃，归投国家，虽预品秩，家犹口乏"，即可示其一斑。特别是他们一旦受到朝廷的冷遇，便立刻陷入贫窘的境地。袁晋卿家族的例子就是明证。④ 由于唐朝移民家境贫寒，所以日本朝廷不时要下令"宜特优恤，随便赐稻"⑤，采取补助措施。

唐朝国力强盛，文化远播。唐人自愿徙居日本者并不多。大致说来，有以下几种情况：一是战争，如唐灭百济时的唐俘等；二是到日本后，因为某些原因而滞留不归，遂成移民；三是自愿到日本传教，如鉴真一行等；四是受日本招聘；五是与日本人通婚，如《日本纪略》延历十一年（792年）五月甲子条载："唐女李自然授从五位下。自然从五位下，大春日净足之妻。入唐娶自然为妻，归朝之日，相随而来"，等等。除第三、四类外，一般说来，移居日本者的文化素质并不太高，到日本后亦不可能成为有组织的移民势力，主要依靠个人的才能各自谋生，在日本所起的作用和受重视的程度不如早期的移民。

隋唐时代，日本同中国建立了大规模的交往关系，直接吸收中国文明，且日本亦在各方面培养起本国的人才，基本上能适应社会发展的需要。中央集权的律令制建立起来后，亦不允许氏族集团势力的独立存在与膨胀，只能被纳入国家体制，官吏必须凭着个人的才能服务于朝廷，在新的形势下移民在文化史上的意义日渐降低，作为劳动力的意义更已消失，所受重视的程度也大不如前。日本朝廷对吸收唐文化和对待唐移民是有区别的，并不因为积极引进唐文化而无原则地优待唐移民。在律令制下，移民起作用的形式有了很大的变化，由以往的集团形式变为更注重个人的才能，发展起来的

---

① 《续日本纪》天平神护二年（766年）六月条百济王敏福薨传载：（郎虞）"奈良朝廷从四位下摄津亮"。
② 这8位移民是百济王南典、百济王敬福、和家麻吕，菅野真道（以上百济）、高丽朝臣福信（高句丽）、春澄善绳（新罗）、坂上艾、田麻吕和坂上田村麻吕（中国）。见《公卿补任》第一册，吉川弘文馆。
③ 关于中国与三韩移民在赐姓、任官和经济生活等方面的比较，详见韩昇：《渡来人の先祖传承および渡来形态について》，日本富士施乐公司小林节太郎纪念基金，1992年版。
④ 详见空海：《性灵集》卷四《为藤真川举净丰启》和《日本后纪》（卷一三）延历二十四年十一月十九日条。
⑤ 《类聚国史》卷七八，赏赐。

社会要求更高层次的人才。例如，萨弘恪之于日本的律令编制，袁晋卿之于文学教育，鉴真之于天台宗等方面，杰出人物对社会的贡献和影响是巨大而深远的。我们丝毫不能低估唐朝移民对日本社会发展的贡献。①

第二节　隋唐文化对日本的全面影响

一　隋文明对日本飞鸟文化的影响

日本飞鸟文化时期，主要是 6 世纪后半叶至 7 世纪前半叶，特别是以日本推古朝（593—628 年）和中国隋朝（589—618 年）前后为中心的日本接受中国文化的时期。

（一）日本飞鸟文化的形成及其佛教特征

当时在日本近邻的朝鲜半岛，高句丽日趋强大，日益威胁着百济、新罗。475 年百济都城被攻陷，被迫南退。为摆脱危机，它一面不断向中国南朝的梁、陈朝贡，并有密切的文化往来，一面又想拉拢倭国，以为抵抗之助。作为一种补偿及友好表示，它不断把吸取自南朝的文化向倭国"输出"。隋统一中国后，百济又感受到日益兴起的新罗扩张的压力。本着同样的理由，它进一步向倭提供文化"援助"。高句丽自 6 世纪后半期起，渐受日益崛起的新罗的威胁，也欲与倭国通好抵抗新罗；为拉拢日本，也把它在同中国北朝的往来中吸取的文化向倭国"输出"。隋统一中国后，高句丽感受到隋的威胁，本着同样考虑，也努力与倭通好并派送僧人去倭。由于上述的国际背景，使得倭国具有从朝鲜半岛汲取中国南北朝两方文化的有利条件。

飞鸟文化与弥生、古坟文化相比，无论在思想上、艺术上都具有更高的水平，内容也更丰富。它具有如下几个特点。

第一，它的传播媒介与承担者主要是两部分人，一部分是过去来自中国大陆的具有先进生产技术和文化技能的移民的后裔；另一部分是由百济、高句丽来的掌握中国南北朝先进文化成果的使节、僧侣、技术工人、士大夫等。他们传播的文化内容是中国南北朝双方（包括朝鲜）的文化成果，因而飞鸟文化是具有强烈国际性的文化。

第二，它是以佛教为基调的文化。

第三，它是由氏姓贵族、豪族们享用的文化。就地区而论，它主要集中在以飞鸟王都所在地为中心的畿内及其外围地区。

飞鸟文化中，特别令人瞩目的，首先是佛教的兴隆。538 年佛教正式传入日本。587 年在崇佛与排佛的论争中崇佛派取胜后，推古二年（594 年）的兴隆佛教之诏，从此为弘扬佛教大开了方便之门，臣、连等竞造本氏族的私寺。苏我氏率先营建飞鸟寺（法兴寺），至 596 年大致完成。此前的 577 年，百济在送来经论等的同时曾送来造佛工、

---

① 韩昇：《唐朝到日本的移民及在文化方面的影响》，《社会科学战线》1993 年第 6 期，第 153—158 页。

造寺工。① 588年，百济又献佛舍利、寺工、炉盘博士、瓦博士、画工等，当年"始作法兴寺"②。估计飞鸟寺之营建，主要是通过他们之手完成的。因为过去日本只习惯于土中埋柱式的建筑，对于寺院所用的建筑在台基及柱础上的中国式歇山顶或庑殿顶建筑是毫无经验的。此寺金堂的释迦如来像，是由中国大陆移民司马达止之孙鞍作止利所做，足见此寺之成，主要是由百济来的僧人、工匠进行指导再加上移民的后裔共同合力完成的。

其后，圣德太子在斑鸠营建法隆寺，大约在推古十三年（605年）基本完成。该寺的建筑形式，除使用上述中国古典建筑的样式外，其"云肘木""云斗"等建筑样式，反映了其混有中国汉代及北魏、北齐时代的风格。

在推古朝时期，百济、高句丽不断派使节及僧人来倭国，并赠送佛像、佛经及佛事用品。连圣德太子也是向高句丽僧人慧慈学的佛法。慧慈在推古三年（595年）来到倭国，直到推古廿三年归国，在倭国停留20年之久，与圣德太子关系非常密切。朝廷委任由百济、高句丽来的高僧为僧正、僧都。当时的佛教正处在逐步由氏族佛教向国家佛教的过渡期。

飞鸟时代的佛教艺术造像也受到了中国、朝鲜的影响。当时最著名的佛教造像雕刻大师是鞍作止利，他的祖父司马达止据传原为梁朝人，也就是说，他是由中国大陆经朝鲜来日的移民的后裔。鞍作止利是鞍作部（金工技术者集团）的首领，飞鸟时代的许多著名佛像都出自他的手下。他雕像的技法，称为"止利式"。例如，苏我氏的飞鸟寺金堂内的铜造释迦如来坐像（俗称飞鸟大佛），即为他7世纪初的作品。佛为长脸，宽衣博带，可以看出是受到中国云冈后期和北魏后期开凿的龙门石窟前期风格的影响。

法隆寺金堂本尊的铜造镀金的释迦三尊像，是623年为祈祷圣德太子冥福命鞍作止利造的，是止利式的典型造像，可能源自中国北魏龙门石窟中6世纪前期的宾阳洞本尊，同时也受到东西魏形式的影响。又如，法隆寺梦殿观音像，脸长，体躯扁平，衣纹左右对称，也表现出从北魏到东西魏佛像形式的影响。

到了飞鸟时代末期，即7世纪中期以后的造像，如法隆寺金堂四天王像、百济观音像等，身躯细长而滚圆，增加了丰满及重量感。这些佛像比北魏更进一步，与北齐、北周的佛像很相似。这表明飞鸟时代末期，已受到北齐、北周雕刻样式的影响。

飞鸟时代的佛教僧侣及造寺工匠多来自朝鲜半岛，而其佛教艺术却表现出中国北朝（北魏——东、西魏——北齐、北周）的影响，是有其原因的。因为随着印度佛教的传入，其佛教艺术也随之传入中国。到北魏时，中国佛教艺术大放异彩，敦煌千佛洞、大同云冈石窟、洛阳龙门石窟等都是中国化佛教艺术高度发展的结晶。前秦苻坚在高句丽小林兽王二年（372年）时，把僧人、佛像、经典送给小林兽王，从这时起，佛教及北朝的佛教艺术渐传入高句丽。另外，在384年，中亚（一说印度）来的胡僧摩罗难陀奉东晋孝武帝派遣去百济，将佛教传入百济宫廷，故朝鲜半岛的佛教及佛教艺术分别接受了来自中国南北朝两方的影响（只是目前反映南朝影响的遗物还比较少）。

---

① 《日本书纪》卷二〇，敏达天皇六年十一月条。
② 《日本书纪》卷二一，崇峻天皇元年条。

（二）儒教及其他大陆文化的影响

除佛教外,儒学也进一步传入日本。如前所述,在 4 世纪后半期,中国的儒学传入朝鲜半岛。自从 6 世纪初起,百济向倭国派五经博士,向倭国统治阶级上层分子讲授儒学并定期轮换。在 6 世纪,百济不断向梁遣使,"求涅槃等经疏及医工、画师、毛诗博士,并许之"①。圣德太子在 593 年被立为皇太子兼摄政之前,曾向高句丽来日的博士觉哿"学外典","并悉达矣"②。日本所谓"外典",是指除佛教以外的典籍,当时主要是儒学。从前述的圣德太子制定的"冠位十二阶"的名称和"十七条宪法"的思想渊源看,当时倭国统治阶级中的少数上层分子对儒学开始有了初步的领会。③

此外,据《日本书纪》载,在敏达天皇六年(577 年)十一月,百济国王遣使"献经论若干卷,并律师、禅师、比丘尼、咒禁师"等。④ 据有的日本学者认为,所谓"咒禁师"分为道咒系与佛咒系两种,此处可能是属于道咒系。⑤ 又,推古天皇十年(602 年),百济僧人观勒来倭国,"贡历本及天文、地理书并遁甲、方术之书也。是时选书生三四人,以俾学习于观勒矣"。⑥ 这里的"遁甲、方术",可能是趋吉避凶之术,是属于道教的范围。后来,在推古十九年(611 年)、二十年(612 年)的五月五日,都有举行"药猎"的记载⑦,这也是有关道教信仰的活动。由此可见,在推古天皇时期,道教已有传入日本的一些端倪。

关于科学技术知识方面。如上所述,在 602 年,百济僧观勒曾携带历书、天文、地理书等来倭国(至于历书是否付诸应用,有赞否二说)。据《日本书纪》载称,推古十八年(610 年):"高丽王贡上僧昙征,昙征知五经,且能作彩色及纸墨,并造碾硙。盖造碾硙始于是时欤?"

在音乐、歌舞方面。早在 6 世纪中叶的日本钦明朝廿三年(562 年),大将军大伴狭手彦奉命西征高句丽,回国时,吴人智聪赍儒释方书,"明堂图一百六十卷、佛像、乐器,相随俱来"。智聪自称为吴国主后裔,带到倭国的器物中还有江南盛行的伎乐舞假面。据《日本书纪》推古二十年(612 年)载:"百济人味摩之归化。曰:学于吴,得伎乐舞,则安置樱井,而集少年令习伎乐舞。於是,真野首弟子新汉、齐文二人习之,传其舞。"⑧这里所谓的"吴",系倭人对中国江南一带的泛称。就是说,倭通过百济学到了中国江南的舞乐。

在推古朝时,中国江南风格的庭园艺术也通过百济传入倭国。例如,推古天皇二十年(612 年),"自百济国有归化来者,其面身皆斑白……能构山岳之形……令构须弥山形及吴桥于南庭,时人号其人曰:路子工"⑨。所谓"吴桥",估计就是中国江南式庭

① 《南史·梁本纪》武帝条。
② 《日本书纪》卷二二,推古天皇元年四月条。
③ 有的日本学者认为"十七条宪法"系伪作,姑存疑。
④ 《日本书纪》卷二〇,敏达天皇六年十一月条。
⑤ 〔日〕上田正昭:《飞鸟文化与渡来人》,见《飞鸟与万叶·佛教传来之波》,讲谈社 1983 年版,第 71 页。
⑥ 《日本书纪》卷二二,推古天皇十年十月条。
⑦ 《日本书纪》卷二二,推古天皇十九年五月、二十年五月条。
⑧ 《日本书纪》卷二二,推古天皇二十年是岁条。
⑨ 《日本书纪》卷二二,推古天皇二十年是岁条。

园中的"小桥流水人家"之类的意境。

通过上面这些例子,也可看出倭国通过百济输入某些方面的中国江南文化。

推古朝中日文化交流还有另一条渠道,那就是遣隋使。遣隋使有时偕留学生、学问僧一同赴隋,以达到汲取中国文化的目的。例如,第二次(607 年)遣隋使到隋后,"使者曰:'闻海西菩萨天子重兴佛法,故遣朝拜,兼沙门数十人来学佛法。'"[①]第三次(608 年),即当隋使裴世清返国,小野妹子奉命再度赴隋时,同时派出"遣于唐国学生倭汉直福因、奈罗译语惠明、高向汉人玄理、新汉人大国、学问僧新汉人日文、南渊汉人请安、志贺汉人惠隐、新汉人广齐等并八人"[②]。值得注意的是,上述这些被派去的人,一般都在中国停留很长时间,再加上隋朝国祚甚短,故往往到唐朝初年才回国。他们的归国时间,例如,倭汉直福因是唐高祖武德六年(623 年),僧曼(即新汉人日文)是唐太宗贞观六年(632 年),惠隐是贞观十三年(639 年),南渊请安、高向玄理是贞观十四年(640 年)归国。他们后来在传播唐文化、促进 645 年的大化革新、推动其后的改革事业中都起了重要作用。因而,从推古朝来说,这是一个此时播种留待后代收获的时期,是为唐代中日文化交流的高潮作准备的过渡时期。

从汲取大陆文化的途径来说,这个时期,是由经过朝鲜半岛间接汲取,转为向中国派使直接汲取;由一定程度上比较被动的汲取,转而向中国主动汲取的时期。当然在被动汲取阶段中,有时也有主动的方面。例如,4—6 世纪时,倭国派兵去朝鲜半岛时掠取一些技术人才;在推古朝时,向百济、高句丽索要有用人才等。而由通过移民及其后裔的传播,变为派留学生、学问僧有目的地汲取,显然是为更高的高潮作了铺垫和准备。[③]

二 唐文化对日本的全面影响

唐继承和发展了隋的统一事业,建立了强大的专制主义的中央集权制的封建国家。至开元(713—741 年)、天宝(741—755 年)年间,社会经济高度繁荣。这样一个政治、经济、文化高度发展,法制完备的封建大帝国,成为屹立世界东方的亚洲政治、经济、文化的中心,自然成为周围各国无限向往的所在。同时,唐代实行比较尊重其他少数民族的开明的民族政策。其对外政策,一方面为希图建立万国来朝的世界性的封建大帝国,有时对近邻的"强敌"采取"远交近攻"的政策(如征伐高句丽),但大部分时间内对绝大多数的国家采取和睦相处、友好交流的政策。唐朝统治者一般优遇与尊重外国使节,对来唐的外国人一般也尊重其生活习惯、宗教信仰,使其安居乐业甚至登仕录用;再加上当时周围有多条海、陆路可与唐畅通,因之,许多国家(据统计达 70 国之多)与唐交往,进行频繁的经济、文化交流,成为中国封建时代对外交流的高峰时期。

由于日本地处近迩,过去又有与中国长期交往的历史传统,唐日交流尤其令人瞩目。此时期是日本汲取中国文化的高潮期,两国的文化交流全面展开。而遣唐使和留学生、学问僧的不断派遣,则是这一个时期文化交流的主要形式和突出表现。由于这

---

① 《隋书·倭国传》。
② 《日本书纪》卷二二,推古天皇十六年九月辛巳条。
③ 王晓秋、大庭修:《中日文化交流史大系 1·历史卷》,浙江人民出版社 1996 年版,第 94—101 页。

些入唐人员的推动,带来了日本全面汲取中国文化的热潮。

在大唐建立后的第五年,623 年,即唐高祖武德六年、日本推古天皇二十一年七月,在隋时来中国留学的日本学问僧惠齐、惠光,医师惠日、福因等随同新罗赴日使节一同返日。"惠日等共奏闻曰:'留于唐画学者,皆学以成业,应唤。且其大唐国者,法式备定之珍国也,常须达。'"①对于他们所奏闻的前一点,无须多解释。因为此时距离 7 世纪初遣隋使的派出,已有 20 多年,当时随同来中国的留学生(僧)早已学有所成。至于后一点,由于唐朝建立后于武德二年(619 年)以隋代开皇律令为基础加以增删,制定了五十三条新格,开始了唐代的法制建设。继之,在武德四年(621 年)下诏撰定律令,至武德七年(624 年)完成,并颁行天下,这一年已是惠日等回国后的次年。尽管惠日等回国前唐代的法制建设尚未完成,但在这些经历过隋末唐初的情况的日本人看来,隋有开皇律,唐初平定天下后有武德二年的五十三条新格,这已可算是"法式备定之珍国"了。无论如何,这一奏闻对日本后来决定派出遣唐使来唐汲取文化起了重要作用。日本从 630 年派出第一次遣唐使,到 894 年正式决定停派为止,共任命 18 次或 19 次。②

由于对遣唐使的任命经过慎重权衡,选取的是了解中国汉文化的人,这些人一旦到了唐土,必然充分利用这一宝贵机会,如饥似渴地进行学习。例如,他们到了长安之后,有时请求参谒孔子庙堂、礼拜寺观(第八次,多治比县守)③;有时还参观唐的府库及三教殿(第十次,藤原清河等)。④ 当时正值盛唐的玄宗时期,官库充满各种书籍。据史籍记载,开元十九年(731 年)唐玄宗幸集贤院时,所藏四库书总数达 89000 卷。玄宗准许他们参观一切府库,特别是藏有九经三史的三教殿,必使他们收获不小。由此例可推知,其他各次遣唐使也必有利用唐府库的藏书增长见识的机会。也有的为学中国儒学,拜唐儒为师,向其学习儒学经典。例如,717—718 年来唐的第八次以多治比县守为押使的遣唐使,曾请唐的儒士授经。唐玄宗下诏,命四门助教赵玄默"就鸿胪寺教之,乃遗玄默阔幅布,以为束脩之礼"⑤。另外,遣唐使的随员中,也有许多通晓各种技艺的人才,他们也不放过入唐这一学习的机会,向唐的有关人士学习各种技艺。例如,838 年,第 17 次入唐的准判官藤原贞敏,喜音乐,是当时日本弹琴的名手之一。入唐后向善琵琶的刘二郎学艺,向刘赠沙金 200 两,"二郎授以数曲,不几极其妙。二郎叹赏,授谱数十卷,以女妻之。女亦善琴筝,贞敏传习新声数曲。及归朝,二郎赠以紫檀、紫藤琵琶各一面,贞敏因定琵琶四调,传于世"⑥。后来,贞敏在日本历任雅乐助、扫部头等职,以琵琶历仕三代天皇。⑦ 又如,京都右京的医师菅原棍成,明医理,以遣唐医师及请益医的身份,也随同第 17 次遣唐使入唐。在唐期间,向唐的医师请教医

① 《日本书纪》卷二二,推古天皇卅一年七月条。

② 〔日〕森克己:《遣唐使》,至文堂 1966 年初版,1972 年重版,第 25—28 页。〔日〕木宫泰彦《日中文化交流史》一书,认为共任命 19 次,因他将 667 年任命伊吉博德送唐驻百济镇将刘仁轨所派特使司马法聪至百济那一次也列入,故多一次。但正式遣唐使来唐,仍是 12 次,两书结论相同。笔者从森克己的计算方法。

③ 《册府元龟》卷九七四,《外臣部·褒异》一。

④ 《大日本史》卷一一六,《列传》第四十三。

⑤ 《旧唐书·日本传》。

⑥ 《大日本史》卷三四三,礼乐十。

⑦ 《日本三代实录》卷一四,贞观九年十月四日条。

经中的疑问之点。返国后,为针博士,并被任命为天皇的侍医。[①] 在同一次遣唐使中,还有被任命为遣唐阴阳师兼阴阳请益生的春苑玉成,在唐曾得《难义》一卷,返日后,以此教授给阴阳寮的学生。[②]

他们在唐期间,还尽量搜罗中国书籍文物,或雇人抄写,或接受唐人赠送,或自己出资购买。例如,任第八次遣唐使押使的多治比县守,"所得锡赉,尽市文籍,泛海而还"[③]就是一个例子。另外,他们还极力罗致对日本有用的学者、艺人、僧侣、技工等同去。例如,第九次遣唐使大使多治比广成来唐时,曾聘请袁晋卿、皇甫东朝去日本,此二人皆善于音乐。袁除音乐外,还精于文字、音韵,"通《文选》《尔雅》音"。袁去日后,赐姓清村,对于日本汉音的发展有许多贡献。当称德天皇神护景云二年(768 年),他和另一唐人曾在法华寺舍利会奏唐乐。皇甫东朝有功于日本的唐乐。天平神护二年(766 年),他和另一唐人合作在舍利会上奏唐乐,叙从五位下。神护景云元年(767 年)任雅乐员外助,兼花苑司。在唐期间,遣唐使一行往往与唐的文人、学士多所交游,诗文酬答,与一些人结下深厚的友谊。

许多次遣唐使都偕有若干留学生、学问僧一同来唐。遣唐使的重要任务之一是负责把与他们同来的留学生介绍给唐朝,并帮助他们安排好在唐的学习与生活。当时大部分留学生被介绍到国子监中的国学、太学等学府就学。唐朝廷当时对各国留学生采取比较优容的政策,接受各国留学生到这些官方学府中就读,并由官方支给他们衣粮,保证其衣食住等生活条件。遣唐使的前期及中期,这些留学生一般在中国停留时间较久,多在十几年以上。因为他们即使搭乘下次遣唐使船返国,中间间隔也往往有十数年,因此他们对中国文化濡染较深。到了后期,渐渐出现了"请益生""请益僧"。他们大多是对中国文化的某一领域已有一定的造诣,现在来唐只是就某一方面的专门问题向唐有关人士请教,因而停留时间较短,至多不过一两年,多随该次遣唐使一同返回。例如,著名的日本僧人最澄等都属此类。

日本来唐的留学生及学问僧,据日本有关学者的研究,确知姓名的留学生有 20 余人,学问僧约在百人上下,两项合计共 120—130 人。[④] 根据中国学者胡锡年先生的推算,真正携带留学人员来的遣唐使团,大概只有 12 次,其总数估计在 200 余人或 300人左右。[⑤]

在这些来唐的留学生中,据日本史籍说,"播名唐国者,唯大臣及朝衡二人而已"[⑥]。此处所谓"大臣"者,系指归国后曾任右大臣的吉备真备。朝衡(晁衡),即著名的留学生阿倍仲麻吕的汉文名字。他们二人在留学生中知名度最高,分别代表了留学生中归国效力和终老唐土两种类型。

---

① 《日本文德天皇实录》卷五,仁寿三年六月辛酉条。
② 《续日本后纪》卷一〇,承和八年正月甲午条。
③ 《旧唐书·日本传》。
④ 据森克己的《遣唐使》中推算留学生人数,确知姓名者共 26 人,学问僧 92 人。据木宫泰彦著《日中文化交流史》中统计,确知姓名的留学生为 27 人,留学僧 108 人。
⑤ 胡锡年:《唐代的日本留学生》,收入中国日本史研究会编《日本史论文集》,三联书店 1982 年版,第 66—67页。
⑥ 《续日本纪》卷三三,天宗高绍天皇(即光仁天皇)条。实际上还有其他人,如近年被发现的井真成墓志铭的主人公井真成等。

吉备真备于 695 年出生于一个世居吉备国的低等贵族家庭。少年时入大学寮学习过六七年,获得从八位下的低等官职。715 年,当他 22 岁时,元正天皇任命多治比县守为第八次遣唐使团的押使,吉备真备被选为去唐的留学生。次年,与阿倍仲麻吕同乘一船来唐。他在唐 17 年专心致志于学业,兴趣广泛,不仅钻研儒家的五经、三史、明法,而且还学习算术、音韵、书法、天文、历学、兵事、礼仪、祭祀、建筑等各种实用之学,所以名声远播,为中国人所熟知。直到下一次遣唐使来唐时,才随他们在 734 年回国。回国时,携归《唐礼》《乐事要录》《写律管声》《太衍历经》《东观汉记》等书。归国后,向朝廷献上所携归的书籍及器物等,被任命为大学寮助教,后又任东宫学士,为皇太子(后来的孝谦天皇)讲授《礼记》《汉书》,把盛唐的儒学及时介绍给日本。750 年,被任命为遣唐副使。完成使命归国后,任太宰大贰等军政要职,把唐的兵法用于日本。最后,升任到右大臣(正二位)的高位,这无论在遣唐的留学生中还是遣唐使节中,都是擢升职务最高的一位。

阿倍仲麻吕是仰慕大唐文化而终身仕唐的留学生的代表。他出身于中等贵族家庭。其青少年时代正是唐、日间往来频繁,日本如饥似渴地学习唐文化的奈良时代初期。716 年,他作为留学生,随第八次遣唐使一起入唐,时年 19 岁。遣唐使离唐返国后,他留在唐土,入国子监太学学习,以学儒学经典为主。结业后,以进士科及第,被任命为春宫坊司经局校书,后擢为左拾遗。733 年第九次遣唐使来唐时,他请求归国,被玄宗挽留,继续仕唐,曾任秘书监兼卫尉少卿。753 年,随第十次遣唐使登上归国之途,中途海上遇险,辗转从安南又回到长安,擢为左散骑常侍、镇南都护。770 年,终老于长安。他虽始终眷恋故国,但因种种原因未能如愿。许多书中都指出,他与吉备真备齐名,是遣唐留学生的"双璧"。二人相比,各有千秋。吉备真备比较注意实用之学,回国后,在政治、文化、军事方面施展才干。而阿倍仲麻吕则是一个才华横溢的诗人,善诗能文,因而与盛唐著名诗人李白、王维等结下深厚的友谊。他留居、仕唐的 50 多年间,不仅为唐效力,而且当 733 年、752 年日本遣唐使来唐时,他都尽力协助来自祖国的使节,起了斡旋、引导和中介的作用。

终身居唐者除了阿倍仲麻吕,还有其他一些人。例如,第十次遣唐大使藤原清河以及其他一些民间人士,由于种种原因未能归国,在唐娶妻生子,繁衍后代。在唐扎根者颇不乏人,这也是日唐文化交流与友好往来日益深化的表现。

比来唐的留学生人数更多的是来唐的学问僧,其人数大约在留学生人数的 3.5 倍以上。据日本有关学者的解释,是因为僧人生活费用较少,且可依靠唐人布施、四处化缘来维持生活①,因而似乎多派学问僧是为了节省政府开支。但根据中国学者胡锡年先生的研究,实际情况恰恰相反。他们入唐后,到处巡礼、从师、收罗资料,其所需费用往往比留学生更为昂贵。而造成日本朝廷更多派学问僧入唐的原因,主要是由于:①唐国子监名额限制很严,不能多收学生;②日本当时崇信佛教,乐于多派学问僧到中国来留学,输入新起的教派;③日本当时虽然经过大化革新加强了皇权,但政权仍为少数世家豪族所垄断,他们不愿培养出太多出身不同但可能参与政权的高级人才,以免对他们的特权地位造成潜在的威胁,而学问僧回国后仍继续修行,对政治的影响不那么

---

① 森克己:《遣唐使》,至文堂 1966 年版,第 121 页。

直接,因而他们顾虑较少。① 显然,胡先生的见解值得重视。这些 3.5 倍于留学生人数的学问僧涌入唐土,自然在整个汲取大唐文化的洪流中占有重要地位,值得深入研究。

大概说来,由于学问僧来唐的主要目的是寻求佛法,因而,他们的主要活动是访著名寺院,寻师求法;同时,参加寺院的各种佛事活动,抄写、购买经卷及购买佛画、佛具等佛事器物。另外,有时也与中国文人来往,把一些儒家经书、文集等带回日本。他们最主要的业绩,是把当时唐代佛教的各主要宗派介绍到日本。其中,比较典型而又影响颇大的,可以空海为代表。

空海,774 年(日本光仁天皇宝龟五年,奈良时代末期)出生于赞岐国多度郡的郡司佐伯直家。他自幼随着精通儒学的舅父学习汉文文章、史传和儒家经典,还曾入京城大学寮明经科学儒学,从而打下儒学及汉文修养的坚实基础。18 岁时,背儒向佛。20 岁前后撰《三教指归》,明确表示皈依佛教。其后,剃发为僧,受具足戒。此后,初步接触一些密教经典,领会一些教义,但尚未正式入密教之门。801 年,桓武天皇任命藤原葛野麻吕为第 16 次遣唐大使,空海得以随同入唐。经过他努力争取,并得以随大使等进入长安。805 年,他去青龙寺拜见当时著名密教传人惠果和尚,以为师主。惠果和尚很快就授他胎藏界、金刚界灌顶,最后又授他传法阿阇梨的灌顶礼,授予他以“遍照金刚”的灌顶名号,使空海获得了密教正宗嫡传和向后代人传法的身份。当年十二月,惠果圆寂。在弥留之际,嘱咐空海迅速回到日本,把密教传到东土去。这使空海改变原来长期滞留的打算,积极抄写经论,收集密教的蔓荼罗和法具等。806 年,他携带大量新译经、密教经典和其他典籍返回日本。816 年,在今和歌山县高野山创建金刚峰寺,以为创建真言宗的根本道场。从此,他所创立的真言宗与最澄创立的天台宗并列,成为平安时代日本佛教的两大派别。密教还渗透到其他宗派,使得日本平安时代以后的佛教几乎都受到它的影响。

空海不仅是日本密教——真言宗的开创者,还由于他对中国文化有很深造诣,其影响还及于其他文化领域。在文学上,他著的《文镜秘府论》,是日本第一部关于汉诗文的理论著作。他著有《篆隶万像名义》,是日本第一部汉文辞典。他还是当时著名的书法家,与嵯峨天皇、桔逸势共称为“三笔”,是把中国书法艺术传给日本的第一人。此外,在美术、教育、兴修水利等领域他都有所贡献。

与空海来唐学习,汲取中国文化相辉映的,还有一位东去日本传播文化的中国佛教大师,即著名的鉴真和尚。鉴真(688—763 年)于唐中宗嗣圣五年出生于扬州,俗姓淳于。少时正值武则天当政,大力提倡佛教,他 14 岁出家,705 年受菩萨戒,起法名“鉴真”。后游学洛阳、长安,受具足戒,开始研习以传持戒律为主的宗派——律宗。自713 年回扬州后,开始讲律宗,在以扬州为中心的江淮一带宣传戒律,授戒度人。授戒弟子共 4 万多人,成为名满华中一带的“授戒大师”。732 年,日本僧人兴福寺荣叡、大安寺普照,作为入唐学问僧,随第九次遣唐使一同来唐。他们除研修佛教之外,由于当时日本佛教还未建立正规授戒制度,“私度”以逃避课役的现象严重,因而他们还担负

---

① 胡锡年:《唐代的日本留学生》,收入《日本史论文集》,中国日本史研究会编,三联书店 1982 年版,第 65—85 页。

着邀聘高僧去日本担任传戒师、建立传戒制度的使命。于是,于742年去扬州大明寺拜访鉴真,恳请"东游兴化",鉴真慨然允诺。他率领弟子们从此开始了743—753年十年间六次东渡的艰辛历程。中间几经天灾人祸的波折,颠沛流离,以致荣叡端州寂化,鉴真双目失明。费尽千辛万苦,终于在以藤原清河为大使的第十次遣唐使团的主动邀请与协助之下,乘副使大伴古麻吕的船,于753年十二月到达日本。从此,鉴真在东大寺设立戒坛,为日本圣武天皇等授戒,在日本佛教界建立了正式授戒制度。其后,在东大寺建立戒坛院、唐禅院;后来又建立了唐招提寺,作为教育和训练僧侣执行授戒制度的专门寺院。鉴真把严格的授戒制度和以钻研戒律为主要内容的律宗教义传入日本,使它成为南都六宗之一,保证了律令制下国家对佛教的控制。

此外,鉴真及其弟子一行对日本文化各领域都有积极的影响。他们所营建的唐招提寺,是日本迄今最为典型的唐代建筑的遗存。寺内的雕像如金堂中的卢舍那佛坐像等,与盛唐时期敦煌的彩塑及唐代龙门石刻的风格一脉相承,影响了以后的日本雕塑艺术。鉴真还通晓医药,到日后传授医道和制药方法。他去日时,还带去中国"二王"(王羲之、王献之父子)及其他书法家的真迹,促进了日本书法艺术的发展。所以,鉴真大师成为中日友好与文化交流的一面旗帜并非偶然。他的被邀请与最后能成功地实现东渡,乃是与第九、第十两次遣唐使有关。因而,如果说他们一行的东渡也是遣唐使作用的一部分,并非过言。[①]

三 中日跨海文化交流的著名使者

(一)阿倍仲麻吕

唐玄宗天宝十三年(745年)秋天,著名诗人李白在苏州提笔写下了《哭晁卿衡》。诗中写道:

> 日本晁卿辞帝都,征帆一片绕蓬壶。
>
> 明月不归沉碧海,白云愁色满苍梧。

这是李白听说日本朋友阿倍仲麻吕(汉文名字晁衡)乘船回国的途中在海上遇难的消息后,怀着沉痛的心情写下的怀念他的诗篇。实际上,这消息只是误传,但这在中日文人交往的历史上却成了一段感人的佳话。

日本灵龟二年(716年)八月二十日,元正天皇任命了多治比县守为遣唐押使,组成了一个共557人的庞大外交、学习使团准备赴唐。阿倍仲麻吕不过是19岁的青年人,但由于他刻苦攻读,才学出众,又兼有一定的门第和地位(他当时是叙从八位上),所以也被遴选为赴唐的留学生。这次与阿倍仲麻同行的留学生中,还有后来相当著名的吉备真备、大和长冈等人。任命以后,照例要经过一系列的准备和例行的活动。然后,终于在第二年(717年)三月,这个500多人的庞大使团分乘四艘船由难波(今大阪)启程,经过濑户内海,到九州的筑紫,然后折而向南,走南岛路,即经过平户岛、种子岛、屋久岛、琉球、石垣岛,然后西行,横断东海,直奔中国大陆长江口岸一带。当时由

---

① 本部分主要引自王晓秋、大庭修:《中日文化交流史大系1·历史卷》,浙江人民出版社1996年版,第101—113页。

于造船、航海、气象知识还比较贫乏,遣唐使经常在海上遇难,不断有人葬身鱼腹。所幸这次还算顺利,在当年十月平安到达长江口岸,可能是在扬州登陆。扬州设有观察使,见到遣唐使节来了,一面向朝廷报告,一面迎接使节,进一步派向导引导他们北上,或乘马,或乘车,或乘舆陆行,或用小船在运河上航行,并且沿途派有士兵进行护卫。他们取道江北,经运河,通过安徽凤阳,过河南东部的淮扬(今陈州),再经洛阳,过潼关,最后到达此行的目的地——大唐首都长安。

遣唐大使们在进行例行的外交礼仪、朝贡、参观等活动以后,在718年十月返回日本。当时许多国家都派留学生来学习。阿倍仲麻吕决心留下来,进行深入的学习。他进入了最高的贵族学府——国子监中的太学学习。这是一个收容四品以上的官员的子弟的高级学府。在当时唐高宗、玄宗在位时期正是奖励经学的时候,他在太学学的也主要是以儒家经典为主,从而使他在儒学以及诗文方面打下了深厚的根基。经过八九年长期刻苦的学习,他克服了语言、风土人情上的许多障碍,以优异的成绩结束了太学的学习,并且参加了唐朝的科举考试,在当时相当被重视的进士科的考试中及第。这对于中国儒生甚且相当难,更何况对于外国人。他在进士及第以后不久,就被任命为太子瑛的书库——春宫坊的司经局校书,是正九品下,管理典籍的官员。当时,中国文人储光羲写的《洛中贻朝校书衡》一诗有"方国朝天中,东隅道最长;朝生美无度,高驾仕春坊"的诗句,就刻画出了这时阿倍仲麻吕踌躇满志的神态。

其后,727—731年,他又被任命为左拾遗,属门下省,从八品上,掌管供奉、上谏、扈从、乘舆等事。731年,由于京兆尹崔日知的举荐,拔擢为从七品的左补阙。所谓"补阙",就是凡是国家有过阙就要由他加以补正,是一个带有谏上任务的官吏,必须见识、才智都很高的人才能担任。这一任命说明唐朝廷对于阿倍仲麻吕的才能评价很高。

开元二十一年(733年)八月,以多治比广成为大使的遣唐使,在来唐的航海途中,遇风飘到苏州(他们是当年四月从难波出发的)。由于遣唐使船每隔十几年才能来一次,阿倍仲麻吕认为是回归祖国的少有的好机会,于是便和与他同乘一条船来的著名留学生吉备真备一起请求随同遣唐使回国。这时,有些平日与他有交往的中国文人们,听说他即将回国,便纷纷前来与他话别,赠诗留念。例如,流传至今的赵晔《送晁补阙归日本国》一诗,便是一例。但结果却出乎他的意料之外,唐朝廷只同意了吉备真备回国的要求,阿倍仲麻吕感到非常失望。于是情不自禁地赋诗道:

慕义名空在,输忠孝不全。

报恩无有日,归国定何年?

诗中明显表露出由于双亲年迈竟然不能回国侍奉,竟然造成对唐尽忠与对双亲尽孝不能两全的困惑和感慨。尽管感慨,但是君命难违,他只得眼睁睁地目送完成了使命的多治比广成大使以及与自己同来的吉备真备一行从苏州出海,就归国之途。但这支船队出海之后因为遇到风暴,船队四散,多治比广成所乘的第一船漂到昆仑国,大部分人被杀,只有广成等四人经过九死一生才又返回唐朝。由于阿倍仲麻吕代他向唐皇奏明,希望重新予以接待,给他们衣粮旅费,并且请求协助他们从渤海路返回日本。蒙唐皇允准,在738年三月,二次送他们由登州入海,五月到了渤海界。虽然又遭风暴袭击,但到十一月他们总算历尽艰辛回到了日本的首都平城京。

在送走多治比广成为首的遣唐使团以后,阿倍仲麻吕依然留在大唐,唐王朝确实也没有亏待这位异乡作客、效忠大唐的日本杰出学者。唐玄宗第十二子封为仪王之后,任命阿倍仲麻吕为仪王友。"友"这一官职,根据《大唐六典》(卷二九)的规定,是从五品下的官,对于王,他负责陪伴游玩、"规讽道义"等事。给阿倍仲麻吕这一重任,不仅从官阶上是一种提升(原来左补阙是从七品上),而且与亲王经常共处,说明对仲麻吕道德文章信赖之深。

从752或753年起,他晋升为卫尉少卿(卫尉寺卿的副职,从四品上)。接着,753年升任秘书监兼任卫尉卿。卫尉卿是唐代政府中九寺之一的卫尉寺的长官,管理器械、文物、武库、武器、守宫三署等,是从三品。秘书监是秘书省(六省之一)的长官,是唐代皇帝藏书机构,相当于皇家图书馆馆长,从三品,其地位相当于中央各部(吏部、户部等)的尚书与侍郎之间,掌管经籍图书之事。唐代大学者如魏征、虞世南、颜师古等相继担任过秘书监,位置很高。唐朝在太宗、玄宗时期是十分重视图书的搜集、整理、校定、使用的,这大大促进了唐代藏书事业的发展,使它成为图书事业的黄金时代。秘书省在其中又起了很大的作用。

正当8世纪50年代初,他任秘书监兼卫尉卿身跻大臣行列的时候,从大海彼岸的日本又来了一批遣唐使。这就是752年年底到达的以藤原清河为大使,大伴古麻吕、吉备真备为副使的第十次遣唐使。仲麻吕奉玄宗之命,作为接待官员迎接了他们。他们到达后不久就赶上第二年(天宝十二载,753年)的新年,各国使节们照例都要到宫中朝贺。玄宗出御含元殿,接受各国使节的朝贺。在各国使节出席典礼仪式的座位排列上,东班第一位是新罗,而日本居于西班第二位,无形中等于把日本排在新罗之下,日本使节以新罗历来向日本朝贡为由向唐朝提出抗议,阿倍仲麻吕既为了维护自己祖国的荣誉,也为了替唐朝排解忧难,尽力斡旋,才把日本和新罗的席位倒换过来。

这一年,仲麻吕56岁,离开祖国已经30多年了,虽然备受恩宠,但总还是不免思念故土,他又向皇帝提出申请,希望与藤原清河等一同回国。吉备真备也尽量劝他回去。唐玄宗虽然也再三挽留,但在他多次请求之下,终于同意他代表朝廷作为护送日本朝贡使的特使,与遣唐使一同返回日本。消息一经传开,在中国30年间与他素有交谊的友人们,都怀着依依惜别的心情,前来送别,不少人赋诗赠句表达这种友好的情谊。著名大诗人王维写有《送秘书晁监还日本国》,在诗前的序言中,还简述了他来唐的经过,对他倍加赞扬,其诗曰:

> 积水不可极,安知沧海东。
>
> 九州何处远,万里若乘空。
>
> 向国惟看日,归帆但信风。
>
> 鳌身映天黑,鱼眼射波红。
>
> 乡树扶桑外,主人孤岛中。
>
> 别离方异域,音信若为通。

仲麻吕也以惜别的心情,写下了下面的诗句,并把一把宝剑送给了朋友们。其诗曰:

> 衔命将辞国,非才忝侍臣。
>
> 天中恋明主,海外忆慈亲。

伏奏违金阙，骈骖去玉津。

蓬莱乡路远，若木故园邻。

西望怀恩日，东归感义辰。

平生一宝剑，留赠结交人。

这次送别中所表现出来的动人的情谊，是阿倍仲麻吕来唐 30 多年中与唐代诗人、文友所结下深厚友谊的生动体现。

藤原清河一行由长安启程，向扬州进发。唐朝派特使一路相送，沿路派官员妥为照顾。十月十五日，到扬州时，仲麻吕与藤原清河及副使等还曾一同去延光寺拜访鉴真。当时鉴真已五次渡日失败。藤原等人曾对鉴真表示，欢迎他乘坐这艘船去日本（后来鉴真的确乘了第二船，到了日本）。十一月十五日，遣唐使团人员分乘四艘船（阿倍仲麻吕与藤原清河同乘第一船）从苏州附近的黄泗浦出发。当回归祖国的愿望即将实现之际，仲麻吕望着天空中皎洁的月亮，思乡之念不禁油然而生，于是做了和歌一首：

翘首望长天，

神驰奈良边。

三笠山顶上，

想又皎月圆。

他们的航行走的是南岛路。自起航后，当年十一月二十一日，第一、二船同到阿儿奈波（即今冲绳岛）。当第一船出发向奄美大岛前进途中，因为遇上暴风雨，与其他船只失去了联系。第二、三、四只船都到了日本。而第一船却漂到了安南境内。由于语言不通，全船大部分人都被当地居民杀害，船上仅有藤原清河和阿倍仲麻吕等十余人得以侥幸生还。估计这时已是 754 年以后的事了。

这样，第一艘船遭难的消息传到中国，使得仲麻吕许多在唐的朋友都认为他已经遭难，纷纷对他表示哀悼。李白在 754 年秋天到苏州时写诗悼念他，就是一个例子。

在第二年（755 年）发生了安禄山的叛乱。按当时的情况推测，阿倍仲麻吕可能在 754 年 6 月，至晚在安禄山叛乱之前，就与藤原清河一起回到了长安。756 年 6 月潼关失陷，玄宗出长安逃往四川避难，估计仲麻吕可能同往。757 年 12 月仲麻吕随玄宗一同回到长安。随后，在 759 年，日本派高元度为使节去唐，希望迎接藤原清河回日本。但因为当时"安史之乱""残贼未平，道路多难"，760 年唐敕令高元度等暂先归国。这样，就使得仲麻吕和藤原清河最后失去了回国的机会。

在肃宗的上元年间（760—761 年），可能由于仲麻吕忠心追随唐室，提拔他为左散骑常侍和镇南都护。左散骑常侍属门下省，从三品，掌管侍奉、规讽、备顾问、应对之役，是高级的侍从。至于镇南都护，正三品，是掌管安南方面边境的军司令官。后来，到 766 年，镇南都护又改为安南都护，同时任命他兼任安南节度使；也可能是由于他在回国船只遇难的时候曾经漂流到安南，从而对当地有一定了解之故。不仅如此，在 766 年当年，由于安南当地发生了土人侵扰德化、龙武二州（在今越南的西界、云南的东南部）的事件，他曾奉诏亲自去当地，做安抚当地土人的工作且颇有成绩。当年他已经是 69 岁的高龄了。第二年（766 年），已 70 岁的他自动辞任，回到长安。

770 年，阿倍仲麻吕在长安，终老在中国的土地上，终年 73 岁。死时，他所任的官职有"大唐光禄大夫、右散骑常侍兼御史中丞、北海郡开国公(食邑三千户)",而且唐朝廷考虑他生前的助绩,还追赠他潞州大都督。50余年后,在日本仁明天皇开成元年(836年)五月,由仁明天皇诏敕,追赠他正二位。他身后受到日、唐双方的褒奖和追赠,并不是偶然的。因为他作为日本的一个读书人,学成于唐,终身留居唐50多年,历任各种重要官职,他对大唐无限忠心,竭诚为大唐效力,做出了贡献,而且在沟通唐日两国关系(如接待来唐的遣唐使及一系列斡旋工作)上起了桥梁作用。尤其令人不能忽视的是,在他身上既可以看出当时日本文化人对大唐先进文化的渴慕和钦仰,把唐朝作为自己的第二祖国,同时,在他身上又保存着对祖国河山、景物和人民的深刻怀念,希望尽一切机会利用所学报效祖国。这两方面在他身上有机地结合在一起。只是由于大海风浪的偶然阻隔,使他回国效力的愿望没能实现。

(二)吉备真备

吉备真备,原名为"真吉备",入唐后改为"真备"。他是吉备国的豪族下道国胜的儿子,所以本姓下道。后来,由圣武天皇赐姓吉备。他的父亲国胜任右卫士少尉,就是说,他出身于一个低等贵族的家庭。

真备最初在大学里学习,任官到从八位下。关于他青少年时的情况,虽然没有多少材料,但他是与阿倍仲麻吕同时代的人(他比仲麻吕大三岁),估计也会像仲麻吕一样自幼生活在崇尚盛唐文化的风气之中。

716年当元正天皇任命多治比县守为第八次遣唐使的押使之后,也决定派吉备真备与阿倍仲麻吕一起充当去唐的留学生,当年他22岁。第二年(717年)和阿倍仲麻吕同乘一条船奔往久已渴慕的大唐。这二人船上所奠定的同舟共济的友谊,在以后长期发挥作用。

入唐以后,他并没有像阿倍仲麻吕那样进入国子监的太学学习,而是经过请求,由唐玄宗下诏,令四门助教赵玄默在鸿胪寺教授他以儒家经典。他在唐专心致志于学业,共达17年。他勤勉好学,钻研儒家的五经、三史、明法(律令格式)、算术、音韵、书法、天文、历学、兵事、礼仪、祭祀、建筑等各种实用之学。所以,在唐的日本留学生中能够才名远播,为中国人士所熟知。一直到下一次以多治比广成为大使的遣唐使在734年离唐回国的时候,吉备真备才随同他们一起回去。由于他在唐时的悉心寻访,在回国时携回了大量典籍和文物,大体上可以分成以下几类。

(1)书籍。重要的共有《唐礼》130卷,可以作为日本制定典礼上的参考。武则天选编的音乐书《乐书要录》10卷以及《写律管声》12条,有助于日本吸取唐在音乐方面的成果。天文历学方面,有《大衍历经》1卷,《大衍历立成》12卷。把这些有关大衍历的书籍携入日本的结果,推动了日本在763年废除仪凤历,采用大衍历。另外,他还找到了《东观汉记》一书,把它抄写一份带到日本。这可以看出他还关心历史学。

(2)器物方面。他带回了天文观测用的工具——测影铁尺1个、乐器铜律管1部及铁如、方响等。在武器方面拿到日本去的尤其多。例如,马上饮水漆角弓1张,露面漆四节角弓1张,丝缠漆角弓1张,这些都是马上使用的角制短弓,便于骑兵使用;射甲箭20支,它的镞比较长,可以用来射铠甲;平射箭10支,是练习用箭。由此可知,他在唐期间十分留意吸取军事方面的成果。他还在唐学会了围棋,带回了棋盘和棋子。

有人说,围棋是由他传到日本去的。

吉备真备是在734年动身回国的。中途虽然也曾遇到暴风雨,但毕竟是冲破艰险,在第二年春天到了日本,经过九州的太宰府回到京城。回国后,他向日本朝廷献上了携来的中国书籍、器物等。回国后不久,他就被授予正六位下的官位(在出国前是从八位下),被任命为大学助教,即在日本朝廷管辖下的最高学府——大学寮教书。当时大学寮共设明经、文章、明法、算学、音韵、书法六科,真备在这六科目中都担任讲授工作。他把从唐学来的新知识全部注入在大学寮教授的科目之中,并且帮助大学寮作了一些改革和创新。例如,在文章道中采用"三史"——《史记》《汉书》《后汉书》作为教科书,估计就是开始于真备。这一做法使大宝令规定下的学制走上了一个新的阶段,即改变了过去以经学为本位的学制,为在大学中成立和发展"纪传道"(专修中国纪传体史书和《文选》)打下基础,同时对日本撰修史书也给予了很大的帮助。

当日本孝谦天皇还是皇太子的时候,就曾以真备为师,进讲《礼记》《汉书》,很有可能是把他作为从唐朝回来的学者而聘他进讲的,而这些都是真备从唐朝学来的东西。

737年由于痘疮流行,藤原氏家族中几个政府中的重要人物相继死去,使得政治实权落入桔诸兄之手。真备与桔诸兄走得很近,成为他的顾问,和玄昉一起照顾生病的宫子皇太后,担任"中宫亮"的职务(中宫是皇后、皇太后、太皇太后的三宫之别称,亮是为中宫服务的官职)。由于宫子迅速痊愈,使真备在738年就升为从五位上,改任左卫士督,得以用其兵术之才。由于真备和玄昉被提拔到中央机关,激起了藤原氏贵族的不满。740年,光明皇后的内侄太宰少贰藤原广嗣起兵叛乱,要求除去真备与玄昉。结果,在朝廷发兵征剿之下,叛乱很快被平定下来。真备被任命为东宫学士,为皇太子阿倍内亲王(就是后来的孝谦女帝)讲授《礼记》《汉书》。不久,他又转任右京大夫(即皇城的市长)。

749年真备所教的皇太子即位,就是女帝孝谦天皇,当年改元为天平胜宝。真备升为从四位上的官位。但孝谦女帝即位的初期,由于藤原仲麻吕掌握权力,真备受到嫉视,被贬为筑前守(福冈县长官)、肥后守(熊本县长官),在九州生活了14年。

孝谦天皇天平胜宝二年(750年)任命了藤原清河为遣唐的大使,大伴古麻吕为副使。当真备知道这一消息之后,重新燃起赴唐学习的强烈愿望,再三要求去唐。朝廷考虑到他的才能和愿望,终于任命他为这次遣唐的副使,与大伴古麻吕并列。

752年年底,当他们到达中国的时候,遇到了当年与他一同去唐留学的阿倍仲麻吕,这二人一个是久留唐土而思念祖国,一个是学成返国而仍旧仰慕大唐。吉备真备此来,除了在阿倍仲麻吕陪同下参观了三教殿、帝室藏书之外,唐玄宗还授予他银青光禄大夫以及和阿倍仲麻吕一样的秘书监、卫尉卿等职务。753年他们启程返日。航海途中遇风吹散船队,漂流到益久岛,754年到纪伊牟娄崎,最后终于回到京师。经过这一番颠沛流离,他总算不辱君命,因而他和另一个副使大伴古麻吕同时被提升为正四位下的官位。接着,先后任命他为大宰少贰和大宰大贰,到任所九州,他用大部分时间来处理军政事务。755年,唐朝发生了安禄山叛乱。日本为预防安禄山叛军散兵袭扰九州,积极谋求预防措施。他在765年奉命去筑前负责筑怡土城,并且建议在九州且耕且战,备御来袭,朝廷完全同意他的建议,显示出他的军事才干。760年,日本朝廷遣派授刀舍人春日郡三关、中卫舍人土师关成等人向他学习从唐学来的诸葛亮八阵图和孙武的九地结营法。可见,当时公认他比较熟悉唐的兵法。762年,当他任大宰大贰任内,为东海、南海、西海各道节度使造棉质袄、胄各2万多具。他完全仿造唐朝的新样式,按五行配色,画甲板形,碧绿地配以朱色,红地配以黄色,黄地配以朱色,白地配以黑色,黑地配以白色,每4050具作一行色。不久,他又转任西海道节度使,管辖筑前、筑后、肥后、丰前、丰后、日向、大隅、萨摩八国。当时,孝谦女帝日益宠信僧人道镜,反对藤原仲麻吕的势力日益抬头。764年,这个被他们压抑很久的人,被任命为督造东大寺的长官,得以从九州返回都城。

当年九月,藤原仲麻吕终于起兵反叛。熟悉兵法的吉备真备被召入朝廷参画军事,叙从三位,任参议兼中卫大将,由他拟定征伐计划。根据他的战术,遣兵设伏,不出17天时间就彻底讨平了这次叛乱。站在藤原仲麻吕方面的淳仁天皇被废。孝谦女帝重登皇位,号为称德天皇。次年,由于吉备真备平叛有功,授勋二等叙正三位;第二年,又被擢升为中纳言,紧接着提升为大纳言;766年升任右大臣,授从二位。当时虽说僧道镜受天皇宠信,但由于真备的才干和从唐学到一系列实用的本领,朝政依赖于真备者实多。后来,天皇还曾临幸到他的府第,进正二位。他以一个低微的门第出身,经过到唐学习,能够升到右大臣的高位,这在遣唐的为数众多的留学生甚至使节中也是很少见的。

769年,当称德天皇因病去世之后,因在皇位继承问题上真备的主张受到排斥,他以年纪衰迈为理由,递上表请求辞仕。天皇下诏挽留。770年,又传来了在唐的阿倍仲麻吕去世的消息,他也不免十分伤感。当他77岁的时候,终于被允许辞任。775年,他以83岁高龄与世长辞,著有《私教类聚》三十八条。

吉备真备在为数众多的入唐留学生中,虽然留唐时间比之阿倍仲麻吕短,却能与他齐名,名播唐国,说明他的才学出众。他与阿倍仲麻吕相比各有所长。仲麻吕比较长于诗文和经学,是中国式的才气横溢的才子;而真备除经史外却更长于带有实用价值的经世之学,是干练的能臣,他在许多方面都能与在唐所学联系在一起,在教育、文化、军事,吏治等方面都充分地应用于日本的实际,对日本的发展产生了重要影响。

(三)空海

空海于光仁天皇宝龟五年(774年)生于赞岐国多渡郡弘田乡的屏风浦(现在的香川县善通寺市),幼名真鱼。父亲叫佐伯直田公。佐伯氏是赞岐国的地方豪族。由于赞岐(今天的香川县)和中央文通便利,是文化上的先进地带;并且他们一族还与中央的佐伯氏有一定的联系,因而他所生长的环境,具有一定的优越性。他自幼随舅父阿刀大足(儒学家,曾经充当桓武天皇的皇子伊予亲王的老师)学习汉文和《论语》《孝经》等儒学书籍。他自幼就聪颖过人,表现出超群的才能。当他15岁(788年)的时候,肩负着一家人的希望,随舅父到新的都城——长冈京。18岁(791年)时进入了大学明经科,学习《诗经》《书经》《春秋左氏传》等儒学书籍。

学习期间,他在学儒学的同时还接触到佛学,并表现出越来越浓厚的兴趣。他18岁(延历十年,791年)时,写了《三教指归》(797年又加修订),他20岁(793年)时,剃发受戒,出家做了沙弥,倾倒于三论宗的教义,正式开始走上为僧的道路。接着,就到各处深山幽谷去苦练修行。两年以后,他22岁(795年),在东大寺戒坛院受具足戒,被命名空海。据传说,在这时(796 年),空海梦中受人启示,在大和的久米寺(现奈良县)东塔下发现了《大日经》。《大日经》是由唐传到日本的密教的根本经典。由于读到它,使得空海被密教的神秘世界所吸引。但由于空海对于艰深的密教教义感到很难理解其真谛,多次向奈良高僧请教也不得要领,痛感必须由阿阇梨直接当面传授才行,因而产生了去唐求法的念头。当时他是奈良大安寺的僧人,正努力寻求新的佛学知识,而大安寺在奈良的许多寺院中,不仅在规模和地位上是第一流的,而且具有很长的历史与学术传统,经常有外国僧人居住,又是带有国际联系色彩的寺院,因而更容易使他把目光投向国外,产生去唐的念头。

801 年,桓武天皇任命藤原葛野麻吕为遣唐大使。空海由于其师勤操替他上表申请,方得敕许准予入唐留学。803 年遣唐使船第一次发船,为暴风所阻,又回到京都。804 年三月,召大使等上殿,赐宴饯行。五月,遣唐使一行由难波津发船;七月,自九州入海。空海搭乘大使所坐的第一船,同船还有入唐留学生桔逸势等。日本平安时代佛教界的另一位名人,日本天台宗的开创者最澄,此时也作为留学僧,乘第二船入唐。第一船在八月到达福州长溪县赤岸镇以南海口。当地官吏由于过去遣唐使船从来未到过,命他们去福州。福州官吏又以没有国书为理由,阻止他们上陆。大使藤原葛野麻吕请空海用他漂亮的汉文文笔写了一封信给当地官吏,福州刺使对他的文采大为赞赏,于是一面上报朝廷,一面请他们登陆。在福州停留的日子里,空海与当地文人有所交游。在这些过从当中,福州当地文人对空海的文才也钦羡不已。例如,当地著名文人马聪,就曾赋诗赞扬空海说:"何乃万里来,非可炫其才。僧学助玄机,土人如子稀。"50 多天以后,朝廷派敕使来,准许入京。谁知福州刺史阎济美不准空海随大使入京,空海冒万里波涛之险,朝思暮想,正是为了能到唐文化中心——长安学习,焉能接受这一决定?于是苦闷之极,又写了一封信给福州刺史,情词恳切地请求入京。福州刺史被这封信打动,才允许他随大使一同去长安。于是,空海随遣唐使一行在十一月三日由福州动身,经过 50 天的路程,经过杭州、扬州、洛阳,十二月二十一日到了长安。

入京后,空海与大使一起住在朱雀门东的宣阳坊官宅。由于第二年正月下旬,正好赶上唐德宗去世,大使以下都参加了服丧举哀的活动。到二月,大使们准备启程回国。新登基的顺宗皇帝赐以恳切的敕语和答谢礼物,慰劳遣唐使一行。在他们准备动身的前一天,延历二十四年(805 年)二月十日,奉敕准空海与留学生桔逸势仍在长安留学。按过去惯例,改住西明寺。在二月至六月间,他以西明寺为根据地,周游各寺,寻师求法。他最主要的活动是学密教。密教是 7 世纪末至 8 世纪时在北印度、锡兰等地形成的佛教的一个教派。由于中国唐代僧人入印度学佛教以及印度僧人来唐,致使密教传入中国,716 年印度僧人善无畏,720 年南印度僧人金刚智、锡兰僧人不空一齐来唐,都致力于把密教经典翻译成汉文,并向中国传播密教。特别是不空,历仕玄宗、肃宗、代宗三朝,形成了中国佛教中以修持密法为主的宗派——密宗。此宗带有神秘色彩,以诵习梵文经典的长句(阿罗尼)、短句(真言)为修法的手段,认为诵习它就可以除去各种障碍,得受各种功德,甚至于即身成佛,因而为统治阶级所特别欢迎。当空海来到长安时,正值不空的嗣法弟子青龙寺灌顶阿阇梨惠果和尚接受了善无畏、金刚智两派系统的密教,在青龙寺传弘密法。空海本来就以解决密教疑难为目的来唐的,当得知惠果的大名,就由西明寺几个僧人带领拜见惠果。而惠果大约早已听到了这位著名日本僧人来长安的消息，正在等待他的来访，很快为他授灌顶礼，收他为弟子。自此，空海刻苦研习佛学，每天到青龙寺受密教，读破《大日经》《金刚顶经》200余卷。由于他的勤奋学习和惠果良师的热情传授，使他很快承受了真言密教的衣钵。到当年六月授空海胎藏界学法灌顶，七月又授他金刚界的学法灌顶，八月又授他传法阿阇梨的灌顶礼并赐他佛教法号为"遍照金刚"。据说，当时惠果曾邀集僧众500人向空海祝贺，可以说盛极一时。此外，惠果还为空海抄写密教经典，命人为他铸造法具，赠送他金刚智时传下来的佛舍利等十余种纪念品。惠果在当年十二月十五日在青龙寺圆寂。在死去之前，曾嘱咐空海，叫他尽早回到日本，把密教传到日本去。惠果圆寂以后，空海改变了原来打算在中国学习20年的计划，准备有机会就申请回国。所以，他积极抄写经论，收集密教的曼荼罗和法具，并且托人大量收集有关儒学、道教、文学、书法等各个方面的书籍，准备带回日本。

正好在延历二十四年（805年）底，藤原葛野麻吕所率领的使团中的判官高阶远成（估计是从日本出发时的第四条船，中途与第一、二船失散）到唐。空海立即提出了回国的申请。次年正月，得到了批准。空海即将回国的消息一经传开，与他已有很多来往的唐朝文人墨客、僧侣，例如朱千乘、朱少端、昙清、鸿渐、郑壬等都来赠诗相送。郑壬（字申甫）的送别诗写道：

> 承化来中国，朝天是外臣。
>
> 异邦谁作侣，孤屿自为邻。
>
> 雁塔归殊域，鲸波涉巨津。
>
> 他年续僧史，更载一贤人。

朱千乘、马聪致空海的赠诗中高度赞扬他的才学说"威仪易旧体，文字冠儒宗""土人如子稀"。空海也深情地赋诗回赠。例如，在《留别青龙寺义操阇梨》一诗中说：

> 同法同门喜遇深，
>
> 随空白雾忽归岑。
>
> 一生一别难相见，
>
> 非梦思中数数寻。

空海的诗，充满着对唐的文人、僧侣们的深厚情谊与依依惜别的心情。

806年八月，判官高阶远成等启程回日本，他就和留学生桔逸势等与他们一起乘船出发；十月，平安抵达日本九州，趁高阶远成赴京之便，托他向朝廷上表文，并呈上携来物品的目录。空海回国时所带回的中国的典籍有：新译经（主要是密教的新译经）142部，247卷；梵字真言赞等42部，44卷；注释经卷的论疏章等32部，170卷；共计216部，461卷。此外，还有《刘希夷集》《王昌龄集》《宋千乘集》和《急就章》等诗文集，欧阳询真迹等书画珍品。另外还带回了法曼陀罗、三昧耶曼陀罗等佛菩萨金刚天像，并传法阿阇梨等祖师影共10幅，秘密修法的道具9种，惠果阿阇梨和尚的嘱咐物13种等。这些典籍、佛像等珍品，对后来日本佛教和文化的发展产生了不小影响。

空海在九州筑前观世音寺小住一段时间之后，就随身携带从唐朝拿回的经疏、书籍、佛像、法具等去京都。入京后，可能是由于最澄的斡旋，被邀请进入京都的高雄山寺（这个寺院在最澄由唐返日后传播天台宗上起过重要作用，是和气清麻吕家的本氏私人寺院），从此开始了空海回国后传播真言密教的历程。821年，他得了痈，次年回到高野山,开始座禅。835 年三月圆寂,终年 62 岁。当时的仁明天皇曾遣使吊问。五月,葬于高野山。空海一生著述近 300 种,500 余卷。延喜二十一年(921 年),山醍醐天皇授予他弘法大师的称号。

空海(弘法大师)不仅在日本佛教史上占有重要地位,在整个日本文化史、中日文化交流史上也占有相当重要的地位。因为他除佛教以外,在其他文化领域也都发挥了中日之间友好交流的作用。

在文学上,空海可以说是一个当之无愧的文艺理论家。他写的《文镜秘府论》,在总结中国汉唐文学作品的基础上,阐明汉诗文的规范和法则,从而成为人们撰写诗文的指导书籍,是日本第一部文艺理论和文艺批评著述。这本书于 820 年写成,共分六卷,对于汉诗文的音韵、体势、对仗、文意、论病等均有所论述,对日本人掌握汉诗文,对以后日本诗歌理论的形成,都起了重要的指导作用。又加上其中征引了许多当时有而后来亡佚的中国诗文作品,因而在搜辑唐人逸诗、佚书上还有补缺的作用,对于考察中国从古诗到律诗的过渡情况,对研究文学理论的发展,都具有重要的参考价值。

此外,空海本人由于自幼研读汉文学,在汉诗文方面有很深的造诣。例如,当在唐的师父惠果圆寂时,在士人如林的情况下,一个来自外国的和尚竟能被推举操觚撰写碑文并受到一致赞扬。据说,唐顺宗看后也颇为满意,当然并非易事,日人至今引以为自豪。又如,他在《三教指归》中的散文,一方面借鉴了唐代小说《游仙窟》,同时反映了他接受了《文选》、司马相如《子虚赋》等四六骈体文的影响。他的收录在《经国集》《遍照发挥性灵集》中的汉诗,无论技巧还是意境都是相当高明的。难怪当时盛唐文人朱千乘,在诗中说他"文字冠儒宗"。

空海所著《篆隶万像名义》,是日本第一部关于汉文的辞典,对每个汉字都标出其篆、隶等各种字体及标音、释义等,全文共 30 卷。它对日本人掌握汉字的字体、来源、意义,都有重要的作用。另外,全书是根据东汉许慎的《说文解字》之后的另一部著名字书——梁时顾野王所著《玉篇》摘要而成。这部书也是 30 卷,在日本只有 14 卷半按昔日原样存留至今,而中国至今所传已非原本,只有从《篆隶万像名义》中可以窥见当年《玉篇》的面貌。

空海还是日本历史上著名的中国汉字的书法家。他在入唐以前,曾研学书法,书法已有相当的水平。到唐以后,除了求法之外,曾拜当时盛唐著名书法家韩方明为师,学习他的《执笔要说》等著作,又得见王羲之、欧阳询、颜真卿等的真迹,潜心摹拟,不到两年,书法大进,对于篆、隶、楷、行、草、飞白等各种字体都很擅长,草体尤为突出。传说,当时唐的宫殿墙壁上的王羲之墨迹因年久而有些地方剥落,唐帝知空海善学二王,命他补写。他大笔一挥,写后几乎和原来的真迹没有两样。唐顺宗曾为此赐他念珠,以为纪念。有的传说,说他写字时用口和两只手、两只脚各执一笔,同时写字,故有"五笔和尚"的称号。也有人说,由于他对篆、隶、楷、行、草五种字体都很擅长,所以才叫他"五笔"。也有人说,空海向韩方明学会"执笔五法",所以得了"五笔"之名。但无论如何,都可以说明他的书法在人们心目中有很高的声誉。回到日本后,他的书法声誉更高。例如有一次,嵯峨天皇向空海表示非常赞叹一位书家的手迹写得如何好,认为一定是唐人的字,可惜不知笔者之名。空海当即说是自己在中国时所写,天皇不信。结果,打开卷轴一看,果然在落款处有"空海"名字。又有传说,说弘仁九年(818 年)修好几个宫门，分别请嵯峨天皇、桔逸势、空海等几位能书家书写门上的匾额。其中"应天门"匾额写好挂上后发现"应"字缺一"点"，不好摘取，就由空海站在地上投笔向匾上，恰好写成点字，然后笔又弹回手中，毫无所失，人称有神助。这一传说反映出他的书法在日本书法史上有很高的地位。在空海之前，日本学中国六朝及初唐的书风，到空海时书风为之一变，完全学盛唐颜真卿等几位大书法家。他之后有几十名书法家，都学空海的笔法。他的笔法传给嵯峨天皇，他和嵯峨天皇并称为当时日本书法的"二圣"，再加上桔逸势共称为"三笔"，他自己则有"书圣"之称。后来的书法家，如小野道风、藤原佐理都学习他的笔法。可以说，他是把中国书法艺术传给日本的第一人。

在唐期间，他又向中国民间学会了制笔法和制墨法并把它带回日本，使它在日本开花结果，为书法艺术奠定了物质基础。

在美术上，从他由唐朝携来的有关物品及回到日本后自己亲手参与创作的美术作品（包括寺院建筑和布局、佛像的雕塑、佛教绘画等）都与密教教义密切联系，体现了密教美术的特点。由于这些作品主要创建于弘仁年间（810—823年），所以被称为弘仁式建筑或弘仁式雕刻，体现出有别于奈良时代作品的不同特点，给日本美术史增添了新的内容和色彩。

此外，在教育事业上，当他入唐时看到中国不仅有国子监等为培养贵族子弟而设立的官方高等学府，同时，在长安每个坊也设有"塾"，每个乡设乡学，以教育幼童。正如他说的："大唐城，坊坊置闾塾，普教童稚；县县开乡学，广导青衿。是故才子满城，艺士盈国。"当时，日本的平安京虽然也有培养政府官吏的大学寮，地方有国学，甚至有势力的氏族为自己本族子弟设私学，但由于没有乡学、塾之类的设施，使一般平民很少有机会能够入学受教育，所谓"贫贱子弟，无所问津"。于是，828年底，他在东寺的东邻，由大纳言藤原三守捐赠房屋，建立了"综艺种智院"。顾名思义，所谓"综艺"，就意味着学所有的学问；"种智"，指掌握一切智慧，包括儒学、佛经、阴阳、法律、艺术、医药等等，就是说，以培养通才为目的。这个学校一直存在了约20年。在当时的社会情况下，他肯于为贫贱子弟打开通向文化的大门是十分难得的。

在农业水利上，空海在弘仁十二年（821年）被任命为筑池别当，离京都去他的故乡——赞岐，协助修复了赞岐平原南部的万浓池，以灌溉周围的农田。当地百姓十分感念他的功绩。他又从中国携回茶种，回国后教给日本人栽培与制茶，并且把茶献给嵯峨天皇。天皇命在畿内、近江、丹波、播磨等国种茶。从此，在日本上流社会中开始有饮茶的风气（之后一度衰落，到宋代荣西又再次携来茶种）。

正如鉴真到日本除了传弘律宗和戒律之外也在各个文化领域发挥了文化使者的使命一样，空海自唐归来后，不仅传弘密教，在日本开创了平安佛教的二大派别之一真言宗，而且在许多领域都做出了贡献。

（四）鉴真

鉴真于唐中宗嗣圣五年（688年）出生于广陵郡江阳县（今天的扬州市），俗姓淳于。他的父亲就是个佛教信徒，曾向扬州大云寺智满禅师受戒学禅。他生在这样一个充满宗教气氛的家庭里，自然受到宗教的熏陶。他14岁那年，就在大云寺（后来改名龙兴寺）当了沙弥，跟他父亲的受戒师智满禅师学习佛法。到了705年，又由当时名满江浙一带,精通佛理,威信极高,曾是中宗的受戒师的道岸禅师授了菩萨戒。经过受戒,由道岸给他起了一个法名,这就是今天誉满中日两国的"鉴真"二字。到他20岁的时候,即707年,又去东都洛阳,再到西京长安游学,713年从洛阳、长安游学归来,回到扬州。他在以扬州为中心的江淮一带宣传戒律,兴建佛寺,授戒度人,授戒弟子共达4万人之多。其弟子中有许多人都成为超群拔萃的人物,他自己更在华中一带为僧俗人等仰为"授戒大师",名声很高。

当时正值732年日本朝廷任命了以多治比广成为大使的遣唐使,第二年从日本出发。在船上搭乘的人员中,兴福寺的荣叡、大安寺的普照两位僧人也作为留学僧一同来唐。他们除了作为留学僧之外,还担负着邀聘高僧去日本担任传戒师、建立传戒制度的使命。因为自从5世纪佛教传入日本之后,最初只有少数奴隶主贵族信仰它,到大化革新之后,新政府力求把佛教推行到全体统治阶级当中去,以利用它来统一思想。由于大化新政府所建立起来的"班田收授法"和租庸调法,把人民变为国家农奴束缚在公田上,受到更苛重的课役剥削,人民被迫不断逃亡。当时规定剃度为僧尼可以免除课役,于是人民纷纷通过"私度""自度"出家,以避课役。这样,就严重威胁到国家的财政收入。为了控制进入僧籍的人数,需要由国家严格授戒制度。但如果没有高僧主持其事,就很难执行像中国那样的三师七证出席(至少需五人出席)的正规授戒制度。正因如此,当荣叡、普照入唐时,就被日本当局委托以邀请高僧来日本担任传戒师、建立授戒制度的使命。

荣叡、普照到中国后,被指定在洛阳福先寺就学。随后,他们请到了福先寺的律僧道璇和从印度来中国的菩提、林邑僧佛彻等。道璇等人在736年随第九次日本遣唐副使中臣名代的船到了日本。荣叡、普照仍留在唐,一方面继续深造,另一方面继续在中国寻求邀聘高僧去日本传授戒律,后来,誉满江淮的授戒大师鉴真和尚成为他们的聘请对象。

742年,他们去扬州大明寺拜访鉴真。当时鉴真正在为众僧讲律。二僧见了鉴真,顶礼膜拜,具述本意:"佛法东流至日本国,只有其法,无传法人。本国昔有圣德太子,曰:200年后,圣教将大兴于日本,今当此运,愿和尚东游兴化。"鉴真和尚听此话也称赞日本"诚是佛法兴隆,有缘之国也"。从此,鉴真携带弟子,开始迈上了艰辛的跨海东渡之途。

鉴真之所以决心受邀东渡,究其原因,第一,因为日本方面荣叡、普照的敦请。第二,因为鉴真自幼在扬州长大和从事宗教活动,唐代扬州是运河经过的南北交通的要冲,而且又是日本来船时横断东海后驶向长江口的必经之地,是一个具有一定国际性的商业城市,容易得知有关日本的情况,并对日本人有一定的亲切感情。第三,由于当时中国佛教的僧籍人数和寺院田产的扩大威胁世俗地主的利益,因而从7世纪末到8世纪初,朝廷不断下令对佛教在经济上、僧籍上、僧尼的活动上加以限制,这些限制对正当壮年有志于献身弘法事业的鉴真来说会感到一定的压力,这也是促使他决心东渡的原因之一。

鉴真东渡,历经艰辛,五次东渡均遭失败,几乎丢掉性命,以至双目失明,依然第六次东渡,终于在753年十二月二十六日到达九州岛上管理对外交涉的机构——太宰府。稍作停留后就动身去奈良。次年二月初一日到达难波,初三日到河内国(大阪府），受到当大纳言藤原仲麻吕所派代表的欢迎。由于遣唐副使大伴古麻吕已事先向朝廷汇报了鉴真的到来，当鉴真一行到达首都奈良时，受到天皇代表安宿王率京城的官僚、僧侣、文人们的热烈欢迎。进入了东大寺后，受到日本佛教领袖的欢迎。遣唐副使吉备真备以敕使名义访问鉴真，代表天皇宣读诏书说：

> 大德远涉沧波，来至此国。朕先造东大寺，经十余年；于大佛西，欲立戒坛，自有此心，日夜不忘。今诸大德远来，冥契朕心，乃是朕之有感。自今以后，授戒传律，一任大德。

不久，奉敕对鉴真等赐予传灯大法师位，并赐给绢、𬘓等物。鉴真之所以刚一到日本就受到如此盛大的欢迎，其根本原因还在于鉴真能帮助日本统治阶级在佛教领域中建立授戒制度，以使国家控制佛教，提高僧侣的质量，控制数量。随后鉴真就在日本统治阶级支持下开展这方面的工作，并日益受到宠信。

754年四月，在东大寺大佛前设立戒坛，由鉴真登坛主持。先为太上皇圣武天皇授菩萨戒，皇太后、孝谦女帝也依次登坛受戒，接着又为400多沙弥授戒。最后，又为55名僧人重授大小乘戒。五月，用为圣武天皇等授戒设立戒坛的砂土，兴建了一个戒坛院，在次年建成。在那里，鉴真又为许多已受过戒的高僧重授具足戒。从此以后，如果不经过像鉴真主持的那种三师七证的授戒仪式，就不能成为正式的僧人了。接着，还在东大寺内修建了唐禅院，作为专门从事训练和教育僧侣的寺院，也委托鉴真受理。756年又任命他为大僧都。

由于学习戒律成为对僧侣的普遍要求，所以来唐禅院学习戒律的僧侣日渐增多，唐禅院没有力量容纳。在鉴真的呼吁下，757年，日本朝廷把备前国的垦田100町施舍给东大寺唐禅院，以充作供养的用费。为了另建一个能容纳较多僧人的寺院，在759年把已死去的新田部亲王的旧宅赐给鉴真。再加上其他施舍，鉴真以这些来源为基础，兴建了唐招提寺。

由于鉴真把中国严格的戒律制度带到日本，使得自此以后非经戒坛院及其所属下寺，不能受度得戒，因而不能取得僧籍。过去习惯于"私度""自度"的僧人自然感到不满。但鉴真始终坚持初衷，决不后退，决不气馁，因而才取得了可观的成绩。

鉴真到日本那年已经是66岁了。经过六次东渡，本来就已身心交瘁，接着为了传戒授法兴建戒坛寺院，劳碌积累损害了他的健康。763年春天，他已经疾病缠身。一天晚上，弟子忍基从做了一个噩梦，梦见唐招提寺讲堂的屋脊和屋梁突然折断，大殿倾倒，顿时惊醒。大家感到师父将要离开尘世。于是着手安排后事，擅长美术的弟子们，模塑了一具坐像（这就是遗留到今天的鉴真和尚坐像）。当年五月六日，鉴真在唐招提寺禅堂里面向西方双腿盘坐，停止了呼吸，结束了76年波澜曲折的人生。

鉴真一行东渡日本的事迹之所以受到人们的千古景仰和敬佩，一方面在于他的百折不挠、不怕困难的顽强奋斗精神，另一方面还在于他架起了中日文化交流的桥梁，把唐朝的先进文化带到了日本，对于形成日本奈良时代的天平文化起了重要作用。

首先，当然表现在佛教上。他起的最直接的作用是把中国的戒律制度传到日本，在日本建立授戒制度。

在建筑、雕塑艺术方面，鉴真及其随行的弟子们（估计其中有娴熟的技术工人）所营建的唐招提寺是反映盛唐建筑、造像精华的宝库。

在医药上,鉴真去日本前,就会医术和本草学。到日本以后,据说在传戒之余,还传授医道和制药方法。鉴真经常为日本人民看病,疗效很好,受到日本人民的赞扬。

日本奈良时代,已开始盛行书法艺术。鉴真去日本时带去中国书法家的墨迹,其中特别是王羲之、王献之父子的墨迹,对此后日本书法艺术产生了影响。鉴真和他的弟子法进就是书法家,今天正仓院内仍保存着他们的墨迹。①

第三节　唐朝的新罗侨民

新罗建国于汉宣帝五凤元年(公元前 57 年),5—6 世纪疆土不断扩大。唐武德四年(621 年),遣使朝贡唐朝,从此朝贡不绝。新罗在唐朝的直接帮助下,于高宗显庆五年(660 年)灭百济,总章元年(668 年)灭高句丽,上元二年(675 年)最后统一了朝鲜半岛。新罗以唐朝的番属国的地位,与唐朝唇齿相依,经济、文化交流频繁密切。史载,新罗贡使贸易额居于诸国之首,"所输物产,为诸蕃之最"②。诸番中来中国留学的,新罗是人数最多的国家之一。入唐求法的,诸番中以新罗僧为最多,居留时间最长。在东北亚海上诸国的贸易中,新罗的商人、译语、船队最为活跃。日本圆仁撰写的《入唐求法巡礼行记》③(以下简称《行记》),作为一部被誉为"波澜壮阔、绚丽多彩的历史画卷"的八万言历史实录④,几乎一半以上的篇幅,记载了新罗人在唐朝的社会活动。

一　唐朝新罗人侨居的分布情况

仅据现在所能看到的有限文献资料来看,新罗人侨居唐境,大概有 7 个道(关内、河南、河北、淮南、剑南、山南、江南道)、19 个州府(归义、徐州、泗州、海州、登州、密州、青州、淄州、莱州、兖州、金州、江州、台州、楚州、扬州、池州、宣州和京兆、成都府)。其中,主要密集在京都长安、河北道和河南道、淮南道沿海诸州、县、村、乡;尤其山东半岛、江淮地区的傍海地区和运河两岸,是新罗侨民的聚居地。

《新唐书·地理志·羁縻州条》卷四三下记载:"归义州(今北京容城东北)归义郡,总章(668—670 年)中,以新罗户置侨治良乡(今河北房山县东南)之广阳城(今房山县东北)。"《旧唐书·地理志·归义州条》卷三九记述:"(归义州)总章中置,处海外新罗,隶幽州都督。旧领县一,户一九五,口六二四。归义,在良乡县之古广阳城,州所治也。"唐隶河北道南部,现在大约在北京市的西南部。另外,考古工作者在现在的山东、河北等省,曾发现不少唐代开采的煤矿遗址,据分析,这些矿洞的开采方法部分是采用新罗的采掘方法。这反映了远涉沧海来到中国的新罗优秀工匠,分布在今山东、河北两省的有一些群体,留居在关内道的新罗人当不在少数。长安是当时世界上第一大国际名城,外国的留学生、传教士、充当质子者、宿卫者、经商的人众多。既然新罗是入唐

---

①　夏应元:《海上丝绸之路的友好使者——东洋篇》,海洋出版社 1991 年版,第 27—71 页。

②　《唐会要·新罗》卷九五。

③　本书国内有顾承甫、何泉达点校本,上海古籍出版社 1986 年版。和白化文等据日本小野胜年译注本翻译、简化整理的校注本《入唐求法巡礼行记校注》,花山文艺出版社 1992 年版。

④　〔日〕圆仁:《入唐求法巡礼行记·前言》。

求法、留学受业最多的国家之一，又是贡使贸易额最多的藩邦，因此，留居长安者当不在少数。史载，"新罗人……入朝，学九年不还者，编诸籍"①。这些人皆以朝命入唐，在长安久居不还。"开元十六年(728年)，(新罗)遣使来献方物，又长表请令人就中国学问经教，上许之"②，"开元中……又遣子弟入太学学经术"③。"开成五年(840年)鸿胪寺籍质子及学生岁满者一百五十人，皆还之。"④"新罗人金忠信以机巧进，至少府监，荫其子为两馆生，(韦)贯之持其籍不与，曰：'工商之子不当仕'……改吏部员外郎。"⑤新罗人朴充于宣、懿、僖三朝在唐为官达24年之久，曾任侍御史。⑥ 天宝时有新罗人仕唐为薛文学、金文学者。⑦ 新罗人金献贞在元和时官至卫尉卿。⑧

长安有新罗寺院，寺院的住持皆为新罗僧，故置寺院的地方，必有新罗人聚居，当属无疑。毕沅《关中胜迹图志》卷二六《兴安古迹祠宇条》说："新罗寺，在兴安州西安里。"台湾省严耕望先生考证寺为唐代旧寺名，相沿而至清，因为新罗僧居留而得名。⑨

圆仁《行记》卷三《会昌三年(843年)正月廿八日条》记述，长安有青龙寺、兴善寺、慈恩寺、资圣寺等寺院，皆住有新罗僧。另外，同上书卷二记有"上都(即长安)章敬寺新罗僧法清"；同上书卷四《会昌五年(845年)三月十六日条》记述(一僧)在大荐福寺侍奉新罗僧为师匠，因僧难，承接新罗僧名字，得住寺；《会昌三年八月十三日条》记述说："为求归国，投左神策军押衙李元佐，是左军中尉亲小押衙也。信敬佛法，极有道心，本是新罗人。宅在永昌坊，入北门西回第一曲，傍墙南壁上，当护国寺后墙西北角。"说明长安永昌坊，有新罗人入唐为官的李元佐住宅。长安醴泉里有新罗人入唐为官者李仁德住宅，他死后葬于私宅。⑩

关内道其他州、府、县新罗人留居的分布情况大致如下：京兆府终南山县，于贞观十二年(683年)，有人俗姓金，法号释慈藏，在云际寺东悬崿之上驾室隐居。⑪ 宣宗(847—859年)时，新罗人金可记(或作纪)，曾宾贡登第，后隐居京兆府终南山县子午谷。⑫ 京兆府鄠县东南六十里有新罗王子台。⑬ 以上资料表明，新罗入唐留学者、求法者、入仕为官者，散居在关内道的人数居多，但从事工商业活动的新罗人是否有，虽然史载不详，仅知其以机巧(应为工商户)进至少府监的金忠信一家，推想也应该有他们的足迹。

剑南道成都府有新罗王族，俗姓金的法师无相禅师在这里活动。⑭ 山南道金州

① 《新唐书·百官志·崇玄署》卷四八。
② 《旧唐书·新罗传》卷一九九上。
③ 《新唐书·新罗传》卷二二〇。
④ 《新唐书·新罗传》卷二二〇。
⑤ 《旧唐书·韦贯之传》卷一五八。
⑥ 《全唐诗》卷六三八，张乔《送朴充侍御史归海东》《送棋待诏朴球归新罗》。
⑦ 《全唐诗》卷二五六、卷二〇二。
⑧ 《全唐文》卷七一八，金献贞《海东故神行禅师之碑》。
⑨ 严耕望：《新罗留学生与僧侣》。
⑩ 《唐拾遗》卷六六。
⑪ 《续高僧传》卷二四。
⑫ 《太平广记》卷五三《金可记条引续仙传》。
⑬ 宋敏求：《长安志》卷一五。
⑭ 《历代法宝记》。

（今陕西安康）有新罗人的寺院①，附近住有新罗人的群体显而易见。山南道江州（今江西九江）庐山县有新罗㠚，因海东僧侣所住改名。② 唐代习惯于称新罗为"海东"。另外，江州香炉峰大林寺僧侣皆为海东新罗人。③

江南道诸州也有新罗侨民在这里出入活动。江南道台州（今浙江临海）天台县寺院有新罗僧。唐代诗人《张籍赠海东僧》诗中有"天台几处居"之句。④ 另外，《全唐诗》卷七六三有《杨夔送日东僧（指新罗僧）游天台诗》。江南道池州（今安徽贵池）九华山，开元（713—741 年）末新罗王子金地藏隐居于此。⑤ 金地藏至德（756—758 年）初航海入唐，居于九华山修道，后又有一年少的新罗人想伴随其一起出家修道，他劝其归回祖国，送下九华山，赋诗《送童子下山》，有"空门寂寞汝思家，礼别云华下九华"的名句。新罗的著名学者崔致远，入唐留学，中举入仕，曾任江南道宣州（今安徽宣城）溧水尉。"元和十一年（公元 816 年）新罗饥，其众一百七十人（飘海入唐境）求食于浙东"⑥，唐朝地方政府也予以安置接济。另据《行记》卷四《会昌七年（公 847 年）六月九日条》记述，新罗人金子白、钦良晖、金珍等人活动在苏州、松江口一带水线船上。由此可见，新罗侨民定居、活动在江南道傍海、沿江部分地区者也不在少数。

淮南道地处江淮漕运要冲，又是长江的出海口，经济发达，运河两岸城镇崛起，人文荟萃，东西方的外商汇集，和朝鲜半岛一衣带水，是新罗译语、商人、船队、求法僧、文人、使者、入仕为官者经常经过和活动的地域，依江临运河傍海的村乡城镇，往往有新罗侨民聚居。

圆仁《行记》卷一记述，日本朝贡使船第一艘，于开元三年（838 年）七月二日，驶抵长江口北岸东梁丰村，该村既连接海岸，又靠近扬州运河河口。从江口向北走约 15 里，就可到镇家，可与淮南道地方官接洽业务。再向前走便到如皋镇，才能取得使节团享受供应的生活必需品。七月廿日，唐当地官员声明说："今日州使来，始充生料。从先导新罗国使而与本国一处，而今年朝贡使称新罗国使，而相劳疏略。今大使等先来镇家，既定本国与新罗异隔远邈，既县州承知，言上既毕。"⑦显而易见，新罗人常在运河口、江口、如皋镇之间水线出没往来，所以这次淮南道的地方官员才误认为日本使团为新罗人，故接待劳问疏略。而以往的新罗使团到达该地域后，往往到新罗的侨民居住区活动交结取得给养。开成四年正月八日，圆仁在扬州停留期间，曾经有从事海上贸易的新罗商人王清来拜访相看，住在扬州的王清通晓日本话。⑧ 会昌六年（846 年），日本政府派遣一个圆仁搜索队，队员中有一位性海法师，他的书信经由住在扬州的新罗商人王宗捎来并加以具体详细的转达。⑨ 另外，亚瑟华尔雷撰《白居易的生涯与时代》一书中，叙述了一个住在扬州的新罗人专门收集白居易诗文的故事；亚历山大·索

---

① 毕沅：《关中胜迹图志》。
② 《庐山记》卷一。
③ 《全唐文》卷六七五白居易《游大林寺序》。
④ 《全唐诗》卷三八四。
⑤ 《全唐文》卷六九四，费冠卿《九华山化成寺记》，《唐诗纪事》卷七三。
⑥ 《唐会要·新罗条》卷九五。
⑦ 《入唐求法巡礼行记》卷一。
⑧ 《入唐求法巡礼行记》卷一。
⑨ 《入唐求法巡礼行记》卷四。

伯尔撰《唐朝名画录——唐代有名的画家》一书中，叙述了住在扬州的一个新罗商人，将当时著名的画家所画的数十幅中国画以高价买入带回新罗的史实。还有新罗人崔致远，宾贡入仕，曾在扬州任淮南节度使高骈的从事等职，新罗译语金正南等人，亦频繁活动在扬州一带。由此可见，扬州不仅有新罗的坐地经商者、文人、为官者、远海贸易者，而且新罗译语在这里也十分活跃。

淮南道楚州(今江苏淮安市)，地处淮河下游，又当运河交通枢纽，南可经扬州入江，通达苏、杭、明州等贸易港口；北可从板渚入黄河，连接两京和北方边陲；东可顺水出海，经济、战略地位重要。楚州和扬州一样，既是江淮地区的贸易中心，又是当时东方世界的外贸中心之一，再加上和朝鲜半岛隔海相邻，对活跃在东北亚海上贸易的新罗人而言，这里是他们侨居、经商、航运的理想王国。楚州有新罗坊，坊设总管，勾当侨务，为了居间贸易的方便，备有船队、水手、译语和修造船只的技术人员。

圆仁想从扬州向天台山进香膜拜，由于得不到唐政府的批准，于开成四年(839年)乘船驶到楚州，恰碰日本朝贡使团筹措雇用新罗船只返国事宜。《行记》卷一《开成四年三月十七日条》记述："运随身物载第二船，与长判官同船。其九只船，分配官人，各令船头押领，押领本国水手之外；更雇新罗人谙海路者六十余人，每船或七或六或五人。亦令新罗译语正南商可留之方便，未定得否。"由此可见，楚州住有许多新罗船员、船主和译语。《行记》卷四《会昌五年(845年)七月三日条》记述，圆仁求法从长安返回楚川，"先入新罗坊，见总管当州同军将薛(大使)、新罗译语刘慎言，相接存问殷勤。文书笼子，船上着译语宅"。会昌七年六月五日，"到楚州新罗坊，总管刘慎言专使迎接，兼令团头一人搬运衣笼等，便于公廨院安置"。同年闰三月七日朝，圆仁在密州诸城县大朱山驻马浦"遇到新罗人陈忠船，载炭欲往楚州"。同年六月十八日，圆仁"乘楚州新罗坊王可昌船"到乳山去。① 显而易见，楚州新罗侨民居住区叫新罗坊，坊设总管为侨民区的负责人，坊内住有商人、船队、大使译语。本来充当译语的刘慎言，后来提升为总管，曾经接受圆仁的厚礼，对圆仁滞留唐境给予很大的帮助，说明其在楚州地方是个颇具社会影响的人物，也反映了新罗坊颇具社会规模。另外，史载"元和十一年(公元816年)十一月，(新罗)其入朝王子金士信等遇恶风飘至楚州盐城县界(海岸附近)，淮南节度使李鄘以闻"，妥为安置。②

新罗人西渡大海，侨民在河南道沿海诸地和水线两岸城镇，尤其是山东半岛傍海地区、东海之滨和江淮水线两岸城镇，密集着他们聚居的中心。根据侨居规模的大小、人数之多寡，分别置有坊、院、馆、所、宅、邸、村落。

河南道徐州，为唐通济渠要冲和军事重镇，有新罗人留居。《太平广记·胡芦生条引原化记》指出："(德宗贞元时期)有新罗僧相李藩(任武宁镇从事)将为相。"后来李藩果然在宪宗元和年间提拔为宰相。武宁镇的治所就在徐州。《新唐书·新罗传》记述："(新罗人)张保皋(亦为张宝高)、郑年者，皆善斗战，工用枪。""自其国皆来为武宁军小将(藩镇的将校)。"后来张保皋归国，先为清海镇(今朝鲜全罗南道莞岛，是通往唐朝海航的要地)将，后又因为平叛有功，征他为相。郑年也因为平叛立功，代保皋为清海镇

① 《入唐求法巡礼行记》卷四。
② 《唐会要·新罗条》卷九五。

将。另外活动在平卢(今河北卢龙)、淄(今山东淄川)、青(今山东益都)一带的节度、观察使李正己家族,其中包括他的从父兄李洧和他的儿子李纳、孙子李师古和李师道,任官徐州一带数十年,和唐代后期江淮漕运的通塞及唐王朝的安危休戚相关。这个家族是高句丽人,既然新罗统一了朝鲜半岛,新罗人的概念,广义讲应包括高句丽人、百济人在内。淄、青军的将校士兵很可能有不少朝鲜半岛的侨民充任。

河南道泗州(治所临淮县,今江苏盱眙北)涟水县(今江苏涟水),有新罗坊。圆仁会昌五年(845年)七月九日到涟水县。"先入新罗坊。坊人相见,心不殷勤。就总管等苦觅识认,每事难为。遇崔晕第十二郎……在登州赤山院时,一度相见……今见便识,情分不疏,竭力谋停住之事,苦觅认识(涟水县新罗坊总管)等,倪仰计之。仍作状入县见长官,诸停泊当县新罗坊内,觅船归国。长官相见哀恤……问云:'新罗坊里,曾有相识否?'(指示)'领和尚到新罗坊,若人识认,即分付取领状来;若无人认,即却领和尚来。'便共使同到坊内。总管等拟领,别有专知官不肯,所以不作领状,却到县中。……三日住歇,崔十二郎供作主人。得县牒及递送人,向州发去。"①另从《行记》卷一《开成四年三月廿五日条》记述的圆仁从楚州乘船到"涟水县南,於淮(水)中停宿。……缘第一船新罗水手及梢功(工)下船未来,请船为此拘留,不得进发"可知,距楚州百里之余、地临淮水的涟水县,新罗侨民人数和楚州差不多,其新罗坊的规模亦大致相等。坊内置有总管、专知官。仅从日本贡使团从楚州雇用的60多名新罗船员中,一部分到涟水县下船,入其家中或与亲朋告别远航,其中有水手和造船技术人员梢工,推想当地亦主要住有新罗船主、水手、梢工和商人。

河南道海州东海县宿城村(考为今连云港市宿城),有新罗人宅。《行记》卷一记述:"开成四年(公元839年)三月廿九日……从淮口出,至海口,指北直行。……申时到海州管内东海县东海山东边,入澳停住。从澳近东,有胡洪岛(似为今东西连岛)。……其东海山纯是高山重岩,临海险峻,松树林美,甚可爱怜。自此山头,有陆路到东海县,百里之程。"依其描述,就是现在连云港市自然保护区宿城附近的山峦,附近有个天然的海湾。"四月五日涉浦过泥,申时到宿城村新罗人宅,暂憩息。"可见,宿城有个侨民的居住点。

河南道登州文登县清宁乡赤山村(今山东荣成市石岛镇),山里有新罗院。附近有靠经营海运和国内外贸易发财致富的新罗大商贾张保皋经营的地主田庄,他出资兴建了规模颇大的新罗寺院,名赤山法华院,不仅寺院僧侣是新罗人,而且集会时,道俗老少尊卑,全是新罗人(每次集会时到场的往往有二三百人之多,按以每次集会到场的附近新罗人达一半人数计,附近新罗侨民人口,至少有四五百人之多)。赤山法华院内驻有新罗通事、押衙,专门勾当新罗侨民的行政事务。寺院附近及赤山村相邻的刘村,均有新罗侨民聚居。文登县置有新罗所,登州设有新罗馆。这生动地反映了这一带地域,是新罗人比较大的侨民居住区,该州、县、乡、村侨务面广量大,在该州、县、政务之中举足轻重。

《行记》卷二记述:"开成四年元月七日午时……举帆进行。……到赤山东边泊船……赤山纯是岩石,高秀处,即文登县清宁乡赤山村。山里有寺,名赤山法华院,本张宝高处

---

① 《入唐求法巡礼行记》卷四。

所也。长(全唐本考云：池本作张)有庄田，以充粥饭。其庄田一年得五百石米。……南北有岩岑，水通院庭，从西而东流。东方望海远开，南西北方连峰作壁……当今新罗通事，押衙张咏及林大使、王训等专勾当。"六月廿八日，"夜头，张宝高遣大唐卖物使崔兵马司来寺问慰"。八月十五日，"寺家设馎饨食等，作八月十五日之节。斯节诸国未有，唯新罗国独有此节"。"十一月一日，赴新罗人王长文请，到彼宅裹吃斋。斋后，其数僧等到寺院庄宿一宵"。"十二月十六日，山院(赤山法华院)起首讲《法花经》……僧等其数四十来人也。其讲经礼忏，皆据新罗风俗。但黄昏、寅朝二时礼忏，且依唐风，自余并依新罗语音。其集会道俗老少尊卑，总是新罗人，但三僧及行者一人，日本国人耳。"同书卷四记述："会昌五年(公元845年)八月廿四日，到文登县。……入县见县令，请住当县东界勾当新罗所……长官准状牒，送勾当新罗所，县东南七十里，管文登县青宁乡"，"八月廿七日，到勾当新罗所。勃平卢军节度同军将兼登诸军事押衙张咏(新罗人)，勾当文登县界新罗人户"。可见，文登县新罗所是专门办理新罗侨民事务的机构，管理全县的新罗侨民负责人张咏是新罗人，看上去在唐代官职中级别不低，说明新罗侨民事务在全县政务中所占分量很重。同上书卷二记述："开成五年三月二日，日本求法僧圆仁状。……登州都府……城南街东有新罗馆。"

河南道青州(今山东青州)有新罗院。《行记》卷二记述，开成五年三月廿四日，圆仁到青州，州官"州内毬场设宴。晚头，直岁典座引向新罗院安置"。河南道淄州长山县(今山东淄博市西北邹平)长白山西坡醴泉寺附近有新罗院。开成五年四月六日，圆仁和尚行至淄州长山县，过长白山，"西入谷行过高岭，向西下坡，方得到醴泉寺"，寺内"典座僧引向新罗院安置"①。

河南道兖州也有新罗人的足迹。唐武宗会昌元年七月敕："归国新罗官、前入新罗宣抚付使，前充兖州都督府司马、赐绯鱼袋金云卿，可淄州长史。"②金云卿留学宾贡入仕后，曾任职兖、淄州等地。

河南道密州诸城县有新罗人经营的驿传交通事业和长途贩运贸易活动。史载，会昌七年(847年)闰三月十日，圆仁经登州牟平县南界乳山浦，然后"将十七端布雇新罗人郑客车，载衣物，傍海往密州界去"③。"十七日朝，到密州诸城县界大朱山(今青岛市胶南)驻马浦，遇新罗人陈忠船，载炭往梦州，商量船脚价绢五匹定。"④郑客经营的是陆驿，陈忠经营的是水驿，属于外国侨民在唐境经营的私驿，而且陈忠好像兼营煤炭长途贩运贸易。密州既有新罗人经营的驿站，推知新罗人亦有在这一带侨居的住户。

沿海诸道傍海诸州县村乡和登州、莱州(今山东莱州市)等地，有海贼贩卖新罗奴婢的活动。《唐会要·奴婢条》指出："长庆元年(公元821年)三月，平卢节度使薛萃(《旧唐书》为薛平，确)奏：应有海贼泫掠新罗良口，将到当管登、莱州界及缘海诸道，卖为奴婢者……一切禁断。请所在观察使严加捉溺，如有违犯，便准法断。敕旨宜依。""三年正月，新罗国使金柱弼进状：先蒙恩敕，禁卖良口，使任从所适。有老弱者栖栖无家，多寄傍海村乡，愿归无路。""伏乞牒诸道傍海州县，每有船次，便赐任归。"既然高句

① 《入唐求法巡礼行记》卷二。
② 《旧唐书·新罗传》卷一九九上。
③ 《入唐求法巡礼行记》卷四。
④ 《入唐求法巡礼行记》卷四。

丽人在当时也属于新罗人的历史范畴,那么除以上所谈淄、青、徐州一带的李正己家族之外,尚有山南道江陵府的高丽坡(因高句丽侨民常居其地而名)。① 还有活动在安西、河西、朔方、陇右地区的大将高仙芝家族,活动在两京、陇右、朔方地区的大将王思礼家族,两者皆为高句丽人,侨居大唐为军将。兹限于篇幅,不再展开。②

二 唐朝新罗侨民的社会文化活动

新罗人留居唐境的阶层成分十分复杂,在大唐的社会生活中表现得十分活跃;对比于他国,新罗侨民的社会活动别具特色,他们所从事的社会职业也十分广泛。

根据《两唐书·新罗传》和《唐会要·新罗条》的记述,从唐高祖武德四年(621年)新罗遣使朝贡唐朝开始,贡使不绝于道。史称,每年遣使来朝,或一岁再至。③ 贡使贸易"所输物产,为诸蕃之最"④。仅据开元十二年(724年)一次贡使贸易,新罗就献果下马、牛黄、人参、头发、朝霞**绸**、鱼牙、纳绁、镂鹰铃、海豹皮、金银等。唐帝国赐新罗王兴光"白鹦鹉雌雄各一,及紫罗绣袍、金银细器物、瑞文锦绯罗、五色罗、**绿**绫共三百余段"⑤。可见,新罗贡使贸易数额为其他各国之首是可信的。到唐武宗会昌(841—846年)以后,因为唐朝日趋衰败和新罗贵族内部连续不断的分裂与叛乱,"朝贡不复至"⑥。贡使贸易关系中断,但两国民间交往从未中断。朝贡除了告急求助、入朝谢罪、贡使贸易之外,还负有文化交流的重任。例如,贞观二十二年(648年),新罗使者金春秋,请诣国学观释奠及讲论,唐太宗赐以所制《温汤》及《晋祠碑》并新撰《晋书》,优礼宴饯其归国。垂拱二年(686年),新罗使上表请《唐礼》一部并杂文章,唐武则天女皇令所司从《吉凶要礼》和《文馆词林》中摘抄其有涉规诫的部分内容,编辑成50卷,送赐新罗使者。

新罗大批青年仰慕唐朝先进的物质文明和精神文明,纷纷渡海来中国留学受业,成为当时派遣留学生最多的国家之一。

新罗留学生分为官派和私慕来者两类,主要就读在国子监所属各学馆,亦有分散在州、县各官学受业的。凡官派留学生,可就读国子监所属各学馆(国子、四门、太学、书、算馆)及太医署直辖而隶属中书省的医学。每馆设有博士、助教,谓之学官、授课。学馆有一定的教材和规定的毕业年限。国子、太学、四门、书、算学修业九年,律学修业六年。凡在官学就读的新罗学生,皆享受公费,均由唐政府供给粮料,提供宿舍,免除课役,衣食费用由中央鸿胪寺供给,买书银货由新罗政府支给;入学之后,须备束脩以进业于师,和中国的学生一样同备此礼。但到底终唐一代新罗留学中国的人数有多少,已无可考。留学生学习年限比较长,又无接替规定,积久留学人数当不在少数。仅据"开成五年四月,鸿胪寺奏,新罗国告哀,质子及年满合归国学生等共一百五十人,并

---

① 《南部新书·丁集》。
② 刘希为:《唐代新罗侨民在华社会活动的考述》,《中国史研究》1993年第3期,第140—150页。
③ 《旧唐书·新罗传》卷一九九上。
④ 《唐会要·新罗条》卷九五。
⑤ 《唐会要·新罗条》卷九五。
⑥ 《新唐书·新罗传》卷二二〇。

放还"①,"新罗自事唐以后,常遣王子宿卫,又遣学生入太学习业,十年限满还国,又遣他学生入学者,多至百余人"②,加上在州县学校就读和私慕来者,推论新罗在唐留学生数量相当可观,数百人以上,当属无疑。

新罗学生一旦学有所成,就可参加唐朝为留学生特设的宾贡科,应举考试,与华夏学生逐鹿考场。有的可以名登金榜从军从政位至高官,有的从事科技、文艺创作事业,有的入佛求道,隐居山林寺院,有的和其他落榜生立即飘海归国报效祖国。文献记载,宾贡科始于唐中叶以后,宣宗以后,中央礼部特为注重。当时新罗人中宾贡可考者有金云卿等26人。关于这26人的情况,我国台湾的严耕望先生的《新罗留学生与僧徒》一文做了详尽的考证。其中,入仕为官者五人。这五人中以崔致远最为有名。他12岁入唐留学,兢兢业业苦读六年登第,金名榜尾,曾任唐末重镇淮南节度使高骈的从事(书记)和阶从六品的侍御史,掌纠举百僚入阁承诏、知推弹杂书的要职。他不仅是新罗著名的学者、诗人,也是唐朝著名的诗人和学者,著有《崔致远四六》一卷和《桂苑笔耕》20卷,均列入《新唐书·艺文志》。大多数留学生登科及第后返回新罗,投身祖国经济、文化建设。个别的登科及第后不入官场,入山林寺院隐居,学道养性,自以为乐,如金可记。③ 除此26人之外,另有新罗人朴充,生平已无可考,但从《全唐诗》卷六三八张乔《送朴充侍御史归海东》诗,可知他曾任唐朝要职侍御史,历三朝24年之久,和唐朝士人亲密无间地交往,推知当属留学登第入仕者无疑。还有前边所述的薛文学、金文学二人,皆为留学登科及第、仕唐从事文艺创作的学者,他们和严耕望先生所考26人中的金绍渤登科入仕为太学博士,从事教学著作,颇有类似之处。另外,《全唐诗》中还有几篇《送友人及第归海东诗》,人和事虽无可考,但说明新罗留学生中登科及第者,除以上26人之外,还应该有一些是无疑的。

至于求法的新罗僧,据严耕望先生考证,终唐一代,有名可考者近百人之多,表明当时入唐求法的外僧,以新罗僧为最多,而且他们留居唐境的时间为最长。其中,最有名的要算慈藏,俗名金氏,贞观十年入唐求法,先谒清凉山;贞观十二年又率门人僧十几人至长安,深受礼遇;以后在终南山云际寺东悬嶂之上驾空室而居三年;贞观十七年归新罗,大受欢迎,敕为大国统,僧居一切规章谋划由他总掌,从此,新罗十室八九受戒奉佛。是他建议新罗人穿用唐人衣冠、奉唐正朔、始行永徽年号的,新罗人尊他为海东孔子。④ 另外,新罗僧元晓在唐研究法相宗,义湘在唐研究华严宗。正因为如此,所以唐土佛教各宗,很快在新罗发展起来。特别值得提出的是,伴随着新罗佛教盛行和东西方文化交流的诱惑力,从7世纪前半期以后,又有七位新罗高僧不畏长途跋涉的艰难险阻,从唐又到遥远的印度和印度以西的地方去取经。最早去的是阿离耶跋摩,他由唐从陆路到达印度,研究和抄写了许多贝叶佛经,准备回国时不幸病逝。接着是慧业、玄太、求本、玄恪、慧轮、慧超等法师先后由唐去印度,有的死在途中,有的又留居印度,只有意超、玄太二人回到唐朝。尤其是慧超大师,他8世纪到大唐,后经海路去印度,遍游五天竺佛迹之后,西行远达波斯(今伊朗)、大食(今阿拉伯)和拂菻(今叙利亚)

---

① 《旧唐书·新罗传》卷一九九上。
② 《东史纲目》卷五。
③ 《太平广记》卷五三《金可记条引续仙传》。
④ 《续高僧传》卷二四。

等国,然后又经中亚各国,越过葱岭(今帕米尔高原),经疏勒、龟兹、于阗、焉耆等国,返回长安。他是精通梵文和汉文的高僧,在长安把许多梵文佛经译成汉文,后来念念不忘祖国,一心东归,不幸病死长安。但他留下的三卷本旅行见闻录《往五天竺国传》残抄本,为我们留下了研究当时西方各国历史、地理、民俗和东西方文化交流的极其宝贵的资料。他不愧为一位伟大的旅行家、高僧和东西方文化交流的友好使者。① 这些入唐求法的新罗僧,有的散居在长安和各大名山寺院,有的把新罗僧会聚在一起,由新罗人担任住持,单置新罗寺院。例如,长安兴安州西安里的唐怀让禅师庵、山南道金州的新罗寺和江州的大林寺及登州文登县赤山村的赤山法华院,最为典型。这些新罗寺院,尤其是在新罗侨民聚居的新罗寺院,讲经礼忏的音曲语言风习皆具新罗风尚,有时杂以唐风。② 大唐的宗教文化、风俗民情,在这里与新罗的宗教文化和风俗民情交流、融合,变成了两国人民共同的宝贵精神财富。

新罗为表示对唐室的友好效忠,常派质子入长安,或派王族、权臣子弟入唐带刀宿卫丹墀(古代宫殿的台阶,漆成红色,即宿卫宫殿),唐为表示宠异,分别授予不同的官职。唐宪宗时,新罗质子金士信,官至"试太子中允"③。唐文宗时,新罗质子金允夫,官至"试光禄卿"④。史载入唐宿卫丹墀者,有新罗王金兴光从弟金忠信,授左领军卫员外将军;国相金春秋之子金文王,授左武卫将军;王子金献忠,加试秘书监。此外,有名可考来唐宿卫丹墀而不详其具体官职者,尚有十几人之多。⑤ 还有入使长安长期留居京师为官者,如新罗王族金思兰入朝留居长安,拜为太仆员外郎。类似金思兰者,史书上屡见不鲜。⑥

不少新罗人以特异才能和武功入唐授官。例如,金忠义以机巧进至少府监⑦;少府监从三品,掌百工技巧之政,总五署及诸冶、铸钱、互市等监,其职务至为显要,可见深得唐宪宗之宠信。朴球入唐,以棋艺高超,拜为皇帝近臣待诏官。⑧ 张保皋、郑年善斗战、工用枪,武艺超群,以新罗平民身份来徐州充当武宁镇小将。张保皋归国为其国王出谋划策,平息贩卖新罗人为奴婢的海盗活动成为权臣,又在故乡清海镇经营庞大的船队,大搞海上运输和海外贸易,发财变为大商贾;后来在山东半岛文登县赤山村经营地主庄田,兴建了颇具规模的法华寺院。郑年原在武宁军,后来客居涟水,生活寒酸,投奔张保皋,率其五千兵平定了国内叛乱,任新罗清海镇守将。⑨ 曾任平卢军节度同军将兼登州诸军事押衙的新罗人张咏和曾任军事押衙、大唐卖物使、入新罗慰问副使的新罗人崔晕第十二郎以及唐朝的名将高句丽人王思礼、高仙芝、李正己等人,看上去也是属于张保皋、郑年一类人才,凭其武功,任职大将、军校的。

① 朝鲜科学院历史研究所《朝鲜通史》上册第一分册,吉林人民出版社1973年版,第264—266页。
② 《入唐求法巡礼行记》卷二。
③ 《册府元龟》卷九九六。
④ 《册府元龟》卷九九六。
⑤ 《两唐书·新罗传》;《全唐文》卷一〇〇〇《新罗王金彦升分别还蕃及应留宿卫奏》。
⑥ 《两唐书·新罗传》;《全唐文》卷一〇〇〇《新罗王金彦升分别还蕃及应留宿卫奏》。
⑦ 《旧唐书·韦贯之传》卷一五八。
⑧ 《全唐诗》张乔《送朴允侍御史归海东》《送棋待诏朴球归新罗》卷六三八。
⑨ 《新唐书·新罗传》卷二二〇;朝鲜科学院历史研究所《朝鲜通史》上册第一分册,吉林人民出版社1973年版;《入唐求法巡礼行记》卷二。

留居唐境的新罗人，充当私人译语职业的人比较多。译语除了做语言翻译之外，还负责水运导航，到码头、城镇交涉官府、安排交通工具、传递书信、寄汇金钱、提供食宿等等，可以说是今天国际旅行社的先导，比今天国际旅行社经营的范围还广泛。例如，圆仁《行记》谈到的新罗人道玄、朴正长、金正南、刘慎言等便是最好的典型。当时因为大唐对外实行开放政策，外事工作面广量大，然唐精通外语的人不足所用。新罗居日本列岛和中国大陆之间，又原发祥于朝鲜半岛的中南部，和日本列岛距离最近，早有贸易往来，后来和唐关系尤为密切，侨居唐境者多，久居中华，通晓唐语。再加上新罗当时正处在海上贸易发展时期，经商搞水运的人居多，他们与唐地方政府官员交往很深，社会影响力亦大，在东北亚诸国的外事交往中起了桥梁和纽带的作用。

唐境新罗人充当奴婢任人使用者、种田务农者有之，掘煤煮盐者、经营私驿者、担任水手、导航员、造船技工者亦有之，而且人数不少。新罗奴婢分散在傍海州县、村、乡和山东半岛的登州、莱州等地。种田务农者，分布在归义州归义郡、青州、淄州和山东半岛沿海岸内陆山丘、平原新罗侨民聚居的一些村落。《行记》卷二记述，开成四年四月二十六日，"巳时，到（登州）乳山西浦，泊船停住。……未时，新罗人卅余骑马乘驴来云：'押衙（张咏）潮落拟来相看，所以先来候迎。'……不久之间，押衙驾新罗船来。下船登岸，多有娘子。"可以看出这30余名骑马乘驴的新罗人，是张押衙管辖下的新罗侨民，居住在离海岸乳山浦距离不近的山丘或平原的内陆侨民村落，不临水上交通线，当然以种田务农为业，故有驴、马可乘。文登县清宁乡张保皋经营的地主田庄，那就更为典型了。掘煤者居住在今山东、河北等省产煤的矿区。煮盐者散居在淮南道的如皋镇和河南道海州的宿城村一带近海产盐的中心地域。水手、船工、导航员聚居在水上交通要冲楚州、扬州、涟水和山东半岛海口等地。经营私驿的侨居在山东半岛和江淮地区的滨海、沿水线的地区。新罗人郑客、陈忠、王可昌等人，便是典型的代表，不过这些人亦兼营长途贩运贸易。

侨居唐朝的新罗商人是比较多的。他们的足迹遍及黄海、渤海之间，活跃在东北亚海上丝绸之路，穿梭在东方诸国贸易往来之中。在唐境他们主要密集在山东半岛和江淮地区的水线城镇，利用他们所经营的私驿、驴、马车队和船队之便，长途贩运，居间贸易。圆仁《行记》生动地描述了他们北起登州、莱州、密州、青州、淄州，东到海州、涟水，西到徐州，南达楚州、扬州、苏州、明州所形成的新罗人在唐境的商业网络。[①]

三　圆仁《行记》笔下的山东半岛对外交往

新罗不仅广泛开展与唐朝间的文化交流，吸取唐文化的营养，而且在唐朝与日本的经济、文化交往中扮演了重要的媒介角色。这种角色表明，唐朝与朝鲜半岛的关系在当时是非常密切的。从日本僧人圆仁撰著的《入唐求法巡礼行记》中反映出来的，居住在唐朝沿海地区的新罗侨民在东海海域及唐朝与日本海上往来中起的作用，最足以说明朝鲜半岛在唐朝与日本文化交流中的中介角色。

圆仁（794—864 年），俗姓壬生氏，日本下野都贺郡人。自幼落发，拜鉴真再传弟

---

① 刘希为：《唐代新罗侨民在华社会活动的考述》，《中国史研究》1993 年第 3 期，第 140—150 页。

子广智为师;15 岁时,又投入日本天台宗开山祖师最澄门下①,并以遮那业得度。唐文宗开成三年(838 年),以请益僧的身份随第十三次遣唐使入唐,在唐朝各地游历 10 年之后,在唐宣宗大中元年(847 年)返回日本。圆仁根据自己在旅途中的日记整理的《入唐求法巡礼行记》一书,八万言,被后人与晋释法显《佛国记》、唐僧玄奘《大唐西域记》、元代意大利人马可·波罗《马可波罗游记》并称"东方世界四大游记",而且后几种或是事后追记,或是由他人整理,唯独圆仁的游记是根据当时见闻写作的日记,读起来备感亲切,记事也更为精确可靠。②

　　除了在五台山和长安游学巡礼之外,圆仁在往返途中,曾多次、长期在北至山东半岛、南至扬州的沿海地区,即扬州、楚州、泗州、海州、密州、莱州、登州、青州、淄州等地过往、游历。在《巡礼行记》中,他多次提到以上地区的新罗侨民。据圆仁所见,以上各地都有新罗侨民的聚居地,而且设置了相应的管理机构。登州城有"新罗馆",青州及淄州长山县(今山东邹平)有"新罗院",楚州及泗州涟水县等通衢要地都有新罗坊。③新罗侨民的分布并不局限于都市及集镇,在沿海的一些交通要地也有不少新罗侨民村落,如登州牟平县唐阳乡之陶村、邵村浦,文登县之长淮浦、乳山浦等地都是新罗侨民的聚居之所。④

　　文登县青宁乡是新罗侨民聚居的一个非常重要的地区。圆仁记载文登县东界专门设有"勾当新罗所","勾当新罗所去县东南七十里,管文登县青宁乡"⑤。而青宁乡是一处较为集中的新罗侨民聚居点。圆仁曾在开成四年六月八日至开成五年二月十九日(839 年 7 月 22 日至 840 年 3 月 26 日)在青宁乡新罗侨民村赤山村留居了八个月,他对赤山村的记载,可为了解新罗侨民在唐朝沿海地区的移民点提供一个非常典型的个案。

　　山东半岛荣成市石岛镇有赤山法华院,为唐代新罗人张保皋所建。张保皋新罗名马福,是唐朝后期活跃于唐朝和新罗的一个重要人物。张保皋既任过唐朝军官,与唐朝官方多有交往,又深得新罗国王信任,在禁绝海盗及平息新罗内乱方面多有贡献,因而在唐朝与新罗两国都颇有影响。他不仅在政治和军事上颇有见树,而且还建立了一支往来于中国、日本、新罗之间从事国际贸易的商船队,成为富甲一方的大商人。他出资所建的赤山法华寺院,也是往返于此的新罗人和日本人歇息和活动之地,是唐朝山东沿海一个颇负盛名的寺院。

　　法华院在唐朝正史中绝少记载,它的作用和重要性为后人所知,应归功于《入唐求法巡礼行记》。圆仁自唐文宗开成三年(838 年)随以藤原常嗣为首的遣唐使团入唐,先后在扬州、登州、五台山、长安等地学习佛教,寻求佛教真谛,历经十年,曾经先后两次在山东境内活动长达三年多,对山东政治、经济、社会风俗、对外交往等均有记载,他

第十六章

魏晋南北朝隋唐时期的海路文化交流

---

① 最澄曾作为学问僧,与空海同时随第 17 次遣唐使来唐留学。
② 本书国内有顾承甫、何泉达点校本,上海古籍出版社 1986 年版。和白化文等据日本小野胜年译注本翻译、简化整理的校注本《入唐求法巡礼行记校注》,花山文艺出版社 1992 年版,本文引用的是后一种版本。以下简称《巡礼记》。
③ 见《巡礼记》第 222、243—244、252、484 页。
④ 金文经:《唐代新罗侨民的活动》,载林天蔚、黄约瑟:《古代中韩日关系研究》,中国香港大学亚洲研究中心 1987 年。
⑤ 见《巡礼记》第 491 页。又,据本书多处记载,第 179 页"清宁乡",当是"青宁乡"之误。

曾亲自在法华院居住并参与法华院新罗人的活动,对法华院在唐代中外交流中的作用多有描写,成为后人研究这一问题不可缺少的历史文献。圆仁之书,对以下三个方面所记尤详。

(1)山东半岛是唐代中、日、韩交往的枢纽地带,是日本、新罗遣唐使到长安的必经之地。当时日本使节、商人及留学生到唐朝的主要航线,仍是由日本南部博多一带乘船出发,过对马海峡抵今韩国仁川附近中转,再沿朝鲜西海岸北上,经辽东半岛再到山东半岛的登州或莱州登陆,然后陆上西行,经青州、济州(今济南)、曹州(今菏泽)进入河南开封、洛阳,最后抵达长安(今西安)。因此山东半岛是日本、新罗各阶层人士自海路进入唐朝的中转站,也是中、日、韩经济和文化交流的集散地。

当年圆仁一行自日本航海抵达扬州上岸,转入山东境内后,就留宿在赤山法华院中。他与两位弟子自赤山法华院出发,经过今天的牟平、蓬莱、莱州、青州、寿光、淄博、章邱、临邑沿运河北上,经德州、平原、夏津进入河北,向西至五台山,历经 8 州 20 余县,历时 70 天,最终达到了去五台山求法的目的。时隔不久唐武宗打击佛教,限令僧人还俗,受其影响,圆仁不得已从长安返回山东,在此居住两年,才借助新罗人的商船归国。圆仁在记载中指出,登州开元寺有日本僧人题词,是遣唐使团自此经过所为。而在此活动的新罗人更是比比皆是。唐代的山东发挥了中、日、韩经济和文化交流中的枢纽作用。

(2)唐代山东在对外交往中形成了较为完善的交通驿站和对外国人的接待管理制度。由于唐代山东是中日韩交往的门户,在山东主要交通线所经城市,都设有供外国客商、使节往来食宿的驿站和宾馆。例如,在文登有招贤馆和斜山馆,在牟平有宅阳馆,在青州有芙蓉驿。这些驿馆场所为过往的中外各界人士使用,食宿极为方便。唐代佛教盛行,寺院众多,新罗、日本佛教僧侣过往者不少,许多寺院也承担着接待外国客人的职能。圆仁一行进入山东后,就被安置在法华院居住,法华院承担了涉外宾馆的职责。当时过往的新罗和日本人士往来唐朝各地,要有由唐政府发给的牒文,方可自由通行。这种牒文由州县政府发给。从《入唐求法巡礼行记》的记载看,在山东许多州县中都有专门接待过往外国人的押衙、通事(翻译)、判官等,负责换发和查验过往外国人的牒文;如不换牒文,则得不到地方政府的食宿供应和有效保护。例如,圆仁一行在法华院住下后,文登县衙(当时赤山属文登管辖)立即通知圆仁出具牒文,表明来此目的和所带行李,并要求法华院主持也出具牒文。兹录圆仁和法华院主持的牒文分别如下。

> 日本国僧一人,从小师二人,行者一人,留在山院事由:
>
> 僧等为求佛法,涉海远来,虽到唐境,未遂宿息。辞乡本意,欲巡圣国,寻师学法。唐朝立使早归,不能相随归国,遂住此山院。以后便拟巡礼名山,得道修行。但身物铁钵一口,铜饶二县、铜瓶一个,文书二十余卷,御寒衣物等,更无别物。今蒙县司勘问,具事由如前牒件状如前,牒谨。
>
> 日本国僧圆仁状帖,从僧惟正;惟晓,行者丁雄万奉帖。
>
> 赤山院状上:勘日本僧人不归事由书:日本国僧圆仁、小师惟正、惟晓、行者计四人,口言"远闻重花兴流佛教,故来投学圣教。拟次寻名山迹,巡礼诸方,缘时热,且在山院避热,待凉时即便行。"遂不早县司状惟悉查其僧等缘身

衣钵,更无别物。如通状后不仔细,法清等虚妄之国。谨县状上,事由如前。

文登县衙在接到圆仁及法华院主持的牒文后,才委托新罗押衙所正式接待圆仁,并给他们开具了去登州府的公文;到登州后,负责接待的登州府官员安排他们在开元寺居住,并发给他们牒文及给青州节度使和两藩使的信件。唐代山东境内有"尚书押两藩使衙门",亦称为"押新罗渤海两藩使",是唐代设在山东负责接待渤海、新罗、日本人士的外事主管机构。自唐太宗年间始,该机构主管由节度使兼任。圆仁在唐朝期间,仍是青州节度使兼任两藩使。在接到登州府的信件和验证圆仁身份后,即将圆仁一行入唐之事上报长安唐朝政府,同时发给带有"尚书押名印"的公文,此公文具有中央政府文件的效力,可在国内通行无阻。

从圆仁在山东活动中可以看出,唐代后期尽管战乱频仍,藩镇割据严重,中央对地方控制削弱,但山东境内各级政府在接待外国人方面仍是尽职尽责,并且在对外交往中已初步形成了一套较为严格的管理制度与方式。这也从一个侧面反映出唐代中外交往的频繁及山东地区在对外交往中的重要性。

(3)法华院一带是唐代外国侨民尤其是新罗侨民居住的一个集中地区。自7世纪末起,新罗统一了朝鲜,当时新罗是唐朝的番属国,两国使节往来有记载的就多达120次以上。山东由于所处的地理位置与朝鲜半岛一水之隔,新罗人在此活动的足迹比比皆是。在山东半岛的登州、文登、牟平乃至青州、齐州长山县(今山东邹平),都有新罗人居住的新罗馆及活动的新罗坊、新罗院等。为了方便对新罗人的管理,在一些州县中还设有专门管理新罗人户口的"勾当新罗人押衙所",其负责人称为"勾当节新罗使"。唐代由于佛教盛行,来华取经的新罗僧侣也络绎不绝。赤山法华院成为新罗僧侣在此讲经的寺院,同时也是当地的新罗人集会活动的场所。法华寺院因为是张保皋所建,得到唐朝地方政府的有力支持,院中有唐朝政府赐给的农田,每年可收米五百石作为寺院开支,因此集很多新罗的僧人在此"冬诵法华经,夏讲十一卷金光明经,长年讲之"。开成四年(839年)十一月,圆仁亲临了法华院新罗人法华经讲经仪式,他在《入唐求法巡礼行记》中写道:

> 十六日,山院起讲法华经,限来年正月十五日为期,十方众僧及有缘施主皆来会见,就中圣林和尚是讲经法主,更有议论二人:僧顿证,黄常寂。男女道俗同集院里,白日听讲,夜里忏听经及次弟,僧等其数三十来人也,其讲经礼忏,皆据新罗风俗。但黄昏、宣朝二时礼忏,且依唐风,自余并依新罗语音。其集会道俗老少尊卑,尽是新罗人。

唐代法华院不仅是佛教僧侣讲经的场所,同时也是侨居当地的新罗人逢年过节举行各种仪式和活动的场所。开成四年的中秋节,圆仁就目睹了新罗侨民在法华寺院中集体过节的欢乐状况。附近的新罗人在此聚会,连续三天"歌舞管弦以昼续夜"。每年十二月法华寺山会结束后,附近的新罗人又在此聚会。《入唐求法巡礼行记》描述这次聚会:"集会男女,昨日二百五十人,今日二百来人,结愿以后,与集会众授菩萨戒,斋后,皆散去。"

唐代法华寺院的新罗僧人并不是孤立封闭的,与国内其他各大名寺也交往很多。据圆仁记载,该院高僧圣林法师曾"入五台山及长安游行,得二十年来此山院",另一位高僧信惠还去过日本六年。每年来此处的新罗僧侣成百上千,有些僧人甚至远行过印度及东南亚。这一时期中国、日本和新罗僧侣为佛教文化在本国的发扬光大都做出过贡献。法华院既为佛教寺院,又为新罗人聚会和举行活动的场所,还作为唐政府接待过往外人的宾舍,身兼三种功能。

唐代赤山法华院成为唐代山东对外交往中的一个集散地并不是偶然的,是与唐朝、新罗、日本间的密切经济文化交往分不开的。在登州、莱州、青州活动的新罗人中,经商者最多,他们多乘船往返于新罗、渤海国和唐朝沿海之间,有些船只甚至远行日本。从当时海上交通看,新罗与山东交往也很便利。唐代地理学家贾耽在《新唐书·地理志》中记载了唐朝与外国交通的七条路线,其中有一条海路是"登州海行入高丽、渤海道"。这一海路是由登州海行,经今长山岛、大连、旅顺南下沿朝鲜西海岸行至今江华岛,再继续南行抵今仁川以南沿海;如果沿上述航线继续东南行,则经过釜山或济州岛渡过对海峡到达日本九州南部。这一航道上活跃着为数众多的商船,张保皋的商船队也在此活动。因为交通便利、新罗商船众多,新罗商人在山东沿海的活动非常频繁。圆仁入山东后,曾雇佣新罗人熟悉海路者,一次就雇到60余人。他到乳山县后,曾有30多个新罗商人骑马来迎;他在去山东、江苏沿海其他地方的途中,乘坐的全部是新罗商人的商船。自登州到密州(今青岛)、楚州(今江苏淮安)的贸易线上,有大量新罗商人在从事各种贸易。据朝鲜史书记载,新罗商人运到山东、江苏、浙江沿海的货物有百余种,包括金银类、药材、禽兽等,从唐朝运归的主要是纺织品和工艺品。

除了经济交往外,唐朝与新罗文化交流在山东也很活跃。唐朝大批书籍是自此装船运往新罗,许多新罗留学生浮海经山东到唐朝国子监学习。据不完全统计,在唐朝考中进士的就多达58人。在新罗的选官制度中,甚至用读过多少儒家书籍作为取仕晋升的标准。例如,《三国史记·新罗本记》中记有:"读《春秋左氏传》《礼记》《文选》,而能通其义,兼明《论语》《孝经》者为上;读《曲礼》《论语》《孝经》者为中;读《曲礼》《孝经》者为下。若博通《五经》《三史》,诸子居家者,起擢用之。"

一些新罗留学生留学期满后参加唐朝科举考试,考中进士后在唐朝或回国为官,如金云卿是新罗留学生在唐朝考中进士的第一人,他在会昌元年(841年)被授予淄州长史,并充当过宣慰副使,代表唐朝出使新罗。《全唐诗》卷三五八收录有《送金云卿副使归新罗》一诗,赞扬了金云卿作为唐朝使节荣归故里。崔致远也是在年仅12岁时就渡海自山东到长安求学的,18岁进士,后回国为官,成为新罗汉文学的开山鼻祖。朝鲜《三国史记·崔致远传》中有崔致远归国时,同学顾云相送别的诗句:"十二乘船渡海来,文章感动中华国,十八横行成词苑,一箭射破金门阙。"这些留学生把中国文明传播到新罗,促进了新罗社会的改革与进步。

唐代在山东的新罗人在沟通中、日两国人士的交往中,也起到了独特的作用。一些新罗人曾往来于中、日之间,熟悉日语,因此也受唐政府委托,从事接待过往的日本人。圆仁书中提到道玄、刘慎言等新罗人,其职责是受唐政府委派负责接待来山东的新罗人及日本人。他们均精通中国、日本和新罗语言,对来到山东人地生疏的日本人也多有帮助,如道玄和刘慎言,就分别帮助过圆仁取得在中国的居留权及协助他顺利返国等。

在唐朝与新罗各阶层人士推动下,唐朝与新罗官方政治关系十分友好。就山东半岛两国交往而言,新罗曾在唐玄宗开元年间和唐宪宗元和年间两次帮助唐朝击退渤海政权对登州的入犯和山东地方军阀的反叛,稳定了山东半岛局面。这也是张保皋能够在唐朝与新罗之间纵横自如多有建树的原因。从这个意义上说,张保皋所兴建的法华院正是唐朝与新罗友好的象征。①

这些居住在黄海沿岸地区的新罗侨民,主要从事与海上贸易有关的职业。开成四年(839年),最初将圆仁等人带到唐朝的第18次遣唐使团准备返回日本,从楚州雇佣了9艘新罗船和60名熟悉航路的新罗船工。这次遣唐使团就是乘坐这些新罗船返回了日本。宣宗大中元年(847年)圆仁返日,也是搭载新罗舶商金子白、钦良晖、金珍的商船返回日本。仅大中元年一年之内,这只新罗商船就分别在五月和九月两次前往日本。② 据木宫泰彦统计,搭乘新罗船的留学生(僧)还有齐明四年(高宗显庆三年,658年)智达、智通乘新罗船入唐;天武十三年(武后垂拱元年,685年)土师宿祢甥、白猪史宝然等乘新罗船返;持统四年(武后长寿元年,692年),义德、智宗乘新罗船返日;承和十年(武宗会昌元年,843年),仁好、顺昌等人搭新罗人张公靖舶返日;新罗商船在唐朝与日本交往中起的作用可知。③ 新罗商船不仅频繁往来于日本与唐朝,从事国际间的商业贸易活动;而且北上南下,在唐朝沿海地区进行海上兴贩贸易。④

总之,新罗侨民散居在唐境7个道和19个州府,人数多,阶层复杂,所从事的职业也广。唐境两京地区,是新罗留学生、求法僧和从军、从政、从小科技、文艺创作者的主要集中地。而在今天的山东半岛沿海和淮河下游、长江入海口地区,则聚集着许多新罗人的侨民村落、场、所、馆、院,其中以赤山村、楚州、涟水为其中心腹地。这么多新罗坊、所、馆、院,是得到大唐认可并受到唐律保护的侨民居留区域,唐地方政府对它们拥有完整的主权。而在具体的社会活动中,新罗侨民在自己首领领导之下,于侨民区享有比较广泛的侨民自治权,但绝不是"治外法权"⑤。"治外法权"是近代历史的产物,不能套用在封建社会的唐朝。楚州、涟水县的新罗侨民首领叫"总管",下面设有负责侨民业务的专知官。赤山村一带的新罗侨民首领叫"勾当新罗使押衙",下面村落的"板头""村保"⑥类似侨民村长。"押衙"比"总管"管辖的地域广阔,裁决事情的权力较大,自治范围亦广。推想这可能与赤山村一带侨居的人口众多、阶层广泛、留居的地域由沿海口岸纵深到内陆州、县、村、乡有关。楚州、涟水、扬州一带的新罗侨民,主要由商人、船员、造船工人构成,集聚于江淮漕运要冲和军事重镇,是唐人比较密集的地区,当然对新罗的侨民约束、管理要严格一些。居住在该区的新罗人,主要从事海外和唐境沿水线的贸易,充当译语,应该说和聚集在这一带的波斯、大食商人有着贸易的交往。所以我们说,他们不仅在东北亚诸国贸易中扮演着重要角色,而且在当时的东西方贸易舞台上也应占有一定的历史席位。

新罗侨民大量移居唐境,社会意义重大,历史影响深远。一是在新罗作为唐朝的

① 朱亚非:《从法华院看唐代山东的对外交往》,见曲金良:《海洋文化研究》第2卷,海洋出版社2000年版,第35—38页。

② 《巡礼记》,第128、509页。

③ 木宫泰彦还指出,日本造的遣唐使舶也与百济船的样式及新罗工匠有密切关系。见其所著《日中文化交流史》(胡锡年译,商务印书馆1980年版),第78页及注[1],第126—149页。

④ 李斌诚:《唐代文化》,中国社会科学出版社2002年版,第1804—1811页。

⑤ 〔韩〕金文经:《唐代新罗侨民活动》,《历史研究》1990年第4期《唐代蕃坊考略》。

⑥ 《入唐求法巡礼行记》卷二,第65页。

番属国的体制下,双方愈加唇齿相依;二是对朝鲜半岛社会文化的发展、海外贸易的崛起产生了深远的影响;三是对中国大陆的开发和海上丝路的发展,新罗侨民做出了独特的贡献。例如,新罗先进的开矿掘煤技术传入今天的山东、河北矿区,一流的航海和造船技术为唐人吸收消化,从而为唐代后期海上运输能力的崛起和海外贸易的快步发展奠定了良好的基础。①

第四节　隋唐时期与东南亚、西亚的海上文化交流

一　隋唐时期与东南亚的文化交流

中国与东南亚各国的海上交往由来已久。中国与马来西亚、新加坡的关系可上溯到西汉之前。马来半岛位于中国通往印度的海上交通要道,《汉书·地理志》记载的中国至印度航线,即经马来半岛。晚近考古学家在柔佛河流域发掘的文物中,有许多文物证明,中国与马来半岛在汉以前即有交往。从菲律宾许多地方发掘出唐代钱币、陶瓷器和中国人古墓(如福建南安华侨陈国世墓等)看,可知唐时两国关系已颇密切,但两国交往之明确记载,则迟至 10 世纪方出现。

从隋代至明初,是古代历史上中国国际交往最频繁的时期,也是中国与东南亚交通最发达的时期。隋代建国不久,即开始了与东南亚之交通。《隋书·南蛮传》说:"炀帝纂业,威加八荒。甘心远夷,志求珍异。"即其交通外域之目的,在于求珍异而扬国威,故大业三年(607 年)即派屯田主事常骏、虞部主事王君政等出使赤土(在今马来半岛)。其航程由广州出发,沿越南海岸,入暹罗湾,经柬埔寨,而抵赤土。此后,沿途诸国皆与隋朝保持通使关系。

唐朝建立后,一方面与印度、阿拉伯关系迅速发展,海上交通必经东南亚,东南亚成为东西交通纽带和中继站;另一方面是中国与东南亚固有之联系得到承袭和发展。因而,中国与东南亚之交通得以进入了一个兴盛发达的新阶段。

记载唐代与中外交通线资料最翔实者,乃《新唐书·地理志》之"广州通海夷道"和"安南通天竺道",系贞元间(785—805 年)宰相贾耽所考定。"广州通海夷道"为海上通道,始于广州,沿越南、马来半岛沿岸,穿新加坡海峡和马六甲海峡,入印度洋,西至印度、阿拉伯半岛及非洲东海岸,沿途所经有今越南、柬埔寨、泰国、马来西亚、新加坡、印尼、缅甸等国。"安南通天竺道"为陆上通道分两条:一条始于河内,经越南北部和中国云南,入缅甸,至印度;另一条由今越南荣市出发,经越南中部,入老挝,至泰国、柬埔寨,再至马来西亚、新加坡。

隋唐时期以降,中国与东南亚的交通有这样几个特点。第一,虽然存在着海路和陆路的通道,但随着造船和航海技术的进步,海上交通已跃居于主导地位。陆上交通由于道路和交通工具之限制,只起辅助作用。第二,如果说在隋代以前中国与东南亚之交通,主要是民间交往和偶发性交往的话,那么在隋代之后则显现出官方有组织的

① 刘希为:《唐代新罗侨民在华社会活动的考述》,《中国史研究》1993 年第 3 期,第 148—149 页。

交往之特征。由隋至元各代政府都采取了奖掖海上交通的政策,并设置了专门的机构市舶司以组织和管理海外贸易。第三,航行于中国与东南亚之间,以至印度、阿拉伯航线上的船舶在宋以前主要是印度洋沿岸国家的,即新旧《唐书》及其他史籍所载的"西域舶""西南夷舶""蕃舶""婆罗门舶""波斯舶""昆仑舶"等,而以狮子国(今斯里兰卡)舶最大。李肇《国史补》卷下云:"南梅舶,外国船也。每岁至安南、广州。狮子国舶最大,梯而上下数丈,皆积宝货。"

由于中国造船和航海事业的迅速崛起,从唐宋起,特别是北宋末年之后,中国船舶逐步取代了外国船,雄踞于西太平洋、印度洋诸航线上,甚至印度、阿拉伯客商也乘坐中国船。

伴随着密切的交通往来,中国与东南亚进行着广泛的政治、经济、科技、文化交流。

历史上,中国与东南亚各国的政府间一直保持着长期的、友好的交往关系,各国之间的使者往来不断。中国的使者到达东南亚,都受到极为隆重的接待。《隋书·南蛮传》记载,隋大业三年常骏、王君政之出使赤土,到达其国界时,国王即派遣 30 艘船来迎接,"吹蠡击鼓,以乐隋使,进金锁以缆骏船"。至其都后,又派王子与使者"礼见";及至回国,又让王子随同回访。

不但政府的使者如此,即使是民间的人士也一样受到热烈欢迎。义净所著《大唐西域求法高僧传》之"无行禅师传"记载,当无行禅师到达苏门答腊时,"国王厚礼,特异常伦,布金花,散金粟,四事供养,五对呈心。见从大唐天子处来,倍加钦上"。对于来华的东南亚使者及人士,中国也都是以礼相待。政府间的这种友好关系,促进了相互之间的经济和文化交流。

丝绸和陶瓷贸易在中国与东南亚的经济交流中占有重要的地位。在唐代以前,中国作为海上贸易的交换商品最主要的是丝绸,而从唐代起陶瓷也成为大宗的交换商品。中国与东南亚的交往和交流,是与丝绸贸易分不开的。从中国通往南海的航线,最初就是因为丝绸贸易的需要开拓的。在政府间的友好往来中,丝绸被作为最珍贵的礼品。在民间的商业行为中,丝绸被作为最受欢迎的商品。可以说,丝绸以其柔软的质地、鲜艳的色泽以及穿着舒适、凉爽,受到了东南亚各国民众的青睐和喜好,并在他们的生活中产生了深刻的影响。

据《吴时外国传》记载:"吴时,遣中郎康泰、宣化从事朱应使于寻国(即扶南),国人犹裸,唯妇女著贯头。泰、应谓曰:'国中实佳,但人裸露可怪耳。'寻始令国内男子著横幅,今干漫也。大家乃截锦为之,贫者乃用布。"《南齐书·扶南传》也记载:"(扶南人)货易金银彩帛。大家男子截锦为横幅,女为贯头,贫者以布自蔽。"干漫即今之筒裙,也叫作"沙笼",为东南亚一带传统的民族服装。

中国的史籍中关于东南亚的记载,多有"以帛缠首"之语。可以说,用丝绸为头巾,是东南亚一带的风俗。《诸蕃志·蒲甘》记载,当时的骠国(今缅甸),妇女"悉披罗缎",男子"官民皆撮髻于额,以色帛系之"。后来发展为以丝绸做包头巾,至今戴丝绸制作的"岗包"(帽子),仍是缅甸男人喜爱的民族服饰。

除服饰外,丝绸还渗入了东南亚人民生活的各个方面。宫廷所用的幡帷白伞,民间所用的绢制伞、扇、帛书经文、法衣袈裟、佛龛帐幡等各种寺庙用品,在锦缎上刺绣的各式各样的古画、书法,丝制的佛经、佛像挂轴等,不仅是普遍使用的日用品,而且是精美的工艺品。而陶瓷制品从唐代开始输出之后,便很快在东南亚一带推广,成为人们日常生活的必需品。

随着商品的交换和华人的移居,中国的各种生产技术,诸如养蚕缫丝、丝绸纺织、陶瓷制造、农业生产、漆器制造、茶叶生产、造纸印刷等等,也相继传入东南亚各国。东南亚输入中国的最大宗商品则是香料。中国在周代时就开始用薰香的方法来驱除室内异味、邪气和蚊虫;随着时间的推移,薰香逐渐流行,成为一种习俗,而且越来越盛行。中国的香料资源有限,品种也不多,而位于热带的东南亚各国则盛产各种香料,因此成为中国香料的主要供应地。龙涎香、蔷薇水、沉香、龙脑香、檀香、番栀子花、降真香、苏木香、胡椒等等,都长期大量地输入中国。不少香料不仅作为薰香之用,还被作为开窍药物用于难产、中风等急症,救治危急病人,功能起死回生。这类用药,在南北朝时的医药著作中即有记载。随着输入品种的增多,对其药性、药理认识的加深,其应用范围也不断扩大,成为历代医药著作中不可或缺的一项重要内容。例如,苏木之主治,《唐本草》说"破血,产后血涨,闷欲死者,水煮五两,取浓汁服",《海药本草》说"虚劳血癖气壅滞,产后恶露不安,心腹绞痛,及经脉不通,南女中风,口噤不语,并宜细研乳头香末方寸匕,以酒煎苏枋木(即苏木),调服,立吐恶物瘥"。另外,从东南亚输入中国的还有奇特稀有的动、植物品种,珍珠、宝石、象牙、玳瑁等奇珍异宝,既丰富了中国人民的生活,也对中国文化产生了一定的影响。[①]

二 唐代的中西文化交流

由于海、陆两途交通的空前发展,唐代政府又以恢宏的气度对外来文化采取包容广蓄的开明态度,因而大大促进了中国同西方各族人民的交往与交流。同时,盛极一时的阿拉伯帝国对于中国文化也十分倾倒,采取了积极吸收的态度。据说伊斯兰教创始者、先知穆罕默德本人就说过:"学问虽远在中国,亦当求之。"阿拔斯王朝哈里发曼苏尔决定在巴格达建立新的都城时也曾说过:"这里有底格里斯河,可以把我们和遥远的中国联系起来。"

这样,不少中国商人、使者乃至更远地方的西方商人、使者乘着巨大的海船或骑着"沙漠之舟"——骆驼,在陆上和海上丝绸之路上,络绎往还,相望于道。

人员的交往,是两种文明或文化之间交流的一个重要前提。在唐代,来华的西方各族人员,人数众多,规模空前。唐帝国的首都长安,就居住着来自欧、亚各地的侨民,为古代的世界大都会。开通的社会风气,使当时长安人的服饰都受到西方的影响。妇女常常身披仿自中印度的披肩,头戴步摇(一种流行于萨珊波斯的耳环),男子汉"着胡帽",更是司空见惯的现象。在沿海和内地的一些城市,更聚居着越来越多的来自西方的客商。

8世纪中叶以后,海路的重要性逐渐超过陆路。来华的阿拉伯人、波斯人等多汇聚在广州、泉州以及江浙沿海港口。此外。在沿海商埠通往洛阳、长安的交通要冲如洪州等地,也可见到不少阿拉伯与波斯的侨民。由于各种有利的条件,侨居,甚至定居中国各地的阿拉伯人和波斯人往往成千累万计。760年,在扬州发生的一次变乱中,

---

① 本节摘引自金秋鹏、杨丽凡:《中国与东南亚的交通与交流》,载《海交史研究》1998年第1期,第2—7页。

遇难的大食、波斯商人有数千人;黄巢起义军攻陷广州,大食人、波斯人、犹太教徒和基督教徒等遇难者 12 万人。从西方来华的外国人当中,自然以商贾为主。例如,8 世纪中叶前后来华从事沉香木贸易的阿卜·乌拜达,8、9 世纪之交来华做中间商的纳札尔·本·麦伊蒙等都是当时著名的外商。915 年,定居在巴士拉的西拉夫人阿卜·扎伊德编写了一份见闻录,其中特别记载了一位名叫伊本·瓦哈卜·巴士里的人士的经历。这位伊本·瓦哈卜·巴士里于 870 年从故乡巴士拉启程,乘海舶来到广州,然后前往长安,向唐僖宗介绍了阿拉伯的情况,并带回有关长安和中国的见闻。与商人同时来华的,还有一些学者和宗教人士。例如,阿拔斯王朝哈里发瓦西格曾派遣译员萨拉姆、著名学者穆罕默德·花拉子米东来,阿拉伯征服萨珊王朝的统帅赛义德·本·艾比·翰葛斯(中文记载称旺各斯或宛各斯)也曾奉先知穆罕默德之命出使中国,死后葬在广州。又如,先知的门徒中有四大贤人,唐高祖武德(613—626 年)年间,一贤传教广州,二贤传教扬州,三贤四贤传教泉州。今泉州东南郊外灵山"圣墓",所葬就是三贤四贤。这些文化素养较高的人访问中国,对于中西文化交流无疑是一个十分积极的因素。

关于唐代中国人前往西方、客居异国的情况,史书上记载很少。只有一次非常情况被记录下来,这就是发生在 751 年的恒逻斯之役。阿拔斯王朝的呼罗珊(今伊朗东部)总督阿卜和中国安西四镇节度使高仙芝分别应中亚地方王公的请求而出兵恒逻斯,唐军因葛逻禄部的倒戈而战败。战后,大批被俘的唐朝士兵被送往阿拉伯,其中许多人是熟练的手工业者,如画匠京兆人樊淑、刘泚,织匠河东人乐隈、吕礼等。这些人客居阿拉伯,甚至娶妻生子,成为一种特殊形式的强迫移民。战俘中有一位名叫杜环的青年人,因机缘凑巧,游历了西亚、北非地区,最后辗转返回故乡,并撰写了一部《经行记》。可惜这部著作已经失传,只有一小部分被他的叔父、我国古代著名学者杜佑编入《通典》,成为我国古代人亲历西亚、北非的宝贵资料。

恒逻斯之战,只是中国和阿拉伯关系史上的一个插曲。战后,双方迅速恢复了和平、友好的往来。唐朝接待阿拉伯使节的记录,一直持续到 8 世纪末,直到大唐帝国从鼎盛转向衰微。

大量人员的交往、繁忙的经济交流、便利的交通条件以及双边开明的政策,终于将中西文化交流推进到一个前所未有的高度。

沿着丝绸之路西去的中国货物当中,丝织品自然仍占重要地位。唐代丝织技术非常高超,产品名目繁多,锦、绣、绫、绝、绸、绢等织品花纹绚丽、织工繁缛。同时还发展了蜡缬、夹缬、绞缬、拓印的新式印染工艺,在印染方面开辟了新的天地。纱、罗、绫、绸等优质丝织品,一方面通过中国与巴格达之间的官方经济往来流向西方,同时更有一些丝织品由中国海外贸易商和阿拉伯商人直接从中国运到巴格达等地,再向西方流传。不过,自唐代以后,中国丝文化西传更多地表现为丝织技术的西传。早在 6 世纪,中国的丝织技术就传入拜占庭帝国,并从那里传到伯罗奔尼撒地区。恒逻斯战役之后,被俘唐军士兵中的丝匠和络匠被送到阿拉伯地区,进一步促进了那里丝织技艺的提高。制造锦缎等高级丝织品的手工业在西亚地区迅速发展起来。在今天叙利亚、伊拉克等地的许多城市,都办起了工艺高超的作坊,织造色泽鲜艳的锦缎、壁毯等。阿拉伯地区的丝织物几乎垄断了 9 世纪以后的欧洲市场,以致欧洲人把产自大马士革的金线刺绣的绸缎叫作"大马士克",而将产自巴格达城阿塔卜区的条纹绢称"阿塔比"。此后,丝织技术还由阿拉伯人传入西班牙和西西里,并从西西里岛向欧洲各地传播。

从唐代开始,瓷器在中国对外输出中逐渐成为大宗货物。陶瓷文化西传,也日益发挥重要的作用。阿拉伯人十分喜爱中国瓷器。851年,阿拉伯商人苏莱曼·丹吉尔在其著作《中印游记》中,记述了他在广州亲眼见到有大批待运的瓷器,准备从海上输往印度洋各国。他对质地细薄又富有釉彩的中国瓷器大加赞扬说:"中国人能用陶土作器,透明如玻璃。里面注酒,外面可见。"苏莱曼不但钦慕中国瓷器的精美,而且注意到瓷器的制造方法。

自唐代开始,海上丝绸古道又增添了新的内容,实际上已成为海上丝瓷之路。这条海上商道,从中国的扬州、明州和广州出发,向西跨越南海和印度洋,一直到达东非沿海诸城邦与北非埃及的亚历山大里亚,从那里进入地中海地区。

唐代的青瓷、白瓷和彩绘瓷器都曾远销西方阿拉伯乃至地中海世界。青瓷,以浙江越州(今浙江余姚)为主;黄褐釉瓷,以洪州(今江西南昌)见长。长沙铜官窑的斑彩,更是别具一格。所有这些瓷器在西传过程中都大受欢迎。例如,786—806年在位的哈里发哈仑·拉施德统治期间,暴虐的呼罗珊总督阿里·本·爱薛极力搜刮聚敛。他向哈里发贡献的各种金银财宝当中,除了2000件精美的瓷器之外,还有哈里发宫廷里从未见过的20件(一说200件)"中国天子御用的瓷器",如碗、杯、盏,等等。波斯人把瓷器的原料高岭土称作中国土,瓷器叫作"天朝",后来干脆称为"中国"。这个名词在晚唐时期伴随着华瓷大量输入埃及,变成一个阿拉伯语中通用的名词。[①]

三 唐代广州的波斯番商及其文化传入

唐宋时期,东西方海上交通出现了空前的繁荣,海外各国商人源源不断涌入广州,使广州成为中外各种文化交融的国际都市。在中外经济文化交流中,波斯番商扮演了重要的角色。他们不仅在广州的对外交通和贸易中起着中介的作用,而且带来了波斯的航海贸易制度和宗教文化,尤其在伊斯兰教传播方面,波斯番商做出了突出的贡献。

广州自古以来就是我国主要的对外贸易港口,然而在早期,我国的对外贸易以陆路为主,由海道来广州的外国商人并不太多,在此定居者更少。唐朝建立之后,中国社会经济高度繁荣、国力强盛,威名远播于海外,吸引了大量的海外商人。几乎与此同时,强大的阿拉伯帝国在西亚崛起,积极开拓对东方的贸易。东西两大帝国的兴起促成了东西方海上交通迅速发展,由此广州的海外交通和贸易也出现了空前盛况。史载广州"自唐始通大舶,蛮人云集,商贾辐辏"[②],其中不少外国商人由于各种原因留居于此,因此"土人与蛮僚杂居"[③],成为具有异国情调的国际都市。鉴真和尚在广州时,见到"江中有婆罗门、波斯、昆仑等舶,不知其数;并载香药、珍宝,积载如山。其舶深六七丈。狮子国、大石国、骨唐国、白蛮、赤蛮等往来居[住],种类极多"[④],从而形成外国侨民聚居的街区——番坊。唐太和年间(827—835年),房千里记曰:"顷年在广州蕃坊,

① 本部分主要引自何芳川、万明:《古代中西文化交流史话》,商务印书馆1998年版,第59—65页。
② 《永乐大典》,卷一一九〇七,引《番禺续志》。
③ 《旧唐书》卷一一七《卢钧传》,第20页。见文渊阁四库全书电子版,武汉大学出版社1999年制作。
④ 〔日〕真人元开:《唐大和上东征传》,中华书局1979年版,第74页。

献食多用糖蜜、脑麝,有鱼俎,虽甘香而腥臭自若也。"①唐朝政府设置番长,以管理外国侨民。

随着大批外国商人的到来,各种外来宗教文化也传入广州,交相辉映,构成唐代广州的一大特色。外来宗教主要包括以下几种。

佛教:"又开元寺有胡人造白檀华严经九会,率工匠六十人,三十年造毕,用物卅万贯钱,欲[将往]天竺;采访使刘[巨鳞]奏状,勅留开元寺供养,七宝庄严,不可思议。"②"白檀华严经九会"指用白檀木雕刻制成的三段三面佛像,制作历时达30年之久,费用钜万,因刘巨鳞之奏,遂留开元寺供养,印度佛教的影响之大可见一斑。

婆罗门教:"又有婆罗门寺三所,并梵僧居住。池有青莲花,花、叶、[茎]、根并芬馥奇异。"③

值得注意的是,尽管时人常提到上述各种宗教,却无只言片语谈及伊斯兰教在中国的传播,史籍记载和考古发现都没有确凿的证据表明当时伊斯兰教已传入广州。其主要原因是:波斯人控制着当时的东西方海上交通和贸易,广州的番商也以波斯人为主,他们不是穆斯林。

早在阿拉伯人兴起之前,波斯人就活跃在东西方之间的海上交通航线上。波斯人有悠久的航海传统,《史记》称安息"地方数千里,最为大国","有市民、商贾用车及船,行旁国,或数千里"④。安息,指伊朗的帕提亚(Parthia)王朝。当时帕提亚国势强盛,海运发达,在大秦(罗马帝国)与中国的贸易中起着中介作用。据《魏略·西戎传》:"大秦国……又常利得中国丝,解以为胡绫,故数与安息诸国交市于海中。"⑤

到了萨珊(Sassania)王朝时期(226—642年),波斯人的航海贸易更加活跃,波斯商船大举进入印度洋,抵达锡兰岛,采购来自远东的丝绸等商品,从而最终压倒印度等国商人,得以执东西方海上贸易之牛耳。⑥ 据6世纪普罗科皮斯(Procopius)的记载,当时罗马教皇曾遣使要求埃塞俄比亚人从印度人手中购买中国丝,再转售予罗马人,以免罗马的金币落入他们的宿敌波斯人手中。但是,埃塞俄比亚人却无能为力,因为波斯人出没于以前曾是印度船停泊的锡兰各港口,把来自东方的船货购买一空。⑦ 不仅如此,波斯人还大力开拓对远东的直航贸易,他们的商船频频绕过锡兰岛,进入东南亚海域,远抵中国沿海进行海运贸易。因此,波斯人在中国港口定居、繁衍子孙者亦有之。晋时《广志》云,柯树"生广南山谷,波斯家用木为船舫者也"⑧。隋代高僧吉藏也是波斯人后裔,其家于祖世时迁居交、广之间。⑨

① 顾炎武:《天下郡国利病书》卷一○四"广东"八,第22页,光绪二十七年二林斋藏版,图书集成局铅印。
② 〔日〕真人元开:《唐大和上东征传》,中华书局1979年版,第73页。
③ 〔日〕真人元开:《唐大和上东征传》,中华书局1979年版,第68页。
④ 《史记》卷一二三《大宛列传》,见文渊阁四库全书电子版,武汉大学出版社1999年制作。
⑤ 《三国志·魏志》卷三○,引《魏略》,文渊阁四库全书电子版,武汉大学出版社1999年制作。
⑥ Hourani GF. Arab Seafaring in the Indian Ocean in Ancient and Early Medieval Times, Princeton, 1955, 40-41, 62, 65, 80.
⑦ Hourani GF. Arab Seafaring in the Indian Ocean in Ancient and Early Medieval Times, Princeton, 1955, 40-41, 62, 65, 80.
⑧ 李时珍:《本草纲目》卷三五下。
⑨ 道宣:《续高僧传》卷一一,吉藏传。

7世纪中叶,伊斯兰教兴起,波斯人被阿拉伯人征服,沦为阿拉伯帝国的臣民,但在东西方海上贸易中的优势地位并未动摇,相反却得到加强。波斯人的远洋帆船成群结队,舳舻相衔地穿梭于东西方之间,有时东来的一支船队竟达35艘之多[①],航海贸易规模之大令人惊叹不已。727年,慧超云,波斯"常于西海汛舶,入南海向狮子国取诸宝物……亦向昆仑国取金,亦汛舶汉地,直至广州,取绫绢丝绵之类"[②]。由于来华的波斯商舶之多,海南万安州大首领冯若芳"每年常劫取波斯舶两三艘,取物为己货,掠人为奴婢",竟成大富,岛上波斯"奴婢居处南北三日行,东西五日行,村村相次"[③]。在扬州经商居住的波斯人也达数千人以上。[④] 波斯人对华海上贸易之繁盛,来华人数之众多由此可以想见。由于波斯人控制着东西方海上航运,中外人士进出广州也多搭乘波斯舶[⑤],"波斯"一词竟成了唐代番客的代名词,故中国"南方呼波斯为舶主"[⑥]。在唐朝政府颁布的有关海商的法令中亦以"波斯"一词作为外国商人的指称。[⑦]

然而,有唐一代的波斯番客不是穆斯林。在唐代载籍中,波斯和大食两者是有区别的,而且提到的波斯远比大食为多,其原因盖自"波斯加入阿拉伯帝国后,一直没有改奉伊斯兰教",而保持着对原有宗教的信仰,只是"过了两百多年,才有人开始改教"。直至阿拔斯王朝初期,商人依然是基督教徒、犹太教徒等。[⑧] 因此,唐代文献中,只有操阿拉伯语的伊朗血统的穆斯林才被列为大食人,即阿拉伯人。[⑨] 当时虽然亦有阿拉伯穆斯林来华定居,但人数不多,远不及波斯人。9世纪一位曾在中国游历的阿拉伯人宣称,在中国,"我没有见到过一个伊斯兰教徒,也没有一个会讲阿拉伯话的人"[⑩]。他的话虽未免过于偏颇,但也反映了伊斯兰教传播的大致状况。因此,唐代广州的番客社会是各种宗教混杂相处,相对而言,伊斯兰教只是其中较小的派别,影响非常有限。

广州番商中,波斯人居于主导地位,也体现在广州对外贸易和番坊的管理制度上。波斯人的航海贸易盛极一时,不仅对日后阿拉伯航海业产生了巨大影响,而且对东方各国的社会生活也有着深刻的影响,"所留下的永久性遗俗之一乃是:通常都用'沙班达尔'来称呼港务长(沙班达尔为波斯语 shahbandar 的音译。波斯人称港口为 bandar,shahbandar 即港务长——引者注),这个官职直到近代通常仍由外国居民担任"[⑪]。唐宋时期的番长即是波斯语所称的沙班达尔。

古代波斯商人浪迹天涯,活跃在海外各个港口,波斯人聚居的社团遍布印度洋沿

① 圆照:《贞元新定释教目录》卷一四。
② 慧超:《往五天竺传金刚智传》,文渊阁四库全书电子版,武汉大学出版社1999年制作。
③ 真人元开:《唐大和上东征传》,中华书局1979年版,第68页。
④ 《新唐书》,卷一四四,田神功传,第5页载:田神功兵入扬州,"杀商胡波斯数千人"。见:文渊阁《四库全书·史部》,武汉大学出版社电子版。
⑤ 如义净于咸亨二年(671年)往印度,即先至广州,"与波斯舶主期会南行"。义净原著,王邦维校注《大唐西域求法高僧传校注》,中华书局1988年版,第152页。
⑥ 元稹:《和乐天送客游岭南二十韵》,见《全唐诗》,上海古籍出版社1986年版,第1006页。
⑦ 《宋刑统》卷一二,死商钱物。
⑧ 希提:《阿拉伯通史》(上册),商务印书馆1979年版,第260页。
⑨ 道宣:《续高僧传》卷一一,吉藏传。
⑩ 《中国印度见闻录》,穆根来等译,中华书局1983年版,第24页。
⑪ 〔美〕约翰·F·卡迪:《东南亚历史发展》(上册),上海译文出版社1985年版,第84页。

岸、东南亚和中国东南沿海。大概"每一个社团各有头人,在当地法庭上以及与当局的全部交涉中:都由头人代表团体成员,各个社团都有自己的法规"①。鉴于波斯人在航海业中的巨大势力,各国统治者为了招徕外国的商人,极力笼络波斯商人,授其首领港务长——沙班达尔的职务来管理外国人社团和对外贸易事务。因此,在东方各国的港口管理和对外贸易中,都采用沙班达尔制度。例如,shahbandar 在印度语中作 shabunder,它是印度洋所有港口管理官员的称号,并且代表当地官府,所有外国商人和船主都必须与之打交道。② 占婆地区的宾瞳龙地区在 10—11 世纪也存在一个外国穆斯林社区③,其管理制度与沙班达尔相似,大致分为行政和宗教两个系统。行政首领称为商务长(Shaikh al-suq),副手为纳基布(Naqib),主管财政;另有穆塔希布(Muhtasib,意为监督官)负责管理市场,监督度量衡和物价。宗教以伊斯兰教的伊玛目(Imam)或哈提卜(Khatib,重立清净寺碑上作"哈悌卜")为首,主持礼拜等宗教活动;法官(qadi)负责审理穆斯林诉讼。④ 15—16 世纪东南亚国际贸易中心马六甲商业繁盛,外国商人云集,设有四个沙班达尔。其中,一个沙班达尔管理来自印度古吉拉特的商人;第二个沙班达尔管理来自科罗曼德尔海岸、孟加拉国、白古、巴塞的商人;第三个沙班达尔管理来自爪哇、马鲁古、班达、巴邻旁、婆罗洲和吕宋的商人;第四个沙班达尔管理来自中国、安南、占婆和琉球的商人。⑤ 早期的沙班达尔从不同宗教信仰的外国人中遴选,只是"在 13 世纪末叶后,穆斯林商人掌握了经由坎贝和亚丁同红海各港口的贸易时,印度和马来群岛两处的沙班达尔才有由外来穆斯林充任的趋势"⑥。

唐时广州番坊中波斯人众多,不仅番坊生活具有浓厚的波斯色彩,而且对广州人生活也有很大影响。李肇曾写道:"岭南……又有三勒浆类酒,法出波斯。三勒者谓庵摩勒、毗梨勒、诃梨勒。"⑦唐时番商首领多系波斯人,番商"伙首住广州者谓之蕃长,因立蕃长司"⑧,故蕃长通常由波斯人担任。唐人刘恂"曾于蕃酋家食本国将来者(指波斯枣)"⑨,此"蕃酋"即蕃长,系波斯人无疑。

"蕃长""蕃酋",又称"蕃首""商酋"⑩或"蕃客大首领",以波斯语称之则为"沙班达尔"。唐开元年间,北印度僧人不空取海道返国,"初至南海郡(广州),采访使刘巨邻恳请灌顶……及将登舟,采访使召诫番禺界蕃客大首领伊习宾等曰:今三藏往南天竺、狮子国,宜约束船主,好将三藏并弟子含光、慧等三七人、国信等达彼,无令疏失。二十九年(741 年)十二月,附昆仑舶离南海"⑪。上文中的"蕃客大首领"即蕃长之滥觞,"伊习宾"显然是波斯语 Isshahbandar 的音译,即波斯人对蕃长的称呼;而"蕃客大首领"则

① 霍尔:《东南亚史》(上册),商务印书馆 1982 年版,第 283 页。
② Col. Henry Yule, A. C. Burnell, Hobson-JoBson. A Glossary of Colloquial Anglo-Indian Words and Phrases, and of Kindred Terms, Etymological, Historical, Geographical and Discursive. London, 1903, 816.
③ 《中国印度见闻录》,穆根来等译,中华书局 1983 年版,第 24 页。
④ Fatimi S Q Islam Comes to Malaysia. Singapore, 1963, 43-44.
⑤ Armando Cortesao. The Suma Oriental of Tome Pires. London, 1944, 265.
⑥ Schrieke B J. Indonesian Sociological Studies: Selected Writings, Ph. 2, The Hague, 1957, 238.
⑦ 李肇:《唐国史补》卷下,上海古籍出版社 1983 年版,第 60 页。
⑧ 顾炎武:《天下郡国利病书》卷一〇四"广东"八,第 22 页,光绪二十七年二林斋藏版,图书集成局铅印。
⑨ 刘恂:《岭表录异》卷中。
⑩ 晏殊:《马忠肃公亮墓志铭》,见《载杜大硅》,琬琰集删存,卷二。
⑪ 赞宁:《宋高僧传》卷一,不空传,第 10 页,见文渊阁《四库全书·子部》,武汉大学出版社电子版。

是意译，两者意义相同。① 番长，或番客大首领、伊习宾，是政府与外商和船主的中介人，他代表政府管辖当时（番禺界）所有之外国商人，一切来港之外国商船，包括东南亚诸国的昆仑舶均受其管束。此外，他还代表政府管理当地的外贸市场。史载："南海舶，外国船也。每岁至安南、广州。狮子国舶最大，梯而上下数丈，皆积宝货。至则本道奏报，郡邑为之喧阗。有蕃长为主领，市舶使籍其名物，纳舶脚，禁珍异，蕃商有以欺诈人牢狱者。"②番长的职责与沙班达尔相同，其制度源于波斯无可置疑，亦反映了波斯人在广州的重要地位。③

---

① 廖大珂：《"亦思巴奚"初探》，《海交史研究》1997年第1期。
② 李肇：《唐国史补》卷下，上海古籍出版社1983年版，第63页。
③ 廖大珂：《唐宋时期广州的波斯蕃商与怀圣塔》，见曲金良：《中国海洋文化研究》第3卷，海洋出版社2002年版，第185—188页。

第十七章

魏晋南北朝隋唐时期的海上社会

在中国历史上,沿海地区的居民依靠海洋谋生,一般安家定居于陆地,出没打拼于海洋,主要从事渔业生产、航海贸易、制盐采珠等行业;尤其是从事航海贸易的海商社会,是海洋社会的重要构成力量。但也有一些人以船为家,在海上过着居无定所的生活;还有一些人靠进行海上或沿海抢劫活动、反抗官府和豪强为生,他们构成了涉海社会特殊的水上居民和海盗群体。关于魏晋南北朝隋唐时期的海商社会,本卷在第十三章"海上丝绸之路与海外贸易"中就其中最为凸显的唐代海商社会辟有"活跃的唐代中外海商"一节专门述之,这里将集中介绍魏晋南北朝隋唐时期以船为家、在海上过着居无定所生活的"疍民"社会,以及专事海上或沿海抢劫与造反起义、反抗官府和豪强的"海盗"社会。

关于沿海水上居民的记载在魏晋南北朝时期开始出现,其称呼有"鲛人""游艇子""白水郎"及疍民等多种,后世才又演变出"蜑民""蛋民"等称呼。

魏晋南北朝隋唐时期,海盗被时人称为"海贼""海寇""盗寇"等,其中"海贼"是最为常见的称谓,其贬蔑之意显见。海盗除了在海上及沿海地区进行暴力杀戮、抢劫财物与掳掠男女等海盗活动外,还进行反抗官府与地主豪绅的武装活动。被称为海盗"祖师"的孙恩、卢循所发动的东晋末年海上大起义,就是中国历史上一次重要的农民战争,也是中国海盗史上一次大规模的海盗活动,为后世海盗提供了活动范本,使"孙恩"一词一度成为海盗的代名词。唐末,海盗还与黄巢领导的农民起义军互相支持,协助黄巢海上进军广南。可见,当时的海盗活动具有农民起义的特点。

第一节　东南沿海水上居民

东南沿海的水上居民在魏晋南北朝隋唐时期主要分布在福建、广东、广西等沿海地区,他们过着以船为家、居无定所、漂泊在海上的独特的浮生生活,在魏晋南北朝隋唐时期开始受到关注,有关水上居民的记载开始出现在文献中。

一　水上居民的称呼

两广沿海的水上居民出现较早,数量较多。"鲛人泣珠"传说中的"鲛人",大概就是水上居民。据晋代张华《博物志》卷一〇载:"南海有鲛人,水居如鱼……其眼能泣出珠。"唐李善注云:"水居,鲛人水底居也。俗请鲛人从水中出,曾寄寓人家,积日卖绡。鲛人临去,从主人索器。泣而出珠满盘以与主人。""宋人李邴《太平御览》将鲛人列入南蛮诸夷之中,可知他们是南方早期的水上居民之一。"①

魏晋南北朝时期,史籍中出现的福建沿海水上居民被称为"游艇子"。《北史·杨素传》载:"泉州王国庆杀刺史刘弘,据州为乱……素泛海奄至,国庆遑遽弃州走。时南海先有五、六百家居水为亡氓,号曰游艇子。智能、国庆欲往依之,杨素容遣人说国庆,令斩智能以自赎,国庆乃斩智能于泉州,支党悉降。"到了唐代,文献中多称福建沿海地区的水上居民为"白水郎"。例如,唐代诗人元稹《送岭南崔侍卿诗》云:"洞主参承惊豸角,岛夷安集慕霜威,黄家贼用镖刀利,白水郎行旱地稀。"②其后宋代依然沿用"白水郎"这一称呼。"魏晋以来福建沿海水上居民的活动区域大致分布在今闽江口沿海,福清湾,兴化湾,泉州湾、厦门港以及漳州沿海等地区。据《太平寰宇记》所载,早在唐武德八年(625年),泉州湾沿海的白水郎就有较为广泛的分布,他们"居止常在船上,兼结庐海畔,随时迁徙,不常厥所"。在"兴化风俗"和"漳州风俗"条中,作者都注明其与"泉州风俗"同,可见唐代以来兴化湾及漳州沿海等地也已散居着不少水上居民。③

隋唐以后,东南沿海的水上居民还渐渐有了"蜑"或"蜒""蛋"等通假的称呼。

"蜑"这一称呼较早出现在晋人常璩的《华阳国志》中。《华阳国志》卷一《巴志》中记有:"其地(指巴)东至鱼复,西至棘道,北接汉中,南极黔涪……其属有濮、賨、苴、共、奴、獽,夷、蜑之蛮。"之后还记录了巴东、涪陵等地有蜑民。其卷二《汉志》中,又举蜀郡广都县有蜑民。《华阳国志》里所说的"蜑",是指散布于今之四川境内及云南、贵州之北境的水上居民,而不是东南沿海水上居民。《南史》卷五〇《明僧绍传》中叙述僧绍的儿子慧照于"建元元年,为巴州刺史,绥怀蛮蜒"("蜒"与"蜑"通用),这里的"蜒"也指的是此地域的水上居民。关于东南沿海的水上居民,据顾炎武《天下郡国利病书》卷一〇四《广东八》载:"晋时,广州南岸周旋六十余里,不宾服者五万余户,皆蛮蜑杂居。"《隋书》卷三一《地理志》记有:"长河郡,又杂有夷蜑。"可见,晋代至隋代,蜑民分布的地域是比较广的。唐代兵威较盛,故四川、两湖等地的蜑民屡被征伐,其结果是,至宋代,四川、两湖等地的蜑民已不见文献记载,遂告消失于历史的长河中,而蜑民的聚居地则多在两广。此时的"蜑"则专指南方水上居民。唐代柳宗元《岭南节度飨军堂记》文中曰:"胡夷蜑蛮,睢盱就列者,千人以上。"④其中的"蜑"就是指当时南方的水上居民。

"蜑"的含义是什么呢?古文献以"蜑"字来称南方这些驾小船的人群,乃是就古越语称小船为丁(丁音)或就壮语 teng 音(相近与粤语方言"邓"音),又因袭前人旧语,以常璩所用的"蜑"这个字对这个名称进行音译而成,意指乘小船之谓。蜑家的"家"则是古汉语借词,指人群而言。⑤

关于"蛋"家和"蛋"户的称谓,清人邱炜萲荃认为,"蛋字,字书所无,俗以呼禽鸟、介族之卵,音读如但。粤人又以呼渔户,男为蛋家佬,女为蛋家婆,是以称卵者称人也。

① 陈鹏、林蔚文:《中国古代东南沿海水上居民略论》,《海交史研究》1991年2期,第48页。

② 《元氏长庆集》卷一七。

③ 陈鹏、林蔚文:《中国古代东南沿海水上居民略论》,《海交史研究》1991年2期,第48页。

④ 《钦定全唐文》卷五八〇,中华书局影印本1983年版。

⑤ 张寿祺:《蛋家人》,中华书局(香港)有限公司1991年版,第61页。

何其字哉？抑知南海本有蜑户之称，一作坛上声。昔人尝谓南海蜑户，以舟楫为家，采海物为生，即指此。不知何时误蜑为蛋，且以蛋为卵，遂使渔人横被恶名耳"①。即认为"蜑"字后变为"蛋"，这是对疍民的鄙视与侮辱。

二　水上居民群体的来源②

关于水上居民的起源有多种说法，古文献记载中主要有三。

其一，《隋书》列传四七称"蜑民为古之百越种"。顾炎武《天下郡国利病书》认为："蛋其种不可志，考之秦始皇使尉屠睢统五军监禄凿河信道，杀西瓯王。越人皆入丛薄中，与禽兽处，莫肯为秦用，意者，此即丛薄中之遗民耳。"③另据明嘉靖《惠州府志》与《粤中见闻》云："蛋，其种莫可考，按秦始皇使尉屠睢统五军，监禄杀西瓯人。越人皆入丛薄中……意者此即入丛薄中之遗民耶。"④"秦时，屠睢将五军临粤，肆行残暴。粤人不服，多逃入丛薄，与鱼鳖同处。蛋即丛薄中之遗民也。世世以舟为居，无土著，不事耕织，惟捕鱼及装载为业，吾民目为蛋家。"⑤

其二，邓淳《岭南丛述》"卢亭"条记曰："大奚山三十六屿，在莞邑海中，北边岩穴，多居蛋蛮种类，或传系晋海盗卢循遗种。"《岭外代答》"蜑人"条等文献亦载录此说法。

其三，《古今图书集成》卷一三〇八《广州府部汇考十·广州风俗考三六》载："蛋户……本林邑蛮。"

不少学者对这个问题作过研究探讨。其中，最有影响的看法有三种。第一种以罗香林先生为代表。1934 年 1 月，他在广州中山大学《文史学研究所月刊》二卷三、四期合刊发表了一篇《唐代蜑族考·上篇》，提出"蜑族原即越族遗裔"，"其与林邑族同为越族所出"的说法，"蜑一名词，初为越裔自称，中土习闻其语，循其音声，系以汉字，虽字形纷纭杂沓，而音义则未尝因是尽变也"。这种观点得到很多学者赞同，影响深远。第二种，可以西方某些学者为代表。他们主张蜑民的远祖乃自印度支那半岛或印度尼西亚的海上闯进中国南方和东南沿海各水系的一个大群体。⑥ 第三种说法，可以徐松石先生为代表。20 世纪 30 年代末，徐先生在其所著《粤江流域人民史》一书中提出，蜑实系壮族中水上人的通称。⑦ 40 年代中期，徐先生又在其另一部著作《僮族壮族越族考》一书中提出："近已查明蜑字乃蛇字发音的异译……蜑族就是龙蛇族，亦即伏羲女娲的一大支派。"⑧

三种说法都不能令人满意。若说水上先民远祖与越族先民有血缘上的关系，这可以说得通。若说"蜑民是越族的遗裔"，则与实际不符。疍民群体，今天固然不是一个

---

① 邱炜萲：《菽园赘谭》卷一四《蛋家》，引自郑广南：《中国海盗史》，华中理工大学出版社 1998 年版，第 50 页。
② 本部分引见张寿祺：《蛋家人》，中华书局（香港）有限公司 1991 年版，第 54—65 页；郑广南：《中国海盗史》，华中理工大学出版社 1998 年版，第 74 页。
③ 顾炎武：《天下郡国利病书》卷一〇四《广东八》"惠州志"条下。
④ 嘉靖《惠州府志》卷一四《外志》。
⑤ 范端昂：《粤中见闻》卷二〇《人部》。
⑥ 参阅 Genevieve A. Highland, Roland W. Force：Polynesian Culture History，Bishop Museum Press，Honolulu，Hawaii，1967，P. 72 所引 E. S. Craighill Handy 著作的话。
⑦ 徐松石：《粤江流域人民史》，中华书局 1939 年版，第 152 页。
⑧ 徐松石：《僮族侗族越族考》，中华书局 1946 年版，第 153 页。

单一的民族,在历史上,他们的构成也是复杂的,西汉(公元前 1 世纪前后)起已变为一个不是纯越族的族群。若认为他们是越族的遗裔,历来,他们与陆上居民不通婚,为什么他们的体质特征与当地陆上居民的极为接近,他们的语言绝大部分为广州方言? 尽管历代封建士大夫称他们为"夷蛋""蛋蛮""蛋族",他们始终未形成一个单一的民族。从古代诗文记述来看,把他们与神奇的"鲛人"联系在一起,除说他们善辨水色之外,其语言、风俗、容貌与珠江三角洲陆上居民相比并没有什么特殊的差别。第二种说法,认为水上先民是由印度支那半岛和印度尼西亚某些民族从海上闯进来而形成,但近三四十年来广东、广西、海南沿海各地发现不少新石器时代的贝丘遗址,这正好证明广东滨海地段,早在新石器时代已有不少人群住在海滨靠采集和捞捕水生动物为食,这里绝不是无人居住的地段。若是印度支那半岛和印度尼西亚一带渔民于新石器时代乘着独木舟在海上打鱼,迷失方向,遭遇风吹,漂流到广东沿海,也只不过是一小群住在一个小地点,绝不会遍布于福建、广东、广西、海南沿海地带,深入到陆地内江内河各水域,散处于这般广阔的地域里。至于第三种说法,伏羲、女娲乃古代神话传说中的人物,后世附会为其后代者民族众多、分布极广,把疍户先民附会为其族系的一支,仍未解决问题。

其实,疍民是一个庞大松散的人群,不是一个单一的民族,其起源虽与古越族有关,但实际上仍复合了南方历代各种流散入江海里的人群,逐步演变而成。①

例如,魏晋南北朝隋唐时期东南沿海的一些战乱,使一些人为躲避战祸而逃入江河,汇入水上居民群体。其中,东晋末年孙恩、卢循起义兵败后,"其党泛舟以逃居海岛"的人数众多②,部众散居闽、粤江海间,繁衍子孙,从东晋末年以来一千数百年间,世代生活在江海,浮家泛宅,与蜑民为伍,加入水居族群。据方信孺《南海百咏》诗集,东晋末年,卢循攻据番禺(今广州),于河南筑城以为"巢穴"。卢循败后,部众驻住生息,繁衍子孙,"穴有卢亭旧子孙"。"卢亭者,卢循昔据广州,既败,余党奔入海岛野居。惟食蚝蛎,迭壳为墙壁。"③卢循部众还散布于粤东东莞、增城、新会、香山以及惠州、潮州等地江海,居海岛,聚居东莞大奚山者尤为众多。大奚山周围 300 余里,有 36 屿,在东莞海中,岛上疍民相传系东晋末年海盗卢循遗种。他们居岛屿,"不隶征徭,以鱼盐为生"④,遭受官府歧视与压迫,被视为"南海夷种",有别于陆地居民。⑤

卢循部众的苗裔生活在闽江海者就称"泉郎"(一名"白水郎"),又名"游艇子"。乐史《太平寰宇记》云:

> 泉郎,即州之夷户,亦曰游艇子,即卢循之余(种)。晋末,卢循寇暴,为刘裕所灭,遗种逃叛,散居山海,至今种类尚繁……其居止常在海上,结庐海畔,随时移徙,不常厥所。船头尾尖高,当中平阔,冲波逆浪,都无畏惧,曰丫乌船。⑥

① 张寿祺:《蛋家人》,中华书局(香港)有限公司 1991 年版,第 54—65 页。

② 印光任、张汝霖:《澳门纪略》上卷《形势篇》。

③ 刘恂:《岭南异表》卷上。

④ 印光任、张汝霖:《澳门纪略》上卷《形势篇》。

⑤ 郑广南:《中国海盗史》,华中理工大学出版社 1998 年版,第 74 页。

⑥ 乐史:《太平寰宇记》卷一〇二《江南道十四·泉州》。

这里所说的"泉郎",指泉州"夷户",在福唐则称"白水郎"。"苏学士《杂记》,福唐水居船,举家聚止于一舟,寒暑饮食,疾病昏娅未始去,所谓白水郎之徒欤。"①

三　水上居民的生活②

水上居民的生活状况从郑广南对疍民的描述中可见一斑。秦汉以来,疍民世世代代在江海中过着"以舟为居"的浮生生活。宋人周去非在《岭外代答》书中对疍民这种浮生生活方式有具体记叙:"以舟为室,视水如陆,浮生之海者,蜑也……蜑之浮生,似若浩荡,莫能驯者。然亦各有统属,各有界分,各有役于官,以是知无逃乎天地之间。"③疍民乘坐的疍家艇,既是其住所也是其生产工具,身形轻巧,吃水非常浅,结构特殊,没有橹舵锚等属具,只靠人力划动双桨推进。

疍民在海上江中生活,往往以捕鱼采捞为业。"蜑户,县所管,生在江海,居于舟船,随潮往来,捕鱼为业,若居平陆,死亡即多。似江东白水郎也。卢(亭)户在海岛山,乘舟捕海族蚝蛎蟥蛤蜊为业。"④有的疍民从事采珠业,《晋书》中记有"又以合浦郡,土地饶确,无有田农百姓,惟以采珠为业"⑤宋人秦观的《海底书事》诗中说道:"合浦古珠池,一熟胎如山,试问池边蜑,云今累年间。"⑥这说明当时合浦一带采珠工作系由疍民为之。

由于长年累月生活在水上,疍民熟识水色。"蛋户,广南、惠、潮皆有之。编蓬濒水而居,谓之水栏;见水色则知有龙,故又曰龙户。"⑦

疍户在江海过漂泊无定的生活,因不陆居,生活贫困,子弟无法读书受教育,以致文化落后,"不谙文字,不自记年岁",也无"衣冠礼貌"之制。⑧ 由于社会生活和文化落后,陆地人家多不愿与他们通婚,故皆同姓婚配。

生活穷困再加上疍民"役于官",有些疍民就加入了海盗的行列。东晋末年,疍民奋起响应卢循起义,卢循兵败后不久,爆发了"蛮蜑"起义。⑨ 东晋以后,疍民多从事海盗活动,"往往走异域,称海商,招诱凶徒,渐成暴乱,盖孙恩、卢循余习然也"⑩,形成了海上一股强大的势力。

自唐代以来,官府加强了对疍户的统治,防止他们在海上成为"寇盗"。唐初,岭海屡屡发生疍民反抗官府的事件。因此,唐朝廷遣官前往粤洋海岛巡视,平息反乱。唐高祖武德八年(625年),都督王义童遣使招抚游艇子首领周造、麦细陵等,并授骑都尉,"令相统摄,不为寇盗"⑪。唐太祖贞观十年(636年),计丁按船征收游艇子"半课"赋税。

---

① 淳熙:《三山志》卷六《地理类·海道》。
② 本部分引见郑广南:《中国海盗史》,华中理工大学出版社 1998 年版,第 50、75—77 页。
③ 周去非:《岭外代答》卷三《蛋蛮》。
④ 乐史:《太平寰宇记》卷一五七《岭南道一·广州》。
⑤ 《晋书》卷五七《陶璜传》。
⑥ 秦观:《淮海集》卷六。
⑦ 杜臻:《粤闽巡视纪略》卷一。
⑧ 顾炎武:《天下郡国利病书》卷九七《广东》。
⑨ 于慎行:《谷山笔麈》。
⑩ 顾祖禹:《读史方舆纪要》卷九五《福建方舆纪要叙》。
⑪ 何乔远:《闽书》卷一五二《畜德志》。

第二节　魏晋南北朝隋唐时期的海盗[①]

中国史籍中谈到海盗活动事件的文字记载，最早起自《后汉书·安帝纪》，此后记载逐渐增多。从东汉末年至隋唐五代期间，海盗多采取"武装暴动"方式进行活动。

一　三国时期的海盗活动

在汉末黄巾起义前后，海滨的起义民众被称为"海贼"，并遭官兵镇压。《三国志·魏志》记载陈登平定薛州海盗的史事：

> 太祖以登为广陵太守，会阴合众以图吕布。登在广陵，明审赏罚，威信宣布。海贼薛州之群万有余户，束手归命。未及期年，功化以就，百姓畏而爱之。登曰："此可用矣。"[②]

曹操图攻吕布乃献帝建安初年之事。广陵郡治在今江苏镇江，薛州地处长江江北，东临大海，参加海盗的人甚众。他们为逃避官府的迫害，通常都是举家参加海盗活动，故有薛州海盗"万有余家"之说。以一户数口人计算，则薛州海盗多达数万人。对薛州如此众多的海盗，广陵太守陈登不敢掉以轻心，知道不宜以兵取胜，而采取政治办法，使他们"束手归命"。

当时，在山东胶州湾海上，另有管承率领的"三千余家"海盗在活动，威胁曹操所割据的青州地区。建安十一年（206年），曹操亲自统领军队征讨管承，"秋八月，公东征海贼管承，至淳于，遣乐进、李典击破之。承走入海岛"[③]。其实，曹操兴师东征管承海盗并未成功。平息管承海盗的武装反抗，是由长广太守何夔采用政治手段解决的。

> （何夔）迁长广太守，郡滨海。黄巾未平，豪杰多背叛，袁谭加以官位。长广人管承徒众三千余家，为寇害。诸者欲兵攻之。夔曰："承等非生而乐乱也，习于乱不能自还，未被德教，故不知反善。今兵迫之急，彼恐夷灭，必齐力战攻之，既未易拔，虽胜必伤吏民，不如徐喻以恩德，使客自悔，可不烦兵而安。乃遣郡丞黄珍往，为陈成败。管等皆请服。夔遣使成弘领校尉长广县。承等郊迎，奉牛酒诣郡。[④]

长广郡治所在今山东莱阳。何夔劝降海盗管承等人后，又用同样的政治手段降服乐安海盗郭祖：

> 海贼郭祖寇暴乐安，济南界州郡苦之。太祖以夔前在长广有威信，拜乐安太守，到官数月，诸成悉平。[⑤]

---

① 对此，郑广南先生有全面系统的研究。本节引见郑广南：《中国海盗史》，华中理工大学出版社1998年版，第58—85页。

② 《三国志·魏志》卷七《陈登传》裴松之注引《先贤行状》。

③ 《三国志·魏志》卷一《武帝纪》。《三国志·魏志》卷一二《乐进传》亦云"太祖征管承，军淳于，遣进、李典击之。承破走，逃入海岛，海滨平"。

④ 《三国志·魏志》卷一《武帝纪》。

⑤ 《三国志·魏志》卷一二《何夔传》。

乐安地处济水出渤海海口附近。海盗郭祖率领部众乘船在渤海海上活动,攻占城邑为据点,终为何夔荡平。此后,在渤海至胶州湾洋面少见海盗活动,海上相对平静。

三国东吴景帝永安七年(264年)七月,在海盐发生海盗攻杀地方官员事件。《三国志·吴志》记叙此事云:"秋七月,海贼破海盐,杀司盐校尉骆秀,使中书郎刘川发兵讨之。"[①]海盐位于杭州湾北部,为产盐地区,司盐校尉骆秀是此地的最高长官,被海盗攻杀,海疆告急。

从上述海盗活动的情况来看,中国早期海盗活动于北自渤海、南及杭州湾沿海与洋面,到东晋末年孙恩与卢循的海盗活动,始向南扩展和延伸至闽、粤海域。唐宋以后,南海逐渐成为海盗活动的另一个重要海域。

二 海盗"祖师"孙恩与卢循

东晋末年,海盗首领孙恩、卢循领导海上大起义,从东晋安帝隆安二年至义熙七年(398—411年),前后历时长达13年之久,有成百万人投入斗争。孙恩、卢循领导海盗武装大军转战长江以南广大地区,纵横东海、南海两大海洋。如此波澜壮阔的海上武装起义,是中国海盗史上所仅见的。

东晋王朝是维护世族地主利益的政权,在这个政权的庇护下,世族地主享有特权,他们大肆兼并土地,霸占山泽,拥有部曲、佃客和奴婢,过着腐朽的寄生生活。在世族地主的统治下,"治纲大驰,权门兼并,强弱相凌,百姓流离,不得保其产业"[②]。世族官僚仗其特权,"以货殖为务",大肆掠夺财物,广占田宅,僮仆成群,过着骄奢淫逸的生活。官府通过征调赋税剥削人民,除户调之外,还巧立各种苛捐杂税,丹阳县杂税就多达60余项,使人民无法承担。繁重的徭役,压得人民喘不过气,一年"殆无三日停休"。不少人为求免除徭役而"残形剪发'","生儿不复举养,鳏寡不敢妻娶"[③]。苛繁的赋役,导致农民破产而被迫逃亡,从简文帝咸安至孝武帝太元十几年间,逃亡人口就有十分之三,约几十万人。逃亡农民有的沦为世族豪强的部曲、佃客、奴婢,有的则亡命山泽或逃往海岛。

人祸肆虐,天灾频仍,人民苦不堪言。咸安二年(372年),"三吴大旱,人多饿死"。孝武帝统治的24年中,水旱、地震、风暴、大潮各种灾害并臻,"年谷不登,百姓多匮,饥荒屡发"[④]。会稽岁饥,百姓逃荒,"颠仆道路,死者十八九"[⑤]。然而在严重的灾难中,统治阶级却只图自己享乐,不管灾民死活。

东晋末年,孝武帝与安帝昏庸无能,司马道子及其子元显专权,爆发了几次争夺权力的武装冲突。隆安元年(397年)四月,兖州刺史王恭、豫州刺史庾楷以讨司马道子从妹夫王国宝为名起兵;司马道子被迫杀王国宝,请其罢兵。第二年,王恭、庾楷联合荆州刺史殷仲堪、广州刺史桓玄、南蛮校尉杨佳期等人起兵,声讨司马道子。司马道子、元显收买王恭部将刘牢之,挫败之。接着,桓玄与殷仲堪之间爆发战争,结果桓胜

---

① 《三国志·吴志》卷三《孙休传》。

② 《宋书》卷二《武帝本纪》。

③ 《晋书》卷七五《范汪传》附《范宁传》。

④ 《晋书》卷九《孝武帝纪》。

⑤ 《晋书》卷九九《桓玄传》。

殷败。随后,桓玄发动讨伐司马道子父子的战争。统治集团多年混战,破坏了社会经济,祸国殃民,阶级矛盾激化,陆地人民的起义此起彼伏,海上海盗武装活动日益活跃,"以海寇掠运漕不断"①。陆海人民的反抗斗争,终于汇成孙恩、卢循所领导的海上大起义。

(一)孙恩、卢循海上大起义

孙恩,字灵秀,琅琊人。世奉五斗米道。五斗米道即东汉的太平道,后称天师道。东汉以来,五斗米道一直在民间传播。东晋孝武帝时,孙恩叔父孙泰为五斗米道教主,他在民众中有威望,"敬之如神",教徒分布南方各地。在隆安二年(398年)"王恭之役"中,孙泰"私合义兵,得数千人,为国讨恭"。其时,他"见天下兵起,以为晋祚将终,乃煽动百姓,私集徒众,三吴士庶多从之"。司马道子与元显惧孙泰"为乱",杀泰父子七人。"众闻泰死,惑之,皆谓蝉脱登仙,故就海中资给。"孙泰遇害,孙恩"逃于海",在海上"聚合亡命,得百余人,志欲复仇"②。隆安三年(399年),司马元显扩充军队,下令征发江东佃客充兵役,"吴会百姓不安","东土嚣然苦之,孙恩因民心骚动,自海岛帅其党,杀上虞令"③,乘胜攻取会稽(今浙江绍兴),杀内史王凝之。孙恩反官府的斗争,各地人民"大小无不翼戴"④,奋起响应,队伍迅速壮大,发展至数十万人。

会稽谢鍼,吴郡陆瓌、吴兴邱兀,义兴许允之,临海周胄,永嘉张永及东

阳、新安等,凡八郡,一时俱起,杀长官以应之。旬日之中,众数十万。⑤

孙恩领导这支数十万人的大军攻城略地,抗官兵,焚官府,捕杀官吏与世族地主,"肆意杀戮士庶,死者不可胜计,或醢诸县令,以食其妻子,不肯者辄支解之,其虐如此"。这是因为"诸县令"与"士庶"平时压迫、剥削穷苦人民,民愤极大,故孙恩采取严厉手段予以惩治。对于世族大官僚尤其严惩不贷,杀死吴兴太守谢邈,永嘉太守谢逸,嘉兴公顾胤,南康公谢明慧,黄门郎谢冲、张琨,中书郎孔道,太子洗马孔福,乌程侯司马情等人。骠骑长史王平之死未葬,"恩剖棺焚尸,以其头为秽器"⑥。孙恩起义军所向,官兵望风披靡,"所在破之","诸贼皆烧仓廪、焚屋、刊木、堙井、掳掠财货,相率聚于会稽"⑦。

孙恩在会稽自称征东将军(一作平东将军),置官属,并争取与团结士人参加政权。孙恩声讨司马道子与元显的暴行,号召部众为推翻东晋王朝而奋战。"初,孙恩见闻八郡响应也,告诸官属曰:'天下无复事矣,当与诸君朝服而至建业。'"⑧为了攻夺东晋都城建康(今江苏南京),孙恩派人潜入都内,配合攻城。此时,"畿内诸县,处处烽起,朝廷震惧"⑨。晋安帝见形势危急,急忙命卫将军谢琰、镇北将军刘牢之统领北府军攻剿

① 《晋书》卷二六《食货志》。
② 《晋书》卷一○○《孙恩传》。
③ 司马光:《资治通鉴》卷一一一。
④ 《太平广记》卷三二三《谢道欣》。
⑤ 《晋书》卷一○○《孙恩传》。
⑥ 《魏书》卷九六《僭晋司马睿》。
⑦ 《晋书》卷一○○《孙恩传》。
⑧ 《魏书》卷九六《僭晋司马睿》。
⑨ 《晋书》卷一○○《孙恩传》。

孙恩起义军。官兵反扑,孙恩作战失利,率领男女 20 余万人乘船入海,来不及出海者,投水自杀。"诸妖乱之家,妇女尤甚,未得去者,皆盛饰婴儿投之于水而告之曰:'贺汝先登仙堂,我寻复就汝也。'"①,然后沉海而死。

刘牢之驱兵尾追孙恩起义军,沿途纵兵抢掠财物、子女。"时东土殷实,莫不繁丽盈目,牢之等遽于收敛。"②为阻止孙恩起义军登陆,谢琰镇守会稽,以徐州文武戍海浦。

隆安四年(400 年)五月,孙恩率众人从海上登陆,连克余姚、上虞、山阳一带,杀谢琰。谢琰是东晋北府兵大将,骄横自负,兵败被杀。宋人曾公亮在《武经总要》兵书中,将谢琰作为"轻敌必败"的一个人物类型。

> 谢琰为会稽太守,时孙恩作乱,琰不设备。恩奄至海口,入余姚,破上虞,进邢浦。琰遣参军刘宣之击破之。未几,官军失利,恩乘胜径进,人情震骇,咸议宜持重严备,且设水军于南湖,分兵设伏以待之。琰不听,贼既至,尚未食。琰曰:"要当先灭此寇而后食也",跨马而出。广武将军宣宝为前锋,推锋陷阵,杀贼甚多。而塘路窄狭,琰军鱼贯而前;贼于舰中傍射之,前后断绝,至千秋亭败绩。琰帐下都督张猛于后斫琰马,琰堕地,与二子肇、峻俱被害,宝亦死之。③

谢琰被杀,东晋朝廷大为震惊,即遣冠军将军桓丕才、辅国将军孙元佟、宁翔将军高雅之,统领各路兵马,攻剿孙恩起义军。同时,又命吴国内吏袁山松(一作袁崧)守沿海,筑沪渎垒④,以防孙恩进犯。朝廷复遣刘牢之攻会稽,"牢之筑城三江口,使刘裕守章以备"⑤。

隆安五年(401 年),孙恩率领船队攻浃口,大败高雅之官兵,转攻沪渎(今上海),杀袁山松,死者 4000 人。六月,孙恩乘胜浮海奄至丹徒(今江苏镇江)。此时,孙恩有"战士十万,楼船千艘"⑥,军容颇盛,东晋京都建康(今江苏南京)受到威胁。东晋朝廷急忙调兵遣将,阵军布防。刘牢之从海盐率兵往援。孙恩见建康严密防卫,便挥师北攻广陵(今江苏扬州),继后出海攻占郁州海岛。八月,东晋朝廷以刘裕为建武将军、下邳太守,领水军专征孙恩起义军。十一月,刘裕与刘宣联军攻郁州。孙恩作战失败,即退兵南下,在海盐、沪渎遭刘裕追击,连战失利,退返海上。隆安六年(402 年)初,孙恩攻临海,与太守辛景(一作员)官兵交战受挫。孙恩作战接连挫败,部众伤亡惨重,加上起义军因"饥馑、疾疫,死者太半"⑦,又遭官兵攻杀,几十万起义军最后仅剩几千人⑧,势已穷蹙。在此情势下,孙恩忧虑无策,"乃赴海自沉。妖党及妓妾谓之水仙,投水从

---

① 《魏书》卷九六《僭晋司马睿》。
② 曾公亮:《武经总要后集》卷一二《饵兵勿食》。
③ 曾公亮:《武经总要后集》卷七《轻敌必败》。
④ 关于袁山松筑沪渎垒事,《上海县志》说法不同,"咸和间,虞潭修沪渎垒,以防海抄,百姓赖之。盖先山松之筑七十余年。然曰修,则垒创于前,而海贼之抄久矣。"据此,袁山松亦属重修沪渎垒,非创筑也。
⑤ 乾隆《宁波府志》卷三六《逸事》。
⑥ 《晋书》卷八四《刘牢之传》与至顺《镇江志》卷二一《杂录·武事》。
⑦ 《宋书》卷一《武帝本纪》。
⑧ 据康熙《绍兴府志》云,孙恩几十万部众,"战死及自溺,并流离被传卖者,至恩死时裁数千人存"。

者数百"①。孙恩死后，徐道覆等人推举卢循为主②，领导孙恩部伍余众及船队，继续进行反晋的海上武装斗争。

卢循，字于先，小名元龙，范阳世族司空从事卢湛之曾孙。卢循"神采清秀，雅有才艺"③，善草隶、弈棋，是个文雅之士。他是孙恩的妹夫，关系甚密，两人共同策划海上起义。起事后，卢循跟随孙恩转战三吴海上，身为"别帅"，有资格与威望继承孙恩的领袖地位与事业。

元兴元年（402年）春，东晋王朝爆发争夺权位的斗争，桓玄杀司马道子与元显，夺取权力，并削夺刘牢之兵权，重用刘裕。次年正月，卢循率众攻浙江东阳，八月破永嘉。此时，桓玄称帝，国号楚，"欲辑宁东土"，以卢循为永嘉太守。卢循"虽受命而寇暴不已"④，不受其约束，坚持斗争。刘裕发兵进攻卢循起义军，破东阳、永嘉，杀张士道。卢循采用南下战略，"自永嘉入晋安。刘裕追讨，破之"。卢循在晋安（今福建福州）休整船队，于次年"浮海走番禺"⑤，卢循从海上进军番禺（今广东广州），《资治通鉴》有记叙：

卢循寇南海，攻番禺，广州刺史濮阳吴隐之拒守百余日。冬十月壬戌，循夜袭城而陷之，烧府舍民室俱尽，执吴隐之。循自称平南将军，摄广州事。⑥

攻占广州后，卢循以这座南海大都会城作为据点，建立政权，自摄州之事，任命徐道覆为始兴太守，以东晋龙骧将军、琅琊内史、长史王诞为平南府长史⑦，"卢循据广州，以诞为其平南府长史，甚宾礼之"⑧。建政伊始，卢循即大兴工作，在广州河南地建设新城⑨；伐木造船⑩，大练水兵；招募士卒，扩充军队，开采银矿。⑪

元兴四年（405年），刘裕攻灭桓玄，平乱之后，东晋王朝无力对付起义军，乃权假卢循为征虏将军、广州刺史、平越中郎将；以徐道覆为始兴相。此后五年中，卢循与徐道覆积极发展实力，以图大举，推翻东晋王朝，取而代之。

义熙五年（409年），刘裕兴兵北伐南燕，东晋兵力空虚。卢循与徐道覆乘机出兵，分两路进军：卢循率一路军从始兴（今广东韶关）出发，越五岭，攻长沙，打败刘裕弟刘道规官兵，取巴陵（今湖南岳阳）；徐道覆率另一路军进发，经南康（今江西南康）、庐陵（今江西吉安），抵豫章（今江西南昌），大败官兵，击杀何无忌。随后，卢循与徐道覆会师巴陵，大军指向东晋京都建康。卢循"乃连旗而下，戎卒十万，舳舻千计，败卫将军刘

---

① 《晋书》卷一〇〇《孙恩传》。
② 徐道覆为孙恩部将，卢循姐夫。
③ 姚篕厘：《谭史志奇》卷二。
④ 《宋书》卷一《武帝本纪》。
⑤ 道光《重纂福建通志》卷二六六。
⑥ 司马光：《资治通鉴》卷一一三。
⑦ 王诞遭司马元显排斥，徙广州。卢循据广州，对他优礼相待。
⑧ 《宋书》卷五二《王诞传》。
⑨ 据李吉甫《元和郡县图志》云："卢循故城在番禺县南六里。"另据《南越志》说："河南之洲，状如方壶，乃卢循旧居。"《番禺杂志》亦云："卢循城在郡之南十里，与广州隔江相对，俗呼河南，又呼水南。"
⑩ 《太平御览》卷七七〇《舟部》。
⑪ 乐史《太平寰宇记》卷一五七《岭南道·广州》云，岭南南仪州有银山，"卢循采之山，多香木，谓之蜜香，辟恶，杀鬼精"。

毅"①。双方在桑洛洲(今江西九江)一战,晋军溃败,刘毅仅以身免。卢循军威大振,晋安太守张裕、建安太守孙虬之等人,并受卢循符书,听其调役②;后秦降将苟林亦受卢循之命,击攻江陵(今湖北江陵)。卢循与徐道覆率领起义大军直逼建康,进抵淮口。形势有如童谣所云,"芦生漫漫竟半天"③。东晋君臣惊惶万状,大臣孟昶主张"天子过江"逃避,他自己也因极度惧怕而服毒自杀。可是,在如此有利的形势下,卢循却在战略上失误,没有接受徐道覆全力攻夺建康城的建议,而是泊船江中,按兵不动,以致贻误战机。此时,刘裕闻建康危急,迅速回师反攻。卢循作战失败,撤军退走;徐道覆攻江陵也失利。卢循与徐道覆联军南进江西雷池、浔阳、豫章,在左里与刘裕决战,牺牲万余人,被迫返粤。

刘裕自统官兵对卢循起义军正面进攻,同时大治水师,派孙处与田沉子率领水师从海上攻袭番禺,"先倾其巢"④。由于卢循只注重内陆的军事行动,"不以海道以防",以致广州落入官兵之手,失去基地,军事上陷于被动境地。

徐道覆从江西退兵回始兴,最后兵败自杀。卢循班师返番禺,指挥起义军攻广州城,久攻不下,部众伤亡甚众。在此情况下,不宜陈兵城下,于是卢循决定进行军事转移,率领起义军北上广西,行经苍梧、郁林、宁浦等地,屡遭官兵阻击。为避开官兵阻拦,卢循挥师南下合浦。义熙七年(411年)四月,卢循率领起义军进入交州,前九真太守李逊部属李奕、李脱等人,"集结俚僚五千余人以应循"⑤,配合军事行动,支持斗争。卢循引军至龙编(越南太原南),遭交州刺史杜慧度与杜章民两支官兵夹攻,兵败势穷,投水而死。

东晋末年孙恩、卢循海上起义至此告终。

(二)孙恩、卢循在中国海盗史上的地位

孙恩、卢循领导东晋末年人民大起义,既是中国历史上一次重要的农民战争,也是中国海盗史上一次大规模的海盗活动。

孙恩、卢循发动和领导武装起义,他们纵横海上,转战陆地,深入内河,抗官兵,杀官吏,劫府库,惩办世族,没收其资产,"东土涂地,公私困竭"⑥。"三吴由是衰耗",动摇了东晋王朝的统治基础,使它"波荡根拔"⑦。刘裕在镇压孙恩、卢循起义过程中,乘机发展势力,夺取东晋政权,建立南朝刘宋王朝。不过,孙恩、卢循起义虽然失败,但是他们的斗争精神和事迹被四处传扬,其"光辉是不会磨灭的"⑧。他们的活动对后世的影响颇为深远。清人汤彝在《海寇考》中认为,孙恩是中国海盗活动的揭幕人。⑨《廉州府志》的编纂者也持同样的说法:

---

① 《晋书》卷一〇〇《卢循传》。
② 《宋书》卷五三《张茂度传》。
③ 《晋书》卷二八《五行志》。
④ 《宋书》卷四九《孙处传》。
⑤ 司马光:《资治通鉴》卷一一六。
⑥ 司马光:《资治通鉴》卷一一二。
⑦ 周济:《晋略》列传三二。
⑧ 张一纯:《谈孙恩、卢循领导的农民起义》,《农民起义论集》,生活·读书·新知三联书店出版社1958年版。
⑨ 汤彝:《海寇考》,见《柚树文集》。

孙恩寇温、台。恩赴海死,众推卢循为主,从海道寇广州。此中原海寇之始也。①

所谓孙恩、卢循海上反乱为"中原海寇之始",可以从他们开创海盗新局面来解释。孙恩领导一支几十万部众、上千艘大海船的船队,"出没海上",吹涛鼓浪,震撼浙洋;他的继承人卢循则率领船队,从浙洋浮海南下晋安(今福州)、番禺(今广州),转战东海与南海两大海洋。卢循这样远程航海与大范围的军事行动,堪称历史性的壮举,就中国战争史而言,"此为海道用兵之始"②。"海道用兵",在军事学上具有重要意义。明清时期,中国军民在抗击倭寇与西方殖民者,以及近代反抗西方帝国主义者的海战中,有识之士认识到海战的重要性,注意到东晋末年海盗首领孙恩、卢循的"海道用兵"经验,认为借它以抵御外侮,故有"孙恩设计未全非"之说。③

在中国海盗史上,孙恩、卢循占有重要地位。他们率领海盗部众,打造舰船和建立船队,据海岛为基地,开辟海洋战场,反官府,抗官兵,为后世海盗活动提供了经验。此后,历代海盗皆以孙恩、卢循开辟海洋活动为样板,并按照其方式在海上开展活动。正因为如此,后世人们总是把海盗喻为"孙恩"。例如,明人朱国祯视嘉靖时期的海盗为"孙恩"④;清人樊封将康熙初年的广州海盗周玉、李荣拟作"孙恩"⑤;嘉庆时,浙江巡抚阮元对福建海盗蔡牵以"孙恩"视之。⑥ 在人们的心目中,海盗就是"孙恩","孙恩"也就因此而成为海盗的代名词了。

三 隋唐时期的海盗活动与海上战争

(一)隋代至唐中叶的海盗活动

隋开皇年间,南方各地起兵反隋,海洋成为战场。越州(治所在会稽,今浙江绍兴)高智能起兵,自称天子,置百官。开皇九年(589 年),泉州人(此时建安与晋安两郡合称泉州)王国庆等起兵,自称大都督,"攻陷州郡",执县令,或抽其肠,或脔其肉。隋文帝识遣杨素为行军统军征讨。杨素扑灭各地起义武装,高智能率众走闽越。杨素统领官兵泛海奄至。王国庆见官兵压境,弃州县,往海上投依"游艇子"(即海上疍民),部众"散入海岛",联合"游艇子"抗击官兵。杨素暗中派人劝说王国庆"斩送智能自赎。国庆执送高智能,泉州余党悉降"⑦。

唐初,唐高祖李渊见海盗活动频繁,海疆不靖,即以寿王为越福十二州招讨海贼使⑧,负责讨伐越、福海盗。贞观七年(633 年),唐太宗关注南海海盗活动,特遣大理少卿李宏节、太子中允张元素、都水使者张孙师等,往岭南"巡视海岛"。朝廷还在广州东

---

① 道光《廉州府志》卷二一《纪事》。
② 道光《廉州府志》卷二一《纪事》。
③ 程秉钊:《琼州杂事诗》。
④ 朱国祯:《涌幢小品》卷三〇。
⑤ 樊封:《南海百泳续编》卷一。
⑥ 连横:《台湾诗乘》卷三。
⑦ 何乔远:《闽书》卷一四九《萑苇志》。
⑧ 淳熙:《三山志》卷一八《兵防类》一。

莞置屯门镇,"以防海盗"①。可是,唐王朝官兵在南设防,而东海盗起。贞观二十一年(647年),福建泉州海盗在海上进行反乱活动。开元二十年(732年),山东海盗攻登州,杀刺史韦俊。天宝二年(743年)十二月,浙东"海贼吴令光作乱",攻永嘉郡(今浙江温州)。② 天宝三载(744年)二月③,吴令光率众"抄掠台、明"二州④,官兵败逃。唐玄宗诏命河南尹裴敦复、晋陵太守刘同升与南海太守刘巨麟三路官兵,联合攻剿吴令光。四月,官兵"击破海贼吴令光,永嘉郡平"⑤,吴令光遭官兵杀害。

(二)狼山镇遏使王郢造反海上

唐末,王仙芝、黄巢发动农民大起义,以王郢为首的浙、闽海盗响应起义,在海上武装反抗官府。

王郢,唐朝浙西狼山镇遏使(突阵将)。该镇69位将士因战功不得赏,论诉不果,愤然起义反抗。唐僖宗干符二年(875年)四月,王郢等人攻守镇库兵器,驾船出海为盗。举事后,王郢立即招党众,扩大船队,很快发展为一支万人队伍,在海上反抗官府,抗击官兵。王郢海上起事事件,司马光《资治通鉴》记叙云:

> 浙西狼山镇遏使王郢等六十九人,有战功。节度使赵隐赏以职名而不给衣粮。郢等论诉不获,遂劫库兵作乱,行收党众万人。攻陷苏、常,乘舟往来,泛江入海,转掠江、浙,南及福建,大为人患。⑥

狼山镇在浙西通州静海县,因地有狼山而得名。镇有港澳,上接大江,下通大海。王郢等人"劫库兵"后,夺船出海,起义海上,二浙沿海人民纷纷响应,海盗也参加其队伍,组成了一支万人武装船队。他们既有海船,又擅长航海,善海战,屡败官兵。"王郢悖乱狼山,深乘巨舰"⑦,"攻略浙西诸郡邑",据华亭(今上海松江),"海寇王腾(郢)窃据华亭。先是华亭之南境金山,北境上海青龙,皆有镇将,势孤不敌"⑧。王郢率众攻苏州、常州,苏州刺史李绘弃城而逃。唐僖宗闻警,"命十道兵讨之"。王郢闻讯,即率船队南下浙东,攻温州,唐泰宣行营都将田居郡战于象浦,死之。⑨ 浙西节度使裴璩与温州刺史鲁实见王郢人众势盛,采取招抚策略,以诱降王郢。

干符三年(876年)十一月,鲁实招降王郢,并为他论奏。朝廷敕王郢"指阙"。郢知道朝廷企图调他离开海洋,故"拥兵迁延",因求任望海镇使。朝廷不许,另以王郢为右率府率⑩,令左神策军补以职,"其先所掠之财,并令给予"⑪。王郢拒绝朝廷补职,并于四年(877年)五月执捕温州刺史鲁实。

---

① 顾祖禹:《读史方舆纪要》卷一〇一《广东》二。
② 乾隆《温州府志》卷三〇《杂记》。
③ 唐玄宗天宝三年,改年为载。
④ 光绪《鄞县志》卷一四《大事记》上。
⑤ 乾隆《温州府志》卷三〇《杂记》。
⑥ 司马光:《资治通鉴》卷二五二。
⑦ 许棠:《戴公墓志铭》,《全唐文》卷八一二。
⑧ 光绪《重修金山志》卷一六《武备志·兵燹》。
⑨ 乾隆《温州府志》卷三〇《杂记》。
⑩ 唐朝之制有十率府率,右率府率为其一。
⑪ 司马光:《资治通鉴》卷一五二。

海疆警报传至长安,唐僖宗急以右龙武大将军宋皓为江南诸道诏讨使,除先征调的十道兵外,更发陈、许忠武军,汴宋宣武军,徐州威化军和宣、泗二州军,并授其节度使。二月,王郢率众攻浙东望海镇、明州(今浙江宁波)、台州(今浙江临海),刺史王葆退守天台县唐兴。裴璩避兵不战,"密招其党朱实降之,其徒六七千人,输器械二十余万,舟船、粟帛称是"①。朝廷敕以朱实为金吾将军,朱实的"郢党离散"。闰二月,王郢收余众,东走明州,遭到甬桥镇遏使刘巨容阻击,被官兵用筒箭射杀。王郢海上武装活动至此结束。

王郢失败后,"又倾岁,黄巢之众鼓课惊天,云旗蔽野"②,南进浙东,王郢余众归附黄巢农民军。

(三)海盗协助黄巢海路进军广南

唐僖宗干符初年,王仙芝、黄巢在山东、河南一带发动农民起义。随后率领农民军转战山东、河南、安徽、湖北等地,屡败官兵。干符五年(878年)初,王仙芝在黄梅与官兵交战败亡,黄巢继为农民军首领,自称冲天大将军。根据形势变化,黄巢决定向南进军,以"据南海之地",然后北上攻长安,推翻唐王朝,取而代之,自己做皇帝。但是,农民军要推进南海,陆路遥远,且会遇唐朝官兵阻击,进军难。有鉴于此,黄巢采取东晋海盗卢循"海上出奇兵"战略③,进军岭南。三月,黄巢率领十万农民军渡淮水,过长江,攻虔、饶、信等州,趋浙东。其时,浙东"群盗所在结聚"④,海滨居民则参加王郢海上起义。王郢起义失败,余众散奔海上,黄巢挥师到达浙东,他们有一部分人归附农民军。

黄巢农民军与王郢余众联合,乃出于海上进军和作战的需要。在此之前,黄巢为适应南进行军的需要,在渡淮过江时,已建立"舟师"兵种。此时收纳王郢海盗部众,增添了一批航海人员。黄巢本打算从浙东海上进军福建,"以无舟船"之故,乃改从陆路进军入闽。八月,黄巢率领农民军从浙东衢州江山县开辟仙霞岭山道进入闽北,攻占建州(今福建建阳)。十二月,黄巢攻下福州,并迅速控制沿海州县,同海盗进行第二次联合。⑤

唐末,福建"海贼"活动颇活跃。据史书记载,当时有位"唐相公","与海贼战,没于福州"⑥。黄巢农民军到达福州海滨时,与海盗会合。散居福建江海的游艇子(即白水郎),从东晋以来一直进行反抗封建统治阶级的斗争。此时,他们欢迎黄巢农民军入闽。据《三山志》记载,唐干符年间,有陈逢者,从海上至石崎,号"白水仙","尝留谶曰:'东去无边海,西来万顷田;松山沙径合,朱紫出其间'"⑦。剔去谶语的迷信色彩,它的寓意似是号召白水郎行动起来,迎接黄巢农民军,支持农民军"东去无边海",航海进军

---

① 司马光:《资治通鉴》卷二五三。

② 许棠:《戴公墓志铭》,《全唐文》八一二。

③ 顾祖禹:《读史方舆纪要》卷一〇〇《广东方舆纪要叙》。

④ 乾隆《海宁州志》卷一六《兵寇》。

⑤ 关于黄巢入闽及其活动事迹,参见郑广南:《黄巢入闽活动事迹考察》,《福建师范大学学报》(哲学社会科学版)1984年第4期。

⑥ 《古今图书集成》,《方舆汇集·职方典》卷一六〇〇《建宁府备考·唐相公庙》。

⑦ 淳熙:《三山志》卷六《地理类·海道》。

广南。

　　关于黄巢进军广南路线，史书只笼统记载黄巢农民军南进"走岭表"①，"趣广南"②，"遂至岭表"③。由于史书记叙不具体，致使历史研究者提出几种不同的说法：有人认为黄巢农民军从江西越过大庾岭进岭南④；也有人说黄巢农民军从湖南进入广东⑤；而大多数人则采纳《中国历史地图集》所标示的"878年以后（黄巢）农民起义军的主要进军路线"，黄巢农民军由浙东入闽，再自福州南下兴化、泉州、漳州，开进粤东潮州，途经循州，直取广州。⑥第一、二种说法已有人撰文加以否定⑦，最后一种说法亦有待商榷。众所周知，黄巢率领农民军转战南北各地，凡经过的地方都留下其遗迹。可是，在有关史书志乘中，却难以查到黄巢农民军在潮州、循州地区的踪迹或有关活动的记载。那么，黄巢农民军究竟是从哪条路线进军广南的？对此，根据各方面的历史情况来分析和判断，黄巢农民军是从福建乘船航海直"趋广南"的。

　　从福建航海的基础和条件来看，是能为黄巢农民军提供海船和航海人手的。汉代以来，东冶（今福州）的海上航道已开通；东吴时，侯官（福州闽侯）为吴国的造船基地；唐代，福建沿海人民拥有大量海船，平时用于捕鱼和海上交通贸易⑧，遇战事则可以作为兵船⑨。黄巢农民军入闽人众四五万。⑩这支几万人的队伍要浮海进军需要多少艘海船？司马光在《资治通鉴》中曾经谈到唐末船载人的具体数字：高骈欲击黄巢农民军，"发兵八万人，舟二千艘"⑪。按此比例计算，黄巢只需千艘海船便可以海上进军。当时，在福建征集千艘运兵海船，是不难的事。在福建海盗与游艇子的援助下，黄巢可以顺利得到海船，浮海南进。

　　其实，黄巢农民军从海上进军广南并非新说，中外学者早已有人持此说法。以研究军事历史地理著称的顾祖禹在他的《读史方舆纪要》中云，岭南之势在岭北，大海在南，海上交通便利，东晋末年，卢循、刘裕都是从海上攻袭番禺（今广州）。他接着说，"唐末，黄巢转辗残掠，窜入广南，既而北还"⑫。照此说法，黄巢与卢循、刘裕一样，也是从海路进军广南的。日本学者原胜已撰《关于黄巢进军广州路线的考察》一文，文中虽然也讲黄巢进军岭南陆路有揭阳岭道与湘漓道两条路线，但文章第一标题是黄巢进军岭南《海路考》。⑬可见，日本学术界也有黄巢海道进军岭南之说。

　　根据黄巢农民军在福建沿海活动情况来判断，首批农民军从福州及万安（今福建福清)登船出洋①,第二批农民军南下趋泉州。泉州是"商贾鳞集"的海港城市,农民军轻而易举获得一批商船,然后扬帆航海而去。② 尚未能上船的农民军继续南下,到达同安县,该县境内有两处与黄巢有关的遗迹:一处是宝胜山下的"刘营",相传唐金紫禄大夫刘日新"干符中追黄巢驻营此地"而得名③;另一处是毗连南安县海滨有座黄巢寺④,寺地滨海,似是黄巢夺船出洋的出海口。同安县地近漳州,州境临大海,民多"以舶海为恒产"⑤。最后一批农民军在此地夺得海船,启帆航海南去。⑥ 正因为黄巢最后一批农民军从漳州航海南去广州,故州南诸县及粤东潮州、循州等地,再也见不到黄巢农民军的行迹。事实很明显,黄巢农民军到达漳州海滨后,不是从陆路取道粤东趋广州,而是自海上进军广南,直捣广州城。

黄巢农民军由福建从海上进军广南,还可以从粤洋中路海滨地区找到其行迹。黄巢率领农民军从福建航海到粤洋,要进攻广州城,首先必须经过东莞县。东莞濒临海洋,有虎头山,它是广州进出海洋的门户,"广州海舶出入广州,皆取道东莞虎头山"⑦。在东莞县境有黄巢遗迹多处:"今邑地有黄巢村,又有黄巢地,掘地得壳曰黄巢壳。耆老相传,必有所本。"⑧据此推断,黄巢率领农民军船队从福建航海而来,船队驶达零丁洋,在东莞停泊、驻屯,而后驶进狮子洋,直入珠江,攻袭广州城。

在广州,也可以找到黄巢农民军驾船行动的踪迹。宋人方信孺《南海百咏》集中有一首《黄巢矶》诗,有"天下纵横辙迹环,舳舻不许度前湾"的诗句⑨。黄巢矶在清远县境内,"旧传海舶乘潮,一夕而至"。在唐代,海船从广州可驶至清远县。据说黄巢攻下广州城后,一次驾船到清远,在矶沉船,故人们称为"黄巢矶","相传黄巢覆舟处也"。事后,黄巢移船泊驻鸭埠水,鸭埠水在广州城外围,为军事要地。由此可见,黄巢率领农民军从福建航海到达广州后,尚未舍舟船即就鞍马。由此可以得到黄巢从福建航海进军广南的另一佐证。

---

① 福州万安县滨海,"舟上下广、浙",海上交通便捷。据《福清县志》云,唐末,黄巢农民军在此地打一仗,可能是为夺船与出海口而战的。

② 据《晋江县志》云,唐末,黄巢农民军从兴化南下泉州,"葛仙妃显灵,巢众骇遁"。其实,黄巢农民军急于航海进军,无暇攻泉州城,而非什么仙妃显灵而"骇遁"。

③ 民国《同安县志》卷四《山川》。

④ 南安县东溪乡《李氏族谱》。

⑤ 王世懋:《闽部疏》。

⑥ 《大清一统志》与《读史方舆纪要》云,黄巢农民军到达漳州,居民多逃往文山(一名岐山)千人洞避难。农民军忙于找船出海,不攻郡城而去。

⑦ 顾祖禹:《读史方舆纪要》卷一〇〇《广东》一。

⑧ 宣统《东莞县志》卷二九《前事略》一。

⑨ 方信孺:《南海百咏》。

第十八章

魏晋南北朝隋唐时期的海洋信仰与风俗

　　浩渺无垠、变幻无常的海洋充满了神秘和诱惑,同时也充满了凶险和挑战,所以古人在认识自然和挑战自然的能力有限的情况下,在人力之外,往往还诉求超自然的神力,用超自然的神力来解释人们的认识水平尚不能解释的一切,并把超自然的神力作为涉海人群的精神护佑。魏晋南北朝隋唐时期,涉海生活的增加,同时也意味着海洋挑战和海上凶险的增多,所以不仅前代所创造的海洋神灵被继承、被发展了,新的海洋神灵信仰也不断出现了,包括对后世影响很大的海龙王和观音信仰。另一方面,战国秦汉之际营造出来的东海仙境构成了与现实世界不同的另外一个世界,在这一时期不仅被人们叙述描绘得更加充实、生动、形象,更加成熟,继续充当着人们的精神乐园,而且还被人们视作灵魂飞升的目的地,求仙观念大为盛行,游仙思想普遍流传。

第一节　魏晋南北朝时期的海神信仰

一　海洋神灵的增多[①]

　　夏商之前,我国先民就有了"四海"水体之说,并产生了朦胧的崇拜,两周时期则出现了四海之神之说。在《山海经》中,人面鸟身践蛇的禺京(禺强)、禺虢、不延胡余、弇兹分别是北海、东海、南海、西海之神。其后的《太公金匮》又有了新的"四海之神"之说:"四海之神,南海之神曰祝融,东海之神曰句芒,北海之神曰玄冥,西海之神曰蓐收。"[②]这说明春秋战国时期人们观念中的海神是多样化的。到了汉代,自然神开始出现了"人神化"的趋势。至两晋南北朝时期,人们观念中的海神更多了,除了汉代官方所崇奉的四海神在这一时期基本上继续被许多王朝所奉祀外,又出现了一些新的神祇。

　　东晋著名道士葛洪的《枕中书》云:"屈原为海伯,统领八海。"[③]众所周知,屈原是楚国的大夫,因忠遭谤,投汨罗江而死,被民众尊为水神。这里的"八海"属于虚指,而"海伯"则是海神,说明到了晋朝,屈原也演化成了海神。

---

① 本部分引见王荣国:《海洋神灵——中国海神信仰与社会经济》,江西高校出版社 2003 年版,第 29—30、69—72 页。

② (唐)虞世南:《北堂书钞》卷一四四引"太公金匮"。

③ (晋)葛洪:《枕中书》,《增订汉魏丛书》,练江汪述古山庄校刊本,第 56 册。

　　与此差不多同时,船神等信仰也流行开来,据萧梁时简文帝的《船神记》可知,"船神名冯耳"。

　　据《博物志》记载,姜太公为灌坛令时,周武王夜梦妇人当道而哭,于是询问她何以哭,妇人回答说:"吾是东海神女,嫁于西海神童。今灌坛令当道,废我行。我行必有大风雨,而太公有德,吾不敢以暴风雨过,以毁君德。"其后果然"有疾风暴雨从太公邑外过"①。

　　《述异记》载,秦始皇至东海,"海神捧珠,献于帝前"②。

　　又《搜神记》载:"陈节访诸神,东海君以织成青襦一领遗之。"③

　　《博物志》《搜神记》分别是晋朝张华、干宝所撰。《述异记》则是萧梁任昉所撰,这些书都属于志怪小说,所记载的应是当时流行的神话传说,反映的是当时人的观念。这说明魏晋南北朝时期海神世界图像更加清晰,海神形象活灵活现;特别是有关东海神女的传说,表明当时东海神和西海神都拥有各自的家族,其他海域也就可想而知了,而且海神家族也如同人间一样有婚嫁与娶亲。更值得注意的是,上述传说揭示了"疾风暴雨"似乎与海神的活动有密切的关系。

　　这一时期的官方和民间都祭祀海神。据《晋书》记载,东晋成帝时举行郊祭,"四海"被列为郊祭中的"地郊"之一。④ 人们还向海神求雨。例如,《魏书》记载,北魏的裴粲为胶州刺史时,"届时亢旱,士民劝令祷于海神"⑤。这则记载明确说明,在北魏胶州民间民众的观念中,海神是职司雨旸的。

　　人们出海要拜船神。例如,《五行书》云:"下船三拜,三呼其名,除百忌。"⑥这些似乎反映了这一时期人们海神信仰观念的新变化。

　　隋朝与秦朝一样也是个短命的朝廷,由于立朝时间的短暂,就"四海海神"的信仰而言,人们观念中的海神与两晋南北朝时期相比看不出有太大的变化。据记载:"隋制……祀四海:东海于会稽县界,南海于南海镇南,并近海立祠。"⑦

　　唐初基本上承袭了此前朝对四海之神的信仰。据《通典》载:"大唐武德、贞观之制,五岳、四镇、四海、四渎,年别一祭,各以五郊迎气日祭之。东岳岱山,祭于兖州……东海,于莱州;南岳衡山,于衡州……南海,于广州;……西岳华山,于华州……西海及西渎大河于同州……北岳恒山,于定州……北海及北渎大济,于洛州。"⑧

　　唐玄宗时,朝廷似乎对四海之神的信仰比以前更为重视,表现为册封四海海神为王。据记载,天宝"十年(751 年)正月,以东海为广德王,南海为广利王,西海为广润王,北海为广泽王"⑨。

　　值得注意的是,隋唐时期佛教的观音开始由男性神演变为女性神。由于观音在佛教诸神中是为数不多的居住在大海中的神灵与女性神,因此她成了民间信奉的海洋女

---

① (晋)张华:《博物志》卷七《异闻》,文渊阁四库全书本。
② (梁)任昉:《述异记》卷下,文渊阁四库全书本。
③ (晋)干宝:《搜神记》卷二《东海君》,文渊阁四库全书本。
④ 《晋书》卷一九《志第九·礼上》,《二十四史》(缩印本)第 4 册第 159 页。
⑤ 《魏书》卷七一《裴叔业传》,《二十四史》(缩印本)第 6 册第 408 页。
⑥ 转引自马书田:《中国民间诸神》,团结出版社 1997 年版,第 310 页。
⑦ (唐)杜佑:《通典》卷四六《礼六·沿革六·吉礼五》第 2 册第 1282 页。
⑧ (唐)杜佑:《通典》卷四六《礼六·沿革六·吉礼五》第 2 册第 1282 页。
⑨ (唐)杜佑:《通典》卷四六《礼六·沿革六·吉礼五》第 2 册第 1283 页。

神。同时,由于受到佛教中龙神之说的刺激,道教也创造了"龙王",于是海龙王信仰也开始在民间流行。

由于海洋交通与海洋贸易的发展,唐五代时期在沿海民间相继出现了具有"人格神"特征的地方性的海上保护神,如福建福州的演屿之神、莆田的柳冕等。柳冕的神号是"显应侯",在五代时已有庙宇,"游商海贾,冒风涛,历险阻,以谋利于他郡外番者,未尝至祠下,往往不幸"。浙江等地也出现了此类神,如浙江象山县的天门都督。唐贞观间,有会稽贩客金林,"数经从蔫牲醴惟谨,舟行每得所欲。一日祭毕,误持胙肉去,解缆行十余里,飘然逆风,复漂至庙下,不得前。舟人恐甚,乃悟所误,亟还置,加祈谢,即反风安流而济"[①]。此外,随着阿拉伯人来唐朝,伊斯兰教也随之传入我国。由于阿拉伯人在广州经商与定居,在广州建造"怀圣寺",寺内有一塔称"光塔"。它既是灯塔,也是祈风之处。

在为数不少的海神中,对四海海神的信仰、对海龙王的信仰和对观音的信仰是这一时期比较重要的。现分述如下。

二 四海海神的信仰与祭祀[②]

四海海神信仰之所以重要,很大程度上是因为这一信仰被列入国家祀典。周代有过"祭海",秦代以来,由于涉海生活的增加,更有了对四海之神的祭祀。据《史记·封禅书》记载,秦统一天下以后,"而雍有二十八宿、风伯、雨师、四海之属,百有余庙"。汉代继之。《汉书·武帝本纪》载,建元元年(公元前140年),"诏曰:'河海润千里,其令祠官修山川之祠。'"又《汉书·郊祀志下》载,汉宣帝神爵元年(公元前61年),"制诏太常:'夫江海,百川之大者也,今阙焉无祠。其令祠官以礼为岁事,以四时祠江海洛水,祈为天下丰年焉。'"从此四海之神被正式列入国家祀典,有常设的祭祀典礼。魏晋南北朝许多王朝继续这一做法。

自隋文帝于开皇十四年(594年)下诏在近海建立海神庙以来,历代帝王都十分重视祭海神,尤其是南海海神。不少皇帝均派高官重臣来广州拜谒南海海神祝融,南海海神庙日渐兴隆,居四海神庙之首。不过,在唐天宝年间以前,南海海神的地位还不算很高,只享受侯一级的礼遇。

唐朝武德贞观年间(627—649年),朝廷定下每年祭祀五岳、四渎、四海制度,并规定广州都督制史为祠官,就近祭南海神。到了开元盛世时期,唐玄宗这个风流天子十分重视对五岳和四海的祭祀,他曾五次派高官重臣祭祀南海神,对以后的封建帝王祭海和南海神庙地位的提升产生了深远的影响。开元十四年(726年),唐玄宗遣太常少卿张九龄祭南岳与南海,主要是因为久旱不雨,禾苗干枯,祈求南海神庇祐,早降甘露,解除旱情。张九龄奉唐玄宗之命,以特遣持节的身份前往南海神庙致祭。这与贞观年间定下每岁由广州都督刺史为祠官就近祭南海神有所不同,更显示出皇帝对南海神的崇敬,开创了皇帝派重臣南来代御祭南海神之先河。

开元二十五年(737年)四月,唐玄宗命国子监祭酒张说前往祭南岳、四渎、四海、

---

① (宋)罗濬:《宝庆四明志》卷二一《象山县·叙祠》,文渊阁四库全书本。
② 本部分引见广州市黄埔区侨联关于南海神庙的介绍资料。

四镇及诸名山胜迹。天宝六年（747年），唐玄宗又派专使分往祭五岳、四海及诸镇名山。天宝八年（749年），命宗正卿褒信郡王谬等分往五岳、四渎及四海致祭。

到了天宝十年（751年），唐玄宗认为，四海之神，灵应昭著，而自隋以来祭祀海神仅以公侯之礼，"虚王仪而不用，非致崇极之意也"。于是，命义王府长史张九皋（张九龄之弟），奉金字玉简之册封南海神为广利王，同时封东海神为广德王，西海神为广顺王，北海神为广泽王，并于当年三月十七日备礼，举行空前隆重的仪式，给海神封爵加冕。于是，海神就由享受公侯之礼变为享受王一级待遇了。

南海神祝融初次的封号为"广利王"，"广利"即是广招天下财利之意。这个封号与广州在中国海上交通贸易史上所处的重要地位有极大的关系。唐王朝在广州对外贸易中获利甚厚，所以，南海神被封为"广利王"，希望这个海上保护神广招天下之财。

唐宪宗元和十二年（817年），孔子38世孙孔戣以国子祭酒拜广州刺史、岭南节度使。次年，祭海神的祝册"自京师至"，孔戣本着"治人以明，事神以诚"的为政宗旨，亲自供奉唐宪宗颁发的"祝文"，到南海神庙，并配备太牢三牲之礼致祭南海神。元和十四年夏至，孔戣再次前往南海神庙祭祀，并拨款扩建庙宇。"治其庭坛，改作东西两序，斋庖之房，百用其修"。孔戣在广州的政绩较好，惠及民神。元和十四年，著名文学家韩愈因上《谏迎佛骨表》，激怒了唐宪宗，遂将韩愈由刑部侍郎贬为潮州刺史。韩与孔是朋友，又同在岭南为官，因此友谊日深。韩愈赞孔戣"守节清苦，论议正平"。孔戣祭南海神并修葺神庙，礼成之日，韩愈已调往袁州任刺史。但孔仍请韩愈撰文以纪念这一盛事。韩愈才思敏捷，欣然命笔，笔走蛇龙，洋洋洒洒千余字，这就是闻名中外的《南海神广利王庙碑》。碑高2.47米，宽1.13米，上书使持节袁州诸军事、守袁州刺史韩愈撰，使持节循州诸军事、守循州刺史陈谏书。今立在南海神庙仪门东侧，盖有碑亭护之。韩愈碑保存基本完好，然而，在漫长岁月里，风吹雨打，有些字迹已模糊不清，后人还在其碑阴刻了文字。韩愈碑现为南海神庙内所存最早的碑刻，文笔生花，记叙孔戣祭南海神之事非常生动，引人入胜，使人有亲临其境之感，对研究唐代祭海之俗有重要参考价值。韩文千古传诵，南海神庙因此声誉鹊起，岭南几乎无人不知广州有南海神庙，庙中有韩愈的《南海神广利王庙碑》了。

唐代对南海神之所以如此尊崇，是因为广州不仅是岭南的都会，又是海外各国来华贸易的中心，即海上丝绸之路的起点。唐王朝在广州首设市舶使，管理对外贸易，从而带来了十分可观的利润，因此，广招财利的南海神广利王自然就得到了人们的崇敬。南海神也就成为四海神中位次最高的海神。

到了五代十国时期，岭南地区建立了南汉国。刘氏王朝荒淫无度，横征暴敛，过着花天酒地的生活。南汉国经济收入有很大一部分来自海上贸易，因此，南汉后主刘鋹对南海神更为崇敬。大宝元年（958年），刘鋹下诏加封南海神广利王为"昭明帝"，给祝融加上了"帝"的封号，皇冕龙袍。宋以后，南海神又多次受封，地位越来越尊贵。

隋代所设立的南海神庙在唐代得到扩建，以后又屡经修建，现位于今天的黄埔区南岗镇庙头村。这是我国四海神庙中唯一保留的海神庙，也是我国现存规模最大、保存最完整的海神庙。韩愈手书的《南海神广利王庙碑》还依旧在庙里保存着，向人们展示着南海神为被册封为"广利王"的历史。当时，南海神庙地处珠江出海口，本是古代海上"丝绸之路"航船出发的码头，后发展成广州港的外港扶胥港。庙前波涛浩渺，中外船舶出入广州,船员按例要到神庙内拜祭南海神祝融,祈求保佑出入平安、一帆风顺。中外客商还可在庙旁的扶胥镇内进行商品交易。南海神庙每年农历二月十三日为南海神诞辰,届时,当地民众都到庙里进香礼拜,祈求平安。

据传,唐贞观年间,印度摩揭陀国贡使达奚司空祭祀完南海神后,曾在该庙种植了两颗波罗树,但他所乘坐的船上的人忘记了他,开船走了。达奚司空思念家乡,长久地站立大海边眺望来路,后来便立化在海边。人们为了感谢达奚司空带来的波罗树,就在南海神庙立起了他的塑像以资纪念。所以,南海神庙又有了波罗庙的别称。

三 潮神信仰与观潮风俗[①]

潮神也是海洋水体崇拜的构成部分,因为海洋的波涛是与海洋水体密不可分的。波涛之神即潮神、涛神,属于推波助澜之神。远古先民们看到大海上的波涛时起时落,认为其中有着超自然的力量在支配,从而产生了对波涛的崇拜。这种崇拜最初属于自然崇拜,自然神后来演化为"人神"。伍子胥则是影响最大的"人神化"后的潮神。伍子胥是吴王夫差的臣下,因屡谏遭谗,被夫差赐剑自杀。据杜光庭的《录异记》记载:

> 钱塘江潮头,昔伍子胥累谏吴王,忤旨。赐属镂剑而死。临终戒其子曰:"悬吾首于南门以观越兵来伐吴,以鲛鱼皮裹吾尸投于江中,吾当朝暮乘潮以观吴之败。"自是自海门山潮头汹涌,高数百尺,越钱唐,过渔浦,方渐低小。朝暮再来,其声震怒,雷奔电激,闻百余里。时有见子胥乘素车白马在潮头之中,因立庙以祠焉。[②]

从此潮神伍子胥为浙江民间的民众所信奉。伍子胥信仰后来又逐渐扩展到福建沿海民间。唐代以来,统治者多次为伍子胥封侯封王。唐昭宗景福二年(893 年),封广惠侯(一作广卫侯),后改惠应侯,晋吴安王。唐宋间,伍子胥庙遍布乡村,祭祀日久,有的地方百姓传言伍子胥为"五髭须"。据《唐国史补》记载,为伍员庙之神象者,五分其髭,(浙江吴风村塑其象则"须分五处")谓之五髭须神,并认为"如此皆吉,有灵者多矣"。不过,在浙江沿海有些地方民众所供奉的潮神不是伍子胥而是"安知县"。相传很久很久以前,宁波镇海海中有一条海蛇在兴风作浪,危害海上往来的渔夫舟子的生命安全。有一个姓安的知县斩了那条海蛇,使东海风平浪静,后来安知县被封为东海潮神[③],不仅宁波的渔民信奉他,舟山、温州等地的渔民也信奉他。潮汕的潮神是俗称水父、水母的神灵。[④]

我国历史上,最著名的涌潮有三处:山东青州涌潮、广陵涛和钱塘潮,并形成了独特的观潮习俗。清费锡璜(1664—? 年)《广陵涛辩》云:"春秋时,潮盛于山东,汉及六朝盛于广陵。唐、宋以后,潮盛于浙江,盖地气自北而南,有真知其然者。"[⑤]

---

① 本部分引见王宋国:《海洋神灵——中国海神信仰与社会经济》,江西高校出版社 2003 年版;宋正海、郭永芳、陈瑞平:《中国古代海洋学史》,海洋出版社 1986 年版。

② (五代)杜光庭:《录异记》卷七《异水》,明毛晋辑《津逮秘书》第一四〇册,1922 年上海博古斋据明汲古阁本影印。

③ 金涛:《独特的海上渔民生产习俗——舟山渔民风俗调查》,《民间文艺季刊》1987 年第 4 期。

④ 王荣国:《海洋神灵——中国海神信仰与社会经济》,江西高校出版社 2003 年版,第 34—35 页;王景琳、徐匋:《中国民间信仰风俗词典》,中国文联出版公司 1992 年版,第 199 页"伍髭须"条。

⑤ 费锡璜:《贯通堂集》卷三。

广陵涛盛于汉至六朝，消失于766—799年唐代的大历年间。

早在西汉，广陵涛已闻名天下，当时西汉文学家枚乘写了一篇叫《七发》的歌赋规劝吴王刘濞，其中提到汉代首都长安的著名宫殿——曲台不如吴国的潮汐，建议吴王"将以八月之望，与诸侯远方兄弟，并往观涛乎广陵之曲江"，并生动地描绘了广陵涛的壮观景象。① 东汉王充《论衡·书虚篇》中有"广陵曲江有涛，文人赋之"。这些说明在整个汉代，广陵观涛为一大胜景。

2000年前，长江口是喇叭形的河口，一直到扬州附近，才见收缩，扬州以下，骤然开阔，散布沙洲，海潮上溯，奔腾澎湃，形成涌潮。广陵涛的曲江就是长江扬州河段。由于从上游输运下来的泥沙很多，每年有近5亿吨，泥沙沉积使2000年来长江口外形有很大变化。

南北朝时，广陵涛仍十分兴盛。《南齐书·州郡志》："南兖州刺史每以秋月出海陵观涛，与京口对岸，江之壮阔处也。"海陵治所为今泰州，京口为今镇江，其对岸今扬州。可见，观潮地在扬州东面不远处。刺史每年秋月观涛，说明当时广陵涛仍很壮观，也说明观涛日期可能仍为"八月之望"。晋代山谦之《南徐州记》："京口，禹贡北江也，阔漫三十里，通望大壑，常以春秋朔望，辄有大涛，声势骇壮，极为奇观。涛至江北激赤岸，尤更迅猛。"②南朝宋永初二年（421年）改徐州为南徐州，治所京口。江乘治所在今江苏句容北。可见，当时大潮可到扬州、镇江以西。赤岸即赤岸山，在今六合县东南，山临长江，江岸色赤红。"赤岸在广陵兴县"③，在今六合县东南，山临长江，江岸色赤红。《南兖州记》载："瓜步山东五里有赤岸，南临江中，潮水自海入江，冲激六七百里，至此岸侧，其势稍衰。"④南朝宋永初元年（420年）改兖州为南兖州，治所今镇江，元嘉八年（431年）移治广陵。瓜步和瓜步山在今六合县东南。由此可知，南朝永初时，广陵涛仍很大，并以长江北岸六合山以东至扬州一带最为壮观，过瓜步山后潮势开始减弱。

广陵涛消失大约在唐大历年间（776—779年）。唐诗人李颀（690—751年）《送刘昱》诗有"鸬鹚山头微雨晴，扬州郭里暮潮生"⑤的诗句，说明唐开元、天宝时（713—755年），广陵涛还存在，但已不甚壮观。不过，遇到台风季节，风助潮威，可以引起很大潮灾。例如，《新唐书·五行志》载：（开元十四年秋）"海涛没瓜步"，"天宝十载，广陵大风驾海潮，沉江船数千艘"。但这已不是正常的广陵涛，不是暴涨潮而是风暴潮了。大历以后，广陵涛正式消失。唐代诗人李绅（780—846年）《入扬州郭》诗前面的小引提到"潮水旧通扬州郭内，大历以后，潮信不通。李欣诗：'鸬鹚山头微雨晴，扬州郭里见潮生'，此可以验"，诗中还有"欲指潮痕问里闾"句⑥，说明李绅时代已没有广陵涛了。但看来涛消失时间还并不太久，因此老百姓还可以指出潮痕。至于风暴潮引起的潮灾，则很晚仍存在。⑦

---

① 见（梁）肖统《昭明文选》卷三四。

② 《初学记》卷六《江四》。

③ 郭璞《江赋》注《海潮辑说·入江之潮》。

④ 《海潮辑说·入江之潮》。

⑤ 《全唐诗》卷一三三。

⑥ 《全唐诗》卷四八二。此引李欣诗，与李欣原诗字稍异。

⑦ （明）谢肇淛《五杂俎》曰：明"万历乙未（1595年）海潮灌浸，直达维扬"。

钱塘潮比广陵涛出现的时间晚一些,钱塘怒潮至迟在东汉就已形成。王充《论衡·书虚篇》提到"浙江、山阴江、上虞江皆有涛",又说当时钱塘浙江"皆立子胥之庙,盖欲慰其恨心,止其猛涛也"。但是,王充只说"广陵曲江有涛,文人赋之",没有说文人赋钱塘江潮。可见,东汉时钱塘潮远没有广陵涛出名。估计,当时还未形成钱塘观潮风俗。

东晋葛洪曾在杭州西湖葛岭隐居炼丹,杭州民间也曾流传"葛洪观潮"的神话故事。① 葛洪《抱朴子》中也专门探讨过钱塘江潮的原因。东晋顾恺之《观涛赋》生动地描绘了钱塘江怒潮,云:"临浙江以北脊,壮沧海之宏流。水无涯而合岸,山孤映而若浮。既藏珍而纳景,且激波而扬涛。其中则有珊瑚、明月、石帆、瑶瑛、雕鳞、采介,特种奇名。崩峦填壑,倾堆渐隅。岭有积螺岭有悬鱼。谟兹涛之为体,亦崇广而宏浚,形无常而参神,斯必来以知信,势刚凌以周威,质柔弱以协顺。"② 上述种种,说明东晋时已有钱塘观潮的风俗,也说明此时钱塘江怒潮更加壮观。

北魏郦道元在《水经注·渐水》中把《七发》所描述的广陵曲江的长江暴涨潮误用来注释钱塘江。这虽是个错误,但这一错误的产生似乎可说明南北朝时钱塘潮已经比较出名。

唐代李吉甫《元和郡县志》载:"浙江东在县南一十二里。……江涛每日昼夜再上。常以月十日、二十五日最小,月三日、十八日极大。小则水渐涨不过数尺。大则涛涌高至数丈。每年八月十八日,数百时士女共观,舟人、渔子泝涛触浪,谓之弄潮。"③ 这说明唐代钱塘观潮风俗已盛行,规模空前,与诗人李绅《入扬州郭》诗所说的大历后广陵涛消失相呼应。卢肇《海潮赋》则专门提出"何钱塘汹然以独起,殊百川之进退"并自己作了回答。这进一步说明钱塘江在唐代已成为全国唯一的观潮胜地。五代时,十国之一的吴越王钱镠(852—932 年)为修筑钱塘江海塘而组织士兵射潮的传说④,也说明当时钱塘潮十分猛烈。

唐代不少大诗人到过杭州,观赏过钱塘江怒潮,留下了赞美的诗篇。白居易(772—846 年)《咏潮》诗云:"早潮才落晚潮来,一月周流六十回。不独光阴朝复暮,杭州老去被人催。"⑤李益《江南曲》有"早知潮有信,嫁与弄潮儿"⑥的名句。姚合(775—约 855 年)写有《杭州观潮》。罗隐(833—909 年)写有《钱塘江潮》。到了宋代,钱塘观潮习俗愈加发展。⑦

四 四海龙王崇拜和观音信仰⑧

四海龙王和观音信仰都是受佛教影响而产生的,又都经历了中国化的过程。

① 潘一平:《西湖人物》,浙江人民出版社 1982 年版,第 112、113 页。
② 《全上古三代两汉三国南北朝文·全晋文》。
③ 《元和郡县志》卷二无《钱塘》。
④ 《咸淳临安志》卷三一《捍海塘》。
⑤ 《梦粱录》卷四《观潮》引。
⑥ 《全唐诗》卷二八三。
⑦ 宋正海、郭永芳、陈瑞平:《中国古代海洋学史》,海洋出版社 1986 年版,第 274—278 页。
⑧ 本部分引见王荣国:《海洋神灵——中国海神信仰与社会经济》,江西高校出版社 2003 年版,第 32、42—43 页;王景琳、徐匋:《中国民间信仰风俗辞典》,中国文联出版公司 1992 年版,第 175 页"四海龙王"条,第 405—406 页"龙宫"条。

四海龙王崇拜大致出现于隋唐时期。众所周知,龙在我国的远古文化中就已经出现,原本为古人幻想出来的神奇动物,为"四灵"(麟、凤、龟、龙)之一,传说有降雨的神性;后来经过不断的演化,其形态逐渐趋于定型。佛教传入中国后,佛经中的"那伽"(Nasa),一种长身无足、能在大海与其他水域中称王称霸的神兽被中国人认同。中国人将其看作是与我国的龙一样的动物,并且将"那伽"(Naga)译作"龙"。于是,佛经中有关龙"勤力兴云布雨"的说法也为我国民众所接受。道教的产生一定程度上是受佛教传入的刺激,在创造"龙神"这一点上,道教也效法佛教。道教创造的龙王主要有东方青帝、南方赤帝、西方白帝、北方黑帝和中央黄帝五方龙王和东、西、南、北四海龙王。此外,尚有名称繁多的各种龙王。[①] 由于道教本身是从民族信仰的文化土壤中产生,所以道教创造的龙王的功能、职司恰好符合中国民众的需求,于是龙王信仰在民间广为流行。

四海龙王就是民间信仰中掌管东、南、西、北四海的龙神,皆能致雨。关于四海龙王的名讳,明徐道《历代神仙通鉴》卷一五载:"东海,沧宁德王敖广,南海,赤安洪圣济王敖润,西海,素清润王敖钦,北海,浣旬泽王敖顺。"唐代以来,民间有不少关于四海龙王的传说。唐段成式《酉阳杂俎·前集》卷一四载:"大足(701年)初,有士人随新罗使,风吹至一处,人皆长须,语与唐言通,号长须国。士人为司风长,兼驸马。忽一日,其君臣忧戚,士人怪问之。王泣曰:'吾国有难,祸在旦夕,非驸马不能救。烦驸马一谒海龙王,但言东海第三汊第七岛长须国,有难求救。我国绝微,须再三言之。'因涕泣执手而别。士人登舟,瞬息至岸。岸沙悉七宝,人皆衣冠长大。士人乃前,求谒龙王。龙宫状如佛寺所图天宫,光明迭激,目不能视。龙王降阶迎士人,齐级升殿,访其来意。士人具说,龙王即令速勘。良久,一人自外白曰:'境内并无此国。'士人复哀祈,言长须国在东海第三汊第七岛。龙王复叱使者细寻勘,速报。经食顷,使者返,曰:'此岛虾合供大王此月食料,前日已追到。'龙王笑曰:'客固为虾所魅耳。吾虽为王,所食皆禀天符,不得妄食,今为客减食。'"

民间传说中龙王所居住的宫殿称为龙宫,多处于海底或河底。先秦两汉时,中国民间信仰多以河伯为水神,有河伯所居宫殿的构想,如屈原《九歌·河伯》所说"鱼鳞屋兮龙堂,紫贝阙兮朱宫"。随着魏晋以来佛教的传入和唐宋以来帝王多次封龙为王,龙王逐渐代替河伯占据各处江河湖海,"龙宫"一语也见于各种文献。西晋竺法护译佛经《海龙王经》载,龙王诣灵鹫山,闻佛说法,信心喜欢,欲请佛至大海龙宫供养,佛许之。龙王即入大海化作大殿,无量珠宝,种种庄严,且自海边通海底造三道宝阶,如佛往昔化宝阶自忉利天降阎浮提时。佛与诸比丘菩萨共涉宝阶入龙宫,受诸龙供养,为说大法。隋那连提黎耶舍译《莲华面经》载:"阎浮提及余十方所有佛钵及佛舍利,皆在婆伽罗龙王宫中。"唐时,"龙宫"一语见于笔记小说。段成式《酉阳杂俎·前集》卷二载:"(昆明池鱼受胡僧欺凌)至思邈石室求救。孙(思邈)谓曰:'我知昆明龙宫有仙方三十首,尔传与予,予将救汝。'"李复言《续玄怪录》还载唐卫国公李靖射猎山中,夜入巨宅,宅主太夫人告诉他:"此非人宅,乃龙宫也。"杜光庭《录异记》卷五载:"柳子华,唐朝为成都令,龙女来与为匹偶。子华罢秩,不知所之,俗云入龙宫得水仙矣。""海龙王宅,在

① 刘志雄、杨静荣:《龙与中国文化》,人民出版社1992年版,第265页。

苏州东。入海五六日程，小岛之前，阔百余里。每望此水上，红光如日，上与天连，船人相传龙王宫在其下矣。"

观音要算是我国历史上第一尊女性海上保护神。观音原是佛教中与普贤、文殊、地藏齐名的四大菩萨之一。晋代，作为佛教中国化的宗派净土宗创立之后，观音与大势至分别作为阿弥陀佛的左、右协侍菩萨。虽说观音与大势至平起平坐都是协侍菩萨，但观音菩萨的名气与影响比大势至菩萨大得多。一方面因观音的道场位于汪洋大海中的浙江普陀山，另一方面因其"诸恶莫做，众善奉行，大悲心肠，怜悯一切，救济苦危，普度众生"的慈航普济精神，再加上慈眉善目深受民众崇敬的"圣母"形象与"解厄救难"的功能，被广大民众视为"大救星"。所以海商、海洋渔民，特别是浙江舟山渔民和其他从事航海的人们将其奉为海上保护神。"准提"则是"准提观音"的略称。这种观音属于密宗六观音之一，其形象为三臂至八十四臂，坐在出自水中的莲花中，其下方有二龙王为之支撑，表示其功德无量，能够消除一切苦厄，增进福德智能，因此被民间的民众广泛奉祀，沿海民众则将其奉为海上保护神。

第二节　东海仙境信仰与成仙追求[①]

仙境就是民间信仰中神仙居住的胜境。在中国远古神话中，仙境主要有两处。一是昆仑山。《山海经·海内西经》曰："海内昆仑之墟，在西北，帝之下都。昆仑之虚，方八百里，高万仞。上有木禾，长五寻，大五围。面有九井，以玉为槛。面有九门，门有开明兽守之。百神之所在。"《淮南子·地形训》曰："昆仑之丘，或上信之，是谓凉风之山，登之不死。或上信之，是谓悬圃：登之乃灵，能使风雨。或上信之，乃维上天，登之乃神。是谓太帝之居。"二是东海诸神山。在我国远古神话中，东海中就有蓬莱、方丈、瀛洲等"海中三神山"。《史记·秦始皇本纪》曰："齐人徐市等上书，言海中有三神山，名曰蓬莱、方丈、瀛洲，仙人居之。"又《封禅书》曰："自威、宣、燕昭，使人入海求蓬莱、方丈、瀛洲。此三神山者，其传在渤海中，去人不远；患且至，则船风引而去。盖尝有至者，诸仙人及不死之药皆在焉。其物禽兽尽白，而黄金银为宫阙。未至，望之如云；及到，三神山反居水下。临之，风则引去，终莫能至云。"《列子·汤问》则作"岱舆、员峤、方壶、瀛洲、蓬莱"五神山。另外，还有《庄子·逍遥游》所谓的"藐姑射之山"，据说其山"有神人居焉，肌肤若冰雪，绰约若处子，不食五谷，吸风饮露。乘云气，御飞龙，而游乎四海之外"[②]。这些神仙的传说和对神山的描绘营造出了一个神奇的东海仙境。这两处仙境中，西方的昆仑仙境出现的更早些，《庄子》《楚辞》中都有描述；东海仙境的营造和传说则盛于战国秦汉之际。对东海神仙世界的崇拜和追求，是中国海洋文化传统的重要内容。

魏晋以降，东海神仙传说的发展呈现出两大倾向。一是关于东海神山的记述内容

---

① 本节引见王景琳、徐匋《中国民间信仰风俗辞典》；郑杰文《东海神话传说的文学价值和文化意义》；张树国、梁爱车《蓬莱仙话及其文化意蕴》。

② 王景琳、徐匋：《中国民间信仰风俗辞典》，中国文联出版公司 1992 年版，第 175 页"四海龙王"条，第 406—407 页"仙境"条。

更加完善;二是诸多文化系统的传说集合、融汇在一起,使东海仙境变异得更加形象、更加完善。

被鲁迅称为"颇仿《山海经》"①的《海内十洲记》,虽托名东方朔,但今人研究以为系六朝人伪托。② 其书记东方朔向汉武帝介绍海外十洲,中有瀛洲、方丈洲:"瀛洲,在东大海中,地方四千里,大抵是对会稽郡,去西岸七十万里。上生神芝仙草,又有玉石高且千丈。出泉如酒,味甘,名之为玉醴泉,饮之数升辄醉,令人长生。洲上多仙家,风俗似吴人,山川如中国也。"③又曰:"方丈洲,在东海中心,西南东北岸正等,方丈面各五千里,上专是面龙所聚者。金玉琉璃之宫,三天司命所治之处。群仙若欲升天者,皆往来此洲,受太上玄生箓。仙家数十万,琼田芝草,课计顷亩,如种稻状。亦有石泉,上有九源丈人宫,主领天下水神及龙蛇巨鲸、阴精水兽之辈。"④

其所记瀛洲、方丈等东海诸山更加形象可感,不但承汉代关于东海神山的描述,更为具体地描写神山的诸多神异居处、不老不死仙药、居者风俗族类等,而且将东海神山的方位距离述说得更为具体,看上去更加真实。

此书还记有蓬丘即蓬莱山,但不及王嘉的《拾遗记》所述蓬莱山奇妙、形象:"蓬莱山亦名防丘,亦名云来,高二万里,广七万里。水浅,有细石如金玉,得之不加陶冶,自然光净,仙者服之。东有郁夷国,时有金雾。诸仙说此上常浮转低昂,有如山上架楼,室常向明以开户牖,及雾灭歇,户皆向北。其西有含明之国,缀鸟毛以为衣,承露而饮,终天登高取水,亦以金、银、仓环、水精、火藻为阶。有冰水、沸水,饮者千岁。有大螺名裸步,负其壳露行,冷则复入其壳;生卵着石则软,取之则坚,明王出世,则浮于海际焉。有葰,红色,可编为席,温柔如罽毳焉。有鸟名鸿鹅,色似鸿,形如秃鹜,腹内无肠,羽翮附骨而生,无皮肉也。雄雌相眄则生产。南有鸟,名鸳鸯,形似雁,徘徊云间,栖息高岫,足不践地,生于石穴中,万岁一交则生雏,千岁衔毛学飞,以千万为群,推其毛长者高翥万里。圣君之世,来入国郊。有浮筠之簳,叶青茎紫,子大如珠,有青鸾集其上。下有沙砾,细如粉,柔风至,叶条翻起,拂细纱如云雾。仙者来观而戏焉,风吹竹叶,声如钟磬之音。"⑤

《拾遗记》所述,不但更加形象具体,而且明显增加了诸多中原文化传说之外的异域文化系统的内容,如"如金玉"的仙人服用的细石、郁夷国的金雾、含明之国的"缀鸟毛以为衣"、冰水、沸水、大螺裸步以及鸿鹅和鸳鸯的奇状异习,还有"浮云之簳"的特异外观等。这是对随着彼时外海交通发展而带来的海外异域文化传说吸收的结果。另外,还加入了明王出世则裸步浮于海际、圣君之世鸳鸯来入国郊等祥瑞,这是对前代盛行的"灾异谴告说"的吸收。

综合看来,这时的东海神话传说,在技术描写方式上更加形象多样,在叙述内容上增加了诸多新传入的海外异域文化传说,在思想性质上融合了前代的"灾异谴告说"

① 鲁迅:《中国小说史略》,齐鲁书社 1997 年版,第 32 页。
② 鲁迅:《中国小说史略》,齐鲁书社 1997 年版,第 52 页。
③ 《云笈七签》,齐鲁书社 1988 年版,第 155 页。
④ 《云笈七签》,齐鲁书社 1988 年版,第 158 页。
⑤ 王嘉:《拾遗记》,中华书局 1981 年版齐治平校本,第 223—224 页。

等,因而更加成熟,更加具有艺术吸引力。①

魏晋之际,人们仍把东海仙境作为超越于人间世俗世界之上的另一世界,认为人间的所有难题如疾病、死亡之类在神仙世界里根本不存在,在苦闷的人类精神生活中,这一世界的存在不啻是一剂良药。同时这一虚幻的图景经过神仙家们的大力渲染,强烈地刺激了古人原本就非常发达的想象力,在他们的神仙之说以及诗歌、散文中,对蓬莱仙景的追求成了他们鄙视人间富贵、世俗生活的心理动因。

魏晋南北朝时期,由于政局的动荡、生活的纷杂和道教的发展,人们的成仙追求更加强烈。在这方面,晋代葛洪起了很大作用。葛洪是一位笃信神仙之说的宗教徒,其《抱朴子·论仙》引《仙经》云:"上士举形升虚,谓之天仙;中士游于名山,谓之地仙;下士先死后蜕,谓之尸解仙。"他分析秦皇、汉武不得成仙的原因时说,求长生之道在于"志",在于耐心等待,不要错杀像新垣乎、栾大这样的方士;成仙不在富贵,在于清心寡欲,尸居无心,而帝王承担天下之重责和繁琐的政务;成仙在于静寂无为,忘其形骸,而人君撞巨钟,伐雷鼓,这些都是"伐性之斧";至于辟地开疆、灭人之国之类,都与仙家养生的宗旨相违背。所以葛洪总结说:"得仙道者,多贫贱之士,非势位之人。"将求仙之说与中国古老的养生学挂靠在一起,应该说是葛洪的贡献。

葛洪是神仙道教的创始人,在他的著作中记载了许多神仙家的思想。其《神仙传》卷一记"彭祖"论仙人之说云:"仙人者,或竦身入云,无翅而飞。或驾龙乘云,上造太阶。或化为鸟兽,浮游青云。或潜行江海,翱翔名山。或食元气,或茹芝草。或出入人间则不可识,或隐其身草野之间。面生异骨,体有奇毛。恋好深僻,不交流俗。然有此等,虽有不亡之寿,皆去人情,离荣乐,有若雀之化蛤,雉之为蜃,失其本真。"他认为,神仙之术要与人性之真融合起来,同时效仿自然神灵如乌龟、松柏等等来寻求长寿的秘方。托名刘向所著的《列仙传》一书所记神仙 71 人,《神仙传》所记 84 人,而据其序称秦大夫阮仓所撰《仙图》载六代迄汉成仙者共 700 余人。其成仙之途归纳起来大致有下列几种。一是采药。一为自然植物,如松子、桂芝、菊花、地肤、菖蒲之类;一为矿物质,如饵术、煮石髓(石钟乳)、五石脂之类。据古书记载,这种服食法较为危险,古诗中说:"服食求神仙,多为药所误。不如饮美酒,被服纨与素。"以这两种方法成仙者如渥绻、涓子、彭祖、文宾等。二是养性交接之术成仙者,如补导、房中术等,如容成公、女丸等人。三是以艺术成仙者,如务光好琴、王子乔善吹笙做凤凰鸣,萧史弄玉善吹箫引凤等,这是诸成仙之途中较为高雅的一种。但传说毕竟是传说,死亡是唯一现实的、无法回避的东西。魏文帝曹丕《典论》中说:"夫生之必死,成之必败。然而惑者望乘风云,冀与螭龙共驾,适不死之国,国即丹溪,其人浮游列缺,翱翔倒景。然死者相袭,丘垄相望,逝者莫反,潜者莫形,足以觉也。"②

以蓬莱仙说为主营造的东海仙境对人的启示首先体现为这样一种意识,即在人间之上有一个不朽的神仙世界,里面有"不死之药"。这种意识起源于早期巫术。在《山海经》中就有许多关于不死之山、不死之国、不死树、不死民、不死之药的记载,于是诱使帝王们泛海求仙,冀遇其真,以求长生不死。其次,从人的生命意识的角度来说,既

---

① 郑杰文:《东海神话传说的文学价值和文化意义》,《中国海洋文化研究》第 4—5 卷,海洋出版社 2004 年版。

② 《文选》卷二一,李善注郭璞游仙诗《六龙安可顿》引文。

然人之生是如此的短暂,那么富贵利达就显得毫无意义。汉魏古诗中如乐府古辞《蒿里》《薤露》及"朝露""河清"这些诗歌意象之层见错出,生动地表现了这种弥漫整个时代的消极情绪。这种强烈的生命意识给人带来更多的痛苦,人们因此也更加幻想有一个神仙世界。例如,魏武帝曹操的《驾六龙》(又名《气出倡》)写自己欲驾六龙,乘风而行,行四海外,到泰山、蓬莱,到海天相接之处,"愿得神之人,乘驾云车,骖驾白鹿,上到天之门,来赐神之药",但是毕竟"服食求神仙,多为药所误"。在死亡的无奈中,人们大多还是着眼于现实的享乐之中,"不如饮美酒,被服纨与素"。再次,中国古代一直存在着隐士传统。《易经》中说"不事王侯,高尚其志","龙德而隐,遁世无闷"等,以山之清幽与世俗的污浊相对比,所以隐士传统与神仙家的联姻就显得很自然。这种"联姻"的"产儿"就是魏晋南北朝时期颇为盛行的"游仙诗"和大量的"采药诗"。除此之外,就人性的角度来说,人总是希望在世俗生活之外存在着一方心灵净土来滋润、培养超然的诗意感觉,这种诗意的栖居使诗人自始至终地保持着与现实的距离,因为与玄想的诗意世界比起来,现实世界总是污浊不堪的,"进则保龙见,退则触藩羝。高蹈风尘外,长揖谢夷齐"。这种"远游"的意象最早出现在相传是屈原所作的《楚辞·远游》中,而在魏武、陈思王、何敬宗、郭璞的诗里体现得更充分:"吉士怀贞心,悟物思远托。扬志玄云际,流目瞩岩石。"[①]"逸翮思拂霄,迅足羡远游。"[②]郭璞:《游仙诗》其一说:

> 京华游侠窟,山林隐遁栖。朱门何足荣,未若托蓬莱。

李善注曰:"凡游仙诸篇,皆所以滓秽尘网,锱铢缨绂,飡霞倒景,饵玉玄都。而璞之制,文多自叙,辞无俗累,见非前识,良有以哉。"[③]在郭璞诗中,神仙家所有的话题几乎都有体现,同时他本人对仙家生活也有真切的体验,使其对方外之士的描写既有玄想的成分,也有真实的写照,如写神仙家"鬼谷子"所居之地,"青溪千余仞,中有一道士。云生梁栋间,风出窗户里","中有冥寂士,静啸抚清弦"。这些"冥寂士"如陵阳子明、容成公、洪崖先生等,俱见于《神仙传》中,而其所谓"仙术"亦不出于《列仙传》《神仙传》所记载的范围。他写自己的求仙幻想如"吞舟涌海底,高浪驾蓬莱。神仙排云出,但见金银台",这与古代小说中对蓬莱的描述如出一辙。在幻想中有意识地将自己等同于神仙家而迎风远游,从宇宙的高度来审视自己曾经生存的时间和空间,这一视觉角度的改变对诗歌的创作来说富有启迪意义。"东海犹蹄涔,昆仑蝼蚁堆。遐邈冥茫中,俯视令人哀。"同宇宙的无限相比,人类的存在是渺小如蚁的;同宇宙的时间相比,人类的存在更是短暂如白驹过隙。神仙家往往借助于入山采药、遇仙归来以后沧海桑田的变化来说明人世的短暂和可悲,如刘晨、阮肇入天台山采药、丁令威离家千年化鹤归来的故事。但与一切冥想的神仙家一样,郭璞对迟迟不能成仙表现得相当不耐烦,"淮海变微禽,吾生独不化","虽欲腾丹溪,云螭非我驾"。在现实的无可奈何之中,他仍不放弃成仙的一线希望。[④]

---

① 《文选》卷二一,何敬宗诗。

② 郭璞:《游仙诗》其五。

③ 《文选》卷二一。

④ 张树国、梁爱东:《蓬莱仙话及其文化意蕴》,载曲金良:《中国海洋文化研究》第1卷,文化艺术出版社1999年版,第65—67页。

第十九章

魏晋南北朝隋唐时期的海洋文学

　　中国的海洋文学,早在先秦就已出现。《山海经》中保存有著名的神话故事《精卫填海》《海外仙山》等,《诗经》《楚辞》中也都有表现大海的诗句和内容。魏晋时期,曹操的《观沧海·东临碣石》被认为是中国第一首歌咏海洋的诗篇。魏晋的海赋在数量和特色上比汉代海赋又有了新的提高。唐代更是涌现出大量涉海诗文。纵观整个魏晋南北朝隋唐时期,"海"这一要素和主题更多地出现在文学作品中,极大地丰富了人们的审美感受和文化生活。文学创作首先来源于生活。海洋文学的丰富和发展,如同全部海洋文化一样,来自于人们生活、劳动的空间和地域的扩展,来自于社会生产力水平的提高,来自于文化的积淀和人对自然(海洋)的认识。海洋越来越成为生活在中国这块土地上,特别是生活在沿海地域的人们的物质生活和精神生活的重要组成部分,成为文人墨客重要的创作题材与反映对象。

　　在本章中,我们拟分别就魏晋南北朝和唐朝的海洋文学进行总体概观,并分别选取这两个时期具有代表性的文学样式——海境赋作和海境诗作进行分析观照,以求窥斑见豹。

第一节　魏晋南北朝时期的海洋文学

一　魏晋南北朝海洋文学的成就①

　　中国的海洋文学在秦汉时期的基础上,获得了极大的丰富和发展。汉魏晋南北朝时期,由于神仙方术家推崇老、庄之学为宗,道教产生并发展传播迅猛,神仙、长生之说及其信仰更为昌炽,关于海的意识、海的观念即使仅在民众信仰这一层面上也变得愈发普遍起来。同时,印度佛教不仅从北路陆路传来,而且从南路海路传来,一方面佛教经典经义中多涉及海洋,一方面佛教在海路入华过程中又使许多佛经佛义佛僧的形象海洋化了,如后世的"南海观世音"等也成了海神,"海天佛国"信者如云,钟鼓之音不绝,就是最好的说明。这些都刺激和丰富了中国海洋文学的创作发展。

　　魏晋南北朝时期的海洋文学,成就主要表现在以下几个方面。

---

① 本部分引见王庆云:《中国古代海洋文学发展的历史轨迹》,《青岛海洋大学学报》2000 年第 1 期。

一是游记、方志中的反映。如三国朱应的《扶南异物志》、康泰的《外国传》,吴国丹阳太守的《临海风土志》,还有法显的《佛国记》等游记、方志,其中的许多内容,都可以算得上是海洋纪实文学。另外,如《淮南子》《列子》等托古子集,也多有涉海的描述。

二是神仙家、博物家、小说家、道家佛家以及道教佛教,承继先秦诸子和《山海经》及方士谶纬之绪,秦汉以降,更张而皇之,其中如《神异经》《洞冥记》《十洲记》《列仙传》《神仙传》《列异传》《博物志》《拾遗记》等,有些出自两汉,有些伪托汉书,实则魏晋之书,甚至更晚,涉海故事甚多,可谓丰富多彩。

三是辞赋、诗歌之作迭出。

关于神仙家、博物家、小说家、道家佛家以及道教佛教之"小说"杂记,我们在前卷对先秦秦汉海洋文学的叙述中已经举托名东方朔撰之《十洲记》为例,这里再举晋张华的《博物志》等书中有关海洋题材的几则,以见其特色。

晋张华《博物志》书中有"八月槎"的神话传说,很具有民间意味,趣味也十足,并和民间关于海洋、关于天河、关于牛郎织女的神话传说交织为一体,艺术上十分美妙,内容上也很值得重视:

> 旧说云天河与海通。近世有人居海渚者,年年八月有浮槎去来。不失期。人有奇志,立飞阁于查上,多赍粮,乘槎而去。十余日中犹观星月日辰,自后茫茫忽忽,亦不觉昼夜。去十余日,奄至一处,有城郭状,屋舍甚严。遥望宫中多织妇,见一丈夫牵牛,渚次饮之。牵牛人乃惊问曰:"何由至此?"此人俱说来意,并问此是何处。答曰:"君还至蜀都,访严君平则知之。"竟不上岸,因还如期。后至蜀,问君平,曰:"某年月日有客犯牵牛宿。"讨(当作"计")年月,正是此人到天河时也。

关于浮槎,晋王子年《拾遗记》也有一段很妙的传说的记载,充满魅力:

> 尧登位三十年,有巨查浮于西海。查上有光,夜明昼灭。海人望其光,乍大乍小,若星月之出入矣。查常浮绕四海,十二年一周天,周而复始,名曰贯月查,亦谓挂星查。羽人栖息其上,群仙含露,以漱日月之光,则如瞑矣。虞、夏之季,不复记其出没;游海之人,犹传其神仙也。

今人对此,或以为即因外星人造访而生成的传说,其"巨查"犹如今人所说的"宇宙飞碟"。不管其实若何,这样的传说反映出古人对于海洋、对于星球及其对于人类和宇宙之间的互动、互印的关系的向往、理解和艺术表现,则是我们今人不可忽视的。

王子年的《拾遗记》还记名山,包括海中蓬莱、方丈、瀛洲等,多与《十洲》不同。另外,还记有30多个异国外邦的风俗物产,其中对海中之国、沿海之邦的涉海之奇事奇物,记载和描述都很新奇可喜。如宛渠国、含涂国:

> 始皇好神仙之事,有宛渠之民,乘螺舟而至。舟形似螺,沉行海底,而水不浸入,一名沦波舟。其国人长十丈,编鸟兽之毛以蔽形。始皇与之语,及天地初开之时,了如亲睹……[1]

> 含涂国贡其珍怪,其使云:"去王都七万里。鸟兽皆能言语。鸡犬死者,埋之不朽。经历数世,其家人游于山阿海滨,地中闻鸡犬鸣吠。主乃掘取还

---

[1] 转引自李剑国:《唐前志怪小说史》,南开大学出版社1984年版,第266—331页。

家养之。毛羽虽脱落，更生，久乃悦泽。"

其他如晋郭璞的《玄中记》，也多有涉海之作，如云："东方之东海，有大鱼焉。行海者一日逢鱼头，七日逢鱼尾。其产则三百里为血。"

值得重视的还有梁任昉的《述异记》。是书记述传说故事的最大特点是追溯本源，"真实性"更浓，且故事内容翻新出奇，让人在感受其故事魅力的同时，接受了很多今人可谓之"人类学""民族学"的东西。书中有关海洋传说的记述很多，如关于"开天辟地"的盘古，记"昔盘古氏之死也，头为四岳，目为日月，脂膏为江海，毛发为草木。……今南海有盘古氏墓，亘三百余里，俗云后人追葬盘古之魂也。桂林有盘古氏庙，今人祝祀。南海中盘古国，今人皆以盘古为姓"；如"昔炎帝女溺死东海中，化为精卫，其名自呼。每衔西山木石填东海。偶海燕而生子，生雌状如精卫，生雄状如海燕。……""儋耳郡明山，有二石如人形，云昔有兄弟二人，向海捕鱼，因化为石，因号兄弟石"①，等等，为我们保存了很多十分珍贵的涉海民间传说资料。

这一时期的志人佚事小说，涉及海洋人物、海洋生活的不多，但刘义庆的《世说新语》中有一段石崇、王恺斗富的故事，历来被文学史家引为名篇。从海洋文学的角度来看，它反映出了那时已很盛行的将海洋珍稀产品视为黄金珠宝一样昂贵，用做装饰和鉴赏物品，并体现主人财富和身份的一种社会风尚，只是石崇和王恺二人的斗富，非同一般罢了：

> 石崇与王恺争豪，并穷绮丽以饰舆服。武帝，恺之甥也。每助恺。尝以一珊瑚树高二尺许赐恺，枝柯扶疏，世罕其比。恺以示崇，崇视讫，以铁如意击之，应手而碎。恺既惋惜，又以为疾己之宝，声色甚厉。崇曰："不足恨，今还卿。"乃命左右悉取珊瑚树，有三尺、四尺，条干绝世，光彩溢目者六七枚，如恺许比甚众。恺茫然自失。

至于魏晋南北朝的赋家之作，篇什甚多。例如，木华的《海赋》被史家评论"文甚隽丽"②。对于这些赋作，我们下面作专门分析，兹不赘。

其他如北齐人祖珽的《望海》、曹植的《远游》、陶渊明的《读山海经》等，自然举述不尽。有意思的是，陶渊明虽写了《读山海经十三首》中的涉海诗，却因其只从《山海经图》上看到了海，而无福亲睹，竟惹得后世诗人与之相比，以自己有缘亲睹了海洋而倍感自豪起来。比如，唐代的李德裕，在其《海鱼骨》诗中就掩饰不住自己见到海鱼骨的得意："陶潜虽好事，观海只按图。"

二 魏晋南北朝赋中的海境创造③

魏晋南北朝时期，是中国山水赋形成和繁荣的阶段。其间有许多以大海为题材的作品，今存如王粲《游海赋》④（严可均辑录）、曹丕《沧海赋》（《艺文类聚》卷八）、潘岳《沧海赋》（《艺文类聚》卷八）、木华《海赋》（《文选》卷一二）、张融《海赋》（《南齐书·张

---

① 转引自《中国历代小说》第1卷，云南人民出版社1986年版，第11，135—137页。
② 语见谭正璧：《中国文学家大辞典》，上海书店1981年版，第112页。
③ 本部分引见牛月明：《汉魏六朝赋中的海境》，载曲金良：《海洋文化研究》第2卷，第127—135页。
④ 对于王粲的《游海赋》，我们已在本书第一卷中作为汉末赋作介绍，这里再一并与魏晋南北朝赋作加以分析，以见汉魏六朝时期海赋的总体面貌。

融传》)。其中，王粲、曹丕、潘岳的赋系残篇辑录。

（一）三篇残赋的"海境"

这里的"境"，是人类欲求过程中的整体体验，是情、景、象外之象、味外之旨的整体圆融；而海，则是辞家（赋家）文人们心中、笔下极具神奇瑰伟魅力和表现性的观照对象。所谓"海境"，既不是一种物质的或客观的实体性存在，也不是一种精神的或主观的实体性存在，而是一种意向性、关系性、价值性的存在，是眼中识见、心中想见、脑中洞见的海洋世界，是因情立体、以象兴境的海洋世界。

王粲《游海赋》、曹丕《沧海赋》、潘岳《沧海赋》系残篇辑录，我们已难知其本来面目，但它们在海境赋中承上启下的作用仍可略见一斑。大海具有令人向往的博大和神奇，这在班彪《览海赋》中已有所表现，而三篇残篇深化了这一点，并将大海的富有与迷人进一步铺排开来，成为木华、张融同名《海赋》铺张扬厉叙写的先声。

1. 壮观之海境

我们先看王粲的描绘："登阴隅以东望兮，览沧海之体势。吞星出日，天与水际。其深不测，其广无臬，寻之冥地，不见涯泄。章亥所不极，卢敖所不届。洪洪洋洋，诚不可度也。"一入手便点出大海"吐星出日"的博大，这不由让人想起曹操《观沧海》中的诗句"日月之行，若出其中，星汉灿烂，若出其里"，和更早时期班彪《览海赋》中所指出的"指日月以为表"，大家不约而同地用侧面构象的方法极显沧海的雄浑气势。王粲还用神话传说来显示大海的深广远大。《后汉书·郡国志》刘昭注引《山海经》：禹使大章步自东极至于西垂，二亿三万三千三百里七十一步；又使竖亥步南极北尽于北垂，二亿三万七千五百里七十五步。《淮南子·道应训》载，卢敖幼而好游，至长不渝，周行四杣，唯北阴之未窥。秦始皇召为博士，使入北海求神仙，去而不返。曾步量天地的太章、鉴亥，遨游四极的卢敖都难以"届""极"，大海的广大无涯确已"不可度也"。大海的状美还有声势的奇观，"洪涛奋荡，大浪踊跃。山隆谷窊，宛亶相搏"。今天我们见到的曹丕《沧海赋》残篇，在状描大海体势相状方面的手法与王粲如出一辙，只是显得更简练自然一些："美百川之独宗，壮沧海之威神。经扶桑而遐逝，跨天涯而托身。惊涛暴骇，腾踊澎湃，铿訇隐邻，涌沸凌迈。"《山海经·海外东经》载："汤谷上有扶桑，十日所浴，在黑齿北，居水中。有大木，九日居下枝，一日居上枝。"大海涿经东方极远的扶桑仍不止息，直往天边的安身处奔云，惊涛骇浪，冲天而起，汹涌腾荡、澎湃前奔，海浪相击铿訇轰鸣，忽起忽伏滚滚而去，凌迈超越惊天动地。语虽简约，大海的气势声貌已历历在目。相比之下，潘岳对大海体势的描写少了些神奇色彩："徒观其状也，则汤汤荡荡，澜漫形沉，流沫千里，悬水万丈。测之莫量其深，望之不见其广。无远不集，靡幽不通。群溪俱息，万流来同；含三河而纳四渎，朝五湖而夕九江。阴霖则兴云降雨，阳霁则吞霞曜日。煮水而盐成，剖蚌而珠出。"这时没有关于方瀛、壶梁、章亥、卢敖、扶桑的神州传说，而是直接面对观照对象，多侧面地进行描绘：极目远眺，海波浩浩荡荡，漫无际涯，浪花飞泻千里，涛峰直冲万丈，"千里"与"万丈"对举，立体地夸饰了海浪滔天的气势。接着以排比否定句式，铺陈沧海的深广，然后写沧海的博大能容，于下众涿同归大海，日夜奔流汇聚都能吸纳不拒。沧海壮美的魅力，形象丰富，令人回味。

2.神奇之海境

按照今天人们的观点,浩瀚的海洋覆盖了地球 71％的面积,海洋中蕴藏着取之不尽、用之不竭的自然资源,人们对它的了解至今仍是凤毛麟角,有待深入研讨。千年之前的古人对沧海的神奇珍异同样怀有浓厚的兴趣。王粲首先用排比句式总括海中物类的神奇:"怀珍藏宝,神隐怪匿。……鸟则爰居孔鹄,翡翠鹔鹴,缤纷往来,沉浮翱翔。鱼则横尾曲头,方目偃额。大者若丘陵,小者重钧石。乃有赉蛟大贝,明月夜光,蠵鼊璚瑂,金质黑章。"按照王粲所理解的万物生长规律——无气之物则不能行走,有血之物则必靠食物生存,有叶的植物必有根,有飞的东西就应该有翅膀——在大海中却出现了令人不可思议的神奇现象:"或无气而能行,或含血而不食;或有叶而无根,或能飞而无翼。"然后王粲列述了鸟、鱼、龟、贝等一些奇异的海物品类;大海的神奇珍异不仅在海水中,还有的在洲岛上:"若夫长洲别岛,旗布星崎。高或万寻,近或千里。桂兰聚乎其上,珊瑚周乎其趾。群犀代角,巨象解齿。黄金碧玉,名不可纪。"星罗棋布的岛屿,有的高达万里,有的广有千里,周围环绕着美丽的珊瑚,岛上有桂花兰草,巨犀大象、黄金碧玉等,其丰其奇甚至"名不可纪"。潘岳《沧海赋》的有关描写,其顺序不同于王粲,但其结构内容大同小异。从潘岳的《沧海赋》中我们已可见后人以生僻艰涩构词罗列状描海之神异的趋势。"其中有蓬莱名岳,青丘奇山,阜陵别岛,崴环其间。其山则嶙崔嵬崒,嵯峨隆屈,披沧流以特起,擢崇基而秀出。其鱼则有吞舟鲸鲵,鳡鲗龙鬃。蜂目豺口,狸斑雉躯,怪体异名,不可胜图。其虫兽则素蛟丹虹,元龟灵鼍,修鼋巨鳖,紫贝螣蛇,玄螭蚴虬,赤龙焚蕴,迁体改角,推旧纳新,举扶摇以抗翼,泛阳侯以濯鳞。其禽鸟则鸥鸿鹔鹴,鹏鹅鸡鹊,朱背炜烨,缥翠葱青。"这里有阜陵别岛环绕着的奇山名岳蓬莱和青丘,它们高大险峻、嵯峨突起;这里有"怪体异名,不可胜图"的各种鱼类,其中鲸大能吞舟,墨鱼的身体犹如龙须,有的长着黄蜂一样的眼睛,有的长着豺狼一样的嘴,有的身体上的斑点像狐狸一样,有的长着雉鸟一样的身体;这里有各种各样的虫兽龟贝,尤其是龙的名类更为繁多,如素蛟、丹虹、玄螭、赤龙等,它们有着"迁体改角,推旧纳新"的神奇变化,更有扶摇直上、驭风凌波的气势;这里有五颜六色的禽鸟"朱背炜烨,缥翠葱青"。相对于王、潘二人对大海中神奇珍异的静态铺排,曹丕的描绘则别具一格,更具生机和美感:"于是鼋鼍渐离,泛滥淫游。鸿鸾孔鹄,哀鸣相求。扬鳞濯翼,载沉载浮。仰唼芳芝,俯漱清流。巨鱼横奔,厥势吞舟。尔乃钓大贝,採明珠,搴悬黎,收武夫。窥大麓之潜林,睹摇木之罗生。上塞产以交错,下来风之泠泠。振绿叶以葳蕤,吐芬葩而扬荣。"茫茫沧海,蕴藏着珍奇的生命,鼋鼍在这时缓缓分散,自游遨游;离群的鸾鹄,哀鸣着寻求同伴,它们或栖息海岸,出入于兰芝芳草,或搏击水面,在清流中沐浴;巨大的海鱼,纵横奔驰,有吞没舟船之势。大海也是人们收获生息的地方,在这里可以钓大贝、采明珠、取美玉、收宝石。在海岛上可以游览隐蔽在山脚下的森林,这里幽静深邃,海风吹来,高大的树枝屈枝交错,百草丛生,绿叶纷披,繁花竞放,芳香四溢。

(二)两篇铺扬张厉的海境赋

木华和张融的同名《海赋》,相对于此前的四篇海境赋来言,文字上最突出的特点就是其艰涩和博物,超越这层障碍我们才能获得阅读的愉悦。木华的《海赋》能完整地保存,得益于萧统的慧眼。汉魏以来,描绘大海的赋作并不罕见,除以上所提赋篇外,尚有庾阐的《海赋》、孙绰的《望海赋》、顾恺之的《观涛赋》,等等,木华的《海赋》进入《文选》的原因是"文甚隽丽、足继前良"。钱钟书在《管锥编》中也认为,木华的《海赋》"远在郭璞《江赋》之上,即张融《海赋》实无其伟丽"。应该说,木华与张融的《海赋》各具特色,木华赋早出且以"伟丽"取胜,张融赋则有贴切深入之优。张融本人作海赋已有意与木华相区别了。《南齐书》卷三〇中载张融的自序说:"盖言之用也,情矣形乎。使天形寅内敷,情敷外寅者,言之业也。吾远职荒官,将海得地,行关入浪,宿渚经波,傅怀树观,长满朝夕,东西无量,南北如天,反覆悬乌,表裹菟色,壮哉水之奇也,奇哉水之壮也。故古人以之顺其所见,吾问翰而赋之焉,当其济兴绝感,岂觉人在我外,木生之作,君自君矣。"故明代张溥认为,"《海赋》文词诡激、欲前无木华,虽体制谐,藩篱已判"。下面我们将打乱原文顺序,用元素分析法以列表的方式进行对比。

表19-1　两篇《海赋》之对比

所指二	所指一	能指	木华《海赋》	张融《海赋》
海之原始			昔在帝妫巨唐之代,天纲浡潏,为洞为瘵。洪涛澜汗,万里无际。长波涾湤,迤涎八裔。于是乎禹也,乃铲临崖之阜陆,决陂潢而相波,启龙门之峉峨,垦陵峦而崭凿。群山既略,百川潜渫,泱漭澹泞,腾波赴势。江河既导,万穴俱流,掎拔五岳,竭涸九州。沥滴渗淫,荟蔚云雾。涓流泱瀼,莫不来往。于廓灵海,长为委输。其为广也,其为怪也,宜其为大也。	分浑始地,判气初天,作成万物,为山为川。总川振会,导海飞门。
海之壮观	海之相状		尔其为状也,则乃浟湙潋滟,浮天无岸。泲瀜沆潒,渺泫淡漫。波如连山,乍合乍散。嘘噏百川,洗涤淮汉,襄陵广舄,瀇滉浩汗。若乃大明擥辔于金枢之穴,翔阳逸骇于扶桑之津,飚沙礜石,荡飓岛滨,于是鼓怒,溢浪扬浮,更相触搏,飞沫起涛。状如天轮,胶戾而激转,又似地轴,挺拔而争回。岑岭飞腾而反覆,五岳鼓舞而相磑。㵽溃沦而滀漯,郁沏迭而隆頹。盘涡激而成窟,淖涎溓而为魁。汹泊柏而迆颺,磊㟏[嵒]而相[岨]。惊浪雷奔,骇水迸集,开合解会,瀼瀼湿湿,葩华蹙汩,颎泞潗潗。若乃霾曀潜销,莫振莫竦,轻尘不飞,纤萝不动。犹尚呀呷,余波独涌。澎濞灗拏,磈磊山垄。尔其枝岐潭渝,渤荡成汜,垂蛮隔夷,回互万里。 (尔其为大量也,则南瀸朱涯,北洒	尔其海之状也,之相也,则穷区没渚,万里藏岸,控会河、济,朝总江、汉。回混浩溃,巅倒发涛。浮天振远,灌日飞高。拟撞则八纮摧琐,鼓怒则九纽折裂,捨长风以举波,漷天地而为势。澄泽于溚浍,来往相拉拏。汩深潚渤,窜石成窟。西冲虞渊之曲,东振汤谷之阿。若木于是乎倒覆,折扶桑而为渣。濩瀚汃浑,滔渆碨礧,渤淬沦溥,瀨浅垄㞲。湍转则日月似惊,浪动而星河如覆。既烈太山与昆仑相压而共溃,又盛雷车震汉破天以折毂。 (漤涏洈瀨,辗转纵横。扬珠起玉,流镜飞明。是其回堆曲浦,㪍关弱渚之形势也。沙屿相接,洲岛相连。东西南北,如满于天。梁禽楚兽,胡木汉草之所生焉。长风动路,

（续表）

所指二	所指一	能指	木华《海赋》	张融《海赋》
海之壮观	海之相状		天墟,东演析木,西薄青徐。经途瀺灂,万万有余）	深云暗道之所经焉。苕苕蒂蒂,宦宦嶭嶭。晨鸟宿于东隅,落河浪其西界。茫沆汧河,汩魂漫桓。旁踞委岳,横竦危峦。重彰炭炭,攒岭聚立。崔礌崊嶔,架石相阴。朗巆陁陁,横出旁人。嵬嵬磊磊,若相追而下及。峰势纵横,岫形参错,或如前而未进,乍非迁而已却。天抗晖于东曲,日倒丽于西阿。岭集雪以怀镜,岩照春而自华）
海之壮观	海涛		乃若偏荒速告,王命急宣,飞骏鼓楫,泛海凌山。于是候劲风,揭百尺,维长绡,挂帆席,望涛远决,冏然鸟逝。鹢如惊凫之失侣,候如六龙之所掣。一越三千,不终朝而济所届。	江泽湘湘,漻岩拍岭。触山礚石,汙湾㳷况。碨泱㴸㴸,流柴磓屼。顿浪低波,蓉砹砅,折岭挫峰,牵浪碨培,崩山相磕。万里蔼蔼,极路天外。电战雷奔,倒地相磕。兽门象逸,鱼路鲸奔。水邋龙魄,陆振虎魂。却瞻无后,向望何前。长寻高眺,唯水与天。若乃山横蹴浪、风倒摧波。磊若惊山竭岭以竦石,郁若飞烟奔云以振霞。连瑶光而交采,接玉绳以通华。尔乎夜满深雾,昼密长云,高河灭景。万里无文。山门幽暖,岫户葐蒀。九天相掩,五地交气。汪汪横横,沆沆浩浩。淬溃大人之表,泆荡君子之外。风沫相排,日闭云开。浪散波合,岳起山隤。
海之神奇	仙怪		若其负秽临深,虚誓愆祈,则有海童邀路,马衔当蹊,天吴乍见而髣髴,蜪像暂晓而闪尸,群妖遘连,眇睬冶夷。决帆摧橦,戕风起恶,廓如灵变,惚怳幽暮。气似天霄,霪霏云布,霍昱绝电,百色妖露,呵嗽掩郁,瞳眬无度。飞涝相礴,激势相沏,崩云屑雨,浤浤汩汩,跋踔湛沏,沸溃渝溢,濩渃濩渭,荡云沃日。 于是舟人鱼子,徂南极东,或屑没于鼋鼍之穴,或挂胃于岑嶅巇之峰,或掣掣泄泄于裸人之国,或泛泛悠悠于黑齿之邦,或乃萍流而浮转,或因归风而自反。徒识观怪之多骇,乃不悟所历之近远。	尔夫人微亮气,小白如淋。凉空澄远,增汉无阴。照天容于鲅渚,镜河色于魦浔。括盖余以进广,浸夏洲以洞深。形每惊而义维静,迹有事而道无心。于是乎山海藏阴,云尘入岫。天英遍华,日色盈秀。则若士中神,琴轻高道外。袖轻羽以衣风,逸玄裙于云带。筵秋月于源潮,帐春霞于秀濑。晒蓬莱之灵岫,望方壶之妙阙。树遏日以飞柯,岭回峰以蹴月。空居无俗,素馆何尘。谷门风道,林路云真。

（续表）

所指二 \ 所指一 \ 能指	木华《海赋》	张融《海赋》
海之神奇 — 异珍	若乃三光既清，天地融朗，不泛阳侯，乘跻绝往。觌安期于蓬莱，见乔山之帝像。群仙缥缈，餐玉清涯，履阜乡之留舄，被羽[融羽]之褴缡，翔天沼，戏穷溟，甄有形于无欲，永悠悠以长生。吐云霓，含龙鱼，隐鲲鳞，潜灵居，岂徒积太颠之宝贝与随侯之明珠？将世之所收者闻常，所未名若无。且希世之所闻，恶审其名？故可仿像其色，瑗气其形。 尔其水府之内，极深之庭，则有崇岛巨鳌，峥嵘孤亭，擘洪波，指太清，竭磐石，栖百灵。飚凯风而南逝，广莫至而北征。其垠则有天琛水怪，鲛人之室，瑕石诡晖，鳞甲异质。 若乃云锦散文于沙汭之际，绫罗被光于螺蚌之节，繁采扬华。万色隐鲜阳冰不冶，阴火潜然。熺炭重燔，吹炤九泉。朱燄绿烟，腰眇蝉蜎。	若乃漉沙构白，熬波出素。积雪中春，飞霜暑路。尔其奇名出录，诡物无书。高岸乳鸟，横门产鱼。则何罗鯆鲔，魮鱿鲲鲭。 蟠螭珸蛘，绮贝绣螺。玄珠互采，绿紫相华。游风秋濑，泳景登春。伏鳞渍采，昇鲂洗文。 若夫增云不气，流风敛声。澜文复动，波色还惊。明月何远，沙裹分星。至其积珍全远，架宝谕深。琼池玉壑，珠岫瑰岑。合日开夜，舒月解阴。珊瑚开绩，琉璃竦华，丹文镜色，杂照冰霞。洪洪溃溃，浴干日月，淹汉星墟，渗河天界。风何本而自生，云无从而空灭，笼丽色以拂烟，镜悬晖以照雪。
鱼	鱼则横海之鲸，突抓孤游，戛岩嵌，偃高涛，茹鳞甲，吞龙舟，噏波则洪涟踧踖，吹涝则百川倒流。或乃蹭蹬穷波，陆死盐田，巨鳞插云，鬐鬣刺天，颅骨成岳，流膏为渊。	哄日吐霞，吞河漱月。气开地震，声动天发。喷洒哆噫，流雨而扬云。乔髋壮脊，架岳而飞坟。趩动崩五山之势，胴眤焕七曜之文。
鸟	若乃岩坻之隈，沙石之嵌，毛翼产鷇，剖卵成禽，凫雏离褷，鹤子淋渗。群飞侣浴，戏广浮深，翔雾连轩，泄泄淫淫。翻动成雷，扰翰为林，更相叫啸，诡色殊音。	阴鸟阳禽，春毛秋羽。远翅风游，高翮云举。翔归栖去，连阴日路。澜涨波渚，陶玄浴素。长紘四断，平表九绝。雉翦成霞，鸿飞起雪。含声鸣侣，并翰翻群。飞关溢绣，流浦照文。

所指二 \ 所指一 \ 能指		木华《海赋》	张融《海赋》
海之神奇	其他		若乃春代秋绪，岁去冬归。柔风丽景，晴云积晖。起龙塗于灵步，翔螭道之神飞。浮微云之如曹，落轻一之依依。触巧塗而礧远，抵栾本以激扬。浪相礧而起千状，波独涌乎惊万容。苹藻留映，荷茅提阴。扶容曼采，秀远华深。明藕移玉，清莲代金。晒芬芳于遥渚，泛灼烁于长浔。浮舻杂轴，游舢交艘。帷轩帐席，方远连高。入惊波面箭绝，振排天之雄飙。越汤谷以逐景，渡虞渊以追月。遍万里而无时，浃天地于挥忽。雕隼飞而未半，鲲龙趡而不逮。舟人未及复其喘，已周流宇宙之外矣。
启悟		且其为器也，包乾之奥，括坤之区。惟神是宅，亦祇是庐。何奇不有，何怪不储。芒芒积流，含形内虚。旷哉坎德，卑以自居。弘往纳来，以宗以都。品物类生，何有何无。	尔乃方员去我，混然落情。气暗而浊，化静自清。心无终故不滞，志不败而不成。既覆舟而载舟，固以死而以生。弘乌狗于人兽，导至本以充形。虽万物之日用，谅何纬其何经。道湛天初，机茂形外。亡有所以而有，非胶有于生末；亡无所以而无，信无心以入大。不动动是使山岳相崩，不声声故能天地交泰。行藏虚于用舍，应感亮于圆会。仁者见之谓之仁，达者见之谓之达。呫者几于上善，吾信哉其为大矣。

从前面的分析我们似乎可以把大海最富有魅力的特点归结为：博大和神奇。其实，曾与大海朝夕相处的张融早就指出了这一点，他说："壮哉水之奇也，奇哉水之壮也。"面对共同的"壮""奇"感受，如果刻意作文，则会表现出作者不同的传达才能。纵观两篇同名海赋，以下几点尤值得我们注意。

1. 实境与幻境

沧海之无边之大、无极之广常让许多文人学士感到无从下笔。木华则用实境与幻境相结合的方法加以张扬。首先是正面以实境状描，连用许多状描性近义词，反复形容海的深广、辽阔、旷远。接着给人以真切的联想：波如连山，乍合乍散。噏噏百川，洗涤淮汉,水漫丘陵和广阔的盐碱滩。随后便以幻境以夸张烘托:传说月亮有御者驾驶,落入西方金枢之穴;太阳从东方汤谷上的扶桑树中开腾而出,日月东起西落,也不能跳出大海的界线,大海的广阔就可想而知了。这里对大海的描绘是先实境而后幻境,其后又有先幻后实的描述。作者驰骋想象,有"舟人鱼子,徂南极东",到过"裸人之国""黑齿之邦",见过无数珍异,却"不悟所历之近远",足可见其广大了。但就作者所实有的地理概念,它"则南瀹朱涯,北洒天墟,东演析木,西薄青徐。经途瀴溟,万万有余"。张融则以同样的方法张扬大海的壮阔。

2. 缘境与造境

缘境是指作者情志仗境而生,与《乐记》《文心雕龙》《诗品》中所论及的物感说相一致。造境是指作品意象出自作者主观创造,所谓境由心生,与中国古代文论中的"中得心源""执情强物""移情入境"有相通之处。木华与张融的《海赋》都有仗境而生的启悟和执情强物的慨叹。木华通过沧海的包举天地之广、无怪不储之奇、品类生物之丰,体悟到的是弘往纳束之美、内虚不溢之性、卑以自居中之德。由于前面几段就沧海的博大神奇进行了充分的渲染,作为神仙府第的美好瑰丽形象已凸显出来,百鸟戏浪,众仙安居,悦目之后是赏心,直至理性领悟的满足,由缘境而造境,由造境而得理趣。

李白有一首诗向来脍炙人口:"朝辞白帝彩云间,千里江陵一日还。两岸猿声啼不住,轻舟已过万重山。"不少人敏锐地指出,李白诗可能脱胎于北朝郦道元《水经注·三峡》:"或王命急宣,有时朝发白帝,暮到江陵,其间千二里,虽乘御奔风不以疾也。"殊不知其根源还可再上溯到西晋辞赋家木华的《海赋》。为了突出海涛的奔腾迅疾和沧海的神奇怪异,木华连造两境(见前文)。张融的《海赋》同样有缘境造境之妙,我们看其最后一段:"尔夫人微若夫增云不气,流风敛声。澜文复动,波色还惊。明月何远,沙裹分星。至其积珍全远,架宝谕深。琼池玉垄,珠岫瑰岑。合日开夜、舒月解阴。珊瑚开缋,琉璃涑华,丹文镜色,杂照冰霞。洪洪溃溃,浴干日月,淹汉星墟,渗河天界。风何本而自生,云无从而空灭,笼丽色以拂烟,镜悬晖以照雪。尔乃方员去我,混然落情。气暗而浊,化静自清。心无终故不滞,志不败而无成。既覆舟而载舟,固以死而以生。弘刍狗于人兽,导至本以充形。虽万物之日用,谅何纬其何经。道湛天初,机茂形外。亡有所以而有,非胶有于生末;亡无所以而无,信无心以入大。不动动是使山岳相崩,不声声故能天地交泰。行藏虚于用舍,应感亮于圆会。仁者见之谓之仁,达者见之谓之达。咶者几于上善,吾信哉其为大矣。"

3. 动境与静境

张融的《海赋》在动境与静境关系的处理上表现得非常突出。开头短短几句,由静而动,并通过神话和夸饰动感逐渐强烈,直至"湍转则日月似惊,浪动而星河如覆。既烈太山与昆仑相压而共溃,又盛雷车震汉破天以折毂",接下来则由动而静,由海水而海岛,铺叙海岛的连绵不绝、深广不测,海上山峰的纵横交错、千姿百态,海岛风景的绚丽多彩、四季秀美。然后笔锋又转,状绘海涛冲击海岛的壮美景观。在铺排了物类奇异之后,作者又将海边静态的荷莲繁茂之美与海中动态的迅疾雄飙之美相对举。这一切构成了赏心悦目、令人陶醉的海景世界。

第二节　唐代的海洋文学

一　唐代海洋文学的成就①

唐代的海洋文学,与唐代的整体文学面貌一样,是一个发展繁荣的高峰期。这主要体现在唐诗上。史书中关于海洋人物、海洋事件、海洋生活以及海外交通、海外远国异民等的记载,自然比前代都多,都丰富和精彩,但这一时期的史书记载都更重史实,较少传闻的色彩,因而在笔法的运用上也就淡化了其对文学效果的追求。同时,由于诗词歌赋、传奇小说等文学样式在这一时期得到了突出的发展,文史的分野无论在事实上还是在观念上都已经普遍为人们所认同,后世更是如此,所以无论是当时还是后世,史书史籍的记载已不再被纳入考察文学作品时考虑的范围。至于文学史家所常常给予重视的唐传奇,涉海的作品固然不少,但一方面比起唐诗中的涉海之作来,其成就还显得不够突出;另一方面作为叙事性海洋文学作品,比起元明清时期的戏曲、小说来,自然还只是处于发轫滥觞阶段。这一时期的志异志怪性笔记创作也十分丰富,涉海作品很多。比如唐段成式的《酉阳杂俎》中所记海外异国远民之事,像《长须国》条说士人某随新罗使被风吹至一处,见此处人皆长须,连女人也是,士人某与该国公主成婚,但每见公主有须,辄不悦,只得作诗以自我解嘲,后在龙王那里得知,此长须国原是虾精所聚之地云云。这类作品每有可观者,且也多妙趣横生,但这里我们限于篇幅,主要来看一看唐诗。

就涉海方面来看,唐诗呈现出了这样一些特点。一是诗人写海的很多,唐代诗坛上那些有名的人物,几乎都有很好的写海或涉海的作品问世。二是写海或涉海的作品数量极为可观,以吟咏海洋、海事为主题的诗词作品数不胜数,诗词中涉及海洋的,更如浩瀚的海洋。三是海洋意象入诗,内涵十分丰富多彩,我们可从中感受到对人生哲理的领悟、对社会现实的把握、对审美感知与愉悦的追求,可谓处处惹人叹然。这些诗人中有很多人还不止一次地游览观赏过大海,即使从未见过大海的,也对海洋有着难以排解、挥之不去的感情和思绪。可以这样说,几乎他们所有的人,都倾心于海洋和因海而生的那些意象,即使只是心中的意象。

唐诗一个十分突出的特点是,涉及海洋的意象,大多和诗人们陆上的尘世生活感受形成了鲜明的对照。他们以海洋入诗,或抒发壮志豪情,或排解积郁不快,或表达老庄思想(以及孔子思想,即使谆谆教导世人入世、自己也一世以身作则的孔子,也有时欲"浮海而乐"的思想,可见"浮海而乐"的思想和观念是多么普遍,多么深入人心,诗人就自然更为突出了)。我们这里仅举述几个诗人们常用的海洋、海上意象,以见一斑。

"海上鸥"。陈子昂有"不然扶衣去,归从海上鸥"(《答洛阳主人》),"不及触鸣雁,徒思海上鸥"(《宿襄河驿浦》);杜甫有"赖有杯中物,还同海上鸥"(《巴西驿亭观江涨呈窦使君二首》);羊士谔有"忘怀不使海鸥疑,水映桃花酒满卮"(《野望二首》);贾岛有

---

① 本部分引见王庆云:《中国古代海洋文学发展的历史轨迹》,《青岛海洋大学学报》2000 年第 1 期。

"举翩笼中鸟,知心海上鸥"(《歧下送友人归襄阳》)……或表现儒、释、道杂糅参半时欲"浮海而乐"之意,或自述闲逸自适之心,时或归隐遁逸、海天仙游之思。

"海槎犯斗"(典故见前文引述张华《博物志》),在唐诗中用得更为普遍。例如,温庭筠有"殷勤为报同袍友,我亦无心拟海槎"(《送陈嘏之侯官兼简李常侍》);韩偓有"岂知卜肆严夫子,潜指星机认海槎"(《南安寓止》),"坐久忽疑槎犯斗,归来兼恐海生桑"(《六月十七日召对自辰及申方归本院》),"稳想海槎朝犯斗,健思胡马夜翻营"(《喜凉》);徐夤有"扫雪自怜窗纸照,上天宁愧海槎流"(《长安即事》);杜甫有"不知沧海使,天遣几时回"(《送翰林张司马南海勒碑》)……不一而足。若举暗用者,更是不计其数。

用"沧海桑田"典者,同样很多:李世民有"洪涛经变野,翠鸟屡成桑"(《春日望海》);王绩有"井田惟有草,海水变为桑"(《过汉故城》);卢照邻有"节物风光不相待,桑田碧海须臾改"(《长安古意》),"桑海年应积,桃源路不穷"(《和辅先入昊天观星瞻》);王勃有"浮云今可驾,沧海自成尘"(《出境游山二首》);李贺有"少年安得长少年,海波尚变为桑田"(《嘲少年》);白居易有"深谷变为岸,桑田成海水"(《读史五首》其三);鲍溶有"青鸟更不来,麻姑断书信;乃知东海水,清浅谁能回"(《怀仙二首》)……

"蓬莱""海上山"者,如许棠"已住城中寺,难归海上山"(《赠栖白上人》);杜甫有"蓬莱织女回云车,指点虚无是征路"(《送孔巢父谢病归游江东兼呈李白》),"蓬莱如可到,衰白问群仙"(《游子》);孤独及有"超遥蓬莱峰,不死世世有"(《观海》);李端有"蓬莱有梯不可疑,向海回头泪盈睫"(《杂歌呈郑锡司空文明》);鲍溶有"为问蓬莱近消息,海波平静好东游"(《得储道士书》);李涉有"金乌欲上海如血,翠色一点蓬莱光;安期先生不可见,蓬莱目极沧海长"(《寄河阳从事杨潜》);杜牧有"蓬莱顶上瀚海水,水尽到底看海空"(《池州送孟迟先辈》),"今来海上升高望,不到蓬莱不是仙"(《偶题》)……有的写虚,有的写实,可谓琳琅满目,诗意隽永,令人一品三叹。

至于写"海客"者,李白有此嗜好。比如"安知天汉上,白日悬高名;海客去已久,谁人测沉溟"(《古风》其十三);"海客谈瀛洲,烟波微茫信难求"(《梦游天姥吟留别》);等等。

诸如此类的海洋意象或涉海意象,在唐诗中多得简直数不胜数。至于具体的诗作,我们可以举如下几首。

李贺的《梦天》:"老兔寒蟾泣天色,云楼半开壁斜白。玉轮轧露湿团光,鸾珮相逢桂香陌。黄尘清水三山下,更变千年如走马。遥望齐州九点烟,一泓海水杯中泻。"天海一体,由天观海,好大的气魄,好妙的想象!是梦?是真?自然是梦,然而有人生排解、世事慨叹的真情。

张若虚,这位扬州才子,一首《春江花月夜》,成为千古绝唱。此一古风写春、写江、写花、写月、写夜,但诗中所写的这春、江、花、月、夜,都是因海而生、因海而有的独特景观,这是一般诗评家所忽视了的:"春江潮水连海平,海上明月共潮生。"

王维的《送秘书晁监还日本国》:"积水不可极,安知沧海东。九州何处远,万里若乘空。向国惟看日,归帆但信风。鳌身映天黑,鱼眼射波红。乡树扶桑外,主人孤岛中。别离方异域,音信若为通。"把海中的日本国,中日的海上交通,历史悠久的海外、海上传说和送人远去海外国度的情感,都写得字字真情、句句断肠,而又抒发有度、欲泪还止。

与此相类的,还有韦庄的《送日本国僧敬龙归》:"扶桑已在渺茫中,家在扶桑东更东。此去与师谁共到? 一船明月一帆风。"浅白,情深,意象、用字出新出神,妙极。

更有张籍写江河入海口渔家生活的《夜到渔家》,较少有人接触这一题材,清新可喜:"渔家在江口,潮水入柴扉。行客欲投宿,主人犹未归。竹深村路远,月出钓船稀。遥见寻沙岸,春风动草衣。"清人田雯评价张籍的诗"名言妙句,侧见横生,浅淡精洁之至"[①]。

文学来源于生活。唐诗中的海洋文学作品出现了如此繁荣发展的局面,除了文学自身的积累式发展及其繁荣的因素外,唐代海洋事业和海洋文化的整体发展、唐代人们的海内外海洋生活的丰富多彩,是其社会基础和根源。[②]

二 唐诗中的海境创造[③]

(一)唐代的海境诗作

有关唐诗中的海境诗,在类书《古今图书集成》方舆汇编山川典第三百十七卷海部艺文三,类集了 25 首,显然脱漏太多。根据国际文化出版公司 1993 年出版的《康熙御订全唐诗》,在近 50000 首唐诗中,可检出涉海诗篇 4000 多首,而以"海境诗"观之,可检为 100 余首。有关全唐诗中的海境诗篇或还有疏漏,但大致不会差得太多。兹列具体诗目 130 余首如下:

【春日望海】李世民　　　　　　　【相和歌辞·登高丘而望远】李白
【相和歌辞·日出行】李白　　　　【相和歌辞·善哉行】僧齐己
【杂曲歌辞·浪淘沙其七】刘禹锡　【杂曲歌辞·浪淘沙】白居易
【奉和圣制春日望海】杨师道　　　【奉和春日望海】许敬宗
【景龙四年春祠海】宋之问　　　　【明河篇】宋之问
【海】李峤　　　　　　　　　　　【入海二首】张说
【早发平昌(一作昌平)岛】沈佺期　【度安海入龙编】沈佺期
【海上作】宋务光　　　　　　　　【永嘉作】张子容
【樟亭观涛】宋昱　　　　　　　　【送秘书晁监还日本国】王维
【鲛人歌】李颀　　　　　　　　　【登东海龙兴寺高顶望海,简演公】刘长卿
【海上生明月(科试)】李华　　　　【岁暮海上作】孟浩然
【与颜钱塘登障楼望潮作】孟浩然　【古风】三十三李白
【估客行】李白　　　　　　　　　【寄王屋山人孟大融】李白
【天台晓望】李白　　　　　　　　【杂诗】李白
【王母歌(一作玉女歌)】韦应物　　【精卫】岑参
【热海行,送崔侍御还京】岑参　　【和贺兰判官望北海作】高适
【雨中望海上,怀郁林观中道侣】钱起【海畔秋思】钱起
【海上卧病寄王临】钱起　　　　　【送孟校书往南海(一作别孟校书)】元结
【海上寄萧立】独孤及　　　　　　【观海】独孤及

①　清田雯:《古欢堂集》,引见《唐诗鉴赏辞典》,上海辞书出版社 1983 年版,第 762 页。
②　曲金良:《海洋文化概论》,青岛海洋大学出版社 1999 年版,第 188—193 页。
③　本部分引见王庆云、牛月明、薛海燕:《中国古代海洋文学》,未刊稿,本部分牛月明执笔。

【赋得海边树】皇甫冉　　　　　　　　　【西陵口观海】薛据

【海上诗送薛文学归海东】刘眘虚　　　　【越中问海客】刘眘虚

【登天坛夜见海】李益　　　　　　　　　【海人谣】王建

【精卫词】王建　　　　　　　　　　　　【学诸进士作精卫衔石填海】韩愈

【海水】韩愈　　　　　　　　　　　　　【踏潮歌】刘禹锡

【送海南客归旧岛】张籍　　　　　　　　【采珠行】元稹

【题海图屏风(元和己丑年作)】白居易　　【海漫漫——戒求仙也】白居易

【南海苦雨,寄赠王四侍御】杨衡　　　　　【送孔周之南海谒王尚书】杨衡

【新楼诗二十首·望海亭】李绅　　　　　【楚州盐壒古墙望海】长孙佐辅

【观浙江涛】徐凝　　　　　　　　　　　【登崖州城作】李德裕

【采珠行】鲍溶　　　　　　　　　　　　【应举题钱塘公馆】周匡物

【海边远望】施肩吾　　　　　　　　　　【岛夷行】施肩吾

【杭州观潮】姚合　　　　　　　　　　　【归海上旧居】章孝标

【观涛】朱庆馀　　　　　　　　　　　　【送友人罢举归东海】许浑

【华山题王母祠】李商隐　　　　　　　　【海上】李商隐

【海上谣】李商隐　　　　　　　　　　　【谒山】李商隐

【海客】李商隐　　　　　　　　　　　　【送僧归新罗】姚鹄

【登蒲涧寺后二岩三首】李群玉　　　　　【七月十五夜看月】李群玉

【南海神祠】高骈　　　　　　　　　　　【海翻】高骈

【东海】汪遵　　　　　　　　　　　　　【送人归日东】林宽

【新沙】陆龟蒙　　　　　　　　　　　　【望海】周繇

【送宾贡金夷吾奉使归本国】张乔　　　　【送僧雅觉归东海】张乔

【送朴充侍御归海东】张乔　　　　　　　【咏史诗·东海】胡曾

【旅次钱塘】方干　　　　　　　　　　　【钱塘江潮】罗隐

【登南神光寺塔院(一作登南台僧寺)】韩偓　【送僧归日本国】吴融

【潮】吴融　　　　　　　　　　　　　　【情】吴融

【海上秋怀】吴融　　　　　　　　　　　【送宾贡登第后归海东】杜荀鹤

【送友人游南海】杜荀鹤　　　　　　　　【贾客】黄滔

【南海旅次】曹松　　　　　　　　　　　【南海】曹松

【立木海上刻诗】李赞华　　　　　　　　【祖龙词】熊皦

【谪居海上】熊皦　　　　　　　　　　　【海昌望月】陈陶

【钱塘对酒曲】陈陶　　　　　　　　　　【蒲门戍观海作】陈陶

【赠海上观音院文依上人】李中　　　　　【海上载笔依韵酬左偓见寄】李中

【海上和郎戬员外赴倅职】李中　　　　　【海上太守新创东亭】李中

【送王道士游东海】李中　　　　　　　　【珠还合浦】邓陟

【鲛人潜织】康翊仁　　　　　　　　　　【海水不扬波】李沛

【四水合流】李沛　　　　　　　　　　　【济川用舟楫】胡权

【过海联句】贾岛　　　　　　　　　　　【送朴山人归日本】无可

【送契公自桂阳赴南海】无可　　　　　　【梦游仙四首】贯休

【上顾大夫】贯休　　　　　　　　　　　【寒月送玄士入天台】贯休

【秋过钱塘江】贯休　　　　　　　　　　【送僧归日本】贯休

【送新罗僧归本国】贯休　　　　　　　　【秋送夏郢归钱塘】贯休

【南海晚望】贯休　　　　　　　　　　　【送新罗人及第归】贯休

【送新罗衲僧】贯休　　　　　　　　　【观李琼处士画海涛】齐己

【登北固山望海】吴筠　　　　　　　　【题长安酒肆壁三绝句】钟离权

【王母】蜀宫群仙

（二）唐代海境诗作的情状、情感、情理和情结

一是海境情状之奇特、壮观、震撼，须立体方能松弛、缓解、示才（在对对象的把握中展现自己的才能），这在唐代的海境诗中占了较大的篇幅。如：

【相和歌辞·善哉行】僧齐己

大鹏刷翮谢溟渤，青云万层高突出。下视秋涛空渺渺，旧处鱼龙皆细物。人生在世何容易，眼浊心昏信生死。愿除嗜欲待身轻，携手同寻列仙事。

【古风三十三】李白

北溟有巨鱼，身长数千里。仰喷三山雪，横吞百川水。凭陵随海运，燀赫因风起。吾观摩天飞，九万方未已。

【海】李峤

习坎疏丹壑，朝宗合紫微。三山巨鳌涌，万里大鹏飞。楼写春云色，珠含明月辉。会因添雾露，方逐众川归。

【入海二首】张说

乘槎入南海，海旷不可临。茫茫失方面，混混如凝阴。云山相出没，天地互浮沉。万里无涯际，云何测广深。潮波自盈缩，安得会虚心。海上三神山，逍遥集众仙。灵心岂不同，变化无常全。龙伯如人类，一钓两鳌连。金台此沦没，玉真时播迁。问子劳何事，江上泣经年。隈中生红草，所美非美然。

【登东海龙兴寺高顶望海，简演公】刘长卿

朐山压海口，永望开禅宫。元气远相合，太阳生其中。窅然万里馀，独为百川雄。白波走雷电，黑雾藏鱼龙。变化非一状，晴明分众容。烟开秦帝桥，隐隐横残虹。蓬岛如在眼，羽人那可逢。偶闻真僧言，甚与静者同。幽意颇相惬，赏心殊未穷。花间午时梵，云外春山钟。谁念遽成别，自怜归所从。他时相忆处，惆怅西南峰。

【海上生明月】李华

皎皎秋中月，团团海上生。影开金镜满，轮抱玉壶清。渐出三山岊，将凌一汉横。素娥尝药去，乌鹊绕枝惊。照水光偏白，浮云色最明。此时尧砌下，莫芸自将荣。

同时，海境诗中的情状也是示才的赛场，我们看李世民的《春日望海》、杨师道《奉和圣制春日望海》、许敬宗《奉和春日望海》就可以明了此点。

还有一些题画诗也可归此类：

【题海图屏风（元和己丑年作）】白居易

海水无风时，波涛安悠悠。鳞介无小大，遂性各沉浮。突兀海底鳌，首冠三神丘。钓网不能制，其来非一秋。或者不量力，谓兹鳌可求。嬴颠牵不动，纶绝沉其钩。一鳌既顿领，诸鳌齐掉头。白涛与黑浪，呼吸绕咽喉。喷风激飞廉，鼓波怒阳侯。鲸鲵得其便，张口欲吞舟。万里无活鳞，百川多倒流。遂

使江汉水,朝宗意亦休。苍然屏风上,此画良有由。

【观李琼处士画海涛】齐己

巨鳌转侧长鬐翻,狂涛颠浪高漫漫。李琼夺得造化本,都卢缩在秋毫端。一挥一画皆筋骨,混漾崩腾大鲸桌。叶扑仙槎摆欲沉,下头应是骊龙窟。昔年曾要涉蓬瀛,唯闻撼动珊瑚声。今来正叹陆沉久,见君此画思前程。千寻万派功难测,海门山小涛头白。令人错认钱塘城,罗刹石底奔雷霆。

二是情感之浓烈、幽微,情结之沉郁难释须以海境立体方能耗散、把握、升华。如:

【永嘉作】张子容

拙宦从江左,投荒更海边。山将孤屿近,水共恶溪连。地湿梅多雨,潭蒸竹起烟。未应悲晚发,炎瘴苦华年。

【海畔秋思】钱起

匡济难道合,去留随兴牵。偶为谢客事,不顾平子田。魏阙贲翘楚,此身长弃捐。箕裘空在念,咄咄谁推贤。无用即明代,养疴仍壮年。日夕望佳期,帝乡路几千。秋风晨夜起,零落愁芳荃。

【海上卧病寄王临】钱起

离客穷海阴,萧辰归思结。一随浮云滞,几怨黄鹄别。妙年即沉痾,生事多所阙。剑中负明义,枕上惜玄发。之子良史才,华簪偶时哲。相思千里道,愁望飞鸟绝。

岁暮冰雪寒,淮湖不可越。百年去心虑,孤影守薄劣。独馀慕侣情,金石无休歇。

【海上寄萧立】独孤及

朔风剪塞草,寒露日夜结。行行到瀛壖,归思生暮节。驿楼见万里,延首望辽碣。远海入大荒,平芜际穷发。旧国在梦想,故人胡且越。契阔阻风期,荏苒成雨别。海西望京口,两地各天末。索居动经秋,再笑知曷月。日南望中尽,唯见飞鸟灭。音尘未易得,何由慰饥渴。

【赋得海边树】皇甫冉

历历缘荒岸,溟溟入远天。每同沙草发,长共水云连。摇落潮风早,离披海雨偏。故伤游子意,多在客舟前。

【新楼诗二十首·望海亭】李绅

乌盈兔缺天涯迥,鹤背松梢拂槛低。湖镜坐隅看匣满,海涛生处辨云齐。夕岚明灭江帆小,烟树苍茫客思迷。萧索感心俱是梦,九天应共草萋萋。

【归海上旧居】章孝标

乡路绕蒹葭,萦纡出海涯。人衣披蜃气,马迹印盐花。草没题诗石,潮摧坐钓槎。还归旧窗里,凝思向馀霞。

【南海旅次】曹松

忆归休上越王台,归思临高不易裁。为客正当无雁处,故园谁道有书来。城头早角吹霜尽,郭里残潮荡月回。心似百花开未得,年年争发被春催。

【南海】曹松

倾腾界汉沃诸蛮,立望何如画此看。无地不同方觉远,共天无别始知宽。

文鳐隔雾朝含碧，老蚌凌波夜吐丹。万状千形皆得意，长鲸独自转身难。

【谪居海上】熊皦

家临泾水隔秦川，来往关河路八千。堪恨此身何处老，始皇桥畔又经年。

三是情理之晦而难明，须以海境立体方能认知、揭示，情理之隐而不露，须以海境立体方能教化、行使话语权，诸如美刺讽喻等。如：

【相和歌辞·登高丘而望远】李白

登高丘而望远海，六鳌骨已霜，三山流安在？扶桑半摧折，白日沉光彩。银台金阙如梦中，秦皇汉武空相待。精卫费木石，鼋鼍无所凭。君不见骊山茂陵尽灰灭，牧羊之子来攀登。盗贼劫宝玉，精灵竟何能。穷兵黩武今如此，鼎湖飞龙安可乘？

【岁暮海上作】孟浩然

仲尼既云殁，余亦浮于海。昏见斗柄回，方知岁星改。虚舟任所适，垂钓非有待。为问乘槎人，沧洲复谁在。

【越中问海客】刘眘虚

风雨沧洲暮，一帆今始归。自云发南海，万里速如飞。初谓落何处，永将无所依。冥茫渐西见，山色越中微。谁念去时远，人经此路稀。泊舟悲且泣，使我亦沾衣。浮海焉用说，忆乡难久违。纵为鲁连子，山路有柴扉。

【海水】韩愈

海水非不广，邓林岂无枝。风波一荡薄，鱼鸟不可依。海水饶大波，邓多惊风。岂无鱼与鸟，巨细各不同。海有吞舟鲸，邓有垂天鹏。苟非鳞羽大，荡薄不可能。我鳞不盈寸，我羽不盈尺。一木有馀阴，一泉有馀泽。我将辞海水，濯鳞清冷池。我将辞邓林，刷羽蒙笼枝。海水非爱广，邓林非爱枝。风波亦常事，鳞鱼自不宜。我鳞日已大，我羽日已修。风波无所苦，还作鲸鹏游。

【海漫漫——戒求仙也】白居易

海漫漫，直下无底傍无边。云涛烟浪最深处，人传中有三神山。山上多生不死药，服之羽化为天仙。秦皇汉武信此语，方士年年采药去。蓬莱今古但闻名，烟水茫茫无觅处。海漫漫，风浩浩，眼穿不见蓬莱岛。不见蓬莱不敢归，童男丱女舟中老。徐福文成多诳诞，上元太一虚祈祷。君看骊山顶上茂陵头，毕竟悲风吹蔓草。何况玄元圣祖五千言，不言药，不言仙，不言白日升青天。

【新沙】陆龟蒙

渤澥声中涨小堤，官家知后海鸥知。蓬莱有路教人到，应亦年年税紫芝。

【海水不扬波】李沛

明朝崇大道，寰海免波扬。既合千年圣，能安百谷王。天心随泽广，水德共灵长。不挠鱼弥乐，无澜苇可航。化流沾率土，恩浸及殊方。岂只朝宗国，惟闻有越裳。

【济川用舟楫】胡权

渺渺水连天，归程想几千。孤舟辞曲岸，轻楫济长川。迥指波涛雪，回瞻岛屿烟。心迷沧海上,目断白云边。泛滥虽无定,维持且自专。还如圣明代,理国用英贤。

四是情结之沉积于无意识,不自觉地就表现在海境诗中。我们这里把反复出现、难以化解的情绪或意向称为情结。① 显然,海境诗中的情结具体体现在诸如秦皇汉武、碣石之罘、扶桑蓬莱、精卫麻姑、六鳌三山等词语或典故的运用上。这里只以海境诗中的蓬莱三神山情结为例。

蓬莱三神山成了诗人吟咏海境诗挥之不去的情结,以此喻指仙地圣境或咏求仙事。如:

【海上作】宋务光

方术徒相误,蓬莱安可得。吾君略仙道,至化孚淳默。惊浪晏穷溟,飞航通绝域。

【杂诗】李白

传闻海水上,乃有蓬莱山。玉树生绿叶,灵仙每登攀。一食驻玄发,再食留红颜。吾欲从此去,去之无时还。

【观海】独孤及

白日自中吐,扶桑如可扪。超遥蓬莱峰,想象金台存。秦帝昔经此,登临冀飞翻。扬旌百神会,望日群山奔。

【新沙】陆龟蒙

渤澥声中涨小堤,官家知后海鸥知。蓬莱有路教人到,应亦年年税紫芝。

【咏史诗·东海】胡曾

东巡玉辇委泉台,徐福楼船尚未回。自是祖龙先下世,不关无路到蓬莱。

【潮】吴融

暮去朝来无定期,桑田长被此声移。蓬莱若探人间事,一日还应两度知。

【海上秋怀】吴融

几度黄昏逢罔象,有时红旭见蓬莱。碛连荒戍频频火,天绝纤云往往雷。

【登北固山望海】吴筠

云生蓬莱岛,日出扶桑枝。万里混一色,焉能分两仪。愿言策烟驾,缥缈寻安期。

【题长安酒肆壁三绝句】钟离权

自言住处连沧海,别是蓬莱第一峰。莫厌追欢笑语频,寻思离乱好伤神。

五是其他日常功利的需要,如交往应酬等。此类海境诗经常兼有情状、情感、情理和情结,这在唐代的海境诗中占了较大的比重。因数量更多,不再例举。

当然,海境诗情状、情感、情理和情结的区分并不是绝对的,我们只是为了分析的方便而作此划分。其实,在每一首海境诗中,情状、情感、情理和情结经常是水乳交融、难以分开的。

---

① 在近代西方,"情结"一词的提出者是弗洛伊德,他认为,情结是被压抑的性欲("力必多")。继之,荣格认为"情结"是一种具有情绪色彩的观念群。

（三）海境诗的艺境创造

艺境创造，即"情"的对象化、形式化、物质化的过程，海境诗之创立，与其他艺境创造一样，都遵循外师造化、中得心源的共同规律，也可具体为感物缘境、依物取境、象外造境。

首先是感物缘境。作为自然物的大海具有非平庸性、隐喻性或极其丰富的表现性，它博大能容、神奇变幻、波澜壮阔、气势磅礴、壮烈激荡，很容易与人类心灵深处的某些情感体验相沟通，很自然地会成为文人墨客感物起情的引子。

其次是依物取境。皎然《诗式·辨体有一十九字》中说："夫诗人之思初发，取境偏高，则一首举体便高；取境偏逸，则一首举体便逸。"他还专门把"取境"列为一个条目，认为"取境之时，须至难至险，始见奇句"。李世民《春日望海》取其博大能容，其曰："积流横地纪，疏派引天潢。仙气凝三岭，和风扇八荒。拂潮云布色，穿浪日舒光。照岸花分彩，迷云雁断行。怀卑运深广，持满守灵长。有形非易测，无源讵可量。洪涛经变野，翠岛屡成桑。"张说《入海其二》取其神奇变幻，其曰："海上三神山，逍遥集众仙。灵心岂不同，变化无常全。龙伯如人类，一钓两鳌连。金台此沦没，玉真时播迁。问子劳何事，江上泣经年。隰中生红草，所美非美然。"

再次是象外造境。如独孤及《观海》："北登渤澥岛，回首秦东门。谁尸造物功，凿此天池源。颒洞吞百谷，周流无四垠。廓然混茫际，望见天地根。白日自中吐，扶桑如可扪。超遥蓬莱峰，想象金台存。秦帝昔经此，登临冀飞翻。扬旌百神会，望日群山奔。徐福竟何成，羡门徒空言。唯见石桥足，千年潮水痕。""北登渤澥岛，回首秦东门"，点明了缘起，"谁尸造物功，凿此天池源"，因强烈的自然物象而发出感慨。"颒洞吞百谷，周流无四垠。廓然混茫际，望见天地根。白日自中吐，扶桑如可扪。"

海境诗的一个关键要素是海境之象，海境之象主要是指海洋审美活动过程中，人的主体意识与客体对象之间的关系，而非要素本身，它具有客体的主体化和主体的对象化的双重性质。

不同的对象、现象、具象、物象会产生不同的对感觉和知觉（感知）的刺激，海洋是一种能够对感觉和知觉（感知）产生强烈刺激的对象、现象、物象，其由自然物转化为海境的前提，就是其非平庸性和隐喻性。首先，作为自然物的大海，其非平庸性是文人墨客感物起情的引子。其次，作为自然物的大海，其隐喻性非常有利于文人墨客的自我表现。例如，高适《和贺兰判官望北海作》："迢遥溟海际，旷望沧波开。四牡未遑息，三山安在哉。巨鳌不可钓，高浪何崔嵬。湛湛朝百谷，茫茫连九垓。挹流纳广大，观异增迟回。日出见鱼目，月圆知蚌胎。迹非想象到，心以精灵猜。远色带孤屿，虚声涵殷雷。风行越裳贡，水遏天吴灾。揽辔隼将击，忘机鸥复来。缘情韵骚雅，独立遗尘埃。"

海境之形象：奇特、壮观、震撼。感觉和知觉是认识主体与外部世界联系的基本途径，它并不为艺境创造者所独有。那么，一般人的感知与造境者的感知是否有所区别，其区别表现于何处呢？笼统地说，感觉受制于主体既有心理图式和探索性"期望"的支配影响，面对同一片海洋，一个渔夫与一个诗人的感知是不同的。由于具有艺境创造意识和创造能力的人的习惯使然，艺境创造者的感知更多地合于审美目的，而不是实用或者其他功利目的，更多地立足于审美立场，而不是实用或者其他功利立场。这样，艺境创造者立象过程中的感知就不再是一种盲目的随意的感知,它必须经由特别的注意才能完成,这种特别的注意主要是指感知的选择性。立象过程中感知的选择性是由艺境创造的个别、鲜明、独特的感性特征决定的,艺术家要创作出动人的形象,个性特征的发现与表现是一个基本前提。为此,艺术家在感知事物之时,往往既重视整体韵味、整体基调,又注意并善于发现细节差异。总之,这种特别的注意,既要求立象者宏观地把握对象,又要求细致地观察对象。同样是春日望海,李世民选择的是:"积流横地纪,疏派引天潢。……拂潮云布色,穿浪日舒光。照岸花分彩,迷云雁断行。"(《春日望海》)杨师道选择的是:"洪波回地轴,孤屿映云光。落日惊涛上,浮天骇浪长。"(《奉和圣制春日望海》)许敬宗选择的是:"连云飞巨舰,编石架浮梁。……青丘绚春组,丹谷耀华桑。"(《奉和春日望海》)

海境诗之想象。想象的生理机制是大脑皮层已有的暂时神经联系进行重新筛选、组合、搭配和接通,形成新联系的过程。根据想象产生时目的明确与否,可分为无意想象和有意想象;又根据想象的独立性、新颖性和创造性的不同,还可把有意想象分为再造想象(联想)和创造想象(幻想)。联想往往需要一个支点、一个启示、一个刺激信号,它总是要由此及彼地展开,每一种联想都是一种思维扩张方式,都是一个思维扩张过程,因而它往往能以自身比较明确的思维路径,引导主体思维展开并完成立象过程。仍以《春日望海》为例,李世民心中想见的海洋世界是:"仙气凝三岭,和风扇八荒。……怀卑运深广,持满守灵长。有形非易测,无源讵可量。洪涛经变野,翠岛屡成桑。之罘思汉帝,碣石想秦皇。"杨师道心中想见的海洋世界是:"仙台隐螭驾,水府泛鼋梁。碣石朝烟灭,之罘归雁翔。北巡非汉后,东幸异秦皇。"许敬宗心中想见的海洋世界是:"桃门通山拚,蓬渚降霓裳。惊涛含蜃阙,骇浪掩晨光。"

海境诗之意象。艺象的创造方式是想象,其动力则是情感,通常还包括理性和潜意识。在李商隐的海境诗中,有三首关于麻姑的想象,由于灌注了不同的主体情感,其意象就发生了不同的变化。《谒山》:"从来系日乏长绳,水去云回恨不胜。欲就麻姑买沧海,一杯春露冷如冰。"《华山题王母祠》:"莲华峰下锁雕梁,此去瑶池地共长。好为麻姑到东海,劝栽黄竹莫栽桑。"《海上》:"石桥东望海连天,徐福空来不得仙。直遣麻姑与搔背,可能留命待桑田。"

海境诗之气象。"气象"也是中国古代诗文评的常用术语,原指自然界的景象,自唐代开始被赋予了艺境的内涵。例如,旧题王维的《山水论》说"观者先看气象,后辨清浊";杜甫《秋兴八首》说自己"彩笔昔曾干气象";苏轼曾以"气象峥嵘"论文;姜夔《白石道人诗说》专列"诗有气"一则,强调气象的雄浑;严羽的《沧浪诗话》特别提出了"盛唐气象"的概念,《答出继叔临安吴景仙书》中说:"又谓盛唐之诗'雄深雅健',仆谓此四字但可评文,于诗则用'健'字不得,不若《诗辨》'雄浑悲壮'之语为得诗之体也。……盛唐诸公之诗,如颜鲁公书,既笔力雄壮,又气象浑厚。"严羽的气象说的实质就是要求诗歌的风格应该是雄浑壮阔而不锋芒毕露,含蕴深妙而不雕琢辞句,质朴自然而不浅俗浮薄,偏于壮美,以李白、杜甫为楷模。从我们收集的130余首海境诗来看,唐代的海境诗并不只是气象浑厚,而是气象万千。有雕琢辞句的,也有质朴自然的,有浅俗浮薄的,也有深雅浓郁的,有偏于壮美的,也有偏于秀美的。

（四）海境诗的兴境：情境、语境和意境①

　　情境一般包括两个方面的内容，其一是情感主体与情状主体的交互关系。在艺境活动中，作家不是把自己的意志强加于世界，而是把社会生活由客体变成主体，即把现实的人变成文学形象，并与之共同生活。艺境对象不是死的现实或文本，而是活的文学形象，不是客体，而是另一个我。例如，李商隐的《海上谣》："桂水寒于江，玉兔秋冷咽。海底觅仙人，香桃如瘦骨。紫鸾不肯舞，满翅蓬山雪。借得龙堂宽，晓出擈云发。刘郎旧香炷，立见茂陵树。云孙帖帖卧秋烟，上元细字如蚕眠。"体现了情感主体与情状主体的交互关系，叙述者是情感主体，而"玉兔""紫鸾""云孙"则为情状主体，两主体交互往来，展现了清冷萧索的海底仙境。其二是作者主体与读者主体的交互关系。这最明显地体现在海境唱和诗与海境送别诗中。例如，李中的《送王道士游东海》："巨浸常牵梦，云游岂觉劳。遥空收晚雨，虚阁看秋涛。必若思三岛，应须钓六鳌。如通十洲去，谁信碧天高。"李中的读者是要游东海的王道士，"巨浸常牵梦"是谁的梦？如果是作者的梦，为什么游东海的是王道士？如果是读者王道士的梦，为什么作者会知道？这是不能细究落实的，应该是作者与读者共同的梦。

　　就海境诗的情境形态而言，具有以下几种典型的形态：众流入海情境；海阔天空情境；惊涛拍岸情境；变幻莫测情境；神奇诡异情境；海市蜃楼情境；波澜壮阔情境。②

　　语境也包括三方面的内容：文化传统、文本之间的关系和上下文关系。阅读唐代海境诗，如果没有语境的考量与想象，简直寸步难行。从唐代海境诗的整体来看，语境的重要性首先体现在整个文化传统这一宏大文本的影响上，文化传统的语境使唐代海境诗多与隐逸、游仙、送别等相关。海境送别诗在前面已有所类集，这里再将海境文化传统这一宏大文本影响下的海境隐逸、游仙诗加以类集。

【相和歌辞·日出行】李白

　　日出东方隈，似从地底来。历天又入海，六龙所舍安在哉？其始与终古不息。人非元气安能与之久裴回。草不谢荣于春风，木不怨落于秋天，谁挥鞭策驱四运，万物兴歇皆自然。羲和羲和，汝奚汩没于荒淫之波。鲁阳何德，驻景挥戈，逆道违天，矫诬实多。吾将囊括大块，浩然与溟涬同科。

【相和歌辞·善哉行】僧齐己

　　大鹏刷翮谢溟渤，青云万层高突出。下视秋涛空渺㳽，旧处鱼龙皆细物。人生在世何容易，眼浊心昏信生死。愿除嗜欲待身轻，携手同寻列仙事。

【入海二首】张说

　　乘桴入南海，海旷不可临。茫茫失方面，混混如凝阴。云山相出没，天地互浮沉。万里无涯际，云何测广深。潮波自盈缩，安得会虚心。海上三神山，逍遥集众仙。灵心岂不同，变化无常全。龙伯如人类，一钓两鳌连。金台此

---

① 兴境是指对情境、语境和意境的激活。情境在这里主要指自我主体与对象主体的交互关系，这与胡塞尔为摆脱唯我（先验自我）论的困境所提出的主体间性概念有相通之处。语境在这里主要指文化传统、文本之间的关系和文本之内上下文的关系。意境在这里被规定为以文本为依据而存在于主体（主要指读者阅读）经验中的世界，是象与象外的互相发明。

② 牛月明：《汉魏六朝赋中的海境》，见曲金良：《海洋文化研究》第 2 卷，海洋出版社 2000 年版。

沦没,玉真时播迁。问子劳何事,江上泣经年。隰中生红草,所美非美然。

【早发平昌(一作昌平)岛】沈佺期

解缆春风后,鸣桹晓涨前。阳乌出海树,云雁下江烟。积气冲长岛,浮光溢大川。不能怀魏阙,心赏独泠然。

【海上作】宋务光

旷哉潮汐池,大矣乾坤力。浩浩去无际,沄沄深不测。崩腾翕众流,决济环中国。鳞介错殊品,氛霞饶诡色。天波混莫分,岛树遥难识。汉主探灵怪,秦王恣游陟。搜奇大壑东,竦望成山北。方术徒相误,蓬莱安可得。吾君略仙道,至化孚淳默。惊浪晏穷溟,飞航通绝域。马韩底厥贡,龙伯修其职。粤我遘休明,匪躬期正直。敢输鹰隼执,以间豺狼忒。海路行已殚,轺轩未皇息。劳歌玄月暮,旅睇沧浪极。魏阙眇云端,驰心附归翼。

【岁暮海上作】孟浩然

仲尼既云殁,余亦浮于海。昏见斗柄回,方知岁星改。虚舟任所适,垂钓非有待。为问乘槎人,沧洲复谁在。

【寄王屋山人孟大融】李白

我昔东海上,劳山餐紫霞。亲见安期公,食枣大如瓜。中年谒汉主,不惬还归家。朱颜谢春辉,白发见生涯。所期就金液,飞步登云车。愿随夫子天坛上,闲与仙人扫落花。

【天台晓望】李白

天台邻四明,华顶高百越。门标赤城霞,楼栖沧岛月。凭高登远览,直下见溟渤。云垂大鹏翻,波动巨鳌没。风潮争汹涌,神怪何翕忽。观奇迹无倪,好道心不歇。攀条摘朱实,服药炼金骨。安得生羽毛,千春卧蓬阙。

【杂诗】李白

白日与明月,昼夜尚不闲。况尔悠悠人,安得久世间。传闻海水上,乃有蓬莱山。玉树生绿叶,灵仙每登攀。一食驻玄发,再食留红颜。吾欲从此去,去之无时还。

【王母歌(一作玉女歌)】韦应物

众仙翼神母,羽盖随云起。上游玄极杳冥中,下看东海一杯水。海畔种桃经几时,千年开花千年子。玉颜渺渺何处寻,世上茫茫人自死。

【雨中望海上　怀郁林观中道侣】钱起

山观海头雨,悬沫动烟树。只疑苍茫里,郁岛欲飞去。大块怒天吴,惊潮荡云路。群真俨盈想,一苇不可渡。惆怅赤城期,愿假轻鸿驭。

【西陵口观海】薛据

长江漫汤汤,近海势弥广。在昔胚浑凝,融为百川决。地形失端倪,天色溃混漾。东南际万里,极目远无象。山影乍浮沉,潮波忽来往。孤帆或不见,棹歌犹想象。日暮长风起,客心空振荡。浦口霞未收,潭心月初上。林屿几邅回,亭皋时偃仰。岁晏访蓬瀛,真游非外奖。

【登天坛夜见海】李益

朝游碧峰三十六,夜上天坛月边宿。仙人携我搴玉英,坛上夜半东方明。

仙钟撞撞近海日，海中离离三山出。霞梯赤城遥可分，霓旌绛节倚彤云。八鸾五凤纷在御，王母欲上朝元君。群仙指此为我说，几见尘飞沧海竭。竦身别我期丹宫，空山处处遗清风。九州下视杳未旦，一半浮生皆梦中。始知武皇求不死，去逐瀛洲羡门子。

【新楼诗二十首·望海亭（在卧龙山顶上越中最高处）】李绅

乌盈兔缺天涯迥，鹤背松梢拂槛低。湖镜坐隅看匣满，海涛生处辨云齐。夕岚明灭江帆小，烟树苍茫客思迷。萧索感心俱是梦，九天应共草萋萋。

【海边远望】施肩吾

扶桑枝边红皎皎，天鸡一声四溟晓。偶看仙女上青天，鸾鹤无多采云少。

【海上】李商隐

石桥东望海连天，徐福空来不得仙。直遣麻姑与搔背，可能留命待桑田。

【海上谣】李商隐

桂水寒于江，玉兔秋冷咽。海底觅仙人，香桃如瘦骨。紫鸾不肯舞，满翅蓬山雪。借得龙堂宽，晓出揲云发。刘郎旧香炷，立见茂陵树。云孙帖帖卧秋烟，上元细字如蚕眠。

【谒山】李商隐

从来系日乏长绳，水去云回恨不胜。欲就麻姑买沧海，一杯春露冷如冰。

【海客】李商隐

海客乘槎上紫氛，星娥罢织一相闻。只应不惮牵牛妒，聊用支机石赠君。

【登蒲涧寺后二岩三首】其三李群玉

南溟吞越绝，极望碧鸿濛。龙渡潮声里，雷喧雨气中。赵佗丘垄灭，马援鼓鞞空。遐想鱼鹏化，开襟九万风。

【七月十五夜看月】李群玉

朦胧南溟月，汹涌出云涛。下射长鲸眼，遥分玉兔毫。势来牛斗动，路越宵冥高。竟夕瞻光影，昂头把白醪。

【南海】曹松

倾腾界汉沃诸蛮，立望何如画此看。无地不同方觉远，共天无别始知宽。文鲵隔雾朝含碧，老蚌凌波夜吐丹。万状千形皆得意，长鲸独自转身难。

【蒲门戍观海作】陈陶

廓落溟涨晓，蒲门郁苍苍。登楼礼东君，旭日生扶桑。毫厘见蓬瀛，含吐金银光。草木露未晞，蜃楼气若藏。欲游蟠桃国，虑涉魑魅乡。徐市惑秦朝，何人在岩廊。惜哉千童子，葬骨于眇茫。恭闻槎客言，东池接天潢。即此聘牛女，日祈长寿方。灵津水清浅，余亦慕修航。

【赠海上观音院文依上人】李中

烟霞海边寺，高卧出门慵。白日少来客，清风生古松。虚窗从燕入，坏屐任苔封。几度陪师话，相留到暮钟。

【海上太守新创东亭】李中

使君心智古难同，选胜开亭景莫穷。高敞轩窗迎海月，预栽花木待春风。静披典籍堪师古，醉拥笙歌不碍公。满径苔纹疏雨后，入檐山色夕阳中。偏宜下榻延徐孺,最称登门礼孔融。事简岂妨频赏玩,况当为政有馀功。

【送王道士游东海】李中

巨浸常牵梦,云游岂觉劳。遥空收晚雨,虚阁看秋涛。必若思三岛,应须钓六鳌。如通十洲去,谁信碧天高。

【梦游仙四首】贯休

梦到海中山,入个白银宅。逢见一道士,称是李八伯。三四仙女儿,身著瑟瑟衣。手把明月珠,打落金色梨。车渠地无尘,行至瑶池滨。森森椿树下,白龙来唤人。宫殿峥嵘笼紫气,金渠玉砂五色水。守闉仙婢相倚睡,偷摘蟠桃几倒地。

【上顾大夫】贯休

碧海漾仙洲,骊珠外无宝。一岳倚青冥,群山尽如草。君侯圣朝瑞,动只关玄造。谁云倚天剑,含霜在怀抱。谁云青云险,门前是平道。洪民亦何幸,里巷清如扫。至化无经纶,至神无祝祷。即应炳文柄,孤平去浩浩。即应调鼎味,比屋堪封保。野人慕正化,来自海边岛。经传髻里珠,诗学池中藻。闭门十余载,庭杉共枯槁。今朝投至鉴,得不倾肝脑。斯文如未精,归山更探讨。

【寒月送玄士入天台】贯休

之子逍遥尘世薄,格淡于云语如鹤。相见唯谈海上山,碧侧青斜冷相沓。芒鞋竹杖寒冻时,玉霄忽去非有期。僮担赤笈密雪里,世人无人留得之。想入红霞路深邃,孤峰纵啸仙飙起。星精聚观泣海鬼,月涌薄烟花点水。送君丁宁有深旨,好寻佛窟游银地。雪眉衲僧皆正气,伊昔贞白先生同此意。若得神圣之药,即莫忘远相寄。

【登北固山望海】吴筠

此山镇京口,迥出沧海湄。跻览何所见,茫注潮汐驰。云生蓬莱岛,日出扶桑枝。万里混一色,焉能分两仪。愿言策烟驾,缥缈寻安期。挥手谢人境,吾将从此辞。

【题长安酒肆壁三绝句】钟离权

坐卧常携酒一壶,不教双眼识皇都。乾坤许大无名姓,疏散人中一丈夫。得道高僧不易逢,几时归去愿相从。自言住处连沧海,别是蓬莱第一峰。莫厌追欢笑语频,寻思离乱好伤神。闲来屈指从头数,得见清平有几人。

【王母】蜀宫群仙

沧海成尘几万秋,碧桃花发长春愁。不来便是数千载,周穆汉皇何处游。

语境的第二种内涵是文本之间的关系,即互文性。例如,白居易的《海漫漫——戒求仙也》,与它所引用《史记·封禅书》和《史记·秦始皇本纪》的有关内容是互文;《相和歌辞·登高丘而望远海》,与它所引用《史记·封禅书》和《史记·秦始皇本纪》的有关内容,以及它所改写的精卫填海、轩辕氏乘龙出鼎湖的传说是互文;僧齐己《相和歌辞·善哉行》的"大鹏刷翮谢溟渤,青云万层高突出。下视秋涛空渺㳽,旧处鱼龙皆细物。人生在世何容易,眼浊心昏信生死。愿除嗜欲待身轻,携手同寻列仙事",李白《古风》三十三"北溟有巨鱼,身长数千里。仰喷三山雪,横吞百川水。凭陵随海运,燀赫因风起。吾观摩天飞,九万方未已",二者与所吸收的文本《庄子·逍遥游》等是互文。所谓互文,在这里,依然都是对海洋意象的传统承继。

语境的第三种内涵是指同一作品中的上下文关系,它主要是指语言的上下文关系而非情景的上下文关系。同一作品中的上下文关系是作品整体意义的关联构合。例如,韦庄的《送日本国僧敬龙归》:"扶桑已在渺茫中,家在扶桑东更东。此去与师谁共到? 一船明月一帆风。"

诗中首联极力夸张敬龙家乡的遥远,用"扶桑"暗藏古代神话传说东方"日所出处",其"远"已在渺茫中,但敬龙的家乡还在扶桑东更东,是那样遥不可及。正因为上文有了"已在渺茫中",下文的"东更东"才显得遥不可及。如此遥远的海上航行,在那个年代是充满风险或枯燥乏味的。在这样一次充满风险的航行中,诗人只能祝愿友人一帆风顺,怎么祝愿才能真挚而新奇? 韦庄用了一个"到"字,在送别之际,先言到,其中一帆风顺的祝愿就巧妙地暗含其中了。进一步,诗人还祝愿友人在遥远的海上生活得美好雅致、愉快顺利,一船明月一帆风,道出此行即美妙又舒畅,诗意颇足。正因为首联对朋友家乡遥远的极力夸张,才有了下文的美好祝愿;正因为一船明月一帆风和"到"字的提前设想,才显现了诗人对朋友的真挚情感。

唐代海境诗作者的隐含读者显然不是 21 世纪的我们,由于文化心理结构和前经验的差异,误读和曲解有时就不可避免。我们经常无法完整地恢复作者创作海境诗时的原初意图。应当说,读者意图与作者意图完全一致是阅读中的一种非常态的、偶然的情况,有时候正是读者意图对作者意图的偏离与突破,方才赋予读者以解读的个体性和创造性。

参考文献

著作类

1. 张炜,方堃. 中国海疆通史. 郑州:中州古籍出版社,2002.

2. 宋正海,郭永芳,陈瑞平. 中国古代海洋学史. 北京:海洋出版社,1986.

3. 宋正海. 东方蓝色文化——中国海洋文化传统. 广州:广东教育出版社,1995.

4. 张震东,杨金森. 中国海洋渔业简史. 北京:海洋出版社,1983.

5. 王杰. 中国古代航海贸易管理史. 大连:大连海事大学出版社,1994.

6. 欧阳宗书. 海上人家——海洋渔业经济与渔民社会. 南昌:江西高校出版社,1998.

7. 席龙飞. 中国造船史. 武汉:湖北教育出版社,2000.

8. 王冠倬. 中国古船图谱. 北京:三联书店,2000.

9. 章巽. 中国航海科技史. 北京:海洋出版社,1991.

10. 彭德清. 中国航海史(古代航海史). 北京:人民交通出版社,1988.

11. 吴春明. 环中国海沉船——古代帆船、船技与船货. 南昌:江西高校出版社,2003.

12. 陈炎. 海上丝绸之路与中外文化交流. 北京:北京大学出版社,1996.

13. 邓瑞本,章深. 广州外贸史(上册). 广州:广东高等教育出版社,1996.

14. 沈光耀. 中国古代对外贸易史. 广州:广东人民出版社,1985:95—97.

15. 邓瑞本. 广州港史(古代部分). 北京:海洋出版社,1986.

16. 郑元钦. 福州港史. 北京:人民交通出版社,1996.

17.《泉州港与古代海外交通》编写组. 泉州港与古代海外交通. 北京:文物出版社,1982.

18. 郑绍昌. 宁波港史. 北京:人民交通出版社,1989.

19. 郑广南. 中国海盗史. 武汉:华中理工大学出版社,1998.

20. 张寿祺. 蛋家人. 香港:中华书局(香港)有限公司,1991.

21. 王荣国. 海洋神灵——中国海神信仰与社会经济. 南昌:江西高校出版社,2003.

22. 曲金良. 海洋文化概论. 青岛:青岛海洋大学出版社,1999.

23.〔日〕津田左右吉. 朝鲜历史地理. 东京:南满洲铁道株式会社,1913.

24. 陈尚胜. 中韩关系史论. 济南:齐鲁书社,1997.

25. 何芳川,万明. 古代中西文化交流史话. 北京:商务印书馆,1998.

26.〔日〕真人元开. 唐大和上东征传. 汪向荣校注. 北京:中华书局,1979.

27. 翦伯赞. 中国史纲要. 北京：人民出版社，1995.

28. 曲金良. 海洋文化概论. 青岛：青岛海洋大学出版社，1999.

29. 孙光圻. 中国古代航海史. 北京：海洋出版社，1989.

30. 王晓秋，大庭修. 中日文化交流大系1·历史卷. 杭州：浙江人民出版社，1996.

31. 夏应元. 海上丝绸之路的友好使者——东洋篇. 北京：海洋出版社，1991.

32. 王小甫. 盛唐时代与东北亚政局. 上海：上海辞书出版社，2003.

33. 曲金良. 海洋文化与社会. 青岛：中国海洋大学出版社，2003.

34. 安京. 中国古代海疆史纲. 哈尔滨：黑龙江教育出版社，1999.

35. 马大正. 中国边疆经略史. 郑州：中州古籍出版社，2000.

36. 黄顺力. 海洋迷思：中国海洋观的传统与变迁. 南昌：江西高校出版社，1999.

37. 章巽. 我国古代的海上交通. 北京：商务印书馆，1986.

38. 方毫. 中西交通史. 长沙：岳麓书社，1987.

39. 冯承钧. 中国南洋交通史. 上海：上海书店，1984.

40. 张维华. 中国古代对外关系史. 北京：高等教育出版社，1993.

41. 周一良. 中外文化交流史. 郑州：河南人民出版社，1987.

42. 王辑五. 中国日本交通史. 上海：上海书店，1984.

43. 冯承钧. 中国南洋交通史. 上海：商务印书馆，1937.

44. 李长傅. 中国殖民史. 上海：商务印书馆，1937.

45. 孙光圻. 海洋交通与文明. 北京：海洋出版社，1993.

46. 夏应元. 海上丝绸之路的友好使者（东洋篇）. 北京：海洋出版社，1991.

47. 陈瑞德. 海上丝绸之路的友好使者（西洋篇）. 北京：海洋出版社，1991.

48. 黄时鉴. 东西交流史论稿. 上海：上海古籍出版社，1998.

49.〔日〕桑原骘藏. 唐宋贸易港研究. 杨炼译. 上海：商务印书馆，1935.

50.《登州古港史》编委会编. 登州古港史. 北京：人民交通出版社，1994.

51.〔日〕木宫泰彦. 日中文化交流史. 北京：商务印书馆，1980.

52. 张泽咸. 唐代工商业. 北京：中国社会科学出版社，1995.

53. 李东华. 中国海洋发展关键时地个案研究. 古代篇. 台北：大安出版社，1990.

54. 陈尚胜. 中韩交流三千年. 北京：中华书局，1997.

55. 汶江. 古代中国与亚非地区的海上交通. 成都：四川省社会科学院出版社，1989.

56. 朱国宏. 中国的海外移民：一项国际迁移的历史研究. 上海：复旦大学出版社，1994.

57. 李约瑟原著. 柯林，罗南改编. 中华科学文明史. 上海：上海人民出版社，2002.

58. 韩振华. 南海诸岛史地研究. 北京：社会科学文献出版社，1996.

59. 张铁牛等. 中国古代海军史. 北京：八一出版社，1993.

60. 张墨. 中国古代海战水战史话. 北京：海洋出版社，1980.

61. 唐志拔. 劈波斩浪：海船发展史话. 哈尔滨：哈尔滨工程大学出版社，1998.

62. 吴主助. 海洋文学名作选读. 北京：人民交通出版社，1992.

63. 岑仲勉. 隋唐史. 北京：中华书局，1982.

64. 吕思勉. 隋唐五代史. 上海：上海古籍出版社，1984.

65. 韩国磐. 魏晋南北朝史纲. 北京：人民出版社，1983.

参考文献

66. 李力,杨泓. 魏晋南北朝文化志. 上海:上海人民出版社,1998.

67. 〔美〕谢弗. 唐代的外来文明. 吴玉贵译. 北京:中国社会科学出版社,1995.

68. 罗香林. 唐代文化史研究. 上海:上海书店,1992.

69. 胡如雷. 隋唐五代社会经济史论稿. 北京:中国社会科学出版社,1996.

70. 〔日〕园仁撰. 入唐求法巡礼行记. 顾承甫,何泉达点校. 上海:上海古籍出版社,
1986.

论文类

71. 马新. 汉唐时代的海盐生产. 盐业史研究,1997(2).

72. 吉成名. 魏晋南北朝时期的海盐生产. 盐业史研究,1996(2).

73. 齐涛. 魏晋南北朝盐政述论. 盐业史研究,1996(4).

74. 齐涛. 论榷盐法的基本内涵. 盐业史研究,1997(3).

75. 黎虎. 唐代的市舶使与市舶管理. 历史研究,1998(3).

76. 石坚平. 义净时期中国同南海的海上交通. 江西社会科学,2001(2).

77. 李金明. 唐朝的对外开放政策与海外贸易. 南洋问题研究,1994(1).

78. 李金明. 隋唐时期的中日贸易与文化交流. 南洋问题研究,1994(2).

79. 朱江. 扬州海外交通史略. 海交史研究(总 4).

80. 樊文礼. 登州与唐代的海外交通. 海交史研究,1994(2).

81. 刘安国. 中国古人在认识海洋上的贡献.《中国海洋文化研究》第一卷,青岛海洋大
学海洋文化研究所编,文化艺术出版社,1999.

82. 卢海鸣. 六朝盐业考略. 盐业史研究,1997(3).

83. 金秋鹏. 试论中国造船与航海技术史中的几个问题. 海交史研究(总 8).

84. 李庆新. 论唐代广州的对外贸易. 中国史研究,1992(4).

85. 刘玉峰. 试论唐代海外贸易的管理. 山东大学学报,2000(6).

86. 宁志新. 唐代市舶制度若干问题研究. 中国经济史研究,1997(1).

87. 汶江. 唐代的开放政策与海外贸易的发展. 海交史研究,1988(2).

88. 吴泰. 试论汉唐时期海贸易的几个问题. 海交史研究,(3).

89. 赵春晨. 关于"海上丝绸之路"概念及其历史下限的思考. 学术研究,2002(7).

90. 陈潮. 重新审视海上丝路的开拓. 复旦学报(社会科学版),2003(1).

91. 周中坚. 古代南海交通中心的变迁. 海交史研究,总 4.

92. 〔韩〕金文经,金德洙. 张保皋海上活动与清海镇贸易商人研究. 中国海洋文化研究
(第 2 卷).

93. 沈福伟. 论唐代对外贸易的四大海港. 海交史研究,10.

94. 陈鹏,林蔚文. 中国古代东南沿海水上居民略论. 海交史研究,1991(2).

95. 段有文. 观音信仰成因论. 山西师大学报(社会科学版),25(2).

96. 李乃龙. 唐代游仙诗的若干特质. 陕西师范大学学报,27(3).

97. 韩昇. 唐朝到日本的移民及在文化方面的影响. 社会科学战线,1993(6).

98. 陈晖. 中国魏晋南北朝佛教艺术对日本飞鸟佛教艺术的影响. 中日文化与交流,1.

99. 金秋鹏,杨丽凡. 中国与东南亚的交通与交流. 海交史研究,1998(1).

100. 廖大珂. 唐宋时期广州的波斯蕃商与怀圣塔//曲金良. 中国海洋文化研究,海洋出版社,2002(3).

101. 刘成. 唐宋时代登州港海上航线初探. 海交史研究,1985(1).

102. 刘希为. 唐代新罗侨民在华社会活动的考述. 中国史研究,1993(3).

103. 牛月明. 汉魏六朝赋中的海境//曲金良. 海洋文化研究,2000(2).

104. 朱亚非. 从法华院看唐代山东的对外交往//曲金良. 海洋文化研究,海洋出版社,2000(2).

105. 胡锡年. 唐代的日本留学生. 陕西师大学报,1981(1).

参考文献